中国石油化工集团公司年鉴

2013

《中国石油化工集团公司年鉴》编委会　编

中国石化出版社

图书在版编目(CIP)数据

中国石油化工集团公司年鉴.2013／《中国石油化工集团公司年鉴》编委会编.—北京：中国石化出版社，2013.10
ISBN 978-7-5114-2413-6

Ⅰ.①中… Ⅱ.①中… Ⅲ.①石油化工厂-中国-2013-年鉴 Ⅳ.①F426.22-54

中国版本图书馆CIP数据核字(2013)第232303号

中国石化出版社出版发行
地址：北京市东城区安定门外大街58号
邮编：100011 电话：(010)84271850
读者服务部电话：(010)84289974
http：//www.sinopec-press.com
E-mail：press@sinopec.com
北京科信印刷有限公司印刷
全国各地新华书店经销
*
787×1092毫米 16开本 41.5印张 76彩页 1354千字
2013年8月第1版 2013年8月第1次印刷
定价：280.00元

（如出现印装质量问题，请与我社读者服务部联系调换）

《中国石油化工集团公司年鉴》2013版

编 委 会

凌逸群　股份公司副总裁、炼油事业部主任

陈　革　集团公司总经理助理，企业改革管理部主任

常振勇　股份公司副总工程师、化工事业部主任

温冬芬　集团公司财务部主任

戴　锭　人事部主任

解正林　资本运营部代主任，资产经营管理有限公司代总经理

王　强　安全监管局局长

耿承辉　能源管理与环境保护部主任

张召平　矿区（社区）管理部主任

唐苏欣　外事局局长

邹惠平　审计局局长

耿礼民　监察局局长

吕大鹏　思想政治工作部主任

顾敏清　离退休工作部主任

俞仁明　生产经营管理部主任

谢在库　科技部主任

张吉星　法律部主任

蒋振盈　物资装备部主任，国际事业公司总经理

李德芳　信息化管理部主任

王子康　中国石化出版社有限公司总经理

《中国石油化工集团公司年鉴》2013版
编 辑 部

主　　任： 王子康

副 主 任： 蒋　琦

编　　辑： 杨思湘　单新东　杨文宇

责任编辑： 杨思湘　单新东

广告编辑： 王　进

地　　址：北京市东城区安外大街58号

邮政编码：100011

电　　话：（010）84289951　84289953

传　　真：（010）84289951

电子信箱：jiangq@sinopec.com

The Editorial Department of

《CHINA PETROCHEMICAL CORPORATION YEARBOOK》

Add：58 Anwai Street, Dongcheng District, Beijing China

P.C：100011

Tel：+86-10-84289951/84289953

Fax：+86-10-84289951

Email：jiangq@sinopec.com

董事长致辞

2012年是不平凡的一年，世界经济复苏乏力，我国经济下行压力增大，国际油价剧烈波动，国内成品油价格不到位，市场需求持续低迷。面对严峻的形势，我们认真贯彻落实党中央、国务院的战略部署，牢牢把握稳中求进的工作总基调，立足长远抓当前、强基固本练内功，团结一心、攻坚克难，各方面工作取得新进步，成功开启了建设世界一流能源化工公司新航程。

一年来，我们坚持以市场为导向、以效益为中心，积极应对，果断决策，保证了生产经营平稳运行，取得了稳中有进的经营业绩；我们认真实施六大发展战略，加快产业转型升级，国内上游“五大会战”全面展开，境外油气业务发展步伐加快，天然气大发展势头良好，炼油创一流各项措施加快落实，化工原料和产品结构调整取得新进展，成品油营销优势进一步增强，境外炼化和仓储设施加快布局；我们积极开展集团公司规范董事会建设，稳步推进深层次改革，石油工程、炼化工程、煤化工等专业公司完成组建，矿区（社区）管理体制加快调整，润滑油、液化气销售业务完成整合，转变总部职能、做实事业部时机成熟，新一轮改革平稳起步并取得初步成效；我们更加突出以人为本，深化人才成长通道建设，大力推行竞争上岗，进一步理顺收入分配关系，落实带薪休假等制度，增强了队伍凝聚力和战斗力；我们创新党建管理模式，在坚持党建工作属地化管理的基础上，强化党建工作系统化管理，深入开展“为民服务创先争优”活动，扎实推进反腐倡廉建设，国有企业的政治优势得到有效发挥。同时，科技创新、管理提升等各方面工作取得新的成效。

在推进发展的同时，我们致力于打造“高度负责任、高度受尊敬”企业。在炼油业务承担政策性亏损的情况下，积极采取措施，保障了国内成品油市场稳定供应；加速把绿色低碳发展从理念转化为行动，扎实推进安全生产、节能减排和环境保护，促进企业与社会、环境的协调发展；按照“融入地方、借势发展、合作共赢”的理念，推进与多个省市的战略合作，促进了企地共同发展；注重投资者利益和股东回报，加强资本市场预期管理，推进公开、透明、规范管理，得到了投资者认可；积极参与社会公益事业，加大捐资助学、扶贫帮困、抗灾救灾等工作力度，取得了良好成效；加入全球契约领跑者计划，争做模范国际企业公民，赢得了国际声誉。

回顾过去的一年，我们取得了来之不易的成绩，这是社会各界关心帮助的结果，是广大客户和消费者高度信赖的结果，是海内外合作伙伴协作支持的结果。在此，我代表公司董事会，向所有关心、支持和帮助中国石化的朋友们致以诚挚的感谢！

2013年是全面贯彻落实党的十八大精神的开局之年，是实施“十二五”规划承前启后的关键一年，中国石化也将迎来成立30周年。综合判断，我们既面临难得的机遇，也面临严峻的挑战，生产经营和改革发展任务非常繁重。面对新形势、新任务，我们将紧密团结在以习近平同志为总书记的党中央周围，高举中国特色社会主义伟大旗帜，以邓小平理论、“三个代表”重要思想、科学发展观为指导，紧紧围绕提高发展质量和效益这个中心，着力深化改革、调整结构、强化管理，加快转变发展方式，充分调动各方面积极性，牢记使命，砥砺奋进，努力开创建设世界一流能源化工公司新局面，为促进我国经济社会发展作出更大的贡献。

我们将一如既往地加强对外合作，与您携手共创更加美好的未来！

傅成玉

总经理致辞

2012年，面对严峻的形势，我们按照集团公司党组和董事会的决策部署，牢牢把握稳中求进的工作总基调，坚持以市场为导向、以效益为中心，努力扩大资源、拓展市场、优化运行、降本减费，较好地完成了稳增长、保效益目标任务。全年实现营业收入2.83万亿元、同比（下同）增长10.9%，上缴税费3 223亿元，实现利润1 047亿元，利润总额、经济增加值（EVA）等达到或超过国务院国资委考核指标。

一年来，我们积极应对市场变化和国际油价剧烈波动的影响，采取一系列措施，化解了经营风险，保证了生产经营平稳运行。全年境内生产原油4 318万吨、增长1.1%，生产天然气169亿立方米、增长15.7%；境外实现权益油气当量产量2 905万吨、增长27%；加工原油2.23亿吨、增长1.9%；生产乙烯954万吨、下降4.9%，化工产品经营量5 435万吨、增长7%；境内成品油经营量1.59亿吨、增长5.2%；原油、成品油第三方贸易实现较大幅度增长；工程技术服务实现重组与经营“两不误”，热电、水务服务保障水平不断提高。

我们大力实施六大发展战略，结合公司实际和形势变化，加强投资优化，一批重点工程建设有序推进。国内上游“五大会战”全面展开，油气勘探成果喜人，产能建设提速，增储上产势头良好；境外油气业务发展步伐加快，新项目开发成果显著；山东LNG、金坛和黄场储气库加快建设，金陵、上海等炼油改造建成投产，茂名、安庆等炼油改造进展顺利，武汉乙烯全面中交，海南芳烃加紧建设，沙特延布炼厂建设快速推进；一批新建加油（气）站投入运营。同时，一批战略性项目的前期工作不断深化。

我们结合当前和长远发展需要，统筹推进应用性技术攻关和战略性技术突破，取得了一批新成果。水平井分段压裂技术攻关实现新突破；世界首套20万吨/年甲苯甲醇甲基化技术工业装置建成投运，3万吨/年芳烃吸附分离等技术实现工业应用；生物航煤接受适航审定，催化裂化烟气脱硫脱硝除尘一体化等技术工业试验成功。特大型超深高含硫气田安全高效开发技术及工业化应用获得国家科技进步特等奖。全年申请专利4 865项、获得授权1 855项。

我们把提升管理作为打造竞争力的重要工作来抓，推动经营管理迈上新水平。按照“经营一元钱，节约一分钱”的要求，深化全员成本目标管理，推进管理精细化，大力开源节流，生产经营各环节降本减费取得成效；开展“向镇海炼化学习、向李安喜同志学习”活动，加大对标管理、异常分析力度，“比学赶帮超”工作实现常态化；深化“两化”融合，信息化在经营管理中的作用更加突出；坚持依法治企、诚信经营，强化审计、监察、内控等监督管理，保障了公司健康发展。

我们把安全、绿色、低碳发展理念转化为具体行动，更加积极主动地抓好HSE工作，取得了实效。安全生产继续保持了持续好转的良好态势，境外公共安全实现了总体稳定的目标；公司万元产值综合能耗持续下降，年度污染物总量减排目标和各项环保指标全面完成，实现了清洁生产；地热、生物质燃料等清洁能源加快发展，合同能源管理全面推行，企业碳盘查试点启动，绿色低碳发展取得实质性进展。

回顾2012年，公司经营业绩来之不易。展望2013年，公司面临的经营形势依然严峻，安全环保、提高效益的压力很大。我们将全面贯彻落实党的十八大精神，紧紧围绕提高发展质量和效益，继续把握稳中求进的工作总基调，以安稳运行为基础，以市场为导向，以效益为中心，以强化管理和科技创新为动力，优化生产经营，优化投资发展，大力开拓市场，大力降本减费，努力创造更好的经营业绩，为开创建设世界一流能源化工公司新局面作出新的更大的贡献。

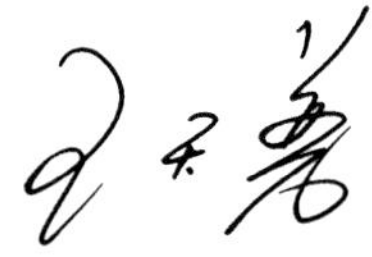

组织机构

（截至2012年底）

中国石油化工集团公司

- 办公厅（党组办公室、董事会办公室、总经理办公室）
- 发展计划部
- 财务部
- 生产经营管理部
- 企业改革管理部
- 人事部
- 科技开发部
- 法律事务部
- 资本运营部
- 安全环保局
- 矿区（社区）管理部
- 物资装备部（国际事业公司）
- 信息系统管理部
- 外事局
- 审计局
- 监察局
- 思想政治工作部（直属党委）
- 离退休工作部
- 机关服务局

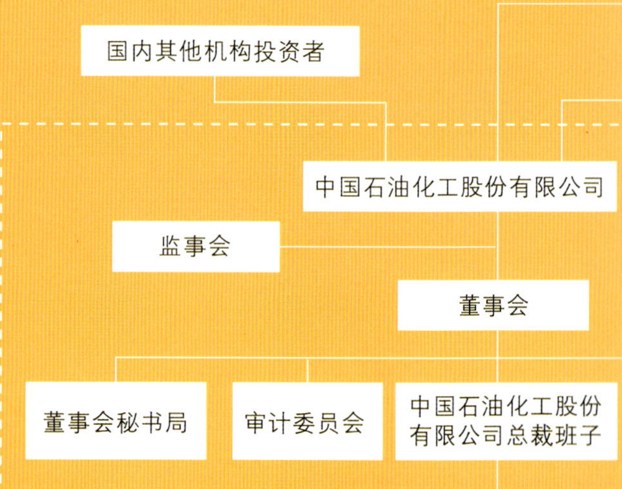

总部职能部门

- 总裁办公室
- 发展计划部
- 财务部
- 生产经营管理部
- 企业改革管理部
- 人事部
- 科技开发部
- 法律事务部
- 资本运营部
- 安全环保部
- 工程部
- 物资装备部(国际事业公司)
- 信息系统管理部
- 外事部
- 审计部
- 监察部
- 企业文化部
- 离退休工作部

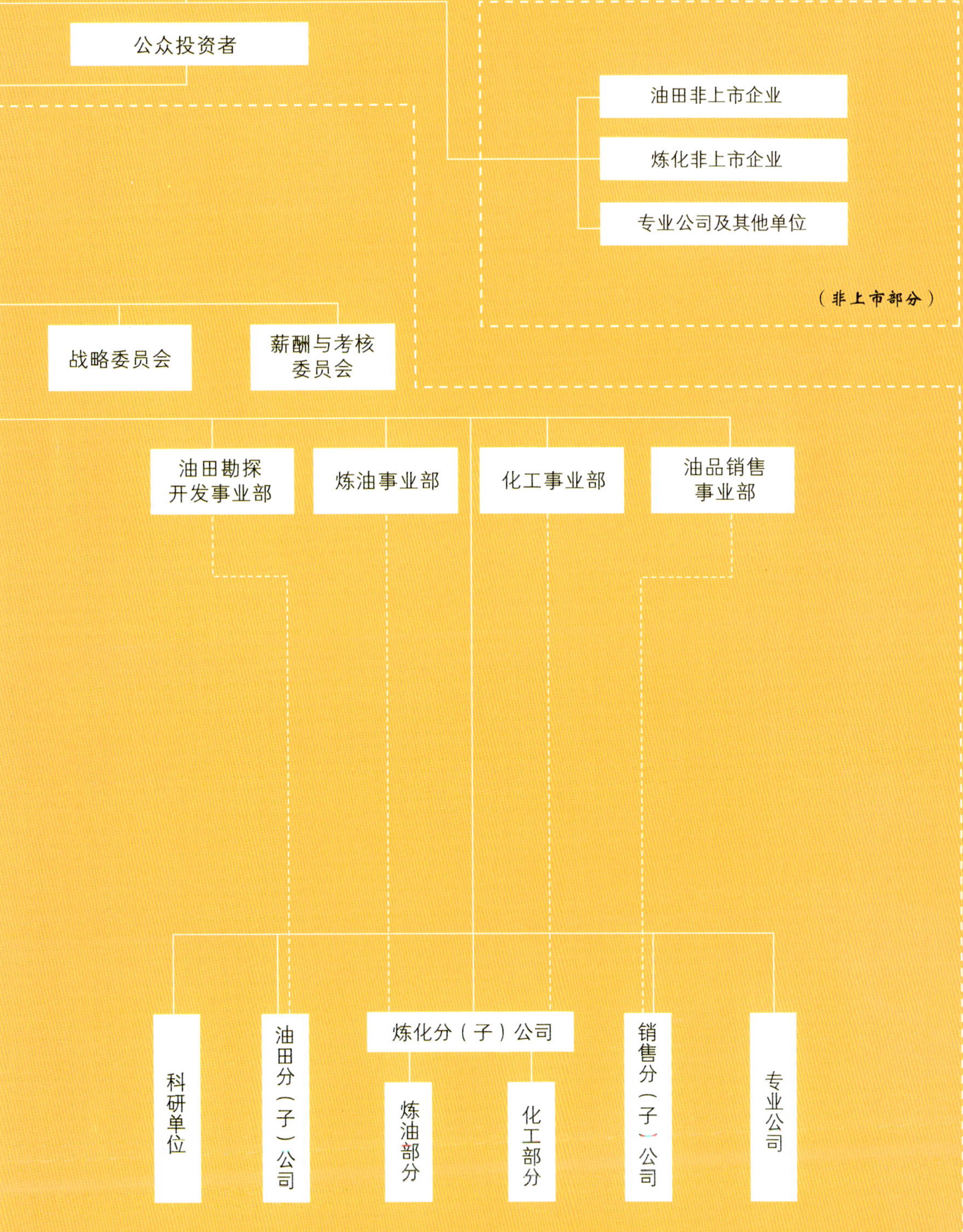
公众投资者
油田非上市企业
炼化非上市企业
专业公司及其他单位
（非上市部分）
战略委员会
薪酬与考核委员会
油田勘探开发事业部
炼油事业部
化工事业部
油品销售事业部
科研单位
油田分（子）公司
炼化分（子）公司
炼油部分
化工部分
销售分（子）公司
专业公司
（上市部分）

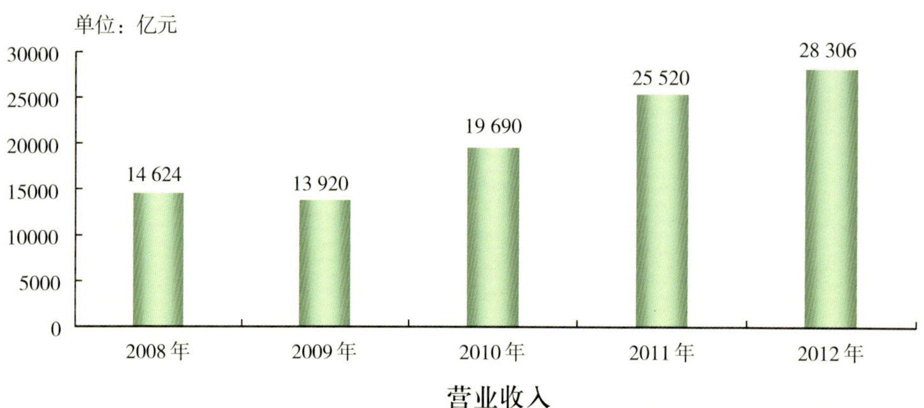

营业收入

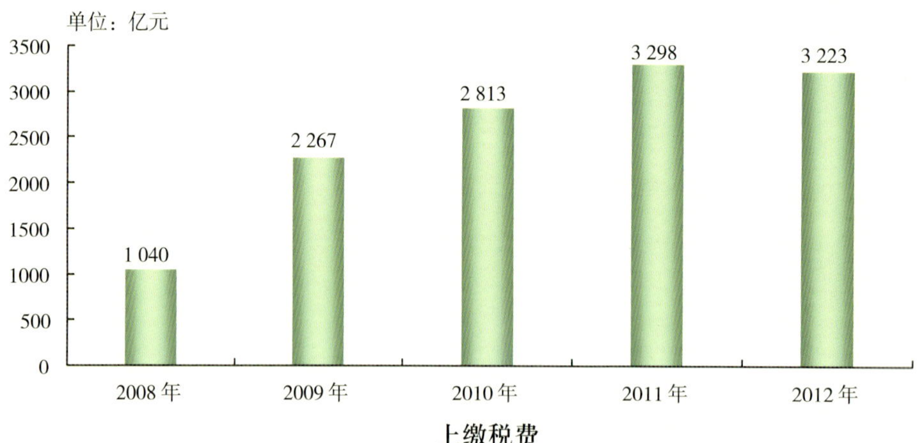

上缴税费

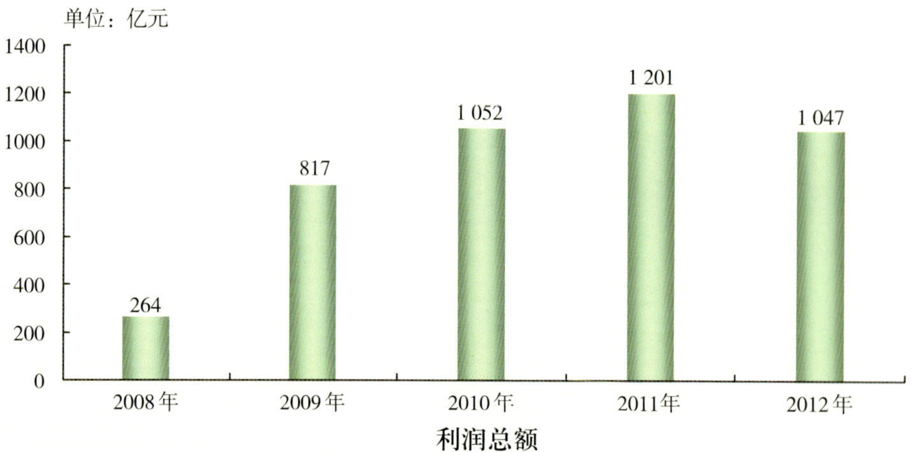

利润总额

原油总产量

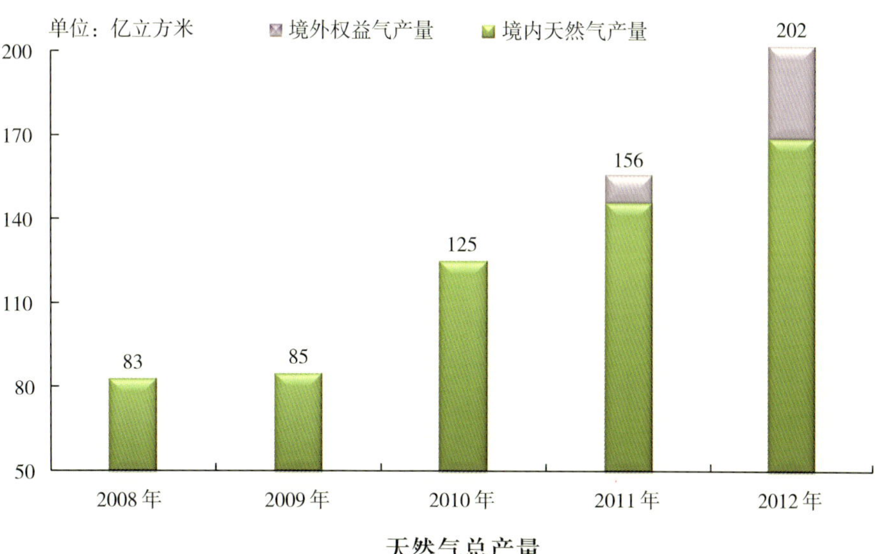

天然气总产量

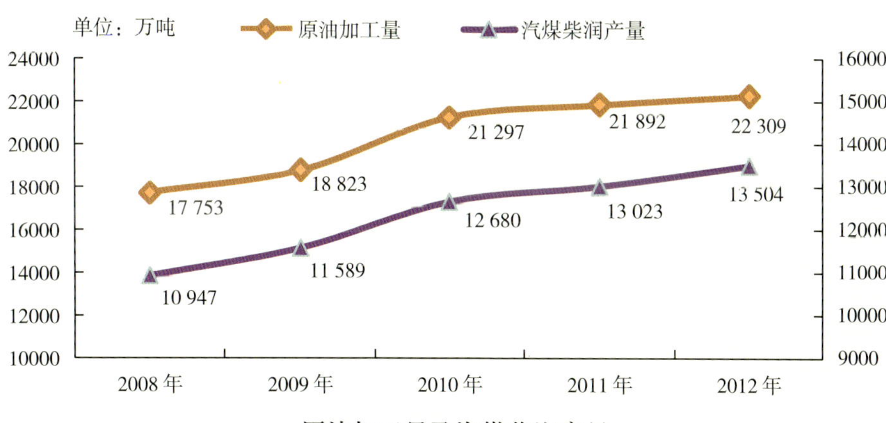

原油加工量及汽煤柴润产量

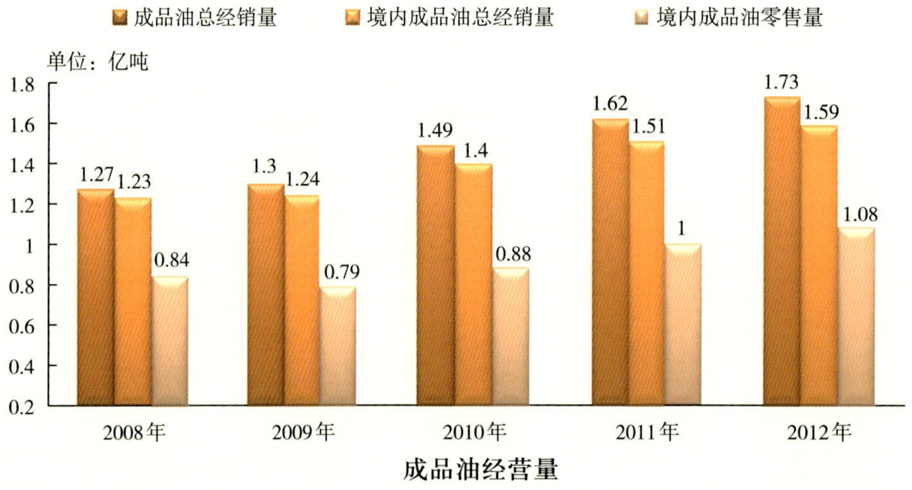

成品油经营量

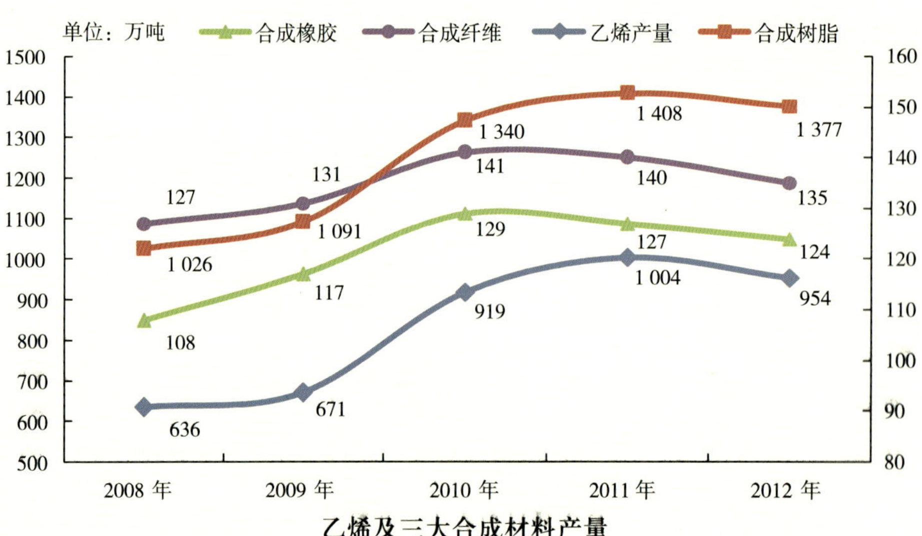

乙烯及三大合成材料产量

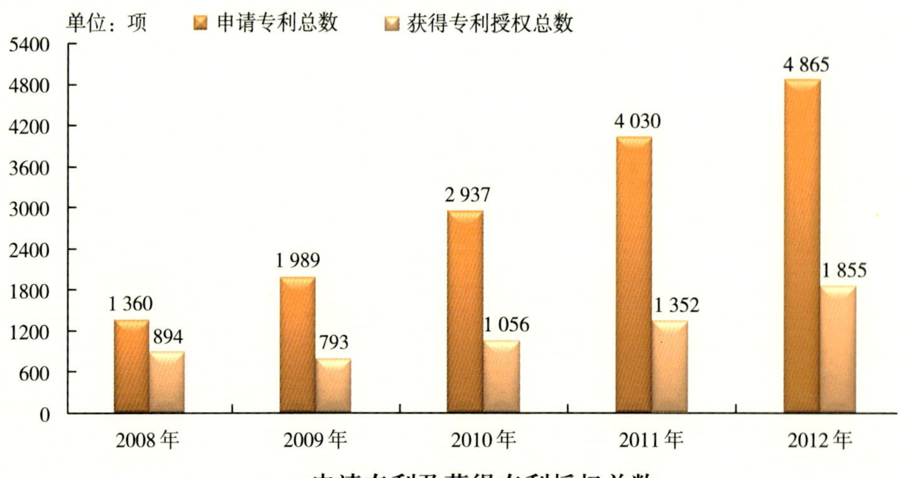

申请专利及获得专利授权总数

2012年，石化集团公司在境内全力推进油气勘探“五大会战”，取得3个重大突破、7个重要发现、6个重大进展、8个新进展，全年新增石油探明地质储量4.25亿吨，新增天然气探明地质储量3 914亿立方米。图为胜利油田海上产能建设

2012年，石化集团公司境内油田开发呈现“东部稳定、西部上产、增长点不断涌现”的态势；天然气重点项目顺利推进，发展实现新跨越。全年生产原油4 318万吨，同比增长1.1%；生产天然气169亿立方米，同比增长15.7%。图为塔河油田一号联合站天然气处理站

2012 年，中国石化在境外新增石油、天然气可采储量分别达到 2 870 万吨和 117 亿立方米，实现权益油产量 2 631 万吨、权益气产量 32.76 亿立方米。图为中国石化 Addax 公司海上作业平台

2012 年，石化集团公司境内石油工程技术取得重大进展，创造和刷新石油工程纪录 65 项。境外石油工程 EPC 竞争能力和项目管理能力提高，规模化经营格局更加稳固，新签合同额 43.49 亿美元，完成合同额 29.73 亿美元。图为中原油田 SINO-22 钻井队在沙特施工

2012年，石化集团公司加快炼油扩能改造和质量升级项目建设，炼油能力保持世界第2位；加工原油2.23亿吨，同比增长1.9%；生产汽煤柴成品油1.34亿吨，同比增长3.9%，较好地保障了国内油品供应。图为金陵石化油品质量升级改造后的装置新貌

2012年，石化集团公司化工板块加快由生产型向生产经营型转变，推进产品升级，实施结构调整战略，积极推进新业务进程。全年生产乙烯954万吨，化工产品经营量5 435万吨、同比增长7%；对二甲苯示范装置建成投产，成为第3家拥有自主知识产权芳烃成套技术的公司；初步确立了未来8—10年煤化工业务“133331”发展目标。图为武汉乙烯项目全景

2012 年，石化集团公司境外炼化工程执行能力得到进一步加强。全年共执行项目 22 个，完成合同金额 10.11 亿美元；中标新项目 11 个，合同总额 19.6 亿美元。图为第五建设公司承建的沙特 JERP 炼油项目

2012 年，石化集团公司实现成品油经营量 1.73 亿吨，增长 6.7%；境内成品油经营量 1.59 亿吨，增长 5.2%，其中零售量 1.08 亿吨，自营加油（气）站总数达到 3.08 万座；境外（香港地区）成品油经营量 1 416 万吨，增长 26.9%。销售天然气 154 亿立方米，增长 17.5%。图为江苏石油分公司 LNG 加气站

2012 年，石化集团公司认真落实“四个让位于”HSE 工作的要求，牢固树立“安全高于一切、生命最为宝贵”的理念，层层落实安全生产责任制，加大隐患治理力度，切实加强应急能力建设，强化各项安全生产措施。全年实现 “五个避免”的 HSE 目标，上报集团公司级生产安全事故和死亡人数分别较上年同期下降 72.7% 和 57.1%，创历史最好水平。图为石化集团公司在胜利油田埕岛海域举行海上联合应急演习

2012 年，石化集团公司大力实施绿色低碳战略，强化环境污染治理，积极推进清洁生产和资源综合利用，全年外排废水 COD 排放量下降 2.62%，二氧化硫、氨氮排放量分别下降 3.9% 和 1.91%，危险化学品和“三废”妥善处置率达到 100%，未发生重大环境污染和生态破坏事件。图为中国石化《环境保护白皮书》发布仪式

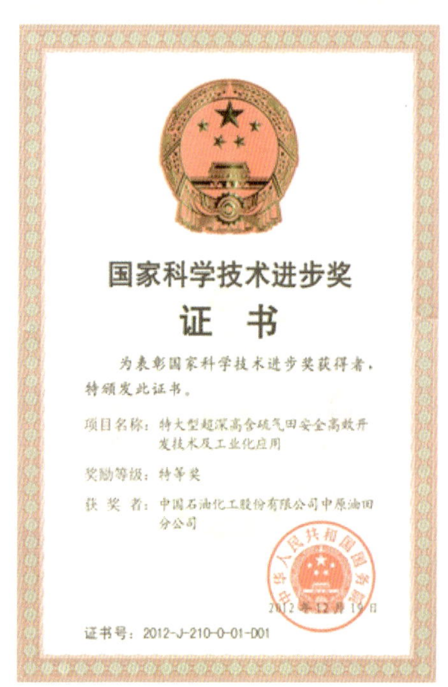
国家科学技术进步奖

证　书

为表彰国家科学技术进步奖获得者，特颁发此证书。

项目名称：特大型超深高含硫气田安全高效开发技术及工业化应用

奖励等级：特等奖

获　奖　者：中国石油化工股份有限公司中原油田分公司

2012年12月14日

证书号：2012-J-210-0-01-D01

2012 年，石化集团公司共申请国内外专利 4 865 项，增长 20.7%；获得国内外专利授权 1 855 项，增长 37.2%。获国家科技进步特等奖 1 项、二等奖 1 项，获国家技术发明二等奖 1 项；2 项专利获第 14 届中国专利金奖，3 项专利获优秀奖。图为“特大型超深高含硫气田安全高效开发技术及工业化应用”获得国家科技进步特等奖证书

2012 年，石化集团公司设立了集团公司董事会，完成石油工程、炼化工程、煤化工等专业公司组建，加快矿区（社区）管理体制调整，完成润滑油、液化气销售业务整合，推进转变总部职能、做实事业部工作，并取得了初步成效。图为集团公司第一届董事会成员合影

2012 年，石化集团公司完成 9 家销售企业总会计师岗位公开招聘工作，以及石油工程公司所属事业部、专业公司和地区公司领导班子副职的选拔；针对海外高层次人才引进的“千人计划”人才增加到 7 人；首次聘任 2 名公司技能大师。图为顾心怿院士与胜利油田优秀技术人才交流

石化集团公司坚持以人为本，着眼于企业和员工的共同发展，把企业发展战略与员工职业发展规划紧密结合，把员工培训与开发融入企业发展规划协调推进，全面加强各类员工培训，实现人力资本的保值增值。2012 年，总部直接组织培训各类重点人才 3 903 人，其中培训高层经营管理人才 892 人、高层次专业技术人才 902 人、高级技能人才 1 002 人、国际化人才 1 107 人、各类关键岗位人才 4 000 人。图为中国石化外籍骨干员工培训班

2012年，石化集团公司作出向镇海炼化和李安喜学习的决定，各部门、各单位对照先进找差距、定目标、定措施，营造了崇尚先进、学习先进、争当先进的浓厚氛围。图为李安喜在齐鲁石化第二化肥厂检查工作

2012年，石化集团公司加强内控执行力建设，充分发挥审计、监察、法律的监督作用，风险管理不断加强。图为中国石化法律英语竞赛

2012 年，石化集团公司坚持“融入地方、借势发展、合作共赢”的理念，把社区建设作为促进社会和谐的重要载体，着力构建地方政府、驻区单位、社区机构、居民住户多层联动、齐抓共管的稳定长效机制，和谐矿区（社区）建设再上新台阶。油田企业文明和谐示范小区由 62 个增至 102 个。图为中原油田矿区儿童环保“时装”宣传低碳理念

2012 年是石化集团公司承担国家对口支援及新一轮定点扶贫工作 10 周年。10 年来，中国石化承担对口支援西藏、青海和定点扶贫安徽、湖南国家级扶贫开发重点县的任务，累计派出援藏干部 6 批 12 名，扶贫挂职干部 10 批 40 名，对口支援和定点扶贫累计投入资金 3.6 亿元人民币。图为中国石化首个援助青海省建设项目——青海茫崖行委综合市场工程竣工典礼

编 辑 说 明

《中国石油化工集团公司年鉴》（简称《年鉴》）是中国石油化工集团公司正式对外公布一定时期生产、经营、财务状况及有关数据资料的权威性出版物，向国内外公开发行。《年鉴》从1988年问世至今，已出版18卷。2013版《年鉴》为第19卷。

2013版《年鉴》全面、系统地记述了2012年石化集团公司在生产经营、深化改革、科技创新和企业管理等各方面的基本情况和重大事项，图文并茂，直观反映了石化集团公司及其所属企事业单位的新变化、新成果，为各级领导科学决策和科学管理提供依据，为石化集团公司内部和社会各界人士了解石化集团公司提供翔实、可靠、可鉴资料。

2013版《年鉴》对栏目作了微调，增加了“矿区（社区）建设”栏目，取消了“重要规章制度”栏目，统计资料只收录中国石油化工统计。全书共设26个栏目：大事记、总述、境内油气勘探开发、境内石油工程、炼油生产、化工生产、公用工程、产品销售、国际化经营、重点工程建设、安全环保职业健康、节能减排、科研开发与管理、企业改革与管理、财务资产管理、人事管理、物资采购与管理、矿区（社区）建设、法律管理、审计与监察、企业党建与企业文化、新闻与出版、企事业单位、人物、统计资料、附录。为便于读者查阅和检索，文前附中、英文目录，书后附主题词索引和表题索引。

《年鉴》所收录的数据表中，空格表示该项统计数据不详，“—”表示无该项统计数据，“…”表示该项数据不足本表最小单位数。

《年鉴》中，“中国石油化工集团公司”简称“石化集团公司”，“中国石油化工股份有限公司”简称“石化股份公司”，两者统称“中国石化”。

《年鉴》中插图由各单位提供，图片版权归各单位所有。

在《年鉴》的编纂和出版过程中，承蒙有关单位领导、专家、管理人员的大力支持和帮助，在此，谨向为《年鉴》提供稿件和资料、对稿件进行审读把关以及给予《年鉴》各种帮助的人士，致以诚挚的谢意。对2013版《年鉴》存在的缺点和疏漏，诚请广大读者批评指正。

《中国石油化工集团公司年鉴》编辑部

2013年8月

目　录

大事记

总　述

全面深化改革　加快转变发展方式 开创建设世界一流能源化工公司新局面 …… (5)

境内油气勘探开发

综述 …… (9)
油气勘探 …… (11)
　概述 …… (11)
　勘探工作量 …… (11)
　3个重大突破 …… (11)
　5个重要发现 …… (12)
　6个重大进展 …… (12)
　勘探效益 …… (12)
　非常规勘探工作量 …… (12)
　页岩油气主要进展 …… (13)
　致密油气主要进展 …… (13)
　煤层气主要进展 …… (13)
油田开发 …… (13)
　概述 …… (13)
　原油产量 …… (13)
　产能建设 …… (14)
　油田开发进展 …… (14)
　油田开发管理 …… (15)
　提高油田采收率 …… (15)
　三次采油技术推广应用 …… (15)
气田开发 …… (16)
　概述 …… (16)
　天然气产量和商品量 …… (16)
　生产能力 …… (16)
　天然气开发管理 …… (16)
地球物理勘探 …… (17)
　物探工作量 …… (17)
　物探技术进步 …… (17)
采油气管理 …… (18)
　采油工程队伍 …… (18)
　重点工艺技术措施 …… (18)
　采油工程综合管理 …… (18)
　井下作业工作量情况 …… (18)
　井下作业施工能力 …… (18)
　井下作业装备 …… (19)
油气集输 …… (19)
　概述 …… (19)
　主要技术经济指标 …… (19)
　海上油气开采设施及生产 …… (19)
设备管理 …… (19)
　概述 …… (19)
　油田设备状况 …… (19)
　设备管理 …… (20)
基层管理 …… (20)
　五项劳动竞赛 …… (20)
　“五大会战”劳动竞赛 …… (20)
　“比学赶帮超”工作 …… (20)
　管理提升活动 …… (20)
　油公司体制机制建设 …… (21)

境内石油工程

综述 …… (23)
石油地球物理勘探 …… (23)
　采集单位概况 …… (23)
　处理解释单位概况 …… (23)
　主要装备 …… (23)
　采集工作量 …… (24)
　工作能力 …… (24)
　主要技术进步 …… (24)

主要获奖情况 …………………… (25)
钻井工程 …………………… (25)
概述 …………………… (25)
主要装备 …………………… (25)
主要工作量完成情况 …………………… (25)
重点工艺井应用 …………………… (25)
重点技术进步情况 …………………… (25)
井下作业 …………………… (26)
概述 …………………… (26)
主要装备 …………………… (26)
作业工作量 …………………… (26)
主要技术进步 …………………… (26)
工程新纪录 …………………… (26)
试油测试 …………………… (27)
概述 …………………… (27)
主要装备 …………………… (27)
作业工作量 …………………… (27)
主要技术进步 …………………… (27)
工程新纪录 …………………… (27)
测井 …………………… (27)
概述 …………………… (27)
主要装备 …………………… (27)
测井工作量 …………………… (27)
主要技术进步 …………………… (27)
工程新纪录 …………………… (27)
录井 …………………… (28)
概述 …………………… (28)
主要装备 …………………… (28)
录井工作量 …………………… (28)
主要技术进步 …………………… (28)
工程新纪录 …………………… (28)
油田地面工程建设 …………………… (28)
概述 …………………… (28)
经营范围 …………………… (28)
资质情况 …………………… (29)
人员情况 …………………… (29)
市场情况 …………………… (29)
主要装备 …………………… (29)
主要技术进步 …………………… (29)
重点工程 …………………… (30)
工程新纪录 …………………… (30)
海洋石油工程 …………………… (30)
海洋石油工程装备 …………………… (30)
海洋工程建造与安装 …………………… (30)
海上油气开采设施及生产 …………………… (30)
石油工程队伍资质建设 …………………… (30)
资质认证 …………………… (30)
设备管理 …………………… (31)
概述 …………………… (31)
主要设备技术指标 …………………… (31)
重大装备技术选型论证工作 …………………… (31)
设备大检查 …………………… (31)
设备检测评估 …………………… (31)
机械研发制造业务管理 …………………… (31)
机械制造 …………………… (32)
概述 …………………… (32)
国家科技重大专项课题获好评 …………………… (32)
2500HP 大型数控成套压裂装备研制通过验收 …………………… (32)
完成水下采油树关键技术研究及成套设备研制 …………………… (32)
深水水下井口头课题通过科技部技术验收 …………………… (32)
江钻股份公司一 QC 成果获国际大奖 …………………… (32)
首只无体式大钻头成功下线 …………………… (32)
钢管厂获得国内首条煤浆管线供货合同 …………………… (32)

炼油生产

综述 …………………… (34)
工艺技术进展 …………………… (34)
常减压蒸馏 …………………… (34)
催化裂化 …………………… (35)
延迟焦化 …………………… (35)
催化重整 …………………… (36)
润滑油生产 …………………… (36)
装置达标 …………………… (37)

概述 …………………………… (37)
炼油达标 ………………………… (37)
炼油自销产品销售 ……………… (37)
概述 …………………………… (37)
销售管理 ………………………… (37)
专业公司管理 …………………… (38)
品牌建设 ………………………… (38)
设备管理 ………………………… (38)
概述 …………………………… (38)
设备防腐蚀管理 ………………… (39)
加热炉管理 ……………………… (39)
计量管理 ………………………… (39)
加强原油储运损失管理 ………… (39)
继续开展计量专项整改 ………… (39)
质量管理 ………………………… (39)
概述 …………………………… (39)
产品实物质量 …………………… (40)
产品质量管理 …………………… (40)
质量检验机构 …………………… (40)
原油资源及储运 ………………… (40)
原油资源 ………………………… (40)
自产原油销售流向 ……………… (41)
储运设施 ………………………… (41)
原油储运设施投用情况 ………… (42)
输油能耗情况 …………………… (42)
仪长线增输试验 ………………… (42)

化工生产

综述 …………………………… (44)
有机原料 ………………………… (45)
概述 …………………………… (45)
乙烯 …………………………… (45)
丙烯 …………………………… (46)
丁二烯 ………………………… (46)
苯 ……………………………… (48)
甲苯 …………………………… (48)
混合二甲苯 ……………………… (48)
对二甲苯 ………………………… (49)
邻二甲苯 ………………………… (49)
间二甲苯 ………………………… (49)
甲醇 …………………………… (49)
丁醇 …………………………… (49)
辛醇 …………………………… (49)
环氧乙烷 ………………………… (49)
环氧丙烷 ………………………… (49)
环氧氯丙烷 ……………………… (49)
苯酚 …………………………… (50)
丙酮 …………………………… (50)
丙烯酸 ………………………… (50)
苯乙烯 ………………………… (50)
苯酐 …………………………… (50)
合成树脂 ………………………… (50)
概述 …………………………… (50)
聚乙烯 ………………………… (51)
低密度聚乙烯 …………………… (51)
高密度聚乙烯 …………………… (52)
线性低密度聚乙烯 ……………… (52)
聚丙烯 ………………………… (53)
聚苯乙烯 ………………………… (54)
聚氯乙烯 ………………………… (55)
其他树脂 ………………………… (55)
合成橡胶 ………………………… (55)
概述 …………………………… (55)
顺丁橡胶 ………………………… (56)
丁苯橡胶 ………………………… (57)
SBS 热塑性弹性体 ……………… (58)
丁基/溴化丁基橡胶 ……………… (58)
SIS 橡胶 ………………………… (58)
SEBS 橡胶 ……………………… (58)
合成纤维 ………………………… (58)
概述 …………………………… (58)
合成纤维原料 …………………… (60)
合成纤维聚合物 ………………… (62)
合成纤维 ………………………… (63)
精细化工 ………………………… (64)
概述 …………………………… (64)
催化剂 ………………………… (65)
表面活性剂 ……………………… (65)

合成胶黏剂 ……………………… (66)
生物化工及可替代能源 ………… (66)
化肥 ……………………………… (66)
概述 …………………………… (66)
合成氨 ………………………… (67)
尿素 …………………………… (68)
复合肥 ………………………… (68)
硫酸铵 ………………………… (68)
硝酸铵 ………………………… (69)
混配复合肥料 ………………… (69)
煤气化技术 …………………… (69)
无机原料 ………………………… (69)
概述 …………………………… (69)
硫酸 …………………………… (70)
硝酸 …………………………… (70)
盐酸 …………………………… (70)
烧碱 …………………………… (70)
纯碱 …………………………… (70)
质量管理 ………………………… (70)
概述 …………………………… (70)
客户服务 ……………………… (70)
质量培训 ……………………… (70)
化工产品等级品率完成情况 …… (70)
设备管理 ………………………… (71)
概述 …………………………… (71)
召开设备动力管理会议 ………… (71)
工作调研 ……………………… (71)
达标管理 ………………………… (72)
企业达标 ……………………… (72)
专业达标 ……………………… (72)
节能专业达标 ………………… (72)
装置攻关达标 ………………… (72)
同类装置竞赛 ………………… (72)
计量管理 ………………………… (73)
计量管理与监督 ……………… (73)

公用工程

热电 ……………………………… (75)
概述 …………………………… (75)
安全保供能力不断提高 ………… (75)
技术经济指标持续攀升 ………… (77)
降本增效成果显著 ……………… (78)
专项治理成绩斐然 ……………… (78)
煤炭入厂环节整体管理工作
初见成效 …………………… (78)
减排成效显著 ………………… (79)
加强专业指导和技术服务 ……… (79)
加强技能培训提升专业能力 …… (79)
油气田水电 ……………………… (79)
概述 …………………………… (79)
生产运行管理 ………………… (79)

产品销售

油品销售

综述 ……………………………… (81)
经营与管理 ……………………… (81)
经营策略 ……………………… (81)
零售经营 ……………………… (81)
非油品经营 …………………… (81)
直分销经营 …………………… (81)
网络发展 ……………………… (82)
管理与党建 ……………………… (82)
内部管理 ……………………… (82)
党建工作 ……………………… (82)

化工产品销售

综述 ……………………………… (82)
专业管理 ………………………… (82)
商情管理 ……………………… (82)
客户服务 ……………………… (83)
客户开发 ……………………… (83)
直销率 ………………………… (83)
产销研结合 …………………… (83)
优化资源配置 ………………… (83)
风险管控 ……………………… (83)
产品储运 ………………………… (83)
基础管理 ……………………… (83)
物流优化 ……………………… (83)
仓储管理 ……………………… (83)

物流安全管理 …………………… (83)
自备车管理 …………………… (83)
市场行情 …………………… (84)
概述 …………………… (84)
合成树脂市场 …………………… (84)
合成橡胶市场 …………………… (84)
有机化工产品市场 …………………… (84)
合纤原料市场 …………………… (84)
合成纤维市场 …………………… (84)
其他产品市场 …………………… (85)

国际化经营

综述 …………………… (87)
对外经济合作 …………………… (87)
境外油气勘探开发 …………………… (87)
境外炼化合资合作 …………………… (87)
境内合资合作 …………………… (87)
境外石油工程技术服务 …………………… (87)
境外炼化工程技术服务 …………………… (88)
国际科技合作 …………………… (88)
国际贸易 …………………… (88)
原油和成品油贸易 …………………… (88)
液化天然气贸易 …………………… (88)
境外燃料油贸易 …………………… (88)
化工产品进出口 …………………… (88)
炼化产品进出口及第三国贸易 … (88)
设备材料进出口及第三国贸易 … (88)
煤炭进口及第三国贸易 …………………… (89)
技术引进 …………………… (89)
外事管理 …………………… (89)
外事规章制度建设 …………………… (89)
因公出国(境)管理 …………………… (89)
境外公共安全管理 …………………… (89)
相关外事管理 …………………… (90)
重要外事活动和对外交流 ……… (90)
境外公共平台作用发挥 …………………… (90)

重点工程建设

综述 …………………… (93)
油田地面建设项目 …………………… (93)
大湾区块地面集输工程建成投产 …………………… (93)
埕岛中心三号平台及海上配套工程基本建成 …………………… (93)
元坝气田一期17亿米³/年试采工程地面工程开工建设 …………………… (93)
援青项目芒崖行委花土沟镇文化路综合市场开工并建成 …………………… (93)
红河油田88.3万吨/年产能建设地面工程开工并主体建成投产 … (93)
大牛地气田10亿立方米产能建设地面工程开工并建成投产 ……… (94)
西北油田分公司产能建设地面工程开工并主体建成投产 …………………… (94)
炼油项目 …………………… (94)
油品质量升级项目 …………………… (94)
茂名石化油品质量升级改造及配套项目续建 …………………… (94)
石家庄油品质量升级及原油劣质化改造工程续建 …………………… (94)
金陵油品质量升级项目建成投产 …………………… (94)
武汉油品质量升级改造二期项目全面中交 …………………… (94)
安庆含硫原油加工及油品质量升级项目续建 …………………… (94)
上海石化炼油改造工程建成投产 …………………… (94)
新加坡润滑油脂项目续建 ……… (94)
化工项目 …………………… (94)
武汉80万吨/年乙烯工程全面中交 …………………… (94)
湖北化肥20万吨/年合成气制乙二醇示范装置开工建设 ……… (94)
南化9万吨/年制氢装置及配套空分项目续建 …………………… (94)
燕山润滑油、合成材料及橡胶项目续建 …………………… (95)

储运项目 …………………………… (95)
海南洋浦成品油保税库项目续建 … (95)
山东 LNG 项目续建 ……………… (95)
甬绍金衢成品油管道及配套油库工程续建 …………………… (95)
珠三角成品油管道二期及配套油库工程续建 ………………… (95)
贵阳—重庆成品油管道工程续建 ………………………… (95)
湖南二期成品油管道及配套油库工程续建 …………………… (95)
甬台温成品油管道及配套油库工程开工建设 ………………… (95)
苏北成品油管道及配套油库工程开工建设 …………………… (95)
驻马店—信阳成品油管道及配套油库工程开工建设 ………… (95)
安庆石化 800 万吨/年炼化一体化成品油管道及配套油库工程开工建设 …………………… (95)
江西成品油管道二期及配套油库工程开工建设 ……………… (95)
天津炼化一体化原油储运配套工程通过竣工验收 …………… (95)
天津—河间原油管道改造工程通过竣工验收 ………………… (96)
工程建设管理 ……………………… (96)
设计管理 ……………………… (96)
生产准备与投料试车 ………… (96)
竣工验收 ……………………… (97)
大修改造 ……………………… (100)
南京项目管理中心 …………… (101)
工程建设监管 ……………………… (101)
工程质量监督 ………………… (101)
工程质量监察 ………………… (101)
工程质量大检查 ……………… (101)
招标投标管理 ………………… (102)
标准管理工作 ………………… (102)
炼油化工定额和工程造价管理 … (104)
石油工程造价管理 …………… (105)
工程建设企业管理 ………………… (106)
生产经营 ……………………… (106)
勘察设计企业资质管理 ……… (106)
优秀勘察设计评选 …………… (106)
施工企业资质管理 …………… (106)
工程获奖 ……………………… (106)
工程建设监理 ………………… (106)

安全环保职业健康

综述 ………………………………… (108)
安全监督管理 ……………………… (109)
安全生产指标控制情况 ……… (109)
安全生产先进集体和个人 …… (109)
安全环保大检查 ……………… (109)
安全教育培训 ………………… (109)
“打非治违”专项行动 ………… (109)
“安全生产月”活动 …………… (109)
企业 HSE 帮扶 ……………… (110)
建设项目安全“三同时”监督管理 ………………………… (110)
隐患治理 ……………………… (110)
安全科技 ……………………… (110)
井控管理 ……………………… (110)
海(水)上安全监管 …………… (111)
安保基金灾害及事故财产损失理赔 ………………………… (111)
外派人员人身意外及雇主责任保险 ………………………… (111)
环保监督管理 ……………………… (111)
概述 …………………………… (111)
环境保护先进单位和先进工作者 ………………………… (111)
首次发布《环境保护白皮书》 …… (111)
发布环境保护“十二五”规划 …… (111)
建设项目环保“三同时”监督管理 ………………………… (112)
环保宣传教育 ………………… (112)
环保现状评估 ………………… (112)

清洁生产 …………………………… (112)
环保科技攻关成果丰硕 ………… (112)
编制完成丁二烯清洁生产评价指标体系 …………………………… (112)
职业健康管理 …………………… (112)
概述 ……………………………… (112)
制度及标准建设 ………………… (113)
职业危害源头控制 ……………… (113)
劳动保护 ………………………… (113)
监测检查 ………………………… (113)
员工健康监护 …………………… (113)
专项调研 ………………………… (113)
教育培训 ………………………… (113)
心理健康 ………………………… (113)
应急管理 ………………………… (113)
应急指挥平台建设 ……………… (113)
应急装备及应急资源配置 ……… (114)
区域应急联防 …………………… (114)
应急预案演练 …………………… (114)
油气田及输油气管道安全保护 …… (114)
概述 ……………………………… (114)
十八大油气安保 ………………… (114)
“平安建设” …………………… (115)
管理机制与队伍建设 …………… (115)
法制宣传教育 …………………… (115)

节能减排

综述 ……………………………… (117)
节能管理 ………………………… (118)
概述 ……………………………… (118)
宣传节能减排和绿色低碳理念 … (118)
节能减排和绿色低碳基础进一步加强 …………………………… (119)
节能减排特色管理活动取得很好效果 …………………………… (119)
产业结构和能源结构进一步优化 …………………………… (120)
开展资源综合利用项目认定和减税工作 ……………………… (120)
科技板块节能工作 ……………… (120)
油田板块节能工作 ……………… (120)
炼油板块节能工作 ……………… (120)
化工板块节能工作 ……………… (120)
油品销售板块节能工作 ………… (121)
石油工程板块节能工作 ………… (121)
资产公司节能工作 ……………… (121)
节水减排 ………………………… (121)
总量减排工作取得阶段性成果 … (121)
积极开展环境专项治理 ………… (121)
丁二烯清洁生产评价指标体系 … (121)
环保政策法规研究 ……………… (122)

科研开发与管理

综述 ……………………………… (124)
科技成果 ………………………… (125)
概述 ……………………………… (125)
油气包裹体分析新技术及应用 … (125)
近钻头地质导向技术 …………… (125)
高阻尼特殊结构合成橡胶品种的研制及应用 ……………………… (125)
三维井眼抽油杆系统力学检测分析研究与应用 ……………………… (125)
高频电磁聚结原油脱水技术 …… (126)
RTM 逆时偏移技术研发及应用 … (126)
超百万道密度全数字单点地震勘探技术 ………………………… (126)
胜利准西北缘浅层油气成藏规律及关键技术 …………………… (127)
大牛地气田水平井钻完井及多级分段压裂技术 ………………… (127)
燃煤电厂烟气二氧化碳捕集、驱油与封存技术及示范应用 …… (127)
高速铁路特种乳化沥青的开发及工程推广应用 ………………… (127)
S-Zorb 国产吸附剂 FCAS 的开发及其工业应用 ………………… (128)
新型碳八芳烃异构化催化剂 RIC-200 工业应用试验 ……………… (128)

加氢裂化装置扩能改造及产品质量提升应用技术开发 ……………（128）
65 万吨/年乙苯成套技术开发及应用 ……………………………（128）
30 万吨/年天然气乙炔法制醋酸乙烯成套技术开发 ……………（129）
塔河超深层稠油降黏开采关键技术 ……………………………（129）
丙烯/1－丁烯无规共聚物的工业化开发 …………………………（129）
300 吨/年高性能聚乙烯纤维干法纺丝工业化成套技术 …………（129）
PO/SM 废气催化氧化处理成套技术开发及工业应用 …………（130）
新产品开发 ……………………………（130）
合成树脂新产品 …………………………（130）
纤维新产品 ……………………………（130）
知识产权 ………………………………（131）
概述 ……………………………………（131）
知识产权管理 …………………………（131）
知识产权人才培养 ……………………（131）
获得荣誉 ………………………………（131）
技术监督 ………………………………（131）
质量管理与监督 ………………………（131）
标准化管理 ……………………………（132）
计量管理与监督 ………………………（138）

企业改革与管理

综述 ……………………………………（140）
体制改革 ………………………………（140）
建设规范董事会 ………………………（140）
成立集团董事会办公室与总经理办公室 ……………………………（141）
成立党组办公室 ………………………（141）
成立集团公司工会工作委员会和青年工作委员会 ……………………（141）
调整境外公共安全管理职能 ……（141）
整合集团公司内外宣管理职能 …（141）
进一步明确总部党群部门职能 …（141）
实施炼化工程专业化重组 ………（141）
组建煤化工专业公司 ……………（141）
推进润滑油销售业务整合工作 …（141）
液化气实行集中统一销售 ………（142）
设立中国石化催化剂有限公司 …（142）
设立股份公司大连石油化工研究院 ……………………………（142）
设立中国石化新疆能源化工有限公司 …………………………（142）
设立集团公司延布炼厂项目部 …（142）
组建中国石化塔河炼化有限责任公司 …………………………（142）
设立股份公司原油销售分公司 …（142）
实施石油工程专业化重组 ………（142）
深化矿区(社区)改革 ……………（142）
企业管理 ………………………………（143）
开展管理提升活动 ………………（143）
改善经营管理建议工作深入开展 ……………………………（143）
开展“三基”工作评选表彰和典型经验总结推广 ……………（143）
进一步推进管理现代化创新工作 ……………………………（143）
规范总部制度管理 ………………（143）
推进企业基层制度标准化改造工作 ……………………………（144）
探索提高制度执行力 ……………（144）
深化制度管理信息系统应用 ……（144）
推进绩效考核制度化建设 ………（144）
强化对标评价工作常态化运行 …（144）
完善“比学赶帮超”工作机制化建设 …………………………（144）
内控与风险管理 ………………………（145）
推广应用内控管理信息系统 ……（145）
开展内控日常监督检查 …………（145）
组织内控手册修订更新 …………（145）
持续推进风险管理 ………………（145）
开展全面风险管理提升 …………（145）
资本运作 ………………………………（145）

概述 …… (145)
炼化工程板块重组改制并境外上市 …… (145)
冠德公司实施配股融资 …… (146)
发行300亿元A股可转换债券获有条件通过 …… (146)
信息化建设与管理 …… (146)
概述 …… (146)
ERP系统建设与应用 …… (146)
重点管理系统建设与应用 …… (147)
生产营运和供应链管理系统建设与应用 …… (147)
油田企业信息化建设与应用 …… (147)
炼化企业信息化建设与应用 …… (147)
销售企业信息化建设与应用 …… (148)
科研和工程建设单位信息化建设与应用 …… (148)
信息基础设施与安全建设 …… (148)
信息化管理 …… (148)

财务资产管理

综述 …… (151)
预算管理 …… (151)
强化预算管理 …… (151)
深化财务分析 …… (151)
做实做精做深全员成本目标管理 …… (151)
会计管理 …… (152)
强化会计核算规范化、制度化建设 …… (152)
完善会计核算信息化系统 …… (152)
完成年度财务决算 …… (152)
资金管理 …… (152)
加强筹融资管理 …… (152)
强化资金占用管理 …… (152)
成功发行35亿美元国际债券 …… (152)
加强资金风险管控 …… (153)
完善资金集中管理信息系统 …… (153)
资产管理 …… (153)
加强资产管理制度化建设 …… (153)
加强资产管理标准化建设 …… (153)
会计集中核算系统固定资产管理模块开发上线 …… (153)
启用中央企业资产评估管理信息系统 …… (153)
完成国务院国资委产权登记管理信息系统上线 …… (153)
土地管理 …… (153)
开展用地统计分析 …… (153)
完成土地租金调整 …… (154)
加强新增用地管理 …… (154)
协调处理土地热点问题 …… (154)
年金管理 …… (154)
加强企业年金基础管理 …… (154)
完善年金基金投资政策 …… (154)
加强年金基金监督管理 …… (154)
年金稽查 …… (154)
总部机关财务管理 …… (155)
总部机关财务制度建设 …… (155)
总部机关财务专项工作 …… (155)
财税价格政策 …… (155)
积极争取财税政策 …… (155)
完善内部经营政策 …… (155)
加强税收管理 …… (155)
财会队伍建设 …… (155)
推动财务工作转型升级 …… (155)
加强财务业务培训 …… (156)
严肃财经纪律 …… (156)
开展财务理论研究 …… (156)
举办财会文化建设征文活动 …… (156)
专项管理 …… (156)
专业化重组 …… (156)
社区改革 …… (156)
财务状况 …… (156)
概述 …… (156)

人事管理

综述 …… (161)

领导班子和干部队伍建设 …………(162)
石化集团公司规范董事会建设和石化股份公司董事会、监事会换届工作 ……………………(162)
推进石油工程、炼化工程改革重组 ……………………………(163)
健全完善选人用人机制 …………(163)
干部监督管理 ……………………(163)
人才队伍建设 ……………………(163)
高层次人才选拔培养 …………(163)
高层次人才引进 ………………(164)
人才配置 …………………………(164)
人才评价 …………………………(164)
博士后工作 ………………………(164)
业务竞赛 …………………………(164)
技术能手评审 ……………………(164)
劳动与薪酬管理 …………………(164)
加强用工总量管控 ……………(164)
规范用工管理 ……………………(164)
工资总额和人工成本管理 ………(164)
薪酬分配制度管理 ………………(165)
高级管理人员薪酬管理 …………(165)
企业年金管理 ……………………(165)
休假疗养制度 ……………………(165)
有关群体利益调整 ………………(165)
人才培训开发 ……………………(165)
概述 ………………………………(165)
培训管理及资源开发 ……………(165)
远程培训系统 ……………………(165)
重点人才培训 ……………………(165)
毕业生引进 ………………………(166)
海外人力资源管理 ………………(166)
海外人力资源管理调研 …………(166)
国际化人才选拔培养 ……………(166)
海外薪酬福利及人工成本管理 …(166)
总部机关人事管理 ………………(166)
概述 ………………………………(166)
机构编制管理 ……………………(166)
机关员工队伍建设 ………………(166)
薪酬保险工作 ……………………(167)
综合与信息管理 …………………(167)
组织人事部门自身建设 …………(167)
人力资源信息化建设 ……………(167)
离退休人员管理 …………………(167)
概述 ………………………………(167)
落实离退休人员“两项待遇” ……(167)
加强离退休人员“两项建设” ……(167)
离退休人员“两个阵地”建设 ……(168)
离退休工作队伍自身建设 ………(168)

物资采购与管理

综述 …………………………………(170)
物资采购 ……………………………(170)
生产建设物资供应 ………………(170)
集团化采购 ………………………(170)
网上采购 …………………………(171)
业务改造 ……………………………(171)
概述 ………………………………(171)
专业化分工流程化操作运行机制建设 …………………………(171)
供应商动态量化考核业绩引导订货机制建设 …………………(171)
框架协议采购 ……………………(171)
库存资金占用责任主体调整 ……(171)
采购策略编制及应用 ……………(172)
物资供应过程控制 ………………(172)
物资采购管理 ………………………(172)
全面推进科学理性采购 …………(172)
探索构建世界一流物资供应管理体系 …………………………(172)
巩固完善物资供应管理体制 ……(172)
开展物资采购管理提升活动 ……(172)
强力推进标准化采购 ……………(173)
强化供应商关系管理 ……………(173)
物资供应管理信息化建设 ………(174)
储备管理工作 ……………………(174)
物资供应监管 ……………………(174)
物资供应系统培训工作 …………(174)

重大装备国产化 …………………… (174)
　概述 ………………………………… (174)

矿区(社区)建设

综述 ………………………………… (176)
保障性业务 ………………………… (177)
　概述 ………………………………… (177)
经营性业务 ………………………… (178)
　概述 ………………………………… (178)
　矿区经营性业务工作 …………… (178)
公益性业务 ………………………… (178)
　概述 ………………………………… (178)

法律管理

综述 ………………………………… (180)
体系建设 …………………………… (180)
　概述 ………………………………… (180)
　全系统法制工作会议 …………… (181)
　全面实施新“三年目标计划” …… (181)
　总法律顾问述职工作全面开展 … (181)
　法律管理提升 …………………… (181)
　制度建设 ………………………… (182)
合同项目 …………………………… (182)
　概述 ………………………………… (182)
　合同项目法律风险防控研究 …… (182)
　深化国别法律研究 ……………… (182)
　重点难点热点敏感问题研究 …… (182)
　法律业务国际化 ………………… (182)
　举办中国石化法律英语竞赛 …… (182)
　全面建成合同管理信息
　　系统(CMIS) …………………… (183)
　标准合同示范文本建设 ………… (183)
　重大项目法律服务 ……………… (183)
　总部机关合同管理 ……………… (183)
法律纠纷 …………………………… (183)
　概述 ………………………………… (183)
　重大外部纠纷案件 ……………… (183)
　突发事件应对 …………………… (183)
　不良债权(股权)核销
　　法律审核 ……………………… (183)
　知识产权保护 …………………… (183)
　法律风险防控 …………………… (184)
公司事务 …………………………… (184)
　概述 ………………………………… (184)
　法律研究与规章制度审查 ……… (184)
　工商事务与授权管理 …………… (184)
　商标管理 ………………………… (184)
普法培训 …………………………… (185)
　下发领导干部学法主题 ………… (185)
　编印普法教材 …………………… (185)
　举办社会主义法治理念专题
　　辅导讲座 ……………………… (185)
　加大法制工作宣传报道力度 …… (185)
　加强法治文化建设 ……………… (185)
　法律培训工作制度化 …………… (185)
　党组管理的领导人员专题
　　法律培训 ……………………… (186)
　举办专职总法律顾问和法律
　　机构负责人培训班 …………… (186)
　专家型法律人才培训力度
　　进一步加大 …………………… (186)
　国际化法律人才培训持续
　　推进 …………………………… (186)
　编写法律培训教材 ……………… (186)
法律资源 …………………………… (186)
　外聘法律中介机构管理 ………… (186)
　加强与同行交流 ………………… (186)
　与法律中介机构交流 …………… (186)
　法律资源共享 …………………… (186)
　建立法律专家队伍 ……………… (187)

审计与监察

内部审计

综述 ………………………………… (189)
管理和效益审计 …………………… (189)
　概述 ………………………………… (189)
　总部组织实施的管理和效益
　　审计 …………………………… (189)

企业组织实施的管理和效益审计 …………………………… (189)
经济责任审计 …………………………… (189)
概述 …………………………… (189)
总部组织实施的经济责任审计 … (189)
企业组织实施的经济责任审计 … (189)
内控审计评价 …………………………… (190)
概述 …………………………… (190)
总部组织实施的内部控制审计评价 …………………………… (190)
企业组织实施的内部控制审计评价 …………………………… (190)
工程投资审计 …………………………… (190)
概述 …………………………… (190)
总部组织实施的工程投资审计 … (190)
企业组织实施的工程投资审计 … (190)
财务收支审计 …………………………… (190)
概述 …………………………… (190)
企业组织实施的财务收支审计 …………………………… (190)
涉外审计 …………………………… (190)
概述 …………………………… (190)
总部组织实施的涉外审计 ……… (191)
企业组织实施的涉外审计 ……… (191)
审计基础管理工作 ………………… (191)
概述 …………………………… (191)
扎实推进审计标准化、信息化建设 …………………………… (191)
创新审计项目的组织管理 ……… (191)
着力提升审计管理"软实力" …… (191)
改进作风深入企业指导审计工作 …………………………… (192)
大力提高审计人员业务素质和技能 …………………………… (192)
其他工作 …………………………… (192)
协调配合国家审计署和国务院监事会的审计检查工作 ……… (192)

纪检监察

综述 …………………………… (192)
惩防体系建设 ………………………… (192)
概述 …………………………… (192)
惩防体系建设研讨活动 ………… (192)
反腐倡廉制度建设 ……………… (193)
纪检监察调研 …………………… (193)
纪检监察机构和干部队伍建设 …………………………… (193)
源头治理 …………………………… (193)
概述 …………………………… (193)
对中央和党组重大决策部署贯彻落实情况的监督检查 …… (193)
业务公开工作 …………………… (194)
廉洁风险防控工作 ……………… (194)
领导人员廉洁从业工作 ………… (194)
概述 …………………………… (194)
廉洁从业监督 …………………… (194)
党组巡视工作 …………………… (194)
反腐倡廉教育 ……………………… (194)
概述 …………………………… (194)
党性党风党纪教育 ……………… (195)
学习宣传廉洁从业优秀领导人员活动 …………………… (195)
廉洁文化建设 …………………… (195)
效能监察 …………………………… (195)
概述 …………………………… (195)
统一立项效能监察 ……………… (195)
派驻督察和重点督察 …………… (195)
专项监督检查 …………………… (195)
执纪办案工作 ……………………… (196)
概述 …………………………… (196)

企业党建与企业文化

综述 …………………………… (198)
基层党建工作 ……………………… (198)
为民服务创先争优 ……………… (198)
基层组织建设年活动 …………… (198)
作风建设 ………………………… (198)
思想教育工作 ……………………… (199)
学习贯彻党的十八精神 ………… (199)

形势政策宣传 …………………… (199)
环保专题教育 …………………… (199)
EAP 教育 ………………………… (199)
思想政治工作研究 ……………… (199)
新闻宣传工作 …………………… (199)
对内新闻宣传 …………………… (199)
对外正面宣传 …………………… (200)
负面舆情应对 …………………… (200)
社会公共关系 …………………… (200)
典型选树 ………………………… (201)
企业文化建设 …………………… (201)
修订纲要 ………………………… (201)
网上博物馆建设 ………………… (201)
文化融合 ………………………… (201)
和谐企业建设 …………………… (201)
和谐劳动关系 …………………… (201)
帮扶救助 ………………………… (202)
民主管理 ………………………… (202)
青年工作 ………………………… (202)
文体活动 ………………………… (202)
社会公益 ………………………… (202)
共建温馨家园 …………………… (202)
扶贫济困 ………………………… (203)
支援灾区 ………………………… (203)
捐资助学 ………………………… (203)
健康快车 ………………………… (203)

新闻与出版

新闻媒体 ………………………… (205)
概述 ……………………………… (205)
《中国石化报》 ………………… (205)
《中国石化》杂志 ……………… (205)
中国石化网络电视 ……………… (205)
中国石化新闻网 ………………… (205)
《中国石化新闻界》 …………… (206)
《中国石化手机报》 …………… (206)
《Sinopec Weekly》 ……………… (206)
《车友报》 ……………………… (206)
中国石化团购网 ………………… (206)
中国石化新闻图片网 …………… (206)
图书出版 ………………………… (206)
《含硫含酸原油加工技术》出版发行 ………………………… (206)
《炼化操作工系列工作行为规范》(共3个分册)出版发行 ……… (207)
《中国石化易捷便利店运营管理手册》出版发行 ……………… (207)
《乙烯工艺与技术(精华本)》出版发行 ……………………… (207)
《大学化学实验》系列教材(共6个分册)出版发行 …………… (207)
《润滑剂添加剂性质及应用》出版发行 ……………………… (207)
《英汉石油化工词典》出版发行 … (207)
《炼油与石化工业技术进展》(2012 版)出版发行 …………… (207)
《世界典型润滑油研发战略》出版发行 ……………………… (208)
《HSE 观察——控制看得见的风险》出版发行 ………………… (208)
《煤气化工艺风险管理》出版发行 ……………………… (208)
HAZOP 培训系列教材出版发行 ……………………… (208)
《石油化工企业生产装置设备动力事故及故障案例分析》出版发行 ……………………… (208)
《炼油设备英汉图解手册》出版发行 ……………………… (208)
中国石化《投资贸易法律指南》第 2 批出版发行 ……………… (208)
《油气勘探工程师手册》出版发行 ……………………… (209)
《油气勘探开发技术进展——石油物探》出版发行 …………… (209)
《国内外石油技术进展(十一五)》出版发行 ………………… (209)
《塔河油田石油工程技术与实践》

出版发行 …………………………（209）

企事业单位

胜利油田 …………………………（219）
中原油田 …………………………（223）
河南油田 …………………………（228）
江汉油田 …………………………（233）
江苏油田 …………………………（236）
新星石油公司 ……………………（241）
上海海洋石油局暨上海海洋
油气分公司 ……………………（244）
西北石油局暨西北油田分公司 ……（248）
西南油气田 ………………………（252）
东北石油局暨东北油气分公司 ……（257）
华北石油局暨华北分公司 …………（259）
华东石油局暨华东分公司 …………（264）
天然气分公司 ……………………（269）
勘探南方分公司 …………………（270）
天然气工程项目管理部 ……………（273）
管道公司 …………………………（275）
燕山石化 …………………………（278）
齐鲁石化 …………………………（282）
茂名石化 …………………………（286）
镇海炼化 …………………………（290）
天津石化 …………………………（296）
中沙石化 …………………………（299）
上海石化 …………………………（301）
上海赛科公司 ……………………（303）
高桥石化 …………………………（306）
金陵石化 …………………………（309）
扬子石化 …………………………（312）
扬巴公司 …………………………（316）
福建炼化 …………………………（317）
巴陵石化 …………………………（320）
长岭炼化 …………………………（324）
仪化公司 …………………………（326）
南京化工公司 ……………………（331）
广州石化 …………………………（334）
洛阳石化 …………………………（339）
安庆石化 …………………………（342）
荆门石化 …………………………（346）
四川维尼纶厂 ……………………（349）
九江石化 …………………………（351）
湖北化肥 …………………………（355）
石家庄炼化 ………………………（357）
济南炼化 …………………………（360）
武汉石化 …………………………（362）
中原石化 …………………………（367）
沧州炼化 …………………………（369）
润滑油分公司 ……………………（372）
青岛石化 …………………………（375）
湛江东兴公司 ……………………（378）
北海炼化 …………………………（380）
西安石化 …………………………（383）
塔河分公司 ………………………（385）
海南炼化 …………………………（389）
青岛炼化 …………………………（393）
北京石油分公司 …………………（396）
天津石油分公司 …………………（399）
河北石油分公司 …………………（401）
山西石油分公司 …………………（403）
上海石油分公司 …………………（405）
江苏石油分公司 …………………（408）
浙江石油分公司 …………………（410）
安徽石油分公司 …………………（413）
福建石油分公司 …………………（415）
江西石油分公司 …………………（418）
山东石油分公司 …………………（420）
河南石油分公司 …………………（422）
湖北石油分公司 …………………（424）
湖南石油分公司 …………………（427）
广东石油分公司 …………………（428）
广西石油分公司 …………………（431）
海南石油分公司 …………………（433）
贵州石油分公司 …………………（435）
云南石油分公司 …………………（438）
四川石油分公司 …………………（440）
重庆石油分公司 …………………（441）

新疆石油分公司 …………………… (447)
黑龙江石油分公司 ………………… (449)
青海石油分公司 …………………… (451)
甘肃石油分公司 …………………… (453)
宁夏石油分公司 …………………… (454)
销售华北分公司 …………………… (456)
销售华东分公司 …………………… (457)
销售华中分公司 …………………… (460)
销售华南分公司 …………………… (462)
石油勘探开发研究院 ……………… (464)
石油工程技术研究院 ……………… (466)
石油物探技术研究院 ……………… (469)
石油化工科学研究院 ……………… (470)
北京化工研究院 …………………… (474)
抚顺石油化工研究院 ……………… (478)
上海石油化工研究院 ……………… (481)
安全工程研究院 …………………… (484)
管理干部学院 ……………………… (487)
工程建设公司 ……………………… (489)
上海工程公司 ……………………… (493)
洛阳工程公司 ……………………… (500)
宁波工程公司 ……………………… (504)
南京工程公司 ……………………… (507)
第四建设公司 ……………………… (511)
第五建设公司 ……………………… (515)
第十建设公司 ……………………… (521)
国际事业公司 ……………………… (525)
国际石油勘探开发公司 …………… (525)
石油工程公司 ……………………… (527)
　国际石油工程公司 ……………… (528)
炼化工程(集团)公司 ……………… (529)
财务公司 …………………………… (531)
百川公司(机关服务中心、
　机关服务局) …………………… (534)
联合石化公司 ……………………… (536)
化工销售有限公司 ………………… (536)
长城能源化工公司 ………………… (537)
催化剂有限公司 …………………… (538)
燃料油销售公司 …………………… (541)
经济技术研究院(咨询公司) ……… (542)
石化报社 …………………………… (546)
石化出版社(展览办公室) ………… (547)

人　物

全国五一劳动奖章获得者 ………… (551)
　李中树 ………………………… (551)
　汪卫东 ………………………… (551)
　吴汉川 ………………………… (551)
　杨　莲 ………………………… (551)
　毛谦明 ………………………… (551)
　李炳奉 ………………………… (552)
　任　铎 ………………………… (552)
　毕建国 ………………………… (552)
　杜　明 ………………………… (552)
　温　福 ………………………… (553)
　田中山 ………………………… (553)
　缪长喜 ………………………… (553)
全国优秀共青团干部 ……………… (553)
　晓　勇 ………………………… (553)
全国优秀共青团员 ………………… (553)
　孟　良 ………………………… (553)
　沈　浩 ………………………… (553)
第 11 届中华技能大奖获得者 ……… (554)
　张吉平 ………………………… (554)
全国技术能手 ……………………… (554)
　汪宏辉 ………………………… (554)
　刘建华 ………………………… (554)
　景天豪 ………………………… (554)
　李小东 ………………………… (554)
　梁　岩 ………………………… (554)

统计资料

附　录

附录 1　科技成果获奖名单 ………… (574)
附录 2　企事业单位名录 …………… (590)
附录 3　制度性文件名一览表 ……… (602)

索　引

主题词索引 ………………………… (605)
表题索引 …………………………… (636)

CONTENTS

Chronicle of Events

Survey

Putting Forth Effort on Profound Reform, Accelerating the Transformation of Development Pattern, so as to Consolidate Our Path to a World-leading Energy and Chemical Corporation …………………… (5)

Domestic Oil and Gas Exploration & Development

• Summary …………………………………………………………………………………………… (9)
• Oil and Gas Exploration …………………………………………………………………………… (11)
• Oilfield Development ……………………………………………………………………………… (13)
• Gas Field Development …………………………………………………………………………… (16)
• Geophysical Exploration …………………………………………………………………………… (17)
• Oil and Gas Production Management ……………………………………………………………… (18)
• Gathering and Transportation of Oil and Gas ……………………………………………………… (19)
• Equipment Management …………………………………………………………………………… (19)
• Grass – Roots Management ………………………………………………………………………… (20)

Domestic Petroleum Engineering

• Summary …………………………………………………………………………………………… (23)
• Petroleum Geophysical Exploration ………………………………………………………………… (23)
• Drilling Engineering ………………………………………………………………………………… (25)
• Downhole Operation ………………………………………………………………………………… (26)
• Oil Test Engineering ………………………………………………………………………………… (27)
• Petroleum Geophysical Well Logging ……………………………………………………………… (27)
• Geological Logging ………………………………………………………………………………… (28)
• Oilfield Ground Construction ……………………………………………………………………… (28)
• Offshore Petroleum Engineering …………………………………………………………………… (30)
• Crews Qualification Management …………………………………………………………………… (30)
• Equipment Management …………………………………………………………………………… (31)
• Equipment Manufacturing ………………………………………………………………………… (32)

Petroleum Refining

• Summary …………………………………………………………………………………………… (34)
• Process and Technology Development ……………………………………………………………… (34)
• Equipment Target Hitting …………………………………………………………………………… (37)
• Petroleum Refining Products Self – Marketing ……………………………………………………… (37)

• Petroleum Refining Products Self – Marketing …… (37)
• Equipment Management …… (38)
• Metrology Management …… (39)
• Quality Management …… (39)
• Crude Oil Transportation and Storage …… (40)

Petrochemical Production

• Summary …… (44)
• Organic Raw Materials …… (45)
• Synthetic Resins …… (50)
• Synthetic Rubbers …… (55)
• Synthetic Fibers …… (58)
• Fine Chemicals …… (64)
• Chemical Fertilizer …… (66)
• Inorganic Raw Materials …… (69)
• Quality Management …… (70)
• Equipment Management …… (71)
• Target Management …… (72)
• Metrology Management …… (73)

Public Utilities

• Thermoelectricity …… (75)
• Oilfield Power and Water …… (79)

Product Marketing

Oil Product Marketing

• Summary …… (81)
• Marketing Management …… (81)
• Management & Party Building …… (82)

Petrochemical Product Marketing

• Summary …… (82)
• Professional Management …… (82)
• Products Transportation and Storage …… (83)
• The Market for Petrochemical Products …… (84)

International Operation

• Summary …… (87)
• Foreign Economic Cooperation …… (87)
• Foreign Trade …… (88)
• Management of Foreign Affairs …… (89)

Key Projects Construction

- Summary ······ (93)
- Oilfield Ground Projects Construction ······ (93)
- Refining Projects ······ (94)
- Petrochemical Projects ······ (94)
- Transportation and Storage Projects ······ (95)
- Construction Projects Management ······ (96)
- Supervision and Management of Construction Projects ······ (101)
- Construction Enterprises Management ······ (106)

Safety, Environment and Occupational Health

- Summary ······ (108)
- Safety Supervision and Management ······ (109)
- Environmental Protection Supervision and Management ······ (111)
- Occupational Health Management ······ (112)
- Emergency Management ······ (113)
- Oil and Gas Field, Pipelines Security Protection ······ (114)

Energy – Saving and Emission Reduction

- Summary ······ (117)
- Energy – Saving Management ······ (118)
- Water – Saving and Emission Reduction ······ (121)

Scientific Research, Development and Management

- Summary ······ (124)
- Scientific & Technological Achievements ······ (125)
- Development of New Products ······ (130)
- Intellectual Property Rights ······ (131)
- Technical Supervision ······ (131)

Corporate Reform& Management

- Summary ······ (140)
- System Reform ······ (140)
- Corporate Management ······ (143)
- Internal Control and Risk Management ······ (145)
- Assets Operation ······ (145)
- Informatization Construction& Management ······ (146)

Finance & Assets Management

- Summary ······ (151)

- Budget Management ········ (151)
- Accounting Management ········ (152)
- Fund Management ········ (152)
- Assets Management ········ (153)
- Land Management ········ (153)
- Annuity Management ········ (154)
- Headquarters Finance Management ········ (155)
- Finance and Taxation Policy Research ········ (155)
- Finance and Accounting Team Construction ········ (155)
- Special Management ········ (156)
- Financial Statement ········ (156)

Personnel Management

- Summary ········ (161)
- Management Building ········ (162)
- Talents Building ········ (163)
- Labor and Wages Management ········ (164)
- Talents Training ········ (165)
- Human Resources Management of Overseas Subsidiaries ········ (166)
- Headquarters Personnel Management ········ (166)
- Comprehensive and Informational Management ········ (167)
- Retiree Management ········ (167)

Material Purchase & Management

- Summary ········ (170)
- Material Purchase ········ (170)
- Business Reorganization ········ (171)
- Material Purchasing Management ········ (172)
- Domestic Supply of Major Equipment ········ (174)

Mining Area (Community) Construction

- Summary ········ (176)
- Supportability Business ········ (177)
- Profitable Business ········ (178)
- Public Welfare Business ········ (178)

Legal Management

- Summary ········ (180)
- System Construction ········ (180)
- Contract Management and Project Service ········ (182)
- Disputes ········ (183)

- Corporate Affairs …… (184)
- Law Popularization Training …… (185)
- Legal Resources …… (186)

Audit & Supervision

Internal Audit

- Summary …… (189)
- Auditing on Benefits and Management …… (189)
- Auditing on Economic Duty …… (189)
- Evaluation on Internal Control Auditing …… (190)
- Auditing on Investment in Projects …… (190)
- Auditing on Financial Revenues and Expenditures …… (190)
- Foreign – related Audit …… (190)
- Foundation Management …… (191)
- Other Work …… (192)

Discipline Supervision

- Summary …… (192)
- Construction of Punishment and Prevention System …… (192)
- Origin Control …… (193)
- Cadres Probity …… (194)
- Education on Fighting Corruption and Upholding Integrity …… (194)
- Efficiency Supervision …… (195)
- Case Handling …… (196)

Party Building and Corporate Culture

- Summary …… (198)
- Grass – roots Party Building …… (198)
- Ideological Education …… (199)
- News Propaganda …… (199)
- Corporate Culture Construction …… (201)
- Harmonious Enterprise Construction …… (201)
- Public Welfare …… (202)

News & Publishing

- News Media …… (205)
- Book Publishing …… (206)

Enterprise & Institutions

Personages

Statistics

Appendix

- List of Scientific and Technological Achievement Prize Winners …… (574)
- Directory of Enterprises and Institutions …… (590)
- Title List of Institutional Documents …… (602)

Index

企业形象宣传专版单位

封底:摩科瑞能源集团

前　插　页

1. 雪佛龙菲利普斯国际化工公司
2. 法国兴业银行
3. 中国工商银行
4. 林德集团
5. 中国建设银行
6. 扬子石化－巴斯夫有限公司
7. 南光(集团)有限公司
8. Eneos Italsing Pte Ltd
9. 天津钢管集团股份有限公司
10. 新加坡 PEC 股份有限公司
11. 新加坡凯发集团
12. 上海化学工业区发展有限公司
13. 西门子(中国)有限公司
14. 威立雅水务有限公司
15. Univation
16. 金桐石油化工有限公司
17. 瑞穗实业银行
18. 三菱东京银行
19. 大华银行
20. 星展银行
21. 荷兰商业银行
22. 三井化学株式会社
23. 丸红(北京)商业贸易有限公司
24. 史密夫·斐尔律师事务所
25. 安理国际律师事务所
26. 霍夫曼律师事务所
27. 北京世纪天宇广告有限公司

中　插　页

1. 中国石化润滑油分公司
2. 中国石化国际石油勘探开发公司
3. 中国石化胜利油田分公司
4. 中国石化上海石化
5. 中国石化华北分公司
6. 中国石化上海高桥石化
7. 中国石化金陵石化
8. 中国石化茂名石化
9. 中国石化湖北化肥分公司
10. 中国石化石家庄炼化
11. 中国石化武汉分公司
12. 中国石化山东石油分公司
13. 中国石化上海石油化工研究院
14. 中国石化第五建设公司
15. 上海赛科石油化工有限责任公司
16. 石化盈科信息技术有限责任公司
17. 上海石化物资交易中心有限公司

大事记

2012年

1月

1日 北海炼油异地改造项目炼油装置打通全流程，实现一次投产成功。

3日 中国石化与美国 Devon 能源公司签署协议，收购该公司在美国5个页岩油气资产1/3权益。

15日 中国石化与沙特阿拉伯石油公司、沙特基础工业公司在利雅得签署延布炼油厂合资协议和天津聚碳酸酯项目合资协议。

18日 习近平亲切看望“两院”院士闵恩泽及其夫人陆婉珍院士，高度评价闵恩泽院士在石油化工领域为党、为国家、为人民作出的重要贡献，并对中国石化近年来在新能源和可再生能源开发上取得的进展给予充分肯定。

2月

14日 2011年度国家科学技术奖励大会在北京举行，中国石化获国家科技进步一等奖1项、国家技术发明二等奖2项、国家科技进步二等奖10项。

28日 中国石化自主开发的1#生物航煤适航审定受理仪式在人民大会堂举行，中国民用航空局正式受理1#生物航空煤油适航审定。

3月

28日 中国石化收购 Galp 巴西资产30%权益项目在巴西和荷兰两地同时完成交割。

4月

3日 普光气田大湾区块30亿立方米天然气产能建设项目成功投产，成为川气东送工程重要的资源接替阵地。

13日 国务院国资委在中国石化总部召开集团公司建设规范董事会工作会议，宣布成立中国石化集团公司董事会。董事会由9名董事组成，其中外部董事5名，职工董事1名。第一届董事会成员：董事长傅成玉，董事王天普、徐槟，外部董事丁中智、马之庚、冯国经、吴晓华、蔡洪滨，职工董事李安喜。

20日 在国务院总理温家宝和冰岛总理西于尔扎多蒂的共同见证下，中国石化与冰岛奥卡能源控股有限公司签署《关于扩大地热资源开发规模、业务及合作的框架协议》。

5月

10日 中国石化成功发行30亿美元国际债券，这是石化集团公司首次进入国际债券市场进行直接融资。

6月

9日 位于重庆市梁平县的涪页2－2HF井开钻，这是中国石化涪陵页岩(油)气产能建设示范区一期开发方案的第1口井。

18日 联合国可持续发展大会期间，中国石化在巴西里约热内卢发布了中国石化首份社会责任国别报告——《中国石化在巴西》。

28日 中国石化炼油销售有限公司在沪成立。

7月

12日 中国石化与澳大利亚太平洋液化天然气有限公司(APLNG)就增持 APLNG 公司10%股份项目完成交割。

26日 中国石化塔河炼化有限责任公司、新疆路油石化有限责任公司揭牌成立。

8月

7日 石化集团公司党组发出《关于向镇海炼化学习的决定》和《关于向李安喜同志学习的决定》。全系统广泛开展向镇海炼化和李安喜学习的活动。

9月

3日 中石化炼化工程(集团)股份有限公司揭牌仪式在中国石化总部举行。

28日 中石化长城能源化工有限公司揭牌成立，标志着中国石化煤化工业务进入快速推进、专业化发展的新阶段。

11月

19日 中国石化与法国道达尔公司达成协议，

收购该公司所占 OML138 区块全部 20% 的权益。

29 日 中国石化正式发布《中国石油化工集团公司环境保护白皮书(2012)》，这是中国石化首次发布环境保护白皮书，也是中国工业企业发布的首个环境保护白皮书。

30 日 第 14 届中国专利奖颁奖大会在北京举行，中国石化共获 5 个大奖，其中“苯和乙烯制乙苯的烷基化方法”和“一种己内酰胺加氢精制方法”获得中国专利金奖。

12 月

8 日 第 11 届全国高技能人才表彰大会在北京举行，中国石化 1 人获中华技能大奖，5 人获全国技术能手称号。

18 日 中国石化收购加拿大塔利斯曼能源公司英国子公司 49% 股份项目正式交割。

27 日 镇海炼化 100 万吨/年乙烯工程获国家优质工程金质奖，实现中国石化工程建设史上国优金奖“零”的突破。

同日 国内首套甲苯甲醇甲基化工业装置在扬子石化成功完成工业运行试验，标志着中国石化成为全球首家拥有甲苯甲醇甲基化专有技术的公司。

28 日 中石化石油工程技术服务有限公司在京揭牌成立。

总　　述

全面深化改革　加快转变发展方式 开创建设世界一流能源化工公司新局面

2012年是中国石化开启建设世界一流能源化工公司新航程的启航之年，也是不平凡的一年。这一年，世界经济复苏乏力，中国经济下行压力增大，国际油价剧烈波动，国内成品油价格不到位，市场需求持续低迷。面对严峻的形势，中国石化认真贯彻落实党中央、国务院的战略部署，牢牢把握稳中求进的工作总基调，坚持世界一流发展目标，立足长远抓当前、强基固本练内功，团结一心、攻坚克难，取得了来之不易的经营业绩和各方面工作的新进步。

一、生产经营平稳运行

一年来，中国石化积极应对市场变化和国际油价剧烈波动的影响，努力扩大资源、拓展市场、优化运行、降本减费，较好地完成了稳增长、保效益目标任务。全年境内生产原油4 318万吨、同比(下同)增长1.1%，生产天然气169亿立方米、增长15.7%，销售天然气154亿立方米、增长17.5%；境外实现权益油气当量产量2 905万吨、增长27%；加工原油2.23亿吨、增长1.9%，生产成品油1.34亿吨、增长3.9%；境内成品油经营量1.59亿吨、增长5.2%；生产乙烯954万吨、下降4.9%，化工产品经营量5 435万吨、增长7%；完成原油第三方贸易7 957万吨、增长26.99%，成品油第三方贸易1 622万吨、增长20.1%。全年实现营业收入2.83万亿元、增长10.9%，上缴税费3 223亿元、下降2.3%，实现利润1 047亿元，利润总额、经济增加值(EVA)、流动资产周转率、人均营业收入等达到或超过国务院国资委考核指标。

二、转变发展方式扎实推进

中国石化紧紧围绕资源、市场、一体化、国际化、差异化和绿色低碳战略，结合公司实际和形势变化，加强投资优化，推进重点工程和项目建设，取得了成效。国内上游以“五大会战”为重点带动全面工作，保持了规模增储、持续上产态势；境外油气业务“走出去”步伐加快，打造上游“半壁江山”的资源基础更加坚实；天然气资源开发、市场开拓、基础设施建设全面推进，天然气大发展势头开始显现；炼油创一流各项措施加快落实，主要技术经济指标不断改善，国内领先优势进一步巩固；煤化工战略加快实施，轻烃资源扩大利用，化工原料和产品结构调整取得新进展；成品油营销网络质量提升，加气站发展提速，管道和油库布局继续优化；境外炼化和仓储设施加快布局，国际贸易能力进一步增强；绿色低碳发展理念成为共识，节能环保改造力度加大，合同能源管理被纳入工作日程，节能减排效果显著，地热、生物航煤、生物柴油开发取得新进展，碳盘查开展试点，绿色低碳发展从理念转化为行动。

三、深层次改革平稳起步

按照国务院国资委的部署和要求，设立了石化集团公司董事会，建立了决策、执行、监督既相互分离、相互制约又相互协调的管理机制，标志着集团层面完善治理结构迈出了实质性步伐。启动自2000年石化股份公司上市以来最大范围的资产重组和更深层次的企业改革，完成石油工程、炼化工程、煤化工等专业公司组建，加快矿区(社区)管理体制调整，完成润滑油、液化气销售业务整合，推进转变总部职能、做实事业部工作，取得了初步成效。在推进改革的过程中，深刻理解中央关于深化国有企业改革的精神实质，结合公司发展实际，优化顶层设计，总体规划、协同配套、统筹推进，突出改革的系统性、整体性、协同性，着力把握改革的时机、节奏、力度和可承受能力的平衡，做到了平稳推进、可控运行。

四、企业管理水平有效提升

一是安全生产、环境保护工作力度加大。强化安全环保责任，推动 HSE 责任体系更加完善、更加落实。试点国际先进的欧萨(OSHA)管理手段，进一步强化了安全生产全程管控。实施隐患治理项目分级挂牌和后评估制度，隐患排查治理实现常态化、规范化和科学化。二是全员成本目标管理深入开展。按照“经营一元钱，节约一分钱”的要求，各部门、各单位将全员成本目标管理与“比学赶帮超”工作结合起来，认真落实降本减费各项措施，取得了明显成效。三是广泛开展“向镇海炼化学习、向李安喜同志学习”活动。各部门、各单位对照先进找差距、定目标、定措施，营造了崇尚先进、学习先进、争当先进的浓厚氛围。同时，加强内控执行力建设，充分发挥财务、审计、监察、法律的监督作用，风险管理不断加强。ERP 建设与应用取得新突破，人力资源、合同管理信息系统上线运行，信息化为提高经营管理水平提供了有力支撑。

五、科技创新取得丰硕成果

技术创新始终是支撑和引领发展的驱动力量。中国石化结合当前和长远发展需要，统筹推进应用性技术攻关和战略性技术突破，取得了进展。水平井分段压裂等技术攻关取得新进展，茂金属聚乙烯等新产品成功开发，浆态床费托合成等战略性技术实现新突破。世界首套 20 万吨/年甲苯甲醇甲基化(MTX)工业装置建成投产，首次出口的 CBL 裂解炉技术成功投用。荣获国家科技进步特等奖 1 项、中国专利金奖 2 项。全年申请专利 4 865 项、获得授权 1 855 项，继续在中央企业中保持前列。同时，《2030 年科技发展规划》持续完善，《清洁绿色技术专项发展规划》编制完成，前瞻性、基础性研究得到加强，科研激励机制更加完善，对外科研合作力度加大，休斯顿、沙特等海外研发中心开始筹建，开放式办科研有了新进展。

六、人才培养和队伍建设成效明显

统筹推进各类人才队伍建设，进一步畅通人才成长通道，一批专业技术人才和技能操作人才站上了更高的发展平台。继续推行党组管理的领导干部竞争性选拔，9 家销售企业总会计师岗位在全系统完成公开招聘，通过竞争上岗方式完成石油工程公司所属事业部、专业公司和地区公司领导班子副职的选拔，进一步激发了干部队伍活力。大力引进海外高层次人才，石化集团公司引进的“千人计划”人才增加到 7 人，并向国家相关部门申报了一批推荐人选。跨文化管理取得实效，外籍员工归属感、自豪感增强。基本薪酬制度与人才成长通道建设配套实施，员工收入持续增长，分配关系更趋合理。带薪休假制度进一步落实，离退休人员、协解人员、劳动家属等群体利益调整顺利推进，完善补充医疗保险试点取得良好成效。

七、发展环境继续改善

一是加强企业内部和谐建设，提高企业凝聚力、向心力和战斗力，大力开展矛盾纠纷排查化解专项工作，全系统信访总量大幅下降，总体实现了队伍稳定、企业稳定。二是按照“融入地方、借势发展、合作共赢”的理念，推进与多个省市的战略合作，在社区管理、维护稳定等方面得到了地方的大力支持。三是在加强内部和谐建设的同时，加大正面宣传力度，妥善处理负面舆情，树立和维护了公司形象。四是更加注重投资者利益和股东回报，加强资本市场预期管理，推进公开、透明、规范的公司运作，石化股份公司股票从 2011 年下半年开始跑赢大市和国内同类公司，公司市值大幅增加；冠德首次供股融资、国际债券发行等顺利实施。五是积极承担社会责任，坚持依法经营、诚信经营，大力推动节能减排和环境保护，发布《中国石油化工集团公司环境保护白皮书(2012)》(简称《环境保护白皮书》)，加入全球契约领跑者计划，积极参与扶贫捐助、“健康快车”等公益事业，公司形象特别是国际形象明显提升。

八、政治优势得到有效发挥

根据改革发展的新变化和党建工作的新情况，创新党建管理模式，在坚持党建工作属地化管理基础上，对党建工作实行统一领导、统一规划、统一部署、统一管理、统一考核的“五统一”党建管理新模式，进一步明确了党建工作职能定位、总体布局、体制机制、管理要求和考核办法。强化党建工作系统化管理，突出“一岗双责”，明确党政工作都要向提高企业竞争力聚焦，推动党建思想政治工作与生产经营的深度融合，真正做到围绕中心、服务大局。按照中央统一部署，深入开展“为民服务创先争优”活动和基层组织建设年活动，改善了客户、员工满意度，提升了企业管理水平，增强了党员的责任意识和基层党组织的战斗力。整合宣传管理和群众组织管理资源，工会、共青团等群众组织的作用得到更好发挥。惩防体系建设扎实推进，党组巡视、效能监察、业务公开继续深化，廉洁风险防控开展试点，查办案件力度加大，为公司持续健康发展提供了有力保障。

总之，过去的2012年，中国石化团结一心、众志成城，经受住了严峻考验，成功开启了建设世界一流能源化工公司新航程，谱写了科学发展新篇章。2013年是全面贯彻落实党的十八大精神的开局之年，是实施“十二五”规划承前启后的关键一年，中国石化也将迎来成立30周年，生产经营和改革发展任务非常繁重。面对新形势、新任务，中国石化将紧密团结在以习近平同志为总书记的党中央周围，高举中国特色社会主义伟大旗帜，以邓小平理论、“三个代表”重要思想、科学发展观为指导，紧紧围绕提高发展质量和效益这个中心，着力深化改革、调整结构、强化管理，加快转变发展方式，充分调动各方面积极性，牢记使命，砥砺奋进，努力开创建设世界一流能源化工公司新局面，为促进中国经济社会发展作出更大的贡献。

境内油气勘探开发

- ◇ 综述
- ◇ 油气勘探
- ◇ 油田开发
- ◇ 气田开发
- ◇ 地球物理勘探
- ◇ 采油气管理
- ◇ 油气集输
- ◇ 设备管理
- ◇ 基层管理

综　　述

2012年，油田板块认真贯彻石化集团公司工作会议精神，紧紧围绕“打造上游长板、建设世界一流”的中心任务，科学部署、周密组织、精细管理、强化运行，全力推进五大会战，全面超额完成各项工作任务，呈现“油气勘探打出大场面、产量增长迈上新台阶、经营效益创出新佳绩”的良好态势，开创了上游发展的新局面。

一、油气勘探打出大场面，探明储量首次突破8亿吨油当量

各油田企业加大新区勘探力度，深化老区勘探，优化勘探部署，强化项目实施，大幅超额完成各项年度储量任务，新增石油探明储量4.25亿吨、天然气探明储量3 914亿立方米，分别为年计划的131%、186%。油气探明储量达8.16亿吨油当量，创中国石化历史新高。储量替代率超过1，原油储量替代率为100.6%，天然气储量替代率为103.7%。

3个重大突破开拓了规模增储新阵地。鄂南石油勘探、川西中浅层勘探和元坝中浅层天然气勘探取得重大突破。

5个重要发现开辟了勘探发展新领域。塔中巴楚奥陶系、塔中北坡志留系、济阳“三新”领域、松南新区、海安凹陷岩性油气藏勘探均取得重要发现，成为下一步勘探的有利目标。

6个重大进展实现了规模增储新突破。济阳坳陷精细勘探、塔河奥陶系碳酸盐岩石油勘探、准噶尔盆地西缘石油勘探、鄂北地区天然气勘探、玉北地区石油勘探和准噶尔盆地北缘哈山地区石油勘探均取得重大进展。

8个新进展展示了老区增储新目标。东部富油凹陷、川西新场构造带、鄂西—渝东礁滩相、内蒙“两干”探区、潜北断裂带、江陵凹陷、金湖凹陷南部复杂断裂带、西湖凹陷深层等老区勘探取得了新进展。

二、油田开发强化老区稳产，努力开辟上产新阵地

各油田企业深化老区精细开发，加快新区产能建设，强化油藏评价，始终保持上产态势，产量迈上新台阶，全年生产原油4 318.25万吨，同比增加45.4万吨。油田开发呈现“东部稳定、西部上产、增长点不断涌现”的良好态势。

重点产能建设项目顺利推进，实现了加快上产预期目标。①低渗致密油藏实现规模开发，新建产能68万吨。鄂南地区新建产能48万吨，年产原油32万吨，比2011年上产17万吨；胜利油田在浊积岩致密油藏投产分段压裂水平井19口，平均单井日产油10吨；东北腰英台东部5口试验井稳定日产油9—10吨；苏北海安凹陷实施的张3－2HF井，试获日产153吨高产油流；江汉油田新沟地区泥质白云岩油藏评价试验取得突破，坪北、东濮、阆中、石港等地区致密油评价试验也取得新进展。②准噶尔盆地西缘新建产能42万吨，年产原油92万吨，比2011年上产24万吨。③塔河油田新建产能160万吨，年产原油735万吨，比2011年上产10万吨。④胜利油田海上产能建设有序推进，新建产能46万吨，年产原油275万吨，比2011年上产18万吨。

老区精细开发进一步深化，稳产基础不断加强。各油田企业积极推进改善水驱等6项老区开发重点工程，加大不同类型油藏分类调整力度，强化油藏、井筒、地面一体化综合治理，保持了开发指标稳定，为老油田稳产作出了重要贡献。油田板块自然递减控制在13.3%，比上年降低0.2个百分点。其中，塔河油田推进“双20”目标取得新进展，自然递减控制在20.02%。

油藏评价取得新成果，落实了4个上产新阵地。①准噶尔盆地西缘形成了平面纵向展开、稠油稀油并举的产建局面，具备了“十二五”末年产油200万吨的条件。②鄂南红河地区已实现规模建产，渭北、宁东等地区评价试验取得突破，为下一步加快上产奠定了基础，“十二五”末将建成200万吨产能。③胜利油田海上随着中心三号平台即将投用，产能建设将全面提速，“十二五”末年产原油将在310万吨以上。④华东分公司落实了俞垛—华庄、张家垛—曲塘2个千万吨储量规模建产阵地，有望提前实现“十二五”产量目标。

三、重点项目建设顺利推进，天然气发展实现新跨越

油田板块全力推进重点天然气产能项目建设，天然气年产量再创新高。全年生产天然气169.36亿立方米，同比增加22.92亿立方米，比计划超产4.4亿立方米。

大湾区块产能建设项目安全一次投产成功，标志着年产110亿立方米混合气的普光气田整体建成。大湾区块12口气井全部顺利投产，平均单井日产气71万立方米，建成了年产30亿立方米混合气的能力。全年普光气田年产净化气达75.7亿立方米。

鄂北会战成果显著，建成了中国石化首个整体利用水平井有效开发的10亿立方米产能项目。大牛地气田共实施水平井100口，平均单井日产气3.1万立方米，初步确定了水平井开发技术政策；三维地震储层预测技术应用成效显著，水平井砂岩钻遇率达95%；“六井式”井组试验取得成功，日产气22.4万立方米。

川西中浅层会战取得重大进展。坚持勘探开发一体化、评建一体化，在新马—什邡等新区取得了“相带控砂、河道控储、断砂输导、差异聚集、岩性成藏、甜点控产”的新认识，通过优化调整，加大老区产建力度，选择新区有利区带优先建产。

元坝气田产能建设有序推进。元坝气田试采区17亿立方米产能项目有序进行，8口新钻井完成总进尺的80%，污水回注工程稳步开展，地面集输工程全面启动，净化厂建设加快展开。元坝气田滚动区17亿立方米产能项目评价进展顺利，完成了开发概念设计。

四、非常规评价全面展开，启动了首个页岩气产能建设示范区

页岩气评价明确了四川盆地及周缘为重点目标区。涪陵地区陆相大安寨段兴隆101井、福石1井、涪页HF-1井试获工业油气流，志留系海相龙马溪组焦页1HF井试获稳定日产11万立方米的高产气流，在涪陵地区正式启动首个页岩气产能示范区建设。同时，在元坝、彭水、井研—犍为等地区部署的页岩气评价井也获得了较好的试气成果。

积极开展页岩油评价。重点在泌阳凹陷和济阳坳陷开展页岩油评价，部署的泌页HF-1井和渤页平2井获日产2立方米左右的低产油流。

煤层气开发试验积极推进。延川南区块的延3、延5井区，从小井组试验到大井组扩大试验，已有24口井日产超1 000立方米，试采区整体日产气量已超过4万立方米，面积排采取得初步效果。

五、五大会战全面启动，推动生产运行工作整体提速

各会战单位按“三新三高”要求，集中优势力量，团结协作，攻坚克难，精心组织实施，实现了会战预期目标，有力促进了上游全面发展。五大会战区全年新增探明石油储量3.56亿吨，新增天然气探明储量3 606亿立方米，分别占油田板块探明储量的84%和92%；原油产量比2011年上产48万吨，天然气产量比2011年上产20.5亿立方米。

各会战单位强化指挥体系建设，在前线设立会战指挥部，靠前指挥、靠前决策、靠前协调，及时处理突发问题，强化施工节点控制，确保了会战高效运行。重点会战单位逐步建立起以市场配置资源为主的管理体制，积极组织引进施工队伍，解决了队伍不足的问题，彰显了新时期会战的市场化运行特征。各会战单位大力推广应用新技术，优化工程工艺，加强施工管理，钻井提速提效成效显著，确保了会战高速度和高效益。石化集团公司在五大会战区组织开展了“建功‘十二五’，会战促发展”劳动竞赛，充分调动了参战人员的积极性，确保了会战高水平。

六、大力推进技术创新，关键技术攻关应用取得重大进展

上游加大关键技术攻关应用力度，攻克了一批制约勘探开发的技术难题，为加快增储上产提供了重要技术支撑。

大力推广水平井分段压裂技术，实现规模化应用。油田板块全年共实施分段压裂水平井546口，比2011年增长477口；油井初期平均单井日产油10.2吨，气井初期平均单井日产气3.5万立方米，是常规直井的5倍以上；最长水平段达2 015米，最高压裂段数提高至20段；鄂尔多斯和川西中浅层致密油气藏整体利用水平井分段压裂技术开发成效显著。裸眼投球滑套、泵送桥塞等关键压裂工具研发成功，香豆胶、黏弹性表面活性剂等压裂液研发取得重要进展，部分产品已进入现场应用。

鄂南地区黄土塬三维地震技术攻关取得突破。华北分公司成功解决了黄土塬三维地震信号递减的难题，获得较高品质的三维地震资料，深化了对镇泾地区区域构造、断裂及高产井富集因素的认识，较为准确地预测与描述了河道、砂体的分布，水平井油层钻遇率达84%，比三维成果应用前提高21个百分点，实现了从“摸着打”到“看着打”的转变。

大幅度提高采收率技术取得重大进展，实现了“突破50%，挑战60%”提高采收率技术目标。

七、大力推进管理创新和制度建设，加快发展的基础进一步夯实

各油田企业深入开展“学镇海、学安喜”活动，结合“精细管理深化年”、全员成本目标管理等活动开展，进一步推动精细管理上水平，有力保障了生产经营目标任务的完成。2012年，油气产品销售收入首次突破2 000亿元，实现利润超年度预算，实现经济增加值是年度预算的1.52倍，完成降本减费年度预算目标任务，油气单位完全成本控制在年度预算目标内。

创新建立勘探开发和储量管理新机制。为提高投资的有效性，降低发现成本和开发成本，借鉴国外油公司的先进理念，研究制定了新的勘探、储量及滚动勘探与油气藏评价管理办法，调整了勘探开发工作界面，改变了勘探开发和储量管理的运行机制，更加突出新区发现，更加突出储量价值，更加突出投资效益。

加强计划管理。加强投资项目动态跟踪及调整优化，先后调整了延川南煤层气、涪陵页岩气开发项目，优化了塔河、鄂南、鄂北、川西、元坝等重点项目部署，优化投资50亿元。加强工程成本管理，建立了按"学习曲线"对水平井钻井和压裂费用分析的方法、单项费用按季度通报制度。积极推进地面工程项目"三化"工作，加强方案优化和重点项目投资审查。

加强财务管理。在预算中，深化应用预算方案、生产运行、技术指标、作业工作量4个全程优化及产液、产量、注水和措施的4个结构调整，全面落实重点费用项目化管理，确保了资金合理有效使用。全力推进全员成本目标管理制度化、标准化建设，加强重大成本费用管理和异常成本费用分析，全面推行10项保效增效措施，确保了年度财务目标的实现。特别是四季度，各油田企业全面贯彻落实石化集团公司党组扩大会议部署，认真分解落实了四季度利润指标，千方百计增产增销增收，降库降本减费，强化挖潜增效，确保了油田板块年度利润的超额完成。

加强精细管理。加强市场化管理机制建设，制定了新的市场准入管理办法，推动了施工队伍规范化管理。创新完善了以效益为中心的绩效考核办法，以5项劳动竞赛、"比学赶帮超"等为载体持续推进"精细管理深化年"活动，开展改善经营管理建议工作，加强制度标准化建设，进一步提升了油田板块整体管理水平。扎实推进区块目标管理工作，夯实了老区油气井管理基础。

加强安全环保管理。各油田企业全面落实HSE责任制，加大对承包商、井控、海上作业、关键装置和要害部位的监管力度，强化重点风险区域安全措施的落实，加强隐患排查治理，安全环保形势保持平稳。各油田企业紧盯高耗能对象，创新开展能源审计、"千百一"降电工程等管理工作，推广应用新技术，节能成效显著。油田板块全年单位油气综合能耗105.89千克(标煤)/吨，比年度考核指标低3.91%；万元产值综合能耗0.361吨标煤，较年度考核指标低4.45%。

（李　冰）

油气勘探

【概述】 截至2012年底，石化集团公司在全国67个盆地(坳陷)拥有有效探矿权区块281个，面积90.26万平方千米。2012年，石化集团公司在油气勘探方面取得了3个重大突破、5个重要发现、6个重大进展，打出了勘探大场面。

2007—2012年油气勘探基本情况详见表1。

（何　斌）

表1　石化集团公司油气勘探基本情况

年份＼指标	二维地震/千米	三维地震/平方千米	完成探井		新增探明含油气面积、储量			
			井数/口	进尺/万米	面积/平方千米		储量	
					石油	天然气	石油/万吨	天然气①/亿立方米
2012	18 320.00	11 813.00	835	226.53	735.94	2 067.34	42 500.00	3 914.00
2011	18 583.00	11 316.00	825	211.83	735.31	718.25	35 699.00	2 231.63
2010	23 483.00	6 373.00	621	171.15	493.93	515.35	27 018.00	560.96
2009	14 515.00	11 069.00	570	163.16	461.41	609.47	28 564.00	2 004.79
2008	13 893.00	6 081.00	544	167.62	505.75	254.01	29 935.00	613.63
2007	12 466.00	9 317.00	557	170.79	367.96	421.59	24 911.00	1 237.86

①不包括溶解气、凝析油储量

【勘探工作量】 2012年共完成二维地震18 320千米，三维地震11 813平方千米；完成各类探井835口，进尺226.53万米。新获工业油气流井299口，探井成功率35.8%。

（何　斌）

【3个重大突破】 鄂尔多斯盆地南部石油勘探取得重大突破。通过依托高品质三维地震资料，加强整体评价研究，全力推进勘探开发一体化部署实施，有30口探井获工业油流，2012年新增探明地质储量1.26亿吨，整体展现了一个10亿吨级储量规模

阵地。

川西中浅层天然气勘探取得重大突破。按照聚焦浅层、展开海相、攻关深层的勘探总体思路，深化川西地区叠覆型致密砂岩气区成藏理论认识，在马井—什邡中浅层12口井获工业气流，侏罗系蓬莱镇组含气面积进一步扩大；在广汉—金堂地区的广金5井、广金6井获工业气流，实现了成都凹陷东坡中浅层油气勘探突破。2012年，川西中浅层新增探明天然气储量2 060亿立方米，展示了万亿立方米的储量规模阵地。

川东北元坝地区中浅层勘探取得重要突破。在加强须二段致密砂岩气藏滚动勘探的同时，加大中浅层兼探层系的整体评价，一批陆相层系重点探井获高产气流，新增天然气控制储量1 043亿立方米。

（何 斌）

【5个重要发现】 塔中巴楚奥陶系石油勘探获得重要发现。巴探5井在鹰山组试获工业油气流，实现了巴楚隆起奥陶系加里东中期一幕岩溶领域的重要油气突破，有望成为天然气增储上产的新阵地。

塔中北坡志留系评价勘探获得重要发现。顺9CH井利用水平井分段压裂技术，试获日产油30立方米，进一步明确了志留系砂岩油藏分布和资源潜力。

济阳“三新”领域石油勘探获得重要发现。埕岛东坡古近系东营组发现油层，其中埕北819井试获日产油157.2吨、气1.2万立方米，新增控制石油储量666万吨。

松辽南梨树断陷甩开勘探获得重要发现。按照“近源成藏、稳定区富集高产”的成藏规律，在双龙次洼部署的龙1井获日产10.2立方米工业油流，新增控制石油储量825.6万吨。

苏北盆地海安凹陷岩性油气藏勘探获得重要发现。在曲塘次凹南部斜坡部署的张3-2HF井获日产152吨高产工业油流，打开了苏北探区隐蔽油藏勘探新局面。

（何 斌）

【6个重大进展】 济阳坳陷勘探取得重大进展。持续加大济阳坳陷精细勘探力度，新增探明石油储量1.01亿吨，连续30年年新增石油探明储量超过1亿吨。

塔河奥陶系碳酸盐岩石油勘探取得重大进展。落实了塔河AD20-AD26井区碳酸盐岩探明储量，塔河盐下地区沙115-4井等一批探评井获工业油气流，扩大了奥陶系油气勘探成果，新增探明石油储量9 505万吨。

准噶尔盆地西缘石油勘探取得重大进展。春光探区多类型油气藏立体勘探取得进展，春风油田扩大了沙湾组含油气范围，新增探明石油储量3 623万吨。

鄂尔多斯盆地北部天然气勘探取得重大进展。杭锦旗北部坚持大型岩性圈闭勘探，多口探井获工业气流，新增控制天然气储量1 271.8亿立方米。定北地区落实了西部柳杨堡目标区太2段气藏含气面积，新增探明天然气储量550亿立方米。大牛地气田下古生界奥陶系取得新进展，新增探明天然气储量377亿立方米。

玉北地区石油勘探取得重大进展。玉北1-3H井、玉北1-4井在玉北1井构造带试获工业油流，新增控制石油储量7 875万吨。

准噶尔盆地北缘哈山地区石油勘探取得重大进展。哈山三维区浅层取得重要发现，发现阿拉德油田。哈山上古生界有8口井钻遇良好油气显示，新增预测石油储量5 054万吨。

（何 斌）

【勘探效益】 2012年共预探圈闭308个，完钻286个，新获工业油气流圈闭94个，圈闭预探成功率32.9%。平均每口探井(包括滚动井，不包括非常规探井，下同)探明油气储量为89.18万吨，每米进尺探明油气储量328.72吨；每口探井探明油气可采储量为25.62万吨，每米进尺探明油气可采储量94.42吨。探明每吨油气储量直接成本26.85元，探明每吨油气可采储量直接成本93.46元。探明每桶可采油气当量储量直接成本为2.12美元(汇率以1美元兑换人民币6.2元计)。

（何 斌）

【非常规勘探工作量】 全年完成二维地震5 076.85千米，为全年计划的98.79%；完成钻井264口、进尺41.66万米，分别为年计划的98.51%和101.5%。其中，页岩气钻井11口，进尺5.85万米，分别为全年计划的73%和108.7%；页岩油钻井9口，进尺2.95万米，分别为全年计划的100%和97.71%；致密油钻井29口，进尺10.98万米，分别为全年计划的100%和101.63%；煤层气钻井103口井，进尺12.87万米，分别为全年计划的99%和100.39%；其他矿种112口井，进尺9.01万米，分别为全年计划的100.9%和100.03%。

（龚 铭）

【页岩油气主要进展】 ①涪陵海相页岩气勘探取得重大突破。焦页1HF井完钻井深3 653.99米，水平段长1 007.9米，试获日稳定产气11万立方米。②启动了中国石化首个页岩气产能建设项目。2012年5月8日，涪陵页岩气产能建设示范区启动，首批部署了6口开发评价井。③川东北元坝地区陆相页岩气勘探取得重要进展。截至2012年底，元坝地区已有5口井在大安寨段试获工业气流，初步落实大安寨段页岩气有利区分布面积2 432平方千米。④南方海相页岩气勘探取得重要进展。彭页HF－1井水平段长1 020米，分12段压裂，获日稳定产气2.5万立方米。金石1井实施直井分层压裂，试获最高日产2.55万立方米的工业气流。⑤明确页岩油气勘探重点目标区及领域。四川盆地及周缘为陆相页岩气重点突破领域；川西南、川东南和彭水地区下古生界为海相页岩气重点突破领域；东部断陷盆地泌阳凹陷、济阳坳陷等是页岩油重点突破领域。

（龚 铭）

【致密油气主要进展】 安HF－1井完钻井深4 674米(斜深)，水平段长1 096米。2012年8月16日排液求产，试获最高日产油31立方米、日产气9.2万立方米，取得了泌阳凹陷致密油气评价的突破。

（龚 铭）

【煤层气主要进展】 对延川南甩开部署评价井进行单井试气评价，谭坪构造带及万宝山构造带上9口煤层气探井获日产气1 096—2 632立方米。控制煤层含气面积345.8平方千米。按照“单井突破—小井组试验—大井组试验—整体开发”的工作思路，优选部署延1、延3、延5三个煤层气开发试验井组，实现了面积开发，兼顾U型井、V型井试验。其中，延1试验井组投产29口井，日产气超过1 000立方米的井达到15口，井组试验实现了从单井排采突破到面积排采突破。截至2012年底，延川南投入排采井122口，65口产气井日产气共计3.8万立方米，其中22口井单井日产气大于1 000立方米。

（龚 铭）

油田开发

【概述】 油田开发工作紧紧围绕“十二五”规划目标，以五大会战为引领，精心组织致密油藏等重点产能建设，扎实抓好老油田精细开发，积极推进大幅度提高采收率工程，持续加强技术创新和推广应用，实现了原油产量、剩余可采储量持续增长。

油田开发资源动用情况。截至2012年底，国内各油田企业投入开发油田204个，动用石油地质储量67.34亿吨，动用已探明石油储量的79.4%，当年新增动用储量2.81亿吨。在目前井网、工艺条件下标定可采储量17.97亿吨，采收率26.7%。

油田开发现状。截至2012年底，共有油水井数58 603口，其中油井43 065口，注水井15 538口。油井开井38 092口，油井开井率88.5%，年均含水88.88%，平均单井日产油3.1吨，采油速度0.64%，剩余可采储量采油速度10.86%，采出程度21.78%。注水开井13 388口，水井开井率86.2%，平均单井日注水74立方米，年注水3.25亿立方米，月注采比0.78，累计注采比0.81。

（唐 磊）

【原油产量】 石化集团公司原油继续稳定增长，年产原油4 318.25万吨，同比上产45.4万吨，增幅1.05%。东部油区产量3 422万吨，继续保持稳定；西部油区产量896.8万吨，同比上产50.2万吨，其中西北油田分公司年产原油735万吨，同比上产10万吨。各油田企业原油产量见表2。

（唐 磊）

表2 石化集团公司各油田原油产量 万吨

企业名称 \ 年份	2012	2011	2010	2009	2008	2007
石化集团公司(合计)	4 318.25	4 272.85	4 256.08	4 241.55	4 180.28	4 108.04
胜利油田	2 755.00	2 734.00	2 734.00	2 783.50	2 774.00	2 770.10
中原油田	252.00	262.40	272.50	289.20	300.30	305.00

续表

企业名称 \ 年份	2012	2011	2010	2009	2008	2007
河南油田	226.00	225.00	227.00	187.50	180.50	180.00
江苏油田	171.00	171.00	171.00	171.00	171.00	170.20
江汉油田	96.90	96.50	96.50	96.00	96.50	96.00
西北油田分公司	735.00	725.00	700.00	660.00	600.10	536.20
华东分公司	23.50	18.00	15.00	13.00	13.00	25.50
华北分公司	32.00	15.40	12.50	12.00	11.60	11.20
东北分公司	22.00	21.00	22.50	24.10	24.70	5.00
西南油气分公司	2.20	2.00	2.50	2.70	3.00	3.20
上海海洋油气分公司	2.60	2.50	2.50	2.50	5.50	5.50

【产能建设】 针对产能建设区块地质条件越来越复杂、认识难度越来越大的特点，石化股份公司对产能建设项目实施计划分批下达，对重点产能建设项目实行专家审查制度，强化过程跟踪监督，及时调整，最大限度地降低风险，提高投资效益。同时，还加大油田开发技术攻关与应用力度，取得了新进展。

石化股份公司油田开发工程完成钻井3 594口(水平井1 154口)，进尺901万米，新建产能618.3万吨，投资461.8亿元。其中，新区新建产能380.2万吨，老区新增产能238.1万吨。依照已开发油田原油生产能力核减原则，全年对11个油田企业核减老井原油生产能力545.4万吨/年。截至年底，中国石化核实原油生产能力4 343万吨/年。

胜利油田分公司新增动用地质储量7 179万吨，完钻新井2 053口(含油藏评价和更新井)，进尺436.9万米，建成产能313万吨。当年投产新井1 920口，12月开井1 816口，日产油能力9 023吨，平均单井日产油4.97吨。西北油田分公司新增动用地质储量9 475万吨，完钻新井225口，进尺124万米，新建产能160万吨。当年投产新井255口，12月开井223口，日产油能力4 438吨，平均单井日产油19.9吨。

(*唐　磊*)

【油田开发进展】 重点产能建设项目顺利推进。以效益开发为目标，坚持滚动、评价、建设一体化推进，着力抓好方案和设计环节优化，提高产建项目质量。低渗致密油藏以鄂南红河油田、济阳浊积砂为重点，新增动用地质储量7 869万吨，新建产能64万吨。其中，华北分公司开展鄂南致密油上产会战，新建产能48万吨，实现了原油产量翻番。塔河油田在外围新区没有突破的情况下，强化塔河内部精查细找，新建原油产能160万吨。准噶尔地区以浅层稠油为主新建产能42万吨，已具备百万吨生产能力。胜利油田海上中心三号平台具备了全面投产条件。

老区精细开发迈出新步伐。以改善水驱为重点，以保持注采系统完善为核心，通过十大整装油田示范带动，加大老油田油藏、井筒、地面一体化综合调整治理力度，老区精细开发进一步深化。稀油油藏自然递减控制在13.61%，同比减缓1.23个百分点，近几年来首次控制在14%以内。胜利油田做好老区分类调整，稀油油藏自然递减控制在11.38%；江苏油田稳步推进“六五”老油田二次开发、强化小断块注采完善，自然递减保持在14%以下；中原油田持续推进精细注采调整和注采管理，以深层低渗断块油藏为主保持自然递减稳定在17%左右；东北油气分公司以腰英台油田为重点狠抓注采精细调整，将自然递减控制到7.16%的较好水平；西北油田分公司自然递减控制在20.02%，推进“双20”目标取得新进展。“十二五”前两年老区老井年综合递减率下降到8%，老区采收率从30.7%提高到32.7%。

形成了4个新的规模上产阵地。以寻找和落实可动用储量、准备新产能阵地为目标，推进勘探开发一体化，滚动勘探和油藏评价工作取得新成果。①胜利油田、河南油田在准噶尔盆地西缘已落实亿吨级储量规模，全年生产原油92万吨。②华北鄂南原油产量实现翻番，并将保持较快增长。③胜利海上中心三号平台将全面投产，海上产能建设、老区调整全面提速。④华东分公司在苏北盆地以阜宁组致密油藏为主，落实了张家垛—曲塘、俞垛—华庄2个千万吨储量目标区，将保持较快上产。

（唐　磊）

【油田开发管理】 ①按照开发项目分层次管理和季度对接优化、跟踪调整的管理流程，进一步加强过程管理。重点落实了部署季度对接制度，组织了4批开发项目对接。②依托开发部署管理系统和周报制度，强化部署实施跟踪，特别是针对致密油藏评价和产能建设以及会战区加强跟踪研究，及时掌握重点地区的最新进展，并分别组织了苏北、鄂南、东北、准噶尔、塔里木等重点地区的专题分析，及时调整优化部署。③制度化建设取得新进展，组织编制《油田开发生产管理规定》和《滚动与油藏评价管理办法》。④组织召开了水平井应用技术交流会和水平井分段压裂技术交流会。⑤区块目标管理取得新进展，建立了油藏分类归集标准，优化完善指标体系，确定指标量化评价方法，制定区块目标管理办法及配套运行机制，搭建区块目标管理工作交流信息平台。⑥针对重点和难点区块组织地区性技术咨询和交流。⑦技术培训和信息化建设取得新进步。组织了2期水平井技术推介培训；单井数据库上线运行；"方案辅助优化决策支持系统"通过专家评审，进入推广及完善阶段；组织核定了各油田企业实际在用油水井井数。

（唐　磊）

【提高油田采收率】 通过持续推进大幅度提高采收率工程，抓好化学剂上下游一体化研发工作，提高采收率技术取得了一系列新进展，特别是稠油热化学蒸汽驱技术、聚合物驱后非均相复合驱技术、水驱高含水开发后期三元复合驱技术、耐温抗盐聚合物和耐温抗盐表面活性剂研发应用取得重大突破，为"十二五"后三年乃至"十三五"三次采油技术的发展应用奠定了良好基础。

召开了提高采收率技术工作领导小组会议和提高采收率技术工作推进会。会议总结了2012年在提高采收率方面所做的工作，交流了重大先导试验和化学剂研发最新研究成果，梳理了存在的技术瓶颈，部署了下一步工作，为提高采收率工作水平奠定了良好基础。此外，还组织召开了聚合物驱后井网调整非均相复合驱、稠油热化学蒸汽驱和二氧化碳气驱技术阶段总结和推广应用讨论会，确定了"十二五"后三年推广应用的总体思路和整体部署，稳步推进了大幅度提高采收率新技术工业化应用，提高了实施区块产能和采收率。

提高采收率重大先导试验项目进展顺利。已实施16项重大先导试验，涵盖了整装、断块、低渗透、稠油、化学驱Ⅲ和Ⅳ类、聚合物驱后、碳酸盐岩油藏类型，代表了水驱、化学驱、蒸汽驱、气驱提高采收率技术方向，推广储量20多亿吨，现场试验取得重大进展，多项先导试验项目增油效果显著。①"挑战60%"提高采收率技术取得突破。胜利油田孤岛中一区Ng3聚合物驱后井网调整非均相复合驱先导试验区，采收率从55.1%提高到63.6%。河南油田双河Ⅳ5－11砂层组水驱高含水后期井网重组三元复合驱先导试验区，采收率从55.7%提高到63.3%。②"突破50%"提高采收率技术取得重大进展。胜利油田孤岛中二北Ng5稠油油藏热化学蒸汽驱先导试验项目，提高采收率18.1个百分点，最终采收率达53.4%。

上下游一体化联合攻关，耐温聚合物、耐温抗盐表面活性剂和塔河油田降黏剂研发取得实质性进展。上下游研究院、相关油田企业、南京化工公司联合攻关，地质家和化学家密切合作，促进化学剂研发、评价、生产和应用。总部组织召开三采助剂上下游一体化研发工作季度例会，积极推动了化学剂研发工作。北京化工研究院研发的河南油田耐温聚合物工业化产品已满足矿场要求，将在先导试验中应用；研发的胜利油田耐温抗盐聚合物实验室样品已达标，正进一步攻关研究。上海石油化工研究院研发表面活性剂达到矿场要求，已由南京化工公司工业化生产，并在油田进行试验应用。石油化工科学研究院研发的降黏剂已在塔河油田完成多井次单井试验，水溶性降黏剂实现了60万毫帕·秒稠油的降黏，油溶性降黏剂节约掺稀油率17%—45%。

（薛兆杰）

【三次采油技术推广应用】 三次采油工作继续坚持持续发展思路，精细管理、有序接替，扎实推进化学驱成熟技术的工业化应用，化学驱年增油连续9年保持稳定。①解放思想，深化化学驱油技术界限研究，将选区原油黏度由80毫帕·秒拓展至150毫帕·秒，储层条件由连片发育拓展至条带状储层，资源阵地由整装拓展至边角拾零区域，扩大了化学驱筛选资源范围。②加大储量投入力度，实施工业化应用项目 7 个，新增动用储量 3 400 万吨，增加可采储量 240 万吨，提高采收率 8%。③跟踪生产动态，细化化学驱项目分级分类，精细管理，增强注聚效果。孤岛中二北 Ng3－4 注聚项目优化了段塞注入量，含水下降 6.5%，日增油 439 吨。

截至年底，共实施化学驱项目 66 个，年产油 368 万吨，占国内油田板块年产油量的 8.6%；年增油 166 万吨，连续 9 年保持在 165 万吨以上，累计增产原油 2 446 万吨，提高采收率 5%，为减缓东部老油田的产量递减、实现产量稳定起到了重要作用。

（薛兆杰）

气田开发

【概述】 天然气开发工作全面贯彻落实“十二五”“天然气再翻番”的发展战略，坚持以效益为中心，以安全生产为保障，以提高单井产量为目标，加大以水平井分段压裂技术为主导的配套工程技术的攻关和推广力度，全力组织好四川盆地和鄂尔多斯盆地两大增储上产会战，超额完成年度天然气生产经营任务。

气田开发储量动用情况。截至 2012 年底，石化集团公司各油田企业投入开发气田 108 个，累计动用天然气储量 11 346.8 亿立方米，储量动用率 45.51%，可采储量 4 105.49 亿立方米，标定采收率 36.18%，剩余可采储量 2 096.03 亿立方米。其中，气层气动用储量 8 276.03 亿立方米，可采储量 3 236.31亿立方米，标定采收率 39.1%，剩余可采储量 1 957.63 亿立方米；溶解气动用储量 3 070.79 亿立方米，可采储量 869.18 亿立方米，标定采收率 28.3%，剩余可采储量 138.4 亿立方米。2012 年新增天然气动用储量 1 781.86 亿立方米，新增可采储量 603.5 亿立方米。正在进行产能建设的气田有元坝气田，其正建地质储量 639.38 亿立方米，可采储量 212.66 亿立方米，采收率 33.26%。

气田开发现状。截至 2012 年底，共有天然气生产井 3 847 口，开井 2 950 口，开井率 76.68%，平均单井日产气 1.92 万立方米，采气速度 2.29%。采出程度 15.56%，剩余可采储量 2 096.03 亿立方米，储采比为 10.36。2012 年度天然气储采平衡系数为 2.98。

（罗东明　张　华）

【天然气产量和商品量】 2012 年计划工业气产量 165 亿立方米，实际完成 169.36 亿立方米，完成年度计划的 102.64%，同比增加 22.92 亿立方米，增长幅度 15.65%；计划天然气商品量 147 亿立方米，实际完成 153.88 亿立方米，完成年度计划的 104.68%，同比增加 22.85 亿立方米，商品率 90.86%，比 2011 年提高 1.36 个百分点。

（罗东明　张　华）

【生产能力】 截至 2012 年底，石化集团公司天然气生产能力 187.06 亿立方米，同比增加 32.70 亿立方米。气层气生产能力 175.46 亿立方米，同比增加 32.42 亿立方米。其中，2012 年新建气层气生产能力 44.64 亿立方米，气层气老区核减生产能力 11.99 亿立方米。溶解气生产能力 11.6 亿立方米，同比增加 0.28 亿立方米。其中，2012 年新建溶解气生产能力 1.99 亿立方米，溶解气老区核减生产能力 1.71 亿立方米。

（罗东明　张　华）

【天然气开发管理】 强化四川盆地及鄂尔多斯盆地天然气“两个增储上产会战”的组织管理，着力抓好方案优化，加强长井段水平井钻井技术和多段压裂改造技术在低渗致密气藏的大规模应用；加强元坝 17 亿立方米试采工程方案的实施和跟踪；加强元坝 17 亿立方米滚动工程的开发评价研究，编制完成了开发概念设计；严抓大湾区块气井安全投产作业，实现了安全生产、平稳供气。

大湾区块实现全面成功投产，普光气田主体运行平稳。自 2012 年 3 月 28 日开始至 5 月底，大湾区块 12 口气井分 2 批全部顺利投产，建成混合气年产能 30 亿立方米(净化气年产能 22.65 亿立方米)。普光气田主体 2012 年完成了 2 口老井的修复投产，增加产能 90 万米^3/日。至此普光主体 37 口井全部投入正常生产，夯实了稳产基础。同时，加强气田边部气井边底水研究，针对边部 2 口气井液气比有所上升的情况，在大湾区块投产后，及时调整普光主体低部位气井工作制度，控制、延缓边底水突进，确保气藏在合理工作制度下生产，实现了安全平稳生产。大湾区块投产后，普光气田整体达到 110 亿立方米混合气生产能力，日产气达 3 000 万立方米。2012 年普光气田生产混合气 101.1 亿立方米，净化气 75.7 亿立方米，确保了川气东送管道沿线市场的稳定供气。

元坝长兴组气藏 17 亿立方米试采工程产能建设按计划有序进行。钻井工程进展顺利，新井开钻 8 口，累计完成进尺 4.9 万米，进尺完成率 80.7%。

完成方案设计中5口利用探井的安全评价工作、HSE设施设计专篇编制与报批、大件运输专项可研编制与终审。配套污水回注工程稳步开展，完成探井元坝2井的试注工作。HSE 7项评价均顺利通过报批并取得法律手续。地面工程建设按计划推进，完成了地面集输基础设计，场平工作全面展开。

元坝长兴组气藏滚动建产区开发评价工作进展顺利。正钻评价井5口，井深超过5 000米；完钻4口评价井。在储层综合评价的基础上，分别对滚动区内1号礁带西北段、3号礁带东南段、4号礁带东南段、礁滩叠合区及元坝12井滩区的储层发育和气井产能状况进行评价，完成元坝长兴组气藏滚动区开发概念设计。

鄂尔多斯天然气会战成果突出，实现了中国石化首个整体利用水平井开发建设产能10亿立方米的目标。①方案符合率高。方案实施按照开发方案部署安排井位，基本没有调整。②水平井钻井成功率高。强化地层可钻性和泥浆体系研究，钻井成功率100%；钻井实施提速提效，建井周期由62天缩至56天。③新井钻遇效果好。通过加强地质选区、储层预测和气藏工程的研究力度，水平井砂岩钻遇率为95%，气层钻遇率为47%。④长井段水平井压裂投产工艺日趋完善，通过引进和优化裸眼滑套压裂技术，压裂设计与储层发育特征相结合，制定了最优的压裂段数、压裂规模和压裂管柱等，确保单井产量达到方案要求的3万米^3/日。⑤地面工程建设早准备、早启动，5个集气站按时建成，确保新井及时投产，提高了新井产量贡献率。全年完成新钻井135口，新建产能10亿立方米。截至2012年底，天然气保有生产能力达到34亿米^3/年。全年生产天然气27.3亿立方米，确保了大华北地区的稳定供气。

川西中浅层低渗致密气藏增储上产会战稳步推进。在加强地质研究和多轮次开发评价的基础上，准确刻画河道展布，初步形成了“相带控砂、河道控储、断砂输导、差异聚集、岩性成藏、甜点控产”的地质认识，明确了高产富集区。在此基础上，进一步加强方案优化，确保了产能建设效果。全年完成新钻井105口，新建产能6.5亿立方米。截至年底，天然气保有生产能力达到28.83亿米^3/年，全年生产天然气29.6亿立方米，确保了大川西地区稳定供气。

（罗东明　张　华）

地球物理勘探

【物探工作量】 2012年完成地震项目75个，动用地震队91支，二维满次长度29 185千米，三维满次面积11 700平方千米。

（于世焕）

【物探技术进步】 华北分公司镇泾区块玉都工区三维地震采集项目完成炮数102 996炮，满次面积1 007.7平方千米，一级品率85%，小折射436个，微测井185个。针对黄土塬地区地震勘探难点，采取了以下技术方法及施工措施：①论证及选择合适的观测系统；②选择最佳激发岩性，激发深度为胶泥层顶界面下1米；③基于高精度卫片进行激发与接收点位的合理布设及施工优化；④采用多种表层调查方法，对黄土塬区近地表进行结构调查；⑤针对泾川县水资源保护区及村镇等变观问题提前制定预案，掌握变观对资料质量影响情况；⑥鉴于3个地震队及1个设备队同时施工相互影响，安排好各施工队放炮时间段，避免干扰，做好大钻停钻等控制措施；⑦针对黄土塬区坡大沟深的影响因素，综合考虑质量、效率与安全问题，力求均衡生产。从野外监控剖面看，整体资料品质比老资料有较大提高，其中主要目的层T6c波组清晰，连续性较好，信噪比较高。

西南油气分公司成都三维地震采集完成满次面积1 106.2平方千米，炮数77 943炮，一级品率84%，试验炮94炮，近地表测点106个。主要难点及对策：①针对工区大面积分布的大型苗圃、园艺林及蔬菜基地、川芎基地，采取加大协调投入、移点与变点、多次测量等措施，克服了炮点布设难等问题；②针对大型冲积扇及金马河流域、鸭子河流域、小石河流域、青白江流域等大卵石覆盖区，采用百米钻、空气钻和冲击钻等特殊成井工艺，有效保证了深井激发效果；③在城镇等障碍区，采取“尽量逼近、就近变观、加密炮点、深井小药量、检波点合理偏移”等方法，降低空炮率，增加浅层资料信息；④针对川西经济发达区施工面临的协调难度及外界施工噪声干扰，通过加大协调力度和采集设备投入，增加停厂停机措施，最大限度地降低环境噪声；⑤加大野外试验资料分析力度，选择最佳施工参数，动态监测生产资料质量变化情况。从单炮记录分析，平坝区各目的层反射连续性较好，而金马河、青白江流域面波较发育，信噪比相对较低。现场监控剖面信噪比高，波组特征清楚，施工块之间资料连续性好。

勘探南方分公司镇巴地区二维地震攻关项目采集采用4线3炮宽线方案，完成满次长度100.1千米，炮数8 164炮，一级品率70%，获得了较好的二维地震区域剖面。

（于世焕）

采油气管理

【采油工程队伍】 截至 2012 年底，石化股份公司采油工程系统共有采油(气)厂 55 个、作业处(公司)3 个、采油院 10 个，总人数 152 266 人。其中，采油(气)厂 144 805 人，作业处(公司)4 047 人，采油院(工程院)3 414 人。从队伍类型上看，采油工程一线及辅助队伍(队站)共有 2 256 支、113 329 人，采油(气)厂科研单位 132 个、5 806 人，其中主要采油队伍(采油队、采气队、注水队、注聚队、注汽队)683 支、60 509 人，主要作业队伍(作业队、大修队和试油试气队)516 支、17 035 人。

(马玉生)

【重点工艺技术措施】 共实施油气水井大修作业 1 466口(油井 955 口，气井 39 口，水井 472 口)，成功 1 373 口(油井 913 口，气井 39 口，水井 421 口)，成功率 93.9%；平均修井天数 26 天。大修主要以套损井修复、井下落物打捞、管柱解卡、复杂故障修复等复杂工艺为主，共实施 1 209 口，占大修成功井数的 88.1%。其中，实施工作量最多的套损井修复为 451 井次，占大修成功井数的 32.8%。石化股份公司各油田共实施油气水井补孔改层措施 4 818 井次，有效 3 974 井次，有效率 82.5%；油气水井压裂 737 井次，有效 624 井次，有效率 84.7%，其中水平井分段压裂 546 口(油井 315 口，气井 231 口)，占压裂总井次的 74.1%；油气水井酸化 1 831 井次，有效 1 557 井次，有效率 85%；油井泵升级 1 154 井次，有效 937 井次，有效率 81.2%；油井防砂 2 187 井次，有效 1 809 井次，有效率 82.7%。

(马玉生)

【采油工程综合管理】 采油工程系统着重强化采油技术进步对增储上产五大会战的支撑作用，以提高经济效益为中心，以提高储量动用率、提高采收率、提高单井产量和节能减排为方向，着力推进精细管理，加强关键技术攻关和配套应用，大力开展专项治理及节能降耗工作，发挥工程技术在成本控制、投资优化方面的支撑作用和对勘探开发的技术保障作用，采油工程系统的管理水平和运行效率进一步提升，为全年各项任务的完成奠定了基础。

采油工程系统组织体系进一步完善，与其他系统的协作进一步加强，继续把“推进技术进步、加强成本分析与控制、强化现场管理与过程管理”作为工作重点和主线。印发《股份公司 2012 年采油(气)工程技术与管理工作要点》等纲领性文件，提高工作的系统性和计划性。建立重点工作简报制度，每月定期编发《采油工程简报》《分段压裂水平井生产情况简报》《油田开发区块目标管理工作简报》，促进了管理水平的有效提升。开展石化股份公司采油(气)工程综合管理信息系统建设方案论证，搭建中国石化采油(气)工程综合管理信息平台，促进采油工程管理体系不断完善。继续深入开展油田开发区块目标管理工作，成立区块目标领导小组，建立油藏分类归集标准，优化完善指标体系，确定指标量化评价方法，制定区块目标管理办法，为深化油田精细管理增添了新抓手。加大技术攻关和新技术集成应用力度，自主研发裸眼封隔器分段压裂、水力喷射分段压裂、泵送桥塞分段压裂等技术，最高分段数达 20 段，在华北油田“米”字形 DP43 井组开展同步压裂试验，实践“井工厂”模式。研发香豆胶、清洁压裂液、聚合物压裂液等胍胶压裂替代产品，降低了压裂成本。建成中国石化首口大井眼全尺寸的模拟试验水平井——采试平 1 井，开展国外非常规能源利用和开采技术调研以及联合站污水余热综合利用、太阳能加热注汽可行性分析等课题研究，为中国石化非常规能源的开发和降本增效提供了借鉴。进一步加强采油采气各个生产环节的过程管理和成本控制，围绕油田措施挖潜和降本增效，找出成本控制的关键环节，采取了积极有效措施，促进了油田开发效益的提升。

(马玉生)

【井下作业工作量情况】 石化股份公司共完成油气水井井下作业总工作量 49 992 井次，其中措施作业 21 446井次，维护作业 24 170 井次，新井投转注4 376 井次/口，分别占总作业工作量的 42.90%、48.35% 和 8.75%。油气水井年作业频次 0.89 次/口(不含新井和投注)，其中年措施作业频次 0.42 次/口，年维护作业频次 0.47 次/口。从生产井类型看，油井作业 37 193井次，气井作业 451 井次，水井作业 7 972 井次，分别占油气水井井下作业总工作量的 74.4%、0.9% 和 24.7%。

(赵崇镇)

【井下作业施工能力】 截至 2012 年底，石化股份公司拥有小修队伍 421 个，年施工能力 33 722 口；大修队伍 66 个，年施工能力 924 口；试油(气)队伍 29 个，年施工能力 537 口。

(赵崇镇)

【井下作业装备】 截至2012年底，石化股份公司所属企业拥有井下作业设备2 968台(套)；后勤场站83座，其中油管厂25座，年检测油管2 793万米，年修复油管2 395万米；抽油杆厂10座，年检修抽油杆564万米，年修复抽油杆420.7万米；配液站4座，年配液能力13.2万立方米。

(赵崇镇)

油气集输

【概述】 截至2012年底，油田原油集输处理系统共建有联合站110座、油库12座、接转站240座、原油稳定装置45套、原油储罐库容142.21万立方米、原油外输管道1 091.59千米。设计原油稳定能力5 560万吨/年，原油外输能力8 389万吨/年。2012年稳定原油2 664.15万吨。油田采出水处理系统建有污水处理站163座，设计含油污水处理能力132.9万米^3/日。2012年处理含油污水4.25亿立方米。注水系统共有各类注水站710座，配水间2 728座。2012年实际污水回注3.06亿立方米，污水处理站出口水质达标率87.4%。

(王立坤)

【主要技术经济指标】 油气集输密闭率78.1%，输油泵平均运行效率51.6%，管网效率76.1%，集输系统效率39.3%；注水泵平均运行效率73.3%，注水系统注水管网效率72.6%，注水系统效率53.2%。

(王立坤)

【海上油气开采设施及生产】 截至2012年底，石化股份公司海上油田(自营区块)共有各类海上采油平台109座，其中移动式采油平台3座、中心平台2座、井组平台70座、单井平台34座；海底输油管线91条，总长176.74千米；海底输气管线1条，总长11.60千米；海底注水管线52条，总长72.41千米；海底电缆113条，总长271.84千米。海上油气水井共617口，开井554口，其中油井426口，开井375口，年生产原油274.62万吨、天然气1.14亿立方米；气井8口，开井6口，年产气量0.09亿立方米；注水井1 837口，开井173口，年注水量707.65万立方米。

(王立坤　马玉生)

设备管理

【概述】 截至2012年底，石化股份公司在册设备原值252.5亿元，净值98.98亿元；设备新度系数为0.39。设备管理人员3 541人，设备维修人员6 622人。共有主要专业设备64 230台(套)，其中钻采特车2 450台、注采设备38 378台、天然气处理设备8 865台、起重搬运机械188台、运输车辆1 423台(套)、动力设备5 545台(套)、辅助专用车辆1 431台、工程机械1 183台，装机总功率608.99万千瓦。设备资产原值195.89亿元，净值76.01亿元，新度系数0.41。

(王　飞)

【油田设备状况】 石化股份公司各油田分公司主要设备平均新度系数见表3。

(王　飞)

表3　2012年石化股份公司各油田分公司主要设备平均新度系数

单位名称	钻采特车	注采设备	天然气处理设备	运输车辆	动力设备	其他	合计
石化股份公司	0.43	0.45	0.34	0.31	0.44	0.29	0.41
胜利分公司	0.43	0.46	0.34	0.26	0.34	0.30	0.40
中原分公司	0.30	0.40	0.22	0.24	0.40	0.21	0.35
河南分公司	0.46	0.40	0.37	0.45	0.23	0.22	0.35
江苏公公司	0.51	0.55	0.58	0.43	0.41	0.30	0.51
江汉分公司	0.42	0.43	0.49	0.38	0.36	0.28	0.40
东北分公司	0.63	0.64	0.78	0.57	0.62	0.45	0.65
华北分公司	0.84	0.83	0.38	0.96	0.81	0.37	0.41

续表

单位名称	钻采特车	注采设备	天然气处理设备	运输车辆	动力设备	其他	合计
西北分公司	0.03	0.52	0.28	0.03	0.57	0.39	0.34
西南分公司	0.57	0.29	0.19	0.33	0.52	0.56	0.33
华东分公司	0.54	0.63	0.74	0.37	0.86	0.51	0.69

【设备管理】 组织油田板块设备大检查工作。组织油田企业领导和专家共28人，分2个检查组，对6个油田企业、2个工区开展了2012年度设备大检查工作。共检查71个二级单位，抽查143个基层单位，抽查现场设备910台(套)，查出各类设备问题和隐患374项。已完成整改282项，整改率达到75.4%；未完成整改的92项问题，已制定了措施，落实了责任人，限期整改。

组织召开石化股份公司油田设备2012年投资项目技术交流和集中采购会议，对总部下达投资计划的非安装设备进行技术交流，签订技术协议，并对作业修井机、生产特车等直采和组采物资实施集团化采购；对168个项目进行技术交流，签订302份技术协议，共采购设备600余台(套)，采购金额约5.05亿元。

组织召开由胜利油田研制的XJ675YZ液压蓄能修井机评审推广会，与会专家一致认为该机型属国内首创，建议作为各油田低碳、环保小修作业的主力设备，进一步扩大试点范围，加快推广应用。

组织召开元坝气田产能建设中调剂使用普光气田工程剩余物资专题会。会议重点围绕元坝气田工程及其他区域新上项目建设方案，确定工程剩余物资调度调剂的原则，对普光气田钻井工程、采气工程和集输工程的剩余物资逐项进行对接，研究制定改代利用和调度调剂初步方案，最终达成调剂物资近1亿元。

(王　飞)

基层管理

【五项劳动竞赛】 组织第5届"五项劳动竞赛"验收工作，在河南油田召开总结表彰大会，交流回顾5届10年来的工作，交流经验，表彰先进，推出一批新的精细管理方法。制定下发第6届"五项劳动竞赛"工作要点，对在石化股份公司层面统一评比红旗(优胜)厂、小规模分专业到现场开展经验交流学习、后进单位帮扶、五大会战区开展劳动竞赛、先进经验固化传承、标杆指标评比、竞赛日常化、制度标准化等方面进行安排部署，为竞赛深入开展奠定了基础。按照分层次、分专业、小规模、到现场的经验交流思路，以精细管理为主题，组织召开基层采油队现场交流会，对新时期基层管理模式进行探讨。

(靳红兴)

【"五大会战"劳动竞赛】 为深入贯彻落实党组提出的"建设世界一流，打造上游长板"要求，以"建功十二五，会战促发展"为主题，突出新时期石油会战"三新三高"特点，下发《中国石化油田板块"五大会战"劳动竞赛活动实施意见》，对竞赛评比方法进行规范。按照"总部统一领导，主体单位组织实施，参战单位积极参与"的竞赛组织模式，每半年对会战主体单位开展评价。会战主体单位按照参战单位专业分工，在五大专业领域组织开展年度劳动竞赛，形成了全过程覆盖、全员参与的会战劳动竞赛局面。2012年底，组织开展年度会战先进单位和先进个人评比，评出优秀组织单位2个、优秀参战单位4个、增储先进单位5个、上产先进采油气厂7个、先锋队42个和先进个人100名。

(靳红兴)

【"比学赶帮超"工作】 坚持每季度对油田分公司挂旗评比制度，在油田分公司之间营造创先争优氛围。从年度计划完成率、同期对比比进步、超(节约)绝对量比贡献3个维度对各油田分公司产量、成本、利润等18项指标进行季度和年度综合评比。通过年度综合评比，西北油田分公司、胜利油田分公司、中原油田分公司位列前3名。

(靳红兴)

【管理提升活动】 制定下发了《油田板块开展管理提升活动实施意见》，明确以"五项劳动竞赛"为载体，全面推进管理提升活动，夯实发展基础。在活动过程中，注重活动与油田生产经营管理结合的紧密性，实现了管理提升活动常态化、规范化。借力“五项劳动竞赛”平台，通过开展管理提升活动，将管理工作引领到增储上产、降本减费、安全生产、技术革新、和谐稳定等各项工作中来，夯实了“三基”工作，提升了油田企业基层管理水平和队伍素质，增强了企业发展后劲，确保了管理提升活动与生产经营结合的紧密性。

（靳红兴）

【油公司体制机制建设】 按照石化集团公司转变总部职能工作思路，从事业部管理定位、事业部与综合部门关系、事业部的职能、内部机构设置、完善分公司职能等方面研究提出了“关于做实油田事业部的建议”。提出了油公司体制与机制建设思路：按照石化集团公司建设国际一流能源化工公司的战略目标，以提高上游的经营效率和经济效益为出发点，改革调整组织机构，明晰各层级管理职责，建立以“科学化决策、市场化运行、专业化管理、社会化服务、效益化考核”为核心内涵的油公司管理体制机制，努力实现油田板块持续高效发展。为确保五大会战新建油田实现新体制、新机制、高效益，借鉴吸收中国石化上游已有的几种管理模式特点，对新区油气开发管理模式进行思考和探索，提出了“矿权＋经营权”“经营管理权＋生产操作权”（业务外包模式）“经营管理权＋生产操作权＋收益分成”等管理模式。

（靳红兴）

境内石油工程

◇ 综述

◇ 石油地球物理勘探

◇ 钻井工程

◇ 井下作业

◇ 试油测试

◇ 测井

◇ 录井

◇ 油田地面工程建设

◇ 海洋石油工程

◇ 石油工程队伍资质建设

◇ 设备管理

◇ 机械制造

综　述

2012年，石油工程系统积极落实石化集团公司年度工作会议部署，以建设世界一流能源化工公司为动力，以迎接党的十八大为契机，积极转变发展方式，大力提高发展质量和效益，持续组织重点区域提速提效活动和油气勘探开发保障工作。

石油工程专业化整合重组顺利完成。2012年，根据《关于集团公司石油工程专业化重组实施的指导意见》，对上游石油工程业务进行专业化整合重组。6月28日在北京市注册成立中石化石油工程技术服务有限公司，12月28日在石化集团公司总部举行了公司揭牌仪式。12月31日，石油工程板块的业务、资产、人员完成了向石油工程公司的划转，标志着石化集团公司层面的石油工程专业化整合重组基本完成。重组中未出现一起重大安全环保事故、未出现一起群体性上访等不稳定事件，在改革重组之年保持了大局稳定。石油工程专业化重组是石化集团公司上游管理体制机制变革的一件大事，是中国石化自2000年石化股份公司上市以来，重组范围最广、涉及人员最多、影响面最大的一次改革。

生产经营任务全面完成。2012年，石油工程系统坚持专业化重组与生产经营"两不误"，在上游"五大会战"等勘探开发部署的强力拉动下，钻、测、录、试油试气、井下作业与地面工程、机械仪表制造等专业的实物工作量均创历史新高，外部市场保持良好增长势头，以水平井分段压裂为代表的非常规油气工程技术等一批重点科研项目攻关取得新的突破，为石化集团公司勘探开发提供了强有力的支撑与保障。全年石油工程板块实现营业收入967.47亿元，实现利润总额10.78亿元，其中国际业务新签合同额41.7亿美元，完成合同额28.9亿美元，均超额完成年度计划指标。

勘探开发保障有力。根据石化集团公司《关于在勘探开发各区域、石油工程全系统开展钻井提速提效活动的指导意见》和石化股份公司勘探开发重点部署，以打造上游长板、提升钻井工程服务保障能力和核心竞争力为目标，全面开展石油工程提速提效活动，重点保障四川、西北、华北、东北和胜利非常规等"五大会战"和重点探区，技术提速、管理提速、安全提速等提速提效活动措施取得了显著成效。钻井技术经济指标提高明显，创出了一批石油工程新指标、新纪录、新水平。在石化集团公司老油区，平均搬安时间同比减少了0.34天，平均机械钻速上升了0.52米/时，停待时间缩短了0.21天，平均完井周期缩短了0.25天。在石化集团公司新油区，平均搬安时间缩短了6.42天，故障复杂时间缩短了2.74天，停待时间缩短了0.43天，平均完井周期缩短了9.87天。钻机月速度、平均机械钻速不断提高，钻井周期、建井周期大幅缩短。加大技术攻关力度，部分瓶颈技术有所突破。在井身结构、个性钻头、钻井液体系、钻井参数和工艺技术集成应用等方面发挥整体效应，新工艺、新工具的引进、试验、消化吸收与再创新，全面提高了钻井提速提效水平。

（刘明亮）

石油地球物理勘探

【采集单位概况】 截至2012年底，石化集团公司物探采集单位共有11家：胜利石油管理局地球物理勘探开发公司，中原石油勘探局地球物理勘探公司，河南石油勘探局地球物理勘探公司，江汉石油勘探局地球物理勘探公司，江苏石油勘探局地球物理勘探处，西南石油局第二物探大队、第五物探大队、云南物探公司，华东石油局第六物探大队，华北石油局地球物理勘探公司，上海海洋石油局第一海洋地质调查大队。共有物探队伍71支，其中甲级队35支，乙级队20支；国内市场56支，国外市场15支。从业人员11 426人，其中正式职工8 656人，其他用工2 770人。2012年，实现营业收入71.1亿元，同比增加8.2%。

（王志明）

【处理解释单位概况】 石化股份公司处理解释系统共有20家研究单位：胜利油田分公司物探研究院、胜利油田地质科学研究院，中原油田分公司物探研究院、中原油田勘探开发科学研究院，河南油田分公司石油物探技术研究院、石油勘探开发研究院，江汉油田分公司物探研究院、勘探开发研究院，江苏油田分公司物探技术研究院、地质科学研究院，西南油气分公司勘探开发研究院德阳分院，华东分公司勘探开发研究院，上海海洋油气分公司研究院，西北油气分公司研究院，东北油气分公司研究院，勘探南方分公司研究院，以及石化股份公司直属勘探开发研究院油气地球物理研究中心和石油物探技术研究院。

（王志明）

【主要装备】 截至2012年底，石化集团公司共拥有数字地震仪主机共计81台(套)，接收道数31.03万道；拥有全数字地震三分量数字检波器 2.55 万个，单分量数字检波器 1 万个；拥有海上采集系统 4 套，物探船 2 艘，综合船 2 艘，另有 1 艘 12 缆船在建；拥有 VSP 采集设备 6 套；拥有可控震源 108 台。

石化集团公司具有专项自主知识产权的软件产品有 NEWS 油气综合解释系统、iCluster 地震叠前偏移成像系统、STseis 神通地震处理系统、ISeisMountain 地震采集工程系统、FracListener 微地震数据处理系统、SeisWave2D 地震波场正演模拟软件等。

（王志明）

【采集工作量】 2012 年，完成二维地震 3.57 千米，其中集团内部 2.84 万千米，国内外部市场 3 505 千米，国外市场 3 782 千米；三维地震 1.95 万平方千米，其中集团内部 1.18 万平方千米，国内外部市场 18 平方千米，国外市场 7 664 平方千米。

（王志明）

【工作能力】 截至 2012 年底，陆上具有年完成二维地震 6 万千米、常规三维地震 2 万平方千米、高精度三维地震 3 000 平方千米的能力，具备全数字三分量地震采集能力 300 平方千米。海上具有年完成二维地震 4 万千米或三维地震 3 500 平方千米的能力。

（王志明）

【主要技术进步】 （1）RTM 逆时偏移技术提高了复杂地区成像精度。针对西部地区勘探面临的复杂地表、复杂构造、复杂储层带来的制约，开展技术攻关，研发了高精度的 RTM 成像技术、高斯束叠前深度偏移技术及深度域角度道集生成技术、基于 Kirchhoff 偏移距域共成像点道集的剩余曲率速度分析及建模技术、基于高斯束角度域共成像点道集的层析速度反演模型修正技术；开发了具有自主知识产权的 RTM 成像软件；实现了 RTM 技术的推广应用。该项技术很好地解决了西部玉北地区 3D 碳酸盐岩缝洞成像问题、库车东 3D 复杂山前带成像问题，逆时偏移剖面分辨率和信噪比在整体上得到明显提高，断面清晰、收敛性强，缝洞的成像更加清晰，断点位置准确，易于正确解释断层。

（2）单点高密度地震技术进展显著。针对中国石化东部老区勘探上面临的复杂断块、岩性、隐蔽油气藏等技术难题，开展了百万道、高密度、单点、数字检波器接收的采集、处理、解释、储层预测一体化综合研究。形成了高密度地震采样理论与地震波场分析技术，基于健全空间波场的观测系统设计技术，高密度三维地震采集噪音特征调查、分析与应用技术，高密度地震采集现场质量监控技术，高密度三维海量数据分析方法，高密度三维地震资料空间域保真去噪技术，高密度三维地震资料弱信号处理技术，高密度三维地震资料解释方法 8 项实用技术。在罗家高密度三维地震数字采集项目的应用取得了良好效果，提高了地震资料的分辨率和保真度，2.0s 频带宽度达到了 5—116 赫兹，主频达到 50 赫兹。

（3）鄂南地区黄土塬三维地震勘探项目带来油田突破性的进展。鄂南巨厚黄土塬区三维地震勘探被称为中国独有和“世界级难题”，多年久攻不下。通过开展联合攻关研究，采集上创新一项巨厚弱弹性介质高效激发理论，形成“阶梯式”参照面岩性调查技术和基于高精度卫片资料区带优化设计技术 2 项关键配套技术和 3 项辅助技术；处理上推出了层析等效表层结构“三步法”约束静校正技术以及保持下切河道三维地震反射结构特征处理技术；解释和储层预测方面，形成了相干体多尺度、多分析级别的断裂及裂缝系统检测技术及下切河道三维地震反射结构识别技术。多项技术的联合应用使勘探开发中的水平井油层钻遇率达 84%，比此前提高 21 个百分点，实现了从“摸着打”到“看着打”，使得油气储量、产量大幅度提高。

（4）可控震源技术在西部地区广泛应用。西部地区多以戈壁草原、沙漠、山地为主，可控震源施工具有经济、安全、环保、效率高等优势，在西部北缘地区应用前景广阔。乌伦古—石英滩二维地震采集采用震源台数 3 台、震动次数 1 次、扫描长度 26s、扫描频率 4—108 赫兹、驱动幅度 70%。全区完成激发点数 28 683，其中一级品率 92.9%，新剖面中深层石炭系火成岩内幕反射明显好于 2009 年的老剖面。

（5）水网地区多种震源联合激发技术显著提高地震资料品质。李埠南三维地震采集横跨长江南北，地表复杂，分布有长江水域、两岸大堤、沼泽、密集农田厂房等。地震采集中，根据不同地表情况，在长江水域使用气枪、两岸大堤使用可控震源、陆地使用井炮，使三类震源达到最佳配合，大大提高了激发点正点率。在总激发点数 32 203 中，井炮 18 860炮，占 58.5%，震源 9 818 点，占 30.5%，气枪 3 525 点，占 11%。处理后主要目的层主频由老资料的 20—30 赫兹提高到 30—40 赫兹。从叠前时间偏移剖面看，过江段缺口较小，水网区与复杂带资料成像较好。

（6）镇巴三维地震攻关取得较大进展。镇巴地区地震资料信噪比低、构造成像难度大，攻关目的是解决构造成像与圈闭落实问题。攻关要求是采集、处理、解释做到一体化，具体做法：①基于叠前深度偏移成像效果充分论证优选观测系统，解决镇巴地区构造成像难题。②以微测井为主，进行精细表层结构调查，严格质量控制，强化资料分析，科学选择采集参数。③针对该区资料信噪比较低的特点，在接收环节上，使用超级检波器；在激发环节上，结合高精度卫片，遵循“避灰岩就砂岩、避虚就实”原则，优选激发点位，尽量在砂岩区与沟谷区激发，避开竖直灰岩区，在激发条件好的沟谷区适当加密炮点，在灰岩区采用多井组合激发。通过三维地震攻关，单炮记录整体能量较强，砂岩记录信息丰富，取得了灰岩激发的远偏移距和深层反射信息，三维地震叠加数据体基本消除了由浅至深无反射信息问题。

(7)绕射成像技术提高了缝洞储集体识别精度。地震绕射波是缝洞、断点、尖灭等非均质体的响应，在塔河地区，受风化壳的强反射界面影响，小型缝洞体的弱绕射能量在成像结果中识别比较困难，将原始记录中的绕射波分离后单独成像，能够提高小型缝洞体的识别精度。通过采用平面波域倾角滤波与预测反演结合的绕射波分离方法，从地震波场中分离出高保真度的绕射波信息，实现了绕射波的单独成像。该方法在塔河地区应用取得较好效果，有效压制了风化壳的强反射能量，凸显了缝洞体的“串珠”异常信息，提高了缝洞储集体的识别精度。

(8)初步掌握火成岩地表激发技术。火成岩露头区激发关键：①改善钻井工艺；②采用高爆速炸药；③施工中采用提前打井、下药并注水，在井壁形成一层冰冻缓冲层，增加炸药与花岗石围岩的耦合性。

（姚　江）

【主要获奖情况】 2012年，胜利油田分公司和胜利石油管理局地球物理勘探开发公司的“超百万道密度全数字单点地震勘探技术”、石油物探技术研究院的“RTM逆时偏移技术研发及应用”2个项目获石化集团公司科技进步一等奖；胜利油田分公司的“地震叠前宽角度反演及储层表征技术”、石油物探技术研究院的“碳酸盐岩缝洞型储集体地球物理预测与描述”2个项目获石化集团公司科技进步二等奖；江汉油田分公司的“镇巴区块3D地震处理技术研究”项目获石化集团公司科技进步三等奖。

（姚　江）

钻 井 工 程

【概述】 石化集团公司钻井业务主要分布在石油工程公司的胜利石油工程公司、中原石油工程公司、河南石油工程公司、江汉石油工程公司、江苏石油工程公司、华北石油工程公司、华东石油工程公司、西南石油工程公司8个地区分公司和上海海洋石油局等单位，共有陆地钻井公司24个，钻井队782支；海洋钻井公司2个，钻井平台13座；钻井研究、设计、专业技术服务及施工单位35个，队伍780多支。钻井系统用工总量约6.7万人，其中在岗正式职工约4.1万人。

（张　波）

【主要装备】 拥有陆地钻机789台，其中电动钻机190台，机械钻机599台；海洋钻井平台12座，其中座底式3座，自升式8座，半潜式2座。各类顶驱206台，无线随钻测量仪器300套(其中LWD无线随钻测量仪器78套)，35－70及以上级别的单闸板防喷器219台、双闸板防喷器290台，固井配套设备819台(套)，钻机网电装置74台(套)。

（张　波）

【主要工作量完成情况】 2012年度，陆地钻机共动用690台。其中，集团内部市场动用514台，国内市场动用71台，国际市场动用105台；全年钻井4 892口，进尺1 311万米，老井侧钻进尺15.3万米。其中，集团内部市场完井4 120口，进尺1 086.5万米，老井侧钻进尺7.5万米；国内外部市场完井352口，进尺126.6万米，老井侧钻进尺0.6万米；国际市场完井420口，进尺97.8万米，老井侧钻进尺7.2万米。

（张　波）

【重点工艺井应用】 完成深井、超深井钻井348口，其中超深井(不低于6 000米)钻井162口；水平井1 204口；位移超过3 000米或位垂比大于2的大位移井5口；各类固井9 672次；取芯进尺1.30万米；常规欠平衡井23口，气体钻井19口。

（张　波）

【重点技术进步情况】 (1)非常规油气钻井技术逐步完善。配套页岩油气开发的油基钻井液、固井等技术取得长足进步，形成自主产权的油基钻井液技术和页岩气固井技术。该油基钻井液已在彭页

2HF、彭页3HF等井应用，取得良好的使用效果，部分指标已超过国外同类油基钻井液；SCW系列润湿反转前置液体系和SFP弹韧性水泥浆体系等已经在涪页HF-1、新页HF-1等5口页岩气水平井成功应用。

（2）重点探区钻井提速提效效果明显。在川西、元坝、西北等重点探区全面推广螺杆+PDC复合钻井技术、涡轮+孕镶金刚石钻井技术、PDC+扭力冲击器、捷联式垂直钻井等成熟配套技术。探索高效PDC+中高速螺杆技术的应用。2012年度在新区共累计完井551口，平均井深3 338米，平均建井周期89.75天，机械钻速5.77米/时，与2011年度同期相比平均井深减少232米、建井周期缩短30.09天、机械钻速提高2.07米/时，提速效果明显。

（3）超深水平井钻井技术趋于成熟。通过开展超深水平井井眼轨道设计及定向工艺优化、管柱力学及井眼轨迹监测与控制、井眼净化与水力参数优化等技术研究，引进国外旋转导向钻井技术，有效解决了水平井钻压传递、轨迹控制、高温高压MWD和螺杆可靠性等技术难题。2012年共完成井深6 000米以上超深水平井162口。其中，元坝272H井是四川元坝地区首次应用台阶式水平井技术工艺超深水平井，完钻井深7 580米，创造了元坝地区侧钻点井深6 641米的最深和757米的水平段长度最长的纪录。

（4）创造多项钻井新纪录。①实体膨胀管封隔泥岩技术：由胜利石油工程公司钻井院提供的实体膨胀套管自有技术在新疆T816KCH2井中使用，创造了国产直径139.7毫米实体膨胀套管作业最深纪录（5 690.68米）。②水平井完钻井技术：四川元坝102-2H井，由胜利石油工程分公司实施作业，创造了石化集团公司水平井完钻井深最深纪录（7 802米）。③干法固井技术：元坝气田元陆702井，由西南固井公司采用正注、反灌干法固井成功，创国内干法固井最深纪录（3 008.22米）。④泡沫钻井技术：盐227-1HF井是胜利油田在砂砾岩油藏部署的非常规长水平井，由胜利石油工程公司钻井院提供欠平衡技术服务，在3 513—4 534米实施泡沫钻井。该井完钻井深4 591米，创造了石化集团公司泡沫钻井井深最深（4 534米）、垂深最深（3 619.54米）、井下施工温度最高（137℃）3项纪录。

（张　波）

井下作业

【概述】 石油工程公司辖胜利井下作业公司、中原井下特种作业处、江汉井下测试公司、西南井下作业公司和华北井下作业公司5家单位井下作业队伍182支，其中修井队108支、侧钻队47支、压裂（酸化）队22支，连续油管作业队5支。

（秦钰铭）

【主要装备】 5家井下作业公司共有450型及以上修井机94台，其中750型修井机33台，2000型及以上型号压裂车145台，连续油管车组5套。

（秦钰铭）

【作业工作量】 2012年，5家井下作业公司共完成修井1 646井次，其中国内1 159井次，国外487井次；侧钻431口，其中国内365口，国外66口，共计进尺22.9万米；压裂井3 167口，其中水平井1 051口，酸化井236口。

（秦钰铭）

【主要技术进步】 2012年，在华北大牛地气田成功试验了DP43H丛式井组6口井的分段同步压裂，6口井获无阻日流量约80万立方米。江汉石油工程公司研制的水力泵送复合材料桥塞水平井分段压裂完成了9口井、共53段的分段压裂施工，最多单井分10段施工，最大泵压达到了70兆帕，最大排量为9.0米^3/分。利用连续油管在华北红河油田HH37P19井首次成功钻扫了8级滑套，在HH37P32井成功实施滑套打捞，共打捞出滑套5级，开创了连续油管在水平井钻铣、打捞作业的先例。

（秦钰铭）

【工程新纪录】 2012年，井下作业队伍共创造了9项新的工程纪录。①中原石油工程公司在新疆TK864井创造了打捞裸眼封隔器最深5 584.95米的新纪录。②中原石油工程公司在新疆库车大古2井创造了压裂施工泵压最高128兆帕的新纪录。③胜利石油工程公司在胜利樊154-平2井创造了压裂施工水平段长度最长1 970米的新纪录。④河南石油工程公司在河南泌页2HF井创造了单井一次压裂加砂量最多1 078.54立方米的新纪录。⑤河南石油工程公司、中原石油工程公司在河南泌页HF1井创造了单井一次压裂入井液量最多22 376.2立方米的新纪录。⑥江汉石油工程公司在涪陵涪页2-2HF井创造了单井酸压压入地层酸液量最多3 006立方米的新纪录。⑦河南石油工程公司在河南屯1井创造了直井单井一次压裂分层最多6层的新纪录。⑧河南石油工程公司在河南泌页2HF井创造了水平井一次压裂分段最多22段的新纪录。⑨中原石油工程公司、石油工程技术研究院在元坝元页 HF－1 井创造了水平井压裂施工排量最大 15.5 米^3/分的新纪录。

（秦钰铭）

试油测试

【概述】 石油工程公司辖胜利井下作业公司、中原井下特种作业处、江汉井下测试公司、西南井下作业公司和华北井下作业公司 5 家单位试油测试队伍 98 支，其中国内队伍 89 支、国外 9 支。

（秦钰铭）

【主要装备】 5 家井下作业公司共有各种规格的 APR 地层测试器 41 套，工作压力 10 兆帕、气体日处理量 177 万立方米、液体日处理量 1 000 立方米的三相分离器 20 套，日处理量 38 万立方米的焚烧炉 1 套(7 台)。此外，还有耐温 200℃电子压力计、封隔器、除砂器、高压测试管汇等较先进的测试装备系列。

（秦钰铭）

【作业工作量】 2012 年，5 家试油测试队伍共完成 2 794层次，其中国内 2 739 层次，国外 55 层次。与 2011 年工作量相比，增加 23%。

（秦钰铭）

【主要技术进步】 特殊工况完井测试技术日趋成熟，多联作测试技术得到广泛推广应用。针对致密油气藏渗透率低的特点，采用井底关井压力恢复测试技术，缩短了测试时间，压控式测试管柱、毛细管测压监测工艺满足高温、高压、高含硫地层的测试需要，现场得到成功应用。针对非常规油气藏复杂的地层特点，形成了早期试井解释方法、低渗透储层产能试井评价方法等实用的试井解释技术。智能测试器及工艺已申请发明专利，现场 9 口井施工，成功率 100%。

（秦钰铭）

【工程新纪录】 2012 年，试油测试队伍共创造了 2 项新的工程纪录：江汉石油工程公司在新疆皮山北 2 井创造了测试井段温度最高 184.99℃的新纪录，在塔里木克深 8 井创造了地面测试流动压力最高 94.8 兆帕的新纪录。

（秦钰铭）

测　　井

【概述】 石化集团公司共有胜利、中原、西南、华北、河南、华东、江苏、江汉、上海海洋 9 家测井单位，测井、射孔队伍 348 支，其中裸眼井测井队 197 支、生产测井队 68 支、射孔队 83 支，分布在集团内部 312 支、国内外部 26 支、国外市场 10 支，共有员工 6 815 人，年经营收入约 34.06 亿元。

（夏鹏飞）

【主要装备】 拥有测井仪器 421 台(套)，其中成像测井地面系统 81 套、快速测井平台仪器 71 套；综合完好率 99.75%；运转时率 71.5%；新度系数 0.56。拥有测井绞车 407 台(套)，综合完好率 99.17%，运转时率 73.04%，新度系数 0.46。

（夏鹏飞）

【测井工作量】 2012 年，石化集团公司测井队伍累计完成各类测井 2.57 万井次、5.08 亿标准米。与上年相比，各类测井增加3 738井次、1.08 万标准米。其中，集团内部市场完成各类测井 2.24 万井次，同比增加 3 851 井次；国内外部市场完成各类测井 3 112井次，同比增加 40 井次；国外市场完成各类测井 218 井次，同比减少 153 井次。测井曲线合格率 100%。

（夏鹏飞）

【主要技术进步】 初步建立了非常规测井系列设计方案和技术规范，探索建立了非常规油气层测井评价技术，开发了泥页岩油气测井评价处理解释软件，射孔桥塞联作分段射孔技术应用取得实效。持续完善低孔渗致密砂岩、裂缝性致密碎屑岩、滩坝砂岩和低阻油气层等复杂储层测井评价与流体性质识别技术。测井装备，引进配套存储式测井技术，完善复杂井筒工艺测井技术；积极探索测井装备研发，高温小井眼满贯测井系列、井下爬行器实现国产化，雷达测井成像系统样机研制成功。射孔器及射孔工艺技术取得较大进展，负压射孔、射孔和压力测试一体化技术、分级射孔技术等得到广泛应用。石化集团公司各单位推广测井资料解释系统(LOGIK3.0) 600 余套，有利于自主品牌测井软件的应用提升。

（张新华）

【工程新纪录】 截至 2012 年底，石化集团公司测井共创造 6 项集团内部工程新纪录：胜利测井公司三分公司创造队年测井标准米数最多 4 202 376 米新纪录；西南测井公司创造存储式测井水平井段最长 1 497米新纪录；胜利测井公司巴州分公司创造水平井钻具输送成像测井深度最深 7 569 米新纪录；中原测井公司创造一次射开油层厚度最长 941.8 米新纪录；江汉测录井公司创造一次入井发射炮数最多 4 390炮新纪录；江汉测录井公司创造水平井爬行器爬行距离最长 1 236 米新纪录。

（杨明清）

录　　井

【概述】 2012 年，石化集团公司录井系统共有 11 家服务商，其中胜利、中原、河南、西南、华北和华东有独立的地质录井公司；江汉和江苏有测录井公司；胜利海洋钻井公司、西南临盘钻井公司和上海海洋石油局第三海洋地质调查大队有附属的录井专业服务单位。截至 2012 年底，共有队伍 724 支，其中综合录井队 529 支、气测录井队 25 支、地质录井队 71 支、开发井录井队 99 支，分布在集团内部 638 支、国内外部 40 支、国外市场 46 支、用工总量 6 364人，年经营收入约 19 亿元。

（夏鹏飞）

【主要装备】 截至 2012 年底，石化集团公司所属录井公司录井设备 819 台，综合完好率 99.38%，运转时率 85.77%，新度系数 0.5，其中综合录井仪 436 台，综合完好率 99.09%，运转时率 84.31%，新度系数 0.48 ；气测仪 11 台（套），综合完好率 99.72%，运转时率 74.16%，新度系数 0.99。

（夏鹏飞）

【录井工作量】 2012 年，石化集团公司录井队伍累计完成录井 5 596 口、录井进尺 1 500 万米。与上年相比，录井增加 799 口，录井进尺增加 281 万米。其中，集团内部市场完成录井 5 100 口，同比增加 898 口；国内外部市场完成录井 294 口，同比减少 159 口；国外市场完成录井 202 口，同比增加 60 口。2012 年，录井质量合格率 100%。

（夏鹏飞）

【主要技术进步】 地层流体录井方面，利用核磁共振技术突破了钻井液荧光条件下油层判识的瓶颈，有效提高了地层流体识别的准确性。拉曼光谱技术通过川西陆相致密砂岩气、页岩气、川东北空气钻井、新疆油区等的试验应用，证实设备性能稳定，适合复杂钻井地质条件下的油气发现。红外光谱录井技术满足快速钻井施工以及薄层、裂缝性油气资源开发要求。在非常规研究方面，利用 XRF 及 XRD 技术、高分辨率多维核磁共振技术为非常规地层综合评价提供了关键参数。在工程应用方面，碳酸盐岩地层压力随钻监测方法研究取得突破，大幅度提高了监测精度。发展新型井下随钻检测设备，在井筒温度和压力等工程参数随钻检测方面取得进展。

（张新华）

【工程新纪录】 截至 2012 年底，石化集团公司录井队伍共创造集团内部工程新纪录 2 项：西南石油工程公司临盘钻井公司地质大队创造综合录井队年进尺最多 40 422 米新纪录；胜利石油工程公司地质录井公司创造了单井录井剖面符合率最高 98.3% 新纪录。

（杨明清）

油田地面工程建设

【概述】 2012 年 9 月 24 日，石化集团公司下发了《关于组建中石化石油工程建设有限公司的通知》，12 月 18 日，石油工程建设公司在北京正式注册，注册资本金 5 亿元。专业化整合重组后，石油工程建设公司机关设 7 个部门、1 个国际工程中心，拥有 15 家所属企业。其中，5 家设计企业分别是胜利勘察设计研究院有限公司、中原石油勘探局勘察设计研究院、河南石油勘探局勘察设计研究院、江汉石油管理局勘察设计研究院、江苏石油勘探局勘察设计研究院，8 家施工企业分别是胜利石油化工建设有限责任公司、中原石油勘探局工程建设总公司、河南油田油建工程建设有限公司、江汉石油管理局油田建设工程公司、江苏石油勘探局油田建设处、胜利工程建设(集团)有限公司、中原石油勘探局建设集团公司、江汉石油管理局建筑工程公司，2 家监理企业分别是中原石油勘探局矿区建设工程部、江苏石油勘探局工程监理部。石油工程建设公司是石油工程公司的全资子公司，是石化集团公司专业从事国内、国外，陆地、海洋油气开发工程建设的技术服务商和工程承包商。

（刘居正）

【经营范围】 工程设计、咨询业务主要包括：EPC 工程总承包、工程设计、工程规划咨询、工程项目管理、工程监理、工程地质及岩土工程、对外经济合作业务、科技研究及服务等。

工程施工业务主要包括：油气田建设、地热能源工程、大型储罐(站)、油气水长输管道、海洋油气工程和海洋离岸工程、铁矿浆长输管道、石油化工工程、公路桥梁工程、工业与民用建筑工程、市政公用工程、热力、发电、送变电工程、消防公用工程、电气仪表自动化工程、通信、防腐保温工程、钢结构工程施工及压力容器制造、锅炉安装等。

（刘居正）

【资质情况】 设计咨询资质：工程勘察综合甲级，国家石油天然气行业、石油天然气(海洋石油)、海洋行业(离岸工程)、建筑行业(建筑工程)、市政行业(给排水、热力、燃气、热力工程)工程设计甲级，石油天然气、港口河海工程、建筑、市政公用工程(热力、给排水、燃气、热力)、水文地质、工程测量、岩土工程工程咨询甲级，工程造价咨询甲级，桥梁工程设计乙级，工程勘察劳务资质等。

施工及制造资质：化工石油工程、房屋建筑工程、公路工程、水利水电工程、市政公用工程施工总承包一级，海洋石油工程、化工石油设备安装工程、钢结构工程、管道工程、地基与基础工程、建筑装饰装修工程、消防工程、防腐保温工程施工专业承包一级，桥梁工程、港口与航道工程、机电设备安装工程、送变电工程、电力工程、无损检测工程专业承包二级，A1、A2、A3级压力容器制造许可证，GA1甲级、GB1级(含PE管道)、GB2级、GC1级压力管道安装许可证，GB1级、GB2级、GC1(2)(3)级、GC2级、GC3级压力管道设计许可证。

监理资质：房屋建筑工程、化工石油工程、市政公用工程监理甲级，电力工程监理乙级。

各所属单位全部通过ISO 9000质量认证和ISO 14000环境管理体系认证。

（刘居正）

【人员情况】 截至2012年底，油田地面工程建设系统共有从业人员2.37万人，其中正式职工1.52万人，平均年龄为41.09岁。设计板块人员2 804人(11.8%)、油建板块人员14 272人(60.2%)、建工板块人员6 298人(26.56%)、监理板块人员178人(0.8%)。

（刘居正）

【市场情况】 油田地面工程建设市场主要分为三大板块，分别是国内集团内部市场、国内集团外部市场和国际市场。集团内部市场主要服务胜利、中原、河南、江汉、江苏、西南、西北、东北、华东等各油田，以及天然气分公司、销售公司、国际石油勘探开发公司等专业公司；国内外部市场主要涉及中国石油、中国海油、中化等单位；国际市场主要分布在沙特、哈萨克斯坦、阿尔及利亚、加纳、尼日利亚、肯尼亚、巴西、玻利维亚等国家。2012年实现新签合同额294.38亿元，完成合同额263.07亿元。

（刘居正）

【主要装备】 石油工程建设公司拥有设备24 094台(套)，设备原值29.78亿元，设备净值16.18亿元。包括各类大型工程机械、全自动和半自动焊接机组、500吨位和200吨位定向钻机组、电气设备、运输船舶、浅海工程船舶、仪器仪表、电子和通信测量仪器、计量标准器具及量具、衡器等。

（刘居正）

【主要技术进步】 2012年共开展各级科研项目187项，其中国家级8项、省部级24项、局级79项。国家级科研项目有：薄互层低渗透油藏注水配套技术研究，海上二元复合驱提高采收率关键技术研究，高温高盐油藏化学驱采出液处理技术研究，大规模燃煤电厂烟气二氧化碳捕集、驱油及封存技术开发及应用示范研究，采输系统腐蚀控制技术及采出气二氧化碳回收循环利用技术研究，大规模燃煤电厂烟气二氧化碳捕集纯化、驱油与封存工程技术研究，高含硫气藏安全高效开发技术研究(二期)，集输系统积液、硫沉积与腐蚀控制技术研究，鄂尔多斯盆地大牛地致密低渗气田勘探开发示范工程采气集输工艺技术、增压集输工艺技术研究等。

拥有施工工法110项，其中国家级工法12项、部级工法3项、省级工法35项、石化集团公司级工法30项。国家级工法有：钢质管道聚乙烯、硬质聚氨酯泡沫塑料一次成型防腐保温预制工法，钢质管道内涂层液体涂料补口机补口工法，浅海油田海底管道浮拖法施工工法，滩海油田大型平台整体浮装就位施工工法，滩海铺管船铺设海底管线施工工法，浅海海底管道干箱法无水作业环境维修施工工法，饱和软土夯击式预应力锚杆施工工法，高性能复合改性沥青路面施工工法，大型水平定向钻穿越施工工法，长距离大坡度隧道内管道施工工法，滩海油田大型平台整体浮装法就位施工工法，浅海油田海底管道浮拖法施工工法等。

拥有专利298项，其中已授权171项、正在申报专利127项；发明专利109项、实用新型专利189项。

（刘居正）

【重点工程】 2012 年，国内主要完成大牛地气田采气改造及集气站、川气东送虞昆支线管道、普光大湾区地面集输、春光宝浪油田产能等工程建设项目；开工及在建中缅天然气管道工程，大牛地气田产能建设，普光大湾站场供电工程，塔河 12 区产能建设，拉萨成品油库，埕岛西区块开发 DPC 平台建造，广东省天然气管网二期工程管道，中化泉州 1 200 万吨/年炼油项目原料油、成品油管线及海底管线工程 EPC 总承包，甬台温天然气输气管道工程勘察设计、ABC 标段(B 标段)施工，山东天然气管网青威干线，关中环线天然气储气调峰管道，元坝气田天然气净化厂及集气管道等重点工程项目。海外开工及在建沙特 SWCC 输水工程、WASEA 三号罐群、马尼法井场管道、吉达立交桥、通道及附属工程，阿尔及利亚沙漠水管道、扎尔则地面改造，巴西 3 号化肥厂，哈萨克斯坦萨基兹项目，加纳天然气管线，阿联酋阿布扎比炼厂扩建、油库建设 EPC 总承包，土库曼斯坦巴格德雷合同区域第二天然气处理厂，达曼立交桥及附属工程，玻利维亚管道等海外重点项目。

(刘居正)

【工程新纪录】 截至 2012 年底，石油工程建设有限公司共创造工程新纪录 3 项：胜利石油化工建设有限责任公司定向穿越工程公司创造 1 016 毫米口径穿越最长距离(1 380 米)新纪录，以及 323.9 毫米口径管道穿越最长距离(2 124 米)新纪录；胜利工程建设(集团)有限责任公司和胜利勘察设计研究院有限公司创造土工格栅处理浅水区地基软淤泥最厚(20 米)新纪录。

(刘居正)

海洋石油工程

【海洋石油工程装备】 2012 年，具备世界先进水平的石化集团公司首条深海多用途工作船“勘探 225”轮，以及自主设计、建造的齿轮齿条自升式平台“胜利作业七号”完工并投入使用。截至年底，石油工程系统拥有地震船 6 艘、地质工程调查船 2 艘；钻井平台 13 座(含合资建造的海洋一号自升式平台)，其中半潜式 2 座、自升式 8 座、坐底式 3 座，最大作业水深 610 米；修井作业平台 5 座，其中自升式 3 座、坐底式 1 座、吊装式修井模块 1 座，最大作业水深 25 米；工程服务船舶 37 艘，其中 8 000 马力以上 8 艘。

(李孟杰)

【海洋工程建造与安装】 石化集团公司拥有分别位于胜利桩西内港和龙口胜利港的 2 处海洋工程建造基地，以及胜利 901 铺管船、胜利 902 铺管船、胜建 151 浮吊等海上施工专用船舶。2012 年，CB20C 采修一体化平台、CB1FC 井组平台、CB22H 井组平台、CB22F 采修一体化平台、CBG7 井组平台、CB812 井组平台建成投产；CB22F—中心三号海底输油管线、CB22H—中心一号海底输油管线、CBG7－30A 海底管线、CB812—CB805 海底输油管线建成投产；中心三号—CB22F 海底电缆、中心二号—CB20C 35 千伏海底电缆、CB22C—CB22H 海底电缆、CB701—CBG7 海底电缆、CB812—CBG4 平台海底电缆送电投运；CB25A—CB1G 海底注水管线、CB4B—CB243 海底注水管线完工投注。胜利油田老 168 块新区产能建设(进海路及海油陆采平台)工程获国家优质工程银奖；CB4D、CB4E 两座采油修井一体化平台标准化设计顺利完成。

(孙　慧)

【海上油气开采设施及生产】 截至 2012 年底，石化股份公司海上油田(自营区块)共有各类海上采油平台 111 座，其中中心平台 2 座、井组平台 73 座、单井平台 36 座；海底输油管线 92 条，总长 155.3 千米；海底输气管线 1 条，总长 11.6 千米；海底注水管线 56 条，总长 80.2 千米；海底电缆 114 条，总长 257.3 千米。油气水井共 630 口，开井 527 口，其中油井 440 口、开井 355 口，年生产原油 275 万吨、天然气 1.03 亿立方米；气井 8 口，开井 6 口，年产气量 0.11 亿立方米；注水井 182 口，开井 166 口，年注水量 704.6 万立方米。

(孙　慧)

石油工程队伍资质建设

【资质认证】 2012 年，按照石化集团公司石油工程队伍资质认证领导小组办公室的安排，对所属企业 782 支钻井队完成了认证工作。钻井队的钻机构成按驱动方式分：机械钻机 590 部、电动钻机 193 部。按钻深能力分：9 000 米及以上钻机 7 部，7 000 米钻机 218 部(其中机械 108 部、电动 110 部)，6 000 米钻机 18 部，5 000 米钻机 167 部(其中机械 116 部、电动 51 部)，4 500 米机械钻机 21 部，4 000 米钻机 192 部(其中机械 173 部、电动 19 部)，3 200 米机械钻机(大庆 130)61 部，3 000 米钻机 73 部(其中机械 67 部、电动 6 部)，2 000 米机械钻机 25 部，1 000 米机械钻机 1 部。

(李一超)

设备管理

【概述】 截至2012年底，石油工程系统共有主要专业设备10 573台(套)，其中陆地石油钻机789台(套)，海洋石油钻井平台13座，钻采特车1 783台、地震物探设备3 005台(套)，测井设备1 337台(套)，录井设备819台(套)，工程机械1 357台，船舶298艘。设备资产原值364.91元，净值193.42亿元，新度系数0.51。设备管理人员5 012人，设备维修人员7 837人。

(张　军)

【主要设备技术指标】 2012年，石油工程主要专业设备综合完好率98.84%，运转时率67.68%，故障停机率0.06%。各专业设备指标见表1。

表1　　石化集团公司2012年石油工程主要专业设备技术指标

设备分类＼技术指标	设备数量	综合完好率/%	运转时率/%	故障停机率/%	新度系数
钻井设备	801	99.56	80.30	0.06	0.54
钻采特车	1 783	99.13	58.45	0.01	0.60
地震物探设备	3 005	99.13	63.29	0	0.51
测井设备	1 337	99.35	69.06	0	0.53
录井设备	819	99.38	85.77	0	0.50
工程机械	1 357	98.43	65.99	0	0.50
船舶	298	98.91	61.67	0.09	0.45

(张　军)

【重大装备技术选型论证工作】 组织开展了2012年度石油工程重大装备更新改造技术选型、方案论证和技术谈判工作，确定了包括钻井、物探、测井、录井、固井、作业、油建和海洋8个专业主体与配套设备更新技术选型方案，组织签订了812份技术协议，并配合物资装备部组织完成了以上设备的集团化采购工作。同时对安排实施的部分非常规和水平井勘探开发重大装备的投产进度进行了跟踪和验收，确保重大装备的及时投产运行，有力保障了非常规和水平井勘探开发对石油工程重大装备的需求。

(张　军)

【设备大检查】 组织开展了油田企业2012年度设备大检查工作，检查内容涵盖设备本质安全、主要经济指标、体制制度建设、设备前期管理、现场管理、设备基础资料、人员培训、管理创新、技术改造等方面，共抽查了6个油田的58个二级单位，检查所属钻井、作业、试油、测井、录井、固井、输气站、联合站等基层施工队伍132个，单机设备712台(套)，查出各类问题358项，对查出的问题分类分层制定了整改措施。

(张　军)

【设备检测评估】 组织开展了2012年石油钻机、修井机井架底座和整机检测评估分级工作，初步建立了石油工程主要专业设备检测评估工作机制。根据设备整体检测评估计划，全年共完成钻机修井机井架底座检测213部、各类整机检测评估95套。出具了308份专业设备检测评估报告，全面分析了设备的整体状况、存在问题、安全隐患并指导制定了整改措施。通过以上工作的开展，进一步规范了大型设备检测评估工作，健全了大型设备档案资料，并为设备维修保养和判废报废工作提供了基础和依据，切实提升了设备运行效率和质量，确保了设备的本质安全。

(张　军)

【机械研发制造业务管理】 进一步明确了机械研发制造业务的发展思路，组织编写了业务发展规划。组织开展了2500型压裂机组、3000型压裂机组、煤层气钻机、网电模块钻机、低温轮轨式钻机和连续油管作业机等大型、成套和关键新型装备设计方案论证工作。建立了机械研发制造业务信息管理机制，从产品结构、市场分布和竞争环境等方面定期跟踪分析了机械研发制造业务新产品研制应用和主要产品制造销售情况。

（张 军）

机械制造

【概述】 2012 年，按照石化集团公司石油工程专业化整合重组有关要求，顺利完成中石化石油工程机械公司组建工作，将江汉油田所属的三机厂、四机厂、钢管厂、江钻股份、四机赛瓦和机械研究院 6 家单位整体划入，并于 2012 年 12 月完成注册。拥有牙轮钻头、金刚石钻头、牙掌柔性、螺旋缝焊管、直缝焊管、ERW 管、玻璃钢抽油杆、钻（修）井机、固井压裂设备、天然气压缩机、水处理设备、高压管汇、绞车、泵类等生产线，有大型数控加工中心、数控机床等金属切削设备和铸造、锻造、热处理、焊接等热加工设备。截至年底，公司资产总额 76.3 亿元，净资产 26.3 亿元。用工总量 10 316 人，其中正式职工 4 813 人。

（金 灵）

【国家科技重大专项课题获好评】 2012 年 10 月 23 日，国家科技部对四机厂承担的国家科技重大专项“3000 型成套压裂装备研制及应用示范工程”进行监督评估。评估组一致认为，3000 型成套压裂装备具有良好的发展前景，对进一步建立国家大型压裂装备自主创新研发体系、支撑国家非常规能源开发将起到重要作用。该项目在管理体系、制度建设、基础技术研究、基础部件研制、样机试制方面取得阶段性成果，打破了国外技术垄断。

（孙元秀 付喜艳）

【2500HP 大型数控成套压裂装备研制通过验收】 2012 年 8 月 22 日，四机厂承担的“2500HP 大型数控成套压裂装备研制”课题顺利通过国家科技部验收。专家组一致认为该项目研究思路清晰、研究内容充实、研究成果具有较高创新性，完成了考核目标和技术指标。

（郭艾斌 付喜艳）

【完成水下采油树关键技术研究及成套设备研制】 2012 年 9 月 10 日，江钻股份公司完成了国家“863”项目水下采油树关键技术研究及成套设备研制（一期），该课题正式进入实施阶段。

（黄予剑 杨 珍）

【深水水下井口头课题通过科技部技术验收】 2012 年 9 月 3 日，国家科技部专家组对江钻股份公司承担的“十一五”国家“863”计划课题“海洋深水水下井口头系统与生产平台采油井口系统研制技术”进行了评审验收。专家组听取了该公司课题验收汇报，审阅了验收文件，并经过质询、讨论，认为课题组掌握了深水水下井口头系统与平台采油井口系统的设计和制造方法，具备了 1 000 米水深、1 000 帕斯卡压力等级下水下井口头系统的设计和制造能力，并完成了样机的地面测试和第三方检验，完成了合同规定的研究任务，取得了深水水下井口头系统自主研制的阶段性成果，一致同意该课题通过验收。该课题的顺利验收标志着中国在海洋油气装备领域又突破了一项关键技术。

（焦 刚）

【江钻股份公司一 QC 成果获国际大奖】 2012 年 10 月 14—17 日，在马来西亚举行的第 37 届 ICQCC 会议（国际质量管理小组会议）中，江钻股份公司一 QC 课题“提高钻头组装一次合格率”获得国际质量管理领域专家评委的一致好评，获三星的最高荣誉。

（焦 刚）

【首只无体式大钻头成功下线】 2012 年 1 月 13 日，由江钻股份公司技术中心和上海分公司共同设计开发、上海分公司组织试制的 26MAX515GXC 无体式大钻头成功下线，这也是公司开发制造的首只 26 英寸无体式大钻头。

（焦 刚）

【钢管厂获得国内首条煤浆管线供货合同】 钢管厂签订神木渭南管道输煤项目合同量 2.2 万吨，合同金额 1.97 亿元。神木渭南管道输煤项目由陕煤化集团投资 70 亿元建设，管道全长 748 千米，设计年输煤能力 1 000 万吨，是世界上最长且唯一的一条输煤管道，也是中国乃至亚洲的第一条长距离输煤管道。

（贾晓红 卢 鹏）

炼油生产

◇ 综述

◇ 工艺技术进展

◇ 装置达标

◇ 炼油自销产品销售

◇ 设备管理

◇ 计量管理

◇ 质量管理

◇ 原油资源及储运

综　　述

2012年是炼油板块经营形势非常严峻的一年，国际油价动荡起伏，市场需求异常多变。面对各种困难和挑战，炼油板块全体职工认真贯彻落实党组部署，紧紧围绕"实现世界一流"的目标任务，统筹推进安全生产、优化加工、精细经营、提高效益，生产经营取得了较好业绩。

应对市场变化灵活果断。面对国际原油价格动荡、国内成品油价格不到位和化工市场持续走弱的局面，炼油板块加强分析预测，准确研判走势，果断灵活应对，充分发挥结构调整、负荷调控、库存调节和资源调配的作用，较好规避了上半年市场多变带来的经营危机和跌价风险，把握住了下半年市场恢复和毛利回升带来的稳增长、保效益的机遇。

产品结构调整持续改善。炼油板块大力实施差异化战略，充分发挥装置特性，贴近市场需求和产品价值，优化组分利用和加工流向，始终保持生产组织的灵活性，炼油产品结构进一步优化。3月组织召开增产汽油推进会，全年同比增产汽油350万吨，增幅超原油加工量增幅7.4个百分点，其中95#以上高标号汽油比例达21.5%，创历史新高；柴汽比同比下降0.17个单位；增产航煤128万吨，增幅超原油加工量增幅7.4个百分点；增产沥青69万吨，增长12.7%；增产增供北京、上海、南京等地区高标准油品981万吨。全年炼油调整产品结构累计创效42亿元，为减亏增盈发挥了重要作用。

技术经济指标取得长足进步。面对质量升级和环保提标给新建装置带来的能耗、物耗压力，炼油企业依靠科技进步和精细管理，着力提高能源利用效率和炼厂运营效率，炼油主要技术经济指标全面提升。全年轻油收率同比提高0.69个百分点，综合商品率提高0.06个百分点，加工损失率降低0.04个百分点，储运损失降低0.03个百分点，综合能耗下降0.8个单位。

优化挖潜创效再获可喜成果。以"学镇海、学安喜"为契机，炼油板块不断深化"比学赶帮超"活动，始终把工作重心放在内部挖潜、减亏增盈上，向优化、向管理要效益，形成了覆盖原油采购、生产加工到产品销售的全过程挖潜创效机制。全年累计实施生产优化方案400多项，年增效益8亿多元；实施全流程优化方案163项，增效5亿多元。大力实施低成本战略，控制费用上升趋势，降本减费14.3亿元；全面推进焦化综合治理，2年累计投入3亿元，增效7.4亿元。

"实现世界一流"实现良好开局。按照党组"炼油要率先实现世界一流"的要求，全面落实"四大思路、14个方面、34项专题工作"的创一流方案，年内大多数措施取得阶段性成果，其中轻烃资源综合利用已稳步实施，安全环保隐患治理扎实有效，主要技术经济指标逐年提升，以四年一修为目标的长周期运行在镇海等8家企业试点推进，炼油自销产品营销体制改革顺利完成。镇海炼化、齐鲁石化、燕山石化、茂名石化、青岛炼化、九江石化等多家企业参照炼油事业部总体实施方案制定了各自的创一流规划。炼油板块"实现世界一流"取得了良好开端，为开创新局面打下了坚实基础。

绿色低碳战略全面落实。从基础入手，转变发展方式和管理理念，首次引入碳排放指标，全面推行欧萨管理体系，覆盖安全、环保、质量、节能、减排、降损等各个环节的绿色低碳工作机制全面落实并取得明显成效。通过落实安全责任制，狠抓直接作业环节管理，开展轻质油罐、高温油泵、轻油装车系统、安全阀防控系统等隐患专项整治，推进无异味炼厂建设、液化气脱硫和电脱盐技术攻关，高负荷下炼油安全清洁生产形势明显向好。加大投入，优化生产，依托技术改造，有序推进产品质量升级，按期实现了全国范围内国Ⅲ车用柴油、苏Ⅳ汽油和京Ⅴ汽柴油等地标油品的生产供应。

管理体制改革不断深化。积极稳妥推进和深化改革，整合公司资源、技术和渠道优势，加快推进炼油自销产品专业化经营重组，炼油销售有限公司正式成立运营，为形成"小产品、大市场、高效益"的经营格局奠定了基础。坚持市场不丢、客户不丢、渠道不丢，进一步理顺营销体制，稳步推进业务有序衔接和队伍平稳过渡，润滑油销售整合顺利完成，实现了产销研一体化、专业化运行管理，业务发展步入正轨并初见成效。

（孟宪强）

工艺技术进展

【常减压蒸馏】　截至2012年底，中国石化35家炼油企业共有63套常减压装置，总加工能力为2.7亿吨/年，比上年增加2 100万吨/年。全年共有57套装置投入运行，共加工原油2.23亿吨，同比增长1.9%。原料平均硫含量1.4%，平均酸值0.52毫克（氢氧化钾）/克，API平均29.74。常减压蒸馏工艺的技术进展主要集中在规模大型化、部分装置原料劣质化、运行周期延长、节能降耗等方面。

装置规模大型化。中国石化常减压能力超过2 000万吨/年的企业有3家，分别是茂名、镇海和金陵；单装置能力达到1 000万吨/年的有3套，分别是天津2#、茂名5#、青岛炼化；单装置能力达到800万吨/年及以上规模装置达到15套。

工艺指标提升。常减压装置的一次平均轻收达到41.9%，比上年提高1.03个百分点；总拔达到72%，比上年提高4.6个百分点；装置能耗达到千克(标油)/吨，比上年下降0.45个单位。

装置防腐蚀取得进展。炼油板块继续开展腐蚀与防护专项工作，下发了《常减压防腐蚀指导意见》，推广常减压装置的远程实时技术诊断措施，对部分腐蚀严重的设备进行设备材质升级，较好地抑制了常减压设备腐蚀情况。同时，从原油质量管理方面强化生产控制，实施原油质量在线监控，有效解决了原油部分指标超装置设防值问题。

运行周期延长。通过修改装置技术规程、岗位操作法，在系统内推行常减压装置操作的标准化模式，有效杜绝误操作导致的非计划停工。截至年底，已有12套常减压装置实现四年一修的长周期运行目标。

新技术应用。普及常减压装置远程诊断系统，利用信息技术对企业常减压装置实施在线监测与技术管理，取得了良好的效果。

（宫　超）

【催化裂化】 中国石化催化裂化装置在装置运行周期、产品分布等方面进步较大。总加工能力达到6 911万吨/年，比上年增加790万吨/年，平均装置规模127万吨/年。其中，金陵3#、上海2#两套350万吨/年大型催化裂化投产，石化集团公司200万吨/年以上催化裂化装置达到9套。与此同时，一批新技术、实用技术在催化裂化装置中得到应用。

装置能耗持续降低。催化裂化装置节能降耗进展明显，通过原料加氢处理，改善了原料性质，取得了较好的节能效果，平均能耗51.43千克(标油)/吨，同比下降0.13个单位。此外，装置热联合、烟机节能、机泵变频等方面有较大投入，取得了较好的节能效果。

工艺技术管理增强。开展了技术规程与岗位操作法的改编工作，新版的技术规程、岗位操作法采用表单化模式，为基本岗位操作制定标准化步骤，有效预防误操作带来的损失，强化了基层装置的工艺技术管理。针对催化裂化装置汽油收率较低、产品价值量下滑等问题，开展了装置优化提升价值量的工作。经过专家技术服务，金陵石化、茂名石化、青岛炼化等企业的催化裂化装置经济效益大幅度提升，催化裂化汽油收率增幅较大，干气、焦炭产率则有一定的降幅，经济效益增加明显。为解决部分催化裂化装置连续运行周期较短的问题，开展装置长周期运行工作，通过提高两器内构件制造质量、强化隐蔽部位检修管理等措施，较好地遏制了部分催化裂化装置非计划停工增加的趋势。

新技术应用成效明显。继续对烟机长周期运行开展科研攻关，下发了《催化裂化烟机防结垢指导意见》，在系统内推广超细粉台账制度，同时优化催化剂配方，取得了明显进展。为彻底解决烟机结垢问题，在武汉、海南、镇海的催化裂化装置上引进国外催化剂开展工业试验，同时在金陵催化裂化装置采用国产系统外催化剂，上述工业试验均取得显著进展，烟机运行周期显著延长。

（宫　超）

【延迟焦化】 中国石化共有39套在运行延迟焦化装置，分布于25家企业，年加工能力4 925万吨，年处理量4 470万吨，装置综合能耗为22.31千克(标油)/吨。焦化装置进一步加强装置的安全运行管理、技术管理、流程优化、节能降耗等工作，保持良好的运行状态，平均能耗下降0.16个单位。

新建装置顺利投产。北海炼化公司新投产的120万吨/年焦化装置，全年加工原料113万吨，装置负荷率达到94.4%；齐鲁分公司3#焦化装置原规模为140万吨/年，10月扩能改造到170万吨/年，年内加工量达到142万吨。

原料劣质化，液收稳步提高。焦化原料平均残碳达到20.10%，同比上升1.56个百分点，密度1.012千克/米^3，同比上升0.015千克/米^3。焦化装置总液收达到64.23%，同比上升1.14个百分点。大力推进焦化年专项工作，洛阳焦化改造后液收上升1.37个百分点，塔河1#焦化液收上升1%；天津1#焦化改造后炉效率达到92%。

装置自动化水平提升。增设顶、底盖机，减轻了操作人员的劳动强度；缩短生焦周期，提高了装置的自动化水平；完善安全工艺连锁和环保措施，提高了装置的本质安全，减轻对环境的污染。

加强技术培训和交流。在燕山举办了焦化技术骨干培训班，组织国内知名焦化专家，从生产运行、设计、科研、设备大型化、环保、防腐、节能、自控、装置开工管理、加热炉改造等多方面进行授课，分享青岛炼化较好的焦化现场运行管理经验，培训了企业焦化技术骨干近30名，为提高整体焦化技术水平起到了很好的推进作用。

（许金林）

【催化重整】 中国石化新增重整能力 300 万吨/年，总加工能力达到 2 652 万吨/年。有 36 套在运行催化重整装置，其中连续重整 26 套，加工量 2 196 万吨，平均运行负荷 97.4%；半再生重整 10 套，加工量 199 万吨，平均运行负荷 87.9%。与上年相比，装置处理量增幅达 18.6%，芳烃转化率提高 4.5 个百分点，能耗下降 2.48 千克(标油)/吨。

1. 半再生重整技术进展

石油化工科学研究院研发的 PRT 系列半再生重整催化剂 PRT-C/D 又在西安石化 30 万吨/年半再生以及国内系统外 5 套、国外 1 套半再生重整装置上应用。截至年底，PRT 系列半再生重整催化剂已被国内 36 套半再生重整装置(其中中国石化 11 套)采用，国内市场占有率达到 100%。

2. 连续重整技术进展

国内连续重整技术发展。洛阳工程公司与石油化工科学研究院联合开发的国产“超低压连续重整成套技术”，继在广州分公司 100 万吨/年连续重整、长岭分公司连续重整扩能改造、北海分公司 60 万吨/年连续重整装置工业应用之后，进一步推广应用，其中九江分公司 120 万吨/年连续重整装置采用此成套技术，7 月一次开车成功。此外，该技术还获准在中国石化系统外的山东润泽、山东昌邑等连续重整装置上采用。

连续重整催化剂应用取得新进展。石油化工科学研究院开发的 PS 系列连续重整催化剂进一步推广应用。上海石化 100 万吨/年 3# 连续重整、九江分公司 120 万吨/年连续重整以及中国石油吉林石化 60 万吨/年连续重整、山东润泽 80 万吨/年连续重整装置采用 PS-Ⅵ 催化剂。上海石化 52 万吨/年 1# 连续重整装置采用 PS-Ⅶ 催化剂。截至年底，国内已投产的 52 套连续重整装置中，已有 32 套(其中中国石化 20 套)采用了 PS-Ⅵ 催化剂，4 套采用了 PS-Ⅶ 型催化剂。此外，PS-Ⅵ 催化剂获得了包括 ExxonMobil 及 Shell 等国外著名炼化公司的高度认可，并已经在海外 3 套装置上成功应用。

3. 其他节能和环保技术

采用加氢或新型催化剂脱烯烃技术替代白土脱烯烃技术。上海石油化工研究院新一代脱烯烃催化剂 DOT-200 在天津应用(用于 C_8^+ 重芳烃脱烯烃)，试验数据表明，新研制的 DOT-200 与 DOT-100 相比，在空速 5 时$^{-1}$、压力 2.0 兆帕、原料溴指数 600—1 300 毫克(溴)/100 克情况下，单程寿命延长 1.5 倍，使用寿命达到普通白土的 50 倍，有效降低生产成本和废固污染物排放。长岭分公司重整生成油管式液相选择性加氢脱烯烃工业试验取得成功，采用 HDO-18 催化剂，可替代原来的抽提原料加氢和白土吸附精制，大幅降低装置能耗、氢耗以及白土消耗，经济和环保效益显著。

天津石化、洛阳石化、北海炼化、九江石化等连续重整装置再生尾气脱氯采用石油化工科学研究院高温固体脱氯(脱氯剂 GL-1)技术，脱氯性能良好，可替代碱洗脱氯、UOP Chlorsorb™ 氯吸附技术，避免废碱排放和设备腐蚀，同时可解决 Chlorsorb™ 工艺催化剂比表面积损失速率加剧的问题。

重整进料换热器采用新型高效缠绕管式换热器，替代板式换热器；预加氢进料换热器采用高效换热器(如扭曲管换热器)，替代管壳式换热器，节能效果显著，并提高装置大型化后长周期运行水平。

(周建华)

【润滑油生产】 中国石化共有糠醛精制装置 9 套，能力 327 万吨/年，负荷率 91.81%；酮苯脱蜡装置 12 套，能力 279 万吨/年，负荷率 83.52%；白土补充精制装置 8 套，能力 123 万吨/年，负荷率 76.15%；加氢补充精制装置 3 套，能力 22 万吨/年，负荷率 64.61%；加氢改质装置 2 套，能力 50 万吨/年，其中荆门加氢改质装置负荷率 68.39%，济南加氢改质装置 11 月投产，负荷率 77.69%；润滑油全加氢装置 1 套，裂化段能力 30 万吨/年，负荷率 102.32%。基础油综合收率同比提高 2.52 个百分点，综合能耗上升 2.18 千克(标油)/吨基础油，综合物耗下降 0.19 千克(标油)/吨基础油。

11 月，济南重质油光亮油项目一次开车成功，采用“浅度糠醛精制—加氢处理—酮苯脱蜡”技术路线生产 HVIⅡ类 150BS 光亮油，弥补中国石化重质高档基础油的不足，满足市场急需，同时生产 HVIⅡ类 6# 和 HVIⅡ类 10# 基础油，副产优质 80# 微晶蜡和 60#、64# 石蜡，实现油蜡并举、综合发展。

共有 72 个润滑油新产品批量生产，涉及内燃机油、齿轮油、液压油、金属加工用油、润滑脂、复合添加剂等多个品种共计 3 840 吨；当年取得国际认证 22 项，累计写入 OEM 设备产品说明书 56 项。

多项重点项目取得突破，完成国家电网技术认证、船用油国际 OEM 认证；高铁用油攻关取得进展，“十条龙”项目“高档内燃机油研发及应用研究”出龙。推进高端领域技术发展，服务航天和国防工业，在“神舟”系列载人飞船、“嫦娥”系列探月卫星发射等国家重点工程中作出了应有贡献。推进航空航天、高速铁路、远洋运输、电力等重点领域的技术突破，完善了轨道交通行业全系列产品，实现了高铁齿轮油和冷却液在和谐号电力机车上的首次应用；积极以航天润滑科技为平台打造民用润滑油精品，与长安汽车、南方水泥、中煤集团等多个行业的龙头企业进行战略协作，服务国民经济的健康、绿色发展。

（林 崧）

装置达标

【概述】 中国石化34家炼油企业(不含福建炼化)轻油收率同比提高0.69个百分点，综合商品率同比提高0.06个百分点，加工损失率同比降低0.04个百分点，综合能耗同比降低0.80千克(标油)/吨。

（李 鹏）

【炼油达标】 中国石化轻质油收率、综合商品率、加工损失率、综合能耗、原油储运损失5项指标达到了年度达标考核指标，价值量化后炼油专业实现达标，也是继2003年以来连续第10年实现专业达标。

1. 专业达标

8家企业实现达标，分别是广州、北海、泰州、燕山、中原、清江、青岛石化、巴陵。实现炼油专业保标的企业有21家，分别是天津、石家庄、沧州、河南、济南、胜利、安庆、九江、武汉、长岭、荆门、扬子、镇海、茂名、海南、西安、塔河、扬州、杭州、东兴、金陵。

2. 同类装置竞赛

常减压装置：57套运行的常减压装置参与同类装置竞赛，排名第1至第10位的是天津3#、海南、青岛炼化、金陵2#、荆门1#、北海、金陵3#、镇海3#、茂名4#、九江1#。

催化裂化装置：53套运行的催化裂化装置参与同类装置竞赛，排名第1至第10位的是燕山2#、青岛炼化、金陵1#、洛阳1#、海南、茂名3#、洛阳2#、济南2#、青岛石化、茂名2#。

加氢裂化装置：17套运行的加氢裂化装置参与同类装置竞赛，排名第1至第3位的是海南、金陵2#、天津2#。4套运行的渣油加氢装置参与同类装置竞赛，排名第1位的是茂名。

延迟焦化装置：37套运行的延迟焦化装置参与同类装置竞赛，排名第1至第8位的是广州3#、上海2#、齐鲁3#、金陵3#、广州2#、金陵1#、济南、洛阳。

催化重整装置：24套运行的催化重整装置参与同类装置竞赛，排名第1至第5位的是齐鲁、天津、北海、广州2#、金陵2#。

半再生重整装置：10套运行的半再生重整装置参与同类装置竞赛，排名第1至第2位的是沧州、济南。

蜡油加氢处理装置：12套运行的蜡油加氢处理装置参与同类装置竞赛，排名第1至第2位的是洛阳、青岛炼化。

柴油加氢精制装置：48套运行的柴油加氢精制装置参与同类装置竞赛，排名第1至第10位的是茂名3#、北海、广州4#、天津3#、青岛炼化、齐鲁3#、燕山1#、镇海4#、镇海6#、洛阳2#。

航煤加氢精制装置：13套运行的航煤加氢精制装置参与同类装置竞赛，排名第1至第2位的是茂名、海南。

汽油加氢精制装置：14套运行的催化汽油加氢精制装置参与同类装置竞赛，排名第1至第2位的是北海、九江。

S－Zorb装置：10套运行的S－Zorb装置参与同类装置竞赛，排名第1至第3位的是济南、燕山、长岭。

硫回收装置：48套运行的硫回收装置参与同类装置竞赛，排名第1至第6位的是广州2#、齐鲁4#、镇海4#、金陵2#、普光六联合、海南。

制氢装置：27套运行的制氢装置参与同类装置竞赛，排名第1至第3位的是上海2#、石家庄2#、塔河。

气分装置：40套运行的气分装置参与同类装置竞赛，排名第1至第6位的是镇海1#、金陵1#、青岛炼化、镇海2#、镇海3#、高桥2#。

溶剂精制装置：8套运行的溶剂精制装置参与同类装置竞赛，排名第1位的是茂名3#。

溶剂脱蜡装置：12套运行的溶剂脱蜡装置参与同类装置竞赛，排名第1至第2位的是茂名1#、荆门1#。

（李 鹏）

炼油自销产品销售

【概述】 2012年，中国石化炼油自销产品(除汽油、煤油、柴油和石脑油以外)合计销量6 226万吨，同比增长2.4%；销售均价4 693元/吨(不含税)，同比上涨0.4%。炼油自销产品实施专业化销售，实现了疏堵保畅、稳价增效的目标。

（胡金玉）

【销售管理】 重点针对液化气产品销售开展“比学

赶帮超”活动，加强了区域间、企业间协调，灵活推价增效；同时，积极开展市场调研，细分产品，细分市场，推行差异化销售，工业原料气比例达到35%；积极探索液化气销售体制改革，12 月 31 日实现了液化气统一销售；进一步深化信息资源管理，充分利用总部基础资源信息系统数据，实现了外部数据的自动抽取，提升了炼油产品销售管理 BW 系统对销售的监督与分析功能。

（胡金玉）

【专业公司管理】 稳步推进销售体制改革。6 月 28 日，中国石化炼油销售有限公司正式揭牌成立，并依托炼油销售有限公司实现了液化气统一销售；7 月 1 日，润滑油营销体制改革正式上线运行，形成了产销研一体化的润滑油业务管理新模式。润滑油、炼油销售两个专业公司的管理水平不断提升。

润滑油分公司瞄准高端市场，推出顶级高档车用油产品，保持国内技术领先、产品领先；规划润滑脂产品线，推出工程机械、WTH 轴承、小型轧机轴承、高温食品机械等专用润滑脂以及谐波减速器高低温润滑脂、环保型铁路轮轨润滑脂等高端润滑脂新品，充分显示长城润滑油在高端领域、高端客户方面的技术与产品优势和实力；突破缺乏环烷基基础油的瓶颈，变压器油通过了电网和变压器企业权威专家的评审认证，获得了国家电网的技术认可。全年变压器油销量达到 7.2 万吨，市场占有率升至18%，终端客户增加至 83 家，产品遍及 24 个省、市、自治区和直辖市。国际市场开拓取得进展，全年润滑油国际市场销量达 2.9 万吨，同比增长 19%，产品出口 30 多个国家和地区。

炼油销售有限公司以“扩大经营总量、增强市场影响、提高整体效益”为目标，不断发挥整合优势，持续推进专业化经营。沥青经营量达到 588.4 万吨，同比增长 11%，销售均价同比提高 9.3%，实现了量增价涨。积极开拓国际市场，沥青出口定点直供越南国家石油公司，占越北地区 30% 的市场份额；出口沥青离岸价接近甚至超过新加坡沥青价格，高于台湾15—20 美元/吨。石油焦出口续签 CII 年度长约，成功开发煅后焦国际市场，形成了法铝、俄铝、中东等出口煅烧焦生产加工方案，全年出口煅烧焦 2.2 万吨。做大第三方贸易量，与日本丸红签订液体硫黄进口长约，与沙特阿美签订固体硫黄进口长约；为南化采购20 船液体硫黄 5.9 万吨，代理岚桥石化液体硫黄和石油焦 17.3 万吨。全年沥青、石油焦、硫黄和石蜡产品进口及外采自营总量 115.4 万吨，同比增长 402%。

（胡金玉）

【品牌建设】 润滑油分公司借助“神舟九号”与天宫交会对接，开展“神舟”宣传推广工作，奠定了长城润滑油航天科技品牌内涵在消费者心中的地位；为增强客户端对品牌的体验，通过网络、尊龙路演、养护中心等多个渠道的招募，组织开展“2012 年中国航天助威团”活动，让更多客户感受中国航天事业发展，进一步强化长城润滑油航天品牌传播。6 月 28 日，世界品牌实验室发布“2012 中国 500 最具价值品牌”评选活动，SINOPEC/长城润滑油的品牌价值为223.75 亿元人民币，位居第 52 名，是中国润滑油品牌排名最靠前的企业。

中国石化“东海牌”沥青坚持技术先导，注重于“绿色、低碳、环保”等理念，积极开拓高附加值、差异化产品市场。开发并推广了温拌沥青、硬质沥青母粒、30#重交沥青。中东改性沥青项目取得进展，6 月与 Elrich 公司合作在阿联酋沙迦建设的 20 吨/时改性沥青装置投产，中国石化品牌沥青投放中东市场，中国石化在中东地区影响力进一步提升。

（胡金玉）

设 备 管 理

【概述】 炼油板块设备管理以提高装置长周期运行水平为切入点，在继续保持高负荷运行前提下，通过加强设备的全员、全过程管理，努力提高设备运行的可靠度，使设备总体上保持了良好的运行状态。为总结长周期运行管理经验，在天津、青岛炼化、洛阳、安庆、武汉 5 家企业全厂和镇海、广州、金陵 3 家企业单系列装置开展长周期试点工作，试点企业均已成立了组织机构，定期召开长周期运行例会，试点工作有序展开。

炼油企业 6 类主要生产装置计划检修 135 套，实际检修 134 套，是检修装置最多的一年，比上年增加16 套，其中常减压装置 25 套、催化裂化装置 26 套、延迟焦化装置 22 套、加氢裂化装置 14 套、重整装置13 套、加氢精制 30 套、润滑油装置 4 套。

中国石化总部进一步加大检修管理力度，强调检修质量，要求企业加大预制力度，适当提高检修深度，不抢、不拖工期，取得较好效果，除安庆 1#催化装置外，其余 133 套检修装置全部做到了一次开车成功。镇海炼化通过严格检修计划审查和滚动优化，认真作好检修准备，实施总指挥部、分指挥部管理模式，增加专业工作组和攻关组，抓好检修现场安全管理和检修质量监控，完成了该公司历史上最大的一次检修任务，28 套装置检修后一次开车成功。天津分公司根据检修策略认真优化检修项目，降低设备开盖率，转动设备实际开盖率只有4%；通过建立检修管理信息平台，抓好检修质量控制，顺利完成了全厂大修。

各企业继续抓好装置运行管理，把提高装置长周期运行水平当作降本减费、提升企业竞争力的重要措施来抓，装置运行水平进一步提高。截至年底，在石化集团公司考核的主要炼油生产装置中，有78套装置实现四年一修，比上年增加22套；210套装置实现三年一修，比上年增加27套；被纳入考核范围的主要生产装置已全部实现两年一修。

中国石化总部坚持组织设备专家深入企业进行调研和开展各种技术服务活动，帮助企业解决实际问题。先后组织了8次专家组到企业进行检修前的调研服务工作，同时根据企业要求6次派设备专家到现场进行技术服务，促进了企业检修质量和设备运行水平的提高。

进一步加强烟机运行管理。中国石化44台烟机累计负荷率84.2%，同比提高0.9个百分点；能量回收率91.1%，同比提高1.0个百分点；同步运行率97.9%，同比降低1.0个百分点。烟机同步运行率和负荷率保持了较高水平。由于催化剂强度低、细粉含量高等原因，烟机长周期运行受到影响，烟机故障次数有所上升，叶片结垢和机械断裂两类故障占到总故障的77%，是烟机故障停机的主要原因。

（任　刚）

【设备防腐蚀管理】 设备腐蚀依然比较严重，腐蚀泄漏时有发生，因腐蚀导致的非计划停工2次，占总次数的16.7%；非主要生产装置因腐蚀泄漏造成的装置抢修7次。镇海、齐鲁、武汉、安庆等企业在停工大检修时均开展了检修腐蚀调查，对常减压塔顶系统、焦化分馏系统腐蚀严重的问题，检修企业依据腐蚀状况对部分材质偏低的部位进行了材质升级。

针对装置腐蚀状况，主要采取了以下措施：①规范企业原油监测体系，按照各企业原油进厂与加工方式的不同，规范原油采样地点与监测项目的设定，管输单一进厂原油且不进行调和的企业重点对原油储罐质量进行监测，在原油罐区进行配输的企业重点对调和原油和进装置原油质量进行监测。②按照装置设防要求控制好原油采购。③优化操作开好电脱盐装置，尤其是沿江和加工重质原油的电脱盐装置，采用混合阀、静态混合器交叉方式提高混合强度，优化换热网络，提高电脱盐温度。④提高工艺防腐管理水平，对破乳剂、缓蚀剂等注剂泵进行更新，消除一泵多点注入；完善缓蚀剂、破乳剂的计量手段，增上其混合设施，避免药剂接触空气氧化降低缓蚀效果；增设在线三顶水pH值及自动加药系统，提高防腐效果。⑤加强设备腐蚀监测，通过修订定点测厚等管理规定，规范定点测厚的标识、部位和测厚频次；采用在线腐蚀监测、氢通量仪、超声导波检测等监测新技术，及时掌握设备运行状态，保证了装置安全长周期运行。

（王一海）

【加热炉管理】 通过对加热炉持续的节能改造和示范炉项目推广，加热炉热效率进一步提高。组织加热炉测评中心对16家炼油企业334台加热炉的运行和管理进行检查和测评，加权平均热效率91.1%，同比提高0.4个百分点；平均排烟温度142.6℃，同比下降7.4℃；平均氧含量4.0%，同比降低0.2个百分点。节约燃料油3万吨，节能减排效果明显。

组织加热炉测评中心制定催化余热锅炉热利用率测试方法，对15家企业27套催化装置的32台余热锅炉进行了测试，加权平均热利用率63.0%，排烟温度209℃，初步摸清催化余热锅炉运行情况，为提高催化余热锅炉热利用率打下了基础。

（王一海）

计量管理

【加强原油储运损失管理】 继续抓好原油储运管理工作，深化基准损失比对管理，加大“比学赶超”力度，促进企业及时发现差距，深入分析原因，抓好整改落实。原油储运损失率比上年下降0.025个百分点，减少原油损失4.71万吨，节约成本2.2亿元。上海、镇海、金陵、茂名、燕山、青岛炼化、天津、齐鲁、扬子和广州10家企业的实际储运损失率达到“优秀”等级。

（任　刚）

【继续开展计量专项整改】 根据《炼油企业计量设备配备指导性意见》和专家组意见，并考虑到大修因素，确定了24家企业计量整改项目936项，整改后取得了较好效果。

（任　刚）

质量管理

【概述】 中国石化炼油产品质量总体保持稳定，在国家、各级政府部门和中国石化对炼油企业产品质量监督抽查中，产品合格率均达到了100%，炼油产品出厂产品质量合格率达到100%。8月28日，国家质量监督检验检疫总局、环境保护部、商务部、国家能源局联合下发了《关于促进车用汽柴油产品质量提升的指导意见》，并于8月29日与三大石油公司签署了《车用汽柴油生产经营企业产品质量安全诚信承诺书》，要求成品油生产、销售企业必须严格产品质量管理，全面提升汽柴油产品质量；9月开始在全国范围内组织汽柴油产品质量抽查工作。中国石化总部组织所有炼油企业对全过程质量控制情况进行了全面自查，保证产品质量受控。在国家四部委联合组织的汽柴油产品质量抽查工作中，共计抽查燕山、镇海、海南、金陵、九江、北海、长岭、荆门、湛江、武汉、西安、洛阳、福建、河南14家炼油企业的28个汽柴油产品，被检企业抽检合格率达到100%。

（张宝生）

【产品实物质量】 炼油产品实物质量总体稳定，质量升级工作稳步推进。车用柴油质量全面达到国Ⅲ标准要求，供应上海、广州、深圳以及江苏部分地区车用汽油质量达到国Ⅳ油品标准要求，供应北京车用汽柴油质量达到国Ⅴ油品标准要求。4月1日起生产供应苏Ⅳ汽油，6月1日起生产供应京标Ⅴ汽柴油等地方标准产品。3#喷气燃料严格管理程序，保证了军队、民航的供给，供应香港机场航煤的企业均通过了香港机场年度质量保证能力检验。

车用汽油：中国石化按国家《车用汽油》《车用乙醇汽油调和组分油》标准，北京市、上海市、江苏省、广东省等地方《车用汽油》标准和出口汽油协议标准等产品标准系列生产汽油。炼油企业出厂国Ⅲ标准车用汽油硫含量满足不大于0.015%要求，其中供上海市、广州市、深圳市、江苏部分地区国Ⅳ油品标准车用汽油硫含量达到了不大于0.005%要求，供北京市国Ⅴ排放标准车用汽油硫含量达到了不大于0.001%要求。产品结构进一步优化，95#及以上高标号车用汽油比例达到21.5%，国Ⅳ标准车用汽油比例达到21%。在汽油产品质量升级工作中，为满足2014年1月1日起全面生产供应国Ⅳ标准车用汽油，相关技术措施建设已经全面启动。

柴油：中国石化按国家《轻柴油》《普通柴油》《车用柴油》《军用柴油》标准，北京市、上海市等地方《车用柴油》标准和出口柴油协议标准等产品标准系列生产柴油。供应上海市车用柴油达到了国Ⅳ标准的要求，即车用柴油主要指标中硫含量不大于0.005%、十六烷值不小于51。供应北京市车用柴油达到了国Ⅴ标准的要求，即车用柴油硫含量不大于0.001%、十六烷值不小于51。国Ⅲ及以上标准车用柴油比例达到23.3%。在柴油产品质量升级工作中，为生产满足2013年7月1日起全部生产硫含量不大于0.035%要求的普通柴油，相关技术措施建设以及区域优化工作稳步推进。

道路石油沥青：标准管理工作进一步加强。一是落实协议产品出厂质量交接协议，明确生产、销售和用户质量责任。二是组织新产品标准研究和制定，制定温拌重交沥青(70A、90A)和温拌SBS改性沥青企业标准，在满足重交、改性沥青常规指标的前提下，重点研究和确定体现温拌性能的指标；制定30#、50#硬质沥青标准。积极配合交通部开展公路沥青路面技术规范修订。

（张宝生）

【产品质量管理】 组织召开质量工作会，对2011年原油和产品实物质量以及分析方法比对情况进行了分析，组织了各企业质量管理交流。针对汽油蒸气压、柴油十六烷值与十六烷值指数、柴油安定性等关键指标，提出了规范生产管理、检测分析、样品储存等方面的工作要求。组织召开炼油企业加强汽柴油质量管理工作专题会议，安排部署进一步严格出厂产品质量管理的工作重点，起草并下发《关于严格汽柴油产品质量管理的有关要求》。

（张宝生）

【质量检验机构】 加大实验室检测分析仪器更新改造力度，提高了实验室装备的技术水平。实验室信息化管理系统(LIMS)建立工作稳步推进。结合LIMS推广应用近10年的情况，汇总各企业功能要求，组织开发单位和相关企业对原标准化模板进行了提升，同时对LIMS应用评价标准进行了制定和完善。组织镇海、高桥、茂名等企业，按照石油产品分析方法的特点、实验过程、注意事项等进行总结提炼，完成了《炼油检验分析技术》培训教材的编写和初审。组织炼油水质分析与环境监测技术培训，涉及国家环保管理与环境监测法律规范，水、气、渣等污染物排放监测技术，环境监测取样方法，在线分析仪器，实验室质量控制与不确定度分析等。

（张宝生）

原油资源及储运

【原油资源】 石化集团公司共完成原油资源配置

2.23 亿吨，其中供石化集团公司油田 3 466 万吨，供中国石油 516 万吨，供中国海油 686 万吨，进口原油 1.76 亿吨。原油资源完成情况见表 1。

（于　帅）

表 1　　石化集团公司原油资源完成统计　　万吨

项　目 \ 年　份	2012	2011	2010	2009	2008	2007
原油资源总量	22 308	21 996	21 405	18 521	17 435	16 615
自产原油	3 466	3 484	3 513	3 190	3 088	3 083
中国石油资源	516	572	510	705	613	691
中国海油资源	686	806	855	797	904	884
进口原油	17 641	17 133	16 527	13 829	12 829	11 956

【自产原油销售流向】　石化集团公司油田企业共完成原油资源配置量 4 153 万吨。其中，供石化集团公司炼化企业 3 466 万吨，供中国石油 188 万吨，供地方炼油企业 445 万吨。自产原油销售流向见表 2。

（于　帅）

表 2　　石化集团公司自产原油销售流向　　万吨

项　目 \ 年　份	2012	2011	2010	2009	2008	2007
原油配置量	4 153	4 099	4 087	4 077	3 994	3 937
石化企业	3 466	3 484	3 513	3 190	3 088	3 083
中国石油	188	166	136	130	117	108
地方企业	445	403	387	352	323	327
其　他	55	86	49	407	463	412
管道损耗及自用	2	3	7	3	3	6
库存增减	−4	−42	−5	−5	15	3

【储运设施】　原油管道：石化集团公司共拥有原油长输管道 7 100 千米，设计输油能力 3.02 亿吨/年。2012 年实际完成原油输送量 1.77 亿吨，完成原油周转量 623.06 亿吨·千米。其中，管道储运分公司负责运营管理的原油长输管道 6 080 千米，设计输油能力 1.82 亿吨/年，2012 年实际完成原油输送量 1.17 亿吨，完成原油周转量 576.79 亿吨·千米，原油输送量连续 3 年超过 1 亿吨，保障了炼化企业原油资源需求。油田企业负责运营管理的原油长输管道 477 千米，设计输油能力 2 258 万吨/年，2012 年实际完成原油输送量 1 506 万吨，完成原油周转量 10.91 亿吨·千米。

炼化企业负责运营管理的原油长输管道 543 千米，设计输油能力 8 680 万吨/年，2012 年实际完成原油输送量 4 433 万吨，完成原油周转量 35.36 亿吨·千米。

原油储罐：石化集团公司共拥有原油储罐 4 658 座，罐容合计 2 961 万立方米；共建成投产原油商业储备油罐 144 座，罐容合计 1 468 万立方米；负责运营管理的国家储备原油储罐 84 座，罐容合计 840 万立方米。

原油码头：石化集团公司拥有原油码头 53 座，一次靠泊能力 406 万吨，其中拥有独资、合资大型原油码头 12 座，25 万吨级以上原油泊位 15 座。2012 年，日照 30 万吨级原油码头满载 VLCC 油轮试航成功和青岛港深水航道投用，为减轻黄岛、宁波、舟山地区进口原油接卸压力，优化进口原油拼装和原油管道运输流向，降低运输费用打下了良好基础。

（于　帅）

【原油储运设施投用情况】 曹妃甸原油商业储备基地工程投产。曹妃甸原油商业储备基地工程位于河北省唐山市曹妃甸工业区，总占地面积 67 公顷(67 万平方米)。主要工程由原油罐区 320 万立方米(8 个罐组共 32 座 10 万立方米储罐)及其配套辅助设施和公用设施组成，设计储存低凝点进口原油。工程于 2011 年 12 月 16 日中交。2012 年 1 月 31 日，从曹妃甸码头油库输出的阿曼原油进入原油商业储备库储罐，曹妃甸原油商业储备基地工程一次投产成功。

湛江油库投产。湛江油库位于湛江至北海管线首站，主要工程由原油罐区 80 万立方米(8 座 10 万立方米储罐)及其配套辅助设施和公用设施组成，设计储存低凝点进口原油，储罐设有保温和加热设施。2012 年 10 月 13 日，油库一次投产成功。

（于　帅）

【输油能耗情况】 2012 年，管道公司不断优化原油流向，东部高耗能的老龄原油管道输油量保持稳定或略有降低，新建大口径、高承压、低能耗原油管线输油量持续增加，节能降耗效果明显。全年管道公司烧用原油同比减少 7 300 吨，燃油单耗同比降低 23.83%；耗电同比减少 8 869 万千瓦·时，电单耗同比降低 9.44%；烧用天然气 2 000 万立方米，同比减少 282 万立方米。

（于　帅）

【仪长线增输试验】 管道公司于 2012 年 5 月实施了仪长管道添加减阻剂增输试验，按照“运行压力、电机电流与功率均不超设计和额定值”的原则，分为不加剂最大输油能力标定及加剂浓度 10 克/米^3、15 克/米^3 增输试验 3 个阶段进行。经综合评估，在安庆新支线建成、九江支线更换完输油泵、各站输油设备稳定运行的条件下，仪长管道加注 10 克/米^3 减阻剂，输送能力可达到 3 025 万吨/年，比设计能力(2 700 万吨/年)增加 325 万吨/年，增输率为 12%，基本实现试验预期目标。

（于　帅）

化工生产

◇ 综述

◇ 有机原料

◇ 合成树脂

◇ 合成橡胶

◇ 合成纤维

◇ 精细化工

◇ 化肥

◇ 无机原料

◇ 质量管理

◇ 设备管理

◇ 达标管理

◇ 计量管理

综　　述

2012 年，化工板块认真贯彻落实石化集团公司工作会议和领导干部座谈会精神，积极采取措施，保安全、抓环保、调结构、降成本、压费用、拓市场，通过艰苦细致、扎实有效的工作，经受住了困难的考验，各方面工作都取得了新的进展。

经营规模稳定增长。全年累计生产乙烯 954.18 万吨、对二甲苯 440.6 万吨，实现化工产品经营总量 5 435 万吨、自营贸易 1 355 万吨。

运行水平进一步提高。全年 9 类主要装置累计发生石化集团公司级非计划停工 17 次，同比减少 4 次；装置累计运行平稳率 96.18%，同比提高 1.17 个百分点。安庆煤气化装置实现连续 A 级运行 185 天，创壳牌煤气化装置长周期连续运行最好纪录；金陵水煤浆制氢装置累计运行 479 天，创造水煤浆装置长周期连续运行最好纪录。

成本效益指标超额完成。全年实现销售收入 4 043.75亿元，为年度目标的 97.6%；实现利润 5.56 亿元，完成年度调整目标的 111%；降本减费 16.37 亿元；化工吨产品完全费用 1 559.14 元，比年度目标低 130 元，同比降低 3.2%。

技术经济指标继续改善。乙烯装置高附加值产品收率 60.08%，同比提高 0.71 个百分点；乙烯高附加值能耗 311 千克(标油)/吨，同比降低 6 个单位；乙烯装置损失率 0.23%，同比降低 0.06 个百分点；化工万元产值综合能耗 1.567 吨标煤，同比降低 0.013 吨标煤。全年累计节水 900 万吨，减排 800 万吨。

结构调整取得新进展。合成树脂新产品与专用料比例达到 53%，同比提高 4 个百分点；聚酯和合纤差别化率 67.6%，同比提高 3.6 个百分点。煤化工业务进入快速推进、专业化发展的新阶段，中国石化长城能源化工有限公司挂牌成立。

一、坚持以市场为导向，以效益为中心，加快由生产型向生产经营型转变

2012 年市场形势严峻，化工板块效益大幅度下降，部分企业步入亏损困境。面对困难，化工板块坚决贯彻“以销定产、以产定供、以产促销”的方针，贴近市场，在市场下行过程中坚持低库存策略，有效规避了经营风险。及时转变以往片面追求满产、超产的传统思维，产销共同分析市场、测算效益，从板块、区域和企业 3 个层面优化排产，增产效益好、适销对路的产品，并强调 3 个月滚动计划的指导作用和月度计划的刚性要求，响应市场进行局部动态优化。全年压减乙烯产量 51 万吨，乙烯产品链开满环氧乙烷/乙二醇装置，控制聚乙烯装置负荷；丙烯产品链开满丁辛醇、丙烯腈装置，适时调整聚丙烯、苯酚丙酮装置负荷。效益好的芳烃产量超额完成年度计划，芳烃下游控制 PTA 和聚酯产量，限产涤纶长丝。根据尿素市场变化，适时调整液氨和尿素产量。不考虑限产推价因素，全年压产乙烯减亏 5.8 亿元，增产芳烃增效 1.5 亿元。

二、突出绿色低碳和安全环保，为生产经营奠定坚实基础

化工板块积极推进装置运行平稳率考核，完善非计划停工分级管理，重视重点装置非计划停工原因分析，及时通报情况，为相关企业提供借鉴，避免同类问题重复发生。积极推行 OSHA 标准管理，开展化工企业专项异味治理，探索开展碳排放统计分析。同时，强化应急管理，组织企业完善应急预案，开展日常演练，提高突发情况下的应急处置能力，在 7 月华北地区强降雨、华南沿海强台风以及年底低温气候条件下经受住了考验，没有发生因恶劣气候导致的大面积运行波动。针对 2012 年化工运行的新特点，各企业积极采取有效措施，努力将功夫下在现场，确保了装置运行的总体稳定。金陵分公司将化工装置平稳率纳入了公司对标管理体系，强化责任主体，落实管理措施，积极开展“装置长周期运行竞赛”“设备无泄漏竞赛”等活动，装置平稳率同比提高 4 个百分点；茂名分公司制定了比石化集团公司总部更加严格的考核指标，排查解决装置运行中存在的问题，装置平稳率始终保持较高水平，实现了安全生产、清洁生产。

三、推进产品升级，依靠差异化发展提升竞争力

面对市场供大于求、资源成本优势不足的困难局面，化工板块努力提升产品附加值，开辟新的市场空间，取得了明显成效。各企业利用装置降负荷或阶段性停车的时机，积极试产新牌号，增产高附加值专用料。中国石化自主研发的第三代环管聚丙烯技术、气相聚丙烯的连续本体预聚合技术实现工业化应用，聚丙烯丙丁共聚产品、高熔体强度牌号和高结晶牌号在上海石化和镇海实现产业化，产品质量和技术达到世界领先水平；燕山分公司在高密度聚乙烯装置成功生产出超高分子量聚乙烯，高压聚乙烯 EVA 产品迅速占领国内中高端应用市场，溴化丁基橡胶和稀土顺丁橡胶实现了工业化生产，产品完全满足下游加工应用要求；天津分公司已烯共聚聚乙烯产品达到进口辛烯共聚水平；齐鲁分公司的茂金属聚乙烯、茂名分公司的聚乙烯大型中空料填补了国内空白；扬子石化氯化聚乙烯效益明显；上海石化超细旦抗起球腈纶达到国外最好产品水平，碳纤维工业化装置顺利建成投产；仪化公司膜级基料、碳酸型瓶片和有光缝纫线产品市场份额进一步扩大。中国石化三大合成材料的市场竞争优势进一步增强，在世界合成材料产业中占据重要的一席之地。

四、落实打造世界一流各项举措，调整结构取得新进展

在抓好日常生产经营的同时，化工板块加快实施结构调整战略，积极推进新业务进程。提出了《乙烯、芳烃装置打造世界一流的指导意见》，各企业结合自身情况编制了实施细则并组织实施。年底，全球首套大型工业化甲苯甲醇甲基化(MTX)装置建成投产，全球首套大型工业化石脑油正异构烃分离(MaxEne)装置打通全流程。为加快煤化工业务发展，化工板块初步确立了未来8—10年煤化工业务“133331”的发展目标(用1亿吨煤替代3 000万吨油气，实现煤制天然气300亿米^3/年、煤制烯烃300万吨/年、非烯烃化学品300万吨/年、煤制油100万吨/年的产能目标)，已经获取的新疆、内蒙古等地煤炭资源达到316亿吨(中国石化权益资源量211亿吨)，注册成立了新疆、中天、中安等煤化工合资公司，与中国国电集团完成宁东项目合资合作，并与新奥、特多等开展了煤化工、天然气化工项目合作的前期工作。为支撑煤化工业务发展，中原MTO示范装置加大攻关力度，装置运行负荷和目标产品收率达到设计指标，满负荷状态下月毛利超过1 000万元。

五、强化精细管理，优化挖潜增效益

认真落实党组“经营一元钱，节约一分钱”的要求，弘扬勤俭节约、艰苦奋斗的优良传统。抓住成本上升的主要矛盾，精打细算，努力压减各项支出，从加强管理和技术进步两个方面加大节能减排力度，在消化装置降负荷等不利因素基础上，成本费用、技术经济指标均保持了较好水平。2012年，石化集团公司总部组织系统内专家对茂名、广州、扬子、齐鲁、燕山、仪征6家企业开展了节能调研，提出优化措施121项、方向性建议59项，实施后每年可增效5.2亿元(截至年底已经实施19项，投资不到40万元，增效1 995万元/年)。继茂名之后，扬子石化、上海石化、天津石化相继完成部分裂解炉节能改造，裂解炉运行周期大幅度延长，裂解炉热效率达到95%以上。天津分公司利用大修机会，实施芳烃装置节能改造，取得了明显节能效果。齐鲁分公司丙烯腈装置通过优化余热炉燃料等措施，能耗指标降至行业最好水平。

(张金萍)

有机原料

【概述】 石化集团公司有机原料主要产品有乙烯、丙烯、丁二烯、苯、甲苯、二甲苯、甲醇、丁醇、辛醇、环氧乙烷、环氧丙烷、环氧氯丙烷、醋酸、苯酚、丙酮、丙烯酸、苯乙烯和苯酐等，其中乙烯、丙烯、丁二烯、苯、甲苯、二甲苯为基础有机原料，其余为主要中间原料。

2012年石化集团公司主要有机原料生产能力见表1。由表1可见，丙烯、苯、混合二甲苯、甲醇和环氧乙烷的生产能力同比有所增加，其中甲醇的生产能力增长幅度较大，超过了100%；醋酸、乙醛的生成能力下降，其中扬子石化8.5万吨/年醋酸装置停产，上海石化4.2万吨/年和扬子石化7万吨/年乙醛装置停产；乙烯、丁二烯、对二甲苯等产品的生产能力没有变化。

2012年石化集团公司主要有机原料产量见表2。由表2可见，丁二烯、甲苯、混合二甲苯、甲醇、丁醇、环氧乙烷、环氧氯丙烷、苯酐和苯乙烯的产量同比有不同幅度的增加，其中甲醇的产量增长幅度超过了100%；乙烯、丙烯、苯、对二甲苯和丙烯酸等有机原料的产量同比有不同幅度的减少。石化集团公司的乙烯、丙烯、丁二烯、对二甲苯等产品在中国大陆地区继续保持主导地位。

(张　燕)

【乙烯】 石化集团公司生产乙烯的企业有燕山分公司、上海石化、齐鲁分公司、扬子石化、茂名分公司、镇海炼化、广州分公司、天津分公司、中原石化、上海赛科公司、扬巴公司、福建炼化、中沙石化和燕化有限公司共14家。

截至2012年底，石化集团公司乙烯生产能力为957.50万吨/年(含中原MTO装置)，与上年持平。各企业乙烯生产能力分别为：燕山分公司71万吨/年、上海石化84.5万吨/年(其中1#乙烯装置14.5万吨/年、2#乙烯装置70万吨/年)、齐鲁分公司80万吨/年、扬子石化70万吨/年、茂名分公司100万吨/年、镇海炼化100万吨/年、广州分公司21万吨/年、天津分公司20万吨/年、中原石化28万吨/年(其中乙烯装置产能10万吨/年、MTO装置产能10万吨/年)、上海赛科公司114万吨/年、扬巴公司74万吨/年、福建炼化80万吨/年、中沙石化100万吨/

年、燕化有限公司 15 万吨/年。

2012 年，石化集团公司实际生产乙烯 954.18 万吨，同比减产 49.57 万吨，减少 5.39%。各企业乙烯产量详见表 3。

（张　燕）

【丙烯】 石化集团公司生产丙烯的企业有胜利油田分公司、石家庄炼化、上海石化、扬子石化(包括泰州石化和清江石化)、镇海炼化(包括杭州石化有限责任公司)、福建炼化、河南油田分公司、中原油田分公司、江苏油田分公司、燕山分公司、西安分公司、天津分公司、沧州分公司、高桥分公司、金陵分公司、安庆分公司、九江分公司、济南分公司、齐鲁分公司、青岛炼化、青岛石化、洛阳分公司、中原石化、武汉分公司、荆门分公司、长岭分公司、广州分公司、茂名分公司、湛江东兴、上海赛科公司、扬巴公司、中沙石化、海南炼化、燕化有限公司和巴陵石化共 35 家。

截至 2012 年底，石化集团公司丙烯生产能力为 884.38 万吨/年，同比增加 25.62 万吨/年，增长 2.98%。丙烯生产能力变化的主要因素为：上海石化炼油丙烯生产能力核增 16.42 万吨/年，金陵分公司炼油丙烯生产能力核增 8.8 万吨/年，海南炼化丙烯生产能力核增 0.4 万吨/年。

2012 年，石化集团公司实际生产丙烯 808.77 万吨，同比减产 11.19 万吨，减少 1.36%。其中，炼油丙烯 324.58 万吨，同比增加 1.66 万吨；化工丙烯 484.19 万吨，同比减少 12.85 万吨。

（张　燕）

【丁二烯】 石化集团公司生产丁二烯的企业有上海石化、扬子石化、镇海炼化、福建炼化、燕山分公司、齐鲁分公司、广州分公司、茂名分公司、上海赛科公司、扬巴公司、中沙石化和燕化有限公司共 12 家。

截至 2012 年底，石化集团公司丁二烯生产能力为 155.64 万吨/年，与上年持平。

2012 年，石化集团公司实际生产丁二烯 137.36 万吨，同比增产 0.03 万吨。

（张　燕）

表 1　　石化集团公司主要有机原料生产能力　　万吨/年

产品名称 \ 年份	2012	2011	2010	2009	2008	2007
乙　烯	957.50	957.50	947.50	728.50	629.50	629.50
丙　烯	884.38	858.76	813.33	653.67	597.36	577.05
丁二烯	155.64	155.64	147.14	109.64	97.64	87.04
苯	454.59	411.84	410.34	370.52	277.92	240.30
甲　苯	117.44	117.44	117.44	103.45	80.09	80.09
混合二甲苯	179.98	146.52	146.52	119.96	83.49	83.49
邻二甲苯	34.52	34.52	34.52	30.52	30.52	25.32
间二甲苯	8.00	8.00	8.00	8.00	3.56	3.56
对二甲苯	406.81	406.81	406.81	406.81	276.81	216.81
甲　醇	97.10	44.50	44.50	44.50	47.50	47.50
丁　醇	37.50	26.50	17.00	15.00	15.00	15.00
辛　醇	30.50	41.50	41.50	41.50	41.50	41.50
环氧乙烷	68.46	64.46	49.46	35.46	33.96	31.56
环氧丙烷	28.50	28.50	36.50	8.00	8.70	8.70
环氧氯丙烷	5.60	5.60	5.60	5.60	5.60	5.60

续表

产品名称＼年份	2012	2011	2010	2009	2008	2007
乙　醛	0	11.20	11.20	11.20	11.20	11.20
醋　酸	4.50	13.00	13.00	13.00	13.00	13.00
苯　酚	59.40	59.40	59.40	35.00	35.00	35.00
丙　酮	36.27	36.27	36.27	21.00	21.00	21.00
丙烯酸	23.08	23.08	23.08	23.08	23.08	23.08
苯乙烯	203.90	203.90	195.40	133.40	108.40	108.40
苯　酐	12.00	12.00	12.00	12.00	12.00	12.00

表2　石化集团公司主要有机原料产品产量　万吨

产品名称＼年份	2012	2011	2010	2009	2008	2007
乙　烯	954.18	1 003.75	918.95	671.33	635.94	669.39
丙　烯	808.77	819.96	752.97	633.65	613.08	616.83
丁二烯	137.36	137.33	122.93	86.72	83.39	84.31
苯	351.72	359.13	352.15	248.81	214.36	249.67
甲　苯	92.67	84.23	107.96	58.91	71.49	85.89
混合二甲苯	183.09	150.31	163.69	89.79	67.29	82.61
邻二甲苯	55.05	55.57	50.10	47.33	37.56	48.89
间二甲苯	4.91	5.59	3.79	3.43	4.00	4.25
对二甲苯	440.55	441.11	402.31	297.73	191.17	237.67
甲　醇	64.90	19.88	32.97	19.71	28.49	31.48
丁　醇	37.05	27.34	21.69	21.22	19.64	22.01
辛　醇	33.08	41.51	44.21	42.11	42.46	42.91
环氧乙烷	70.12	65.62	52.22	41.46	33.40	33.00
环氧丙烷	29.47	30.58	20.61	8.62	9.43	9.44
环氧氯丙烷	4.68	4.17	4.61	3.36	5.62	6.54
乙　醛	0	1.05	3.13	3.35	2.39	5.72
醋　酸	0	0	0.30	2.36	2.78	5.70
苯　酚	59.66	63.14	54.97	32.22	34.62	39.49
丙　酮	37.02	39.24	34.10	20.11	21.65	24.62
丙烯酸	11.59	14.37	5.81	14.07	19.55	23.64
苯乙烯	204.22	191.97	163.68	109.94	109.94	114.17
苯　酐	12.75	11.62	12.05	11.64	10.13	13.06

表 3　　石化集团公司分企业乙烯产量　　万吨

企业名称＼年份	2012	2011	2010	2009	2008	2007
石化集团公司合计	954. 18	1 003. 75	918. 95	671. 33	635. 94	669. 39
燕山分公司	75. 06	75. 31	84. 16	84. 13	78. 40	74. 85
上海石化	91. 47	91. 01	97. 29	92. 77	88. 56	86. 94
1#乙烯	15. 64	14. 80	16. 00	13. 52	11. 97	15. 84
2#乙烯	75. 83	76. 22	81. 28	79. 25	76. 59	71. 10
齐鲁分公司	80. 07	85. 17	85. 57	76. 01	80. 04	84. 68
扬子石化	64. 95	81. 81	67. 85	79. 60	74. 36	80. 11
茂名分公司	110. 14	108. 52	98. 14	106. 06	95. 48	96. 26
镇海炼化	110. 27	110. 84	52. 59	—	—	—
广州分公司	20. 42	20. 41	22. 46	22. 50	21. 98	21. 07
天津分公司	18. 82	23. 05	23. 76	18. 91	17. 02	22. 55
中原石化	20. 89	18. 26	21. 20	20. 58	17. 48	21. 15
裂　解	12. 10	16. 53	21. 20	20. 58	17. 48	21. 15
MTO	8. 78	1. 74	—	—	—	—
上海赛科公司	104. 09	106. 52	129. 43	87. 53	93. 46	100. 29
扬巴公司	67. 56	72. 09	53. 62	62. 23	62. 14	65. 48
福建炼化	85. 15	85. 23	84. 36	20. 99	—	—
中沙石化	94. 34	111. 21	85. 49	—	—	—
燕化有限公司	8. 95	14. 32	13. 03	—	7. 02	16. 01

【苯】 石化集团公司生产纯苯的企业有燕山分公司、天津分公司、石家庄炼化、上海石化、高桥分公司、上海赛科公司、金陵分公司、扬子石化、扬巴公司、镇海炼化、福建炼化、九江分公司、齐鲁分公司、青岛炼化、青岛石化、洛阳分公司、中原石化、武汉分公司、荆门分公司、长岭分公司、广州分公司、茂名分公司、湛江东兴、北海分公司、海南炼化、西安分公司、塔河分公司共 27 家。

截至 2012 年底，石化集团公司纯苯生产能力为 454. 59 万吨/年，新增纯苯生产能力 42. 75 万吨/年，其中上海石化新增生产能力 6. 52 万吨/年、高桥分公司新增生产能力 7. 73 万吨/年、九江分公司新增生产能力 25. 00 万吨/年、北海分公司新增生产能力 2. 50 万吨/年、西安分公司新增生产能力 1. 00 万吨/年。

2012 年，石化集团公司实际生产纯苯 351. 72 万吨，比 2011 年减少 7. 42 万吨，同比降低 2. 06%。

（马国锋）

【甲苯】 石化集团公司生产甲苯的企业有天津分公司、石家庄炼化、上海赛科公司、金陵分公司、扬子石化、扬巴公司、镇海炼化、福建炼化、九江分公司、安庆分公司、齐鲁分公司、武汉分公司、长岭分公司、广州分公司、茂名分公司共 15 家。

截至 2012 年底，石化集团公司甲苯生产能力为 117. 44 万吨/年，2012 年实际生产甲苯 92. 67 万吨，比 2011 年增加 8. 44 万吨，同比增长 10. 02%。

（马国锋）

【混合二甲苯】 石化集团公司生产混合二甲苯的企业有天津分公司、石家庄炼化、高桥分公司、上海赛科公司、金陵分公司、扬巴公司、镇海炼化、福建炼化、九江分公司、齐鲁分公司、青岛炼化、武汉分公司、长岭分公司、广州分公司、茂名分公司、湛江东兴共 16 家。

截至 2012 年底，石化集团公司混合二甲苯生产能力为 179. 98 万吨/年，新增混合二甲苯生产能力

33.46万吨/年，其中天津分公司新增生产能力13.46万吨/年、高桥分公司新增生产能力20万吨/年。

2012年，石化集团公司实际生产混合二甲苯183.09万吨，比2011年增加32.77万吨，同比增长21.80%。

（马国锋）

【对二甲苯】 石化集团公司生产对二甲苯的企业有天津分公司、上海石化、金陵分公司、扬子石化、镇海炼化、福建炼化、齐鲁分公司、洛阳分公司共8家。

截至2012年底，石化集团公司对二甲苯生产能力为406.81万吨/年，2012年实际生产对二甲苯440.55万吨，比2011年减少0.56万吨，同比降低0.13%。

（马国锋）

【邻二甲苯】 石化集团公司生产邻二甲苯的企业有扬子石化、镇海炼化、金陵分公司、齐鲁分公司和洛阳分公司共5家。

截至2012年底，石化集团公司邻二甲苯生产能力为34.52万吨/年，2012年实际生产邻二甲苯55.05万吨，比2011年减少0.52万吨，同比降低0.93%。

（马国锋）

【间二甲苯】 石化集团公司生产间二甲苯的企业只有燕山分公司，由吸附分离法生产对二甲苯改造为生产间二甲苯。

截至2012年底，石化集团公司间二甲苯生产能力为8.00万吨/年，2012年实际生产间二甲苯4.91万吨，比2011年减少0.68万吨，同比降低12.16%。

（马国锋）

【甲醇】 石化集团公司生产甲醇的企业只有四川维尼纶厂。

截至2012年底，石化集团公司甲醇生产能力为97.10万吨/年，新增甲醇生产能力52.60万吨/年；2012年实际生产甲醇64.90万吨，比2011年增加45.02万吨，同比增长226.50%。

（马国锋）

【丁醇】 石化集团公司生产丁醇的企业有齐鲁分公司、燕化有限公司和扬巴公司。

截至2012年底，石化集团公司丁醇生产能力为37.50万吨/年，2012年实际生产丁醇37.05万吨，比2011年增加9.71万吨，同比增长35.53%。

（马国锋）

【辛醇】 石化集团公司生产辛醇的企业有齐鲁分公司和燕化有限公司。

截至2012年底，石化集团公司辛醇生产能力为30.50万吨/年，2012年实际生产辛醇33.08万吨，比2011年减少8.44万吨，同比降低20.32%。

（马国锋）

【环氧乙烷】 石化集团公司环氧乙烷均与乙二醇在同一套装置中生产，环氧乙烷水合生产乙二醇，称为环氧乙烷/乙二醇装置，老装置一般不生产环氧乙烷商品。随着市场对环氧乙烷需求量的增加，新建装置都增加了环氧乙烷商品生产能力，老装置也纷纷改造或新建环氧乙烷精制塔，提高环氧乙烷商品的生产能力，以便根据市场对环氧乙烷和乙二醇需求的变化均衡生产，扩大企业生产的灵活性，优化产品结构。

石化集团公司生产环氧乙烷的企业有燕山分公司、天津分公司、中沙石化、上海石化、扬子石化、扬巴公司、镇海炼化、茂名分公司、燕化有限公司共9家。

截至2012年底，石化集团公司环氧乙烷生产能力为68.46万吨/年，其中茂名分公司新增环氧乙烷生产能力4.00万吨/年。

2012年，石化集团公司实际生产环氧乙烷70.12万吨，比2011年增加4.50万吨，同比增长6.86%。

（马国锋）

【环氧丙烷】 石化集团公司生产环氧丙烷的企业只有镇海利安德化学有限公司，装置采用共氧化法生产环氧丙烷联产苯乙烯工艺技术。

截至2012年底，石化集团公司环氧丙烷生产能力为28.5万吨/年，2012年实际生产环氧丙烷29.47万吨，比2011年减少1.11万吨，同比降低3.64%。

（马国锋）

【环氧氯丙烷】 石化集团公司生产环氧氯丙烷的企业有齐鲁分公司和巴陵石化。

截至2012年底，石化集团公司环氧氯丙烷生产能力为5.60万吨/年，2012年实际生产环氧氯丙烷4.68万吨，比2011年增加0.51万吨，同比增长12.23%。

（马国锋）

【苯酚】 石化集团公司生产苯酚的企业有燕山分公司、高桥分公司和中沙石化。

截至2012年底，石化集团公司苯酚生产能力为59.40万吨/年，2012年实际生产苯酚59.66万吨，比2011年减少3.48万吨，同比降低5.50%。

（马国锋）

【丙酮】 石化集团公司生产丙酮的企业有燕山分公司、高桥分公司和中沙石化。

截至2012年底，石化集团公司丙酮生产能力为36.27万吨/年，2012年实际生产丙酮37.02万吨，比2011年减少2.22万吨，同比降低5.67%。

（马国锋）

【丙烯酸】 石化集团公司生产丙烯酸的企业有燕化有限公司和扬巴公司。

截至2012年底，石化集团公司丙烯酸生产能力为23.08万吨/年，2012年实际生产丙烯酸11.59万吨，比2011年减少2.79万吨，同比降低19.35%。

（马国锋）

【苯乙烯】 石化集团公司生产苯乙烯的企业有燕山分公司、上海赛科公司、扬巴公司、镇海利安德化学有限公司、安庆分公司、齐鲁分公司、青岛炼化、广州分公司、茂名分公司、巴陵石化。其中，镇海利安德化学有限公司采用共氧化法生产环氧丙烷联产苯乙烯工艺技术，安庆分公司、青岛炼化、巴陵石化采用催化干气制乙苯和乙苯脱氢制苯乙烯技术。

截至2012年底，石化集团公司苯乙烯生产能力为203.90万吨/年，2012年实际生产苯乙烯204.22万吨，比2011年增加12.25万吨，同比增长6.38%。

（马国锋）

【苯酐】 石化集团公司生产苯酐的企业有齐鲁分公司和金陵石化。

截至2012年底，石化集团公司苯酐生产能力为12.00万吨/年，2012年实际生产苯酐12.75万吨，比2011年增加1.14万吨，同比增长9.72%。

（马国锋）

合成树脂

【概述】 2012年，石化集团公司合成树脂产能保持增长，北海分公司20万吨/年聚丙烯装置、洛阳分公司14万吨/年聚丙烯装置先后建成。截至年底，石化集团公司合成树脂总生产能力为1 394.06万吨/年，同比增加42.20万吨/年，增长3.12%。其中，聚乙烯(PE)生产能力为596.10万吨/年，产能没有变化；聚丙烯(PP)生产能力为570.06万吨/年，同比增加42.20万吨/年，增长7.99%；聚氯乙烯(PVC)生产能力为60.00万吨/年，产能没有变化；聚苯乙烯(PS)的生产能力为75.00万吨/年，产能没有变化；ABS树脂的生产能力为20万吨/年，产能没有变化。各种合成树脂生产能力见表4。

2012年，石化集团公司合成树脂产量为1 376.64万吨，同比减产31.04万吨。其中，聚乙烯产量为620.23万吨，同比减产34.82万吨；聚丙烯产量为555.10万吨，同比减产2.21万吨。各种合成树脂产量见表5。

在合成树脂中，聚乙烯、聚丙烯两大品种占主导地位，总产能为1 166.16万吨/年，占石化集团公司合成树脂生产能力的83.65%。2012年，聚乙烯和聚丙烯总产量为1 175.33万吨，占石化集团公司合成树脂产量的85.38%。

2012年，全国合成树脂产量为5 213.27万吨，石化集团公司合成树脂产量占全国总产量的26.41%。

表4 石化集团公司合成树脂各品种生产能力 万吨/年

年份 产品名称	2012	2011	2010	2009	2008	2007
合成树脂合计	1 394.06	1 351.86	1 330.26	1 159.88	1 032.18	1 013.68
PE	596.10	596.10	596.10	510.10	434.30	434.30
LDPE	117.80	117.80	117.80	137.80	143.80	143.80
HDPE	228.30	228.30	228.30	197.30	155.50	155.50

续表

年份 产品名称	2012	2011	2010	2009	2008	2007
LLDPE	250.00	250.00	250.00	175.00	135.00	135.00
PP	570.06	527.86	516.36	437.78	385.78	365.28
PVC	60.00	60.00	60.00	77.00	77.00	77.00
PS	75.00	75.00	75.00	77.90	77.90	77.90
ABS	20.00	20.00	20.00	20.00	20.00	20.00
AS	—	—	—	—	0.50	0.50
其他树脂	72.90	72.90	62.80	37.10	36.70	38.70

表5　　石化集团公司合成树脂各品种产量　　万吨

年份 产品名称	2012	2011	2010	2009	2008	2007
合成树脂合计	1 376.64	1 407.68	1 339.80	1 090.73	1 025.93	1 062.65
PE	620.23	655.05	620.03	476.96	446.79	450.10
LDPE	125.86	139.04	137.82	141.76	141.10	131.45
HDPE	227.12	223.53	236.56	172.82	166.88	166.28
LLDPE	261.39	290.70	244.24	160.88	138.81	152.37
PP	555.10	557.31	520.19	440.48	407.24	412.94
PS	67.16	66.93	69.22	62.99	58.31	63.91
PVC	57.78	58.93	59.63	51.37	57.46	67.18
ABS	14.23	13.58	16.62	14.24	13.50	13.37
其他树脂	62.14	55.88	54.11	44.69	42.63	55.15

（刘志武）

【聚乙烯】 石化集团公司有28套聚乙烯装置，总生产能力为596.10万吨/年，其中单线能力最大的是镇海炼化线性低密度聚乙烯（LLPPE）装置，生产能力达到45万吨/年。

28套聚乙烯装置中，LDPE装置有釜式法工艺1套，管式法工艺7套；HDPE装置有淤浆法工艺6套，气相法工艺3套，环管加气相法工艺1套；LLDPE装置有气相法工艺10套。

（刘志武）

【低密度聚乙烯】 截至2012年底，石化集团公司LDPE生产装置产能为117.80万吨/年。装置总数为8套，分别是燕山分公司、上海石化、茂名分公司各2套，齐鲁分公司、扬巴公司各1套。

2012年，石化集团公司LDPE产量为125.86万吨，同比减产13.18万吨。LDPE产量见表6。

（刘志武）

表6　石化集团公司各企业LDPE产量　万吨

企业名称＼年份	2012	2011	2010	2009	2008	2007
石化集团公司合计	125.86	139.04	137.82	141.76	141.10	131.45
燕山分公司	29.56	29.44	39.51	43.43	44.68	42.73
上海石化	18.71	19.69	19.64	20.16	17.45	18.96
齐鲁分公司	16.46	18.30	17.51	15.84	17.32	18.13
茂名分公司	38.07	41.41	37.48	38.85	33.87	27.12
扬巴公司	20.38	24.66	20.46	23.48	27.78	24.51
北京华美聚合物有限公司①	2.68	5.54	3.22	—	—	—

①北京华美聚合物有限公司为EVA装置兼产LDPE产品

【高密度聚乙烯】　截至2012年底，石化集团公司HDPE装置生产能力为228.30万吨/年，装置总数为10套，分别是燕化有限公司、扬子石化、齐鲁分公司、燕山分公司、茂名分公司、上海赛科公司、福建联合石化公司、中沙石化各1套，上海石化2套。

2012年，石化集团公司HDPE产量为227.12万吨，同比增产了3.59万吨，增长了1.61%。详见表7。

（刘志武）

表7　石化集团公司各企业HDPE产量　万吨

企业名称＼年份	2012	2011	2010	2009	2008	2007
石化集团公司合计	227.12	223.53	236.56	172.82	166.88	166.28
燕山分公司	18.03	18.13	20.73	19.25	18.57	16.93
上海石化	40.88	39.18	41.09	38.85	36.93	35.15
扬子石化	25.95	27.92	23.34	26.89	25.98	26.32
齐鲁分公司	16.91	16.49	16.74	15.35	16.23	17.45
茂名分公司	38.48	34.52	28.24	36.03	30.88	34.60
上海赛科公司	35.37	35.18	39.86	30.90	36.71	33.40
福建联合石化公司	26.36	23.03	39.96	4.50	—	—
中沙石化	24.69	28.14	25.29	—	—	—
燕化有限公司	0.45	0.94	1.31	1.04	1.58	2.42

【线性低密度聚乙烯】　石化集团公司有10套LLDPE装置，分别是天津分公司、齐鲁分公司、中原石化、茂名分公司、广州分公司、扬子石化、福建联合石化公司、镇海炼化各1套，采用美国UCC公司气相流化床工艺路线；中沙石化1套，采用自主开发气相法工艺路线；上海赛科1套，采用BP公司的气相法工艺路线。

2012年，石化集团公司LLDPE装置生产能力为250万吨/年，同比没有变化；产量为265.73万吨，同比减产24.97万吨。详见表8。

（刘志武）

表8　　石化集团公司各企业LLDPE产量　　万吨

企业名称＼年份	2012	2011	2010	2009	2008	2007
石化集团公司合计	265.73	290.70	244.24	160.88	138.81	152.37
扬子石化	18.85	29.93	25.75	29.17	26.34	28.45
齐鲁分公司	8.72	11.75	13.33	11.92	11.47	13.01
广州分公司	21.22	19.33	21.50	21.82	20.65	19.30
茂名分公司	16.25	16.56	18.59	21.46	17.73	20.00
天津分公司	11.75	14.24	14.49	11.46	10.22	14.25
中原石化	21.78	19.08	22.38	21.71	18.48	22.48
上海赛科公司	27.06	31.67	36.78	28.52	33.91	34.87
福建联合石化公司	63.81	65.63	47.33	14.82	—	—
镇海炼化	47.99	47.36	19.81	—	—	—
中沙石化	28.30	35.15	24.28	—	—	—

【聚丙烯】 截至2012年底，石化集团公司聚丙烯生产能力为570.06万吨/年，同比增加42.20万吨/年。北海分公司20万吨/年装置、洛阳分公司14万吨/年装置先后在年内建成。

石化集团公司有34套连续法聚丙烯装置，生产能力为528.20万吨/年，同比增加39.20万吨/年；连续法聚丙烯装置生产能力占石化集团公司聚丙烯总生产能力的92.66%。石化集团公司聚丙烯生产工艺以环管法工艺为主，有22套环管法聚丙烯装置，占聚丙烯装置的65%。2012年增加2套国产化环管技术装置，单线能力最大为镇海炼化30万吨/年聚丙烯装置。石化集团公司间歇法聚丙烯装置生产能力为41.86万吨/年，同比增加了3.00万吨/年。

2012年，石化集团公司聚丙烯产量为555.10万吨，同比减少2.21万吨。其中，连续法聚丙烯产量为527.43万吨，同比增加0.71万吨；间歇法聚丙烯装置产量为27.67万吨，同比减少了2.92万吨。详见表9。

石化集团公司聚丙烯装置总体运行良好，能耗、物耗指标一直保持在国内同行先进水平。石化集团公司围绕提高装置丙烯排放气的回收率，完善回收单元流程，提高回收单元运行完好率，基本消除了聚丙烯装置火炬排放，取得显著经济效益和社会效益。

（刘志武）

表9　　石化集团公司各企业聚丙烯产量[①]　　万吨

企业名称＼年份	2012	2011	2010	2009	2008	2007
石化集团公司合计	555.10	557.31	520.19	440.48	407.24	412.94
连续法聚丙烯(总量)	527.43	526.72	485.39	409.12	373.87	374.42

续表

企业名称 \ 年份	2012	2011	2010	2009	2008	2007
燕山分公司	39.80	41.72	45.29	45.69	44.24	39.76
上海石化	44.56	46.61	48.24	46.85	42.47	44.86
扬子石化	38.13	45.81	38.78	45.27	42.38	47.64
福建联合石化公司	52.88	50.66	47.48	18.55	8.93	10.34
齐鲁分公司	5.99	9.03	9.22	8.51	8.24	9.11
武汉分公司	9.96	11.40	10.65	11.05	10.82	12.70
九江分公司	9.74	8.44	6.98	10.32	11.33	11.33
济南分公司	11.14	10.18	9.10	9.68	10.87	9.30
荆门分公司	11.81	12.28	12.37	12.25	11.63	11.97
长岭分公司	14.25	11.86	9.60	11.23	12.24	13.72
广州分公司	21.16	18.66	21.03	19.67	20.32	18.42
天津分公司	6.54	7.27	7.43	5.48	5.12	6.78
茂名分公司	52.90	53.03	49.5	55.64	47.36	50.37
洛阳分公司	7.55	7.35	9.14	8.26	6.62	9.45
中原石化	13.27	8.14	8.52	7.97	7.08	8.10
镇海炼化	55.18	56.40	37.42	24.36	25.41	22.57
海南炼化	23.41	23.85	20.78	22.81	21.42	22.43
青岛炼化	23.82	19.06	21.17	18.61	10.34	—
湛江东兴	9.85	12.40	11.26	3.08	—	—
北海分公司	9.27	—	—	—	—	—
上海赛科公司	24.57	25.54	29.71	23.84	27.05	25.57
中沙石化	41.65	47.03	31.72	—	—	—
间歇法聚丙烯(总量)②	27.67	30.59	34.80	31.36	33.37	38.52

①表中所列出企业均为连续法聚丙烯企业

②间歇法聚丙烯含改性聚丙烯装置

【聚苯乙烯】 石化集团公司共有6套聚苯乙烯生产装置，都采用连续本体法工艺，其中燕山分公司、广州分公司、茂名分公司、上海赛科公司各1套，扬巴公司2套。2012年，石化集团公司聚苯乙烯生产能力为75.00万吨/年，产能没有变化；产量为67.16万吨，同比增产了0.23万吨，详见表10。

（刘志武）

表 10　　**石化集团公司各企业聚苯乙烯产量**　　万吨

企业名称＼年份	2012	2011	2010	2009	2008	2007
石化集团公司合计	67.16	66.93	69.22	62.99	58.31	63.91
燕山分公司	0	4.32	5.17	5.58	5.30	4.69
广州分公司	5.83	5.56	6.20	6.12	5.42	5.08
茂名分公司	7.36	8.59	7.31	7.78	6.72	6.15
上海赛科公司	30.58	25.81	27.84	21.73	19.97	25.14
扬巴公司	23.39	22.65	22.70	21.78	20.90	22.85

【聚氯乙烯】 石化集团公司生产 PVC 的企业只有齐鲁分公司 1 家，生产能力为 60 万吨/年，同比没有变化；2012 年产量为 57.78 万吨。详见表 4 和表 5。

（刘志武）

【ABS】 石化集团公司生产 ABS 树脂的企业只有高桥分公司 1 家，生产能力为 20 万吨/年，同比没有变化；2012 年产量为 14.23 万吨。详见表 4 和表 5。

（刘志武）

【其他树脂】 石化集团公司生产的其他树脂包括聚醚树脂、乙烯醋酸乙烯共聚物（EVA）、环氧树脂等。2012 年，石化集团公司其他树脂生产能力为 72.90 万吨/年，产量为 62.14 万吨。分品种产量见表 11。

表 11　　**石化集团公司其他树脂产量**　　万吨

产品名称＼年份	2012	2011	2010	2009	2008	2007
其他树脂合计	62.14	55.88	54.11	44.69	42.63	55.15
乙烯醋酸乙烯共聚物	31.22	26.44	22.72	16.03	16.10	16.12
环氧树脂	5.00	4.11	4.04	4.12	3.73	3.35
聚　醚	22.19	23.28	25.31	23.09	21.08	26.51
不饱和树脂	—	—	—	—	—	2.79
其他塑料或共聚物	3.72	2.05	2.04	1.46	1.72	6.38

石化集团公司生产 EVA 的企业有扬巴公司、燕化有限公司、燕山分公司、北京华美聚合物有限公司共 4 家。截至 2012 年底，EVA 生产能力为 30 万吨/年；2012 年产量为 31.22 万吨，同比增加 4.78 万吨。

石化集团公司生产环氧树脂的企业为巴陵石化，生产能力为 4.2 万吨/年；2012 年产量为 5.00 万吨，同比增加 0.89 万吨。

石化集团公司生产聚醚树脂的企业有 2 家。截至 2012 年底，聚醚生产能力为 27.70 万吨/年；2012 年总产量为 22.19 万吨，同比减少了 1.09 万吨。

（刘志武）

合成橡胶

【概述】 截至 2012 年底，石化集团公司合成橡胶生产能力为 132 万吨/年，同比增加 3 万吨/年。石化集团公司合成橡胶分品种装置生产能力见表 12。

2012 年，石化集团公司合成橡胶产量为 124.15 万吨，同比减少 2.4%。石化集团公司合成橡胶各产品产量见表 13。

（楼峥芳）

表 12　　石化集团公司合成橡胶分品种装置生产能力　　万吨/年

产品名称＼年份	2012	2011	2010	2009	2008	2007
合成橡胶合计	132.00	129.00	129.00	129.00	114.53	104.03
丁苯橡胶	49.70	49.70	49.70	49.70	43.15	46.15
胶　乳	10.00	10.00	10.00	10.00	10.45	10.45
充油胶	16.40	16.40	16.40	16.40	11.40	14.40
软　胶	23.30	23.30	23.30	23.30	21.30	21.30
顺丁橡胶	38.80	35.80	35.80	35.80	33.88	33.88
丁基/溴化丁基橡胶	4.50	4.50	4.50	4.50	4.50	3.00
SBS 热塑性弹性体	36.00	36.00	36.00	36.00	31.00	19.00
SIS	1.00	1.00	1.00	1.00	1.00	1.00
SEBS	2.00	2.00	2.00	2.00	1.00	1.00

表 13　　石化集团公司合成橡胶各产品产量　　万吨

产品名称＼年份	2012	2011	2010	2009	2008	2007
合成橡胶合计	124.15	127.20	129.04	117.33	108.40	106.61
丁苯橡胶	51.76	54.37	48.76	39.96	38.96	35.89
胶　乳	7.99	8.61	9.18	8.15	8.97	7.88
充油胶	18.51	18.85	15.14	12.27	13.54	11.99
软　胶	25.26	26.92	24.44	19.54	16.45	16.02
顺丁橡胶	39.70	39.33	39.99	36.78	35.50	35.16
丁基/溴化丁基橡胶	3.24	3.73	3.69	4.03	4.40	3.69
SBS 热塑性弹性体	24.42	25.87	33.03	33.58	27.63	30.42
SIS 橡胶	2.55	2.01	2.19	1.85	1.10	1.05
SEBS 橡胶	2.47	1.89	1.47	1.12	0.79	0.40

【顺丁橡胶】 截至2012年底，石化集团公司顺丁橡胶生产能力为38.8万吨/年，有4家生产企业，分别是燕山分公司、高桥分公司、齐鲁分公司、巴陵石化。4家企业全部可以生产镍系顺丁橡胶，其中高桥分公司还可以生产锂系低顺橡胶。燕山分公司采用自有技术，建成1套3万吨/年稀土/镍系顺丁橡胶柔

性装置。

2012年，石化集团公司共生产顺丁橡胶39.70万吨，同比增加0.94%。分企业产量见表14。

（楼峥芳）

表14 **石化集团公司各企业顺丁橡胶产量** 万吨

企业名称＼年份	2012	2011	2010	2009	2008	2007
石化集团公司合计	39.70	39.33	39.99	36.78	35.50	35.16
燕山分公司	14.53	13.30	14.70	14.36	14.41	13.42
高桥分公司	15.21	16.43	15.95	13.92	12.79	12.91
齐鲁分公司	6.48	6.47	5.24	4.74	4.87	5.14
巴陵石化	3.48	3.13	4.10	3.77	3.43	3.69

【丁苯橡胶】 截至2012年底，石化集团公司丁苯橡胶生产能力为49.7万吨/年，有4家生产企业，分别是高桥分公司、齐鲁分公司、高桥石化控股公司和扬子—金浦公司，除高桥分公司生产溶聚丁苯橡胶外，其余企业只能生产乳液丁苯橡胶或丁苯胶乳。2012年，石化集团公司共生产丁苯橡胶51.76万吨，同比减少4.8%。分企业产量见表15。

（楼峥芳）

表15 **石化集团公司各企业丁苯橡胶产量** 万吨

企业名称＼年份	2012	2011	2010	2009	2008	2007
石化集团公司合计	51.76	54.37	48.76	39.96	38.96	35.89
齐鲁分公司	34.11	33.89	29.39	20.15	16.31	16.12
上海高桥分公司	0.52	0.60	0.95	2.67	3.57	6.03
高桥石化控股公司	7.99	8.61	9.18	8.00	8.60	7.40
扬子—金浦公司	9.15	11.27	9.23	9.14	10.40	6.34
胶　乳						
石化集团公司合计	7.99	8.61	9.18	8.15	8.97	7.88
高桥分公司	—	—	—	0.15	0.37	0.48
高桥石化控股公司	7.99	8.61	9.18	8.00	8.60	7.40
充油胶						
石化集团公司合计	18.51	18.85	15.23	12.27	13.54	11.99
齐鲁分公司	14.41	12.67	10.92	7.08	6.73	6.36
高桥分公司	—	—	0.10	1.31	1.93	3.02
扬子—金浦公司	4.10	6.18	4.21	3.88	4.80	2.61

续表

年份 企业名称	2012	2011	2010	2009	2008	2007
软　胶						
石化集团公司合计	25.26	26.91	24.34	19.54	16.45	16.02
齐鲁分公司	19.69	21.22	18.47	13.07	9.58	9.76
高桥分公司	0.52	0.60	0.85	1.21	1.27	2.53
扬子—金浦公司	5.05	5.09	5.02	5.27	5.60	3.73

【SBS热塑性弹性体】 截至2012年底，石化集团公司SBS生产能力为36万吨/年；2012年SBS产量为24.42万吨，同比减少5.6%。分企业产量见表16。

（楼峥芳）

表16　石化集团公司各企业SBS热塑性弹性体产量　万吨

年份 企业名称	2012	2011	2010	2009	2008	2007
石化集团公司合计	24.42	25.87	33.03	33.58	27.63	30.42
燕山分公司	2.06	4.87	9.22	9.09	7.91	8.80
巴陵石化	14.08	12.53	15.38	14.21	11.10	14.08
茂名分公司	8.28	8.47	8.44	10.28	8.62	7.54

【丁基/溴化丁基橡胶】 截至2012年底，石化集团公司只有燕山分公司生产丁基/溴化丁基橡胶，生产能力为4.5万吨/年，2012年产量为3.24万吨，同比减少11.23%。

（楼峥芳）

【SIS橡胶】 截至2012年底，石化集团公司只有巴陵石化生产SIS橡胶，生产能力为1万吨/年。2012年产量为2.55万吨，同比增长26.87%。

（楼峥芳）

【SEBS橡胶】 截至2012年底，石化集团公司只有巴陵石化生产SIS橡胶，生产能力为2万吨/年，2012年产量为2.47万吨，同比增长30.69%。

（楼峥芳）

合成纤维

【概述】 2012年，国内化学纤维总产量为3 792.16万吨，同比增加429.8万吨，同比增长12.78%。其中，合成纤维总产量为3 444.12万吨，同比增加329.52万吨，同比增长10.58%。

2012年，石化集团公司合成纤维原料、合成纤维聚合物和合成纤维的产能均比上年增加；合成纤维聚合物产量增加，合成纤维原料与合成纤维的产量略有降低。

截至2012年底，石化集团公司合成纤维原料生产能力为654.16万吨/年，同比增加6万吨/年、增长0.93%；合成纤维聚合物生产能力为357.33万吨/年，同比增加31.75万吨/年、增长9.75%；合成纤维生产能力为159.36万吨/年，同比增加3.7万吨/年、增长2.38%。石化集团公司所属企业主要合成纤维及原料生产装置的能力见表17。

2012年，石化集团公司生产合成纤维原料606.25万吨，同比减少38.15万吨、降低5.92%；生产合成纤维聚合物334.13万吨，同比增加2.12万吨、增长0.64%；生产合成纤维135.33万吨，同比减少5.00万吨、降低3.56%。

（周向进）

表 17　石化集团公司各企业主要合成纤维及原料生产装置能力

万吨/年

企业名称	合纤原料	PTA	PIA	己内酰胺	丙烯腈	乙二醇	合纤聚合物	聚酯	PBT	PVA	聚酰胺	合成纤维	涤纶	锦纶	腈纶	维纶	高强高模 PE	丙纶
燕山分公司	13.00	—	5.00	—	—	8.00	—	—	—	—	—	—	—	—	—	—	—	—
天津分公司	40.66	34.40	—	—	—	6.26	20.00	20.00	—	—	—	10.00	10.00	—	—	—	—	—
石家庄炼化	16.00	—	—	16.00	—	—	2.50	—	—	—	2.50	0.00	—	0	—	—	—	—
上海石化	114.00	40.00	—	—	13.00	61.00	58.93	55.10	—	3.83	—	33.93	18.15	—	14.08	—	—	1.70
扬子石化	131.00	105.00	—	—	—	26.00	—	—	—	—	—	—	—	—	—	—	—	—
仪化股份公司	100.00	100.00	—	—	—	—	197.10	197.10	—	—	—	79.03	78.90	—	—	—	0.13	—
镇海炼化	65.00	—	—	—	—	65.00	—	—	—	—	—	—	—	—	—	—	—	—
安庆分公司	8.00	—	—	—	8.00	—	—	—	—	—	—	7.00	—	—	7.00	—	—	—
齐鲁分公司	8.00	—	—	—	8.00	—	—	—	—	—	—	5.40	—	—	5.40	—	—	—
巴陵分公司	20.00	—	—	20.00	—	—	3.70	—	—	—	3.70	—	—	—	—	—	—	—
洛阳分公司	32.50	32.50	—	—	—	—	24.00	24.00	—	—	—	21.20	21.20	—	—	—	—	—
上海赛科公司	26.00	—	—	—	26.00	—	—	—	—	—	—	—	—	—	—	—	—	—
扬巴公司	30.00	—	—	—	—	30.00	—	—	—	—	—	—	—	—	—	—	—	—
中沙石化	36.00	—	—	—	—	36.00	—	—	—	—	—	—	—	—	—	—	—	—
仪征资产分公司	—	—	—	—	—	—	32.30	22.80	9.50	—	—	—	—	—	—	—	—	—
燕化公司	4.00	—	—	—	—	4.00	2.80	—	—	2.80	—	—	—	—	—	—	—	—
四川维尼纶厂	—	—	—	—	—	—	16.00	—	—	16.00	—	2.20	—	—	—	2.20	—	—
茂名分公司	10.00	—	—	—	—	10.00	—	—	—	—	—	—	—	—	—	—	—	—
扬州石油化工厂	—	—	—	—	—	—	—	—	—	—	—	0.60	—	—	—	—	—	0.60
合　计	654.16	311.90	5.00	36.00	55.00	246.26	357.33	319.00	9.50	22.63	6.20	159.36	128.25	0	26.48	2.20	0.13	2.30

【合成纤维原料】 石化集团公司生产的合成纤维原料有精对苯二甲酸(PTA)、精间苯二甲酸(PIA)、丙烯腈(AN)、己内酰胺(CPL)、乙二醇(EG)5个品种。截至2012年底，石化集团公司合成纤维原料的生产能力为654.16万吨/年，同比增加6.00万吨/年，增长0.93%。巴陵分公司的己内酰胺装置通过技术改造增加产能6万吨/年，产能从14万吨/年增加到20万吨/年。

2012年，石化集团公司生产合成纤维原料606.25万吨，同比减少38.15万吨、降低5.92%。石化集团公司合成纤维原料产量见表18。

表18 **石化集团公司合成纤维原料各品种产量** 万吨

产品名称 \ 年份	2012	2011	2010	2009	2008	2007
合成纤维原料合计	606.25	644.41	597.47	506.56	472.01	523.41
PTA	312.53	347.70	338.28	328.90	289.44	333.53
PIA①	4.50	3.99	2.05	2.50	2.93	3.08
丙烯腈	61.32	53.59	57.03	49.63	49.40	54.26
己内酰胺	30.46	30.89	29.34	18.41	19.31	18.29
乙二醇	197.45	208.23	170.76	104.80	108.64	114.24

①PIA产量在2007—2008年未作为合成纤维原料加以统计

1. 精对苯二甲酸

截至2012年底，石化集团公司PTA产能是311.90万吨/年，与上年持平。生产PTA的企业有天津分公司、上海石化、扬子石化、仪化股份公司和洛阳分公司5家。

2012年，石化集团公司PTA产量为312.53万吨，同比减少35.17万吨、降低10.11%。石化集团公司PTA产量见表19。

表19 **石化集团公司各企业PTA产量** 万吨

企业名称 \ 年份	2012	2011	2010	2009	2008	2007
石化集团公司合计	312.53	347.70	338.28	328.90	289.44	333.53
燕山分公司①	4.50	3.99	2.05	2.50	2.93	3.08
天津分公司	27.60	32.76	32.83	24.76	22.46	32.10
上海石化	40.35	39.14	39.15	38.09	34.28	40.01
扬子石化	109.53	141.49	130.08	132.48	111.13	127.71
仪化股份公司	104.42	104.20	104.12	102.33	98.79	102.49
洛阳分公司	30.63	30.11	32.10	31.24	22.78	31.22

①燕山分公司产品为精间苯二甲酸

2. 丙烯腈

石化集团公司生产丙烯腈的企业有上海石化、安庆分公司、齐鲁分公司和上海赛科公司4家。

2012年，石化集团公司生产丙烯腈61.32万吨，同比增加7.72万吨、增长14.41%。石化集团公司丙烯腈产量见表20。

表 20 石化集团公司各企业丙烯腈产量 万吨

企业名称＼年份	2012	2011	2010	2009	2008	2007
石化集团公司合计	61.32	53.59	57.03	49.63	49.40	54.26
上海石化	14.32	13.17	14.64	12.78	11.90	13.23
安庆分公司	7.72	8.67	8.64	8.57	8.39	8.64
齐鲁分公司	10.27	6.35	4.43	4.26	4.21	4.45
上海赛科公司	28.99	25.40	29.32	24.02	24.89	27.94

3. 己内酰胺

石化集团公司生产己内酰胺的企业有巴陵分公司和石家庄炼化 2 家。2012 年底，石化集团公司己内酰胺产能为 36 万吨/年，同比增加 6 万吨/年。巴陵分公司通过技术改造，己内酰胺产能从 14 万吨/年增加到 20 万吨/年。

2012 年，石化集团公司生产己内酰胺 30.46 万吨，同比减少 0.43 万吨、降低 1.40%。石化集团公司己内酰胺产量见表 21。

表 21 石化集团公司各企业己内酰胺产量 万吨

企业名称＼年份	2012	2011	2010	2009	2008	2007
石化集团公司合计	30.46	30.89	29.34	18.41	19.31	18.29
石家庄炼化	9.84	10.86	10.05	4.60	5.69	6.56
巴陵分公司	20.62	20.03	19.29	13.81	13.60	11.73

4. 乙二醇

石化集团公司生产乙二醇的企业有燕山分公司、燕化有限公司、天津分公司、上海石化、扬子石化、茂名分公司、扬巴公司、镇海炼化和中沙石化 9 家企业。

2012 年，石化集团公司生产乙二醇 197.45 万吨，同比减少 10.78 万吨、降低 5.18%。石化集团公司乙二醇产量见表 22。

表 22 石化集团公司各企业乙二醇产量 万吨

企业名称＼年份	2012	2011	2010	2009	2008	2007
石化集团公司合计	197.45	208.23	170.76	104.80	108.64	114.24
燕山分公司	5.91	4.68	6.34	6.37	5.98	6.13
上海石化	46.89	42.31	41.23	39.40	42.13	39.13
扬子石化	11.64	13.31	15.66	16.00	16.55	17.17
天津分公司	3.73	4.19	3.88	3.30	2.98	4.11
茂名分公司	6.80	7.62	6.61	3.66	8.33	9.22
扬巴公司	32.78	36.08	29.09	32.61	29.77	34.20
燕化有限公司	2.36	4.20	3.30	3.46	2.90	4.28
镇海炼化	54.57	56.85	30.01	—	—	—
中沙石化	32.76	39.00	34.64	—	—	—

5. 精间苯二甲酸(PIA)

石化集团公司生产精间苯二甲酸的企业只有燕山分公司，是国内唯一一家生产 PIA 产品的企业。装置生产能力为 5 万吨/年。2012 年 PIA 产量 4.50 万吨，同比增加 0.51 万吨、增长 12.78%。

（周向进）

【合成纤维聚合物】 石化集团公司生产的合成纤维聚合物主要品种有聚酯(PET)、聚乙烯醇(PVA)、聚己内酰胺(PA6)、聚对苯二甲酸丁二酯(PBT)、纤维级聚丙烯(纤维级 PP)、纤维级聚乙烯(纤维级超高分子量 PE)。

截至 2012 年底，石化集团公司合成纤维聚合物生产能力为 357.33 万吨/年，同比增加 31.75 万吨/年、增长 9.75%。仪化股份公司投资新增聚酯产能 20 万吨/年，技术改造增加聚酯产能 1.75 万吨/年；四川维尼纶厂投资新增聚乙烯醇产能 10 万吨/年。

2012 年，石化集团公司生产合成纤维聚合物 334.13 万吨，同比增加 2.12 万吨、增长 0.64%。石化集团公司合成纤维聚合物产量见表 23。

表 23　　石化集团公司合成纤维聚合物各品种产量　　万吨

产品名称 \ 年份	2012	2011	2010	2009	2008	2007
合成纤维聚合物合计	334.13	332.01	325.91	304.90	266.97	291.07
聚　酯	301.76	310.36	304.88	290.62	251.14	274.08
聚对苯二甲酸丁二酯	5.45	2.49	2.50	—	—	—
聚乙烯醇	19.74	13.10	12.68	9.68	11.55	12.64
聚己内酰胺	7.18	6.05	5.84	4.60	4.31	4.35

1. 聚酯

石化集团公司生产聚酯产品的企业有上海石化、仪化股份公司、天津分公司、洛阳分公司和仪征资产分公司 5 家企业。

2012 年，石化集团公司生产聚酯 301.76 万吨，同比减少 8.60 万吨、降低 2.77%。石化集团公司聚酯产量见表 24。

表 24　　石化集团公司各企业聚酯产量　　万吨

企业名称 \ 年份	2012	2011	2010	2009	2008	2007
石化集团公司合计	301.76	310.36	304.88	290.62	251.14	274.08
上海石化	59.41	62.08	60.31	55.61	54.40	58.93
仪化股份公司	174.58	177.06	173.57	173.66	166.60	171.53
天津分公司	26.00	29.83	28.55	22.48	10.72	26.02
洛阳分公司	19.72	18.45	19.90	18.30	11.36	17.60
仪征资产分公司①	22.05	22.95	22.56	20.56	—	—

①仪征资产分公司聚酯产能和产量自 2009 年开始被纳入石化集团公司统计口径

2. 聚乙烯醇

石化集团公司生产聚乙烯醇的企业有上海石化、四川维尼纶厂和燕化有限公司 3 家。其中，上海石化和燕化有限公司以乙烯为原料；四川维尼纶厂以乙炔为原料。四川维尼纶厂以天然气为原料生产乙炔，是石化集团公司唯一使用天然气作原料生产合成纤维的企业。

2012 年，石化集团公司生产聚乙烯醇 19.74 万吨，同比增加 6.63 万吨、增长 50.57%。石化集团公司聚乙烯醇产量见表 25。

表 25 **石化集团公司各企业聚乙烯醇产量** 万吨

企业名称＼年份	2012	2011	2010	2009	2008	2007
石化集团公司合计	19.74	13.10	12.68	9.68	11.55	12.64
上海石化	4.20	4.34	4.01	4.36	4.16	4.27
燕化有限公司	1.21	2.38	2.51	—	1.47	2.68
四川维尼纶厂	14.32	6.38	6.15	5.33	5.92	5.69

3. 聚己内酰胺

石化集团公司生产聚己内酰胺的企业有石家庄炼化和巴陵分公司 2 家。2012 年共生产聚己内酰胺 7.18 万吨，同比增加 1.13 万吨、增长 18.68%。其中，石家庄炼化生产聚己内酰胺 1.96 万吨，巴陵分公司生产聚己内酰胺 5.22 万吨。

4. 纤维级聚丙烯(PP)和纤维级聚乙烯(PE)

纤维级聚丙烯是生产丙纶的原料。石化集团公司连续法聚丙烯装置均能生产纤维级聚丙烯，企业根据市场需求组织纤维级牌号的生产。

纤维级超高分子量聚乙烯是生产高强高模聚乙烯纤维的原料，其生产能力、产量均在聚乙烯(合成树脂)中统计。

(周向进)

【合成纤维】 合成纤维的五大品种是涤纶、锦纶、腈纶、维纶、丙纶，俗称“五大纶”。

截至 2012 年底，石化集团公司合成纤维生产能力为 159.36 万吨/年，同比增加 3.70 万吨/年、增长 2.38%。其中，仪化股份公司增加涤纶短纤维产能 11.2 万吨/年，减少涤纶长丝产能 7 万吨/年；石家庄炼化核销锦纶产能 0.5 万吨/年。

2012 年，石化集团公司生产合成纤维 135.33 万吨，同比减少 5.00 万吨、降低 3.56%。石化集团公司合成纤维产量见表 26。

表 26 **石化集团公司合成纤维各品种产量** 万吨

产品名称＼年份	2012	2011	2010	2009	2008	2007
合成纤维合计	135.33	140.33	140.57	131.40	127.44	143.82
涤　纶	104.35	108.38	107.68	99.10	94.07	106.03
锦　纶	—	—	—	—	—	0.01
腈　纶	28.92	29.88	31.02	30.48	31.43	35.67
维　纶	1.42	1.55	1.29	1.25	1.48	1.57
丙　纶	0.53	0.52	0.58	0.57	0.46	0.55

1. 涤纶

石化集团公司生产涤纶纤维的企业有上海石化、仪化股份公司、天津分公司和洛阳分公司 4 家。

截至 2012 年底，石化集团公司涤纶纤维生产能力为 128.25 万吨/年，其中涤纶长丝的生产能力为 22.95 万吨/年。2012 年，涤纶纤维产量 104.35 万吨，同比减少 4.03 万吨、降低 3.71%。石化集团公司涤纶产量见表 27。

表 27　　石化集团公司各企业涤纶产量　　万吨

企业名称＼年份	2012	2011	2010	2009	2008	2007
石化集团公司合计	104.35	108.38	107.68	99.10	94.07	106.03
上海石化	8.59	8.92	8.72	8.06	8.52	8.90
仪化股份公司	68.33	71.67	70.65	67.48	67.20	67.52
天津分公司	10.31	12.12	12.41	9.73	10.66	17.14
洛阳分公司	17.13	15.67	15.90	13.83	7.58	12.47

2. 腈纶

石化集团公司生产腈纶纤维的企业有上海石化、安庆分公司和齐鲁分公司 3 家。2012 年底，石化集团公司腈纶生产能力为 26.48 万吨/年，与上年持平。

2012 年，石化集团公司生产腈纶纤维 28.92 万吨，同比减少 0.96 万吨、降低 3.21%。石化集团公司腈纶产量见表 28。

表 28　　石化集团公司各企业腈纶产量　　万吨

企业名称＼年份	2012	2011	2010	2009	2008	2007
石化集团公司合计	28.92	29.88	31.02	30.48	31.43	35.67
上海石化	16.57	16.09	16.64	16.07	18.48	21.89
安庆分公司	6.38	7.88	7.87	7.87	6.90	7.71
齐鲁分公司	5.97	5.92	6.52	6.50	6.05	6.07

3. 维纶

石化集团公司生产维纶纤维的企业只有四川维尼纶厂 1 家，采用国内技术，生产能力为 2.2 万吨/年，主要产品有维纶短纤维和维纶丝束(长丝)。维纶纤维具有耐磨性好的优点，添加维纶短纤维的服装面料具有耐磨的特点。

2012 年，石化集团公司生产维纶纤维 1.42 万吨，同比减少 0.13 万吨、降低 8.15%。

4. 高强高模聚乙烯纤维

石化集团公司生产高强高模聚乙烯纤维的企业只有仪化股份公司 1 家，产能为 0.13 万吨/年，2012 年产量为 987 吨。

(周向进)

精 细 化 工

【概述】 精细化工门类繁多，品种复杂，市场变化快，技术难度大，中国石化集资源、市场、技术、人才等多方面优势，对精细化工产品进行了有重点、有步骤地发展。

石化集团公司主要精细化工产品产量见表 29。

(原　玲)

表 29　　石化集团公司主要精细化工产品产量　　吨

产品名称＼年份	2012	2011	2010	2009	2008	2007
催化剂						
炼油催化剂	148 263	152 954	119 616	101 587	101 256	95 258
化工催化剂	2 227	3 138	2 560	2 255	1 816	1 274

续表

产品名称 \ 年份	2012	2011	2010	2009	2008	2007
塑料助剂						
塑料增塑剂	38 642	35 880	40 763	36 800	53 237	76 521
塑料发泡剂	0	0	0	168	0	10 578
橡胶助剂						
橡胶促进剂	0	45	611	9	226	4 689
橡胶防老剂	44 433	46 759	47 486	35 824	22 206	36 693
表面活性剂	12 830	9 583	14 734	28 533	29 084	19 795
微晶蜡	35 881	37 561	21 330	9 881	12 494	14 332
专用蜡	85 005	70 112	53 581	35 541	22 775	19 475
凡士林	2 154	10 973	6 934	7 949	5 475	8 878

【催化剂】 2012 年，石化集团公司共生产炼油和化工催化剂 15.05 万吨，完成了催化裂化催化剂、加氢催化剂、聚烯烃催化剂、乙苯脱氢催化剂、丙烯腈催化剂等新产品的工业放大试验。

（顾蓓蕾）

【表面活性剂】 石化集团公司研究开发和生产表面活性剂的企业主要是金陵石化、天津石化、高桥石化等。2012 年，石化集团公司共生产表面活性剂 12 830吨，主要有乳化剂（MOA、EL、Tx）、洗涤剂（低泡清洗剂、消泡剂等）、破乳剂等系列产品。

1. 聚醚多元醇

2012 年，石化集团公司聚醚装置负荷率比上年度有所下降，为 79%；聚醚产品产、销量分别达到 22.18 万吨和 22.06 万吨 。

高桥石化针对 3 月《乘用车内空气质量评价指南》国家标准的出台以及国务院法制办于 2 月 3 日公布的《缺陷汽车产品召回管理条例》，组织对汽车板块用聚醚产品进行技术攻关，旨在对聚醚产品醛类等有害物质进行控制，通过配方调整、工艺改进、设备改造等技术手段，产品基本满足了客户的第一步要求。

开展新技术推广应用。对现有的 80 立方米反应釜进行设备及管线的改造，既缓解了生产矛盾，又使企业的节能降耗和环保目标获得提升；组织了新产品 GE－110A 和 GSE－2010 在生产装置上进行工业性试生产，试生产的新产品有 7 个，其中 GR－8345 等 2 个牌号的新产品由试生产阶段转入正式生产。

天津分公司在聚醚新产品开发生产方面取得了很大成绩。

端氨基聚醚：端氨基聚醚是聚醚多元醇的一种，属高技术含量高附加值产品，具有很高的端基活性，以该产品为原料生产的聚氨酯（PU）制品有优异的机械性能和较好的耐热性。国内尚无端氨基聚醚工业化产品，所需产品基本依靠进口。中国石化已完成端氨基聚醚的小试研究，并在此基础上完成 200 吨/年端氨基聚醚中试装置工艺包编制，计划建设中试装置。

环保型低气味聚醚产品：聚醚多元醇气味主要是低分子的醛类、醇类、羧酸类物质产生，随着人们生活水平的提高，对聚氨酯制品的环保要求越来越严，经过两年时间的研制，从产品配方到生产工艺进行了提升，2012 年经过调整改造生产出低气味的聚醚产品，被巴斯夫、亨斯曼、江森等国际知名企业认可。

2. 三次采油用化学品

由石油化工科学研究院开发的稠油降黏剂在胜利油田稠油区块蒸汽多轮次吞吐后期应用，可提高稠油热采采收率 10% 以上，现场实施 7 口井，平均周期增油 390.0 吨，油汽质量比提高 0.22。

由上海石油化工研究院研制、南京化工公司生产的复合型表面活性剂，在河南油田双河Ⅳ区块三元复合驱先导试验中，年累计实现增油 3.81 万吨，综合含水由 97.8% 下降到 93.6%，阶段提高采收率 1.21%。

由北京化工研究院开发的耐温驱油聚合物在5 000吨/年生产线上打通全流程，产出5吨产品，并在河南油田进行现场注入性评价，结果表明产品注入性好，各项性能指标均达到要求。

（原　玲）

【合成胶黏剂】 石化集团公司生产的胶黏剂原料主要有环氧树脂、苯乙烯共聚物及醋酸乙烯聚合物。

1. 环氧树脂类

巴陵石化是国内最大的环氧树脂产、销、研基地之一，具有多年生产、研发环氧树脂的经验及技术，其产能及生产技术均居国内重要及领先地位。2012年，巴陵石化共生产各类环氧树脂5.18万吨，销量4.74吨。其中，开发的新产品有：

邻甲酚醛环氧树脂(CNE)：1万吨/年CNE装置于2012年3月顺利建成投产，并实现了一次开车成功。该套装置为国内单套产能最大的CNE装置。2012年产销1 786.3吨，边际利润781.3万元。该产品改变了国内塑封料行业所用CNE全部依赖进口的格局，使国外该产品在国内的价格从7.5万元/吨降到4万元/吨左右，调整和优化了环氧树脂的产品结构，社会效益显著。

粉末涂料：该产品具有无溶剂、无公害、喷溢涂料可回收的特点。2009年，2 000吨/年高档粉末涂料用环氧树脂工业试验装置建成，并通过总部技术鉴定。2012年，2万吨/年工业装置建成投产，共计生产产品7 629.5吨。

风力发电用低黏度环氧树脂(BPF)：该产品于2011年取得GL(德国船级社)的认证，获得在风电领域的国内外销售准入权；2012年通过总部技术鉴定，产品销量达200多吨。

水性环氧树脂：该产品在混凝土改性领域应用取得突破，累计产销860多吨。

2. 醋酸乙烯聚合物类

四川维尼纶厂是全国唯一以天然气为主要原料生产醋酸乙烯聚合物的企业。醋酸乙烯产能50万吨/年，聚乙烯醇(PVA)产能为16万吨/年，醋酸乙烯—乙烯共聚乳液(VAE)产能6万吨/年。2012年底，“30万吨/年VAC成套技术开发”攻关项目顺利出龙。能生产聚合度300—2 600，醇解度80%—100%(摩尔分数)的不同PVA 60余种。

新产品开发方面，2012年开发了羧基改性PVA产品(SG－181、SG－182)，用于造纸等行业；进行了乙烯—乙烯醇(EVOH)的小试聚合和醇解工艺研究，成功获得公斤级样品，开展样品测试和应用研究；VAE在小试研究的基础上，成功开发热引发工艺技术，批量生产CW40－905、907、916、960四个产品，有效地降低了产品中的甲醛含量。

（原　玲）

【生物化工及可替代能源】 以抚顺石油化工研究院为依托的中国石化生物燃料及生物化工重点实验室，全年开展技术工程化项目2项，共申请发明专利80项。

1. 发酵生产长链二元酸成套技术

抚顺石油化工研究院和上海工程公司、清江石化紧密合作，确定了菌种工业化试验装置的适应性改造内容和解决方案，于2012年7月完成7批次工业发酵试验，发酵150小时内产酸水平超过150克/升。完成了精制新工艺中试装置改造和试验，进行了10多批次的中试精制试验，产品质量达标，试验数据基本满足工艺包需求。

2. 生物质利用技术

微波裂解制油技术研究已经搭建好从实验室小试到50千克/时中试的实验平台，初步确定实验室小试工艺，利用实验室设备出油率可达到50%以上。

（原　玲）

化　肥

【概述】 石化集团公司化肥主要产品有合成氨、尿素、复合肥、硫酸铵、硝酸铵、混配复合肥料等。石化集团公司主要化肥生产能力见表30，产量见表31。

表30　　石化集团公司主要化肥生产能力　　万吨/年

产品名称＼年份	2012	2011	2010	2009	2008	2007
合成氨	210.70	234.70	269.20	269.20	243.50	223.50
尿　素	263.40	303.40	363.40	363.40	313.00	313.00
复合肥	50.00	50.00	50.00	50.00	50.00	50.00

续表

产品名称 \ 年份	2012	2011	2010	2009	2008	2007
硫酸铵	52.25	50.25	42.25	42.25	42.25	42.25
硝酸铵(工业用)	15.00	15.00	15.00	15.00	15.00	15.00

表31　石化集团公司主要化肥产品产量　万吨

产品名称 \ 年份	2012	2011	2010	2009	2008	2007
合成氨	126.43	111.12	119.10	135.15	125.64	114.38
尿　素	105.23	77.98	122.34	175.22	164.86	156.46
复合肥	28.08	27.90	33.04	29.11	19.16	39.34
硫酸铵	57.28	57.90	56.78	39.29	43.92	43.56
硝酸铵(工业用)	13.02	13.60	14.64	12.78	15.46	13.53
混配复合肥料	4.27	4.10	3.93	4.34	3.13	5.69

从表30可见，合成氨、尿素生产能力同比减少，主要是核减了金陵分公司化肥装置的生产能力；其他化肥产品能力较小，硫酸铵生产能力同比增加，复合肥、硝酸铵等产品生产能力没有变化。

从表31可见，合成氨、尿素产量同比均有所增加，主要是因装置利用率提高及尿素价格较好；复合肥、硫酸铵、硝酸铵、混配复合肥料等化肥产品产量变化不大。

2012年，石化集团公司化肥装置继续优化调整产品结构，各企业根据系统内部上下游氢气、液氨资源平衡情况，合理安排合成氨装置负荷，尿素装置发挥资源调节器作用。巴陵分公司、安庆分公司化肥装置继续按“先氢后氨再尿素”的方案组织生产，湖北化肥分公司化肥装置根据尿素产品边际效益测算阶段性运行，九江分公司、齐鲁分公司达州化肥装置全年停产。

（吴昌保）

【合成氨】 石化集团公司生产合成氨的企业有安庆分公司、巴陵分公司、湖北化肥分公司、南京化工公司和四川维尼纶厂共5家。截至2012年底，石化集团公司合成氨生产能力为210.70万吨/年，核减了金陵分公司合成氨生产能力24万吨/年。

2012年，石化集团公司实际生产合成氨126.43万吨，同比增长13.78%，约占全国合成氨总产量的2.32%。安庆分公司、巴陵分公司和湖北化肥分公司的3套合成氨装置利用率提高，全年增产合成氨分别为3.31万吨、4.20万吨和6.40万吨。各企业合成氨产量详见表32。

（吴昌保）

表32　石化集团公司各企业合成氨产量　万吨

企业名称	设计能力/万吨·年$^{-1}$ \ 年份	2012	2011	2010	2009	2008	2007
石化集团公司合计	210.70	126.43	111.12	119.10	135.15	125.64	114.38
安庆分公司	32.00	21.43	18.12	15.82	20.34	20.10	13.85
巴陵分公司	43.00	36.70	32.49	25.94	18.55	21.13	7.64

续表

企业名称	设计能力/万吨·年⁻¹ \ 年份	2012	2011	2010	2009	2008	2007
湖北化肥分公司	30.00	28.68	22.28	21.74	18.58	14.79	12.67
齐鲁分公司	29.20	—	—	6.59	—	—	—
金陵分公司	—	—	—	—	10.02	6.65	10.51
镇海炼化	—	—	—	6.01	18.30	19.57	27.30
九江分公司	30.00	—	—	12.97	26.53	26.48	25.57
南京化工公司	26.50	25.34	22.50	18.72	21.69	15.44	16.84
四川维尼纶厂	20.00	14.28	15.73	11.31	1.13	1.49	—

【尿素】 石化集团公司生产尿素的企业有安庆分公司、巴陵分公司和湖北化肥分公司共 3 家。截至 2012 年底，石化集团公司尿素（实物量）生产能力为 263.40 万吨/年，核减了金陵分公司尿素（实物量）生产能力 40 万吨/年。

2012 年，石化集团公司实际生产尿素（实物量）105.23 万吨，同比增长 34.94%，约占全国尿素总产量的 1.61%。湖北化肥分公司及时做好天然气和煤为原料生产尿素的成本效益测算工作，1—3 月以煤为原料组织生产，5—11 月以天然气为原料组织生产，全年增产尿素 11.62 万吨。各企业尿素产量详见表 33。

表 33　　石化集团公司各企业尿素产量　　万吨

企业名称	设计能力/万吨·年⁻¹ \ 年份	2012	2011	2010	2009	2008	2007
石化集团公司合计	263.40	105.23	77.98	122.34	175.22	164.86	156.46
安庆分公司	52.00	31.61	26.57	22.80	29.82	27.62	17.70
巴陵分公司	61.00	29.36	18.78	25.65	19.17	24.93	7.75
湖北化肥分公司	48.00	44.26	32.63	30.64	31.56	21.29	18.91
齐鲁分公司	50.40	—	—	8.72	—	—	—
金陵分公司	—	—	—	—	17.28	11.33	18.36
镇海炼化	—	—	—	10.47	32.20	33.70	47.81
九江分公司	52.00	—	—	24.05	45.19	46.00	45.93

（吴昌保）

【复合肥】 石化集团公司生产复合肥的企业有南京化工公司和安庆石化 2 家。截至 2012 年底，石化集团公司复合肥生产能力为 50 万吨/年，产能没有变化；2012 年实际生产复合肥 28.08 万吨，同比增产 0.18 万吨、增长 0.65%。

（吴昌保）

【硫酸铵】 石化集团公司生产硫酸铵的企业有石家庄炼化、巴陵分公司、安庆分公司、齐鲁分公司和湖北化肥共 5 家。截至 2012 年底，石化集团公司硫酸铵（实物量）生产能力为 52.25 万吨/年，核增了湖北化肥硫酸铵（实物量）生产能力 2 万吨/年；2012 年实际生产硫酸铵（实物量）57.28 万吨，同比减产

0.63 万吨、减少 1.08%。

（吴昌保）

【硝酸铵】 石化集团公司生产硝酸铵的企业只有南京化工公司 1 家。截至 2012 年底，石化集团公司硝酸铵(实物量)生产能力为 15 万吨/年，产能没有变化；2012 年实际生产硝酸铵(实物量)13.02 万吨，同比减产 0.58 万吨、减少 4.30%。

（吴昌保）

【混配复合肥料】 石化集团公司生产混配复合肥料的企业只有南京化工公司 1 家，全年实际生产混配复合肥料 4.27 万吨，同比增产 0.17 万吨、增长 4.17%。

（吴昌保）

【煤气化技术】 围绕煤气化装置"安稳长"运行和提高装置经济运行水平开展工作，重点加强生产管理，组织技术攻关和专题技术交流活动。针对影响装置长周期稳定运行的由原料煤种引起的设备磨蚀或腐蚀、气化炉堵渣等关键问题，及时组织开展技术攻关和专题分析，研究讨论解决问题的办法；通过专题技术交流会，系统性地总结和交流煤气化装置原料煤管理、运行攻关、技术进步、节能降耗、维护管理等方面的经验，分析典型工艺、设备有关问题，讨论工艺改进、优化操作及关键设备的使用和维护等提高装置运行可靠性的措施，推广行之有效的先进管理方法，不断提高装置运行水平。

煤气化装置长周期运行再创佳绩。3 套水煤浆气化装置总体保持了较好的运行水平，平均运转率大于 95%，其中金陵水煤浆气化装置实现连续运行 479 天，创国内同类装置长周期连续运行最好纪录。3 套干粉煤气化装置运行可靠度也不断提高，其中安庆煤气化装置再创连续运行 185 天的全球同类装置最长周期纪录；巴陵煤气化装置实现满负荷运行，运转率达到 90%，最长连续运行达到 145 天。

（吴昌保）

无机原料

【概述】 石化集团公司生产无机原料的企业有南京化工公司、齐鲁分公司、巴陵分公司、巴陵资产分公司、石家庄炼化、江汉油田分公司、荆门分公司、长岭分公司等。主要无机原料为"三酸两碱"。石化集团公司主要无机原料生产能力见表 34，产量见表 35。

（吴昌保）

表 34　石化集团公司主要无机原料生产能力　万吨/年

产品名称＼年份	2012	2011	2010	2009	2008	2007
硫　酸	119.50	119.50	119.50	119.50	119.50	118.00
浓硝酸	22.00	22.00	22.00	22.00	21.00	17.50
盐　酸	37.23	37.23	35.23	48.33	48.33	25.53
烧　碱	84.30	84.30	80.30	92.30	90.30	88.30
纯　碱	120.25	120.25	120.25	120.25	120.25	120.25

表 35　石化集团公司主要无机原料产品产量　万吨

产品名称＼年份	2012	2011	2010	2009	2008	2007
硫　酸	88.94	94.94	100.29	78.90	71.71	88.00
硝　酸	20.41	17.76	20.56	15.60	11.32	10.36
盐　酸	32.21	29.93	30.80	26.43	21.61	30.92
烧　碱	82.63	80.92	80.31	67.80	74.70	83.66
纯　碱	102.73	113.69	106.11	102.30	116.23	117.61

【硫酸】 石化集团公司生产硫酸的企业有南京化工公司、石家庄炼化、巴陵分公司、荆门分公司和长岭分公司共5家。截至2012年底，石化集团公司硫酸生产能力为119.50万吨/年，产能没有变化；2012年实际生产硫酸88.94万吨，同比减产6万吨、减少6.32%，主要是南京化工公司产量减少。

（吴昌保）

【硝酸】 石化集团公司硝酸生产企业仅有南京化工公司。截至2012年底，石化集团公司浓硝酸生产能力为22.00万吨/年，产能没有变化；2012年实际生产浓硝酸20.41万吨，同比增产2.65万吨、增长14.92%。

（吴昌保）

【盐酸】 石化集团公司生产盐酸的企业有南京化工公司、巴陵资产分公司、齐鲁分公司和江汉油田分公司共4家。截至2012年底，石化集团公司盐酸生产能力为37.23万吨/年，产能没有变化；2012年实际生产盐酸32.21万吨，同比增产2.29万吨、增长7.62%，主要是南京化工公司和江汉油田分公司产量增加。

（吴昌保）

【烧碱】 石化集团公司生产烧碱的企业有齐鲁分公司、江汉油田分公司、南京化工公司和巴陵资产分公司共4家。截至2012年底，石化集团公司烧碱生产能力84.30万吨/年，产能没有变化；2012年实际生产烧碱82.63万吨，同比增产1.71万吨、增长2.11%，主要是江汉油田分公司和南京化工公司产量增加。

（吴昌保）

【纯碱】 石化集团公司纯碱生产企业为南京化工公司连云港碱厂，生产能力为120.25万吨/年，全年实际生产纯碱102.73万吨，同比减产10.96万吨、减少9.64%。工业纯碱优级品率继续保持100%；出口纯碱量20.10万吨，同比增加3.75万吨，主要出口日韩及东南亚地区。

2012年，全国累计生产纯碱2 401万吨，同比增长7.4%，石化集团公司产量约占全国总产量的4.3%，同比下降0.8个百分点。

（吴昌保）

质量管理

【概述】 面对严峻的市场形势，化工板块积极改变发展思路，强调做精做优做强，紧紧围绕“质量永远领先一步”的质量方针和“质优量足、客户满意”的质量目标，从健全质量保证体系、强化制度建设、严格质量监督、提升服务水平等方面开展工作，进一步巩固并增强了质量领先的优势，以高品质的产品和高水平的服务拓展市场。全年化工产品质量总体保持受控，出厂产品合格率100%，在国家、各级政府部门和中国石化对化工企业产品质量监督抽查中，产品抽检合格率达到100%。

（沈云辉）

【客户服务】 ①在“中国石化质量日”期间，分别在仪化公司、茂名石化召开化工产品客户座谈会，邀请客户走进企业参观，向客户介绍企业生产经营、质量管理、新产品开发、市场销售和客户服务等情况，了解客户需求，听取客户的意见和建议，增强客户信心；②开展己内酰胺和聚乙烯树脂等产品的客户满意度调查，通过了解客户需求，客观评价企业服务及产品质量，为新产品研发提供依据，寻求质量改进机会，增强企业的市场竞争能力；③加强客户投诉的处理，及时跟踪用户投诉处理情况，对出现的问题积极开展协调，2012年共接到93件投诉，同比减少27件、下降22.5%；投诉处理完成率为100%，平均处理时间8天，同比减少2天、缩短20%，处理效率明显提高。

（沈云辉）

【质量培训】 ①组织化工质量与计量管理人员赴美培训，学习和了解国外大型化工公司在产品质量控制与管理方面的先进经验，逐步建立化工企业质量、计量监控体系和考核体系；②举办了第二期化工分析检验技术高级研修班，采用集中授课、现场教学、企业研修、交流答辩的教学方式，提高培训的针对性，达到了培训的预期效果；③组织开展4月7日“中国石化质量日”和9月“质量月”活动，积极宣传企业在质量管理方面的先进经验和质量管理工作中先进人物事迹，深入开展质量意识教育。

（沈云辉）

【化工产品等级品率完成情况】 2012年，合成树脂一级品以上比例94.35%，同比提高0.14个百分点。分品种来看，聚丙烯91.16%，同比提高1.01个百分点；高压聚乙烯97.12%，同比降低1.51个百分点；低压聚乙烯97.32%，同比降低0.46个百分点；线性聚乙烯98.17%，同比提高0.39个百分点；聚苯乙烯99.68%，同比基本持平；聚氯乙烯96.26%，同比降低0.34个百分点。

合成橡胶一级品以上比例79.79%，同比降低2.91个百分点。分品种来看，丁苯橡胶(包括SBS、SEBS)72.18%，同比降低3.68个百分点；顺丁橡胶93.78%，同比降低2.46个百分点；丁基橡胶90.72%，同比提高6.06个百分点。

合成纤维一级品以上比例99.05%，同比提高0.61个百分点。分品种来看，涤纶99.17%，同比提高0.55个百分点；腈纶99.97%，同比基本持平；维纶64.93%，同比提高17.31个百分点。

合纤原料一级品以上比例99.66%，同比降低0.15个百分点。分品种来看，丙烯腈、乙二醇继续保持100%；精对苯二甲酸99.60%，同比降低0.26个百分点；己内酰胺98.26%，同比提高0.13个百分点。

合纤聚合物一级品以上比例95.40%，同比提高7.16个百分点。分品种来看，锦纶切片98.82%，同比降低0.86个百分点；聚乙烯醇78.47%，同比降低21.53个百分点；聚酯96.45%，同比提高8.96个百分点。

尿素优级品率100%，同比持平。

（沈云辉）

设 备 管 理

【概述】 2012年，石化集团公司21家化工企业固定资产原值为2 540.43亿元，净值为986.97亿元，其中设备固定资产原值为2 151.47亿元，净值为802.52亿元，设备新度系数为0.37。

21家化工企业共有设备1 291 783台，完好设备1 288 812台，完好率99.77%，其中主要设备92 950台，完好设备92 714台，主要设备完好率99.75%。设备静密封点数29 774 051个，泄漏点数2 560个，泄漏率为0.086‰。

设备分类情况：塔类4 859台，反应器类3 180台，储罐类37 279台，炉类818台，换热设备类25 265台，石油化工机械类12 134台，通用机械类65 356台，动力设备类101 160台，仪器仪表类969 343台，机修设备类1 177台，化纤设备类6 014台，起重运输和施工机械类8 903台，其他52 650台。关键机组1 078台，其中各类气体压缩机(250千瓦以上)782台(电机驱动的576台，蒸汽透平驱动的206台)，冷冻机(200千瓦以上)218台(电机驱动的203台，蒸汽透平驱动的15台)，发电机(3 000千瓦以上)63台，烟汽轮机(500千瓦以上)15台。在用压力容器31 549台。GC1、GC2、GC3类工业管道914.67万米。

21家化工企业全年消耗新鲜水3.52亿吨，同比减少0.21亿吨；全年循环水供水总量152.47亿吨，同比减少2.23亿吨。

（刘国帅）

【召开设备动力管理会议】 化工板块设备管理工作座谈会。2012年3月组织召开了化工板块设备管理工作座谈会。会上各企业交流了先进的管理经验，对存在的问题进行了剖析和研讨，重点介绍了2011年的设备动力事故和故障情况，并就2012年化工企业的设备管理思路和目标达成了一致意见，会议达到了预期的效果。

挤压造粒机组管理技术工作会。认真分析生产装置使用的不同类型机组存在的主要问题，了解各企业已经采取的改进措施，推广造粒机的检修维护经验，研究下一步稳定机组运行的建议。

炼化企业循环水管理技术交流会暨2012年度水处理药剂及离子交换树脂评定结果发布会。总结循环水管理经验，推动循环水药剂的规范管理，交流新技术，保障生产装置的长周期稳定运行。同时在会议上对2012年度循环水药剂及离子交换树脂评定结果进行了发布。

化工企业关键设备润滑油国产化推广应用研讨会。加强系统内企业之间的相互沟通和交流，通过相互学习和研讨长城润滑油在化工企业关键设备上的应用经验，促进化工企业推广使用长城润滑油脂工作的全面开展。会上中国石化润滑油分公司对发展动态、产品和应用推广案例进行了介绍。

2012年乙烯裂解炉改造工作会。进一步总结茂名乙烯裂解炉改造的经验，以期使样板炉改造的成果尽快得到推广应用，对老装置利用大修机会逐步提升恢复性能，全面提高乙烯裂解炉整体效率。

煤化工装置设计选材导则课题研讨会。总结和交流煤气化及相关装置设计、运行及维护过程中积累的经验，研讨由原料煤性质引起的磨蚀或腐蚀等方面的问题，形成中国石化煤化工设计选材及设备选型等方面的导则规范。

（刘国帅）

【工作调研】 空分装置调研。石化集团公司总部组织有关专家对金陵分公司 、仪化公司、南京化工公司、燕山分公司、中原石化、洛阳分公司、河南油田石蜡精细化工厂、天津分公司、沧州分公司、石家庄炼化 10 家企业的 22 套空分装置进行了现场调研。共检查压力容器 286 台、压力管道 218 条、机泵 220 台、液体储罐 34 台、主控室 10 个、仪表 684 台件、操作规程 25 本、水质分析报告 236 份、分析设备台账 124 份、资料台账 765 份。共发现问题 476 项，现场整改 320 项，其余不具备立即整改条件的项目，已要求企业制定整改计划和整改方案，提出有关建议 190 条。调研主要采取听取被调研企业的汇报、召开相关技术人员座谈会、深入装置现场了解装置运行情况、查阅相关资料等方式，全面了解企业空分装置的运行及运营情况。调研组从企业空分装置的工艺、设备、安全、后备保障及对主业装置的影响程度等方面进行了解。

化工裂解炉检测。石化集团公司总部共对 9 家企业的 89 台裂解炉进行了资料检查和现场测试。89 台裂解炉总设计热负荷为 4 859 兆瓦，实际运行热负荷 4 274 兆瓦，负荷率 89%。实测加权平均热效率 93.94%，加权平均排烟氧含量 2.34%，加权平均排烟温度 119.5℃，加权平均一氧化碳 16×10^{-6}，均达到《中国石化炼化企业加热炉管理规定》要求。烟气中污染物加权平均排放浓度：二氧化硫 0，氮氧化物 70×10^{-6}，符合 GB 16297—1996 大气污染物综合排放标准。

（刘国帅）

达标管理

【企业达标】 化工板块被列入企业达标的企业共 18 家，实现企业达(保)标 17 家，总体达(保)标率为 94.4%。其中巴陵分公司的合纤原料及聚合物专业没有实现年度保标，依照管理办法判定，企业没有实现年度达(保)标。

（蔡志强）

【专业达标】 经过价值量化核算，合纤原料及合成纤维专业达标率为 89%，乙烯、芳烃、合成树脂、合成橡胶、基本有机化工、碳一化工及化肥、特殊化学品专业的达标率为 100% 。

（蔡志强）

【节能专业达标】 化工板块万元产值综合能耗 1.57 吨标煤，同比降低 0.01 吨标煤，降幅为 0.85%，节能量为 37.44 万吨标煤。

（蔡志强）

【装置攻关达标】 化工板块被列入新建装置攻关达标的装置共 8 套，其中中原石化的 MTO 装置、LLDPE 装置和齐鲁分公司合成气装置的技术经济指标、质量指标和环保指标全面达到设计指标。对因受市场因素影响，产量未达产能的装置，产能考核以装置标定数据为参照，中原石化的聚丙烯装置，安庆分公司、巴陵分公司、湖北化肥分公司 3 套煤代油装置，扬子石化的一氧化碳装置的产量和物耗均未达到指标要求。

安庆分公司和金陵分公司的煤气装置分别实现了 185 天和 479 天的长周期运行，分别创世界级和全国同类装置运行纪录。

（蔡志强）

【同类装置竞赛】 化工板块有 19 类 125 套装置参加同类装置竞赛，通过对产量、物耗、能耗、生产运行、质量、环保等指标的综合横向评定，共评出 46 套优胜装置；在横向评比的基础上，开展纵向对比，共有 11 套装置获得自身进步奖励；为进一步促进同类装置的运行水平进一步提高，开展对标追标活动，共有 7 类 16 套装置达(超)标杆水平。其中，乙烯装置获得前 3 名的分别是茂名分公司、镇海炼化、上海石化 2#装置；芳烃装置获得前 3 名的分别是金陵分公司、镇海炼化、扬子石化装置；乙二醇装置获得前 3 名的分别是茂名分公司、天津分公司、上海石化 1#装置；苯乙烯装置获得前 2 名的是茂名分公司和安庆分公司装置；苯酚丙酮装置获得前 3 名的是燕山分公司 2#装置和高桥分公司的漕泾装置和 3#装置；高压聚乙烯装置获得前 3 名的是茂名分公司 2#、燕山分公司 1#和上海石化 1#装置；低压聚乙烯装置获得前 3 名的是齐鲁分公司、茂名分公司和燕山分公司装置；线性聚乙烯装置获得前 3 名的是广州分公司、天津分公司和镇海炼化装置；化工连续法聚丙烯装置获得前 3 名的是茂名分公司 2#、镇海炼化 2#和上海石化 3#装置；炼油连续法聚丙烯装置获得前 3 名的是济南分公司、长岭炼化、海南炼化装置；顺丁橡胶装置获得奖励的是齐鲁分公司装置；SBS 装置获得奖励的是茂名分公司装置；PTA 装置获得前 3 名的是仪化股份公司 2#、扬子石化 3#和洛阳分公司装置；丙烯腈装置获得奖励的是齐鲁分公司装置；聚酯装置获得前 3 名的是仪化股份公司 4#、上海石化 1#和 3#装置；涤纶短丝装置获得前 3 名的是仪化股份公司 2#、3#和 1#装置；涤纶长丝装置获得奖励的是仪化股份公司装置；腈纶装置获得前3名的是上海石化(北)、上海石化(金阳)、齐鲁分公司装置；己内酰胺装置获得奖励的是巴陵分公司装置；煤气化装置获得前2名的是齐鲁分公司、金陵分公司装置。

获得自身进步奖的企业装置有上海石化的1#乙烯装置，洛阳分公司的芳烃、聚酯和聚丙烯装置，上海石化和燕山分公司的乙二醇装置，高桥分公司的2#苯酚丙酮装置，中原石化的线性聚乙烯装置，巴陵分公司的顺丁橡胶装置，天津分公司的PTA装置，仪化公司的1#聚酯装置。

通过对标追标，达到超标杆水平的共7类16套装置，其中苯乙烯装置中茂名分公司装置1套，高压聚乙烯装置中茂名分公司2#装置1套，低压聚乙烯中的茂名分公司装置1套，线性低密度聚乙烯中天津分公司装置1套，连续法聚丙烯装置(化工)中燕山分公司3#、洛阳分公司、茂名分公司1#和2#装置共4套，连续法聚丙烯装置(炼油)中青岛炼化、海南炼化、长岭分公司、武汉分公司、荆门分公司和济南分公司装置共6套，SBS装置中茂名分公司装置1套，丙烯腈装置中齐鲁分公司装置1套。

(蔡志强)

计量管理

【计量管理与监督】 ①试行石脑油运输损耗管理，建立了石化集团公司总部和各企业石脑油途耗台账，2012年石脑油累计途耗率为0.06%，其中汽运途耗最高为0.17%；根据运输方式不同，促进企业采取相应措施，切实降低石脑油运输损耗。②与中国计量协会能源计控工作委员会一起编写了《能源计量器具(流量)应用技术指南》，总结企业在能源计量器具的选型、安装、现场调试、正确使用、维护检修、故障处理等方面的经验，保障计量器具的有效运行。③召开“气体计量技术研讨会”，针对企业气体计量中存在的问题，组织企业开展气体计量技术的研究和论文的撰写，通过论文的评选和交流研讨，推进企业气体计量技术水平的提高。

(沈云辉)

公用工程

◇ 热电

◇ 油气田水电

热　电

【概述】 2012年4月，石化集团公司召开热电水务工作会议。会上，各企业交流镇海炼化、胜利油田等企业在热电专业化管理方面的做法、体会和经验，推进热电业务创新管理模式，完善运行机制，夯实管理基础，加快技术进步，积极深入地推进专业化发展。

加强精细管理，突出关键环节，热电专业化管理取得阶段性显著成效。供电标煤耗持续下降。大力调整机组结构和燃料结构，燃料用油大幅压减。通过"锅炉提效"，将炉效从90.70%提升到92.05%；"凝汽达标"使真空度指标达到94.74%，提高循环效率1.74%，热电业务运行效率水平进一步提升。

规范煤炭采制化管理，促进企业燃料管理水平的全面提升。热电业务将煤炭入厂环节的全过程管理作为降本增效的新抓手，对照石化集团公司关于煤炭质量检验方面的制度要求，规范企业煤炭采制化工作流程和管理标准，制定了12项管理提升指标和工作目标，建立起定期考核评价工作机制。同时将煤炭采制化专项检查与热电专业竞赛现场检查结合起来，全面检查、落实整改措施，促进煤炭检验规范运作。2012年，石化集团公司动力煤入厂检斤检质率达到100%，入厂入炉煤炭热值差297千焦/千克，同比降低29个单位，好于全国电力行业一流火电厂考核标准。

加强热电成本管理，为专业化发展奠定基础。热电业务紧紧围绕成本管理的主题，以降本增效为目标，分析当前热电成本控制方面的差距和问题，研究制定下一步工作目标和措施。在热电生产成本分析会上，通过企业之间热电同类产品的成本水平和构成对比，清晰地揭示出装置运行问题和差距，促使企业提升对热电成本管理工作的认识，加强对热电的成本分析与控制，促使热电成本进一步降低。

践行绿色低碳，环境保护得到加强。热电锅炉装置采用先进适用技术加大污染防治力度，全面推进脱硫脱硝，实现达标排放。全年，锅炉二氧化硫排放量降至5.49万吨，很大程度上减轻了对环境的污染。

科学设置指标体系，"比学赶帮超"工作深入推进。热电业务对照世界一流标准，加强评价和考核，形成层层建标、对标、追标、创标的长效机制。2012年，热电业务在原6项综合考核指标的基础上，增加了入厂入炉煤炭热值差、燃料油压减率、单位发电取水量3项指标，分别从节煤、节油、节电、节水、节费用等方面加强评价和考核，并且增设了锅炉、汽机、电气、环保、燃料等关键装置(环节)指标，全面涵盖了热电业务生产运营的各个环节。以热电专业竞赛为平台，通过每月发布综合指标排名、每季度发布单项指标排名，促使企业通过对标、追标，提升石化集团公司热电装置节能降耗水平。

（施　滔）

【安全保供能力不断提高】 石化集团公司热电业务规模进一步增长，保障能力持续提升。截至2012年底，纳入热电专业化管理的电站38家，在用锅炉169台，锅炉总蒸发量4.26万吨/时；在用汽轮发电机组131台，装机容量576.08万千瓦。

石化集团公司热电系统安全性和可靠性得到全面提高。热电机组持续保持高负荷运行，发电设备利用时数为5 703小时，比全国火电设备水平高738小时。热电生产安全稳定运行，未发生各类上报石化集团公司事故。全年主装置共发生非计划停车146次，与2011年基本持平，其中锅炉105次，汽轮发电机组41次。年度生产任务全面完成，全年发电量323.24亿千瓦·时，完成年度计划的99.88%，同比增加0.21%；全年供热量3.30亿吉焦，完成年度计划的102%，同比增加2.70%。石化集团公司2012年热电业务生产经营完成情况见表1。

（施　滔）

表1　石化集团公司2012年热电业务生产经营完成情况

单位名称	发电量/万千瓦·时	上网电量/万千瓦·时	锅炉总产热量/万吉焦	对外总供热量/万吉焦
石化集团公司合计	3 232 368	125 603	59 925	32 957
胜利油田胜利发电厂	627 913	2 806	5 956	783
燕山石化热力厂第一热力车间	31 380	0	1 051	814
燕山石化热力厂第三热力车间	6 569	0	556	524

续表

单位名称	发电量/万千瓦·时	上网电量/万千瓦·时	锅炉总产热量/万吉焦	对外总供热量/万吉焦
高桥石化动力管理中心	100 336	79 081	1 856	1 080
扬子石化热电厂	216 789	404	3 823	1 785
南京化工公司动力部	13 800	61	839	719
南京化工公司连云港碱厂	14 118	14	1 067	992
齐鲁石化热电厂	376 841	0	5 465	2 309
安庆石化热电部	85 005	5 560	2 149	1 456
荆门石化动力厂	19 257	0	418	242
四川维尼纶厂	84 085	175	2 641	2 022
武汉石化热电车间	3 672	0	309	268
巴陵石化热电事业部	74 009	0	1 234	653
巴陵石化动力事业部	50 848	29	1 781	1 389
茂名石化动力厂热电第一、二车间	52 036	0	1 692	1 265
湖北化肥动力厂	14 372	1 512	554	442
齐鲁石化炼油动力站	30 196	0	653	394
天津石化热电部一电站	75 579	785	1 779	1 155
广州石化动力事业部动力一部	25 603	0	677	457
金陵石化热电运行部	139 339	38	2 397	1 143
长岭炼化动力厂	13 310	0	345	221
洛阳石化动力部	68 624	22	1 425	789
济南炼化动力车间	4 925	0	206	169
沧州炼化动力车间	3 818	0	96	60
上海石化热电事业部 1#装置	160 050	0	2 988	1 831
镇海炼化公用工程部二电站	41 255	0	775	398
镇海炼化公用工程部三电站	85 538	0	1 562	854
仪化公司热电生产中心	148 148	22 503	2 153	715
石家庄炼化公用工程作业部	13 919	0	738	625
燕山石化热力厂第二热力车间	9 304	0	662	617
齐鲁石化化肥动力站	42 954	0	1 014	671
青岛炼化动力中心	76 708	0	1 254	616
天津石化热电部二电站	77 604	10 276	1 830	1 211
上海石化热电事业部 2#装置	127 401	0	2 060	1 034
茂名石化动力厂热电第三车间	72 422	0	1 063	396
镇海炼化公用工程部四电站	134 781	0	3 335	2 268
广州石化动力事业部动力二部	109 859	2 339	1 523	590

【技术经济指标持续攀升】 2012年，供电标煤耗、供热标煤耗两大指标超额完成年度目标，均创历史最好水平。全年完成供电标煤耗336.63克/(千瓦·时)，同比下降6.65个单位，比年度目标低3.57个单位；完成供热标煤耗38.13千克/吉焦，同比下降0.12个单位，比年度目标低0.07个单位，合计节能达23.96万吨标煤，折合经济价值2.43亿元。完成单位发电取水量2.61米^3/(兆瓦·时)，同比降低0.28个单位，节约水资源891万吨。年内绝大多数企业供电标煤耗均同比降低，其中胜利发电厂、齐鲁热电厂对石化集团公司2012年供电标煤耗的降低作出了较大贡献。石化集团公司2012年热电业务主要技术经济指标完成情况见表2。

（施　滔）

表2　石化集团公司2012年热电业务主要技术经济指标完成情况

单位名称	供电标煤耗/克·(千瓦·时)$^{-1}$	供热标煤耗/千克·吉焦$^{-1}$	单位发电取水量/米^3·(兆瓦·时)$^{-1}$
石化集团公司合计	336.63	38.13	2.61
胜利油田胜利发电厂	324.81	37.22	2.69
燕山石化热力厂第一热力车间	298.98	37.94	2.42
燕山石化热力厂第三热力车间	209.81	38.87	5.08
高桥石化动力管理中心	317.52	38.28	2.10
扬子石化热电厂	341.91	38.10	3.53
南京化工公司动力部	346.08	37.18	2.47
南京化工公司连云港碱厂	345.82	38.63	8.70
齐鲁石化热电厂	344.41	38.36	2.30
安庆石化热电部	334.57	37.77	3.85
荆门石化动力厂	389.16	38.49	1.80
四川维尼纶厂	308.34	39.20	3.10
武汉石化热电车间	336.16	37.63	1.48
巴陵石化热电事业部	327.41	38.26	2.76
巴陵石化动力事业部	315.55	38.54	2.05
茂名石化动力厂热电第一、二车间	324.09	37.46	2.12
湖北化肥动力厂	322.60	38.76	4.81
齐鲁石化炼油动力站	353.43	37.93	2.65
天津石化热电部一电站	319.42	37.29	2.83
广州石化动力事业部动力一部	323.17	38.21	2.59
金陵石化热电运行部	354.13	38.18	2.98
长岭炼化动力厂	389.78	41.17	3.19
洛阳石化动力部	370.42	38.70	2.88
济南炼化动力车间	290.44	37.86	2.69
沧州炼化动力车间	365.63	38.48	2.48

续表

单位名称	供电标煤耗/克·(千瓦·时)$^{-1}$	供热标煤耗/千克·吉焦$^{-1}$	单位发电取水量/米^3·(兆瓦·时)$^{-1}$
上海石化热电事业部1#装置	311.35	38.07	1.52
镇海炼化公用工程部二电站	387.50	37.56	1.74
镇海炼化公用工程部三电站	374.81	37.38	1.76
仪化公司热电生产中心	364.91	38.44	3.21
石家庄炼化公用工程作业部	314.39	38.26	4.10
燕山石化热力厂第二热力车间	183.09	36.84	1.11
齐鲁石化化肥动力站	333.67	38.57	2.65
青岛炼化动力中心	363.79	37.65	2.47
天津石化热电部二电站	332.32	38.11	2.51
上海石化热电事业部2#装置	328.38	38.10	2.12
茂名石化动力厂热电第三车间	395.60	38.02	2.79
镇海炼化公用工程部四电站	325.49	38.06	1.55
广州石化动力事业部动力二部	343.60	37.88	2.67

【降本增效成果显著】 热电业务多管齐下，降本增效成果显著。热电装置大力开展系统优化，取得较好效果。齐鲁石化优化蒸汽平衡，停用橡胶厂高成本、效率低的水煤浆锅炉，增加热电厂和炼油厂蒸汽供应，合计全年降低成本4 300万元。天津石化利用大修机会，完成了新老电站之间的互联互通，系统运行更加优化，降本增效856万元。热电业务大幅压减燃料油消耗，严格控制点火助燃用油，全年节约燃油2.3万吨，折合经济价值2 330万元。CFB锅炉优化燃料结构，通过改造提高燃料适用能力，实现根据煤炭和石油焦的价格动态变化，及时调整煤焦燃烧的配比方案。通过优化燃料结构，上海石化热电事业部降本增效2 365万元，天津石化热电部降本增效298万元。

2012年，石化集团公司热电业务实现内部利润23.73亿元，同比增加15.25亿元，其中镇海炼化公用工程部、齐鲁石化热电厂赢利较多，分别赢利8.40亿元和6.22亿元，28家电站中有18家赢利。

（施　滔）

【专项治理成绩斐然】 石化集团公司集中开展电站锅炉和凝汽系统性能测试评价工作，一方面全面评价3年来锅炉达标提效改造效果，另一方面结合测试评价工作做好运行调整试验，巩固和提升治理工作成效。测试结果显示，石化集团公司锅炉平均热效率为92.05%，比治理前提升了1.35个百分点，每年可减少燃料消耗33.57万吨标煤，减排二氧化碳83.69万吨，直接降本3.40亿元；凝汽器平均真空度为94.74%，比治理前提升了1.58个百分点，每年可减少燃料消耗15.94万吨标煤，直接降本1.62亿元。

（施　滔）

【煤炭入厂环节整体管理工作初见成效】 热电业务深入开展系统调研、组织指标分析和排查、规范从业人员取证资格培训、开展煤炭计量和质量检验专项检查等工作，煤炭入厂环节整体管理工作初见成效。

为提升煤炭检验工作质量，根据《中国石化热电专业竞赛管理办法》《中国石化煤炭质量检验管理规定》《中国石化电站用煤质量管理规定》《关于开展煤炭计量和质量检验现场检查的通知》，11月组织专家对23家用煤企业进行了“煤炭计量与煤质检验”现场检查。检查内容和形式在总结历年经验的基础上，进行了改进和创新，更加贴近现场，注重解决问题。在检查中注重现场技术咨询和专业指导，针对青岛炼化煤炭计量和质量检验规范化管理进行了现场指导。

2012年，石化集团公司动力煤入厂总量2 519万吨，同比减少129万吨、减幅达4.88%。入厂煤检斤检质率均达到100%。平均运损率为0.51%，同比降低0.08个百分点；煤场存损率为0.22%，同比降低0.01个百分点。入厂入炉煤热值差指标下降到295千焦/千克，同比下降31个单位、降幅达8.73%，创历史最好水平。入厂煤折合标煤单价为1 014元/吨标煤同比下降69元/吨标煤、减幅达6.37%。

（张金喜）

【减排成效显著】 热电业务贯彻落实国家产业政策和石化集团公司经营决策，节能减排工作不断深入，成为实践绿色低碳的重要力量。2012年二氧化硫排放量同比减少1.68万吨；烟气脱硝治理正在进行中，有30台煤粉炉完成了低氮燃烧改造，在建和投运脱硝装置的锅炉10台，氮氧化物排放量同比减少1.73万吨，很大程度上减轻了对环境的污染。

（施　滔）

【加强专业指导和技术服务】 2012年，石化集团公司总部组织系统内专家深入装置一线，开展现场服务。分析优化燕山石化热电燃料结构，降低热电综合成本；帮助南京化工公司碱厂解决锅炉稳定性和经济性差的问题；指导青岛炼化CFB炉掺烧煤炭，完善煤炭计量和质量检验规范化管理；帮助洛阳石化解决煤粉炉、CFB炉非计划停工多以及消耗指标高等问题。利用电站锅炉和凝汽系统性能测试评价机会，对落后企业的锅炉和汽轮机凝汽系统开展深度分析和诊断，针对存在问题逐一提出优化改进意见。

（施　滔）

【加强技能培训提升专业能力】 2012年4月20—26日，石化集团公司举办了第一期煤炭采制化岗位资格培训班，参训人员59人，其中52人取证。通过培训，岗位人员不仅获得国家级上岗证书，而且能更好掌握煤炭采制化相关标准和操作技能，推进煤炭采制化操作规范化发展。

（张金喜）

油气田水电

【概述】 截至2012年底，石化集团公司矿区（社区）系统油气田企业水、电供应系统从业人员为1.42万人，其中供水系统0.49万人，供电系统0.79万人，发电系统0.15万人。年末资产总额71.01亿元，其中固定资产净值49.01亿元。全年供水1.43亿吨，发电63.16亿千瓦·时，供电82.19亿千瓦·时，保证了油气田生活和职工群众生活需要，以及驻区企业生产需要。

（李吉庚）

【生产运行管理】 水电供应保障能力进一步增强。胜利石油管理局实施居民小区节能降损和可靠性供电综合改造项目，有效增强了小区供电可靠性，线损率同比降低2个百分点。河南石油勘探局实施东部电网升级改造，消除了电气设备隐患，提升电网装备技术水平；实施电网无功补偿工程，功率因数保持在0.94。江汉石油管理局重点进行了锅炉分层给煤装置、声波吹灰器、风机系统变频器、公共区域分时分段控制器等方面的试点应用，取得了较好的效果。

（李吉庚）

产品销售

◇ 油品销售

综述

经营与管理

管理与党建

◇ 化工产品销售

综述

专业管理

产品储运

市场行情

油 品 销 售

综　　述

2012年，国际油价宽幅震荡，国内成品油价格经历了“四涨四跌”，实体经济转入“缓增长”。面对消费疲软、资源过剩、竞争加剧等前所未有的经营困难，油品销售企业强化一体化经营、一盘棋运作，克服各种困难，全力扩销增效，以优异的成绩经受住了严峻的市场考验，全面完成了各项经营管理任务，特别是销售收入、报表利润、经营总量、非油品营业额等经济指标再创历史新高。同时，持续开展“为民服务创先争优”活动，实现了“客户、员工双满意”。全年油品销售企业实现销售收入1.47万亿元，报表利润422亿元；实现成品油经营量1.73亿吨，同比增长6.7%，其中境内成品油零售量1.08亿吨，同比增长7.6%。自营加油站数量达到3.08万座，同比增加717座。非油品营业收入达到110亿元，同比增长33%。

（任建宇）

经营与管理

【经营策略】 ①巩固和发挥成品油市场主导优势，坚持效益优先原则，强化统筹运作，精心组织经营，综合运用生产、库存、外采、进出口等调控手段，量价兼顾、采销联动、淡储旺销、超前预判，加强区域间资源效益最大化配置，市场竞争力和应变能力不断增强，行业领先地位和规模优势稳固。②专题研究、精心谋划战略性新兴业务，致力于打造集成品油、天然气、非油品于一体的多元化发展模式。在车用天然气发展上，抓住战略机遇，明确提出了“五大区域推进、四条走廊建设”的整体思路，加快抢滩布点，拓展资源渠道，主动培育市场，车用天然气经营保持增长势头。在非油品业务上，深入挖掘内部潜力，优化商品种类和服务项目，加强重点商品和特色商品的营销策划和组织，扩大电子商务运营范围，全年营业额首次突破100亿元。

（任建宇）

【零售经营】 ①以优质服务策略应对竞争对手降价促销，辅以点对点竞争、小额配送、加油卡营销、特色营销、保供营销、交叉营销等一系列营销活动，为各类客货运输车辆、商务车、私家车、摩托车、水上作业船只和各类农用机械等用油客户提供零售油品超过1亿吨。②强化加油卡营销。加大推广力度，结合重大节庆、重要经济文化活动和各时期经营形势，实施充值赠礼、抽奖、积分优惠等差异化营销，发行充值卡，大力开发私家车客户，拓展集团客户。开展“比差距”活动，分组排名通报，挖掘潜力，推动销售企业加油卡整体工作水平稳步提高。优化“油中感谢”积分项目，积极与通信、银行、保险等企业交叉营销，为客户提供更多增值服务。③继续推进加油站形象改造和营业网点形象提升，增加便利店、停车场、洗车房、卫生间等配套设施，精心选点开启自助加油新时尚，强化标准化服务和规范化管理，为客户提供了更加绿色低碳、简洁靓丽、功能完善的消费环境。

（任建宇）

【非油品经营】 继续以易捷便利店为核心，常态促销与主题营销相结合，高端商品品鉴会与特色商品展销会相结合，优化商品种类和服务项目，加强重点商品和特色商品的营销策划和组织，提高门店营运水平，扩大电子商务运营范围，非油品营业额继续保持快速增长势头。“易捷网上商城”(www.ejoy365.com)已在北京、上海、广东等11个省、自治区、直辖市成功上线，为客户提供了便捷高效的服务渠道。同时，继续深化与国际知名餐饮、汽服品牌的合作，丰富非油品服务功能。强化便利店商品质量管理，落实盘点制度，防止假冒伪劣商品进店和食品安全事件的发生，努力践行“易捷万店无假货”的承诺。

（任建宇）

【直分销经营】 ①加强直销市场细分和差别化营销。在国家调价不到位、消费转移、长时间控销的情况下，为超过10.3万个终端行业客户提供服务，客户遍及制造业、交通运输业、建筑业、采矿业、电力业、农渔业、住宿及餐饮娱乐业，保持了直销规模和主要客户群体的稳定。创新营销模式，巩固客企关系，开展多种形式的营销活动，对已有客户加强维系，对竞争性客户强化公关，对潜在客户加快开发，尤其是加强集团大客户的开发维护，通过签订战略合作协议等形式锁定客户，进一步巩固和扩大市场份额。②加强合资与专项销售。密切与合资股东方、专项部门的沟通协调及战略合作，贴近市场灵活调整结算价格，调动合资、专项单位接纳石化资源的积极性，稳定重点行业、重点区域市场，为做大石化集团经营规模奠定基础。③加强与航煤用户的沟通协调，做好航煤市场的调研和开发，发挥航煤生产和物流的优势，提升服务意识，进一步扩大航煤经营规模。④完善营销软硬件环境。全面启动营业室改造，通过形象工艺手册、培训、督察等措施，确保改造“高标准、出精品”。推进“服务到家”，购进小罐车，提高直销配送服务能力。通过电话、短信平台建立24小时客户应答机制。

（任建宇）

【网络发展】 加快拓展加油（气）站网络，截至2012年底，中国石化品牌加油（气）站达30 836座，较上年增加715座，其中自营加油（气）站30 823座。同时，全年清理假冒仿冒“中国石化”标识加油站327座，规范联营、特许、自有他营站的进货渠道。加快自助站建设，建成自助、半自助加油站3 112座。同时，通过新建、收购、改造油库，加快管道新建联网，关闭低效油库，进一步增强储运设施能力。提升并完善加油卡、非油品、ERP信息系统功能，完成成品油外采系统的开发和测试，实现增值税发票系统全面上线。

（任建宇）

管理与党建

【内部管理】 通过“我要安全”“比学赶帮超”“全员成本管理”“规范管理年”等活动，狠抓基础管理，着力提升运营管控能力。①在HSE工作上，践行绿色低碳战略，推进油气回收治理，千方百计开展油库隐患治理，落实抓好现场作业环节和承包商管理，实施OSHA管理系统，完善各类应急预案，提升设备本质安全，确保党的十八大期间企业安全运行，全年未发生上报石化集团公司等级安全环保数质量事故。②在财务管理上，抓住物流优化、集中采购、税收减免、预算控制等关键环节，大力降本减费，吨油费用和吨油成品油费用均控制在年度预算目标之内。③在内控管理上，严格落实内控制度，定位重点领域和薄弱环节，梳理完善风险手册和清单，强化资金、资产管理。④在劳动用工上，推广实施自助化、自动化、信息化手段，从紧控制用工总量、从严管理人工成本，区内销售企业用工总量近年来首次实现同比下降。⑤在数质量管理上，完成ISO 9000质量管理体系建设，推进实验室LIMS系统应用，开展加油设备、运输工具“体检”，加快计量设备自动化。严格落实“三不采”原则，关口前移，源头控制，国标和企标检测双管齐下，有效降低了外采油品质量风险。

（任建宇）

【党建工作】 油品销售企业继续“围绕经营抓党建，抓好党建促发展”，模拟系统党委管理，坚持在继承中创新，在创新中提高，落实好“建班子、育队伍、促和谐、维稳定、强自身、保中心”6项任务，以“为民服务创先争优”为主线，重点抓好“比学赶帮超”、技能竞赛和技术比武、创建“四好”班子和“四好”处室活动，使各级党组织切实发挥好“五个作用”，实现“六个转化”，为建设世界一流提供人才、思想和文化保障。特别是中国石化销售有限公司党委被中组部授予全国创先争优先进基层党组织称号，还获得了全国能源协会授予的五一劳动奖状。开展大规模员工培训，完成各类培训30万人次，远程培训时长达172万小时。组织竞赛比武和职业技能鉴定，获得职业资格人数达到15.4万人，其中技师、高级技师1 700余人。“限高保低”政策取得实效，员工收入进一步提高。加强反腐倡廉教育，完善廉洁从业制度，深化企务公开，推进效能监察，加大信访调查和处置力度，反腐倡廉建设不断加强。发挥企地、上下联动机制作用，全力做好企业稳定和舆情引控，实现特殊时期“四个不发生”，维护了企业和谐稳定大局。此外，“三夏三秋”期间销售企业承担着全国小麦主产区90%以上种植面积的农机供油任务，精心组织支农惠农服务，得到中央领导的充分肯定。

（任建宇）

化工产品销售

综　　述

2012年，化工销售企业积极适应市场需要，贴近市场开发新产品，贴心服务于客户共同发展。全年化工产品经营总量为5 435万吨，同比增长7.0%，自营贸易量1 355万吨，同比增长34.8%。

（于治宇）

专业管理

【商情管理】 加强宏观形势分析，密切跟踪国际市场原油价格走势、内外盘市场变动、下游企业开工率和终端市场行情、产业链成本和毛利情况，开展了多次针对性专项调研。与国内外石化公司、信息机构的交流合作更加密切，与部分海外公司建立定期沟通机制，市场分析和运作水平明显提升。积极参加各种行业展会和论坛，加强与国内外同行以及下游客户交流，大力宣传中国石化“低碳、环保、安全、高性能”的产品理念以及负责任的企业形象，获得广泛称赞。

（于治宇）

【客户服务】 创新服务举措，确保渠道稳定。石化集团公司党组领导亲自走访市场，召开客户座谈会听取客户意见建议，走访客户工厂实地了解客户需求，努力帮助下游客户解决技术难题，体现了中国石化高度负责任的经营理念。发挥营销网点贴近客户优势，加强客户日常走访和技术服务，严格配送计量管理，加快客户投诉处理，有效提升了客户忠诚度，全年客户投诉平均处理周期进一步缩短。

（于治宇）

【客户开发】 加大市场开发力度，全年开发外部交易客户 1 200 家，交易客户突破 6 000 家。加强海外市场开发，积极组织出口和实施顶替进口战略，扩大越南等市场树脂销售。探索来进料加工出口模式，实现加工贸易出口。

（于治宇）

【直销率】 持续优化渠道，提高直销比例。梳理优化营销渠道，加大直销力度，全年直销比例 67.7%，同比提高 1.1 个百分点。

（于治宇）

【产销研结合】 密切产销研结合，及时向生产企业反馈最新市场动态，传递需求信号；组织生产企业参加市场研讨、一同走访客户，零距离感受客户需求和使用产品体验；积极提出产品品种、牌号优化建议，满足市场需求；推进高附加值产品开发和市场推广工作，推动产业链优化升级。

（于治宇）

【优化资源配置】 加强资源调控，根据市场供需变化，优化资源配置，及时调整营销策略，提供装置分工和结构优化建议，缓解了供需矛盾，稳定和促进了国内市场发展。

（于治宇）

【风险管控】 坚持谨慎业务操作，严格客户授信管理，推广使用电子承兑汇票，降低纸质承兑汇票风险，控制经营风险。加强中转库货物动态监控检查，派驻物流经理现场监管，确保外储货物安全。坚持以管理薄弱环节为重点开展专项审计，充分发挥业务主管部门信息优势、专业优势和公司监管合力，及时改进工作。加强网上巡视和考核通报，严明工作纪律。充分利用落袋价格分析、在线监察等信息系统，加强过程监督检查，及时发现和解决风险问题。组织完成营销政策效能监察。

（于治宇）

产品储运

【基础管理】 持续完善物流制度、优化运作流程，在各区域公司开展物流差异化分析研讨和流程标准化宣贯，力求实现物流业务统一、规范。积极推进汕头、江阴、南通、无锡等仓储项目建设，编制完成“十二五”物流发展规划。

（于治宇）

【物流优化】 落实绿色低碳发展战略，分析物流运作每个环节，推进产品流向、物流方式等优化，减少长距离公路运输，增加铁路运输和水路运输，调整优化仓储提高利用效率，开发返程车利用管理模块，节约大量物流费用。

（于治宇）

【仓储管理】 规范仓储业务操作，提升服务质量，突出单据管理、资质管理和风险管理。完成仓储服务商资质普查，对前期有条件准入的仓储服务商整改情况进行了追踪监督，制定措施逐步淘汰不符合条件的仓储服务商。在中转库实行服务承诺，实现“阳光”操作，获得客户好评。

（于治宇）

【物流安全管理】 认真组织开展“打非治违”专项活动，累计在 7 500 多辆物流服务商车船上安装使用 GPS 实时监控设备，开展危化品运输船舶认证和物流服务商准入资质复审，保障安全环保运输。

（于治宇）

【自备车管理】 自备车管理稳步推进。完成 19 家企业专用线共用和 4 000 多辆自备车证件变更，建立铁路运输管理应急预案。向铁路部门申报增加气体类产品托运资质，为压力自备车集中管理奠定基础。在郑州、济南、上海、南昌 4 个路局辖区内实现危险货物发运“四统一”。积极协调天津、武汉新建乙烯项目自备罐车采购工作，协助生产企业开展车辆品名变更，优化资源配置，提高车辆利用率。

（于治宇）

市场行情

【概述】 2012 年，化工市场持续低迷，旺季不旺。一是世界主要经济体复苏乏力，各国经济面临诸多两难选择，应对危机行动难以协调一致。二是中国经济发展中不平衡、不协调、不可持续的矛盾和问题仍然很突出。外需减弱、投资放缓、内需不旺，经济增长下行压力和物价上涨压力并存。三是化工行业面临多重因素影响。国际油价高位震荡，宏观调控政策对化工市场影响较大，下游主要行业开工不足。化工市场竞争激烈，不同产业链出现分化，ECFA、东盟自贸区的所有二轨产品进口关税降为零，部分产品已经出现供需失衡、产能过剩的局面，化工行业毛利水平明显下滑，部分产品出现整体亏损。此外，世界石化行业一些发展新趋势，如化工原料轻质化、页岩气的崛起，以及跨国石化企业一些发展新动态，如剥离低效资产、拓展高端领域，都对国内外石化行业和化工市场带来深刻影响。

（于治宇）

【合成树脂市场】 亚洲聚烯烃产能继续增长，新增产能约 605 万吨/年，主要集中在中东地区和中国。聚烯烃产品进口 1 302.3 万吨，同比增加 6.3%，其中聚乙烯进口 788.8 万吨，同比增加 6.0%，聚丙烯进口 513.5 万吨，同比增加 6.7%；下半年月均进口 119.8 万吨，比上半年月均数据高 23.2%，来自东盟、中东特别是海合会成员国的进口量继续显著增加。国内聚烯烃产品和单体市场价格呈现大幅波动震荡格局，国内需求增幅放缓，下游相关行业产量和出口量减少或低速增长，国产原料自给率与上年相比基本持平。

（于治宇）

【合成橡胶市场】 国内产能达到 418 万吨/年，同比增加 64 万吨/年，增幅为 18%，部分品种产能过剩，尤其是顺丁橡胶、丁苯橡胶和 SBS 等品种供需矛盾加剧。受轮胎出口及内贸订单减少、部分中小型企业鞋材开工率不足等因素的影响，下游行业整体开工率下滑。主要相关产品天然橡胶期货和现货价格震荡回落，较 2011 年下跌 25.3%，主要原料丁二烯价格大幅下跌，最大跌幅超过 80%，最低跌破 1.2 万元/吨，年底略有反弹。受以上因素综合影响，合成橡胶价格重心明显下移。其中顺丁橡胶和丁苯橡胶跌幅较大，同比跌幅达到 25% 左右；丁基橡胶同比跌幅 7.8%；SBS 产品价格走势整体跌幅不大，期中 SBS 油胶同比跌幅 6.3%，SBS 干胶跌幅 3.9%，SBS 道改与上年基本持平。

（于治宇）

【有机化工产品市场】 因受二季度市场大幅回落影响，有机化工产品总体价格较 2011 年偏低。芳烃产品价格在下半年呈单边上涨走势，创出 2008 年以来价格新高。丁二烯价格在年初承接了上年末的上行走势，2 月在市场炒作氛围中快速上冲，但受下游需求低迷和进口冲击影响，其后开始震荡下行至年末。苯乙烯价格上半年低位盘整，三季度在纯苯上涨、资源进口减少等因素拉动下快速反弹，四季度维持高位盘整。环氧乙烷市场价格总体呈“M”形走势，一季度温和上涨，随后在终端需求疲软的影响下快速下行，三季度在国内多套装置相继检修的推动下，市场强劲反弹，之后趋于平稳，至年底进入传统淡季，价格小幅下挫。酚酮产品价格上半年保持高位运行，5 月快速下滑，随着进口资源的逐步减少，下半年价格企稳回升。

（于治宇）

【合纤原料市场】 主要合纤原料产品国内新建、扩建装置 19 套，新增产能 1 470 万吨/年，总产能达到 4 889 万吨/年，同比增长 43%。主要合纤原料产品表观消费量达到 5 420 万吨，同比增加 11.4%。国内产量大幅提高，进口增速放缓。上半年 PX、PTA 、MEG 产品市场价格冲高回落，6 月跌至全年最低，下半年逐步回升至年初水平；CPL、AN 产品上半年市场价格冲高后一路下滑，年底又小幅反弹。

（于治宇）

【合成纤维市场】 国内聚酯产能在年底接近 3 800 万吨/年，同比增加 525 万吨/年，增长 16%，增速同比加快 2 个百分点。瓶级切片、涤纶长丝等聚酯全系列产能均严重过剩。江苏新投产能最多，约 250 万吨/年，产能占比升高至 38.5%。聚酯装置负荷平均运行在 82% 左右，四季度开工率明显下降。腈纶装置开工率平均约 85%；产量约 67 万吨，减少约 1%。上半年聚酯切片出口增幅快速下降，下半年逐步反弹，全年出口量约136万吨，同比增加约31%。瓶级切片是出口的主要品种，出口约124.3万吨，同比增加28.7万吨。短纤产量约950万吨，同比增加4%，新增产量主要来自于少量新产能；价格高位震荡下行。长丝产量约2 000万吨，同比增加约9%，FDY增速大于POY；价格高位震荡下行。涤纶出口量约177万吨，同比基本持平。

（于治宇）

【其他产品市场】 中国甲醇市场价格震荡幅度继续收窄，自给率进一步增加。华东市场出罐均价2 892元/吨，同比下降26元/吨；全年振幅为540元/吨，较2011年降低55元/吨；有5个月甲醇进口价格高于国内价格。甲醇国内产量2 640万吨，同比增加346万吨，占比表观消费量的比例由80%上升至84%；进口500万吨，同比减少73万吨。硫酸铵市场价格先稳后跌。前4个月复合肥市场表现良好，拉涨国内硫酸铵市场价格，5月后受国内尿素价格下滑、国际市场价格不断下挫等不利因素影响，硫酸铵价格一路下跌。焦化级硫酸铵价格全年跌幅27%。

（于治宇）

国际化经营

◇ 综述

◇ 对外经济合作

◇ 国际贸易

◇ 外事管理

综　述

2012年，中国石化紧紧围绕“建设世界一流能源化工公司”的战略目标，抓住发展机遇，积极实施“走出去”战略，发挥集团化、一体化优势，坚持“引进来”与“走出去”协调发展，不断拓展国际化经营新业务和新领域，国际合作各项业务取得了新的重要成果。境内合资合作坚持以效益为中心，以促进境外业务发展、促进技术进步和结构调整为导向，多个化工合资项目、非常规油气能源勘探开发合作取得重要进展，合作层次和水平不断提升；成功签约Talisman英国公司49%股份收购等9个新项目，境外石油权益储量、产量快速增长，境外油气勘探开发实现新的跨越式发展；境外工程技术服务坚持以做强做大境外市场为导向，坚持品牌化、一体化、规模化发展战略，中东、非洲、拉美、中亚等规模化经营格局更加稳固，境外石油工程技术服务产业链条初步形成；稳步推进境外炼化项目投资合作，多个项目取得实质性进展；国际贸易坚持多元化发展战略，原油、成品油、润滑油、催化剂、燃料油、化工产品及煤炭等业务实现持续稳定增长，总体贸易规模持续扩大。外事管理方面按照“国内领先、国际一流”的工作目标和“政治可靠、作风优良、管理规范、服务有效、理念先进、素质一流”的要求，在国际化经营中发挥积极作用，取得可喜成绩。

（孔自超　张清云）

对外经济合作

【境外油气勘探开发】 2012年，面对国际地缘政治局势动荡等不利因素，中国石化努力把握国际油气市场发展趋势，抓住机遇，主动出击，加大新项目开发力度，全年共跟踪、筛选项目信息246个，评价项目90个，签约并交割加拿大Wapiti资产收购、APLNG公司10%股份增持、厄瓜多尔16/T区块20%权益、Talisman英国公司49%股份等5个项目，签约待交割加拿大Montney资产、道达尔OML138区块20%权益、哥伦比亚69勘探区块、UDM公司勘探区块4个收购项目，境外资源规模进一步扩大，境外项目结构和布局更加合理。

加强已有项目运营，优化勘探开发部署，加快开发建设，强化经营管理，积极防控风险，取得了增储增产、增收增效的好成绩。探井、评价井成功率分别达到59.2%和90.6%，RSB项目PDA井、Galp项目Ca井、Addax喀麦隆P-1井和Daylight项目8-32井取得了重大发现，安第斯T和17区块、尼日利亚123区块、哈萨克斯坦S区块、安哥拉15/06区块、UDM卡尔索瓦区块、萨哈林维尼区块勘探取得重要进展。全年勘探新增石油、天然气可采储量分别达到2 870万吨和117亿立方米，实现权益油气当量产量2 905万吨，同比增长27%。

截至2012年底，国际石油勘探开发公司在全球24个国家和地区执行48个油气投资合作项目，非洲、南美、中东、亚太、俄罗斯—中亚、北美等境外战略油气区建设取得重要成果，总体呈现“油气并举、海陆兼顾、常规和非常规协调发展、资源接替序列清晰”的较好局面。

（孔自超　张清云）

【境外炼化合资合作】 稳步推进境外炼化项目投资合作，多个项目取得实质性进展。与沙特阿美石油公司签署沙特延布2 000万吨/年出口型炼厂项目股东合资协议，项目正按计划施工建设。加快境外仓储物流设施布局，完成阿联酋富查伊拉、印尼巴淡岛、荷兰Vesta等一批仓储项目的谈判、审批和签约等工作，为下一步正式交割奠定了基础。完成俄罗斯西布尔丁腈橡胶合资项目的谈判、审批和签约等工作。完成南非Mthombo炼厂预可研编制工作，积极开展俄罗斯系统财团、俄罗斯东方石化、特立尼达和多巴哥天然气化工、赤道几内亚仓储等项目的前期工作。

（邹文志　杨　硕）

【境内合资合作】 先后成立了金陵亨斯迈新材料有限公司、茂名石化液化空气气体有限公司、上海高桥三元乙丙胶3家中外合资企业，高桥西布尔丁腈橡胶/异戊橡胶项目、九江空分合资、茂名BASF异壬醇项目、川维BDO醋酸一体化项目、APLNG造船等项目取得阶段性成果，实质性推动了武汉80万吨/乙烯工程中韩合资项目的进展；页岩油(气)等非常规油气能源勘探开发的合作取得较大进步，组织完成湘鄂西、綦江、宣城3个区块页岩气联合研究协议的商谈工作。与国内中资企业的合作得到了进一步加强，先后成立了四川中京燃气有限公司、中安华谊新材料有限公司、中国石化天津液化天然气有限责任公司等10家中中合资公司，境内合资合作取得了新的重要进展。

（张明华）

【境外石油工程技术服务】 坚持以做强做大境外市场为导向，积极应对国际市场变化，及时调整经营策略，在五大战略目标区加大市场开发力度，制定了品牌化、一体化、规模化发展战略，突出高端优势业务，提高EPC竞争能力和项目管理能力，中东、非洲、拉美、中亚等规模化经营格局更加稳固。地面工程业务先后中标并实施一批大型EPC总包项目，井筒业务相继在测录固、压裂酸化、浅海钻井等高端技术领域及油田综合服务市场取得新突破，物探业务在数据处理和解释领域取得较大进展，境外石油工程技术服务产业链条初步形成，基本具备了为境外油公司提供勘探开发整体解决方案和一体化服务的能力。

截至2012年底，上游企业在43个国家和地区执行498个石油工程技术服务合同，合同总额148.2亿美元。全年新签合同额43.49亿美元，完成合同额29.73亿美元，同比分别增长22.51%和21.84%。境外各类施工服务队伍420支，境外员工总数20 128人，其中中方员工4 210人、外籍员工15 918人。

（孔自超　张清云）

【境外炼化工程技术服务】 2012年，炼化工程企业在沙特、阿联酋、哈萨克斯坦等国家和地区共执行项目22个，完成合同金额10.11亿美元，项目运行总体有序，国际项目执行能力得到进一步加强。全年中标新项目11个，合同总额19.6亿美元。截至年底，炼化工程企业在境外执行项目管理和作业的人员达12 962人，其中中国石化员工1 347人，国内雇佣及分包人员6 502人，国外雇佣及当地分包人员5 113人。哈萨克斯坦阿特劳炼厂石油深加工(FCC联合装置)项目EPCC总承包合同于年内正式生效，合同额为16.8亿美元。

（邹文志　杨　硕　李蔬君）

【国际科技合作】 与澳大利亚联邦科学院、美国勘探地球物理学家学会、休斯敦大学岩石物理实验室、科罗拉多矿业学院、塔尔萨大学、德克萨斯大学达拉斯分校、MI－Swaco公司、丹麦技术大学、英国帝国理工大学油藏地球物理研究中心就油气勘探开发技术进行合作，与战略联盟伙伴美国康菲公司和UOP公司就炼油技术开展合作，与绍尔公司合作在国外推广中国石化炼油技术，与荷兰高分子研究所(DPI)开展聚烯烃研究项目合作，与日本丰田公司在成品油、润滑油和树脂领域进行技术合作，与美国莱斯大学开展油田三采助剂合作研究，与英国牛津大学合作开展生物质原料制备芳烃技术研究，与美国叶史瓦大学开展基于同步辐射原位表征技术的基础研究，与美国Lummus公司继续就推广新乙烯回收技术开展合作。

（柳江琳）

国际贸易

【原油和成品油贸易】 原油进口贸易坚持多元化战略，充分发挥国内外一体化采购优势，资源获取能力、市场运作能力和综合贸易实力进一步增强，保障了国内需求，降低了采购成本。2012年实现原油进口1.76亿吨、第三方贸易原油7 957万吨。灵活组织成品油贸易，全年共出口成品油545万吨。

（马　勇）

【液化天然气贸易】 积极引进液化天然气资源，2012年新签LNG资源长期采购合同330万吨/年，为满足中国清洁能源长期供应作出了贡献。

（孔自超　张清云）

【境外燃料油贸易】 境外资源支撑燃料油业务半壁江山，为保税油和地炼业务组织资源490万吨，占资源总购进量的60%；大力开拓新加坡当地船加油市场，积极开展第三方国际贸易，全年实现境外经营量600万吨、销售收入78亿美元；新加坡公司在承担融资利息的情况下，发挥当地利率低的优势，全年为公司境外低成本融资80亿美元。

（李登兴）

【化工产品进出口】 化工销售紧紧围绕建设世界一流的战略部署，积极适应市场需要，贴近市场开发新产品，努力保障产品供应，全年进出口及第三国贸易量达到797万吨，同比增长16.2%，其中进口化工产品529万吨、同比增长12.3%，出口化工产品111万吨。

（于治宇）

【炼化产品进出口及第三国贸易】 进一步开拓炼化产品国际市场，成功与RAIN CII、Shell、Valero、ExxonMobil Torrance、日本东燃公司等国际知名公司签订石油焦、催化剂等出口长约协议，稳定了出口资源和渠道，全年实现炼化产品出口6.4亿美元、第三国贸易0.5亿美元，实现炼化产品进口5.6亿美元。

（杨　洋）

【设备材料进出口及第三国贸易】 紧紧围绕石化集团公司生产建设核心主业，全年实现设备材料进口

7.7亿美元、出口1.3亿美元、第三国贸易0.6亿美元。

（杨　洋）

【煤炭进口及第三国贸易】 通过抓资源、拓市场，快速融入全球煤炭经营市场，成功注册成为全球最大煤炭交易平台Global Coal会员，与全球知名煤炭供应商建立稳定合作关系。全年实现煤炭进口和第三国贸易2.2亿美元。

（杨　洋）

【技术引进】 通过加大国外先进技术引进力度，有效提升了石油石化装置的技术竞争力。2012年技术引进累计签约金额3.1亿美元。

（杨　洋）

外事管理

【外事规章制度建设】 修订了《中国石化因公护照、港澳通行证管理办法》，制定了《中国石化大陆居民往来台湾通行证管理办法》和《中国石化APEC商务旅行卡管理办法》，进一步明确了各类因公出国（境）证件的管理职责，填补了相关管理空白。新制定了《中国石化因公出国（境）事务专办员管理办法》，首次对专办员的选拔、培养和使用提出了明确要求。在完善规章制度的同时，抓好各层面的制度宣贯，并把外事制度汇编成册，为大家学习使用提供方便。

（戚　鸣）

【因公出国（境）管理】 2012年，石化集团公司共批准各类团组3 920个、31 013人次，同比分别增加18.9%和21.6%。实际派出团组3 128个、21 577人次，团组数同比增加0.55%，人次增加1.09%。全系统外事部门规范程序，从严管理，重点把好出国（境）程序中的“三关”。

严格任务审核、审批。总部加大对出国（境）团组的审批力度，对任务必要性、出访时间、团组人数等进行严格审查，全年有51个团组未获立项和批准，100个团组被要求压缩在外时间和减少人员，共压减3 671人·天。全年考察、会展、培训、检查、慰问等非生产经营性出访比2011年减少了25%，取得了明显成效。

规范人员审查。2012年是执行中央五部委《因公出国人员审批管理规定》的第一年，各派出单位党委按照总部《关于调整因公出国（境）人员审批办法的通知》要求，及时调整原审批办法，根据人事行政隶属关系和干部管理权限，为出国（境）人员出具《中国石化因公出国（境）人员备案表》，为出国（境）团组出具《中国石化因公出国（境）人员备案名单》，实现了平稳过渡。

重视出访总结。各级外事部门更加重视出访总结工作，严格执行有关规定，加大了对出访总结的收缴力度。外事局通过外事应用系统催缴、与新任务审批关联等措施，有效提高了出访总结收缴率，全年共收缴党组管理的干部出访总结535篇，收缴率达到100%，并将12篇写得好且值得共享的总结编发《外事简讯》或刊登外事局门户网站。

（戚　鸣）

【境外公共安全管理】 截至2012年底，中国石化共有境外机构353家，分布在全球54个国家（地区），境外员工达3.7万人，其中处于红色、橙色高风险国家（地区）的人员占境外用工总量的26.1%，面临的公共安全风险很高。全系统外事部门和境外公共安全管理部门重点做好5个方面的工作，较好规避了境外公共安全风险。

加强制度建设。总部重新修订印发《中国石化境外公共安全管理办法》，进一步规范了管理和工作程序；修订《中国石化境外公共安全培训管理办法》，为保证培训质量和效果提出了新的要求。制定了首个《中国石化境外公共安全培训标准》和《中国石化境外公共安全安保设施和安保力量配备指南》，对指导培训达标和规范境外安保工作发挥了重要作用。

注重预防为主。严格把好新项目立项关，总部和各单位在新项目审批中坚决贯彻严禁在红色国家（地区）投资和承揽工程项目的要求，不挣“带血的利润”。做好风险评估，对新上项目一律做好立项前风险评估，实行“安全一票否决”；对已经在高风险地区实施的项目，做好动态风险评估。总部每半年发布一次《境外公共安全风险评估报告》，每周发布一次《境外公共安全信息通报》。加大全员培训力度。坚决执行“不培训不派出，培训不合格不派出”的要求，建立起石化集团公司、派出单位和境外项目单位3个层次的境外公共安全培训体系，注重培训质量和效果，全面引入防范技能实操培训，在北京和烟台2个基地共举办以管理人员为主的培训班8期，培训600多人，在派出单位的培训点共培训了1 800多人。加强安保措施。首次引进国内专业安保力量，充实到境外高风险项目上，与所在国家安保队伍相配合，风险防范能力有了一定增强。

提升应急处置能力。不断更新应急预案，及时监控项目所在国家的治安形势和政治局势，不断提升突发事件的应急处置能力。有效组织、安全转移或撤离在叙利亚、中非和阿尔及利亚等共计500多名中方员工，成功避免了员工被劫持、误伤亡等恶性事件的发生。

加强监督检查。按照“谁派出、谁负责”“谁的项目、谁负责”原则，督促派出单位承担起境外公共安全责任主体的责任，同时加大对境外高风险国家(地区)的监督检查。总部在各派出单位和境外项目单位开展自查自纠的基础上，重点组织对也门的督察和对南美四国、土库曼斯坦、蒙古的抽查，对改进境外公共安全工作起到了很好的推动作用。

成立石化集团公司境外安全专家组。由系统外资深专家组成，定期或不定期召开会议，发挥安全智库的智慧和力量，在项目风险评估、规章制度审核、相关国家安全局势研判、应急处置方案等方面提供建议和咨询。

全年未发生境外重大公共安全事件(事故)，连续4年保持境外公共安全“零死亡”纪录。中共中央办公厅第55期《工作情况交流》刊文对中国石化建立了较为完善的风险防控体系予以肯定，对有效保障境外项目和员工安全的成绩给予表扬。

(戚　鸣)

【相关外事管理】 全系统外事部门按照外事管理规定的要求，较好履行了邀请外国人来华、国际会展、引智等各项外事管理职能，工作开展规范有序，同时不断提升管理的技术手段。

邀请外国人来华。全系统外事部门严格做好邀请外国人来华审核把关工作，本着慎重负责的精神，只对从事与本单位业务相关的外国人签发或申办邀请函。2012年共签发多次签证和特殊国别人员的邀请函438份，全系统外事部门签发一、二次邀请函725份，都未发现有危害国家安全、滞留不归等严重事件。

国际会展。总部对举办和参加国际会展严格审批和加强计划管理，并专门下发《关于参加国际会展人员外语水平要求的通知》，提高了参加国际会展的效果。

引智工作。完成国家外专局批准的2012年引智项目4项；向国家申报2013年高端人才项目2项、引智项目3项，并争取到国家专项资金资助。

(戚　鸣)

【重要外事活动和对外交流】 2012年，石化集团公司对外交往进一步扩大，对外合作交流空前活跃。全年组织安排高层外事会见462场，组织境内大型外事活动12场，组织安排总部领导出访47次，涉及29个国家和3个地区；接待安排了吉布提总统、加纳副总统、巴布亚新几内亚总理、沙特亲王等外国政要和包括美国、葡萄牙、卡塔尔、赤道几内亚等国在内的21位部长、副部长及十多位外国公司、银行董事长、CEO来访。其中，总部领导配合总理、副总理等国家领导人出访4次。傅成玉董事长陪同国家领导人2次出访，分别签署了中国在沙特的第1个合资炼厂项目和与冰岛合作利用地热资源的协议，为国家间战略合作增添了实质内容。

全年，各板块积极主动开展对外业务交流，各单位和相关科研机构外事部门积极主导、配合。基础研究对外合作有进展，与英国帝国理工大学等6家机构开展勘探开发基础研究合作，与美国图尔萨大学等4家机构开展石油工程技术合作，取得新成果；与荷兰高分子研究所、英国牛津大学等机构开展聚烯烃、芳烃等技术合作有突破。业务交流更加频繁。企业外事部门积极组织对外交流，无论是主动请来的还是找上门来的，都精心准备，确保交流效果。战略联盟进一步巩固，与UOP和日本丰田的战略联盟合作关系加深，合作内容扩大，实现了双赢。境外研发中心建设启动，石化集团公司党组已原则同意在境外设立研发中心的方案，这将为科技交流合作打开新的大门。大型专题学术交流有成效。石油化工科学研究院举办FCC境外市场回顾与相关问题研讨会，石油物探技术研究院组织SEG系列讲座，北京化工研究院邀请海外专家开办多次专题技术讲座，石化出版社与境外出版机构合作举办第六届国际炼油技术进展交流会，催化剂分公司举办中国石化催化剂技术国际交流会，既宣传了技术和学术成果，又对科技人员开拓视野很有帮助。

(戚　鸣)

【境外公共平台作用发挥】 境外代表处是代表石化集团公司在境外的最高协调管理机构，是境外的公共平台。2012年，境外代表处努力发挥好职能作用，为境外业务健康有序发展提供支撑和保障。

发挥“窗口”作用，积极搜集报送有价值信息。通过各种渠道掌握辖区内重要政治、经济信息和行业信息，全年完成各类信息和调研报告743份，同比增长24%，信息质量也有较大提高，外事局据此编发《外事简讯》403期，办公厅采用并报送党组领导信息37篇，国务院国资委采用2篇。

发挥“桥梁”作用，做好对外联络和公关工作。多渠道、多方式加强与中国驻外使领馆、当地政府、重要合作伙伴、中资企业和商会、当地媒体和投资者的联系，树立和维护中国石化良好的对外形象。2012年7月香港海域发生运输船将中国石化托运的聚丙烯漏撒事件，香港代表处及时应对，组成志愿者队伍赴多处海滩清理聚丙烯颗粒，并适时召开新闻发布会，主动引导媒体舆论，成功化解了舆情危机。南美代表处在总部指导下，把中国石化在巴西开展的有利于社会的活动编写成《中国石化巴西社会责任报告》，在联合国“里约+20”会议期间发布，受到参会人员较好评价。

发挥协调、管理和服务作用，维护公司整体利益。把境外公共安全工作作为外事协调、管理和服务的首要内容，及时掌握在外项目及人员情况，对安全形势不好的国家（地区）重点跟踪分析，对可能产生的风险进行控制。在处理各种突发事件中，主动靠前，按照中国驻当地使领馆的要求，牵头协调、妥善处置。沙特代表处专门制定了“共享信息安全、共推制度落实、共对安全事件、共享管理经验、共创和谐环境”和“队伍初来到现场、检查督促到现场、局势变化到现场、发生事件到现场、整改复查到现场”的“五共、五到现场”措施，推动在沙各单位加强内部管理，取得成效。中亚代表处主动争取中国驻哈萨克斯坦使馆和哈萨克斯坦有关部门支持，成功解决阿特劳芳烃项目有双重征税问题，为中国石化在哈萨克斯坦项目节约税金超过千万美元。

（戚　鸣）

重点工程建设

◇ 综述

◇ 油田地面建设项目

◇ 炼油项目

◇ 化工项目

◇ 储运项目

◇ 工程建设管理

◇ 工程建设监管

◇ 工程建设企业管理

综　　述

2012年，工程建设系统按照党组的部署，紧紧围绕“更加突出发展的质量和效益”的总体要求，充分发挥石化集团公司一体化优势，调动各方资源，积聚各方力量，加强项目全生命周期管理，精心组织实施，积极推进标准化设计、模块化建设工作，大力提升项目管理水平，努力打造一流工程，各项重点工程、大修改造项目、对外投资项目按计划顺利实施，安全、质量、投资、进度总体受控，一批重点工程按期建成投产并发挥效益，为中国石化发展壮大奠定了坚实基础。

全年完成固定资产投资（不含进损益费用）2 926亿元。其中，“走出去”海外油气勘探开发及炼化项目完成1 080亿元，国内油田企业完成投资865亿元，炼化企业完成投资601亿元，油品销售企业完成投资309亿元，国际化物流及商储基地建设完成投资41亿元，科研信息等完成投资30亿元。

全年完成25套炼化装置投产、2条长输管道建成投用。13个柴油质量升级项目已有8个投料试车成功、2个中交。完成16家炼化企业281套装置大修改造工作。

全年共安排重点工程建设项目30项，其中普光气田大湾集输工程全面建成投产，进一步夯实了川气东送工程资源基础，胜利油田埕岛中心三号平台建成并具备投产条件，金陵、上海石化炼油改造工程全面建成投产，红河油田、大牛地气田、西北油田分公司产能建设地面工程主体建成并陆续投产，援青项目竣工；武汉乙烯主装置全面中交；茂名、安庆、石家庄等炼油改造项目进展顺利，汽、柴油质量升级项目有序推进；山东LNG、商储库项目加紧实施；元坝气田产能建设地面工程、中科合资广东炼化一体化和中天合创鄂尔多斯、中安、贵州织金煤化工项目，以及广西、天津LNG项目前期工作积极推进，其余重点项目按计划稳步实施，总体进展顺利。

中国石化工程建设管理整体水平持续提升，工程建设质量再创新高，特别是在国家优质工程评选中，获得1项金质奖、3项银质奖的佳绩。此外，镇海乙烯工程还获得PMI（中国）年度大型复杂项目奖（PMI项目管理最高奖）。

（宋德鹏）

油田地面建设项目

【大湾区块地面集输工程建成投产】 该项目建设集气站7座、污水站1座、阀室18座、集气管线和燃料气管线各24千米、矿区道路45千米、山体隧道9处、生产管理点及应急救援分站1座。2012年3月28日一期工程建成投产，5月19日二期工程建成投产。

（李长印）

【埕岛中心三号平台及海上配套工程基本建成】 该项目新建中心三号平台1座、生活动力平台1座，设计规模为液体处理4万米^3/日、气体处理15万米^3/日、污水处理2万米^3/日、注水3.8万米^3/日。截至2012年底，生活动力平台、生产平台建成，项目基本具备投产条件。

（冯红民）

【元坝气田一期17亿米^3/年试采工程地面工程开工建设】 该项目建成产能17亿米^3/年净化气，集输包括13个站场、污水站及注水站各2座、酸气管线79.9千米、燃料气管线61.5千米、污水管道50千米、酸气管道线路阀室5座；敷设(架空)16芯光缆171千米、10千伏电力线路60千米；管线跨越东河1次、等级公路4次；净化厂建300万米^3/日×2系列；公用工程包括供水、供电、道路、生产管理区及应急救援站、阆中基地等。截至2012年底，集输部分道路累计完成约30%；4条隧道全长2 722米，累计掘进1 431米，其中罗家山隧道于12月8日贯通；大中型跨越完成35%；净化厂工程场平累计完成68%；公用工程中，净化厂路桥累计完成约85%。

（李长印）

【援青项目芒崖行委花土沟镇文化路综合市场开工并建成】 该项目为中国石化第1项援青工程，总建筑面积7 585.76平方米，于2012年4月26日开工建设，10月14日顺利建成，10月26日移交芒崖行委。

（冯红民）

【红河油田88.3万吨/年产能建设地面工程开工并主体建成投产】 该项目建设联合站1座、转油站4座、增压站14座、单井管线273千米、集输干线管线182千米。项目于2012年3月14日开工，截至2012年底，联合站等主体工程建成并投产。

（冯红民）

【大牛地气田10亿立方米产能建设地面工程开工并建成投产】 该项目建设集气站5座、甲醇污水处理厂1座、单井管线250千米、支干线管线20千米。项目于2012年4月10日开工，截至2012年底，5座集气站及甲醇污水处理站均已建成投产。

（冯红民）

【西北油田分公司产能建设地面工程开工并主体建成投产】 该项目包含塔河油田四号联合站及配套工程、9区奥陶系试采配套工程、托甫台区奥陶系油藏产能建设工程(三、四期)、12区奥陶系油藏产能建设工程(五期)等子项。项目于2012年2月15日开工，截至年底，主体工程建成并投产。

（冯红民）

炼油项目

【油品质量升级项目】 截至2012年底，共有13个柴油质量升级项目进行建设，其中8个建成投产、2个中交；12个汽油质量升级S－Zorb装置进行建设，其中2个已建成投产。

（刘美娟）

【茂名石化油品质量升级改造及配套项目续建】 截至2012年底，茂名石化油品质量升级改造工程44个主项中，除工厂竖向及道路、全厂总图2个主项需与煤制氢项目同步建成外，其余42个主项均已完成，其中常减压、硫黄回收、催化裂化、气体分馏等装置已投产。煤制氢项目现场土建处于建构筑物、框架施工收尾阶段，设备安装陆续展开；锅炉和空分装置处于设备安装阶段，管道开始预制。

（远　征）

【石家庄油品质量升级及原油劣质化改造工程续建】 截至2012年底，项目总进度完成49.9%，其中设计完成86.6%、采购完成73.6%、施工完成34.2%。新区主装置土建基础施工完成，钢结构安装完成33%，装置给排水管线、结构预制安装施工全面展开。

（远　征）

【金陵油品质量升级项目建成投产】 2012年4月23日，项目常减压装置投料试车成功，MTBE装置于6月12日投产成功，硫黄回收联合装置于6月28日投产，9月25日渣油加氢装置建成投产，10月8日催化裂化装置建成投产，10月9日气分装置投产成功。至此，该项目所有装置全面投料试车成功，产出合格产品。

（远　征）

【武汉油品质量升级改造二期项目全面中交】 项目新建内容包括180万吨/年加氢裂化、180万吨/年催化原料加氢处理、8万米^3(标准)/时制氢、2.5万米^3(标准)/时干气提浓、轻烃回收等装置共计24个主项，于2012年底全面中交。

（远　征）

【安庆含硫原油加工及油品质量升级项目续建】 截至2012年底，炼油项目施工进度完成92%。其中，常减压、重油加氢、催化裂化、气体分馏、双脱、柴油加氢、催化重整、气分、双脱等装置的塔、容器及换热器等大部分静、动设备安装完成，工艺管线安装完成89%；电气设备安装、电气电缆敷设达60%以上，仪表设备安装、仪表电缆敷设开始。丙烯腈扩建项目于2012年8月31日建成中交，现场试车保运。

（刘美娟）

【上海石化炼油改造工程建成投产】 2012年8月，项目所有装置建成中交，至11月底，全部投料试车，产出合格产品。

（刘美娟）

【新加坡润滑油脂项目续建】 该项目设计能力为润滑油5万吨/年、润滑脂3万吨/年，建设地点在新加坡裕廊工业区。截至2012年底，设备安装完成85%，工艺管道安装完成60%。

（刘美娟）

化工项目

【武汉80万吨/年乙烯工程全面中交】 项目于2012年12月28日实现全面中交，施工工期共计25个月。

（远　征）

【湖北化肥20万吨/年合成气制乙二醇示范装置开工建设】 2012年8月30日，项目开工建设，截至年底，桩基和地管施工。

（刘美娟）

【南化9万吨/年制氢装置及配套空分项目续建】 截至2012年底，项目现场进行基础和框架施工及设备安装。

（刘美娟）

【燕山润滑油、合成材料及橡胶项目续建】 润滑油项目钢结构安装完成94.8%，设备安装完成28.8%，工艺管道安装完成10%，加热炉及烟囱进行梯子、平台安装。丁基橡胶项目钢结构安装完成47%，静设备安装完成25%，动设备安装完成11%，工艺管道预制完成9.1%。

（刘美娟）

储运项目

【海南洋浦成品油保税库项目续建】 截至2012年底，项目库区51台储罐环梁浇筑完成，48台罐基础交安，26台罐主体安装完成，5台罐完成水压试验。施工进度完成48.75%。

（远　征）

【山东LNG项目续建】 工程于2010年9月10日开工，截至2012年底，项目码头与陆域形成总体完成63%；LNG接收站总体完成23.5%，共计36个单元，已开工24个单元；LNG储罐总体完成56%，其中土建完成88%、外罐钢结构安装完成85%、衬板安装完成90%。

（李长印）

【甬绍金衢成品油管道及配套油库工程续建】 该项目管道全长378千米，共设6座站场、5座油库，设计输量580万吨/年。工程于2010年3月28日开工，截至2012年底，管道焊接完成93.4%，金华、龙游站库施工收尾，绍兴站库建设完成85%。

（冯红民）

【珠三角成品油管道二期及配套油库工程续建】 该项目管道全长498千米，共设5座站场、3座油库，设计输量235万吨/年。工程于2010年6月1日开工，截至2012年底，管道组焊累计完成37.3%，梅州中村油库施工收尾。

（冯红民）

【贵阳—重庆成品油管道工程续建】 该项目管道全长478千米，设站场6座，输量580万吨/年。工程于2010年10月18日开工，截至2012年底，管道组焊完成81.4%。

（冯红民）

【湖南二期成品油管道及配套油库工程续建】 该项目管道全长533千米，设5座站场、6座油库，设计输量270万吨/年。工程于2011年7月22日开工，截至2012年底，管道组焊完成84.8%，长沙、湘潭、耒阳、郴州、双涟站库土建、工艺施工。

（冯红民）

【甬台温成品油管道及配套油库工程开工建设】 该项目管道全长430千米，共设6座站场、4座油库，设计输量460万吨/年。工程于2012年7月5日开工，截至年底，管道焊接完成5.8%，临海、滨海站库土建、工艺施工。

（冯红民）

【苏北成品油管道及配套油库工程开工建设】 该项目管道全长618千米，共设7座站场及油库，设计输量550万吨/年。工程于2012年9月28日开工，截至年底，管道焊接完成7.1%，淮安、泰州、徐州站库土建、工艺施工。

（冯红民）

【驻马店—信阳成品油管道及配套油库工程开工建设】 该项目管道全长172千米，设2座站场、1座油库，设计输量430万吨/年。工程于2012年6月28日开工，截至年底，管道组焊完成37.2%，信阳站库土建、工艺施工。

（冯红民）

【安庆石化800万吨/年炼化一体化成品油管道及配套油库工程开工建设】 该项目管道全长520千米，设5座站场、4座油库，设计输量430万吨/年。工程于2012年11月18日开工，截至年底，管道组焊完成3.3%，合肥站库土建、工艺施工。

（冯红民）

【江西成品油管道二期及配套油库工程开工建设】 该项目管道全长742千米，设6座站库，设计输量450万吨/年。工程于2012年7月20日开工，截至年底，管道组焊完成37.9%，赣州站库场平施工。

（冯红民）

【天津炼化一体化原油储运配套工程通过竣工验收】

该项目于2006年5月28日试验段开工，2007年6月14日中交验收，2007年6月18日投用试运，2012年12月13日通过竣工验收。

（李长印）

【天津—河间原油管道改造工程通过竣工验收】 该项目于2009年2月1日开工，2009年7月16日中交验收，2009年12月9日投用试运，2012年12月13日通过竣工验收。

（李长印）

工程建设管理

【设计管理】 2012年，围绕设计管理的业务范围，及时开展重点项目的设计协调工作。落实设计分工，明确设计指导思想、设计原则，协调装置界面关系，协调设计、采购、施工工作界面关系，研究总体进度关键控制点。先后组织召开武汉乙烯、中天合创煤化工、中科一体化、天津和北海LNG等项目设计协调会。组织多次重点建设项目专题设计协调。协调主管部门，组织直属工程公司开展科技进步，购置国际通用先进软件；协助直属工程公司引进开发设计集成系统。开展设计单位压力管道设计审批人员培训、考核、换证，进行设计单位特种设备资质换证鉴定评审。组织编制了中国石化工程设计标准化工作实施方案，组建工程设计标准化组织机构，构建标准化工作体系，积极推进标准化设计工作进程。

（申发祥）

【生产准备与投料试车】 2012年，共有25套生产装置完成投料试车、2条长输管道建成投用(见表1)。各企业按照总部生产准备与试车的相关要求，认真做好组织、人员、技术、物资、资金、营销、外部条件7个方面的生产准备工作，做到生产准备与工程建设同步进行、无缝衔接，加强对项目生产准备和投料试车全过程管理，认真进行投料试车条件检查，保证装置投料试车顺利进行。全年，共组织总体试车方案审查24次、投料试车条件检查16次，组织开车队6个、专家组10个、现场服务组1个，参加现场检查和试车服务16次。

（谢国学）

表1　　工程建设项目2012年投料试车/建成投用情况

序号	装置名称	建设规模/万吨·年$^{-1}$	投料试车/建成投用时间
一	北海分公司		
1	气分	40	1月2日
2	硫黄回收	6	1月2日
3	MTBE	8	1月6日
4	聚丙烯	20	1月17日
二	西安石化		
5	催化重整	30	7月14日
6	汽油加氢	30	4月7日
三	金陵分公司		
7	常减压	800	4月24日
8	重油加氢	180	9月26日
9	催化裂化	350	10月8日
10	气分	50	10月10日
11	硫黄	10	6月29日
12	S－Zorb	150	8月10日
四	九江分公司		
13	柴油加氢	150	1月16日
14	连续重整	120	7月31日

续表

序号	装置名称	建设规模/万吨·年$^{-1}$	投料试车/建成投用时间
五	广州分公司		
15	柴油加氢	200	4月23日
六	荆门分公司		
16	柴油加氢	180	6月28日
七	长岭分公司		
17	乙苯	12	5月9日
八	巴陵分公司		
18	苯乙烯	12	6月16日
九	上海石化		
19	催化裂化	350	11月29日
20	重油加氢	390	11月26日
十	济南分公司		
21	润滑油原料预处理	200	9月3日
22	润滑油加氢	30	10月22日
十一	青岛炼化		
23	加氢裂化	200	11月22日
十二	茂名分公司		
24	常减压蒸馏	1000	12月5日
25	催化裂化	220	12月12日
十三	销售华中分公司		
26	武汉—广水成品油管道	225	12月26日
十四	中原普光分公司		
27	大湾天然气集输管道	30亿米^3/年	3月28日

【竣工验收】 2012年，中国石化所属企业共完成82项限上(投资3 000万元及以上)固定资产投资项目的竣工验收(见表2)。

(刘美娟)

表2　中国石化2012年固定资产投资竣工验收项目

序号	项目名称
一	胜利油田(14项)
1	101原油库项目
2	河口污水处理厂项目
3	沙营污水处理厂项目
4	垦东12块产能建设地面工程
5	胜利发电厂烟气脱硫技改工程
6	汽油产品质量升级改造工程

续表

序号	项 目 名 称
7	桩古 46 海堤隐患治理工程
8	老 168 区块新区产能建设地面工程
9	孤岛集中供热工程
10	仙河燃煤锅炉房工程
11	胜南聚华锅炉房工程
12	河口锅炉房扩建工程
13	锦华西区(一、二期)南区集中供热工程
14	胜北集中供热工程
二	河南油田分公司(1 项)
15	井楼油田燃煤注汽锅炉替代工程
三	江汉石油管理局(10 项)
16	油田生活基地供暖系统完善项目
17	第四机械厂高压管汇件生产线扩建工程
18	油田电网完善项目
19	第四机械厂、物探等外围社区供暖系统改造项目
20	第四机械厂柱塞泵生产线扩建工程
21	西北石油工程基地建设项目
22	沙市钢管厂焊管生产线技术改造项目
23	第四机械厂快移快装钻机及海洋钻修设备生产线改扩建工程
24	油田矿区配水管网改造二期工程
25	油田供暖系统增容改造工程
四	西北油田分公司(2 项)
26	塔河油田—库车重油外输扩建工程
27	塔河油田奥陶系注水开发一期工程
五	管道储运分公司(4 项)
28	天津乙烯炼化原油储运配套设施
29	天津—河间原油管道改造工程
30	大榭岛油库扩建改造工程
31	中洛线输油工艺配套改造工程
六	燕山石化(2 项)
32	苯酚丙酮改造项目
33	化工一厂 A#空分装置扩量改造项目
七	齐鲁石化(1 项)
34	辛店社区集中供热系统技术改造
八	上海石化(4 项)
35	2#芳烃装置增加循环氢脱硫设施项目

续表

序号	项 目 名 称
36	1#乙烯装置原料优化节能降耗改造工程
37	热电一站石化变电站220千伏系统隐患治理项目
38	1#乙二醇技术改造项目
九	金陵石化(6项)
39	烷基苯厂F-503煤代油改造项目
40	200吨/时污水汽提装置
41	Ⅰ焦化扩能改造项目
42	火炬气回收系统完善项目
43	260万吨/年蜡油加氢处理装置
44	Ⅱ柴油加氢装置增产航煤组分油改造项目
十	茂名分公司(1项)
45	180万吨/年蜡油加氢装置
十一	镇海炼化(6项)
46	Ⅰ套常减压技术改造项目
47	Ⅱ电站烟气脱硫项目
48	Ⅰ加氢裂化装置扩能改造项目
49	10万吨/年硫黄回收装置
50	120吨/时污水汽提装置
51	100万吨/年乙烯项目
十二	扬子石化(3项)
52	2#乙烯装置增设1台裂解炉项目
53	热电厂DCS改造项目
54	清江石化30万吨/年汽油加氢项目
十三	巴陵石化(2项)
55	热电锅炉烟气脱硫除尘隐患治理改造项目
56	煤代油工程合成氨装置配套改造项目
十四	广州分公司(1项)
57	外输管线埋地部分隐患整改项目
十五	安庆石化(3项)
58	4万吨/年硫黄回收装置
59	10万吨/年乙苯—苯乙烯装置
60	220万吨/年蜡油加氢装置
十六	荆门分公司(2项)
61	120万吨/年重油催化FDFCC-Ⅲ改造工程
62	55万吨/年气分异地改造工程
十七	九江分公司(2项)

续表

序号	项 目 名 称
63	Ⅰ套常减压装置节能改造项目
64	90 万吨/年汽油加氢项目
十八	济南分公司(1 项)
65	90 万吨/年催化汽油吸附脱硫装置
十九	青岛石化(1 项)
66	60 万吨/年催化汽油选择性加氢脱硫项目
二十	洛阳分公司(5 项)
67	二催 FDFCC－Ⅲ技术改造及气分改造项目
68	油品质量升级改造(一期)项目
69	加工塔河混合原油适应性改造项目
70	增上汽、柴油储罐项目
71	连续重整装置节能改造项目
二十一	沧州分公司(4 项)
72	90 万吨/年汽油吸附脱硫(S－Zorb)项目
73	8 万吨/年苯抽提装置
74	轻烃综合利用项目
75	120 万吨/年延迟焦化装置技术改造项目
二十二	催化剂分公司(2 项)
76	长岭污水预处理及氨氮回用技术改造项目
77	齐鲁 5 万吨/年裂化催化剂联合生产装置一期工程
二十三	青岛炼化(2 项)
78	成品油外送配套项目
79	液体化工码头项目
二十四	福建联合石化公司(1 项)
80	福建炼油乙烯项目
二十五	上海石油化工研究院(1 项)
81	化工基地项目
二十六	总部物资装备部(1 项)
82	川东北物资储备中心

【大修改造】 2012 年，完成了安庆、镇海、荆门、塔河、湛江东兴、金陵、武汉、泰州、石家庄、上海、扬子、胜利总厂、天津、齐鲁、青岛石化 16 家炼化企业重点大修改造工程，涉及 281 套装置，其中镇海、天津、青岛石化大修改造项目管理部被评为 2012 年度中国石化重点工程项目建设优秀团队，天津、上海、青岛石化、湛江东兴大修改造项目部及镇海炼化 PX 联合装置改造项目部被评为 2012 年度中国石化工程建设先进集体。

全面推进大修改造工程“规范化、精细化、标准化”实施工作。上述 16 家企业均成立了大修改造管理组织机构，编制了大修改造管理手册及统筹控制计划，建立了样板引路工程，成立了 TPM 管理小组等，有效提升了大修改造管理水平。总部共组织 16

次大修改造现场协调会；质量监督总站组织对6家炼化企业大修改造开展质量大检查。

推进大修改造信息化建设。天津石化大修改造信息化系统在实际应用中取得了较好成效，并在炼化企业内进行了交流，推动了全系统大修改造信息化建设工作。济南炼化信息化系统建成待投用，镇海炼化、燕山石化着手开发更为完善的信息化系统，总部工程建设管理信息系统大修改造子系统正在进一步开发中。

（王扶卷）

【南京项目管理中心】 2012年，南京项目管理中心认真履行项目管理和人力资源“蓄水池”职责，全面加强项目管理、人员培训、团队建设等工作，大力推进武汉乙烯、扬子炼油二期、扬巴二期等项目管理工作，着力提升价值创造能力。2012年12月28日，武汉80万吨/年乙烯工程实现全面中间交接，标志着乙烯工程建设任务基本完成，进入开工试车阶段。

项目管理中心积极参与了扬子炼油改造二期项目前期工程管理策划，并卓有成效地开展了项目控制、施工和质量管理工作，先后完成了项目管理模式的确定、项目管理组织机构的建立、项目管理手册以及内控实施细则的编制工作；统一了工程建设主项结构，统筹规划了项目的三级网络进度计划，确立了项目进度的里程碑和一、二级控制点，建立了进度检测和报告体系等。

（王　宁）

工程建设监管

【工程质量监督】 2012年，石化工程质量监督机构认真履行政府质量监督职能，不断加强自身建设，进一步改革完善监督管理模式，稳步推进工程质量监督监察工作，坚持开展“比学赶帮超”和创先争优活动，切实提高质量监督管理与服务的工作质量。

统筹兼顾，加大工程质量监督力度，促进和保障了工程整体质量水平的稳步提高。对所有重点项目和限上项目进行了全覆盖监督，监督覆盖面达到100%；同时，统筹兼顾、平衡力量，保证中小项目也处于有效监管之中。各质监分站在开展日常质量监督工作中，除认真做好停监点和巡监点的检查确认外，还根据项目的进展，及时组织开展各种综合和专项质量检查。全年共发现各类质量问题19 133项，其中质量行为问题6 795项、实体质量问题8 552项、工程资料问题3 786项，问题都得到了及时整改。

加强工程质量管理工作方法和新技术新工艺的培训研讨，不断提升管理水平。重视工作标准和工作方法的研究。结合总部标准化工作的要求，组织开展石油化工工程质量监督工作标准以及大型LNG低温储罐工程质量监督管理、埋地金属管道磁记忆检测技术应用的研究工作。加强对新技术、新工艺的研究学习，提升业务水平。针对2012年新开多个LNG项目的情况，组织了首次LNG工程技术及质量管理研讨会，提升了质量管理人员的业务水平。重视组织过程资产更新工作，编写工程质量监督案例。强化培训工作，提高项目参建单位质量管理人员的素质和水平。组织了多期工程质量检查员取证（复审）培训工作。同时，组织了2期《中国石化工程质量管理手册》宣贯培训班。组织完成石油化工管道超声波检测人员培训工作。

加强信息化工作，推动管理水平的提升。正式启动工程质量监督网上申报系统的开发，10月实现监督系统网上试运行，已申报项目112个，大幅度提高了工作效率。

基本完成工程质量责任主体评价系统开发。年初组织了问题数据库的整改工作，完成4万余条数据的初步整改，为系统的测试和试运行提供了基础条件，经验收测试，达到了合同要求，系统数据库增加1万条高质量的数据。系统已经可以对责任主体进行评价工作，出具评价报告，为“数字化质量管理”提供了一定的技术基础。

（胡国勇）

【工程质量监察】 认真履行企业内部质量监察职责，稳步推进工程质量监察工作，督促质量管理制度的完善和质量管理体系的改进。结合项目建设的实际情况，重点组织对系统内的监理单位和检测单位开展了质量监察，也对部分境外项目主体单位进行了质量监察。全年组织对山东齐鲁石化工程有限公司、山东泰思特检测有限公司、国际石油工程公司沙特分公司等17家单位进行了质量监察，共发现问题273项。通过监察，有效地促进了各单位质量管理体系的进一步完善，从而提升了各参建单位的整体质量管理水平。此外，总站还调整和完善了监察方案以及监察程序和方法等，进一步细化了监察大纲和工作用表，大大提高了工程质量监察工作的效率和力度。

（胡国勇）

【工程质量大检查】 2012年，总站组织了青岛炼化

8.5万吨/年苯乙烯、镇海炼化柴油加氢、中原MTO、长岭800万吨/年炼油改造、武汉乙烯工程等共47次质量检查，共发现各类质量问题6 157项，其中质量行为问题2 392项、实体质量问题2 089项、工程资料问题1 676项。针对质量大检查中提出的问题，加大了整改追踪的力度，要求建设单位在规定的时间、按照规定的格式向总站上报整改报告；各分站(监督组)加大了对整改落实情况进行追踪确认的力度；定期将整改情况进行总结和汇报。对上述问题均及时进行了整改。

（胡国勇）

【招标投标管理】 招标投标管理工作结合中国石化工程建设项目的特点，继续严格招标方案、招标申请、招标文件、评委组成和招标结果等关键招标申报审批程序。2012年，直接监管101个总投资3 000万元以上的工程项目招投标工作，包括天津原油商业储备基地工程、油品质量升级及原油劣质化改造项目、福建炼油项目等重点工程项目，中标额约132亿元，共计373个标段，其中勘察设计7个、总承包14个、施工226个、监理79个、检测36个、其他11个。

完成《中国石化建设工程招标投标管理规定》《中国石化工程建设市场诚信体系管理办法》《中国石化评标专家和专家库管理办法》《中国石化建设工程分包发包管理办法》4项管理制度的修订工作。

继续完善招投标信息管理系统。评标专家抽取系统建成并投入使用，招投标主流程系统开发完成，进入试运行阶段。

（杨　旭）

【标准管理工作】 《工程建设标准体系(石油化工部分)》修订工作全面展开。《工程建设标准体系(石油化工部分)》是开展标准制修订管理的基本依据。为提高工作效率，将上述体系的建设与《中国石化炼化工程建设标准执行表》(原为《炼化工程建设标准体系表》)的编制相结合，使编制工作相得益彰。在编制过程中，各专业跟踪、转化国际标准，实现标准的系列化，深入分析专业技术发展趋势，依照大纲展开修订工作。征求意见稿已完成，正在进行专业审查。

年度标准制修订计划圆满完成。2012年，在编标准共86项(国家标准14项、行业标准72项)。全年共完成并向国家报批标准31项，其中国家标准5项(见表3)、行业标准26项(见表4)。在制修订过程中，各编制组充分征求和采纳住房和城乡建设部、安监总局、公安部等国家相关部门的意见，努力平衡生产和工程建设各方的诉求，认真解决标准编制中分歧较大的技术难题，最终促使各方达成共识，取得了满意的成果；深入实际调查研究，提高标准的科学性和可操作性；战略性扩展石油化工工程建设标准适用范围，完成上报的31项标准中已有8项实施了范围拓展。为利于工程建设质量管理，组织完成了“石化工程建设标准强制性条文”的汇编，涵盖了有关国家标准28项、行业准96项，已向国家报批。

服务企业，推动工程建设标准的有效实施。启动了《中国石化炼化工程建设标准执行表》的编制工作。该执行表包含石化工程项目应执行的国家标准、行业标准和国际标准及国外先进标准。通过推行该执行表，有利于促进《中国石化炼化工程建设标准》的推广应用，为专业技术人员从事工程设计、采购和施工等采标提供依据。着力服务企业，解决工程建设技术难题。2012年，积极协调系统内外技术力量，协助有关单位开展了“X80级钢制管道焊接”“LNG接收站低温钢板国产化”“川气东送元坝工程抗硫管道焊接”“大型储油罐抗震”等多项技术攻关。受特种设备设计鉴定评审机构委托，配管站协助组织了压力管道审批人员培训活动共8期。总图站组织相关技术委员开展企业调研，实地调研《企业总图管理规定》执行情况和存在的问题，以便及时对该管理规定予以修改和完善。电气站组织专家对稀土铝合金配电电缆在石化工程中的应用进行了论证，对爆炸危险环境下的实施提出建议。及时组织重要标准的宣贯工作。2012年共组织了17项国家标准和行业标准的宣贯，近1 200多名技术人员参加了学习。特别是针对列入2012年住建部重点宣贯计划的标准项目，进一步加大了宣贯力度。通过宣贯培训工作，使全系统加深了对标准条文的理解，有效地推动了标准的贯彻实施。

跟踪国外先进标准，加大国际化力度。完成了“国外标准信息库”的续订工作。开展国际交流和国外考察工作。“抗硫管道焊接”和“石油库建设”2个技术专题的国外考察取得了较大收获，为完善相关标准和合理控制工程建设成本发挥了积极作用。各技术中心站持续跟踪国外相关标准；机械站利用“全国机泵年会”，邀请美国API的编委进行了专题技术交流，并以“石化行业机械设备工程建设标准化的现状与应用”为主题，设立了专题技术论坛，获得了普遍的好评。

加强基础建设，提高标准化工作管理水平。2012年，继续坚持以信息技术提升标准化管理水平，及时抓住石化集团公司在总部层面全面开展管理标准化和信息化建设这一有利时机，加快开发和建设信息化管理平台。组织完成了工程建设管理信息系统中“标准定额模块”需求分析和方案制定。通过信息系统，标准化工作将实现公开透明、广泛参与、过程管理、有效监控等功能。各专业技术中心站的标准信息化工作不断加强。机械站、自控站、电气站等利用网站在新技术推广、交流、信息共享等方面发挥了作用，在石油、石化、化工等领域具有一定的影响力。技术中心站组织开发的专业软件和常用工具信息库给专业技术人员带来很大便利。设备站配合新版标准应用，组织对“石油化工静设备计算机辅助设计系统”VCAD升级，建筑站组织对《石油化工企业特种结构计算机设计软件》SCAD进行了升版，并通过了技术鉴定。在信息化建设方面，通过努力办好专业期刊，积极扩大影响力。《石油化工工程建设标准化》杂志在编辑、出版、发行等环节上狠下功夫，努力提高办刊质量，完成了通讯网的组建，全年编辑出版季刊4期、增刊1期。《石油化工设备技术》《石油化工自动化》作为核心期刊，在行业内享有较大的影响力。

（葛春玉）

表3　　2012年完成报批的石化工程建设国家标准

序号	标准编号	标准名称	实施日期	主编单位
1	待　定	石油化工钢制低温储罐技术规范	待公告	洛阳工程公司/南京工程公司
2	待　定	石油化工工程防渗技术规范	待公告	洛阳工程公司
3	待　定	石油化工装置设计文件编制标准	待公告	工程建设公司
4	待　定	地下水封石洞油库施工及验收规范	待公告	工程建设公司
5	待　定	石油化工工厂布置设计规范	待公告	工程建设公司/洛阳工程公司

表4　　2012年完成报批的石化工程建设行业标准

序号	标准编号	标准名称	实施日期	主编单位
1	SH 3009—2013	石油化工可燃性气体排放系统设计规范	待公告	工程建设公司
2	SH/T 3010—2013	石油化工设备和管道绝热工程设计规范	待公告	洛阳工程公司
3	SH/T 3017—2013	石油化工生产建筑设计规范	待公告	宁波工程公司
4	SH/T 3020—2013	石油化工仪表供气设计规范	待公告	宁波工程公司
5	SH/T 3031—2013	石油化工逆流式机械通风冷却塔结构设计规范	待公告	洛阳工程公司
6	SH/T 3060—2013	石油化工企业电力系统设计规范	待公告	工程建设公司
7	SH/T 3071—2013	石油化工电气设备抗震鉴定标准	待公告	工程建设公司
8	SH 3076—2013	石油化工建筑物结构设计规范	待公告	工程建设公司
9	SH 3094—2013	石油化工厂区雨水明沟设计规范	待公告	工程建设公司
10	SH/T 3117—2013	炼油厂设计热力工质消耗量计算方法	待公告	工程建设公司
11	SH/T 3122—2013	炼油装置工艺管道流程设计规范	待公告	洛阳工程公司

续表

序号	标准编号	标准名称	实施日期	主编单位
12	SH/T 3130—2013	石油化工建筑抗震鉴定标准	待公告	工程建设公司
13	SH 3173—2013	石油化工污水再生利用设计规范	待公告	洛阳工程公司
14	SH/T 3174—2013	石油化工在线分析仪表系统设计规范	待公告	工程建设公司
15	SH/T 3401—2013	石油化工钢制管法兰用非金属平垫片	待公告	工程建设公司
16	SH/T 3402—2013	石油化工钢制管法兰用聚四氟乙烯包覆垫片	待公告	工程建设公司
17	SH/T 3403—2013	石油化工钢制管法兰用金属环垫	待公告	工程建设公司
18	SH/T 3404—2013	石油化工钢制管法兰用紧固件	待公告	工程建设公司
19	SH/T 3406—2013	石油化工钢制管法兰	待公告	工程建设公司
20	SH/T 3407—2013	石油化工钢制管法兰用缠绕式垫片	待公告	工程建设公司
21	SH/T 3517—2013	石油化工钢制管道工程施工技术规程	待公告	第五建设公司
22	SH/T 3518—2013	石油化工阀门检验与管理规程	待公告	第十建设公司
23	SH/T 3521—2013	石油化工仪表工程施工技术规程	待公告	第十建设公司
24	SH/T 3531—2013	石油化工仪表工程施工质量验收规范	待公告	第十建设公司
25	SH/T 3532—2013	石油化工电气工程施工质量验收规范	待公告	宁波工程公司
26	SH/T 3612—2013	石油化工电气工程施工技术规程	待公告	第四建设公司

【炼油化工定额和工程造价管理】 2012 年，定额和工程造价管理工作围绕计价依据体系完善、定额动态调整、规范从业人员资格管理等主要任务，开展了大量工作。

组织编制《石油化工建筑工程概算指标》《石油化工建筑工程综合预算定额》《石油化工建筑工程费用定额》，进一步完善了石油化工投资管理的定额、指标体系，规范工程计价行为。编制工作自 2009 年下半年开始，2012 年主要开展了价格水平测算、编制组内部审查、主材价格管理方案确定、费用定额编制等工作，计划 2013 年上半年完成正式送审稿，下半年审查、报批。动态调整 2007 版《石油化工安装工程预算定额》取费标准及 2009 版《石油化工行业检修工程预算定额》。开展 2000 版《全国统一安装工程预算定额》修订工作，完成了人、材、机价格和实施情况调研，并拟定了编制细则，全部编制工作计划于 2014 年上半年完成。

工程造价咨询企业和注册造价工程师资质管理。截至 2012 年底，有 20 家甲级工程造价咨询企业由石化专委会管理(见表 5)。

表5 甲级工程造价咨询企业

序号	企业名称	序号	企业名称
1	中国石化咨询公司	11	南京工程公司
2	工程建设公司	12	江苏中核华纬工程设计研究有限公司
3	北京燕山玉龙石化工程有限公司	13	胜利勘察设计研究院有限公司
4	上海工程公司	14	山东齐鲁石化工程有限公司
5	上海众一石化工程有限公司	15	洛阳工程公司
6	南京扬子石化工程有限责任公司	16	宁波工程公司
7	南京金凌石化工程设计有限公司	17	濮阳中原建设工程咨询有限公司
8	华东管道设计研究院	18	镇海石化工程股份有限公司
9	北京巴吉特工程咨询有限公司	19	东营中胜工程造价咨询有限公司
10	山东圣宇工程造价咨询有限公司	20	东营同盛造价咨询有限公司

截至2012年底，完成14家企业造价咨询甲级资质年审；配合炼化工程板块重组上市，完成5家工程公司甲级造价资质相应变更事项。有690名注册造价工程师在石化专委会注册，其中年内初始注册21人，延续注册120余人，变更174人次。在继续教育方面，按照中国建设工程造价管理协会部署，结合石化行业工程建设特点和企业分布情况，采用网络培训和集中学习相结合的方式，完成了600余名造价工程师的继续教育工作。根据《工程造价从业人员资格管理规定》要求，石油工程造价管理中心、工程定额管理站和设计概预算技术中心站分别组织了上岗培训和继续教育培训，约1 200多人参加了学习。

跟踪市场行情波动，加强计价体系动态管理。根据物资装备部发布的采购指导价格，每2个月公布1次炼化工程主要材料的概算编制价格，1年2次合成、公布非标设备价格信息。

（邱正华）

【石油工程造价管理】 石油工程造价管理工作围绕油气增储上产“五大会战”，进一步健全重点区域、重点项目的定额标准并推进实施，积极发挥定额标准对规范关联交易的支撑作用。加强工程造价管理，努力提高管理质量和成效，为投资管理提供技术支持。

工程预算和结算管理。石油工程造价管理规范业务制度，注重提高预结算管理水平，较好地发挥了预结算管理的应有作用，圆满完成预结算任务。据统计，全年共完成工程结算731亿元，为历年新高。

定额管理。配合投资管理，做好定额调整工作。比较系统地调整石油专业工程定额中人工费标准，反映了近几年社会生产人工费用的上升趋势，涉及石油专业工程定额的所有专业和定额项目，印发2012年版石油专业工程定额。围绕“五大会战”，采取针对性措施，加大重点区域工作力度。补充西北油区巴楚、塔中、天山南等区块的钻井钻时定额标准；制定西北油区钻前工程工作量计算规则。推动西南油区加强定额实施，进一步修改完善定额；以定额为依据，进一步健全业务管理流程，预算管理实现规范化。拓展新业务领域，配合油田事业部组织开展华东分公司煤层气钻井定额标准的编制工作。改进和调整定额结构，针对侧钻井和小井眼钻井应用日益广泛的状况，组织了侧钻井、小井眼钻井工程定额标准的补充完善。补充了分层压裂施工、长水平段动力钻具摊销等项目的定额标准。修编井控装置使用和修理费定额。

基础工作。完善油套管预算价格核算办法，可随时补充新增地区的油套管预算价格；根据自用成品油价格调整情况及办法，全年先后7次调整了成品油预算价格。适应ERP调整的需要，完善预结算功能模块；适时对系统进行升级，初步实现计算机信息化管理，提高工作效率。会同油田事业部组织年度重点投资项目造价分析，在分析方法上突出实用性，对造价构成要素的变动、造价变化趋势等方面的分析有所拓展；提升统计报表和造价分析功能。

队伍建设。从业资格管理，结合资格年审，采取逐步开展考试、面试等多样化管理方式，建立从业资格退出制度，逐步调整人员结构，保持从业队伍的合理规模。重视并提高业务培训的实用性和针对性，在开展取证培训的同时，有计划地逐步开展科级干部培训，继续组织优秀造价分析评比活动，促进业务骨干综合素质提高，鼓励业务人员结合岗位工作开展有实用价值的造价分析。

（王　珞）

工程建设企业管理

【生产经营】 2012 年，炼化工程板块的工程建设企业重组改制为炼化工程集团公司，加强了统一规划、统一调配的工作力度并取得实效。全年完成设计投资额 1 121.4 亿元，完成设计合同额 45.2 亿元，完成施工总包产值 172.5 亿元，累计完成自行施工产值 66.7 亿元；实现营业收入 385.26 亿元、利润总额 42.52 亿元。全年境外工程中标合同总额 19.6 亿美元。

（李蔬君）

【勘察设计企业资质管理】 截至 2012 年底，中国建筑业协会石化建设分会共有具有勘察设计资质的企业 47 家，其中综合甲级 6 家、行业甲级 19 家、专业甲级 20 家，乙级 2 家。全年共组织并完成了 13 家工程勘察设计企业提出的资质升级、延续、核定以及更名等有关具体问题的政策咨询。

（胡瑞玲）

【优秀勘察设计评选】 2012 年，推荐 14 个获石化集团公司一等奖的工程勘察设计项目参与国家“四优”评选工作，有 4 个项目获得提名奖，其中金奖 1 项：海南炼化 800 万吨/年炼油工程；银奖 3 项：茂名石化 100 万吨/年乙烯改扩建工程 64 万吨/年乙烯装置、镇海炼化 150 万吨/年加氢裂化装置和上海实验动物资源公共服务平台。组织开展 2010—2011 年度石化集团公司“四优”评选的初审工作，23 家工程勘察设计企业申报参加了评选，共接收工程勘察、设计、标准、软件“四优”评选资料 112 项。

（胡瑞玲）

【施工企业资质管理】 截至 2012 年底，中国建筑业协会石化建设分会有施工资质的企业共 87 家，其中施工总承包一级 27 家、施工总承包二级 18 家，专业承包一级 19 家、专业承包二级 15 家、专业承包三级 8 家。全年共有 3 家企业 5 项资质通过住建部核准，分别是北京燕化天钲建筑工程有限公司的地基与基础专业承包一级，胜利石油化工建设有限责任公司的市政公用工程施工总承包一级、电力工程施工总承包二级、地基与基础工程专业承包三级，胜利工程建设（集团）有限责任公司的港口与航道工程施工总承包二级。

（张虹薇）

【工程获奖】 2011—2012 年度，中国石化有 1 项工程获国家优质工程金质奖：镇海炼化 100 万吨/年乙烯工程，3 项工程获国家优质工程银质奖：胜利油田分公司桩西采油厂的胜利老河口油田老 168 块新区产能建设（进海路及海油陆采平台）工程，第十建设公司承建的上海高桥分公司 20 万吨/年 ABS 项目，北京石油分公司的环北京成品油及航煤管道工程；有 18 人被评为国家优质工程奖先进个人：江正洪、杨健、薛宏庆、陈广平、丁书军、王彭维、赵建国、姜有志、秦永滨、郭凤忠、向文武、伊善利、廖绍华、艾万发、刘文清、刘绍亮、董克学、尼进。

（梁　丽）

【工程建设监理】 截至 2012 年底，中国建筑业协会石化建设分会有监理资质的企业 47 家，其中综合资质 2 家、专业甲级资质 42 家、专业乙级资质 3 家。

2012 年，组织参与编制化工石油工程专业国家注册监理工程师继续教育培训教材，完成教材（石化编写部分）修改稿；全年共举办 4 期石油化工监理工程师执业资格培训班，19 个企业的 407 人参加培训，其中 269 人考试合格，取得石化集团公司石油化工监理工程师执业资格；完成 24 家企业 665 名石化集团公司监理工程师延续注册。

8 月成立监理专业委员会，山东齐鲁石化工程有限公司担任主任委员单位，胜利油田胜利建设监理有限责任公司、安徽万纬工程管理有限责任公司、北京华夏石化工程监理有限公司、北京毕派克工程建设监理有限公司、南京扬子石化工程监理有限责任公司担任副主任委员单位，制定《监理专业委员会工作职责》《监理专业委员会成员单位自律公约》等文件。

在各会员单位自行申报的基础上，共评选出北京华夏石化工程监理有限公司、北京金海湾工程建设监理有限公司、南京扬子石化工程监理有限责任公司、南京金陵石化工程监理有限公司、山东齐鲁石化工程有限公司、广东国信工程监理有限公司、安徽万纬工程管理有限责任公司、胜利油田胜利建设监理有限责任公司为 2011 年度先进工程建设监理单位，李元、龚贻波、王雷、李克边、翟凤江、张义三、李国有、唐明、陈响明、姜有志 10 人被评为优秀项目总监理工程师。

（张欣华）

Sinopec

Sinopec Corporations USD bond issuance

USD 3,500,000,000

Joint-Bookrunner

2013 **CHINA/HK**

Sinopec

Transactional and Debt Advisory

USD 700,000,000

Financial Advisor

2012 **CHINA/HK**

Australia Pacific LNG

Project financing of a 9 mtpa LNG plant & associated facilities

USD 8,500,000,000

Mandated Lead Arranger

2012 **AUSTRALIA**

Sinopec

Sinopec Group USD bond issuance

USD 3,000,000,000

Co-manager

2012 **CHINA/HK**

Sinopec

Acquisition of a 30% stake in Galp's Brazilian subsidiary through a capital increase

USD 5,200,000,000

Financial Advisor

2012 **CHINA/BRAZIL**

Sinopec

General corporate purpose

USD 750,000,000

Mandated Lead Arranger

2011 **CHINA/AUSTRALIA**

Sinopec

Sinopec Century Bright Sydicated Loan, with Sinopec Group guarantee

USD 5,000,000,000
5 years tenor
SG final took
USD 30,000,000

2011 **CHINA/HK**

鼓舞
世界的力

ICBC

整体气体解决方案供应商

林德的专长和能力涵盖整个气体供应链——从气体生产设施的设计和建造，到运行、配送、气体应用解决方案、安装和量身定制的物流支持。林德为石油化工等行业开发一系列的气体生产装置和供应方案，提供众多气体产品和相关解决方案以适应不同客户的需求。

卓越的工程技术及执行能力

林德在交钥匙工程规划、项目开发、设计和建造领域掌握广泛的工程专有知识。其中包括低温定制化设计的和低温标准型空分装置、制氮装置、LNG装置、蒸汽甲烷重装制氢装置、冷箱、反应器、汽化器、精馏塔、绕管式换热器及板翅式换热器等装置部件。林德工程事业部在杭州和大连拥有主要的工程设计能力和制作工厂，为大中华区客户提供经济节能的解决方案。

我们对客户的承诺——安全、可靠、高效

林德大中华区拥有世界级的配送和物流支持网络，通过覆盖全国的高效客户服务和运行中心提供支持，为客户提供安全、可靠、高效的产品及服务。

林德管道供应方案

林德管道车和槽罐车供应方案

林德现场供气方案

林德钢瓶供应方案

林德大中华区
比欧西（中国）投资有限公司－林德集团成员
中国上海浦东新金桥路27号9号楼 201206
电话 +86.400.820-1798，电邮 csc.lg.cn@linde.com
www.linde.com.cn

Setting Standards.
精于品，诚于行

综合金融服务方案
一揽子服务
综合定价，财务费用更节约
综合方案，服务内容更全面
优化升级，问题解决更及时
专属团队
专家团队，专属服务更优质
积极互动，银企交流更顺畅
客户为中心
一户一策，优享政策差别化
量身定制，满足需求个性化
一扫 关注建行北京市分行官方微博
中国建设银行
China Construction Bank
北京市分行

热烈祝贺中国石化成立30周年

南光(集團)有限公司
NAM KWONG (GROUP) COMPANY LIMITED

南光（集团）有限公司总部设在澳门，集团前身南光贸易公司成立于1949年8月，是澳门成立较早的中资机构。在逾半个世纪的历程中，南光积极进取，勇于开拓，走过了一段艰苦创业、自强不息的不平凡里程；并较好地完成了各个历史时期国家所赋予的不同使命，为澳门回归祖国、发展内地与澳门的经贸关系、推动祖国的对外经济贸易事业、团结澳门同胞、促进澳门社会的繁荣稳定做出了应有的贡献，赢得了良好的声誉。

南光集团主营业务包括日用消费品贸易、酒店旅游会展及配套服务业、地产经营开发和综合物流服务四大类；主要经营商品有：石油化工产品、五金矿产、粮油食品、轻纺服装、医药保健品等；拥有大型油库、加油站、酒店、百货商场、写字楼、码头、货仓冷库、运输车队等资产。

集团是澳门大型石油产品和主要的鲜活冷冻食品、酒店旅游、物流服务供货商；拥有油气中转储运和航煤专供设施；分别在澳门、桂林、杭州、西安、加拿大投资有8家星级酒店；是澳门地区办理“港澳居民来往内地通行证”和“台湾居民来往大陆通行证”的指定单位；致力于地产投资与开发业务，在澳门、海口、上海、无锡等地区自主或合作开发了大量优质地产项目；有澳门大型的内港码头、干冻仓库和跨境运输车队；与美国、欧盟、独联体、韩国、东南亚等几十个国家和地区有长期贸易往来。

集团拥有12家二级企业，分别为南光石油化工有限公司、澳门中旅（国际）酒店管理有限公司、澳门中国旅行社股份有限公司、南光实业有限公司、南光恒丰置业有限公司、南光贸易有限公司、南光物流有限公司、广东南光实业贸易公司、南光（上海）投资有限公司、南光（上海）国际旅行社有限公司、上海华高房地产开发经营有限公司、北京南光石油化工有限公司；在北京、上海、广州设有代表处。

今天的南光集团，在我国全面建设小康社会的伟大进程中和澳门推进经济适度多元化的新形势下，肩负新的使命，面临新的机遇和挑战。集团将抓住机遇，加快发展，牢固树立“求发展、讲诚信、比业绩”企业核心价值观；认真落实以人为本，全面、协调、可持续的科学发展观，不断促进企业管理提升、转型升级和提高企业核心竞争力，实现可持续发展；继承和发扬爱国爱澳的优良传统，坚决贯彻“一国两制”方针和《澳门基本法》，大力支持澳门特区政府的依法施政，为澳门社会繁荣稳定做出新的贡献。

用最好的回報社會

这是我们的追求，也是我们过去、现在和将来存在的价值。

2013年7月18日，南光集团向澳门工会联合总会捐赠200万澳门元，支持澳门工联总会兴建“工联大厦”，促进澳门社会和谐稳定。

2013年6月19日，南光集团属下南光天然气营运中心正式启用，清洁能源正式进入澳门市民的生活，彰显环保造福澳人。

澳门罗理基博士大马路南光大厦十六楼 Tel: (853) 83911660 Fax: (853) 28330853 http://www.namkwong.com.mo

ENEOS ItalSing

The Partner by Choice in Lubricants

Asia's Premier Lubricant Contract Manufacturer

We Believe

That Delivering Value to Our Customers
Is A Fulfilling Experience for Our Employees
Achieving a Good Return for Our Shareholders
And Contributing to the Well-being of Our Community

Our Products and Services

Contract Manufacturing

ENEOS ItalSing is one of the largest Lubricant Contract Manufacturers in Asia. With the ENEOS ItalSing reliability in quality and service, customers will find the One-Stop Total Service of great value to their supply chain leveraging on the chemical and logistics hub in Singapore.

Supply of Quality Products

ENEOS ItalSing products are manufactured using only quality additive packages and base stocks available to meet the highest industry specifications.

Core Integrated Management System

ENEOS ItalSing is committed to a safe and healthy workplace and protecting the environment while continuing to be the partner by choice of our customers.

Partner By Choice Through Superior Customer Value

Behind all the modern facilities and equipment is a team of dedicated professionals who are committed to delivering superior customer value on quality products at competitive costs. We are committed to be your Partner by Choice in Lubricants.

Meet Regulations
Partner By Choice
Training & Preparedness
Continual Improvement

Integrated Management System

Quality Assurance Laboratory

An ISO 9001 Certified Company
An ISO 14001 Certified Company
An OHSAS 18001 Certified Company

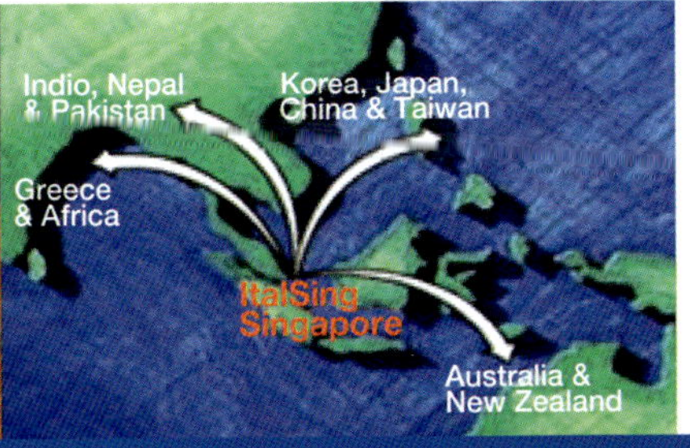

ENEOS ItalSing Pte Ltd
9-B Jurong Pier Road Singapore 619163
Tel: (65) 6266 1966 **Fax:** (65) 6268 9490
Website: www.eneositalsing.com.sg

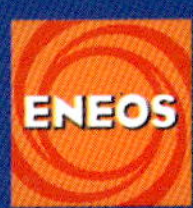

以人为本 创新为魂

客户为先 责任至上

TPCO TIANJIN PIPE (GROUP) CORPORATION

天津钢管集团股份有限公司

公司简介

生产设备

天津钢管集团股份有限公司（TPCO）俗称“天津大无缝”，地处天津滨海新区，是世界大规模的无缝钢管、石油专用管生产企业，是中国能源工业钢管基地。1989年动工兴建，1992年热试成功，1996年正式投产，从德国、意大利、美国、英国、比利时等国引进了世界上先进的直接还原铁、炼钢、轧管、管加工和产品研发及检测设备，并配备了完善的自动化系统。

TPCO建有完善的质量保证体系和世界先进的企业技术中心，先后取得API、ISO9001、ISO14001、OSHMS-18001、特种设备制造许可证等认证和美孚、壳牌、沙特国家石油公司等60多家石油公司及终端用户认证。

TPCO始终保持技术装备上的领先优势，拥有了REM、MPM、PQF和ASSEL四种机型、七套轧机。目前，TPCO拥有的四套PQF轧管机组，代表了当今无缝钢管工艺技术的先进水平。可按照API、ISO、ASTM、ASME、DIN、JIS、EN等国际标准及国家标准和用户协议生产外径25-1200mm，壁厚1-80mm的优质石油专用管、高中低压锅炉管、高压化肥管、石油裂化管、高压气瓶管、管线管、船舶用管、军工用管、核电用管、支柱管、地质管、机械管、结构管、流体管等无缝钢管。

现今，TPCO无缝钢管年生产能力已达400万吨，其中油套管150万吨，特殊扣50万吨。产品广泛用于能源、化工、电力、气瓶、机械制造、基础设施、船舶行业、海工行业、军工行业等各个行业，并出口到近百个国家和地区。

TPCO在做大、做强钢管主业的同时，坚持适度多元化发展，形成了高端化、高质化、高新化的产业布局，建成了铜材、不锈板、彩涂板、高压气瓶、焊管、钻杆等一批高水平的项目，发展了设备制造、国际贸易和物流等新的产业，已成为多产业交替拉动、协调发展的综合性大型企业集团。

地址:天津市东丽区津塘公路396号 ● 邮编：300301 ● 电话：022-24802070 ● 传真：022-24801320 ● 网址：www.tpco.cn

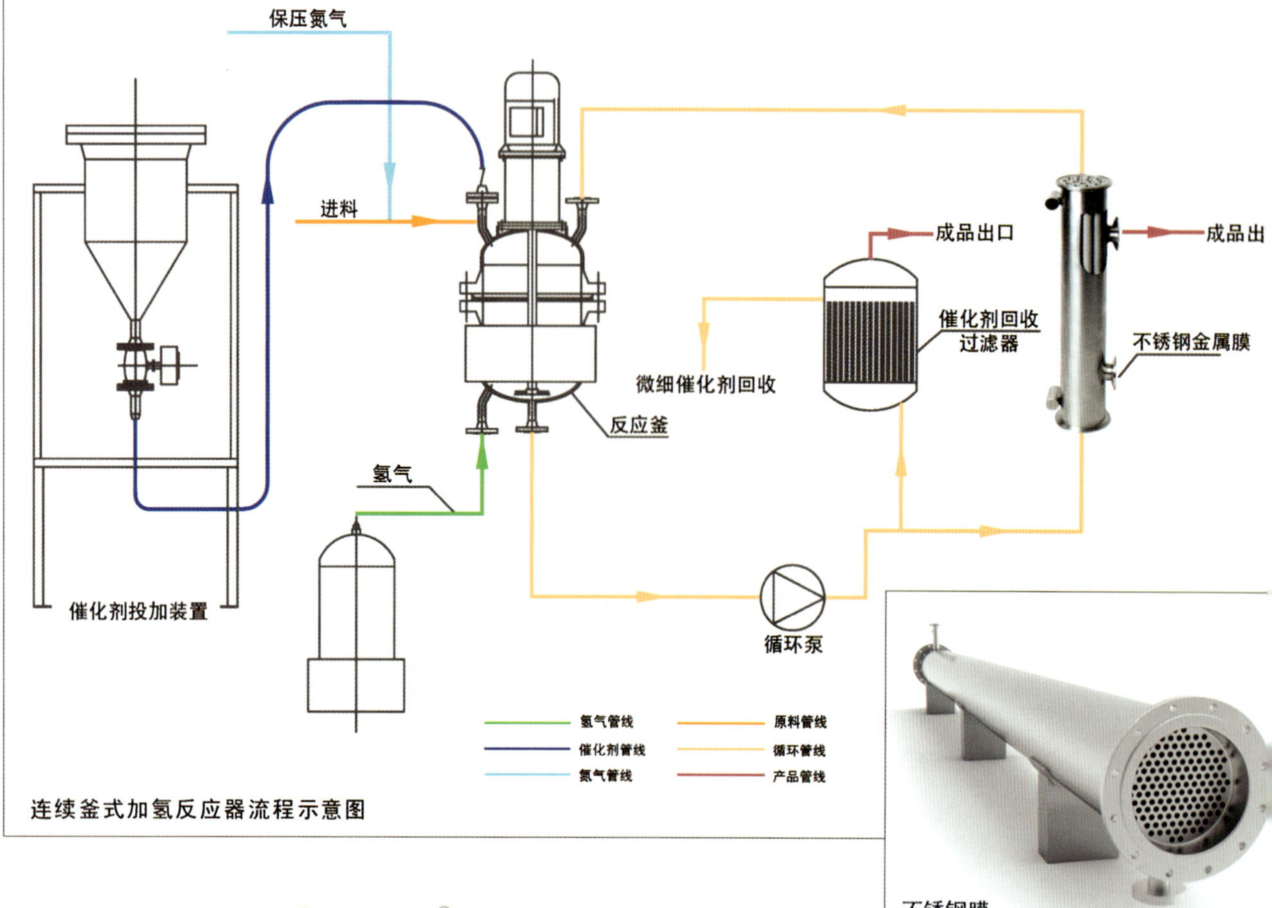

上海化学工业区
SHANGHAI CHEMICAL INDUSTRY PARK

上海化学工业区
管理服务中心

上海化学工业区为国家经济技术开发区，位于杭州湾北岸，规划面积29.4平方千米，是以石油化工及其衍生产品制造为主的现代化产业基地，主要发展石油化工和天然气化工系列产品、精细化工产品、合成新材料和综合性深加工产品。按照统一规划，纳入一体化管理的金山分区重点发展化工物流、化工检维修和化工品交易等产业，奉贤分区重点发展精细化工、化工机械装备和高分子材料等产业。

2012年，上海化学工业区经济平稳运行，招商引资实现大幅增长，工业产值和销售收入稳中有进。全年，化工区（包括金山、奉贤分区）共完成工业总产值929.48亿元，销售收入959.52亿元；引进项目投资22.5亿美元，完成固定资产投资41.3亿元；区内注册企业实现利润24.36亿元，实缴税金49.2亿元；万元产值能耗0.882吨标准煤。截至2012年底，化工区累计批准项目总投资203.45亿美元，累计完成固定资产投资1014.9亿元。

上海化学工业区被批准为全国第一批“国家新型工业化产业示范基地”，获得“国家生态工业示范园区”称号。

应急响应中心

3M胶黏剂装置

高桥石化化工基地

上海赛科乙烯装置

工业气体装置

储罐区

赢创德固赛多用户基地

污水处理厂

上海联合异氰酸酯生产装置

拜耳一体化生产基地

20周年 1993-2013

见证成长 再铸辉煌

金桐石化系列有限公司

JINTONG PETROCHEMICAL SERIES CO., LTD

遵章守纪 严谨细实 科学高效 团结和谐

金桐石油化工有限公司位于南京经济技术开发区内，系中国石化集团资产经营管理有限公司与英属维尔京群岛宝智投资有限公司（台湾和桐化学股份有限公司全资子公司）合资组建的中外合资经营企业，1993年9月1日正式成立，其总投资为4.762亿元人民币，注册资本为1.682亿元人民币。主要生产装置为10万吨/年烷基苯装置和2万吨/年烷基苯磺酸装置。该公司主要产品有直链烷基苯、烷基苯磺酸，副产品有重烷基苯、焦油、氢气、溶剂油料。公司生产装置引进国外先进技术和部分关键设备，生产全过程采用世界上先进的DCS集散控制系统。

2002年4月8日，双方再次合资组建了中外合资经营企业——江苏金桐化学工业有限公司。总投资29403万元人民币，注册资本1947万美元（折合16115.54万元人民币）。主要生产装置为7.2万吨/年烷基苯装置。

2011年，为了及时抓住市场，扩大生产规模，提升企业在国际市场的竞争力，合资双方鉴于二十年来卓有成效的合作基础，以及双方优势，决定再次携手创新业，在南京化学工业园区投资新建江苏金桐表面活性剂有限公司7.2万吨/年烷基苯生产装置。装置引用国内外先进的烷基苯技术成果，低消耗，高质量，低成本，项目建成后，在南京地区将形成40多万吨/年烷基苯的生产能力，地区烷基苯总规模在世界上名列前茅。在满足国内市场需求的同时，该项目将提高出口能力，在国际上将取得较强的竞争优势。

此外，金桐石化系列公司还根据目前国际和国内市场的发展，在巩固本业的前提下，进一步扩大生产规模和市场布局，搞好多元化的发展，如：在厦门成立厦门金桐合成洗涤剂有限公司，在四川成立四川金桐石油化工有限公司和四川金桐精细化学有限公司，在安徽成立安徽金桐精细化学有限公司。

元旦长跑

歌咏比赛

总经理参加台湾工业园开业典礼

新公司开业典礼

投资股东方交流

MIZUHO

One MIZUHO

One MIZUHO

Building the future with you

Mizuho Financial Group

星展银行 DBS
洞悉亚洲
成就中港商机
亚洲最安全银行2009 – 2013, Global Finance
亚洲最佳银行2012, The Banker
亚太区最佳管理银行2013, The Asian Banker
星展企业银行
星展银行，带动亚洲思维

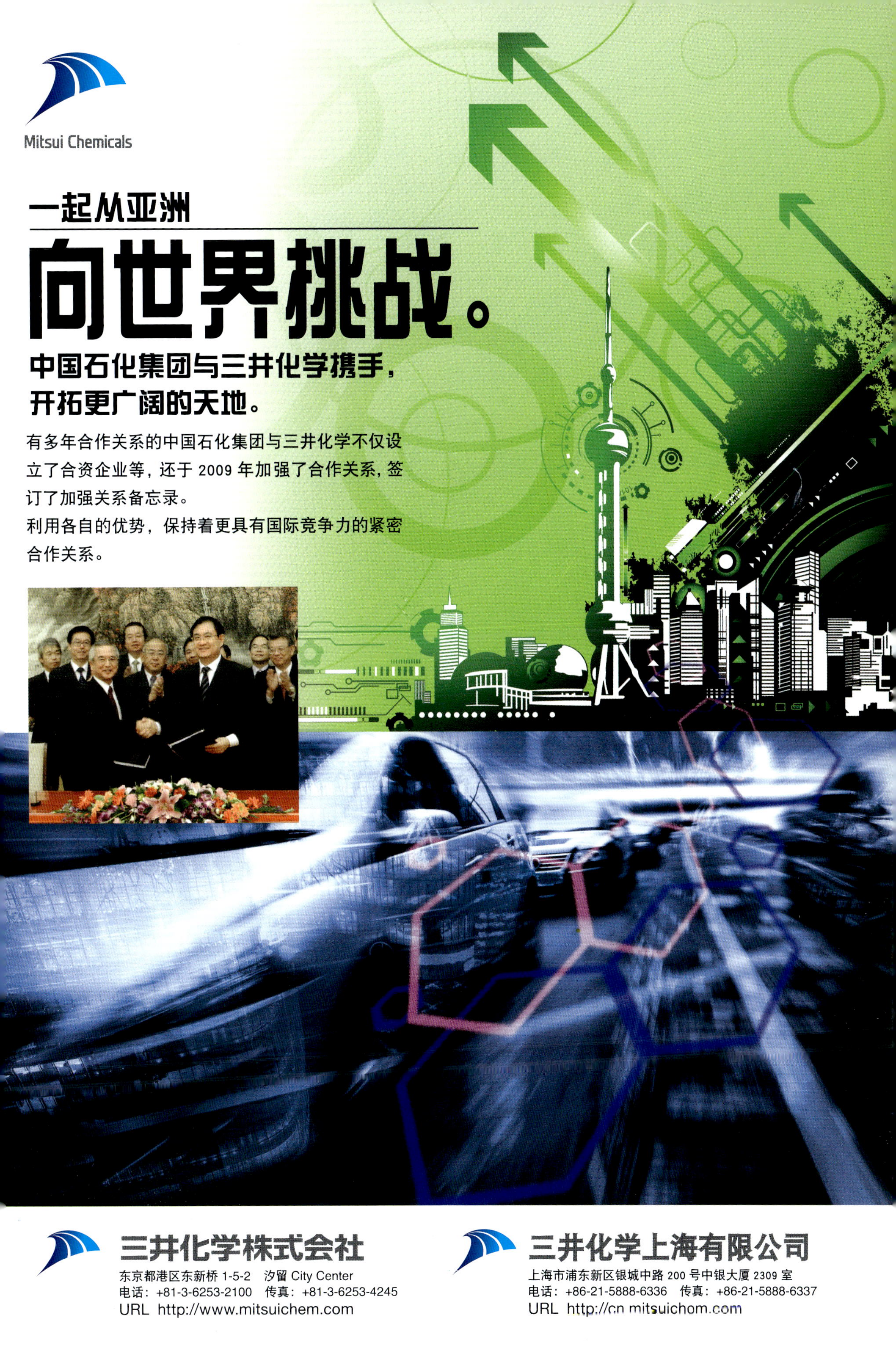
Mitsui Chemicals
一起从亚洲
向世界挑战。
中国石化集团与三井化学携手，
开拓更广阔的天地。
有多年合作关系的中国石化集团与三井化学不仅设立了合资企业等，还于 2009 年加强了合作关系，签订了加强关系备忘录。
利用各自的优势，保持着更具有国际竞争力的紧密合作关系。
三井化学株式会社
东京都港区东新桥 1-5-2 汐留 City Center
电话：+81-3-6253-2100 传真：+81-3-6253-4245
URL http://www.mitsuichem.com
三井化学上海有限公司
上海市浦东新区银城中路 200 号中银大厦 2309 室
电话：+86-21-5888-6336 传真：+86-21-5888-6337
URL http://cn.mitsuichem.com

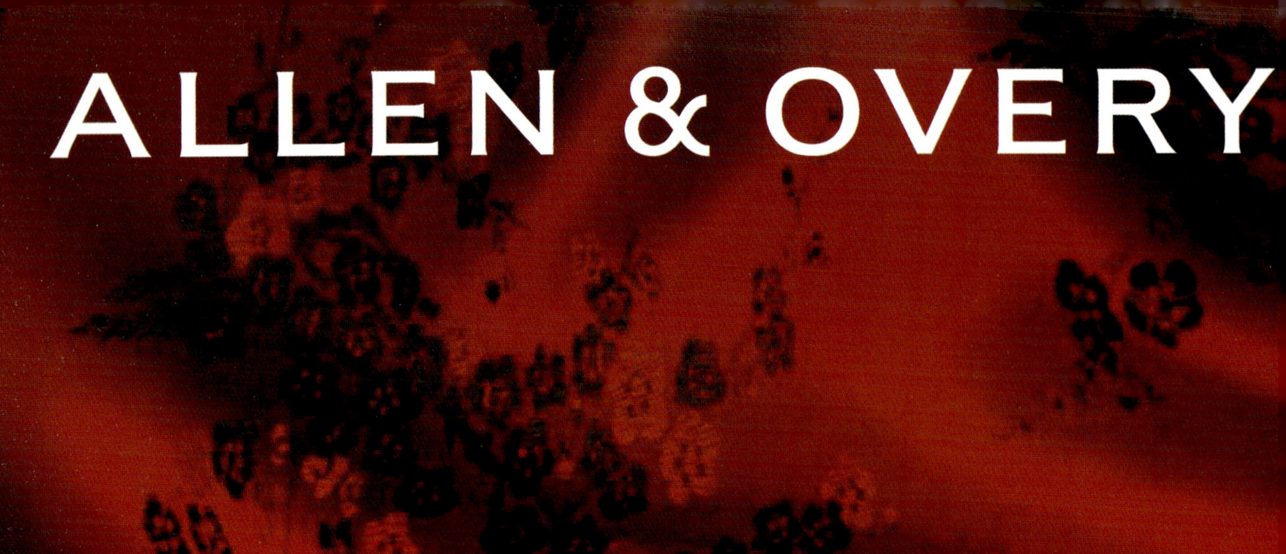
ALLEN & OVERY
Proud to be working alongside Sinopec
因为能与中石化携手共进而倍感自豪
www.allenovery.com

企业改革与管理

◇ 综述

◇ 体制改革

◇ 企业管理

◇ 内控与风险管理

◇ 资本运作

◇ 信息化建设与管理

综　　述

2012 年，围绕推动石化集团公司发展战略和发展模式的落实，立足长远，抓实当前，全面推进各领域的改革，强化提升管理，有力促进了科学发展，支撑了世界一流能源化工公司建设。

以完善国家控股公司体制和落实“六化”发展模式为重点，立足提升组织管理效率和实现集团价值最大化，强化改革的顶层设计，系统、整体、协同推进，深层次改革平稳起步并取得初步成效。石化集团公司董事会规范运行，集团层面完善法人治理结构迈出实质性步伐，为进一步推进石化集团公司现代企业制度建设夯实了体制、机制和制度基础。根据国家控股公司体制构架明确的各层级功能定位，坚持事业部制改革方向，推进总部职能转变，做实事业部，逐步使总部成为战略规划中心、投资决策中心、资源配置中心、风险管控中心和协调服务中心，事业部成为板块业务利润中心和管理中心，企业成为利润中心和运行中心。推进石油工程、炼化工程、润滑油、催化剂、煤化工、液化气、热电水务等业务领域的专业化发展，充分释放发展活力，不断提高竞争力和价值创造力，特别是以炼化工程(集团)股份有限公司、石油工程技术服务有限公司成立，以及矿区(社区)管理体制调整为标志，中国石化新一轮针对存续企业更深层次改革的第一阶段目标任务圆满完成。

以全面开展“管理提升活动”为主线，在统筹推进投资决策管理、全面预算和全员成本目标管理、全面风险管理、科技创新管理、人力资源管理、产权管理、法律管理、物资采购管理、安全生产管理、管理信息化、社会责任管理、党建管理、反腐倡廉管理 13 项专业管理工作的同时，不断加强制度、流程、“三基”等基础管理，并通过经营管理改善提升、“比学赶帮超”和对标评价考核的导向推动，进一步提升精细化管理水平。制度标准化信息化建设取得重要进展，全面完成总部和企业层面制度标准化改造，初步建立起中国石化统一的标准化制度体系和制度管理信息系统。“三基”工作评价体系进一步完善，总结推广不同层面的管理经验，促进全集团共享，特别是物资采购集中统一管理经验，得到了国务院国资委和中国企业联合会专家的高度认可，并在中央企业全面推广交流。改善经营管理建议取得实效，其中 164 项石化集团公司级建议项目实现节能降耗 15.15 亿元。管理创新工作取得新成效，获第 19 届全国企业管理现代化创新成果一等奖 1 项、二等奖 8 项。紧紧围绕“打造世界一流”和“保增长保效益”，全面修订绩效考核制度体系，以提升价值创造能力、降低效益成本和发展绿色低碳等为主要内容的考核指标体系不断完善，运行机制进一步健全，绩效考核的工作实效和导向性作用有了新提高。对标评价和“比学赶帮超”工作进一步体系化、长效化，特别是在全系统广泛开展学镇海、学安喜活动，掀起了“比学赶帮超”新高潮，有力促进了管理提升。石化集团公司被国务院国资委评为中央企业管理提升活动优秀组织单位、中央企业考核工作先进单位。

以构建集团风险管控中心为导向，不断深化工作，提升风险管理与内部控制水平。适应石化集团公司建设董事会、规范公司治理的需要，修订完成《集团公司(股份公司)总部内部控制手册(2013 年版)》，并通过内控管理信息系统，将内控要求落实到部门及岗位，提高总部层面内部控制的有效性。从设计和运行两方面完善内部控制缺陷标准，修订总部内控检查评价标准和模板。系统开展风险识别和评估，进一步细化完善石化集团公司风险清单，建立健全风险评估标准，推进内部控制与风险管理有机融合，实现风险管理的系统化与常态化。研究制定石化集团公司《全面风险管理提升方案》《全面风险管理办法》及其配套风险评估指引、重大(重要)风险监控预警报告制度等一系列相关的制度、办法和工作标准，为进一步开展全面风险管理提升工作打下基础。石化集团公司全面风险管理工作得到国务院国资委肯定，在 8 月中央企业全面风险管理提升专题会上，书面交流了中国石化风险管理工作经验，在中央企业开展管理提升活动第 56 期工作简报上进行专题介绍。

(李　萌)

体制改革

【建设规范董事会】 2012 年 4 月 13 日，国务院国资委在石化集团公司总部召开中国石化建设规范董事会工作会议，宣布聘任 5 名外部董事，标志着中国石化从集团层面完善法人治理结构、建立现代企业制度迈出了实质性步伐；5 月 28 日，石化集团公司在京召开第一届董事会第一次会议，确认聘任石化集团公司总经理、副总经理、总会计师，审议通过聘任董事会秘书，审议通过《集团公司章程》等 9 个制度文件，初步建立起集团层面董事会的运行机制和工作制度，建立健全了决策层和执行层的组织体系。

(王晓辉)

【成立集团董事会办公室与总经理办公室】 根据国务院国资委《董事会试点中央企业董事会规范运作暂行办法》精神，2012年2月2日，石化集团公司下发《关于成立集团董事会办公室与总经理办公室的通知》，设立集团董事会办公室、总经理办公室，与办公厅合署办公。董事会办公室主要负责拟订董事会工作方案、董事会运作的各项规章制度以及筹备董事会各专门委员会会议、草拟董事会年度工作报告等工作。总经理办公室主要负责总经理办公会等会议活动的组织、总经理会谈会见的记录整理及会议纪要的起草等工作。

（王晓辉）

【成立党组办公室】 为进一步加强石化集团公司党建工作，健全总部工作机构，2012年3月1日，石化集团公司党组下发《关于成立党组办公室的通知》，设立党组办公室，与办公厅合署办公。党组办公室作为党组日常工作和公司党建工作的综合协调与办事机构，主要负责协调做好党组工作规则、决策程序等有关制度建设、公司党建工作规划计划、总结部署、检查考核以及党组理论学习中心组学习计划安排等工作。

（王晓辉）

【成立集团公司工会工作委员会和青年工作委员会】 为进一步加强石化集团公司工会和共青团工作，2012年5月24日，石化集团公司党组下发《关于成立中国石油化工集团公司工会工作委员会和青年工作委员会的通知》，成立石化集团公司工会工作委员会和青年工作委员会。工会工作委员主要负责工会工委各项规章制度、流程的制定、修订、联系全国总工会、国务院国资委党委群工部和地方工会等工作。青年工作委员会主要负责各项规章制度、流程的制定、修订，联系共青团中央、中央企业团工委和地方团委，提出年度全系统共青团和青年工作计划等工作。

（王晓辉）

【调整境外公共安全管理职能】 为进一步理顺境外公共安全管理工作，2012年1月20日，石化集团公司下发《关于境外公共安全管理职能调整的通知》，将安全环保局承担的境外公共安全管理职能调整到外事局。

（王晓辉）

【整合集团公司内外宣管理职能】 为了形成内外宣合力，发挥全系统思想政治和新闻宣传队伍的作用，统筹做好内外宣工作，2012年5月28日，石化集团公司下发《关于整合集团公司内外宣管理职能的通知》，将对外宣传办公室职能除社会责任管理、对外捐赠、赞助等职能外全部划转到思想政治工作部，其内设机构一并划转。

（苗　钢）

【进一步明确总部党群部门职能】 为加强石化集团公司党建工作系统化管理，2012年11月1日，石化集团公司党组下发《关于进一步明确总部党群部门职能的通知》，将思想政治工作部党组中心组学习组织管理职能调整到党组办公室，对党组办公室、人事部、思想政治工作部等党群部门职能定位和分工，以及党组办公室与其他部门、直属单位党委的关系等作了进一步明确。

（苗　钢）

【实施炼化工程专业化重组】 2012年1月12日，石化集团公司召开炼化工程专业化重组项目启动会，全面启动和部署炼化工程重组改制上市工作；5月18日，石化集团公司党组审议通过《炼化工程板块整体重组改制上市实施方案》，确定重组改制上市工作整体上分为公司制改制、股份制改造、发行上市3个步骤；8月24日，石化集团公司召开中石化炼化工程(集团)股份有限公司创立大会；9月3日，举行揭牌仪式；9月13日，石化集团公司下发《关于中石化炼化工程(集团)股份有限公司重组上市和运行管理的指导意见》，该工作转入上市和炼化工程集团实体化运作阶段。

（强　明）

【组建煤化工专业公司】 为进一步落实中国石化煤化工发展战略，加快推进煤化工业务的发展，2012年8月10日，石化股份公司下发《关于印发〈煤化工专业公司组建总体方案〉的通知》，成立煤化工专业公司；8月27日，完成中国石化长城能源化工有限公司的工商注册工作，注册地北京市；9月28日，举行揭牌仪式。

（王晓辉）

【推进润滑油销售业务整合工作】 为进一步推进润滑油业务发展，理顺管理关系，2012年4月6日，石化股份公司下发《关于印发〈润滑油销售业务整合实施方案〉的通知》，将润滑油销售管理职能调整到润滑油分公司，由润滑油分公司对润滑油销售业务实行集中统一管理。8月底，润滑油分公司完成了与全部19家省市石油公司的业务交接签约，新设11个销售代表处和5家销售分公司，划转人员1 411人，资产价值约3 600万元。业务整合完成后，润滑油专业化发展模式初步构建完成，业务体制框架基本理顺，形成了覆盖全国、较为完整的润滑油生产经营销售管理体系。

（王晓辉）

【液化气实行集中统一销售】 为促进产业结构优化和发展方式的转变，实现液化气资源的综合利用，2012年11月2日，石化股份公司下发《关于印发〈液化气统一销售实施方案〉的通知》，将石化股份公司27家企业液化气业务进行整合，由中国石化炼油销售有限公司统一销售。

（苗　钢）

【设立中国石化催化剂有限公司】 为实现催化剂业务的专业化发展，2012年12月6日，石化股份公司下发《关于设立中国石化催化剂有限公司的通知》，决定在催化剂分公司的基础上注册设立催化剂有限公司，作为石化股份公司的全资子公司，注册地北京市。

（苗　钢）

【设立股份公司大连石油化工研究院】 为支持抚顺石油化工研究院大连研究基地建设，2012年2月27日，石化股份公司下发《关于设立中国石油化工股份有限公司大连石油化工研究院的批复》，同意设立中国石油化工股份有限公司大连石油化工研究院，与抚顺石油化工研究院按“一套班子、两块牌子”管理。

（王晓辉）

【设立中国石化新疆能源化工有限公司】 为加快转变发展方式，调整产业结构，实现企地共赢，2012年3月22日，石化股份公司下发《关于设立中国石化新疆能源化工有限公司的通知》，石化股份公司与新疆国有资产投资经营有限责任公司共同出资组建中国石化新疆能源化工有限公司，出资比例为9∶1，注册地新疆乌鲁木齐市。

（王晓辉）

【设立集团公司延布炼厂项目部】 2012年3月26日，石化集团公司下发《关于设立中国石油化工集团公司延布炼厂项目部的通知》，设立中国石油化工集团公司延布炼厂项目部。该项目部是石化集团公司对延布项目的唯一内部管理机构，不办理工商注册，业务归口炼油事业部管理，在京设立综合管理部门，日常事务依托工程建设公司，在境外注册延布炼厂项目公司，与项目部实行“一套机构、两块牌子”管理。

（王晓辉）

【组建中国石化塔河炼化有限责任公司】 为推进“产业援疆”，实现企地共赢，2012年6月25日，石化股份公司下发《关于组建中国石化塔河炼化有限责任公司的通知》，与新疆阿克苏地区共同出资组建合资公司。石化股份公司以现金9 900万元和评估后塔河分公司全部净资产作为出资，占99%股权，新疆阿克苏地区投资主体以相应数额现金出资，占1%股权。注册地新疆阿克苏地区库车县。

（王晓辉）

【设立股份公司原油销售分公司】 为适应管道输送业务发展，2012年9月21日，石化股份公司下发《关于设立中国石油化工股份有限公司原油销售分公司的批复》，设立中国石油化工股份有限公司原油销售分公司，委托管道储运分公司管理。

（王晓辉）

【实施石油工程专业化重组】 2012年5月30日，石化集团公司下发《关于中国石油化工集团公司石油工程专业化整合重组实施的指导意见》，将石油工程业务从油田企业整体剥离，与石油工程管理部、石油工程技术研究院、石油物探技术研究院、国际石油工程公司实施专业化重组，组建中石化石油工程技术服务有限公司(简称石油工程公司)，注册地北京市，下设地球物理、工程建设、石油机械3个专业公司，胜利、中原、江汉、江苏、河南、西南、华北、华东8个地区公司，以及石油工程技术研究院、石油物探技术研究院2个研究院(保留集团公司、股份公司牌子)；5月29日，撤销石油工程管理部；6月28日，石油工程公司完成注册；12月28日，在北京举办揭牌仪式，标志着石油工程公司组建工作基本完成，组建公司共划转成建制二级单位96个、人员14.38万人、总资产702.48亿元、总负债514.83亿元、所有者权益187.65亿元。

（李旭东）

【深化矿区(社区)改革】 为完善矿区(社区)管理体制，强化专业化管理，2012年5月30日，石化集团公司下发《关于成立矿区(社区)管理部的通知》，以石油工程管理部和资产公司矿区业务为基础，组建矿区(社区)管理部；7月13日，石化集团公司党组会审议通过矿区(社区)管理体制调整框架方案；8月7日，石化集团公司下发《关于调整完善集团公司矿区(社区)管理体制机制工作的指导意见》，明确矿区(社区)业务的管理范围和运行机制；8月27日，批复三定方案，人员逐步到位，矿区(社区)管理部组建工作基本完成。

(李旭东)

企业管理

【开展管理提升活动】 2012年4月，石化集团公司对管理提升活动进行了总体规划和安排，印发《中国石化开展管理提升活动工作方案》，成立管理提升活动领导小组，办公室设在企业改革管理部；成立投资决策管理等13个管理提升专业组；明确管理提升活动制度标准化信息化等3项企业管理重点工作和投资决策管理等13项专业管理提升重点工作，以及3个阶段6个环节的阶段安排。截至年底，管理提升活动扎实开展，总体上完成第一阶段任务，顺利进入第二阶段，管理提升工作取得实效。总部各专业组梳理了各专项管理方面存在的突出问题，提出工作思路和整改措施，研究制定专项提升工作方案；各企业积极查找问题和管理短板，提出整改措施，已有92家单位形成管理提升实施方案，管理提升活动向企业和基层延伸；总结推广典型经验，物资集中采购、安全生产管理、资金集中管理、降本增效、全面风险管理等专业领域的工作得到国务院国资委的肯定，石化集团公司被国务院国资委授予2012年度中央企业管理提升活动优秀组织单位称号。

(李雪峰)

【改善经营管理建议工作深入开展】 2012年，结合改善经营管理建议信息系统试运行情况，进一步完善系统功能，实现了从建议提报、专家评审到立项实施、奖励公示、汇总统计等建议工作的在线流转。对胜利油田、齐鲁石化等26家企业上报的97项石化集团公司级建议项目实施成果进行效果效益评审，经总部有关专家审查，有87项建议项目实施成果达到石化集团公司级标准，项目实施完成后前3个月净效益达4.68亿元。通过各企业层层宣传发动和培训，广大员工踊跃参与，营造出为企业经营发展积极献计献策的浓厚氛围，截至年底，共收到建议95 365项，其中已采纳61 279项，已立项23 457项，已实施完成18 795项，降本增效36.34亿元。

(朱好生)

【开展“三基”工作评选表彰和典型经验总结推广】 为鼓励先进，树立典型，进一步提升“三基”工作管理水平，2012年，石化集团公司共评选出16家“三基”工作先进组织单位、99家先进基层单位和108名先进个人。结合中国石化管理提升活动，石化集团公司进一步总结提炼胜利油田、镇海炼化等12家企业、17家基层单位的典型做法，初步形成了基层队伍建设、安全生产、成本管理、现场精细管理等方面典型经验，11月制成现场视频片下发全集团推广学习。

(朱好生)

【进一步推进管理现代化创新工作】 2012年，为进一步推进管理现代化创新工作，石化集团公司明确了10个方面的管理创新重点，即制度标准化信息化、改善经营管理、“三基”管理、“比学赶帮超”工作、对标管理、全员成本管理、内控与风险管理、国际化经营、管理信息化，以及管理理念、企业文化、低碳经济、节能减排、控制污染等方面。抓好成果选题立项、跟踪评价、审核评定、成果推广、效益评估5个关键环节，培育有代表性、有效益、有推广价值的管理创新成果。推广一批专业管理典型经验，如物资采购集中统一管理经验、炼油板块专家现场诊断服务经验、胜利油田胜利发电厂对标管理经验等。组织了第21届管理现代化评审工作，共有387项成果被审定为石化集团公司级成果，其中一等53项、二等169项、三等165项。由石化集团公司推荐上报的9项成果被评为第19届国家级企业现代化创新成果，其中石化集团公司“大型石化企业集团物资采购管理变革”被审定为一等管理成果，胜利油田“大型石油企业聚焦系统节点的精细化管理”、镇海炼化“石化企业从心出发的安全文化建设”、广东石油“油品销售企业提高劳动生产率的人力资源优化配置管理”等8项成果被审定为二等管理成果。

(赵　楠)

【规范总部制度管理】 2012年，结合公司治理的新形势和新特点，石化集团公司重点做好总部制度发布的审核工作，推进总部制度发布的规范化。对涉及石化集团公司治理的重要制度，制度管理部门提前介入，参与制度起草环节；对重要的业务制度，制度管理部门与主办部门沟通，提出修改意见；对涉及体制、部门职责或与其他业务关联的业务制度，有关部门共同讨论、协商，确保制度审核质量和制度标准的统一、规范。全年总部共制发制度108件。

(郑琪宁)

【推进企业基层制度标准化改造工作】 2012 年，石化集团公司制度标准化改造工作重点向企业、基层延伸，通过制度管理信息系统运用、深入重点企业基层督导、及时总结宣传好经验等形式加大指导监督力度，各企业也发挥主观能动性，积极开展制度改造工作。截至年底，企业、基层两个层面的制度改造工作基本完成，共计 3 万多件制度完成标准化改造，石化集团公司初步形成覆盖全面、衔接有序、程序严密、流程清晰的制度体系。

（郑琪宁）

【探索提高制度执行力】 2012 年，石化集团公司组织各企业结合实际，积极探索实践制度落地。胜利油田重点以孤岛采油厂为试点建立了业务节点管理模型，落实业务节点责任管理检查考核机制，将检查结果与“基层创建”量化挂钩；中原油田将制度建设作为基础管理工作指标，纳入部门和单位绩效工资考核中，确保工作实效；齐鲁石化着力解决“制度过时”和“制度不落实”的问题，形成“开门定制度机制”，确保制度的可执行；茂名石化、山东石油重点统筹制度、考核、信息化工具在基层的运用，切实加强制度的执行力建设；镇海炼化建立各项规章制度“一体化检查标准”，将每个制度的控制点、监督点转换为检查条款，通过信息化手段将制度要求嵌入信息系统，让制度刚性化、监督实时化，保证制度要求的“不可逾越、不可替代、不可或缺”，实现“人控”到“机控”的转变。

（郑琪宁）

【深化制度管理信息系统应用】 2012 年，石化集团公司持续推进制度管理信息系统的运用。截至年底，制度管理信息系统可查询总部 1 000 多件制度和 112 家企业共计 3 万多件制度，形成总部制度贯穿到企业制度的执行线条；总部层面制度在线编制，首次使用了部门领导电子签章、手机短信待办提醒、单点登录、在线修改文本和自动回传等新功能，实现制度编制“无纸化”运行；企业层面已有 50 家企业制度编制实现“无纸化”运行。

（郑琪宁）

【推进绩效考核制度化建设】 2012 年，石化集团公司绩效考核工作围绕完善考核制度、提高科学化、系统化水平等重点扎实推进。修订了年度考核、任期考核、总经理奖励、副职考核 4 个考核办法，强化了绩效目标分档考核机制、考核还原机制、工资效益联动考核机制、机关部门与企业联动考核机制等一系列机制建设，增强了考核办法的导向性；按照保效益保增长的要求，在坚持年度考核办法总体原则的前提下，下发了《关于 2012 年度绩效考核有关问题的通知》，对年度直属单位及其领导班子绩效考核办法进行适当调整，加大利润指标考核权重和利润贡献考核力度，引导企业全面完成年度效益目标；根据石化集团公司董事会建设总体安排，研究制定石化集团公司领导班子年度考核和任期考核两个考核办法，经石化集团公司董事会薪酬与考核委员会审议和董事会审定后，向国务院国资委进行了备案，申请取得了国务院国资委授权董事会考核石化集团公司领导班子的批复。

（董西增）

【强化对标评价工作常态化运行】 2012 年，石化集团公司紧紧围绕“打造世界一流企业”目标，深化对标评价工作。坚持对标工作常态化，测算发布了 2011 年石化集团公司对标评价标准和对标评价分析报告，使企业横向与纵向对标的跨度达到了 5 年（2007—2011 年），为企业深入查找管理“短板”提供量化的依据；开展了近 5 年对标评价结果的综合分析，提出深化对标的工作思路；在保持指标体系总体框架稳定的基础上，完善了对标指标体系，细化了人工成本对标，建立了人工成本系列对标指标体系；推进对标评价信息系统向企业和装置层面拓展应用，对河南油田、镇海炼化、北京石油 3 家单位对标评价工作试点情况进行总结评价，形成了对标评价信息系统进一步拓展应用的思路。

（董西增）

【完善“比学赶帮超”工作机制化建设】 2012 年，石化集团公司“比学赶帮超”工作机制化建设取得新进展。建立了“比学赶帮超”与对标和考核的联动机制，使建标、对标、追标和创标进一步体系化、长效化；将“比学赶帮超”与一流员工队伍建设结合，印发了《关于深入开展比学赶帮超，打造一流员工、创建一流岗位的通知》，明确了意义、总体目标、工作措施和工作要求，使“比学赶帮超”工作深入开展有了更扎实的着力点；将“比学赶帮超”与学镇海活动紧密结合，在企业自发学镇海的同时，组织召开大型炼化一体化企业学习镇海炼化现场会，由各企业全面对标镇海炼化找差距、找原因、定方向、定措施，由总部相关部门和事业部现场点评帮助，既帮助企业进行一次全面的管理诊断，便于有针对性地改进，又为学镇海、学安喜活动的深入开展创新了方式；将“比学赶帮超”与保效益保增长紧密结合，组织经营管理上困难较多、效益目标完成差距较大的各板块13家重点企业，专题召开“强管理提效益”座谈会，全面分析企业生产经营异常情况和原因，完善有关整改措施，促进各企业改进管理，提升水平，确保完成年度目标任务。

（董西增）

内控与风险管理

【推广应用内控管理信息系统】 为提高内部控制效率和效果，石化集团公司组织开发了内控管理信息系统，实现了内控体系建设、检查评价、跟踪整改等内控管理职能的信息化。2012年，通过系统培训和推广应用，企业层面共初始化业务岗位13.9万个，系统用户32万人，风险清单7.2万份，流程6 000多个，控制点22.7万个，合计近92万条数据；统一组织编写《内控信息系统业务规则》，进一步规范内控信息系统应用。

（李军航）

【开展内控日常监督检查】 石化集团公司、企业每季度组织开展内控测试，定期检查日常管理中存在的内控问题及不足，及时整改和完善。2012年，国务院国资委开展专项内控检查，对石化集团公司总部及部分企业的投资管理、资金管理、招投标、采购业务等方面的内控情况进行检查评价，总体上评价较好；检查组对石化集团公司物资采购管理，扬子石化、金陵石化的内控管理工作等给予较高评价，共编发5期简报，向国务院国资委报告。

（李军航）

【组织内控手册修订更新】 2012年，按照国务院国资委关于中央企业提升内部控制的有关要求，结合石化集团公司董事会建设和管理体制调整实际，为进一步突出风险防控，优化、简化管理流程，落实内控责任，石化集团公司组织完成了内控手册修订更新工作。通过该次修订，实现了内控制度“两分开”，即总部与企业分开、集团与股份分开；借助内控管理信息系统，落实总部层面内控责任到部门、处室、主要岗位；进一步明确了事业部、专业公司及企业履行内控制度建设责任，推进石化集团公司内控工作深入开展。

（李军航）

【持续推进风险管理】 2012年，石化集团公司结合实际，全面组织开展年度风险识别和评估，确定了重大风险、重要风险和一般风险，分解落实管理责任，制定重大、重要风险管控策略和措施，加强日常动态监控和评估，确保重大、重要风险可控、在控。

（李军航）

【开展全面风险管理提升】 2012年，按照国务院国资委管理提升要求，石化集团公司广泛开展现状调研，梳理分析风险管理工作中存在的突出问题、重点问题和瓶颈问题，研究制定解决方案，形成石化集团公司全面风险管理提升方案，以及全面风险管理办法、风险评估指引等配套制度、办法，为全面启动风险管理提升工作奠定了基础。石化集团公司全面风险管理工作得到国务院国资委肯定，在8月中央企业全面风险管理提升专题会上，书面交流了中国石化风险管理工作经验，在中央企业开展管理提升活动第56期工作简报上进行专题介绍。

（李军航）

资本运作

【概述】 2012年，石化集团公司紧紧围绕建设世界一流能源化工公司的总目标，加快推进新的发展战略和发展模式，持续开展内部资源整合和专业化重组工作，加快推进相关业务板块单独上市或分拆上市，努力让不同性质的业务都能够按照本行业的规律和特点寻求各自的发展模式和发展路径，充分释放发展活力和创造力，实现自我发展。充分利用资本市场融资平台作用，通过发行可转债、增发新股等融资再融资工具，积极为公司发展提供资金支持。加大实施外部兼并收购和产权流转工作力度，推动企业进入新领域，开拓新市场，同时淘汰落后产业，促使企业调整产业布局，优化产业结构，增强竞争能力，努力为实现公司发展战略提供坚实支撑。年内先后开展了炼化工程重组改制上市项目、石油工程板块重组改制上市项目、香港冠德资本运作项目、发行300亿元A股可转债项目等重点工作。

（郑可翔）

【炼化工程板块重组改制并境外上市】 2012年9月，炼化工程(集团)股份有限公司揭牌成立，完成了向国务院国资委上报重组改制上市方案和国有股权管理、股份公司设立、国有股转持、转境外募集的请示并取得备案或批复；向全国社保基金理事会上报了国有股转持的请示并取得批文；募投项目向国家发改委备案并获得批复。9月起炼化工程板块重组改制上市项目转入发行上市阶段。截至 2012 年底，已向中国证券监督管理委员会报送发行 H 股 28 项正式申请文件，并取得 H 股发行上市申请文件受理函。

（郑子翔）

【冠德公司实施配股融资】 2012 年 2 月，中石化冠德控股有限公司（简称冠德公司），实施资本市场配股融资，按照香港交易及结算所有限公司核准同意的 35 亿港元募资上限，确定配股比例为 1∶1，配股价格为 3.37 港元/股，此次供股发行获得了 99.4% 的基本认购率，老股东未认购的 0.6% 的股票（630 万股）吸引了 141 亿港元超额认购资金，超额认购倍数相当于未缴股款股份的 665 倍，使得供股总认购率超过 5 倍。所募资金中约 22.2 亿港元用于收购石化股份公司持有的天津港、日照港、曹妃甸港、青岛港、宁波港 5 家码头公司相应股权，其余拟用于收购其他仓储码头和物流业务资产。资产收购工作经监管部门审批同意后，12 月，石化股份公司与冠德公司完成了 5 家码头公司股权交割。配股融资前，冠德公司总股本 10.37 亿股，市值 40 亿港元左右，配股融资和母公司资产注入后，总股本扩大到了 20.74 亿股，市值超过 100 亿港元。

（郑子翔）

【发行 300 亿元 A 股可转换债券获有条件通过】 2012 年 3 月，300 亿元 A 股可转换公司债券的发行申请经中国证监会发审委审核并获得有条件通过。石化股份公司就中国证监会发审委出具的审核意见进行整改，将根据资本市场情况择机完成 300 亿元可转债券发行工作。

（郑子翔）

信息化建设与管理

【概述】 2012 年，中国石化信息化紧紧围绕公司发展战略和目标，坚持"集中集成，创新提升，共享服务，协同智能"工作方针，全面落实"十二五"信息化发展规划各项任务，积极开展"三大平台"完善提升和"管理信息化"提升活动，信息化各项工作取得了新进展，ERP 大集中系统在销售企业试点取得成功，集中统一的人力资源管理（HR）、合同管理系统全面推广，源头数据采集系统在油田企业推广完成，生产执行系统（MES）在炼化企业实现全覆盖应用，加油卡系统在区外公司全面部署，海内外 9 个网络区域中心建成投用，信息系统深化应用取得新成效，公司信息化综合应用水平又上新台阶，石化集团公司和下属 7 家企业被工信部评为国家级两化深度融合示范企业，信息化为推进公司结构调整、提升管理水平、促进降本增效等提供了强有力支撑。

（王景涛）

【ERP 系统建设与应用】 ERP 系统建设有序推进，集成应用、创新应用取得新成效，支撑了体制机制改革和管理创新。ERP 大集中系统在销售板块的天津石油、上海石油、海南石油 3 家企业试点取得成功，规范统一了 295 个单元业务流程、1 030 个业务数据标准，强化了不相容岗位权限的在线管理，销售开票、发票冲销、损溢盘点等 68 个关键业务环节实现了线上审批控制，简化了用户操作，提高了业务运行效率。完成分散部署 ERP 逻辑集中管控试点，系统配置、业务流程和应用标准的集中管控得到加强。根据国家新会计标准、安全生产费用规定以及石化集团公司物资储备等管理要求，对 90 多家企业 ERP 系统功能进行调整；及时完成润滑油、化工销售、炼油销售等 9 家单位的 ERP 系统整合，支撑了石化集团公司专业化重组和一体化管理工作。全面实施 ERP 登高计划，开展新一轮应用达标活动，企业 ERP 规范应用水平进一步提高，监控问题数从年初的 380 个下降到 189 个，规范应用良好企业从年初的 69 家增加到 76 家，有 14 家企业被评为 ERP 登高示范单位，ERP 深度利用在提升管理、改进绩效等方面取得显著成效：①油田企业应用 ERP 系统加强预决算管控。胜利油田实现分公司、二级单位和基层部门 3 个层级的预算管控；江苏油田集成应用 ERP 和数据中心数据，实现所有井下项目预结算、设计与实施差异的对比分析；②炼化企业应用 ERP 系统加强精细化管理。镇海炼化集成应用 ERP、合同管理、电子结算等系统，实现大修、隐患治理、更新等重要项目的全流程集中管控和跟踪；燕山石化将 ERP、MES、TBM 等系统高度集成，实现各生产厂每日投入产出和利润完成情况监控；③销售企业应用 ERP 系统提高了效率和效益。江苏石油重视 ERP 量价控制功能应用，全年累计增效 2 100 万元；广东石油集成应用 ERP 与加油卡、零管系统，人均劳动效率提高 18%；④总部 ERP 应用取得新成效。综合部门基于 ERP，提升了生产经营管理、投资计划、财务管理、审计监察等日常业务的管理水平；各事业部应用数据仓库系统，开展经营过程监控、产品价格分析、成本模拟还原分析、经济活动分析等管理工作，充分发挥数据的及时性、准确性和完整性，有效利用大数据量分析应用，促进了经营决策更加科学高效。

（王景涛）

【**重点管理系统建设与应用**】 资金集中管理等专业系统完善提升，增强了集团管控能力、提升了精细化管理水平。①资金集中管理系统，新实现境内与邮储银行，境外与花旗、汇丰、工商等银行的银企直连，集团资金统筹聚合能力和资金运用效率进一步提高，资金集中度上升到92.6%，支出集中度超过97%，年节约财务费用20亿元以上；②石化股份公司会计报表合并（BW&BCS）系统，完成二级以下单位核算级次扩展，实现了月度出具现金流量表和股份公司全级次报表上报，以及外币单位基于BW&BCS平台出具外币合并报表；③物资采购电子商务系统，2012年实现网上采购2 502亿元，网上采购率提高到97%，节约采购资金成效显著；④人力资源管理系统，在境内所有单位上线运行，9.8万个组织机构和158万名各类人员被纳入系统管理，实现了日常人事业务的在线处理和用工总量、薪酬总额等主要指标的在线监控分析；⑤合同管理系统，完成在境内123家直属企业实施，在线运行合同44万份，合同金额超过1万亿元，强化总部及企业的合同监管力度，为有效防范法律风险奠定了坚实基础；⑥重点业务公开系统，新增自动问题筛查、违规预警和智能监控功能，全年发出预警信息5 200多条，累计公开重点业务信息1 657万余条，涉及合同金额人民币6.75万亿元、美元4 203亿元；⑦审计信息集成管理系统，完成智能预警功能开发部署，逐步开展在线实时审计，审计业务统一管理平台作用明显；⑧制度与内控管理系统建设顺利推进，在线管理制度2.7万件；⑨远程教育系统全面推广，成为集团统一的全员网络学习平台，注册学员31万人，全年完成各类远程培训项目371个，学习次数超过581万次，节省培训、差旅等费用1.68亿元。

（王景涛）

【**生产营运和供应链管理系统建设与应用**】 总部生产营运和供应链管理等系统进一步优化，支撑了资源优化和降本增效。①生产营运指挥系统（二期）成功上线运行，覆盖了集团上中下游90余家企业，与企业的系统集成度大幅提高，生产数据自动获取率达到85%以上，建立起总部级集中统一的生产指挥平台，实现了全产业链生产运行的动态跟踪和实时监控，提升了板块间产销衔接和异常处置能力。②完成17家炼油企业、115套装置的PIMS模型适应性改造，实现模型改造与工程建设、油品质量升级同步，规范227套化工装置的投入产出模型，实现了多方案效益对比分析。34家炼油企业利用PIMS模型全年测算案例957个，实施优化方案450个，综合降本增效8.15亿元；18家化工企业利用化工PPIMS模型优化减亏5.8亿元。③HSE系统在16家企业上线运行，并实现与3家企业应急指挥中心集成，简化了HSE管理的工作流程，增强了HSE管理的决策力和执行力。

（王景涛）

【**油田企业信息化建设与应用**】 数据资源建设快速推进，自主知识产权软件扩大推广，提升了专业应用水平和决策效率。①源头数据采集系统推广完成，覆盖13家油田企业，实现了勘探开发12个大类业务数据的规范采集和8万多口井的成果数据规范管理，实时反映6万多口油气水井生产动态，为88个系统的专业应用提供了有效数据支撑；②完成河南、江汉两家油田企业数据中心建设，为8套勘探开发专业软件提供了数据服务；③油气集输与注水优化系统深化应用，江苏油田、中原油田全年集输注水优化系统能耗降低4%以上；④加大自主知识产权软件推广应用，隐蔽油藏表征系统已在勘探南方分公司、国际石油勘探开发公司等单位的8个研究项目中得到应用；开发管理、动态分析、油藏工程综合分析、测井资料处理解释等系统在油田企业全面推广，已安装部署软件500余套；⑤完成勘探开发云建设规划和总体设计，组织开展勘探开发云服务计算中心的技术攻关和应用测试，完成主流处理解释软件集中部署、共享管理关键技术以及高性能计算机资源虚拟化技术测试工作。

（王景涛）

【**炼化企业信息化建设与应用**】 炼化企业MES系统全覆盖应用，生产层面系统建设和应用水平进一步提高，精细管理、降本增效作用明显。①MES系统在炼化企业推广完成，1 500余套装置、1.9万个储罐、2.8万个能源节点被纳入系统管理，形成了统一的企业级生产营运平台，规范了生产业务操作，优化了业务流程，实现了生产数据“数出一门，量出一家”和生产调度协同指挥，提高了企业生产管控能力，为企业生产调度指挥、统计月结提速、班组考核等提供了有力支撑，企业统计月结时间平均缩短近20小时；②先进过程控制（APC）系统在23套装置上顺利建成，累计投用达到142套，遍及20多家炼化企业的常减压、乙烯、芳烃等生产装置，促进了节能减排，提高了产品收率，年增效益2.35亿元；③“三剂”管理系统实现炼化企业全覆盖应用，有效降低了“三剂”消耗及采购成本；④完成7家企业实验室信息管理系统(LIMS)提升，开展系统应用监控评价工作，有效提升了企业的产品质量管理水平；⑤完成能源管理、生产操作管理、原油物流优化(物联网试点)等系统规划和总体设计；⑥完成智能工厂的规划和总体设计，启动了炼化智能工厂试点建设。

(王景涛)

【销售企业信息化建设与应用】 新加油卡、客户关系管理(CRM)等系统建设推广，增强了市场开拓能力，提升了客户服务水平。①新加油卡系统在区外省市公司全面推广，联网站1 619座，累计发卡58.5万张，区内加油卡平稳运行，发卡近2 000万张。加油卡系统已覆盖30个省市的2.6万座加油站，覆盖率达到82%，在稳定忠诚客户、提高经营量、提升品牌形象等方面发挥了重要作用；②区外公司零售管理系统完成改造，加油站经营数据上报及时率达到99%，提升了精细化管理水平；③完成化工销售、润滑油和区外加油卡CRM系统建设，初步形成以营销服务为核心的专业化经营服务平台；④完成10家油品销售企业LIMS系统建设，油品质量管控能力得到进一步提升；⑤成品油二次物流系统在14家企业完善提升，已覆盖31家省市、4家大区公司的400余座油库和3万余座加油站，通过系统优化库站配送，年节约费用5 600多万元。

(王景涛)

【科研和工程建设单位信息化建设与应用】 科研、工程单位加大系统集成应用，提升了科学研究和技术服务能力。①完成上游科研单位知识管理系统建设规划和初步设计；②初步建成海外重点项目数据管理平台，将Addax等公司的日度开发生产数据纳入管理，为海外项目协同研究提供了及时的数据服务；③地球物理数据管理平台实现数据管理与共享应用的一体化集成服务；④炼油技术分析及远程诊断系统在152套生产装置上投用，301名技术专家通过系统动态监控装置运行情况，远程解决装置运行问题，提高了生产装置运行管理能力；⑤石油工程决策支持系统完成全部模块的研发工作，为元坝、彭水等重点井的钻井决策提供远程支持；⑥炼化工程企业的三维工程设计等系统集成应用水平进一步提高，已达到国内领先、国际同行先进水平，二维设计应用普及率达到100%，三维设计已在90%的工程项目和100%的大型工程项目中应用，工程管理水平和服务能力得到有效提升。

(王景涛)

【信息基础设施与安全建设】 信息基础设施进一步完善，安全防护、运维保障和基础应用能力持续提高。①建成西北、河南等5个国内区域网络中心和中东、南美2个海外汇聚中心，提升了香港分中心网络接入能力，增强了海外企业和分支机构与总部的信息互联；②完成南京灾备中心机房建设，搭建新加油卡同城和异地备份系统，提高了数据的安全性；③在61家企业部署计算机网络准入控制系统，完成120余家企业数字证书系统部署；建成中国石化统一身份管理系统，梳理100多万用户身份数据，并与HR系统、数字证书系统、AD域系统有效集成；建成总部信息安全日志审计系统和电子文档安全管理系统；④全面落实国家信息安全等级保护要求，完成1 123个信息系统的定级审查。通过公安部、中国信息安全测评中心对总部43个系统的等级保护测评，对江苏油田等6家单位的基础设施及107个信息系统进行风险评估和安全整改，提高了信息安全防护水平；⑤高清视频会议系统覆盖所有企事业单位及部分海外机构，全年召开各类会议408次，节约会议、差旅费用3 000多万元；统一通信系统加快推广，总部无纸化会议系统建成投用；邮件系统强化垃圾邮件策略等，系统稳定性和安全性进一步增强；桌面管理系统加强了终端管理力度，进行600多万次的补丁修复；⑥充实总部统一运维力量，依托石化盈科公司加强对ERP、MES、会计报表合并、资金集中管理等重要系统的集中运维，为IT共享服务建设奠定了基础。

(王景涛)

【信息化管理】 根据石化集团公司战略实施和信息化发展的需要，成立以傅成玉董事长为组长的石化集团公司信息化领导小组。按照国务院国资委和石化集团公司“管理提升”活动总体部署，组织开展“管理信息化”提升活动，从信息化项目“六统一”管理、信息标准化工作、信息安全管理、信息化队伍建设、“三大平台”完善提升、信息系统深化应用、信息系统运行维护等9个方面开展专项提升工作，并取得了阶段性成果。按照“六统一”原则，健全规范信息化建设、运维、安全等相关制度和流程；强化信息标准化管理，完善信息标准化代码体系，拓展3个大类36项标准化代码，扩充各类代码29.8万条，提升了信息标准化管理平台，实现了信息标准代码“一站式”运维支持服务；注重信息化人才培养和队伍建设，组织开展ERP、MES等重点系统应用和新技术培训，全年共培训各类人员2万多人次，其中党组管理干部87名；加大信息化深化应用力度，组织开展ERP登高计划、MES等系统应用达标、示范企业评比、现场帮扶交流等活动；加大企业信息化评价力度，在企业信息化综合评价基础上，2012年又对ERP系统、基础设施与信息安全、源头数据采集、MES系统、APC系统、加油卡系统、零售管理系统等7个系统的应用情况进行专项评价，进一步促进信息化与企业生产经营的深度融合，提高信息化的投资回报效果；组织91家企业开展ERP技能竞赛，共选拔出应用能手166名，37家企业分获团体金、银、铜奖。2012年，石化集团公司被工信部推荐为信息化成果重点展示企业，参加全国"两化融合"成果展，中国石化的应用成果得到工信部、国务院国资委的充分肯定。在工信部组织的2012年全国两化深度融合企业评选中，石化集团公司及扬子石化、燕山石化、胜利油田、天津石化、青岛炼化、上海石化、镇海炼化7家企业被评为国家级两化深度融合示范企业。

（王景涛）

财务资产管理

◇ 综述

◇ 预算管理

◇ 会计管理

◇ 资金管理

◇ 资产管理

◇ 土地管理

◇ 年金管理

◇ 总部机关财务管理

◇ 财税价格政策

◇ 财会队伍建设

◇ 专项管理

◇ 财务状况

综　　述

2012年是石化集团公司开启建设世界一流能源化工公司新航程的第一年，面对理财环境严峻复杂、理财任务艰巨、管理要求不断提升等多种因素相互叠加带来的压力和挑战，在石化集团公司党组领导下，财务系统围绕打造世界一流财务的总体目标，以“保效益、强管理、控风险、促发展”为工作主线，以“比学赶帮超”为抓手，密切跟踪形势变化，积极开拓思路，创新工作策略，全力加强财务管理，不断提升财务管理水平，在决策支撑、资金保障、成本控制、支持改革、争取政策、基础管理等方面做了大量卓有成效的工作，为石化集团公司改革发展稳定发挥了保障和促进作用。

（巩祎昌　魏　哲）

预算管理

【强化预算管理】　贯彻执行石化集团公司党组关于“转变总部职能，做实事业部”的部署要求，改进完善2013年预算编制方法，由事业部、专业公司组织编制各板块预算计划，总部财务部统一编制石化集团公司财务预算，发挥了事业部、专业公司在预算计划编制中的作用。以全面预算管理为抓手，将石化集团公司年度各项预算目标层层分解，特别是狠抓利润、EVA、资金、降本减费指标的分解落实，切实将经营压力和管理责任传递落实到每个层级、每项业务。以提升价值为导向，以确保效益完成为目标，在资产公司、油田企业两个板块建立工资效益联动增长机制，有效调动了两个板块自树目标、自我加压、主动挖潜的积极性。加强对收入、效益、现金流、成本费用等重点指标的监督管控，强化月度预算安排与执行，加强对预算目标和企业挖潜增效措施的跟踪督导，组织实施油田企业“三分开”预算，特别是在四季度研究制定“开源降本”7项措施并狠抓落实，全面完成了国务院国资委下达的经营业绩考核指标：利润总额目标值为1 015亿元，实际完成1 047亿元；EVA目标值为248亿元，实际完成280亿元；人均营业收入目标值为320万元，实际完成387万元；流动资产周转率目标值为4.5次，实际完成5.8次。

（巩祎昌　魏　哲）

【深化财务分析】　面对石化集团公司复杂严峻的生产经营形势，不断加强和改进财务分析，通过差异分析、异常分析、专题分析、对标分析等形式，研究把握公司经营运行特征，聚焦公司经营发展中的薄弱环节，深入挖掘业务链增值潜力，及时为业务发展提供指导性意见。加强宏观经济形势和市场环境研判，加强对生产经营问题与难点的分析和揭示，加强对重点企业、重点业务、重点问题的分析，转变分析视角，调整分析方式，财务分析效果不断提高。全年组织开展“十一五”生产经营状况分析、国际石油勘探开发公司付息债务分析、投资效益分析等重点专题11个，进行月度、季度和年度分析13次，撰写财务分析报告23份，为改善生产经营、提升公司价值提出51项合理化建议，有力地支持了生产经营决策。

（巩祎昌　魏　哲）

【做实做精做深全员成本目标管理】　在深入总结前两年全员成本目标管理工作经验的基础上，认真贯彻落实石化集团公司党组“经营一元钱，节约一分钱”的部署要求，按照“做实顶层设计和资源优化配置、做精企业成本管理工作、做深对标追标工作”的工作思路，确定和分解降本增效目标，将预算目标分解落实到每项业务、每个环节、每个部门、每个基层单位；贯彻落实“八个方面保效益”的要求，从增产增收、优化资源、调整结构、降本减费、争取政策、节能降耗等方面，组织企业制定降本增效具体措施；充分利用预算手段，狠抓物资采购、原油采购等重点环节的成本管控；坚持“抓两头、促中间”，深入11家企业，对企业降本增效措施细化落实情况和全员成本目标管理工作进行调研督导；深入开展全员成本目标管理专项提升工作，确定6项重点工作措施，组织企业深入整改薄弱环节，取得了较好的效果。①系统优化、持续改善的成本管理运行机制日趋完善，构建了多层级的成本管理责任体系和树型成本指标体系，形成了“建标、对标、追标、创标”工作机制、系统优化和资源配置机制、典型引导和后进帮促工作推进机制、全员成本目标管理考评奖励机制。②取得了较好的成本管控效果。2012年，石化集团公司实现挖潜增效202.4亿元，其中原油采购节约成本47亿元，大宗物资和集团化采购节约成本61亿元。在人工成本、折旧等固定性成本大幅增加的情况下，各板块单位成本指标快速上涨的势头得到有效遏制，会议、办公、接待、差旅、出国、用车费用支出同比均下降13%以上。③涌现出了一大批全员成本目标管理先进典型。50家企业获得78项次全员成本目标管理奖，41家企业在物资采购、原油采购、热电、水务业务等方面获奖；

7个项目获得公司成本管理优秀项目奖。

（巩祎昌　魏　哲）

会 计 管 理

【强化会计核算规范化、制度化建设】 按照董事会议事规则，建立董事会管理体制架构下的财务报告制度，分别向石化集团公司董事会汇报了2012年上半年财务情况和全年财务决算报告。修订完善《会计手册》，对固定资产分类及年限、长期股权投资、递延所得税、安全生产费用、工程项目期末暂估、供电、供排水业务进行了调整、细化和补充。采用"统一布置、企业实施、总体会审"的方式，编写会计集中核算《主要业务操作指南》，梳理形成180余项会计集中核算系统操作指南，覆盖12项通用业务和23项主要业务流程，对集中核算系统中各项会计业务流程操作内容、步骤、要求和操作过程进行了规范统一。全面启动月度会计信息考评工作，从4月开始按月对企业会计月报报表质量、会计业务规范、系统规范运行进行考核通报，企业会计业务和月度会计报表质量显著提高，考评前后对比，红字凭证占总凭证比率下降0.29个百分点，其他费用减少34.76亿元，非标准单位减少1 460个。

（巩祎昌　魏　哲）

【完善会计核算信息化系统】 制定石化集团公司《会计核算系统运维实施细则》，对管控目标、运维体系组织管理与职责、运维支持流程、适用范围进行了安排。充分利用现场、热线和网络平台等方式，开展业务和技术支持服务，每月支持热线达600项，利用网络平台解答用户问题2 000多个。加快推进并实现会计集中核算系统（AIC）与资金管理系统（TMS）、人力资源管理（HR）、财务公司ERP等相关系统的集成和融合。扩大会计集中核算系统的覆盖范围，完成会计集中核算系统对新星石油公司境外业务的覆盖以及财务公司、盛骏公司、资产公司等5家ERP企业的数据集成。完善全级次上报报表方案，组织优化报表体系，石化股份公司BW&BCS系统功能进一步完善，基本实现合并现金流量表自动出具。石化集团公司关联交易平台全面上线运行，依托关联交易平台规范内部往来挂账与结算。石化股份公司会计标准和ERP模板统一工作正式启动。研究确定中国石化财务共享服务中心建设初步思路，财务共享服务建设工作稳步启动。可扩展商业报告语言（XBRL）项目完成试点工作。

（巩祎昌　魏　哲）

【完成年度财务决算】 创新财务决算工作管理方式，严格执行财务决算工作纪律，不断提高财务决算工作质量，圆满完成石化集团公司及所属企业2011年度财务决算工作，受到财政部和国务院国资委表扬，被评为财政部2011年度财务决算先进单位，位列中央企业第1名。

（巩祎昌　魏　哲）

资 金 管 理

【加强筹融资管理】 面对石化集团公司资金需求不断增长、资金缺口不断扩大、资金管控风险不断增加的复杂局面，开动脑筋，多措并举，全面加强筹融资工作。①继续实行集团总部统筹对外融资，利用总部转贷、内部委存委贷以及依托财务公司和盛骏公司2个资金平台提供自营贷款等方式，统筹弥补企业资金缺口，摊薄总体融资成本。2012年，石化集团公司综合融资成本率为3.07%，相对于境内外市场水平，节约利息支出73亿元。②适时筹措外币贷款，保证境外项目需求。以相对较低的资金成本完成了116亿美元境外融资，保证了Galp、Talisman等大项目的资金需求。③组织直接融资，调整债务结构。通过发行国际美元债券、公司债券、短融、超短融等方式组织直接融资1 170亿元，比年初占比提高11个百分点。④加强境内外银行合作，增加融资保障。积极扩大与中资合作银行及国际知名银行的协调沟通，加强与相关金融机构的深度合作，避免融资来源过于集中的逼债催债风险。2012年银行授信额度不断增加，融资稳定性和资金保障能力持续提升。

（巩祎昌　魏　哲）

【强化资金占用管理】 坚持把大力压缩资金占用作为石化集团公司资金管理的首要任务。强化预算管理，大力压减应收款项、存货资金占用，加强汇率走势及资金收支预测和分析，争取"快收、快结"，缩短收款周期，提高周转效率；紧盯市场变化，合理摆布原油、成品油、化工产品库存，加大资金回笼力度。同时，加强对非急需付款的管理，适当控制付款进度，增强经营筹资能力。2012年，各项资金占用指标得到有效控制，石化集团公司营运资金占用较上年减少71亿元。

（巩祎昌　魏　哲）

【成功发行35亿美元国际债券】 克服国际金融市场复杂跌宕，发债时间紧、任务重等多种不利因素，密切关注市场，把握市场窗口，加强工作协调，成功组织石化集团公司信用评级和全球路演，圆满完成35亿美元国际债券发行工作，公司获得标普A⁺、穆迪Aa3评价，创造了中国企业国际发债发行结构最佳、认购规模最大、单次发行额最高、发行价格最优等多项纪录，成为国内石油石化行业首家入选新兴国家债券指数(EBMI)指数债券，被国际知名杂志《财资》评为年度亚洲最佳新发行债券奖。

(巩祎昌　魏　哲)

【加强资金风险管控】 加强资金管理制度建设，制定或修订了石化集团公司境外资金平台业务监管暂行办法、特殊资金管理办法，资金管理制度体系不断完善。加强对债务规模的预警分析，及时进行预警提示。实行银行授信、贷款融资、保证业务、银行账户、资金计划、衍生业务的集中统筹管理，组织完成2012年统一授信合同签订及授信指标的切分。先后4次发布人民币汇率以及部分新兴市场国家汇率变动情况预警提示，加强境内外市场形势分析和汇率、利率风险预警管理。建立财务风险季度内控测试制度，发现问题，及时督促整改。着力做好加油站收款业务，积极帮助企业协调主要国有商业银行，解决具有上门收款条件加油站的货款解缴安全性和及时性问题，确保资金安全及时回笼。

(巩祎昌　魏　哲)

【完善资金集中管理信息系统】 按期完成石化集团公司资金集中管理银企直联推广应用工作，资金集中管理信息系统提升项目通过验收。石化股份公司与邮政储蓄银行的总分账体系建设和推广工作正式启动，批准了10余家省市公司邮储分账户的开立方案和部分分账户的推广上线工作；深化工商银行、建设银行、中国银行分账户的应用工作。

(巩祎昌　魏　哲)

资产管理

【加强资产管理制度化建设】 根据国务院国资委《国家出资企业产权登记管理暂行办法》以及《国家出资企业产权登记管理工作指引》，对《资产管理办法》中"国有产权登记管理"相关内容进行修订，明确了产权登记的原则、范围、登记类型与情形、登记时间、登记程序、数据汇总与分析、档案管理以及监督检查等相关内容。对"资产处置管理"相关内容进行细化，加强了重大资产损失的核准管理，为规范企业资产管理行为提供了制度保障。

(巩祎昌　魏　哲)

【加强资产管理标准化建设】 根据国家新的固定资产分类与代码标准，石化集团公司发布了2011版《固定资产分类与代码及单项固定资产确认规则》，自2012年1月1日起正式实施。为做好企业新标准转换工作，石化集团公司总部和企业组织人员逐项分析固定资产新旧类别涵盖资产内容，建立新旧标准对照关系，开发转换软件，组织专项培训，安排集中对接和审核验收，转换工作顺利完成。此次固定资产分类新旧标准转换涉及资产66万余条。

(巩祎昌　魏　哲)

【会计集中核算系统固定资产管理模块开发上线】 固定资产管理模块是石化集团公司会计集中核算系统的重要组成部分。通过一年时间的扎实工作，历经开发系统、模拟测试、企业试点、集中培训、分批推广上线等工作，按计划完成了固定资产清查准备、用户梳理、数据初始化、业务补录、上线运行等各项任务。2012年10月，83家企业正式上线，实现了"系统集成、信息集中、标准统一、功能全面"的建设目标。

(巩祎昌　魏　哲)

【启用中央企业资产评估管理信息系统】 按照国务院国资委要求，中国石化启用了中央企业资产评估管理信息系统。为保证信息系统上线质量，总部有关部门认真学习研究上线范围、业务流程和审批权限，向企业下发《关于启用中央企业资产评估管理信息系统的通知》，同时对企业系统上线工作进行指导。2012年5月，石化集团公司在中央企业中率先启用资产评估管理信息系统，当年所有资产评估项目实现了系统申报审核备案。

(巩祎昌　魏　哲)

【完成国务院国资委产权登记管理信息系统上线】 按照国务院国资委的统一部署要求，认真组织制定工作方案，对企业产权状况进行全面清查梳理，搭建产权登记系统服务器和安装软件，搜集整理企业信息，进行系统初始化，加强培训，年底基本完成了国务院国资委产权登记管理信息系统上线工作。上线登记单位为1 406户，其中境内1 181户、境外224户。

(巩祎昌　魏　哲)

土地管理

【开展用地统计分析】 利用土地管理信息系统，完成2012年《土地统计情况分析报告》，基本掌握了土地资源配置情况，全面了解了土地效益分布情况，初步掌握了企业用地结构和动态变化情况，研究提出下一步加强土地管理的工作对策。截至2012年底，石化集团公司各企事业单位自有土地共计116 938宗、面积228.18万亩(1 521.21平方千米)。

(巩祎昌　魏　哲)

【完成土地租金调整】 以2012年6月30日为评估基准日，聘请评估机构，合理确定商业用地、工业用地、办公或综合用地、住宅用地的剩余使用年限，按照宗地所在区县执行的2012年基准地价，合理评估测算土地租金，对土地租金标准进行了适当调整。调整结果为：土地总面积为4.18万平方米、总租金为108亿元。

(巩祎昌　魏　哲)

【加强新增用地管理】 确定2013年土地利用计划，完成中国石化2013年单独选址项目用地计划，并抄送全国15个相关省(市、自治区)国土资源部门。完成在京5家单位的2013年土地利用计划，完成新增建设用地投资计划对接，确保了生产经营建设用地投资到位、资金落实。对国土资源部简化新增建设用地报批程序的政策进行研究和现场指导，并完成报国土资源部征地材料对接。

(巩祎昌　魏　哲)

【协调处理土地热点问题】 分板块测算石油工程、资产公司炼化和销售、炼化工程等非上市部分土地面积及价值量，提出重组改制涉及土地处置意见。完成炼化工程企业小改制涉及土地的尽职调查、评估测算和备案工作，协调解决大改制涉及土地问题。协调高桥石化整体搬迁涉及土地事宜，完成《关于高桥石化老区产业结构调整土地收益测算方案及相关情况说明》，依法为石化集团公司与上海市进一步沟通协商提供了依据。协调驻豫企业棚户区改造涉及土地事宜，要求有存量土地和无存量土地的企业互补互利，依法合规盘活存量土地资源，争取做到使用效益最大化、最优化，保障民生用地需要。此外，严格审核把关土地报批备案，依法合规完成胜利油田广南水库、燕山石化橡塑公司增资等53项土地盘活处置工作，置换价值量高的生产、经营及民生用地2 000多亩(133.33万平方米)，取得盘活处置收入3亿多元。

(巩祎昌　魏　哲)

年金管理

【加强企业年金基础管理】 组织审核所属企业各月份缴费信息表，确保缴费金额准确无误、缴费资金及时归集到账。按照“缴费资金向投资业绩优异机构倾斜”的分配原则，完成了各月份企业年金资金的投资分配。与账管人、托管人密切配合，顺利完成所属企业待遇支付的资金测算、投资资产提取和待遇支付等工作，每位退休员工都能及时准确收到退休待遇。2012年支付企业年金待遇2.95亿元，个人账户净增加2.01万个。

(巩祎昌　魏　哲)

【完善年金基金投资政策】 根据国家人力资源和社会保障部《企业年金基金管理办法》(11号令)，石化集团公司年金理事会对2012年投资政策进行了修订和完善。新的投资政策强化了追求绝对收益的理念，在评估各类投资资产风险收益特征的基础上，以实现基金安全稳健增长为目标，着重在大类资产配置上进行优化，建立了股票等高风险资产配置比例与已有业绩挂钩的机制，细化完善了风险资产保盈止损机制，明确了协议存款等绝对收益资产在组合中的最低配置比例等，对确保企业年金基金有序运营发挥关键作用。截至年底，石化集团公司企业年金运营规模达145.39亿元。2012年企业年金投资收益率为5.86%。

(巩祎昌　魏　哲)

【加强年金基金监督管理】 根据投资政策调整清理各组合的资产结构，加大协议存款的配置，降低城投债及中低等级信用债的配置，通过优化各类基金资产的配置，为有效积累投资安全垫打好基础。加强对各类投资品种的日常监控，在做好“日监督、周分析、月通报排名”工作的同时，重点关注各机构投资行为的合规性，有无擅自突破投资政策的行为，是否严格执行保盈止损机制等。根据各投管人不同阶段的投资业绩情况及服务、风险控制等表现，多次有针对性地约谈部分投管人总结以往投资策略、展望下阶段投资思路、提出相关工作要求。

(巩祎昌　魏　哲)

【年金稽查】 按照石化集团公司年金理事会工作安排，年金理事会监管委员会组成年金稽查组，对石化集团公司2011年企业年金运营情况进行了全面稽查。年金办公室及时全面提供资料，配合稽查组对各基金管理人以及部分企业进行现场稽查。对年金稽查组审计稽查提出的问题逐一整改，同时举一反三，对企业年金运营一年多来制定的制度、政策、合同等进行全面梳理和修订完善。

（巩祎昌　魏　哲）

总部机关财务管理

【总部机关财务制度建设】 根据国务院国资委有关规范企业负责人职务消费的要求，制定石化集团公司《总部领导职务消费管理办法》《直属单位负责人职务消费管理办法》《总部机关职务消费管理办法》等制度。结合总部机关实际情况，对石化集团公司《总部机关经费管理实施细则》进行修订，为规范职务消费和经费管理提供制度保障。

（巩祎昌　魏　哲）

【总部机关财务专项工作】 加强总部机关财务信息化建设，完成石化股份公司机关财务会计集中核算上线工作，统一了总部机关会计核算信息系统。改进机关财务代垫企业高管薪酬的清收方式，减少了往来挂账和资金占用，规范了总部机关代垫企业高管薪酬清收工作，提高了工作效率。根据石化集团公司财务决算会部署，做好总部机关年度财务决算工作。按照统一部署和要求，完成了总部机关固定资产新旧科目转换和集中统一上线工作。完成了总部机关员工疗养费的发放、总部机关个人所得税代扣代缴、住房公积金标准调整和缴纳等相关工作。

（巩祎昌　魏　哲）

财税价格政策

【积极争取财税政策】 加强与国家有关部委的协调，申请落实年度财政支持资金，2012 年取得财政资金 192 亿元，其中资本性注入 180 亿元(含“走出去”专项注资 150 亿元、国有资本经营预算项目拨款 23 亿元、基本建设等项目拨款 7 亿元)，经费补贴拨款 12 亿元(含自用成品油消费税退税 10.8 亿元)。积极配合国家发改委研究国内成品油价格机制和天然气价格机制，推动新机制出台实施。积极争取按机制调整成品油价格，努力缩小机制不到位的差距。持续推进成品油优质优价和税收减免政策。积极争取天然气价格改革方案在四川先行试点。落实了用于乙烯芳烃生产用石脑油免征消费税的政策和油田生产自用成品油的退税，争取到了页岩气补贴政策和对国内保税油业务免征特许经营费的政策。

（巩祎昌　魏　哲）

【完善内部经营政策】 加强内部价格管理，按照内部价格市场化、整体效益最大化的原则，积极协调妥善处理内部价格。研究调整自产原油定价办法，进一步理顺自产原油定价，完善和理顺内部化工产品买断互供定价，协调制定预算涉及的内部产品价格，积极协调解决企业间互供的产品定价分歧。内部定价体系的逐步完善，保障了公司整体效益的实现。配合房改部门做好住房补贴收尾工作，优先安排总部资金，及时向企业拨付一次性住房补贴资金。建立集团总部机关及驻京单位补充医疗保险实施方案，组织企业认真实施。

（巩祎昌　魏　哲）

【加强税收管理】 深入研究税收政策，不断强化内部税收管理，有效落实税收政策，维护公司利益。加强税收筹划工作，对公司重大投资、改制重组等进行税务分析，提出税务筹划方案，提前分析应对，有效降低涉税风险，规避不合理税负。加强税务信息化建设，逐步建立完善税务信息系统，初步建立了涵盖公司主要税种的税务信息系统，相继开发完成了所得税申报汇算管理子系统、递延所得税及所得税费用报表子系统和税费分析子系统。研究营业税改增值税的政策规定和试点政策，组织评估对公司各项业务的影响，研究应对措施。开展税收风险自查，加强与税务总局的协调沟通，认真准备税收基础资料，组织全系统所属企业迎接税务总局组织开展的税收风险评估和检查。

（巩祎昌　魏　哲）

财会队伍建设

【推动财务工作转型升级】 根据石化集团公司“六化”发展模式，对财务管理理念、工作目标、管理方式、管理制度、运行机制进行了全方位的改造提升完善。在管理理念上，坚持用财务国际化、集约化、精细化、信息化、标准化思维引领和推动财务工作。在管理模式上，从转变预算编制方式、完善财务报告制度等方面入手，加快构建与董事会管理体制、与公司战略控股型管理模式相适应的财务管理体制机制。在财务发展目标上，根据石化集团公司党组确定的“建设世界一流能源化工公司”的目标，以及国务院国资委关于“建设世界一流财务”的安排部署，确定了“建设世界一流财务”的发展目标，并从“构建财务共享服务中心”“建设世界一流财会队伍”“完善财务管理机制”3 个方面，加快推进实施。在财务管理内容上，推动财务工作由传统管理向价值管理转型，确定了“五个注重、五个更加注重”的新时期财务工作内容。

（巩祎昌 魏 哲）

【加强财务业务培训】 为打造一流财会队伍，举办了会计领军人才培训班、总会计师培训班、CFO 培训班、财务业务骨干培训班、境外财务管理人员培训班等，加强财会人员培训。全年共举办各种培训班 50 期次，培训 2 615 人次，其中举办 CFO 培训班 1 期、培训企业总会计师 36 人，举办企业总会计师培训班 1 期、培训企业总会计师 30 人，举办财会业务骨干培训班 4 期、培训业务骨干 225 人。

（巩祎昌 魏 哲）

【严肃财经纪律】 贯彻落实石化集团公司党组《中央改进工作作风、密切联系群众“八项规定”的实施细则》，制定并引导财务人员执行《中国石化财务人员工作纪律》，深化“严肃财经纪律、加强财务管理”专题教育，引导财务人员学习财经法规、严格遵守财经纪律，增强依法理财自觉性，提高依法理财能力，规范理财行为。

（巩祎昌 魏 哲）

【开展财务理论研究】 组织进行了“促进油气田企业可持续发展的税收政策研究”“炼化企业全员成本目标管理研究”“财务能力建设研究”“炼化企业 EVA 应用研究”“成品油销售企业全员成本目标管理研究”“销售企业内部控制与风险管理研究”“非生产型单位实施 EVA 绩效考核研究”“关于油气生产钻井及配套设施征用土地政策的有关建议”8 个课题研究，形成 8 个共计 54 万字的研究报告，为加强财务管理提出近百条措施和建议。

（巩祎昌 魏 哲）

【举办财会文化建设征文活动】 按照财政部的统一部署，石化集团公司组织开展财会文化建设征文活动，财会人员踊跃参加，共收到375 篇具有一定价值的财会文化建设研究文章，对财务系统近 30 年来形成的传统和作风进行了认真梳理，对财会使命、愿景、精神、作风等财务核心价值理念进行了总结提炼，有 100 篇获奖文章和 10 家优秀组织单位受到表彰，其中 7 篇文章在全国大赛中获奖，石化集团公司获全国会计文化建设征文大赛优秀组织奖。

（巩祎昌 魏 哲）

专项管理

【专业化重组】 按照石化集团公司关于实施石油工程和炼化工程专业化重组的有关部署要求，集团财务部专门成立炼化工程专业化重组和石油工程专业化重组 2 个专项工作小组，全力开展专业化重组工作。对专业化重组中涉及的土地政策、资金架构、财务分建账、矿区体制机制、社区运行费用分担机制等重点难点问题进行集智攻关，完善配套政策，确保专业化重组顺利推进。发挥财务职能作用，全力做好资产评估审计、资本结构调整、争取国家部委支持等工作，按时圆满完成炼化工程公司改制上市前的各项财务资产工作；全力做好资产分割、建立油田矿区管理运行机制、构建油田存续企业预算管控模式等工作，保质保量完成了石油工程专业化重组中的预算、资金、会计工作。

（巩祎昌 魏 哲）

【社区改革】 会同企业改革管理部门共同制定《关于调整完善集团公司矿区（社区）管理体制机制工作的指导意见》，提出矿区机制调整完善意见，提出建立矿区（社区）收费机制、费用核定机制、运行费用和建设资金分担机制，推动矿区改革的顺利进行。组织落实社区运行费用分担机制，测算提出 2013—2015 年社区关联交易方案，协助石化股份公司董秘局做好向独立股东解释工作。结合 2013 年预算编制，严格执行“以收定支、收支平衡”要求，推动社区运行收费机制和费用核定机制落实。

（巩祎昌 魏 哲）

财务状况

【概述】 2012 年，石化集团公司合并报表实现营业收入 28 306.09 亿元，同比增长 10.91%；实现利润 1 046.62亿元，同比降低 12.85%；实现净利润 697.91 亿元，同比降低 16.04%。截至年底，合并报表资产总额 19 568.27 亿元，同比增长 11.9%；负债总额11 640.28亿元，同比增长 13.19%；所有者权益 7 927.99 亿元（其中归属于母公司权益 6 365.18 亿元，占所有者权益的 80.29%），同比增长 10.06%。资产负债率为 59.49%，比年初上升了 0.68 个百分点；总资产周转率、应收账款周转率和存货周转率分别为 1.51 次、30.68 次、8.83 次，同比分别减少 0.05 次、5.56 次和 0.67 次。

石化集团公司合并会计报表见表 1 和表 2。

（刘海燕 张镇远）

表1 **利润表** 单位：百万元

项　目	2012 年	2011 年（调整后）	2011 年（调整前）	2010 年
营业收入	2 830 609.46	2 551 950.93	2 551 950.93	1 969 042.21
营业总成本	2 735 080.73	2 445 251.82	2 445 224.12	1 872 750.25
营业成本	2 365 265.04	2 087 536.58	2 087 536.58	1 556 415.93
营业税金及附加	205 827.57	201 375.15	201 375.15	166 614.67
销售费用	42 645.37	40 524.89	40 524.89	33 681.97
管理费用	76 899.11	78 237.32	78 381.58	70 782.89
勘探费用	20 643.01	20 931.06	20 931.06	17 484.05
财务费用	15 953.17	10 462.68	10 290.71	9 954.63
资产减值损失	7 847.45	6 184.14	6 184.14	17 816.11
加：公允价值变动收益	207.39	1 419.92	1 419.92	-166.61
投资收益	6 212.22	9 330.21	9 330.21	8 693.25
营业利润	101 948.34	117 449.24	117 476.95	104 818.59
加：营业外收入	6 572.64	7 034.37	7 034.37	3 681.27
减：营业外支出	3 859.08	4 392.12	4 392.12	2 833.19
利润总额	104 661.90	120 091.49	120 119.19	105 666.67
减：所得税费用	34 870.83	36 972.24	36 979.33	33 091.51
净利润	69 791.07	83 119.25	83 139.86	72 575.16
减：少数股东损益	17 921.78	22 026.84	22 026.84	20 479.27
归属于母公司所有者的净利润	51 869.29	61 092.41	61 113.02	52 095.89

注：2012 年，石化集团公司开展炼化工程重组改制资产评估。按照《企业会计准则》及国家相关文件要求，上述事项需进行追溯调整

表 2 **资产负债表**

项　　目	2012 年	2011 年（调整后）	2011 年（调整前）	2010 年
流动资产：				
货币资金	42 572.99	77 261.33	77 261.49	35 398.09
应收票据	22 683.55	30 736.95	30 736.95	18 326.90
应收账款	101 925.33	76 336.68	76 336.68	58 361.74
预付款项	12 616.68	16 881.71	16 881.71	20 266.07
其他应收款	7 371.12	8 000.50	8 000.50	9 323.67
存　货	281 064.85	245 080.24	244 856.92	187 158.30
一年内到期的非流动资产	9 456.38	13 523.90	13 523.90	5 463.14
其他流动资产	3 991.40	13 809.63	13 809.63	5 332.68
流动资产合计	481 682.30	481 630.92	481 407.76	339 630.60
非流动资产：				
可供出售金融资产	5 675.20	4 319.41	4 319.41	9 206.57
长期应收款	23 416.27	16 621.13	16 621.13	37 223.86
长期股权投资	189 447.78	142 233.04	142 233.11	111 220.79
固定资产	508 574.26	492 258.16	450 874.88	435 312.98
油气资产	374 690.85	330 687.52	371 481.50	327 083.85
工程物资	3 004.72	2 355.15	2 355.15	1 437.83
在建工程	222 368.01	152 359.55	152 360.48	109 257.72
无形资产	74 736.85	59 388.03	57 385.18	50 392.22
商　誉	38 298.10	36 995.89	36 995.89	33 414.24
长期待摊费用	14 932.88	13 490.29	13 490.29	12 494.33
递延所得税资产	17 900.46	14 807.35	14 247.53	16 002.09
其他非流动资产	2 099.64	1 535.62	1 535.09	3 014.20
非流动资产合计	1 475 145.03	1 267 051.14	1 263 899.63	1 146 060.67
资产总计	1 956 827.32	1 748 682.06	1 745 307.40	1 485 691.27

注：2012 年，石化集团公司继续执行一次性住房补贴政策，同时开展炼化工程重组改制资产评估。按照《企业会计准则》及国家相关文件要求，上述事项需进行追溯调整

单位：百万元

项　目	2012 年	2011 年（调整后）	2011 年（调整前）	2010 年
流动负债：				
短期借款	81 055.05	70 152.84	70 152.84	88 236.99
应付票据	9 017.70	7 713.13	7 713.13	5 896.26
应付账款	258 675.06	210 778.79	210 778.79	162 291.99
预收款项	90 020.28	88 313.49	91 128.36	79 331.21
应付职工薪酬	20 637.84	25 183.20	18 286.59	28 416.47
应交税费	28 608.70	49 369.74	49 369.74	39 838.34
应付利息	2 875.57	2 234.43	2 234.43	2 004.86
其他应付款	71 893.46	69 118.13	68 533.87	67 218.25
一年内到期的非流动负债	30 480.40	51 370.09	51 370.09	6 403.43
其他流动负债	65 920.47	37 907.09	37 907.09	17 762.21
流动负债合计	659 184.55	612 140.95	607 474.94	497 400.02
非流动负债：				
长期借款	236 484.01	203 626.44	203 626.44	157 926.06
应付债券	143 308.24	102 023.10	102 023.10	121 160.32
长期应付款	36 653.20	29 692.45	29 692.45	9 102.66
预计负债	30 819.65	26 109.23	26 109.23	18 820.88
递延所得税负债	52 723.38	50 833.14	50 095.42	48 998.24
其他非流动负债	4 855.24	3 917.47	3 943.16	3 170.73
非流动负债合计	504 843.72	416 201.84	415 489.81	359 178.90
负债合计	1 164 028.27	1 028 342.79	1 022 964.74	856 578.92
所有者权益：				
实收资本	249 594.63	231 620.59	231 620.59	206 997.62
资本公积	46 526.12	46 401.34	43 899.81	44 327.97
专项储备	3 284.44	2 715.88	2 715.88	1 049.50
盈余公积	169 465.70	161 911.42	161 911.42	131 218.90
一般风险准备	639.60	582.02	582.02	568.48
未分配利润	174 211.34	138 215.80	142 720.70	119 291.61
外币报表折算差额	−7 203.86	−7 047.58	−7 047.58	−3 569.96
归属于母公司所有者权益合计	636 517.97	574 399.45	576 402.84	499 884.12
少数所有者权益	156 281.08	145 939.82	145 939.82	129 228.23
所有者权益合计	792 799.06	720 339.27	722 342.66	629 112.35
负债和所有者权益总计	1 956 827.32	1 748 682.06	1 745 307.40	1 485 691.27

人事管理

◇ 综述
◇ 领导班子和干部队伍建设
◇ 人才队伍建设
◇ 劳动与薪酬管理
◇ 人才培训开发
◇ 海外人力资源管理
◇ 总部机关人事管理
◇ 综合与信息管理
◇ 离退休人员管理

综　　述

2012年，石化集团公司统筹推进各类人才队伍建设，进一步畅通人才成长通道，一批专业技术人才和技能操作人才站上了更高的发展平台。继续推行党组管理的领导干部竞争性选拔，9家销售企业总会计师岗位在全系统完成公开招聘；通过竞争上岗方式完成石油工程公司所属事业部、专业公司和地区公司领导班子副职的选拔，进一步激发了干部队伍活力。大力引进海外高层次人才，石化集团公司引进的“千人计划”人才增加到7人，向国家相关部门申报了一批推荐人选。跨文化管理取得实效，外籍员工归属感、自豪感增强。全面启动严格控制用工总量工作，用工总量得到有效控制、劳动生产率不断提高。基本薪酬制度与人才成长通道建设配套实施，员工收入持续增长，分配关系更趋合理。带薪休假制度进一步落实，离退休人员、协解人员、劳动家属等群体利益调整顺利推进，完善补充医疗保险试点取得很好的成效。

领导班子和干部队伍建设　以党的十八大精神为指导，石化集团公司统筹推进领导班子思想政治建设、组织建设、作风建设、能力建设和反腐倡廉建设，不断增强各级领导班子的凝聚力和战斗力。深化干部人事制度改革，加大竞争性选拔工作力度，建立健全领导班子优化配备、考核评价和领导人员交流等制度，加强干部监督工作，选人用人公信度不断提高，为企业改革发展稳定提供了坚强的组织保证。

坚持德才兼备、以德为先的用人标准，努力建设高素质的干部队伍。坚持把“德”作为选拔干部的首要标准，完善考察“德”的有效途径和方法，严格执行任前公示制度。坚持把干部完成急难险重任务情况、关键时刻表现以及对待个人名利的态度作为评判干部“德”的重要依据，认真落实群众路线，注意了解干部在职工群众中的口碑。认真落实党委中心组学习、民主生活会、领导干部双重组织生活会等制度，组织直属单位党政正职和新进班子成员集中学习培训，强化理论学习和作风养成，领导干部的综合素质进一步提高，工作作风不断改进。

坚持把推进竞争性选拔和组织配置有机结合起来，切实提高选人用人质量。根据加强法人治理结构要求，顺利完成规范石化集团公司董事会建设和石化股份公司董事会、监事会换届工作。通盘考虑、周密部署，认真做好石油工程、炼化工程和煤化工项目的领导班子配备，保证了改革重组规范有序推进。健全完善干部考评选拔机制，扎实推进竞争性选拔工作，进一步优化干部队伍结构，干部队伍知识化、专业化、年轻化水平稳步提高。

坚持把严格管理和关心爱护有机结合起来，切实强化干部监督管理。健全完善并保证干部管理制度的严格执行，利用干部考察、党组巡视等时机，加强干部选拔任用工作的监督检查，防范和纠正用人上的不正之风。适应形势发展需要，本着“放宽条件、严格程序、寓管理于服务之中”的思路，切实改进领导干部因私出国（境）管理工作。注重加强领导人员任后监督，重视发挥群众监督作用，切实做好信访处理工作，突出对领导人员执行力、民主决策、选人用人、联系群众、廉洁从业等方面的监督检查，督促其增强事业心和责任感，严守政治纪律，科学民主决策，规范经营管理行为，切实关爱员工，促进企业和谐稳定。

人才队伍建设　石化集团公司贯彻落实科学人才观，完善人才工作领导体系和运行机制，加强人才队伍建设规划管理，持续优化人力资源配置，深化人才成长通道建设，以打造高层次人才、国际化人才为龙头，推进一线人才和青年骨干人才队伍建设，促进各类优秀人才脱颖而出，充分发挥人力资源整体优势，为建设世界一流能源化工公司提供人才保障和智力支持。

坚持高端引领，推进科技领军人才队伍建设。开展石化集团公司高级专家选聘试点，畅通科技领军人才成长通道。加强科技领军人才能力培养。举办油气勘探、油气田开发、炼化设备、炼化工程首席专家研讨班和地质技术专家专题研讨班等专题研讨，收到良好效果。

坚持多措并举，做好人才引进及配置工作。着眼于支撑主营业务和新兴业务发展，重点围绕战略性新兴技术、前瞻性基础研究领域，加快海外引才步伐，石化集团公司“千人计划”人才增加到7人。围绕石化集团公司新兴业务、重点项目以及专业化重组，协调做好沙特延布炼厂项目、中科（广东）项目、煤化工项目及石油工程、炼化工程、炼油销售重组等人才配置工作。建立了新组建单位和重大项目人员配置周报制度，健全人才流动监控机制，提高人才工作对业务发展的支撑能力。

构建广阔平台，抓好一线人才队伍建设。以评选表彰和高层级职位选聘为平台，抓好拔尖技能人才队伍建设。组织业务竞赛活动，拓展一线人才成长成才平台。深化人才成长通道建设，做好人才评价工作，一大批优秀人才脱颖而出。

加强海外人力资源管理，推进人才国际化。开展海外人力资源管理调研分析，推动国际石油勘探开发公司开展岗位管理和绩效管理体系建设，联合石化公司开展国内外薪酬福利一体化管理试点工作，逐步搭建海外人力资源管理体系。举办了第 3 期外籍骨干员工培训班。完成国际化急缺人才快速培养和延布炼厂项目派遣人员推荐选拔工作。以市场化、国际化为导向，加强和规范海外薪酬福利、人工成本管理工作。

劳动薪酬管理　石化集团公司着眼于提升竞争力，严格控制用工总量、调整用工模式、规范用工管理，提高劳动生产率；加强人工成本管理、完善调控方式、理顺分配关系，充分调动员工队伍的积极性和创造性。立足于改善民生，调整群体利益关系，促进了企业和谐稳定。

全面启动控制用工总量工作。针对用工总量偏大、劳动生产率不高的突出问题，研究制定了《关于严格控制用工总量、不断提高劳动生产率的实施意见》及相关配套意见，布置各单位编制上报了"十二五""十三五"用工总量规划。通过严把入口、加强单位内部挖潜和系统内人员统筹配置、推进辅助后勤业务外包等措施，用工总量得到有效控制。

加强监督检查，规范用工管理。组织开展 2011—2012 年度劳动用工管理检查评比，促进了劳动用工管理整体水平的提高。组织开展《劳动定员标准编写指引及评价准则》等定员标准制定工作，夯实劳动管理基础。贯彻《劳动合同法》修正案，立足依法用工，推进调整用工模式、规范用工管理工作。

强化人工成本管理，完善调控方式。开展人工成本对标管理，对近 3 年人工成本投入产出效率进行横向、纵向对比分析，构建评价体系，发布了油田、炼化和油品销售等企业的人工成本对标结果，要求各单位参照"标杆"查找差距，提高投入产出效率。对部分单位试行工资总额增长与效益增长联动机制，将工资增长与效益目标分档挂钩，调动企业创效积极性。

加强薪酬政策指导，稳定一线骨干队伍。制定《进一步做好企业内部薪酬分配工作的指导意见》，推动各企业实行灵活多样的分配形式，丰富激励手段、提高分配制度的灵活性和适应性。研究制定基本薪酬标准调整的动态运行方法，布置实施了调标工作，结合用工总量控制工作保持劳务费的合理投入，在薪酬分配向主营业务、高层次人才倾斜的同时，重点保持生产一线职工收入增长不低于本单位在岗职工平均增幅，切实稳定一线队伍。

发挥补充保险等薪酬福利作用，加强职工保障体系建设。鼓励各单位用足用好激励性年金政策，适当提高激励性年金水平，进一步调动生产经营骨干的积极性和创造性。进一步落实带薪休假制度，完善补充医疗保险试点取得很好的成效。

做好有关群体利益调整工作，促进企业和谐稳定。在认真调查研究和积极争取国家政策的基础上，研究制定政策，推进有关群体利益调整工作，对稳定有关群体、维护稳定大局起到了积极作用。

人才培训开发　石化集团公司坚持以人为本，着眼于企业和员工的共同发展，把企业发展战略与员工职业发展规划紧密结合，把员工培训与开发融入企业发展规划协调推进，全面加强各类员工培训，实现人力资本的保值增值。

倡导建设学习型企业和学习型团队，致力于构建具有中国石化特色的培训体系，为各类员工的学习、锻炼与发展搭建宽阔的平台。不断健全培训管理体制和运行机制，逐步形成了统筹规划、分工明确的管理体制，规范有序、运转高效的运行机制，选拔、培养、使用一体化的激励约束机制。高度重视培训保障体系建设，保证培训经费投入，培训基地网络、师资、教材等基础建设得到不断加强，专门用于员工培训的经费投入高于社会平均水平。中国石化远程培训系统建设项目顺利通过验收，研究起草了《中国石化远程培训管理暂行办法》，加大远程培训课件开发力度，远程培训推广应用逐步深入。突出提高培训针对性和实效性，统筹推进各类人才培训，促进了员工队伍整体素质的提高。

离退休人员管理　石化集团公司认真贯彻落实党和国家离退休工作方针政策，坚持以人为本、改善民生，认真落实离退休人员"两项待遇"，加强离退休人员思想政治工作，推进离退休人员"两个阵地"建设，丰富离退休人员精神文化生活，保持了离退休人员队伍的和谐稳定。

（钟文标）

领导班子和干部队伍建设

【石化集团公司规范董事会建设和石化股份公司董事会、监事会换届工作】　提出石化集团公司董事会下设的战略、提名、薪酬与考核、审计与风险管理、社会责任 5 个专门委员会人员的组成意见，完成职工董事、董事会秘书和董事会办公室主任的选聘工作，制定了董事会提名委员会议事规则。积极协调并认真做好石化股份公司新一届董事会独立董事和独立监事遴选、职工代表监事的民主推荐工作。完成董事会、监事会换届以及总裁班子重新聘任、董事会秘书选聘工作，调整了战略、审计、薪酬与考核3个专门委员会人员组成，新设社会责任管理委员会；完成董事会换届后石化股份公司总法律顾问、总师、副总师，石化股份公司22个部门、97个分(子)公司和有关单位539名领导人员的重新聘任。

（牟蔚亭）

【推进石油工程、炼化工程改革重组】 严肃改革重组期间人事工作纪律。先后制定下发《关于石油工程专业化整合重组单位职工调动有关问题的通知》《关于石油工程专业化整合重组暨矿区管理体制调整中人事工作有关事项的通知》，对整合重组、体制调整过程中人员划转、机构设置、机关人员配备、薪酬管理以及组织领导等事项提出了明确要求，保证了改革重组规范操作、有序推进。积极稳妥推进石油工程整合重组工作。在充分听取和吸收多方意见的基础上，及时配备石油工程公司、矿区(社区)管理部领导班子，本着精干高效原则，将石油工程公司事业部、专业公司及地区公司班子副职选拔配备到位。指导督促各相关单位落实“三分开”工作，确保整合重组工作顺利实施。联系国务院国资委审批了炼化工程重组三类人员预提费用。明确了中石化炼化工程(集团)股份公司董事会、监事会和经理班子的组成人选，撤销了原炼化工程公司，对有关人员进行了妥善安排。

（牟蔚亭）

【健全完善选人用人机制】 健全完善干部考评选拔机制，进一步优化干部队伍结构。截至2012年底，党组管理的现职领导人员共有1 009人，平均年龄50.21岁，其中“70后”49人，占总数的4.9%；大学以上学历的952人，占总数的94.4%；高级职称及以上的883人，占总数的87.5%，干部队伍知识化、专业化、年轻化水平稳步提高。扎实推进竞争性选拔工作。组织完成9家销售企业总会计师岗位公开招聘工作；采取竞争上岗方式，完成了石油工程公司所属事业部、专业公司及8个地区公司领导班子副职的选拔。全年通过竞争性选拔方式走上领导岗位的占新进班子人数的比例达到52.8%。在竞争性选拔过程中，坚持正确的用人导向，公开招聘命题突出岗位特点、注重能力实绩测评，切实增强考试的科学性和针对性；坚持考试、考察相结合，真正让能力强、业绩优、作风实的干部选得上、出得来，使竞争性选拔成为干部德才素质和工作实绩的竞争，增强了企业干部队伍的活力。强化公开招聘基础工作。组织编写《中国石化公开招聘工作指导手册》，明确了公开招聘的工作标准、操作流程和关键环节。成立公开招聘试题开发工作小组，着手建立公共知识和专业知识试题库。

（牟蔚亭）

【干部监督管理】 加强干部选拔任用监督，提高选人用人满意度。在人事部信息门户网站开设了“提高选人用人满意度”“一迎双争”专栏；在《中国石化报》开设了《提高选人用人工作满意度》专栏，对石化集团公司提高选人用人满意度工作进行了连续报道；建立了定期向离退休干部通报组织人事工作情况制度。加强对直属单位干部选拔任用情况的监督检查。组织直属单位利用职代会民主评议领导班子的机会，对本单位选人用人工作和上年度提拔的中层领导人员进行满意度测评。在干部考察工作中，强化干部选拔任用情况的监督检查。充分利用巡视手段加强对干部选拔任用情况的检查，规范和细化了巡视中对新提拔中层领导人员满意度测评意见，督促直属单位不断改进加强干部选拔任用工作。

注重加强领导人员任后监督，重视发挥群众监督作用，全年共受理群众来信110件；建立与纪检部门通畅沟通渠道，随时了解情况。对干部考察、党组巡视及群众信访举报等发现影响领导人员履职表现、作风形象的突出问题，及时进行谈话提醒，督促其改进提高。

切实改进领导干部因私出国(境)管理工作。适应形势发展需要，制定了《中国石化登记备案人员因私出国(境)管理暂行办法》，理顺了党组管理的领导人员因私出国(境)审批程序，对党组管理的领导人员因私出国(境)护照实行了集中管理。同时，切实关心异地交流干部，帮助解除其后顾之忧。

（李文德）

人才队伍建设

【高层次人才选拔培养】 在直属科研单位和石化集团公司重点实验室开展石化集团公司高级专家选聘试点，选聘石化集团公司高级专家38人。开展首批石化集团公司技能大师选聘工作，选聘石化集团公司技能大师2人。评选推荐65名专业技术和高技能人才，经国务院批准享受2012年政府特殊津贴。推荐孙越崎科技教育基金奖人选9人，其中1人获能源大奖、2人获科技青年奖。向国家有关部委推荐中央企业节能减排专家库成员9人、重点专项总体专家组成员1人。举办油气勘探、油气田开发、炼化设备、炼化工程首席专家研讨班，91人参加。

（丁新兴）

【高层次人才引进】 推荐 14 名海外人才申报国家“千人计划”，其中 5 人入选，石化集团公司引进的“千人计划”人才增加到 7 人。

（丁新兴）

【人才配置】 建立新组建单位和重大项目人员配置监控制度，组织协调沙特延布项目、中科（广东）项目、国内煤化工项目、石油工程、炼化工程等新组建单位和重大项目，以及东北石油局、上海海洋石油局等单位人才配置。

（丁新兴）

【人才评价】 坚持服务人才队伍建设，服务改革发展大局，突出重能力、重业绩、重贡献导向，加强职称评审组织建设，完善评审办法，规范评审程序，组织开展石化集团公司职称外语考试和职称评审工作，评审教授级任职资格 237 人、高级任职资格 4 557人、中级任职资格 5 459 人、初级任职资格 5 861人。受人力资源和社会保障部委托，牵头完成《国家职业分类大典》石油化工专业的修订工作。全年鉴定通过 11.8 万人，其中技师 3 127 人、高级技师1 216人。

（丁新兴）

【博士后工作】 石化集团公司设有 25 个博士后科研工作站（流动站），在站 198 人，当年出站 75 人，有 38 人出站后留在中国石化工作；承担省部级科研课题 104 项，博士后科研成果获省部级奖 5 项，申请专利 107 项；在核心期刊发表论文 161 篇。

（丁新兴）

【业务竞赛】 举办石油钻井工等 8 个工种的职业技能竞赛，首次举办物探等 7 个专业的业务技术比武，8 万余人参加了岗位练兵、内部选拔活动，85 家单位推荐 1 041 名选手参加集中决赛。280 人获个人金、银、铜奖，18 家单位分获 45 个团体奖，28 家单位获优秀组织奖。

（丁新兴）

【技术能手评审】 组织开展优秀技能人才评选活动，经人力资源和社会保障部批准，张吉平（胜利油田）被授予第 11 届中华技能大奖，汪宏辉（江苏油田）、刘建华（扬子石化）、景天豪（河南油田）、李小东（茂名石化）、梁岩（天津石油）5 人被授予全国技术能手称号。镇海炼化作为国家技能人才培育工作突出贡献单位，杜书东（胜利油田）作为国家技能人才培育工作突出贡献个人受到表扬。李沂成（石油工程公司）、帅卫军（江汉油田）、李杰（天津石化）、崔博（扬子石化）、夏飞（扬子石化）、姜志光（第十建设公司）、蔡山（宁波工程公司）、陈海江（宁波工程公司）8 人因参加国家（行业）有关竞赛获奖，被授予全国技术能手称号。另有 328 人被授予石化集团公司 2011—2012 年度技术能手称号。

（丁新兴）

劳动与薪酬管理

【加强用工总量管控】 全面启动严格控制用工总量、不断提高劳动生产率工作，研究制定了《关于严格控制用工总量、不断提高劳动生产率的实施意见》，结合管理体制改革、运行机制转换、业务发展规划、经营方式调整、科学技术进步等，制定了严格控制用工总量的措施，并建立与人工成本管理联动的激励引导机制。通过严把入口、加强单位内部挖潜和系统内人员统筹配置、推进辅助后勤业务外包等措施，消化新项目等增人因素后，2012 年末用工总量比上年同口径减少 1.04 万人。以积极盘活和充分利用现有人力资源，实现石化集团公司整体用工数量最少、效能最佳为出发点，研究制定了加强系统内人员有序流动和统筹配置的指导意见，提出了业务承揽、人力资源输出、人事调动 3 种系统内人员流动和统筹配置的方式，积极推动实施系统内人员统筹配置工作，取得了初步进展。

（董　烨）

【规范用工管理】 开展 2011—2012 年度全系统劳动用工管理检查评比，组织企业全面自查，对 31 家直属单位组织集中抽查，向被查单位反馈问题并指导督促整改，在全系统通报检查评比情况。密切关注国家研究修改《劳动合同法》，通过多种渠道反映石化集团公司的意见，立足依法用工，结合石化集团公司实际提出调整用工模式、规范用工管理的工作思路和主要措施，布置启动相关工作。

（董　烨）

【工资总额和人工成本管理】 按照国务院国资委要求，完成石化集团公司 2011 年度工资总额预算执行情况清算评价、2012 年度工资总额预算编制工作。结合国务院国资委管理提升工作要求，及时调整人工成本、工资总额预算，分解下达直属单位年度工资总额及人工成本使用计划，明确相关工作要求，确保工资增长与经济效益相匹配。试行工资总额增长与效益增长联动机制，将部分直属单位工资增长与效益目标分档挂钩，调动企业创效积极性。开展人工成本对标管理，对近3年人工成本投入产出效率进行横向、纵向对比分析，构建评价体系，发布油田、炼化和油品销售等企业的人工成本对标结果，要求直属单位参照“标杆”查找差距，提高投入产出效率。

（卜军育）

【**薪酬分配制度管理**】 制定下发《进一步做好企业内部薪酬分配工作的指导意见》，指导企业构建增长适度、差距合理、关系和谐的收入分配格局，更好地发挥薪酬分配的激励约束作用，促进企业持续健康发展。在提高经济效益的前提下，稳步提高职工收入，使广大职工共享企业改革发展成果；加大参照劳动力市场价位调整收入关系的力度，稳定骨干、吸引人才，提高薪酬分配的市场竞争力；加大个人收入与绩效考核挂钩的力度，当期激励与中长期激励相结合，激励与约束并举，充分调动职工积极性。指导劳务派遣机构根据劳动力市场价位确定、调整劳动报酬水平，建立劳动报酬正常增长机制；监督劳务派遣机构足额支付劳动报酬，依法缴纳社会保险和住房公积金，防止出现克扣、欠费和挤占现象。

（卜军育）

【**高级管理人员薪酬管理**】 为完善石化集团公司治理结构，规范高级管理人员的薪酬与考核管理，促进科学决策，实现国有资产保值增值，根据国家有关法律、法规和制度，拟订了《中国石油化工集团公司董事会薪酬与考核委员会工作规则》和《中国石油化工集团公司高级管理人员薪酬管理暂行办法》，注重处理好国务院国资委政策规定、指导与董事会决定机制的关系，精准化绩效考核与薪酬核定的关系，高级管理人员薪酬水平与企业规模、风险、责任以及职工工资水平的关系等。

（卜军育）

【**企业年金管理**】 积极向国家有关部委争取政策，使用应付工资结余解决过渡期企业年金待遇资金不足问题，减少企业年金基金运行和企业稳定风险。鼓励直属单位用足用好激励性年金政策，适当提高激励性年金水平，进一步调动生产经营骨干的积极性和创造性。

（卜军育）

【**休假疗养制度**】 指导直属单位规范实施休假疗养补贴制度，专项核增休假疗养补贴，职工休假福利待遇普遍提高。

（卜军育）

【**有关群体利益调整**】 在认真调查研究和积极争取国家政策的基础上，研究制定政策，组织实施了相关群体利益调整工作，进一步加大对协解人员、劳动家属等特殊群体的帮扶力度，对稳定有关群体、维护稳定大局起到了积极作用。

（卜军育）

人才培训开发

【**概述**】 适应企业改革发展需要，调减领导人员出国培训项目，实施领导干部模块化选学，开展新业务技术研讨，加强国际化业务针对性培训，调整高技能人才培训层次。石化集团公司总部直接组织培训各类重点人才3 903人次，培训关键岗位人才近4 000人。各单位结合实际，分层分类、多形式培训员工193万人次。

（邹　强）

【**培训管理及资源开发**】 根据国务院国资委有关规定，修订印发了《中国石化培训管理规定》。按照总部职能转变及区域资源优化要求，提出了人事部与管理干部学院培训职能优化初步意见，及江苏地区区域性培训平台构建框架思路。成立员工培训教材编审指导委员会，制定员工培训教材规范和标准，第1批培训教材计划中36种教材出版或即将出版，对已出版的部分工种技能培训教材进行电子化改造并上传到远程培训系统。协调编写了《中国石化企业培训最佳实践案例》。开发英语分级测试题库，协调组织2次大规模分级测试，共有3 200多人次参加考试。

（邹　强）

【**远程培训系统**】 “中国石化远程教育系统建设项日”顺利通过验收，配套起草了《中国石化远程培训管理暂行办法》。协调组织有关培训机构，积极开发远程培训课件，远程培训系统发布课件总数达1 800多门。总结推广部分单位远程培训应用经验，推进远程培训系统应用。截至2012年底，共有33.9万员工在系统注册，累计学习时间441万小时。

（邹　强）

【**重点人才培训**】 ①培训高层经营管理人员892人

次。开展页岩油气勘探开发、石油工程特种技术、煤化工技术等新业务领导人员培训和 CFO 培训，完成石油工程专业化重组，举办信息化等领导人员岗位业务培训班，实施领导人员模块化自主选学，举办领导人员任职资格培训及高级管理人才培训，选派 88 名领导人员参加中央和国家机关司局级干部选学及中国干部网络学院学习。②培训高层次专业技术人才 902 人次。举办油气勘探、炼化设备等 4 期首席专家研讨班及地质技术专家专题研讨班，派出非常规油气勘探开发、生物质能源等方向访问学者 26 名，举办非常规油气勘探开发技术、煤化工技术等 21 个专业高级研修班。③培训高技能人才 1 002 人次。举办井下作业工、乙烯装置操作工等 3 个工种拔尖技能人才专题研讨班。组织开发煤造气、S－Zorb等工种高级技师培训方案，举办 40 期高级技师培训班。④培训国际化经营人才 1 107 人次。组织 23 期国际化领军人才、海外急缺专业和关键岗位人才培训，分板块开展海外石油勘探开发、国际石油工程、炼化工程项目管理能力提升培训，分专题开展 EPC 项目管理、HSE 等相关岗位业务培训。

（邹　强）

【毕业生引进】　2012 年，石化集团公司实际批复引进毕业生 8 423 人，其中本科及以上 7 217 人，大专、高职 1 206 人。引进的本科及以上毕业生中，石油石化主体专业及主要配套专业毕业生 5 516 人，占总数的 76%；研究生 2 200 人，占总数的 30.5%；通过英语六级的毕业生 4 208 人，占总数的 58%。根据国家人力资源和社会保障部、国务院国资委要求，招聘西藏、青海、新疆三地生源、三地高校本科及以上毕业生 102 人。

（邹　强）

海外人力资源管理

【海外人力资源管理调研】　收集整理壳牌、BP、埃克森美孚以及部分国际知名石油工程服务公司人力资源管理方面资料，并通过访谈、考察等方式，重点对壳牌公司人力资源管理政策进行了分析。推动国际石油勘探开发公司开展岗位管理和绩效管理体系建设，联合石化公司开展国内外薪酬福利一体化管理试点工作，逐步搭建海外人力资源管理体系。

（李　宁）

【国际化人才选拔培养】　举办了第 3 期外籍骨干员工培训班，分布于 21 个国家 25 家海外单位的 29 名外籍员工参加了培训。完成国际化急缺人才快速培养工作，强化海外实岗锻炼和外语水平提升，充实海外油气勘探开发人才队伍。组织开展延布炼厂项目派遣人员推荐选拔、集中强化训练和考试面试工作。完成海外工程（油气井工程、油气田地面建设工程和炼化工程）项目主要岗位胜任能力研究。

（李　宁）

【海外薪酬福利及人工成本管理】　以市场化、国际化为导向，研究提出延布合资炼厂派遣人员薪酬福利管理思路和薪酬福利标准，协助延布炼厂项目部制定实施方案。继续组织有关单位落实外派员工薪酬福利调整工作，审核批复外派员工薪酬福利实施方案，落实驻港企业属地化薪酬调整工作。规范海外人工成本统计分析工作，加强海外人工成本管理。开展海外员工绩效管理调查和研究工作。

（李　宁）

总部机关人事管理

【概述】　截至 2012 年底，总部机关直接管理的 21 个部门内设处室 171 个，处级及以下定员 1 065 人，处级及以下员工 869 人，其中硕士研究生以上学历占 33.6%，大学本科占 58.9%；正高级职称占 8.3%，副高级职称占 59.1%，中级职称占 23.4%；平均年龄 41.9 岁。

（冯洪祥）

【机构编制管理】　参与石化集团公司石油工程专业化重组和矿区（社区）管理体制调整有关工作，及时明确社区（矿区）管理部内设机构及编制定员，完成原石油工程管理部、资本运营部（资产公司）有关人员划转工作。参与石化集团公司内外宣传职能整合有关工作，完成办公厅（董事会秘书局、总裁办公室）、思想政治工作部（直属党委、企业文化部）有关内设机构调整及人员划转工作。根据有关规定，及时优化调整部门机构编制，满足部门工作需要。

（冯洪祥）

【机关员工队伍建设】　制定印发《总部机关处级人员考核聘任实施办法》，并按照新办法，顺利组织实施安全环保局（部）等 10 个部门的处级领导岗位竞聘工作，选拔聘任处级领导人员 40 人，其中处室正职 16 人、处室副职 24 人。加大总部机关干部交流力度，有 26 人交流到在京单位工作，其中处级领导人员 17 人、业务人员 9 人；选送 5 人到石化集团公司 4 个定点扶贫县及山东莘县挂职锻炼。严格执行总部机关处级领导人员退二线制度，为6名现职处级领导人员办理转任同级非领导职务手续。按照《总部机关人才成长通道建设实施方案》有关规定，启动了部门专家选聘工作。组织开展监察局（部）等14个部门的业务岗位竞聘工作；组织实施法律事务部、外事局（部）有关业务岗位公开招聘工作。组织完成总部机关和部分在京单位职称评审工作。

（冯洪祥）

【薪酬保险工作】 制定印发了《总部机关员工绩效考核管理暂行办法》。根据《总部机关完善薪酬分配制度实施方案》，完成总部机关处级及以下人员基本薪酬调整工作。

（冯洪祥）

综合与信息管理

【组织人事部门自身建设】 ①在组织人事系统扎实开展"迎接十八大，争当'三服务'优秀标兵、争创'两满意'模范部门"活动。同时，对近5年来组织人事系统开展"讲党性、重品行、作表率，树组工干部新形象"活动情况进行了总结宣传。②切实加强党性党风教育。"七一"前夕，组织人事部党员干部赴革命圣地西柏坡开展党性党风教育主题党日活动。利用远程培训系统，做好历史文献纪录片《信仰》《中国之路》的学习宣传工作。以组织观看电影《雨中的树》为载体，深入开展向李林森学习活动，进一步增强组织人事队伍的大局意识、责任意识、服务意识和奉献意识。③按照党组部署要求，人事部组织专题调研，起草了《关于向李安喜同志学习的决定》，组织业务骨干赴镇海炼化进行学习调研，举办向李安喜学习专题党课。通过学习讨论，对标先进，认真查找思想上、工作中的不足和差距，研究制定人力资源管理提升实施方案，进一步明确了工作标准和努力方向。

（钟文标）

【人力资源信息化建设】 组织落实HR系统推广实施和应用优化各项任务，11月底全部转入正式运行，境内119家单位全面覆盖、上下贯通，实现了主要人事业务在线处理和监控管理，同时加强系统应用制度建设和达标考核管理，为石化集团公司人事管理提供了统一平台和工作抓手。进一步加强劳动人事统计分析和人事档案管理等工作，为人事业务的顺利开展提供了有效支撑。修订印发了《员工守则（2012版）》。编发《人事工作通讯》22期，按照编制公司年度报告、社会责任报告等要求，做好有关人事管理信息披露工作。

（钟文标）

离退休人员管理

【概述】 截至2012年底，石化集团公司共有离退休人员39.1万人，其中离休干部5 611人、退休干部12.8万人、退休工人25.7万人；另有内退人员2.4万人。离退休人员和内退人员总计41.5万人。离退休人员党员13.7万人（含内退人员党员0.7万人），设有104个离退休人员党委，256个党总支，3 488个党支部。专职离退休工作人员5 302人，兼职离退休工作人员1 062人。

（崔文生）

【落实离退休人员"两项待遇"】 各直属单位认真落实离退休干部政治待遇，其中情况通报、走访慰问制度落实普遍较好，绝大多数单位能够落实参加重要会议和重要活动制度，阅文和参观考察制度基本能够落实。全系统均能够按照有关规定，确保离退休人员的离退休费、企业补贴和增发的节日慰问金按时足额发放，并做好离休干部与所在地机关同级人员的待遇平衡，离休干部的医药费能够据实报销，退休人员医疗费按规定及时报销，让离退休人员共享企业发展成果，促进了企业和谐稳定。

（崔文生）

【加强离退休人员"两项建设"】 ①开展离退休人员党组织和党员创先争优活动。按照中央组织部要求，鼓励和支持老同志在思想政治、道德品行、教育后代、文化学习和活动上创先争优，激励离退休人员党员做社会主义荣辱观和道德观的践行者、传播者、引领者。离退休工作部与石化集团公司创先争优活动领导小组办公室联合开展了"双十、双百"表彰工作，表彰了10个红旗离退休人员党支部和10名离退休人员党员标兵（简称"双十"）、100个"五好"离退休人员党支部和100名"四好"离退休人员党员（简称"双百"）。②做好离退休人员思想政治工作。认真落实"政治坚定，思想常新，理想永存"的思想政治工作目标，主动关怀离退休人员的思想状况，为企业稳定发展、和谐发展奠定基础。③开展喜迎党的十八大胜利召开活动，引导广大离退休人员与党中央保持思想统一、步调一致，为十八大胜利召开营造良好氛围。④开展纪念干部离退休制度建立30周年活动。组织有关企业向中央组织部老干部局上报了 4 篇老干部工作理论文章，其中 1 篇文章获得中央组织部老干部局组织的“纪念干部离退休制度建立 30 周年老干部理论研讨活动征文”一等奖。

（崔文生）

【离退休人员“两个阵地”建设】 组织召开石化集团公司老年活动中心、老年大学工作经验交流会，印发了《关于加强老年活动中心、老年大学工作的指导意见》，对加强基础设施建设、发挥阵地功能、开办老年大学、做好服务管理、加强组织领导等方面提出了明确要求。

（崔文生）

【离退休工作队伍自身建设】 ①迎接中央组织部老干部局督察组检查。按照督察组要求，对十七大以来石化集团公司贯彻落实中央老干部政策情况进行了全面总结汇报。督察组在反馈时充分肯定了石化集团公司落实老干部政策取得的成绩，认为石化集团公司在落实老干部政策上很到位，措施很得力，老同志很满意，主要体现在各级领导高度重视、“两项待遇”全面落实、“两项建设”相得益彰、保障工作积极有力、自身建设扎实有效。②以“创五好、争四优”活动为载体，切实抓好“四讲”（讲责任、讲感情、讲奉献、讲政策）要求的贯彻落实。③抓好《石化老年》和《离退休工作信息》编辑工作，组织开展片区研讨交流，促进工作水平提升。

（崔文生）

物资采购与管理

◇ 综述

◇ 物资采购

◇ 业务改造

◇ 物资采购管理

◇ 重大装备国产化

综　　述

2012年，中国石化物资供应系统紧紧围绕建设世界一流能源化工公司的发展目标，以安全供应和标准化为工作主线，以采购标准化和供应商关系管理为抓手，巩固完善传统业务改造成果，着力强化采购监管和储备管理，确保了安全供应、及时供应和经济供应，为石化集团公司生产建设和降本增效保驾护航。

有力保障了生产建设物资供应。物资供应系统广大干部职工面对复杂多变的市场形势，全面推进科学理性采购，强化过程控制，严控采购风险，切实保证了生产建设物资的安全、及时和经济供应。

深入开展物资供应传统业务改造后评估工作。按照物资供应传统业务改造后评估标准，对专业化分工流程化操作运行机制建设、供应商动态量化考核和业绩引导订货机制建设、框架协议采购、过程控制、采购策略编制及应用、库存资金占用责任主体调整等工作进行评估，巩固完善传统业务改造成果，持续提升采购业务的运行效果和效率。

不断强化物资供应管理。全面开展了采购管理提升活动，比照世界一流企业标准，深入剖析自身存在的薄弱环节、学习国内外先进企业成功经验，进一步推进了采购管理体制改革、机制优化、标准化采购、供应商管理、储备管理等工作，有效提升了物资采购管理水平。

坚定不移地推进集团化采购。做精做强总部直接集中采购，做大总部组织集中采购，巩固完善总部授权集中采购。充分发挥了集中采购优势，集团化采购规模和质量进一步提升，大宗通用重要物资的资源获取能力和市场议价能力显著增强。

物资供应信息化建设取得新进展。完成了供应商管理系统等部分信息系统的国际化版本改造。启动了物资需求计划管理模块的建设，强化物料编码的管理，夯实了物资供应信息化的基础，物资供应管理信息化水平进一步提高。

重大装备国产化攻关取得新突破。按照“积极、稳妥、先进、可靠”国产化方针，紧紧围绕中国石化生产建设和主营业务的发展需要，针对国内外价格悬殊、市场需求大、国外垄断的装备开展国产化攻关研制工作，进一步扭转了重大设备和关键材料依赖进口、受制于人的被动局面，有力地支持了民族装备制造业的发展。

（罗　智）

物资采购

【生产建设物资供应】 2012年，物资供应系统广大干部职工以保供降本为中心，全面推进科学理性采购，全年采购化工原辅料、煤炭、设备材料等物资2 580亿元，节约采购资金85.4亿元，采购节约率3.3%，有力地保障了石化集团公司生产建设物资的安全、及时和经济供应。

强化市场分析研究。全年累计发布26期《物资管理简报》，分析通报了“三剂”、煤炭、钢材、大型机组设备等主要物资的市场形势。累计发布31期煤炭、化工辅料、钢材等主要品种的框架协议采购执行价和参考价，为各石油石化企业提供了可靠的价格参考。各石油石化企业定期开展经济活动分析，对大宗原料、煤炭和钢材等主要物资的采购成本和市场行情进行分析研判，为科学确定采购价格、实现理性采购提供了有力的支撑。

强化企业生产保供降本。物资装备部统筹协调，精心组织，全力保障了13家企业的大检修物资供应，确保了135套装置开车成功。全年采购建设物资1 892亿元，有力地保障了大湾区块产能建设、胜利中心三号平台、山东LNG、武汉乙烯等46个重点工程项目的顺利推进。充分利用煤炭市场供应相对宽松、价格下滑的有利时机，发挥集团化采购优势，与矿方进行谈判，降低采购价格，2012年平均采购到厂价格同比下降7.7%，为石化集团公司的生产建设和降本减费作出了突出贡献。

强化工程项目供应协调和服务。及时调整和组建普光气田大湾区块及元坝区块产能开发、武汉乙烯及油品质量升级改造（二期）、LNG项目等12个重点工程建设物资供应协调部，全年召开现场协调会45次，指导和协调制造厂、总承包单位和业主解决存在的重大进度、质量问题，并组织相关企业到国内外制造厂联合催交催运，为北海炼油、金陵、茂名炼油改造项目、武汉乙烯、柴油加氢等25套炼化装置、2条长输管道建成投用，16家重点炼化企业137套装置大修改造项目如期完成建设提供了优质的供应服务保障。

（罗　智）

【集团化采购】 2012年，集团化采购规模1 706亿元，集团化采购率66.1%，同比增长2.3个百分点，节约资金61亿元，采购资金节约率3.6%。

全年总部直接集中采购556亿元、总部组织集中采购1 150亿元，总部直接集中采购和总部组织集中采购比例为0.48∶1，确立了总部组织集中采购在集团化采购中的主导地位，更好地调动了企业层面的积极性。

全年战略采购率为81.7%，同比增长3个百分点。全年总部组织集中采购的框架协议采购率81.8%，同比增长0.5个百分点。框架协议采购范围不断扩大，100%的化工原辅料、90%的电气专业日常需求物资都实现了框架协议采购。已组建了22个授权集中采购中心，涉及物资品种50个，2012年总部授权采购金额194.9亿元。充分调动了企业积极性，改变了以前企业各自为战、分散对外的采购局面，整合了企业需求批量，采购价格明显降低。

（罗　智）

【网上采购】 2012年，网上采购规模2 502亿元，网上采购率97%，同比增加1.1个百分点。截至年底，网上采购金额累计突破1.4万亿元，继续保持中国B to B电子商务平台第一的位置。全年网上采购达标率96.7%，其中上网采购率97%，网上业务处理及时率96.9%，采购方式合理率96.6%，接口使用率96.3%。各企业网上、网下采购“两张皮”和网上业务处理不及时的问题得到有效解决。在原有网上采购率、达标率基础上，增加了直采调拨单下载、框架协议签订等5项业务异常监控情况，同时加强网上采购实时监控，及时发现、解决问题，累计解决系统功能调整、接口传输、统计和用户操作等各类问题8 000多项，确保了网上采购业务的顺利开展。

（罗　智）

业务改造

【概述】 截至2012年底，物资供应管理专业化分工流程化操作机制建设、供应商动态量化考核业绩引导订货机制建设、框架协议采购、过程控制、采购策略编制及应用、库存资金占用责任主体调整6项业务改造工作已基本到位。为进一步巩固完善传统业务改造成果，提高业务运行效率和效果，2012年开展了传统业务改造效果后评估工作。通过制定传统业务改造后评估标准，分调查自评、验收评估、总结巩固3个阶段，采取企业自查整改、集中对接、现场检查和抽查等形式，对所有企业按照传统业务改造后评估标准进行评估。56家石油石化企业整体评价全部合格，采购业务运行效果和效率显著提升。

（罗　智）

【专业化分工流程化操作运行机制建设】 对各石油石化企业专业化分工、流程化操作运行机制建设情况进行评估，重点对打破传统“一竿子插到底”的采购运行机制，分置采购核心权力，供应商选择权、价格确定权与货款支付申请权分置情况和采购工作由业务操作型向管理控制型转变，强化需求分析、市场研究、供应商管理、过程控制等专业化管理情况进行评估。将各石油石化企业的采购环节与过程控制环节的相互制衡和自我纠偏机制落到实处，实现了物资采购工作重心的转移，专业化管理工作得到进一步强化，提高了物资采购工作的效果和效率。

（罗　智）

【供应商动态量化考核业绩引导订货机制建设】 对各石油石化企业供应商动态量化考核业绩引导订货机制建设情况进行评估，重点对供应商动态量化考核及分级管理和80%采购额供应商占交易供应商比例的情况进行评估，促进了企业根据动态量化考核结果，实施业绩排名和分级管理，实现科学理性采购。同时落实供应商业绩引导订货机制，将采购业务向业绩优秀的供应商集中，推进了供需关系向相对稳定合作转变。

（罗　智）

【框架协议采购】 对各石油石化企业框架协议采购情况进行评估，重点对框架协议采购率、合同（协议）份数减少率和交易供应商数量减少率等情况进行评估。促进企业整合需求、锁定供应资源，提升了资源获取能力和议价能力。促进企业打破“一单一操办”的传统采购业务模式，签订一揽子框架协议，执行协议项下订单操作，大幅减少询比价、招标和签合同等大量重复性劳动，显著提高了工作效率，促进企业浓缩采购渠道，将采购批量集中到少数优秀供应商，增强了供应市场影响力和资源控制能力。2012年，中国石化框架协议采购率77.4%，同比增长2.3个百分点。框架协议采购已成为中国石化最主要的采购方式。

（罗　智）

【库存资金占用责任主体调整】 对各石油石化企业库存资金占用责任主体调整进行评估，重点评估库存资金占用责任调整及分解和新增积压物资责任追究等情况。促进企业将库存资金占用责任主体调整到位，建立需求计划硬约束机制，持续降低库存资金占用。同时加强需求计划管理，落实新增积压物资责任，严肃责任追究，严格控制新增积压物资。

（罗　智）

【采购策略编制及应用】 对各石油石化企业采购策略编制及应用进行评估，重点评估采购策略编制质量和采购策略应用等情况，促进了企业采购工作由业务操作型向策略研究型转变。针对物资采购工作重点、难点，明确采购各环节工作策略和措施，增强供应风险防控能力。加强采购策略管理维护，确保采购策略有效执行，规范采购行为，充分发挥采购策略对采购业务的指导和约束作用。2012 年共有 53 家企业编制印发了企业层面的年度采购策略，显著增强了采购工作预见性和主动性。

（罗　智）

【物资供应过程控制】 对各石油石化企业物资供应过程控制进行评估，重点评估进度控制和质量控制等情况，促进了企业加强采购关键节点过程控制，提高采购过程风险把控能力，提前防范和化解进度风险，确保及时供应；促进了企业加强采购过程质量监控，对重要设备和关键材料实施监造，提前防范和消除质量风险，保证采购物资质量，确保安全供应。强化供应商原材料分包和原材料采购过程的管理，印发《关于加强供应商原材料分包管理的通知》，从供应商采购源头控制交货质量和交货进度。进一步深化过程控制信息平台应用。共有 42 家企业的 576 份重要物资采购合同被纳入平台实时监控，过程控制的信息化水平显著提高。

（罗　智）

物资采购管理

【全面推进科学理性采购】 探索推进重要物资全生命周期管理。各石油石化企业组织供应、生产、机动等部门及用户单位收集设备、材料的使用寿命、维护成本、报废残值等相关数据，初步建立了部分全生命周期成本数据库，将“物资性能价格比最优、全生命周期总成本最低”的采购理念落实到具体采购业务中，扭转过分追求一次性采购价格最低的不良倾向，降低企业生产建设总体运行维护成本。

全面开展物资成本构成分析工作。2012 年完成全部总部直接采购和总部组织采购共 268 个物资品种的成本构成分析工作。建立部分成本构成分析模型并在实践中应用，为合理确定物资采购价格提供科学依据。

深入开展了重要物资制造周期和采购提前期的分析研究。已发布 5 期 40 个品种的重要设备材料制造周期，为设计和需求单位提供参考，切实提高需求计划的及时性，为供应商留足了合理制造周期，从源头上防控了采购进度风险。

（罗　智）

【探索构建世界一流物资供应管理体系】 按照世界一流的发展目标，进一步巩固完善了集中统一的物资供应管理体制。研究制定了打造世界一流物资供应管理体系的改革方案，提出构建总部管理控制中心、区域（海外大区）集中采购中心和企业供应服务中心三层物资供应管控架构，全面整合物资供应资源，打造石化集团公司全球统一的物资采购和供应服务平台。编制《南京采购中心组建和业务运行方案》，拟先整合中国石化在长三角地区的物资供应资源，优化资源配置，更好发挥集团化采购优势。

（罗　智）

【巩固完善物资供应管理体制】 强化对企业采购管理体制的监管，推动南京化工公司整合连云港碱厂采购职能，建立了集中统一的采购管理体制；及时督促湖北化肥分公司整改分散采购的体制问题，有效防范了企业采购管理体制走回头路的问题。加强国内合资企业和海外项目物资供应管理。制定了把国内合资企业物资供应工作纳入石化集团公司统一管理的具体措施。积极介入中国石化—西布尔合资项目前期工作，通过与外方谈判，明确由中国石化负责对其物资供应实施归口管理和集中采购。

（罗　智）

【开展物资采购管理提升活动】 2012 年，按照国务院国资委关于中央企业全面开展管理提升活动的工作安排，中国石化物资采购管理体系被选树为中央企业唯一的采购管理标杆。在 6 月中央企业采购管理提升专题培训会、7 月中央企业和地方国资委负责人研讨班、9 月采购管理提升现场经验交流会上，中国石化 3 次向其他中央企业介绍物资采购管理体系建设情况，推介中国石化物资采购管理经验。同时通过对中国石化物资采购 17 年的改革探索和管理实践的全面梳理，从采购管理体制、运行机制、集团化采购、电子化采购、供应商管理 5 个方面，总结提炼中国石化采购管理体系的核心内容、主要做法及主要成效，编制完成《物资采购管理辅导手册》，为中央企业提升物资采购管理水平提供参考和借鉴。

组织各石油石化企业全面开展物资采购管理提升活动。印发《中国石化物资采购管理提升实施方案》，制定保障生产建设物资安全供应、及时供应和经济供应，初步建立统一和标准化的物资供应管理制度及流程体系，持续提升采购业务的运行效果和效率7项工作目标，明确采购管理提升活动的工作方向。部署进一步巩固完善集中统一的物资采购管理体制、深入开展传统业务改造效果后评估、全面推进科学理性采购等8项工作内容。采购管理提升活动分全面启动、自我评估完善，专项提升、协同推进，持续改进、总结评价3个阶段，计划于2014年1月结束。

各石油石化企业以物资供应传统业务改造效果后评估为抓手，对照传统业务改造后评估标准，全面开展自我诊断，深入查找采购管理薄弱环节。通过整改优化，进一步巩固了物资供应管理体制，优化了业务运行机制，完善了管理制度，以管理提升活动为契机，推动物资供应工作再上新台阶。

进一步加大与国际采购研究机构的沟通与合作。开展与美国战略采购中心(CAPS Research)、德国联邦采购物流协会(BME)等国际采购研究机构的合作，参加CAPS第15届“2012年亚洲采购经理圆桌会议”和BME第7届中国采购会议等活动，与国际化大型公司就采购管理进行沟通和交流，学习借鉴国外先进企业的采购管理经验。

积极申报管理现代化创新成果。在全面梳理中国石化构建物资采购管理体系的成功做法和经验的基础上，中国石化“特大型企业集团采购管理体系的构建及应用”获石化集团公司第21届企业管理现代化创新成果一等奖。中国石化“特大型石化企业集团物资采购管理变革”获2012年第19届国家级企业管理现代化创新成果一等奖。

(罗　智)

【强力推进标准化采购】　①组织召开中国石化标准化设计、标准化采购、模块化建设工作视频会议，提出在“十二五”末分3个层次建成标准化设计、标准化采购、模块化建设的目标体系，明确石化集团公司总部有关部门职责，形成了各职能部门、各石油石化企业协同配合，共同推进标准化采购工作的良好氛围。②强化标准化采购工作的牵头管理，提出新建装置规模标准化、设计标准化方案，对已经建成投用的老装置，研究制定标准化改造方案。③全面开展物资采购规章制度和业务流程标准化改造工作。总部层面形成了包括24项制度的统一、标准化的物资采购规章制度体系和包括物资采购管理战略、采购策略、计划管理等8个关键环节78个重点业务的采购业务流程体系。55家石油石化企业已经完成并上报标准化改造后的规章制度。④编制《物资采购标准化工作规划》《物资采购技术条件规范体系》等标准化采购文件，发布了天然气输送用管线钢标准化采购技术条件、离心泵轴径系列、10万立方米浮动油罐钢板等13项采购技术标准(暂行)目录和新建S-Zorb装置往复压缩机、关键过滤器等11个主要物资品种的采购标准化实施方案。

(罗　智)

【强化供应商关系管理】　截至2012年底，中国石化网络供应商为15 529家，同比减少11.2%。其中，生产商11 530家，占74.2%，同比增加2.3个百分点；流通商3 999家，占25.8%。

继续暂停生产建设物资流通商准入，严格控制从流通商采购。修订完善《中国石化供应商动态量化考核业绩引导订货管理办法》，明确要求按业绩对供应商进行排名和开展ABC分级管理，指导企业把供应商业绩引导订货切实推进到位。组织修订集团化采购物资供应商现场考察评价标准，从注册资金、固定资产、产能及运能等方面提高评价标准。同时，督促各企业制定本企业自采物资现场考察标准，进一步提高了供应商准入门槛。

优选出28家战略供应商，签订战略合作协议，中国石化战略供应商数量达到64家。选择整体实力强、产品质量可靠、服务优良的供应商，形成了1 136家主力供应商群体。要求总部组织集中采购框架协议原则上要选用主力供应商，实现集团化采购物资80%采购金额从战略供应商、主力供应商采购。

全面清理集团化采购进口物资流通商，17个进口物资品种的流通商数量由189家减少到99家，减少比例达到47.6%。积极开展境外生产商寻源、走访工作，实现与35家境外生产商直接签约。全面梳理供应商及其许可供应产品目录，解除连续2年无交易和业绩差的供应商许可供应产品目录，并将许可供应产品目录由大类、中类全部细化到小类，仅保留供应商核心优势产品目录，进一步强化目录制管理，消除了“万能供应商”。

建立中国石化全球供应商管理的国际化应用平台，实现中英文双语界面。固化供应商动态量化考核指标体系，由系统自动评分汇总，保证考核结果客观公正，实现供应商信息在不同系统中的一致性。2012年已基本完成系统开发工作。

全年累计处理质量缺陷、延迟交货、服务不到位、现场考察不合格等问题的供应商40家，其中取消供应商网络成员资格4家、暂停交易资格4家、石化集团公司内部通报23家、书面警告9家，增强了对供应商的警示力和威慑力。

(罗　智)

【物资供应管理信息化建设】 建立涵盖电子商务、ERP 等 5 个系统、57 项指标的监控体系，实现各系统指标数据的自动抽取，强化了监管。发布《中国石化物料编码应用管理规定》，修订发布了考核指标，强化了编码应用考核。全面启动 ERP 系统编码清理工作，冻结冗余物料编码 80 万条，总量减少 23%。举办了 3 期物料编码培训班，49 家企业、191 人参加了培训，提高了企业人员物料编码的应用水平。建立中国石化统一的需求计划管理平台，统一管理模式和业务流程，实现了需求计划提报、变更和审批网上运行，提高了工作效率和需求计划提报、管理的标准化、信息化水平。整体项目涉及的 64 家企业分 4 批实施，2012 年已完成 3 批、43 家企业的实施。

（罗 智）

【储备管理工作】 ①对中原油田、西南油气田、茂名石化等 12 家石油石化企业进行物资储备和库存管理效能监察，重点检查企业库存资金占用责任主体调整、新增积压物资防控及责任追究机制等方面的情况，摸清企业储备管理现状和存在的主要问题，深入剖析积压物资的形成原因，提出了下一步工作建议。②每月发布储备管理情况通报，比对分析各企业积压物资降低幅度、库存规模控制及周转等情况，极大地增强了各石油石化企业强化储备管理、控制积压规模的意识，取得了显著效果。③紧盯重点石油石化企业和重点工程项目，积极开展改代利用和调度调剂工作。全年共处置积压物资 15.6 亿元。在石化集团公司生产建设规模持续增长的情况下，2012 年库存规模 75.7 亿元（扣除化工原料和煤炭），同比降低了 8.6%；积压物资 17.5 亿元，同比降低了 21.5%。

（罗 智）

【物资供应监管】 按季度对企业物资供应工作进行比对、分析和通报。开发 BW 系统“比学赶帮超”报表固化功能，实现了物资供应“比学赶帮超”指标自动取数，督促企业采取有效措施，提高物资供应管理水平。组织 10 个调研组，对 20 家企业关于落实科学理性采购、推进传统业务改造和规范网上采购等方面的工作开展物资管理调研。通过调研，全面掌握企业物资供应管理工作的开展情况，并督促企业对存在的问题进行整改。对煤炭、石灰石、包装袋、油井水泥、机械密封、阀门、化工辅料等物资品种的采购价格、供应商业绩排名等情况进行比对通报，指导企业按照物资性能价格比最优、全生命周期成本最低的原则，更好地控制物资采购成本。

（罗 智）

【物资供应系统培训工作】 依托中国石化远程培训系统，开发启用物资供应培训站，组织编制了物资供应管理和专业采购的应用题库，指导企业全面开展网上岗位练兵活动；组织开展 3 次网上学习和考试，各企业 4 000 余人参加在线答题，起到了良好的岗位练兵效果。举办 2 期物资供应处长培训班，1 期企业管理科长培训班，13 期业务科长、业务骨干培训班和 1 期新上岗员工岗位适应能力培训班，帮助企业采购人员提高业务能力，全面适应岗位要求。组织开展物资供应系统全员技术比武。技术比武分初赛、复赛和决赛 3 个阶段，包括油田、炼化、工程建设、专业公司、合资企业、科研院所和油品销售在内的 90 家企业共 4 186 人参加了初赛，65 家企业的 911 人参加了复赛，204 名选手参加了决赛。通过上机考试、笔试和面试 3 个环节，共选拔出 50 名石化集团公司物资供应岗位标兵，促进了企业全面打造学习型供应队伍。

（罗 智）

重大装备国产化

【概述】 2012 年，重大装备国产化办公室继续按照“积极、稳妥、先进、可靠”国产化方针，紧紧围绕中国石化生产建设和主营业务的发展需要，针对国内外价格悬殊、市场需求大、国外垄断和采购工作中受制于人的装备开展国产化攻关研制工作，取得了一定突破。

2012 年立项研制 10 项，结转重点项目 11 项。乙烯项目“三机组”在武汉乙烯项目顺利安装完毕，首台高速齿轮 PTA 空压机组交付扬子石化，25 万吨/年 PE 挤压造粒机组顺利交付齐鲁石化，8 万米^3（标准）/时制氢装置转化气余热锅炉交付武汉石化，首台 20 万吨/年高含硫装置硫冷器交付普光分公司，双相不锈钢热高分空冷器于 11 月交付石家庄炼厂。

为进一步加大国产化成果的推广与运用，组织对 2005 年以来立项课题的完成情况进行梳理，组织召开国产挤压造粒机组和板壳式换热器应用情况通报会。组织召开中国石化阀门国产化研讨会，全面总结近年来阀门国产化工作，安排布置阀门标准化、系列化工作，大力推进阀门技术要求的标准化和阀门选型的标准化，同时针对石化仍需依赖进口的阀门进行全面梳理，研究确定 2013 年阀门国产化重点攻关的品种，明确下一步阀门国产化工作目标。

（罗 智）

矿区(社区)建设

◇ 综述

◇ 保障性业务

◇ 经营性业务

◇ 公益性业务

综　　述

矿区(社区)管理部成立于2012年5月，是石化集团公司总部机关负责矿区(社区)业务的专业管理职能部门。主要业务范围包括：油田企业除油公司、石油工程业务以外的业务，资产公司除炼油、化工及纳入专业化管理以外的业务，石化股份公司所属分(子)公司、其他专业公司、研究机构矿区(社区)业务。截至2012年底，中国石化共有56家企业开展矿区(社区)业务，服务总人口212万人，资产总额362.6亿元，固定资产净值216.4亿元；用工人数13.8万人，其中在岗正式职工6.3万人。

2012年，矿区(社区)系统紧紧围绕“建设与世界一流能源化工公司相协调的和谐矿区(社区)”目标，着眼于在更高起点、更高水平和更高层次上抓改革、抓服务、抓管理、促和谐，体制机制调整平稳有序，服务保障水平持续提升，经营管理任务全面完成，为石化集团公司改革发展稳定作出了新的贡献。

一、推进矿区(社区)改革调整，体制机制进一步理顺

以组建矿区(社区)管理部和油田企业“三分开”为标志，矿区(社区)作为石化集团公司的业务板块开始运行。

总部层面管理体制调整平稳推进。按照党组的统一部署，完成了总部层面矿区(社区)管理职能整合，实现了矿区(社区)管理部对矿区(社区)业务的统筹管理。矿区(社区)管理部组建运行后，先后深入到中国石油、中国海油等中央企业和部分所属企业进行专题调研，通过对比分析，逐步明确了矿区(社区)工作的职能定位、管理体制、运行机制和发展方向。根据企业不同的业务规模、管理形式和运行情况，指导企业编制实施方案，落实调整措施，实现了矿区(社区)改革平稳推进，改革与发展两不误。

企业层面矿区(社区)“三分开”管理体制平稳展开。油田企业按照石化集团公司批复的调整实施方案，在保证矿区(社区)业务实行单独预算、核算和考核的情况下，分别采取不同的模式调整管理机构，完善管理职能，落实管理责任。资产公司所属企业、炼化工程、科研机构和石化股份公司有关企业进一步明确社区管理职能，厘清业务范围和规模，积极为企业层面分立运行创造体制条件。

矿区(社区)板块管理机制平稳运行。石化集团公司调整了保障、公益业务运行费用分担核算办法，将按职工人数计算的方式转变为按职工人数和资产总量综合计算的方式，并在2012年基础上，调增了关联交易额，运行费用分担机制进一步完善。明确了自有资金、驻区单位分担、当地政府投入和总部拨款4种矿区(社区)建设投入来源渠道，初步拟定矿区(社区)建设投入机制。油田企业建立了矿区业务单独核算的财务预、决算机制，进一步细化业务类别，对保障、公益、经营业务进行分开核算。

二、加强制度建设和基础管理，统一规范的管理基础正在形成

针对矿区(社区)板块范围跨度大、业务门类多、规模差异大的特点，着手构建制度体系，制定建设服务标准，搭建绩效考核平台，持续推进全员成本目标管理，保证了矿区(社区)业务一开始就在制度和标准的体系内规范高效运转。

构建制度管理体系。在充分借鉴中国石油、中国海油、中信等不同类型企业，以及物业服务、宾馆酒店等先进企业管理经验的基础上，从计划规划管理、财务管理、企业管理、业务运营等方面入手，确定了43项矿区(社区)业务管理及部门内部管理制度，制定了制、修订工作计划。2012年底，《矿区(社区)业务固定资产投资管理实施细则》等5项制度正由相关部门核签，全员成本目标管理、改善经营管理建议实施细则等4项制度被纳入石化集团公司2013年度制度制、修订计划。制定全面预算管理、资本支出等关键环节的风险防范措施，明确关键岗位人员以及各级领导的权限，将矿区(社区)业务纳入石化集团公司2013版内控管理体系。

制定服务和建设标准。参照国家有关行业标准，结合企业实际，组织专门人员分类制定物业、水电气暖、市政、托幼、文体、医疗卫生等21项具体业务服务标准和建设标准，其中有8项相对成熟的服务标准已被纳入集团标准立项和编制工作。各企业积极贯彻ISO 9001质量管理体系认证标准，进一步明确设施设备、房屋、绿化、保洁等岗位量化目标和服务规范，标准化水平得以提升。

搭建绩效考核平台。按照“分类管理、分类对标、分类考核”的工作思路，初步拟定成本控制、服务质量、运行效率3个维度482项指标，研究制定不同类型企业的分类考核KPI指标和相应目标值，建立了统一的矿区(社区)板块技术经济指标体系。

持续推进全员成本目标管理。建立成本目标控制责任、技术经济指标两个体系，督导实施，严格考核，提升了成本管控水平。加强预算控制，组织编制了矿区(社区)生产经营计划、投资计划、财务预算。强化收费管理，实现了已有政策范围内应收尽收。继续开展水电暖降耗增效专项工作，供水管网漏损率、供电综合线损率、供暖单位标煤耗持续降低。各企业精细核定维修、绿化、保洁等费用定额标准，针对物料消耗重点环节，实施重点治理，低耗高效运行水平进一步提升。在2012年四季度石化集团公司稳增长、保效益的专项工作中，矿区(社区)系统积极响应，强措施、抓落实，挖潜力、促效益，全面完成了全年效益指标任务。

三、文明和谐示范小区创建活动扎实有效，服务保障水平持续提升

文明和谐示范小区创建活动在油田企业开展以来，各单位按照总部的部署，精心设计符合企业实际、符合小区特点的创建方案，形成了上下联动、协调推进、各具特色的创建格局，使驻区居民得到了实惠，得到了广大干部员工的大力支持和广泛认可。组织开展了2012年文明和谐示范小区复查评审工作。经层层筛选评审入选了40个文明和谐示范小区和85名先进个人，并对第1批已获得文明和谐示范小区称号的62个小区进行了复查验收。同时，紧紧围绕创建工作确定的目标要求，针对创建活动参与范围、参评单位、涉及人员将大幅增加的情况，与"创先争优"相融合，修订完善创建内容和管理办法，细化实施方案，进一步激发了基层单位创建工作的活力。

资产公司所属企业针对部分社区规模相对较小、老旧小区比例较大、安全隐患较多的状况，通过与地方合作共建、增加专项投入等，想方设法落实资金渠道，对重点安全隐患进行治理，对小区环境进行改造，社区安全水平进一步提高，社区环境进一步改善。炼化工程、科研机构和石化股份公司办有社区的单位，在大力推进主业发展的同时，积极借助各方力量搞好社区工作，为员工家属提供了优质的服务。

水电讯运业务系统着力提升能力、优化调度、强化运行，保证了驻区企业生产需要；后勤服务系统精心打理办公区物业，倾力办好职工食堂，加强职工公寓管理，热心照顾老同志，悉心教育学龄前儿童，为企业提供了坚实的后勤支撑；医疗卫生系统加强门诊服务，做好员工体检和职业病防治，为员工和社区居民提供周到的医疗保障。积极利用地方政府的支持政策，组织集资建房，改造棚户区，改善了员工居住条件。强化净化、绿化、亮化、畅通工程管理，改造基础设施，治理脏乱差，员工居住环境进一步改善。推行热线服务，完善"一站式"综合服务平台，建立服务"连心卡"制度，不断创新服务方式，进一步方便了居民生活。加强社区文化活动阵地建设，坚持寓教于乐，搭建活动载体，组织开展丰富多彩的文化体育活动，凝聚了民心，促进了和谐。

四、高度重视安全稳定工作，矿区(社区)发展环境进一步改善

在安全生产管理上，各矿区(社区)单位与基层签订安全管理目标责任书，与员工签订安全承诺书，将安全责任落实到岗位和人头。开展"我要安全"主题系列活动，建设HSE文化，实施安全培训，增强了员工的安全意识和技能；开展水电气暖装置、交通工具、生产运营设备大检查和消防安全等专项检查，加强隐患排查、治理力度，推进安全生产标准化建设，实现了矿区(社区)生产安全。

在平安社区建设上，各企业结合实际开展公共场所安全、家居生活安全等方面的教育，整治公共场所、消防、交通、托儿所等方面的安全隐患；配备电子监控设备、成立治安巡逻队，实行24小时不间断巡检；严格执行小区人员、车辆出入等安全管理规定，加强出租房屋和流动人员管理，切实维护了员工居住安全。

在信访稳定工作上，矿区(社区)系统认真落实"认识到位、措施到位、责任到位"的要求，与驻区单位联手落实维稳责任机制。建立健全帮扶救助体系，坚持"真困难、真帮助"，实施"送温暖"工程，对困难人员开展就业培训、申办最低生活保障金，对贫困户子女开展"爱心助学"，对有困难离退休人员、职工遗属、残疾人和低保户进行"结对帮扶"、节假日走访慰问。大力开展矛盾纠纷排查化解专项工作，发挥小区、居委会、楼栋稳定信息联络员的作用，对事关稳定的问题和矛盾，做到早发现、早控制、早解决，从源头上遏制了不稳定因素的发生。引导职工群众依法反映诉求，对合理诉求坚持"事要解决"，保障了信访群众的权益。2012年全板块信访总量同比下降42.7%，实现了党的十八大和重要节点的队伍稳定、企业稳定和社区稳定。

(韩文彪)

保障性业务

【概述】 石化集团公司矿区(社区)保障性业务主要包括物业服务和民用水电气暖供应。截至2012年底，保障性业务从业人员5.94万人，其中正式职工2.24万人。矿区(社区)直接从事物业服务和管理业务的直属企业共43家，基层物业服务机构317个，服务居民212万人，服务居民小区830个，物业服务面积7 536万平方米，其中住宅物业面积5 869万平方米。

胜利、中原、河南、江汉、江苏等老油田企业，社区物业管理以内部专业化管理为主；西南、西北、华东、华北油田和长城润滑油等企业，社区物业管理以外包为主；炼化企业的社区物业管理，除巴陵、燕山等少数企业实行内部管理外，多数由改制企业承担。截至年底，有社区供水职能的直属企业有30家，总供水量1.5亿吨；有供电职能的企业有33家，总供电量17.53亿千瓦·时；有瓶装液化气供应职能的企业19家、有管道气供应职能的企业有10家；有职工自住房管理职能的企业50家，管理职工住房2.54万栋、76万套。

（杨国雄）

经营性业务

【概述】 石化集团公司矿区（社区）经营性业务主要包括供水、发（供）电、通信、运输、农副业、宾馆酒店、商品贸易、房屋土地及设备租赁、矿产品开采销售、化工产品生产与销售等业务，共有从业人员3.6万人，资产总额152.29亿元，固定资产净值87.25亿元。2012年，石化集团公司矿区（社区）经营业务实现收入237.41亿元，支出237.89亿元，收支差额0.48亿元（不含炼化企业、炼化工程、科研机构等单位社区的经营业务）。

（李吉庚）

【矿区经营性业务工作】 对油田企业经营业务进行调研，基本掌握了经营类业务的产业分布、经营规模、发展潜力等情况，以及各企业土地、市场、技术、品牌等资源，为做好规划编制打下了基础。针对矿区经营性业务所涵盖产品种类和业务类别，筛选企业生产经营的核心指标，确定经营性业务报表体系，经过组织填报和分类汇总，结合石化集团公司矿区（社区）业务财务决算报表，对石化集团公司矿区（社区）业务进行了较全面和系统的分析，形成了矿区（社区）业务报表汇编，业务报表汇编包括分析报告和附表两大部分。

（李吉庚）

公益性业务

【概述】 石化集团公司矿区（社区）公益性业务主要包括市政、文化体育、宣传培训、医疗卫生、托幼、社区社保和其他社会公益性服务业务。截至2012年底，公益性业务从业人员3.06万人，其中正式职工2.07万人。矿区（社区）服务系统管理的公园共75个，面积592.22万平方米；广场65个，面积123.31万平方米；市政道路462.08千米，面积868.83万平方米；非工业污水处理站42个；共设有市政监察队14个，居委会376个。矿区（社区）系统管理的文体设施场所共661个，面积130.58万平方米；职工公寓建筑面积80.69万平方米，床位数4万个；职工食堂餐位数4.91万个；直接承办和管理的幼儿园163个，在园幼儿数3.4万人；管理和服务的非在职群体54.46万人；管理离退休活动场所917个、318.82万平方米。直属企业共有医疗卫生服务机构186个，其中医院48所。

（杨国雄）

法律管理

◇ 综述

◇ 体系建设

◇ 合同项目

◇ 法律纠纷

◇ 公司事务

◇ 普法培训

◇ 法律资源

综　　述

2012年，法律系统紧紧围绕年初制定的“贯彻落实石化集团公司工作会议精神，围绕中国石化发展战略的实施和发展模式的构建，找准法律工作服从、服务于石化集团公司中心工作的定位，继续坚持管理第一位、加快实现‘两个根本转变’的工作方针，启动央企法制工作新‘三年目标计划’，夯实法律基础管理，完善法律风险防控体系，推进法律业务国际化，深化‘六五’普法规划实施，打造中国石化法治文化，为中国石化建设世界一流能源化工公司提供有力的法律支撑和保障”的总体要求，切实抓好全系统各项工作的落实，加强部门建设、落实新“三年目标计划”、持续深化“两个根本转变”、推进业务国际化、抓好日常工作和基础工作，各项工作按计划、有序推进并取得积极进展。

新“三年目标计划”全面实施。全系统按照“时间有所超前、指标有所超额、总体有所超越”的工作部署，着力“三个完善”，加快“两个提高”，全面分解落实新“三年目标计划”的各项指标要求。在全面实现法律审核“三个100%”的同时，大力提高审核质量和水平；在推进“两个80%”目标落实的同时，有针对性地提升法律顾问队伍的整体素质。制定《中国石化落实法制工作第三个三年目标计划考评标准》，细化考核督导项目，确保中国石化法制建设继续走在中央企业的前列。

法律管理提升活动深入推进。总法律顾问制度建设不断深化，全系统122家单位总法律顾问就7项职责履行情况分13个片区全面述职。制度体系不断完善，已经形成包括《中国石化法律工作管理办法》在内的较为完善的法律管理制度体系。标准合同示范文本库持续更新。信息化建设取得重要突破，中国石化合同管理信息系统(CMIS)全面建成，法律综合管理系统建设全面启动。加强知识产权法律保护，规范企业自有商标处置，建立了较完整的商标管理体系。

法律业务国际化取得重要进展。境外法律工作制度加快落实，26家国际化经营单位制定了推进境外法律工作落实计划。编写完成美国等9个国家《投资贸易法律指南》系列工具书。将法律嵌入境外公共安全培训课程，固化落实形成制度，外派人员做到持证上岗。一年来，法律工作在国际化经营中的作用日益显现，境外法律工作取得重要进展，整体呈现出可喜局面。

法律风险防控体系建设稳步推进。印发《中国石化法律风险防控体系建设指导意见》。建立法律风险防控信息提示定期报送制度。编制完成《中国石化2013年法律风险管理报告》及加油站经营、融资担保、涉外纠纷《中国石化法律纠纷典型案例汇编》和《中国石化法律风险防控手册——加油站网点发展》。落实法律人员提早、全程、在先参与重大事项，完善决策和“三重一大”法律风险防控程序。法律人员全程参与经办资本运作、融资担保、中外合资、收购兼并等重大项目近200个。

法治文化建设不断深化。按季度下发领导干部学法主题，对新提拔党组管理的领导干部进行法律培训。成功举办中国石化法律英语竞赛。着力宣传和弘扬中国石化“依法、合规、公平、诚信”的法治文化理念和“依法治企、合规经营”的法治文化核心内容，创建“法治石化”“平安石化”，营造了浓厚的法治文化氛围。《国资委工作交流》以企业专刊形式，向中央企业推广介绍了中国石化《大力培育法治文化，为打造世界一流能源化工公司提供坚实保障》的实践经验。

中国石化连续获得《China Law & Practice》年度最佳中国企业内部法律团队奖，被评为《亚洲法律杂志》2012年中国顶尖公司法务顾问八强。英国著名法律杂志《The Lawyer》官方网站专文介绍中国石化通过举办法律英语竞赛，提升全公司的法治理念、合规意识的做法。中国石化在“国家商标战略实施示范企业”检查评估中获得“示范中的示范”评价。法律部被国务院国资委推荐为国家知识产权战略实施工作先进集体。

（王　栋）

中国石化连续获得《China Law & Practice》年度最佳中国企业内部法律团队奖

体 系 建 设

【概述】 2012年，法律系统自觉立足于法律工作

“管理是第一位”的职能定位，深化“两个根本转变”，加强体系建设、制度建设、作风建设，推进法律管理提升，取得显著成果。全系统共有法律从业人员1 427人，其中专职法律人员990人，兼职法律人员437人。全系统专职法律人员应持证人数990人，实际持证人数763人，持证率77.1%。单独设立法律部门的企业28家，一块牌子合署办公的企业19家；两块牌子合署办公的企业58家，有法律职能机构的企业17家。

（王　栋）

【全系统法制工作会议】 2012年3月5日，中国石化在京召开2012年法制工作会议，深入学习贯彻中央企业法制工作会议和石化集团公司工作会议精神，全面总结2011年法制工作，部署2012年重点工作，推进中国石化法治文化、法律风险防控体系建设和法律业务国际化，为建设世界一流能源化工公司提供有力的法律支撑和保障。

中国石化2012年法制工作会议

会议对2012年的重点工作进行了安排：一是以推动“3232”目标实现为抓手，实施央企法制工作新“三年目标计划”；二是完善法律风险管理体系，构建法律风险防控的完整链条；三是落实和完善境外法律管理制度，加快推进法律业务国际化；四是深入开展“六五”普法，持续打造法治文化；五是加快实施“321”人才培养工程，推进法律人才队伍建设和储备。

中国石化所属企业分管法律工作的领导、总法律顾问、法律机构负责人、普法办负责人及总部各部门代表参加了会议。大会制作了反映2011年法制建设成就的展台、展板和视频短片，充分展示了全系统法律工作业绩。

（廉　明）

【全面实施新“三年目标计划”】 2012年是中央企业法制工作新“三年目标计划”的启动年，按照国务院国资委新三年目标“三个完善、两个提高”的总体要求和中国石化整体部署，细化落实各项要求，制定并下发了《中国石化落实法制工作第三个三年目标考评标准》，从完善企业法律风险防范机制、完善企业总法律顾问制度、完善企业法律工作体系、全面提高企业法律顾问队伍素质、全面提高依法治企能力5个方面，制定50项（共计100分）考评标准，全面考核企业法制工作第三个三年目标落实情况。

（王　栋）

【总法律顾问述职工作全面开展】 充分发挥区域法律资源共享协调互助机制的作用，将全系统122家单位的总法律顾问划分为13个片区，2012年4—7月，依次召开了苏皖片区、河南片区、山东片区、华中片区、沪浙片区、西南片区、华南片区、北京二片区、西北片区、东北片区、北京一片区、华北片区、新疆片区总法律顾问述职会，122家单位总法律顾问全部进行了述职。

实行总法律顾问全面述职，是中国石化加强总法律顾问队伍建设的创新之举。国务院国资委政策法规局充分肯定总法律顾问述职“形式好、内容好、效果好，是加强总法律顾问队伍建设的有益创新，值得推广，为央企法制工作开了个好头”，《中央企业落实法制建设三年目标工作简报》第24期向中央企业予以推广。《法制日报》连续3天以“央企法务调查：‘来自中国石化的报告’”为题，对中国石化法律工作作了长篇专题报道，提高了中国石化在法制建设上的美誉度，彰显了中国石化依法经营、诚信经营，依法治企、合规经营的良好形象。

（孙黎明）

【法律管理提升】 按照石化集团公司管理提升活动整体部署，法律部加强组织领导，深入开展管理对标，分析法律工作现状，查找突出矛盾和问题。2012年10月24日向全系统印发《中国石化法律管理提升实施方案》，明确了以重点突破与全面提升相结合、自评整改与检查督促相结合、对标一流与注重实效相结合、做精做优与整体管控相结合的“四结合”为原则，以打造与世界一流能源化工公司相匹配的法律风险防控体系为目标，以深化法律工作“两个根本转变”为主线，以推进法律业务国际化、打造中国石化法治文化和推进体制机制、队伍建设为抓手，不断提升法律管理规范化、标准化、文本化、信息化水平的法律管理提升总体思路。各企业据此进一步开展自我诊断，制定方案，细化措施，狠抓落实，并明确了具体时间节点和上下联动机制。全系统122家单位均制定了《法律管理提升实施方案》。

（廉　明）

【制度建设】 制定中国石化《法律工作管理办法》《工商事务管理办法》《法律培训管理办法》《合同管理信息系统（CMIS）运行维护管理细则》，完成修订《法律纠纷管理办法》。至此，中国石化已经形成较为完善的法律管理制度体系。

（王　栋）

合同项目

【概述】 2012年，法律系统紧紧围绕“两个根本转变”，全面推进合同管理信息系统建设，深化法律业务国际化，加大重点、难点、热点和敏感问题研究力度，合同管理各项工作扎实开展，取得可喜成绩。2012年，全系统共签订、审查各类合同61万份、同比增加1万份，标的额达5.39万亿元、同比增加0.79万亿元。其中，涉外合同3.28万份，同比增加8 000余份，标的额达2.07万亿元。与上年相比，发生纠纷的合同份数比例从0.37‰下降至0.32‰。

（郭　飞）

【合同项目法律风险防控研究】 牵头组织融资担保法律风险防控专题会，对银行保函和母公司担保法律条款及其风险进行交流研讨。组织页岩气开发法律专题研讨会，围绕与页岩气项目相关的法律和监管制度、土地租赁制度、税收、原住民、环保、合资合作，以及加拿大与美国页岩气发展的比较等内容进行探讨。

（郭　飞）

页岩气开发法律专题研讨会

【深化国别法律研究】 持续开展国别法律环境研究，继续牵头组织《投资贸易法律指南》编写工作。2012年，编印美国、委内瑞拉、古巴、卡塔尔、阿联酋、土库曼斯坦、缅甸、澳大利亚和加蓬9个国家《投资贸易法律指南》。

（郭　飞）

【重点难点热点敏感问题研究】 常态化进行重点、难点、热点和敏感问题的研究，重点跟踪、研究与能源企业密切相关的案例和事件，当好参谋智囊。持续跟踪美国制裁伊朗和缅甸的最新情况以及BP墨西哥湾漏油事件相关诉讼进展情况，研究阿根廷政府国有化和合同能源管理等法律问题，编发74期《石化法制简报》，向石化集团公司领导、部门和企业提供法律分析意见和建议。

（郭　飞　王　栋）

【法律业务国际化】 石化集团公司党组理论学习中心组专门听取法律部《国际化经营中的法律风险和应对措施》专题汇报讲座，党组领导及总部机关、各专业公司、在京直属单位主要负责人80余人出席。会议要求领导干部高度关注“走出去”面临的法律风险，充分运用法律知识提升企业经营管理的“软实力”，并对法律管理提出了具体要求。国务院国资委《工作简报》第41期面向央企予以专题介绍。

督导落实《中国石化境外法律工作管理暂行办法》。督促各国际化经营单位上报本单位推进境外法律工作落实计划，并与26家国际化经营单位逐家对接，要求总法律顾问尚未取证和专职法律人员持证率未达标的国际化经营单位，力争于2014年底前率先达到100%持证的目标；明确26家国际化经营单位的91个境外重要分（子）公司、项目部设置法律机构及配备专职法律人员的数量和到位的具体时间。

（郭　飞）

【举办中国石化法律英语竞赛】 2012年4月18日—10月29日，举办了中国石化法律英语竞赛，63家单位的632名选手参加了笔试初赛，29人进入复赛，10名语言能力突出、专业功底扎实的选手进入决赛。该竞赛在系统内掀起了一股学习法律英语的热潮，同时为中国石化涉外法律工作培养、选拔和储备了人才。

（郭　飞）

中国石化法律英语竞赛

【全面建成合同管理信息系统(CMIS)】 经过2年多持续不断的努力，中国石化合同管理信息系统全面建成。截至2012年底，全系统122家企业全部上线运行，累计在线运行合同数量46万份，标的额1.34万亿元，系统用户达7.69万人，为中国石化依法治企、合规经营，切实有效防范法律风险奠定了坚实基础，也为公司打造了一个“阳光工程”。在系统建设和推广实施中，完成CMIS应用管理员、系统管理员和关键用户培训；召开CMIS建设“回头看”研讨会；组织79家企业的4 813人对CMIS进行人工压力测试，为下一步系统优化调整提供了第一手资料和依据，也为类似系统测试积累了经验；组织编写出版了《CMIS术语词典》；制定并下发中国石化《合同管理信息系统(CMIS)运行维护管理细则》；探索CMIS向境外机构、新成立企业以及重组企业的延伸和覆盖。

（郭　飞）

【标准合同示范文本建设】 开展标准合同示范文本“回头看”工作，组织编印境外石油工程、境外炼化工程、区块合作、加油站网络发展、化工产品销售、非主营业务、原油购销7类标准合同示范文本。

（郭　飞）

【重大项目法律服务】 积极参与石化集团公司董事会试点、炼化工程重组上市，以及石油工程、润滑油、催化剂、煤化工业务重组等重大改革项目，通过相关方案的法律论证、法律文件的起草和审核等方式，为公司改革发展提供法律支持。通过解答电话咨询、发送电子邮件、参加会议等多种方式为总部各部门和企业提供法律服务，为重大项目评审准备相关法律材料。全年经办资本运作、融资担保、中外合资、收购兼并等重大项目近200个。

（郭　飞　李万旗）

【总部机关合同管理】 严格总部机关日常合同审核、盖章和归档工作，2012年审查总部机关送审合同共260份，其中石化集团公司合同158份，石化股份公司合同102份；标准合同141份，非标准合同119份。

（郭　飞）

法律纠纷

【概述】 2012年，法律系统深化落实“两个根本转变”，加大法律风险防控力度，推进法律业务国际化，在案件处理、突发事件应对、知识产权保护、不良债权审核、案例分析总结、法律风险防控等专项工作方面，取得积极进展。

（江　渊）

【重大外部纠纷案件】 重点处理和应对重大、重要、敏感、特殊案件及纠纷，密切跟踪案件进展，不断加大指导、协调力度，推进案件办理。2012年，石化集团公司总部与企业上下联动，重大法律纠纷得到妥善处理和有效应对。全年全系统共办结案件680起，避免和挽回损失6.74亿元人民币。

（江　渊）

【突发事件应对】 香港聚丙烯漏撒事件发生后，为及时做好境内外突发事件和重大案件的法律应对，2012年8月14日，下发《关于境内外突发事件和重大案件法律救济的紧急通知》，对处理该类事件的法律应对提出指引，并将相关内容纳入《中国石化法律纠纷管理办法》。

（江　渊）

【不良债权(股权)核销法律审核】 审核石化集团公司下属企业11家单位2笔长期股权、41笔不良债权，共计9 486.08万元；审核石化股份公司下属企业10家单位5笔长期股权、6笔不良债权，共计1.72亿元。

（王凌云）

【知识产权保护】 突出重点，加大知识产权法律保护力度，以重大和典型知识产权侵权案件为突破口，综合利用包括民事和刑事在内的法律途径和手段，多措并举地依法主张和保护公司合法权益，切实保障中国石化知识产权不受侵害，并使相关责任人受到应有惩处。2012年4月18日，专题召开中国石化知识产权法律保护研讨会，科技开发部、工程企业管理部以及工程、科研及部分油田、炼化企业共 22 家单位参加研讨。

（吴　洁）

【法律风险防控】 2012 年 4 月，印发《中国石化法律风险防控体系建设指导意见》，明确了法律风险防控体系建设工作的目标和工作原则，对建立监督考核机制、培育法律风险防控文化、加强法律风险防控体系建设的组织领导、制度建设等工作提出了具体要求，为中国石化全系统开展法律风险防控提供了统一的管理流程示例和基础框架。

为切实推进法律风险防控工作常态化，从 2012 年 3 月开始，各直属企业每 2 个月向总部法律部报送 1 期法律风险防控信息，对当前境内外与企业密切相关的政策法规动态变化及其对本单位发展的影响、生产经营中面临或可能面临的各类具体法律风险，以及当期企业法律风险防控情况进行报告；当期没有风险提示报告的，实行零报告制度。法律部每 2 个月编发 1 期《法律风险提示》（全年共 5 期），每月编发 1 期《案件月报》（全年共 9 期），报送党组相关领导参阅。分别在北京、广州、郑州、洛阳召开片区法律风险管理研讨会，调研企业法律风险防控情况。开展《中国石化法律风险防控手册》丛书编制专项工作，完成《中国石化法律风险防控手册——加油站网点发展》和《中国石化 2013 年法律风险管理报告》的编制。

（江　渊）

公司事务

【概述】 2012 年，法律系统进一步拓宽公司事务工作思路，加强公司事务工作力量，立法研究、商标管理、工商事务、授权管理、资本运作等工作都取得新的进展。

（李万旗）

【法律研究与规章制度审查】 2012 年，在深入研究并充分征求相关业务部门和直属单位意见、建议的基础上，先后对 26 项法律、法规提出立法建议 86 条，分别向全国人大法工委、国务院法制办、国务院国资委、国家能源局等机构作了函复。参加国家有关立法专题会议 8 次，涉及的法律、法规包括能源资源法律类 3 项、环境安全类 3 项、劳动人事类 3 项、公共事务类 9 项、其他类 8 项。全年共对石化集团公司 135 项规章制度进行合法性审查。

编印《销售板块合规运营业务指南》，为保障销售业务依法经营提供支撑。开展法律研究论文征集活动，共收到 45 家单位的 256 篇论文，内容涉及合规经营、法律风险防控、企业法治文化建设等方面，进一步促进员工提高运用法律知识解决实际问题的能力。

（李万旗）

【工商事务与授权管理】 完成石化集团公司、石化股份公司工商年检。积极协调国家工商行政管理总局解决了石化股份公司加气站、非油品经营范围增项问题，并完成工商变更登记。全年共办理工商事务 167 件。制定下发中国石化《工商事务管理办法》，明确了各部门在工商注册登记方面的职责，规范了企业名称、证照、年检与专项登记、企业工商信息系统管理。

推进中国石化“家族图谱”建设，正式出版《中国石化企业工商信息》（《家族图谱》），共 5 册，总计 680 万字，从法律层面摸清了中国石化企业家族的“家底”，为规范公司工商事务管理，方便公司战略决策、资本运作和管理提供了法律依据。编写完成《工商事务管理实务》专题培训教材。

向各分公司下发了一般性授权文件，全年共办理授权文件 261 件，为各分公司经营管理提供支持。

（李万旗）

【商标管理】 编印《中国石化商标管理概览》，收录了截至 2011 年 6 月 30 日石化集团公司和石化股份公司总部拥有的 931 件注册商标，为商标管理提供了基础性工具书和依法行权与维权的依据。下发《关于规范企业自有注册商标处置有关问题的通知》，进一步规范企业自有注册商标处置行为，避免企业自有注册商标无序管理和无形资产流失。

“SINOPEC”等 55 件商标完成境内续展注册，“易捷”系列商标境内补充注册 98 件，“朝阳”“SINOPEC”等商标境外补充注册 93 件，注册商标扩展至境外 122 个国家和地区。授权辽宁石油分公司等 12 家区外油品销售企业使用总部商标。

继续保持商标打假维权工作高压态势，“易捷”“Easy Joy”“长城”等 7 件商标维权获得成功。配合工商管理部门查处假冒中国石化商标的加油站 371 座、润滑油 15 853 桶，有力维护了企业的合法权益。

迎接国家工商行政管理总局、国务院国资委联合举行的“国家商标战略实施示范企业”评估检查，赢得“示范中的示范”的赞誉。

（李万旗）

普法培训

【下发领导干部学法主题】 按季度分别下发《中共中央关于深化文化体制改革推动社会主义文化大发展大繁荣若干重大问题的决定》中有关诚信建设和法治文化建设的重要论述、《清洁生产促进法》、《关于深入开展社会主义法治理念教育的通知》、中国石化法治文化理念等领导干部学法主题，推动领导干部学法用法再上新台阶。

（杨心刚）

【编印普法教材】 编发《普法讲坛——2011 年优秀讲稿集》，将广大法律工作者在不同场合宣讲法制工作、法治理念和法律知识等讲稿 12 篇编辑成册，扩大讲座影响范围，拓宽普法途径，提升宣传教育效果。编发《边学边练——中国石化法治文化》，以《中国石化法治文化建设指导意见》为核心，从法律工作指导思想、法律工作理念、法律工作内涵、总法律顾问角色定位、法律工作任务、法律人员作风建设等方面，全面阐述和宣传中国石化“依法、合规、公平、诚信”的企业法治文化理念。编印《中国石化履行企业社会责任的法律思考》，根据“践行‘每一滴油都是承诺’‘打造高度负责任、高度受尊敬企业’的法律思考”活动的评选结果，将 50 篇获奖文章编辑成册，进一步扩大影响范围，拓宽宣传途径，推动广大干部员工自觉履行企业社会责任。

（杨心刚）

【举办社会主义法治理念专题辅导讲座】 2012 年 7 月 18 日，举办了“中国石化学习社会主义法治理念专题辅导讲座”，中央党校教授、博士生导师卓泽渊应邀作专题讲授，领导人员法律管理研修班的总法律顾问和法律骨干人员培训班的学员，以及总部机关干部员工共 300 余人参加讲座。中国石化全系统各单位通过卫星视频会议系统同步参加讲座学习。

（杨心刚）

中国石化学习社会主义法治理念专题辅导讲座

【加大法制工作宣传报道力度】 充分利用中国石化自有媒体，加强法制工作宣传报道。在《中国石化报》共刊登法制宣传教育及法律工作相关文章 51 篇，其中 1 版 4 篇，第 3 版《法制与安全版》47 篇；1 月 16 日、7 月 16 日、8 月 27 日、10 月 15 日分别以《学法 知法 守法 护法》《法律是企业生产经营安全带》《稳步推进依法治企保障工程》《总法律顾问们的心声》为主题组织 4 期专版。各企业创新载体，打造法制宣传新阵地，通过创办法制工作动态、简报等，及时向本单位领导和经营管理人员传递法制工作信息，扩大法制工作的影响面。

（杨心刚）

【加强法治文化建设】 下发《中国石化企业法治文化建设指导意见》，加强企业法治文化建设。为营造“依法、合规、公平、诚信”的企业法治文化氛围，举办中国石化法治文化摄影、书法、绘画作品展和法治文化节目汇演。共征集书法作品 704 幅、绘画作品 316 幅、摄影作品 754 幅、评选出法治文化书法、摄影、绘画作品展优秀组织单位 11 家，特邀作品作者 54 名，优秀法治书法、摄影、绘画作品作者 116 名；同时评选出法治文化节目优秀组织单位 7 家、优秀创作作品 12 个和优秀文化节目 14 个。在企业层面，开展法治文化“五个一”创建活动，即各单位围绕法治文化建设这一主题，制作一部法律工作专题片，举办一次法治书法、摄影、美术作品征集，编纂一本紧贴企业中心工作的法律书籍或材料汇编，撰写一篇法治文化建设载体创新研讨文章，在企业自有媒体上开辟一个法制宣传专栏，进一步宣传和弘扬了中国石化法治文化理念。

（杨心刚）

【法律培训工作制度化】 制定并下发《中国石化法律培训管理办法》，确立法律培训工作实行总部统一领导，总部和各企事业单位分级管理、分工负责的管理体制；明确法律培训的对象包括党组管理的领导人员、专职法律人员、兼职法律人员、涉外及外派人员、合同管理员、法制宣传员；要求法律培训要结合中国石化对法律人才的实际需求，开展重点人才培训、关键岗位人才培训、岗位资格（资质）培训、岗位适应性培训和专项培训等；规定专、兼职法律人员实行每 5 年为 1 个培训周期的轮训，每 5 年参加集中培训、远程培训、混合式培训的时间累计不少于 3 个月。

（邵　丹）

【党组管理的领导人员专题法律培训】 为进一步提高党组管理领导人员兼任的总法律顾问的法律管理能力，培养法治理念和法律思维，按照 2012 年度石化集团公司重点人才培训计划安排，举办了领导人员法律管理研讨班(兼职总法律顾问培训班)，上中下游各板块共 28 名兼职总法律顾问参加培训。

（邵　丹）

【举办专职总法律顾问和法律机构负责人培训班】 采取远程培训和集中培训相结合的模式，对 18 名专职总法律顾问和法律机构负责人进行履职能力、WTO 规则、法律风险防范、劳动法律法规等内容的培训，商务部公平贸易局、条法司及有关高等院校和知名律师事务所的专家、教授、律师为学员授课，推动了参训人员相关法律知识的更新与掌握。

（邵　丹）

【专家型法律人才培训力度进一步加大】 举办直属单位下属二级单位总法律顾问培训班和第 3 期法律骨干人员培训班，26 名直属单位下属二级单位总法律顾问和 34 名骨干人员参加培训。培训班以学法律、学业务、学管理为核心培训内容，以培养既懂法律又懂业务的高素质、复合型、年轻化后备法律骨干人才为目标，推动了专家型法律人才队伍建设。

（邵　丹）

【国际化法律人才培训持续推进】 举办法律人员国际化知识第 2 期培训班，组织学员集中学习日常英语和商务英语，并通过面授学习美国宪法、侵权法、财产法等法律课程，在结业时参加中国政法大学和北京外国语大学共同举办的法律英语证书考试，储备国际化法律后备人才 20 人。

（邵　丹）

【编写法律培训教材】 按照中国石化培训教材开发的统一安排，组织编纂《合同管理实务》《纠纷管理实务》《工商事务管理实务》《法制宣传教育理论与实践》《中国石化“走出去”法律要点提示》5 本法律培训教材。

（邵　丹）

法 律 资 源

【外聘法律中介机构管理】 依据《中国石化法律中介机构聘用管理办法》，建立了包含境内外 60 家法律中介机构的资源库。坚持多家比选、集体决策、择优选用的原则，2012 年，法律部组织 12 个项目的中介机构选聘，通过比选和竞价，压降中介费用 530 万元人民币。

（范　辉）

【加强与同行交流】 参加国务院国资委政策法规局“中央企业‘走出去’法律风险防范”培训班，并为培训班授课；应邀参加司法部、全国普法办举办的“法律进企业”推进会，并作典型发言；应邀在商务部法律年会“走出去”论坛就境外法律风险防控作主题发言；为中国建材集团总法律顾问培训班授课；与中国石油、中国海油、中国神华、国投、华电、中国有色等央企交流法律管理、法律业务国际化、CMIS 系统建设等工作；参加中国政法大学 2012 年 MBA 开学典礼；应邀为北京外国语大学法学院授课，为国际化法律人才探寻潜在资源。与埃克森美孚、巴斯夫、威立雅、西门子、GE 等跨国公司法律部门广泛交流、探讨国际化经营中的法律风险及防范措施。

（王　栋）

【与法律中介机构交流】 与西盟斯、Heenan Blaikie、中伦、通商、麦启泰、法铭德、富尔德、高伟绅、君合、金杜等国内外知名律师事务所开展工作交流，并就业务培训、法律风险管理、加强国别法律环境研究合作等事宜进行深入研讨。

（王　栋）

【法律资源共享】 按照法制工作会议部署，积极推进 13 个片区法律资源共享互助工作，逐步形成常态化工作机制，各片区企业在组织开展总法律顾问述职、协同开展法律人员培训、合同文本开发、纠纷案件以及法律疑难问题研讨和专家互助服务等方面，加强了经验交流、资源整合和成果共享，在发挥整体合力方面取得积极成效。

研究探讨区域法律资源共享平台建设，根据公司统一部署，对南京地区 10 家企业开展调研，并对 ExxonMobil、Shell、BASF、GE、Microsoft、Veolia 等跨国公司法律管理体制特点进行专题研究，就中国石化法律公共服务平台建设提出建议方案。

中国石化法律资源共享优化座谈会

针对石油工程和炼化工程板块业务重组，分别组织召开中国石化石油工程法律管理研讨会、中国石化炼化工程法律管理研讨会，就石油工程重组和炼化工程板块重组上市法律管理体制机制建设、整合利用法律资源、建立法律公共服务平台、为企业“走出去”提供全程法律支撑和保障等进行广泛、深入的探讨和交流。

（王　栋）

【建立法律专家队伍】 加强法律专家组建设，拟定了法律专家条件，组织复查、筛选专家组成员，确定了52个专家组，印发《2012年法律专家组成员名单》。

（李万旗）

审计与监察

◇ 内部审计

综述

管理和效益审计

经济责任审计

内控审计评价

工程投资审计

财务收支审计

涉外审计

审计基础管理工作

其他工作

◇ 纪检监察

综述

惩防体系建设

源头治理

领导人员廉洁从业工作

反腐倡廉教育

效能监察

执纪办案工作

内部审计

综　述

2012年，审计部门认真贯彻落实石化集团公司工作会议精神，紧紧围绕公司“调结构、促改革、防风险、保效益”等中心工作和打造“国内领先、国际一流”的审计工作目标，认真履行监督和服务职责，全年共开展各类审计项目1 313项，审计工程预结算、招投标等6 316项，提出并被采纳审计意见和建议2 274条，促进增收节支16.84亿元。审计工作在促进公司深化内部改革、提高经营管理水平和经济效益方面发挥了重要作用。

（李青山）

管理和效益审计

【概述】 2012年，审计部门紧紧围绕深化改革、严细管理、有效和可持续发展等任务目标，大力开展管理效益审计，全年共开展各类管理效益审计374项，促进增收节支1.39亿元，有效促进了公司进一步规范经营、提升管理、提高效益。

（李青山）

【总部组织实施的管理和效益审计】 总部采取统一审计方案、组织企业自查和分局重点抽查的方式，集中开展了库存物资管理情况、销售企业油品数量和质量管理情况3项管理和效益专项审计，同时组织3家企业开展了企业社区管理情况的专项审计调查。在立足监督和掌握大量一手资料的基础上，为进一步扩大审计成果、提升审计价值、提高整体管理水平，总部还注意抓住审计中发现的一些具有普遍性、倾向性、规律性问题或企业经营管理的一些好经验、好做法，通过深入开展主题审计予以归纳、总结和提炼，向党组领导提交了12份专项主题审计报告，均引起领导的高度重视，石化集团公司主要领导先后对《关于管道建设和运维有待系统优化的专题审计报告》《关于广东石油突出发展质量和效益经验做法的专题报告》《关于勘探南方分公司“四创四优”推动高效发展的经验》《关于改革燃料油经营管理体制成功实践的报告》等主题报告作出重要批示，其中后两份审计报告办公厅通过《学习与参考》在全系统予以转发，要求企业认真学习和借鉴。这些工作不仅有力促进了公司体制、机制和管理制度的进一步改进完善，还对企业转变经营管理理念、提高整体管理水平起到了积极的引领作用。

（李青山）

【企业组织实施的管理和效益审计】 企业审计部门积极调整工作重心，结合实际不断加大管理审计力度，并取得了明显成效。齐鲁石化开展的土地和社区管理专项审计，揭示了土地和社区管理中存在的突出问题，且通过落实整改审计发现的问题，企业将增收节支上千万元；河南油田开展了钻井公司对外创收审计，将施工能力、施工质量、生产时效、HSE管理等生产环节全部纳入审计工作范围；上海石化开展了3套聚丙烯装置边际贡献及赢利情况专项审计，从营销策略、生产优化、成本结构等方面进行比较分析，查找分析影响效益的原因等，均取得了良好效果。

（李青山）

经济责任审计

【概述】 2012年，审计部门开展经济责任审计185项，查出一些违反财经纪律问题，促进增收节支1.07亿元。

（李青山）

【总部组织实施的经济责任审计】 总部通过对企业原主要负责人的离任审计和企业现任主要领导的任中审计，进一步加强了对企业领导人员特别是“一把手”履行经济责任和权力运行情况的监督，揭示了企业在依法、诚信经营和规范、有效管理方面存在的问题，针对性提出规范整改的审计意见和建议，有力地促进了企业经营者依法规范经营、有效履行经济责任，为客观评价企业领导人员经济责任履行情况和经营业绩提供了依据。特别是创新开展了对企业总会计师履职情况的审计，首次将总会计师纳入了企业领导人员经济责任审计的范畴，对促进企业总会计师严谨履职并主动向财务总监（CFO）转化等发挥了积极作用。同时，切实改进和深化经济责任审计工作，积极实行主题审计和开放透明审计，进一步扩大了审计成果，有效发挥了审计的监督与服务作用，审计在促进公司提升经营管理水平方面发挥了重要作用。

（李青山）

【企业组织实施的经济责任审计】 为了强化对领导干部的审计监督，促进企业依法诚信经营、规范有效管理和科学健康发展，为组织部门考核使用干部提供参考依据，胜利油田、河南油田等审计部门接受组织人事部门的委托，对下属单位领导人员进行了任期经济责任审计。镇海炼化在经济责任审计中，对发现有违规苗头倾向的领导干部进行廉政提醒，对存在违纪违规问题且情节严重的及时上报企业领导，有效发挥了审计在监督权力运行方面的保障预警作用。山东石油分公司注重审计成果的分析利用，针对经济责任审计发现的操作程序不规范、合同条款不严谨等问题，对迁建、代征项目实施过程中存在的各类风险进行深入分析，并从制度建设和流程设计的层面提出了审计建议，发挥了较好的作用。

（李青山）

内控审计评价

【概述】 2012年，审计部门开展内控独立审计评价185项，提出审计意见和建议并被采纳188条。

（李青山）

【总部组织实施的内部控制审计评价】 总部在审计信息集成管理系统中开发了内控审计评价模块，对30家直属企业和分(子)公司的内控开展了独立审计评价，其中委托公司兼职审计专员对7家企业开展内控审计评价，揭示了部分企业内控执行不到位以及会计信息存在质量风险等问题，剖析了问题产生的原因，提出了改进和完善公司内部控制工作的意见和建议。

（李青山）

【企业组织实施的内部控制审计评价】 为促进企业有效执行内部控制制度，防范经营管理风险，金陵石化对重点业务流程开展独立审计评价，完成17个业务流程执行情况的独立评审，提出整改建议8条；茂名石化重点对非上市部分业务层面的资本支出管理、货币资金管理、合同管理和业务外包管理等15个业务流程的执行情况进行审计评价，发现土地租赁未经归口管理部门审批、工程设计合同未按权限要求审批及合同管理不规范等问题，并相应提出了审计建议，有力推动了内部控制“免疫系统”功能作用的发挥。

（李青山）

工程投资审计

【概述】 2012年，审计部门以促进企业不断规范投资行为、提高投资效益为目标，开展固定资产投资项目审计351项，审计工程预结算、招投标6 316项，除了查出违反工程投资管理的问题外，还促进增收节支13.61亿元。

（李青山）

【总部组织实施的工程投资审计】 总部在继续做好工程竣工决算审计和结算审计基础上，进一步加大了在建项目跟踪审计力度，对建设周期长、投资规模大的石化集团公司重点建设项目，根据其建设进展状况适时开展跟踪审计。总部统一组织7家炼化企业和7家销售企业开展的油品质量升级项目和成品油管道项目跟踪审计，揭示了计划外增加建设内容、违规外包工程物资采购、违规工程项目招投标、个别监理单位履职不到位等问题，并及时下发整改决定督促企业采取有效措施予以纠正。

（李青山）

【企业组织实施的工程投资审计】 2012年，企业审计部门共审计预结算书等7.16万份，促进增收节支13.32亿元。另外，部分企业进一步拓展和深化审计监督工作，江苏油田将审计触角向油田产能建设领域延伸，注意把好的项目管理经验予以总结和传承，审计服务于油田精细管理的作用进一步凸显；燕山石化依托OA办公系统，将工程结算送审、审核、审计财务结算及电子档案存档有效集成，实现了工程结算的高效闭环管理。

（李青山）

财务收支审计

【概述】 2012年，审计部门开展财务收支审计66项，促进增收节支0.12亿元。

（李青山）

【企业组织实施的财务收支审计】 催化剂分公司在对下属单位实施财务收支审计中，认真查处有关问题，严格按照总部规定对直接责任人和负有分管、重要领导责任的人员作出了相应的处分和处理，切实维护了法规制度的严肃性。

（李青山）

涉 外 审 计

【概述】 2012年，为落实国务院国资委加强境外资产监管的要求，审计部门切实加大了对海外投资业务和资产的审计力度，全年开展涉外审计33项，促进增收节支0.6亿元，在查处有关问题的同时对好的管理经验进行总结。

（李青山）

【总部组织实施的涉外审计】 总部组织相关企业联合开展了对炼化工程、石油工程海外业务的管理审计，在深入调查并掌握海外工程业务发展状况及经验的基础上，对国际化经营中存在的差距和风险进行了深度审计分析，针对性提出了炼化工程要坚持一体化管理与专业化经营、差异化发展与精细化管理、自主经营与合资合作、国内资源与国际资源、事前预防与事中控制“五个相结合”的建议；石油工程管理体制上要由分散向集中、市场开拓上要由低端向高端、经营策略上要由注重规模向注重效益、风险防控上要由被动补救向主动防控转变的建议，并得到采纳。党组主要领导对两个审计报告均作出批示，要求有关企业专题进行研究，拿出改进方案或建议，切实解决存在的问题。在对国际石油勘探开发公司境外企业或项目的延伸审计中，在认真履行审计监督职责的同时，深入总结了国际石油勘探开发公司所属俄罗斯UDM项目部、安哥拉和哈萨克斯坦等公司全力维护中国石化海外利益的一些好经验、好做法，特别是对国际石油勘探开发公司收购Addax公司后，在探索并购管理模式、实施多元文化融合“珍珠工程”、创新国际化油公司管理模式等方面的成功做法进行了较为系统的总结和提炼，形成专题报告上报党组领导。上述境外审计工作揭示了境外业务管理中存在的不足，为党组加强境外投资的科学决策发挥了很好的参谋助手作用，同时对成功的管理经验进行了深入系统的总结，促使这些管理经验得以传承和推广，扩大了审计效果。

（李青山）

【企业组织实施的涉外审计】 国际石油勘探开发公司、中原油田分公司、工程建设公司等企业通过开展项目经营管理审计和专项审计调查等项目，促进了海外市场的持续健康发展。此外，为了促进企业加强管理，全系统审计部门还围绕石化集团公司管理的重点环节，开展其他审计项目161项，进一步规范了企业的各项管理工作。

（李青山）

审计基础管理工作

【概述】 2012年，总部通过深入研究和探讨，明确提出了“十二五”审计工作实现“国内领先、国际一流”目标的7个具体标志，即审计体制先进，审计理念一流，监督品质高端，程序方法科学，管理规范高效，队伍素质优良，治理绩效显著。一年来，公司审计部门围绕这一目标要求，大力推进审计管理创新，有力提升了审计工作的整体效能。

（李青山）

【扎实推进审计标准化、信息化建设】 总部创新制定和印发了《审计抽样方法指引》《规范设置审计业务岗位(工作)指导意见》等重要制度规范；在全面深化应用AIS和审计信息集成系统的基础上，成功开发了ERP环境下的物资管理、销售管理等14个审计抽样模型，同时把内部控制审计评价模块嵌入到审计集成系统中，并正在开发建设审计智能预警系统。这些制度标准的出台和信息化手段的提升与运用，不仅夯实了审计工作的管理基础，提升了审计管理的标准和手段，而且为审计部门建立科学的人才培养、评价和选拔机制，为审计人员自觉高效履职并实现“比学赶帮超”活动常态化创造了条件，同时标志着公司审计工作由经验型向科学抽样型转变取得了实质性进展，迈出了坚实的步伐。

（李青山）

【创新审计项目的组织管理】 审计部门大力践行“四大”审计理念，积极创新开展主题审计、开放透明审计、总部与企业的联合审计、“三个一”的审计方式等，同时不断改进审计审理工作，进一步强化和落实审理责任，有效提升了审计项目的质量和效率。年内总部委托7名兼职审计专员带队，对7家企业的内控进行了审计评价，赢得了被审计单位的好评。胜利油田、广东石油分公司等单位审计部门采取主审竞聘与分处(部)竞争相结合的方式，将竞争机制引入到审计项目的组织管理中，充分激发了审计骨干的积极性和创造性；南京工程公司、南京化工公司等企业建立了审计专家资源库，充分利用业务部门的专家力量开展管理审计，既弥补了审计力量的不足，又提高了审计的深度和成效，增强了审计的履职能力。

（李青山）

【着力提升审计管理“软实力”】 总部在大力加强标准化、信息化建设和创新组织管理的同时，按照党组要求切实加强和改进党建思想政治工作，结合审计实际明确提出了基层党组织在审计业务工作中要发挥战斗堡垒作用，必须切实增强凝聚力和号召力、保障力和发展力、引领力和服务力、执行力和监控力、带动力和战斗力；广大党员特别是党员领导干部要发挥模范带头作用，必须带头加强政治业务学习，带头提高政策法规执行力，带头增强审计业务本领，带头提升审计服务水平，带头遵守审计工作纪律，之后有针对性地提出了打造规范审计、高端审计、增值审计、先锋审计新要求，从而使党建思想政治工作的优势切实转化为提升审计工作水平的保障力和驱动力。与此同时，对以“善学习、尽职守、重形象、讲奉献、顾大局、勇开拓”和“四大”审计理念为核心内容的公司审计文化，组织审计部门进行研讨和交流，使其内涵得以充实和丰富，大大提升了公司审计的“软实力”。

（李青山）

【改进作风深入企业指导审计工作】 为贯彻落实党组深入开展“为民服务创先争优”活动要求，密切与基层群众的联系，总部创新制定并落实领导班子成员“带一跟一联系二”深入基层、企业蹲点调研计划。通过深入到审计一线和10家企业蹲点调研，摸清了基层一线和联系点企业审计工作的状况，指出了审计工作存在的问题和不足，并有针对性地加强了对点和面上工作的指导，不仅较好地落实了总部对企业审计工作“双重管理”的责任，而且密切了与基层审计人员的联系，促进了企业审计工作的协调发展。

（李青山）

【大力提高审计人员业务素质和技能】 总部组织全系统审计人员开展了审计业务大比武，共有106个单位、1 578人参加比赛，促进了审计人员加强业务学习和审计水平的提高；组织举办了各种审计培训班7期，共培训人员700余人次；持续采用“以审代培”方式在审计实务中大力培养审计骨干，共培训骨干100余人次。总部审计部门还对15人实施岗位轮换，通过岗位锻炼促进其提高业务素质和能力，收到了较好的效果。同时，总部审计部门深入开展审计理论与实务研讨，共有8篇论文获得中国内部审计协会优秀审计论文奖，连续4年获得组织奖。在中国内部审计协会组织的“国企扬帆　内审护航——2012国有企业内部审计成就展”活动中，中国石化被评为审计质量管理方面内部审计领军企业。

（李青山）

其他工作

【协调配合国家审计署和国务院监事会的审计检查工作】 2012年，各级审计部门认真做好迎接国家审计署和国务院派驻石化集团公司监事会的各项配合、协调工作，既确保了审计监督检查工作的顺利进行，又很好地维护了公司的形象。

（李青山）

纪检监察

综　述

2012年，石化集团公司各单位各部门及各级纪检监察机构认真贯彻落实党的十八大、十七届中央纪委七次全会精神，坚持标本兼治、综合治理、惩防并举、注重预防的方针，不断推进党风建设和反腐倡廉工作深入开展，取得了新的良好成效，为建设世界一流能源化工公司发挥了强有力的保障和促进作用。

（纪　健）

惩防体系建设

【概述】 2012年，石化集团公司深入推进惩防体系建设。党组纪检组、监察局根据《建立健全惩治和预防腐败体系2008—2012年工作任务分工方案》落实情况和反腐倡廉工作的新形势、新要求，起草下发《中国石油化工集团公司惩治和预防腐败体系建设2012年工作要点及任务分解》，将2012年度51项任务分解到总部12个部门(单位)。年中，党组成员、纪检组组长徐槟主持召开专题会，听取惩防体系建设任务落实情况汇报，部署工作；年底，党组纪检组、监察局汇总了各部门(单位)工作情况总结，对下一阶段工作进行了思考规划。

（纪　健）

【惩防体系建设研讨活动】 按照中央纪委、国务院国资委的要求以及石化集团公司2012年党风建设和反腐倡廉工作会议部署，对照惩防体系建设2008—2012年工作规划，逐项盘点梳理任务进展情况，加大落实力度。下发《关于开展惩治和预防腐败体系建设总结研讨工作的通知》，认真汇总梳理各直属单位惩防体系建设情况，90家单位上报了总结研讨文章。召开石化集团公司惩防体系建设推进视频会，徐槟出席会议并讲话，对科学布置下一个5年工作、进一步深化惩防体系建设提出了要求。9月21日，国务院国资委纪委阮国平副书记率调研组来中国石化调研，对中国石化惩防体系建设工作给予了充分肯定。截至年底，总部惩防体系建设42项长期性任务推进有力，21项阶段性任务已基本完成。

（纪　健）

【**反腐倡廉制度建设**】　部署直属单位建立完善“三重一大”制度，做好对116家直属单位“三重一大”制度的审核工作；扎实组织开展“三重一大”决策制度执行情况自查自纠。石化集团公司“三重一大”决策制度贯彻执行情况得到了中央纪委的充分肯定。根据党中央、国务院《关于实行党风廉政建设责任制的规定》，结合各单位贯彻落实情况，研究制定了配套的考核办法和责任追究办法初稿，进一步促进责任制实施办法的落实。制定下发石化集团公司党风建设和反腐倡廉工作联席会议制度，进一步增强反腐倡廉建设合力。一年来，全系统围绕重点领域和关键环节共制定反腐倡廉制度1 471项，修订制度3 131项，进一步提高了反腐倡廉的制度化、程序化、科学化水平。

（纪　健）

【**纪检监察调研**】　按照中央纪委监察部、中国监察学会和国务院国资委纪委的要求和部署，下发2012年调研工作要点，安排部署各单位围绕22项课题，重点对十七大以来反腐倡廉建设教育、制度、监督、惩治等工作进行总结，探索规律、特点，提出加强和改进建议。徐槟撰写的《国有企业要担当反腐倡廉维护党的纯洁性重任》在中央纪委监察部研究室、中国监察杂志社和中央纪委监察部廉政理论研究中心联合举办的“忠诚履职尽责，切实维护党的纯洁性”反腐倡廉理论征文活动中获一等奖；党组纪检组、监察局获优秀组织奖。积极以监察学会石化分会为平台开展理论研究，石化分会会长王作然撰写的《国有企业反腐倡廉建设面临的问题与对策思考》获中国监察学会2012年度优秀调研成果（论文）特别奖，石化集团公司党组纪检组副组长、监察局局长、石化分会副会长耿礼民撰写的《坚持惩防并举　锐意改革创新　在打造世界一流中深入推进反腐倡廉建设》获二等奖；积极协调各片区开展调研交流，年底分会评选出优秀调研成果和经验材料164篇。

（纪　健）

【**纪检监察机构和干部队伍建设**】　组织纪检监察系统开展向全国纪检监察先进工作者陈超英，向中国石化先进单位典型镇海炼化、先进个人典型李安喜学习活动，下发通知，确立了14家学习活动联系点，要求纪检监察系统通过学习活动强素质、创一流，将党组提出的发挥“五个作用”、实现“六个转化”落到实处。加强纪检监察机构作风建设，制定《关于加强和改进机关作风建设的实施细则》，从厉行勤俭节约、增强服务意识等5个方面着力加强和改进作风。加强纪检监察干部培训。先后举办纪检监察处（科）长岗位资格（2期）、纪检监察系统办公室主任、信访举报、信访案件管理软件（2期）、案件审理（2期）、业务公开系统二期功能应用技术（4期），以及国际化经营监管人才等培训班，共培训866人次；石化集团公司纪检监察系统共举办培训班357期，培训1.12万人次，进一步提高了纪检监察干部队伍素质。完成《中国石化纪检监察工作业务知识与实务》培训教材编撰工作，为进一步强化纪检监察队伍教育培训奠定了重要基础。加强纪检监察监督网建设，共调整聘任40名兼职纪检监察专员和212名兼职纪检监察员；召开监督网工作会议，安排重点工作任务，较好地发挥了兼职专员（员）的重要作用。

（纪　健）

源头治理

【**概述**】　2012年，石化集团公司各级纪检监察机构紧紧围绕中心工作，不断拓展从源头上防治腐败的工作领域，对中央和党组重大决策部署贯彻落实情况开展监督检查，深化业务公开工作，探索实施廉洁风险防控，加强专项督察，不断规范权力运行，进一步铲除滋生腐败的土壤和条件。

（纪　健）

【**对中央和党组重大决策部署贯彻落实情况的监督检查**】　各级纪检监察机构坚持把检查党的路线、方针、政策和中央及党组重大决策部署贯彻执行情况作为重要职责，加强对遵守政治纪律、组织纪律、工作纪律、财经纪律情况的监督检查，努力维护党的先进性、纯洁性。围绕加快转变发展方式，强化对结构调整、国际化经营、专业化重组、绿色低碳、节能减排和职业健康工作的监督检查，促进了各项工作的开展。总部组织有关部门对胜利油田、镇海炼化、北京石油等8家单位在实施节能减排、突出绿色低碳落实情况和突出以人为本的职业健康工作方面开展专项效能监察情况进行检查，发现问题58个，提出工作建议77条；就治理境外商业贿赂、境外国有资产监管、职工处分规定、纪检监察组织机构建设和反腐倡廉工作等情况，对石化集团公司6家驻港机构进行检查调研，了解情况，总结经验，发现问题，提出建议，进一步强化境外人员、资产监管工作；制定《中国石化境外国有资产监督检查及责任追究办法(试行)》，进一步规范了境外机构和项目经营管理；对联合石化美洲公司、英国公司、亚洲公司，以及国际石油工程公司下属阿根廷公司、厄瓜多尔公司、墨西哥公司境外国有资产监督情况进行调研检查，为石化集团公司开拓海外市场提供保障；对中国石化援疆项目开展监督检查，保证了中央关于支持新疆经济社会发展政策的落实。

（纪　健）

【业务公开工作】 认真抓好信息系统二期功能开发，增加统计分析、问题筛查、价格比对、违规预警功能，设置了25个预警点、9个问题筛查项，建立一般物资采购、炼油产品销售、化工产品销售、油品外采业务通用比价平台，系统的科学性、灵敏性得到进一步提高。全年网上巡视共发现问题167个、函询疑似问题148个，对1家直属单位的问题进行了调查，查清了事实，提出了整改建议。组织开展业务公开“比学赶帮超”工作，设立考核指标，每月通报情况，业务公开信息系统登录率不断上升，促进了系统应用和监管作用的发挥。报送的《利用现代信息技术推进合规经营》案例获全球契约中国网络2012合规运营最佳实践奖。

（纪　健）

【廉洁风险防控工作】 在充分调研的基础上，按照先试点、后推广的方法，确定胜利油田、镇海炼化、浙江石油分公司、南京工程公司、上海石油化工研究院等14家单位为试点单位。徐槟主持召开廉洁风险防控座谈会，对廉洁风险防控工作进行动员部署，提出了明确要求。按照中央纪委《关于加强廉政风险防控的指导意见》和国务院国资委党委《关于进一步加强中央企业廉洁风险防控工作的指导意见》，石化集团公司下发了《关于开展廉洁风险防控试点工作的指导意见》，明确了廉洁风险防控的指导思想、工作原则、总体目标、主要内容和方法步骤及工作要求。各试点单位按照石化集团公司要求，梳理制度流程，查找廉洁风险点，稳步推进防控工作；总部在总结前一阶段试点工作的基础上，起草《廉洁风险防控工作指南》及指导意见解读，加强对各单位工作的指导，为2013年全面推开廉洁风险防控工作打下了基础。

（纪　健）

领导人员廉洁从业工作

【概述】 2012年，石化集团公司各单位、各部门严格执行《国有企业领导人员廉洁从业若干规定》《关于严格禁止领导干部利用中国石化资源和平台谋取私利的十条规定》等规定，进一步落实党内监督各项制度，促进领导人员廉洁从业。

（纪　健）

【廉洁从业监督】 石化集团公司组织党员干部进行廉洁承诺5.2万人次，实施领导人员任职廉洁谈话4 498人次、诫勉谈话765人次、纪委负责人同下级党政主要负责人谈话5 976人次。各级领导人员从严约束自己，全系统1 368人次共上交礼品礼金、有价证券、支付凭证折合人民币472万元，进一步营造了“以廉为荣、以贪为耻”的良好氛围。根据中纪发〔2011〕41号文件规定，做好2012年领导人员报告个人有关事项填报工作，934名党组管理的领导人员报告了个人有关事项；加强对领导人员因私出国(境)的监管，对73名党组管理的领导人员因私出国(境)进行了审核。

（纪　健）

【党组巡视工作】 石化集团公司积极探索，结合实际，制定、修订党组巡视工作13项制度，巡视工作的程序化、规范化水平不断提高，协调配合和成果运用机制进一步形成。4个巡视组全年共完成对24家单位133名党组管理领导人员的巡视，重点对贯彻民主集中制、廉洁从业、选人用人等情况进行监督检查，发现了部分单位管理上的薄弱环节和个别领导人员在精神状态、作风建设等方面存在的一些苗头性、倾向性问题。针对这些不足和问题，巡视组向被巡视单位提出建议75条，向总部提出建议28条。党组领导先后3次听取巡视工作汇报，对解决问题提出了明确要求。巡视组及时反馈意见，督促整改，推动解决了一些突出问题，有效发挥了“政治体检”和为企业发展“把脉开方”的作用，巡视工作已成为党组了解掌握企业真实情况的重要渠道和加强领导班子、干部队伍建设及反腐倡廉建设的重要抓手。

（纪　健）

反腐倡廉教育

【概述】 2012年，各单位共组织廉洁从业教育4 800

余次，45 万人次受到教育。其中，参观监狱 231 次，9 800 余人参加活动；与检察机关举行预防职务犯罪活动 292 次，2. 17 万人参加活动；旁听庭审 126 次，1 100 余人参加活动；总结和宣传廉洁从业先进集体 359 个、先进个人 1 913 名，进一步促进领导人员筑牢拒腐防变的思想防线。

（纪 健）

【党性党风党纪教育】 各单位将党性党风党纪教育纳入党委理论中心组学习内容，按照要求，对十七届中央纪委七次全会精神组织了专题学习，许多单位的党政主要领导亲自抓党员干部的廉洁教育，全系统直属单位领导班子成员讲党课或作反腐倡廉专题报告共 682 次。认真落实中央纪委宣教室《关于认真组织学习〈领导干部廉洁从政教育读本〉的通知》，下发通知，要求各单位征订该读本，认真组织领导人员学习，引导党员干部改进作风，严于律己，廉洁从业。将 2011 年中央纪委、国务院国资委纪委等上级机关，及石化集团公司制定的重要党纪政纪法规制度汇总，编辑了《党纪政纪法规制度选编（十四）》，向各单位处级及以上领导人员发放 1. 68 万余本，并下发通知组织学习，进一步提高各级领导人员的法规意识。

（纪 健）

【学习宣传廉洁从业优秀领导人员活动】 进一步深化向 15 名廉洁从业先进典型学习活动，创编制作了《石化好干部（三）》图书、《清风廉影》画册、《中国石化廉洁从业先进典型（三）》电视片。6 月 19 日，举行以上“三个一”作品首发式，中央纪委宣教室、一室和国务院国资委纪委宣教室领导，总部机关部门、在京单位代表，以及《人民日报》、新华社、中央电视台等媒体记者参加了首发式。党组纪检组、人事部、监察局、思想政治工作部联合下发通知，要求各单位认真学习“三个一”作品，谈体会认识，促廉洁从业。《中国监察》杂志 2013 年第 1 期专题报道了 4 名先进典型的事迹，引起了较好反响。在《中国石化报》推出《学先进、扬清风、创一流》专栏，刊发傅成玉、徐槟署名文章，以及 12 名直属单位一把手、25 名总部机关部门负责人的学习体会和 41 名干部职工的心得感言；将党员干部学习廉洁从业先进典型体会、感言汇编成《廉声心语》，并下发到各单位，《中央企业纪检监察工作》全文刊发了傅成玉《领导干部要做学习廉洁从业先进典型的模范》署名文章，营造了学赶先进的浓厚氛围。

（纪 健）

【廉洁文化建设】 配合中央纪委、国务院国资委纪委开展“倡廉洁、树清风”反腐倡廉公益广告展播活动，组织好总部反腐倡廉公益广告展播工作；下发通知，对各直属单位广告展播活动进行部署，取得了积极成效。石化集团公司加强廉洁文化建设的做法得到了上级机关和领导的充分肯定，《中国纪检监察报》在《国有企业廉洁文化巡视》栏目刊发《中国石化：打造廉洁文化软实力》一文，全面报道了石化集团公司廉洁文化建设情况；徐槟在中央企业廉洁文化建设座谈会上代表中国石化作了经验交流。

（纪 健）

效能监察

【概述】 2012 年，总部和直属单位效能监察共立项 489 项，其中总部立项 6 项，通过效能监察，提出建议 4 490 条，完善制度 1 714 项（条），避免、挽回经济损失、节约资金、增加经济效益 6. 56 亿元。

（纪 健）

【统一立项效能监察】 对规范外协管理统一立项开展效能监察，组织召开推进会议，明确相关部门、单位的职责及责任人；召开联络员会议，通报工作开展情况，形成会议纪要，促进了工作深入开展。召开工作对接会，组织 3 个检查组，对 12 家企业物资储备和库存管理效能监察情况进行检查，发现问题 85 个，提出整改要求或建议 137 条。

（纪 健）

【派驻督察和重点督察】 根据相关单位的要求，石化集团公司派出督察组，对武汉 80 万吨/年乙烯项目、扬子炼油改造及三轮乙烯改造项目派驻督察；对石家庄炼化 800 万吨/年油品质量升级项目、安庆炼化一体化项目、海南炼化 60 万吨/年对二甲苯建设项目、青岛 LNG 项目开展重点督察。各督察组认真履职，扎实工作，为打造高效、廉洁、安全的“阳光工程”发挥了积极作用。在中央企业效能监察工作推进会上，石化集团公司作了经验介绍，川气东送建设工程、胜利油田呆坏账清理 2 个效能监察项目获得中央企业示范项目称号，效能监察在推动企业提高发展质量和效益方面的作用进一步显现。

（纪 健）

【专项监督检查】 为进一步规范煤炭采购及使用管理，总部有关部门组成 2 个督察组，对河南油田、燕山石化、湖北化肥等 12 家企业贯彻执行《煤炭采购业务监督规程》情况开展专项督察，发现问题 47 个，提出督察建议 46 条。为进一步规范向地方企业配置原油及成品油回购业务管理，总部组织有关部门对中原油田、西北石油局、东北石油局、华北石油局 4 家企业向地方企业配置原油业务管理情况进行了抽查；对河南石油、吉林石油 2 家企业成品油回购业务管理情况进行了抽查，共发现 5 个方面问题，提出工作建议 9 条。组织拍摄 4 部《业务监督规程》电教片，实施效能监察远程培训，促进了监督规程执行力的提高。

（纪　健）

执纪办案工作

【概述】 2012 年，石化集团公司各级纪检监察机构高度重视信访举报工作，认真调查处理群众反映的问题，充分发挥信访举报工作在反腐倡廉建设中的重要作用；按照党组要求，严肃查办违纪违法案件，坚持严格依纪依法、安全文明办案，维护了企业利益，取得了良好的政治、法纪和社会效果；注重以案明纪，查堵漏洞，建章立制，充分发挥查办案件的治本作用。

（纪　健）

企业党建与企业文化

◇ 综述

◇ 基层党建工作

◇ 思想教育工作

◇ 新闻宣传工作

◇ 企业文化建设

◇ 和谐企业建设

◇ 社会公益

综　述

2012年，石化集团公司认真学习贯彻党的十八大、十七届六中全会精神，按照发挥“五个作用”、实现“六个转化”的总体要求，立足强化系统化管理，深入组织开展“一转双创”主题活动，不断加强基层党建和思想政治工作，整合资源，提升新闻宣传工作水平，大力推进企业文化建设和精神文明建设，充分发挥工会、共青团等群众组织的桥梁纽带作用，为建设世界一流能源化工公司提供坚强的思想和政治保证、文化支撑和精神动力。

（刘纯斌）

基层党建工作

【为民服务创先争优】 石化集团公司按照中央、国务院国资委党委部署要求，以开展“客户、员工双满意活动”为载体，按照“质量领先一步、服务永远领先一步”的工作要求，践行“诚信规范、合作共赢”的服务理念，铭记“每一滴油都是承诺”的社会责任，树立“每一名员工都是中国石化形象大使”的意识，深入开展“为民服务创先争优”活动。活动中，石化集团公司坚持围绕建设世界一流目标，紧紧抓住“岗位创一流”创先争优；围绕改进作风改善形象，紧紧抓住“提高满意度”创先争优，围绕促进企业和谐稳定，紧紧抓住“密切干群关系”创先争优；围绕加强党的基层组织建设，紧紧抓住“发挥好政治优势”创先争优。经过各级党组织和广大党员、干部员工的共同努力，活动取得了明显的阶段性成效，实现了“推动科学发展、促进企业和谐、服务职工群众”的活动目标。综合一些单位抽样调查和群众测评结果，社会公众和内部员工对活动的满意度均在90%以上，窗口单位的服务满意度达到95%以上，基本实现了客户和员工的“双满意”，得到中组部、国务院国资委的高度评价。根据中央要求和石化集团公司党组部署，“七一”前夕召开了石化集团公司创先争优活动总结表彰大会，对在“创先争优”和“为民服务创先争优”活动中涌现出的309个创先争优先进基层党组织、500名创先争优优秀共产党员、350个创先争优群众满意窗口、600名创先争优优秀服务标兵给予表彰。经石化集团公司党组推荐，中原石油勘探局、销售有限公司党委被评为全国创先争优先进基层党组织。

（刘纯斌）

【基层组织建设年活动】 石化集团公司按照“规定动作不走样，自选动作有创新”的要求，以“强组织、增活力，开启建设世界一流能源化工公司新航程，创先争优迎十八大”为活动主题，以“三个着力”为重点，以“五个提升”为目标，以“五个好”为工作重点，制定了基层组织建设年活动方案，明确了方法步骤，提出了工作要求，在石化集团公司2012年党建思想政治工作会上进行了部署，确保活动开局良好、有序推进。按照“全覆盖”要求，重点加强境外党组织工作检查指导。书面调研有关单位海外党组织工作情况，进一步了解和掌握海外党组织工作状况及存在问题。通过调查，石化集团公司共有20个直属单位有境外党组织及党员，其中有16家单位在海外建立了党组织。截至2012年底，海外共有14个基层党委、18个党总支部、252个党支部，党员3 682人，占石化集团公司党员总数的0.81%。召开了由胜利油田、国际石油勘探开发公司、国际石油工程公司等15家单位参加的“境外企业文化建设与海外党建工作座谈会”，对海外企业党组织的职责定位、管理体制、班子建设等问题进行了交流研讨。赴阿联酋、沙特和英国进行境外党建工作调研，起草《关于加强境外单位党建工作的指导意见》。从党支部入手，按照“党组织带头人、工作思路、工作制度、活动阵地、保障机制、工作业绩、群众评价”7项指标，采取组织自评、群众评议和上级党组织评定的程序，对组织关系在直属党委的总部机关部门、专业公司和在京直属单位全部669个党支部进行调查摸底和分类定级。通过评定，好的党支部为613个，占党支部总数的91.6%；较好的45个，占6.7%；一般的11个，占1.7%。

（刘纯斌）

【作风建设】 组织召开机关作风建设座谈会，围绕石化集团公司党组提出的“由管理型机关向服务型机关转变”“机关要在建设一流中率先创一流”等要求进行讨论，部署开展“七查”工作，印发《关于进一步加强机关作风建设的通知》。认真做好机关服务企业优秀案例评选工作，共收到108篇优秀案例，评选出10篇“最佳案例”、20篇“优秀案例”和30篇“提名案例”。召开了优秀案例的表彰发布会，5个部门和单位进行了交流汇报，同时将获奖案例汇编成册。积极做好机关在线的开通和试运行工作，共编辑发布133条稿件和消息，最高点击量达到2 350次，发挥了机关“黑板报”作用。

（刘纯斌）

思想教育工作

【学习贯彻党的十八精神】 石化集团公司把学习贯彻党的十八大精神作为一项长期的重点工作，组织全系统收听收看党的十八大开幕式；起草下发《关于认真学习贯彻党的十八大精神的通知》，部署学习宣传工作。组织总部机关和在京单位500余人前往北京展览馆观看“科学发展 成就辉煌”大型图片展，进一步坚定了员工深入贯彻十八大精神、在党的领导下走中国特色社会主义道路的信心和决心。向总部机关各支部下发《十八大报告辅导读本》和新党章、《中国之路》、《图说十八大》、《国企传奇》。编辑整理《新航程指南——党的十八大精神解读和集团公司党组新要求》，印制宣传小册子3 000册，在总部大楼一层大厅布置宣传展板。中国石化学习贯彻十八大精神信息在中央企业学习贯彻党的十八大精神简报第50期《中央企业联系实际 突出实践 深入贯彻党的十八大精神(一)》刊载；通过《简报》、《政工简讯》、信息门户宣传各企业学习贯彻十八大精神情况。

(刘纯斌)

【形势政策宣传】 组织全系统学习《中央企业“十一五”时期改革发展纪实》，购发《辩证看，务实办——理论热点面对面·2012》《赢在基层》等书籍2 100册以便总部机关干部职工学习，共编发《石化政工简讯》12期。

(刘纯斌)

【环保专题教育】 石化集团公司积极组织开展“绿色低碳”环保专题教育活动，增强职工环保意识。针对广东环保事件，及时起草下发党组文件《关于开展“绿色低碳”环保专题教育的通知》，要求利用10—12月3个月的时间，通过学习教育、全员讨论、总结提升3个步骤开展环保专题教育活动，大力推进绿色低碳发展战略，切实打造“高度负责任、高度受尊敬”企业。在《中国石化报》一版头条刊发开展绿色低碳环保专题教育消息，以及刊发了徐槟的专题教育答记者问访谈录，引导企业积极开展教育活动。各单位党委高度重视，按照党组要求研究部署，落实具体措施，认真贯彻“科学发展”“绿色低碳”理念，加快构建资源节约型、环境友好型企业，促进企业发展与环境和谐。

(刘纯斌)

【EAP教育】 石化集团公司积极探索并大力推广员工帮助计划(EAP项目)，改善职工心理状况。选取胜利油田、中原油田、江西石油、上海石化、国际石油工程公司、国际石油勘探开发公司6家单位作为EAP工作的试点单位，运用心理学创新思想政治工作方法，促进职工群众的精神健康和身心和谐。召开了“石化集团公司EAP胜利油田现场观摩会”，通过现场参观EAP示范单位、典型经验介绍等，与会代表对如何开展EAP，如何开发员工心理资本、促进心理资本增值，有了更深刻的认识和理解。前往北师大心理学系就员工心理及思想动态调查方法进行调研，为更好地了解和掌握员工心理健康、科学推进EAP奠定基础。

(刘纯斌)

【思想政治工作研究】 石化集团公司抓好思想政治工作研究，为新时期党建思想政治工作更加贴近生产、更加贴近职工思想服好务。坚持“研究内容以当前为主、研究活动以基层为主、研究目的以应用为主”的原则，下发2012年课题研究工作计划，明确分片区开展课题研究的工作方式，确定“发挥‘五个作用’、实现‘六个转化’，把国有企业独特政治优势转化为企业核心竞争力的实践与探索”等13个重点研究课题。4个片区牵头单位认真组织、积极推进，按照课题分类组成若干专业组，累计交流论文600余篇。组织召开5个课题研究成果研讨会，各单位本着“思想见面、问题见面、工作见面”的目的，充分交流开展党建思想政治工作的好方法、好经验。组织进行2012年石化集团公司优秀政研成果评审工作，收集106家单位报送的政研论文400多篇。

(刘纯斌)

新闻宣传工作

【对内新闻宣传】 石化集团公司不断加强对内新闻宣传，提升舆论引导能力。策划制定对内宣传工作方案，努力践行由总结提炼为主向超前策划转变、由单向传播为主向多元互动转变、由说教灌输为主向渗透感化转变、由采用传统手段为主向运用新兴传媒工具转变。协调石化报社将宣传计划项目逐一策划并细化为季度、月度宣传要点，通过不断沟通和参与评报工作，加强对石化报社各媒体宣传报道工作的指导和协调，组织运用总部信息门户、报社媒体开展宣传报道工作。围绕“一转双创”主题活动、企业文化建设和油田、炼油、化工、销售板块等重点工作，较好地发挥了宣传工作的舆论引导作用，有力推动了石化集团公司重点工作。

（刘纯斌）

【对外正面宣传】 石化集团公司借助中央宣传“两个毫不动摇”的大好时机，积极抓好对外正面宣传。围绕“绿色、奉献”主题，聚焦奉献社会、绿色低碳、海外发展 3 个方面内容，精心策划，扎实推进，积极打好中国石化对外宣传的进攻仗。

在奉献社会方面，以“两会”、春耕油品保供、“天宫一号”和“神九”对接等中心事件为契机，宣传石化集团公司自主创新、科学发展的丰硕成果。组织“健康快车”广西玉林、宁夏银川探访活动，央视新闻频道《东方时空》栏目以“中石化光明号：为贫困白内障患者带来光明的快车”和“开不走的火车医院”为题 2 次对相关内容进行了报道；组织策划“三夏保供”宣传，央视《新闻联播》《整点新闻》《经济信息联播》栏目和央视农业频道“2012 粮安天下——夏收行动晚会”以不同角度滚动报道形成强势传播。与央视共同策划国企社会责任专题，择优选取了燕山石化节能减排、循环经济和油品质量升级报道亮点，央视《经济信息联播》头条作了专题报道，展示了石化集团公司“高度负责任”企业形象。

在绿色低碳方面，配合“中国石化 1#生物航空煤油适航审定申请受理仪式”2 次组织媒体见面会，介绍中国石化生物航煤技术和绿色发展理念，央视《新闻直播间》、凤凰网、人民网等媒体进行了专题报道。和北京石油共同举办了 2 场京标 V 油品置换新闻发布会，同时配合发布“汽车换新饮，城市呼吸更清爽”平面广告，取得了良好的宣传效果。组织“走进中国石化——科技支撑绿色发展”主题宣传活动，组织 40 名记者采访涪陵页岩气开发示范区、普光气田、元坝气田和镇海炼化等，组织上海地区主流媒体 20 多名记者赴川东北开展“川气东送寻源”采访活动，收到了很好的传播效果。

在可持续发展方面，以联合国可持续发展大会在巴西里约热内卢召开为契机，策划立体传播，在央视四套《中国新闻》等栏目宣传中国石化履行全球契约、推进可持续发展情况。国际石油工程公司、国际石油勘探开发公司充分发挥在当地业务开展优势，借助巴西当地媒体，对中国石化在巴西履行社会责任的情况进行了报道，中国石化“绿色低碳发展”的负责任形象引起了广泛关注，反响强烈。国际石油勘探开发公司 Addax 公司积极参与国务院国资委组织的公关案例编写，在短时间内高效完成了《融合文化，勇担责任，加强公关，助推海外资产成功并购有效运营》案例，在中央外宣办和国务院国资委共同组织的中央企业对外宣传工作会议上，入选《国有企业海外发展案例》，得到了国务院国资委及参会企业的高度评价和认可。

全年发出新闻通稿 210 篇，平面媒体宣传稿件 10 350 篇，比上年增长 25%。中国石化媒体正面报道总量为 51 068 篇，在三家石油企业排第一。同时在宣传海外方面取得突破，央视新闻频道《朝闻天下》栏目(上下集共 20 分钟)，央视一套《新闻联播》头条《喜迎十八大　走基层　海外行》栏目以“鲁卜哈利沙漠里的中国勘探工人”为题先后播出了中国石化积极履行企业社会责任、推动企地双赢、实现海外业务跨越式发展等有关情况，《新闻频道》当天滚动播出、二套和四套重播。在近几年宣传活动中首次在央视主流媒体报道，取得了较好的宣传效果。

（刘纯斌）

【负面舆情应对】 石化集团公司不断提高突发事件新闻处置能力，多起负面舆论得到有效控制。按照“纵向协同、横向整合”的工作思路，完善应对处置机制和上下协调区域协同机制，出台了《中国石化舆情风险分级应对策略》和《舆情处置联络图》，起草了《中国石化新闻宣传考评管理办法》和《中国石化新闻宣传工作牵头单位管理考评办法》，进一步优化完善舆情监测和研判的有效平台，推行“责任区域化”，强化“应对专业化”，实施危机处置关口前移，积极强化媒体公共关系协调，实施危机处置关口前移，较好控制了负面舆情的扩散，维护了中国石化的企业形象。据统计，2012 年石化集团公司发生 400 多起涉及垄断油价、薪酬福利、安全环保等议题的大小舆情。特别是在国家审计署公布中国石化 2010 年度财务收支情况审计结果和香港聚丙烯漏撒事件的舆情应对中，在党组领导的正确领导下，坚持提前筹划、主动沟通、密切配合、立体应对，较好地引导了社会舆论，有效地控制了负面舆情的蔓延，避免了中国石化成为网络曝光的重点、舆论关注的热点和社会置疑的焦点，维护了企业形象和声誉。

（刘纯斌）

【社会公共关系】 石化集团公司进一步强化与上级主管部门、新闻媒体、第三方合作机构的关系维护工作。加强与中宣部、国新办、公安部、国务院国资委等上级主管部门的沟通和联络；先后与人民网、新华网、中新网、中质网、每经网、百度等主流网站建立了合作关系，与和讯、网易、新浪、搜狐、腾讯等门户网站建立了良好的沟通渠道。与人民网舆情室等专业支撑团队研究舆情监测优化方案，为下一步工作的完善和改进做好铺垫。与中国人民大学新闻学院建立“中国企业软实力研究基地”，力争把基地发展成为“企业—媒体—意见领袖—学界—未来传媒精英”交流合作平台。组织社会监督员参观纪念“七一”大型文献展，赴 Addax 公司、燕山石化、西藏班戈县调研，加深他们对中国石化的认知和支持。定期为监督员发送企业相关信息，加强与他们的日常联络，及时收集他们意见和建议，用于改进内部管理。

（刘纯斌）

【典型选树】 石化集团公司加大对外推荐力度，重大典型选树工作取得突破性进展。向全系统下发关于向镇海炼化、李安喜等两个先进典型学习决定后，以党组文件形式，向国务院国资委党委和国资委中央企业管理提升活动领导小组办公室进行了推荐。国务院国资委党委将李安喜向中宣部进行了推荐。根据中宣部《做好国企带头人先进事迹宣传报道的通知》要求，组织了 26 家媒体赴齐鲁石化集中采访报道李安喜先进事迹，齐鲁石化认真做好有关接待服务协调工作，保证采访活动的圆满完成。从 9 月 18 日开始，中央电视台新闻频道《东方时空》栏目、央广经济之声、新华社、《光明日报》、《中国青年报》、中经网、中国网以及新浪网等各大媒体陆续推出李安喜先进事迹报道，在全国掀起了学习国企带头人李安喜的热潮。根据国务院国资委关于选树中原油田邵均克为央企典型人物有关工作安排，以“草根发现、微博传播、高校分享、媒体介入、公益助残”新型传播模式开展工作。组织两批次“全国大学生校园媒体记者训练营(中原油田站)”活动，得到了中原油田的大力支持。16 名全国优秀大学生记者深入中原油田一线采访，参观了钻井、采油、计量、集输、井下作业等施工现场；采访了邵均克及其所在的华苑公司针织一厂、二厂。其间，学生们通过微博实时传播所见所闻，以“走进中原油田”和“最懂残疾人的油田妈妈”为话题的原创微博有 4 616 条，受到关注较多，传播效果较好。在总部机关举办最美嫂子——杨克红先进事迹报告会，在石化集团公司直属单位中产生了较好的反响。

（刘纯斌）

企业文化建设

【修订纲要】 石化集团公司在收集党组领导对企业文化的论述、国外知名企业的价值观表述和下属近 50 家企业的理念及内涵表述的基础上，经研究讨论，起草了两版企业文化核心价值理念和释义，完成对新版纲要的初步修订工作。

（刘纯斌）

【网上博物馆建设】 石化集团公司启动了“网上文化博物馆·发展历程厅”设计方案及脚本创作。按照建设网上文化精品工程的思路，以《中国石化网上文化博物馆建设项目可行性研究报告》为参照，进一步研讨方案，深化思路，评审论证，多方交流，召开了“中国石化网上文化博物馆建设项目”初步设计评审会，提出了中国石化内外一体的网上文化博物馆具体建设内容，清晰界定了馆藏资源数据库、博物馆管理平台、博物馆创意与展象制作等主要工作的建设范围，形成了项目初步设计方案。经多方研讨，确定了“网上文化博物馆·发展历程厅”策划方案，并形成脚本创作思路，已正式启动脚本创作。

（刘纯斌）

【文化融合】 石化集团公司注重加强境外企业文化建设，推进跨文化融合。根据中央七部委《中国境外企业文化建设若干意见》精神和党组领导的批示要求，及时转发该意见，收集汇总 22 家涉外企业文化建设实施意见，提出加强境外企业文化建设的初步讨论意见。召开 15 家企事业单位及总部相关部门参加的境外企业文化建设与党建工作专题座谈会，各单位汇报了境外企业文化与海外党建工作开展情况，提出了下一步工作打算。确定了国际石油勘探开发公司、炼化工程(集团)有限责任公司 2 家驻外单位作为石化集团公司境外企业文化建设试点单位。

（刘纯斌）

和谐企业建设

【和谐劳动关系】 石化集团公司针对劳务派遣工队伍越来越壮大、在企业发展中作用越来越重要的状况，高度重视劳务工权益维护，对企业劳务性用工情况进行专题调研，对劳务工入会、权益保护等提出初步意见，要求企业工会创造性地探索劳务工维权办法，提升劳务工忠诚度、归属感。按照全国总工会活动部署，石化集团公司工会工委结合实际，扎实开展“面对面、心贴心、实打实服务职工在基层”活动，2 次参加中国能源化学工会服务员工、服务企业活动推进会并作经验交流。督促企业组织开展劳动竞赛、岗位练兵、合理化建议等活动，多措并举深入开展“比学赶帮超，建功创一流”劳动竞赛，围绕打造上游“长板”，与相关部门一起推动“五大会战”劳动竞赛，激发参战员工建功热情。配合相关部门下发《关于深入开展比学赶帮超　打造一流员工创建一流岗位的通知》，制定下发《中国石化明星员工评选表彰管理办法》，着力打造一流员工队伍，为打造世界一流奠定坚实人才基础。

（刘纯斌）

【帮扶救助】　石化集团公司积极贯彻落实“以人为本”的人文关怀思想，坚持以“推动企业发展，服务职工群众”为出发点和落脚点，突出职工的主体地位，真正把一切依靠职工、一切为了职工落到实处，与职工共享企业发展成果。按照“真困难、真帮助”的原则，石化集团公司拨付帮扶救助金 2 700 万元，帮助 36 家困难企业做好帮扶救助工作。在中央企业困难职工帮扶工作座谈会上，国务院国资委对中国石化帮扶救助工作给予充分肯定，认为中国石化较好地履行了社会责任。对各单位帮扶救助工作统一部署，要求各单位把党组对困难职工的关心落到实处，用心、用情、用力做好帮扶救助工作。2012 年度，各单位帮扶救助困难群体 21.9 万多人次，支出帮扶救助金 2 亿多元。

（刘纯斌）

【民主管理】　石化集团公司各单位认真贯彻落实《关于建立和完善集团公司企事业单位职工代表大会制度的指导意见》，建立完善职代会制度，积极推进厂务公开。出台《关于全心全意依靠职工办企业的指导意见》，为全面加强民主管理、进一步强化员工主人翁地位提供制度保证。发挥民主管理职责，召开工会工委全体会议，选举产生石化集团公司董事会职工董事。召开专题座谈会、开展专题调研，督促和帮助有关企业建立职代会制度，推行平等协商集体合同制度，签订女工专项集体合同，开展多种形式监督检查，确保双方全面履约。督促各企业工会贯彻落实《关于完善在岗员工休假疗养制度的通知》，保证员工休息休假权。

（刘纯斌）

【青年工作】　石化集团公司各级团青组织立足服务企业中心工作和服务青年成长成才，充分发挥了团组织的助手和生力军作用。创新方式方法，加强青年思想引领，开通“青春石化”官方微博，累计发布全系统团青信息 500 余条；开通“中国石化青年手机报”，定期发送给全系统专兼职团干部；试运行“中国石化青年管理论坛”，引导青年参与企业管理。围绕企业中心工作积极开展“青年文明号”“青年岗位能手”“青年创新创效”活动。向上级部门推荐“全国青年文明号”11 个、“全国青年安全生产示范岗”1 个、“全国五四红旗团委”1 个、“全国五四红旗团支部”1 个、“中央企业青年文明号”5 个、“中央企业青年岗位能手”10 个、“中央企业优秀共青干部”5 个、“中央企业优秀共青团员”5 个。与北京大学人民医院、神华集团、协和医院、国家知识产权局等单位开展形式多样的联谊活动，拓宽石化机关青年的交友空间，解决实际困难，收到了较好的效果。

（刘纯斌）

【文体活动】　石化集团公司积极开展文化体育活动，满足干部职工精神文化需求。承办并组织参加第三届中国职工艺术节“中原油田杯”舞蹈展演，选送的节目获得 2 个一等奖和 1 个二等奖，中国石化文联获舞蹈展演优秀组织奖，中原油田获特别贡献奖。组织举办 55 家企业、550 多名员工参加的中国石化“胜利油田杯”第四届职工乒乓球比赛。组织参加第三届中国职工艺术节“开滦杯”声乐展演，获 10 个奖项，中国石化文联、中国石化音乐家协会获得优秀组织奖。组织参加第三届中国职工艺术节闭幕式，充分展示中国石化的形象和员工精神风貌。中国石化书法家协会举办首届行书大赛，大赛收到 68 个企业报送的 1 200 余件作品。举办中国石化第五届青年外语风采大赛，全系统累计 2.3 万余名青年参加选拔赛、分区赛，在青年员工中掀起学外语、用外语热潮。举办“微镜头下的温暖”——微电影、微图片大赛，共收到电影作品 143 部、图片作品 1 198 张，最终评选出最佳影片 10 部、优秀影片 20 部，最佳图片 10 幅，优秀图片 20 幅。举办“打造世界一流，争当青年先锋”直属机关青年演讲比赛，引导青年当先锋、争一流。成功举办第 2 届总部机关趣味运动会，组织直属机关羽毛球、乒乓球比赛，举办“开启新航程——中国石化喜迎党的十八大摄影艺术展”。

（刘纯斌）

社会公益

【共建温馨家园】　石化集团公司始终坚持“融入地方、借势发展、合作共赢”的理念，把社区建设作为促进社会和谐的重要载体，着力构建地方政府、驻区单位、社区机构、居民住户多层联动、齐抓共管的稳定长效机制。成立老旧小区综合治理工作领导小组，加大老旧小区综合整治力度，治理社区安全隐患，改善社区居住环境。充分发挥社区服务组织网络、社会保障和救助网络、便民服务网络作用，社区服务质量明显提升，民生工程全面推进，居民生活居住条件持续改善。以文明、和谐、亲情为主题，通过举办具有社区特色的文体活动，倡导崇尚先进、团结互助、积极向上的社区道德风尚，社区文化日渐繁荣。和谐矿区(社区)建设再上新台阶。巴陵石化社区、长岭炼化社区获全国安全社区荣誉称号；油田企业文明和谐示范小区由过去62个增至102个。石化集团公司在海外始终严格按照国际惯例运作，追求“合作双赢、共同发展”，积极参与社区建设，努力为业务所在国经济发展和民生改善作贡献，赢得了当地政府、社区居民、媒体以及合作伙伴的充分认可和尊重，营造了“天涯若比邻”的和谐氛围。

(鉴 编)

【扶贫济困】 2012年10月26日，石化集团公司援建的花土沟镇文化路综合市场项目竣工。该项目位于海拔3 000米的青海省茫崖行委所在地，建筑面积7 586平方米，工程造价约1 800万元。该工程的建设受到了当地政府和人民群众的高度评价。

(鉴 编)

【支援灾区】 石化集团公司在自然灾害面前响应迅速，组织有力，积极帮助灾区重建，充分体现了一个负责任的企业公民形象。

云南抗震。灾害发生后，石化集团公司积极参与抗震救灾，帮助清理路障，组织搜救，排除险情，捐赠物资和药品，帮助清理财物，对受灾群众进行心理疏导。同时，全力保障抗灾救灾成品油供应，全力组织资源，增加市场投放。在保障成品油供应的同时，紧急调拨日常生活用品，为过往救灾人员和灾区群众提供矿泉水、食品等生活物资。

贵州抗凝冻。石化集团公司启动应急预案，召开应对凝冻天气专题工作会议，重点布置了成品油供应方案以及加油站食品、水等应急物资储备的工作。在调运组织过程中，强化资源配送组织，紧盯管输、铁路发运，保证油品及时配送到位。

云南抗旱。石化集团公司高度重视抗旱、春耕生产用油供应工作，第一时间成立了抗旱及春耕生产成品油保障供应领导小组，积极主动地加强与当地政府、农机、气象等部门的沟通联系，及时了解抗旱、春耕生产用油需求，认真履行保供职责。

(鉴 编)

【捐资助学】 2012年，石化集团公司投入60万元在安徽捐资援建的第149所希望小学——肥西县中国石化黄花希望小学举行揭牌仪式。为西藏班戈县贫困学生设立了总规模200万元的“中国石化助学基金”，共为512名考入大中专院校的贫困牧民子女提供奖学金、助学金。中国石化Addax公益基金会对杜阿拉工程学院实验室进行了升级，并将陆续对其他院校师生提供实践机会，计划在3年内满足600名学生的教育需求。中国石化国工哥伦比亚子公司多次组织向当地学校捐赠学习用品的活动，支持了当地儿童的文化教育工作。

(鉴 编)

【健康快车】 截至2012年底，石化集团公司捐建的白内障治疗中心达到9个，分布于广西桂林、新疆喀什、四川绵竹、青海乐都、河南新乡、云南大理、广西玉林、宁夏银川、福建龙岩等地。

(鉴 编)

新闻与出版

◇ 新闻媒体

◇ 图书出版

新闻媒体

【概述】 截至2012年底，中国石化形成了“三报、三刊、一台、一张复合网”的新闻媒体格局，囊括了文字、图片、音频、视频等多种媒体形式，每天生产20多万字的印刷文字产品、15万字的网络产品、100多张图片产品和1个多小时的视频产品。2012年，中国石化各媒体围绕着“坚持正确政治方向，突出自身特色，建设中央企业一流新闻媒体”的目标，全面提升质量和效果，及时把党组的声音传递到包括海外员工在内的广大干部职工，进一步提升了舆论影响力，为中国石化建设世界一流能源化工公司战略目标的实现提供了有力的舆论支持。

全年，《中国石化报》发行量13.21万份，《中国石化》杂志发行量2.71万份，《车友报》发行量71.58万份，《中国石化手机报》发行量1.62万份。

（庞 炜）

【《中国石化报》】 2012年，《中国石化报》加强要闻版的思想理念导向作用，新设《今日视点》专栏，紧跟形势，注重扩大内外部影响，摘编权威媒体言论80篇，除有特殊版面外，宏观信息基本做到每期有1条，产生了较好的宣传效果。三、四版巩固提高特色专版，推出了一批特色专栏，注重提升石化特色文化品位，特别是在安全、法律、基层纪实、图片报道方面形成了优势。周刊立足石化，面向行业，继续发挥行业报道优势，推出多个既有新闻性又有专业性的策划，提高了报纸的行业性和影响力，特别是在与业内一流专家沟通、约稿方面形成了常态化机制，专家稿件提升了报纸的品味和档次。年内，《中国石化报》加大了基层一线报道分量，记者走基层报道数量与质量进一步提升，全年推出了“榆济管道篇”“珠三角市场篇”“中国石化管道行”“塔河篇”“沙特篇”“Addax篇”“哈萨克斯坦篇”7组记者走基层一线报道。

（庞 炜）

【《中国石化》杂志】 2012年，《中国石化》杂志专题选题策划更加注重宏观性、行业性、前瞻性，坚决实行“大策划+小策划”制度，每个栏目都有鲜明的主题，在报道广度的基础上增加了阅读深度。全年12期都有主打报道内容，组织各类专题43个，平均每期3.6个专题，先后组织了“五大会战”“炼油板块如何率先打造世界一流”“加强和改进党建和思想政治工作”“李安喜先进典型事迹系列报道”等专题报道。《中国石化》杂志探索新型表达方式取得新进展。在李安喜先进典型系列报道中，《中国石化》杂志独立策划和采写，设计了能人李安喜、狂人李安喜、强人李安喜、好人李安喜、三张照片中的李安喜5个选题，报道效果好，受到李安喜本人的肯定和赞扬。在稿件编辑中，引入“摘要”，对文章的主题、重要事实、重要观点进行提炼，起到引导提示阅读和增加版面变化的作用。

（庞 炜）

【中国石化网络电视】 2012年，中国石化网络电视发布各类专题性节目786部，现场直播4次，增加了节目导航和企业名牌栏目展示区，如《胜利油田新闻》、《燕山石化新闻》、河南油田《居民论坛》、齐鲁石化《大拼盘》等，一方面丰富网络电视内容，另一方面加强与企业的联动，提升网站的知名度和访问量。

全年共制作电视新闻《中国石化新闻联播》242期、新闻5 178条，抓住石化集团公司全年中心工作和阶段性工作重点，先后推出了《感动石化》《身边的雷锋》《闪亮的青春》《先锋》《五大会战》《温馨石化》《连线两会》《领导干部座谈会案例交流企业访谈》《学镇海学安喜》《十八大代表访谈》《学习宣传贯彻十八大精神》《转方式 稳增长 保效益 学习贯彻十八大精神》《在基层》《我要安全》等一系列专栏，及时准确地传递了石化集团公司党组声音；贯彻落实“走转改”，上半年推出“中国石化管道行”系列报道，下半年推出“记者走基层海外行”系列报道；创新会议报道的形式，改变长篇大论式报道，把会议内容拆分成几条进行报道，探索“新闻链接”“新闻连线”等形式，增加会议信息量和现场感，采用“本台短评”“记者观察”“记者手记”“系列访谈”等形式报道和解读会议，加强会议报道的广度和深度。

（庞 炜）

【中国石化新闻网】 2012年，中国石化新闻网增加了高层声音 国资动态等栏目，同时完成了人物频道和车友网页面设计，均已上线，登录中国石化新闻网可以纵览中国石化全媒体。全年中国石化新闻网发稿总量6.1万余篇，图片1.9万余幅，文字量4 100余万字。策划“中国石化管道行”、领导干部座谈会和十八大等专题169个，同比增加78%。石化集团公司官网转载中国石化新闻网原创新闻占26%，专题60多个。大量新闻被中油网、中化新闻和国务院国资委网站转载。成功举办了2012中国石化新媒体高峰论坛暨中国石化新闻网开通10周年座谈会。

据中国互联网协会的“中国网站排名”统计数据，2012年11月中国石化新闻网的流量开始大幅攀升，周平均排名由之前的1万多名上升至2 000名以内。

3月16日，“中国石化新闻网微博”正式开通，成为传播石化新闻、提升企业形象、关注社会热点、提供便民信息的新载体、新阵地。2012年共发布微博2 027条，收到评论5 020条，发出评论2 112条，被“@”(被转发+主动提及)22 806次，处理私信约5 200封，拥有粉丝20 216人，官方微博影响力最高值为375，最低值约为320，均高出媒体平均影响力的182，发挥了发布信息、收集舆情、信息服务、受理投诉、舆情引导和互动交流等作用。

（庞　炜）

【《中国石化新闻界》】 《中国石化新闻界》于2011年改为电子刊后，为适应新媒体发展和读者需要，2012年进一步与中国石化报社官网《记者之家》栏目下的“业务交流”频道整合，实现随时来稿随时刊发，更好地满足了新媒体时代读者及时互动的需求。

（张书翰）

【《中国石化手机报》】 2012年，《中国石化手机报》秉承建设“中国石化新闻直通车”理念，出刊248期，用户超过1.62万人。2月创新开办《高层声音》栏目，全年发布高层声音196条，总字数达2万，读者可以及时了解学习公司高层的管理理念，该栏目进一步增强了手机报的阅读黏性，提升了权威性和影响力。2012年，手机报发“本报讯”独家稿件1 250条，为上年的2倍，全系统有78家企业投稿。2012年，《中国石化手机报》还与《中国石化报》《Sinopec Weekly》、中国石化新闻网等媒体和电视节目《中国石化新闻联播》互动，增强了导读功能。

（高　宁）

【《Sinopec Weekly》】 2012年，《Sinopec Weekly》出刊25期，各栏目尝试小专题策划，增加阅读黏性，尤其是增加了人物专访，如对海外公司高管的采访引起较大反响。探索进行主题性报道，分别围绕石化集团公司环保白皮书、“记者走基层·Addax篇”和“哈萨克斯坦篇”做了3期，得到了广泛认可。发行范围进一步扩大，截至年底用户已达6 000个邮箱。2012年还成功召开了首次海外通联工作座谈会，“树网”结构的海外通联队伍和各项工作得到进一步落实。

（庞　炜）

【《车友报》】 以“开门办报”为主导方向，2012年1月，《车友报》周三、周五两刊实现了全新改版，改版后引入微博的表达方式，借用时尚新潮的“网言网语”阐述新闻、表达观点，还开辟了《一周微观》《微信点读》等栏目，增加了漫画、图片的报道力度。在宣传中国石化品牌形象、服务销售公司业务、配合危机公关等方面，加大了主题策划力度，推出的“中国石化社会监督员系列报道”“中国石化加油卡油中感谢升级”“自助加油真方便”“油品优价优质”“广西问题油事件报道”“深圳推优级汽油报道”“福建特产进驻易捷”“用好枸杞一颗子 下活市场一盘棋”“易捷　买卖天下特色”“易捷万店无假货”“易捷的比武之道”“节日连连　优惠多”等报道效果显著，在社会上引发良好的反响。2012年还策划、组织、报道了“车友走进中石化”大型活动，近百名车友参与，20余家外部媒体予以报道，提升了中国石化品牌形象，增强了与车友的联系。10月，车友网改版上线运行，不仅增加了与车友互动的平台，也使得《车友报》内容的传播更加广泛，影响力进一步提升。

（庞　炜）

【中国石化团购网】 2012年，中国石化团购网推出了“2012石化员工购物季”活动，在中原油田、燕山石化、胜利油田、河南油田、江汉油田举办5场活动。4月，中国石化团购网与长安汽车首次启用共同设立的“石化·长安爱心基金”，向中原油田福利企业——华苑实业公司捐赠了1辆可供残疾人驾驶的“爱心车”。中国石化与长安汽车集团签署战略合作协议，中国石化团购网起到了积极的推进作用。中国石化团购网全年为石化员工优惠购车6 000多辆，节省资金1 800万元。截至2012年底，网站有会员3万多人，最高日点击量7万次，系统内外品牌知名度逐步扩大。

（庞　炜）

【中国石化新闻图片网】 2012年，中国石化新闻图片网进行了全面升级改版，功能上更加便捷，外观更加简洁。网站日均处理图片达到200余张。截至2012年底，签约的摄影师达3 991人，图片总量约30万张，其中通过审核的图片约14万张。

（王贵卿）

图书出版

【《含硫含酸原油加工技术》出版发行】 该书系统总结了国内外含硫含酸原油加工的主要技术，全面反映了国内外含硫含酸原油加工的新工艺、新设备、新材料、新经验。全书以实践为主，理论与实践相结合，技术与经济相结合。主要内容包括：世界能源及中国含硫含酸原油加工技术的开发和应用概况，含硫含酸原油的分布及生产贸易情况，含硫含酸原油硫与酸的分布及其转化，含硫含酸原油加工技术及新工艺，产品精制，设备腐蚀与防护以及环境保护等。该书对含硫含酸原油加工的科研、设计及生产具有指导意义，主要读者对象为炼油行业从事生产、科研、设计的技术及管理人员。

（出版社）

【《炼化操作工系列工作行为规范》（共3个分册）出版发行】 该套丛书总结提炼了长期以来在生产实践中形成的宝贵经验，从规范石油化工生产装置、系统操作作业行为入手，全面梳理班长、内操和外操人员日常主要作业内容，介绍了操作工系列作业行为规范要求。从书内容全面、通用性强，采用新颖独特的漫画形式，文字简练、画面生动、易懂易记，是操作人员学习掌握作业行为规范、养成良好作业行为习惯的普及性教育读本。从书分《班长工作行为规范》《内操工作行为规范》和《外操工作行为规范》3个分册。

（出版社）

【《中国石化易捷便利店运营管理手册》出版发行】 该书共分为13章，主要内容包括基础知识、商品流转、销售管理、布局与陈列、商圈调研、品类管理、财务管理、安全管理、设备与清洁、便利店前台销售系统、海信后台系统、非油品BW系统报表应用等，是中国石化销售企业易捷便利店业务操作的工作标准，是各单位非油品管理人员和便利店营业员培训的核心材料，也是未来中国石化加油站非油品业务督察的重要内容。该书适用于中国石化销售企业所有易捷便利店，各类合资公司可参照执行。

（出版社）

【《乙烯工艺与技术（精华本）》出版发行】 该书内容包括制取乙烯和副产品的主要流程及方法，裂解原料及其特性，裂解和分离的基本原理和有关操作参数，裂解气的急冷、压缩和分离，酸性气体的脱除，乙炔和丙炔加氢，乙烯和丙烯制冷，公用工程，节能减排措施。该书不仅阐述了乙烯生产的基本原理和相关的理论，而且对乙烯生产的原料和各种工艺流程进行了全面分析，特别介绍了与乙烯生产有关的新技术，还给出了有关工艺设计的计算方法和典型工艺参数。该书可供石油化工领域特别是与乙烯工业相关的科研、技术人员及设计、规划工作者以及高等院校有关专业师生阅读。

（出版社）

【《大学化学实验》系列教材（共6个分册）出版发行】 该系列丛书由太原师范学院、海南师范大学、晋中学院、忻州师范学院、运城学院和长治学院6所院校共同编写。其中，《化学技能训练》《化学基础实验》《化学综合实验》《化学探究实验》构成了现代高等教育本科化学实验教学基本体系；《中学化学实验研究》为这个实验教学体系提供了教师教育延伸，为未来从事化学教育教学的学生提供专项培养；《化学创新实验》为这个实验教学体系提供了科学研究延伸，为未来从事科学研究和继续深造的学生提供专项培养，为化学实验教学提供了更具系统的教材体系。

（出版社）

【《润滑剂添加剂性质及应用》出版发行】 该书主要论述了各类润滑剂组分添加剂、金属加工液用添加剂、润滑脂添加剂和复合添加剂的发展概况、基本概念、作用机理、主要品种的化学组成、结构、使用性能、简要的合成工艺；介绍了环境对添加剂及油品的影响，以及基础油的性质、润滑剂和添加剂的生物降解性及毒性；介绍了国内润滑剂添加剂的行业标准、国内外石油添加剂和润滑油的分类及API、ACEA和中国内燃机油的规格指标；还扼要介绍了润滑剂的主要评定方法；并着重收集了国内外主要添加剂生产厂或公司的添加剂的商品牌号、理化性能及主要应用范围。

（出版社）

【《英汉石油化工词典》出版发行】 该书共收录词条8万余条，内容主要包括石油炼制、石油化工、油品储运、石油产品应用、石油化工机械和设备、石油化工仪表与自动化、石油化工工程建设、石油化工安全和环境保护以及低碳、绿色技术等方面的词汇，同时也适当囊括了炼油和化工工厂中常用的词汇。该书适应于石油化工行业工程技术人员和大专院校师生学习英语、使用英语以及对外技术交流的需要。

（出版社）

【《炼油与石化工业技术进展》（2012版）出版发行】 该书内容以专题形式，按当前的热点问题分为综述、炼油工艺与产品、化工工艺与产品、“三剂”、装备技术、装置运行与管理、安全与环保、节能减排8个栏目。全书收录有代表性的文章100多篇，由中国石化、中国石油、中国海油等公司所属炼化企业、研究院和国内其他石油化工相关企事业单位的200多位专家和工程技术人员撰写。该书的出版对于促进中国炼油与石化工业技术的发展与对外合作交流有积极作用，同时为炼油与化工企业技术人员提供一个宽广的技术交流平台，适合作为国内炼油与石化领域的广大生产经营、管理、科研、设计与工程建设专业技术人员的参考书。

（出版社）

【《世界典型润滑油研发战略》出版发行】 该书选择了ExxonMobil公司、壳牌集团、福斯公司、能源公司、SK株式会社等具有代表性的石油跨国公司，对其差异化的润滑油等研究开发业务进行了详细的案例研究，尝试通过横向对比，来把握跨国石油公司研发战略变革的共性。该书适合石油企业和润滑油生产商的从业、管理人员阅读、参考。

（出版社）

【《HSE观察——控制看得见的风险》出版发行】 该书针对中国石化倡导的HSE管理理念，图文并茂地介绍了HSE观察的内容、方式方法、观察后沟通的要点及对观察发现进行统计分析的方法等。书中所述HSE观察就是主动地去观察作业人员行为的一种方法，以鼓励安全的行为，制止和纠正不安全的行为；并通过有效的沟通，强化作业人员安全作业的意识，规范安全作业的行为；同时，也要观察到现场的作业环境和设施以及使用的工具，从而及时发现和处理物的不安全状态，以有效地避免和减少事故和伤害的发生。该书由安全工程研究院组织编写。

（出版社）

【《煤气化工艺风险管理》出版发行】 该书在对煤气化工艺介绍的基础上，对煤气化工艺的HAZOP分析、煤气化工艺保护层分析(LOPA)、煤气化工艺安全仪表系统(SIS)的功能安全评估、煤气化工艺Bow－tie分析进行了详细介绍，同时还介绍了煤气化工艺事故分析与模拟。该书由安全工程研究院组织编写。

（出版社）

【HAZOP培训系列教材出版发行】 HAZOP培训系列教材——《危险与可操作性分析(HAZOP)基础及应用》和《危险与可操作性分析(HAZOP)应用指南》出版发行。该书是国内首部规范的、权威的、适合中国国情的HAZOP培训教材。该套丛书全面介绍了HAZOP的概念、方法要点、详细的应用案例以及具有重要参考意义的数据列表和资料，具有较高的启发、借鉴和参考价值，可读性和实用性很强。该套丛书由中国石油、中国石化、中国海油以及国内著名高校和多家评价公司的行业专家编写而成。

（出版社）

【《石油化工企业生产装置设备动力事故及故障案例分析》出版发行】 该书内容以论文形式对中国石化化工板块主要设备动力事故、故障发生的现象、原因和处理措施进行了总结，并按照设备、电气、仪表等专业进行了分类。书中所有案例来自于生产一线的工作实践，并经过有关专家的认真审核，具有科学性、针对性和实用性的特点，对于避免类似故障和事故的发生，有非常重要的借鉴意义。该书的主要读者对象为石油化工企业工艺、设备、电气、仪表等专业人员和技术人员。

（出版社）

【《炼油设备英汉图解手册》出版发行】 该书是一部介绍炼油设备结构的工具书。该书由中国石化、中国石油、中国海油所属炼化企业、工程公司以及高等院校的炼化设备专家联合编撰而成，以图示的形式讲解了各种设备的外貌、详细结构、主要内件(零部件)等，同时给出各部位的中英文名称，以便读者学习时对照，具有创新性；内容涵盖了炼油装置主要的通用设备和专用设备，包括反应设备、塔设备、换热设备、储罐与容器、加热炉、工业管道与阀门、泵、压缩机和风机、汽轮机和烟机、其他机械、密封等，体现出了专、全、准、新、精的特色。该书读者对象为炼化企业的设备工程技术人员和管理人员，从事炼化工程设计、贸易的技术人员，以及高等院校相关专业的师生。

（出版社）

【中国石化《投资贸易法律指南》第2批出版发行】 由石化集团公司法律部组织编写的《投资贸易法律指南》第2批12册出版发行。该批丛书包括安哥拉、叙利亚、俄罗斯、科威特、香港等12个国家和地区，内容涉及国家/地区概况、法律环境概述、油气投资领域相关法律规定、石化工程领域相关法律规定、贸易领域相关法律规定、其他相关领域法律规定以及认识和建议。该丛书覆盖面广，研究内容编排合理，具有较强的实用性和针对性，作为中国石化涉外及外派人员的培训用书，为中国石化“走出去”企业的法律风险防控提供切实的帮助和指引。

（杨文宇）

【《油气勘探工程师手册》出版发行】 该书包括5篇：第一篇绪论，对世界和中国油气勘探历史进行了概述，介绍了国内外油气勘探理论技术发展情况；第二篇油气勘探地质研究，介绍了盆地评价、区带评价、圈闭评价、油气藏评价等内容；第三篇油气勘探技术方法，详细介绍了非地震勘探、地震勘探、钻井、录井、测井、试油及油气层改造、分析化验、野外地质工作方法等内容；第四篇油气勘探管理，介绍了油气矿业权管理、油气勘探程序及项目管理、油气勘探规划计划编制、油气储量管理、油气勘探信息管理等内容；第五篇非常规油气资源，介绍了非常规油气资源勘探开发现状及发展趋势、页岩气（油）、致密砂岩气（油）、煤层气、油页岩、油砂、天然气水合物等内容。该书汇聚了中国石化上游领域多年来创新的理论和技术，全面反映了中国石化在油气勘探领域的水平和素质，丰富了中国独具特色的陆相含油气盆地的石油地质理论和技术方法。

（出版社）

【《油气勘探开发技术进展——石油物探》出版发行】 该书是《油气勘探开发技术进展》系列丛书之一，收集汇编了近几年来中国石化石油物探技术进展方面已经公开发表的论文，包括综述、地震勘探采集技术、地震资料处理技术、地震勘探解释技术、综合技术方法、计算机6个方面。该书可供广大勘探开发和石油工程方面的科技工作者学习和借鉴，以期更好地发挥这些技术的作用，促进石油物探自身的进步，更好地解决勘探开发中的工程难题。

（出版社）

【《国内外石油技术进展（十一五）》出版发行】 该书是在对“十一五”期间国内外石油专业技术研究动态、前沿技术以及发展趋势进行了系统性地跟踪调研，并结合国内油田勘探开发的难点、热点问题进行调研的基础上总结编写的一部反映国内外石油技术现状和进展的图书。该书以国内外六大石油技术系列为主，有所侧重地介绍了“十一五”期间石油物探、石油地质、石油测井、石油钻井、采油工程、地面工程等专业的技术现状和发展趋势。该套图书分为《国内外石油技术进展（十一五）——石油物探》《国内外石油技术进展（十一五）——地质与开发》《国内外石油技术进展（十一五）——钻井与测井》《国内外石油技术进展（十一五）——采油工程》《国内外石油技术进展（十一五）——地面工程》5册。该套书涉及面广，技术内容丰富，能为油田企业今后的科技工作和生产发展提供参考依据，为广大石油科技工作者及高校师生了解和掌握最新石油技术和动态提供借鉴和参考。

（出版社）

【《塔河油田石油工程技术与实践》出版发行】 该书涉及广泛，包括钻井、完井试油、储层改造、稠油开采、深抽工艺、凝析气藏采气工艺、堵水技术、动态监测、地面工程建设及油气田腐蚀与防护等。该书是中国石化西北油田分公司“十一五”期间石油工程技术的结晶，凝聚了所有工程技术人员的辛苦与付出，对“十一五”西北油田分公司石油工程技术成果进行了系统总结，可为同类型油气田起到积极的借鉴作用并具有指导意义。

（出版社）

表1　石化出版社2012年重点图书目录

序号	书　名	作　者
1	安全生产法规与安全生产管理内容精讲与试题解析	宋大成　主编
2	军事虚拟物流	王　丰　甘　明　李守耕　著
3	石油企业经营管理简明读本	李　鹏　张银平　任登峰　编著
4	班长工作行为规范	《操作人员作业行为规范》编绘小组　编绘
5	电力企业风险与风险管理	牟宝喜　主编
6	世界典型润滑油研发战略	付玉娥　编著
7	国内外油田服务公司组织及管理	李建平　杜吉家　著

续表

序号	书　名	作　者
8	矿产资源市场研究	王克强　刘红梅　等编著
9	中国省际能源供求演化与中长期预测(中部地区)	王克强　刘红梅　左　娜　等著
10	中国省际能源供求演化与中长期预测(东部地区)	王克强　刘红梅　张继华　张　英　等著
11	中国省际能源供求演化与中长期预测(西部地区)	刘红梅　王克强　武英涛　等著
12	HSE观察——控制看得见的风险	中国石油化工股份有限公司青岛安全工程研究院　组织编写
13	西南油气田大事记(2007~2011)	《西南石油年鉴》编纂委员会　编
14	金牌风采录	《金牌风采录：2010~2011年度中国石油化工股份有限公司油田企业第五届“五项劳动竞赛”活动》编委会　编
15	精英集锦(2010~2011)	中国石化石油工程管理部　编
16	追求跨越发展——中原石油勘探局工程建设总公司外闯市场二十年	中原石油勘探局工程建设总公司　编
17	江苏油田年鉴.2012	江苏油田年鉴编辑委员会　编
18	河南油田年鉴.2012	河南石油勘探局年鉴编纂委员会　编
19	齐鲁石化年鉴.2011	齐鲁石化史志编纂委员会　编
20	中原油田年鉴.2012	中原油田史志编纂委员会　编
21	齐鲁石化年鉴.2010	齐鲁石化史志编纂委员会　编
22	中国石油化工工程建设年鉴.2006~2010	中国石油和石化工程研究会　编
23	中国石油化工集团公司年鉴.2012	《中国石油化工集团公司年鉴》编委会　编
24	西南石油年鉴.2012	《西南石油年鉴》编纂委员会　编
25	上海石化年鉴.2012	上海石化志鉴编纂委员会　编
26	广州石化年鉴.2011	《广州石化年鉴》编纂委员会　编
27	洛阳石化年鉴.2010	《洛阳石化年鉴》编纂委员会　编
28	中国塑料工业年鉴.2011	中国塑料加工工业协会　主办
29	南化年鉴.2011	《南化年鉴》编纂委员会　编
30	烟花爆竹经营安全必读(第三版)	王凯全　主编
31	中国石化易捷便利店运营管理手册(2012版)	中国石油化工股份有限公司油品销售事业部　编
32	光谱分析	刑梅霞　夏德强　编
33	化学史话	侯纯明　编著
34	无机化学	冯辉霞　王　毅　主编
35	化学技能训练	丛书主编　张四方；本册主编　弓巧娟

续表

序号	书　名	作　者
36	化学创新实验	刘　红　主编
37	燃烧与爆炸学	郝建斌　主编
38	物理化学实验	周建敏　蔡　洁　主编
39	分析化学实验	沈　霞　徐引娟　主编
40	仪器分析实验技术	史永刚　主编
41	仪器分析实验	罗立强　徐引娟　主编
42	致密砂岩气藏储层改造技术	甘振维　王世泽　任　山　刘　林　主编
43	岩性油气藏成藏机理与物理模拟研究——以济阳坳陷为例	赵卫卫　著
44	石油燃爆技术	廖红伟　张　杰　王彦明　编著
45	当代石油和石化工业技术普及读本——勘探(第三版)	中国石油和石化工程研究会　组织编写　王毓俊　执笔
46	当代石油和石化工业技术普及读本——海洋石油勘探(第二版)	中国石油和石化工程研究会　组织编写　亢峻星　执笔
47	油气勘探工程师手册	蔡希源　主编
48	海南岛热带植物野外实习指导	刘　强　主编；钟琼芯　郝清玉　副主编
49	化工园区安全风险评价理论及技术研究	王洪德　丛　波　著
50	工程制图(第二版)	赵增慧　主编
51	现代工程图学	王春华　郭　凤　关丽杰　曹喜承　编著
52	工程制图习题集(第二版)	赵增慧　主编
53	现代工程图学习题集	王春华　郭　凤　关丽杰　曹喜承　编著
54	高分子材料加工工艺学	王慧敏　编著
55	工业分析实训教程	吴良彪　主编；冯文成　杨惠伶　副主编
56	超声检测	宋天民　主编
57	首届全国石油工程设计大赛优秀作品集	全国石油工程设计大赛组委会　编
58	石油工业概论(第二版)	任晓娟　徐　波　主编
59	石油化工节能减排计量与管理	顾祥柏　编
60	天然气井工程地质	郭新江　蒋祖军　胡永章　主编
61	当代石油和石化工业技术普及读本——石油钻井	中国石油和石化工程研究会　组织编写　韩志勇　执笔
62	采油采气井控技术	张桂林　李敬奇　张之悦　编
63	中国油气开发技术进展	孙焕泉　主编；何庆华　毕义泉　副主编

续表

序号	书　名	作　者
64	低渗透砂岩储层中流体渗流特征的实验研究	王　建　著
65	2012中国油田化学品年会暨油田化学新技术交流会论文集	油田化学品年会组委会　编
66	塔河油田石油工程技术与实践	林　涛　侯子旭　编著
67	当代石油和石化工业技术普及读本——开采(第三版)	中国石油和石化工程研究会　组织编写 董恩环　陈国风　冯汝勇　执笔
68	油气勘探开发技术进展——石油物探	蔡希源　曲寿利　主编
69	国内外石油技术进展(十一五)——采油工程	张绍东　等主编
70	国内外石油技术进展(十一五)——石油物探	张绍东　等主编
71	国内外石油技术进展(十一五)——钻井与测井	张绍东　等主编
72	国内外石油技术进展(十一五)——地面工程	张绍东　等主编
73	中国石化油气开采技术论坛论文集(2012)	中国石化油气开采技术论坛秘书处　编
74	油田回注水水质稳定控制技术	孙焕泉　王增林　韩　霞　编著
75	雅克拉—大涝坝凝析气田开发理论与实践	文军红　刘雄伟　李宗宇　赵习森　编著
76	当代石油和石化工业技术普及读本——天然气开采(第二版)	中国石油和石化工程研究会　组织编写 贺　伟　执笔
77	采油现场安全与技能培训仿真教程	河南油田人力资源开发中心　组织编录
78	油田企业安全生产禁令漫画读本	陈安标　毕道金　卢万选　刘　钰　主编
79	海洋石油工程概论	张振国　王长进　李银朋　主编; 哈明达　李　磊　季鸣童　副主编
80	当代石油和石化工业技术普及读本——海洋石油开发(第二版)	中国石油和石化工程研究会　组织编写 廖谟圣　执笔
81	海洋石油工程技术论文(第四集)	中国石油学会石油工程专业委员会海洋工程工作部　编
82	节能与能源综合利用	王宗明　张克舫　编著
83	延迟焦化装置技术改造及优化案例	中国石化集团高级技师燕山培训基地　组织编写
84	润滑剂添加剂性质及应用	黄文轩　编著
85	当代石油和石化工业技术普及读本——炼油助剂(第二版)	中国石油和石化工程研究会　组织编写 张广林　龚旭辉　执笔
86	当代石油和石化工业技术普及读本——炼油催化剂(第二版)	中国石油和石化工程研究会　组织编写 张广林　孙殿成　执笔

续表

序号	书　名	作　者
87	当代石油和石化工业技术普及读本——石油炼制—润滑油和石蜡(第三版)	中国石油和石化工程研究会　组织编写 孙毓霜　水　琳　执笔
88	第六届(2012)北京国际炼油技术进展交流会论文集	大会组委会　编
89	炼油与石化工业技术进展(2012)	洪定一　主编
90	2012年中国石油化工信息学会石油炼制分会北方组年会论文集	何盛宝　主编
91	油料模拟台架试验(第二版)	宋世远　主编；李子存　李华峰　副主编
92	润滑剂生产与应用	张远欣　王晓路　主编
93	润滑油应用技术问答	关子杰　钟光飞　编著
94	当代石油和石化工业技术普及读本——石油沥青(第二版)	中国石油和石化工程研究会　组织编写 张玉贞　执笔
95	当代石油和石化工业技术普及读本——石油炼制燃料油品(第三版)	中国石油和石化工程研究会　组织编写 张国生　李维英　执笔
96	石油化工过程概论	程丽华　主编
97	石油化学工程基础实验指导	孙　亮　马占华　王万里　主编
98	英汉/汉英石油化工常用词汇(第三版)	钱家麟　主编；梁文杰　副主编
99	石油化工企业生产装置设备动力事故及故障案例分析	项汉银　主编
100	油气储运安全管理概论	周　宁　刘晅亚　主编
101	油气储运工程专业实验指导	周锡堂　主编
102	当代石油和石化工业技术普及读本——油气集输与储运系统(第三版)	中国石油和石化工程研究会　组织编写 宫　敬　翁维珑　吴明胜　执笔
103	油气集输工培训教材	河南石油勘探局人力资源开发中心　编
104	油品装卸工HSE培训读本	宋生奎　樊宝德　主编
105	油气储运节能技术概论	吕爱华　赵会军　编著
106	油田设备管理	李宁会　编著
107	钻井设备技术问答	张　彬　黄建喜　主编
108	石油工程管柱力学	吕苗荣　编著
109	可膨胀管非线性有限元分析及实例	李春福　彭志刚　王燕群　编著
110	封隔器设计基础	朱晓荣　主编
111	抽油井杆管防偏磨理论研究与技术实践	杨海滨　李汉周　刘松林　马建杰　著
112	风险管理导论	邵　辉　赵庆贤　葛秀坤　编著
113	危险与可操作性分析(HAZOP)应用指南	中国化学品安全协会　组织编写　吴重光　主编

续表

序号	书　名	作　者
114	危险与可操作性分析(HAZOP)基础及应用	中国化学品安全协会　组织编写　吴重光　主编
115	石油化工设备维护检修技术(2011 版)	本书编委会　编
116	管式加热炉	李　薇　王　宇　主编
117	设备状态监测及故障诊断技术问答	钱广华　屈世栋　编著
118	石油化工设备技术和管理论文集	钱广华　著
119	炼油设备英汉图解手册	宋天民　主编
120	催化裂化装置应急知识问答	张　杨　编著
121	内操工作行为规范	《操作人员作业行为规范》编绘小组　编绘
122	外操工作行为规范	《操作人员作业行为规范》编绘小组　编绘
123	石油化工装置与管道工程施工技术	中原石油勘探局工程建设总公司　编
124	油库建设工程施工与验收	范继义　张全奎　主编
125	油库(站)HSE 管理体系实务指南	樊宝德　朱焕勤　主编
126	油库安全精细化管理	张斐然　唐　清　王　丰　编著
127	油库(站)HSE 培训必读	樊宝德　朱焕勤　主编
128	油库施工 HSE 培训读本	樊宝德　朱焕勤　主编
129	油库电工 HSE 培训读本	周云利　杨晓婕　主编
130	油库技术与管理知识问答	范继义　主编
131	油气管道地面检测技术与案例分析	石仁委　主编
132	气井腐蚀与防护	彭志刚　李春福　著
133	无损检测新技术	宋天民　主编
134	表面检测	宋天民　主编
135	管线钢与管线钢管	高惠临　著
136	焊接试验与检验实用手册	张应立　周玉华　主编
137	简明金属焊接手册	雷　毅　主编；张德勤　王　杰　副主编
138	机械振动基础	杨国安　编著
139	齿轮故障诊断实用技术	杨国安　编著
140	滑动轴承故障诊断实用技术	杨国安　编著
141	滚动轴承故障诊断实用技术	杨国安　编著
142	转子动平衡实用技术	杨国安　编著
143	旋转机械故障诊断实用技术	杨国安　编著
144	压缩机	王宗明　主编
145	压缩机工程手册	郁永章　姜培正　孙嗣莹　主编

续表

序号	书　名	作　者
146	往复机械故障诊断及管道减振实用技术	杨国安　编著
147	压力容器目视检测技术基础	王纪兵　著
148	压力容器技术问答	钱广华　杨　超　编著
149	能源计量器具(流量)应用技术指南	能源计量器具应用技术指南编委会　编
150	设备与工艺过程的用能分析及节能途径	王　强　邓寿禄　编著
151	换热器技术问答	钱广华　刘剑锋　编著
152	ASME 锅炉及压力容器规范　XII　运输罐建造和延续使用规则(2010 版)	ASME 锅炉及压力容器委员会运输罐分委员会编著；中国《ASME 规范产品》协作网(CACI)翻译
153	核化工与核燃料工程基础	刘峙嵘　陈中胜　王　云　周利民　主编
154	电动机故障诊断实用技术	杨国安　编著
155	供配电技术	王天施　编
156	信号处理基础	杨国安　编著
157	人工智能技术及应用	张清华　主编
158	测控仪表及装置(双语教学适用)	许　秀　主编
159	计算机基础与数据库应用	李　飒　李艳杰　主编
160	信息安全技术与应用	中国石油化工集团公司信息系统管理部　编著
161	Visual　Foxpro 程序设计案例教程	杨　永　杨王黎　主编
162	服务器技术与应用	中国石油化工集团公司信息系统管理部　编著
163	网络技术与应用	中国石油化工集团公司信息系统管理部　编著
164	化学工程与工艺专业实验	李岩梅　主编
165	反应与分离过程	班玉凤　朱　静　朱海峰　沈国良　编著
166	化工基础(第二版)	张四方　主编；刘　红　副主编
167	化工工程设计概论(第二版)	杨基和　徐淑玲　主编
168	过程流体机械选型方法及应用	石油化工卓越工程师系列教材编委会　组织编写
169	化学反应工程(第二版)	靳海波　主编
170	高效反应技术与绿色化学	赵忠奎　张淑芬　编
171	聚合物成核剂	刘志坚　著
172	化工机械基础	杨　林　孙　铁　李卫清　编
173	常用石油化工单元设计	朱玉琴　刘菊荣　编著
174	化工制图	周瑞芬　曹喜承　主编
175	化工制图习题集	周瑞芬　赵文欣　杨　蕊　主编

续表

序号	书　名	作　者
176	多相反应与反应器	刘荣杰　郝　红　卫志贤　编著
177	工业水处理技术(第十四册)	李本高　王建军　傅晓萍　主编
178	化工生产安全技术	陈海群　陈　群　王凯全　主编
179	危险化学品安全技术大典(第Ⅲ卷)	张海峰　主编
180	危险化学品企业员工安全知识必读(第二版)	李荫中　编
181	当代石油和石化工业技术普及读本——合成氨和尿素(第三版)	中国石油和石化工程研究会　组织编写 安　福　刘镜远　闵　剑　执笔
182	乙烯工艺与技术(精华本)	王松汉　主编
183	当代石油和石化工业技术普及读本——乙烯(第三版)	中国石油和石化工程研究会　组织编写 段国华　法琪瑛　黄伯琴　执笔
184	当代石油和石化工业技术普及读本——合成树脂(第三版)	中国石油和石化工程研究会　组织编写 黄伯琴　杨桂英　执笔
185	聚氯乙烯塑料助剂与配方设计技术	龚浏澄　郑　德　李　杰　主编
186	烧碱与聚氯乙烯生产技术	王　静　胡久平　主编
187	当代石油和石化工业技术普及读本——合成橡胶(第三版)	中国石油和石化工程研究会　组织编写 程曾越　杨秀霞　执笔
188	当代石油和石化工业技术普及读本——合成纤维(第三版)	中国石油和石化工程研究会　组织编写 王少春　崔德人　执笔
189	煤化工生产技术	侯　侠　王建强　主编
190	煤化工技术进展与应用	曲思建　陈贵锋　主编
191	水煤浆新技术研发与实践	何国锋　段清兵　主编
192	煤气化工艺风险管理	张海峰　牟善军　主编
193	油漆工实用涂饰技艺	王海松　王　鹏　编著
194	类水滑石在调节阳离子淀粉溶液流变性方面的应用	李　燕　著
195	中国生活用纸年鉴.2012～2013	中国造纸协会生活用纸专业委员会　编
196	土木工程材料实验	李美娟　主编；封金财　朱平华　副主编
197	建筑给水排水工程	张凤娥　杜尔登　魏　永　编著
198	地下管线检测技术(第二版)	袁厚明　主编
199	火灾痕迹与检验	刘义祥　赵术学　主编
200	2012 消防科技与工程学术会议论文集	中国消防协会学术工作委员会　中国人民武装警察部队学院消防工程系　编
201	长输管道工程质量监督工作手册	周　国　张国辉　主编

续表

序号	书　名	作　者
202	油车驾驶员 HSE 培训读本	穆祥静　任守生　主编
203	汽车润滑解码(第二版)	石俊峰　编著
204	加(发)油员 HSE 培训读本	宋生奎　赵鹏程　樊宝德　主编
205	加油站新员工简明培训教材	窦保元　编著
206	航空发动机与航空润滑油	赵升红　主编
207	俄罗斯航空润滑油使用与评定	赵升红　主编
208	ISO 14001 & OHSAS 18001 环境和职业健康安全管理体系建立与实施	刘　宏　编著
209	环境保护与清洁生产	牟晓红　主编；王　静　副主编
210	中国中长期碳减排战略目标研究	陈俊武　陈香生　著
211	水污染治理与工业安全概论	黄维菊　编著
212	膜生物反应器的应用	蒋克彬　彭　松　刘宏杰　张小海　编
213	工业废水的管理、处理和处置(第三版)[美]	周岳溪　李　杰　等译
214	采油污水处理及实例分析	靳　辛　编著
215	GB/T 28001－2011《职业健康安全管理体系　要求》企业实施指南	陈　全　陈新杰　陈　波　编著
216	事故案例分析内容精讲与试题解析	宋大成　主编
217	安全生产技术内容精讲与试题解析	宋大成　主编
218	防火防爆技术	胡广霞　段晓瑞　编著

企事业单位

◇ 油田企业

◇ 炼化企业

◇ 油品销售企业

◇ 科研单位

◇ 设计施工单位

◇ 专业公司及其他单位

胜利油田

【概况】 胜利油田为中国石化集团胜利石油管理局（简称胜利石油管理局）和中国石油化工股份有限公司胜利油田分公司（简称胜利油田分公司）的统称。工作区域分为东部和西部两个部分，东部主要分布在山东省东营、滨州、德州、济南、潍坊、淄博、聊城、烟台8个市的28个县、区境内，主体部分位于东营市黄河尾闾西侧，包括渤海湾盆地的济阳、昌潍等6个坳陷；西部主要分布在新疆、内蒙古、青海、甘肃、宁夏5个省、自治区，涉及准噶尔、吐哈等11个盆地。胜利油田本部位于东营市济南路125号。

1961年4月，位于东营构造上的华8井首获工业油流，标志着胜利油田的发现。1964年6月，石油工业部华北石油勘探会战总指挥部成立，简称“九二三厂”，又称胜利油田。1972年8月，改称胜利油田会战指挥部。1989年8月，更名为胜利石油管理局。1998年6月，胜利石油管理局由中国石油天然气总公司划转给中国石油化工集团公司管理，更名为中国石化集团胜利石油管理局。2000年5月，根据中国石化重组上市的整体部署，胜利油田的油气主业部分重组改制为中国石化胜利油田有限公司，2006年1月变更为胜利油田分公司。

截至2012年底，胜利油田有二级单位（含控股公司、托管单位、全资子公司、派出机构等类同于二级单位管理的机构，下同）69个，三级单位（含科级单位，下同）1 256个，四级单位3 531个。其中，胜利石油管理局有二级单位43个，三级单位743个，四级单位1 675个；胜利油田分公司有二级单位26个，三级单位513个，四级单位1 856个。胜利油田用工总量20.11万人，其中直接用工14.86万人；拥有高级技术职称（含正高级）的1.23万人、中级技术职称的2.19万人。

截至2012年底，胜利油田共有探矿权区块44个，面积17.67万平方千米，石油资源量142.27亿吨，天然气资源量2.15万亿立方米。发现不同类型油气田79个，累计探明石油地质储量53.56亿吨；投入开发油气田70个，累计生产原油10.46亿吨，累计生产天然气551.77亿立方米。胜利油田分公司被石化集团公司授予2012年度特别贡献奖。

胜利油田主要技术经济指标和主要生产建设指标见表1和表2。

（王明华）

【资源勘探成果丰硕】 2012年，胜利油田大力实施资源战略，油气勘探不断取得新发现。东部探区取得“三大新突破、六大新进展”的勘探成果，连续30年新增探明石油地质储量过1亿吨，连续10年新增三级储量均超1亿吨。三大新突破：①垦东北部勘探取得新突破，钻探的垦东88井在沙河街组获得百吨以上的高产油气流。②临南洼陷岩性油藏勘探取得新突破，全年新增预测石油地质储量3 794万吨。③青东北部中生界勘探取得新突破，青东25井中生界试油，折算日产油47.7吨。六大新进展：①埕岛东坡古近系勘探取得新进展，埕北819井沙一段中途测试自喷获日产油181.44立方米、天然气1.2万立方米。②东营东部滩坝砂岩勘探取得新进展，莱斜90井日产油39.15立方米，莱92井日产油31.2立方米，新增莱87井区预测石油地质储量2 261.58万吨。③富林洼陷中生界勘探取得新进展，钻探的富29井突破了该地区中生界出油关。④东营北带扇体勘探取得新进展，利988井日产油28.3立方米，坨724井日产油7.67立方米，新增探明石油地质储量673.15万吨、控制石油地质储量858.55万吨。⑤三合村洼陷带地层油藏勘探取得新进展，罗322井沙四段获日产油6.16立方米。⑥孤岛西南部新近系勘探取得新进展，孤南218（侧）井日产油7.04立方米，孤南219井日产油7.65立方米。

车排子地区排66井石炭系完井试油，获工业油流 （孟宪波 摄）

西部新区取得“1个战略新突破、1个勘探重要进展”的勘探成果。1个战略新突破：哈山地区实现勘探战略新突破，发现了二叠系风城组优质烃源岩，在石炭—二叠系见到中等油质原油，在侏罗系西山窑组钻遇厚油层，并发现了阿拉德油田。1个勘探重要进展：车排子地区勘探有重要进展，在沙湾组、石炭系取得一系列勘探成果，春风油田成为亿吨级大油田。胜利油田在西部探区已经拥有车排子、哈山、准中3个亿吨级储量阵地。

（李传华）

【加强页岩油气地质研究】 开展了8项基础攻关：①在济阳坳陷形成了以直井系统取芯、水平井分类评价产能的探井部署方式。②在东营凹陷页岩油层段共系统取芯788.88米。③重新厘定了页岩油岩石命名方法。④研究制定了页岩油气测井解释标准。⑤开展了胜利探区页岩油气资源评价。⑥在渤南洼陷罗家地区开展水平井技术攻关。⑦在钻穿页岩油层段的常规探井上开展了中途测试和完井试油。⑧在页岩油探井中积极开展新技术新工艺现场试验。钻井院研制的油基钻屑随钻处理装置、泥浆公司自主研发的合成基钻井液等技术填补了国内空白。

（李传华）

【发现阿拉德油田】 阿拉德油田位于准噶尔盆地西北缘哈拉阿拉特山南缘，主要勘探层系为侏罗系、白垩系。2012年，胜利油田在区内圈闭目标上优选部署了哈浅20、哈浅21、哈浅22、哈浅211井，其中准噶尔盆地哈山三维内部署的预探井哈浅22井获得良好油气显示。该井于9月15日开始注汽热试，9月24—25日3毫米油嘴放喷，24小时产油17.24立方米，实现了哈山南缘浅层含油气规模的重大拓展。10月24日，阿拉德油田通过中国石化储量评审，已上报控制储量2 592.75万吨。阿拉德油田为胜利油田接手西部新区勘探工作以来发现的第3个油田，也是胜利油田勘探开发史上发现的第79个油田。

（李传华　孙洪杰）

【油气开发科学高效】 2012年，胜利油田开发质量和稳产基础得到加强，原油产量稳中有增。全年生产原油2 755万吨，超计划5万吨，连续17年稳定在2 700万吨以上。全年新增技术可采储量2 754.70万吨，储量替代率1.00，连续16年保持储采平衡；胜利油田分公司稀油自然递减率11.81%，连续5年持续下降；含水上升率0.27；水驱油藏注采对应率80.20%，同比提高0.30个百分点。全年钻开发井2 053口，新建原油生产能力313.10万吨，产能达标率93.50%，新井产油同比增加9.99万吨；措施有效率85.23%，同比提高2.02个百分点，油水井利用率93.37%。非常规技术实现新突破，配套优快钻井及压裂完井技术并形成通用技术规范，自主研发了多级分段压裂完井工具以及乳液缔合型压裂液、仿油基钻井液等关键技术；创出了中国石化水平段最长(2 015米)和国内陆相砂岩油井压裂分段数最多(20段)2项纪录，致密砂岩油藏建产能11.13万吨，产油5.22万吨。

（青　强　徐　涛）

【工程板块保障有力】 2012年，胜利油田石油工程重组整合基本完成，初步形成了专业化发展新体制。提速提效成果显著，东部平均建井周期同比缩短7.18%，西部同比缩短17.36%。钻井进尺557.36万米，同比增加67.1万米。外拓市场成效明显，国内形成了以新疆、西南、西北等区域市场为重点，以东北、冀东、海南等区域市场为补充，各专业市场竞相发展的新格局。国外市场份额有效扩大，中标土耳其地下储气库钻井大包项目，沙特市场年收入超过2亿美元，成为胜利油田海外运作成熟的一个高端市场。

（王明华）

【安全环保取得成绩】 2012年，胜利油田树立“安全高于一切，生命最为宝贵”的理念，以“我能安全”主题活动为载体，开展“两树两争”“文明交通、平安出行”“承包商大排查、大审核、大提升”等活动。6月26日，石化集团公司2012年海上联合应急演习在胜利油田埕岛海域举行。演习模拟了埕岛海域胜利5号钻井平台因电路短路发生火灾，胜利油田扑灭火灾、溢油回收、救起落水人员等7个科目，全面检验了胜利油田海上应急救援队伍处置突发事件的能力。年内，胜利油田保持了HSE形势的总体平稳态势，成为石化集团公司唯一获全国安全生产月活动先进单位称号的企业。积极推进环保重点工程建设，建成了胜利电厂4万吨/年二氧化碳捕集利用示范工程。

（徐月军　郭连君）

石化集团公司2012年海上联合应急演习在胜利油田埕岛海域举行（徐建军　摄）

【节能减排扎实推进】 2012年，胜利油田完成了现河污至辛一污、桩104至海三站调水工程建设，中心城区7个单位2 432口井套管气回收治理工作，优化了西城南和仙河污水处理厂、电厂烟气脱硝等重点项目运行。胜利石油管理局万元产值综合能耗0.92吨标煤，比石化集团公司考核指标下降0.08吨标煤。胜利油田分公司油气单位综合能耗101.55千克(标煤)/吨，比计划下降0.19千克(标煤)/吨。胜利发电厂供电煤耗339.53克(标煤)/(千瓦·时)，比计划下降2.88克(标煤)/(千瓦·时)。采油污水回注率达到96.11%，COD排放量下降43.66%，二氧化硫排放量下降9.75%，危险废物无害化处置率达到100%。

（徐月军　郭连君）

【经营管理质量稳步提高】 2012年，胜利油田深入开展"学镇海炼化、学李安喜"活动，以"岗位责任制"为核心的制度体系建设、以"统一管理行为"为核心的标准体系建设、以"增强执行力"为核心的考核体系建设全面展开。制度标准化改造工作基本完成，油田层面存量制度由1 432件减少至517件，二级单位的制度由7 401件改造为4 758件。胜利油田生产经营一体化管理平台见到良好效果，项目前期工作周期缩短28%，新井设计审批周期缩短44%，物资库存周转天数减少9天。调整完善经营考核、HSE考核以及文明创建考核政策，推进季度排名工作常态化，建立干部业绩行为档案。"控制用工总量、提高劳动生产率"工作启动实施，"四化"建设整体谋划和5个示范区技术方案论证优化工作均取得阶段性成果，5个示范区用工总量压减55%。按照"十统一"原则，完成了77种产品和技术的选型定型和标准化采购工作，确定了产品战略供应商，签订了战略框架合作协议，采购成本明显降低。

（王明华）

【取得一系列创新成果】 2012年，胜利油田共承担并组织实施各类科技课题412项。其中，国家课题21项(国家重大专项9项、"863"计划项目8项、科技支撑项目3项、国家工信部项目1项)，石化集团公司课题108项，油田课题283项。科技课题获得各类省部级奖励40项，其中一等奖8项、二等奖21项、三等奖11项。完成专利申请量644项，发明申请率32%，申请量在中国石化首获第一。管理创新成果获得各类省部级奖励30项，其中石化集团公司成果21项(一等奖5项、二等奖14项、三等奖2项)，中国石油管理创新成果7项(一等奖1项、二等奖2项、三等奖4项)，山东省管理创新成果一等奖2项。"大型石油企业聚焦系统节点的精细管理"获得第19届国家级管理创新成果二等奖。现河采油厂的"以分队计量为主的'天地人'无缝隙立体监控体系的建设与应用"管理创新成果被编入2012年全国十佳管理案例。

（邹　斌　袁　杰）

【和谐构建稳步推进】 2012年，胜利油田组织实施了"十百千"工程，采取10项技术或措施规范扶持改制企业，改造提升百个基层队、站、库、所，帮扶千户低保、困难家庭。74家改制企业实现销售收入256.57亿元，实现利润10.26亿元，缴纳税金11.87亿元，均创历史最好水平；实施"1+1"帮扶机制，油田机关与二级单位共帮扶213个基层队；帮扶低保、困难家庭，按照山东省最高标准调整了低保金发放数额。限价商品房建设、棚户区改造、公租房改造以及职工住房产权办证工作进展顺利，发放公积金贷款9.57亿元。调整完善职工基本医疗保险政策，劳动家属养老保险待遇和离退休养老金同步提高，城镇居民医疗保险标准按照山东省的政策同步调整，推进企业年金制度，发放在岗职工带薪休假补贴，为12.74万名离退休人员、协解人员和劳动家属发放节假日慰问金、生活资助、生活补助。西城"两路、三个片区、四个公园"改造项目全面实施，矿区面貌和生活环境有新提升。

（王明华）

【队伍素质不断提高】 2012年，胜利油田开展了关键管理岗位人员能力提升、专业技术人员专题研修、国际化人才语言及业务拓展等方面的培训。全年油田层面共举办干部培训班1 245个、培训9.05万人次；举办高技能人才等培训1 140期，培训7.47万人次。围绕"新产生千名技师、高级技师"和"万人晋升一个技能等级"的目标任务，开展了183个工种2.32万人的初、中、高、技师和高级技师5个职业技能等级的评价工作，983人取得技师、高级技师职业资格，1.68万人晋升一个技术等级。在石化集团公司组织的2012年业务竞赛中，胜利油田在参加的8个专业和工种的比赛中，6次获得团体第1名、2次第2名，并获得优秀组织奖。代表胜利油田参加比赛的91名选手，15人获得金奖，16人获得银奖，15人获得铜奖。加强创新团队和专家团队建设，宋国奇获得中国石化科技创新功勋奖，张吉平获得国家中华技能大奖，杜书东被授予国家技能人才培育突出贡献个人称号，代旭升被评为石化集团公司技能大师。

（梁智永　宫玉坤）

【山东胜利水务有限责任公司成立】 2012 年 3 月 15 日，经石化集团公司批准，山东胜利水务有限责任公司在山东省东营市登记注册，4 月 6 日揭牌成立，胜利石油管理局是该公司唯一股东。该公司主要业务范围包括工业和民用水净化、污水处理及再利用、水处理技术服务、水井建安配套与修理、水表和水处理设备制造销售、水产养殖、苗木种植、生态观光旅游等。该公司的成立标志着油地合作开创了一个全新的运行模式。

（商　强）

【胜利发电厂三期工程奠基】 2012 年 11 月 19 日，胜利石油管理局和国电山东电力公司合作建设的胜利发电厂三期工程奠基，胜利国电（东营）热电有限公司同日揭牌。该公司由胜利石油管理局和国电山东电力有限公司双方按照 51% 和 49% 的比例，合资组建，注册地为山东省东营市。胜利发电厂三期工程于 2012 年 5 月 28 日由国家发改委正式核准，规划建设 2 台 60 万千瓦热电机组，由胜利国电（东营）热电有限公司负责建设、运营。

（赵文清）

【胜利物探 SGC206 队事迹登上中央电视台专题节目】 2012 年 10 月 9—10 日，中央电视台新闻频道《朝闻天下》栏目播出中央电视台“喜迎十八大，走基层·海外行”特别报道第 1 集——《异国大漠的坚守》专题片（上下集）。该专题片采访了承担沙特阿美 S62 项目的胜利物探 SGC206 队，反映了中国石化胜利油田物探公司进入沙特市场 8 年来取得的骄人业绩，记录下了中国石油人在异域大漠中的工作和生活，展现了中国企业奋战在异国他乡那些难忘的人和事。

（李湘艳）

沙特 S62 项目营地搬迁（崔　樵　摄）

表 1　　胜利油田主要技术经济指标　　亿元

指标名称＼年份	2012	2011	2010	2009	2008	2007
工业总产值	1 588.92	1 512.42	1 200.68	962.87	1 410.97	1 066.81
工业增加值	1 177.47	1 252.17	921.80	650.55	1 127.97	757.45
资产总计①	1 950.19	1 841.54	1 553.95	1 334.08	1 129.30	1 017.47
流动资产	384.04	315.90	236.82	42.63	127.15	112.04
固定资产原值	3 104.86	2 841.54	2 601.56	2 383.46	2 185.92	1 951.35
固定资产净值	1 461.59	1 320.46	1 214.90	1 032.43	926.86	816.91
销售收入	1 821.80	1 268.65	1 279.00	1 236.99	1 443.88	1 100.81
实现利税	942.81	960.14	579.99	418.50	937.01	583.67
税金（费）	563.48	548.39	372.42	226.95	562.78	344.51
综合能耗②/吨标煤·万元$^{-1}$						
胜利石油管理局	0.92	0.99	1.07	1.06	1.03	1.04
胜利油田分公司	0.30	0.29	0.35	0.36	0.37	0.35

①资产中含油气资产

②2007—2011 年管理局、分公司综合能耗数据因统计口径变化重新调整

表2 **胜利油田主要生产建设指标**

指标名称＼年份	2012	2011	2010	2009	2008	2007
原油产量/万吨	2 755.00	2 734.00	2 734.00	2 783.50	2 774.02	2 770.08
天然气产量/亿立方米	5.00	5.00	5.08	7.00	7.70	7.84
新增原油生产能力/万吨	313.10	301.20	316.50	304.00	300.08	368.00
新增天然气生产能力/亿立方米	1.32	0.26	—	—	0.43	0.50
新增探明石油地质储量/万吨	13 232.50	14 950.50	11 223.00	10 484.00	10 408.00	10 667.00
新增探明天然气地质储量/亿立方米	89.68	—	—	—	4.50	—
二维地震/千米	7 635.00	9 745.00	9 559.00	6 389.00	5 470.00	5 017.00
三维地震/平方千米	7 516.00	7 001.00	9 147.00	3 728.00	3 027.00	2 513.00
石油钻井/口	2 362	2 108①	1 863	1 774	1 816	1 722
钻井进尺/万米	557.36	490.26	440.18	391.38	436.47	415.84
勘探投资/亿元	50.73	46.27	35.62	32.27	32.37	35.90
开发投资/亿元	216.28	179.10	136.95	205.70	150.64	128.20

①2011 年钻井进尺数据因统计口径变化重新调整

中原油田

【概况】 中原油田为中国石化集团中原石油勘探局(简称中原石油勘探局)和中国石油化工股份有限公司中原油田分公司(简称中原油田分公司)的统称，主要从事油气田勘探开发、炼油与天然气深加工、石油工程技术服务等业务，主要开发区域包括东濮凹陷、普光气田、内蒙探区。截至2012年底，中原油田在国内拥有油气资源探矿权、采矿权登记区块50个，总面积6.5万平方千米。其中，探矿权登记区块31个，面积6.36万平方千米；采矿权19个，面积1 412.12平方千米。与2011年度对比，增加内蒙二连盆地多仑正兰凹陷和青海西宁盆地2个探矿权区块，增加面积9 057.48平方千米。

1975年9月7日，濮参1井喷出工业油气流，发现中原油田。1998年，由中国石油天然气总公司划归中国石油化工集团公司管理。截至2012年底，中原油田有直属单位63个、机关处室34个、机关直属单位18个。用工总量92 442人，其中正式员工61 192人。全油田有专业技术人员8 540人(不含管理技术人员)，其中具有高级技术职称的790人、中级技术职称的3 752人、初级技术职称的2 418人。中原油田总资产674.15亿元，固定资产原值1 044.33亿元，固定资产净值487.91亿元。

2012年，中原油田新增探明石油地质储量981.45万吨、天然气地质储量21.7亿立方米；生产原油252.01万吨、天然气80.12亿立方米。油气当量1 300万吨，同比增长17%；石油工程实现收入172.15亿元，同比增长10.44%；连续12年入选全国对外承包工程企业50强，连续6年入选全球最大225家工程承包商。实现收入490.79亿元，同比增长11.82%，实现利润39.84亿元，同比增长64.69%；上缴税费82.31亿元，同比增长24.22%。中原油田党委被评为全国创先争优先进基层党组织，中原油田继续保持全国文明单位称号，中原油田工程建设总公司被评为2011年度中国建筑业最具成长性百强企业。

中原油田主要技术经济指标和主要生产建设指标见表1和表2。

(吴宝英)

【东濮老区保持稳产态势】 2012年，中原油田加强东濮老区精细勘探和效益开发，打好增储上产进攻仗，开发效果不断改善。岩性油气藏勘探取得突破，刘庄—文西地区实现含油气连片，桥口—徐集地区滚动勘探场面不断扩大，探明油气地质储量880万吨。加大老区“三新”领域及外围新区研究力度，完钻预探井2口，均见到良好油气显示。坚持探评建一体化，加强储量评价，落实动用储量1 175万吨，新区建成产能13.98万吨，老区恢复产能5.51万吨。深化油藏精细描述，集成应用配套技术，实施整体调整治理，着力推进提高采收率先导试验，增加水驱动用储量981 万吨；推进油藏区块目标管理，自然递减率、含水上升率得到有效控制。应用水平井及多段压裂工艺，改善深层凝析气藏开发效果，老气藏挖潜成效明显，天然气超产 7 200 万立方米。部署实施非常规先导试验井 6 口，油藏钻遇率 78.9%，深化对北部濮卫、柳屯次洼和杜桥白 3 个重点目标区的地质认识，前期评价的致密砂岩油气资源量得到落实。

（黄　琥）

2012 年 12 月 7 日，中原油田 50727 钻井队在东濮老区重点预探井胡古 2 井施工 （仝　江　摄）

【普光气田实现高产高效】 2012 年，中原油田加强高含硫气藏渗流机理及开发规律研究，优化生产工艺参数，统筹组织管道智能检测和天然气净化厂联合装置大修，保持普光气田良好的生产态势，生产规模突破 100 亿立方米。大湾区块集气站、污水站、管道、应急救援分站等地面工程竣工投产，13 口开发井产能达到设计要求，区块按期投运。初步评价普光主体须家河组有利含气面积 100 平方千米，普陆 1 井试采获稳定工业气流，普陆 2 井见到良好显示，陆相勘探取得进展。

（黄　琥）

【内蒙探区勘探开发有序推进】 2012 年，中原油田按照“勘探突破、快速建产”的方针，优化内蒙探区勘探开发部署。在白音查干凹陷斜坡带发现较好的岩性油藏，锡 41 井、锡 44 井获工业油流。查干凹陷中央构造带 3 口探井突破工业油流关，控制储量 656 万吨；乌力吉构造带评价取得重要进展，祥 6 井试油自喷 8.2 $米^3$/日；稠油热采先导试验取得突破，已投产热采井 10 口。加快合作区块勘探开发步伐，中康油田 3 口探井均获高产油流，其中中康 14 井日生产原油 19.6 吨，探明石油地质储量 327 万吨，区块日生产原油量由 20 吨升至 270 吨，新建产能 10 万吨。

（黄　琥）

【非常规资源勘探开发见成效】 2012 年，中原油田按照“主攻致密砂岩油气，加快推进泥岩缝洞油气，积极评价页岩油气”的思路，在东濮老区，以致密油评价及产能建设为重点，优选东濮凹陷北部濮卫洼陷带、柳屯次洼、杜桥白三大目标区开展致密油气资源地质评价，初步评价致密砂岩油资源 9 500 万吨、致密天然气资源 1 100 亿立方米。加快非常规油气藏开发技术的引进、试验、配套进程，逐步形成水平井钻完井、水平井多段压裂改造、水力喷射压裂改造、低效水平井治理和凝析气藏直井非常规改造 5 项非常规油气藏开发配套工艺技术。

（李　丽）

【中国石化首口煤层气 V 型井压裂获成功】 延5 – V1 井组位于鄂尔多斯盆地东南缘延川南气田谭坪构造带，由延 5 – V1 – P1、延 5 – V1 – P2 水平井和延5 – V1 排采井对接而成。延 5 – V1 – P2 井完钻井深1 538.26 米，水平段长 376.16 米，为套管完井，2012 年 5 月 25 日，承担压裂任务的中原油田井下特种作业处采用泵送桥塞及射孔联座工艺和分段压裂技术，注入地层活性水 2 130.9 立方米、石英砂 149 立方米，完成延 5 – V1 – P2井压裂施工，标志着中国石化首口煤层气 V 型井压裂成功。

（郑艳梅）

【石油工程国内外部市场实现持续拓展】 2012 年，中原油田围绕石化集团公司资源战略和五大会战部署，合理调整队伍，提升保障能力，优化西北、西南、华北、东北四大区域市场，西北区域钻机 45 部，西南市场钻机 24 部，华北分公司镇泾、大牛地区块钻机 21 部，川西区块钻机 19 部，在国内外部市场形成以钻井为龙头，测井、录井、固井、管具等石油工程专业协调发展的格局；加强石油工程技术支持，建设西南、新疆井控及管具基地；强化钻井提速提效，攻克地质和工艺难关，西南地区创钻井新指标 22 项，西北地区创石化集团公司新纪录 8 项、区域新纪录 36 项；地面工程持续深化项目管理，全力开发技术密集、效益良好的 EPC、EPCC 项目，收入同比增长 7%。年内，中原油田石油工程国内外部市场队伍 307 支，实现收入 98.9 亿元。

（郑艳梅）

【中国首口陆相页岩气水平井完井】 延页平1井是延长油田部署在鄂尔多斯盆地伊陕斜坡构造上的首口页岩气水平井，也是中国首口陆相页岩气水平井。该井设计井深2 344米，垂深1 531.5米，由中原油田钻井三公司40598钻井队承钻，钻探目的是探索页岩气产能、落实资源储量。该井于2011年11月22日开钻，2012年1月26日完钻，平均机械钻速4.46米/时，水平段长605米。施工中，技术人员采用油基钻井液钻进、分井段优化钻井参数、综合制定井眼轨迹控制方案等新技术，破解水平段页岩岩层坍塌、漏失等难题，为探索研究陆相页岩气钻井技术积累了经验，实现了鄂尔多斯盆地陆相页岩气非常规钻探的新突破。

（郑艳梅）

【海外市场新签合同额首次突破9亿美元】 2012年，中原油田针对海外市场施工难度加大、市场竞争激烈、区域政治动荡等形势，加强与国家石油公司和跨国技术服务公司的战略合作，及时调整部署，巩固原有市场，拓展高端领域，开辟乌干达等新市场，实现非洲市场有序接替，中东、中亚市场快速发展，东南亚、南美市场全面恢复。截至年底，沙特市场钻机25部，钻井工程新签合同额达3.47亿美元；哈萨克斯坦市场钻机13部，新签合同额首次突破1亿美元；厄瓜多尔钻机3部；印尼项目全部启动。年内，中原油田海外市场新签合同额9.5亿美元，首次突破9亿美元，实现收入38.3亿元。

（郑艳梅）

2012年1月26日，中原油田沙特项目部员工在波斯湾玛尼法跨海大桥吊装输油管线 （赵奕松 摄）

【中原SINO19队在沙特市场创3个第一】 2012年，中原油田钻井三公司SINO19队在沙特市场施工中，严格执行甲方的技术指令，根据不同的井段和地层，研究施工方案和技术措施，确保安全高效施工；通过优化钻井液体系，优选钻井参数，优化钻具组合，优选钻头型号等手段，有效提高钻井速度。截至年底，该队在沙特市场累计开钻10口，交井10口，钻井进尺3.55万米，创沙特市场开钻数、交井数和钻井进尺3个第一，成为油田海外市场年进尺最高的钻井队，刷新了中国石化海外钻井工程历史最高纪录。

（郑艳梅）

【本质安全水平得到提升】 2012年，中原油田开展“三不”安全督察，检查油田39个单位58个基层队站33个施工作业现场，并督促整改各类问题和隐患170个；在每半年的HSE考核检查中，查出并整改各类问题1 863个。加强对石化集团公司下达的总投资5 683万元的19项安全隐患项目治理；各单位足额提取安全生产费用3.3亿元，实施项目574个，确保治理项目的实施。举办专题讲座，收集、整理安全文化建设6个方面的资料，制作中原油田安全文化宣传片；开展安全创新成果征集活动，从175个安全创新项目中评审出60项获奖成果，在油田推广应用。

（李 丽）

【有效控制重大安全风险】 2012年，中原油田加大对重大安全风险的防控力度，确保油田安全形势的总体稳定。加强井控管理，制定完善井控管理职责及长停井井控管理办法，治理长停井225口；组织井控安全专项检查5次，查出和整改问题94个。严格承包商资质审查、合同签订、过程控制及绩效评价，处理违规承(分)包商29家。在直接作业环节，加强现场监督，严格票证审批，细化防范措施，明确监护职责，备案一级工业动火75次。对普光天然气净化厂等重点项目加强监管，制定安全控制措施50余项；以安全环保专项确认验收为重点，确保大湾项目10个场站、13口井的安全投产。定期检验锅炉、压力容器等特种设备1 972台次、压力管道367千米；对安全状况等级较低的特种设备实行特别监管。加强交通与消防安全管理，实施GPS监控，严格危险物品运输车辆、外租车辆安全准入和日常监管；组织开展消防专项检查，查出并整改火险隐患1 361处。

（李 丽）

【建设绿色生态油田】 2012年，中原油田对地下废水、地表污泥、天空温室气体进行全方位治理。在采油环节，提出“封闭作业”的理念，施工过程中产生的废水进入井场防渗池储存，作业完工后回收至采油污水处理站处理，使作业过程中产生的油、水均进入封闭系统，实现作业过程污水零排放。在钻井环节，在全国陆上油气田中率先研发钻井废弃泥浆无害化处理技术，通过向泥浆中加入化学处理剂，实现废弃泥浆的无害化脱稳、转化，使炼油烟道中排出的二氧化碳炼油尾气，经过石油化工总厂回收处理，变成适用于油田三次采油的高效驱油剂，减少温室气体的排放。年内，普光气田开发工程（主体）、净化厂工程及天然气管道工程通过国家环保部竣工环保验收。中原油田万元工业产值综合能耗较石化集团公司考核指标下降 18.2%，先后被评为石化集团公司安全生产、环境保护先进单位。

（李　丽）

【科技创新取得丰硕成果】 2012 年，中原油田承担国家科技重大专项 2 项、石化集团公司科研项目 39 项，自主开展科研项目 80 项，均取得阶段性成果；申请专利 94 项，被石化集团公司评为知识产权先进单位。中原油田主办的《断块油气藏》入选中文科技核心期刊。①高含硫气田安全高效开发技术实现新突破，形成超深水平井分段酸压、超深高含硫气井射孔技术，普光气田大湾 404 - 2H 井创造一次性射孔井段长 941.8 米、跨度 1 215.5 米的新纪录。②东濮老区深化复杂断块精细解释技术研究，发现 5 个百万吨级含油断块群；提高采收率技术应用规模扩大，先导试验攻克关键技术瓶颈。③内蒙探区首次成功应用高压水射流径向钻孔技术，稠油超临界蒸汽热采技术初见成效。④石油工程配套技术创出新水平，自主研制空气泡沫钻井冲击器，提升了空气钻井技术水平；研发油基钻井液、固井界面清油剂等技术，形成深层长井段水平井钻完井技术系列。⑤地面工程设计施工技术取得新进步，复杂地段长输管道设计施工配套技术系列处于国际领先地位；天然气处理工艺保持同行业领先地位，负责制定 LNG 领域 2 项国家标准，大型天然气处理装置设计施工技术达到国际先进水平。

（李　丽）

【中原油田三次采油技术日臻成熟】 2012 年 10 月 21 日，中原油田在明 15 块 5 个井组开展表面活性剂复合驱油技术研究，现场试验累计增产原油 3 406.8 吨，标志着油田又增加一项新的三次采油新技术。截至年底，中原油田形成天然气驱、二氧化碳驱、空气泡沫调驱、表面活性剂复合驱等系列三次采油新技术，为油田发展提供了技术支撑。

（李　丽）

【中国首套高抗硫保压取样器现场应用获成功】
2007 年，中原油田针对普光气田埋藏深、高含硫、高压的地质特点，开展国家重大专项科研项目——高抗硫保压取样器研究，2010 年 7 月研制成功。2012 年 8 月 7 日，中国首套高抗硫保压 SQ4 取样器在普光 202 - 1 井应用，于井深 5 010 米处取得 PVT 样品，通过地面转样装置顺利转入保压式样瓶，整个取样、转样及储样过程中，样品相态未发生变化，保持了取样点的流体特性。该取样器的成功应用，打破了油田提取含硫储层气体样品、开展 PVT 分析试验均依靠国外服务公司的局面。

（黄　琥）

【中国石化首台网电修井机研制成功】 2012 年，中原油田针对柴油修井机存在费用高、噪声大、污染重等问题，成功研制中国石化首台网电修井机。该机最大提升力 65 吨以上，能够满足 3 200 米以内油气井修井作业。年内，该机在 8 口井应用，单井节能 50% 以上，噪声较柴油修井机降低 40 分贝，单台每年节维修保养费用 3 万元。

（黄　琥）

【中国石化首座地下储气库建成投产】 2010 年 8 月，文 96 地下储气库开工建设，2012 年 9 月 6 日正式投产运行。该工程利用中原油田废弃的文 96 气田建成，是中国石化首座储气库，也是华北地区天然气管网建设的重要组成部分。储气库主要包括注采井 14 口、观察井 2 口、封堵井 46 口、再利用井 16 口、注采站 1 座、注采井场 5 个、阀室 1 座和输气管线 22 千米，最大库容量 5.88 亿立方米。年内，文 96 地下储气库累计注气 6 080 万立方米。

（黄　琥）

【油地战略合作取得积极进展】 2012 年，中原油田落实石化集团公司与河南省签订的战略合作与发展框架协议，密切油地关系。濮阳市在规划、土地、环保、税费、住房、就业等方面，为油田提供有力保障；油田坚持融入地方、借势发展、回报社会，在做大经济总量、依法纳税、能源保障、石化产业园和新农村建设等方面，为地方提供积极支持。油地联席会议首次会议确定的油田棚户区改造、油农网分离、矿产资源补偿费减免、再就业、老水淹地治理等工作取得实质性进展，协调落实第二次会议确定的共同构建濮东大产业带、石油主题文化公园、油田前线社区生活垃圾处理等议题。与达州市合作成立中国石化达州净化有限公司，促进了油地经济共同发展。

（李　丽）

【中原油田党委获全国创先争优先进基层党组织称号】 2012年，中原油田深化"四好"领导班子创建，实施党建"双建"工程管理体系和基层组织建设年工作，推动党建不断创新。加强廉洁风险防控管理，强化业务监督、业务公开和工程建设领域专项治理，围绕生产经营的重点、企业管理的难点、职工群众关注的热点，开展效能监察115项，油田被石化集团公司确定为廉洁风险防控工作试点单位。开展群众性创新创效活动，建立创新创效团队及员工评选表彰激励机制，涌现出一批全国及河南省工人先锋号、青年文明号、五一巾帼奖等先进集体和个人，2项职工技术创新成果分别被评为河南省十大成果和百项成果。实施精神文明建设"六大工程"，启动员工帮助计划，广泛开展志愿服务，油田被确定为全国学雷锋活动重点宣传单位。落实各项维稳措施，巩固了和谐安定的良好局面。6月28日，中原石油勘探局党委被中共中央组织部授予全国创先争优先进基层党组织称号，成为中央驻豫企业唯一获此称号的单位。

（黄　琥）

【社会化服务水平持续提高】 2012年，中原油田围绕"让改革发展成果惠及广大职工家属"总体目标，实施"民心工程"。40万平方米职工住宅楼完成选房认购，60万平方米棚户区改造完成主体建筑；加强供热、供水管网改造，热源调配趋于合理，饮用水质进一步改善；改造生活小区变配电室老化耗能设备，消除隐患，降低能耗，确保正常供电；完善有线光纤及无线宽带网络，搭建GPS等信息化业务平台，保证信息快速畅通；加大环卫管理和治安联防力度，市容环境保持较高水平；将油田职工医疗（生育）保险纳入省直统筹，加强外部市场后勤生活基地建设，为职工提供良好生活条件；重视就业服务，拓宽就业渠道，提高退休待遇和帮扶标准；落实大病救助政策和内部退养、因病退职等职工的保险福利；开展金秋助学、节日慰问电和送温暖、送清凉等活动。年内，油田有大型晨晚练点125个，人均公共绿地面积达11.7平方米，绿化覆盖率达42.4%，被评为全国绿化先进单位，有15个小区通过石化集团公司文明和谐示范小区验收，4个小区获濮阳市园林小区称号。

（韩　慧）

【央视《星光大道》走进普光气田】 2012年7月22日，中央电视台《星光大道》栏目首次走进中国石化普光气田，用文艺演出慰问气田的开发建设者。普光气田建设者们通过歌曲、川剧变脸等形式参与到节目中，展示了中国石化员工的多才多艺和良好的精神风貌。

（郑艳梅　黄　琥）

表1　中原油田主要技术经济指标　亿元

指标名称＼年份	2012	2011	2010	2009	2008	2007
工业总产值	440.61	396.29	312.42	218.94	308.76	264.30
工业增加值	373.58	203.34	134.55	94.63	116.76	99.81
资产总计	674.15	686.77	681.24	593.87	548.33	424.37
流动资产	132.87	145.61	117.87	64.86	70.92	76.02
固定资产原值	1 044.33	980.26	942.00	380.68	579.26	538.97
固定资产净值	487.91	435.92	499.55	162.51	220.71	208.17
销售收入	490.79	438.91	363.00	277.61	327.16	258.97
实现利税	109.62	95.62	46.95	2.28	75.28	39.80
税　金	82.35	71.43	49.69	34.38	54.79	27.03

续表

指标名称 \ 年份	2012	2011	2010	2009	2008	2007
综合能耗[①]/吨标煤·万元$^{-1}$						
中原石油勘探局	0.57	0.57	0.62	0.65	0.65	0.66
中原油田分公司	0.48	0.53	0.75	0.59	0.64	0.69

①2010年以前执行的是2005年不变价

表2 中原油田主要生产建设指标

指标名称 \ 年份	2012	2011	2010	2009	2008	2007
原油产量/万吨	252.01	262.38	272.51	288.94	300.30	305.00
天然气产量/亿立方米	80.12	64.97	47.09	9.26	10.61	14.80
新增原油生产能力/万吨	19.50	20.20	23.73	25.30	28.00	28.91
新增天然气生产能力/亿立方米	23.37	0.51	76.00	0.81	1.25	1.43
新增探明石油地质储量/万吨	981.45	1 148.20	988.72	930.65	1 153.12	1 039.28
新增探明天然气地质储量/亿立方米	21.70	13.35	35.20	11.80	6.88	0
二维地震/千米	203.00	866.00	1 194.00	4 878.00	7 565.62	6 571
三维地震/平方千米	201.00	249.00	210.00	1 594.00	549.88	911.00
石油钻井/口(不含侧钻)	199	236	257	821	1 096	1 183
探　井	38	55	50	123	82	105
开发井	161	181	207	698	1 014	1 078
钻井进尺/万米	62.69	68.82	77.70	242.44	313.40	323.28
勘探投资/亿元	8.13	9.08	8.25	7.98	6.81	5.76
开发投资/亿元	24.36	24.97	27.22	25.23	25.42	23.37

河南油田

【概况】 河南油田为中国石化集团河南石油勘探局(简称河南石油勘探局)和中国石油化工股份有限公司河南油田分公司(简称河南油田分公司)的统称，其前身组建于1972年5月1日。1998年，河南油田由中国石油天然气总公司划归中国石油化工集团公司。2000年1月，河南石油勘探局和河南油田分公司分设分立。河南油田是以油气生产为主，集油气勘探、开发、炼油化工、施工作业、辅助生产和社会服务于一体的国有大型Ⅰ类企业，地跨河南省南阳、驻马店、平顶山、洛阳、周口、漯河、许昌，湖北省襄樊、枣阳和新疆巴音郭楞蒙古族自治州、奎屯市、伊犁地区12个市(州、区)。河南油田本部设在河南省南阳市宛城区油田五一村，其所属塔里木河南勘探公司位于新疆维吾尔自治区焉耆县县城西。截至2012年底，河南油田拥有探矿权区块13个，面积2.67万平方千米，采矿权区块7个，面积1 122.42平方千米。油气资源总量达20.21亿吨，已找到16个不同类型的油气田，累计探明石油地质储量3.52亿吨，探明天然气地质储量129.30亿立方米，已投入开发15个油气田，累计生产原油7 565.98万吨、天然气20.30亿立方米。

河南油田实行勘探局、分公司—二级厂(处)—矿(大队)—基层队(站)四级管理体制。截至2012年底，河南油田机关设26个职能处室。分公司下属12

个二级单位，勘探局下属15个二级单位。共有106个矿(大队)、494个基层队(车间)、2 325个班组，其中地震队10个、钻井队47个、油建施工队27个。全油田有直属党委34个，基层党总支102个，党支部941个，党员2.03万人。有职工2.06万人(分公司1.08万人)，其中拥有教授级职称82人，高级职称2 068人，中级职称3 626人，初级职称3 725人。享受政府特殊津贴4人，石化集团公司有突出贡献的科技和管理专家8人，优秀青年知识分子15人，学术、技术带头人23人，河南省优秀专家2人。

河南油田主要技术经济指标和主要生产建设指标见表1和表2。

(韩 伟)

【完成原油生产任务】 2012年，河南油田新建、新增原油生产能力27.60万吨，产能达标率99.30%，其中新区新建原油生产能力18.70万吨，老区新增原油生产能力8.50万吨，三次采油新增原油生产能力0.40万吨。全年生产原油226万吨，其中新井产量17.13万吨，措施增产15.88万吨，老井自然产量192.99万吨。春光油田产量54.50万吨，同比增产4.75万吨。生产天然气5 830万立方米，其中气藏气810万立方米，溶解气5 020万立方米。新增可采储量265.60万吨，实现年度储采平衡。

(韩 伟)

【油气勘探取得突破】 2012年，河南油田新增探明石油地质储量1 556.74万吨，新增探明含油面积15.48平方千米。其中，在泌阳凹陷王集油田，新增探明含油面积0.50平方千米，新增石油地质探明储量93.96万吨，石油技术可采储量15.03万吨；在泌阳凹陷杨楼、张厂地区，新增探明含油面积3.20平方千米，新增石油地质探明储量215.43万吨，石油技术可采储量33.55万吨；在南阳凹陷张店油田，新增探明含油面积6.18平方千米，新增石油地质探明储量513.18万吨，石油技术可采储量78.39万吨；在泌阳凹陷新庄油田，新增探明含油面积0.78平方千米，新增石油地质探明储量191.79万吨，石油技术可采储量28.77万吨；在新疆春光油田，新增探明含油面积4.82平方千米，新增石油探明储量542.38万吨，石油技术可采储量188.04万吨。

(韩 伟)

【石油工程稳步发展】 2012年，河南油田加强石油工程队伍统筹配置与优化调整，持续推进技术提升与装备配套，全面开展提速、提效劳动竞赛，钻井、物探等工程作业质量不断提高，促进了油气勘探开发全面提速。外部市场持续巩固发展，国内在长庆油田、华北分公司等市场实现创收19.05亿元；国际新开辟巴基斯坦、阿尔及利亚市场，境外市场发展到10个国家，实现创收6.95亿元，新签合同额达8.86亿元。钻井工程在尼日利亚、油田建设工程在沙特阿拉伯屡获甲方嘉奖，队伍品牌效应进一步扩大。

(韩 伟)

【精蜡化工持续推进】 2012年，河南油田精蜡化工加工原料油59.41万吨，蜡产品收率达12.27%，经营收入37.25亿元。特种蜡销售量突破7.26万吨，同比增长10%。新增特种蜡产品4个牌号：JLC－1203橡胶防护蜡、油相基材蜡2#、缓释肥蜡4型、保鲜蜡2#，特种蜡产品达33个品种86个牌号。形成中国石化费托合成油提质生产基础油工业应用技术体系，完成微粉蜡产品中试试验和《口香糖专用蜡》中国石化一级企业标准编制。2月，石化股份公司与南阳市政府合资的中国石化南阳能源化工有限公司注册成立，以建设国内最大的特种蜡生产基地为目标，生产高附加值特种蜡系列产品。

(韩 伟)

【科技创新取得新成果】 2012年，河南油田共开展科技进步项目162项，其中石化集团公司科研项目24项；共完成科技项目88项，实现科技增油10.70万吨，科技增效1.56亿元。年内获油田级科技进步奖111项，其中“中国东部成熟探区新增17亿吨探明储量油气成藏新认识与勘探新技术”获2011年度国家科技进步二等奖；“陆相页岩油勘探重大突破及关键技术”获2011年度河南省科技进步二等奖，“科威特油气资源潜力综合调研”获河南省2012年度科技情报成果二等奖，另有5项获三等奖；“耐温抗盐低浓度交联聚合物驱油技术”“勘探开发全业务数据模型体系关键技术与工业应用”获2011年度石化集团公司科技进步二等奖，获石化集团公司2011年度技术发明三等奖1项、科技进步三等奖6项。申请国家专利技术46项，获权专利47项。

(韩 伟)

【安全环保隐患治理项目】 2012年，河南油田确定集输管网和储罐腐蚀治理、HSE设施完善、环保提标减排3个方面为隐患治理重点，立项并完成石化集团公司级安全隐患项目12项，总投资3 554万元；立项石化集团公司级环保隐患项目4项，总投资

2 295万元，完成3项，实现投资的78.20%。申报石化集团公司集输系统隐患治理项目15项，总投资2.15亿元，其中当年落实资金1.20亿元。

（韩 伟）

【节能减排成效显著】 2012年，河南油田实施降低采油系统单耗、降低集输系统能耗、降低供暖系统能耗等节能工程，完成66项节能技术措施项目，节能1.27万吨标煤。加强节能管理，开展节能监测、节能达标活动，勘探局和分公司工业万元产值综合能耗分别比石化集团公司考核指标低4.34%和8.53%。

（韩 伟）

【“降本增效”专项竞赛】 2012年，河南油田开展“降本增效”专项竞赛，进行增收节支、增产创效、挖潜增效活动。安排实施局级降本增效项目99个，累计实现降本增效2.60亿元，其中分公司完成71个项目，降本增效1.95亿元，勘探局完成28个项目，降本增效0.64亿元。

（韩 伟）

【水电供应】 2012年，河南油田完成产水量1 553.70万吨，同比减少5.74%，连续6年实现产水量负增长；完成供电量7.46亿千瓦·时，同比增长4.78%。电网供电可靠率99.95%，电网功率因数0.95。

（韩 伟）

【油水井防腐措施见成效】 2012年，河南油田加大油水井防腐措施力度，在腐蚀结垢的275口注水井推广应用油管镀钨基合金防腐工艺，累计减少维护作业273井次；在油井推广应用“以投加药剂为主、其他措施为辅”的防腐治理模式，减少维护作业108井次，减少新油管更换5 400根，减少新抽油杆更换6 000根。

（韩 伟）

【非常规压裂工艺技术应用】 2012年，河南油田在安棚油田3口非常规井实施了大型压裂施工。8月，在结合安棚深层系地质条件的基础上，有针对性地优化压裂方案设计，致密砂岩水平井安HF1井实施9段压裂施工后，取得最高日产油25.40吨、天然气9万立方米的显著效果。1月和9月，分别在页岩油水平井泌页HF1井、泌页2HF井实施多级分段压裂，施工工艺配套了快钻桥塞、射孔联作、井口装置优化等多项技术，泌页HF1井压裂后最高日产油23.60立方米，泌页2HF井完成21级压裂施工。

（韩 伟）

【冻胶泡沫深部调驱技术应用】 2012年，河南油田进行冻胶与泡沫协同驱油技术试验研究，重点开展冻胶泡沫调驱体系的配方优化、性能评价以及优化施工工艺。下二门泌238区块在实施“冻胶泡沫+预交联”调剖工艺措施后，高峰期日产油由11.60吨上升到21.80吨，含水由93.60%下降至88.60%，累计增油1 673.90吨。在安棚油田主体区实施6口井后，区块启动压力上升，充满度提高，吸水剖面得到改善，综合递减率大幅降低。

（韩 伟）

【石油工程专业化整合重组】 2012年，河南油田进行石油工程专业化重组，地球物理勘探公司、钻井工程公司、测井公司、地质录井公司、油建工程建设有限责任公司、勘察设计研究院等成建制的二级单位，以及井下作业处的特种作业、石油工程技术研究院的钻井技术服务业务被纳入重组范围。12月23日，中石化河南石油工程有限公司在郑州市完成注册，注册资本金2.50亿元。

（韩 伟）

【企业管理创新成果获奖励】 2012年，河南油田积极开展企业管理现代化创新项目的理论探讨和实践活动，实施完成的管理创新项目获省、部级管理创新成果一等奖3项、二等奖11项、三等奖6项，局级55项。3月24日，在全国企业管理创新大会上，油田推荐上报的“油田企业以最佳指标为途径的标杆管理”项目获国家级管理创新成果二等奖。

（韩 伟）

【提高职工薪酬标准】 2012年，河南油田下发了《关于调整职工基本薪酬标准的通知》，自7月1日起执行，提高在岗职工基本薪酬标准，全局月人均增资162元；加大月度效绩工资激励力度，从7月1日起，在岗职工月度效绩工资基数由300元提高到400元，全局在岗职工月人均增加效绩工资220元，同时也提高了劳务工月度效绩工资基数。

（韩 伟）

【调整退休人员基本养老金】 2012年，河南油田根据《河南省人力资源和社会保障厅、河南省财政厅关于2012年调整企业退休人员基本养老金的通知》，调整了退休人员基本养老金待遇：全民退休人员月人均增加养老金 248.27 元，月平均养老金达到 2 360 元；非全民退休人员月人均增加养老金 185.95 元，月平均养老金达到 1 198 元；劳动家属退休人员月人均增加养老金 151.49 元，月平均养老金达到 740 元。

（韩　伟）

【实施“送温暖工程”】 2012 年，河南油田积极实施“送温暖工程”，完善帮困救助工作运行机制，加大帮扶救助力度，共支出各项费用 2.11 亿元。其中，帮扶资金支出 3 459.01 万元(退休协解人员生活资助金 2 103.77 万元)，离退休职工工资补贴 1 702 万元，内部退养职工生活费 38 万元，劳动家属生活补助 1 343.21万元，未退休协解人员生活资助金 2 893 万元，公益性岗位支出 4 268 万元，离退休人员企业补贴和协解职工、劳动家属取暖费、电视收视费减免、水电气补贴共 7 550 万元。

（韩　伟）

【职工技术创新活动取得成绩】 2012 年，河南油田共开展 292 个技术攻关项目，累计创效 8 245 万元，评选表彰 20 名技术创新能手、100 项优秀技术创新项目。高压测试防喷堵头、油井示功仪液压耦合器、MWD 井下仪器串坐键引导器、可调多用轴承内圈拉拔器 4 个项目被评为河南省百项优秀技术创新成果。6 人被授予河南省五一劳动奖章，2 人被授予河南省百名一线技术英杰称号，1 人被授予河南省十大能工巧匠。河南油田被评为河南省劳动竞赛、技术比赛优秀组织单位。

（韩　伟）

【职业技能竞赛获奖牌】 2012 年，河南油田组织参加了石化集团公司采油工、石油钻井工、电焊工、冷作钣金工和仪表维修工 5 个工种的职业技能竞赛，油建工程建设有限责任公司陈振、祝东峰分别获冷作钣金工金牌、铜牌，第二采油厂杨红涛获采油工铜牌。河南油田获优秀组织奖。

（韩　伟）

【职业技能培训任务超额完成】 2012 年，河南油田统一组织各类专业技术操作人员培训 91 班次、2 715 人次，培训人次完成年计划的 101.70%。统一组织各类特殊作业人员培训 103 班次、1.06 万人次，培训人次完成年计划的 102.50%。特殊作业人员培训持证上岗率达 100%，HSE 持证率达 100%。广泛开展岗位练兵和名师带徒活动，操作人员参与岗位练兵人数达 95% 以上，师徒结对子达到 230 人次。重点开展了国际化技能人才英语培训、班组长轮训、技师轮训、兼职教师培训等，并按要求进行质量督导评估，督导评估率达 100%。组织技师、高级技师新知识轮训 69 人。选送 3 人参加国际钻井司钻培训、15 人参加石化集团公司班组长岗位培训、5 人参加石化集团公司国际化技能人才培养。

（韩　伟）

【石化集团公司首个援助青海省建设项目竣工】 2012 年 4 月 26 日，石化集团公司首个援助青海省建设项目——海西州茫崖行委花土沟镇综合市场工程开工，10 月 26 日完工举行了竣工典礼。该工程油河南油田油建工程建设有限责任公司承建，建筑面积 7 586平方米，工程造价约 1 800 万元，建筑设计使用年限 50 年，耐火等级二级，抗震程度 7 级。

（韩　伟）

海西州茫崖行委花土沟镇综合市场工程竣工 （王培岭　摄）

【道路运输管理获表彰】 2012 年，河南油田共完成货运量 171.70 万吨，卡车货运周转量 2.70 亿吨·千米，吊车 220.80 万吨/时；完成钻井队搬迁 356 队次，井下作业大修队、试油队搬迁 162 队次；拉运抽油机 213 套；渣油运输 5.73 万吨，煤炭运输 18.60 万吨，其中生产用煤 14.40 万吨，居民冬季供暖煤 4.20 万吨；原油运输 18.80 万吨；井队搬迁合同履约率 100%。油田矿区公共交通车年发运 9.68 万班次，通勤值班车 1.02 万台次，客运正点正线率 98%，旅客满意率 94%。河南油田被南阳市授予 2012 年道路运输经营管理先进单位称号。

（韩　伟）

【承办第7届全国农运会健身秧歌比赛】 2012年9月，第7届全国农民运动会在南阳市举办，河南油田承办健身秧歌比赛。油田成立专门机构，制定详尽的工作方案和运行计划，筹措资金对文体活动中心、宾馆及周边环境进行了改善和治理，并对工作人员进行业务培训。13—23日，为比赛提供接待、赛事、安保和志愿者等服务，油田赛区被评为第7届农运会最佳赛区。

（韩　伟）

表1　河南油田主要技术经济指标　亿元

指标名称＼年份	2012		2011		2010		2009		2008		2007	
	勘探局	分公司	勘探局	分公司	勘探局	分公司	勘探局	分公司	勘探局	分公司	勘探局	分公司
工业总产值	29.39	139.45	47.67	139.41	42.51	108.84	39.02	69.48	41.72	106.90	36.02	84.59
工业增加值	10.93	85.33	17.60	88.95	16.61	63.60	13.85	32.98	12.49	64.64	11.61	50.12
资产总计	61.00	147.00	52.53	124.00	47.18	116.10	41.79	100.19	40.82	86.53	36.39	74.56
流动资产	21.18	35.60	36.85	23.50	11.41	21.41	10.81	7.29	12.76	7.29	11.46	6.98
固定资产原值	19.00	241.58	42.86	223.30	37.60	202.40	31.08	185.56	30.13	141.73	29.22	141.70
固定资产净值	34.00	93.00	29.10	89.65	28.77	83.68	24.21	84.09	22.66	71.76	20.78	62.30
销售收入	61.85	127.55	54.39	127.86	44.39	99.56	41.60	68.58	43.89	96.61	39.33	74.72
实现税费①	5.22	44.41	4.07	47.11	3.59	30.35	0.38	9.95	1.24	52.78	1.93	30.41
综合能耗/吨标煤·万元$^{-1}$	0.49	0.53	0.16	0.60	0.59	0.72	0.61	0.83	0.62	0.82	—	—

①2010年起实现利税项变为实现税费

表2　河南油田主要生产建设指标

指标名称＼年份	2012	2011	2010	2009	2008	2007
原油产量/万吨	226.00	225.00	227.04	187.51	180.51	180.01
天然气产量/亿立方米	0.58	0.64	0.59	0.57	0.61	0.70
新增原油生产能力/万吨	27.60	23.00	17.50	20.20	21.60	24.30
新增天然气生产能力/亿立方米	0.03	—	—	—	—	0.03
新增探明石油地质储量/万吨	1 557.00	2 028.35	1 056.83	1 049.38	1 064.60	828.29
新增探明天然气地质储量/亿立方米	129.30	—	—	—	—	—
二维地震/千米	2 614.00	120.00	600.00	1 317.00	300.00	—
三维地震/平方千米	300.00	487.00	400.00	243.27	363.62	196.87
石油钻井/口	316	280	241	251	289	253
探　井	88	57	63	61	36	39
开发井	228	223	178	190	253	214
钻井进尺/万米	15.64	12.33	39.37	29.31	34.58	32.01

续表

年份 指标名称	2012	2011	2010	2009	2008	2007
勘探投资[①]/亿元	11.10	7.80	6.19	6.05	4.55	3.30
开发投资/亿元	18.17	14.72	13.73	13.32	12.35	10.36

①勘探投资含滚动勘探投资部分

江汉油田

【概况】 江汉油田为中国石化集团江汉石油管理局(简称江汉石油管理局)和中国石油化工股份有限公司江汉油田分公司(简称江汉油田分公司)的统称，是以油气勘探开发为主，石油机械制造、石油工程和盐卤化工配套发展的国有特大型企业。江汉油田前身组建于1972年5月，1998年划归石化集团公司。油田生产建设单位主要分布在湖北潜江、武汉、荆州，重庆涪陵和万州，山东寿光，陕西安塞等地。截至2012年底，下属二级单位42个，其中控股公司1个；主要基层单位有采油队40个、采气队2个、输油(气)队6个、化工车间18个、加油(气)站10个、钻井队69个、测井队53个、录井队33个、井下作业队23个、地质队39个、固井队6个、管具队9个、井架安装队8个、汽车运输队15个。拥有职工31 825人；各类专业技术人员10 781人，其中教授72人，拥有副高级职称的1 953人、中级职称的4 797人。资产总额291.34亿元，其中固定资产原值344.65亿元、净值177.43亿元，流动资产87.94亿元。

2012年，江汉油田实现总收入253.09亿元，创历史最好水平，分公司赢利3.23亿元。油气单位完全成本3 509.29元/吨、化工吨产品完全加工费1 351元。油田合计上缴税金31.67亿元。

江汉油田主要技术经济指标和主要生产建设指标见表1和表2。

(罗秋林)

【油气勘探取得成果】 2012年，江陵凹陷斜坡带发现规模增储区块；八面河孔店组和中生界获得新发现；潜江凹陷潜北断裂带、毛场斜坡带形成2个千万吨级增储区带；八面河沙河街组新增三级储量再超千万吨；建南须家河组致密砂岩气勘探取得重大发现；滚动勘探建南二、三叠系礁滩取得实质性进展，新店1井、新店2井获高产天然气流。全年完成二维地震1 999.03千米、三维地震825.25平方千米；完钻探井54口，25口获工业油气流，钻探成功率46%；新增探明石油地质储量1 116.23万吨、控制储量879万吨、预测储量1 016万吨；新增探明天然气地质储量63.88亿立方米、控制储量122.03亿立方米、预测储量166.71亿立方米。

(罗秋林)

【油气超产增收】 2012年，江汉油田加大滚动勘探、油藏评价研究力度，优化产能建设实施方案，新沟—洪湖地区致密油开发获重大突破，5口新井、6口老井试油均获工业油流，初步探明新沟地区新下Ⅱ油组非常规资源含油面积30平方千米，控制170平方千米。新建原油生产能力20.06万吨，全年新井产油13.98万吨。加强老区综合治理和日常维护管理，原油产量自然递减得到控制，自然递减率为14.03%，综合递减率为8.05%。全年生产原油163.4万吨，超产4 000吨。其中，江汉油区70.3万吨、超产3 000吨；八面河油区66.5万吨、坪北油区18万吨、荆州油区8.6万吨，超产1 000吨。全年多销原油8 660吨，增收3 839万元。优化天然气市场和生产配置，加强动态管理，生产天然气1.7亿立方米，超产1 000万立方米；外销天然气1.33亿立方米，推价增收1 745万元。

(罗秋林)

【涪陵页岩气产能示范区建设进展顺利】 2012年，涪陵页岩气产能示范区已完钻4口井，开展试气评价，兴隆101井和福石1井投入试采。焦石坝地区海相页岩气勘探取得重大突破，焦页1HF井志留系龙马溪组压裂试气获日产20.3万立方米，采用橇装CNG装置投入试采，日产量稳定在6万立方米。

(罗秋林)

【石油工程效益增长】 2012年，江汉油田在国内西北、华北市场份额上升，海外南美市场实现区域规模化经营，水平定向穿越、测试、压裂、非地震勘探等海外技术服务项目有效运行。全年实现收入85.18亿元、增长22.22%，对外揽活创收48.74亿元、增长39.57%；新签海外石油工程技术服务合同38个，合同金额3.47亿美元。其中，油建公司收入突破20亿元，达到25.07亿元、增长63.04%。石油工程整体实现利润4 308万元。

（罗秋林）

【机械制造指标提升】 2012年，江汉油田机械制造系统加快自主创新和产品研发步伐，调整运行方式，精心组织生产，强化市场营销，实现收入78.46亿元、增长26.17%，实现利润3.07亿元。生产钻头54 515只，国内市场占有率为85%；完成2000型以上压裂泵车112台；生产钢管25.66万吨；完成出口交货值15.96亿元、增长35.11%，新产品产值18.42亿元、增长81.77%。第四石油机械厂产值和收入均突破30亿元。

（罗秋林）

【盐化工发展势头良好】 2012年，江汉油田调整盐化工产品结构，强化生产销售衔接，调整营销策略，实行高端产品保质保价，低端产品保量保销，在化工市场持续低迷的情况下，保持较好发展势头。全年实现收入7.6亿元、赢利662万元，货款回收率100%。新建年产2.4万吨漂粉精装置成功投产，漂粉精年生产能力居世界第1位；氯碱装置开工率超出全国同行业平均水平16个百分点。

（罗秋林）

【辅助生产保障能力提高】 2012年，江汉油田完成货物周转量1.39亿吨·千米、货运量164万吨；安全供电8.89亿千瓦·时，优质供水1 816万立方米；实施光纤入户工程，通信保障服务能力进一步增强；完成采购工作量49.02亿元、供应工作量46.04亿元，节约采购资金1.69亿元。

（罗秋林）

【HSE工作不断强化】 2012年，江汉油田加大HSE考核管理力度，逐级细化分解HSE责任；开展HSE培训，增强全员安全意识，提升安全保障能力；加强小概率、大风险事件的分析研究，实施安全生产达标创建工作。落实作业现场“七想七不干”要求，推动安全管理重心向作业层、操作层转移，抓好工区环境保护，实现清洁生产。油田连续第4年被评为中国石化HSE工作先进单位，获湖北省安全生产红旗单位、湖北省节能先进集体称号。

（罗秋林）

【科研攻关取得进展】 2012年，江汉油田组织实施国家科技项目4项，承担石化集团公司、石化股份公司和湖北省科技项目29项；取得省部级以上科技成果13项；申请国家专利68项，获专利授权39项。地质勘探方面，以成藏模式研究为核心的滚动勘探技术系列逐步完善，发现和落实了一批油气增储重点区块；油气开发方面，深化底水低渗透油藏开发、页岩气采气工艺技术及应用等研究，科技增油采气取得较好成效。工程技术方面，水平井分段压裂关键技术、可钻式电缆桥塞成套技术等研究及应用取得新进展；石油机械方面，深水水下井口头系统与生产平台采油井口系统研制技术项目通过科技部验收，国家“863”计划2500型大型数控成套压裂装备研制项目获石化集团公司科技进步一等奖，国家科技重大项目3000型压裂车样机完成装配；盐化工方面，深井卤水资源勘探与评价取得新认识，盐泥脱硫工艺应用效果良好。

（罗秋林）

【企业管理获得成效】 2012年，江汉油田定期召开经济活动分析会、月度预算会，加强过程管理。加大月度绩效考核，强化责任机制。强化内控管理、内部审计、法律事务和效能监察工作，堵塞管理漏洞。对38个重点工程项目实施过程控制。开展“学先进、促提升”活动和“比学赶帮超”工作，基层管理进一步加强，“平台小经理”和“三三工作法”等管理经验在上游企业推广。推进ERP建设与应用，在中国石化总部ERP达标竞赛考核中位居上游企业第1位。巩固标准化建设和质量管理，油田获得全国质量管理小组活动优秀企业称号。做好设备维护及现场管理，油田连续第5年被评为全国设备管理优秀单位。落实“经营一元钱、节约一分钱”的要求，会议费、业务招待费、差旅费等非生产性支出得到有效控制。组建江汉石油工程公司和石油机械公司的各项工作基本完成。

（罗秋林）

【员工获多项奖励】 2012年，江汉油田实施人才素质提升工程，油田员工在石化集团公司业务竞赛中取得6金、5银、7铜的成绩；油田被评为湖北省职业培训先进单位；5人分别获得孙越崎科技教育基金科技青年奖和闵恩泽青年科技人才奖。

（罗秋林）

【帮扶工作保稳定】 2012年，江汉油田深入开展“机关联系基层、干部联系群众”和“下基层促发展、访群众促和谐”活动，建立基层联系点，落实以人为本、关爱员工的政策和措施；坚持畅通渠道，落实责任，完善信访稳定工作机制，实现了油田总体稳定。全年共慰问困难家庭4 715户次，发放慰问金和帮扶款658.1万元；发放困难补助86.7万元，为419名大病重病人员发放救助金166.61万元，发放助学金53.56万元，资助困难家庭学子558人；为协解人员、离岗家属、离退休人员发放慰问品、慰问金共计1 672.7万元。调增基本养老金1.13亿元，发放劳动家属养老生活补贴2 632万元；发放企业补贴1.95亿元，为离退休人员、劳动家属等群体调增企业待遇和发放帮扶救助金3 896万元。支付企业年金1 666.04万元；向湖北省申请拨付单位社保补贴、公益性岗位补贴等专项资金共计4 373.14万元；发放灵活就业人员社会保险补贴761.01万元。

（罗秋林）

【民生工程落在实处】 2012年，江汉油田竣工交付集资房1 660套，调剂分配腾退房222套；维修住房7.6万平方米；员工提取住房公积金2.14亿元，发放住房贷款1.95亿元；发放住房补贴1.52亿元，非在职员工住房补贴发放到位。实施绿化改造升级，全年植树19万株，新增绿地25万平方米。完成部分道路设施和老住宅区改造，抓好便民服务配套设施建设，改造小区排涝系统。实施供暖系统节能改造，居民供暖质量不断提升。新建和完善矿区视频监控点，基本实现油田居民小区和社会治安视频监控系统的全覆盖。推进特色农业发展，全年生产粮食990万千克，养殖产品总量95万千克。

（罗秋林）

【党建思想工作获表彰】 2012年，江汉油田以“喜迎十八大、争创新业绩”活动为主线，以“一转双创”活动为载体，推出“向党的十八大献厚礼”系列项目，组织重点工程劳动竞赛，创造了多项生产施工新纪录。以提高群众满意度和社会认可度为重点，深化“为民服务创先争优”活动，油田创先争优活动受到石化集团公司党组、湖北省国资委党委表彰。深入开展“基层组织建设年”活动，推进基层党组织工作和制度创新。稳步推进学习型党组织建设，局党委中心组被中共湖北省委评为先进党委中心组。深化“油田是我家”活动，推出杨克红、龙景庆等一批具有较大影响的先进典型，4个单位通过省级文明单位验收，5个小区通过石化集团公司文明和谐示范小区考核验收，油田继续保持全国文明单位称号。

（罗秋林）

表1 **江汉油田主要技术经济指标** 亿元

指标名称 \ 年份	2012	2011	2010	2009	2008	2007
工业总产值	201.77	182.77	148.76	131.45	158.26	113.87
工业增加值	98.43	87.34	67.21	35.47	82.57	50.89
资产总计	291.34	279.98	243.44	210.89	185.29	153.31
流动资产	87.94	95.07	73.72	56.66	58.42	46.70
固定资产原值	344.65	307.82	277.65	249.87	219.10	191.04
固定资产净值	177.43	163.35	152.62	130.43	110.88	87.38
销售收入	253.09	247.60	200.53	178.93	203.39	155.16
实现利税	26.72	30.44	17.53	-0.78	44.23	21.53
税　金	31.67	31.46	19.82	11.87	26.24	10.87

表 2　　江汉油田主要生产建设指标

指标名称 \ 年份	2012	2011	2010	2009	2008	2007
原油产量/万吨	163. 40	163. 00	163. 00	162. 80	162. 50	162. 00
天然气产量/亿立方米	1. 70	1. 60	1. 60	1. 60	1. 35	1. 02
新增原油生产能力/万吨	20. 06	21. 47	21. 34	22. 17	21. 11	20. 17
新增天然气生产能力/亿立方米	0. 20	0. 20	0. 19	0. 24	0. 20	—
新增探明石油地质储量/万吨	1 116. 23	829. 06	853. 66	854. 00	933. 02	871. 00
新增探明天然气地质储量/亿立方米	63. 88	0	—	36. 18	23. 48	—
二维地震/千米	1 999. 03	1 266. 70	472. 00	344. 67	413. 74	617. 53
三维地震/平方千米	825. 25	1 088. 57	606. 39	493. 41	280. 00	1246. 76
石油钻井/口	320	317	316	295	323	231
探　井	54	51	43	35	29	33
开发井	266	266	273	260	294	198
注水井	45	45	26	19	29	13
钻井进尺/万米	63. 29	66. 94	64. 43	61. 39	64. 88	52. 64
勘探投资/亿元	13. 14	14. 08	8. 47	6. 94	5. 89	4. 05
开发投资/亿元	24. 14	18. 60	17. 63	16. 60	17. 29	12. 86

江苏油田

【概况】 江苏油田为中国石化集团江苏石油勘探局(简称江苏石油勘探局)和中国石油化工股份有限公司江苏油田分公司(简称江苏油田分公司)的统称，是以油气勘探开发为主，石油工程技术服务、石油炼制和盐卤盐硝开发生产综合发展的国有大Ⅰ型企业。江苏油田组建于1975年4月23日，1998年7月划归石化集团公司。1998年11月，安徽油田并入江苏油田。2001年1月，设为江苏石油勘探局、江苏油田分公司。工作区域主要分布在江苏、安徽两省的6个地市15个县(市、区)58个乡镇内。油田机关及主要科研单位设在扬州市经济开发区。

江苏油田实行勘探局(分公司)、二级厂(处)、基层队(站)三级管理体制。截至2012年底，共有二级厂(处)28个，主要专业队伍221支；在岗正式职工16 856人，长期合同工和直接使用非全日制用工1 672人。干部总数6 270人，其中具有高级技术职称的1 518人(含教授级专业技术职称60人)，中级技术职称的2 429人。

截至2012年底，江苏油田总资产185. 77亿元，其中固定资产净值138. 82亿元。江苏油田分公司有油气勘查开采项目区块31个，总面积4. 58万平方千米。其中，探矿权项目区块12个，面积4. 49万平方千米；采矿权项目区块19个，面积922平方千米。共探明油气田36个，面积243. 49平方千米，累计探明天然气地质储量91. 38亿立方米、石油地质储量2. 77亿吨，生产原油3 802. 62万吨。

2012年，江苏油田新增探明储量1 079万吨、控制储量1 166万吨、预测储量1 153万吨，新增三级储量连续11年超过3个1 000万吨，新增探明储量连续17年超过1 000万吨。生产原油171万吨、天然气5 703万立方米，原油产量连续19年保持稳定增长。实现经营收入168. 59亿元，其中分公司实现收入113. 27亿元，勘探局实现收入55. 32亿元；实现利税总额50. 28亿元，实现利润16. 81亿元，利润总额和企业资产利润率连续第7年列中国石化油田企业前3名。江苏油田自“十一五”以来累计实现利润、资产利润率在上游企业排名第3位。

江苏油田主要技术经济指标和主要生产建设指标见表1和表2。

（黄俊良）

【石油勘探积极推进】 2012年，江苏油田油气勘探领域主要包括：苏北盆地第三系、南华北盆地周口坳陷阜阳地区、北部湾盆地徐闻区块、下扬子海相中古生界和南方新区(福建举岚、福鼎、永泰盆地及广东东莞盆地等)。

老区勘探：真武、汉留、杨村、铜城四大断裂带老中找新，多口探井在“三新”领域获得突破，新增三级储量1 197万吨；马X38井成功填补马联地区含油空白，形成了永联马戴南组隐蔽油藏叠合连片含油场面，高邮隐蔽油气藏呈现出东部拓展、中部滚动、西部推进的态势；斜坡低渗带“铁板”中金湖内斜坡高21井试油自溢日产40多立方米高产油流，高邮沙花地区新增三级储量857万吨。

新区勘探：在徐闻区块，加强迈陈凹陷油藏解剖，深化成藏认识，通过沉积相及精细构造落实，部署实施徐闻X6井，发现涠洲组含油新层系，测井综合解释油层9层25.3米，油干层8层16米，已投入试油；在地质评价有利的乌石凹陷实施二维地震采集，进一步评价凹陷油气勘探前景，为风险探井准备目标。在阜阳区块，继续实施颜集凹陷二维地震勘探。通过新一轮地震资料的精细解释，针对逆断层封挡的凤凰寺构造部署实施风险探井凤凰X1井，在上石盒子组、下石盒子组、山西组及太原组见到气测异常27层93米，气测解释为煤层气。该井的钻探，展示了阜阳新区常规和非常规油气勘探潜力，明确了该区下步常规和非常规并举的勘探思路。

（黄俊良）

2012年7月16日，凤凰1井开钻 （潘月斌 摄）

【非常规油气勘探取得突破】 2012年，江苏油田以老井复查为基础，不断加大常规井兼探力度，先后钻探的许X38、花X28、联38－1、花深1－1和天X96共5口井在阜二及阜四段泥页岩见到较好的油气显示，许X38和联38－1井获得工业油流，实现了非常规领域的战略突破，新增控制、预测储量共799万吨；同时，通过开展泥页岩地质综合评价和裂缝预测工作，在高邮凹陷邵伯次凹优选实施了第1口页岩油气探索井——黄158井，在阜四段泥页岩段见丰富油气显示，并优选井段3 421—3 440.1米和3 160—3 185米2段进行压裂试油工作。

（黄俊良）

【多元开发量效齐升】 2012年，江苏油田矿业开发实现收入5.15亿元，首次突破5亿元大关。非烃类产业链多方位延伸，销售卤水498.3万立方米，实现收入1.15亿元，销售硝水96.4万立方米，同比增长18%，保持了稳中有升的发展势头；年产26万吨元明粉项目竣工投产，20万立方米精制卤水项目开工建设。炼油化工价值链多层次提升，不断优化MCP催化装置新工艺运行方案，成功开发航煤组分等高附加值产品，走出政策性亏损的困境，实现利润4 553万元。

（黄俊良）

【油田开发水平稳中有升】 2012年，江苏油田在老区开展单层少层分层开发，摸索剩余油分布规律，推进油水过渡带挖潜，赤岸等主力油田保持稳产态势；联西高饱和油藏重获生机，日产油水平从40吨上升至74吨；黄珏岩性油藏焕发活力，年产油稳定在10万吨以上；曹庄、周宋等一批小断块油藏剩余油挖潜获得高产；梁垛、桃园等19个零散单元实现注水稳油。油田自然递减率、综合递减率分别控制在13.74%与7.85%，含水上升率控制在1.77(按年均综合含水计算)。永联、韦庄、秦营共建产能17万吨，探索了特低—致密砂岩油藏有效开发之路，打造了老区高效调整与新区滚动建产相结合的新样板，创出了复杂断块难动用储量快速滚动建产的新模式。截至年底，江苏油田开发水平井达141口，平均日产油近800吨，占油田总产量的17%。水平井的高效应用已成为油田上产稳产的重要利器。

（黄俊良）

【石油工程推进市场开拓】 2012年，江苏油田石油工程板块实现收入43.9亿元，同比增长12%，主要生产技术指标超额完成任务。开展坝田火成岩攻坚、徐闻高温深井钻探、措施作业会战等重点战役；在平均井深增加 100 米、井型复杂的情况下，机械钻速、建井周期、生产时效等 6 项主要指标创历史新高；非常规外部市场实现收入 27.53 亿元，同比增长 15.4%，其中海外市场实现收入 10.4 亿元，同比增长 18%。海外市场地面工程成功中标沙特、肯尼亚和加纳等项目，实现市场有序接替；3 月中标尼日利亚 OPL231 物探项目，工作量 244 平方千米，合同额 2 219 万美元；4 月中标阿尔及利亚国家石油公司合同额 929 万美元的 Tindouf 项目、工作量合同额 983 万美元的 Zeriba 项目；5 月收到阿尔及利亚国家石油公司 Ain Regada 二维项目授标函，地表以山区为主，工作量约 800 千米，中标金额 1 400 万美元；井筒业务成功敲开北美市场大门；钻测井成功中标延长石油集团泰国项目，油田海外业务首次涉足东南亚市场。

（黄俊良）

【科技创新成效显著】 2012 年，江苏油田在油气勘探方面，紧紧围绕老区硬稳定和新区、新领域接替准备两大方向组织开展科技攻关。油气开发方面，以提高储量动用率、油田采收率、单井产能为目标，重点对老油田稳产及改善开发效果、老区滚动扩边、剩余油挖潜提高采收率等技术组织科技攻关。石油工程方面，重点围绕“优快好”的钻采技术、提高单井产能技术、连续油管应用技术、防腐、节能和信息自动化等技术，组织科技攻关。长泥页岩段连续取芯、长水平段钻井及分段压裂等关键技术取得突破，创造了定向井井深、压裂加砂量等 20 多项新纪录。桥 7 平 1 井采用裸眼封隔器 + 投球滑套多段压裂工艺，共进行 6 段分段压裂施工，获得日产 20 吨高产油流。年内油田首个科技重大专项“高邮凹陷南部断裂带阜宁—泰州组滚动勘探开发研究”通过验收；“主力油田再稳产综合技术研究”继续实施；油田“十二五”非常规油气科技攻关规划新增“江苏探区非常规油气资源评价及有效开发关键技术研究”重大专项。全年有 6 项成果通过石化集团公司科技成果鉴定，其中 5 项达国际先进，1 项达国内领先水平。申请国家专利 64 项，其中发明专利 19 项。5 项成果获得江苏省、中国石化科技奖励，其中“复杂井眼抽油井管杆防偏磨技术研究与应用”获江苏省科学技术三等奖，“三维井眼抽油杆系统力学检测分析研究与应用”获中国石化技术发明二等奖，“复杂边界油藏水平井提高采收率技术”获中国石化科技进步二等奖，“江苏低渗透油藏非线性渗流特征及立体调整技术研究”和“江苏水乡复杂断块石蜡乳液优快钻井液技术”获中国石化科技进步三等奖。

（黄俊良）

【三次采油项目有序开展】 2012 年，江苏油田承担的 2 项石化集团公司提高采收率先导试验项目有序开展。截至年底，“真 35 块聚合物驱”项目累计注入聚合物 10 万立方米，对应 7 口油井累计产油 6 923.8 吨，含水稳定；“沙 7 断块井网调整加化学驱”项目累计注入聚合物溶液 1.68 万立方米，对应 10 口油井累计产油 4 090.7 吨，其中沙 7 – 7 井已见到明显的增油效果。

（黄俊良）

【HSE 和节能减排工作取得成绩】 2012 年，江苏油田开展“三谈三反一提高”活动，组织各类取证培训 1.32 万人次，开展“三特”情况下领导带班 451 次，排查各类隐患 1.02 万个，组织 1.51 万人进行职业健康体检，抓好井控、承包商、境外公共安全和水体污染防范，油田安全环保形势总体稳定。5 月 1 日，以江苏油田为基准的《中国石化油气田企业清洁生产规范》开始实施。通过实施清洁生产，油田全年减少废水外排 14.82 万吨，减少落地油 1 102 吨，节约燃料原油 2 035 吨，回收天然气 1 550 万立方米，节约清水 107.2 万吨，节电 2 473 万千瓦 · 时；实现采油（气）废水回注率、钻井废水处理达标率、废弃泥浆处理达标率、作业废液处理达标率 4 个 100%；实现经济效益 3.18 亿元；形成清洁生产实用技术 38 项，其中创新专利技术 20 项。成为国内第 1 家整体通过清洁生产验收的油田企业。

（黄俊良）

【精细管理得到加强】 2012 年，江苏油田突出投资决策的科学性，投资项目运行质量和效率不断提高；持续推进全员成本目标管理，认真落实“十项保效增效”措施，全员创效 8 500 万元；开发应用 ERP 主数据平台，完善内控业务流程体系；推行管理主题审计，完善法律风险防范，开展专项效能监察，“五把锁”功能得到充分发挥；持续开展基础管理“三项工作”，获得中国石化总部金银牌 55 块；不断加强质量动态管理，产品质量、工程质量、服务满意度进一步提高。

（黄俊良）

【业务竞赛取得好成绩】 在 2012 年石化集团公司业务竞赛上，江苏油田选手共参加了物探、钻井、采油等 8 个专业工种的比赛，夺得 7 金、5 银、6 铜共

18 枚奖牌，获得 1 个团体第 2 名、3 个团体第 3 名、2 个团体第 4 名和 1 个团体第 5 名的好成绩，综合成绩位列石化集团公司上游参赛企业第 3 名。

（黄俊良）

在 2012 年石化集团公司业务竞赛上获奖的油田选手 （潘月斌 摄）

【党建思想政治工作获成效】 2012 年，江苏油田积极开展"为民服务创先争优"和"基层组织建设年"主题活动。27 个二级党委、直属党总支均被评为"满意"以上，98.78% 的基层党支部（总支）被评定为"较好"以上。在党员自主管理中，油田 98% 的党员被群众评议为"满意"。2 402 名干部员工签订了廉洁自律承诺书。以成为石化集团公司试点单位为契机，推进廉洁风险防控，共查找风险点 2 万余个，制定防控措施 2.02 万条，初步编制完成了 27 个二级单位和 31 个机关部门的廉洁风险防控手册，受到石化集团公司充分肯定。油田创先争优活动的经验做法入选了中央创先争优活动案例集，局党委被江苏省和石化集团公司分别授予创先争优先进基层党组织称号。开展"唱响主旋律、聚焦新目标、开启新征程"主题实践活动，有效推进思想政治工作。开展"112"文化工程建设，启动"一片一书两册"的拍摄编制工作。宣传片、宣传画册、《精细管理实践集萃》和《精细管理文化手册》等已完成。油田继续保持全国思想政治工作优秀企业、江苏省文明单位标兵等称号。

（黄俊良）

【推进和谐油田建设】 2012 年，江苏油田正式职工、劳务工基本薪酬标准调整稳步实施，休假疗养补贴发放到位；安排 7 065 人次离退休人员健康体检疗养，离退休人员基本养老金有序调整；第 2 批 334 名劳动家属参保顺利完成，3 289 名参保劳动家属基本养老金得到调增，劳动家属离岗生活补助费和帮扶费按时发放；已退休协解人员生活帮扶和未退休协解人员社保缴费资助稳妥实施；特殊困难群体帮扶工作有效落实；职工住房补贴发放到位。

（黄俊良）

表 1　　江苏油田主要技术经济指标[①]　　亿元

指标名称 \ 年份	2012	2011	2010	2009	2008	2007
工业总产值	104.17	105.11	82.69	64.25	99.75	77.76
江苏石油勘探局	23.41	23.41	21.44	19.68	20.00	17.16
江苏油田分公司	80.76	81.70	61.25	44.57	79.75	60.60
工业增加值	79.00	77.94	59.61	40.11	77.84	54.68
江苏石油勘探局	10.28	7.96	7.87	6.81	6.86	5.50
江苏油田分公司	68.72	69.98	51.24	33.30	70.98	49.18
资产总计	185.77	183.10	162.97	130.15	113.72	89.58
江苏石油勘探局	57.02	52.61	47.46	44.05	43.43	31.69
江苏油田分公司	128.75	130.49	115.51	86.10	70.29	57.89
流动资产	157.12	45.02	39.30	19.37	23.87	14.74

续表

年份 指标名称	2012	2011	2010	2009	2008	2007
江苏石油勘探局	19.59	17.92	16.35	15.96	20.19	10.90
江苏油田分公司	137.53	27.10	22.95	3.41	3.68	3.84
固定资产原值	270.99	243.84	218.49	193.26	169.76	145.85
江苏石油勘探局	50.07	45.31	41.08	35.66	31.21	27.17
江苏油田分公司	220.92	193.03	177.41	157.60	138.55	118.68
固定资产净值	138.82	124.99	115.84	103.63	85.16	69.53
江苏石油勘探局	30.65	28.78	26.89	23.42	20.69	16.56
江苏油田分公司	108.17	96.21	88.95	80.21	64.47	52.97
销售收入	155.47	148.60	140.97	114.32	139.87	104.86
江苏油田勘探局	55.32	49.36	50.68	50.55	46.89	32.72
江苏油田分公司	100.15	99.24	90.29	63.77	92.98	72.14
实现利税	50.28	51.58	35.77	22.02	61.95	42.46
江苏石油勘探局	2.50	2.32	1.84	2.07	2.92	1.94
江苏油田分公司	47.78	49.26	33.93	19.95	59.04	40.52
税　金	33.47	30.34	20.19	12.37	29.55	17.69
江苏石油勘探局	5.05	3.29	2.37	2.00	2.78	2.71
江苏油田分公司	28.42	27.05	17.82	10.37	26.77	14.98
综合能耗/吨标煤·万元$^{-1}$						
江苏石油勘探局	0.40	0.42	0.46	0.46	0.46	0.47
江苏油田分公司	0.29	0.30	0.36	0.35	0.34	0.35

①2010 年、2011 年数据重新调整

表 2　　江苏油田主要生产建设指标

年份 指标名称	2012	2011	2010	2009	2008	2007
原油产量/万吨	171.02	171.02	171.01	171.01	171.00	170.20
天然气产量/亿立方米	0.57	0.54	0.56	0.57	0.58	0.55
新增原油生产能力/万吨	25.00	24.56	24.57	26.30	26.18	24.60
新增探明石油地质储量/万吨	1 079.00	1 059.00	1 063.00	1 067.00	1 056.00	1 047.00
二维地震/千米	5 059.01	4 084.66	3 211.79	3 247.97	3 760.80	3 240.00
三维地震/平方千米	888.30	776.79	816.58	562.21	382.45	588.89

续表

年份 指标名称	2012	2011	2010	2009	2008	2007
完井/口	375	406	380	323	311	266
探　井	93	85	93	77	77	49
开发井	282	321	287	246	234	217
钻井进尺/万米	96.38	97.42	93.37	81.59	76.45	63.98

新星石油公司

【概况】 中国石化集团新星石油有限责任公司(简称新星石油公司)是石化集团公司的全资子公司，本部设在北京。主营业务包括地热等新能源开发、海外工程服务、矿业开发等，国内业务分布在北京、广东、陕西、山东、辽宁、河北、安徽、河南、四川等省市，国际业务分布在埃及、尼日利亚、埃塞俄比亚、安哥拉、喀麦隆、乍得等国家。拥有中国外经贸部授予的进出口贸易、对外经济技术合作和对外承包工程经营资质。

新星石油公司前身是原地质矿产部石油地质海洋地质局，1996年12月7日，根据中央部署，以原地质矿产部石油地质海洋地质局及其所属石油系统的普查勘探、科研队伍为基础，成立中国新星石油有限责任公司。2000年2月29日，中国新星石油有限责任公司整体并入石化集团公司，更名为中国石化集团新星石油有限责任公司。2006年12月，调整后的新星石油公司整体进入中国石化集团资产经营管理公司。2009年4月1日，新星石油公司正式划归石化集团公司上游板块，明确了发展定位。

截至2012年底，新星石油公司下设办公室等16个职能(处室)部门、广州公司等8个分子公司及基地和离退休2个管理服务中心，控股中地海外建设集团公司、陕西绿源地热能源开发公司、陕西中地能源建设公司3家企业，参股中萨钻井公司1家企业及地热资源勘探开发利用研究所1个研究机构。在职职工358人，离退休职工740人。

2012年5月29日，新星石油公司获中国商务部对外承包工程、劳务合作在京中央企业统计先进集体称号，新星石油公司控股中地海外建设集团有限公司获中国商务部对外承包工程、劳务合作地方企业统计先进集体称号。

新星石油公司主要经济指标见表1。

(何国良)

【全面完成各项指标】 2012年，新星石油公司实现营业收入72.52亿元，完成年初预算120.8%。实现利润总额3.07亿元，完成年初确定的奋斗目标。4项费用及6项资金指标基本控制在石化集团公司下达的指标范围内。完成投资4.9亿元，完成年度投资计划的94.2%；新签合同额20.96亿美元，完成年度计划的302%。完成合同额10.77亿美元，完成年度计划的154.7%。新增地热供暖能力400万平方米，累计实现地热供暖能力1 000万平方米。全面实现安全生产，完成石化集团公司下达的安全环保指标。

(何国良)

【积极推进冰岛地热开发】 冰岛雷克雅未克时间2012年4月20日下午，在时任中国国务院总理温家宝和冰岛总理西于尔扎多蒂的共同见证下，中国石油化工集团公司董事长傅成玉与冰岛奥卡能源控股有限公司董事长哈德森，在冰岛首都雷克雅未克签署了《关于扩大地热资源开发规模、业务及合作的框架协议》。根据协议，中国石化将依托新星石油公司，与冰岛方面致力于共同推动中国乃至中国之外地热开发利用和绿色低碳经济发展，扩大双方合作业务规模、内容和领域，并视地热资源等情况择机合作投资中国高温发电项目。

(何国良)

中冰《关于扩大地热资源开发规模、业务及合作的框架协议》签订仪式

【国家地热研发中心批准成立】 2012年6月29日，国家能源局批复以新星石油公司为主要力量成立“国家地热能源开发利用研究及应用技术推广中心”，该中心在业务上接受国家能源行业主管部门指导，受委托承担相关研发和技术推广等任务，主要职能是开展地热能源发展战略、规划和政策研究，地热能源开发利用关键技术研发及推广应用，地热能源人才培养和国际合作等工作。

（何国良）

【首个CDM项目成功注册】 2012年3月8日，联合国气候变化框架公约组织秘书处正式通知，由新星石油公司控股的中冰合资陕西绿源地热能源开发公司申报的“陕西咸阳地热供暖”项目成功通过CDM（清洁发展机制）注册，并获得了首批联合国核定的66.8万吨碳资产。这是新星石油公司乃至中国石化成功注册的首个地热CDM项目，标志着中国石化成功踏入国际碳排放权交易市场，在绿色低碳的国际化实践中迈出了坚实的一步。11月26日，该合资公司雄县地热供暖CDM项目注册工作获得国家发改委批准。

（何国良）

【获得节能服务资质】 2012年1月29日，绿源地热能源开发公司获得节能服务公司资质，是该次获批的唯一采用余热利用、地源热泵应用、变频节能及多井能源集输供暖等技术的地热专业化公司。

（何国良）

【完成HSE和质量管理体系建设】 2012年4月16日，新星石油公司HSE体系正式发布。要求各单位、各级领导要通过HSE管理体系的建立与运行，建立起安全生产和环境保护的长效机制，确保公司持续稳定快速发展。截至年底，公司及所属单位全部获得了ISO 9001质量管理体系认证证书，质量管理目标进一步明确，地热标准化建设成效明显，全员的质量意识明显提高。

（何国良）

【推动地热业务国际化】 2012年7月19日，石化集团公司与吉布提共和国政府在京签署《地热资源合作框架协议》，标志着中国石化地热业务开始走向国际。作为中国石化唯一以地热开发利用为主的清洁能源公司，新星石油公司践行绿色低碳战略又迈出坚实一步。年内，新星石油公司组织完成吉布提地热项目《吉布提Asal区块地热发电项目建议书》报告和《吉布提重点区块地热风险勘查方案》初稿的编写工作；组建了吉布提发电项目组，制定了现场工作组运作方案和现场勘查工作计划。

（何国良）

吉布提地热协议签约仪式

【地热项目走进“里约+20”】 2012年6月20—22日，新星石油公司作为中国石化地热新能源开发利用的绿色低碳发展企业代表，参加在里约热内卢举办的联合国“里约+20”企业可持续发展大会。石化集团公司董事长傅成玉、副总经理张耀仓带队参会，新星石油公司总经理作为代表同行。代表团出席联合国环境规划署和新华社共同主办的“行动中国——绿色与发展高峰论坛”和以绿色经济发展为主题的中巴企业交流会。在此次大会的中国石化展板上，新星石油公司河北雄县地热项目作为中国石化新能源利用典型之一参展。

（何国良）

【支持新乡市打造环保模范城市】 2012年11月16日，新星石油公司与河南省新乡市人民政府签署地热资源综合开发利用合作协议，这是地热资源开发被列为石化集团公司与河南省人民政府战略合作框架协议推进项目之后，新星石油公司在河南省签署的第1份协议。根据协议，地热资源开发将被纳入新乡市建设总体规划和经济发展规划，双方将按照“整体规划、分步实施、综合利用、良性发展”的原则，在地热供暖（制冷）、温泉开发、种养殖等方面加强合作，到“十二五”末形成约500万平方米的供暖面积，支持新乡市打造中国环境保护模范城市。

（何国良）

【与运城市签订地热资源开发协议】 2012年8月21日，新星石油公司与山西省运城市政府在京签署地热资源综合开发利用战略合作框架协议。根据协议，新星石油公司和运城市政府将按照“整体规划，分步实施，综合利用，良性发展”的原则，在城市供暖服务的基础上，将地热推广到种植、养殖、旅游、休闲等特色产业上，实现运城地热资源综合开发利用，促进地方经济社会和环境发展。

（何国良）

【地热向高温发电领域延伸】 2012 年 12 月 13 日，新星石油公司与西藏地热(发电)工程研究中心签署西藏地热发电工程战略合作框架协议，标志着新星石油公司地热产业链开始向中国地热高温发电领域延伸。根据协议，双方将发挥各自优势，实现强强联合，共同推进西藏羊易等地热田的勘探开发，加快西藏地热资源在发电领域的推广应用，助力当地政府到“十二五”末建成 10 万千瓦的装机容量，同时扩大地热资源在医疗养生、高原生态景观等方面的利用。

（何国良）

【与河南油田合作开展废水余热利用项目】 2012 年 5 月 8 日，新星石油公司与河南石油勘探局在京签订《地热资源与油田污水余热开发利用战略合作框架协议》，标志着公司首个油田地热项目正式启动。11 月 8 日，双方正式签订《河南油田下二门联合站污水余热利用合作协议》，标志着公司首个油田余热利用项目正式实施。截至年底，河南油田废水余热利用项目积极推进。

（何国良）

【勘探四号平台作业合同成功签订】 2012 年 12 月 7 日，新星石油公司与 OMV 新西兰公司成功签订《勘探四号钻井合同》。根据合同，勘探四号半潜式海上钻井平台将在新西兰西北部水域 Matuku 区块(PEP51906)为 OMV 新西兰公司提供钻井服务，一期合同作业时间为 3 个月。该合同是新星石油公司在完成勘探四号最新 1 次 5 年周期性特检及升级改造后的第 1 份作业合同，合同的签订标志着勘探四号即将重返大洋洲水域市场。

（何国良）

整装待发的勘探四号平台

【三水盆地油气合作开发项目取得阶段性成果】 2012 年 3 月 2 日，新星石油公司和中原油田在广东佛山三水召开三水盆地油气合作开发项目推进会，双方积极推动广州三水盆地小油气开发，确定了加快合作勘探开发节奏。全年共钻井 19 口，生产原油约 2 400 吨，生产天然气 34.67 万立方米。

（何国良）

【高含硼地热尾水项目顺利通过验收】 2012 年 7 月 20 日，中国石化集团石油工程管理部组织专家对新星石油公司承担的“咸阳高含硼地热尾水处理及综合利用先导试验”项目进行验收。专家组一致认为，该工艺技术先进，具有推广性，同意通过验收。该项目是新星石油公司第 1 个获得石化集团公司通过的地热开发科技研究项目。

（何国良）

【首届“地热杯”篮球联赛成功举办】 2012 年 9 月 21 日，新星石油公司首届“地热杯”篮球联赛在京举行，来自公司机关、陕西绿源公司、中地能源公司、中地海外公司和广州公司的 7 支男子球队参加了比赛。此次篮球赛是公司近些年来举办的首次系统性体育比赛，增进了职工间的沟通交流，丰富职工文体生活。

（何国良）

表 1　　新星石油公司主要经济指标　　亿元

指标名称 \ 年份	2012	2011	2010	2009③	2008②	2007①
工业总产值	72.52	70.16	56.64	50.85	43.79	43.66
企业增加值	19.49	20.35	16.33	12.14	10.40	7.05
资产总计	90.86	82.64	73.08	69.66	58.00	47.76

续表

年份 指标名称	2012	2011	2010	2009③	2008②	2007①
流动资产	69.59	63.35	54.79	51.77	42.72	35.68
固定资产原值	38.34	34.52	31.50	28.38	24.56	26.70
固定资产净值	13.94	12.74	12.38	11.47	8.80	9.97
销售收入	72.52	70.16	56.64	50.85	43.79	43.91
实现利税	8.51	9.28	8.46	6.67	5.72	4.48
税　金	5.43	7.39	6.64	4.63	1.63	1.84

①2007 年数据含泰州石化总厂、辽宁物装公司

②2008 年数据不含泰州石化总厂、钦州国星公司，含辽宁分公司(原辽宁物装公司)

③2009 年数据不含辽宁分公司

上海海洋石油局暨上海海洋油气分公司

【概况】 中国石化集团上海海洋石油局(简称上海海洋石油局)和中国石油化工股份有限公司上海海洋油气分公司(简称上海海洋油气分公司)位于上海，是石化集团公司下属主要从事海洋油气勘探开发及工程服务的上游油田企业。上海海洋石油局主要提供海洋钻井、海洋物探、船舶拖带、井筒服务、岸基服务等海洋石油工程服务；上海海洋油气分公司主要在东海、南海、黄海等海域开展自营勘探，并承担中国石化部分海外海域油气资源勘探开发项目的评价研究，同时代表中国石化参与管理东海平湖油气田、西湖油气田的开发生产。

上海海洋石油局、上海海洋油气分公司的前身为地质矿产部上海海洋地质调查局，组建于 1973 年 4 月，1997 年 1 月整体归入中国新星石油公司，2000 年 3 月随中国新星石油公司整体并入石化集团公司，2002 年 7 月，分别直属石化集团公司和石化股份公司管理。2009 年，按照石化集团公司要求，上海海洋石油局、上海海洋油气分公司实行“一体化”管理。

截至 2012 年底，上海海洋石油局、上海海洋油气分公司下设 18 个机关职能处室、6 个二级单位、6 个直属单位、4 个其他机构；拥有从业人员 1 887 人，其中经营管理人员 504 人，专业技术人员 513 人，具有高级专业技术职称 202 人。

截至 2012 年底，上海海洋油气分公司拥有勘查区块 26 个，所属探区主要分布在东海、南海等海域，自营和联合矿权区块面积 8.71 万平方千米；自营探区拥有石油总资源量 2.9 亿吨，天然气总资源量 5.2 万亿立方米。合作探区拥有石油天然气三级地质储量 3.16 亿吨油当量，其中探明储量 1.52 亿吨油当量。

2012 年，上海海洋油气分公司生产份额原油 2.6 万吨、份额天然气 2.8 亿立方米；实现销售收入 6.1 亿元、投资收益 0.77 亿元，利润总额亏损 11.36 亿元。上海海洋石油局实现营业收入 13.82 亿元，实现利润总额 2.36 亿元。上海海洋石油局、上海海洋油气分公司主要技术经济指标见表 1。

2012 年，上海海洋油气分公司获石化股份公司颁发的 2011 年度东海西湖凹陷油气勘探储量成果三等奖，上海海洋油气分公司参与编撰的《中国油气田开发志·东海油气区卷》获石化股份公司优秀油气田篇三等奖。

(林雪梅)

【澗西探区勘探工作取得进展】 2012 年，上海海洋石油局在澗西探区顺利完成 350 平方千米三维地震数据采集处理工作，并结合澗 2 井、澗 3 井钻后评价和重新处理解释的地震资料进行深化研究，取得一系列地质成果，凸显海中凹陷资源潜力，明确了钻探方向，为下步钻探奠定了基础。

(林雪梅)

【合作探区勘探开发取得新突破】 2012 年，东海西湖合作区 8 口探井均获油气发现，其中金鼓 3 井等 4 口井测试获工业气流，发现并证实了孔雀亭等 5 个油气田，全年新增探明储量 288 亿立方米，新增三级储量 796 亿立方米，该储量已获国家油气资源储量管理委员会批准。

(林雪梅)

【平湖油气田 BG4 井试获高产油气流】 2012 年 3 月 29 日，平湖油气田 BG4 井试获高产油气流，投产初期日产油 70 吨，日产气 14 万立方米。预示着平湖西部地区勘探获得重大突破，为东海地区隐蔽油气藏的勘探积累了经验，同时对平湖油气田可持续发展具有重要的现实意义。

（林雪梅）

【萨哈林项目获得油气发现】 2012 年 9 月 26 日，由勘探六号平台承担的俄罗斯萨哈林项目北维尼 3 井，在试油过程中获得良好油气发现，经现场测试，获日产天然气约 43 万立方米、凝析油 30 立方米。北维尼 3 井是俄罗斯萨哈林项目 3 号区块的第 5 口井，该井井位由上海海洋油气分公司研究院优选确定。该井取得油气突破，证实了整个维尼油气构造是一个整体，对维尼构造后续开发具有决定性的意义。

（林雪梅）

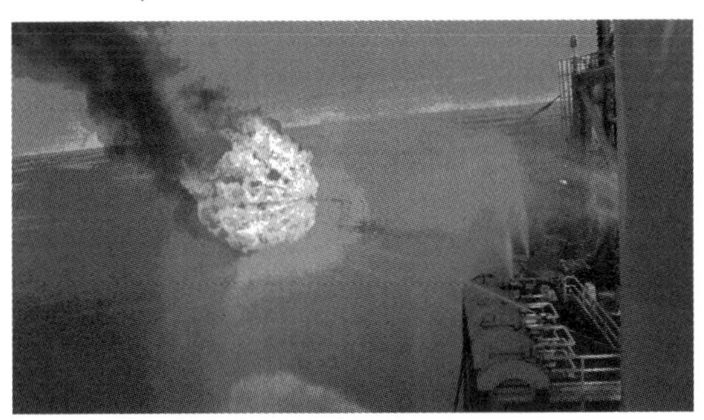

北维尼 3 井试油现场

【钻井服务再传佳绩】 2012 年，勘探二号平台满负荷作业，在渤海埕北 819 井中，成功应用优快钻井技术，平均机械钻速提高了 167%，取得了较好的经济效益；勘探三号平台在南海作业中，连续完钻 5 口高温高压井，确保了设备和井下安全，赢得了作业者和第三方公司的赞誉；勘探六号平台出色完成了年内东海、俄罗斯萨哈林海域作业任务，截至年底，已在 5 口井的作业中均获油气发现。

（林雪梅）

【多项科研项目取得成果】 2012 年 2 月 13 日，由上海海洋石油局承担的中国石化科技项目“深水井场地质灾害调查技术与评价方法研究”在北京顺利通过中国石化科技部组织的验收评审，获得较高评价。通过该项目的研究，建立了系统的海域深水钻井前的安全评估体系，开启了中国石化乃至国内深水井场调查技术的先河。4 月 25 日，由上海海洋油气分公司承担的中国石化科技项目“西湖凹陷重点区带成藏条件研究”通过中国石化科技部组织的技术成果鉴定。该项目取得的新理论和新认识直接应用于勘探实践，取得了重大勘探成果，为东海深层勘探奠定了基础，项目达到了国际先进技术水平。

（林雪梅）

【深水半潜式钻井平台预可研报告完成】 2012 年，上海海洋石油局完成了中国石化下达的《深水半潜式钻井平台预可研报告》的编制工作。该项目研究主要是为石化集团公司建造半潜式深水钻井平台作好准备。该报告阐述了建造深水平台的必要性，分析了国家和中国石化油气能源形势、深水油气勘探开发形势以及国家和中国石化深水油气勘探开发装备状况，提出了深水平台建造技术方案，并对投资进行了估算，作出了经济评价分析。

（林雪梅）

【储量报告获优秀报告二等奖】 2012 年 11 月 7—9 日，由国土资源部石油天然气储量评审办公室举办的 2010、2011 年度全国石油天然气探明储量优秀报告表彰暨宣讲会在杭州召开。中国石化、中国海油联合提交的《黄岩 2－2 气田北区和中区古近系花港组新增石油天然气探明储量报告》获 2011 年度全国石油天然气探明储量优秀报告二等奖。

（林雪梅）

【勘探 311 轮为深海首钻提供服务】 2012 年 5 月 9 日，海洋石油 981 深水钻井平台在南海正式开钻。上海海洋石油局勘探 311 轮作为石化集团公司第 1 艘搭载动力定位设备的海洋石油工作船，充分发挥动力定位供应船的优势，克服南海恶劣海况的不利影响，为 981 平台提供优质服务，为其顺利开钻和投产提供了坚实的后勤保障。

（林雪梅）

【勘探 225 轮建成交付】 2012 年 11 月 26 日，勘探 225 轮深海多用途工作船命名及船舶交接仪式在广州粤新船厂举行。这是上海海洋石油局首条深海多用途工作船，该船设备配置先进、自动化程度高，能满足深水作业需要，在国内同类在建船舶中位居前列。该船于 2011 年 10 月 28 日顺利下水，2012 年 9 月 24 日进行了海上航行试验，试航结果表明该船性能指标满足设计、规范要求。该船建成后即投入南海西部作业。

（林雪梅）

【发现六号多缆物探船举行入坞铺底仪式】 2012年11月30日，发现六号多缆物探船入坞铺底仪式在上海船厂崇明厂区举行。该船由石化集团公司投资建造，系中国石化首条多缆物探船，具备12缆工作能力，可在全球海域进行三维、四维地震等作业，其作业能力和作业效率处于世界先进水平。

（林雪梅）

【发现二号物探船创新纪录】 2012年8月13日，发现二号物探船在东海实施二维地震作业时，完成日工作量236.72千米，创造了石化集团公司物探船日工作量新纪录。

（林雪梅）

【多用途供应船建造合同签约】 2012年12月16日，由石化集团公司投资建造、福建省马尾股份有限公司承建的上海海洋石油局7 000马力多用途供应船建造合同签约仪式在福州市举行。该船载重3 900吨，配备动力定位系统，能服务全球无限航区，满足最新国际公约对船舶设计绿色环保的最高要求，具备低油耗营运性能，在国际同类船舶中处于领先水平。

（林雪梅）

7 000马力多用途供应船签约仪式　（支应利　摄）

【东方勇士2号大马力拖轮顺利完成柬埔寨项目】 2012年2月22日，东方勇士2号大马力拖轮完成了柬埔寨项目胜利回国。2011年11月22日，柬中海洋石油勘探井合作项目启动，该轮一直担当项目主力船舶角色，承担为海洋石油921平台起抛锚、拖航、就位、守护以及人员、物资运输等主要任务，赢得了甲方的高度赞扬，也为上海海洋石油局拓展国外海洋石油作业市场起到了先行先试的作用。

（林雪梅）

【职业技能鉴定所挂牌成立】 2012年2月28日，上海海洋石油局职业技能鉴定所正式挂牌。技能鉴定所主要针对与海洋油气勘探开发和工程服务相关的特殊工种开展技能鉴定。技能鉴定所挂牌成立后，首批获得鉴定资质的专业工种（船舶水手和船舶机工）填补了中国石化相关鉴定专业的空白。技能鉴定所的成立为促进上海海洋石油局快速稳定发展拓宽了人才成长通道，也为培训鉴定工作走向社会奠定了基础。

（林雪梅）

【与仁济医院文明共建】 2012年6月6日，上海海洋石油局与上海交通大学医学院附属仁济医院举行文明共建签约仪式，局长左文岐、局党委书记张旭，仁济医院院长李卫平、党委副书记孟煜等共建双方领导出席仪式。本次共建签约，标志着双方在文明共建合作上迈出了新的一步。仁济医院可以凭借自身的医疗资源优势，为上海海洋石油局职工开展医疗咨询活动与就医协助，进一步提高职工的身心健康。上海海洋石油局可以充分发挥自身行业特点，向医护人员普及行业知识和介绍能源发展形势，并积极开展多种形式的健康公益活动。

（林雪梅）

【勘407轮勇救4名遇险船员】 2012年2月15日，勘407轮完成东海油气勘探项目返航途中，收到宝顺288号货轮遇险求救讯息，立即掉转船头全力驶向出事海域，从水中安全救出全部4名落难船员。从接到求救信号到安全解救，勘407轮仅用时28分钟。

（林雪梅）

表1 上海海洋石油局和上海海洋油气分公司主要技术经济指标 亿元

指标名称 \ 年份	2012	2011	2010	2009	2008	2007
工业(企业)增加值	2.33	6.63	3.67	4.13	1.68	3.90
上海海洋石油局	8.44	6.81	7.18	5.93	2.26	3.13
上海海洋油气分公司	-6.11	-0.18	-3.51	-1.80	-0.58	0.77
资产总计	96.85	91.35	85.16	68.18	53.21	53.22
上海海洋石油局	38.19	34.66	29.91	21.19	12.57	10.03
上海海洋油气分公司	58.66	56.69	55.25	46.99	40.64	43.19
流动资产	15.28	9.97	11.63	8.52	5.68	5.48
上海海洋石油局	4.29	3.90	3.41	7.09	4.00	3.79
上海海洋油气分公司	10.99	6.07	8.22	1.43	1.68	1.69
固定资产原值	37.51	37.04	33.27	16.59	15.09	16.02
上海海洋石油局	37.15	36.69	32.97	16.31	14.82	15.74
上海海洋油气分公司	0.36	0.35	0.30	0.28	0.27	0.28
固定资产净值	22.77	24.17	21.54	5.74	4.87	6.18
上海海洋石油局	22.68	24.07	21.47	5.66	4.76	6.09
上海海洋油气分公司	0.09	0.10	0.07	0.08	0.11	0.09
销售收入	19.92	14.94	10.02	11.37	10.78	9.86
上海海洋石油局	13.82	10.63	8.59	9.91	9.23	7.89
上海海洋油气分公司	6.10	4.31	1.43	1.46	1.55	1.97
实现利税	-8.18	-1.74	-2.69	0.73	0.39	-1.46
上海海洋石油局	2.84	2.44	2.13	3.85	3.20	1.42
上海海洋油气分公司	-11.02	-4.18	-4.82	-3.12	-2.81	-2.88
税　金	0.82	0.71	0.72	0.36	1.06	0.40
上海海洋石油局	0.48	0.47	0.63	0.29	0.97	0.29
上海海洋油气分公司	0.34	0.24	0.09	0.07	0.09	0.11
综合能耗/吨标煤·万元$^{-1}$	0.365	0.38	0	0.26	0.39	—
上海海洋石油局	0.365	0.38	0	0.26	0.39	—
上海海洋油气分公司	—	—	—	—	—	—

西北石油局暨西北油田分公司

【概况】 中国石化集团西北石油局（简称西北石油局）和中国石油化工股份有限公司西北油田分公司（简称西北油田分公司）位于新疆维吾尔自治区，是石化集团公司上游油田企业之一，主要从事油气田勘探开发与油气销售业务。本部机关设在新疆维吾尔自治区首府乌鲁木齐，在巴音郭楞蒙古自治州轮台县建立了前线生产指挥基地。主力油田——塔河油田位于塔里木盆地北部沙雅隆起阿克库勒凸起南部，地处库车县和轮台县境内。

西北石油局和西北油田分公司的前身是组建于1955年的华北地质局二二六队，1997年1月整体归入中国新星石油公司，2000年3月随中国新星石油公司整体并入石化集团公司，并于2003年6月整体划归石化集团公司、石化股份公司直属。2008年5月，西北油田分公司与勘探西北分公司整合重组，组合成新的西北油田分公司。

截至2012年底，西北石油局和西北油田分公司建有1个党委、2套行政领导班子（共12人），下设21个机关职能处室、16个二级单位、7个直属单位；拥有职工4 262人，其中经营管理人员2 066人、专业技术人员1 453人，具有高级（含教授级）专业技术职称的577人。

截至2012年底，西北油田分公司拥有有效矿权区块43个，区块登记面积14.38万平方千米（其中勘查区块34个、14.01万平方千米，开采区块9个、0.37万平方千米），全部分布在新疆维吾尔自治区的塔里木盆地；拥有油气远景资源量134.39亿吨油当量，其中石油75.45亿吨油当量、天然气58.88亿吨油当量；累计完成三级石油地质储量33.93亿吨油当量，其中探明石油地质储量14.77亿吨油当量、控制石油地质储量6.06亿吨油当量、预测石油地质储量13.10亿吨油当量。开发塔河、西达里亚、巴什托3个油气田及雅克拉、轮台、大涝坝、亚松迪、三道桥5个凝析气田；拥有采油气井1 537口，开井1 277口，其中自喷井404口、机抽井873口；累计生产原油6 502.99万吨、天然气139.86亿立方米。2012年被石化集团公司授予特别贡献奖。

西北石油局和西北油田分公司主要经济指标和主要生产建设指标见表1和表2。

（陈兰凤　王爱敏）

【领导班子调整】 2012年10月19日，石化集团公司党组下文，经研究并征得中共新疆维吾尔自治区委员会同意，决定任命席兴怀为中共中国石化集团西北石油局委员会副书记。

（陈兰凤　王爱敏）

【油气勘探取得“12121”成果】 2012年，西北油田分公司累计提交三级油气地质储量3.46亿吨油当量（探明石油地质储量9 594.95万吨、凝析气14.3亿立方米、溶解气10.13亿立方米，控制石油地质储量1.22亿吨、溶解气24.18亿立方米，预测石油地质储量1.01亿吨、溶解气215.86亿立方米），超额完成三级油气储量任务。油气勘探工作取得“12121”成果。

1个重大发现：部署在塔中北坡（塔中Ⅰ号断裂带以北）的顺南1井一间房组—鹰山组顶部酸压获油气，折算最高日产气3.87万立方米、产油4立方米，实现了塔中Ⅰ号断裂带下盘加里东中期岩溶领域的重大油气发现。

2个重要进展：①墨玉县境内的玉北地区东段奥陶系油藏评价取得重要进展，产能建设阵地基本明确。断洼部位玉北5井、玉北9井在奥陶系鹰山组下部与蓬莱坝组钻遇良好储层及油气显示，进一步证实玉北地区东部良好的油气勘探前景。②部署在顺托果勒低隆起志留系领域顺9井区的顺9CH井加砂压裂获工业油流，顺9井区志留系柯坪塔格组下段致密砂岩油藏评价取得重要进展。

1个重要扩大：塔河油田南部盐下地区奥陶系油气藏研究进一步深入，S115－4井等一批探评井获工业油气流，奥陶系油气勘探成果进一步扩大。

2个重要突破：①塔里木盆地巴楚隆起海米东构造上的预探井巴探5井在奥陶系鹰山组试获工业油气流，实现了巴楚隆起奥陶系加里东中期一幕岩溶领域重要油气突破，该领域有望成为天然气增储上产的新阵地。②部署在顺托果勒与沙雅隆起交会处的跃进1X井、跃进2X井在奥陶系一间房组试获高产工业油气流，实现了跃参地区奥陶系碳酸盐岩领域油气突破，进一步展示塔河外围地区良好油气勘探前景。

1个苗头：玛北1井首次在寒武系盐下钻遇良好油气显示，预示巴楚隆起寒武系具有较好的勘探前景。

（陈兰凤　王爱敏）

【油气开发取得4项主要业绩】 2012年，西北油田分公司油气开发工作紧紧围绕“三率”（自然递减率、采收率、储量动用率），大打新区产能建设攻坚战、老区稳产阵地战，取得4项主要成果。①递减率控制达到历史最好水平。大力开展“456”（4 个精细、5 个 100、6 项指标评比）活动，自然递减率由 21.4% 下降到 20.2%，下降 1.2 个百分点。西北油田分公司塔河采油二厂首次将自然递减率控制在 16.4%，同比下降 3.4 个百分点，创造了碳酸盐岩缝洞型油藏开发新纪录。②油藏评价工作取得积极进展。全年部署评价井 51 口，动用储量 3 720 万吨，取得“一个扩大、两个进展”的阶段性成果。③储量动用率不断提高。全年建产新井 255 口，新建产能 164 万吨，储量动用率由 62.1% 上升到 64.1%。④措施工作收效良好。积极开展群挖措施活动，强化停产井、低效井复查，加大深抽、压裂、大修等工作力度，措施增油效果良好，年增油 64.5 万吨。

（陈兰凤　王爱敏）

【科技成果丰硕】 2012 年，西北油田分公司科技工作针对勘探、开发、工程技术瓶颈，组织打好 6 个技术攻关仗。承担国家、中国石化及分公司 3 个层次各类在研科研项目 83 个，其中国家项目 7 项（“973”课题 2 项，国家科技重大专项示范工程 1 项、课题 2 项、专题 2 项），中国石化项目 10 项，分公司项目 66 项。国家重大专项示范工程、研究课题及国家“973”项目进展正常，中国石化项目“塔河油田缝洞型油藏储量评价技术研究”和“十条龙”项目“塔河油田稠油输炼一体化技术研究”顺利通过中国石化总部验收和鉴定。申请国家专利 34 项，授权 22 项，截至年底累计获国家授权专利 64 项。全年获中国石化、自治区科技进步奖 4 项，其中“塔河超深层稠油降黏开采关键技术”获石化集团公司科技进步一等奖，“超深井超大规模酸压改造技术先导试验”获石化集团公司科技进步二等奖；“塔里木盆地古生界碳酸盐岩岩溶与成藏模式类比研究及勘探突破目标优选”获新疆维吾尔自治区科技进步二等奖。

（陈兰凤　王爱敏）

【经营指标再创历史新高】 2012 年，西北油田分公司进一步深化全员成本目标管理，全面推广标准成本三分两全管理法，大力实施油气超产超销、天然气推价、降本减费等十大保效益措施，实现增效 5.92 亿元，保持成本平稳运行和效益稳定增长。全年完成营业收入 289.42 亿元，同比增加 2.81 亿元，较年初指标增加 31.97 亿元。人均收入增幅达 11%；实现利润 123.32 亿元，同比增加 2.2 亿元，较年初预算增加 10.53 亿元，完成中国石化总部下达保效任务目标；单位完全成本 1 348.5 元/吨，比年度指标减少 18.15 元/吨。投资质量和效益进一步提升，强化勘探、开发、系统配套等重点投资项目的前期规划和全过程跟踪控制，开展十大投资优化措施，全年降低投资 7 397 万元，完成年度任务目标的 106%；发现成本 35.61 元/吨，开发成本 682.96 元/吨。

（陈兰凤　王爱敏）

【节能降耗成效显著】 2012 年，西北油田分公司成立节能目标责任评价考核领导小组，组织配置塔河油田一级、二级用气计量仪表及新建单井用电计量装置，完善计量设备台账并定期校验，开展计量体系认证工作。组织中国石化节能监测中心测试塔河油田集输储运系统能耗系统效率；开展“雅克拉集气处理站节能降耗系统分析与评价”科研立项工作，研究雅克拉集气处理站节能降耗技术，并将节能技术推广应用，建成节能示范区；参加中国石化总部、新疆维吾尔自治区组织的节能工作培训 32 人次；组织胜利油田首席专家在塔河油田举办油田生产节电培训 61 人。全年塔河油田累计耗能 77.57 万吨标煤（含天然气和原油损耗）。单位油气综合能耗 89.56 千克（标煤）/吨，比年度指标下降 4.37%；万元产值综合能耗 337 千克标煤，比年度指标下降 3.99%。能源实物量消耗：电力 1.05 亿千瓦·时（外购电量），原油 28.15 万吨，天然气 2.63 亿立方米，汽油 1 651 吨，柴油 2 546 吨，原煤 24 吨，热力 4 210 吨，新鲜水 233.13 万立方米，单位油气生产用新鲜水 0.27 米^3/吨。西北油田分公司被石化集团公司评为 2012 年度节能工作先进单位。

（陈兰凤　王爱敏）

【塔河油田四号联合站工程启动】 2012 年 5 月 30 日，塔河油田四号联合站及系统配套工程正式启动。塔河油田四号联合站地处库车县境内，位于塔河油田 12 区，是 2012 年中国石化“十二五”塔里木盆地油气增储上产会战重点项目，也是西北油田分公司 2012 年地面工程建设三大会战工程重点项目。该项目占地面积 8.14 万平方米，工程投资 3.46 亿元，设计年原油处理规模 260 万吨、混合液处理规模 400 万吨，日污水处理规模 4 000 吨。主要功能是对该站周围单井进站加热、计量和配气，各计转站油气混合液加热、油气分离、原油脱水、原油稳定（脱硫）、大罐抽气、原油储存、原油计量外输、伴生气外输、污水处理等。该站建成后将担负塔河油田 10 区、12 区原油外输及处理，兼顾部分于奇西区块产能。

（陈兰凤　王爱敏）

塔河油田四号联合站工程建设现场

【和田河大桥竣工通车】 西北油田分公司在和田地区墨玉县北东方向 70 千米处取得勘探突破，玉北 1 井获工业油气流。为加快地方经济发展和勘探开发进程，西北油田分公司决定在玉龙喀什河与喀拉喀什河汇合口 15 千米，洛浦县、墨玉县交界处修建和田河 1 847 米永久性大桥 1 座，建设总投资 8 200 万元。和田河大桥于 2011 年 10 月 15 日开工，2012 年 7 月 28 日建成，比计划工期提前 1 个月竣工通车。

（陈兰凤　王爱敏）

【硫化亚铁隐患防治技术研究取得新突破】 塔河油田属高含硫化氢油田，硫化亚铁自燃严重威胁西北油田分公司的安全生产。2011 年 3 月，西北油田分公司与安全工程研究院联合成立硫化亚铁自燃火灾事故防治及对策研究项目组。通过现场跟踪调查、室内实验评价和综合分析研究，截至 2012 年底，项目认识了含硫油气田硫化亚铁的形成、自燃机理及影响因素；应用半定量风险等级评价方法，识别出硫化亚铁自燃重点隐患部位和操作环节共 4 级 154 个单元；研发出硫化亚铁钝化清洗配方，并申报国家发明专利；形成西北油田分公司硫化亚铁自燃高风险部位和环节安全管理制度、操作规程与技术规范。2012 年 12 月 13 日，项目通过中国石化专家组评审。项目取得的 5 项成果、4 项创新、1 项国家发明专利、2 篇科技论文等技术成果得到专家组高度评价，标志西北油田分公司硫化亚铁自燃隐患防治技术研究与应用工作取得新突破。

（陈兰凤　王爱敏）

【S48 井创全国单井累产最高纪录】 S48 井是西北油田分公司部署在塔河油田 4 区奥陶系油藏的第 1 口发现井，位于塔河四号构造古潜山高点部位。该井于 1997 年 10 月裸眼自然完井，是国家科技重大专项——塔里木盆地大型碳酸盐岩油气田勘探开发示范工程缝洞型油藏注水工程示范点。截至 2012 年 11 月 18 日，S48 井安全运行 5 000 多天，产油 72.98 万吨、气 3 981 万立方米，创全国单井累计产量最高纪录。

（陈兰凤　王爱敏）

【非常规储层分段酸压改造获重要突破】 TH10－P1 井是西北油田分公司部署在塔河油田 10 区块反射特征较弱区域（“蓝色海洋”区）的一口开发评价井，也是塔河油田“蓝色海洋”区第 1 口评价井，储层欠发育。2012 年 7 月 15 日，西北油田分公司在 TH10－P1 井“蓝色海洋”弱反射储层分 4 段开展酸压改造，累计注入底层液 3 688 立方米，压后自喷排液 344.4 立方米即见稠油 30%。这是继 4 月 26 日 TK346H 井在“红波谷”储层酸压改造见油后，西北油田分公司在非常规储层取得的又一重要突破。两口井见油，对近 5 亿吨非常规未开发储量实现有效动用具有重要意义。

（陈兰凤　王爱敏）

塔河油田 TP10－P1 井实施分段酸压

【民生工程有效落实】 2012 年，西北油田分公司职工收入持续增长，施行休假补贴制度，调整了住房公积金缴费标准，实施南北疆工作餐一卡通，增加离退休职工退休金和节日慰问金。加快推进米泉基地集资建房进程，规划南北疆生产、生活基地和住宅小区“四化”工程，新建职工倒班公寓，维修、改善分公司在乌鲁木齐新市区基地住宅小区配套设施。全年帮扶 3 236 人次，救助困难职工 10 户，安排赴北京就医 327 人次。

（陈兰凤　王爱敏）

【第 5 届西北石油文化节开幕】 2012 年 5 月 4 日，

第5届西北石油文化节开幕式在西北油田分公司塔河采油一厂举行。第5届西北石油文化节由"点燃激情、唱响塔河"职工歌手大赛、"激情塔河、幸福西北"集体婚礼、"百问不倒"安全知识竞赛、企业文化巡回宣讲、廉洁文化视频评选、文艺汇演6个系列活动组成。

（陈兰凤　王爱敏）

表1　西北石油局和西北油田分公司主要经济指标 亿元

指标名称＼年份	2012	2011	2010	2009	2008	2007
企业增加值	265.77	276.56	197.13	116.32	195.39	130.18
西北石油局	0.93	1.91	0.35	0.25	0.33	-0.05
西北油田分公司	264.84	274.65	196.78	116.07	195.06	130.23
资产总计	393.24	367.15	309.66	253.60	255.59	207.12
西北石油局	12.16	11.55	11.83	12.10	8.29	5.54
西北油田分公司	381.08	355.59	297.83	241.40	247.30	201.58
流动资产	19.32	46.26	35.11	16.45	14.24	11.14
西北石油局	1.97	2.10	2.28	2.88	1.77	0.58
西北油田分公司	17.35	44.17	32.83	13.57	12.47	10.56
固定资产原值	615.09	537.59	423.29	361.23	292.60	235.71
西北石油局	10.78	10.46	7.31	6.94	0.98	1.03
西北油田分公司	604.31	527.14	415.98	354.29	291.62	234.68
固定资产净值	281.38	264.23	202.72	183.85	200.53	167.30
西北石油局	9.35	9.47	6.62	6.66	0.72	0.74
西北油田分公司	272.03	254.76	196.10	177.19	199.81	166.56
总收入	291.96	288.01	212.09	140.28	205.35	143.99
西北石油局	2.54	1.41	0.34	0.10	0.06	0.27
西北油田分公司	289.42	286.61	211.75	140.18	205.29	143.72
实现利税	219.93	233.28	144.73	74.52	167.19	108.15
西北石油局	0.17	0.19	0.11	0.07	0.02	-0.08
西北油田分公司	219.76	233.09	144.62	74.45	167.17	108.23
税　金	96.67	112.22	64.91	17.20	57.64	24.62
西北石油局	0.20	0.25	0.09	0.07	0.02	-0.07
西北油田分公司	96.47	111.97	64.82	17.13	57.62	24.69

表2　西北石油局和西北油田分公司主要生产建设指标

指标名称＼年份	2012	2011	2010	2009	2008	2007
原油产量/万吨	735.00	725.00	700.02	660.01	600.13	536.25
天然气产量/亿立方米	16.45	15.94	15.80	13.45	12.72	9.53
新增原油生产能力/万吨	159.60	159.70	176.48	166.21	163.10	160.00
新增天然气生产能力/亿立方米	2.17	2.02	1.03	1.94	2.89	2.83
新增探明石油地质储量/万吨	9 594.94	9 639.53	9 655.80	12 483.03	12 955.50	9 411.15

续表

指标名称 \ 年份	2012	2011	2010	2009	2008	2007
新增探明天然气地质储量/亿立方米	24.43	62.42	40.02	5.25	16.03	74.16
二维地震/千米	3 146.00	4 834.00	5 243.00	4 892.00	8 229.00	
三维地震/平方千米	2 519.00	2 750.00	1 858.00	1 302.00	1 106.00	1 741.00
石油钻井/口	310	266	193	191	185	160
探井(含侧钻)	39	50	36	47	44	40
开发井	271	216	157	144	141	120
钻井进尺/万米	165.82	157.53	114.49	107.92	108.31	86.92
勘探投资/亿元	35.04	35.45	26.62	25.96	25.31	22.19
开发投资/亿元	92.45	77.62	62.27	57.55	56.33	47.91
综合能耗/吨标煤·万元$^{-1}$	0.34	0.34	0.39	0.41	0.43	—

西南油气田

【概况】 西南油气田是中国石化集团西南石油局(简称西南石油局)和中国石油化工股份有限公司西南油气分公司(简称西南油气分公司)的统称，是石化集团公司油气生产企业之一。西南石油局是负责西南油气田基地管理与服务、石油工程技术服务的区域性法人经营实体，西南油气分公司是负责西南地区油气勘探开发业务的经营实体。队伍主要分布在四川、重庆、贵州、云南、广西、湖南等地。本部机关于2012年12月底迁至成都市高新区吉泰路中国石化西南科研办公基地。

西南油气田的前身是组建于1976年的国家地质总局四川石油普查勘探指挥部，1997年1月整体归入中国新星石油公司，2000年3月随中国新星石油公司整体并入石化集团公司，并于2003年5月整体划归石化集团公司和石化股份公司直属。2007年3月，西南石油局和西南分公司与中南石油局、中南分公司、滇黔桂石油勘探局、南方勘探开发分公司整合重组，组成西南石油局、西南油气分公司、石油工程西南公司。2009年12月，西南石油局与石油工程西南公司整合重组为新的西南石油局。

截至2012年底，西南油气田下设29个职能处室、6个附属机构、36个二级单位；拥有正式职工11 207人，其中拥有教授级高级职称的49人、高级技术职称的1 098人。

截至2012年底，西南油气田拥有勘探区块21个，勘探面积2.37万平方千米，开采区块18个，开采面积1 182.82平方千米。川东北开发准备区块5个，面积1.44万平方千米。累计提交天然气探明地质储量5 036.66亿立方米，累计提交原油探明地质储量1 543.1万吨。拥有气田21个，共有气井1 535口，开井1 354口，年产气29.61亿立方米，历年累计生产天然气363.8亿立方米。共有油井140口，开井109口，年产油2.20万吨，历年累计生产原油163.08万吨。2012年4月，西南油气分公司获全国五一劳动奖状，西南石油局工会获四川省五一劳动奖状。

西南油气田主要技术经济指标和主要生产建设指标见表1、表2和表3。

(罗兴平　付承生)

【主要领导调整】 2012年6月5日，石化集团公司党组对西南石油局、西南油气分公司主要领导干部作出调整决定：甘振维任西南石油局局长、党委书记，西南油气分公司总经理，西南石油局、西南油气分公司和勘探南方分公司协调委员会主任。薛万东不再担任西南石油局局长、党委书记，西南石油局、西南油气分公司和勘探南方分公司协调委员会主任职务，另有任用。

(罗兴平　付承生)

【天然气探明地质储量突破2 000亿立方米】 2012年，西南油气田新增天然气探明地质储量突破2 000亿立方米大关，达2 060.16亿立方米，控制储量1 728.58亿立方米，预测储量2 372.51亿立方米，分别完成石化集团公司下达计划的294.31%、216.07%、237.25%。储量替代率131%，比石化集团公司下达指标提高21个百分点。

(罗兴平　付承生)

【油气勘探取得丰硕成果】 2012年，西南油气田共实施二维地震勘探649.97千米、三维地震勘探1 288.19平方千米，分别完成中国石化总部下达计划的100%和99.09%。实施探井86口，完钻62口，合计进尺17.66万米。取得“1个重大突破、1个重大发现、5个重要进展、1个重要苗头、2个积极推进”的丰硕成果。

1个重大突破：川西中浅层天然气勘探取得重大突破，获中国石化重大突破特等奖。广汉—金堂中浅层甩开勘探取得重要油气成果，广金5井、6井钻获工业气流，多口井钻遇良好显示，提交预测储量2 372.51亿立方米；马井—什邡中浅层评价勘探油气成果显著，提交探明储量1 652.08亿立方米、控制储量1 728.58亿立方米；高庙子地区中浅层发现重要孔隙性储层，有望获产工业油气；崇州—郫县中浅层预探取得初步成效，崇州1井发现重要显示。

1个重大发现：中江—回龙地区须家河组勘探获重大发现，回龙1井在须二段获日产天然气16.43万立方米工业气流。

5个重要进展：①川西海相勘探取得重大进展，新深1井在雷口坡组顶部测试获68万米^3/日的高产工业气流；②川西须家河组勘探取得重要进展，高庙4井、新场15井分别获得4.14万米^3/日和3.11万米^3/日的工业气流；③中江、孝泉、丰谷高庙子等地区中浅层评价勘探取得重要进展，多口井钻获工业气流或钻遇良好显示；④叠覆型致密砂岩气区成藏地质理论的攻关研究取得重大进展，在沉积相研究和成藏富集规律研究等方面取得一系列突破性认识和创新性成果；⑤非常规油气勘探取得重要进展。

1个重要苗头：川西南海相勘探发现重要苗头。金石1井实钻揭示嘉陵江组油气显示活跃，展现了川西南海相油气勘探前景。

2个积极推进：川西陆相风险勘探积极推进，绵阳1井发现重要油气显示；川西海相风险勘探积极推进，都深1井、彭州1井、潼深1井顺利钻进。

（罗兴平　付承生）

【油气开发水平稳中有升】 2012年，西南油气田共实施开发钻井116口，进尺38.88万米，创造了“2个增长、3个突破、1个持续稳定”的良好成果。

2个增长：油气产量和新建产能实现持续增长。全年天然气产量同比增加1.6亿立方米，增幅5.71%；原油产量同比增加0.13万吨，增幅6.21%。共计投产新井121口，新建产能6.5亿米^3/年，同比增加3.14亿米^3/年，增幅93.45%。

3个突破：中江沙溪庙气藏滚动评价取得突破，江沙3－1H井测试产气5.35万米^3/日；孝泉沙溪庙组难采储量水平井评价试验取得突破，孝沙1－1H井测试产气5.24万米^3/日；阆中大安寨段致密油藏评价取得突破，石平2－1H井测试获得初期产量33.79吨/日的高产工业油流。

1个持续稳定：老区综合调整成效显著，全年老井共计生产天然气26.2亿立方米，实现了老区产量的持续稳定。在新场沙溪庙组和马井蓬莱镇组，优化部署水平井37口，实施完成31口，平均单井日产气2.2万立方米，新增产能2.68亿米^3/年，促进了川西中浅层气藏的持续稳产和规模扩大。全年共实施老井措施231井次，措施增产天然气8 114万立方米，增产原油1 298吨，分别完成年计划的108.2%和130%。

（罗兴平　付承生）

【元坝气田产能建设加速推进】 2012年，西南油气田三大油气会战之一的元坝长兴组气藏17亿米^3/年试采工程建设进展顺利。5口利用井有4口测试获得高产，待测试井元坝272H井有望获高产；新部署的9口开发井已实施8口，完钻1口（元坝205－1井），其余各井均按计划顺利钻进；元坝长兴组滚动开发评价取得积极进展。共实施续建开发评价井6口，完钻的评价井取得良好效果；《元坝气田长兴组气藏滚动建产开发概念设计》顺利通过中国石化总部审查；元坝陆相气藏开发评价积极推进，共部署实施8口开发评价井。

（付承生）

【页岩油气会战取得突破】 2012年8月30日，西南油气田石平2－1H水平井陆相大安寨页岩油气藏实施5级分段酸压改造，获日产天然气0.8万立方米，标志页岩油气会战取得首次突破；11月19日，金石1井在九老洞组钻获页岩气工业气流，日产天然气2.55万立方米，展现了川西南海相探区页岩气勘探的良好前景，标志页岩气勘探取得重大突破；川西新场地区须五段页岩气专探井新页HF－1井、新页HF－2井顺利完钻，有望获得工业气流。

（罗兴平　付承生）

【元坝气田地面建设配套工程全面展开】 2012年，西南油气田在加快元坝气田产能建设步伐的同时，着力抓好元坝气田地面建设配套工程，各项工作全面展开。元坝长兴组气藏地面集输工程基础设计通过中国石化总部审查，集输道路、隧道及大中型跨越工程建设、元坝陆相集气管道工程建设进展顺利；

川东北—川西输气联络线中段（平昌—元坝段）及其延长线总长约 124.5 千米的主体工程基本完工；元坝气田净化厂征地、拆迁工作全面完成，厂区场平、进厂道路等工程建设全面开展。

（付承生）

【工程作业板块工作量再创历史新高】 2012 年，西南油气田工程作业系统在全力保障“三大会战”的同时，积极稳妥地拓展国内国际市场，各专业板块工作量再创历史新高，钻井工程刷新 65 项新纪录。共完成二维地震 4 830 千米、三维地震 2 538 平方千米；开钻 393 口，完井 384 口，钻井进尺 120.33 万米，同比增加 7.97 万米；完成测试 282 井次 362 层次，同比增加 50 层次，压裂施工 447 井次 1 282 层次，同比增加 51 井次 580 层次，修井 301 井次，同比增加 10 井次；完成测井 1 552 井次、3 968.19 万标准米，同比增加 380 井次、613.57 万标准米，射孔 634 井次、取芯 2 935 颗；完成录井 434 口，同比增加 26 口，录井进尺 141.75 万米，同比增加 14.5 万米；完成固井 982 井次，同比增加 107 井次，入井套管总长 134.28 万米，同比增加 13.65 万米，水泥用量 6.92 万吨，同比增加 4 935 吨；完成钻前施工 250 个井场，同比增加 97 个井场；其他相关作业完成工作量均有较大幅度增加。

（付承生）

【油气销售效益增幅明显】 2012 年，西南油气田编制实施油气销售运行方案，确保产销平衡和营销调度动态平衡，实现了安全平稳供气，提升了销售效益。西南油气分公司全年销售天然气 28.13 亿立方米，商品率 95.02%；实现含税销售收入 43.74 亿元，增幅 11.8%；销售原油 2.17 万吨，商品率 98.45%，实现含税销售收入 1.29 亿元。油气款回收率 100%。

（罗兴平）

【6 项科研成果达国际先进水平】 2012 年，西南油气田新立项科研项目 80 项，在研国家重大科技专项、石化集团公司科技攻关及先导项目和分公司科研项目 223 项。通过石化集团公司和四川省鉴定的科研成果 9 项，其中“元坝超深含硫气藏勘探开发关键工程技术”“HTI 介质地震资料叠前偏移技术”2 项科研项目获“国际领先”，“深层致密储层超高压压裂关键技术”“四川复杂气藏深—超深水平井完井关键技术”“元坝复杂气藏超深水平井完井关键技术”“超高压地层钻井关键技术”4 项科研项目获“国际先进”；2 项成果获石化集团公司科技进步三等奖，1 项获四川省科技进步三等奖，1 项获国家能源局科技进步二等奖；新增国家授权专利 31 项，获国际专利申请受理 1 项，实现了国际专利申请零的突破。

（罗兴平　付承生）

【加强成本管理】 2012 年，西南油气田切实加强投资计划管理、全面预算管理和全员成本管理，财务管理水平持续提升，在有效控制各项资金指标和成本费用指标中，认真贯彻落实石化集团公司关于“经营一元钱、节约一分钱”和“八个保效益”的工作要求，先后采取 18 项增收增效、降本增效措施，共实现增收降本 7 亿多元，有力地促进和保障了全年生产经营目标任务的完成。

（罗兴平）

【“三基”工作取得显著效果】 2012 年，西南油气田大力深化“三基”工作，深入开展“比学赶帮超”“五项劳动竞赛”“金银牌基层队创建”等活动，效果显著。被石化集团公司评为红旗采气厂、优胜采油厂各 1 个，金银牌基层队 62 支，“三基”工作先进基层单位 3 个。291 支队伍获石化集团公司颁发的资质，5 支队伍实现资质升级，新增资质队伍 13 支。获石化集团公司现代化管理创新成果奖 14 项。

（罗兴平）

【安全环保态势平稳】 2012 年，西南油气田把安全生产放在首位，层层落实 HSE 目标管理责任制，切实加强 HSE 教育培训，健全完善并严格执行 HSE 管理制度，深入开展“我要安全”“查找身边十大薄弱环节”等活动，全面落实“七想七不干”工作要求，切实加强安全环保监督管理，及时排查和整改各类隐患，持续推进应急救援体系建设。全年安全环保态势总体平稳，未发生上报安全环保责任事故，被石化集团公司评为安全环保“比学赶帮超”金牌单位和环境保护、职业健康先进单位。

（罗兴平）

【稳步推进企业改革】 2012 年初，西南油气田对录井、销售、油建等单位和部门进行整合重组，优化了队伍结构，整合了有效资源，完善了相关管理运行机制。6 月，根据石化集团公司的安排部署，启动石油工程专业化重组及矿区管理体制调整工作，及时成立领导小组及相应的工作机构，及时编制上报重组调整实施方案，11 月上旬获得石化集团公司批复。根据批复，西南石油局共有 13 个石油工程作业单位成建制划入中石化西南石油工程有限公司，3 个物探单位成建制划入中石化地球物理勘探有限公司。同时做好分账建账、工商注册、税务登记和队伍、人员、业务、资产、债权债务划转等工作，确保了各项工作积极稳妥地顺利推进。截至年底，完成了中石化西南石油工程有限公司管理机关的组建及相关划转工作，完成了3个物探单位向中石化地球物理勘探有限公司划转。

（付承生）

【加强和谐企业建设】 2012年，西南油气田层层落实综治信访稳定工作目标管理责任制，连续2年实现零进京上访。基地建设、小区改造、“三表”改造和社会化服务等工作取得新进展，10个小区获石化集团公司文明和谐示范小区称号。扎实做好离退休服务管理工作，确保老职工“两项待遇”全面落实。深入实施“八项民生工程”，为职工群众办好事实事。实现职工收入稳定增长，全面实行职工休假疗养制度，合计支出费用5 210万元；湖南、广西、云南等地区职工住房建设项目相继启动实施，实施小区完善提高工程和维修改造项目，立项金额7 958.6万元，竣工验收离退休活动室1个，开建离退休活动室3个；西南科研办公基地建成投用，阆中基地建设项目正式启动；增加离退休人员节日慰问费，帮助协解人员再就业5 099人，计发费用6 759万元；帮扶困难职工群众1 311人，共发放帮扶资金183万元；看望生病住院困难职工，慰问生产一线职工，发放慰问金112万元；实施“金秋助学”494人，合计金额124.5万元；帮助450户困难家庭办理低保，协助申领低保金185.32万元；组织9 390名员工参加地方医疗互助活动，为1 606人次报销医疗互助金103万元。

（罗兴平）

【党建工作卓有成效】 2012年，西南石油局党委制定《关于加强和改进新形势下企业党建工作的实施意见》，修订完善党建工作考核评比办法，切实加强党的思想建设、组织建设、作风建设、反腐倡廉建设和制度建设，深入开展“创先争优”“基层组织建设年”“一转双创”等主题活动，扎实做好思想政治工作、企业文化建设、内外宣传报道、媒体沟通协调、工会共青团工作，不断提高党建工作的科学化、制度化、规范化、体系化水平，为推进科学发展、构建和谐企业提供强有力的思想政治保证和组织保证，促进了生产经营、党建思想文化工作同步协调健康发展。年内，局党委获四川省“创先争优”活动先进基层党组织称号，一批先进集体和个人受到各级表彰奖励。

（罗兴平）

表1　　西南油气田主要技术经济指标　　亿元

指标名称 \ 年份	2012	2011	2010	2009	2008	2007
工业总产值						
西南石油局	—	54.22	40.33	—	22.80	25.80
西南油气分公司	39.81	35.71	31.75	27.49	27.12	25.53
工业增加值						
西南石油局	—	16.31	13.78	—	5.36	—
西南油气分公司	5.29	20.27	18.02	15.60	—	4.95
资产总计						
西南石油局	61.77	106.44	92.69	27.41	26.36	25.80
西南油气分公司	271.85	220.53	199.24	148.12	128.53	93.11
流动资产						
西南石油局	37.29	48.66	40.52	7.08	6.68	8.22
西南油气分公司	3.20	6.35	31.32	10.33	9.72	7.76
固定资产原值						
西南石油局	17.96	65.00	64.01	22.28	20.59	18.14
西南油气分公司	222.28	196.51	165.53	137.18	110.30	97.43
固定资产净值						

续表

年份 指标名称	2012	2011	2010	2009	2008	2007
西南石油局	17.22	40.66	41.59	15.26	14.43	12.40
西南油气分公司	85.29	91.46	81.16	65.89	60.49	54.69
销售收入						
西南石油局	35.47	100.50	74.55	23.87	22.04	25.81
西南油气分公司	39.82	35.83	31.78	27.62	27.12	25.53
实现利税						
西南石油局	1.03	10.15	3.17	1.00	—	0.19
西南油气分公司	-18.07	-12.33	-14.43	-6.68	-13.68	3.41
税　金						
西南石油局	1.41	9.59	5.07	1.77	—	2.12
西南油气分公司	2.32	3.04	1.41	1.32	-9.14	-0.45
综合能耗/吨标煤·万元$^{-1}$						
西南石油局	—	0.41	0.48	0.05	0.05	—
西南油气分公司	0.57	0.57	0.93	0.80	0.78	—

表2　**西南石油局主要生产建设指标**

年份 指标名称	2012	2011	2010	2009	2008	2007
完成二维地震采集量/千米	4 840.00	8 440.00	4 512.00	5 805.00	3 787.00	2 672.00
完成三维地震采集量/平方千米	2 538.00	2 456.00	2 060.00	2 271.00	1 543.00	2 796.00
完成钻井数/口	384	371	335	—	—	—
完成进尺数/万米	120.33	112.00	95.23	—	—	—

表3　**西南油气分公司主要生产建设指标**

年份 指标名称	2012	2011	2010	2009	2008	2007
原油产量/万吨	2.20	2.07	2.50	2.68	3.01	3.00
天然气产量/亿立方米	29.61	28.01	27.16	29.02	27.05	27.02
新增原油生产能力/万吨	0.30	0.05	1.90	—	0.30	0.05
新增天然气生产能力/亿立方米	6.50	3.36	2.56	4.74	0.03	4.95
新增原油地质储量/万吨	—	—	170.70	221.32	125.27	154.49
新增天然气地质储量/亿立方米	2 060.16	2 076.41	1 839.04	1 580.45	1 953.00	1 567.00
勘探开发投资额/亿元	83.03	62.82	39.51	35.56	33.72	36.99

东北石油局暨东北油气分公司

【**概况**】 中国石化集团东北石油局(简称东北石油局)和中国石油化工股份有限公司东北油气分公司(简称东北油气分公司)是中国石化在东北地区唯一一支从事石油天然气勘探开发研究的主体专业化油公司。本部位于吉林省长春市西安大路4936号。

东北石油局和东北油气分公司前身成立于1977年，2000年并入中国石化，2008年1月9日，中国石化将原东北分公司、东北石油局、勘探北方分公司、华东分公司吉林项目部腰英台油田重组为新的东北石油局暨东北油气分公司。

截至2012年底，东北石油局和东北油气分公司下设16个机关处室、7个附属机构和7个二级单位；共有正式职工1 118人，劳务用工1 002人，其中拥有高级技术职称的185人、中级技术职称的192人。

截至2012年底，东北油气分公司辖有油气勘查与采矿区块33个，总面积约10.23万平方千米，分布在黑龙江省、吉林省、辽宁省和内蒙古自治区。其中，油气勘查区块25个，勘查面积约10.17万平方千米；采矿区块8个，开采面积约625.52平方千米。油气总资源量22.89亿吨油当量。已获得累计石油探明储量1.05亿吨、累计天然气探明储量758.19亿立方米。

东北石油局和东北油气分公司主要技术经济指标和主要生产建设指标见表1和表2。

(吴　瑶)

【**油气勘探取得丰硕成果**】 2012年，东北油气分公司以区域突破和增储上产为目标，取得了1个重大突破、1个重大发现、5项重要进展。

1个重大突破：腰南5井获工业油流，长岭凹陷嫩江组石油勘探获重大突破。证实长岭凹陷嫩江组存在成熟烃源岩和成藏富集条件，具有较大的勘探潜力，拓展了坳陷层石油勘探领域，将成为新的增储上产阵地。

1个重大发现：梨树断陷双龙次洼石油勘探获重大发现，龙1井获工业油流。证实了双龙次洼具有含油连片的趋势，并将成为继七棵树、苏家屯之后新的石油增储上产阵地。

5项重要进展：①金1井钻遇厚层气层，梨树断陷南部天然气勘探场面进一步扩大。金1井、金古1井在多层系钻遇气层，厚度大于100米，金山地区已形成500亿立方米的天然气勘探场面。②探明苏家屯东部断阶带，展开勘探效果良好。③登娄库—永安地区胜利1井、莺1井试获天然气流，进一步明确了天然气增储区带。④彰武断陷东部钻遇沙海组、义县组新的含油层系，拓展了勘探领域。⑤三江盆地首次获得油气发现，松南新区落实了有利断陷，进一步展示外围新区勘探前景。

(吴　瑶)

【**开发形势逐步好转**】 2012年，东北油气分公司通过不断深化油藏认识，狠抓生产运行效率和质量，开发生产形势趋好。全年生产原油22万吨，新建原油产能5.33万吨；生产天然气5.1亿立方米，新建天然气产能1.5亿立方米。井组稳升率由60%提高到70%，油田自然递减由16.5%下降到12.32%，综合递减由13.31%下降到7.36%。

(吴　瑶)

东北油气分公司2012年油气生产誓师大会

【**钻井提速提效成果显著**】 2012年，作为中国石化钻井提速提效重点实施单位，东北油气分公司通过加强基础研究，优选钻井液体系，强化钻井施工参数，优化钻头选型，推广应用适用配套技术，机械钻速明显提高，建井周期显著缩短，钻井工程综合质量优良率为38.8%，合格率为100%。老区完钻76口，建井周期缩短5%，机械钻速提高13.1%。新区完钻50口，建井周期缩短35%，机械钻速提高54%，超额完成了石化集团公司下达的提速提效任务，加快了产能建设步伐。

(吴　瑶)

【**HSE管理工作稳步推进**】 2012年，东北石油局和东北油气分公司加强对全体承包商的安全教育工作，强化安全防范意识，要求承包商开展隐患排查和消除；完善现场作业管理的标准规范和管理制度，及时向承包商进行宣贯；健全承包商年度考评机制，严把考核关，实行末位淘汰。年内全面启动绿色低碳战略，严抓 HSE 责任落实，修订 HSE 责任制，组建了 HSE 督察站，建立专业应急抢险队伍；进行 3 次综合性检查、2 次专项检查和多次不定期抽查、督察，将 HSE 检查与绩效考核相结合，加大奖惩力度；组织 2 100 余人次参加硫化氢、井控、HSE 培训。

（吴 瑶）

东北工区救护演练

【通过 ISO 9001 质量管理体系认证】 2012 年，东北石油局和东北油气分公司开始架构 ISO 9001 质量管理体系，成立体系领导小组，建立由上到下的质量管理组织机构，编制质量手册、程序文件等体系文件，制定质量方针和质量目标，安排基础知识培训班。7 月 1 日起，ISO 9001 质量管理体系上线运行。10 月组织内审并就存在的问题进行整改，12 月通过外审专家对管理体系的符合性、适宜性的二次审核，获得了 ISO 9001 质量管理体系认证证书。

（吴 瑶）

【党建工作扎实开展】 2012 年，东北石油局党委创新方法和途径，扎实有效地组织开展党建思想政治工作，完成了对各党委、党总支的分类定级，并将局党委隶属关系由长春市国资委管理调整到吉林省国资委管理。2012 年 5 月，被评为吉林省文明单位。

（吴 瑶）

表 1　东北石油局和东北油气分公司主要技术经济指标　亿元

指标名称＼年份	2012	2011	2010	2009	2008	2007
工业增加值	5.46	4.35	2.45	0.95	2.89	1.27
东北油气分公司	5.20	4.02	2.45	0.95	2.75	1.14
东北石油局	0.26	0.33	—	0.14	0.13	0.26
资产总计	63.85	50.34	52.12	46.84	47.33	13.22
东北油气分公司	61.22	48.32	50.45	45.17	45.59	11.36
东北石油局	2.63	2.02	1.67	1.67	1.74	1.86
流动资产	3.22	2.25	7.10	3.08	2.30	1.93
东北油气分公司	1.59	1.41	6.73	2.19	1.43	0.97
东北石油局	1.63	0.84	0.37	0.89	0.87	0.96
固定资产原值	77.47	67.96	61.43	57.28	42.64	17.80
东北油气分公司	76.43	66.92	60.52	56.38	41.60	16.61
东北石油局	1.04	1.04	0.91	0.90	1.04	1.19
固定资产净值	29.20	25.64	23.96	25.16	29.30	10.29
东北油气分公司	28.74	25.11	23.43	24.60	28.65	9.51
东北石油局	0.46	0.53	0.53	0.56	0.65	0.78

续表

指标名称 \ 年份	2012	2011	2010	2009	2008	2007
销售收入	22.11	17.41	12.53	8.70	12.65	3.05
东北油气分公司	19.65	16.25	12.27	8.67	12.32	2.84
东北石油局	2.46	1.16	0.26	0.03	0.33	0.21
实现利税	-1.93	-2.72	-3.68	-15.81	-1.66	-0.76
东北油气分公司	-1.95	-2.83	-3.72	-15.84	-1.91	-0.81
东北石油局	0.02	0.11	0.04	0.03	0.25	0.05
税　金	1.06	0.24	0.24	0.19	0.31	0.27
东北油气分公司	0.85	0.17	0.24	0.19	0.24	0.24
东北石油局	0.21	0.07	0.004	0.003	0.07	0.03
综合能耗/吨标煤·万元$^{-1}$	0.65	0.61	0.62	0.65	0.49	—

表2　　东北油气分公司主要生产建设指标

指标名称 \ 年份	2012	2011	2010	2009	2008	2007
原油产量/万吨	22.00	21.01	22.51	24.12	24.72	5.02
天然气产量/亿立方米	5.10	3.81	3.95	2.22	1.40	1.16
新增原油生产能力/万吨	5.33	2.50	3.50	2.50	9.96	0.78
新增天然气生产能力/亿立方米	1.51	2.35	0.53	2.81	2.26	0.42
新增探明石油地质储量/万吨	1 022.66	1 013.73	634.55	788.30	1 875.93	674.76
新增探明天然气地质储量/亿立方米	—	26.79	42.99	126.85	51.05	—
二维地震/千米	2 555.06	3 908.00	1 719.00	2 111.00	1 456.19	—
三维地震/平方千米	295.41	602.00	213.00	490.00	661.61	196.00
石油钻井/口	132	70	74	103	282	50
探　井	52	27	30	30	32	16
开发井	80	43	44	73	250	34
钻井进尺/万米	33.92	16.16	17.37	22.27	62.00	9.85
勘探投资/亿元	10.26	9.50	6.27	8.37	8.04	1.77
开发投资/亿元	12.20	4.40	5.05	8.79	18.44	1.38

华北石油局暨华北分公司

【概况】 中国石化集团华北石油局(简称华北石油局)和中国石油化工股份有限公司华北分公司(简称华北分公司)的前身为地质部第二石油普查勘探指挥部，1997年并入中国新星石油公司，2000年，随中国新星石油公司并入石化集团公司，2002年5月，根据石化集团公司重组改制总体部署，华北石油局完成了上市、存续重组改制工作，组建了中国石化新星公司华北石油局和中国石油化工股份有限公司新星华北分公司，2003 年 7 月分别划归石化集团公司、石化股份公司直接管理。

华北石油局和华北分公司本部位于河南省郑州市陇海西路 199 号。油气生产基地位于陕西省榆林市、内蒙古鄂尔多斯市、宁夏盐池县和甘肃省庆阳市、平凉市。

截至 2012 年底，华北石油局和华北分公司建有 1 套党政领导班子(成员共 7 人)，下设 28 个机关职能处室、14 个二级生产单位。拥有正式职工 4 825 人，劳务工 6 149 人；拥有教授级高级职称的 18 人、高级技术职称的 581 人。

华北石油局主要从事石油工程施工业务，拥有钻井、测井、录井、固井、压裂等油气工程专业施工队伍 434 支，年钻井施工能力超过 100 万米，可承担全套油气勘探开发施工任务。工程队伍主要分布在国内的新疆、鄂尔多斯工区，以及四川、东北和国外的哈萨克斯坦、沙特、也门等工区。

华北分公司主要从事油气勘探开发、生产和销售业务。截至 2012 年底，华北分公司拥有油气勘探开发区块 17 个，总面积 3. 39 万平方千米，其中鄂尔多斯盆地 12 个，合计面积 2. 49 万平方千米；渭河盆地 1 个，面积 2 930. 23 平方千米；沁水盆地 1 个，面积 5 413. 49 平方千米；二连盆地 2 个，面积 541. 31 平方千米；巴丹吉林盆地 1 个，面积 102. 10 平方千米。年末累计拥有石油探明储量 1. 97 亿吨，三级储量合计 6. 37 亿吨；累计拥有天然气探明储量 5 258. 15 亿立方米，三级储量合计 1. 27 万亿立方米。

2012 年，华北石油局和华北分公司被石化集团公司评为“五大会战”优秀组织单位、“五大会战”增储先进单位、安全生产先进单位、土地管理先进单位、信访稳定工作先进单位，获石化集团公司第 21 届管理创新成果一等奖 1 项。

华北石油局和华北分公司主要技术经济指标和主要生产建设指标见表 1 和表 2。

(张新悦)

【全面完成经济任务指标】 2012 年，华北石油局和华北分公司实现经营收入 131. 84 亿元，同比(下同)增长 55. 62%，其中分公司实现收入 71. 45 亿元、增长 62. 29%，局实现收入 60. 39 亿元、增长 48. 37%；上缴税费 12. 42 亿元，实现考核利润 6. 98 亿元、完成年度计划 137. 54%。

(张新悦)

【油气勘探取得一批重大成果】 2012 年，华北石油局和华北分公司全面超额完成年度储量目标任务。新增石油探明地质储量 1. 26 亿吨、天然气探明地质储量 927 亿立方米，分别完成年度计划的 251. 38% 和 115. 88%。获石化股份公司 2012 年鄂尔多斯盆地南部石油勘探重大突破特等奖，并成为石化集团公司首个年度提交 2 亿吨油当量探明油气地质储量的单位。杭锦旗和大牛地气田下古勘探获重大突破，大牛地气田上古挖潜取得重要进展，气田持续稳步增储上产的资源形势进一步明朗。全面展开产能建设后备阵地勘探评价，在旬邑—宜君、彬长和定北取得一批新成果，并首次提交油气探明地质储量，推进各区块加快进入开发阶段。

非常规资源勘查及新区登记取得新进展。柴登地区基本落实两个特大型铀矿富集区，蓝田区块氦气勘探取得工业突破，鄂南中生界长 7 页岩油气资源评价展示了良好的勘探开发前景，新增山西晋中油气勘查区块面积 5 413. 5 平方千米。

(林彦兵)

【大牛地气田水平井开发建产取得重大突破】 ①顺利完成国内首个全水平井 10 亿立方米天然气产能建设任务。2012 年部署水平井 100 口，其中丛式井占 44%。完钻水平井 90 口，水平段平均砂岩钻遇率 94. 1%，完成测试水平井 67 口，平均单井配产 3. 1 万米^3/日。新建天然气产能 10. 02 亿立方米、建产率 100. 02%，气田累计保有产能达到 33. 43 亿立方米。地面配套设施建设保障到位，产销统筹协调，调度得力，全年超销天然气 3 800 万立方米。②评价落实出 2013 年开发目标区和气藏评价区。完钻的 21 口开发准备井钻遇显示良好；DP60H 井在盒 1 气藏、DP55S 井在山 2 气藏分别试获 23. 7 万米^3/日和 48. 5 万米^3/日的高产工业气流，确定大 98 井建产目标区面积 262. 1 平方千米，可动用储量 650 亿立方米；落实出大 65—大 70 井气藏评价区面积 402. 9 平方千米，储量 628 亿立方米。③奥陶系开发评价取得重大突破。完成测试的 5 口开发准备水平井平均无阻流量 6. 24 万米^3/日，4 口开发准备直井平均钻遇气层 6. 25 层、厚度 26. 8 米，完成测试的 D70 - 3 井无阻流量达 7. 05 万米^3/日。为“大牛地之下再找一个大牛地”指明了方向。

(林彦兵)

【石油上产会战取得重大进展】 ①2012 年，华北分公司对主力建产区红河油田的油藏认识不断深化。总结形成了油源、储层、裂缝、产能评价“四统一”

的评价选区原则，提出了“占河道、穿裂缝、避断层、优化井排距”的部署思路，优先并扩大高产井区实施与滚动分批建产并重，确保了产能建设进度和效果。②黄土塬三维地震应用效果显著。三维地震应用后，红河油田水平井平均油层钻遇率较应用前提高20%，轨迹调整次数由1.8次下降到0.3次，单井日产油增加4.6吨。③水平井开发效果达到预期。全年完钻水平井290口，投产239口，初期平均单井日产油13.03吨，投产3个月平均单井日产油6.26吨。新建原油产能47.26万吨，产能建设达标率95.8%；生产原油32万吨，实现翻番，完成了调整后的产量任务。④开发评价效果明显。评价出红河36、红河55和红河73井扩边建产区面积48.1平方千米、储量2 981万吨，渭北2井建产区面积68.5平方千米、储量3 990万吨；优选出红河26、红河33井等评建一体区面积304.1平方千米，储量1.06亿吨。渭北油田、宁东油田和泾河油田延长组油藏水平井分段压裂先导试验取得新进展，实施的一批水平井分段压裂后产能取得新突破。⑤工程工艺技术逐步配套完善。全面推广“五核心、五配套”优快钻完井技术，甘陕工区水平井机械钻速较年初提高21%，钻井周期缩短32%。渭北2P27井成功实施，创国内陆上油田浅层水平井位垂比最大纪录。水平井分段压裂技术逐步完善，后期治理改造技术取得重要进展。⑥地面配套设施保障能力大幅提升。红河油田配液站、联合站等相继投产，压裂配液质量和运行效率大幅提高，原油耗散大幅减少，安全会战、绿色会战得到有效保障。

（林彦兵）

【石油工程业务保障和经营创效能力增强】 2012年，华北石油局实施员工素质能力提升工程，修订完善各专业《井分队作业业绩评比细则》，28支基层队获石化集团公司金银牌基层队称号，50842HB钻井队和HB－YL201压裂队成为石化集团公司标杆基层队。开展科技攻关，优化市场布局，工程施工实物工作量持续增长，生产效率不断提高。全年完成钻井231口，进尺77.78万米，增加1.28万米，水平井进尺占总进尺比例的66.1%；完成测井1.19亿标准米，增加6 692万标准米；完成录井312万米，增加139万米；完成井下作业1 914井（层）次，增加284井（层）次。年内刷新和创造64项石油工程新纪录，为会战区增储上产发挥了重要战略支撑作用。石油工程板块实现收入55.26亿元，同比增长44.2%。

（林彦兵）

【实现大规模会战形势下HSE可控】 2012年，华北石油局和华北分公司全面落实基层HSE管理系统，修订700多个岗位的HSE责任制，编制完成13个专业583个重点作业环节的《七想七不干工作指南》，大力推行“STOP”观察，加大HSE考核奖惩范围和力度，构建形成了HSE工作立体防控体系。全面开展隐患排查治理，加强重点薄弱环节监管，推进承包商HSE达标化管理，作业现场本质安全不断增强。综合部署，突出预案演练的真实性和实效性，应急保障能力稳步提升。开展职业危害源头控制和隐患治理，职业卫生工作进一步加强。组织开展洛河油田、东胜气田等产能建设目标区的环境影响评价，编制完成红河油田等7个产建项目的水土保持方案。钻后治理工作有序开展，清洁生产持续推进。积极推行试气井CNG回收和边远井LNG回收等项目，架设油田电网，节能减排工作形成新的效益增长点，万元产值综合能耗较年度指标低0.002吨标煤，单位油气综合能耗较年度指标低6.24%。

（林彦兵）

【科技创新对油气上产起到重要战略支撑作用】 2012年，大牛地致密低渗气田开发示范工程为气田持续稳产、增储增产提供了重要保障；黄土塬三维地震勘探取得突破性进展，致密砂岩油田水平井高效开发关键技术研究成果突出，为寻找有利开发目标、加快资源探明和动用提供了有力支撑；浅层、中深层水平井优快钻完井、储层改造及采油气工艺技术完成攻关任务；水平井“工厂化”应用成效显著。全年承担省部级科研项目16项，开展局级攻关研究60项，制定石化集团公司一级企业标准2项，获得国家授权专利8项。“大牛地气田水平井钻完井及多级分段压裂技术”获石化集团公司科技进步一等奖；“雷达成像测井样机研制”项目实施方案通过中国石化总部验收，发明专利获国家科技部“863”项目审批。编制《科研项目及成果奖励管理办法》和《外部科研团队准入资质管理办法（试行）》，充分发挥科研成果的激励导向作用，科技项目攻关水平不断提升。强化质量和计量管理，Q/HSE一体化管理体系建设全面推进。

（林彦兵）

【石油工程专业化重组暨矿区管理体制调整稳步推进】 2012年12月，按照石化集团公司重组改制工作操作指南，成立了华北石油局石油工程专业化重组及社区服务改革筹备组、领导小组和工作组，完成并上报了《华北石油局石油工程专业化重组和矿区(社区)管理体制调整实施方案》《中石化石油工程华北有限公司组建实施方案》。根据中国石化总部批复意见，顺利完成华北石油工程有限公司筹建和工商注册、税务登记等工作；三普、四物业务整合移交和人、财、物交割工作已经推进到位；第四采油厂、第三采油厂暨三普油气生产支持中心分别挂牌成立并顺利开展新业务。编制完成《华北石油局深化社区改革实施方案》，制定出台重组改制后矿区财务预算和核算办法。企业改革总体平稳推进，得到石化集团公司党组领导高度评价。

（张新悦）

【企业管理水平持续提升】 2012 年，华北石油局和华北分公司制度标准化改造稳步推进，管理框架和制度体系初步形成。9 项管理成果获石化集团公司第 21 届管理创新成果奖，首次获得一等奖 1 项。投资管理抓住生产关键环节，实施整体优化，油气储量发现成本保持稳定，10 亿立方米天然气产能建设投资同比下降 11%。深化系统节点管理模式运用，规范会计核算和 ERP 管理，强化造价分析、税务管理和财务稽核，实现“321”降本目标，财务管理决策支持、政策导向、资金保障和风险防控等职能进一步强化。资产设备支撑创效作用明显增强，物资材料经济及时保供能力不断提升。全年物资网上采购率达 94.88%，节约采购资金 8 500 余万元。硬件及网络基础设施建设取得新进展，生产指挥系统、油气田开发报表管理信息系统等对会战起到重要支撑作用。档案管理工作规范化和信息化建设取得长足进步，分公司挂牌成为国土资源部首批 13 家“油气地质资料委托保管”资质单位之一。

（张新悦）

【队伍建设得到加强】 2012 年，华北石油局和华北分公司全面深入开展基层组织建设年活动，加大对会战生产一线干部调配支持力度，继续开展中青年干部挂职锻炼，稳妥推进干部交流，领导干部队伍结构进一步优化，带队伍、促发展的能力明显增强。深入开展“工人先锋号”和“青年安全生产示范岗”创建工作，开展“结对学技术，培养多面手”等活动。

（张新悦）

【基地建设持续推进】 2012 年，华北石油局研究落实改造项目和费用计划，基地住宅、道路、围墙等“绿化、美化”建设工程持续推进。积极争取郑州市经济适用房申购政策，“正大花溪”经济适用房申购及选房工作组织有序。新乡基地顺利实现城市集中供暖，新建住房申请获批为市政府 2013 年棚户区改造项目。三普东生活区、九普社区通过文明和谐示范小区创建复审，井下、锦绣华北生活区顺利通过“创建”评审并获专家组“三高”好评。充分依托地方优质医疗和教育资源，职工就医、子女入学问题得到较好解决。

（张新悦）

【党建思想政治工作优势得到有效发挥】 2012 年，华北石油局和华北分公司以迎接并学习党的十八大精神为契机，贯彻落实石化集团公司思想政治工作会议精神，深入开展“一转双创”和基层党支部“达标创优”活动，深化基层党建和“三基”工作，研究制定党建工作考核暂行办法和党建工作考核实施细则，党建工作制度化、规范化水平不断提升。建立完善前线党组织建设，推动实现党建思想政治工作与生产经营的有机融合。研究解决一线职工理发难、看病难、婚恋难等问题，扎实做好扶贫帮困工作，工会、共青团作用更好发挥。综合利用《华北石油报》、手机报、会战专刊、《宣传学习资料》、网络电视等传媒手段，开展“百名会战典型”宣传，新闻和宣传工作有效助力会战；制作宣传片，邀请社会媒体赴工区采访报道，在河南和甘肃等地方媒体连续推出专题报道及访谈节目，企业大发展的良好形象得到较好展现。

（张新悦）

表 1 **华北石油局和华北分公司主要技术经济指标** 亿元

年份 指标名称	2012	2011	2010	2009	2008	2007
工业总产值	91.84	66.82	52.11	41.31	32.88	29.85
华北石油局	44.98	32.54	22.81	18.86	18.27	14.73

续表

指标名称 \ 年份	2012	2011	2010	2009	2008	2007
华北分公司	46.86	34.28	29.30	22.45	14.61	15.12
工业增加值	41.99	33.11	28.98	24.24	19.54	17.44
华北石油局	12.80	10.76	8.32	7.22	7.68	7.09
华北分公司	29.19	22.35	20.66	17.02	11.86	10.35
资产总计	276.36	158.56	125.19	110.46	110.79	93.06
华北石油局	42.65	36.45	28.82	27.41	26.30	17.93
华北分公司	233.71	122.11	96.37	83.05	84.49	75.13
流动资产	39.74	18.59	15.62	12.41	38.26	12.68
华北石油局	17.83	12.95	7.55	9.35	10.61	10.23
华北分公司	21.91	5.64	8.07	3.06	27.65	2.45
固定资产原值	274.13	184.38	152.89	130.59	23.94	97.18
华北石油局	32.26	29.82	27.50	24.07	20.40	13.75
华北分公司	241.87	154.56	125.39	106.52	3.54	83.43
固定资产净值	179.92	108.63	92.92	84.81	16.41	78.64
华北石油局	19.68	18.61	16.96	15.84	13.67	6.51
华北分公司	160.24	90.02	75.96	68.97	2.74	72.13
销售收入	131.84	84.72	63.50	52.06	48.51	36.25
华北石油局	60.39	40.70	28.44	24.07	21.68	18.74
华北分公司	71.45	44.02	35.06	27.99	26.83	17.51
实现利税	9.35	14.31	9.04	4.49	13.26	6.87
华北石油局	4.94	4.18	2.30	2.12	3.29	1.39
华北分公司	4.41	10.13	6.74	2.37	9.97	5.48
税　金	8.72	7.90	4.26	2.86	2.22	4.86
华北石油局	4.74	3.67	1.65	1.85	1.42	2.12
华北分公司	3.98	4.23	2.61	1.01	0.80	2.74
综合能耗/吨标煤·万元$^{-1}$	0.38	0.37	0.49	0.48	0.48	—
华北石油局	0.43	0.43	0.47	0.48	0.48	—
华北分公司	0.39	0.32	0.50	0.48	0.47	—

表 2　　华北石油局和华北分公司主要生产建设指标

指标名称 \ 年份	2012	2011	2010	2009	2008	2007
油气产量/万吨	302.49	248.65	236.14	203.80	203.06	156.53
新增油气生产能力/万吨	147.46	46.84	43.60	125.00	21.96	43.20
新增油气探明储量地质储量/万吨	21 839.00	7 304.00	3 887.00	2 784.83	2 529.20	2 161.70
三维地震/平方千米	1 554.00	1 558.00	102.99	240.00	—	—
二维地震/剖面千米	1 394.00	2 127.00	2 325.30	560.30	750.00	523.15
油气钻井/口	758	399	245	223	149	218
探　井	314	161	75	72	18	23
开发井	444	238	170	151	131	195
钻井进尺/万米	223.36	76.50	68.39	17.82	38.47	60.32
勘探投资/亿元	23.41	11.41	7.02	6.25	2.61	2.91
开发投资/亿元	99.74	33.93	16.36	11.04	12.46	21.73

华东石油局暨华东分公司

【概况】 中国石化集团华东石油局（简称华东石油局）和中国石油化工股份有限公司华东分公司（简称华东分公司）是中国石化常规与非常规油气勘探开发的专业队伍。本部位于南京市建邺区江东中路315号中泰国际广场6号楼。华东石油局前身是江苏省石油勘探指挥所，成立于1970年5月6日，1997年1月归入中国新星石油公司，2000年4月随新星石油公司整体并入石化集团公司。2003年5月，华东石油局和华东分公司调整为石化集团公司直接管理。2012年11月8日，华东石油局专业工程公司划出，成立中石化华东石油工程有限公司。

截至2012年底，华东石油局和华东分公司共设有职能部门和党群工作部门26个，下属生产科研单位20个（华东石油局14个，华东分公司6个）。用工总量8 591人，其中在职职工3 351人（华东石油局2 014人，华东分公司1 337人），劳务工5 196人（华东石油局4 162人，华东分公司1 034人）。具有各类高级专业职称的有430人，中级专业职称的有583人；累计4人享受政府特殊津贴。

截至2012年底，华东分公司在苏北和下扬子拥有油气勘探区块12个，总探矿权面积为1.86万平方千米。其中，苏北油气勘查面积为1 336.27平方千米，下扬子中古生界油气勘查面积为1.73万平方千米。石油矿产开发权区块6个，面积约354.97平方千米。华东分公司在山西、陕西、河南、安徽、宁夏、内蒙古、贵州等地拥有非常规勘探区块37个，其中煤层气勘探区块25个，区块总面积7.49万平方千米，含煤面积3.74万平方千米，煤层气资源量4.16万亿立方米。页岩气勘探区块12个，区块面积7.44万平方米，预测页岩气地质资源量6.51万亿立方米。

华东石油局和华东分公司主要技术经济指标和主要生产建设指标见表1和表2。

（廖志英）

【完成石油工程专业化整合重组工作】 2012年5月，石化集团公司组织实施石油工程专业化整合重组，华东石油局被纳入整合重组的包括物探公司、钻井公司、测井公司、录井公司、固井公司、威诺公司6个整建制二级单位，以及西部工作部和加蓬项目部2个派出机构。8月，华东石油局依据石化集团公司石油工程专业化整合重组指导意见，提出石油工程专业化整合重组实施方案的请示。11月，石化集团公司批复：原则同意华东石油局石油工程专业化重组和矿区管理体制调整实施方案。截至年底，华东石油局基本完成了整合重组工作，企业运行正常，队伍稳定。

（廖志英）

【油气储量和产量创历史新高】 2012年，华东分公司提交石油三级储量 3 748.33 万吨，其中探明石油储量1 021.49万吨，完成计划 170.24%；控制石油储量1 348.31万吨，完成计划 192.61%；预测石油储量 1 378.53万吨，完成计划 172.31%。储量替代率 374.8%。全年生产原油 23.5 万吨，超产 2.5 万吨，同比增产 5.5 万吨，增长 30.6%，产能达标率 96.1%，超计划 3.1 个百分点。自然递减率同比下降 0.8 个百分点，综合递减率同比下降 1.3 个百分点，综合含水同比下降 4.4 个百分点。

（廖志英）

【页岩气勘探取得突破】 2012 年，彭水、南川、仁怀作为页岩气勘探重点区块，共完成二维地震采集 1 284千米，钻井 4 口。5 月，彭水区块的彭页 HF－1 井分 12 段压裂，获最高日产气量 2.52 万立方米，稳定产量达每天 2 万立方米，实现了中国南方构造复杂区海相页岩气勘探的战略突破。经钻探证实龙马溪组页岩气具有含气层厚、富气段长、脆性矿物含量适中、有机质大量转换为烃类等海相页岩气成藏特征，页岩气资源量为 1.1 万亿—1.9 万亿立方米，其中桑柘坪向斜资源量为 1 675 亿—2 786 亿立方米。并查明渝东南探区有彭水、南川、綦江南和仁怀等 9 个龙马溪组页岩气勘探有利目标，总面积约 6 804 平方千米，资源量约 2.84 万亿立方米。在南川和仁怀区块经精细评价，优选出南川区块的南川向斜、仁怀区块的古蔺向斜是页岩气勘探突破的有利目标，其中南川向斜构造背景较为稳定，五峰—龙马溪组页岩埋深适中，深度大于 500 米的页岩发育面积约为 1 086 平方千米，页岩气资源量约为 2 488 亿立方米，仁怀区块古蔺向斜 3 个发育稳定区块的面积约为 302 平方千米。

（廖志英）

【煤层气勘探开发多区块获成果】 2012 年，华东分公司在延川南煤层气田完钻探井 24 口，建成试验井组 3 个，日产煤层气突破 3 万立方米，钻探证实延川南区块万宝山构造带主力煤层具有厚度分布稳定、煤层含气量高等特点，万宝山构造带、谭坪构造带合计探明煤层气储量 207.8 亿立方米，含气面积 258 平方千米，具备整体开发建产的条件和基础。织金区块经分压、合采试验，在织 4 井、织 5 井获最高日产气量分别达到 2 463 立方米和 2 830 立方米，在珠藏次向斜实施 4 口参数井，证实上、中、下 3 个煤层组均连续稳定发育，预测资源量 148 亿立方米；岩脚向斜有利区块面积为 1 123.5 平方千米、资源量 2 265.5亿立方米。通过持续勘探，认为和顺区块低台阶西寨构造带的构造、顶板岩性和水文地质是该地区煤层气富集的三大控气因素，综合构造、水文等保存条件评价出西寨构造带有利区面积 145 平方千米、资源量 190 亿立方米。彬长区块通过钻井获取了煤层气评价参数，对区块南部重点目标区进行了煤层气评价，优选煤层气勘探有利区面积为 186 平方千米，煤层气预测资源量 96.25 亿立方米。

（廖志英）

延 1 井向延 1 集气点供气 （沈志军 摄）

【常规油气勘探取得 2 个突破】 2012 年，在海安凹陷曲塘次凹南部，华东分公司通过分析沉积相空间展布规律、储层分布特征，利用构造精细解释、层序地层学理论和油气运聚分析技术，寻找到岩性圈闭。综合研究表明，曲塘次凹陷南部斜坡连片含油，具有明显岩性油藏特征，预测曲塘圈闭上砂组含油面积 25.02 平方千米，已提交预测储量 1 378.53 万吨，岩性油藏勘探取得重要突破。在金湖凹陷选择构造稳定、区带含油的金南 1 号作为试验区，2 月 12—14 日，对金 1－1HF 井实施裸眼水平井分段压裂，完钻垂直深度 2 378.23 米，水平段长度 664 米，目的层油气显示较好，最高日产 16.74 吨。该井完善了水平井分段压裂等工程工艺，拓展了金南构造带的油藏范围，初步确定金湖凹陷阜二段致密砂岩油储量 956 万吨，实现了苏北致密砂岩油勘探的突破。

（廖志英）

【“863”项目子课题全部通过验收】 2012 年，华东分公司通过二氧化碳混合气高效分离与提纯技术、产出气回收与循环利用技术、驱油和封存系统高效防腐技术 3 个“863”项目子课题研究，掌握了适应不同二氧化碳含量天然气的高效低耗分离、提纯技术，优化了松南气田天然气脱水技术，形成了二氧化碳液态储运和增压注入工艺；研发了精馏与低温提馏耦合新型分离工艺技术，形成具有中国石化自主知识产权的专有技术 1 项；在腐蚀规律认识、材料及缓蚀剂的筛选、综合防腐技术路线制定与实施，腐蚀知识库系统的建立等方面取得了重要成果，研制出了具有自主知识产权的复合型缓蚀剂配方体系和腐蚀中试模拟试验装置。3 项课题研究历时 3 年，获发明专利授权 2 项、实用新型专利授权 5 项，公开发表论文 23 篇。11 月 22 日，3 项课题全部通过国家科技部组织的专家验收。

（廖志英）

【完成国家重大专项课题研究】 2012 年，在延川南、和顺和织金区块，华东分公司就负责的国家重大专项课题“物探技术在煤层气勘探开发中的应用”分别开展针对性研究。在延川南区块建成 200 平方千米的物探技术示范区，在 518 平方千米的面积上专门部署 36 条试验线，进行 VSP 测井研究；在谭坪构造带和万宝山构造带分别实施 1 口 VSP 测井，提交 106 亿立方米探明储量。和顺区块二维地震资料研究表明，西寨构造带具备煤层气高产条件，和 6 井小井组试验效果显著，其中 3 口井获得 1 500 米^3/日以上的稳定气流，综合评价出西寨构造带有利区面积 145 平方千米，资源量 190 亿立方米。织金区块二维地震资料研究表明，在煤层埋深浅、煤层多且薄，地表为碳酸盐岩覆盖的山区，高含气量、碎裂结构煤以及高电阻、高声波测井响应的煤层具有良好的煤层气勘探潜力。课题研究建立了煤层气地球物理评价标准和依据，编制完成了国家行业标准《煤层气地震资料采集标准》。

（廖志英）

【中国南方页岩气选区评价研究具国际先进水平】 2012 年，华东分公司通过深化认识中国南方海相沉积盆地不同演化阶段沉积的不同类型暗色页岩层系，明确中国南方古生界发育的 4 种泥页岩类型，指出深水陆棚相、半深海盆地相泥页岩有机质丰度高，脆性矿物适中，有利于页岩气富集和压裂改造。建立了中国南方构造复杂区块以泥页岩厚度、硅质含量等为依据，以保存条件为核心，以地质与经济评价相结合的页岩气选区评价体系和评价标准。并运用建立的选区评价体系，评价出川东南、黔南、湘中、宣城 4 个有利区带，优选出黄平区块、彭水区块 2 个最有利的勘探目标。在彭页 HF－1 井获日稳产页岩气 2 万立方米，彭页 3FH 井 22 段压裂施工创下国内页岩气 5 项施工纪录。

（廖志英）

【常规油气勘探开发技术攻克瓶颈】 2012 年，华东分公司根据下扬子区上组合烃源条件、保存条件、油气运移指向等，评价了下扬子地区海相中、古生界不同地区和层位的生烃潜力，结合已知油气成藏模式、储层、构造、圈闭等因素，划分出黄桥—句容、南陵—望江为最有利区带，并在黄桥华泰 3 井龙潭组致密砂岩经压裂获得日产油 1.1—1.2 吨，该井成为下扬子黄桥地区第 1 口油气突破井。在下扬子黄桥地区，通过对各种不利因素的分析和研究，从激发和接收环节入手，形成了一套有效改善海相中、古生界地震资料信噪比的采集技术和施工工艺，创新了“前端排列初至低频流沙调查技术”“流沙层五步法钻成井工艺”“用宏观尝试模型与基于目标线的井、构造、正演质控多元约束深度域建模技术”。攻克了制约该区地震成像的提高资料信噪比技术、复杂构造低信噪比资料的速度建模方法及三维叠前偏移技术 3 个主要技术瓶颈。项目研究提交圈闭 6 个，圈闭资源量 2 685 万吨，提交探明储量 130 万吨，项目研究成果为建立油气开发重点试验区提供了关键技术支撑。

（廖志英）

【全面完成 HSE 控制指标】 2012 年，华东石油局和华东分公司 HSE 工作重培训、抓整改、控过程，全年举办 HSE 业务技能培训班 13 期，553 人次参加业务培训；HSE 观察活动 3.74 万人次，发现和整改问题 3 823 项。开展安全大检查 4 次，下达整改通知书 94 份，停工令 1 份，查出和整改问题隐患 461 个，未发生上报事故。环境监测采样 25 批次，采样 327 个，分析项目 1 844 项次，发放监测报告 68 份。对职业病危害因素监测点检测 1 848 点次，监测覆盖率达到 100%，合格点数为 1 831 个，合格率为 99.08%。完成职业健康体检 5 555 人次，其中接触化学物质 879 人，接触粉尘 224 人，接触噪声 1 099 人，对 247 人进行了上岗前体检。为 9 个单位 609 人次进行外派人员人身意外及雇主责任保险投保，投保率达到 100%。

（廖志英）

【二氧化碳驱油气回收装置运行见效】 草舍油田二氧化碳驱油气体回收装置于 2011 年 4 月建设，12 月 31 日试运行。该装置采用 DCS（分散控制系统）系统，具有流程短、能耗低、投资省等特点，主要功能是对三相分离器分离出的二氧化碳驱油油井产出气体进行再分离、压缩、净化、液化等一系列工艺处理，最终将合格的液态二氧化碳产品通过管道输送至草舍油田压注站液体二氧化碳储罐，在压注站经注气泵增压后注入注气井驱油，从而提高油田采油率，实现草舍油田气体零排放。截至2012年10月24日，装置安全运行超过3 000小时，回收液态二氧化碳超过2 500吨，经济价值超过100万元，回收凝析油超过60吨，经济价值超过37万元。

（廖志英）

【全局在职党员完成轮训】 2012年8—12月，华东石油局党委对全局在职党员组织实施轮训。轮训以增强党员意识、保持共产党员先进性和纯洁性为主要内容，并结合轮训单位“一转双创”和“争先创优”活动，以丰富党员轮训内容。该次轮训由华东石油局党校派出任教老师，共完成南京片、扬州片、镇江片、泰州片、东北项目部、山西片等7个片区17场培训，1 208名学员到场听课参加培训学习，边远分队党员配发有授课视频，轮训覆盖率100%。

（廖志英）

表1　华东石油局和华东分公司主要技术经济指标[①]　亿元

指标名称＼年份	2012	2011	2010	2009	2008	2007
工业总产值	25.57	23.26	16.88	13.71	15.72	17.44
华东石油局	14.75	14.81	11.63	10.45	9.85	8.15
华东分公司	10.82	8.45	5.25	3.26	5.87	9.29
企业增加值	2.50	3.52	-1.45	5.23	9.24	10.17
华东石油局	10.36	10.53	6.83	6.31	6.33	4.54
华东分公司	-7.86	-7.01	-8.28	-1.08	2.91	5.63
资产总计	66.66	57.89	50.90	34.84	34.57	41.16
华东石油局	27.52	26.41	22.45	19.54	18.37	14.29
华东分公司	39.14	31.48	28.45	15.30	16.20	26.87
流动资产	12.63	18.91	18.23	8.55	13.73	9.78
华东石油局	10.62	12.52	8.79	7.63	10.81	8.17
华东分公司	2.01	6.39	9.44	0.92	2.92	1.61
固定资产原值	64.67	55.10	48.20	40.69	32.99	44.00
华东石油局	20.77	17.25	16.05	13.52	9.34	8.42
华东分公司	43.90	37.85	32.15	27.17	23.65	35.58
固定资产净值	32.86	27.61	24.25	19.19	17.27	28.74
华东石油局	14.18	11.79	11.79	9.58	6.09	5.30
华东分公司	18.68	15.85	12.46	9.61	11.18	23.44
销售收入	45.19	41.13	34.62	21.38	38.31	24.10
华东石油局	28.98	28.21	24.35	18.12	17.54	14.77

续表

年份 指标名称	2012	2011	2010	2009	2008	2007
华东分公司	16.21	12.92	10.27	8.16	20.77	9.33
实现利税	-1.65	-2.26	-4.91	-2.18	2.83	4.38
华东石油局	2.06	3.40	1.90	1.89	2.23	1.72
华东分公司	-3.71	-5.66	-6.81	-4.07	0.60	2.66
税　金	4.85	4.53	1.77	1.81	3.59	3.22
华东石油局	1.65	3.04	1.44	1.24	1.51	1.43
华东分公司	3.20	1.49	0.33	0.57	2.08	1.79
综合能耗②/吨标煤·万元$^{-1}$	0.80	0.85	0.78	1.12	1.05	0.37
华东石油局	0.43	0.43	0.47	0.48	0.48	—
华东分公司	0.37	0.42	0.31	0.64	0.57	0.37

①华东石油局 2012 年数据与 2011 年同口径，为 12 月月报数，非年终财务决算数

②计算 2007—2010 年综合能耗时采用的 2005 年不变价，计算 2011 年综合能耗时采用的 2010 年不变价

表 2　　华东石油局和华东分公司主要生产建设指标

年份 指标名称	2012	2011	2010	2009	2008	2007
原油产量/万吨	23.51	18.01	15.01	13.02	13.00	25.51
新增原油生产能力/万吨	6.77	5.05	6.03	4.06	3.07	11.41
新增探明石油地质储量/万吨	1 021.49	609.86	454.93	333.00	102.28	624.38
二维地震/千米	2 768.00	3 565.95	2 235.70	210.00	70.00	—
三维地震/平方千米	359.00	283.30	205.50	219.00	153.00	229.00
石油钻井/口	188	145	114	74	47	190
探　井	44	100	57	38	18	19
开发井	144	45	57	36	29	171
钻井进尺/万米	38.44	29.78	23.39	16.27	18.25	44.03
勘探投资/亿元	11.32	10.95	8.01	3.91	3.00	1.89
开发投资/亿元	11.02	4.50	4.83	3.17	2.34	9.18

天然气分公司

【概况】 中国石油化工股份有限公司天然气分公司(简称天然气分公司)成立于2005年6月6日，2009年7月21日，石化股份公司设立天然气有限责任公司，与天然气分公司实行“一个机构、两块牌子”。公司机关位于北京。

天然气分公司暨天然气有限责任公司的主要职责为：负责中国石化天然气长输管道、LNG接收站、CNG加气站、储气库等的建设和运行管理；负责中国石化天然气市场开发和天然气销售；负责中国石化天然气业务合资合作，建设和运营省级管网、地市级管网，以及拓展终端销售业务；负责管理区域性公司和合资公司。天然气分公司承担中国石化天然气经营管理职能，加强对油气田企业销售业务的管理与指导，统筹运销管理，统筹市场发展，促进天然气经营效益最大化。

截至2012年底，天然气分公司拥有直属单位7个、合(独)资公司17个、工程项目经理部(筹备组)10个，天然气管道4 546千米，用工总量3 369人，年供气规模100亿立方米，市场覆盖范围18个省(市)。

2012年，天然气分公司实现销售收入同比增长20%，实现利润同比增长30.68%。

(杨延平)

【天然气经营量不断提高】 2012年，天然气分公司积极推进合资合作业务，努力应对市场竞争，市场份额不断扩大。全年输销天然气100.59亿立方米，同比增长23.29%。其中，川气东送市场销售天然气70.93亿立方米，同比增长25.6%；华北市场输销天然气29.66亿立方米，同比增长17.4%。积极开展国内LNG现货贸易，累计销售1万吨。配合中国石化总部加强国外资源引进力度，与国外2家公司签署了现货交易协议。

(杨延平)

【市场开发取得长足进步】 在一级市场方面，结合山东、广西、天津LNG接收站和新疆煤制天然气外输管道建设要求，认真开展市场调研，努力将市场调研结果转化为市场开发成果。在二级市场方面，组建完成了中原天然气有限责任公司，正在开展邯郸管网合资公司注册准备工作；积极推进河北省管网、皖南城市燃气、分布式能源及湖北区域管网合资合作项目。在三级市场方面，合资成立了青岛泰能汽车发展有限公司，参股2个燃气电厂项目的请示已上报总部待批，正在跟踪3个分布式能源项目；利用合资公司平台，开发了7个终端市场项目。

(杨延平)

【安全生产管理水平逐步提高】 2012年，天然气分公司继续推行生产设计制度，推广“两书一表”应用工作，提高了生产管理的系统性、规范性、指导性。加强生产组织与协调，有效落实计划管理措施。组织开展输气管道、站场分输能力评估、危害识别和风险评价，提出整改措施，提高了安全管理和事故预防水平。强化生产准备和投产工作，优化投产方案，顺利完成利川压气站、文96储气库、移动式计量标准装置和3个CNG母站等设施的投产。建立输气管道和站场完整性管理机制，逐步提升了“三基”管理水平，生产设施完好率达到95%以上，安全设施完好率达到100%。扎实开展防汛、抗洪、抗台风工作，成功应对了榆济沿线特大暴雨袭击、山东管网弥河段管线漂管等险情；持续抓好管道巡护、违章占压和隐患治理，实现了管道“无新增占压、负增长”的目标。认真开展安全生产领域“打非治违”“安全生产月”“六五世界环境日”等活动。全年未发生安全环保事故。

(杨延平)

【重点工程项目有序推进】 2012年，天然气分公司统筹安排工作计划，优化人员力量，加强项目管理，各项工程有序实施。新疆煤制天然气外输管道工程完成可研报告，获得沿线12个省份和新疆建设兵团出具的支持函，各项评价工作顺利进行；榆济线增压改造工程、中开线改造黄河穿越段可研报告已获中国石化总部批复；鄂尔多斯—安平—沧州管道工程正在完善可研报告；济青二线工程可研报告已批复，正在开展前期评价工作；宁鲁联络线工程可研报告已编制完成；山东LNG项目配套管道工程正在组织建设。武汉石化管道工程项目顺利投产。川气东送和榆济输气管道项目收尾工作抓紧进行。山东LNG工程码头及陆域形成工程完成施工量的54%，储罐区工程完成施工量的51%，提前3个月完成储罐气顶升；接收站工程完成施工量的16%。广西LNG工程完成核准需要的支持性文件和基础设计，陆域形成主体工程形象进度为95%。天津、江苏LNG工程获得开展前期工作的国家支持函，天津LNG工程基础设计及储罐区地基处理施工正在进行。温州LNG工程站址已确定，正在开展前期准备工作。文96储气库建成投产；金坛储气库项目获得国家核准，先导性试验已完成，具备造腔条件。安阳、聊城、齐河CNG母站和移动式天然气计量标准装置建设完工并试运行。

（杨延平）

【经营管理水平稳步提升】 2012年，天然气分公司按照“建设国际一流天然气企业”的要求，梳理管理制度，加强基础工作，突出特色模式，初步形成了适应公司发展的管控体系。深化全面预算管理，优先保障管道维护投入、安全投入、管道占压治理投入，成本结构更趋合理科学。认真开展“学镇海、学安喜”活动，精细成本管理，大力实施降本减费，取得了较好效果。积极拓宽思路，加大兄弟企业天然气代输与串换的力度，促进了年度利润指标的实现。完善信息系统方案，组织实施了天然气数据中心二期项目、无纸化办公系统和济南网络汇聚中心改造升级建设，开展了信息系统安全评估工作。拟定ERP专项规划，全面启动ERP项目建设。积极跟踪8个科研项目，完成了榆济输气管道工程复杂地段关键技术等3个项目的鉴定工作。切实做好系统内天然气的优化利用，全年供应内部企业天然气28亿立方米。全面推行物资采购策略管理，强化性价比最优、供应成本最低的理念，加大过程控制力度，确保生产经营物资及时供应。完善合资合作股权管理制度，进一步规范了合资合作业务。积极开展普法活动，努力提高员工的法律意识。修订合同管理办法，确保合同订立、履行、变更及终结合法合规。开展风险评估工作，初步拟定了风险管理方案，完成了合资合作等4个专项风险评估。继续组织实施绩效考核、“比学赶帮超”、星级站队创建、改善经营管理等基础性工作，调动了员工的积极性和创造性，促进了管理水平的提升。强化审计、效能监察、财务稽核、法律审查等内部监督，防范和规避了经营风险。

（杨延平）

【员工队伍建设成效显著】 2012年，天然气分公司围绕重点工程建设、生产运行、市场销售的需要，引进专业技术人才80余人。强化定员控制，严格定员定编，配合中国石化总部建立了符合天然气业务发展需求的用工标准。把公司需求、岗位需求和员工需求有机结合起来，举办各类专题培训班35次、培训500余人次，提高了员工的专业技能水平。抓好新入职大学毕业生的教育培训工作，充分利用已有人才资源开展师徒对接，鼓励青年技术人员向导师学技术、学经验，加快人才培养。强化内部人员交流，满足了生产经营和重点项目建设需要。

（杨延平）

【党建和思想政治工作继续深化】 2012年，天然气分公司认真学习贯彻党的十八大精神，统一了干部职工的思想和行动，增强了落实科学发展观的主动性。制定加强和改进党建工作的实施意见、党建工作考核办法，努力推进党建和思想政治工作的规范化、制度化、系统化。深入开展“为民服务创先争优”和“一转双创”等活动，进一步提高了服务水平和公众及员工的满意度。健全党风廉政机制，积极推进基层党组织整改提高晋位升级工作，为确保各项工作目标的实现提供了有力的组织保证。组织开展企业文化价值理念征集活动，确定了企业宗旨、企业精神、企业愿景和经营理念。

（杨延平）

【关爱员工促进企业和谐】 2012年，天然气分公司进一步完善职工代表大会制度，不断推进政务公开，努力保障职工的民主权利。健全帮扶救困制度，及时开展“送温暖”活动，解决困难职工的生活问题，保持了企业的和谐稳定。制定并实施在岗职工休假疗养实施办法，维护了员工合法权益。积极组织开展群众性文体活动，丰富了一线员工的业余文化生活。

（杨延平）

勘探南方分公司

【概况】 中国石油化工股份有限公司勘探南方分公司（简称勘探南方分公司）是中国石化唯一专业化的油气勘探公司，肩负着中国石化“加快南方”资源战略重任，全面负责中国石化南方新区和东北新区风险勘探，为大Ⅰ型企业。截至2012年底，勘探南方分公司管理勘查区块35个，面积13.65万平方千米。

勘探南方分公司的前身南方勘探开发分公司成立于2002年4月。2007年3月重组成立勘探南方分公司，是中国石化直属企业，业务上归口石化股份公司油田勘探开发事业部管理。截至2012年底，有正式职工467人，其中在岗职工460人；管理和专业人员453人，占总数的98.5%；具有中高级职称的309人，占总数的67.2%；平均年龄41岁。

2012年，勘探南方分公司完成钻井进尺8.68万米，二维地震2 156.6千米，三维地震607.29平方千米、试气18井49层；获工业油气流18井31层，综合钻探成功率100%；新增天然气探明地质储量

602.04 亿立方米、新增天然气控制地质储量 1 042.68 亿立方米、新增天然气预测地质储量 1 169.31亿立方米，分别完成年度任务的 150.5%、104.3%和116.9%。

勘探南方分公司主要经济指标和主要生产建设指标见表1和表2。

（侯玉梅）

【领导班子调整】 2012 年5月15日，石化集团公司调升勘探南方分公司管理规格为大Ⅰ型企业，同时宣布了勘探南方分公司领导班子调整的决定：郭旭升任总经理，麻建明任党委书记、纪委书记兼工会主席，邹家建任副总经理，沈才明任总会计师，郭彤楼任总地质师，李真祥任总工程师。

（侯玉梅）

【油气勘探获突破】 2012 年，勘探南方分公司按照石化集团公司强力推进“五大会战”的要求，扎实开展“勘探突破年”活动，全力以赴组织四川盆地增储上产会战和页岩油气勘探开发会战，开展元坝地区增储上产会战，四川盆地山前带、不整合面、致密储层、下组合勘探突破攻坚战，页岩油气勘探开发会战和外围地区目标准备战“四大战役”，取得了龙马溪组海相页岩气勘探战略突破、元坝中浅层勘探重大突破、四川盆地侏罗系页岩气勘探重大突破、川东北巴中地区油气勘探重大突破等 1 个战略突破和3个重大突破。

（侯玉梅）

【多井获高产工业气流】 2012 年2月11—12 日，元陆5井自流井组在珍珠冲段试获天然气日产量 150.39 万立方米，这是勘探南方分公司在川东北陆相地层首次获得超百万立方米高产工业气流。2 月 15 日，元陆7井须家河组三段经酸压测试，获得天然气日产量120.8 万立方米，这是元坝陆相中浅层须家河组三段首次获得超百万立方米工业气流。8 月 22 日，元坝273 井长兴组二段经酸压测试，获日产 102.61 万立方米高产工业气流，这是勘探南方分公司第10 口获得日产超百万立方米的高产气流的井。全年勘探南方分公司共有 18 井 31 层获得工业气流，其中元坝地区中浅层 13 井 21 层，最高日产量 150.39 万立方米；元坝和涪陵探区海相4井5层，最高日产量102.61 万立方米。4 口井在侏罗系大安寨段湖相页岩层钻获工业页岩油气，涪陵地区 1 口井钻获高产海相页岩气。

（侯玉梅）

【取得海相页岩气勘探战略突破】 2012 年 12 月 11 日，勘探南方分公司第 1 口海相页岩气井——焦页 1HF 井志留系龙马溪组试获日产 20.3 万立方米高产工业气流。焦页 1HF 井是中国石化在海相页岩气领域取得实质性商业发现的第 1 口井，标志着中国石化在页岩气领域取得重大突破。评价落实焦石坝及邻区龙马溪组页岩气目的层埋深小于3 500 米的面积 520 平方千米，潜力大。

（侯玉梅）

【巴中地区油气勘探取得重大突破】 2012 年 12 月 23 日，勘探南方分公司部署在四川盆地川东北巴中地区的第1口预探井——元陆 17 井须家河组四段常规测试，喜获日产 22.6 万立方米高产工业气流，取得了川东北巴中地区油气勘探重大突破。

（侯玉梅）

【元坝气田储量规模扩大】 2012 年 12 月 25 日，勘探南方分公司提交元坝气田长兴组、飞仙关组和雷口坡组 3 个层段天然气探明储量 602.04 亿立方米，通过国土资源部矿产资源油气储量评审办公室审查。截至年底，元坝气田累计探明天然气地质储量 2 194.57亿立方米，气田储量规模进一步扩大。

（侯玉梅）

【元页 HF-1 井刷新页岩气施工 11 项纪录】 2012 年 10 月 27 日，元页 HF-1 井大型压裂施工圆满完成。该井首次在国内页岩气井压裂施工中使用了金属密封等多道密封的压裂井口，在压裂施工排量、单段加砂量等方面刷新了国内页岩气井压裂施工 11 项纪录。

（侯玉梅）

元页 HF-1 井大型压裂施工现场

【多项勘探成果获奖】 2012 年1月9日，勘探南方分公司“川东北海相勘探元坝勘探子项目”经中国地质学会专家评审，获 2011 年度十大地质找矿成果称号。3 月 22 日，勘探南方分公司完成的“南方复杂山地三维地震勘探技术研究”获石化集团公司 2011 年度科技进步三等奖。11 月上旬，“气体钻井技术及在南方探区的应用”科研成果获石化集团公司 2011 年首次实施新技术奖励，这是勘探南方分公司继 2010 年后，再获此殊荣。11 月中旬，石化股份公司 2012 年油气勘探重大发现奖评审结果揭晓，勘探南方分公司“元坝中浅层立体勘探”获重大突破特等奖，“四川盆地大安寨段页岩油气勘探”获重大突破一等奖，“涪陵—通南巴礁滩相天然气勘探” 获储量发现成果三等奖。

（侯玉梅）

【页岩油气产能建设示范区项目启动】 2012 年 5 月 8 日，涪陵区块页岩油气勘探开发产能建设项目联席会在成都举行，标志着该项目正式启动。项目是中国石化首个页岩油气产能项目，目标是到 2012 年底，在涪陵地区建成 3 亿—5 亿立方米页岩气年产能、2013 年达到 10 亿立方米。项目由江汉油田、勘探南方分公司共同完成，其中勘探南方分公司主要负责勘探评价。

（侯玉梅）

【连续 7 年被评为集团公司安全生产先进单位】 2012 年，勘探南方分公司认真落实 HSE 职责，强化承包商管理，加强环保监管，大力推进清洁生产，严查安全违规事件，实现了无上报井喷事故、无从业人员死亡事故、无从业人员重伤事故、无重大火灾爆炸事故、无环境污染事故、无生态破坏事件，钻井试气废弃物妥善治理处置率 100%，保持了探区安全生产形势持续稳定，环保工作稳步推进，实现了年初确定的 HSE 工作目标。勘探南方分公司连续第 7 年被评为石化集团公司安全生产先进单位。

（侯玉梅）

【纪念公司成立 10 周年】 2012 年 4 月 11 日是勘探南方分公司成立 10 周年纪念日。当天，《中国石化报》头版头条刊登了《十年发现五个大中型气田》，全面报道了勘探南方分公司发现普光、元坝等 5 个大中型气田，累计获得探明天然气地质储量 6 071 亿立方米、三级储量 1.97 万亿立方米的业绩；以《打开南方“绿色”宝藏》为标题，用整版篇幅，专题报道了勘探南方分公司 10 年的勘探历程和成功经验。勘探南方分公司编印和制作了《大气南方》画册和《大气南方》电视专题片，并利用内部网站、报纸、宣传板报对 10 年成就和经验进行了大力宣传。

（侯玉梅）

【主流媒体记者走进南方探区】 2012 年 7 月 23—25 日，参加“走进中国石化——科技支撑绿色发展”媒体采访活动的 39 名国内主流媒体记者，到勘探南方分公司川东南探区福石 1 井和元坝气田勘探现场实地采访，对南方探区勘探成果和经验进行深入报道。

（侯玉梅）

【组织中层管理干部培训】 2012 年 9 月 18—25 日，勘探南方分公司在管理干部学院举办了第 2 期中层管理干部培训班。参加培训的 23 名中层和科级管理干部通过学习，拓展了管理视野，提高了管理创新意识。

（侯玉梅）

【开展党团员主题活动】 2012 年 10 月 23—25 日，勘探南方分公司党委开展“看普光、忆奋斗当年”党团员主题活动。120 多名党团员分 3 批参观了普光大气田的发现井——普光 1 井和普光天然气净化厂，了解普光大气田勘探开发历程和发展状况。

（侯玉梅）

表 1　　勘探南方分公司主要经济指标①　　亿元

指标名称＼年份	2012	2011	2010	2009	2008	2007
资产总计	39.04	42.15	35.73	35.12	30.38	64.42
流动资产	37.96	41.06	34.84	34.21	29.41	63.42
固定资产原值	2.52	2.30	2.20	2.10	1.88	1.73
固定资产净值	0.85	0.76	0.71	0.78	0.78	0.87
销售收入	25.92	32.03	28.00	24.12	29.74	66.80
实现利税	0.94	0.88	0.73	0.50	0.71	-2.31

①经济指标不含开发

表2　勘探南方分公司主要生产建设指标①

指标名称 \ 年份	2012	2011	2010	2009	2008	2007
新增天然气探明地质储量/亿立方米	602.04	1 757.90	405.10	537.76	630.66	251.85
新增天然气控制地质储量/亿立方米	1 042.68	1 371.82	1 472.67	907.62	1 683.10	1 035.35
新增天然气预测地质储量/亿立方米	1 169.31	1 336.73	1 737.58	1 235.39	2 323.07	3 060.03
二维地震/千米	2 156.61	2 239.02	1 599.04	2 654.56	319.00	3 735.00
三维地震/平方千米	607.29	560.00	803.66	1 839.46	631.00	3 080.00
新开钻井/口	22	14	21	9	18	24
完井/口	10	27	11	16	22	15
钻井进尺/万米	8.68	9.69	11.60	6.05	10.00	12.59
勘探投资/亿元	25.83	31.69	27.82	22.94	25.84	45.03

①生产指标含前瞻、风险、非常规勘探

天然气工程项目管理部

【概况】 中国石油化工股份有限公司天然气工程项目管理部(简称天然气工程项目管理部)的前身中国石化川气东送建设工程指挥部成立于2006年9月。2010年5月在其基础上组建天然气工程项目管理部，2010年11月正式成立，驻地位于四川省成都市金牛区。天然气工程项目管理部是石化股份公司下属非法人机构，管理规格为正局级，是中国石化总部在酸性气田勘探开发部署的监督管理、技术支持及协调服务机构，业务归口油田勘探开发事业部管理。

截至2012年底，天然气工程项目管理部设工程技术处、施工管理处、安全环保处、生产协调处、计划财务(法律)处、综合办公室和物资供应管理处7个处室；员工82人，其中具有教授级职称的8人、高级职称的46人，中级职称的21人。

(何云均)

【完善“三位一体”工程项目支持模式与机制】 2012年，天然气工程项目管理部分专业、分系统对川气东送工程进行全面总结，撰写、出版了《普光高酸性气田采气工程技术与实践》等相关书籍和论文集，进一步完善配套了酸性气田开发工程技术系列、标准规范。同时，制定施行20多项制度，创新完善了以安全、进度、质量、投资控制为主题，以发挥经验优势为核心，以监督管理、技术支持、协调服务为内容的“三位一体”工程项目服务管理体系和运行机制，形成了比较系统的酸性气田开发建设及特大型系统工程组织管理经验，组织开展的“系统控制下的国家重大工程项目群集成管理”获第18届国家级一等企业管理现代化创新成果。

(何云均)

【积极发挥元坝气田产能建设领导小组成员单位及办公室作用】 2012年，按照石化集团公司总体部署，天然气工程项目管理部组织制定元坝气田产能建设工程项目指导书，协调编制工程项目总体统筹控制计划(包括改版升级)，有效指导工程项目科学运行；全年组织和参与各方面方案审查200多次，从源头控制，把好方案论证和设计审查关；抽派分管领导、专家和业务骨干驻扎现场，加强技术服务、关系协调、生产保障、安全监管等工作，定期或不定期组织召开工作协调与工程推进会议，积极介入现场管理，把石化集团公司的决策部署和领导小组的工作要求落到了实处。

(何云均)

【加强安全环保监督管理】 2012年，天然气工程项目管理部建立健全多层级的安全监管网络体系，执行领导干部挂牌督办，坚持全员100%培训取证上岗，对重大风险隐患进行强势监管；制定并落实《川东北天然气井钻井井控管理实施细则》《工区雨季汛期安全生产及防汛工作意见》和《中国石化西南工区生产应急监护管理办法》等制度，对工区井控、防硫化氢中毒、应急救援抢险、复杂恶劣天气影响等进行重点防控；组织开展安全环保大检查，加强直接作业环节监管，严格执行项目建设“三同时”，确保大湾产能建设顺利投产和元坝开发项目有序推行，实现了工区全年安全环保无事故。积极协调，督促整改，推动川气东送建设工程顺利通过国家环保验收。

（何云均）

【元坝气田开发创新提速效果明显】 2012 年，天然气工程项目管理部采取“一井一案”超前分析、大力推广应用新工艺、新技术等措施，为元坝气田开发建设提供技术支撑。年内元坝气田开发井生产时效达到 96.94%，与已完成井生产时效相比，累计节约钻井时间 444.82 天，施工创出了 10 余项高新技术指标。

（何云均）

【积极推动先导试验项目的研究应用】 2012 年，天然气工程项目管理部立项的 10 个先导试验项目已全部完成了技术调研和适应性配套工作，部分项目提前进入现场试验阶段。上年度立项 13 个先导试验项目，其中 2 个项目 2012 年完成全部研究内容并通过结题验收审查，11 个项目按照中评估专家组提出的建议，全面进入现场试验应用和技术总结阶段。这些项目立足四川盆地超深高酸性天然气勘探开发业务，围绕难题开展攻关，解决了部分技术瓶颈，取得了良好的现场应用效果。

（何云均）

【全面总结普光气田地面工程建设工作】 2012 年，天然气工程项目管理部组织建设、施工、设计、监理等单位，对普光大湾气田地面工程建设进行全面总结，分集输工程、净化工程、公用工程、安全环保、综合管理 5 个部分，收集、评审、发布 239 篇论文，形成《宏图——普光气田地面工程建设总结汇编》和《新领域、新挑战、新成果——普光气田地面工程建设论文集萃》（上下册）经验成果，为同类酸性气田地面工程建设提供了经验借鉴。

（何云均）

【组织大湾区块产能建设顺利投产】 大湾区块建产是 2012 年石化集团公司天然气增产的重点。天然气工程项目管理部组织建设、施工、设计等单位项目负责人紧盯现场，督促投产作业、站场管线等尾项工程加快施工；及时组织召开现场办公会、专题协调会，解决物资供应、机站调试等方面的问题；参与投产条件及安全环保专项检查，跟踪落实措施，加快整改销项进程；制定科学周密的方案，加强协调，组织投产，促进了工程如期建成投产。

（何云均）

【积极推进物资装备国产化】 2012 年，在大湾气田产能建设过程中，天然气工程项目管理部组织开展 L360QS 管材等 10 个品种 131 个规格的物资装备国产化，国产化率近 80%，节约采购资金约 2 亿元。在元坝气田产能建设中，组织制定并实施国产化计划，开展座谈研讨和技术交流，缓蚀剂等 21 项物资和涉酸法兰等 12 个品种国产化得以实施。

（何云均）

【工区标准化工作成效显著】 2012 年，天然气工程项目管理部组织成立工区标准化工作领导小组，制定并落实运行计划，通过审查标准化设计方案、标准化采购效能监察和评估改进、考察标准化框架协议供应商、组织召开现场调研会、推进会等措施，促进各方协同实施、深入推进。截至年底，工区 13 个大类 66 个重要物资的标准化采购工作顺利实施，已对 16 种物资开展标准化框架协议采购，落实油套管特殊扣标准化，调剂工区库存物资 1.15 亿元，减少了资金占用。

（何云均）

【精细投资管理】 2012 年，天然气工程项目管理部开展项目投资调研，组织审查分项可研和基础设计，促进元坝气田开发建设项目投资规范管理。结合川气东送建设工程运行情况，分 4 批次下达投资额 27.35 亿元，有效地保证了工程运行，截至年底，川气东送建设工程累计完成投资 591.65 亿元；严格川气东送工程设计变更管理，全年审核批复设计变更 10 项，核减投资 1 109 万元；组织开展工程结算审查，审减投资 1 797.38 万元。

（何云均）

【加强教育培训工作】 2012 年，天然气工程项目管理部突出加强领导干部政治教育，全年组织处室负责人以上干部参加的中心组学习26次；突出加强员工知识培训，通过外请专家授课、内请业务骨干讲课和员工互讲等形式，组织以合同管理、井控安全、页岩气开发、钻井工程等为内容的专题讲座9期；突出加强党员政治思想教育，认真落实党支部“三会一课”制度，以“为民服务创先争优”活动为载体，深化为宗旨意识、作风传统教育，全年34名党员受到石化集团公司党组、直属党委和天然气项目部党委表彰。

（何云均）

【深入开展主题实践活动】 2012年，天然气工程项目管理部围绕“提高服务水平，提升企业价值”目标，深入开展了“管理提升”“一转双创”“企业学镇海、干部学安喜”主题实践活动，查找整改问题20多项，为员工办实事8项，梳理修订“三重一大”决策制度等各类规章制度18个，为参建企业单位协调解决重要困难问题50多个。

（何云均）

管道公司

【概况】 中国石化集团管道储运公司（简称管道储运公司）暨中国石油化工股份有限公司管道储运分公司（简称管道储运分公司）统称管道公司，是中国石化从事油气储运的专业化管理企业。基地位于江苏省徐州市，创建于1975年2月17日，始称华东输油管线指挥部。1998年6月，石油、石化两大集团公司重组，成立管道储运公司。2000年3月分立运行管道储运公司和管道储运分公司。

截至2012年底，管道公司管辖原油管道38条，全长6 505千米；油罐总罐容3 312万立方米（包括托管的商业储备油库和国家储备油库）；30万吨级原油码头6座。业务范围涉及北京、天津、河北、山东、江苏、河南、安徽、浙江、上海、湖北、湖南、江西、广西、广东14个省、自治区和直辖市，担负着胜利、中原、河南等油田的原油以及部分进口原油的输送任务，为燕山石化、齐鲁石化、上海石化、金陵石化、扬子石化、镇海炼化、安庆石化、九江石化等21个长江中下游及华北、东南沿海地区的炼油、化工企业输转原油。资产总计574亿元，其中管道储运公司19亿元，管道储运分公司555.59亿元；在册职工8 359人，离退休职工4 591人。

管道公司主要经济指标和管道储运分公司主要生产指标见表1和表2。

（周先锋）

【输油量连续第3年超亿吨】 2012年，管道公司精心组织输油生产，优化运行方式，认真做好原油接卸、中转、储存、输送等各个环节的管理工作，输油生产安全平稳低耗运行，全年累计输油1.2亿吨，同比增长10.9%，连续第3年超亿吨，全面完成了中国石化总部下达的输油生产计划，保证了炼化企业原油资源的稳定供应。

（周先锋）

【节能减排工作成效显著】 管道公司大力推进燃料原油替代工作，截至2012年底，管道公司有10个输油处（库）的25个站场已使用天然气或蒸汽替代燃料原油，全年共替代燃料原油3.09万吨，实现替代效益7 267万元。加强输油成本管控，输差损耗、综合能耗均控制在中国石化总部下达的指标范围内，输油综合单耗为56.14千克（标油）/（万吨·千米），同比下降10.71%。

（周先锋）

【中国石化原油销售分公司成立】 2012年9月21日，根据“营改增”税制改革的有关要求，中国石油化工股份有限公司原油销售分公司在徐州成立，并由管道储运分公司管理。该公司经营范围包括原油销售及相关业务。

（周先锋）

【10个区域性商储分公司成立】 2012年，管道储运公司与中国石化原油商业储备公司签订商储基地代建代管协议，并根据管理需要成立了10个区域性的商储分公司，截至年底，已完成天津、曹妃甸、日照、仪征、白沙湾、宁波、舟山、连云港8个商储分公司的工商登记注册。

（周先锋）

【改革调整突出主业】 2012年，管道公司按照做精做强输油主业的发展思路，成立了中石化长输油气管道检测有限公司、管道储运分公司抢维修中心和远程培训中心，为全面实现一体化管理奠定了坚实基础。

（周先锋）

【曹妃甸商储基地工程建成投产】 2012年1月31

日，曹妃甸原油商业储备基地工程建成投产。该工程位于河北省唐山市曹妃甸工业区，包括新建 32 座 10 万立方米储油罐区以及输油站、计量站等配套工程，于 2012 年 5 月开工，由管道公司承担建设任务。工程的成功投产将满足华北地区不断增长的成品油市场需求。

（周先锋）

【日照商储基地二期工程建成投产】 日照原油商储基地分两期建设，主要包括新建 32 座 10 万立方米原油储罐。工程于 2010 年 6 月开工，一期工程于 2011 年投产，二期工程 16 座储油库于 2012 年 6 月 10 日投产，标志着储油库全部投入运行，对石化集团公司更好发挥沿江地区炼油企业效能具有十分重要的战略意义。

（周先锋）

日照原油商储基地鸟瞰图 （曹 军 摄）

【国内最大原油环道试验装置建成】 2012 年 11 月 24 日，管道公司原油环道试验装置项目建成，这是中国石化重点科研项目，也是国内最大的环道试验装置。建成后可用于原油、成品油等管道新技术、新工艺的模拟试验，对提高管道输送技术水平将发挥积极作用。

（周先锋）

【名列中国物流企业第 26 名】 2012 年 11 月 22 日，中国物流与采购联合会发布了中国物流企业 50 强排名结果，管道储运分公司名列 2011 年度中国物流企业 50 强的第 26 名。这是中国石化唯一一家进入 50 强的物流企业。

（周先锋）

【QC 活动取得成果】 2012 年，管道公司获得全国优秀 QC 小组成果奖 2 项、石油工业优秀 QC 小组成果一等奖 1 项。管道检测公司无损检测班组获得全国质量信得过班组称号。

（周先锋）

【“三基”建设全面加强】 2012 年，管道公司编制下发了新的“三基”工作评价考核标准，检查范围扩大到原油储备基地和工程项目部，并对检查的方式进行了改进，从只重视标杆站检查逐步发展为对“三基”工作的全面重视。将检查结果与文明建设先进单位评比挂钩，提高了各单位及基层站队达标、创标的积极性。

（周先锋）

【树立国有企业良好形象】 2012 年，管道公司从安全环保、节能减排、企地共建等多方面入手，认真履行企业社会责任，积极组织开展形式多样的志愿者服务活动，包括义务献血、特困救助、文化下乡、扶贫帮教、向敬老院献爱心等，受到当地群众的欢迎，赢得了良好的口碑。

（周先锋）

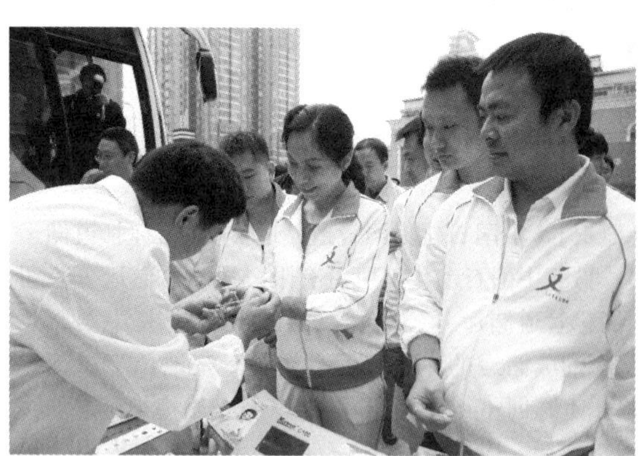

管道公司襄阳处举行志愿者献血活动 （王 影 摄）

【党建工作优势充分发挥】 2012 年，管道公司党委以“强组织、增活力，开启建设世界一流能源化工公司新航程，创先争优迎十八大”为主题，深入开展“基层组织建设年”“一转双创”“岗位学雷锋，争做好员工，建功创一流”等活动，重视抓好宣传思想工作和企业文化建设，党风建设和反腐倡廉工作进一步加强。年内管道公司党委以及潍坊处东营站等 6 个基层党支部被石化集团公司党组授予创先争优先进基层党组织称号，管道公司团委获石化集团公司直属五四红旗团委称号，聊城处莘县站青年突击队被授予中央企业青年文明号集体。

（周先锋）

表1 管道公司主要经济指标 亿元

指标名称 \ 年份	2012		2011		2010		2009		2008		2007	
	公司	分公司	公司	分公司	公司	分公司	公司	分公司	公司	分公司	公司	分公司
工业总产值	10.72	72.87	20.35	69.87	16.40	60.07	18.42	49.38	20.00	48.51	25.46	44.70
工业增加值	4.71	31.99	3.91	26.41	3.97	18.78	4.11	21.26	3.99	13.27	3.96	17.49
资产总计	19.09	555.59	21.41	529.19	20.80	437.30	16.68	403.02	18.07	446.27	19.49	305.86
流动资产	11.58	328.51	13.92	282.36	13.05	206.08	8.91	179.64	10.66	222.13	12.34	90.31
固定资产原值	12.97	310.24	12.30	305.67	11.84	272.88	11.39	267.80	11.07	254.82	10.20	214.70
固定资产净值	7.42	197.52	6.50	207.18	7.63	183.27	7.57	186.34	7.56	180.94	7.17	149.25
销售收入	11.03	770.35	20.43	81.99	16.59	69.87	18.61	51.61	20.10	55.00	25.46	53.39
利润总额	0.25	2.71	-0.19	5.10	0.36	-0.07	0.48	3.67	0.66	-2.18	1.28	3.89
税　金	0.38	3.98	0.73	3.84	0.62	3.73	0.85	2.95	0.65	2.43	0.56	3.26

表2 管道储运分公司主要生产指标

指标名称 \ 年份	2012	2011	2010	2009	2008	2007
收油量/万吨	5 457.64	5 263.89	5 092.69	5 541.61	6 317.40	5 941.18
输油量/万吨	12 023.00	10 839.00	10 316.63	8 931.24	8 085.84	6 656.13
销油量/万吨	5 401.38	5 197.01	5 071.78	5 631.06	6 129.27	5 948.13
周转量/万吨·千米	5 767 946	5 624 145	5 291 303	4 867 380	4 576 746	4 361 649
原油总耗/万吨	2.62	3.35	4.55	2.67	2.65	5.62
电总耗[①]/万千瓦·时	115 665.28	124 534.53	123 161.71	117 815.62	109 681.58	108 171.46
煤焦轻油总耗/万吨				2.32	2.40	0.31
蒸汽总耗/万吨	20.08	19.78	22.37	19.14	14.89	9.63
天然气总耗/万立方米	2 000.06	2 282.07	1 945.27	2 190.64	2 184.23	1 136.51
综合能耗/千克标煤·(万吨·千米)$^{-1}$	39.28	46.69	49.78	56.32	57.36	127.58

①2007 年之前综合能耗数据电单耗采用等价值进行折算，2008 年起综合能耗数据电单耗采用当量值进行折算

燕山石化

【概况】 燕山石化公司前身是1970年成立的北京石油化工总厂，后曾更名为北京燕山石油化学总公司、中国石油化工总公司北京燕山石油化工公司、北京燕山石油化工集团有限公司。2012年，燕山石化包括中国石油化工股份有限公司北京燕山分公司(简称燕山分公司)和中国石化集团北京燕山石油化工有限公司(简称燕化有限公司)。北京东方石油化工有限公司(简称东方石化公司)为燕化有限公司全资子公司，保定石油化工厂(简称保定石化厂)由石化集团公司划归燕化有限公司作为二级单位管理。燕山石化本部位于北京市房山区燕山岗南路1号。

截至2012年底，燕山石化共有在岗职工2.1万人(含东方石化公司、保定石化厂)。公司本部拥有63套主要生产装置、68套辅助生产装置，原油加工能力超过1 000万吨/年，是中国第1家生产欧Ⅳ标准清洁油品的千万吨级炼油基地；乙烯生产能力超过80万吨/年，聚乙烯生产能力56万吨/年，聚丙烯生产能力40万吨/年，合成橡胶生产能力24万吨/年，苯酚丙酮生产能力24万吨/年，是中国最大的合成橡胶、合成树脂、苯酚丙酮和高品质成品油生产基地之一。燕山石化本部可生产94个品种431个牌号的石油化工产品，东方石化公司可生产醋酸乙烯、丙烯酸及脂、丁辛醇等5个系列37个品种145个牌号产品，保定石化厂可年产20万吨道路沥青。

截至2012年底，燕山石化累计加工原油2.8亿吨，生产乙烯1 701万吨，实现销售收入9 099亿元，利税1 071亿元。

燕山石化主要技术经济指标和主要产品产量见表1和表2。

(徐正师)

【炼油生产指标创历史新高】 2012年，燕山石化累计原油加工总量为1 060万吨，其中加工大庆原油297.87万吨、海洋原油14.32万吨、进口原油748.18万吨。生产汽油255万吨，其中京标Ⅴ汽油88.51万吨；柴油274万吨，其中京标Ⅴ柴油52.97万吨；航煤144万吨，主要炼油产品中汽油总量和煤油总量创历史年产最好水平。轻油收率和综合商品率分别达到78.91%和94.85%，高附加值产品收率为87.9%，炼油综合能耗为55.41千克(标油)/吨，炼油全厂综合损失率为0.49%，炼油加工损失率为0.42%，其中综合损失率和综合能耗创历史最好水平。

(潘　喆)

【化工生产略有下降】 2012年，燕山石化生产乙烯84万吨，其中本部75.06万吨、东方石化公司8.95万吨，本部乙烯收率为31.03%，双烯收率为46.44%，乙烯能耗579.87千克(标油)/吨。生产合成树脂99.67万吨，其中本部93.75万吨、东方石化公司5.92万吨，本部合成树脂中专用料完成77.99万吨，专用料比例为83.2%。生产合成橡胶19.8万吨，其中顺丁橡胶14.5万吨、SBS 2.06万吨、丁基橡胶2.93万吨、溴化丁基橡胶3 112吨、稀土顺丁橡胶完成635吨。

(潘　喆)

【生产京标Ⅴ油品】 2012年5月31日，燕山石化开始正式生产第5阶段车用汽、柴油，7月完成首都市场京标Ⅴ油品置换。截至年底，燕山石化共生产京标Ⅴ汽油88.51万吨、柴油52.97万余吨，有效保证了高品质成品油供应。同京标Ⅳ汽油相比，京标Ⅴ汽油硫含量由50×10^{-6}降低至10×10^{-6}，使用该油品，轻型车氮氧化物可减排25%，重型车氮氧化物可减排43%，总体污染物排放可减少40%。

(潘　喆)

中国石化在京加油站开始进行京标Ⅴ油品置换

【首次产出京标Ⅴ98#汽油】 2012年10月30日，燕山石化首次生产调和出京标Ⅴ98#车用汽油，11月8日，1 400吨京标Ⅴ98#汽油顺利装车运往北京石油分公司，正式供应首都成品油市场。京标Ⅴ98#车用汽油硫含量为5.2×10^{-6}，和其他标号的汽油相比，抗爆性更强、燃烧值更高，可以提供更强大的动力，同时价格略高，多为进口高档汽车所用。

(潘　喆)

【利用制苯抽余油调和高品质75#航空汽油】 2012年5月，燕山石化利用制苯抽余油高辛烷值、高初馏点等特征，代替部分重整抽余油，调和出高品质$75^{\#}$航空汽油，有效解决$75^{\#}$航空汽油初馏点较低的问题，提高了油品品质。

（潘　喆）

【实现 VA 含量 4%—26% 全系列 EVA 生产】 2012 年 10 月，燕山石化二高压装置开发出 VA 含量 26% 的 EVA 产品，将 EVA 产品链进一步延伸，至此，燕山石化能够产出 VA 含量 4%—26% 的全系列 EVA 产品，产品竞争力得到进一步提升。

（潘　喆）

【首次产出超高分子量聚乙烯】 2012 年，燕山石化低压装置成功生产出分子量为 150 万—350 万的超高分子量聚乙烯（UHMW－PE）系列产品 9100CG、9200CG、9300CG，不仅填补了国内低压大装置无法连续生产超高分子量聚乙烯产品的空白，也可进一步优化低压装置产品结构。

（潘　喆）

【直接聚合法聚丙烯熔喷专用料试产成功】 2012 年 11 月，燕山石化第一聚丙烯装置采用直接聚合法试产聚丙烯熔喷专用料取得成功，成为国内首家。装置试生产的熔融指数分别为 1 200 克/10 分、1 500 克/10 分和 2 000 克/10 分的聚丙烯熔喷专用料共计 200 吨，通过检测和下游厂家应用实验表明，该产品具有适宜的熔体质量流动速率范围、较低的灰分、良好的长周期加工性能，且分子量分布较窄。主要用于医用一次性手术服和医用口罩等产品的生产，具有较高的附加值。

（潘　喆）

【溴化丁基橡胶开始批量生产】 2012 年 5 月 18 日，中国石化“十条龙”科技攻关项目之一、燕山石化 3 万吨/年溴化丁基橡胶装置成功进行批量生产。这是国内首套溴化丁基橡胶装置。同时燕山石化新开发出 2 个溴化丁基产品牌号，达到国外同类产品水平。

（潘　喆）

【产出充油溶聚丁苯橡胶】 2012 年 12 月 11 日，燕山石化丁苯装置成功产出合格的充油溶聚丁苯橡胶，成为中国石化系统内首家试生产该产品的单位。

（潘　喆）

【聚碳酸酯装置产出合格产品】 2012 年 2 月 17 日，中石化三菱化学 6 万吨/年聚碳酸酯装置顺利产出合格产品。6 万吨/年聚碳酸酯项目由中国石化与日本三菱化学合资建设，是中国石化引进的第 1 套聚碳酸酯生产装置，委托燕山石化管理。该项目于 2010 年 5 月 12 日开工建设，2011 年 9 月实现中交，2012 年 2 月 15 日正式投料生产。

（潘　喆）

【建成 260 万吨/年柴油加氢精制装置】 2012 年 6 月 28 日，中国石化重点项目——燕山石化 260 万吨/年柴油加氢精制装置及配套工程顺利实现中交。装置投产后，能够年产京标 V 车用柴油 230 万吨，可以进一步提供高品质成品油，保障首都京标 V 柴油供应。

（潘　喆）

【稀土顺丁橡胶装置实现中交】 2012 年 9 月 11 日，燕山石化 3 万吨/年稀土/镍系柔性顺丁橡胶装置实现顺利中交，该装置是中国石化系统内第 1 套工业化稀土顺丁橡胶装置。

（潘　喆）

3 万吨/年稀土/镍系柔性顺丁橡胶装置

【建成中国石化首套原油储罐“循环搅拌”系统】 2012 年 8 月 28 日，中国石化首套大型原油储罐“循环搅拌”系统在燕山石化储运一厂牛口峪原油罐区 9903 号储罐上正式建成，具备投用条件。该系统可提高原油混调的准确性和稳定性，保证原油加工装置的高效平稳运行；同时可通过提高混炼劣质原油比例，增加劣质原油加工量，进一步降低原油加工成本，每年可创造经济效益近 300 万元。

（潘　喆）

【全面应用 R－SIM 系统】 2012 年，燕山石化炼油系统全流程优化 R－SIM 系统软件实现全面应用。该套系统软件的应用，可以建立精细的桌面模型，模拟从原油拟合、常减压蒸馏到催化裂化、延迟焦化、连续重整，直至汽、柴油成品调和的全过程，能够查找炼油系统各套装置生产瓶颈，并进行相应的优化调整。该套系统还可与价格体系挂钩，通过数据分析，及时调整中间物料走向，提高各组分油、氢气等资源的利用率。

（潘　喆）

【生产单位安全总监上任履职】 2012 年 10 月 26 日，燕山石化贯彻石化集团公司工作要求，在基层单位推广安全总监制度，对 17 家主要生产单位的安全总监进行了任命。

（潘　喆）

【曹妃甸千万吨炼油项目初步通过中咨公司评审】 2012 年 2 月 8—10 日，曹妃甸 1 000 万吨/年炼油项目申请报告核准评估会在唐山曹妃甸召开，来自国家发改委、国家能源局、石化集团公司、中国国际工程咨询公司、燕山石化、中国石化工程建设公司及河北省政府、唐山市政府、曹妃甸新区管委会的相关领导及相关领域专家参加会议。评估专家组分为总体组、系统工程组和经济组 3 个组，就曹妃甸炼油项目各项具体设计、规划和实施情况进行了讨论，并形成了关于曹妃甸炼油项目的最终评估意见。专家组认为，曹妃甸炼油项目对缓解京津冀晋地区油品供需矛盾、提高产品质量、调整石化产业布局和结构、带动河北省沿海地区经济发展具有重要的现实意义。同时，专家组还就油品质量、工艺技术等方面的具体方案提出了相关的修改意见及建议。

（潘　喆）

【中国石化援建宁夏塑料棚膜、地膜、滴灌带项目进展顺利】 2012 年 12 月，宁夏回族自治区吴忠市塑料棚膜、地膜、滴灌带项目全面进入设备安装阶段。该项目由石化集团公司投资，燕山石化负责施工建设。该项目以聚乙烯(PE)为原料，采用先进生产工艺，建设年产 3 600 吨棚膜、2 400 吨地膜和 1 800 吨内嵌式滴灌带生产装置。项目能够促进当地农业生产技术改善，加快少数民族地区脱贫致富步伐。

（潘　喆）

【国家安全生产监督管理总局教育培训基地在燕山揭牌】 2012 年 12 月 14 日，国家安全生产监督管理总局和石化集团公司共建教育培训基地协议签字暨揭牌仪式在燕山石化举行。国家安全生产监督管理总局将燕山石化教育培训中心确定为“国家安全生产监督管理总局教育培训基地”，并选聘石化集团公司优秀行业专家及高级专业技术人员担任安全培训兼职教师，促进安全教育培训工作再上台阶。

（潘　喆）

【规范倒班方式提高一线待遇】 2012 年 12 月 4 日，燕山石化下发《关于提高倒班人员待遇暨规范连续生产作业倒班形式的实施方案》，该方案根据《燕山石化完善薪酬分配制度实施方案》和中国石化劳动定员标准以及劳动用工管理有关规定制定。方案规定，凡连续生产作业倒班岗位，按照四班配备岗位定员，原则实行“四班两运转”作业形式；“四班两运转”统一执行白班 12 小时(8：00—20：00)、夜班 12 小时(20：00—次日 8：00)倒班制；将“超时补贴”规范为“超时费”，超时费标准由每人每月 240 元调整为每人每月 1 000 元。

（潘　喆）

【获中华宝钢环境奖】 2012 年 4 月 23 日，第 7 届中华宝钢环境奖颁奖典礼在人民大会堂举行，此次评选活动以“转变发展方式，建设生态文明”为主题，围绕环境管理、城镇环境、企业环保、生态保护、环保宣教 5 个方面设立奖项。中华宝钢环境奖是中国环境保护领域最高的社会性奖项，燕山石化是石油石化行业中唯一获得该奖项的企业。

（潘　喆）

【抗击“7·21”特大自然灾害】 2012 年 7 月 21 日，北京遭遇 61 年来最强暴雨袭击，房山区为重灾区，燕山石化最大降雨量达 365 毫米。当日燕山石化一线倒班职工坚守岗位，部分职工主动连班，全力保障生产装置正常运行，主要生产装置经受住了暴雨检验。同时公司积极配合政府部门，开展道路抢险、生活区排水、转移安置受灾居民等工作，全力减小灾情损失。

（潘　喆）

表 1 **燕山石化主要技术经济指标** 亿元

指标名称＼年份	2012	2011	2010	2009	2008	2007
原油加工量/万吨	1 060.37	1 084.88	1 099.53	1 079.06	1 064.83	859.24
工业总产值	816.23	859.34	763.16	588.18	687.58	540.38
燕山分公司	743.39	762.41	682.02	545.59	640.73	467.20
燕化有限公司	72.84	96.93	81.13	42.59	10.99	10.78
工业增加值	126.00	144.23	188.34	153.64	-1.70	62.61
燕山分公司	115.45	122.28	169.85	145.52	-9.22	47.59
燕化有限公司	10.55	21.95	18.49	8.12	2.08	3.68
资产总计	323.72	296.61	290.70	298.08	318.74	340.57
燕山分公司	219.28	192.14	194.15	200.84	188.78	193.84
燕化有限公司	104.44	104.47	96.55	97.24	58.41	64.21
营业收入	861.75	891.58	803.84	612.11	709.15	563.86
燕山分公司	773.57	781.56	708.55	555.35	644.90	474.97
燕化有限公司	88.18	110.02	95.29	56.76	23.74	25.74
实现利税	81.82	112.90	158.89	131.33	-26.96	31.61
燕山分公司	89.39	96.42	156.24	142.63	-21.79	30.84
燕化有限公司	-7.57	16.48	2.65	-11.30	-0.97	-2.20
实现利润	-10.79	3.47	46.62	30.01	-45.49	6.54
燕山分公司	-1.48	-9.24	46.07	42.50	-37.13	9.28
燕化有限公司	-9.31	12.71	0.55	-12.49	-1.86	-3.25

表 2 **燕山石化主要产品产量** 万吨

产品名称＼年份	2012	2011	2010	2009	2008	2007
燕山分公司						
汽　油	255.22	245.34	247.69	242.12	202.26	160.39
煤　油	132.92	126.35	116.10	111.61	85.23	36.39
柴　油	274.45	309.29	314.54	314.79	354.76	244.71
润滑油基础油	20.87	23.30	26.53	14.11	17.49	22.63
商品燃料油	18.44	21.28	33.60	27.52	39.66	40.62

续表

产品名称＼年份	2012	2011	2010	2009	2008	2007
裂解料	209.15	211.72	232.36	230.42	217.01	211.00
商品液化气	12.88	12.94	11.98	9.82	14.33	14.20
石　蜡	9.60	9.29	9.16	6.33	7.95	9.45
纯　苯	19.48	17.53	18.79	18.66	32.97	17.14
乙　烯	75.06	75.31	84.16	84.13	78.40	78.08
丙　烯	51.47	50.10	53.28	56.08	37.56	49.46
丁二烯	11.65	10.56	12.37	12.79	12.29	12.68
间二甲苯	4.91	5.59	3.79	3.43	4.00	4.25
苯乙烯	0.05	6.40	7.93	8.55	8.69	8.07
乙二醇	5.91	4.68	6.34	6.37	5.98	6.13
苯　酚	20.45	19.36	20.29	18.69	17.44	18.87
丙　酮	12.58	11.93	12.58	11.71	10.89	11.79
低密度聚乙烯	29.56	29.44	39.51	43.43	44.68	42.73
高密度聚乙烯	18.03	18.13	20.73	19.25	18.57	16.93
聚苯乙烯	0	4.32	5.17	5.58	5.30	4.69
聚丙烯	39.80	41.72	45.29	45.69	44.24	39.71
顺丁橡胶	14.46	13.30	14.70	14.36	14.41	13.41
SBS	2.06	4.87	9.22	9.09	7.91	8.80
丁基橡胶	2.93	3.65	3.56	4.03	4.40	3.69
间苯二甲酸	4.50	3.99	2.05	2.50	2.93	3.08
1-己烯	1.51	1.84	2.02	1.12	1.23	0.69
塑料制品	0.42	2.59	3.86	6.19	4.55	5.04
燕化有限公司						
发电量/万千瓦·时	50 987.00	49 574.00	55 467.00	52 923.00	48 900.00	41 682.00
乙　烯	8.95	14.32	13.03	—	7.04	16.01
聚氯乙烯		—	—	—	—	8.64
低压聚乙烯	1.71	2.46	2.51	2.22	1.58	2.42
EVA	4.21	3.97	4.40	—	2.19	4.61

齐鲁石化

【概况】 中国石油化工股份有限公司齐鲁分公司(简称齐鲁分公司)、中国石化集团资产经营管理有限公司齐鲁石化分公司(简称齐鲁石化分公司)统称齐鲁石化，是石化集团公司直属的拥有石油化工、盐化工、煤化工、天然气化工等加工工艺最为齐全的炼化企业，位于山东省淄博市临淄区南部。其前身始建于1966年4月，第1个生产厂是胜利炼油厂，1983年7月划归中国石油化工总公司。

截至2012年底，齐鲁石化拥有大型石油化工生产装置112套，炼油加工能力1 000万吨/年，装置生产能力分别为：乙烯80万吨/年、合成树脂110万吨/年、烧碱45万吨/年、橡胶17万吨/年、苯类产品45万吨/年、醇类产品43.5万吨/年、尿素48万吨/年，热电装机容量50万千瓦。可生产各类石油化工产品120多种，其中烧碱、聚氯乙烯产品被评为中国名牌。齐鲁石化设有直属单位28个，机关部门25个，直属机构7个，部门挂靠机构8个，驻外机构4个。用工总量33 165人，其中正式员工25 953人，劳务用工7 212人；共有专业技术人员3 072人，其中具有高级职称的510人、中级职称的1 625人。

齐鲁石化主要技术经济指标和主要产品产量见表1和表2。

（王方栋　曹钰梅）

【贺国强视察齐鲁石化】 2012年4月22日，中共中央政治局常委、中央纪律检查委员会书记贺国强到齐鲁石化考察调研。贺国强一行先后视察了炼油厂联合装置车间、橡胶厂丁苯二车间、烯烃厂裂解装置。视察期间，贺国强指示齐鲁石化要加强技术改造，推进产品创新，不断提高经营水平和效益。

（曹钰梅）

贺国强在齐鲁石化炼油厂联合装置车间考察

【扭转效益被动局面】 2012年，齐鲁石化在炼油部分装置检修改造、化工装置限产的情况下，橡胶、丁辛醇和丙烯腈产量再创历史新高。全年累计挖潜增效17.5亿元。在承担更多人工成本的情况下，效益排名大幅提升，彻底扭转了一季度与同规模炼化企业效益差距过大的被动局面，其中存续部分赢利2 177.6万元，自2007年以来首次实现整体扭亏为盈。

（曹钰梅）

【经济运行水平大幅提升】 2012年，齐鲁石化积极对标先进，深挖装置潜力，经济运行水平大幅度提升。41项主要技术经济指标中，29项创历史最好水平，11项达到系统内先进水平，其中原油加工损失率降至0.42%，乙烯加工损失率降至0.19%，乙烯高附收率达到59.97%。认真分析研判国际原油价格变化，通过把握时机提高现货合同比例、开辟阿尔滨和冷湖2个新油种等措施，进口原油采购降本2.6亿元，在中国石化系统名列前茅。

（曹钰梅）

【优化生产成效显著】 2012年，齐鲁石化优化成品油量价配合8.3万吨，成功化解了成品油降价造成巨额亏损的风险；开发生产京标V系列汽油，全年高标号汽油比例达到42.25%，柴汽比降为2.52。主动贴近市场，灵活调整装置负荷，在全年乙烯减产5.2万吨的情况下，效益较好的橡胶、醇类、丙烯腈、二甲苯等产品分别增产2 238吨、1.14万吨、3.91万吨和1.33万吨；化工产品在市场相对高点主动降库0.89万吨，最大限度减少了亏损；开发了抗菌聚丙烯等5种新产品，增产新产品1万吨。

（曹钰梅）

【贴近市场推价增效】 2012年，齐鲁石化细化成本分析，掌握议价主动权，大力推行科学理性采购，全年节约采购资金3.96亿元；煤炭采购价格在京津冀鲁豫区域最低，同比节省3.72亿元。紧贴市场推价稳价，全年自销产品推价增效1.23亿元，液化气价格保持山东区域第一；密切与销售公司的产销衔接，通过价格监督推价增效1.55亿元。

（曹钰梅）

【实行“紧螺丝”式管理】 2012年，齐鲁石化按照“经营一元钱，节约一分钱”的要求，深入推进全员成本目标管理，强化全面预算管理，严格控制成本费用支出，压减修理费、“三剂”和非生产性费用1.5亿元；优化结算流程，多渠道筹集资金，节约财务费用4 518万元。全年清收欠款5 620万元，废旧物资处置增效6 635万元。规范盘活房地产增效1 299万元，社区水、电损耗分别由30.6%、10.4%降至15%、7%。按照标准化、文本化、信息化的要求，全面完成规章制度的标准化改造，工资系统（SAP－HR）、合同管理系统（CMIS）成功上线。完成了物资采购业务、销售业务专业化集中管理，减少机构45个，减少科级干部166人。

（曹钰梅）

【推进节能减排】 2012 年，齐鲁石化持续优化公用工程，热电锅炉达标提效改造完成，天然气进厂同比增加 5 403 万立方米，减少液化气用量 2 013 吨，节约氮气 1 270 万立方米，吨油耗氢降低 0.52 千克。全年累计节能 6.38 万吨标油、节电 5 449 万千瓦·时，节水 146 万吨、减排工业废水 179 万吨，COD、二氧化硫同比分别减排 19.66% 和 11.12%，污水连续达标排放超过 800 天。

（曹钰梅）

【合成橡胶产量连续 3 年全国第一】 2012 年，齐鲁石化深度优化橡胶装置生产，千方百计做大总量，摊薄成本，增加效益。全年合成橡胶装置负荷始终保持在 137% 运行，3 套合成橡胶装置产量同创历史新高。截至年底，橡胶厂累计生产合成橡胶 40.58 万吨，产品加工损失率同比降低 0.09%，目的产品可比能耗同比降低 5.26%，均创历史最好水平，其中合成橡胶产量连续 3 年全国第一。

（曹钰梅）

【25 万吨/年高密度聚乙烯装置建成中交】 2012 年 11 月 20 日，齐鲁石化新建 25 万吨/年高密度聚乙烯装置建成中交，2013 年 1 月 23 日投料开车成功。项目总投资 8.77 亿元，2011 年 3 月桩基工程正式开工。整套装置采用 GPE 国产化聚乙烯工艺技术路线。该项目挤压造粒机组和循环气压缩机组首次实现国产化，填补了国内空白。

（曹钰梅）

塑料厂新建 25 万吨/年高密度聚乙烯装置 （朱长杰 摄）

【加工高硫高酸原油改造项目基础设计获批复】 2012 年 12 月 17 日，齐鲁石化加工高硫高酸原油适应性改造项目基础设计获中国石化总部批复。项目总投资 17.57 亿元，主要包括新建 260 万吨/年蜡油加氢装置，新建 60 万吨/年航煤加氢装置；60 万吨/年连续重整装置扩能改造至 80 万吨/年，100 万吨/年催化柴油加氢改质装置改造，第三延迟焦化装置由 140 万吨/年扩能改造至 170 万吨/年；公用工程包括新建 3 台 10 万立方米原油罐、4 台 9 000 立方米储罐、1 台 1 万立方米及 1 台 2 万立方米汽油罐等。其中，经总部批复同意，10 月在炼油厂装置检修期间，第三延迟焦化装置扩能改造项目先期实施完成。

（曹钰梅）

【13 万吨/年丙烯腈项目合资合同签订】 13 万吨/年丙烯腈合资项目是齐鲁石化与民营企业万达集团合作的重大项目，位于山东省东营港经济开发区石化工业园内，合资期限 30 年。项目总投资 15.76 亿元，一期占地面积约 600 亩(40 万平方米)。2012 年 12 月 18 日，中国石化—万达集团丙烯腈项目合资合同签字仪式在东营市东营宾馆举行。

丙烯腈项目合资合同签字仪式 （顾 波 摄）

【中央媒体联合采访齐鲁石化总经理李安喜】 2012 年 9 月，《人民日报》、中央电视台、新华社等 26 家中央和国家主流媒体的 35 名记者进驻齐鲁石化，参加“走进中国石化——国企带头人李安喜先进事迹宣传报道媒体采访活动”，采访报道石化集团公司总经理助理、齐鲁石化总经理李安喜的先进事迹。新华社以《中石化总经理助理李安喜：国企“老黄牛”的时代担当》为题发出通稿，《人民日报》标题是《“挑刺儿”挑出高效益》，《中国青年报》标题是《齐鲁石化李安喜：拿命换效益》。中国之声、新华网、凤凰网、网易、新浪、搜狐等近 20 家媒体推出相关报道。中央电视台新闻频道《东方时空》人物专栏播放了李安喜的事迹。

（曹钰梅）

【完善人才成长通道建设】 2012年，齐鲁石化健全了管理、技术和操作3个序列职位选聘和薪酬运行机制，完成了副主任师、高级技师等职位授聘工作。持续深化大培训，举办了强化管理、挖潜增效研讨班和贯彻十八大精神厂处级干部研讨班，组织财务审计和机关党群干部开展生产经营管理知识专业培训，完成了2 223名班组长的系统培训，对8 260人进行了技能鉴定，队伍综合素质进一步提高。在石化集团公司年度业务竞赛中，齐鲁石化金牌总数、奖牌总数、团体成绩均列炼化企业第1名。

（曹钰梅）

【和谐企业建设】 2012年，齐鲁石化把“企业发展、职工幸福”作为最高追求，依据政策、尽力而为给职工群众办实事、解难事，通过发放挖潜增效奖、提高基本薪酬标准、职位提升基本薪酬晋档、发放疗养补贴，在岗职工收入大幅增加。积极维护社区稳定，调整了劳动家属的养老金和内退职工的基本生活费；提高了协解军转干部补助标准，实施协解未退休人员生活资助，历史遗留问题全部解决；推进三级帮扶和车间互助会建设，进一步拓宽帮扶救助范围，发放帮扶救助金2 271万元。选派了5名优秀党员干部担任“第一书记”进驻山东省郯城县泉源乡10个村抓党建促脱贫，树立了齐鲁石化的良好形象。

（曹钰梅）

表1 齐鲁石化主要技术经济指标 亿元

指标名称＼年份	2012	2011	2010	2009	2008	2007
原油加工量/万吨	1 027.64	1 072.36	1 049.05	1 006.14	1 002.97	1 055.35
工业总产值	768.42	814.65	660.35	494.00	602.88	629.02
工业增加值	127.15	151.17	158.01	137.13	-8.00	100.73
资产总计	213.54	208.47	231.29	222.60	218.15	227.77
流动资产	65.07	51.89	66.45	40.54	35.78	48.78
固定资产原值	394.52	397.72	401.22	384.83	374.31	357.12
固定资产净值	142.15	156.91	151.45	162.11	159.09	155.18
销售收入	780.62	828.25	684.35	518.40	625.55	673.13
实现利税	72.40	103.57	99.55	97.62	-29.96	67.25
税 金	87.74	95.56	94.80	87.27	14.00	31.00

表2 齐鲁石化主要产品产量 万吨

产品名称＼年份	2012	2011	2010	2009	2008	2007
汽 油	149.95	145.41	132.23	129.89	114.03	114.01
柴 油	378.34	410.47	394.14	386.69	405.04	407.69
煤 油	48.10	41.95	35.99	31.45	25.45	35.07
液化气	23.54	23.58	34.00	34.87	32.85	33.96
沥 青	62.41	61.85	41.35	36.59	18.91	32.46
合成橡胶	40.59	40.36	34.63	24.89	21.19	21.26
烧 碱	45.42	45.93	48.76	41.49	52.01	51.88

续表

产品名称 \ 年份	2012	2011	2010	2009	2008	2007
乙　烯	80.07	85.17	85.57	76.01	80.04	84.68
聚乙烯	42.34	46.79	47.79	43.32	45.19	48.83
聚氯乙烯	57.78	58.93	59.63	51.37	57.46	58.54
苯乙烯	20.02	21.52	21.00	19.64	20.04	21.96
丙烯腈	10.27	6.35	4.43	4.26	4.21	4.45
腈纶纤维	5.97	5.92	6.52	6.53	6.05	6.07
丁　醇	6.26	5.74	5.79	5.42	5.52	6.91
辛　醇	27.29	26.33	25.92	22.5	25.41	25.64
纯　苯	22.08	24.17	24.41	18.61	17.12	18.16
对二甲苯	9.71	9.16	3.90	4.72	6.21	7.10
邻二甲苯	4.49	3.70	5.30	3.70	4.13	4.09
苯　酐	3.61	3.00	3.43	3.33	3.48	3.42
甲基叔丁基醚	5.11	5.06	5.36	5.02	6.09	6.44
1 - 丁烯	1.86	1.70	1.76	1.83	2.24	2.32
发电/亿千瓦·时	45.40	45.99	44.97	39.38	40.00	42.83

茂名石化

【概况】 中国石化集团茂名石油化工公司、中国石化集团资产经营管理有限公司茂名石化分公司(简称茂名石化分公司)、中国石油化工股份有限公司茂名分公司(简称茂名分公司)统称茂名石化，位于广东省茂名市，东毗阳江，西临湛江，北连云浮和广西壮族自治区，南临南海，东北距广州362千米，西南距湛江121千米。茂名石化占地面积38平方千米，创建于1955年5月，是国有特大型综合石化企业，1983年整体并入中国石油化工总公司。

茂名石化拥有70多套主要炼油、化工生产装置，1座动力厂，还有港口码头、铁路运输以及完善的管道、原油和成品油储存、海上原油接卸等储运设施。原油一次加工能力2 500万吨/年，乙烯生产能力100万吨/年。主要生产汽油、煤油、柴油、润滑油、溶剂油、石脑油、沥青、乙烯、甲苯、聚丙烯、乙二醇、苯乙烯、丁苯橡胶、SBS等30多类石油化工产品。

截至2012年底，茂名石化共设5个二级单位、21个机关处部室、9个直属单位，2个驻外机构、1个并表管理单位和1个合资合作单位。职工总数10 433人，其中具有教授级职称的15人、高级职称的475人、中级职称的1 574人。固定资产原值344.71亿元。

茂名石化主要技术经济指标和主要产品产量见表1和表2 。

（韩泉梅）

【经济效益创出新水平】 2012年，茂名石化克服市场不利因素和成品油价格下降的影响，加工原油1 436.60万吨，实现销售收入1 100.07亿元(按地方统计口径为945.18亿元)，同比分别下降13.31万吨和7.3亿元；通过提高资源利用率和优化挖潜降本增效，生产成品油819.10万吨，同比增加18.12万吨，其中增产汽、柴油40.8万吨，居中国石化首位；生产乙烯110.14万吨，同比增加1.62万吨，创历史新高；上缴税金241.42亿元(含海关进口增值税107.94亿元)，同比增加10亿元，创历史新高。

（韩泉梅）

【技术经济指标迈上新台阶】 2012年，茂名石化各项技术经济指标均创历史最好水平，其中炼油加工损失率为0.37%，综合能耗为49千克(标油)/吨，同比分别降低0.01个百分点和0.75千克(标油)/吨，化工乙烯收率、双烯收率、高附产品收率分别为32.22%、47.74%、60.54%，同比提高0.57、0.84和1.46个百分点，居炼化企业前列；炼油单因耗能7.76千克(标油)/吨、乙烯燃动能耗为534.29千克(标油)/吨、乙烯装置损失率0.14%，同比分别下降0.1、5.68个单位和0.08个百分点，为国内最优。

(韩泉梅)

【乙烯产量创历史新高】 2012年，茂名石化强化裂解炉运行管理，积极优化裂解原料，加强装置存在问题的技术攻关力度，裂解装置实现了“安稳长满优”运行。全年共生产乙烯110.14万吨，超额完成石化集团公司下达的108万吨年度任务，同比增产1.62万吨，占石化集团公司乙烯生产总量的11.5%；乙烯日均产量达到3 108吨，创百万吨乙烯投产以来的最好水平。装置自投产以来累计生产乙烯1 042万吨，成为国内首家生产乙烯超千万吨的企业。

(韩泉梅)

【1 000万吨/年常减压装置建成投产】 2012年12月5日，茂名石化新建1 000万吨/年常减压装置一次投产成功。该装置是茂名石化油品质量升级改造工程44个主项中的龙头项目，采用国内先进的工艺技术，主要加工进口高含硫混合原油，产品的硫含量大幅降低，出厂油品全部达到国Ⅲ、国Ⅳ标准。装置投产后，公司原油一次加工能力超2 000万吨/年，成为继镇海炼化、大连石化之后，国内第3家原油加工能力超过2 000万吨/年的炼油企业。

(韩泉梅)

茂名石化1 000万吨/年常减压装置建成投产 (关 平 摄)

【12万吨/年硫黄回收联合装置建成投产】 2012年12月10日，茂名石化新建12万吨/年硫黄回收联合装置一次开车成功产出合格硫黄。该装置是油品质量升级改造工程配套装置，主要包括1套12万吨/年硫黄回收及尾气处理装置和1套500吨/时溶剂再生装置，于2010年12月3日开工建设，总投资3亿元。装置投产后，茂名石化将形成34万吨/年的含硫气体处理能力，能够回收炼油尾气中的硫化氢制造优质硫黄，每年减少二氧化硫排放68万吨，达到2 000万吨/年炼油规模“增产不增污”的环保效果。

(韩泉梅)

【220万吨/年催化裂化装置建成投产】 2012年12月12日，炼油新建220万吨/年催化裂化装置一次开车成功。该装置是茂名石化油品质量升级改造工程主体项目之一，于2011年1月19日动工建设，总投资10亿元，具有单元多、规模大、工艺先进、国产化程度高、绿色节能环保等特点。投产后，茂名石化炼油综合能力明显提升，汽油、柴油产品可全部达到国Ⅲ、国Ⅳ标准。

(韩泉梅)

茂名石化220万吨/年催化裂化装置外景 (关 平 摄)

【40万吨/年气体分馏装置建成投产】 2012年12月22日，茂名石化新建40万吨/年气体分馏装置一次开车成功。该装置以新催化脱硫后液化气为原料，生产精丙烯、丙烷馏分、碳四碳五馏分和乙烷气等产品，装置于2011年1月1日正式开工建设，总投资1.03亿元。投产后，将大幅提高液化气产品附加值，1年内即可收回投资。

(韩泉梅)

【合资空分项目桩基工程开工建设】 2012年3月18日，茂名石化与液化空气(中国)投资公司合资的空分项目桩基工程在炼油厂区正式开工建设。该项目基础设计于2012年2月13日获石化集团公司总部批复，总概算6.58亿元。装置采用液化空气（杭州）有限公司提供的生产工艺及技术方案，设计制氧能力为9万米^3（标准）/时、制氮能力为2.7万米^3（标准）/时，年操作时数8 400小时，为国内生产能力最大的空分装置。

（韩泉梅）

【化工轻油储备库项目开工建设】 2012年12月1日，中国石化重点建设项目——茂名化工轻油储备库正式开工建设。该项目基础设计于2012年6月18日获得批复，总概算核定为4.41亿元，主要建设内容包括收购珠海中寰石油有限公司拟建油库用地356亩（23.73万平方米）及配套1万吨级成品油码头，新建4座5万立方米石脑油罐、泵棚、变电所、仪表机柜间、泡沫站和污水提升池等。

（韩泉梅）

【2#柴油加氢装置柴油超深度加氢脱硫技术改造项目建成投用】 2012年12月15日，中国石化"十条龙"科技攻关项目——2#柴油加氢装置柴油超深度加氢脱硫技术改造（简称RTS）项目建成投用。该项目于2012年7月20日开工，总投资3 602.86万元，主要包括新上RTS超深度加氢脱硫、增加热高分流程、样板炉改造等项目。投产后，该装置能耗下降约4个单位，柴油产品硫含量由1.5%降到0.03%—0.001%，使茂名石化成功实现运用4.0兆帕等级低压柴油加氢装置生产国Ⅲ、国Ⅳ柴油，告别了只有高压柴油加氢装置生产高标号柴油的历史。

（韩泉梅）

【10万吨/年顺丁橡胶装置建成中交】 2012年12月30日，茂名石化10万吨/年顺丁橡胶装置建成中交。该装置总投资5.26亿元，2011年11月1日开工建设，以丁二烯为原料，采用国内最先进的生产工艺和操作技术，关键设备全部实现国产化，主要生产BR9000、BR9004A/B等产品。投产后，茂名石化橡胶设计生产能力将达到18万吨/年，成为华南地区最大的橡胶生产企业。

（韩泉梅）

【国内规模最大的可拆卸火炬成功投用】 2012年3月28日，茂名石化炼油150米新火炬一次点火成功并正式投用。新火炬是茂名石化炼油改扩建工程第1套建成投用的装置，为国内已投产的3套可拆卸式火炬中规模最大的1套。项目自2011年5月开工建设，共设置4套火炬，配设2套独立点火系统，采用先进引射技术，可实现预混燃烧，并能抵御12级台风和暴风雨雪天气，是一组运行可靠、高效节能的环保型火炬。

（韩泉梅）

【开发生产出环保型SBS充油胶F－875】 2012年1月，茂名石化开发的环保型SBS充油胶新产品F－875在橡胶装置实现工业化生产。该产品使用环保型添加剂配方，不含壬基酚及壬基酚聚氧乙烯醚等成分，产品耐黄变和热氧老化性能大幅提升，综合性能达到国际同类产品先进水平，填补了国内同类产品空白，可替代进口同类产品，下游用于制造白色和透明鞋底料、机械橡胶制品等，其制成品可满足出口标准。

（韩泉梅）

【开发生产出聚丙烯热罐装瓶用料HP－9009M】 2012年，茂名石化开发的聚丙烯热罐装瓶用料HP－9009M成功实现工业化试生产，首批产品各项性能达到预期计划。该料耐高温性能好，主要用于BOPP热罐装瓶，制作的包装品在成本、安全性、环保性、卫生性和内装物的口感保持方面均更为出色，广泛用于茶、果蔬汁、运动饮料和保健饮料等热罐装包装，是近几年国内外塑料包装用料的一个热点。

（韩泉梅）

【获中央企业思想政治工作先进单位称号】 茂名石化党委按照"增强思想政治工作前瞻性、及时性、针对性、有效性"的思路，切实加强思想政治工作，营造了心齐、风正、气顺、劲足局面。2012年9月6日，国务院国资委授予茂名石化中央企业思想政治工作先进单位称号。

（韩泉梅）

【舞蹈《车间协奏曲》获金奖】 2012年，在中华全国总工会、中国文联、中央文明办、中央电视台等单位举办的第3届中国职工艺术节上，茂名石化选送的舞蹈《车间协奏曲》获第3届中国职工艺术节舞蹈展演金奖，并获得最佳编导奖、最佳音乐奖和最佳服装奖。

（韩泉梅）

表1 **茂名石化主要技术经济指标** 亿元

指标名称 \ 年份	2012	2011	2010	2009	2008	2007
原料油加工量/万吨						
茂名分公司	1 436.60	1 450.00	1 386.03	1 298.04	1 303.24	1 313.68
工业总产值						
茂名分公司	929.46	952.88	772.89	620.18	742.63	658.84
茂名石化分公司	13.29	13.76	11.83	10.92	11.01	10.87
工业增加值						
茂名分公司	154.51	181.87	194.07	188.44	—	—
茂名石化分公司	5.48	4.98	2.53	4.00	2.59	4.37
资产总计						
茂名分公司	247.29	220.64	200.87	197.27	174.97	189.05
茂名石化分公司	45.99	48.42	53.70	55.10	52.80	52.36
流动资产						
茂名分公司	95.10	103.48	79.58	65.86	38.81	45.69
茂名石化分公司	14.68	15.07	14.21	14.65	13.44	12.78
固定资产原值						
茂名分公司	274.02	277.40	276.90	275.87	260.17	258.58
茂名石化分公司	67.13	67.31	68.43	68.98	68.53	68.15
固定资产净值						
茂名分公司	87.69	98.88	108.96	120.70	120.21	135.45
茂名石化分公司	29.38	25.76	34.43	30.79	37.96	39.76
销售收入						
茂名分公司①	917.97	936.48	757.36	623.39	744.64	643.08
茂名石化分公司	27.37	27.24	24.98	23.74	24.30	23.96
实现利税						
茂名分公司②	242.36	246.76	238.58	236.97	90.28	143.25
茂名石化分公司	3.66	3.36	3.20	2.37	2.49	3.88
税　金						
茂名分公司②	239.07	229.16	193.94	176.23	120.37	105.14
茂名石化分公司	2.28	2.26	1.79	1.77	1.67	2.50
万元产值综合能耗/吨标煤						
茂名分公司	0.61	0.62	0.60	—	—	—
茂名石化分公司	1.45	1.49	1.57	—	—	—

①茂名分公司销售收入不含炼化互供

②茂名分公司实现利税和税金数据为当年实际缴纳数，含进口原油增值税

表2　　茂名石化主要产品产量　　万吨

产品名称＼年份	2012	2011	2010	2009	2008	2007
乙　烯	110.14	108.52	98.14	106.06	95.48	96.26
丙　烯	53.18	52.22	48.13	53.75	47.83	49.10
混合芳烃	54.81	49.66	50.68	56.35	50.74	51.18
三苯(化工)	39.60	39.95	40.61	43.06	38.27	39.13
三苯(炼油)	3.45	3.50	3.60	1.00	0.85	1.54
聚丙烯	52.90	56.06	49.50	55.64	47.36	50.37
线性聚乙烯	16.25	16.59	18.59	21.46	17.73	20.00
高密度聚乙烯	38.48	34.42	28.24	36.03	30.88	34.60
高压聚乙烯	38.07	41.45	37.48	38.85	33.87	27.12
丁二烯	14.75	14.28	12.78	14.72	13.28	14.09
甲基叔丁基醚(MTBE)	9.04	6.86	6.55	6.93	6.08	5.46
1-丁烯	1.60	1.79	1.56	2.00	2.08	1.95
乙二醇	6.80	7.62	6.61	3.66	8.33	9.22
环氧乙烷	9.64	8.15	8.12	5.64	4.73	5.30
苯乙烯	12.22	12.08	8.82	11.22	11.47	10.27
SBS 橡胶	8.28	8.49	8.44	10.28	8.62	7.54
液化气	76.85	82.10	68.81	61.72	66.36	64.68
石脑油	173.04	168.13	157.18	160.34	139.61	148.87
汽　油	231.19	221.02	210.52	209.82	219.18	195.03
高标号汽油	224.90	219.49	205.98	206.07	217.47	173.58
煤　油	142.11	129.00	124.07	127.89	107.15	123.70
柴　油	445.80	450.96	396.35	401.86	486.71	420.05
基础油	26.97	29.53	29.07	25.39	23.89	26.79
石　蜡	8.73	8.49	10.72	9.83	8.08	10.92
商品重油	0	0	1.06	10.61	34.80	47.55
沥　青	75.10	71.10	88.70	64.94	34.34	30.86
石油焦	62.32	75.66	60.04	60.39	76.49	72.51
硫　黄	14.97	15.12	11.35	10.62	13.64	13.09

镇海炼化

【概况】 中国石油化工股份有限公司镇海炼化分公司(简称镇海炼化)是中国石化旗下的特大型炼油化工骨干企业，位于浙江省宁波市。其前身为始建于1975年的浙江炼油厂，1983年划归中国石油化工总公司。

截至2012年底，镇海炼化拥有2 300万吨/年原油加工能力、100万吨/年乙烯生产能力、4 500万吨/年深水海运码头吞吐能力以及超过350万立方米的储存能力，形成了“大炼油、大乙烯、大码头、大仓储”的产业格局，是中国最大的炼化一体化企业。主要生产各种规格的汽油、柴油、航空煤油、液化气、道路沥青、苯类、乙烯、丙烯、丁二烯、环氧乙烷、乙二醇、环氧丙烷、苯乙烯、聚丙烯树脂、聚乙烯树脂等50多种优质石油化工产品。管理上不断完善以“三项制度”为核心的“一体化管理体系”；同时不断优化项目发展、管理变革、人力资源“三位一体”发展规划，积极探索符合镇海炼化实际的信息化之路；设15个管理处室(含党群部门)、9个业务中心、12个生产运行(专业)部，另有中国石化授权管理的杭州石化有限责任公司(简称杭州石化)等6家主要子公司。有在岗职工6 221人(不含杭州石化)，其中具有高级职称的277人、中级职称的780人。

镇海炼化主要技术经济指标及主要产品产量见表1和表2。

(庄美琦)

【领导班子调整】 2012年8月30日，镇海炼化召开干部大会，由石化集团公司党组成员、总经理，石化股份公司总裁王天普和石化集团公司人事部代主任戴锭宣布领导班子调整决定：免去陈坚公司党委书记、党委委员职务，解聘陈坚公司副总经理职务，调出另有任用。12月25日，镇海炼化再次召开干部大会，由石化集团公司党组成员、石化股份公司高级副总裁戴厚良和石化集团公司人事部调研员傅兴顺宣布领导班子调整决定：顾跃光任公司党委书记，聘任顾跃光为公司副总经理(兼)，免去其公司纪委书记职务，不再担任公司工会主席职务；免去陈连财公司党委委员职务，解聘陈连财公司副总经理职务，调出另有任用。

(庄美琦)

【扎实开展“全系统学镇海，我们怎么办”活动】 2012年8月7日，石化集团公司党组作出《关于向镇海炼化学习的决定》，将镇海炼化作为企业发展导向，要求全系统学习镇海炼化“打造世界一流的崇高追求、突出效益质量的发展理念、强化制度规范的管理体系、注重价值实现的用人观念、真诚沟通关爱员工的和谐文化”。同月起，镇海炼化内部开展“全系统学镇海，我们怎么办”主题活动，引导全体干部职工全面准确地把握公司所处的历史方位、面临的机遇挑战、肩负的责任使命和现实发展基础，摆正心态、坚定信心、落实措施，推动公司全面持续有效发展。

(庄美琦)

【再获中国石化年度特别贡献奖】 2012年，面对空前严峻的市场形势和空前规模的大修改造，镇海炼化立足长远抓当前、强基固本练内功，综合竞争力进一步增强，再度获中国石化年度特别贡献奖。全年，镇海炼化共加工原油2 015.1万吨(不含杭州石化)，生产乙烯110.27万吨；实现营业收入1 308.24亿元(不含杭州石化)，实现利税177.8亿元(不含杭州石化)，上缴税金156.48亿元，其中留存宁波市31.73亿元；实现利润31.6亿元(不含杭州石化)。在炼油绩效继续保持亚太领先水平的同时，乙烯绩效在国内率先打造世界一流。在中国石化“比学赶帮超”活动中，镇海炼化炼油板块和化工板块双双夺得红旗总数第一。

(庄美琦)

镇海炼化获2012年度中国石化特别贡献奖

【100万吨/年乙烯工程通过竣工验收并获国优金奖及PMI大奖】 2012年10月18日，镇海炼化100万吨/年乙烯工程通过竣工验收，创中国石化大项目从投产到竣工验收时间最短纪录。自项目投产至竣工验收，累计实现利润近70亿元，接近总投资的1/3。11月，镇海炼化100万吨/年乙烯工程获国家优质工程金质奖，公司总经理江正洪获国家优质工程奖先进个人称号。这是中国石化成立以来获得的首个国优金奖，标志着中国石化大型乙烯项目自主技术水平、工程建设能力、生产运行水平处于国内领先水平并跻身世界一流。9月，在第3届美国PMI(中国)项目管理大会上，工程荣获PMI美国(中国)年度项目管理最高奖项——年度大型复杂项目奖。这也是中国石化系统内首个获此殊荣的项目。

(庄美琦)

镇海炼化 100 万吨/年乙烯工程竣工验收会

【装置大修创“五个为零”新纪录】 2012 年，根据中国石化总部安排，镇海炼化分 2 个系列对装置进行检修。这是镇海炼化实现炼化一体化转型后的第 1 次集中大修，涉及炼油、化工、码头三大区域，38 套主体生产装置和辅助系统，检修改造项目 4 498 项，是镇海炼化历史上规模最大、任务最重、时间最长、难度最高的一次大修。其间，镇海炼化以安全为重点，认真念好早、优、实、严、细、浓“六字真经”（组织准备早、方案策划优、安全环保实、质量控制严、过程管理细、氛围营造浓），5 月 15 日，随着第 1 套 PP 装置成功产出产品，标志着历时 92 天的检修改造完美收官，实现“安全、环保、优质、准点、文明”的目标，更创下了未发生一起事故、未报一次火警、未放一次火炬、未收到一起环保投诉、未发生一起意外跳车的“五个为零”的新纪录。

（庄美琦）

【顺利完成码头泊位改造】 2012 年，镇海炼化按计划组织码头 1#、2#泊位改造。针对 1#、2#泊位改造对原油保供的重大影响，镇海炼化超前筹划，在优化泊位作业安排、确保原油进厂和成品油出厂平稳衔接的同时，加强与政府有关部门的协调沟通，缩短各项审批周期，强化改造现场组织管理，确保进度受控。其中，2#泊位从改造到正式靠船仅用 150 天，1#泊位主体工程全面完成。

（庄美琦）

【实施聚烯烃产品差异化战略成效显著】 2012 年，镇海炼化实施聚烯烃产品差异化战略，积极开发聚烯烃新产品、专用料新产品，不断提高产品质量和主流品牌的产品产量。全年，生产新产品 + 专用料 33 万吨，首次突破 30 万吨，比上年增加 11%，其中新产品产量增加 6.65 万吨，新产品专用料比例增加 3.72%，增效超过 2 500 万元；聚烯烃产品专用料比例提升，相对通用料增加经济效益近 5 200 万元。其中，销售聚丙烯 55.67 万吨，专用料比例占到 59.75%，较上年增加 6.32%，增效近 2 700 万元；销售聚乙烯 47.95 万吨，专用料比例占到 9.47%，较上年增加 1.92%，增效近 2 500 万元。

（庄美琦）

【供市场高端沥青比例大幅上升】 作为中国石化高端沥青生产量最大的企业，2012 年，镇海炼化通过科技攻关，积极拓展 A 级沥青生产资源，创新生产工艺路线，在系统内首次生产 A 级 30#道路沥青，使 A 级沥青生产灵活适应市场阶段性需求的能力不断提升。全年共生产道路沥青 101.3 万吨，其中 A 级沥青比例由上年的 77% 提高到 97.2%，沥青产量连续 3 年突破 100 万吨。

（庄美琦）

【杭州石化试用餐饮废油作原料成功产出生物航煤】 2012 年，根据中国石化总部部署，杭州石化用餐饮废油作原料试生产生物航煤工作进展顺利，11 月初成功产出合格生物航煤，标志着杭州石化在前期以棕榈油为原料生产出合格生物航煤的基础上，进一步拓宽了生物航煤原料来源。

（庄美琦）

【国内首套催化烟气脱硫脱硝除尘示范装置投运】 镇海炼化 180 万吨/年重油催化烟气脱硫脱硝除尘改造项目是中国石化“十条龙”科技攻关项目之一，项目应用中国石化自主知识产权的烟气处理成套技术，填补国内催化装置烟气治理技术的空白，对中国石化今后推广应用具有战略意义。2011 年 8 月，装置开始现场施工；2012 年 11 月 8 日，装置完成锅炉和脱硝单元投运，12 月 27 日，完成脱硫单元中交并投入运行，项目整体进入试运行。装置运行后，催化烟气中的粉尘、硫化物和氮氧化物等污染物排放量明显削减，其中二氧化硫排放量同比下降了 16%，环保意义重大。

（庄美琦）

镇海炼化180万吨/年重油催化烟气脱硫脱硝除尘示范装置

【中国石化首套航煤切换加氢技术工业应用装置改造试车一次成功】 镇海炼化Ⅰ加氢液相航煤加氢装置是中国石化首套航煤切换加氢技术工业应用装置，装置由原60万吨/年柴油加氢装置改造，改造后可根据生产需要，灵活切换运行模式，即可生产液相航煤70万吨/年，又可切换为汽油选择性加氢脱硫，生产国Ⅳ及以上排放标准汽油70万吨/年。2012年6月，装置开始现场施工，9月10日装置建成中交试车，9月23日12时，精制航煤化验分析合格，标志装置切换改造试车一次成功。

（庄美琦）

【国家“863”计划课题通过国家科技部验收】 2012年5月，镇海炼化承担的国家“863”计划先进制造技术领域流程工业数字化仪器仪表重点项目——能耗、物耗在线检测技术、仪表及管理系统课题通过国家科技部验收。针对石化企业瓦斯系统控制特点，由镇海炼化、浙江中控、浙江大学、上海交通大学和南京工业大学组成产学研团队，结合镇海炼化生产实际，设计公用工程实时监控、瓦斯产耗预测、瓦斯管网在线模拟、瓦斯系统调度优化等软件模块，形成具有自主知识产权的大型石化企业瓦斯系统平衡、实时监控与优化调度系统。系统试运行3年多以来，节能减排成效显著，仅低压瓦斯回收一项，每年就可新增经济效益1亿多元。系统已在茂名石化、广州石化以及三钢、柳钢、新疆天业等众多化工、钢铁企业推广，成效显著，应用前景广阔。

（庄美琦）

【自主开发并成功投用焦炭塔操作顺序控制系统】 2012年，镇海炼化在Ⅰ焦化装置检修改造中，自主开发并成功投用焦炭塔操作顺序控制系统，Ⅰ焦化装置成为中国石化首套成功运用焦炭塔操作顺序控制系统的装置。控制系统投用后，各项技术指标均达设计研发要求。

（庄美琦）

【氮气直供宁波石化开发区】 2012年6月12日，在保证公司安全生产用氮的前提下，镇海炼化乙烯空分装置富裕放空的氮气回收后制成的低压氮气直供宁波石化开发区内的林德气体公司，可年增收超过400万元。

（庄美琦）

【与地方企业合作回收利用PX装置低温热】 2012年，利用检修改造机会，镇海炼化新增2台塔顶气—除氧水换热器，将250吨/时热水由85℃加热至150℃供给宁波石化开发区金海德旗公司作为塔底重沸器热源。8月29日，总长12千米的镇海炼化PX装置至金海德旗公司热水管线正式投用。投用后镇海炼化PX装置可节能2.2万吨(标煤)/年，增效约1 400万元/年。

（庄美琦）

【探索表面工程管理新模式】 2012年，镇海炼化启动“涂料+施工+保运”新模式，实施设备表面工程专业化管理，在设备管理领域又实施了一项重要改革。新模式明确以涂料供应商为主体的工程质量负责制，避免以往发生工程质量问题时涂料供应商与施工单位相互推诿责任的现象，职责更加清晰；更好地利用涂料厂家的专业优势，调动其在优化施工工艺、强化现场监督、提高施工质量方面的主动性和积极性，管理更加顺畅；通过质保期内免费返修、质保期内返修考核等手段，有效提高工程质量，降低设备维修成本，设备全寿命周期质量更有保障。

（庄美琦）

【建立企业厂界外环境每日环保巡查监测机制】 针对周边日益增多的小化工企业排污给企业带来的影响，2012年10月起，镇海炼化建立企业厂界外环境每日环保巡查监测机制，主动走出围墙，进行摸排巡查，白天每天2次、夜间(22：00—24：00)每周2次了解周边企业污染物排放情况。截至年底，镇海炼化已掌握公司周边6个化工片区、36家化工企业、60余种大气特征污染物的时空分布。对发现的厂区域外的环保异常，及时向地方环保部门报告。

（庄美琦）

【举行“走进中国石化——科技支撑绿色发展”媒体采访活动”】 2012 年 7 月 25—26 日，来自人民日报社、新华社、中央电视台、中央人民广播电台、光明日报、经济日报等 19 家中央主流媒体 39 名记者走进中国石化，深入镇海炼化实地采访，增强对中国石化的整体了解。镇海炼化着重介绍公司在推进科技进步、发展绿色低碳工作上取得的业绩。记者们就节能减排、清洁生产、生物航煤技术开发、企业未来发展等提问，并到公司生产装置现场和原油码头进行实地采访。

（庄美琦）

举行“走进中国石化——科技支撑绿色发展”媒体采访活动

【获 9 项专利授权】 2012 年，镇海炼化“炼油装置的清洗剂及其制备方法”“炼油装置除臭剂及其制备方法”“带液罐底标高测量方法和带液罐底容量检定方法”“一种浆态床反应器固液分离装置和方法”“含硫含酸原油炼制过程中的塔顶防乳化装置”“附墙燃烧器和加热炉”“电磁阀防护罩以及具有该电磁阀防护罩的电磁阀”“一种用于管线开孔的定位装置和开孔系统”和“防护罩”9 项专利申请通过国家知识产权局审查，获中国专利授权。

（庄美琦）

【3 家合资合作企业获浙江省中外合资合作 2011 年度百强企业称号】 2012 年 11 月，在第 3 届浙江省“百强”外商投资企业峰会上，镇海炼化 3 家合资合作企业宁波镇海炼化利安德化学有限公司、镇海炼化碧辟（宁波）液化气有限公司、宁波镇海炼化利安德化工销售有限公司名列“百强”。

（庄美琦）

【首部炼化一体化《调度手册》发布】 2007 年，伴随着百万吨乙烯工程建设，镇海炼化由传统炼油企业向炼化一体化企业转型，为加强生产调度管理，提高工程技术人员驾驭“炼化一体化”能力，公司着手组织编制新版《调度手册》。新版《调度手册》全面系统介绍公司“炼化一体化”后的生产管理情况，内容涵盖所有主要生产装置、辅助设施及公用工程系统，资料丰富翔实，图文并茂，凝聚和传承了镇海炼化各个专业工程技术人员的工作经验和聪明才智，是一部实用的生产指导用书。全书编写历时 5 年有余，2012 年 12 月正式编印成册，发放至专业技术人员手中。

（庄美琦）

【获多项荣誉】 2012 年 8 月 22 日，国务院国资委党委发文表彰中央企业思想政治工作先进单位，镇海炼化榜上有名。9 月，在 2012 浙江省企业领袖峰会上，镇海炼化获浙江省企业杰出贡献奖。12 月，在第 11 届高技能人才表彰大会暨全国百家城市职业培训工作推进会上，镇海炼化被授予国家技能人才培育突出贡献奖，成为中国石化唯一获此殊荣的单位。

（庄美琦）

表 1　　镇海炼化主要技术经济指标[①]　　亿元

指标名称＼年份	2012	2011	2010	2009	2008	2007
原油加工量/万吨	2 076.00	2 261.14	2 159.80	1 976.16	1 997.99	1 861.25
工业总产值	1 291.74	1 350.91	1 031.35	736.65	942.97	718.61
工业增加值	218.53	264.68	243.56	213.32	-48.90	77.56
资产总计	404.02	443.73	389.29	388.14	278.78	258.83
流动资产	165.03	187.94	119.25	79.77	67.96	89.00

续表

指标名称 \ 年份	2012	2011	2010	2009	2008	2007
固定资产原值	363.53	360.05	353.86	190.69	180.62	170.29
固定资产净值	200.40	215.86	230.56	81.61	81.76	85.67
销售收入	1 355.04	1 457.57	1 061.12	742.52	943.36	726.89
实现利税	183.76	236.80	214.34	193.59	-16.65	58.67
税　金	156.99	183.99	160.70	136.37	24.56	36.86
综合能耗/吨标煤·万元$^{-1}$	0.54	0.53	0.63	0.47	0.48	0.53

①2008 年起为杭州石化并入后的数据

表 2　　镇海炼化主要产品产量[①]　　万吨

产品名称 \ 年份	2012	2011	2010	2009	2008	2007
汽　油	284.24	314.95	304.86	320.82	285.77	246.06
航空煤油	156.23	162.89	154.56	146.08	129.41	150.89
柴　油	703.09	763.22	763.00	754.67	832.03	738.93
石脑油	288.58	275.85	232.06	118.84	136.44	133.70
燃料油	34.74	48.97	37.80	35.09	51.64	65.83
液化气	101.03	114.71	114.54	110.43	110.15	98.12
白色油	6.51	5.33	41.76	32.32	20.18	18.13
溶剂油	2.58	3.18	3.18	5.83	7.23	7.31
沥　青	101.33	128.03	117.80	85.63	45.12	47.87
丙　烯	88.07	90.93	62.49	34.74	34.38	28.25
聚丙烯	55.18	56.40	37.42	24.36	25.41	22.57
苯	37.80	40.95	28.93	16.60	22.03	21.99
甲　苯	16.97	17.18	12.92	8.82	12.57	13.23
混合二甲苯	7.56	17.51	6.28	6.83	8.77	6.28
邻二甲苯	13.60	15.65	16.03	15.87	15.21	15.73
对二甲苯	47.74	43.69	49.27	51.85	50.05	51.51
硫　黄	21.09	21.71	17.92	17.49	18.68	15.86
石油焦	108.25	130.12	120.65	117.91	124.19	92.74
尿　素	0	0	10.47	32.20	33.70	47.81
乙　烯	110.27	110.84	52.59	—	—	—
丁二烯	15.52	16.32	7.91	—	—	—
聚乙烯	47.99	47.36	19.81	—	—	—
环氧乙烷	11.88	11.18	4.53	—	—	—
乙二醇	54.57	56.85	30.01	—	—	—

①2008 年起为杭州石化并入后的数据

天 津 石 化

【概况】 中国石油化工股份有限公司天津分公司(简称天津分公司)和中国石化集团资产经营管理有限公司天津石化分公司(简称天津石化分公司)统称天津石化,是隶属于中国石化的国家特大型炼油、乙烯、化工、化纤联合企业,位于天津市滨海新区(大港),占地面积14平方千米,与天津市区和塘沽新港有铁路、公路相通,与天津港南疆石化码头有输油管线相连。其前身为中国石化天津石油化工公司(由天津市石油化学工业公司和天津市石油化纤总厂组成),成立于1983年12月28日,2000年,分设为中国石化集团天津石油化工公司和中国石油化工股份有限公司天津分公司;2005年,两个公司进行一体化重组整合,实现机构的统一管理;2007年5月22日,注册成立天津石化分公司,10月正式注销中国石化集团天津石油化工公司;2010年6月,两个公司实行一体化管理。

天津石化实行"公司—作业部—车间"三层管理模式,下设发展规划部、计划部、生产部、安全环保部、企业管理部等25个机关部室和炼油部、烯烃部、化工部、聚醚部等18个生产作业部及直属专业服务单位。天津分公司有2家合资公司:中沙(天津)石化有限公司(简称中沙石化)和天津石化液化空气气体有限公司(简称液空公司)。天津石化分公司有1家合资公司——天津天寰聚氨酯有限公司。

截至2012年底,天津石化正式职工总数为9 162人,资产总额310.06亿元。拥有炼油装置23套、化工装置24套、化纤装置3套;原油一次加工能力1 550万吨/年,综合配套加工能力1 250万吨/年,乙烯120万吨/年(含中沙石化),为华北地区最大的炼油基地、国内最大的乙烯生产基地之一,其他装置生产能力为:对二甲苯38万吨/年、PTA 34万吨/年、聚酯20万吨/年、聚醚10万吨/年;原油储存能力27万立方米,拥有与主要生产装置相配套的装机容量40万千瓦、供水10万吨/日等公用工程系统。主要生产石油炼制、石油化工、石油化纤三大类产品,均具有较好的市场知名度,其中涤纶短纤维、3#喷气燃料为国优产品;"天仙"牌涤纶短纤维,"津港"牌轻柴油、车用汽油、3#喷气燃料,"大港"牌工业用纯苯被评为天津市名牌产品。

天津石化主要技术经济指标及主要产品产量见表1和表2。

(王　进)

【领导班子调整】 2012年5月16日,天津石化召开干部大会,宣布了石化集团公司党组关于天津石化领导班子调整的决定:任命关有利担任天津石化公司党委书记(仍任纪委书记、工会主席)。

(王　进)

【全面开展"成本年"活动】 2012年,天津石化制定并落实了《关于开展"成本年"活动的实施意见》,公司上下牢固树立"成本即效益""成本均可控"的理念,始终坚持责任承包、不讲客观、敢于"较真"、严格考核、持续改进"五项原则",解放思想,真抓实干,不断强化全员成本意识,认真落实"成本年"各项措施,人人厉行节约、处处精打细算,促进了经营管理水平的进一步提高,达到了降本减费、增加效益和提升竞争能力的目标。全年天津石化实现销售收入超1 000亿元、上缴税金近70亿元(含合资公司),完成了考核口径的利润指标,圆满完成了中国石化总部下达的各项考核指标。

(王　进)

【深入开展"双学"活动】 2012年,天津石化紧紧围绕企业中心任务,深入开展"向镇海炼化、向李安喜同志学习"活动,下发了《关于印发天津石化进一步向镇海炼化向李安喜同志学习指导意见的通知》,提出了"用三年的时间,达到或超过镇海炼化现在的技术经济指标"和"利用三到五年的时间,把天津石化打造成中国石化北方的镇海"的奋斗目标,制定了《天津石化"双学"活动重点工作任务分解表》,明确了49项指标类和48项管理类目标以及420条整改措施,有效激发了广大干部职工爱岗敬业、拼搏奉献的工作热情,促进了公司生产经营和改革发展的顺利进行。

(王　进)

【生产经营工作稳步推进】 2012年,天津石化装置保持了高负荷优质运行,累计加工原油及原料油1 147.97万吨,生产汽、煤、柴油538.4万吨,高标号汽油比例再次实现100%。全年生产乙烯113.16万吨(含中沙石化)、对二甲苯35.49万吨、聚酯总量26万吨。节约原油采购成本2亿多元,框架协议采购节约资金6.59亿元,平库利库和修旧利废6 000多万元,节能节水项目降本增效6 400万元,"三剂"攻关节资1 200万元,享受税收优惠2 500多万元。轻质油收率、综合商品率、聚乙烯能耗、短丝能耗、聚酯耗乙二醇5项指标在石化集团公司排名第一,百万吨乙烯综合绩效评价行业排名第二。完成万元产值综合能耗0.47吨标煤，节能量比下达指标超额完成30万吨。

（王　进）

【装置检修改造圆满完成】 2012年8月15日—10月7日，天津石化进行了中国石化历史上停工装置最多、战线最长的一次大修。该次大修集检修、改造、技措、隐患治理于一体，全部检修改造项目共计8 099项(含合资公司)，其中检修项目7 890项、改造项目119项，总投资13.19亿元。经过精心组织、科学管理、攻坚克难，做到了“停得稳、退得净、修得好、开得顺”，不仅实现了“安全环保、优质高效、经济优化、文明规范、争创一流，确保一次开车成功”的既定目标，同时也创造了中国石化百万吨乙烯、千万吨炼油首次同步检修成功的新纪录。检修后各装置运行平稳，技改技措项目效果明显，为下一周期的“安稳长满优”生产奠定了坚实基础。

（王　进）

【安全环保保持良好态势】 2012年，天津石化大力倡导“安全高于一切，生命最为宝贵”的理念，完善了《天津石化领导干部带班管理规定》，通过了天津市安全标准化评审验收，HSE工作机制和管理体系进一步完善，全年实现了重大事故为零，未发生界外环境污染和职业病危害上报事故，获得石化集团公司安全、环保、消防3项集体荣誉，连续12年被评为全国“安康杯”竞赛优胜企业。催化烟气能量回收机组创石化集团公司同类机组长周期运行新纪录，成品油长输管线保持了“零打孔、零泄漏、零污染”。首次开展了碳盘查，编制了盘查清册和报告书，并积极推进节能减排工作，全年工业废水排放量、COD排放量、二氧化硫排放量同比分别减少16.87%、22.2%和62.86%，热电装置环保设施运行率、烟尘和二氧化硫日均值达标率达到100%，均创历史最好水平。

（王　进）

【企业管理水平持续提升】 2012年，天津石化制定了《天津石化2012—2014年深化精细管理三年规划》，全面开展了标准化制度体系建设工作，被评为国家级信息化和工业化深度融合示范企业，获第7届全国优秀企业管理成功案例奖1个、国家级QC成果奖2项。被评为石化集团公司“三基”工作先进组织单位，化工部大芳烃车间和炼油部联合五车间获先进基层单位称号；获得石化集团公司管理现代化创新成果和改善经营管理建议一等奖各1个。

（王　进）

【技术进步效果明显】 2012年，天津石化贴近生产、贴近实际，大力推动科技创新与技术进步，获得石化集团公司科技进步奖5项、天津市科技进步奖3项、中国石油和化工自动化行业科技进步奖1项。申请专利16项，获得授权3项。“汽液法聚乙烯工艺成套技术开发”被列入石化集团公司“十条龙”科技攻关项目。人力资源管理系统、检修改造信息平台、生产运营实时监控与分析系统、移动办公系统、内控管理信息系统、化工产品电子提货(IC)卡提货系统等一大批信息化项目成功上线运行，促进了企业各项业务管理的规范化、精细化。

（王　进）

【队伍建设不断深化】 2012年，天津石化继续加强经营管理、专业技术和技能操作“三支队伍”建设，不断提高队伍的凝聚力、战斗力和执行力。完善了《天津石化中层领导人员绩效考核办法》，制定并下发了《天津石化中层领导人员公开招聘工作管理办法》《天津石化中层领导人员竞争上岗工作管理办法》。正式实施了《天津石化技术奖酬金管理办法》，成立了环烃生产工国家级技能大师工作室，首批4个公司级“劳模创新工作室”挂牌成立。被国家人力资源和社会保障部授予首批“示范职业技能鉴定站”，为石化集团公司炼化企业中唯一一家。获得石化集团公司职工职业技能竞赛5枚个人金牌、2枚个人银牌和3枚个人铜牌，创历史最好成绩。

（王　进）

【和谐企业建设扎实开展】 2012年，天津石化不断加强工作、生活、学习、文化“四个环境”建设，圆满完成了石化社区天然气改造工程和环境综合整治，解决了劳动家属参保历史遗留问题，为1 143户职工办理了住房产权证，走访困难职工家庭1 000余户(次)，发放慰问金100多万元。职工代表立案提案和工作建议的落实率、反馈率、满意率均为100%。回复“总经理信箱”职工来信115封，回复率100%。初信初访化解率达到80%以上，矛盾纠纷化解率达到90%以上，确保了全国“两会”、党的十八大等特殊敏感时期的企业稳定和社会稳定。

（王　进）

【企业文化理念体系全面构建完成】 2012年7月，天津石化开展了第4届企业文化月活动，发布了天津石化学习、管理、人才、经营4个企业文化子文化手册，标志着以石化集团公司企业文化为统领，以HSE、廉洁、质量等7个子文化为支撑的天津石化企业文化理念体系全面构建完成。

（王　进）

【水务系统进行专业化整合】 2012年12月31日，天津石化水务部正式挂牌成立，标志专业化改革取得新突破。天津石化根据石化集团公司的统一部署，按照“水务管理一体化”的改革目标，遵循“提高运行指标，促进运行优化”的原则，将分散在各作业部的新鲜水、循环水、化学水和污水处理等业务进行了专业化整合，形成了水务系统的集中统一管理、综合利用。

（王　进）

【首次开展“公众开放日”活动】 2012年，天津石化以“请您到企业来做客”为主题，开展了“公众开放日”活动，组织地方政府、教育系统等近百人次参加，让参观者直接感受现代化企业装置规模和生产情况，展示了企业良好形象，使地方、社区进一步了解企业、理解企业、支持企业。

（王　进）

【李杰当选全国技术能手】 2012年12月12日，国家人力资源和社会保障部发布《关于授予2011—2012年度职业技能竞赛优秀选手全国技术能手荣誉称号的决定》，在2011年第1届全国无损检测技能竞赛中取得第3名成绩的装备研究院职工李杰获全国技术能手称号，成为天津石化历史上首个全国技术能手。

（王　进）

表1　天津石化主要技术经济指标①　亿元

指标名称＼年份	2012	2011	2010	2009	2008	2007
原油加工量/万吨	1 085.39	1 300.97	1 149.48	428.26	362.02	529.54
工业总产值	728.27	834.80	582.03	182.53	197.83	248.08
工业增加值	54.84	113.81	86.35	11.63	-34.75	13.26
资产总计	299.89	319.02	318.73	343.57	96.67	173.06
流动资产	148.97	160.79	153.70	62.25	28.65	51.52
固定资产原值	268.84	267.34	263.61	263.52	198.29	196.67
固定资产净值	108.86	111.12	118.49	126.46	54.88	63.05
销售收入	748.90	862.79	632.79	193.06	218.63	270.90
实现利税	29.90	87.66	71.77	-7.40	-72.69	-4.90
税　金	52.41	84.20	63.42	15.18	-1.64	11.50

①均为天津分公司数据，不含存续部分数据

表2　天津石化主要产品产量　万吨

产品名称＼年份	2012	2011	2010	2009	2008	2007
汽　油	75.26	87.51	70.49	42.21	32.74	47.09
煤　油	94.50	114.95	81.22	32.74	21.80	35.12
柴　油	368.67	419.27	383.88	156.57	148.10	211.25
化工轻油①	328.20	401.50	385.93	113.81	98.51	144.18
商品液化气	41.53	51.27	42.98	10.17	10.60	13.62
石油苯	37.85	43.02	35.67	10.70	11.24	16.51

续表

产品名称 \ 年份	2012	2011	2010	2009	2008	2007
对二甲苯	35.49	42.74	37.30	29.02	26.36	38.26
精对苯二甲酸	27.60	32.76	32.83	24.76	22.46	32.10
聚　酯	26.00	29.83	28.55	22.48	18.77	26.02
聚酯切片	15.60	17.70	16.17	12.73	8.04	8.72
涤纶短丝②	10.31	12.12	12.41	9.73	8.88	12.08
涤纶长丝	—	—	—	—	1.91	5.06
聚醚多元醇	8.21	8.21	7.60	7.51	6.43	7.36
丙　烯	13.94	16.68	16.72	12.86	11.55	16.30
乙　烯	18.82	23.05	23.76	18.91	17.02	22.55
聚乙烯	11.75	14.24	14.49	11.46	10.21	14.25
聚丙烯	6.54	7.27	7.43	5.48	5.12	6.78
乙二醇	3.73	4.19	3.88	3.30	2.98	4.11
环氧乙烷	4.08	4.48	4.74	3.46	3.06	4.04

①化工轻油数据中含尾油产量
②短丝产量中含新品短丝产量

中沙石化

【概况】 中沙(天津)石化有限公司(简称中沙石化)是由中国石油化工股份有限公司和沙特基础工业投资公司以50:50的股比共同出资设立的大型石油化工企业，主要业务包括乙烯及其衍生产品的生产、销售和研发。公司位于天津市滨海新区大港，占地面积约172公顷(1.72平方千米)，是中国环渤海地区的一家大型乙烯合资企业。公司于2009年10月20日正式注册成立，2010年5月正式投入商业运营。

中沙石化一期项目总投资183.8亿元人民币，包括100万吨/年乙烯装置、65万吨/年裂解汽油加氢装置、30万吨/年高密度聚乙烯装置、30万吨/年线性低密度聚乙烯装置、4/36万吨环氧乙烷/乙二醇装置、45万吨/年聚丙烯装置、35万吨/年苯酚丙酮装置、20/12万吨/年丁二烯抽提和MTBE联合装置8套主生产装置，以及配套公用工程及辅助设施。项目于2010年1月建成投产，并实现了一次开车成功。中沙石化二期项目是26万吨/年聚碳酸酯项目，已经国家发改委正式批复，正在建设中。

2012年，中沙石化生产主要化工产品340.43万吨，累计实现销售收入237.56亿元；首次被天津市总工会授予2011年度天津市五一劳动奖状。

中沙石化主要技术经济指标及主要产品产量见表1和表2。

（黄　璐）

【实现运营3年来最佳HSE业绩】 2012年，中沙石化实现重大人身伤害事故、环境污染事故、重大火灾爆炸事故3个为零；SHER事故率为0.2(SHER是SABIC公司特有的HSE指标，即所有HSE事故起数，是每20万人工时严重性的函数)，相当于中国石化百万工时可记录伤害率(OSHA)0.14，明显好于中国石化平均水平，是公司运营3年来最好的安全绩效；外排COD由2010年的42.05毫克/升降至37.77毫克/升，外排氮氧化物由128.89毫克/升降至84.69毫克/升，外排二氧化硫由166.2毫克/升降至29.29毫克/升；全年能源强度、温室气体强度、新鲜水耗用强度、废弃物强度分别比2010年下降15%、12%、25%、38%，实现了绿色低碳经济发展。

（黄　璐）

【苯乙烯回收项目获批】 2012年1月13日，天津市滨海新区发展和改革委员会正式印发《关于准予中沙(天津)石化有限公司苯乙烯回收项目核准的决定》，标志着中沙石化3.5万吨/年苯乙烯回收项目由前期筹备阶段正式转入工程建设阶段。

（黄　璐）

【聚碳酸酯项目开工奠基仪式隆重举行】 2012年4月3日，中沙石化26万吨/年聚碳酸酯项目在天津滨海新区(大港)举行开工奠基仪式，这是中国石化与沙特基础工业公司继100万吨/年乙烯项目后在天津再次合作建设的大型石油化工项目。

（黄　璐）

26万吨/年聚碳酸酯项目开工奠基　（薛桂臣　摄）

【"中沙纪念林"揭幕】 2012年4月10日，中沙石化植树活动暨"中沙纪念林"揭幕仪式在大港湿地公园举行。该活动由公司出资50万元，开展植树公益活动，美化周边环境，是公司回馈社会环保行动的重要项目。

（黄　璐）

中沙纪念林　（薛贵臣　摄）

【举办"企业开放日"活动】 2012年6月28日和7月11日，中沙石化举办2次"企业开放日"活动，由110余名当地政府代表、社区民众组成的参观团，先后参观了中控室、装置区和成品包装线，全面了解中沙石化的创业历程、拉动地方经济发展所作出的贡献、发展思路和长远目标等，展现了企业良好的社会形象，营造了和谐社区氛围。

（黄　璐）

【苯酚丙酮装置正式通过环保验收】 2012年7月16日，中沙石化苯酚丙酮装置正式通过天津市环保局的项目竣工环境保护验收，各项污染防治措施均已落实，环保设施运行稳定，污染物排放符合国家和天津市排放标准，标志着装置由试生产转入正式生产运行。该项目属于产品优化项目，既可增加产品品种，也有利于上游装置的节能降耗。

（黄　璐）

【完成首次装置大检修】 2012年8月22日—10月11日，中沙石化进行装置建成投产后的首次停工检修。本次检修总投入2.79亿元，包括主要检修装置12套，检修计划1 720项，技改技措项目60项，动设备75台，静设备1 112台，压力容器检验1 030台，压力管线检验6 786条。

（黄　璐）

【首批聚乙烯双峰膜料走出国门】 2012年10月，由中沙石化、化工销售华北分公司、INEOS公司合作开发的低压聚乙烯新品——双峰膜料J50－10N5000成功出口巴西660吨，实现了公司高密度聚乙烯产品的首次出口。

（黄　璐）

【化工产品生产状况良好】 2012年，中沙石化累计生产主要化工产品340.43万吨，其中生产乙烯94.34万吨。乙烯收率30.94%，双烯收率46.76%，乙烯能耗531千克(标油)/吨(剔除大修影响)；"三聚"及苯酚丙酮装置物耗指标达历史最好水平，其中LLDPE耗总单体达1 008.3千克/吨，HDPE耗总单体达1 010.9千克/吨，PP耗总单体达1 001.4千克/吨，苯酚耗苯和丙烯为1 353.8千克/吨。

（黄　璐）

表1　中沙石化主要技术经济指标　亿元

指标名称＼年份	2012	2011	2010
工业总产值	236.06	294.93	192.03
工业增加值	12.68	33.77	14.70
销售收入	237.56	296.27	186.88
税前利润	-3.38	19.72	6.55

表2　中沙石化主要产品产量　万吨

产品名称＼年份	2012	2011	2010
乙　烯	94.34	111.21	85.49
丙　烯	48.26	56.42	43.27
线性低密度聚乙烯	28.30	35.15	24.28
高密度聚乙烯	24.69	28.14	25.29
聚丙烯	41.65	47.03	31.72
环氧乙烷	5.52	6.42	3.20
乙二醇	32.76	39.00	34.64
丁二烯	17.61	21.33	16.97
1-丁烯	4.39	5.21	3.92
MTBE	13.16	15.11	11.09
苯　酚	18.33	21.91	13.37
丙　酮	11.44	13.68	8.32

上海石化

【概况】 中国石化上海石油化工股份有限公司(简称上海石化)位于上海市金山区，占地面积9.4平方千米，是集炼油、化工、塑料、化纤生产经营于一体，高度综合的现代化石油化工企业之一，也是中国第1家股票在上海、香港、纽约三地同时上市的股份制有限公司。上海石化前身为创建于1972年的上海石油化工总厂，1993年6月改制为上海石油化工股份有限公司，2000年10月更名为现名。

上海石化下设炼油部、烯烃部、芳烃部、化工部、腈纶部、涤纶部、塑料部、热电部、物资供应部、销售部、储运部、环保水务部、公用事业部和精细化工部以及质量管理中心、统计中心、保卫部、总务部、培训中心、新闻中心、员工交流安置中心等单位，并由上海石化资本运营部管理对外投资企业。截至2012年底，上海石化总资产368.06亿元，在册员工总数15 007人，具有1 600万吨/年综合加工原油能力和乙烯84.5万吨/年、有机化工原料440万吨/年、塑料树脂100万吨/年、合纤原料114万吨/年、合纤聚合物59万吨/年、合成纤维34万吨/年的生产能力，主要生产石油制品、中间化工原料、合成树脂及塑料制品、合纤原料及合成纤维4类产品。2012年，上海石化"三人"牌工业用丁二烯、"朝阳"牌涤纶工业长丝等被评为上海市用户满意产品；工业用环氧乙烷和腈纶丝束同时被评为全国用户满意产品。

上海石化主要技术经济指标及主要产品产量见表1和表2。

（耿树岐）

【荣登《财富》社会责任榜】 2012年3月20日，2012年《财富》(中文版)企业社会责任排行榜揭晓，上海石化位列排行榜第32位，与中国石化、中国石油、中国海油成为石油与天然气行业中上榜的4家中国企业。

（耿树岐）

【15万吨/年碳五分离装置技术首次落户台湾地区】 2012年3月，上海石化拥有自主知识产权的碳五分离技术首次落户台湾地区。上海石化已成为中国碳五分离和碳五综合利用技术开发中心和产业化基地。

（耿树岐）

【超纤革用聚乙烯专用料工业化成功试生产填补国内空白】 2012年4月5日，上海石化成功实现超纤革用聚乙烯专用料工业化试生产，标志着上海石化已走在该专用料国产化前列，填补了国内空白，打破了该产品依赖进口的局面。

（耿树岐）

【举办建厂40周年系列纪念活动】 2012年是上海石化建厂40周年。5—7月，上海石化围绕"爱我石化，共建家园"主题，组织开展"我心中的上海石化"征文短信寄语、"我眼中的上海石化"摄影大赛等活动，举办上海市第1届职工艺博汇暨上海石化职工文化艺术展，共展示职工300余幅书画摄影作品，2 000余件集邮、手工艺品、微雕、麦秆画等作品，近5 000名职工和市民参观。

（耿树岐）

【"高性能PBO纤维中试装置建设及产品开发"项目通过鉴定】 2012年9月6日，上海石化"高性能

PBO纤维中试装置建设及产品开发”项目通过石化股份公司鉴定。项目于2009年9月立项，由上海石化与东华大学合作开展。项目在原有PBO纤维研究成果基础上进一步进行工业化试验，建设1套7.5吨/年工业化PBO纤维中试装置，通过研究聚合纺丝等关键工艺，形成高分子量PBO聚合体和高强度PBO纤维的生产技术，产品指标达到国外同类水平，整体技术达到国际先进水平。

（耿树岐）

【组织参加第14届高交会主题展】 2012年11月16—21日，上海石化组团参加第14届中国国际高新技术成果交易会，提供合成工程中心情况介绍以及生物可降解聚酯、高性能PBO纤维、无重金属聚酯切片、阻燃工业丝等展品及相关图片介绍。上海石化获国家发改委颁发的优秀展示奖。

（耿树岐）

【炼油改造项目11套主体装置投产】 上海石化炼油改造项目于2010年12月打桩。2012年8月20日，390万吨/年渣油加氢装置、350万吨/年重油催化裂化装置、150万吨/年催化汽油吸附脱硫装置（S－Zorb）等11套主体装置全部实现中间交接。截至年底，11套装置均实现投料开车一次成功，上海石化原油综合加工能力达到1 600万吨/年，原油深加工能力得以提升，产品覆盖从上海扩展至浙江、江苏，成品油市场占有能力提高。

（耿树岐）

【炼油改造工程装置动态流程模拟开发应用项目投用】 上海石化炼油改造工程装置动态流程模拟开发应用项目于2011年10月启动实施，2012年6月8日通过现场测试，6月11日应用于操作工培训。项目共建立了渣油加氢装置、催化裂化装置、汽油吸附脱硫装置3个子模型。

（耿树岐）

【建设中国石化上海网络区域中心】 按照中国石化工作要求，上海石化于2012年初调试上海网络区域中心的主要网络设备和2根155兆专线，7月下旬召开协调会，稳步推进网络区域中心建设相关工作。截至年底，完成了上海石化、上海工程公司和石化盈科上海分公司等14家下联企业的联网接入工作。

（耿树岐）

表1　　上海石化主要技术经济指标①　　亿元

指标名称 \ 年份	2012	2011	2010	2009	2008	2007
原油加工量/万吨	1 119.35	1 086.67	1 052.07	875.78	923.87	907.32
工业总产值	818.95	858.73	698.01	437.19	597.59	546.70
工业增加值	87.70	140.89	155.11	107.77	－47.83	77.25
资产总计	368.06	311.10	291.58	304.58	279.33	304.94
流动资产	128.91	96.66	85.32	90.61	62.55	88.33
固定资产原值	454.39	390.78	389.00	388.09	359.30	356.66
固定资产净值	176.22	126.59	138.02	152.06	135.28	152.59
销售收入	930.72	956.01	775.91	517.23	603.11	554.05
利润总额	－20.33	12.92	34.54	21.36	－80.22	21.21
所得税	－5.08	3.17	7.25	5.10	－18.14	4.80

①部分数据有修正

表2 **上海石化主要产品产量** 万吨

产品名称 \ 年份	2012	2011	2010	2009	2008	2007
汽　油	102.03	96.85	93.24	80.60	77.29	64.59
航空煤油	83.06	79.73	76.57	67.90	63.47	69.57
柴　油	402.79	397.98	367.59	280.26	341.87	292.91
乙　烯	91.47	91.01	97.29	92.77	88.56	86.94
丙　烯	50.44	48.17	52.32	48.76	48.73	45.59
纯　苯	39.39	40.68	43.78	28.25	23.92	27.44
对二甲苯	86.62	92.31	84.06	34.58	18.37	24.75
乙二醇	46.89	42.31	41.23	39.40	42.13	39.13
乙　醛①	—	1.05	3.13	3.35	2.39	1.94
醋　酸②	—	—	0.30	2.36	2.78	1.10
聚乙烯	44.77	43.77	45.30	43.96	41.75	40.80
聚丙烯	44.56	46.61	48.24	46.62	42.47	44.86
合纤单体	54.67	52.31	53.79	50.87	46.19	53.24
PTA	40.35	39.14	39.15	38.09	34.28	40.01
丙烯腈	14.32	13.17	14.64	12.78	11.90	13.23
合纤聚合物	63.61	66.42	64.32	59.97	58.55	63.19
聚乙烯醇	4.20	4.34	4.01	4.36	4.16	4.27
聚　酯	59.41	62.08	60.31	55.61	54.39	58.93
合成纤维	25.16	25.01	25.36	24.13	23.77	24.76
涤　纶	8.59	8.92	8.72	8.06	8.52	8.90
腈　纶	16.57	16.09	16.64	16.07	15.25	15.86

①乙醛装置于2011年3月30日停产，2012年8月31日完成拆除

②醋酸装置于2010年2月20日停产，2012年5月30日完成拆除

上海赛科公司

【概况】 上海赛科石油化工有限责任公司（简称上海赛科公司）成立于2001年10月29日，是由石化股份公司、上海石化和英国石油公司（BP）华东投资有限公司分别按30%、20%、50%的比例出资组建的大型石油化工企业。上海赛科公司位于上海化学工业区内，占地约204公顷（204万平方米）。

截至2012年底，上海赛科公司拥有生产能力为109万吨/年乙烯、61.5万吨/年芳烃抽提、10.5万吨/年丁二烯、67.5万吨/年苯乙烯、30万吨/年聚苯乙烯、60万吨/年聚乙烯、25万吨/年聚丙烯、26万吨/年丙烯腈、28万吨/年硫酸回收、3.5万吨/年苯乙烯抽提和5.5万米^3（标准）/时PSA氢提纯11套生产装置和动力中心、罐区、空压站、循环水场、污水处理站、变电站、地面火炬、聚合物仓库及行政管理区等公用工程辅助设施。设有生产部、商务部、财务部、人力资源部、HSSE&Q（健康/安全/保安/环境和质量）部及其他职能部门等；员工人数为

1 153人。

2012 年，上海赛科公司获上海市商务委员会、上海市外商投资企业协会颁发的 2011 年度上海市外商投资双优企业称号，被上海市金山区税务局评选为 2011 年度上海市 A 类财务会计信用单位；获上海化学工业区 2011 年度统计工作综合评比一等奖。上海赛科公司全年现场整体装置利用率为 75.5%，其中乙烯装置利用率为 73.9%。

上海赛科公司主要技术经济指标和主要产品产量见表 1 和表 2。

（周　光）

【成功开发高抗冲聚苯乙烯专用料】 2012 年 3 月，上海赛科公司成功开发和生产高抗冲聚苯乙烯 HIPS632E 产品。HIPS632E 产品作为专用的聚苯乙烯产品，主要针对冰箱板材市场，已经获得了广东奥马电器股份有限公司、海信科龙电器股份有限公司、杭州金松优诺电器有限公司等厂家的认可。以初期 1 万吨/年的产量计算，每年可增加近 300 万元的利润。该产品的发明专利和上海市高新技术产品的申请工作正在进行。

（康毅勇）

【低压蒸汽管网的再平衡改进】 2012 年 6 月，上海赛科公司完成了对低压蒸汽管网的改造，使丁二烯装置的低压蒸汽由烯烃装置供应改为由管网直接供应，并调低乙烯装置内的低压蒸汽管网压力，使得乙烯装置的低压蒸汽输入能力提高；避免了丁二烯装置处于乙烯低压蒸汽管网末端压力偏低带来的溶剂回收损失。通过避免低压蒸汽夏季 3 个月的排放，可增加总计 730 万元的效益；同时给低压蒸汽管网在丙烯腈等装置检修和部分装置低负荷运行时带来更多的平衡手段，实现了节能减排目标。

（邹　兵）

【开展可持续绩效改进项目】 2012 年 2 月起，上海赛科公司对识别和确认的 24 项业务改进机会全面实施可持续绩效改进（SPI）工作。其中，在烯烃能耗改进项目中，通过突破传统设计，降低裂解炉烟气氧含量；改造裂解炉对流段，提高炉子热效率，探索装置低负荷工况下提高汽油分馏塔釜温度及降低透平机组真空度的工艺优化调整等措施，实现了超过 2 500万元的经济效益。全年第 1 批 20 个改进机会按计划执行，至年底 SPI 项目实现收益约为 1.25 亿元人民币。

（薛　锋）

【举办化工行业 HAZOP 分析方法研讨会】 2012 年 11 月 8 日，由中国化学品安全协会、上海赛科公司共同举办的“化工行业 HAZOP 分析（危险与可操作性分析）方法应用交流研讨会”在上海化学工业区举行。来自国家安全生产监督管理总局、上海市安全生产监督管理局、中国化学品安全协会，以及全国重点化工企业、工程设计研究院所、安全技术评价机构、高等院校等 80 多家单位的 130 位专家、工程技术人员参会。会议期间，研讨将 HAZOP 分析方法引入化工行业从设计到生产的全过程，识别和管理化工生产各种风险。会上，杜邦、塞拉尼斯、巴斯夫、拜耳以及中国石化、北京大学等单位的专家，结合 HAZOP 技术和解决方案，HAZOP 在本质安全设计、质量控制、风险评估与管理中的应用等专题，进行了广泛交流与探讨，为与会企业推进 HAZOP 技术应用提供了示范和经验，为中国化工行业推行 HAZOP 技术应用提供良好的借鉴。

（顾　隽）

【开展“环境保护和产品安全月”系列活动】 2012 年 5 月 31 日起，上海赛科公司开展了“环境保护和产品安全月”系列活动，主要有 6 月 7 日的“环保与我们”研讨会，6 月 12 日的安全、绿色发展研讨会，6 月 22 日的环保持续改进研讨会，6 月 26 日的承包商环保讨论会，6 月与化工区联动进行环保应急桌面演习，7 月 10 日的“环境保护和产品安全月”活动闭幕暨“环境保护”主题儿童绘画比赛颁奖仪式。活动旨在关注环保和产品安全，进一步提升员工的环境保护和产品安全意识，履行好社会责任和使命。

（徐靖峰）

【参与碳排放权交易试点】 2012 年 7 月，上海市启动碳排放权交易试点工作，上海赛科公司被纳入首批年碳排放量大于 2.27 万吨（相当于年能耗 1 万吨标煤）的 200 家企业。上海赛科公司积极参与《上海市化工行业温室气体排放核算与报告方法》等相关政策的制定。完善了公司内部组织结构，确定碳排放计算范围，建立碳排放计算方法，接受碳排放交易培训，接受有资质的第三方核查。定期审查碳排放工作的策略，并批准组织碳排放工作的实施和推进，落实公司碳排放工作要点。12 月，完成了 2009—2011 年度碳排放状况的初始报告，并顺利通过了上海市政府相关部门对初始报告的盘查。

（薛　锋）

【开拓境内外融资业务】 2012 年 5 月，上海赛科公司成功完成总额2亿美元、期限为3年的境内外融资业务的主要工作。该次美元融资进一步降低融资成本，控制财务风险，不仅为上海赛科公司向境外融资开拓了新路径，也为进一步降低财务费用提供了新的途径。经初步测算，该次融资与借入同等金额人民币资金相比，一年可节约财务费用约3 300万元。

（师玉媛）

【一体化管理与控制体系整合】 2012年，上海赛科公司内部一体化管理与控制体系(IMCS)协调员历时7个月，完成了体系手册的整合和内控流程与IMS程序的整合。通过整合沟通、方案讨论、文件修订、部门审核和会签批准5个阶段的控制，采取部门讨论和个别辅导的形式，完成修订稿130份、格式整理稿32份、对比稿96份、审核稿32份、批准稿33份(含手册)，共计323份文件。同时编制要素与程序关联表、管理控制程序整合前后变更信息和二级文件整合前后对比表等。新的IMCS体系整合了原有的内控管理和IMS体系，也涵盖了BP方OMS管理体系要求；建立了IMCS网页，作为上海赛科公司制度文件发布和唯一获取途径，为实现全面风险管理和制度化管理奠定了基础。

（曹培利）

【开展与母公司之间信息共享培训】 2012年8月，上海赛科公司分别在漕泾办公室和远东办公室开展了5场关于公司与母公司(中国石化、上海石化和BP)之间信息共享的培训，帮助相关部门的员工进一步加深理解和掌握《上海赛科与母公司之间信息共享的竞争法指南》的精神，明确竞争敏感信息种类、适用范围、影响的人员、相关法律规定和约束等，并指导实际工作。培训对象为掌握公司敏感信息较多并且可能与母公司有业务联系的员工，主要集中在商务部采购团队、聚烯烃团队、丙烯腈团队、聚苯乙烯和苯乙烯团队、市场分析和客户服务以及生产部生产优化团队等，共有119位员工参加了该次培训。

（方莉萍）

【公司注册地址变更】 上海赛科公司成立之初的法定注册地址是：上海市化学工业区A1、A2、A3、B1地块。为规范上海化学工业区内的地名，根据《上海市门牌号管理办法》，2009年4月经上海市公安局化学工业区公安分局核定，公司在化工区内的地址为：上海市化学工业区南银河路557号。根据上海市商务委、市工商局等部门的要求，三方股东及公司董事会批准了注册地址变更所需要的公司《合资合同》和《章程》中相关条款修正案及其他授权文件。2012年7月25日，公司顺利完成了营业执照中注册地址的变更手续。公司其他证照的地址变更事宜相继完成。

（方莉萍）

【首次参加上海化学工业区运动会】 四年一届的第3届上海化学工业区运动会于2012年8月17日—10月12日举行。上海赛科公司第1次派出代表团，参加了广播操、拔河、消防接力、篮球、游泳、跳绳、乒乓球、大怪路子、羽毛球、中国象棋、网球11个项目的比赛。最终取得1项团体第1名，2项团体第3名；4项个人第1名，4项个人第2名，1项个人第3名。上海赛科公司代表团在该届运动会37个参赛队中，获得了团体总分第1名，并获优秀组织奖。

（杨王兴）

表1 **上海赛科公司主要技术经济指标** 亿元

指标名称 \ 年份	2012	2011	2010	2009	2008	2007
工业总产值	271.02	268.01	291.77	164.20	224.31	241.65
工业增加值	12.62	14.40	47.08	20.30	15.37	49.21
销售收入	269.90	275.14	291.56	164.22	228.51	242.19
利润总额	-4.49	0.31	28.24	7.02	-4.94	29.06
综合能耗①/吨标煤·万元$^{-1}$	1.99	2.04	2.25	2.68	2.00	1.98

①上海市统计局修订了原料石脑油消耗占能耗的系数，因此把2007—2012年综合能耗值按照新标准更新到统一口径

表 2　　　　　　　　　　　　**上海赛科公司主要产品产量**　　　　　　　　　　万吨

产品名称 \ 年份	2012	2011	2010	2009	2008	2007
乙　烯	104.09	106.52	129.43	87.53	93.46	100.29
丙　烯	61.67	61.07	74.07	54.22	59.48	65.46
丙烯腈	28.98	25.40	29.32	24.02	24.89	27.94
苯乙烯	71.06	53.90	65.80	50.06	49.03	53.37
聚苯乙烯	30.48	25.78	27.84	21.73	19.94	25.14
聚乙烯	61.74	66.00	76.64	59.43	70.27	68.27
聚丙烯	24.37	25.39	29.70	23.83	26.90	25.57

高 桥 石 化

【概况】 中国石油化工股份有限公司上海高桥分公司(简称高桥分公司)和中国石化集团资产经营管理有限公司上海高桥分公司(简称高桥资产分公司)统称高桥石化，地处浦东新区，西临黄浦江，北近吴淞口，占地4.2平方千米。高桥石化的前身上海高桥石油化工公司创立于1981年11月，是中国第1个跨部门、跨行业的特大型石油化工联合企业，1983年7月划归中国石油化工总公司。2000年1月，按照石化集团公司重组改制的统一部署，上海高桥石油化工公司下属炼油厂、化工厂、供销公司的主业部分分离，成立高桥分公司。2003年10月，高桥石化根据扁平化改革的要求，撤销了下属单位的工厂建制，实行事业部制管理模式。2007年4月，按照石化集团公司改革部署，上海高桥石油化工公司实施体制转换，工商注册成立高桥资产分公司。2010年8月，高桥石化改事业部制管理模式为作业部制管理模式。

截至2012年底，高桥石化拥有年原油加工能力1 250万吨，年化工产品生产能力100万吨，自备电厂具有装机容量19.5万千瓦；共有76套生产装置，可生产汽油、航空煤油、柴油、润滑油基础油、石蜡、合成橡胶、有机化工原料、合成塑料以及过氧化物等200余种产品。高桥石化机关设26个处室，下辖15个生产作业部(业务中心)及8个职能中心；职工总数5 823人，其中专业技术及管理人员1 912人。

高桥石化主要技术经济指标和主要产品产量见表1和表2。

(陈建浩)

【上海中石化三井弹性体有限公司成立】 2012年5月28日，由石化股份公司与日本三井化学株式会社以50:50的股份比例在上海设立的合资公司——上海中石化三井弹性体有限公司获得上海市工商局颁发的企业法人营业执照。该公司将在上海化学工业区新建1套采用茂金属催化剂、工艺最先进、全球规模最大的7.5万吨/年三元乙丙橡胶(EPT)生产装置。项目投资约20亿元人民币，预计2014年一季度投入商业运营。由高桥石化代表石化股份公司履行中方出资人管理责任。

(陈建浩)

【丁腈橡胶、异戊橡胶项目合资合作协议签订】 2012年6月5日，石化股份公司与俄罗斯西布尔公司在京签署了丁腈橡胶、异戊橡胶2个合资合作项目协议书。合资项目位于上海化学工业区，由高桥石化代表石化股份公司履行中方出资人管理责任。

(陈建浩)

【ABS国产橡胶替代进口橡胶生产工业试验获得成功】 2012年2月，高桥石化用国产橡胶替代进口橡胶生产ABS工业试验获得成功，产品质量符合质量标准。试验期间，采取了国产胶替代比例由20%逐渐提高至100%的方式，以保证工业试验安全稳步推进。ABS国产橡胶原料替代进口后，可降低生产成本，提高原料的供应灵活性及产品的市场竞争力。

(陈建浩)

【为生产国Ⅴ标准油品作准备】 根据上海市将于2013年实行国Ⅴ排放标准的要求，2012年，高桥石化积极推进各项准备工作。4月，260万吨/年柴油加氢装置开始打桩，预计于2013年6月建成投产；对储运流程进行优化，实现专罐专线，确保油品质量；参与上海市国Ⅴ标准油品车辆适配性试验，提供92#、95#汽油试验用油。

（陈建浩）

【2个聚醚新产品研发生产成功】 2012年3月，高桥石化通过自主研发，完成了聚醚灌浆料GJ-8G的试产工作。4月，高桥石化成功完成了硬泡开孔剂GE-110A的工业化试生产，经分析产品质量达到一级品指标。

（陈建浩）

【首次生产植物油抽提溶剂获得成功】 2012年9月，高桥石化首次组织生产植物油抽提溶剂获得成功。植物油抽提溶剂与普通化工溶剂油相比，具有较高生产苛刻度，其关键技术控制指标苯的质量分数不大于0.1%，主要适用于浸出法生产食用油脂。

（陈建浩）

【耐热级ABS新产品投放市场】 2012年2月，高桥石化20万吨/年ABS耐热级技术改造项目竣工投产，首批500吨耐热性新牌号产品3325MT生产成功，正式投放市场，填补了国内空白。

（陈建浩）

【完善环境监测设施】 2012年，高桥石化完善设施，加强环境监测。在各重点废气监控点建立了完备的在线监测网络，并实现与上海市环保局联网；在炼油区域周边厂界及高空布置了16处硫化氢报警仪，提高了炼油区域的硫化氢泄露预警监控能力；推进4个大气固定在线监测站的建设，对生产区域及周边的大气质量环境开展连续在线监测；投资400余万元配备1辆设施先进的环境监测车。

（陈建浩）

【开展“深化基础管理年”活动】 2012年，高桥石化开展了“深化基础管理年”活动。全面开展“比学赶帮超”工作，围绕完成石化集团公司下达的各项指标，逐套装置、逐个指标进行建标对接，形成了由847项指标组成的指标体系，并对其中674项指标按月进行竞争性评价考核。同时，创新岗位责任制检查形式，改年度大岗检为季度大岗检，增加了检查频次，加大了管理力度；在全面岗检的同时加入专项岗检内容，强化了对管理顽症的整治，由单一的自上对下检查调整为覆盖各单位、各部门的全面检查，落实对管理、业务部门的监督评价。

（陈建浩）

【开展履职能力评估工作】 为了查找管理、技术人员业务能力的差距，2012年5月，高桥石化在各单位装置长、工艺和设备管理人员中组织开展岗位履职能力评估考试，考试内容以基础知识、基本理论、日常运行过程中遇到的问题、现场控制能力、应急处理、应变能力等方面为主。共有339人参加了考试。在此基础上，6月起，按照一级辅导一级的原则，采用一对一辅导的方法，组织结对辅导活动，共结对240对。

（陈建浩）

【开展党员责任小组活动】 2012，根据石化集团公司“一转双创”活动的要求，高桥石化结合实际，开展了以党员技术骨干为主体、职工群众积极参与的党员责任小组活动，并在实践中探索建立了领导责任机制、公开选题机制、闭环运作机制、评审表彰机制4项运作机制。全年，共建立115个党员责任小组，累计攻关课题131个，课题小组成员987人。小组成员中，中共党员占78%，群众占22%。通过党员责任小组活动，促进了创先争优、“一转双创”活动与生产经营渗透融合。该做法经上海基层党建网推荐，在中国共产党新闻网上刊登。

（陈建浩）

表1　高桥石化主要技术经济指标　亿元

指标名称＼年份	2012	2011	2010	2009	2008	2007
原油加工量/万吨	1 088.33	1 044.33	1 067.00	1 049.43	1 016.06	809.89
工业总产值	745.21	718.00	600.37	457.19	559.27	416.01
炼　油	646.09	594.71	486.05	386.51	457.93	308.69
化　工	99.24	121.66	111.76	66.03	99.06	105.57

续表

年份 指标名称	2012	2011	2010	2009	2008	2007
工业增加值	—	—	—	116.09	-58.28	21.07
资产总计	199.73	203.77	185.04	179.20	162.77	165.93
流动资产	82.74	88.58	68.63	67.20	47.32	52.59
固定资产原值	186.52	187.31	173.04	172.33	166.46	155.05
固定资产净值	76.01	82.87	76.22	80.25	83.13	80.22
销售收入	746.35	716.38	602.23	461.70	562.98	421.66
实现利税	95.85	76.48	116.85	107.90	-42.74	-5.78
税　金	104.07	93.24	85.29	84.29	11.60	20.93

表2　　高桥石化主要产品产量　　万吨

年份 产品名称	2012	2011	2010	2009	2008	2007
汽　油	203.01	177.52	166.43	179.43	167.59	146.51
煤　油	81.92	70.38	72.73	81.81	73.51	51.62
柴　油	419.36	400.87	406.02	402.37	406.11	310.56
石油芳烃	6.53	2.25	1.76	1.86	2.59	1.81
润滑油基础油	34.25	35.07	37.67	38.71	33.93	33.22
商品燃料油	13.35	20.36	12.52	8.38	18.65	22.32
石　蜡	14.11	11.52	11.64	11.72	14.76	14.21
石油焦	61.90	56.00	66.55	68.75	67.03	26.42
合成橡胶	15.73	17.02	16.90	16.59	24.97	26.40
顺丁橡胶	9.84	11.09	11.53	10.49	9.70	10.84
丁苯橡胶	5.89	5.93	5.37	5.95	6.30	7.63
丁苯乳胶①	0	0	0	0.15	8.97	7.93
丙　烯	8.65	11.56	11.76	12.18	13.22	12.26
丁二烯	0	0	0	0.88	1.97	3.56
苯　酚	20.88	21.87	21.28	13.52	17.18	20.62
丙　酮	13.01	13.63	13.20	8.39	10.76	12.83
ABS	14.23	13.58	16.62	14.24	13.50	13.37
发电量/亿千瓦·时	10.03	9.53	10.16	9.44	10.15	13.09
供热量/万吉焦	1 079.00	1 120.00	1 142.00	1 083.00	1 265.00	1 368.00
环氧丙烷	0	0	5.30	8.40	8.40	8.84
聚　醚	13.98	15.07	17.71	15.58	14.66	16.72
DCP	2.23	2.30	2.17	1.91	1.90	2.00

①2009 年起不含合资企业生产量

金陵石化

【概况】 中国石油化工股份有限公司金陵分公司(简称金陵分公司)和中国石化集团金陵石油化工有限责任公司(简称金陵石化有限公司)统称金陵石化，占地面积778.93万平方米，位于南京市东北郊，北依长江，南临京沪铁路和沪宁高速公路，西与新生圩港相接，与禄口国际机场有快速通道相通，水陆空交通十分便捷。

金陵石化前身始建于1982年1月，1983年7月划归中国石油化工总公司，1998年7月整体并入石化集团公司。截至2012年底，金陵石化下设18个职能处室、2个工厂、10个专业化管理单位、9个生产运行部、2个科级直属单位；职工总数8 173人，其中教授级高级工程师9人、高级专业技术职务343人、中级专业技术职务1 111人。公司评聘专业技术专家12人、主任师7人、副主任师24人。公司遴选资深首席技师2人、首席技师4人，选聘主任技师17人，具有高级技师资格的69人、技师资格的431人、高级工资格的2 581人。资产总额251.68亿元。

金陵分公司主要从事石油炼制及石化产品的加工生产和销售，拥有炼油、水煤浆、芳烃、热电等40余套大型生产装置。原油加工手段齐全，生产技术力量雄厚，原油综合加工能力达到1 800万吨/年，航煤、汽油产能位居全国第一。化工板块相继建成了水煤浆装置和芳烃联合装置，热电装置现有6台220吨/时的燃煤锅炉(其中2台为循环流化床锅炉)和20万千瓦的发电机组。金陵石化有限公司拥有40万吨/年烷基苯生产能力，是亚洲最大、世界第二的洗涤剂原料生产基地。“十二五”以来，随着公司油品质量升级改造项目的完成，公司内部油、化、电一体化产业格局更加完备，综合竞争力进一步提升。金陵石化生产石油化工产品70多种，其中有30余种产品先后获国家、部、省及石化集团公司优质产品称号，产品除满足国内市场外，部分产品还出口至韩国、朝鲜、日本、新加坡、香港等30多个国家和地区。

金陵石化主要技术经济指标及主要产品产量见表1和表2。

(许顺禄)

【炼油自销产品和液化气销量双双突破关口】 2012年，金陵石化加大自销产品市场开拓力度，全年累计销售炼油自销产品102.6万吨，首次突破100万吨大关，其中销售液化气54.9万吨、白油料45.3万吨、溶剂油2.4万吨；共计实现销售收入76.5亿元，创造新的纪录。结合350万吨/年催化裂化装置投产，全力开拓液化气产品市场，全年累计销售液化气产品首次突破50万吨大关，达到54.9万吨。

(许顺禄)

【航煤产量和国Ⅳ汽油产能分居全国第一】 2012年，金陵石化抓住航煤价格与国际市场接轨的机遇，千方百计优化生产，拓宽销售渠道，全年生产航煤196.5万吨，同比增加32.2万吨，产量居全国第一。年内，金陵石化油品质量升级改造工程及S-Zorb等配套装置全面建成投产，国Ⅳ汽油产能跃居全国第一，当年累计生产国Ⅳ汽油84.5万吨。

(许顺禄)

国Ⅳ汽油首次交付供应南京市场 (徐 捷 摄)

【沥青出厂量和芳烃产量创新高】 2012年，金陵石化紧跟沥青产品市场行情，优化调整装置生产结构，全年沥青出厂量达78.6万吨，比2011年高出37.7万吨，增幅近1倍。芳烃装置“三苯”产量超额完成全年生产任务，对二甲苯、邻二甲苯、纯苯产量分别增加7.6%、6.5%、12.7%，实现装置开工以来的最好水平。

(许顺禄)

【新建800万吨/年常减压装置建成投产】 2012年3月20日，金陵石化油品质量升级改造工程龙头装置——800万吨/年常减压蒸馏装置建成中交。4月23日，装置产出合格产品，实现一次开车成功，金陵石化原油一次处理能力由1 350万吨/年跃升至

1 800万吨/年。

（许顺禄）

【轻烃回收装置建成投产】 2012年5月6日，金陵石化2万米^3（标准）/时轻烃回收装置实现中交验收，5月15日装置产出合格产品，实现一次开车成功。该装置可回收多套装置稳定塔及汽提塔顶气中的重组分，能够更加有效地利用资源，降低运行成本。

（许顺禄）

【碱渣再生装置建成投产】 2012年5月8日，金陵石化碱渣再生装置实现中交验收。该装置引进2台REGEN系统进口设备，通过年处理催化汽油精制废碱3 600立方米的ECO－MERICAT系统和年处理液态烃脱硫废碱6 000立方米的REGEN系统，将催化汽油精制碱渣和液态烃精制碱渣进行分别处理，不但节约工艺用水，还能副产酚，实现碱的循环使用。

（许顺禄）

【正丁烷项目建成投产】 2012年5月31日，金陵石化正丁烷项目实现中交验收。7月1日，装置主要产品质量合格，实现一次开车成功。该装置工艺技术成熟可靠，各项技术经济指标先进，具有较好的经济效益和环保效益。

（许顺禄）

【新建10万吨/年硫黄回收装置建成投产】 2012年6月6日，金陵石化油品质量升级改造项目10万吨/年硫黄回收装置实现中交验收，6月30日产出合格产品，实现一次开车成功。该装置一方面满足了中国磷复肥工业大型化快速发展趋势下对硫黄的需求，另一方面实现了酸性气和酸性水处理的安全、稳定、长效化。

（许顺禄）

【油品质量升级改造全部完成】 2012年9月27日，金陵石化180万吨/年渣油加氢装置产出合格产品；10月9日，350万吨/年催化裂化装置产出合格产品，2套装置均实现一次开车成功。至此，金陵石化投资60亿元人民币、建设用时两年零十个月的油品质量升级改造项目的所有主体装置全部安全、高效地建成并投入运行。

（许顺禄）

油品质量升级改造工程全面建成 （徐 捷 摄）

【PO/MTBE项目签署合资合同】 2012年11月13日，金陵石化与美国亨斯迈公司PO/MTBE合资项目签字仪式在中国石化总部大楼举行。经中国石化授权，金陵石化董事长、总经理赵日峰与美国亨斯迈公司代表在合资合同上签字。

（许顺禄）

PO/MTBE合资项目举行签字仪式 （徐 捷 摄）

【环保指标持续改善】 2012年，金陵石化持续加大环保投入，轻烃回收、碱渣再生、尾气治理等一批重点环保项目相继建成投用。与2011年相比，公司环保指标进一步改善，工业废水、COD、二氧化硫和氨氮排放量分别下降5.0%、6.5%、18.2%和3.4%。

（许顺禄）

【原油加工损耗再创新低】 2012年，金陵石化在减少火炬排放、回炼污油、提高油品一次调和合格率等方面狠下功夫；深入开展全员查漏堵漏工作，完善检测分析方法，配备专业检测仪器，在系统内率先开发“无泄漏管理信息系统”，有效落实查漏堵漏检查和考核责任，全年共查出漏点9 960个，堵漏9 422个，堵漏率达94.6%，有效减少了加工损失。全年，公司原油加工损耗率为0.36%，再创历史新低，名列石化集团公司炼化企业第1名。

（许顺禄）

表1 金陵石化主要技术经济指标 亿元

指标名称 \ 年份	2012	2011	2010	2009	2008	2007
原油加工量/万吨	1 370.86	1 315.16	1 347.60	1 237.00	1 124.27	1 152.10
工业总产值[①]	904.89	810.69	686.39	520.57	620.41	543.48
炼　油	712.39	671.17	607.29	437.88	524.69	445.54
化　工	190.23	136.21	76.64	78.10	92.68	86.90
化　肥	0	0	0	2.88	1.95	3.04
其　他	2.27	3.31	2.46	1.71	1.09	8.00
工业增加值	121.50	103.56	150.30	128.87	–17.19	51.33
资产总计	251.68	215.88	207.22	189.86	160.01	148.56
流动资产	100.68	87.18	91.49	76.31	47.13	47.78
固定资产原值	195.37	189.39	190.49	188.32	187.36	156.21
固定资产净值	87.06	89.16	97.83	103.15	98.66	73.68
销售收入	908.75	824.41	717.62	528.65	635.63	572.48
实现利税	180.19	165.23	185.10	161.14	–21.43	36.35
税　金	175.64	165.19	172.36	143.31	13.27	24.73
综合能耗[②]/吨标煤·万元$^{-1}$	0.32	0.35	0.51	0.55	0.56	0.51

①工业总产值数据按2010年不变价计算

②2007—2010年综合能耗数据按2005年不变价计算

表2 金陵石化主要产品产量 万吨

产品名称 \ 年份	2012	2011	2010	2009	2008	2007
汽　油	197.51	177.16	215.21	188.76	144.26	128.80
煤　油	196.53	164.34	140.22	125.28	83.22	118.28
柴　油	351.65	362.19	438.35	429.36	429.00	405.93
溶剂油	1.78	1.84	3.50	5.11	4.29	7.18
石脑油	179.17	197.78	148.69	252.09	204.94	142.15
烷基苯料	131.07	95.82	64.58	60.10	42.54	45.47
商品燃料油	8.30	0.29	1.13	1.97	57.11	57.83
商品液化气	57.87	46.95	45.99	39.43	34.99	40.25
石油焦	97.46	113.84	113.75	103.45	88.64	97.73
沥　青	77.30	41.38	80.97	61.67	10.64	0.37

续表

产品名称＼年份	2012	2011	2010	2009	2008	2007
苯类合计	103.87	95.91	79.19	67.12	24.73	29.58
合成氨	0	0	0	10.02	6.65	10.51
尿　素	0	0	0	17.28	11.33	18.36
烷基苯	16.17	12.25	11.88	12.55	10.55	11.33
轻　蜡	26.61	18.92	15.28	13.11	11.64	12.53
苯　酐	9.14	8.61	8.62	8.31	6.65	9.64
增塑剂	3.86	3.59	4.08	3.68	5.32	7.65

扬子石化

【概况】 中国石化扬子石油化工有限公司(简称扬子石化有限公司)和中国石化集团资产经营管理有限公司扬子石化分公司(简称扬子资产分公司)统称扬子石化，位于江苏省南京市北郊，南临长江，北接京沪铁路，与沪蓉、沪宁、宁杭、宁洛等多条高速公路相连，与国家级工业园南京化学工业园融为一体。其前身是成立于1983年9月的扬子石油化工公司。1998年，扬子石油化工公司实施资产重组，创立了以从事石油炼制和烯烃、芳烃等烃类及衍生物生产加工为主的中国石化扬子石油化工股份有限公司和以公用工程为主业的中国石化集团扬子石油化工有限责任公司；2007年，扬子石化有限公司吸收合并前者，归石化股份公司所有，后者转制为扬子资产分公司。2008年，扬子石化有限公司成功收购清江石化和泰州石化。

扬子石化有限公司本部拥有950万吨/年炼油、70万吨/年乙烯、140万吨/年芳烃等45套大型石油化工装置，可生产聚烯烃树脂、合成纤维原料、基本有机化工原料、成品油4个大类50多种产品，是国内重要的纯苯、对二甲苯、邻二甲苯、精对苯二甲酸、乙二醇、丁二烯和环氧乙烷生产商；扬子资产分公司拥有与石油化工生产相配套的36万千瓦发电能力、65万吨/日供水及2 800米^3/时二级污水生化处理能力；清江石化拥有180万吨/年炼油、62万吨/年催化裂化、8万吨/年溶剂油加氢、3万吨/年聚丙烯等12套石油化工装置；泰州石化拥有120万吨/年炼油、12万吨/年酮苯、4万吨/年甲乙酮等10套石油化工装置。

截至2012年底，扬子石化占地12.43平方千米；总资产308.40亿元；职工总数为10 369人，其中在岗经营管理/专业技术人员2 972人，具有高级及以上职称的532人、中级职称的1 416人；下设21个机关部(处)室、16个分支机构、3个全资子公司、1个控股子公司。

扬子石化主要技术经济指标和主要产品产量见表1和表2。

(徐　杰　朱军涛)

【领导班子调整】 2012年8月1日，石化集团公司下发文件，决定调整扬子石化领导班子：邢建良、蒋勇任扬子石化有限公司副总经理；王闽任扬子石化有限公司、扬子资产分公司工会主席；杜军任扬子石化有限公司总会计师；闻方不再担任扬子石化有限公司总会计师，改任调研员。

(徐　杰　朱军涛)

【生产运行持续优化】 2012年，面对严峻的市场形势，扬子石化按照“调炼油、减乙烯、增芳烃”的优化生产运行思路，积极克服政策性亏损不利影响，重点在调整油品结构、提高油品质量上下功夫，柴汽比下降到3.27，创历史新低，汽油总量(不含清江石化和泰州石化产量)、97#汽油产量分别达到70.68万吨和49.26万吨，均创历史新高，成功产出国Ⅳ标准97#汽油；采取原料优化、限产保价、产品结构调整系列措施，裂解歧化干气2.51万吨，轻质裂解料比例同比提高4.96个百分点，适时限产乙烯4.90万吨、塑料8.95万吨，减亏1.95亿元，放量生产氯化聚乙烯等效益好的牌号，专用料比例同比上升8.89个百分点，择机采购混合碳四7.56万吨，增产增效0.85亿元；抓住产品边际赢利的机遇，稳定运行、扩大资源，做大总量，芳烃装置满负荷运行，组织混合二甲苯来料加工2.45万吨，“三苯”总量排名石化集团公司总部第一，外销对二甲苯20.29万吨，增加利润1.37亿元，果断实施精对苯二甲酸(PTA)装置二线节能改造，停产减亏。全年，扬子石化加工原油883.77万吨，向市场投放高品质石化产品980.41万吨，实现营业收入679.73亿元。

（徐　杰　朱军涛）

【安全生产持续强化】 2012年，扬子石化坚持“安全高于一切，生命最为宝贵”的安全理念，贯彻石化集团公司总部“七想七不干”要求，层层落实安全生产责任，深入推行OSHA标准(职业安全与健康标准)统计和管理，配齐专职安全总监，组建专业督察队，强化承包商管理，持续组织“神探手”安全隐患排查治理活动，共排查隐患1 065项，整改906项，其中公司级以上隐患治理项目15项，现场安全风险得到有效控制。全年重大火灾爆炸事故、职工重大人身伤害事故为零，被评为全国“安康杯”竞赛优胜企业。

（徐　杰　朱军涛）

【节能减排扎实推进】 2012年，扬子石化广泛开展“绿色低碳责任在我，安全健康幸福你我”系列活动，主动与政府、媒体、公众进行交流，展现美丽扬子良好形象；落实“环保挂牌”管理、异味排查治理等措施，完成乙烯样板炉改造等19个节能项目，建成投用污水回用一期装置，完成3台锅炉烟气脱硝改造，年度污染物总量减排目标和各项环保指标全面完成，扬子石化有限公司、扬子资产分公司万元产值综合能耗分别下降2.69%和2.17%。

（徐　杰　朱军涛）

【科技创新成果丰硕】 2012年，扬子石化推进战略性和应用性技术开发，世界首套甲苯甲醇甲基化工业示范装置建成投产，合成气制乙二醇第4阶段成功试验，甲醇制丙烯技术工业化试验初步完成，生物法制丁二酸项目建成，芳烃吸附分离成套技术如期“出龙”，淤浆聚乙烯三釜串联等技术工艺包实现自主开发，化工污泥掺烧、污油超声脱水等环保技术成功应用。全年共申请专利75项、获专利授权12项，获国家科技进步二等奖1项、省部级奖项5项，获江苏省企业技术创新奖。

（徐　杰　朱军涛）

【管理改进不断加强】 2012年，扬子石化全面开展“双学”活动，全方位对指标、找差距、追先进，分6个方面制定373项措施并积极推进，落实“经营一元钱、节约一分钱”和“八个方面保效益”要求，挖潜增效9.1亿元；强化一体化制度体系运行，深入开展流程优化、制度完善工作，共颁布修订制度22项，完成30个业务流程信息化改造，测量管理体系通过外审；改进绩效考核办法，提高影响效益的指标考核权重，适时调整关键绩效指标和对标指标，效果显著；发挥信息化支撑作用，实施ERP应用登高计划，升级实时数据库，人力资源、设备管理、合同管理等系统成功上线。

（徐　杰　朱军涛）

【装置成功大修】 2012年，扬子石化抓住$2^{\#}$乙烯和$2^{\#}$常减压节能改造2条主控线，化解检修、改造、生产深度交叉的风险和困难，历时70多天，共实施大修、维修项目1 876项、投资改造项目29项、隐患治理项目70项，并为今后一段时期生产优化、改造发展项目预留甩头，实现安全检修、绿色检修。

（徐　杰　朱军涛）

【油品质量升级及原油劣质化改造项目全面推进】 2012年，扬子石化油品质量升级及原油劣质化改造项目全面展开。2月21日，14万吨/年硫黄回收装置开工建设；6月26日，以150万吨/年连续重整、50万吨/年芳烃抽提装置、8万米^3(标准)/时重整氢提浓为主的重整联合装置开工建设；9月17日，130万吨/年重整原料预加氢装置中间交接，11月19日装置投料；9月22日，90万吨/年汽油吸附脱硫(S-Zorb)装置开工建设；9月24日，200万吨/年渣油加氢装置开工建设；9月26日，50万吨/年芳烃抽提装置开工建设；10月9日，15万吨/年干气回收乙烯装置开工建设。该项目详细设计完成84.05%，开工率达71.43%，完成投资26.54亿元。

（徐　杰　朱军涛）

【煤气化项目开工建设】 2012年6月21日，扬子石化煤气化项目开工建设。该项目是石化集团公司“十条龙”攻关项目，是中国石化实施转型发展战略向煤化工领域进军的又一重要举措。该项目采用由中国石化与华东理工大学联合开发的单喷嘴冷壁式粉煤加压气化技术，由中国石化宁波工程公司设计，中国石化南京工程公司施工，总投资12.7亿元，预计装置2013年6月建成，9月开车。

（徐　杰　朱军涛）

【世界级苯酚丙酮合资项目启动】 2012年5月31

日，65万吨/年苯酚丙酮合资项目申请报告核准评估在南京结束。专家组认为，该合资项目符合国家产业政策和行业准入条件，具有较高的技术含量和经济附加值，项目建成后，对促进国家精细化工发展和产业提升、推动地方经济发展具有积极意义。该项目由扬子石化有限公司与全球最大苯酚丙酮生产商英力士苯酚公司按50%:50%等比出资建设，选址南京化学工业园。项目以扬子石化生产的丙烯、苯为主要原料，利用中国石化自有技术建设55万吨/年异丙苯装置，利用英力士公司技术建设65万吨/年苯酚丙酮装置。

（徐　杰　朱军涛）

【全球首套工业化石脑油吸附分离装置投运】 2012年11月19日，扬子石化石脑油吸附分离装置130万吨/年预加氢单元开车一次成功，标志着全球首套工业化石脑油吸附分离（MaxEne）装置投入运行。该装置由130万吨/年预加氢单元和120万吨/年吸附分离单元组成，采用中国石化与美国环球油品公司合作开发的MaxEne模拟移动床吸附分离技术，将混合直馏石脑油中的正构烷烃和异构烃分离，正构烷烃作为蒸汽裂解生产乙烯的原料，芳烃潜含量较高的抽余液作为芳烃重整原料，乙烯收率、重整芳烃产率同比可提高10%和2%，进一步优化了扬子石化的原料结构。该装置总投资3.81亿元，由中国石化工程建设公司设计，中国石化南京工程公司施工，并于2011年6月9日开工建设，2012年9月17日建成中交。

（徐　杰　朱军涛）

【甲苯甲醇甲基化装置投运】 2012年11月15日，扬子石化20万吨/年甲苯甲醇甲基化装置成功投运。该装置以煤化工产品甲醇为试剂，以甲苯为原料，生产二甲苯，副产的碳九芳烃作为歧化装置的优质原料，实现效益最大化。该装置总投资2 980万元，于2011年3月在原有20万吨/年甲苯择形歧化装置上实施技术改造，2012年10月15日建成中交。

（徐　杰　朱军涛）

【400吨/时污水回用装置投用】 2012年3月30日，扬子石化400吨/时污水回用装置建成投用。该装置是扬巴公司二期工程配套环保装置，由北京燕山玉龙石化工程有限公司设计，南京扬子石油化工工程有限责任公司施工，总投资1亿元。该装置建成投产为扬巴公司二期工程环保验收及整个项目正常投入运行奠定了基础。

（徐　杰　朱军涛）

【获全国循环经济工作先进单位称号】 2012年8月，扬子石化被国家发展和改革委员会授予全国循环经济工作先进单位称号，成为石化系统中唯一一家获誉企业，获政府2 000万元政策性减税。

（徐　杰　朱军涛）

【党的建设有力有效】 2012年，扬子石化始终围绕中心工作开展党建，巩固落实“为民服务创先争优”活动成果，扎实开展基层组织建设年、“一转双创”等活动，“五必谈、五必访”等20项经验做法形成长效机制，党建一体化管理体系不断完善，部分改制企业党委换届选举和组织关系转接平稳完成，党建基础工作更加扎实，民主集中制持续加强，“三重一大”集体决策制度执行有力。公司党委被石化集团公司授予创先争优先进基层党组织称号。

（徐　杰　朱军涛）

【承办中央企业先进精神巡回报告会】 2012年6月13日，由中央企业创先争优活动领导小组、国务院国资委党委主办的中央企业先进精神巡回报告会在扬子影剧院隆重举行，中国石化驻苏企业1 000余名干部职工代表聆听了报告会，也掀起了扬子石化弘扬和学习大庆精神、铁人精神、载人航天精神和青藏铁路建设精神活动的高潮。

（徐　杰　朱军涛）

中央企业先进精神巡回报告会　（李树鹏　摄）

表 1 **扬子石化主要技术经济指标** 亿元

指标名称 \ 年份	2012	2011	2010	2009	2008	2007
原油加工量/万吨	883.77	1 001.84	876.80	934.02	750.79	820.68
工业总产值	599.02	683.28	507.03	446.84	501.68	499.15
扬子石化有限公司	576.03	658.83	486.67	426.47	482.44	480.23
扬子资产分公司	22.99	24.45	20.36	20.37	19.24	18.92
工业增加值	64.19	105.48	88.84	106.94	-18.51	89.02
扬子石化有限公司	57.79	100.87	85.96	101.06	-20.76	71.76
扬子资产分公司	6.40	4.61	2.88	5.88	2.25	17.26
资产总计	308.40	284.90	286.40	310.11	257.30	322.41
扬子石化有限公司	247.65	223.85	225.32	242.65	192.95	251.76
扬子资产分公司	60.75	61.05	61.08	67.46	64.35	70.65
流动资产	107.05	117.67	117.09	141.10	81.44	141.55
扬子石化有限公司	91.38	103.24	101.90	121.29	61.88	127.92
扬子资产分公司	15.67	14.43	15.19	19.81	19.56	13.63
固定资产原值	344.55	336.48	330.09	315.30	313.01	306.06
扬子石化有限公司	297.70	290.46	285.66	271.74	269.32	263.45
扬子资产分公司	46.85	46.02	44.43	43.56	43.69	42.61
固定资产净值	99.97	100.80	106.37	103.80	113.26	118.64
扬子石化有限公司	80.03	80.42	86.18	83.37	91.73	96.54
扬子资产分公司	19.94	20.38	20.19	20.43	21.53	22.10
营业收入	679.73	787.12	586.43	517.68	618.57	622.92
扬子石化有限公司	653.67	759.55	562.77	494.57	596.56	595.60
扬子资产分公司	26.06	27.57	23.66	23.11	22.01	27.32
利　税	53.87	108.07	92.15	110.20	-26.21	69.66
扬子石化有限公司	49.70	103.74	88.86	104.26	-29.77	55.54
扬子资产分公司	4.17	4.33	3.29	5.94	3.56	14.12
税　金	67.89	77.45	65.11	67.53	12.94	24.44
扬子石化有限公司	66.45	76.32	64.05	65.92	11.33	22.48
扬子资产分公司	1.44	1.13	1.06	1.61	1.61	1.96
综合能耗①/吨标煤·万元$^{-1}$						
扬子石化有限公司	1.12	1.13	1.37	1.38	1.40	1.49
扬子资产分公司	3.10	3.17	4.34	4.40	4.43	4.60

①2011 年开始，综合能耗数据按 2010 年不变价计算，其他按 2005 年不变价计算

表2　　扬子石化主要产品产量　　万吨

产品名称＼年份	2012	2011	2010	2009	2008	2007
乙　烯	64.95	81.81	67.85	79.60	74.36	80.11
丙　烯	39.47	47.93	39.62	47.21	36.18	38.50
丁二烯	12.57	18.66	16.76	19.24	17.82	13.86
聚乙烯	44.81	57.84	49.09	56.06	52.32	54.78
聚丙烯	40.21	49.33	41.60	48.63	42.38	47.64
精对苯二甲酸	109.53	141.49	130.08	132.48	111.13	127.71
乙二醇	11.64	13.31	15.66	16.00	16.55	17.17
纯　苯	33.01	37.73	33.93	37.83	38.37	43.98
对二甲苯	93.78	96.30	83.58	87.03	75.60	91.43
邻二甲苯	23.67	24.22	18.22	20.75	16.27	26.28
环氧乙烷	9.74	12.57	9.90	11.76	8.99	11.27
柴　油	251.06	303.53	277.77	271.70	267.60	254.95
汽　油	98.15	94.47	53.91	94.81	43.52	40.30
丁苯橡胶	9.15	11.27	9.23	9.14	10.40	6.33

扬巴公司

【概况】　扬子石化—巴斯夫有限责任公司(简称扬巴公司)成立于2000年12月，由中国石化和德国巴斯夫公司以50∶50的股比共同投资设立，累计总投资45亿美元，占地220公顷(220万平方米)，拥有以74万吨/年乙烯装置为核心的基础化学联合装置、33/30万吨/年环氧乙烷/乙二醇装置、40万吨/年低密度聚乙烯装置、30.4万吨/年羟基醇—碳四装置、16万吨/年丙烯酸和21.5万吨/年丙烯酸酯装置、3万吨/年丙酸装置、5万吨/年甲酸装置、3.6万吨/年甲胺装置、4万吨/年二甲基甲酰胺装置、6万吨/年非离子表面活性剂装置、13万吨/年丁二烯抽提装置和8万吨/年2－丙基庚醇装置等。主要产品有低密度聚乙烯、乙二醇、丁醇、辛醇、丙烯酸、丙烯酸甲酯及丁酯、甲酸、丙酸、甲胺、二甲基甲酰胺、苯、甲苯、混合二甲苯、聚苯乙烯、丁二烯、非离子表面活性剂、2－丙基庚醇等。所有装置均采用巴斯夫的“联合体”概念，以最有效的方式利用产品、副产品和能源，支持公司可持续发展的目标。扬巴公司还拥有1个自备电厂和3个对外开放码头，保证能源供应和物流运输，电厂以天然气做燃料，效率更高也更环保。

截至2012年底，扬巴公司共有员工1 962名。2012年销售259万吨化学品和聚合物，实现销售收入229亿元人民币。

(李时艳)

【二期项目建成投产】　总投资为14亿美元的扬巴公司二期改扩建项目历经2年多的建设，实现2 700多万安全工时(无损失工时事件)，于2012年初顺利建成投产。二期项目除了对乙烯装置、丁辛醇装置和丙酸装置等原料类产品进行扩能外，更向下游延伸产业链，生产更多精细化工产品。

(李时艳)

扬巴公司二期项目投产仪式

【丙烯酸类项目奠基】 2012年5月24日，扬巴公司举行丙烯酸类项目奠基仪式。项目将新建1套丙烯酸装置和1套世界级的丙烯酸丁酯装置，以及年产6万吨的超吸水性树脂装置，计划于2014年初投产。

（李时艳）

【获全国安全文化建设示范企业称号】 在2012年5月召开的由国家安全生产监督管理总局主办的全国安全生产宣传工作会议暨安全文化建设现场会上，扬巴公司因一贯优良的安全记录被授予全国安全文化建设示范企业称号，江苏省仅有2家企业获此殊荣。

（李时艳）

【获江苏省质量诚信企业称号】 2012年，扬巴公司获江苏省质量检验检疫协会授予的江苏省质量诚信企业称号，整个南京地区共有5家企业获此殊荣。

（李时艳）

【公司前总裁布铭邦受到中国石化表彰】 2012年2月3日，石化集团公司董事长傅成玉向来京出席“中国石化2012新春招待会”的扬巴公司前总裁布铭邦博士颁发了“中国石化优秀外国专家荣誉证书”，以表彰、感谢布铭邦博士对推动中国石化和巴斯夫友好合作，及其对中国石化事业发展所作出的贡献。这是中国石化第1次授予外国专家此类殊荣。

（李时艳）

【召开环境影响对话会】 2012年4月24日上午，扬巴公司再次与周边社区的居民代表召开环境影响对话会。12位居民代表与扬巴公司管理层就公司的环保工作与社区的沟通展开坦诚对话，南京化学工业园和地方环保局的官员参加了对话会。

（李时艳）

【举办高校师生开放日活动】 2012年6月12日，扬巴公司举办了高校师生开放日活动，150位来自南京工业大学、常州大学、南京化工职业技术学院的师生们应邀参观了扬巴公司装置现场，认真听取了公司员工的生动介绍并就自己感兴趣的问题与扬巴公司员工进行了深入的交流。

（李时艳）

【积极承担社会责任】 2012年4月，扬巴公司向以抗战时在南京成立国际安全区、挽救了上万名中国军民生命的德国人约翰·拉贝命名的研究基金会捐赠10万元人民币；5月，向南京市慈善总会发起的“心蕊工程”捐赠9万元人民币，用于支付六合区3名先心病患儿的手术费用，让他们得以和其他孩子一样享受健康快乐的人生；7月，向长芦街道和玉带镇捐赠20万元人民币，用以改善社区小学的教育设施以及帮助贫困学生继续求学；9月，在中国云南省昭通市彝良县与贵州省毕节市威宁县交界发生地震后，公司员工自发积极捐款，公司捐款会同员工捐款共计10万元通过江苏省红十字会寄往灾区，用于帮助灾区人民解决困难；11月，向常州大学提供了20万元奖学金和助学金，以鼓励那些品学兼优的学生能够学有所成，为社会作出贡献。

（李时艳）

福建炼化

【概况】 福建炼油化工有限公司（简称福建炼化）是由石化股份公司和福建省石油化学工业公司各出资50%合资建设的具有独立法人单位资格的大型炼油化工企业，位于福建省泉州市泉港区，紧靠全国四大良港之一的湄洲湾。其前身福建炼油厂始建于1989年1月。福建炼化下设8个机关处室，有2家全资子公司、4家合资公司。本部职工总数184人，其中本科及以上学历的117人。

福建联合石油化工有限公司（简称福建联合石化公司）是由福建炼化、埃克森美孚中国石油化工公司、沙特阿美中国有限公司按50%:25%:25%比例合资建设的大型石油化工企业，总投资319.85亿元，总占地面积478.7万平方米，2007年6月成立，拥有1 200万吨/年炼油、80万吨/年乙烯裂解、80万吨/年聚乙烯、40万吨/年聚丙烯、70万吨/年芳烃、部分氧化/汽电联产装置（IGCC）等23套炼油及化工联合装置，主要加工沙特原油，生产车用无铅汽油、轻柴油、聚乙烯、聚丙烯、对二甲苯、工业用纯苯、丁二烯等50多个牌号的石化产品。

福建炼化林德气体公司（简称福林气体公司）由福建炼化与林德气体（香港）公司以50%:50%的比例合资建设，2008年8月正式成立，2010年底正式投入商业运行，主要为福建炼油乙烯项目提供专业气体产品。

福建省福橡化工有限责任公司（简称福橡化工公司）由福建炼化与福建省石油化学工业公司以49%:

51%的比例合资建设，2011 年 5 月 27 日正式成立，主要生产顺丁橡胶和丁苯橡胶产品。

福建炼化主要技术经济指标和主要产品产量见表 1 和表 2。

（李 晟）

【精细化工项目获得批复】 福建炼化精细化工园区碳五分离装置和异戊橡胶装置可行性研究报告分别于 2012 年 1 月 30 日、2 月 28 日上报石化股份公司，并于 6 月 26 日获得批复，批复总投资 10.5 亿元人民币。项目主要建设 1 套 15 万吨/年碳五分离装置、1 套 3 万吨/年异戊橡胶装置和公用工程。项目位于福建省泉州市泉港区，总占地面积 17.2 公顷(17.2 万平方米)。7 月 31 日，石化股份公司在泉港区召开了精细化工项目第 1 次设计协调会。截至年底，福建炼化完成了精细化工项目管理手册和采购策略编制，人员培训、“三同时”、碳五分离装置工艺包设计按计划开展。

（李 晟）

【福建炼油乙烯“脱瓶颈”及配套项目开始现场施工】 福建炼油乙烯“脱瓶颈”及配套项目是福建炼油乙烯一体化项目 2009 年正式投产以来的第 1 轮扩建，包括乙烯“脱瓶颈”改造、原油适应性改造和新建化工装置 3 个部分。2012 年 2 月 22 日，石化股份公司通过项目可行性研究报告，总投资概算 68 亿元人民币。项目建成后，福建炼油乙烯一体化项目原油加工能力将提升到 1 400 万吨/年，乙烯生产能力提高到 110 万吨/年，同时新建环氧乙烷装置。6 月 12 日，乙烯“脱瓶颈”举行试桩仪式，正式开始现场施工，预计乙烯“脱瓶颈”改造、原油适应性改造装置于 2013 年年底与第 1 次停工大检修同步完成，新建化工装置 2014 年投产。同时，作为配套的福林气体公司第 3 套空分装置也通过石化股份公司审批，启动前期工作。

（李 晟）

【福建炼油乙烯一体化项目通过国家竣工验收】 福建炼油乙烯一体化项目是国内第 1 个一次性建设的具有炼油、乙烯、芳烃联合、汽电联产(IGCC)公用工程等上下游高度紧密一体化的大型石油化工生产基地，2007 年开始建设，2009 年 8 月 26 日一次开车成功。2012 年 4 月 26 日，验收委员会全体委员完成签字，福建炼油乙烯一体化项目正式通过国家竣工验收。

（李 晟）

福建炼化 80 万吨/年聚乙烯装置

【福橡化工公司顺丁橡胶装置完成停工检修】 2012 年 3 月 3 日，福橡化工公司 5 万吨/年顺丁橡胶装置开始停工检修，涉及顺丁橡胶装置 6 个单元和公用工程中的 10 项维修项目及 55 项技改技措项目。3 月 26 日顺丁橡胶回收单元全面开车运行，3 月 28 日顺丁橡胶聚合单元投料，3 月 29 日顺丁橡胶后处理单元成功出胶，顺利完成停工检修。

（李 晟）

【福建漳州古雷炼化一体化项目前期工作进展顺利】 2012 年 7 月 24 日，石化集团公司、福建省、漳州市、福建炼化、古雷石化在漳州市召开了项目前期工作会议，成立了福建漳州古雷炼化一体化项目前期筹备组，并开始编制可行性研究报告的委托合同；与此同时，漳州市人民政府完成了古雷石化基地区域规划修编，并上报福建省人民政府审批。10 月 22 日，石化集团公司、福建省、漳州市、福建炼化、古雷石化召开项目协调会，对加快推动项目发展进行了全面部署。

（李 晟）

【福建炼化捐建肖坑村“福炼路”】 福建省泉州市德化县雷锋镇肖坑村是福建炼化响应省委号召第 3 次派驻干部驻点工作的省级贫困村。截至 2012 年底，福建炼化累计向肖坑村捐助 36.5 万元，并会同有关单位多次到村慰问考察，帮助村民解决生活困难、发展经济。继安全饮水工程、黑羊保种场等项目后，2012 年 8 月 17 日，由石化集团公司和福建炼化捐建的肖坑村主干道“福炼路”正式通车，总投资 105 万元。

（李 晟）

表1　　福建炼化主要技术经济指标①　　亿元

指标名称＼年份	2012	2011	2010	2009	2008	2007
原油加工量/万吨	1 102.72	959.46	1 138.72	704.28	310.96	352.33
工业总产值	—	—	—	275.70	126.03	138.88
资产总计	52.41	55.86	58.30	51.89	47.20	34.57
流动资产	10.69	6.48	7.92	7.80	7.34	9.00
固定资产原值	3.43	2.65	2.24	2.56	2.56	2.59
固定资产净值	2.35	1.38	1.41	1.34	1.44	1.53
销售收入	751.90	647.80	640.52	206.81	156.33	149.72
实现利税	-9.71	-2.37	6.40	2.07	-8.99	5.24
税　金	0.23	0.23	0.26	0.09	0.06	6.34
炼油综合能耗/千克标油·吨$^{-1}$	53.52	57.22	74.59	90.15	79.78	—

①2007年以后指标中，资产总计、工业总产值和税金为福建炼化本部数据，其余指标包含福建联合石化公司

表2　　福建炼化主要产品产量　　万吨

产品名称＼年份	2012	2011	2010	2009	2008	2007
汽　油	161.22	133.51	150.29	122.38	85.64	97.96
柴　油	321.54	245.77	388.52	258.83	109.81	134.52
航空煤油	102.35	98.52	96.45	32.35	5.10	5.39
灯用煤油	—	—	—	—	0.36	0.66
石脑油	299.40	276.23	265.78	12.56	14.20	17.78
液化气	25.76	20.99	25.74	30.83	21.52	22.02
燃料油①	24.70	2.19	0.98	11.42	27.95	8.31
溶剂油	—	—	—	0.51	1.09	2.36
石油焦	14.65	13.71	14.23	13.05	1.70	13.30
硫　黄	19.45	17.12	18.05	7.12	0.91	1.10
液　氨		—	—	0.05	0.05	0.07
丙　烯	59.56	58.47	57.33	24.41	0.51	9.94
聚丙烯	52.88	50.66	47.48	18.90	8.93	10.33
乙　烯	85.15	85.23	84.36	7.17	—	—
聚乙烯	90.17	88.66	87.29	20.07	—	—
对二甲苯	69.38	67.93	65.92	23.86	—	—
苯	32.76	31.62	33.11	10.10	—	—
丁二烯	12.93	13.59	13.10	3.17	—	—

① 2008年燃料油产量含工业重油、船用馏分燃料油、工艺陶瓷燃料油和不锈钢固溶油

巴陵石化

【概况】 中国石油化工股份有限公司巴陵分公司(简称巴陵分公司)和中国石化集团资产经营管理有限公司巴陵石化分公司(简称巴陵资产分公司)统称巴陵石化，位于湖南省岳阳市云溪区和岳阳楼区，紧邻京广铁路、武广高铁、107国道、京珠高速和随岳高速，西靠洞庭，北倚长江，厂区总面积9.45平方千米。巴陵石化是集油、化、纤、肥于一体的大型石化联合企业，也是国内最大的锂系聚合物、环氧树脂、己内酰胺、商品环己酮生产企业。巴陵石化下辖烯烃事业部、环己酮事业部、合成橡胶事业部、环氧树脂事业部、己内酰胺事业部、化肥事业部等16个直属单位，固定资产原值145亿元，在岗职工11 209人；主要产品有汽柴油、MTBE、稀释剂、环己酮、SBS、SIS、SEBS、聚丙烯、顺丁橡胶、环氧树脂、氯丙烯、环氧氯丙烷、己内酰胺、尿素、双氧水等50多种170多个牌号，产品远销20多个国家和地区，企业通过了ISO 9000体系、HSE体系认证。

截至2012年底，巴陵石化共获得国家、省部级科技进步奖112项，拥有授权专利216项。公司己内酰胺核心技术处于国际领先水平，锂系聚合物综合技术进入世界先进水平，特种环氧树脂、化工型炼油、煤化工生产技术居国内前列。

2012年，巴陵石化产品总量471万吨，同比增加74万吨；实现营业收入256亿元，同比增加19亿元；上缴税费33.26亿元，同比增加2.16亿元，纳税额连续5年位居湖南省第3位。

巴陵石化主要技术经济指标和主要产品产量见表1和表2。

(黄　洋)

【顺利完成降本压费保效益目标】 石化集团公司落实中央和国务院国资委关于“稳增长”的指示精神，下达新利润和费用指标后，巴陵石化制定了稳定运行、提升指标、拓展市场、争取政策、优化运作、调整结构等8项非常规措施，实行领导班子定点联系督导制度，确立了上市、未上市部分的限亏目标，非生产性费用在年初已压缩的基础上再进一步压缩，并分单位、分专业线全面分解落实，顺利完成了中国石化总部下达的刚性指标和年度考核基本利润指标。

(黄　洋)

【生产组织不断优化】 2012年，巴陵石化有13套装置长周期运行创历史最好水平，产品总量同比增长18.6%，炼油专业实现中国石化总部级达标，炼油高价值产品收率达90.32%，热电专业保持中国石化先进水平，23项物耗、12项能耗指标创历史新低，同比节约工业水135万吨，产品质量稳定提高率98.15%，出厂产品合格率100%，累计节能、降耗、提质降本6 585万元。

(黄　洋)

【经营水平有效提升】 2012年，巴陵石化产品销量逾300万吨、同比增加32万吨，出口产品3.41万吨，产销率100%，主要产品直销率79%。累计采购原油178万吨，其中海洋原油173万吨，直航进江144万吨；采购化工原料100万吨，实现丁二烯、纯苯、顺丁橡胶、己内酰胺等价格干预降本1.77亿元；采购煤炭227.7万吨，原料煤单一煤种切换周期创64天新纪录，动力煤国有大矿比例进一步扩大。

(黄　洋)

【科研工作成果显著】 2012年，巴陵石化丁烯氧化脱氢制丁二烯被列为中国石化“十条龙”攻关项目，SIS加氢成套技术开发、1万吨/年己内酯等7个工艺包通过中国石化审查，16个项目通过中国石化鉴定和验收，开发新产品新牌号9个，7个项目获省部级科技进步奖，获得国家专利授权12项。

(黄　洋)

【温家宝听取巴陵石化工作汇报】 2012年1月2日，中共中央政治局常委、国务院总理温家宝到湖南调研经济运行情况、看望慰问干部群众，并在湘潭市江麓重工科技有限公司组织召开企业负责人座谈会，听取了巴陵石化等企业的工作汇报。

(黄　洋)

【己内酰胺质检中心通过国家实验室能力认证】 2012年2月13日，巴陵石化己内酰胺质检中心通过国家实验室能力认证。

(黄　洋)

【获多项荣誉】 2012年2月29日，湖南省委、省政府发布《关于表彰2011年度全省加速推进新型工业化获奖单位的决定》，巴陵石化获湖南省加速推进新型工业化一等奖。3月24日，巴陵石化“流程型石化企业基于过程控制的目标成本管理”获全国管理创新成果二等奖。7月17日，国务院在北京举行全国就业创业工作表彰大会，巴陵石化岳化社区管理中心被授予全国就业工作先进单位称号。11月21日，在全国职业安全健康协会组织召开的2012年全国安全社区建设工作会议上，巴陵石化获得全国安全社区称号，成为石化集团公司第2批（共2家）、湖南省首批获得该命名的单位。12月21日，巴陵石化“复杂条件下埋地钢制管道安全评定方法”获国家质量监督检验检疫总局颁发的科技兴检奖（国家部级）二等奖。

（黄 洋）

【年产20万吨己内酰胺改扩建工程一次开车成功】 2012年4月21日，巴陵石化20万吨/年己内酰胺改扩建工程全线开车成功。该项目总投资4.97亿元，于2010年10月18日动工，2011年11月28日中交。

（黄 洋）

【与茂名市政府签署合作意向书】 2012年4月26日，巴陵石化与广东茂名市政府、茂名石化签署合作建设20万吨/年己内酰胺项目意向书，拟采用中国石化具有自主知识产权的成套己内酰胺新技术，由巴陵石化、茂名石化分别以51%、49%比例共同投资33亿元，建设单线20万吨/年己内酰胺装置。

（黄 洋）

【开展主题形势任务教育活动】 2012年5月11日，巴陵石化开展“看长炼、学镇海、抓机遇、抢发展”主题形势任务教育活动，组织130余名处级干部到长岭炼化学习参观；7月5—6日，巴陵石化领导班子带领50名处级干部赴镇海炼化学习参观，实地了解镇海炼化在生产组织、安全管理、设备管理以及长周期运行方面的先进做法。

（黄 洋）

【年产12万吨苯乙烯装置一次开车成功】 2012年6月23日，巴陵石化12万吨/年苯乙烯装置实现一次开车成功。该装置总投资5亿元，采用中国石化自有的乙苯绝热负压脱氢制苯乙烯技术，并在国内首创顺序分离恒沸热回收技术，于2010年8月11日动工，2011年11月25日中交。

（黄 洋）

【“一炉一机”项目实现并网发电】 2012年8月18日，巴陵石化热电事业部“一炉一机”项目一次并网发电成功。该项目总投资4.3亿元，装机容量60兆瓦，于2011年1月5日开工，2012年6月27日全面中交。

（黄 洋）

【年产5万吨特种环氧树脂装置全面建成投产】 2012年9月8日，巴陵石化5万吨/年特种环氧树脂装置全面建成投产。该装置总投资6.4亿元，采用中国石化具有自主知识产权的特种环氧树脂生产技术，“三废”可实现零排放，包括年产1万吨邻甲酚醛环氧树脂、4万吨固体环氧树脂、3万吨液体环氧树脂3个单元，其中邻甲酚醛环氧树脂单元是全球同类装置中单套产能最大的装置，于3月18日一次开车成功，固体环氧树脂单元于5月27日一次开车成功。

（黄 洋）

【年产6万吨特种锂系聚合物装置全面建成投产】 2012年9月9日，巴陵石化6万吨/年特种锂系聚合物装置全面建成投产。该装置总投资4.8亿元，是全球最大的特种锂系聚合物装置，包括4万吨/年SIS、2万吨/年SEBS装置及其配套工程，于2010年12月8日动工，2012年5月18日全面中交，SIS部分于8月9日实现一次开车成功。

（黄 洋）

【巴陵恒逸己内酰胺装置全面建成投产】 2012年9月25日，巴陵石化与浙江恒逸集团按50:50共同投资36亿元在萧山建设的20万吨/年己内酰胺项目打通全流程，实现一次开车成功。该装置是全球单线产能最大己内酰胺装置，其中硫酸铵、己内酰胺装置A线于5月28日一次开车成功。

（黄 洋）

【年产30万吨己内酰胺改扩建项目全面中交】 2012年10月18日，巴陵石化30万吨/年己内酰胺改扩建项目全面中交。该项目总投资3亿元，于2011年9月15日获得批复，同年11月28日动工，主要包括10万吨/年己内酰胺精制生产线、16万吨/年硫酸铵中和结晶反应系统等内容。

（黄 洋）

【巴陵石化福建己内酰胺项目获得批复】 2012年10月25日，巴陵石化福建20万吨/年己内酰胺项目获得中国石化批复，批复投资36亿元。该项目计划于2014年投产。12月21日，注册成立福建巴陵石化己内酰胺有限公司。

（黄 洋）

【民生工程稳步落实】 2012年，巴陵石化实施了社区隐患治理、大学生公寓改造等项目，落实劳动家属参保、协解人员生活资助等政策，增加人工成本支出1.69亿元，发放帮扶救助金504万元，提升了职工幸福指数。

（黄　洋）

表1　巴陵石化主要技术经济指标　亿元

指标名称＼年份	2012	2011	2010	2009	2008	2007
原油加工量/万吨						
巴陵资产分公司	184.96	155.62	183.21	165.86	180.14	176.31
工业总产值						
巴陵分公司	50.80	58.02	43.19	22.09	30.10	22.31
巴陵资产分公司	190.50	170.32	165.05	121.68	144.10	133.40
炼　油						
巴陵资产分公司	107.00	87.14	87.87	67.20	80.66	69.10
化　工						
巴陵分公司	39.40	51.09	37.00	19.21	25.77	21.07
巴陵资产分公司	83.40	73.37	68.66	54.48	55.04	57.43
化　肥						
巴陵分公司	11.40	6.53	5.87	2.88	4.33	1.22
其　他						
巴陵资产分公司		9.81	8.50	0	8.40	6.87
工业增加值						
巴陵分公司	2.25	14.10	4.77	0	0	-1.90
巴陵资产分公司	33.68	34.03	45.88	39.91		22.69
资产总计						
巴陵分公司	39.20	33.45	23.40	23.51	27.80	31.20
巴陵资产分公司	73.85	68.08	61.57	53.47	47.69	58.34
流动资产						
巴陵分公司	4.77	6.00	4.11	3.53	4.68	9.39
巴陵资产分公司	24.10	21.55	22.48	19.31	13.19	21.54
固定资产原值						
巴陵分公司	61.64	55.49	61.31	57.68	58.28	56.13

续表

指标名称＼年份	2012	2011	2010	2009	2008	2007
巴陵资产分公司	91.95	72.91	68.20	67.32	64.70	63.02
固定资产净值						
巴陵分公司	15.60	24.18	27.42	25.10	26.66	23.77
巴陵资产分公司	50.43	35.06	34.75	36.61	36.44	37.15
销售收入						
巴陵分公司	52.00	59.81	44.36	22.76	30.94	24.97
巴陵资产分公司	194.65	175.54	173.16	124.41	145.83	132.24
实现利税						
巴陵分公司	-2.14	6.82	-23.43	-15.05	-8.19	-6.13
巴陵资产分公司	22.09	21.85	35.55	29.57	-1.99	14.17
税　金						
巴陵分公司	2.50	2.84	0.66	0.92	0.34	0.57
巴陵资产分公司	30.76	28.71	30.43	25.57	12.87	13.61

表2　　巴陵石化主要产品产量　　万吨

产品名称＼年份	2012	2011	2010	2009	2008	2007
巴陵资产分公司						
90#汽油	0	0	0	0	0	0.70
93#汽油	26.42	24.57	24.71	22.41	23.33	23.52
97#汽油	26.72	24.16	27.12	24.44	22.47	22.01
0#柴油	41.61	36.43	46.36	39.57	43.88	43.92
石脑油	12.95	8.48	9.25	6.06	9.77	4.94
液化气	20.56	18.49	20.47	18.55	19.06	19.80
干　气	2.31	3.61	4.47	4.22	1.99	5.70
丙　烯	9.68	9.18	10.21	9.82	10.25	10.99
烷基苯	0	0	0	2.59	3.14	3.63
油　浆	3.76	3.69	1.48	4.83	4.00	4.08
溶剂油	4.90	6.14	5.08	7.14	7.40	8.03
合成橡胶	22.59	19.26	23.14	20.95	16.42	19.22
顺丁橡胶	3.46	3.13	4.10	3.77	3.43	3.69

续表

产品名称 \ 年份	2012	2011	2010	2009	2008	2007
SBS 热塑弹性体	14.08	12.53	15.38	14.21	11.10	14.08
环氧树脂	4.74	4.11	4.04	4.11	3.73	3.35
环己酮	10.39	11.41	9.94	9.00	7.84	7.41
烧　碱	10.16	10.05	10.36	9.31	9.95	11.52
盐　酸	2.52	4.20	3.78	3.36	3.57	4.19
液　氯	0.39	7.99	8.40	7.61	8.12	9.36
聚丙烯	6.24	5.57	6.49	6.32	6.27	6.50
氯丙烯	0.28	4.89	5.18	4.60	4.55	5.31
环氧丙烷	0	0	0	0.21	0.63	0.60
环氧氯丙烷	1.48	2.17	2.13	2.15	2.18	2.78
巴陵分公司						
合成氨	8.26	32.49	25.94	18.55	21.13	7.64
尿　素	28.00	18.28	25.65	19.17	24.93	7.75
己内酰胺	15.40	20.03	19.29	13.81	13.62	11.73
绵纶纤维(原丝)	0	0	0	0	0	0.83
尼龙 6 切片	5.23	3.82	3.71	3.17	2.46	2.01
硫酸铵	29.33	28.03	27.64	19.79	20.73	16.34
环己酮	0	8.27	9.36	7.15	7.51	7.55
双氧水	0	11.10	11.28	7.81	9.81	7.03
复合肥	0	0	0	0	0	0.85

长岭炼化

【概况】 中国石油化工股份有限公司长岭分公司(简称长岭分公司)和中国石化集团资产经营管理有限公司长岭分公司(简称长岭资产分公司)统称长岭炼化。其前身为长岭炼油厂，始建于 1965 年，1971 年 5 月建成投产。2000 年 4 月，按照石化集团公司整体重组改制的要求，炼油主业部分重组改制为长岭分公司，存续部分改制为中国石化集团长岭炼油化工有限责任公司(简称长岭炼化公司)，直属集团公司领导。2007 年 5 月，按照体制转换的要求，长岭炼化公司改制为长岭资产分公司。截至 2012 年底，长岭炼化有正式员工 3 619 人，资产总额 92.3 亿元。

截至 2012 年底，长岭炼化拥有 30 套炼油化工装置，原油加工能力 800 万吨/年，聚丙烯、改性和乳化沥青年生产能力分别达到 13 万吨、20 万吨和 10 万吨，是中南地区重要的石油化工产业基地。主要生产汽油、煤油、柴油、丙烯、液化石油气、石脑油、苯类、沥青、乙酸酯等 60 余种产品，有 17 种产品获省部级以上优质产品称号。

截至 2012 年底，长岭炼化共获得省部级以上荣誉称号 350 多个；共实现技术革新和科研项目 5 100 多项，获得省部级以上科技成果 300 多项，其中有 63 项获得国家级成果奖，拥有专利技术 70 多项，形成了具有自己特点的技术优势，为企业的发展提供了强大的技术支撑。

2012 年，长岭炼化把优生产、调结构，创效益、降成本，强管理、增实力，树标杆、争一流有机结合起来，经济总量保持了稳步增长的态势，圆满完成了年度各项目标任务。长岭分公司主要技术经济指标全面达标，利润总额、吨油利润等效益指标在中国石化沿江炼化企业排名第一，在炼化企业“比学赶帮超”评比中连续获得红旗、红星。长岭资产分公司共接卸原料油 64.73 万吨，卸转 0#柴油 34 万吨，生产、中转、仓储沥青 10.89 万吨，液化气充装接卸 36.29 万吨，实现销售收入 5.01 亿元。

长岭分公司主要技术经济指标和主要产品产量见表 1 和表 2。

（易启明）

【生产经营实现“三个翻番”的目标】 2012 年，面对比预期更加严峻的形势，长岭炼化始终咬住全年效益目标不放松，以周保月、以月保年，通过艰苦努力和点滴积累，创造了良好的经营业绩。全年共加工原料油 739.4 万吨，实现营业收入 452.7 亿元，上缴税收 73.4 亿元，均创历史新高。与 800 万吨/年炼油改扩建项目投产前相比，实现了加工量、营业收入、税收的“三个翻番”。

（肖　军）

【企业自主创新能力取得新进步】 2012 年，长岭炼化自主创新能力取得新成果、新成效。管式液相加氢技术工业应用成功，将对炼厂集成设计技术、液相加氢技术发挥关键性的引领作用；双氧水法制环氧丙烷技术先后完成小试、中试，进入工业试验阶段，打破了国外技术垄断；催化油浆膜过滤工业试验、纤维膜技术、脱盐技术应用研究、超声波破乳技术、磁化技术在原油脱水脱盐上的应用等重大科研项目均取得新成效，为公司生产经营发挥了“助推器”作用。

（肖　军）

【10 万吨/年双氧水法制环氧丙烷工业试验装置开工建设】 为延伸石化产业链条、打造特色化工产业集群，推动地方经济又好又快发展，长岭炼化又一产业拓展项目——环氧丙烷项目开工建设。该项目批复投资 12.41 亿元，建于岳阳市云溪工业园长岭分园，占地面积 150 亩(10 万平方米)，计划 2013 年 12 月建成投产。

（肖　军）

【国内首套单产邻甲酚装置开工建设】 2012 年 8 月 29 日，由长岭炼化改制单位岳阳兴长和长岭科技开发公司等联合组建的湖南新岭化工公司举行揭牌仪式，同时国内首套单产邻甲酚项目建设开工。湖南新岭化工公司将利用技术优势推进邻甲酚项目建设，打造湖南绿色可循环化工产业链上的新亮点。

（肖　军）

【连续第 9 年获石化集团公司安全生产先进单位称号】 2012 年，长岭炼化按照石化集团公司党组的安排部署，深入开展“打非治违”专项行动，大力推行施工现场标准化模块管理，严格直接作业环节的安全监管，积极开展隐患排查与整治，连续 11 年无上报石化集团公司事故，连续第 9 年被评为石化集团公司安全生产先进单位。

（易启明）

【获全国安全社区称号】 2010 年以来，长岭炼化以创建国家安全社区为目标和抓手，持续开展社区隐患整治、提质改造、管理改进、居民素质提升等工作，按照国家安全社区标准 12 类 50 项指标要求，逐项整改达标，于 2012 年 11 月 21 日获得了全国安全社区称号，成为中国石化系统第 2 批(共 2 家)、湖南省首批获得该称号的单位。

（易启明）

【长岭炼化党委分别被石化集团公司和湖南省评为创先争优先进集体】 2012 年，长岭炼化党委认真贯彻落实科学发展观，紧贴企业中心工作，深入开展创先争优、“一转双创”主题活动，努力把党的政治优势转化为企业核心竞争力，取得了明显成效。长岭炼化党委先后被评为石化集团公司创先争优先进集体和湖南省创先争优先进集体。

（易启明）

【李华倡建岳阳长炼石化科技创新基金会】 2012 年，长岭炼化总经理李华荣获 2011 年度岳阳市科学技术突出贡献奖，并获奖励 20 万元。为更好地激发广大石化科技工作者的科技创新热情，李华决定将这 20 万元捐赠出来，倡导设立一个科技创新基金会。长岭炼化以及长岭地区的 5 家改制企业纷纷响应，筹集启动资金 450 万元，成立了湖南岳阳长炼石化科技创新基金会，激励有创新思维、致力于科技开发的科技人才和研发团队，积极营造科技兴企、自主创新的浓厚氛围。

（肖　军）

【开展青工政治轮训】 为加强对青年员工的思想政

治和理想信念教育，培养青年员工“忠诚、敬业、奉献”的核心价值观，2012 年，长岭炼化连续举办了 7 期青工政治轮训班，共培训青年员工 868 人，“忠诚、敬业、奉献”的核心价值观在青年员工中逐渐形成。

（易启明）

表 1　长岭分公司主要技术经济指标　亿元

指标名称＼年份	2012	2011	2010	2009	2008	2007
原油加工量/万吨	734. 58	601. 59	405. 75	404. 25	442. 84	453. 47
工业总产值	451. 42	352. 17	199. 26	167. 37	205. 06	180. 87
炼　油	438. 51	348. 98	190. 43	158. 67	192. 39	167. 24
化　工	12. 91	11. 90	8. 83	8. 69	12. 67	13. 62
工业增加值	70. 94	149. 72	32. 63	43. 47	-24. 81	5. 48
资产总计	87. 89	79. 65	67. 89	31. 27	25. 31	26. 47
流动资金	23. 90	16. 82	18. 45	7. 32	10. 05	12. 21
固定资产原值	96. 83	84. 56	45. 90	44. 57	43. 23	41. 93
固定资产净值	55. 63	46. 99	9. 83	7. 97	8. 17	8. 93
销售收入	449. 42	353. 00	194. 77	166. 68	205. 55	181. 04
实现利税	63. 99	34. 19	27. 53	39. 36	-17. 05	-4. 00
税　金	73. 40	57. 00	32. 15	35. 87	5. 81	7. 54

表 2　长岭分公司主要产品产量　万吨

产品名称＼年份	2012	2011	2010	2009	2008	2007
汽　油	179. 64	136. 80	69. 57	84. 20	83. 35	83. 64
柴　油	301. 02	252. 88	171. 32	165. 45	187. 28	184. 72
航　煤	28. 31	12. 63	4. 76	3. 84	3. 56	8. 13
重　油	12. 52	17. 80	9. 15	11. 85	15. 04	17. 15
石油焦	34. 34	37. 82	33. 91	30. 01	31. 91	31. 26
三　苯	18. 82	16. 50	13. 99	9. 93	14. 05	16. 41
溶剂油	7. 81	5. 43	5. 28	4. 71	9. 60	9. 68
聚丙烯	14. 25	11. 86	9. 59	11. 21	12. 23	13. 72

仪化公司

【概况】 中国石化仪征化纤股份有限公司（简称仪化股份公司）和中国石化集团资产经营管理有限公司仪征分公司（简称仪征资产分公司）统称仪化公司，位于江苏省仪征市，占地 10 平方千米。前身为仪征化纤工业联合公司，1978 年筹建，1981 年设立，1993

年进行股份制改组，分为上市和非上市部分，1997年整体加入中国东联石化集团公司，1998年随中国东联石化集团公司整体加入石化集团公司。2000年，上市部分更名为仪化股份公司，成为石化股份公司的控股子公司。2006年11月，非上市部分进行体制转换，更名为仪征资产分公司。2010年底两个公司实行一体化管理。

仪化股份公司主要从事聚酯和涤纶纤维的生产及销售，并配套生产聚酯主要原料精对苯二甲酸(PTA)。截至2012年底，拥有PTA生产装置2套，产能100万吨/年；15条聚酯生产线，聚酯聚合产能197万吨/年；聚酯切片122.2万吨/年；5条瓶级切片生产线，产能45.5万吨/年；30条涤纶短纤维生产线，产能68.8万吨/年；21条长丝生产线，产能10.08万吨/年；2套超高分子量聚乙烯纤维干法纺丝装置，产能1 300吨/年；1套对位芳纶试验装置，产能100吨/年。下设15个二级单位和18个机关管理部门。另有远东仪化石化(扬州)有限公司，2011年12月设立，由台湾远东新世纪集团公司与仪化股份公司以60:40合资经营，从事精对苯二甲酸(PTA)的生产及销售，于2012年6月开工建设，计划2014年11月投产，产能为100万吨/年。

仪征资产分公司下属4个生产单位和社区管理中心。PBT生产中心主要生产工程塑料(PBT)，2套装置产能共计8万吨/年。仪化东丽聚酯薄膜有限公司主要生产聚酯薄膜，产能3万吨/年。仪化博纳织物有限公司可生产聚丙烯织物7 500万米^2/年。海南盛之业高新技术有限公司主要生产和销售瓶级聚酯切片，产能24万吨/年。

截至2012年底，仪化公司有在岗正式职工7 729人，其中具有高级专业技术职称的391人、中级专业技术职称的605人、初级专业技术职称的564人。

仪化公司主要技术经济指标和主要产品产量见表1和表2。

(于　岚)

【安全生产取得实效】 2012年，仪化公司不断强化安全生产各项措施，取得了积极成效。完善HSE责任体系，层层签订责任状，实行HSE业绩奖的月度、季度累进考核，加大HSE问责和考核力度，强化领导干部带班、安全督察、定点联系和基层安全总监等制度的执行。以"打非治违"、安全标准化达标创建等活动为抓手，发挥HSE观察、隐患报告、"十大薄弱环节"查找、隐患治理促进本质安全的作用，开展检修、项目施工和直接作业环节专项检查，顺利实施了65项隐患治理项目，全年隐患排查整改率99.1%。积极参与组织军地联合防化救援演练，成功完成了周边多起事故应急处置。持续深入开展设备"互查互学""完好装置"创建、"反低老坏、反脏乱差"等活动，积极推行设备"5S"管理，有力地促进了安全稳定运行。全年，仪化股份公司生产PTA 104.42万吨、聚酯涤纶产品173.98万吨，仪征资产分公司生产工程塑料(PBT)树脂5.45万吨。全年非计划停车同比减少50%，无各类上报中国石化事故，获得中国石化安全生产先进单位称号。

(于　岚)

【节能减排成效明显】 2012年，仪化公司大力实施绿色低碳战略，不断强化节能降耗、减排治污和节水措施，严控装置开停车和异常工况下的物料及气体排放，完善环境事件应急预案，有效保障了清洁生产。污水处理、脱硫、污泥干化等环保装置平稳运行，实施了聚酯余热利用、热电锅炉低氮燃烧改造等项目，开展热电、水务达标和空分装置对标竞赛，推进循环水系统集中专业化管理，节能减排降耗取得实效。年内，通过了石化集团公司总部清洁生产复审，全面完成总部考核的9项技术经济指标，其中6项指标为历史最好，主产品单位能耗同比下降2.12%。工业废水排放量、外排废水COD总量、氮氧化物排放量分别下降7%、1.1%和28%，瓶片产品获得"碳足迹"证书及绿叶标签。仪化公司被江苏省环保厅评为"绿色企业"。

(于　岚)

【科学采购降成本】 2012年，仪化公司贯彻石化集团公司总部科学理性采购理念，完善供应商动态量化考核和业绩引导订货机制。全年采购资金节约率为15.6%，网上采购达标率100%，厂家直供率96.2%，自采物资价格低于总部通报的价格水平。强化需求计划管理，推进"改代利库"，实施积压物资责任追究，全年需求计划准确率达99.96%，库存规模和积压物资比总部指标分别多压降2 561万元和116万元。煤炭采购利用市场供大于求的形势，拓展供应渠道，加大谈判压价力度，节约采购成本1 600多万元。

(于　岚)

【企业管理持续深化】 2012年，仪化公司以"四标一体化"管理体系、制度标准化信息化、改善经营管理建议、"比学赶帮超"为重要抓手，努力提升企业管理水平。细化分解落实QHSE目标，推进专业管理与体系运行的有机结合。严把原料检验关、中间交接关、工艺控制关和产品放行关，全流程控制提升产品质量，顺利通过英国劳氏公司质量和环境管理体系认证审核，获全国纺织行业质量奖和江苏省质量管理先进企业称号。深入开展“向镇海炼化学习、向李安喜同志学习”活动，查找管理短板，修订完善制度管理细则，优化和规范业务流程。进一步完善“比学赶帮超”组织体系、工作机制及评价办法，持续落实全员成本目标管理，各项成本费用控制在预算指标内，累计降本增效2.12亿元。坚持公司、中心两级季岗检、月抽检、周自检的综合检查制度，实行杠杆考核，落实闭环管理，持续提高现场管理水平。建立改善经营管理长效机制，全年共征集各类建议1 049条，采纳313条。

（于　岚）

【科技创新取得进展】 2012年，仪化公司进一步完善科技创新工作机制，研究制定了《2012—2015年科技创新调整规划》《科技创新工作方案》，明确了科技工作方向和重点。建立科技成果评审奖励常态化机制，开展了科技进步奖评选奖励工作，激发广大职工参与科技攻关的积极性和创造性。建立了19个创新团队，充分发挥科技委和专家库在产品开发、技术论证、难题攻关、工程招投标中的重要支撑作用。以有光缝纫线、高性能聚乙烯纤维、新型PBT催化剂等系列化产品升级和开发作为满足市场需求的新产品为主要方向，着力提高科技对效益的贡献率。全年完成新产品开发11项，聚酯专用料率、纤维差别化率分别达到86.8%和78.1%，差别化产品比常规产品多增加毛利3.35亿元。全年申请专利26项，其中发明专利16项，获得授权9项，专利申请量再创新高。

（于　岚）

【技术改造取得成效】 2012年，仪化公司加大技术改造力度，完成PTA 1#装置常压吸收塔改造，每年回收醋酸400多吨、醋酸甲酯660多吨；实施聚酯装置7条生产线工艺塔顶蒸汽预热PTA浆料改造和瓶级切片装置工艺塔顶蒸汽余热利用，全年可节约天然气370多万立方米；进行瓶级切片S3装置增容改造，吨产品综合能耗下降6千克标油，每年可节约标油600多吨；实施热电锅炉达标提效低氮燃烧改造项目，氮氧化物的排放值由原来的平均925毫克/米^{3}降低至350毫克/米^3，每台炉可减少排污费约187万元/年，取得良好的社会效益和经济效益。

（于　岚）

【40万吨/年聚酯专用料项目陆续建成】 项目分为年产20万吨膜级切片的聚酯十五单元和年产20万吨全消光和工业丝专用切片的聚酯十六单元。这是仪化公司依托中国石化资源优势，优化配置、做强做优聚酯产业的重要举措。项目总投资3.6亿元。其中，聚酯十六单元于2011年9月开工建设，2012年10月投产；聚酯十五单元于2012年5月开工建设，计划2013年5月投产。

（于　岚）

【20万吨/年差别化短纤项目陆续建成】 项目分为以生产有光缝纫线和水刺型短纤维为主的年产10万吨27K－30K短纤装置，以生产水刺专用料和有光缝纫线型涤纶短纤维为主31K－34K短纤装置。该项目是仪化公司“十二五”向高技术方向转型发展、做大做强差别化优势产品的关键项目，总投资4.75亿元。27K－30K短纤装置于2011年9月开工建设，2012年9月投产；31K－34K短纤装置于2012年4月开工建设，计划2013年5月投产。

（于　岚）

【瓶级聚酯切片标准样品通过国家评审】 2012年2月，仪化公司重新研制的瓶级聚酯切片标准样品，在全国标准样品技术委员会秘书处举行的瓶级聚酯切片标准样品评审会上，顺利通过评审组的评审。瓶级聚酯切片国家标准样品由仪化公司于1999年研制成功，主要用于校正仪器、评价分析方法、验证分析结果的精密度和准确度。有效期为5年。仪化公司在2011年完成了该标准样品的重新研制，并补充了稳定性数据，将有效性延长至8年。国家标准样品的成功，不仅体现了仪化公司在聚酯行业内领先的生产技术水平和产品质量水平，而且对进一步规范市场、提高聚酯行业的产品质量和实验室质量水平发挥十分重要的作用。

（于　岚）

【创建劳模工作室和技师工作室】 2012年6月，仪化公司PTA生产中心成立了“曹飞劳模创新工作室”，这是仪化公司以职工名字命名的第3个劳模工作室。该工作室围绕安全生产、节能降耗和粉尘治理等方面进行攻关，同时进一步弘扬和传承劳模精神，激励和带动更多优秀人才成长。9月，仪化公司动力生产中心成立以江苏省中国石化技术能手刘权牵头组建的“刘权技师工作室”，这是仪化公司第1个、也是唯一的技师工作室。工作室共有技师11人，都是长期活跃在生产一线的技术骨干，目的是进行难题攻关、技术创新和培训授课。通过攻关，不但确保了E#空分装置的稳定运行，并使E#空分装置负荷达到设计负荷的105%，创造日产液氮280立方米历史最好成绩，每年可增加液体产品约8 000立方米，多创效益400万元。

（于　岚）

【仪化股份公司获全国纺织行业质量奖】 2012年10月，仪化股份公司接受了纺织行业质量奖现场评审。评审组对仪化股份公司重视企业文化价值培育、改进用户服务并致力于为用户创造价值、注重提高员工素质和能力、重视基础设施投入和日常维护管理，以及大力开展研发5个方面给予肯定。11月8日，全国纺织行业质量大会暨全国纺织行业质量奖实施卓越绩效模式先进企业表彰仪式在北京召开，仪化股份公司获2012年全国纺织行业质量奖。这是中国纺织工业联合会首次设立的奖项。

（于　岚）

【扎实推进反腐倡廉建设】 2012年，仪化公司认真落实党风廉政建设责任制，推进反腐倡廉任务落实。修订《党风廉政建设责任制实施细则》，签订《党风廉政建设责任书》，进一步明确两级党政领导班子及领导人员的反腐倡廉责任。开展一体化管理检查考核，将落实党风廉政建设责任制、惩防体系建设、领导干部廉洁自律以及纪检监察工作情况纳入检查考核范围。梳理惩防体系建设工作，构建了“1+1+4”惩防体系建设基本框架。加强警示教育，扬州市女检察官宣讲团、仪化公司党委书记卢立勇分别为全体中层人员作廉政宣讲和上廉政专题党课，反腐倡廉教育常态化。实施网上巡视，效能监察工作持续深化。全年效能监察共立项30个，促进节约资金、增加经济效益5 131.08万元，提出建议46条，建章立制16项，促进了管理和效益的提升。

（于　岚）

【党建工作扎实有效】 2012年，仪化公司深入开展“一转双创”和“践行企业文化，打造‘双高’企业”活动，党建和思想政治工作优势有效发挥。强化党建工作系统化管理和顶层设计，成立了党建工作领导小组，制定了仪化公司党委《进一步加强和改进新形势下党建工作的实施意见》和考评办法，修订完善党建工作制度，切实推进党建工作系统化、规范化、科学化建设。加强基层党组织建设，选优配强专兼职党务干部，强化党员教育管理，鼓励党建工作创新。加强形势任务和制度宣贯教育，特别是注重运用身边正反典型案例进行教育，职工的爱岗敬业、遵章守纪、弘扬正气、抵制歪风的主人翁意识和各级干部敢抓善管、从严治企的责任意识得到加强，活动得到了党组领导的充分肯定。

（于　岚）

【成立志愿者协会】 2012年8月，仪化公司党委决定在原青年志愿者协会的基础上，组织成立仪化公司志愿者协会，更好地培养广大职工无私奉献和服务社会的能力，进一步推动仪化公司精神文明建设。截至2012年底，共有401名仪化公司职工加入志愿者协会，组织开展了环境清理、敬老服务等活动。

（于　岚）

【全力建设和谐企业】 2012年，仪化公司坚持以人为本，进一步落实健康体检、劳动保护、职业病防治、疗养、休假、现场慰问等关爱职工措施，启动专业技术人员技术职务、技能操作人员技能等级的晋档晋级，调整收入分配结构，实现了职工收入稳定增长。建立健全两级班子信访接待日制度，畅通信访渠道。初步建成稳定风险评估、责任考评、矛盾纠纷排查化解、信息传递共享、突发事件综合处置等稳定工作机制。扩大困难职工帮扶范围，提高帮扶标准，规范帮扶程序，全年发放救助资金280多万元。投资3 000多万元，实施社区综合整治工程。有22个基层单位与社区居委会结对开展“厂村共建文明村”活动，推进社区环境持续改善，实现了队伍稳定、企业和谐。

（于　岚）

表1　　仪化公司主要技术经济指标　　亿元

指标名称＼年份	2012	2011	2010	2009	2008	2007
工业总产值						
仪化股份公司	166.78	201.00	162.23	131.50	150.81	168.72
仪征资产分公司	27.40	28.78	22.81	6.10	7.83	8.09

续表

指标名称 \ 年份	2012	2011	2010	2009	2008	2007
工业增加值						
仪化股份公司	11.24	28.70	34.55	21.82	6.56	18.53
仪征资产分公司	0.49	4.29	1.54	1.54	1.49	1.66
资产总计						
仪化股份公司	108.89	113.82	104.68	89.03	84.17	98.77
仪征资产分公司	16.92	16.89	15.54	11.34	11.94	12.52
流动资产						
仪化股份公司	43.30	64.58	60.14	38.05	38.43	42.68
仪征资产分公司	5.05	4.79	3.78	2.65	2.41	2.43
固定资产原值						
仪化股份公司	133.82	133.07	131.72	128.95	123.61	123.38
仪征资产分公司	14.06	13.97	13.86	15.23	15.39	15.39
固定资产净值						
仪化股份公司	34.95	33.67	34.13	36.96	38.71	48.32
仪征资产分公司	8.56	9.05	9.78	10.24	10.85	11.31
销售收入						
仪化股份公司	169.88	201.80	163.48	132.25	152.24	171.76
仪征资产分公司	27.44	28.80	23.47	5.87	7.74	8.24
实现利税						
仪化股份公司	-3.18	14.37	19.96	7.18	-14.01	5.15
仪征资产分公司	-0.96	3.04	0.36	0.42	0.43	0.38
税　金						
仪化股份公司	0.43	5.98	7.69	3.36	2.44	4.97
仪征资产分公司	0.03	0.47	0.35	0.38	0.41	0.39
综合能耗/吨标煤·万元$^{-1}$						
仪化股份公司	1.11	1.10	0.52	0.52	0.53	—
仪征资产分公司	0.12	0.12	0.13	0.18	0.18	—

表2 **仪化公司主要产品产量**[①] 万吨

产品名称＼年份	2012	2011	2010	2009	2008	2007
涤　纶	241.75	240.98	236.36	224.05	205.04	213.31
聚酯切片	108.10	107.26	104.64	108.69	100.28	104.16
瓶级切片	61.75	57.99	54.42	41.17	37.57	41.63
涤纶短纤维	58.29	57.05	55.39	51.16	50.05	44.76
中空纤维	5.70	4.48	5.55	5.27	5.18	5.28
涤纶长丝	10.03	14.62	15.26	16.32	17.15	17.48
加弹丝	3.58	4.07	6.65	6.71	—	—
PTA	104.42	104.20	104.12	102.33	98.79	102.49
PBT 树脂	5.45	2.49	2.40	2.32	2.30	2.43
四氢呋喃	0.37	0.12	0.11	0.12	0.11	0.12
聚酯薄膜	—	—	—	2.39	2.42	2.15

①从 2010 年 1 月起，仪化东丽公司数据不再计入，海南盛之业公司数据计入

南京化工公司

【概况】 中国石化集团南京化学工业有限公司(简称南京化工公司)位于南京市六合区，占地面积 893.70 万平方米。南京化工公司的前身创建于 1934 年；1998 年 7 月，随中国东联石化集团公司整体进入石化集团公司；2005 年 5 月 23 日，原南京化工公司与南京化工厂改革重组，成立新的南京化工公司。南京化工公司是生产经营化肥、无机和有机化工原料、精细化工、化工机械、化学纤维 6 个大类 200 多个产品，并从事化工工程的科研、制造、施工和安装的特大型化工企业，也是国内化肥、精细化工、纯碱和化工机械制造的基地之一。

截至 2012 年底，南京化工公司下辖 13 个运行部、2 个分公司、1 个子公司、1 个集体所有制托管单位，有 1 家参股合资公司。有全民正式职工 11 388 人，其中各类专业技术人员 2 458 人，专业技术人员中具有高级职称的 290 人(其中正高 4 人)、中级职称的 1 160 人。总资产 90.36 亿元。主要产品年生产能力：合成氨 26.5 万吨，硫酸 75 万吨，浓硝酸 22 万吨，硝酸铵 15 万吨，纯碱 120 万吨，苯胺 25 万吨，硝基苯 35 万吨，氯苯 12 万吨，硝基氯苯 15 万吨，烧碱 10 万吨，RT 培司 2 万吨，橡胶助剂 6 万吨，硫基复合肥 40 万吨，化工机械 1 万吨。

2012 年，南京化工公司实现工业总产值 91.24 亿元，合成氨、稀硝酸、浓硝酸、苯胺、硝基苯、烧碱、氯化苯、防老剂 TMQ、表面活性剂等 10 个产品年产量创历史最好水平；完成销售收入 91.20 亿元，实现产销率和资金回笼率两个百分之百。

南京化工公司主要技术经济指标和主要产品产量见表 1 和表 2。

(潘　春)

【重点项目建设积极推进】 2012 年，南京化工公司 10 万吨/年环已酮项目土建、设备安装完成，工艺配管进展顺利。9 万吨/年制氢项目主体土建工程完成，大件设备吊装全面开展。化工机械厂鄂尔多斯制造基地、研究院 2 000 吨/年甲醇催化剂生产线建成投产。

(潘　春)

【科技创新取得突破】 2012 年，南京化工公司获得石化集团公司科技进步一等奖 2 项、二等奖 1 项，江苏省科技进步二等奖 1 项，南京市科技进步三等奖 1 项。研究院入选火炬计划国家重点高新技术企业，申请专利 103 项(其中国外专利 2 项)，授权专利 30 项，其中 1 项获第 14 届中国专利奖优秀奖。

煤基合成气制天然气项目按期建成投产。天然气净化脱硫脱碳、二氧化碳捕集等科研项目进展顺利。二氧化碳混合气高效分离与提纯技术研究完成试验任务，通过国家科技部组织的验收。

（潘　春）

【加大环保治理项目实施力度】 2012年，南京化工公司按期完成3套硫酸装置尾气治理，投运后二氧化硫排放指标大大低于国家标准。继续完善动力锅炉烟气脱硫设施，产出了合格的硫铵产品，实现了减排回收。硝基氯苯等有机废水制水煤浆添加剂项目建成，污水综合治理项目已开工建设，积极推进。新鲜取水量同比下降1 022万吨，下降19.6%；万元产值取水量同比下降17.86%，工业水重复利用率同比提高0.94%。排放废水量同比下降5.86%，COD排放量同比下降8.1%；二氧化硫排放量同比下降44.92%。

（潘　春）

【煤基合成气制天然气中试装置产出合格产品】 2012年8月1日，南京化工公司研究院100米^3（标准）/时煤基合成气制天然气中试装置打通流程，产出合格天然气产品，完成该项目第一阶段工作任务。该项目是石化集团公司“十二五”期间重点发展的高效洁净煤化工利用技术之一，是石化集团公司规划建设的300亿米^3（标准）/时煤基合成气制天然气产能建设的技术基础。

（潘　春）

【10万吨/年环己酮项目进入设备安装阶段】 2012年8月20日，南京化工公司10万吨/年环己酮工程举行大型设备首吊仪式，高56米、直径4米、总重108吨的酮塔吊装就位，标志着项目主体土建工程基本完成，进入设备安装阶段。项目预计2013年6月开车。

（潘　春）

【内蒙古南化化工机械有限公司项目投产】 2012年9月26日，中国中煤能源集团有限公司榆林项目核心设备4台气化炉在南京化工公司化工机械厂鄂尔多斯装备制造基地开工，标志着内蒙古南化化工机械有限公司项目投产。作为国内装备制造业的老牌劲旅，南京化工公司化工机械厂开启实施“布局能源金三角，服务新型煤化工”的新战略。12月22日，首台直径4米、长22米、重240吨的气化炉正式出厂，另3台气化炉也将按期交付。

（潘　春）

内蒙古南化化工机械有限公司投产

【国内首台氮氧化物吸收塔建成】 2012年11月25日，国内首台20万吨/年己内酰胺装置关键设备——氮氧化物吸收塔在南京化工公司化工机械厂建成，打破该装置一直依赖进口的局面。该吸收塔对降低国内己内酰胺装置投资成本、推进装置关键设备国产化具有重要意义。

（潘　春）

【二氧化碳捕集利用技术通过国家科技部审批】 2012年3月17日，由南京化工公司研究院承担的国家科技支撑计划项目——大规模燃煤电厂烟气二氧化碳捕集、驱油及封存技术开发及应用示范通过国家科技部审批并正式立项启动。项目主要开展大规模燃煤电厂烟气二氧化碳捕集纯化、输送及安全控制技术研究以及二氧化碳驱油油藏工程及注采工艺关键技术研究中泡沫堵剂的研制，攻关形成烟气二氧化碳大规模捕集纯化、输送及安全控制专有核心技术，形成二氧化碳驱油泡沫堵剂关键技术，为项目建设100万吨/年规模的燃煤烟气二氧化碳捕集纯化及安全输送、驱油及封存一体化工程示范线提供技术支持。

（潘　春）

【举办第6届职工技能竞赛】 2012年9月11—14日，南京化工公司举办第6届职工技能竞赛。竞赛分技能操作和理论知识两轮进行，共设9个大类19个工种，是历届竞赛中工种数最多的一届。

（潘　春）

【举办公司离退休职工喜迎十八大文化艺术周活动】 2012年10月14日，南京化工公司离退休职工喜迎十八大文化艺术周活动开幕式在南化二中体育场举行，部分公司领导、公司老领导、南京市六合区大厂街道领导、中国石化驻苏企业等单位离退休工作部门负责人参加开幕式。开幕式上，800 名退休职工进行健身操、团体操、腰鼓舞、柔力球等表演。

（潘　春）

【举办第 8 届职工运动会】 2012 年 10 月 20 日，南京化工公司第 8 届职工运动会在南京化工职业技术学院开幕。该届运动会设甲组项目 9 项，分别是拔河、羽毛球、排舞、篮球、足球、乒乓球、广播操、田径、大众趣味项目；乙组为领导干部组，包括羽毛球、乒乓球、保龄球和大众趣味项目。从 2 月开始，已有 2 000 多名职工参加了拔河、排舞等 9 个项目的竞技活动。

（潘　春）

南京化工公司第 8 届职工运动会开幕式

【召开第 10 次团代会】 2012 年 11 月 5—6 日，中国共产主义青年团中国石化集团南京化工公司第 10 次代表大会召开。会议听取并审议了共青团南京化工公司第 9 届委员会的工作报告，选举并产生南京化工公司第 10 届委员会书记及委员。

（潘　春）

表 1　　南京化工公司主要技术经济指标　　亿元

指标名称＼年份	2012	2011	2010	2009	2008	2007
工业总产值	91.24	93.15	76.42	56.72	56.19	72.48
工业增加值	14.77	17.09	17.13	12.18	10.76	14.28
资产总计	90.36	87.87	88.36	87.84	91.13	98.63
流动资产	22.78	20.75	22.13	18.92	19.56	26.55
固定资产原值	97.24	95.77	104.19	96.84	95.38	78.18
固定资产净值	53.11	57.47	65.24	61.96	64.74	51.49
销售收入	91.20	94.68	82.84	65.60	79.85	80.06
实现利税	-6.13	1.23	0.22	-6.12	-1.70	-0.40
税　金	2.53	2.92	3.17	3.09	3.61	3.19
综合能耗/吨标煤·万元$^{-1}$	1.99	2.12①	2.29①	2.33	2.60	2.56

①按 2010 年不变价计算

表 2　　南京化工公司主要产品产量　　万吨

产品名称＼年份	2012	2011	2010	2009	2008	2007
硫　酸	47.76	53.74	58.77	46.38	34.70	48.95
浓硝酸	20.41	17.76	20.56	15.60	11.32	10.36
稀硝酸	87.93	83.67	86.67	67.64	59.27	60.03

续表

产品名称 \ 年份	2012	2011	2010	2009	2008	2007
盐　酸	21.98	20.67	21.95	19.18	11.08	18.06
磷　酸	3.72	4.05	4.95	4.22	2.41	4.80
烧　碱	9.92	8.93	8.77	7.89	5.07	5.59
纯　碱	102.73	113.69	106.10	102.30	116.23	117.61
氢　气	2.86	3.00	3.00	2.47	2.12	2.66
合成氨	25.34	22.50	18.72	21.69	15.44	16.84
硝酸铵	13.02	13.60	14.64	12.78	15.46	13.53
NPK 复合肥	21.75	22.08	27.31	23.52	13.36	32.49
氯化苯	12.67	11.48	10.89	10.22	6.85	7.51
环己酮	6.47	6.48	6.47	4.94	3.96	4.37
苯　胺	25.04	23.95	20.97	16.16	15.55	19.53
环己胺	0.46	0.78	0.83	0.58	0.31	0.41
硝基苯	35.70	33.98	27.71	22.87	22.59	26.95
对硝基氯化苯	9.35	9.05	9.39	8.77	5.73	6.33
邻硝基氯化苯	5.08	4.94	5.11	4.71	3.09	3.66
RT 培司	—	0.79	1.36	1.08	0.66	1.50
橡胶促进剂总量	—	—	0.12	—	0.02	0.47
防老剂 RD	2.96	2.92	2.93	2.13	1.31	1.63
防老剂 4020	1.17	1.42	1.44	1.16	0.75	1.48
防老剂 4010NA	0.31	0.34	0.37	0.30	0.16	0.48
化工设备制造	1.96	1.59	1.38	1.68	1.48	1.05

广州石化

【概况】 中国石油化工股份有限公司广州分公司(简称广州分公司)和中国石化集团资产经营管理有限公司广州分公司(简称广州资产分公司)统称广州石化，是以石油炼制、高分子聚合物以及塑料制品制造为主，销售石油化工产品及提供石油化工产品技术咨询、技术服务等综合发展的特大型石油化工联合企业。广州石化位于广东省广州市黄埔区石化路，占地面积445万平方米，其前身为始建于1973年6月18日的广州石油化工总厂，1983年11月划归中国石油化工总公司。

广州石化拥有炼油、化工生产主要装置71套，30.9万千瓦装机容量的自备热电站以及原油码头、80万立方米首站原油罐区及完善的长输管道。原油综合加工能力1 320万吨/年，乙烯生产能力22万吨/年。可生产石油化工产品60多种，主要出厂产品46种，其中石油产品有汽油、柴油、航空煤油、石脑油、重油、溶剂油、液化气、道路沥青、石油焦、硫黄、聚乙烯、聚丙烯、聚苯乙烯等27种，固体塑料产品有聚乙烯、聚丙烯、聚苯乙烯3个大类19种共180多个牌号。

截至2012年底，广州石化设有15个职能部室、6个专业中心、9个作业部及3家全资或控股子公司。共有在册职工5 380人，其中具有教授级职称的12

人、高级职称的293人、中级职称的819人，中、高级专业技术职称人员占在岗人数的20.9%；专业技术人员687人，占在岗人数的12.77%；大专以上学历人员占在岗人数的47.8%；技能操作人员3 580人，占在岗人数的66.54%。

广州资产分公司主要技术经济指标见表1，广州分公司主要技术经济指标和主要产品产量见表2和表3。

（王新忠　曾淑华）

【领导班子调整】 2012年8月31日，广州石化召开领导干部大会，石化集团公司总经理、石化股份公司总裁王天普和石化集团公司人事部代主任戴锭等宣布人事任免决定：陈坚任广州分公司总经理、党委副书记，广州资产分公司总经理；解聘杨栋广州分公司总经理职务，免去其广州分公司党委副书记、常委委员、广州资产分公司总经理职务，调出另有任用。

（王新忠　曾淑华）

【完成年度生产经营任务】 2012年，广州分公司全年采购进口原油1 242.76万吨，加工原油1 242.76万吨，同比增加3.48%；生产汽油225.24万吨，其中粤Ⅳ93#汽油130.50万吨、比上年增长37.47%，国Ⅳ97#汽油32.79万吨、比上年增长23.50%；生产乙烯22.4万吨、比上年增加9.8%。全年综合商品总量1 219.32万吨、比上年增加5.53%，实现工业总产值703.37亿元、比上年增加8.34%；炼油主要产品产销率99.69%，化工主要产品产销率98.68%，累计出口石油化工产品109.19万吨、比上年增长28.76%。实现主营业务收入686.8亿元、同比增长6.8%，实现利税183.50亿元、同比增加10.40%，上缴税金192.56亿元、同比增加4.80%；亏损9.06亿元，其中炼油板块亏损7.47亿元，化工板块亏损1.59亿元，按照还原口径，全面完成年度生产经营任务和利润目标。

（王新忠　曾淑华）

【成功生产欧Ⅴ标准柴油】 2012年7月，广州分公司开始组织欧Ⅴ标准柴油生产准备，由200万吨/年柴油加氢改质装置承担生产任务，8月14日成功生产出欧Ⅴ标准柴油，各项指标达标。8月22日，首批1.1万吨欧Ⅴ标准柴油销往香港、澳门等地市场。

（王新忠　曾淑华）

【新建200万吨/年柴油加氢改质装置投产】 广州分公司新建200万吨/年柴油加氢改质装置于2011年12月30日建成中交，2012年4月23日一次开车成功，产出合格产品。该装置占地1.03万平方米，总投资7.07亿元，为中国石化首套采用自主知识产权的SHEER加氢成套技术对二次加工柴油进行加氢改质的生产装置。装置投产标志着国内首套低能耗柴油加氢改质加工技术应用成功，广州石化油品质量全部达到国Ⅳ以上标准，满足广州市政府及珠三角地区车用柴油质量标准要求。

（王新忠　曾淑华）

200万吨/年柴油加氢改质装置　（邓志伸　摄）

【2套延迟焦化装置成功实现18小时生焦】 2012年11月9日，广州分公司100万吨/年2#延迟焦化装置和140万吨/年3#延迟焦化装置同时成功实施由20小时生焦改为18小时生焦周期，装置处理量提高。其中，2#延迟焦化装置负荷率最高达到116.9%，3#延迟焦化装置负荷率最高达到130%，总渣油加工量突破8 600吨/日，有效降低渣油库存，满足公司蒸馏装置高负荷下渣油平衡，实现通过调整生焦周期达到渣油平衡、停运100万吨/年1#延迟焦化装置降低能耗目标，在石化集团公司尚属首次。

（王新忠　曾淑华）

【水体环境风险防控项目动工】 2011年8月26日，广州分公司水体环境风险防控项目基础设计获中国石化总部批复，批复总投资7 938万元，工程分批实施。首批工程投资约4 800万元，2012年10月18日工程动工。该项目将提高公司污水处理场在事故状态下的排水拦截能力，避免紧急事故状态下外排污水对周边水体环境的影响，包括新建1.2万立方米炼油南排洪污水处理场事故存液池、炼油区外围截洪设施、化工区1万立方米水体防控池，炼油区排水系统改造。项目由洛阳工程公司设计有限公司设计，广州石化华穗工程有限公司承建。

（王新忠　曾淑华）

【**优化增效4.4亿元**】 2012年，广州分公司坚持以市场为导向，不断优化生产方案和产品结构，全年共制定原料、总流程、炼化一体化、节能降耗、操作等优化方案170个，完成方案实施164个，创效4.4亿元，其中产品优化增效2.8亿元。采取优化生产方案、调整产品结构等多种措施增产高标号清洁汽油、柴油、航煤、液化气、A级沥青、石脑油、二甲苯等产品，优化乙烯原料增产丙烯、丁二烯等高附加值产品，全年炼油和化工高附加值产品分别达83.39%和61.41%。优化动力系统运行方式、调整燃料结构、减少外购水量、错峰进电、降低燃料油消耗、降低减温减压器直供量等优化项目累计创效4 025.35万元。

（王新忠　曾淑华）

【**千万吨炼油改扩建工程通过安全设施竣工验收**】 2012年11月8—10日，广东省安全生产监督管理局组织专家组对广州分公司加工中东含硫原油及生产清洁燃料配套改造工程进行安全设施竣工验收审查，11月30日正式通过竣工验收。

（王新忠　曾淑华）

【**深入开展"学镇海、找差距"活动**】 2012年，广州石化结合企业发展过程中暴露的问题及安全生产、环保事件教训，深入开展"学镇海　找差距　抓管理　提效益"活动，对照先进企业标准，确立520项2012年目标、431项2013年目标、481项3年规划目标、473项5年规划目标，制定1 920项措施，逐层分解落实。全年排查隐患41 250项，安全事故同比减少71.43%，装置非计划停工次数比上年减少75%；着力抓好优化运行和挖潜增效等工作，炼油综合商品率为96.32%、比上年提高0.87个百分点，综合能耗60.63千克(标油)/吨、同比下降4.14千克(标油)/吨，加工损失率为0.44%、比上年降低12%，储运损失率为0.13%、比上年降低0.04%，多项技术经济指标创最好水平；吨油完全费用177.87元、比年度指标低12.13元，化工吨产品费用1 546.55元、比年度指标低165.45元；全年节约财务费用、采购资金、原油购汇成本等费用4.13亿元。

（王新忠　曾淑华）

【**节能减排效果显著**】 2012年，广州分公司加大节能减排综合治理力度，加强臭气、焦粉污染、污水减排等专项治理，积极采用新型节能技术和开展节能改造，环保和节能减排工作取得显著效果。全年工业废水排放量259.97万吨、同比减少16.55%，COD排放137.33吨、同比减少21.31%，火炬累计点火36.9小时、同比减少56.77%，CFB锅炉皮带输焦率从上年的69%提升至99%，雨水沟水质明显改善；加热炉、锅炉按实际热负荷加权平均炉效率为91.26%，同比提高0.49个百分点，累计节能量2.56万吨标煤，为年度计划的167%。6月，广州石化获广州市工商业节能专项资金奖励139.04万元，被评为石化集团公司节能减排先进单位。

（王新忠　曾淑华）

【**转变发展规划理念**】 2012年，根据石化集团公司及地方政府对广州石化的发展定位和要求，结合企业面临的内外部发展环境瓶颈和制约，经多方反复讨论、研究，广州石化将原来"做强炼油、做精化工"发展战略调整为"做精炼油、发展化工"。广州分公司结合企业发展过程中暴露的安全环保等突出问题，转变发展理念，在年度项目发展中注重发展质量和效益、安全和环保及项目建设规范和程序，规划着重完善安全环保、节能减排、生产经营优化。全年累计完成固定资产投资6.5亿元，实施项目188项，其中安全隐患治理34项、环保治理6项、节能节水30项、优化增效25项。

（王新忠　曾淑华）

【**设备管理水平提高**】 2012年，广州分公司通过持续开展"我的设备我维护"、TnPM竞赛、全方位巡检、关键机组特护攻关等活动，完善一体化设备抢修应急体系，加强设备隐患和"十大薄弱环节"排查治理，治理重大设备隐患和重大设备故障30起，装置消缺套次同比下降50%，设备完好率达99.9%，主要设备完好率达99.3%。电力系统继电保护动作准确率达100%；仪表完好率达99.94%，自控率达90.94%，设备的本质安全得到巩固和提高。7万吨/年聚丙烯(二)、200万吨/年蜡油催化裂化等6套装置创长周期运行新纪录，其中自备热电站CFB机组连续安全运行创造国内同类型机组运行新纪录，各项指标名列石化集团公司前茅。

（王新忠　曾淑华）

【**科技创新成果显著**】 2012年，广州分公司共完成6项专利申请，4项专利获国家专利局授权，均创历史最好成绩。国家"十二五"科技攻关项目"SHEER成套加氢技术开发"投料试车一次成功，产出合格产品；"减顶气增压喷射脱硫成套技术开发应用"等5个项目通过石化股份公司组织的技术鉴定，"汽轮机节能和安全关键技术研究"通过广东省科技厅验收；"100万吨/年超低压连续重整成套技术开发"获石化集团公司科技进步一等奖，“高熔指低密度聚乙烯瓶盖专用料 DNDA－2020 的研制”“炼油厂腐蚀监测监控系统与保运技术研究”“炼油污水稳定达标与资源化工业应用”等 4 个项目获石化集团公司科技进步三等奖。完成聚乙烯注塑料 DMDB－8916、聚丙烯透明料 T833、丙丁共聚产品 J750B 等新产品的开发生产，全年新产品、专用料创效 3 500 万元。

（王新忠　曾淑华）

【油品数重量监管系统通过国家质检总局鉴定】 2012 年 1 月 5 日，广州分公司与广州出入境检验检疫局联合开发项目“出口成品油数重量鉴定数据电子监管系统的研究”启动。5 月 20 日，项目在南京出入境检验检疫局、浙江出入境检验检疫局、蛇口出入境检验检疫局、茂名出入境检验检疫局等单位成功投用；12 月 1 日，通过国家质检总局组织的鉴定。项目总投资 426 万元，具备质量流量计在线校准系统、质量流量计数据监控、异常情况自动报警、远程实时数据监控和数据统计分析功能。

（王新忠　曾淑华）

【开通“银关通”异地业务】 2012 年 1 月 1 日，广州分公司正式开始通过“银关通”系统运行海关税费电子担保业务，实现在中国电子口岸系统网上电子报关、网上出具电子保函、网上缴纳海关进口原油增值税等业务，成为中国石化首家异地电子保函通关缴税企业，有效降低资金占用规模，全年减少资金占用 5 亿元。

（王新忠　曾淑华）

【档案数字化建设卓有成效】 截至 2012 年底，广州分公司完成 4 期档案数字资源建设，建立各类档案数据 66 万条、档案原文 65 万张，实现馆藏目录数字化率 100%，常用档案原文数字化率达 90%，为提供方便高效的档案网络利用服务、实现档案信息资源共享奠定了基础，员工通过企业局域网络即可获得方便、快捷的档案信息服务。全年，公司网络利用档案人次占利用总量的 83%。

（曾淑华　高　莉）

【连续 3 年获总部信息化水平评价 A 级企业】 2012 年，广州分公司信息化工作围绕有效支撑企业绩效提升有序开展，以 ERP 达标为手段，规范业务操作，年内合同管理信息系统、移动办公系统及公文管理系统、设备监测管理系统升级改造后上线运行；蒸汽管网在线监测和动态智能优化、化工区 SMES 系统实施等，实现信息系统与生产经营管理的深度融合。是年，公司连续第 3 年被评为中国石化信息化水平评价 A 级企业，获中国石化 ERP 综合应用先进企业、炼化企业 ERP 应用登高示范企业称号。

（王新忠　曾淑华）

【开展全员培训】 2012 年，广州石化依托石化集团公司和企业内部两个资源，采取内、外培训相结合的方式，开展全员培训工作。全年共有 1 170 人次参加石化集团公司系统高级研修班、国际化专业技术人才英语培训等，企业结合年度安全、生产、经营等工作举办培训 705 班次，累计培训 28 634 人次，完成科级干部轮训、中青班、专业技术人员、新员工入厂教育和操作工轮训等培训项目，邀请厂内外专家学者传授先进的技术和管理经验，75 名作业部门领导干部参与授课；充分利用岗位练兵、导师带徒、技能竞赛和技师论坛等多种形式开展技能培训。

（王新忠　曾淑华）

【成立技师协会】 2012 年 12 月 28 日，广州石化技师协会正式成立，179 名基层班组在聘技师加入协会。该协会围绕企业安全环保、节能减排、提高效率、优化创效等方面开展工作，解决生产运行中的各类疑难问题，为技术创新、攻关协作、发明创造提供场所，为一线技师们搭建集思广益、凝聚智慧的平台。年内，技师协会提出“大型机泵漏点技术攻关”“完善加氢联合范围蒸汽压缩机辅助油泵的电气控制”等 16 项攻关课题，完成“快速起重勾”“液压阀门校验装配台”等 19 项技能创新成果。

（王新忠　曾淑华）

2012 年 12 月 28 日，广州石化技师协会成立（谭　兵　摄）

【构建和谐劳务关系】 广州石化积极推动劳务派遣

单位组建工会，督促签订劳动合同，保障劳务派遣工权益。2012年9月21日，召开广州市金浦社会服务有限公司石化工会成立暨第一届委员代表大会，选举产生第一届工会委员会和经费审查委员会，完成首份《劳务派遣工集体合同》签订，广州石化消防员、经警、物业服务人员等785名劳务派遣工成为该工会会员，关系委托广州市金浦社会服务有限公司管理，标志着广州石化劳务派遣工从此享有工会组织的权利和保障。

（王新忠　曾淑华）

表1　　广州资产分公司主要技术经济指标　　亿元

指标名称＼年份	2012	2011	2010	2009	2008	2007
工业总产值	2.45	1.53	1.46	1.34	3.11	1.35
工业增加值	0.31	0.16	0.17	0.35	0.50	-0.08
资产总计	5.91	5.91	6.56	6.96	7.04	13.04
流动资产	0.77	0.73	1.47	1.86	1.88	7.39
固定资产原值	6.45	5.76	6.21	6.01	5.95	6.50
固定资产净值	4.77	4.14	4.57	4.57	4.60	4.94
主营业务收入	5.77	2.62	2.21	2.06	29.20	22.52
实现利税	0.10	0.15	0.16	…	0.56	-0.01
税　金	0.35	0.33	0.33	0.41	0.51	0.41

表2　　广州分公司主要技术经济指标　　亿元

指标名称＼年份	2012	2011	2010	2009	2008	2007
原油加工量/万吨	1 242.76	1 201.00	1 176.72	1 120.78	1 160.63	1 035.25
工业总产值	703.37	649.21	535.43	413.94	525.52	401.52
工业增加值	102.61	95.97	133.00	112.59	-46.64	20.15
资产总计	169.80	209.68	163.27	163.16	139.86	159.75
流动资产	78.49	116.49	67.71	69.98	43.96	69.20
固定资产原值	196.73	191.58	185.28	177.19	164.15	163.77
固定资产净值	77.95	81.30	81.68	81.78	74.26	81.66
主营业务收入	686.80	645.06	524.41	404.31	523.62	396.87
实现利税	183.50	166.21	107.72	90.76	-40.72	3.67
税　金	192.56	183.74	165.56	75.57	12.45	17.14
综合能耗/吨标煤·万元$^{-1}$	0.43	0.43	0.74	0.80	0.74	0.85

表3　**广州分公司主要产品产量**　万吨

产品名称＼年份	2012	2011	2010	2009	2008	2007
汽　油	225.24	201.11	217.43	192.96	155.98	141.45
煤　油	128.68	118.32	114.86	94.21	81.45	81.11
柴　油	442.12	429.29	436.99	440.80	490.04	420.89
燃料油	16.62	18.93	15.64	35.83	60.98	42.06
液化气	54.62	48.29	42.27	44.47	42.28	39.47
沥　青	50.43	39.89	47.86	30.17	12.86	10.95
石油焦	89.43	92.38	72.27	66.44	73.54	62.22
乙　烯	22.40	20.40	22.46	22.50	21.98	21.06
聚乙烯	21.22	19.33	21.50	21.82	20.65	19.30
聚丙烯	21.16	18.66	21.03	19.67	20.32	18.42
聚苯乙烯	5.83	5.56	6.20	6.12	5.42	5.08

洛阳石化

【概况】　中国石油化工股份有限公司洛阳分公司(简称洛阳分公司)和中国石化集团资产经营管理有限公司洛阳石化分公司(简称洛阳资产分公司)统称洛阳石化，位于洛阳市东北郊的黄河北岸吉利区境内，是石化集团公司直属的特大型油、化、纤一体化石油化工化纤企业。

自1978年建厂以来，洛阳石化经历了4个发展阶段：1984年建成100万吨/年炼油装置，1993年建成500万吨/年炼油工程，2000年建成以20万吨/年聚酯为标志的化纤工程，2010年油品质量升级改造完成，形成800万吨/年炼油加工能力，建成中部地区特大型炼化一体化生产基地。

2012年11月，洛阳分公司实行党政融合，将经理办公室和党委办公室撤销，新成立公司办公室。截至年底，洛阳分公司有直属单位14个，直属车间13个，行政机构16个，党群机构5个。用工人数为5 548人，其中正式职工4 067人，在岗3 998人；其他长期合同工69人；全日制劳务派遣用工1 412人。洛阳资产分公司用工人数为279人，其中正式职工265人，在岗228人；其他长期合同工14人。在岗职工中具有高级及以上职称的239人，具有中级职称的475人。

洛阳石化生产系统炼油装置主要有800万吨/年常减压、140万吨/年重油催化裂化(2套)、220万吨/年蜡油加氢、140万吨/年延迟焦化、80万吨/年溶剂脱沥青、260万吨/年柴油加氢、100万吨/年催化柴油加氢、80万吨/年航煤加氢、65万吨/年气体分馏等生产装置及配套公用工程和环保设施，化工装置主要有70万吨/年连续催化重整、26万吨/年芳烃抽提、24.5万吨/年对二甲苯(PX)、32.5万吨/年精对苯二甲酸(PTA)、20万吨/年聚酯(PET)、10.5万吨/年涤纶长丝、10万吨/年涤纶短纤维、2万吨/年双向拉伸薄膜(BOPP)等装置和20万吨/年聚丙烯生产能力。主要产品有汽油、柴油、航空煤油、化工轻油、分子筛料、溶剂油、液化气、道路沥青、工业硫黄、石油焦、聚丙烯、双向拉伸薄膜、对二甲苯、精对苯二甲酸、聚酯熔体和切片、涤纶长丝、涤纶短纤维等。

洛阳石化主要技术经济指标见表1、洛阳分公司主要产品产量见表2。

(王明堂　于　玲)

【领导班子调整】　2012年5月17日下午，洛阳石化干部大会召开。石化集团公司总经理、石化股份公司总裁王天普出席会议并作重要讲话。石化集团公司人事部领导宣布石化集团公司关于洛阳石化领导班子调整的决定：任命杜平安为洛阳分公司党委书记，魏文波因到退休年龄，不再担任洛阳分公司党委书记职务。

(王明堂　于　玲)

【生产经营指标登上新台阶】 2012年，洛阳石化累计加工原料油804.5万吨、同比增长22.4%，生产炼油商品763万吨、化工化纤商品58万吨；实现销售收入573.2亿元(其中上市部分487.5亿元，非上市部分85.7亿元)，同比增长22.4%。洛阳分公司实现利税52.2亿元，同比增加26.8亿元，其中利润-11.9亿元(炼油-9.8亿元，化工化纤-2.1亿元)，同比减亏14.4亿元，按预算口径还原，超额完成了石化集团公司总部下达的利润指标；上缴税金64.1亿元，同比增加12.4亿元。洛阳资产分公司亏损5 186万元，控制在石化集团公司总部下达的指标之内。洛阳石化原料油加工量首次突破800万吨，销售收入首次突破500亿元，生产经营总量再创新高，标志着800万吨/年炼油装置真正实现了满负荷运行，成为洛阳石化发展史上新的里程碑。

(王明堂　于　玲)

【4万吨/年硫黄回收(二期)装置实现开工一次成功】 2012年9月4日上午10时30分，4万吨/年硫黄回收(二期)装置试车投料一次成功。该项目可行性研究报告于2010年4月获石化集团公司总部批复，2011年4月开工建设，2012年7月18日装置中交。硫黄回收(二期)装置采用二级转化制硫工艺，尾气处理采用还原吸收工艺，硫黄回收率达到99.8%以上，尾气实现达标排放。

(王明堂　于　玲)

【14万吨/年聚丙烯装置中交】 2012年11月18日，洛阳石化14万吨/年聚丙烯装置实现中交。该装置总投资5.68亿元，占地面积为4.5万平方米，由丙烯精制、聚合、挤压造粒、成品包装、中间仓库及公用工程和配套工程组成。项目于2011年4月2日开工建设，采用中国石化开发的国产化第二代环管法聚丙烯工艺技术，能够生产25种牌号产品，主要用于均聚管材、片材、层压制品、BOPP薄膜等方面。项目投产后，洛阳分公司的聚丙烯产能达到20万吨/年。

(王明堂　于　玲)

【油品质量升级改造第1阶段实施工程通过总部竣工验收】 2012年7月25日，洛阳分公司油品质量升级改造第1阶段实施工程通过石化集团公司竣工验收，并获得竣工验收委员会颁发的竣工验收证书。

洛阳分公司油品质量升级改造第1阶段实施工程是中国石化"十一五"期间的重点项目，总投资24.19亿元，工程包括新建140万吨/年延迟焦化装置、220万吨/年加氢处理装置和4万米^3/时制氢装置；改造800万吨/年常减压装置减压系统和4万吨/年硫黄回收装置的扩能改造以及相关的公用工程和储运配套项目。工程自2006年9月开工建设，2009年9月热电站CFB锅炉项目建成中交，油品质量升级改造第1阶段实施工程全面建成，并全部实现投料开车一次成功。

(王明堂　于　玲)

【150万吨/年催化汽油吸附脱硫装置开工建设】 2012年11月7日，洛阳石化150万吨/年催化汽油吸附脱硫装置开工建设。该工程于2011年8月17日获石化集团公司批复，批复总投资2.71亿元，主要包括进料与脱硫反应、吸附剂再生、吸附剂循环和产品稳定4个部分。装置的工艺技术路线采用S-Zorb专利技术，该技术是美国康菲(ConocoPhillips)石油公司针对生产超低硫清洁汽油而开发的新技术。

(王明堂　于　玲)

洛阳石化150万吨/年催化汽油
吸附脱硫装置开建

【天然气综合利用项目竣工】 2012年5月2日，洛阳石化天然气建设项目竣工。该项目于2011年4月开工建设。天然气综合利用项目是按洛阳分公司原油加工能力800万吨/年规模、需要天然气2.09亿米^3/年设计的，进厂天然气自安阳—吉利天然气管道工程吉利支线末站口径200毫米预留管接通，设计年输气量为3亿立方米，天然气入厂后将送至聚酯装置、制氢装置和高压管网。

(王明堂　于　玲)

【开展首席专家、专家、主任师、副主任师选聘工

作】 2012年6月25日，洛阳分公司开展首次首席专家、专家、主任师、副主任师选聘工作。按照选聘程序，完成39个单位的128名申报人员的资格审查，分3个阶段开展首席专家、专家、主任师和副主任师选聘工作。11月15日，洛阳分公司召开授聘大会，并对受聘代表颁发聘书。聘用期3年。

（王明堂　于　玲）

公司领导为首席专家授聘书

【《洛阳石化志(2001—2010)》出版发行】 2012年4月9日，洛阳石化召开《洛阳石化志(2001—2010)》出版发行会议。《洛阳石化志(2001—2010)》是继《洛阳石油化工总厂志》之后，洛阳石化编纂出版的又一卷大型企业志书，时间跨度为2001年1月1日到2010年12月31日。志书真实地记述了这10年洛阳石化生产经营、建设改革的历程，全面客观地总结了洛阳石化在生产、改革和发展中形成的宝贵经验与教训，其内容涵盖洛阳石化方方面面。全书约80万字，图文并茂，全彩印刷，由中国石化出版社出版。无论是志书容量、形式编排，还是设计风格、印刷质量，都达到了一个较高的水平。11月13日，《洛阳石化志(2001—2010)》被评为石化集团公司优秀志鉴一等奖。

（王明堂　于　玲）

【举办社会媒体开放日活动】 2012年6月5日，洛阳石化举办社会媒体开放日活动，《河南日报》、河南电视台、《大河报》《洛阳日报》、洛阳电视台、洛阳网等社会媒体记者到洛阳石化了解企业、采编新闻，了解洛阳石化在环境保护等方面所做的努力和取得的成绩；到梅花鹿园参观，了解梅花鹿生存环境状况，感受企业优美和谐的环境；并就洛阳石化高低压瓦斯综合治理进行采访，截至采访日，洛阳石化已连续132天未放火炬。

（王明堂　于　玲）

表1　洛阳石化主要技术经济指标　　亿元

指标名称 \ 年份	2012	2011	2010	2009	2008	2007
原料油加工量/万吨	804.50	657.00	757.00	709.00	545.00	603.00
工业总产值	485.41	384.08	378.31	292.70	257.33	256.77
炼　油	436.97	335.46	331.65	256.89	225.29	203.92
化　工	48.44	48.62	46.66	35.82	32.04	52.85
工业增加值	62.35	29.18	69.99	62.60	-47.39	3.31
资产总计	104.06	97.79	94.53	91.75	81.31	80.66
流动资产	49.80	43.73	43.51	32.78	19.73	25.80
固定资产原值	150.37	148.32	143.34	107.22	115.09	112.94
固定资产净值	46.52	47.00	44.65	54.39	35.54	40.22
销售收入①	573.20	468.00	447.00	337.00	311.00	309.00
实现利税	51.70	25.28	45.07	54.74	-48.91	-6.92
税　金	64.10	51.68	66.40	51.79	6.29	8.56
综合能耗②/吨标煤·万元$^{-1}$	0.44	0.48	0.62	0.61	0.65	0.67

①包括洛阳资产分公司、多经改制单位

②从2011年起，按2010年不变价格计算(2007—2010年按2005年不变价格计算)

表2 洛阳分公司主要产品产量 万吨

产品名称＼年份	2012	2011	2010	2009	2008	2007
90#汽油	—	1.68	22.18	38.65	22.10	22.27
93#汽油	134.45	112.07	105.76	85.49	80.06	74.80
97#汽油	40.89	24.53	23.86	18.14	9.63	13.85
98#汽油	8.13	0.99	—	—	—	—
3#喷气燃料	72.11	47.70	56.93	41.66	25.68	32.44
分子筛料	5.59	5.50	4.40	8.23	19.32	23.43
0#柴油	229.81	199.25	228.38	230.13	154.66	156.35
-10#柴油	17.96	13.45	16.53	10.07	32.03	32.50
-20#柴油	1.91	2.14	1.96	—	—	0.69
-35#柴油	—	1.14	—	—		
4#燃料油	0.79	—	—	—	—	—
化工石脑油	28.34	27.81	32.24	26.76	19.00	23.78
溶剂油	—	0.64	2.50	3.67	0.83	1.29
商品重油	1.30	3.61	4.04	0.58	9.73	31.31
沥　青	37.81	24.61	30.24	27.94	19.15	20.32
液化气	43.89	33.84	42.01	38.81	30.29	32.57
丙　烯	15.08	13.71	13.97	14.45	9.07	9.88
丙　烷	0.02	0.03	0.03	0.03	0.03	0.15
硫　黄	4.39	3.06	3.22	2.49	1.51	1.30
液　氨	0.31	0.26	0.12	0.10	0.14	0.13
聚丙烯	7.55	7.35	9.14	8.26	6.61	9.45
双向拉伸薄膜	1.00	1.65	1.59	1.58	1.42	1.72
纯　苯	10.33	8.58	10.59	9.86	7.69	12.58
对二甲苯	23.44	19.85	22.70	23.69	16.38	24.22
精对苯二甲酸	30.63	30.11	32.10	31.24	22.78	31.21
聚　酯	19.72	18.45	19.90	18.30	11.36	17.60
涤纶长丝	6.78	6.41	5.92	5.91	3.78	6.18
涤纶短纤维	10.34	9.26	9.98	7.92	3.80	6.29

安庆石化

【概况】 中国石油化工股份有限公司安庆分公司(简称安庆分公司)和中国石化集团资产经营管理有限公司安庆分公司(简称安庆资产分公司)统称安庆石化，始建于1974年7月，是安徽省最大的中央直属生产企业，也是中国石化在沿江中上游炼化企业当中唯一的“油、化、纤、电”一体化企业。截至2012年底，安庆分公司炼油综合配套能力为500万吨/年；

拥有加工原油550万吨/年的常减压装置、加工能力140万吨/年的催化裂化装置、日处理煤2 000吨的壳牌粉煤气化装置以及年产33万吨合成氨、58万吨尿素、21万吨丙烯腈、7万吨腈纶、10万吨乙苯—苯乙烯等生产装置42套；同时拥有吞吐能力50万吨/年的化肥装船码头、20万吨/年的液态烃码头、全长13千米的厂内铁路专用线和1个工业编组站。安庆资产分公司拥有1台220吨/时、2台410吨/时、1台630吨/时燃煤锅炉，4台5万千瓦发电机组以及吞吐能力760万吨/年的油品码头、80万吨/年的卸煤码头和日产24万吨的供水系统。

截至2012年底，安庆石化有作业部及二级单位13个、业务部及机关附属单位17个、管理部门19个；有正式在岗职工5 791人，其中经营管理人员733人，各类专业技术人员1 941人，高、中级职称人员占技术人员比例达到64.8%，高级工以上占操作人员的比例达到69.3%。

安庆石化主要技术经济指标和主要产品产量见表1和表2。

（卢　利）

【生产经营任务全面完成】 2012年，安庆石化累计加工原油420.43万吨，生产成品油263.06万吨、合成氨21.43万吨、尿素31.61万吨、丙烯腈7.74万吨、苯乙烯6.22万吨、腈纶6.38万吨，发电8.5亿千瓦·时，供热1 455.58万吉焦；实现营业收入287.64亿元、税费34.63亿元。产品出厂合格率、质量抽检合格率保持100%。

（卢　利）

【顺利完成全厂停工检修】 2012年2月10日，安庆石化各装置陆续降负荷停工交付检修。该次检修共涉及油、化、腈、电板块60余套主辅生产装置以及相应的公用系统，完成了机、电、仪检修项目共计5 185项，同时完成了2011年设备更新、隐患治理、技改技措等投资项目42项，实现了绿色停工、优质检修。3月20日，装置转入开车阶段。

（卢　利）

【从严管理取得较好成效】 2012年，安庆石化扎实推进制度标准化改造，深化“比学赶帮超”工作，大力开展强“‘三基’、严‘五纪’”“经营一元钱、节约一分钱”活动，全面提升内部管理水平。全年挖潜降本增效超过4亿元，吨油完全费用（含自用）、原油平均到厂成本指标位列沿江中上游炼化企业第一。原油储运损失率、吨氨耗煤，供电标煤耗，入厂入炉煤热值差，腈纶三单消耗，丙烯腈—腈纶联合装置、苯乙烯装置综合能耗，物资采购资金节约率、框架协议采购率等指标创历史最好水平。公司被评为石化集团公司信息化A类企业，实现石化集团公司“三基”工作先进单位“三连冠”、安全生产先进“五连冠”，顺利通过石化集团公司清洁生产企业验收预评估，获安徽省诚信环保企业称号。

（卢　利）

【有效发展迈出新步伐】 2012年，安庆石化完成投资38.7亿元，创历史新高。炼化一体化项目炼油部分总体进度达到98%，柴油加氢、催化重整、热电改造等57套单元顺利中交，铁路发油系统改造单元投用，外围配套设施完善工作已经启动。企地合作取得重大进展，与上海华谊（集团）公司合资合作液化气深加工项目进程加速，炼油1 000万吨/年扩能完善以及后续发展方案已纳入新一轮省部战略合作商谈议程。

（卢　利）

【Ⅱ丙烯腈项目建成中交】 该项目总投资10.17亿元，于2010年11月1日开工建设，主要包括新建1套13万吨/年的生产装置以及配套的乙腈精制、硫铵回收装置和公用工程系统等，并对原有部分装置进行改造。2012年8月31日，项目建成中交，并于2013年2月2日产出合格产品。

（卢　利）

丙烯腈扩建项目中交仪式在项目现场举行

【安庆炼化曙光丁辛醇化工有限公司正式成立】

2012 年 12 月 5 日，安庆炼化曙光丁辛醇化工有限公司正式成立，并召开了首次股东会。安庆炼化曙光丁辛醇化工有限公司由石化股份公司出资 55%、安徽省安庆市曙光化工股份有限公司出资 35%、安庆化工建设投资有限公司出资 10% 组建而成。项目总投资 10 亿元人民币，装置设计规模 25 万吨/年。

（卢　利）

【腈纶溶剂系统除铁工业实验及应用项目成功投用】 2012 年 5 月 17 日，腈纶溶剂系统除铁工业实验及应用项目一次投料开车成功。该项目针对安庆石化腈纶溶剂除杂后铁离子含量较多的问题，系统研究了温度、流量、pH 值、颗粒度等因素的影响，提出了新的去铁离子技术。项目投用后，可使腈纶溶剂中铁离子平均去除率在 60% 以上、硫氰酸钠收率在 99% 以上，并解决原工艺中废硅藻土掩埋对环境的影响，实现经济效益和环保效益双赢。

（卢　利）

【柴油车尾气处理液用高纯尿素侧线试验项目获得成功】 该项目是石化集团公司科技部与安庆石化合作试验项目，采用冷却、结晶、脱水等工艺生产柴油车尾气处理液用高纯尿素，产品可有效降低柴油车尾气中氮氧化物，对于降低 PM2.5 和提高企业经济效益具有重要意义。2012 年 8 月 22 日，该项目顺利产出合格产品。

（卢　利）

【热电烟气联网在线监控系统改造项目成功投用】 该项目是安庆石化 2012 年重点环保改造项目，总投资 133.04 万元，于 2012 年 2 月 20 日开工，6 月 20 日一次调试合格、投运。更新改造后的烟气在线监测系统，在监测外排废气二氧化硫、烟尘浓度的基础上，新增了氮氧化物浓度、氧含量、烟气流速等 6 项监测参数，可实现外排废气主要污染物排放浓度的全流程监测。

（卢　利）

【焦化装置冷焦水密闭及臭气治理设施成效明显】 该项目是石化集团公司环保改造项目，建设总投资 2 286万元，设计冷焦水处理量 250 米^3/时、臭气最大处理量 1 000 米^3(标准)/时，于 2012 年 4 月 17 日正式投入使用。投用后的冷焦水系统实行密闭运行、臭气集中收集处理，实现了零排放。同时，该设施可回收一定的污油和焦粉，实现社会效益和经济效益的双赢。

（卢　利）

【热电化学 I 套装置生产水系统改造项目建成投产】 该项目是石化集团公司总部批复的 2012 年重点节水减排项目，总投资 480 万元，2012 年 6 月 6 日顺利建成，并一次投用成功。项目投用后，可停运热电升压泵、澄清池和无阀滤池，节省大量的药剂费用和检修费用，经济、环保效益显著。

（卢　利）

【壳牌粉煤气化装置长周期运行取得突破】 自 2012 年 3 月 26 日壳牌粉煤气化装置一次开车成功，截至 9 月 27 日，装置实现连续 A 类运行 185 天，创造了全球同类型装置连续运行新纪录，获壳牌公司最佳运行奖。

（卢　利）

【安庆石化 SAP－HR 系统正式上线】 该项目于 2011 年 8 月启动，12 月进入试运行。2012 年 6 月 13 日，经石化集团公司批复，安庆石化 SAP－HR 项目转入正式运行，实现了人力资源管理基本业务线内操作、核心业务过程管理、关键指标在线监控、统计报表灵活查询，标志着安庆石化人力资源及信息化管理水平取得重要提升。

（卢　利）

【脱硫石膏综合利用技术开发项目通过鉴定】 该项目由安庆石化和武汉大学共同承担，研发了常温下快速干化脱硫石膏的技术，实现了脱硫石膏的快速干化。同时，还研究了脱硫石膏作水泥缓凝剂对不同种类水泥的适应性，改性后的脱硫石膏可完全取代天然石膏作水泥缓凝剂。2012 年 10 月 26 日，该项目顺利通过安徽省科技厅组织的专家鉴定。

（卢　利）

【炼化一体化项目大型设备吊装全面完成】 2012 年 11 月 10 日，安庆石化炼化一体化项目催化裂化装置反应器沉降器封顶吊装成功，标志着炼化一体化项目所有大件吊装任务全面结束。炼化一体化项目顺利完成了 80 吨以上的大件设备 70 余台、总重达 1.76 万吨的吊装任务，实现了“吊装成功率 100%、事故损失为零”的吊装管理目标。

（卢　利）

炼化一体化项目催化裂化装置
反应器沉降器封顶吊装成功

【队伍整体素质不断提升】 2012年，安庆石化深入开展“向李安喜同志学习”活动，公司领导班子建设、纪检监察、组织人事工作得到了石化集团公司总部巡视组和党组的肯定。加强思想作风建设，深化干部人事制度改革，全年调整任免了20名处级、65名科级领导人员，招聘48名管理/专业技术人员，引进大中专毕业生66人。继续深化学习型企业建设，全年培训人员1.5万人次，106人通过考评晋升了专业技术职称，215人通过职业技能鉴定获聘到高一级技能岗位。

（卢　利）

【企业保持总体和谐稳定】 离退休人员、协解人员等群体利益调整扎实推进，积极开展扶贫帮困救助、送温暖、献爱心等活动，全年为员工办实事解难事246件。深化厂务公开民主管理，积极开展“六五”普法，认真做好矛盾纠纷排查化解，总经理信箱回复率100%。2012年，安庆石化被评为全国“安康杯”竞赛优胜企业、安徽省厂务公开民主管理示范单位、省定点扶贫工作先进单位、省行业节能领跑企业、中央企业“五四”红旗团委创建单位，获得石化集团公司节能、设备、宣传、离退休服务、“创先争优”先进基层党组织等称号。

（卢　利）

【党建工作持续加强改进】 以迎接、学习、贯彻党的十八大为动力，落实石化集团公司加强企业党建工作指导意见，着眼于保持党的先进性和纯洁性，深入开展“为民服务创先争优”、基层组织建设年、“一转双创”主题活动。深化惩防体系建设，创先争优活动满意率达99%。公司党建工作质量管理体系顺利通过再认证审核，“1153”党建和思想政治工作体系电视片被中组部评为“全国党员教育电视片观摩交流活动”优秀作品，被中央党校作为全国党员干部教育课件收录。

（卢　利）

表1　　**安庆石化主要技术经济指标**　　亿元

指标名称＼年份	2012	2011	2010	2009	2008	2007
原油加工量/万吨	420.43	482.52	476.62	452.55	423.61	447.49
工业总产值[①]	277.27	311.32	262.95	208.39	212.07	190.44
炼　油	239.00	268.21	226.11	179.23	184.65	164.29
化　工	24.63	31.02	26.48	18.77	18.33	18.24
其　他	13.26	12.09	10.36	10.39	9.09	7.91
工业增加值	30.93	37.91	60.60	61.68	－23.15	15.90
资产总计	124.78	84.65	62.44	65.35	61.97	62.05
流动资产	23.27	24.42	14.26	18.47	11.88	14.75
固定资产原值	119.70	116.04	118.23	117.24	103.06	100.68
固定资产净值	51.58	53.55	34.76	57.02	44.44	43.14

续表

指标名称 \ 年份	2012	2011	2010	2009	2008	2007
营业收入	287.64	318.84	275.28	214.82	221.17	197.41
实现利税[①]	21.21	26.65	53.32	51.36	-19.98	8.06
税　金	34.63	44.73	49.95	47.00	3.76	10.65

①2009年、2010年数据剔除化肥资产减值因素

表2　　安庆石化主要产品产量　　万吨

产品名称 \ 年份	2012	2011	2010	2009	2008	2007
汽　油	83.05	96.32	96.97	97.49	87.69	89.37
柴　油	180.01	208.22	195.94	184.55	177.93	188.20
燃料油	6.02	7.89	12.32	16.57	13.13	13.41
原料油	38.41	42.85	40.98	30.02	29.92	33.88
液化气	31.54	34.88	34.05	33.26	30.80	32.93
石油焦	34.18	42.41	43.44	39.30	37.97	38.07
聚丙烯[①]	0.20	3.06	3.71	4.00	3.56	3.85
合成氨	21.43	18.12	15.82	20.34	20.10	13.85
尿　素	31.61	26.57	22.80	29.82	27.62	17.70
丙烯腈	7.74	8.67	8.64	8.57	8.39	8.64
腈　纶	6.38	7.88	7.87	7.87	6.90	7.71
苯乙烯	6.22	7.22	6.67	1.72	—	—

①2012年2月，聚丙烯装置停产

荆门石化

【概况】 中国石油化工股份有限公司荆门分公司（简称荆门分公司）和中国石化集团资产经营管理有限公司荆门分公司（简称荆门资产分公司）统称荆门石化，位于湖北省荆门市掇刀区。荆门石化前身始建于1970年，1983年划归中国石油化工总公司，1998年11月更名为中国石化集团荆门石油化工总厂（简称荆门石化总厂），2000年3月，企业重组改制成立了荆门分公司，2007年10月，荆门石化总厂注销，设立荆门资产分公司。企业占地面积11.67平方千米，辖区总人口3万多人。

截至2012年底，荆门石化下设30个直属单位、18个机关处室；职工总数为5 056人，其中各类专业技术人员854人，技术人员中具有高级职称的67人，中级职称的637人。

截至2012年底，荆门石化有生产装置42套，其中燃料油装置22套、润滑油装置12套、综合利用装置6套、化工装置2套，以及油品储运、水、电、汽、风等配套公用工程和能力为1 000吨/时的污水处理设施等，是石化集团公司系统内加工手段比较齐全、生产灵活性较大的炼油化工企业之一。荆门石化原油加工能力为600万吨/年，主要加工南阳油田和江汉油田管输进厂的原油，通过沿江管线和洪荆管线管输进厂的鲁宁原油、进口原油、海洋原油，以及通过铁路运输的西北原油，能生产燃料油、润滑油基础油、溶剂油、化工原料、石蜡、沥青、石油焦、液化气、聚丙烯9个大类100多个牌号的石油化工产品。

荆门石化主要技术经济指标及主要产品产量见表1和表2。

（周东平）

【**加强技术改造与技术开发**】 2012年，荆门石化实施重点技术改造项目23项，完成固定资产投资5.1亿元，主要有60万吨/年连续重整装置改造、新建3万吨/年硫黄装置、国Ⅲ柴油质量升级项目、污染防治改进措施、2#催化裂化装置节能改造、润滑油基础油质量升级措施、8万吨/年乙苯—苯乙烯装置及系统配套等。全年完成技术开发项目21项，完成技术开发费720万元，主要有芳香基橡胶填充油的开发、提高加热炉效率方案研究、蒸汽动力系统优化技术推广应用、防潮专用蜡开发、B级道路沥青配方的研制、催化油浆调和重交沥青的研究、10#变压器油开发、重油催化装置基于风险的检验技术研究与应用、显微镜技术用于催化裂化运行工况分析研究、催化烟气脱硫脱硝方案研究等。

（周东平）

【**10万吨/年甲基叔丁基醚装置改扩建投产成功**】 2012年4月，荆门分公司依托5.5万吨/年甲基叔丁基醚(MTBE)装置，将其改扩建到10万吨/年规模并投产成功。该装置采用混相床醚化反应加催化蒸馏组合工艺，利用混合碳四生产MTBE产品，不仅能有效提高汽油辛烷值，而且还能降低排气中的一氧化碳含量，同时可降低汽油的生产成本，年增效益4 000万元以上。

（周东平）

【**180万吨/年柴油加氢装置开车成功**】 2012年7月，荆门分公司180万吨/年柴油加氢装置开车成功。该项目属成品油质量升级的重点工程之一，同年5月实现装置中交，承建单位为南京工程公司、金石炼建公司。该装置生产的产品硫含量、闪点等16项指标均达到国Ⅲ柴油标准，其中硫含量从不大于$2\ 000\times10^{-6}$降至不大于350×10^{-6}，可有效降低固体颗粒物PM2.5、硫氧化物、氮氧化物等有害物质的排放。

（周东平）

【**110万吨/年污水汽提装置开车成功**】 2012年8月，荆门分公司110万吨/年污水汽提装置开车成功，生产出合格的液氨、净化水、酸性气产品。该项目是油品质量升级改造的重点项目之一，也是千万吨扩能改造项目中处理加氢酸性水的配套装置。该装置同年8月竣工，总占地面积837.5平方米，装置开工时数为连续生产8 400小时。工艺采用单塔汽提侧线抽氨，将上游装置的废水进行汽提、抽氨、精制后，提炼出的酸性气作为硫酸原料、氨气作为液氨原料、净化水可重复利用，能有效降低废水、废气污染，提高能源利用率。

（周东平）

【**8万吨/年乙苯—苯乙烯装置和55万吨/年润滑油高压加氢装置奠基**】 2012年7月，荆门石化8万吨/年乙苯—苯乙烯装置和55万吨/年润滑油高压加氢装置举行开工奠基仪式。前者是企地首个合资合作项目，属资源综合利用项目，总投资近6亿元，预计2013年建成投产，为地方化工循环产业园直接提供苯乙烯原料；后者总投资7.7亿元，预计2013年建成投产，将生产满足市场要求的裂解级润滑油基础油和高档白油及环保橡胶填充油。

（周东平）

【**新型光亮油研发成功**】 2012年7月，荆门分公司成功生产出新一批合格的光亮油。该产品工艺采用糠醛精制油的残炭，严格控制酮苯料的黏度，科学配比进料和过滤操作，实现去蜡油拔出率，产品指标符合APIⅡ类基础油的标准，经济效益十分可观。

（周东平）

【**聚丙烯流延膜新型产品研发成功**】 2012年9月，荆门分公司成功研发出了聚丙烯流延膜产品。该产品工艺特点是熔融指数控制精准，属于无拉伸、非定向的平挤薄膜，具有较高透明性，光泽度高，膜挺度和阻湿性好，耐热又易于热封，比聚乙烯薄膜更适合快速包装需要，可进行金属蒸镀及与其他薄膜复合，广泛用于食品、药品、化妆品、纺织品的包装，市场前景看好。

（周东平）

【**100吨动态轨道衡升级改造成功**】 2012年9月，荆门分公司按照国家新的动态轨道衡检定规程，对100吨动态轨道衡实施升级改造。该项目通过动态轨道衡新检定规程对硬化道场、前后引轨长度、水平直轨段等进行改造，前后轨道的平直度、坡度、长度等参数全部满足了国家标准，并对动态轨道衡的检测软件进行升级。经国家轨道衡检定总站现场检定，准确度达±1.0%。

（周东平）

【**首台国产石蜡成型机成功投用**】 2012年，荆门分公司成功投用了1套国产石蜡成型机。该套设备属于国内首推的新机型，设计生产能力为5万吨/年，主要采用了蜡液和保温水温度自力式调节、主传动和卸蜡输送变频调速、主链条拉力自动监测和故障报警、可调气缸注蜡机构、复合聚氨酯新型冷室、PLC集中控制等先进技术，具有生产能力大、自动化程度高、操作与维修简单等特点。该设备的投用结束了企业长期依赖进口成型机设备的历史。

（周东平）

【人力资源管理信息系统正式运行】 2012年8月，荆门石化人力资源管理信息系统（SAP－HR）正式投用。SAP－HR是一个汇集企业各类劳动用工信息、涵盖人力资源管理业务的系统，被定义为人力资源管理工作“最大基础工程”“最好工作抓手”“最好管理创新”。该项目于同年2月启动，先后完成了需求整理、机构梳理、数据采集并导入、权限配置、用户培训等工作。SAP－HR系统的投用实现了各类用工薪酬、定期报表编制上报等，有利于促进系统应用与实际业务的融合，建立起长效机制，对人力资源管理工作发挥了支撑作用，进一步提高了人力资源信息化管理水平。

（周东平）

【消防综合指挥系统正式运行】 2012年9月，荆门分公司119消防综合指挥系统正式运行。该系统采用业内先进的119消防综合指挥系统，与生产调度指挥中心、信息网络中心联网，能集中接收火警信号，形成生产、消防信息网络一体化，并与中国石化应急指挥中心信息资源共享。该系统配有立体化的电子地图，能模拟灭火抢险预案三维动漫画，能利用系统资源对消防地理、气象、消防水源、消防实力、消防安全重点单位基本情况、各类火灾和灾害事故特性、化学危险品、灭火救援战术技术等消防安全信息进行采集、存储、检索、处理和分析，为火场及灾害事故现场进行科学决策提供了技术支撑。

（周东平）

【开展全员素质提升年活动】 2012年，荆门石化开展了全员素质提升年活动，实施全员学习、全员培训、全员考试，对经营管理人员、专业技术人员及技能操作人员中的拔尖人员、高级技师和技师，提出“五个一活动”（读一本书、讲一堂课、参加一个学习研讨小组、解决一个难题、写一篇文章），对企业员工素质的提升起到了推动作用。同期开设“荆石化讲坛”，举办7期主题报告会和9期制度宣贯讲座。

（周东平）

【国家级“郭振恩技能大师工作室”挂牌】 2012年12月，国家级“郭振恩技能大师工作室”在荆门分公司落户挂牌。该工作室依托企业建立，设工作人员22人，规划为展览室、多功能培训室、机泵检修培训室、基本技能培训室、检测室等8个功能室。

（周东平）

表1 **荆门石化主要技术经济指标** 亿元

指标名称＼年份	2012	2011	2010	2009	2008	2007
原油加工量/万吨	478.80	502.60	505.97	480.01	426.28	462.81
工业总产值	290.89	292.59	250.00	196.25	196.75	181.33
工业增加值	46.03	36.75	57.35	56.20	－21.09	8.55
资产总计	55.03	49.23	43.72	41.03	37.56	34.72
流动资产	17.40	15.01	19.03	13.66	16.27	16.60
固定资产原值	72.80	62.20	60.17	58.12	54.22	51.94
固定资产净值	31.60	23.84	22.72	22.70	20.83	21.16
销售收入	314.75	317.22	262.69	207.15	208.98	196.61
实现利税	39.50	29.33	52.67	51.15	－15.32	5.36
税　金	46.81	44.73	50.76	42.64	5.65	7.57

表2 荆门石化主要产品产量 万吨

产品名称＼年份	2012	2011[①]	2010	2009	2008	2007
汽　油	119.66	105.41	105.29	97.93	80.18	80.66
柴　油	163.53	174.40	179.91	173.83	168.43	193.41
煤　油	28.89	26.71	25.70	23.49	15.60	12.51
重　油	3.32	3.87	1.38	0.69	4.31	2.58
石　蜡	9.65	13.08	9.84	10.45	8.56	9.67
沥　青	6.23	12.94	17.10	15.55	7.07	6.40
石油焦	34.66	37.27	36.51	35.15	35.57	40.37
聚丙烯	12.92	13.57	13.30	13.39	12.28	13.02

①2011年数据有改动

四川维尼纶厂

【概况】 中国石化集团四川维尼纶厂(简称四川维尼纶厂)位于重庆市长寿区境内的长寿经济技术开发区，占地5 050亩(3.37平方千米)。其前身于1973年由国家计委下达项目计划，1974年破土动工，1979年投料试生产，1983年经国家竣工验收投产，同年整体进入中国石化。主要生产装置分别从英、法、德、日等国引进。

四川维尼纶厂是国内最大的以天然气为主要原料，生产精细化工、特色化工及化纤产品的大型联合企业，是石化集团公司唯一的天然气化工企业。具有年加工天然气15.5亿立方米，年产乙炔16.75万吨、甲醇100万吨、醋酸乙烯50万吨、聚乙烯醇16万吨、醋酸乙烯—乙烯共聚乳液6万吨、液氨20万吨、维纶2万吨能力，其中醋酸乙烯产能位居中国大陆第1位、世界第2位。截至2012年底，四川维尼纶厂下设20个部门、9个车间，拥有扬子江乙酰化工有限公司、新疆维美化工有限公司、重庆川维林德气体有限责任公司3家合资企业；企业资产总值89.23亿元，资产负债率47.87%；在岗职工3 504人。

四川维尼纶厂主要技术经济指标和主要产品产量见表1和表2。

(罗雪飞　尹　威)

【新老区生产运行保持安全平稳】 2012年，四川维尼纶厂加工天然气12.86亿立方米(含合资企业)，同比增加24.85%。新老区整体实现连续稳定运行，新区主要技术经济指标基本达到或超过设计值，新老区联动运行取得新成效，主要产品产量创历史新高。企业连续第19年无上报石化集团公司重、特大事故，无死亡、重大人身伤害事故，无污染事故。全年外排废水达标率100%，连续第6年获石化集团公司安全先进单位称号，连续第3年获石化集团公司环保先进单位称号，获石化集团公司先进消防队称号。

(罗雪飞　尹　威)

【实施完成R200裂化气气柜更新改造工程】 2012年，老区系统计划停车检修41天，借机对R200裂化气气柜进行了更新改造，对气柜上、下中间升降体及中罩进行拆除，重新制造安装。3月14日项目完工，交付使用。

(罗雪飞　尹　威)

【锅炉节能减排改造工程全面建成投用】 该项目总投资约3.60亿元，主要建设内容包括1台460吨/时高温高压煤粉锅炉(简称3#锅炉)、1台50兆瓦高温高压抽汽背压式汽轮机及1台55兆瓦发电机(简称3#汽轮发电机)以及配套的循环水、烟气脱硫等装置，项目于2011年2月开工建设。3#锅炉及配套烟气脱硫除尘治理装置于2012年5月24日投运，3#汽轮发电机于8月30日并网发电，3#锅炉配套烟气脱硝项目于12月28日顺利建成中交。锅炉节能减排改造工程全面建成投用替代了原有老旧的6#、7#、8#锅炉，大大提高公用工程保障能力，同时降低全厂热电消耗，具有较好的节能减排效益。

（罗雪飞　尹　威）

【醋酸甲酯回收装置改造产品入市】 四川维尼纶厂根据甲醇、醋酸市场价格，利用2012年2月老区装置系统停车大修对原有醋酸甲酯回收装置实施改造，逐步停运老区醋酸甲酯回收装置，4月起醋酸甲酯作为产品进入市场销售。截至2012年底，累计实现销售醋酸甲酯11.24万吨，销量达到全国第一，成为全国最大的醋酸甲酯生产销售企业。

（罗雪飞　尹　威）

【BDO—醋酸一体化项目取得重大进展】 2012年2月22日，四川维尼纶厂、韩国SK集团(简称韩国SK)及英国石油公司(简称英国BP)合资的BDO—醋酸一体化项目在重庆举行项目谅解备忘录签字仪式；5月9日，石化集团公司与重庆市人民政府签订合作框架协议，该项目纳入中国石化与重庆市“十二五”战略合作框架协议；12月7日，项目获石化集团公司正式批复。该项目总投资约70亿元，由20万吨/年1，4-丁二醇项目、60万吨/年醋酸项目及相关配套项目组成，其中1，4-丁二醇项目由韩国SK与四川维尼纶厂合资新建，60万吨/年醋酸项目在扬子江乙酰化工有限公司现有基础上进行第4期扩建，计划2015年建成。

（罗雪飞　尹　威）

BDO—醋酸一体化项目在重庆举行项目谅解备忘录签字仪式（罗　林　摄）

【维纶产品技术升级项目(一期)建成投产首批产品成功出口】 该项目于2012年6月获石化集团公司批复，投资为1.82亿元，一期工程共3条生产线：3 000吨/年高强高模纤维、5 000吨/年水溶纤维、1 500吨/年“3S”低温特种水溶纤维，于11月建成投产并产出合格产品。其中，3 000吨/年高强高模纤维生产线是国内单线产能最高、最强、模量和分散性等指标最好的示范生产线，首批产品成功出口；5 000吨/年水溶纤维采用四川维尼纶厂自主开发的大容量湿法纺丝技术，技术获国家发明专利；1 500吨/年“3S”低温特种水溶纤维是国内首条、世界上第2条拥有自主知识产权的生产线。该项目的建成投产，标志着四川维尼纶厂维纶生产工艺、装备技术和产品质量达到国内一流、世界领先水平，成为国内技术含量最高、产品质量最优、产能规模最大的差别化维纶研发基地、生产基地和出口基地。

（罗雪飞　尹　威）

【科技创新取得重要进展】 石化集团公司“十条龙”科技攻关项目——30万吨/年天然气乙炔法制醋酸乙烯成套技术开发项目顺利“出龙”并获石化集团公司科技进步一等奖；1.5万吨/(年·列)乙炔炉工业化实验装置建成投运；石化集团公司重点攻关项目——乙烯—乙烯醇共聚物(EVOH)项目取得重要进展；“3S”水溶纤维工业化开发项目获石化集团公司2011年科学技术发明三等奖，为首次获得石化集团公司技术发明类奖项；新型环保醋酸乙烯—乙烯共聚乳液(VAE)CW40—905、907、916、960等4种产品实现批量工业化生产。全年开发新产品5个，新产品及高附加值产品产量率、产值率分别为70.92%和77.70%；申报国家专利29项，获得授权10项。

（罗雪飞　尹　威）

【经营管理水平进一步加强】 2012年，四川维尼纶厂全力推进“树信心，稳增长，降本减费保效益”改善经营管理建议活动，全年挖潜增效1.30亿元。连续3年被评为石化集团公司“三基”工作先进组织单位，甲醇车间被评为先进基层单位。首次获石化集团公司现代化管理一等奖。

（罗雪飞　尹　威）

【企业继续保持和谐稳定】 2012年，四川维尼纶厂平稳实施了在岗职工休假疗养费用制度。认真落实“两会”特殊敏感时期维稳责任，确保了厂区、社区安全和谐稳定。获石化集团公司和重庆市经济信息系统稳定工作先进集体称号。

（罗雪飞　尹　威）

表1 **四川维尼纶厂主要技术经济指标**[①] 亿元

指标名称 \ 年份	2012	2011	2010	2009	2008	2007
天然气加工量/亿立方米	9.90	7.49	5.23	3.28	4.28	4.58
工业总产值	48.72	38.70	24.91	15.68	27.38	25.30
工业增加值	6.71	2.90	6.14	5.21	12.66	14.33
资产总计	89.23	85.41	71.61	44.62	40.56	39.89
流动资产	8.45	6.60	60.08	44.96	12.32	13.07
固定资产原值	91.22	45.29	43.65	39.82	35.79	33.28
固定资产净值	60.63	18.68	19.04	16.47	13.44	13.36
营业收入	53.74	43.57	28.93	19.01	28.00	25.52
实现利税[②]	-3.97	4.62	1.20	1.23	6.87	9.23
税金及附加	0.32	0.28	0.69	1.12	2.36	2.39
综合能耗/吨标煤·万元$^{-1}$	3.42	4.34	4.45	4.86	4.96	4.96

①数据不含合资企业

②2011年实现利税为总部考核还原数据

表2 **四川维尼纶厂主要产品产量** 万吨

产品名称 \ 年份	2012	2011	2010	2009	2008	2007
甲　醇	64.90	41.46	32.97	18.84	26.64	29.66
醋酸乙烯	42.12	30.15	20.11	14.39	17.54	17.12
聚乙烯醇	14.32	9.94	6.15	5.33	5.93	5.69
醋酸甲酯	11.24	1.35	0.30	0.12	0.16	0.18
醋酸乙烯—乙烯共聚乳液	5.29	5.52	5.19	4.90	5.60	4.85
维纶纤维	1.42	1.55	1.29	1.25	1.48	1.57
液　氨	14.28	15.73	11.31	1.31	1.49	—

九江石化

【概况】 中国石油化工股份有限公司九江分公司(简称九江分公司)和中国石化集团资产经营管理有限公司九江分公司(简称九江资产分公司)统称九江石化，地处江西省九江市东郊，占地面积4.2平方千米。其前身九江炼油厂于1977年6月正式开工建设，1980年10月建成投产，1991年10月更名为中国石化九江石油化工总厂，1998年10月更名为中国石化集团九江石油化工总厂。2000年，根据石化集团公司重组改制统一部署，原九江石油化工总厂主业部分划入石化集团公司上市部分，组建了九江分公司。2006年，非上市部分成立了九江资产分公司。

九江分公司主营业务有炼油、化工生产经营，具有500万吨/年原油综合加工能力和10万吨/年聚丙烯生产能力。截至2012年底，拥有固定资产原值83.98亿元，在岗职工总数2 510人，主要生产装置有常减压、催化裂化、焦化、催化重整、连续重整、加氢精制、气体分馏、溶剂脱沥青、甲基叔丁基醚

(MTBE)、芳烃抽提、苯抽提、硫黄、聚丙烯等；主要产品有汽油、煤油、柴油、燃料油、沥青、液化气、精丙烯、苯类、溶剂油、硫黄、焦炭、聚丙烯等42个品种60多个牌号。

九江资产分公司主要业务有供水、排水、石化社区服务(包括离退休管理、居委会)、教育培训、压力容器检测，主要生产能力：4 000吨/时的供水系统、1 000吨/时污水处理装置等。截至2012年底，拥有固定资产原值8.04亿元，在岗职工总数361人，涉及的生产、技术、安全环保、武装保卫等委托九江分公司管理。

九江分公司主要技术经济指标和主要产品产量见表1和表2。

(罗　玲)

【安全环保保持平稳态势】 2012年，九江石化落实全员安全职责，完善HSE绩效考核机制，强化HSE考核；坚持公司领导下基层安全督察；强化现场施工作业HSE备案、安全监理管理；充实基层单位安全总监；加强外来施工人员安全教育，开展“班前600秒”安全教育；推行集中用火管理和“七想七不干”要求；试行OSHA体系；组织安全专项劳动竞赛；加大隐患治理力度；开展应急预案演练。严格实施环保分级控制；继续开展控制碱渣油含量、总进口水质和外排水水质攻关；全面部署油品质量升级改造工程建成投产前过渡期环境保护工作，制定环保管理、技改技措、污染物减排等方面综合治理措施；建设项目环境保护“三同时”执行率达100%。坚持以人为本，规范职业健康管理。公司连续第3年获石化集团公司安全生产先进单位称号。

(罗　玲)

【生产经营实现“三突破”】 2012年，九江石化实现原油加工量、销售收入和税收“三突破”，炼油关键技术经济指标跃居沿江炼厂首位。12月23日，原油年加工量首次突破500万吨，全年累计加工原油507.64万吨；12月11日，实现年销售收入首破300亿元，全年实现销售收入317.03亿元；12月31日，公司上缴税费首次突破50亿元，达到51.10亿元。全年炼油综合能耗65.02千克(标油)/吨、同比下降2.85个单位，综合损失率为0.65%、同比下降0.20个百分点，轻油收率为75.41%、同比上升0.87个百分点；综合商品率为93.12%、同比上升0.51个百分点，综合能耗、综合损失率、综合商品率3个关键指标在沿江炼厂排名首位。加工吨原油取水0.57吨、排水0.38吨，同比分别下降0.01吨和0.12吨。在总部炼油板块“比学赶帮超”竞赛中，全年共获得64面(颗)红旗(红星)。

(罗　玲)

九江石化生产经营实现“三突破”新闻发布会　(汪光华　摄)

【启动塑造九江石化特色管理模式】 2012年2月23日，九江石化召开狠反“低、老、坏”工作总结暨塑造九江石化特色管理模式启动会，启动塑造以卓越文化为引领，以信息化为支撑，以一体化、科学化、精细化为主要内容的九江石化特色管理模式工作。确定“根植卓越理念，实施科学管理，建设一流炼厂，到‘十二五’后期，综合管理达到国内同行业先进水平”的总体目标，推出八大板块行动理念和准则，同时开展全员节能降耗、降本减费、查漏堵漏、改善经营管理建议等一系列专项劳动竞赛活动。通过实践，公司卓越文化渐入自觉之境，管理一体化进一步深化，管理科学化水平进一步提升，管理精细化程度进一步提高，信息化支撑稳步推进。

(罗　玲)

【“三大”装置顺利建成】 2012年，九江石化柴油加氢、连续重整、煤(焦)代油“三大”装置顺利建成。150万吨/年柴油加氢装置于1月13日一次投料试车成功，产出符合国Ⅳ标准的柴油产品；采用国产化技术建设的最大规模120万吨/年连续重整装置4月21日中交，7月31日一次投料开车成功并生产出合格产品；7月12日，煤(焦)代油改造工程锅炉岛顺利实现中交。其中，柴油加氢装置获评石化集团公司优质工程，重整加氢项目管理部获评石化集团公司优秀业主管理团队。

(罗　玲)

【油品质量升级改造工程稳步推进】 2012年3月21—23日，九江石化召开油品质量升级改造工程总体设计审查会；4月25日成立项目管理部，确立打造“标杆工程”目标；组织人员赴兄弟炼化企业学习取经，编制完成《项目管理手册》和《总体统筹网络计划》(第1版)；5月30日召开基础设计协调会；12月21日总体设计正式获批；单装置基础设计上报总部，火炬基础设计完成审查；长周期设备订货陆续展开；化肥部分单元资产转让获得总部批复，相关合同签署；空分合作伙伴选定。

（罗 玲）

【积极开展接续项目前期工作】 “十二五”发展接续项目60万吨/年芳烃项目于2012年10月18日获得国家发改委“路条”，环评报告简本已编制完成并上网公示。2月8日，九江石化“智能工厂”规划方案通过中国石化总部评审，5月28日召开十二大系统可研报告编制启动会。

（罗 玲）

【精心抓好技术质量】 承担“十条龙”科技攻关，液相柴油加氢技术、新一代超低压连续重整技术在九江石化成功应用。完成催化产品产率优化、MTBE产品中硫化物分析与控制、碱渣处理攻关、重交沥青达标调和等8个开发项目。申请专利6项、获得授权2项。实施航煤加氢、蜡油加氢、碳五公路出厂、铁路定量装车等技改措施。开发生产97#乙醇汽油组分油、车用柴油、碳五轻烃等新产品。做好新装置开工过程的质量监控和把关，加强对装置质量指标的考核，开展质量攻关，消除质量隐患，汽、柴油等产品质量达国家和行业标准，出厂合格率、抽检合格率为100%。汽油在线调和一次合格率达到96%。推进新质量管理大楼建设。组织QC攻关活动，16项QC成果分获国家QC小组、中国石化以及江西省优秀成果奖。

（罗 玲）

【多措并举实施人才开发】 2012年，九江石化完善人才成长通道，出台了首席专家和专家、首席技师和主任技师等5个管理办法。开展领导班子和领导人员“地毯式”考核评价，根据考核结果调整交流干部147人，其中提任84人。实施竞争性选拔，5人通过竞争性选拔走上领导岗位；物资中心6名主管师和团委干事等职位实行竞聘。拓宽毕业生引进渠道，引入高校毕业生53人。开展大规模培训和职业技能与业务竞赛活动，19个技能工种和2个业务技术岗位共计218人参加公司级职业技能竞赛，4名取得名次的专业技术人才直接晋升为中级职称。

（罗 玲）

【构建核心价值理念体系】 2012年，九江石化丰富完善卓越理念体系，出台八大板块行动理念和准则，提炼40家直属单位和油品质量升级改造工程项目管理部16个部门的团队执行指南，构建“树形”核心价值理念体系。做好日常一人一事思想政治工作，增进共识，凝心聚力，形成企兴人和的良好局面。系统化、系列化、理念化开展新闻宣传工作，形成干事创业的“正能量”舆论场。举办“梦想·激情·光荣——九江石化人卓越风采”报告会、“突破瓶颈，登上台阶，我们在行动”主题演讲赛，编撰《态度决定一切——九江石化2011年卓越实践》《感悟卓越》《困难·压力·希望——九江石化人2012年卓越故事》等系列丛书。

（罗 玲）

【群团工作激发活力】 2012年9月12日，九江石化召开第4届工会会员代表大会，大会选举产生了总厂工会第4届委员会和经费审查委员会，295名会员代表出席了大会。10月19日，九江石化第8届职工运动会开幕，10月20日圆满闭幕。

（罗 玲）

【民生项目有序推进】 2012年，九江石化有序推进八里湖商品房团购工作，5月18日勘探开工，7月19日签署设计合同，9月2日举行开工仪式，10月8日批复规划方案，12月31日第1批23万平方米住宅开始施工招标。高标准完成了大庆路、青年公寓和庐山培训基地等改造项目，西区房产积极稳妥有序清理完成，实施了23栋住宅楼“平改坡”改造，启动有线电视网络移交工作，改造部分社区道路，增加停车位，加大社区车辆管理力度，编制社区整体规划。解决通勤车长期超载的安全隐患问题。进一步提升职工工作餐满意度，职工满意度评分稳定在85分以上。实施全体在岗员工休假疗养补贴制度。开展扶贫帮困、走访慰问等，全年发放困难补助89.9万元，发放补充医疗补助144.8万元。

（罗 玲）

表1 **九江分公司主要技术经济指标** 亿元

指标名称＼年份	2012	2011	2010	2009	2008	2007
原油加工量[①]/万吨	507.64	437.12	473.19	453.54	431.21	403.08
工业总产值	311.18	249.56	233.08	183.60	196.66	154.07
炼　油	301.88	237.72	217.07	170.66	175.96	134.32
化　工	9.30	11.84	11.79	8.99	16.58	15.40
化　肥	—	—	4.21	7.74	7.95	7.64
工业增加值	46.47	28.92	43.90	50.31	-25.03	8.88
资产总计	61.92	53.75	38.68	39.09	40.99	46.23
流动资产	18.53	16.97	12.15	11.12	9.94	13.53
固定资产原值	83.98	68.16	67.21	67.29	64.19	59.97
固定资产净值	31.09	17.23	18.44	22.90	26.17	26.27
销售收入	317.03	254.07	234.37	182.95	196.18	153.34
实现利税	41.08	23.92	38.50	45.93	-17.30	4.10
税　金	51.10	42.27	46.89	46.61	6.70	7.29
综合能耗/吨标煤·万元$^{-1}$	0.28	0.29	0.60	0.77	0.88	0.87

①2007—2012年原油加工量含原料油分别为8.82万吨、22.06万吨、3.46万吨、4.75万吨、5.27万吨、11.46万吨

表2 **九江分公司主要产品产量** 万吨

产品名称＼年份	2012	2011	2010	2009	2008	2007
97#汽油	21.70	8.53	6.35	3.62	4.97	3.29
93#汽油	108.90	92.28	92.58	83.44	71.18	66.20
90#汽油	—	—	9.14	9.50	10.27	11.84
柴　油	229.00	193.88	190.85	187.47	182.85	166.86
煤　油	3.24	—	—	—	0.07	1.25
3#航煤	3.24	—	—	—	—	0.43
燃料油	4.29	7.77	20.89	22.07	18.50	15.76
溶剂油	0.18	0.94	1.80	1.47	0.96	2.28
烷基苯料	—	—	—	0.18	1.20	1.70
液化气	26.18	21.27	24.27	22.75	25.12	24.25
沥　青	18.44	14.74	28.65	21.64	18.40	19.02
聚丙烯	9.80	8.51	9.69	10.32	11.33	11.33
苯　类	4.03	3.46	3.97	4.51	5.55	5.01
硫　黄	2.21	1.71	1.84	1.99	2.05	1.81
尿　素	—	—	24.05	46.68	46.00	44.68
石油焦	33.21	32.22	31.17	30.78	28.72	26.02

中国石化集团国际石油勘探开发有限公司
SINOPEC INTERNATIONAL PETROLEUM EXPLORATION AND PRODUCTION CORPORATION

责任
RESPONSIBILITY

共赢
SHARED VA

中国石化集团国际石油勘探开发有限公司（英文简称SIPC）是中国石化集团公司（SINOPEC）专门负责海外油气投资与经营作业一体化的全资子公司。2001年成立以来，SIPC始终秉持“责任、尚德、共赢、进取”的核心价值观，不断开拓油气市场，不断加强国际化经营管理和跨文化融合，油气产量逐年增长，经济效益大幅提高，实现了业务规模和经营管理的不断跨越。目前海外油气业务遍布全球26个国家，共有50多个油气勘探开发合作项目，立足非洲、中东、南美、亚太、俄罗斯和中亚等主要油气富集区，海外油气勘探开发战略布局已基本形成，海外项目开发进入快速发展阶段，项目实施取得显著成果，累计实现海外权益原油年产量突破1亿吨。SIPC将继续坚持灵活多样、互利共赢的合作方式和能源资源品种多样化原则，积极扩大和加强与世界各能源国、石油界、金融界同行的紧密合作，为实现“打造一流油公司，追求卓越创和谐”的愿景目标而努力奋斗，为中国石化集团“建设世界一流能源化工公司”创造更大的价值！

连续四年获得中国石化集团公司

“特别贡献奖”

SINOPEC has awarded SIPC
“ SPECIAL CONTRIBUTION AWARD ”
four year in a row

SIPC

Sinopec International Petroleum Exploration and Production Corporation ("SIPC") is a wholly owned subsidiary of Sinopec Group, committed to integration of overseas oil and gas investment and operation. Since its establishment in 2001, SIPC has been upholding its core values and stayed firm to its growth targets and has achieved remarkable improvement in performance. And what make us even prouder is cross-cultural integration and team building. They are united together by Responsibility, Integrity, Shared Values, and Enterprising (RISE). Nowadays SIPC's overseas oil and gas projects and business covered 26 countries, of which there were more than 50 oil and gas exploration and development cooperated projects in Africa, the Middle East, South America, Asia-Pacific, Russia and Central Asia, and other major oil and gas reserve regions in the world respectively. A solid overseas oil and gas exploration and development strategic layout had already basically taken a shape and the company came to a rapid growth the cumulative output of oil and gas reaches to 100 million.

Looking into the future, we know for sure that success comes more likely when you have partners and friends at your side. SIPC will, as always, be ready for win-win cooperation with the oil industry, the host countries, and the financial communities. We look forward to growing up together with you!

中国・北京市・朝阳区惠新东街甲6号
Building One A6 Huixin Dong Street,Chaoyang District Beijing 100029,China
Tel：+86-10-69165136 Fax：+86-10-69165140
Email：sipcinfo22.sipc@sinopec.com sipcinfo22@sipc.cn

胜利油田

胜利油田是中国石化集团下属的国有特大型企业，主要从事石油天然气勘探开发、工程技术服务、生产保障、矿区服务等业务。主体位于山东省东营市，工作区域分布在山东省8个市的28个县（区）以及甘肃、新疆、内蒙古等5个省、自治区。

胜利油田获2012年度集团公司特别贡献奖

胜利油田是我国东部重要的石油工业基地。自1961年发现、1964年投入开发建设以来，胜利油田始终把为国家多产油、多做贡献放在第一位，走出了一条开拓创新、科学发展的胜利之路,创造了石油工业发展史上的辉煌业绩。截至2012年底，胜利油田已连续30年探明石油地质储量年均过1亿吨，连续10年探明、控制、预测储量年均过1亿吨；发现不同类型油气田79个，累计探明石油地质储量52.23亿吨；投入开发油气田72个，累计生产原油10.45亿吨，约占同期全国陆上油田原油产量的五分之一，生产天然气547.08亿立方米，为保障国家能源安全，促进国民经济发展做出了重要贡献。

2012年，在集团公司建设世界一流能源化工公司宏伟目标的战略引领下，胜利油田坚定信心，迎难而上，整体谋划，统筹推进，全面开启了胜利油田科学发展、和谐发展、率先发展的新征程。全年新增探明石油地质储量1.32亿吨，新增控制石油地质储量1.44亿吨，新增预测石油地质储量1.59亿吨；西部探区取得新突破，新发现了第79个油田——阿拉德油田；全年生产原油2755万吨，生产天然气5亿立方米，连续16年实现储采平衡，连续17年年产油2700万吨以上；加工原油176.12万吨。荣获2012年度中国石化集团公司特别贡献奖。

艰苦奋斗铸就辉煌，百年胜利寄望明天。今后，胜利油田将深入贯彻党的十八大精神，认真按照集团公司的安排部署，深化改革管理、实施创新驱动、转变发展方式、提升发展质量，用实干谱写打造世界一流、实现率先发展新篇章，用实绩为集团公司建设世界一流能源化工公司做出新的更大贡献！

盐227区块开发按照“井工厂”模式建设，钻井速度、压裂时效、单井产能和开发效益大幅度提高，预计可建产能2.7万吨

孤岛油田中一区Ng3聚驱后井网调整非均相复合驱挑战提高采收率60%现场试验站，采收率可达63.6%

2012年，胜利油田海上产能建设稳步推进

渤页平1井压裂施工现场。该井是中国石化在胜利油田部署的第一口非常规页岩油勘探重点预探井

胜利发电厂二氧化碳捕集纯化装置。该装置年捕集、液化二氧化碳4万吨，捕集处理后的二氧化碳纯度达99.5%以上，用于致密油田可提高采收率17.2%

中国石化“走进新国企——碧水蓝天行动”媒体记者在胜利油田采访

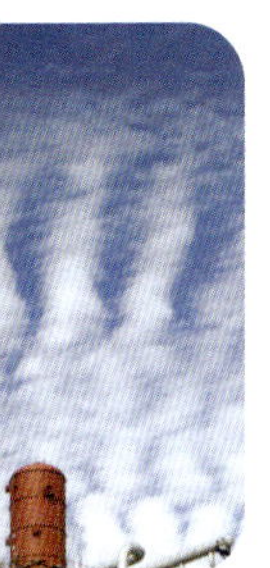

中国石化上海石油化工股份有限公司（简称上海石化）位于上海市金山区，占地面积9.4平方千米，是中国大型的炼油化工一体化综合性石油化工企业，是中国重要的成品油、中间石化产品、合成树脂和合成纤维的生产企业。

上海石化前身为创建于1972年的上海石油化工总厂。1993年作为中国第一批股份制改制试点企业之一，改制为上海石油化工股份有限公司，是我国较早的股票在上海、香港、纽约三地同时上市的国际上市公司。2000年10月，更名为现名。

截至2012年底，上海石化具有1600万吨/年综合加工原油能力和乙烯84.5万吨/年、有机化工原料440万吨/年、塑料树脂100万吨/年、合纤原料114万吨/年、合纤聚合物59万吨/年、合成纤维34万吨/年的生产能力，并拥有独立的公用工程、环境保护系统，及海运、内河航运、铁路运输配套设施。

2012年，上海石化“三人”牌工业用丁二烯、“朝阳”牌涤纶工业长丝等被评为上海市用户满意产品；工业用环氧乙烷和腈纶丝束同时被评为全国用户满意产品。

华北石油局 华北分公司 千万吨华北梦

华北石油局、华北分公司是中国石化集团公司所属的具有五十多年光荣历史的油气勘探开发专业队伍，其工作足迹遍及全国二十二个省（市、区），曾为我国大庆、大港、中原、长庆、江汉、江苏、西北等诸多油田的发现和发展发挥了战略性的先导作用。目前，华北石油局、华北分公司拥有各类从业人员5500余人，在豫、陕、甘、宁、蒙、晋等地拥有5个油气生产基地、14个生产科研单位和5个主要生活基地。华北分公司在鄂尔多斯盆地拥有石油天然气勘探开发区块17个，总面积3.4万平方千米，油气资源总量39.64亿吨，其中石油14.95亿吨，天然气2.53万亿立方米。

"十五"以来，华北石油局、华北分公司在鄂尔多斯盆地低渗致密油气藏的勘探开发实践中，探索形成了"三维地震精细油气藏评价预测技术、水平井优快钻完井及分段压裂技术、水平井能量补充技术、泡沫排水采气及集输工艺"等一批核心关键技术。在盆地北部建立了"近源箱型"成藏模式，攻克了"边际"气田世界级开发技术难题，建成了年产能达34亿立方米的大牛地气田；在盆地南部初步实现致密超低渗裂缝性油藏规模经济有效开发，红河油田、宁东油田、泾河油田、洛河油田等鄂南大油田的格局基本形成，揭开了鄂尔多斯致密低渗油气藏增储上产会战的帷幕，开启了建设千万吨级油气田，实现企业二次跨越式发展的新航程。

作为中国石化集团公司"十二五"增储上产五大会战重点之一，华北石油局、华北分公司承担着股份公司"十二五"国内石油生产增量44%和天然气生产增量21.7%的重任。自2011年鄂尔多斯致密油气增储上产会战启动以来，华北石油局、华北分公司按照集团公司"三新三高"会战要求，着力构建形成了资源、技术、队伍、物资装备、生产组织、企地协调、QHSE、计划财务、人力资源、思想文化等综合保障体系，统筹各种资源，发挥集团优势，以创新的思维，以超常规的方法，破解新时期会战中出现的各种技术、管理、资源调配、地方协调等难题，实现会战初战告捷。2012年，华北分公司提交2亿吨油当量探明地质储量，顺利完成国内首个全水平井10亿立方米天然气产能建设，新建油气产能150万吨油当量，年油气产量突破300万吨油当量，会战进入又好又快发展的新阶段。

当前，华北石油局、华北分公司全体干部职工以"继承优良传统、持续创新发展、打造石化一流"为统领，以大庆精神、铁人精神和石油石化人优良传统为指引，全面掀起了"比学赶帮超，建功创一流"的劳动竞赛热潮，瞄准加快建成千万吨级油气田宏伟目标，以创新推动发展，以责任成就作为，为中国石化建设"世界一流能源化工公司"而努力奋斗！

高桥石化成立于1981年11月，是我国较早实现跨行业、跨部门的特大型经济联合体，隶属于中国石油化工集团公司。

公司位于浦东新区，占地面积4.2平方千米，共有76套生产装置，拥有炼油能力1250万吨/年、化工产品生产能力100万吨/年，自备电厂具有装机容量17.5万千瓦；主要产品有汽油、航空煤油、柴油、润滑油基础油、石蜡、合成橡胶、有机化工原料、合成塑料以及精细化工产品等。2012年，高桥石化实现销售收入746亿元，缴税104亿元。

公司积极开展对外合作交流，分别与德国巴斯夫公司、美国加德士公司、瑞士汽巴嘉基公司、韩国SK公司、日本三井石化株式会社等世界著名企业合作，成立合资公司。

高桥石化

260万吨/年柴油加氢装置

化工一部

中国石油化工股份有限公司上海高桥分公司
中国石化集团资产经营管理有限公司上海高桥分公司

煤气化装置全景

在建的中国石化重点科技攻关项目 20万吨/年合成气制乙二醇工业示范装置

尿素造粒塔

煤气化总控室

中国石油化工股份有限公司湖北化肥分公司，位于长江三峡东大门的湖北省枝江市。企业现有气头和煤头两套造气装置，具备年产32万吨合成氨、56万吨尿素的生产能力。先后荣获“全国五一劳动奖状”“全国思想政治工作先进单位”“全国设备管理优秀单位”“湖北省守合同重信用企业”等省部级以上荣誉，“长江”牌商标被评为中国驰名商标。

湖北化肥分公司

中国石油化工股份有限公司湖北化肥分公司

石家庄炼化分公司

SINOPEC
SHIJIA ZHUANG

中国石油化工股份有限公司石家庄炼化分公司（简称石家庄炼化分公司）位于河北省省会石家庄市东南25千米处，其前身为石家庄炼油厂，始建于1978年，1997年采用局部改制方式，募集发起设立石家庄炼油化工股份有限公司，上市所筹集资金全部投入当年成立的石家庄化纤有限责任公司（简称石化纤）的5万吨/年己内酰胺工程。根据中国石化集团公司改革重组的统一部署，2006年注销石家庄炼油厂，注册成立中国石化集团资产经营管理有限公司石家庄分公司（简称石家庄资产分公司），2007年注册成立石家庄炼化分公司。2009年5月根据总部整体部署，公司进行了“一企一制”整合，石化纤整体、石家庄资产分公司部分资产和人员并入石家庄炼化分公司。

2010年5月，石家庄炼化800万吨/年油品质量升级项目全面启动建设，该项目是列入国家《石化产业调整和振兴规划》的重点建设项目，是中国石化与河北省的战略合作项目，项目计划2013年建成。

目前，石家庄炼化分公司炼油部分原油一次加工能力达到500万吨/年，全流程配套能力达到420万吨/年，现拥有500万吨/年常减压蒸馏、200万吨/年重油催化裂化、80万吨/年延迟焦化等22套生产装置；化工部分经过“5改6.5”和16万吨/年扩容改造，现拥有16万吨/年己内酰胺成套装置和2.5万吨/年锦纶等装置。公司主要产品有汽油、柴油、航空煤油、聚丙烯、液化气、己内酰胺、聚酰胺切片等30多个品种、牌号。

石家庄炼化微藻养殖示范基地

石家庄炼化生物柴油中试装置的原料油和产品

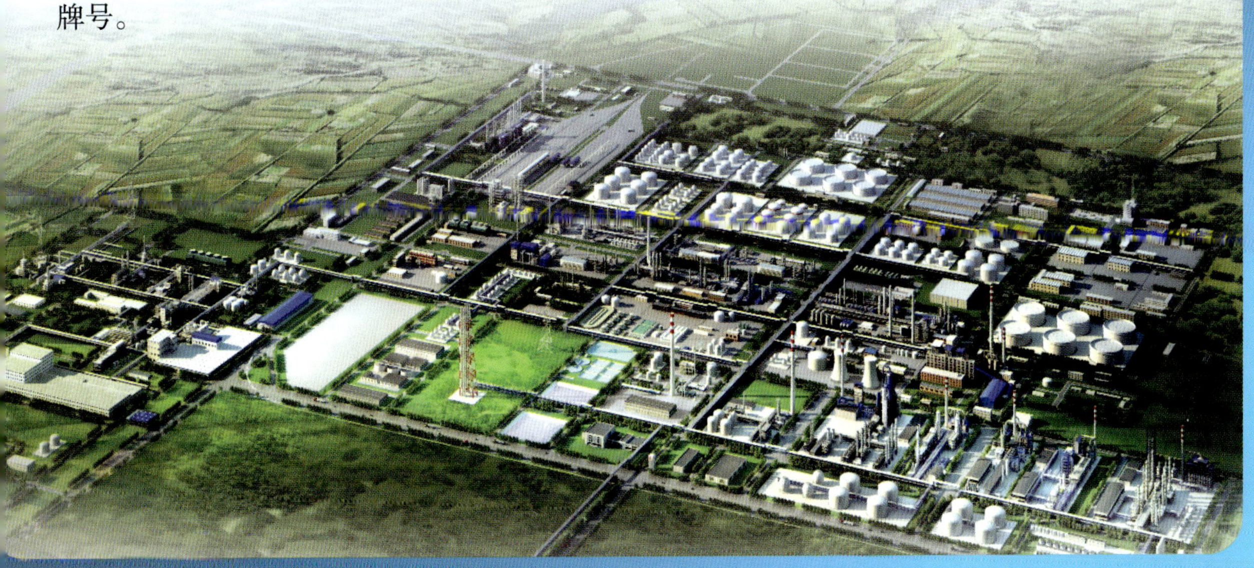

我为您的事业加油
您给我的生活添彩

中国石化山东石油分公司

山东石油分公司共有17个市公司、129个县公司（市片区），用工总量2万余人。现有加油站2600余座，油库26座（库容量93.5万立方米）。

山东石油分公司主营石油、天然气销售，作为成品油流通的主渠道，承担着山东省成品油供应保障任务，是省内大型成品油销售企业。经过多年的发展，业已形成了布局合理、功能完备、流向通畅、保障有力的成品油营销网络。

山东石油分公司确定自身的发展目标是，建设成为一体化基础上的专业化、标准化、信息化的大型成品油连锁经营企业。公司坚持以市场为导向，以经济效益为中心，按照“坚持高标准、努力干实事、开创新业绩”的工作方针，积极创建“我为您的事业加油，您给我的生活添彩”的有山东特色的中国石化服务品牌，大力推行“人人关心企业，企业关心人人”的人本管理理念，企业综合实力和市场竞争能力不断增强，实现了企业的持续、健康、稳定发展。

2012年，山东石油分公司销售成品油1121万吨，实现销售收入880亿元。

20万吨/年甲苯甲基化制二甲苯
工业示范装置

中国石化上海石油化工研究院创建于1960年，在浦东新区和上海市化学工业区分设2个基地，设立5个分院；设有基本有机原料催化剂国家工程研究中心、博士后工作站、全国标准化委员会石油化学分技术委员会、中国石化有机原料科技情报中心站、中国石化有机原料标准化中心、上海市石油化工产品质量监督检验站等依托机构。

上海石油化工研究院以推进中国石油化工技术进步、服务企业发展为己任，自主创新，追求卓越，成功开发了一系列先进技术。形成了甲苯歧化、乙苯脱氢、丙烯腈、精对苯二甲酸、异丙苯、裂解汽油加氢、醋酸乙烯等具有中国石化自主知识产权的成套技术或催化剂，成功应用于国内外大中型石化装置，保持了国际领先或先进水平。在基本有机原料、芳烃、增产低碳烯烃、合纤单体、煤化工、高分子材料、油田化学品及精细化工等技术领域，形成了研发特色和技术优势。

截至2012年底，上海石油化工研究院累计获得省部级以上奖励41项，其中国家科技进步一等奖1项，国家技术发明二等奖3项；获得省部级奖励253项，其中中国石化科技进步和技术发明一等奖30项。

上海石油化工研究院立足“一部两中心”的发展定位，弘扬“艰苦创业、严谨求实、协力攻关、开拓创新”的企业精神，坚持“以人为本、科技创新、支撑石化、和谐发展”的管理方针，力争建成具有国际竞争力的一流研究院，更好地发挥科技创新的“推进器”作用。

自主创新　追求卓越……

中国石化上海石油化工研究院

SINOPEC SHANGHAI RESEARCH INSTITUTE OF PETROCHEMICAL TECHNOLOGY

地址：上海市浦东北路1658号　邮编：201208
电话：+86（21）68462197　传真：+86（21）68462283、68466900
E-mail：yuanban.sshy@sinopec.com　网址：www.sript.com.cn

五建公司为主体承建的沙特拉比格千万吨炼油项目高标准实现机械竣工

五建公司承建的上海赛科26万吨／年丙烯腈装置获全国优秀焊接工程奖、中国石化优质工程奖

中国石化 SINOPEC

中石化第五建设有限公司

中石化第五建设有限公司（以下简称五建公司）于1953年成立，是我国较早从事石油化工建设的大型工程建设企业，是中国石油化工集团公司直属大型综合性工程建设企业。具有化工石油工程施工总承包一级企业资质、国外工程承包资质、对外经济合作经营资格资质和建筑行业（建筑工程）乙级、石油化工医药行业（化工工程、石油及化工产品储运）专业乙级设计资质等，正在申报“石油化工工程施工总承包特级资质”。现有员工队伍近3000人，取得各类专业技术职称人员900人，拥有国家一级、二级建造师近百人，从事各项管理工作和专业技术人员近千人。有长期使用外籍员工200余人，有长期联营的合作队伍15000余人。

五建公司现具备40亿元/年以上的施工生产能力。在大型设备吊装、大型传动设备（机组）安装、大型储罐安装、大型DCS自动化集散控制系统安装与调试和特种材料焊接等“四大一特”，以及大型锅炉、大型空分、炼油、聚烯烃、甲醇、煤化工等方面，形成了独具特色的技术优势。

五建公司在60年的发展历程中，从我国东北到西北、再到改革开放的前沿——华南，足迹遍布神州大地和海外，所到之处建起了一片片厂房，立起了一座座高塔，创下了一次次业绩，立下了一座座丰碑，高标准建成了一大批重点工程建设项目。先后高标准建成500多套大中型石油化工、炼油装置，为我国的石油化工事业发展做出了突出贡献。用双手托起了共和国石油化工的“长子”——兰州石化，创造了共和国石油化工的多个第一。于2006年率先走向“海外”，为中国石化炼化工程海外业务发展立下丰碑，承建的沙特拉比格千万吨/年炼油项目获国家优质工程银质奖，成为中国石化唯一一个获国家大奖的国际项目。先后获全国“重合同、守信用企业”“全国五一劳动奖状”“全国优秀施工企业”“全国用户满意安装企业”“中国建筑工程鲁班奖”等省部级以上荣誉200余项。

五建公司将以“团结、敬业、奉献、创新”为企业精神，以“诚信、规范、双赢”为经营理念，以诚信的理念和雄厚的实力，为业主奉献最好、最优的工程（产品）精品，为“五建梦”“石化梦”“中国梦”的早日实现，做出应有的和更大的贡献。

>> 诚信

>> 规范

>> 双赢

五建公司承建的茂名石化公司2台410吨CFB锅炉点火一次成功

五建公司承建的兰州石化30万吨／年合成氨、52万吨／年尿素装置为甘肃省经济建设做出了突出贡献

湖北化肥

【概况】 中国石油化工股份有限公司湖北化肥分公司(简称湖北化肥分公司)暨中国石化集团资产经营管理有限公司宜昌分公司(简称宜昌资产分公司)统称湖北化肥，前身为湖北省化肥厂，生产装置是国家20世纪70年代引进的13套大型化肥装置之一，于1974年10月开工建设，1980年1月投产。湖北化肥位于湖北省枝江市，占地面积160万平方米，1983年7月1日整体并入中国石油化工总公司。截至2012年底，湖北化肥拥有30万吨/年合成氨、52万吨/年尿素的生产能力；下设18个部门和16个直属单位，职工1 321人，其中各类专业技术人员264人，具有高级职称的有38人。主要生产装置有3台高压燃煤锅炉，2台2.5万千瓦发电机组，煤气化、空分、净化、合成氨、尿素装置等，另外有1条与焦柳线接轨的23千米专用铁路和工业编组站。

湖北化肥主要技术经济指标和主要产品产量见表1和表2。

(刘　焱)

【领导班子调整】 2012年12月24日，石化集团公司对湖北化肥领导班子进行调整：任命胡明生为湖北化肥分公司总经理，兼任中共湖北化肥厂委员会副书记，不再兼任纪委书记、工会主席；任命张正军为中共湖北化肥厂委员会书记；任命赵晓军为湖北化肥分公司副总经理、中共湖北化肥厂委员会委员；杨华章因退休免去其湖北化肥分公司总经理、中共湖北化肥厂委员会委员职务。

(刘　焱)

【20万吨/年合成气制乙二醇工业示范装置开工建设】 2012年8月30日，湖北化肥分公司20万吨/年合成气制乙二醇装置开工建设。11月23日，石化股份公司正式下发乙二醇项目基础设计批复文件，标志着乙二醇项目前期工作全部结束，项目进入采购和施工阶段。

(刘　焱)

【粉煤气化—低水/气耐硫变换新工艺项目通过中期检查】 2012年4月18日，受国家发改委委托，中国石油和化学工业联合会与石化集团公司联合组织相关专家，对国家石化行业低碳技术创新和产业化示范工程——粉煤气化—低水/气耐硫变换新工艺项目的执行情况进行中期检查，均达到考核指标要求。该项目于2012年1月建成投用，是湖北化肥首次承担的国家石化行业低碳技术创新和产业化示范工程。

(刘　焱)

【生产执行系统通过测试验收】 2012年9月19日，经石化集团公司专家组对湖北化肥生产执行系统(MES)进行测试，系统达到验收标准并被纳入中国石化总部应用评价考核和排名范围。湖北化肥MES于2011年7月建设，2012年1月开始试运行。

(刘　焱)

【获年度绿色企业管理奖】 2012年11月24日，中国环境报社在北京召开“贯彻环保‘十二五’规划推动企业可持续发展论坛、中国环境报理事会成立十周年庆典暨中国环境报理事会2012年会”，会上表彰了包括湖北化肥在内的12家绿色企业管理奖获奖单位。

(刘　焱)

表1 **湖北化肥主要技术经济指标** 亿元

指标名称＼年份	2012	2011	2010	2009	2008	2007
工业总产值						
湖北化肥分公司	10.56	8.36	6.09	5.39	4.90	3.38
宜昌资产分公司	3.21	3.18	1.57	3.59	2.11	2.48
工业增加值						
湖北化肥分公司	-1.01	-1.11	-1.54	-2.90	-1.29	-2.16
宜昌资产分公司	0.65	0.20	-0.09	0.98	-0.01	0.58
资产总计						

续表

年份 指标名称	2012	2011	2010	2009	2008	2007
湖北化肥分公司	9.24	6.68	6.59	9.56	17.49	15.94
宜昌资产分公司	5.44	5.52	5.92	6.15	6.31	6.69
流动资产						
湖北化肥分公司	2.49	1.35	1.36	1.11	1.76	1.36
宜昌资产分公司	0.55	0.29	0.46	0.33	0.47	1.26
固定资产原值						
湖北化肥分公司	31.31	30.81	30.30	30.15	30.37	26.89
宜昌资产分公司	8.21	8.05	7.80	7.87	7.60	6.00
固定资产净值						
湖北化肥分公司	1.87	1.42	0.92	4.34	13.98	13.60
宜昌资产分公司	4.74	5.02	5.30	5.70	5.76	4.52
销售收入						
湖北化肥分公司	10.47	8.07	7.50	7.14	5.12	3.44
宜昌资产分公司	3.39	3.72	1.82	4.01	2.51	3.02
实现利税						
湖北化肥分公司	-2.53	-2.84	-7.20	-11.48	-4.07	-3.68
宜昌资产分公司	-0.39	-0.64	-0.83	0.07	-0.81	0.08
税　金						
湖北化肥分公司	0.05	—	—	—	0.01	0.01
宜昌资产分公司	0.07	0.06	0.11	0.13	0.46	0.21
综合能耗/吨标煤·万元$^{-1}$						
湖北化肥分公司	6.83	7.41	7.86	9.04	10.99	—
宜昌资产分公司	1.99	2.01	3.18	3.06	3.28	—

表 2　　湖北化肥主要产品产量　　万吨

年份 产品名称	2012	2011	2010	2009	2008	2007
湖北化肥分公司						
合成氨	28.68	22.28	21.74	18.58	14.79	12.67
尿　素	44.26	32.63	30.64	31.74	21.29	18.78
宜昌资产分公司						
蒸　汽	211.22	236.90	134.98	242.99	177.92	254.61
电/亿千瓦·时	1.27	1.58	1.09	1.16	0.85	1.31

石家庄炼化

【概况】 中国石油化工股份有限公司石家庄炼化分公司(简称石家庄炼化分公司)和中国石化集团资产经营管理有限公司石家庄分公司(简称石家庄资产分公司)统称石家庄炼化，位于河北省石家庄市东南25千米处。其前身为石家庄炼油厂，始建于1978年，1983年建成投产，同年7月1日划归中国石油化工总公司。1997年采用局部改制方式募集发起设立石家庄炼油化工股份有限公司，上市所筹集资金投入到当年河北省人民政府与中国石油化工总公司合资设立的石家庄化纤有限责任公司(简称石家庄化纤公司)，共同建设石家庄5万吨/年己内酰胺工程。石家庄化纤公司的股权几经变更，2009年3月转换成为石化股份公司的分公司。根据石化集团公司改革重组的统一部署，2006年注销石家庄炼油厂，注册成立石家庄资产分公司，2007年注册成立石家庄炼化分公司。2009年5月，根据“一企一制”的整体要求，石家庄化纤公司整体、石家庄资产分公司部分资产和人员被整合并入石家庄炼化分公司。

截至2012年底，石家庄炼化共设生产调度部、计划部、安环部、机械动力部等职能部门16个，总务部、物资供应中心、营销中心等直属机构8个，炼油作业一部、化工作业部等二级单位6个；共有职工2 871人，其中具有高级职称的199人、中级职称的408人。

石家庄炼化分公司炼油部分主要包括500万吨/年常减压装置、200万吨/年催化裂化装置、80万吨/年延迟焦化装置等20余套炼油生产装置，化工部分主要包括16万吨/年己内酰胺成套装置和2.5万吨/年锦纶装置；主要产品有汽油、柴油、航空煤油、己内酰胺、聚酰胺切片、硫酸铵、液化气、聚丙烯等30多个品种。

石家庄炼化分公司主要技术经济指标和主要产品产量见表1和表2。

(马立亚)

【细化完善并严格执行《安全生产禁令》】 2012年，石家庄炼化坚持“严格管理就是对职工最大关爱”的理念，不断强化安全措施。4月，针对职工在岗无约束使用手机威胁安全生产的实际情况，再次对《安全生产禁令》有关条款进行修订完善，安全防范体系得到进一步强化；同时严格执行《安全生产禁令》，2名职工因违反禁令被解除劳动合同。

(马立亚)

【引入先进HSE管理方法和技术手段】 2012年，石家庄炼化扎实推进OSHA、HSE管理系统信息化和标准化建设工作。对OSHA产生背景、统计方法和实施的重大意义进行了广泛宣传，并明确责任分工，全年实现安全生产920万工时；2月启动HSE标准化推进工作，4月成立HSE管理系统信息化工作组织机构，5月完成了复查和自评，11月底HSE管理系统开始上线试运行，12月通过了河北省组织的现场审查。

(马立亚)

【“比学赶帮超”工作取得新成绩】 2012年，石家庄炼化不断完善“比学赶帮超”活动体系、实施方案并扎实开展，全年在总部“比学赶帮超”工作评价中，炼油部分获红旗8面、红星22颗，化工部分获红旗8面、红星4颗，轻质油收率、高价值产品收率、吨产品平均价格、吨油外排污水、工业水重复利用率5项指标位列总部前10名，综合商品率、吨油取水等18项主要指标同比取得明显进步。

(马立亚)

【建立一体化管理体系】 2012年，石家庄炼化通过打破条块分割、各自为政的传统思维和习惯做法，确立以防控风险、确保组织目标实现为核心的职责体系，将局部的、阶段性的职责变为整体的、全过程的职责，建立符合基于风险的、以目标结果为导向的一体化管理体系要求的制度体系，包括风险识别和评估、矛盾暴露、共同解决问题化解矛盾等制度。

(马立亚)

【六西格玛项目试点工作取得初步成果】 2012年，按照石化集团公司总部进行六西格玛项目管理试点的部署，石家庄炼化制定了项目实施方案，选择了提高己内酰胺一等品率等4个综合课题，利用六西格玛管理方式进行改进提升。项目实施后取得了良好效果，己内酰胺一等品率由96%提高到99.83%，柴油收率提高0.2个百分点，4个项目实施后增效近4 000万元/年。

(马立亚)

【基层建设不断增强】 2012年，石家庄炼化按照全岗位操作工、复合型技术骨干、发展型管理团队“三培养”工程的策划，开展了技能操作、专业技术、经营管理三支队伍的技术比武和竞赛活动，首次组织了技师、高级技师职业鉴定；启动了“周五技术课堂”培训活动，全年累计完成 13 期 847 人次的“公司大课堂”培训；进一步深化基层班组“班校家”建设工作，全年共有 177 个试点班组开展了“班校家”建设，“班校家”团队管理模式获 2012 年度河北省工会十大创新成果荣誉。

（马立亚）

【高效安全完成化工大检修及炼油部分装置检修】 2012 年，石家庄炼化及早策划、精细准备、科学安排，从检修计划、检修方案、检修管控等多方面进行工作部署，5 月 28 日—6 月 25 日进行了化工装置开工投产以来规模最大、深度最大的一次检修，也是作业部制调整后首次大检修和按项目管理模式要求进行的首次大检修。此次检修共完成常规检修 1 522项、工艺动改 22 项、技措 40 项、设备更新 18 项和扩容改造甩头 55 个。同时，采用以作业部为主导的新模式，在焦化、二制氢装置及锅炉装置轮修中进行了初步尝试，装置轮修顺利有序完成，充分展现了作业部管理的优势及项目式大检修管理的科学性和规范性。

（马立亚）

【科技进步取得重大进展】 2012 年，石家庄炼化承担石化集团公司总部“十条龙”攻关项目 3 项，均取得重大进展：3—6 月，连续液相加氢技术开发与工业应用项目进行了节能优化、掺炼催化柴油和焦化汽油试验，并进行了装置满负荷标定，标定结果表明各项技术指标均达到攻关目标要求；8—9 月，成功进行了第二代生物质车用柴油技术中试试验，取得理想成果，为该技术工业化奠定了基础；2 月，总部组织对中国石化第三代环管工艺聚丙烯工艺包进行了评议，年底前完成长周期设备订货，装置土建施工展开。7 月，中国首个以炼厂二氧化碳废气为碳源的微藻养殖示范装置在石家庄炼化分公司建成并投入运行，该装置将为微藻生物质能源的技术开发提供示范。

（马立亚）

【群众性技术创新活动成效显著】 2012 年，石家庄炼化充分发挥广大干部职工的聪明才智，积极开展改善经营管理建议活动，全年共收集建议 2 103 项，评出优秀建议奖 721 项，全部实施后预计可创效 3 908万元/年；开展了火车大鹤管定量装车系统改造等 15 项技术攻关，全年结题 7 项，可产生效益 600 多万元/年；同时积极推进基层 QC 小组活动，共取得 QC 成果 81 项，其中获全国优秀成果奖 2 项、河北省优秀成果奖 4 项、石家庄市优秀成果奖 3 项。

（马立亚）

【降本减费挖潜增效显成效】 2012 年，石家庄炼化积极开展“经营一元钱，节约一分钱”活动，共制定具体措施 129 项，把“经营一元钱，节约一分钱”的理念落实到日常工作和生活中，既有紧盯市场降低原油采购成本、优化生产降本增效、科学采购降低物资采购价格、紧盯市场提高自销产品比价、科学管理资金降低财务费用、全面统筹降低投资成本等多个关键创效点，也有从身边点滴做起的小节约，全年降本减费挖潜增效 8 447 万元。

（马立亚）

【800 万吨/年炼油项目建设扎实推进】 2012 年，石家庄炼化充分发挥项目部统揽全局的作用，紧紧围绕 800 万吨/年项目总体统筹计划和工程建设里程碑控制目标，加大设计、采购协调力度，加强设计、采购、施工之间的有序衔接，加快设计、采购进度，统筹优化各种资源配置，全力推进工程建设。全年共完成建设投资 18. 48 亿元，累计投资 32. 85 亿元，完成总投资的 41. 91%；60 万吨/年航煤加氢装置建成并一次开车成功，原油罐区及泵房实现中交，共架火炬系统正式投用，主装置详细设计基本完成。

（马立亚）

【积极推动和谐企业建设】 2012 年，石家庄炼化积极推动职工技术创新工程，开展“五小”创新创效、800 万吨/年项目劳动竞赛等活动，共有 9 人和 10 个单位分别获得全国能源化学系统工人先锋号等市级以上荣誉称号；完善困难职工动态档案，开展“金秋助学”、结对帮扶和节日慰问等活动，全年共救助困难职工及社区居民 1 528 人次、暖气费帮扶 201 户、“金秋助学”救助金补助 42 户；不断提高社区整体服务水平，发挥老年大学作用，提高文化素养和推行文化养老氛围逐步形成；强化社区功能建设，实施社区配电设施隐患治理，进行社区天然气改造；开展丰富的群众性文娱活动，成功举办系列晚会活动，实现了月月有活动、季季有比赛的目标；持续推进“职工健康”工程，举办了广播操比赛及各类专项比赛，成功组织了第 18 届职工运动会，在员工中树立了“快乐工作、健康生活”理念；加强团建工作，公司团委获全国五四红旗团委称号。

（马立亚）

表 1　　石家庄炼化分公司主要技术经济指标　　亿元

指标名称 \ 年份	2012	2011	2010	2009	2008	2007
原油加工量/万吨	417.69	412.18	420.09	355.46	381.97	334.54
工业总产值	272.87	266.25	229.57	188.24	180.38	134.32
工业增加值	30.80	37.32	50.11	33.59	-29.99	-3.04
资产总计	107.21	86.77	70.78	60.69	32.00	34.82
流动资产	49.54	43.01	28.85	22.92	15.27	20.28
固定资产原值	84.52	85.58	83.71	81.98	29.85	28.16
固定资产净值	25.78	24.83	23.94	24.58	13.07	12.70
销售收入	275.09	267.86	231.48	158.31	184.54	132.79
实现利税	23.09	30.87②	46.85	24.90	-23.30	-5.56
税　金	36.63	40.96②	42.19	29.07	4.82	4.07
综合能耗①/吨标煤·万元$^{-1}$	0.38	0.38	0.52	0.50	0.52	0.58

①2011 年为 2010 年不变价，2007—2010 年为 2005 年不变价

②数据有修正

表 2　　石家庄炼化分公司主要产品产量　　万吨

产品名称 \ 年份	2012	2011	2010	2009	2008	2007
汽　油	89.99	87.04	88.64	78.75	78.59	61.33
煤　油	0.32	—	4.31	7.05	12.10	11.14
柴　油	196.21	186.43	187.09	159.77	171.69	143.71
燃料油	5.81	6.15	6.87	3.31	5.74	5.31
液化气	21.85	22.11	20.95	19.63	19.86	17.49
硫　黄	2.21	2.25	1.87	1.43	1.42	1.32
精丙烯	9.46	9.63	9.69	8.47	8.65	7.78
聚丙烯	4.95	4.95	4.74	4.23	4.44	5.17
石油焦	21.75	25.71	26.50	23.48	22.42	24.25
己内酰胺	9.84	10.86	10.50	4.82	5.63	6.56
硫酸铵	25.29	27.83	27.40	18.23	21.35	25.52
苯甲醛	0.53	0.59	0.57	0.33	0.40	0.44
切　片	1.96	2.23	2.14	1.47	1.78	2.33

济南炼化

【概况】 中国石油化工股份有限公司济南分公司(简称济南分公司)和中国石化集团资产经营管理有限公司济南分公司(简称济南资产分公司)统称济南炼化，其前身始建于1971年，1975年投产，1983年划归中国石油化工总公司，1998年留转至石化集团公司，2000年根据重组改制方案，企业进行主辅分离，主业进入石化股份公司，成为济南分公司；辅业部分于2006年11月经过体制转换，成为济南资产分公司。

济南炼化位于山东省济南市历下区，占地面积2.4平方千米，距市中心11千米，地处胜利、中原两大油田之间，自备铁路与胶济线相连，厂区南北有济王路、309国道和济青高速公路，距济南遥墙国际机场15千米，地理位置优越，交通运输四通八达。

截至2012年底，济南炼化固定资产原值63.11亿元，具备650万吨/年原油综合加工配套能力，拥有常减压蒸馏、重油催化裂化、延迟焦化、汽油催化重整、柴油加氢精制、丙烷脱沥青、糠醛精制、酮苯脱蜡、白土补充精制、气体分馏、甲基叔丁基醚、聚丙烯等30余套主要生产装置，可生产汽油、煤油、柴油、液化气、石油焦、聚丙烯、硫黄、润滑油基础油等50余种产品，产品出厂合格率始终保持100%。济南分公司职工人数为1 963人，其中各类专业技术人员547人(具有高级职称的207人，中级职称的311人)；济南资产分公司职工人数为128人，其中各类专业技术人员41人(具有高级职称的8人，中级职称的19人)。

济南分公司主要技术经济指标和主要产品产量见表1和表2。

(邓顺平)

【重质基础油光亮油生产基地建成投产】 济南炼化立足企业实际，以“绿色低碳、产品领先”战略为指引，全力推进重质基础油光亮油生产基地建设。该项目从规划立项到建成投产历时3年多的时间，投资额度大、涉及面积广、工艺流程长。经过紧张施工，新建30万吨/年润滑油加氢装置和200万吨/年原料预处理、60万吨/年丙烷脱沥青、35万吨/年糠醛精制、28万吨/年酮苯脱油脱蜡、16万吨/年基础油白土精制、6万吨/年石蜡白土精制和6万吨/年石蜡成型等扩能改造装置相继建成中交，实现了全流程一次开车成功，创造了项目建设全过程无安全和质量事故的良好业绩；11月17日，首批150BS光亮油产品合格产出。重质基础油光亮油生产基地项目建成投产后，济南炼化产品结构发生了根本性转变，能够生产高端重质基础油、光亮油、全精炼蜡和上百种副产品，润滑油、石蜡产品全面升级换代，产品质量一流，创效优势显著，填补了中国石化150BS光亮油和80#微晶蜡的生产空白，提升了企业核心竞争力。

(邓顺平)

【60万吨/年逆流移动床重整装置开工建设】 2012年8月6日，济南炼化60万吨/年逆流移动床重整装置正式开工建设。该项目是中国石化“十条龙”攻关项目之一，采用具有中国石化自主知识产权的逆流移动床催化重整技术，重整单元设计处理能力60万吨/年。项目建设内容主要包括原料预加氢单元、催化重整单元、催化剂再生单元，配套改造苯抽提装置、新建氢气提浓装置及相应储运配套设施。截至年底，装置地下施工任务大部分完成，逐步转入地面安装。

(邓顺平)

【4万吨/年硫黄回收装置技术改造项目建成开工】 2012年2月29日，济南炼化新建4万吨/年硫黄回收装置建成中交；4月16日一次开车成功，实现了高标准设计、高质量建设、高水平投产。该装置年产工业硫黄近4万吨，能够接收汽油脱硫(S－Zorb)装置和催化装置产生的废气，二氧化硫排放指标优于国家标准，可大幅提高酸性气和含硫污水的处理能力，进一步提升环保指标，经济效益和环境效益明显。

(邓顺平)

【获评山东省清洁生产优秀企业】 2012年3月28日，山东省经信委组织专家组来到济南炼化，按照《山东省清洁生产审核验收暂行办法》的要求，对济南炼化2011年清洁生产审核工作进行了全面检查验收。专家组认为，济南炼化具有超前的清洁生产意识和理念，起步早，基础工作扎实，积极致力于依靠技术改造和创新来提升企业清洁生产水平，审核验收顺利通过，授予山东省清洁生产优秀企业称号。济南炼化认真贯彻“绿色低碳”战略，在本轮清洁生产中共实施无费、低费方案32个，中费、高费方案10个，实现节电794.31万千瓦·时，节约蒸汽11.89万吨，节约燃料气625.19吨，节水11.88万吨；年减排碱渣700吨，减少含硫污水产生3.46万吨；42个已实施清洁生产方案共计投资3 404.8万元，每年为公司带来经济效益4 400多万元，实现了节能降耗、减污增效的清洁生产目标。

（邓顺平）

【RAM技术应用启动】 2012年9月13日，设备可靠性、可用性、可维护性（RAM）技术项目启动会在济南炼化召开。RAM技术及其工业应用在中国石化炼油及化工板块企业中尚属首次，整个项目分为数据收集、数据库建立、模型建立、维护方案形成并维护、装置备件的库存方案评估和优化5个阶段，将建立关键设备故障数据库，对关键设备进行可靠性、可利用性、可维护性评价，能有效促进设备管理水平进一步提升。济南炼化选择140万吨/年重油催化裂化装置作为RAM技术项目应用试点。

（邓顺平）

【增产燃料油见成效】 2012年，济南炼化紧跟石化集团公司总部增产汽柴油奖励政策导向，上半年增产汽油1.26万吨、柴油1.84万吨，在保障市场供应、履行国企社会责任的同时，增效1 589万元；下半年以增产汽油为主线，采取优化催化原料、深挖重整装置潜能、优化S－Zorb操作等措施，全年汽油收率增加0.44个百分点，增产汽油1.99万吨，增效1 369万元。

（邓顺平）

【优化营销增效益】 2012年，济南炼化通过分析宏观经济形势、领会石化集团公司总部政策导向、把握市场信息等，及时调整配置产品销售节奏，全年通过对汽、柴油配置节奏的调整，增加经济效益约1 302万元。同时，积极主动配合专业销售公司推价促销，做好客户服务，实现了聚丙烯、石油焦、硫黄等传统优势产品的销售价格始终在总部名列前茅。按照“细分产品、细分市场、细分客户”的原则，做精做优自营产品销售。坚持气体产品的市场细分，抓好重碳四的市场开发，全年重碳四销量同比提高3.4万吨，较同期民用气增效6 626万元。在石脑油配置紧张、市场过剩的情况下，努力增加出厂渠道，累计销售22.01万吨，与90#汽油相比增加效益2 986万元。

（邓顺平）

【降低资源成本增效益】 2012年，济南炼化从把握采购节奏、优选原油品种两个环节入手，有效降低资源成本，提高经济效益。通过较为准确地把握原油采购时机，灵活原油库存运作，全年降低采购成本2 175万元。在原油品种的优化上，充分运用PIMS软件，做到6个环节必测算，即上报原油采购建议计划、原油贴水发生较大变化、基准原油价差发生变化、开工装置结构发生变化、产品价格发生较大变化、月末原油采购执行完成。4月，济南炼化降低原油采购成本约5 140万元，经PIMS测算，增加效益约3 280万元。

（邓顺平）

【通过一体化管理体系监督审核】 2012年12月21日，济南炼化一体化管理体系监督审核末次会议召开。北京三星九千认证中心审核组认为，济南炼化在取得QES三体系认证证书后，在保证体系有效运行方面做了大量细致有效的工作，一体化管理的意识持续提升，工作规范化、标准化有效深入，发现问题得到了及时处理和改进。同时，公司新增的全精炼石蜡、微晶蜡和润滑油基础油3种产品也顺利通过一体化认证审核，进一步扩大了体系覆盖范围。审核组一致同意推荐保持济南炼化质量管理体系和环境、职业健康安全管理体系认证注册资格，审核工作顺利通过。

（邓顺平）

表1 济南分公司主要技术经济指标 亿元

指标名称 \ 年份	2012	2011	2010	2009	2008	2007
原油加工量/万吨	450.15	454.61	407.35	393.70	400.01	357.51
工业总产值	273.11	268.62	205.04	165.98	188.94	135.02
工业增加值	49.27	43.81	53.45	57.36	－12.02	1.09
资产总计	46.91	38.38	34.98	29.88	25.07	29.62

续表

指标名称 \ 年份	2012	2011	2010	2009	2008	2007
流动资产	14.51	10.84	13.48	9.75	8.16	12.14
固定资产原值	59.51	49.61	47.18	46.57	40.31	39.41
固定资产净值	28.36	20.62	18.40	19.49	15.30	15.65
销售收入	272.04	268.11	208.66	167.34	188.94	133.90
实现利税	42.91	37.49	48.88	54.61	-7.51	-1.06
税　金	46.88	46.93	44.66	43.31	5.92	5.53

表2　济南分公司主要产品产量　万吨

产品名称 \ 年份	2011	2010	2009	2008	2007	2006
汽　油	122.67	121.75	104.19	106.56	105.27	82.83
柴　油	187.62	186.14	167.37	155.20	171.44	144.64
沥青料	10.62	10.47	15.18	19.27	1.24	13.17
商品重油	—	—	—	1.67	1.83	10.09
液化石油气	24.57	24.82	21.71	21.14	22.77	18.33
润滑油基础油	0.80	9.28	8.35	7.25	6.71	6.07
聚丙烯	11.14	10.70	9.10	9.68	10.87	9.30
化工轻油	21.79	19.38	16.98	4.48	8.61	13.96

武汉石化

【概况】 中国石油化工股份有限公司武汉分公司(简称武汉分公司)和中国石化集团资产经营管理有限公司武汉分公司(简称武汉资产分公司)统称武汉石化，是石化集团公司直属大型工业企业，前身为武汉石油化工厂，始建于1971年，投产于1977年，1983年隶属于中国石油化工总公司。武汉石化炼油部分位于湖北省武汉市青山区，占地239公顷(239万平方米)，北濒长江水道，水路交通便利，共有23套主要生产装置，主要生产汽油、柴油、航煤、石脑油、聚丙烯、“三苯”、液化气、硫黄、石油焦等。化工部分即武汉80万吨/年乙烯工程位于武汉市化工区，占地294.8公顷(294.8万平方米)，与炼油厂直线距离9.8千米，包括11套主体装置及系统配套工程，2012年底建成中交。

武汉石化实行职能部门、基层单位两级扁平化管理，共设25个处室。炼油部分下设18个车间，乙烯部分下设8个职能部门、8个基层分部。截至2012年底，武汉石化共有在岗职工3 370人。

武汉石化主要技术经济指标和主要产品产量见表1和表2。

(任丽娜)

【领导班子调整】 2012年5月，经石化集团公司党组研究并征得中共武汉市委员会同意，决定免去邱安翔中共武汉石油化工厂委员会书记、委员、纪律检查委员会书记职务，调任中石化集团党组第5巡视组组长。12月，任命刘家海为中共武汉石油化工厂委员会书记，管泽民为武汉分公司副总经理，马祥为中共武汉石油化工厂委员会副书记、纪委书记、工会主席。

(任丽娜)

【炼油专业指标全面达标】 2012年，武汉石化进一步深化达标管理，克服四年一次全厂停工大检修的影响，加强生产组织和运行管理，狠抓重点难点项目攻关，确保了炼油专业指标全面达标。其中，综合商品率95.02%，比考核指标高0.32个百分点；轻质油收率75.78%，比考核指标高0.78个百分点；综合能耗65.86千克(标油)/吨，比考核指标低0.14千克(标油)/吨；加工损失率0.58%，与考核指标持平；原油储运损失率0.14%，比考核指标低0.03个百分点。5项炼油达标指标在石化集团公司总部33家炼化企业中排名第19位。

(任丽娜)

【不断夯实安全环保生产基础】 2012年，武汉石化重点在深化安全风险抵押和现场"七想七不干"上下功夫。建立工艺操作、设备检维修等31种自检卡。动火作业实行网上提前申报，完成了炼油、乙烯全部主体生产车间安全总监设置，"两特"值班得到加强。"谁的地盘谁负责，谁的人谁负责，谁派的活谁负责"的安全责任理念得到强化。HSE考核兑现扣奖35.16万元、同比增长76%，嘉奖17.12万元、同比增长257%。启动了"反违章、防误操、保平稳"活动。全厂馏出口合格率99.55%。实现了全年无上报石化集团公司安全、环保事故，连续安全生产567天。大力加强环保和清洁生产工作。在国务院安委办安全检查、环保部华南督察中心的固废管理检查、总部HSE大检查和环保大检查中，得到肯定。大检修停工阶段，实现了"气不上天、油不落地、渣不出厂、无臭气扰民"的目标。OSHA统计百万工时可记录伤害率0.19、百万工时损失工时伤害率0.59。职工职业健康体检率100%，作业场所有毒有害因素监测率100%，危险废物处理率100%。获武汉市清洁生产企业称号。

(任丽娜)

【完成四年一次全厂停工大检修】 2012年，武汉石化进行四年一次全厂大检修，完成了18套装置2 221项检修任务，实现检修装置一次开车成功。在大检修中，首次实现原油管道低输量和安全库存，首次采用项目管理模式，首次引入第三方安全环保监管，并将主要检修单位——已改制的检安公司纳入武汉石化设备管理体系。

(任丽娜)

【强化装置平稳率考核见成效】 2012年，武汉石化针对大检修开工后生产波动异常情况，认真加强研究和分析，制定了《武汉分公司装置非计划停工及生产异常波动管理规定》。定期组织召开预防非计划停工、生产异常分析会，提出对策措施。修订完善装置工艺技术规程和岗位操作法，提升工艺技术管理、岗位操作的精细化、规范化水平，做到操作过程表单化。每周对装置、管廊电子巡检情况上网公布，严格考核，促进操作人员认真巡检，及时发现和排除各类隐患。

(任丽娜)

【开展设备预防性维修】 2012年，武汉石化加强设备管理体系建设，努力推进设备全寿命周期管理。按照设备运行零故障、故障处理零障碍、现场零泄漏的设备管理"三零"理念，坚持开展设备故障强度分析，深化设备预防性、预知性维修，设备故障对生产的影响同比下降51%；开展设备故障排查，每周坚持"三检"特护和设备周报会，车间级设备缺陷平台问题处理率96.38%，公司级设备故障平台问题处理率95.9%。按照清除"跑、冒、滴、漏"的总体要求，开展现场漏点攻关，启动介质泄漏"勤查、快治、杜绝乱排乱放"的治理工作，装置漏点明显减少。持续开展设备看板管理、加热炉运行管理、"最差10台机泵"评比等"比学赶帮超"活动，不断强化责任落实。仪表控制率98.83%，自保联锁投用率100%；加热炉运行热效率91.76%，同比提高0.59个百分点。

(任丽娜)

【增产汽柴油增效4 318万元】 2012年，面对成品油与原油价格倒挂造成的巨额亏损压力，武汉石化认真贯彻落实石化集团公司党组要求，切实履行央企的政治责任、社会责任和经济责任，对内挖潜降本，对外确保市场供应。全年生产成品油(汽煤柴)304万吨，超额完成年计划。柴汽比降至1.58，获得总部汽柴油增产奖励4 318万元。93#以上高标号汽油比例达100%(其中97#汽油比例提高3.08%)。航煤吨原油产率5.06%。

(任丽娜)

【优化原油采购降低成本1 100万元】 2012年，武汉石化紧跟市场变化，认真优化生产经营方案测算和原油采购工作，通过"低价区间涨库、高价区间降库"优化原油库存运作，降低采购成本1 100万元。

(任丽娜)

【获武汉市循环经济标杆企业称号】 2012年，武汉石化成功引入青山热电厂蒸汽，减少了公司重复投资 4 亿元。同时，继上年从武钢集团公司成功引入氮气后，又积极与武钢集团公司研讨合资建设工业气体公司的可行性。获武汉市循环经济标杆企业称号。

（任丽娜）

【80 万吨/年乙烯和炼油改造二期工程顺利中交】 2012 年，武汉石化全力推进武汉 80 万吨/年乙烯工程建设，12 月 28 日工程顺利中交，从工程建设阶段全面转入试车阶段。11 月 26 日，油品质量升级炼油改造二期工程顺利中交。二期项目系统配套工程在检修后陆续投用，4 套主体装置于 12 月完成仪表联校、工艺管线冲洗等工作。

（任丽娜）

2012 年 11 月 26 日，武汉分公司 800 万吨/年油品质量升级炼油改造二期工程中交（付　松　摄）

【科技进步取得新成果】 2012 年，武汉石化科技进步工作取得丰硕成果，共实施技术改造 59 项，开展科技课题研发 22 项，申请专利 8 项，获得授权专利 2 项。“干气制氢中变气脱碳提纯氢气技术及产业化”获得湖北省科技进步二等奖。列入总部“十条龙”攻关的“大型乙烯国产化成套技术”在武汉乙烯工程中得到应用；“第三代环管法聚丙烯成套开发技术”攻关，年底“出龙”。主导开发的催化碱液优化利用和碱渣碳化脱酚项目，解决了汽油碱渣处理的难题，具有示范意义。开发并实现了大型制氢装置转化气余热锅炉成套设备及技术，提高了国产化技术水平。“聚烯烃装置循环气压缩机研制”“乙烯制冷压缩机组研制”“乙烯大型裂解气阀技术开发”采取自主创新和产学研联合开发方式，实现国产化。2 套催化装置实施一氧化碳焚烧余热锅炉技术改造。汽油加氢 OCT－MD工艺改造，提高了催化原料的适应性，降低了汽油辛烷值损失。

（任丽娜）

【制度建设不断加强】 2012 年，武汉石化完成 210 项制度的标准化改造。全公司识别风险 1 800 余项，推进 QHSE 一体化管理体系的整合。处室周检查 52 期，查出问题 1 900 项；检查讲评和考核情况及时上网，基层车间主动查改意识增强。进一步完善车间绩效考核月度排序、职能处室专业管理考核月度排序和专业管理有奖有罚的激励机制，动态优化公司、部门、班组、岗位等多层次的指标考核体系，建立了安全风险责任（抵押金）考核、车间领导班子奖励金考核、大检修期间绩效考核等制度，激发了全体职工自觉履行岗位职责的责任心和岗位创优的激情。

（任丽娜）

【全员培训有序展开】 2012 年，武汉石化大力开展全员培训工作，举办各种培训班 92 个，培训 6 674 人次。“以赛促练”网上练兵参与率 97%。职工职业技能竞赛决出 15 名技术状元和 57 名技术能手。开展综合类研修培训项目和校企合作办班类项目。炼油二期和乙烯共 805 名技能操作人员通过上岗资格考试。2010—2012 年新员工师徒合同阶段验收合格率 97.9%。大检修期间组织操作骨干 434 人外出参观学习。启动首批青年技术人才“导师制”培养计划。构建车间、班组、员工 3 个层面的劳动竞赛格局。

（任丽娜）

【用工改革不断深化】 2012 年，武汉石化在乙烯项目开展全员竞聘上岗，完成了全部处级和科级岗位竞聘，推动全厂中层管理干部竞争上岗常态化。引入专业技术职称量化评审机制。公司全面统筹炼油和乙烯两大部分的计划、投资、生产、财务、消防、后勤等工作。根据总部要求，平稳完成了三支序列基本薪酬调标工作。基本完成三昌和原汉新公司的人员安置工作。

（任丽娜）

【财务审计工作不断强化】 2012 年，武汉石化不断加强财务和审计工作，为企业降本增效作贡献，降低工程项目建设成本，节约财务费用 2 372 万元；积极落实财税优惠政策，做好炼油二期和乙烯项目税收筹划安排，全年增效 6 500 万元；收到乙烯项目财政补贴 7 245 万元和炼油二期财政贴息 1 000 万元。组织完成 80 个项目竣工决算调账工作。开展炼油改造二期在建跟踪审计。

（任丽娜）

【**信息化水平持续提升**】 2012年，武汉石化完成制度的标准化修订发布工作，初步实现制度的信息化管理。公文系统上线运行，督办软件顺利启用，无纸化办公逐步推进。落实ERP登高计划，组织ERP达标工作。SAP－HR系统、EM系统顺利上线运行。完成了炼化互供业务在生产系统的实现、总体试车费用核算、武汉乙烯成本中心设置、CO模块业务流程确定等工作。顺利完成内控管理信息系统和资产公司固定资产管理系统上线。

（任丽娜）

【**企业保持总体稳定**】 2012年，武汉石化深入开展“一转双创”活动，认真组织“面对严峻生产形势我们怎么办?”大讨论，成立8个“双学”工作组开展活动。提出“责任炼就品质”新的企业价值观和“打造一流炼化一体化企业”新的企业愿景。深化青年文明号、青年突击队主题活动。按照“真困难、真帮助”的原则，走访慰问困难人员1 726人次，累计发放慰问金108万元。

（任丽娜）

【**坚持为职工办实事**】 2012年，武汉石化按照年初承诺的“五件实事”工作目标，积极推进，全面完成各项工作任务：第一期公租房配租109套；按计划完成生活区环境治理；参加市总工会的职工医疗互助；女职工卫生费及家属医药费和托幼学杂费报销标准提高50%；完成江边食堂改造。

（任丽娜）

表1 **武汉石化主要技术经济指标** 亿元

指标名称＼年份	2012	2011	2010	2009	2008	2007
原油加工量/万吨	432.71	503.38	498.23	451.08	396.55	424.67
工业总产值						
武汉分公司	261.88	293.71	246.35	181.19	182.19	163.27
武汉资产分公司	1.91	2.61	2.59	2.94	2.97	2.78
工业增加值						
武汉分公司	29.58	38.93	58.47	56.11	－22.62	6.41
武汉资产分公司	0.43	0.97	0.96	0.78	—	—
资产总计						
武汉分公司	231.41	162.50	79.05	53.26	47.95	52.68
武汉资产分公司	5.26	5.69	5.48	5.83	5.89	4.79
流动资产						
武汉分公司	40.23	71.77	17.96	13.05	10.47	18.16
武汉资产分公司	2.10	2.52	2.47	2.80	2.81	1.55
固定资产原值						
武汉分公司	55.27	54.12	53.18	48.79	43.23	33.97
武汉资产分公司	7.70	7.40	7.26	6.97	7.10	6.86
固定资产净值						
武汉分公司	23.94	25.07	26.68	24.74	20.42	13.46
武汉资产分公司	3.15	2.99	2.96	2.85	3.01	2.88

续表

指标名称 \ 年份	2012	2011	2010	2009	2008	2007
销售收入						
武汉分公司	261.64	294.79	247.08	183.51	183.45	164.63
武汉资产分公司	3.67	4.53	4.47	4.59	6.15	10.79
实现利税						
武汉分公司	20.42	30.83	54.55	53.65	-16.12	4.14
武汉资产分公司	-0.74	-0.13	-0.10	0.24	-0.12	0.94
税　金						
武汉分公司	36.46	46.74	52.02	45.62	3.47	7.31
武汉资产分公司	0.15	0.19	0.20	0.25	0.13	0.23
综合能耗/吨标煤·万元$^{-1}$						
武汉分公司	0.26	0.26	0.35	0.40	0.44	0.49
武汉资产分公司	2.76	1.99	2.33	4.30	3.80	3.49

表2　　武汉石化主要产品产量　　万吨

产品名称 \ 年份	2012	2011	2010	2009	2008	2007
汽　油	109.13	126.20	124.51	113.94	92.36	94.03
柴　油	172.86	203.83	194.79	183.34	170.48	180.92
航　煤	22.00	24.49	20.52	8.51	—	—
化工轻油	18.57	21.24	16.49	12.31	8.14	8.22
燃料油	8.51	13.44	12.70	11.46	8.92	20.00
溶剂油	2.22	2.85	3.25	1.23	2.53	4.68
液化气	22.21	24.86	24.88	25.80	23.98	25.24
聚丙烯	9.96	11.43	11.21	11.48	11.41	13.10
硫　黄	2.15	2.41	2.26	2.17	1.59	1.60
环烷酸	0.03	0.10	0.10	0.10	0.18	0.23
苯　类	2.48	2.48	5.02	2.52	6.69	9.35
焦　炭	34.09	41.56	40.80	38.56	31.43	27.70
MTBE	4.39	4.69	4.78	4.78	4.67	2.33
丙　烷	1.44	1.06	1.33	0.96	0.86	0.92

中原石化

【概况】 中国石化中原石油化工有限责任公司(简称中原石化)是石化股份公司控股的企业，位于河南省濮阳市。公司占地2 599亩(173万平方米)。1987年国家批准立项建设，1996年建成投产，1998年4月划归石化集团公司，2005年1月进入石化股份公司。截至2012年底，中原石化拥有新、老两套生产系统，老系统为石油化工生产路线，有8套化工生产装置，包括18万吨/年乙烯装置(实际产能超过21万吨/年)、26万吨/年聚乙烯装置、6万吨/年聚丙烯装置，另有汽油加氢、苯抽提、制氢、1－丁烯、催化裂解制丙烯(OCC)5套副产品深加工装置；新系统为煤化工生产路线，包括1套60万吨/年甲醇制烯烃(MTO)装置和配套的1套10万吨/年聚丙烯装置。中原石化主要有聚乙烯、聚丙烯、苯、MTBE等产品。中原石化实行公司—车间两级管理模式，下设11个机关处室、11个车间和3个基层单位，在册职工总数为1 387人。

中原石化主要技术经济指标和主要产品产量见表1和表2。

(李继增)

【全国乙烯年会在郑州召开】 2012年9月16—18日，第17次全国乙烯年会在河南郑州召开。本次会议由全国乙烯工业协会主办、中原石化承办，会议主题为“积极应对竞争环境，持续提升绩效水平”。石化行业260名专家和代表参会，充分交流了一系列行业生产和管理的新技术和新成果。

(李继增)

【开发6个新牌号产品】 2012年，中原石化成功开发6个新牌号产品。包括聚乙烯NDD－7152、DNDA－7144、DFDA－7020、DNDA－8310等4个新牌号，聚丙烯R－MT20、B－M02等2个新牌号，其中聚丙烯R－MT20是医用塑料新产品。

(李继增)

【MTO装置消缺检修后开车成功】 按照“收好尾、开好车、稳中求进”的总体要求，经过严密科学的生产准备组织，2012年6月19日，中原石化MTO装置甲醇投料并产出合格乙烯，实现了装置检修消缺后安全、环保、全面投料开车成功。

(李继增)

【高轻烃运行取得较好效果】 2012年3月23日起，中原石化乙烯车间进行高轻烃试运行，运行模式为投2炉轻烃、1炉石脑油共3炉运行，轻烃炉负荷占总负荷的55%。乙烯装置进行高轻烃运行后，较之前运行模式取得了更好效果，为降低成本、节能降耗开辟了新模式，对探索高油价下如何提高经济效益具有重要意义。

(李继增)

【安全生产标准化工作通过评审】 2012年8月7日，中原石化安全生产标准化工作通过河南省评审组专家的评审，成为安全生产标准化二级达标企业，标志着中原石化安全生产工作迈上了新台阶。评审组通过听取汇报、查阅资料、查看现场，对中原石化安全生产标准化工作给予充分肯定，原则通过安全生产标准化评审，并提出了意见和建议。

(李继增)

【MTO项目职业病危害防护设施通过竣工验收审查】 2012年9月4日，中原石化MTO项目职业病危害防护设施通过河南省安全生产监督管理局组织的竣工验收审查，标志着MTO项目竣工验收迈出了第一步。审查组认为，MTO项目总体布局、设备布局、职业病危害防护设施、职工职业病防护用品等，在防尘、防毒、防噪、防高温、防电离辐射等方面基本达到预防职业病危害的效果，做到了职业病危害防护设施与主体工程同时设计、同时施工、同时投入生产和使用，基本具备了职业病防护设施竣工验收条件，同意通过中原石化MTO项目职业病防护设施竣工验收。

(李继增)

【成功应用深冷技术回收烃类】 2012年12月3日，中原石化1 500标准立方米无动力混合烃回收装置一次开车成功，这是深冷分离技术在国内聚乙烯装置的首次应用。装置具有工艺流程简单、操作控制方便、占地面积少等特点，不仅降低了装置物耗，还实现了清洁生产，预计每年可创效500万元，具有较好的经济效益、环境效益和社会效益。

(李继增)

【MTO项目安全设施通过竣工验收】 2012年12月18日，河南省安全生产监督管理局下发危险化学品建设项目安全许可意见书，同意中原石化乙烯原料路线改造(MTO)项目安全设施投入生产使用。

(李继增)

【加强廉洁文化建设】 为进一步加强廉洁文化建设，培养党员干部廉洁高尚的道德情操，营造良好的廉洁自律氛围，2012年5—8月，中原石化开展了“清廉杯”书画、摄影、制作、收藏比赛，共征集到各类作品192件(幅)。参赛作品以反腐倡廉为主题，以赞美廉洁、鞭挞腐败、弘扬正气等为主要内容。参赛作品全部是个人原创，主题鲜明、构思独特、色彩明快，体现了时代气息，具有较强的思想性和艺术性。

(李继增)

【召开百日攻坚劳动竞赛动员会】 2012年9月21日，中原石化召开“学先进、找差距、挖潜力、保效益”百日攻坚劳动竞赛动员会。百日攻坚劳动竞赛的指导思想是：深入贯彻落实石化集团公司领导干部座谈会精神和公司“学习先进、提升管理”推进会部署要求，以“一转双创”活动为动力，以劳动竞赛为载体，通过阶段性强化工作，动员全体干部职工迅速行动起来，以更加良好的状态、更加强烈的责任感、更加扎实的工作，做到凝心聚力干、学习先进干、苦练内功干、强化示范干，千方百计挖潜增效，加大力度提升管理，努力完成全年目标任务，以实际行动迎接党的十八大胜利召开。

(李继增)

表1 中原石化主要技术经济指标 亿元

指标名称 \ 年份	2012	2011	2010	2009	2008	2007
工业总产值	41.06	36.30	36.68	30.20	33.03	39.86
工业增加值	-0.64	-4.23	2.99	8.53	-3.30	7.98
资产总计	25.52	26.40	18.96	18.37	14.82	24.45
流动资产	4.90	4.70	5.95	9.43	5.18	13.89
固定资产原值	69.48	68.88	54.24	53.93	52.36	51.33
固定资产净值	30.63	20.77	18.52	18.95	18.37	18.62
销售收入	40.60	36.36	36.55	30.02	33.28	39.62
实现利税	-0.34	-5.40	1.22	5.31	-5.62	2.78
税　金	0.44	0.55	1.19	1.19	0.54	1.53

表2 中原石化主要产品产量 万吨

产品名称 \ 年份	2012	2011	2010	2009	2008	2007
聚乙烯	21.78	19.08	22.38	21.71	18.48	22.48
聚丙烯	13.27	8.14	8.52	7.97	7.08	8.10
乙　烯	20.89	18.26	21.20	20.58	17.48	21.15
丙　烯	13.42	8.51	8.71	8.15	7.17	8.44
1#苯	6.89	9.34	11.84	11.39	10.06	11.05
商品量	0.06	0.06	0.02	0	0	—
2#苯	5.17	6.64	8.10	8.23	7.03	8.28
商品量	0	0.05	0.23	0.31	0.08	—

续表

产品名称 \ 年份	2012	2011	2010	2009	2008	2007
碳 四	3.00	3.83	4.52	4.50	4.33	5.30
商品量	3.00	3.83	0.90	0.45	1.74	1.43
碳 五	1.57	1.56	1.91	1.84	1.73	1.78
碳 六	1.01	1.05	1.26	1.17	0.02	0
碳 九	0.41	0.98	1.56	1.17	1.10	1.50
裂解焦油	1.30	1.73	2.18	2.20	1.59	1.86
1-丁烯	0.44	0.48	1.44	1.63	0.92	1.37
2-丁烯	0.61	0.76	1.39	1.43	0.92	1.34
MTBE	1.26	1.55	1.41	1.49	1.01	1.53
纯 苯	2.35	3.11	3.73	4.09	3.46	4.11
3#苯	1.78	2.37	2.79	2.62	2.23	2.97

沧州炼化

【概况】 中国石油化工股份有限公司沧州分公司(简称沧州分公司)暨中国石化集团资产经营管理有限公司沧州分公司(简称沧州资产分公司)统称沧州炼化，位于河北省沧州市交通北大道50号，占地面积1.8平方千米，地处胜利、中原、大港、华北四大油田之间，紧依京杭大运河、朔黄铁路、京沪铁路和京沪高速公路，地理位置优越，交通便利。沧州炼化始建于1971年，1975年10月建成投产，建厂初期生产规模50万吨/年，时称河北沧州石油化工厂。1984年1月1日，沧州炼化正式划归中国石油化工总公司。2000年1月，按照石化集团公司统一部署，企业资产重组为上市部分沧州分公司和非上市部分沧州炼油厂。2007年8月，沧州炼油厂体制转换为沧州资产分公司。2009年7月，沧州炼化与日本东丽精细化工株式会社合资组建沧州东丽精细化工有限公司(TFCC)。

截至2012年底，沧州炼化用工总量2 059人，其中上市部分1 487人，非上市部分572人；有正式职工1 703人，其中上市部分1 255人，非上市部分448人。正式职工中，硕士、博士研究生学历27人，大学本科学历335人，专科学历367人。有各类专业技术人员532人，其中具有高级职称的113人，中级职称的276人。有职能处室19个，党群部门6个，基层单位11个；有30个党支部，在职党员668人。

截至2012年底，沧州炼化总资产37.16亿元，主体装置有350万吨/年常减压蒸馏、120万吨/年重油催化裂化、120万吨/年延迟焦化、160万吨/年和80万吨/年汽柴油加氢精制、90万吨/年催化汽油吸附脱硫、18万吨/年催化重整、8万吨/年苯抽提、2万米^3(标准)/时焦化干气制氢、30万吨/年气体分馏、5万吨/年MTBE、6万吨/年小本体聚丙烯、2万吨/年硫黄回收，以及配套的蒸汽锅炉、发电机组、新水供应、污水处理、油品储运等设施。TFCC主要生产装置是1万吨/年二甲基亚砜装置。

沧州炼化主要产品有汽油、柴油、液化石油气、聚丙烯、石油焦、硫黄、特种油基础料等。TFCC主要产品是电子级和医药级二甲基亚砜。

沧州炼化主要技术经济指标和主要产品产量见表1和表2。

(喻志浩)

【技术经济指标再创新高】 2012年，沧州炼化紧紧围绕提高效益、提升指标，深化"比学赶帮超"，狠抓"五大优化"，生产经营取得较好成绩。全年加工原油333.86万吨，创历史新高；轻质油收率78.37%，可比综合商品率94.08%，加工损失率0.57%，原油储运损失率0.15%，吨油取水0.61吨，吨油排水0.25吨，6项指标均创公司历史最好水平；综合能耗61.78千克(标油)/吨，沧州分公司万元产值能耗 0.202 吨标煤、吨油完全费用 214.23 元，沧州资产分公司万元产值能耗 0.238 吨标煤，技术经济指标全部完成达标任务。

（喻志浩）

【连续 9 年实现安全生产】 2012 年，沧州炼化认真贯彻落实石化集团公司安全生产工作部署，通过强化安全生产责任制落实，加强特殊敏感时期的安全管理，深化安全管理“六个坚持”，全面推行“问题管理法”，深入开展隐患排查及治理，扎实开展“我会安全”活动，实现上报石化集团公司事故为零的目标。截至年底，沧州炼化已连续 9 年实现安全生产，连续 7 年被石化集团公司评为安全生产先进单位。

（喻志浩）

【环境保护工作进一步加强】 2012 年，沧州炼化开展了环境综合治理和污染防治工作，解决了液化气碱渣线蒸汽扫线和亚砜装置恶臭等问题，有效避免了恶臭污染；以迎接石化集团公司环境安全大检查为契机，全面开展环保工作自查整改，对检查发现的问题全部制定了整改方案；开展“绿色低碳”环保专项教育活动，增强了员工环境保护意识。公司全面完成了石化集团公司和地方政府下达的环保考核指标。

（喻志浩）

【推进和谐企业建设】 坚持推行民主管理，狠抓职代会提案落实，提案办理实行承办部门与提案人对接的新举措，全年 81 件提案全部得到有效落实。落实职工休假制度，为职工发放休假疗养补贴。建设新食堂，实施运动场改造，努力改善职工生活环境、丰富职工群众业余文化生活。开展爱心捐助、帮扶救助和慰问军烈属复转军人活动。强化信访稳定责任，完善信访稳定制度，坚持开展矛盾排查活动，及时研究化解措施、落实责任，特殊敏感时期公司保持总体和谐稳定，全年未发生越级上访、非正常上访和群体性事件，企业实现和谐稳定。

（喻志浩）

【成功生产京标 V 汽油】 2012 年，沧州炼化被石化集团公司确定为向北京市场供应京标 V 汽油的生产基地之一。沧州炼化成立专项攻关小组，实施装置技术改造，积极调整装置和工艺参数，消除生产瓶颈，利用较短的时间使汽油硫含量从 150×10^{-6} 降到了 10×10^{-6} 以下。7 月开始，沧州炼化成批量向首都市场供应高标准京标 V 汽油。

（喻志浩）

【“比学赶帮超”工作有力有效】 2012 年，在石化集团公司组织的竞赛活动中，沧州炼化炼油专业累计夺得红旗 19 面、红星 61 颗；财务专业获得红旗 5 面；物资供应专业夺得红旗 4 面。公司内部积极开展“扛红旗 争第一”活动，在 47 项装置技术经济指标中，重整生成油 RON × 收率和 S – Zorb 脱硫率 2 项指标创石化集团公司历史最好水平，22 项指标创公司历史最好水平。

（喻志浩）

【人才成长通道建设全面铺开】 2012 年，沧州炼化全面开展人才成长通道建设，首次聘任沧州分公司专家、主任师、副主任师和主任技师高层级职位，涉及仪表、热电、动力、设备、质检、安全、质量等各个专业。继续开展主管师、高级技师、技师评聘工作，完善了队伍梯次配置。强化职工培训，组织技能竞赛，开展全员绩效考核，职工队伍的业务和技能水平进一步提高。

（喻志浩）

【原油罐项目顺利建成投用】 沧州炼化新建 2 座 5 万立方米原油罐项目于 2011 年 10 月 15 日动工建设，2012 年 10 月 31 日中交，12 月 12 日新罐投入运行，实现了安全零事故、质量零缺陷的目标。新原油罐的投用，不仅使沧州炼化原油库存容量增大，为津沧线等低酸值原油储存提供了空间，而且也解决了原油罐边收边付导致调和基础数据不准确的难题，使进装置原油性质保持稳定。

（喻志浩）

【积极承担社会责任】 2012 年，沧州炼化积极承担国有企业社会责任，经石化集团公司批准，先后帮扶沧州市耿村、蔡庄子村、北台村 3 个贫困村，为任丘市张老虎庄村修建 1 条长 1 360 米的公路，与石家庄炼化和河北石油分公司共同捐助藁城市建设了 1 所石化小学。

（喻志浩）

表1 沧州炼化主要技术经济指标 亿元

指标名称＼年份	2012	2011	2010	2009	2008	2007
原油加工量/万吨	333.86	333.53	223.33	293.88	293.94	265.92
工业总产值	204.74	193.91	115.60	122.98	139.78	105.01
沧州资产分公司	3.85	3.96	2.60	2.98	4.71	3.91
沧州分公司	200.89	189.95	113.00	120.00	135.07	101.10
工业增加值	45.05	20.44	16.52	18.45	-17.98	0.61
沧州资产分公司	0.85	0.61	0.37	0.45	0.54	0.46
沧州分公司	44.20	19.83	16.15	18.00	-18.52	0.15
资产总计	37.16	33.63	33.47	26.91	23.99	24.99
沧州资产分公司	3.30	3.33	3.43	3.60	3.47	3.63
沧州分公司	33.86	30.30	30.04	23.31	20.52	21.36
流动资产	17.89	14.46	15.71	10.49	6.79	10.64
沧州资产分公司	0.49	0.48	0.40	0.42	0.56	0.72
沧州分公司	17.40	13.98	15.31	10.07	6.23	9.92
固定资产原值	39.21	37.67	32.56	26.95	26.98	25.30
沧州资产分公司	5.25	5.05	4.95	4.78	4.91	4.58
沧州分公司	33.96	32.62	27.61	22.17	22.07	20.72
固定资产净值	19.82	16.97	12.28	11.29	12.59	12.52
沧州资产分公司	2.41	2.42	2.51	2.53	2.72	2.61
沧州分公司	17.41	14.55	9.77	8.76	9.87	9.91
销售收入	204.75	197.06	113.87	125.88	144.67	107.79
沧州资产分公司	4.24	4.44	2.96	5.12	8.10	6.47
沧州分公司	200.51	192.62	110.91	120.76	136.57	101.32
实现利税	25.38	18.13	14.22	32.364	-13.85	-1.76
沧州资产分公司	0.01	-0.19	-0.30	-0.09	-0.25	-0.08
沧州分公司	25.37	18.32	14.52	32.45	-13.60	-1.68
税　金	32.97	31.24	22.42	28.30	1.71	4.06
沧州资产分公司	0.21	0.21	0.15	0.16	0.24	0.18
沧州分公司	32.76	31.03	22.27	28.14	1.47	3.88

表2　　**沧州炼化主要产品产量**　　万吨

产品名称＼年份	2012	2011	2010	2009	2008	2007
沧州资产分公司						
聚丙烯	3.05	3.09	2.19	3.06	7.26	3.35
硫　醚	—	—	—	0.14	0.36	0.19
新　水	237.00	—	37.24	65.39	278.00	211.44
氮　气	2.19	1.93	1.45	1.02	1.18	0.89
净化风/万立方米	4 577.00	4 181.35	3 241.71	3 051.98	3 616.00	3 231.93
非净化风/立方米	5 186.00	5 208.32	4 753.44	5 976.56	5 933.00	4 969.22
沧州分公司						
汽　油	70.07	70.45	48.31	65.34	57.22	48.74
柴　油	151.57	146.12	98.23	132.24	139.97	126.42
溶剂油	—	—	0.75	1.99	0.76	0.84
液化气	13.60	15.42	10.00	13.60	16.57	13.41
铝箔油料	11.14	11.41	6.42	7.32	6.79	5.69
石油焦	25.42	27.46	14.95	17.37	17.52	16.53
硫　黄	1.28	1.51	0.73	0.90	0.88	0.73

润滑油分公司

【概况】 中国石油化工股份有限公司润滑油分公司（简称润滑油分公司）是石化股份公司为促进润滑油业务专业化发展，按照“统一计划、统一资源配置、统一市场开拓、统一品牌形象、统一产品开发”的“五统一”原则，于2002年5月29日重新组建的润滑油专业化公司，总部位于北京市海淀区安宁庄西路6号。

2012年，润滑油分公司调和生产能力为165万吨/年，包装油脂生产能力为146万吨/年，生产和销售“长城”品牌润滑油脂，包括内燃机油、工业油、船用油、金属加工液、润滑脂和合成润滑油脂等21个大类、2 000多个品种的产品。

截至2012年底，润滑油分公司下设12个管理部门，设立华北、华东、华中、华南和西南5个区域销售中心，北京、重庆、济南、荆门、茂名、上海、天津、武汉、燕化、郑州和滨海11家分公司，2个研发中心，福建、广东、江苏、山东和浙江5家销售分公司，1家海外公司（新加坡公司）和3家中外合资公司。拥有在岗正式职工4 254人，其中专业技术人员1 862人，博士学历15人，硕士267人，本科1 170人，高级专业技术资格人员212人。

润滑油分公司主要技术经济指标见表1。

（姚建国）

【完成润滑油销售业务整合】 2012年4月5日，石化集团公司正式启动润滑油销售业务整合。4月6日，石化集团公司总部印发《润滑油销售业务整合实施方案》，将省市石油公司的润滑油销售管理职能统一调整到润滑油分公司。润滑油分公司召开整合工作动员会，成立6个工作小组推进业务整合。5月25日，海南石油分公司第1家完成交接签约。8月29日，浙江石油分公司完成交接签约，标志着19家省市石油公司均完成业务交接，润滑油销售业务整合工作全部完成。润滑油分公司在业务整合中接收划转人员1 409人，接收包装油库存7.2万吨，新设福建、江苏、广东、山东和浙江5家销售分公司及安徽、广西、贵州、海南、河北、河南、湖南、江西、山西、天津和云南11家销售代表处。业务整合理顺了营销管理体制，为润滑油业务进一步发展奠定了基础。

（姚建国）

【保持业务整合后的平稳运行和人员稳定】 业务整合过程中，润滑油分公司研究制定新的销售管理模式和业务流程，促进人员融合，保持了业务平稳运行和人员稳定。①9月10日，设立华北、华东、华南、华中和西南5个区域销售中心；11月成立5个区域技术服务团队；12月设立辽宁销售代表处，并在福建、江苏和浙江销售分公司下设28家地市经营部，形成了覆盖全国的区域化与专业化结合的销售和服务格局。②完成5家销售分公司和28个地市经营部的注册，实现ERP及信息系统上线运行，消化库存3.5万吨，处理划转的积压破损产品1.48万吨。③落实27个集中办公地及配套设施，完成代表处人工成本划转，实现工资及时发放。④开展对销售人员的专项业务培训，落实绩效考核，实施人员推广策略，推进终端客户的维护与开发，在业务开展中促进了人员融合。下半年分销市场销量较上半年增长38%，全年经济效益同比增长2倍。

（姚建国）

【高档内燃机油技术工业应用项目“出龙”】 2012年11月29日，润滑油分公司牵头的“十条龙”科技攻关项目——高档内燃机油技术工业应用，完成全部任务目标，经中国石化2012年度科技攻关工作会议批准“出龙”。该项目是中国石化首个关于炼化板块新产品开发的“十条龙”攻关项目。项目完成SJ、SL汽油机油和CF-4、CH-4柴油机油共4个质量级别、7个黏度牌号内燃机油的自主开发和工业应用。自主技术高档内燃机油达到10万吨/年的产销规模，自主开发的高端产品累计产量达到35万吨，优化了产品结构。

（姚建国）

【推出高端润滑脂新产品】 2012年3月28日，润滑油分公司在天津召开“巅峰科技　润动传奇”长城润滑脂高端新产品发布会暨润滑脂系列产品展示会，推出了工程机械专用润滑脂、WTH轴承润滑脂、小型轧机轴承专用润滑脂、高温食品机械润滑脂、谐波减速器高低温润滑脂和环保型铁路轮轨润滑脂6款高端润滑脂新品。同时以“尚博”“骏博”“龙博”重新命名和策划润滑脂产品线，实行差异化包装，进一步巩固了长城润滑油在润滑脂领域的领先优势。

（姚建国）

【“长城”合成齿轮油首次应用于和谐号机车】 2012年9月25日，“长城”VT 75W-90全合成齿轮油在中国北车集团大连机车车辆有限公司生产的HXD3C型和谐号机车上开展试验。这是润滑油分公司产品第1次在和谐号电力机车上应用，成功打破了海外品牌在中国新一代大功率电力机车用油上的垄断局面。

（姚建国）

【茂名、重庆分公司扩能改造项目开工建设】 2012年4月21日，润滑油茂名分公司33万吨/年润滑油脂扩能改造项目开工建设。项目总投资3.2亿元，占地163亩(10.87万平方米)，旨在将润滑油茂名分公司打造成立足华南地区，面向东南亚市场的现代化润滑油脂生产基地和市场开发中心。12月18日，润滑油重庆分公司搬迁扩能项目在重庆市大渡口区建桥园区B区奠基。项目以生产高档矿物润滑油及合成润滑油脂为主，分2期建设。一期总投资3.3亿元，新征地339亩(22.6万平方米)，设计产能19.9万吨/年，预计于2014年内完工；二期主要为合成油脂改造，总投资估算1.4亿元。项目采用国际一流的润滑油生产准备和先进工艺，建成后产能达30万吨/年，将成为全国规模最大、品种最全的特种合成润滑油脂生产基地。

（姚建国）

润滑油重庆分公司搬迁扩能项目奠基　（张天祥　摄）

【长城润滑油冠名2012CTCC中国房车锦标赛】 2012年，长城润滑油首次冠名China Touring Car Champion(CTCC)中国房车锦标赛。该项赛事是列入国际汽车联合会赛历及中国汽车运动联合会赛历的国家级赛事，是中国最高级别的房车赛。2012赛季共8站比赛，长城润滑油冠名珠海、上海和成都等7站比赛，累计9万多名观众现场观赛，中央电视台体育频道全程直播各站赛事。赛事期间，长城润滑油充分利用冠名权益，加强“金吉星”高档汽油机油的推广，组织 3 000 多名经销商及客户现场观赛，通过赛事广告曝光、设置现场展区和电视、网络媒体后期报道等多种方式扩大品牌知名度和高端市场影响力。2012 年，第三方评估的长城润滑油品牌价值达到 223 亿元，保持国内润滑油行业领先地位。

（姚建国）

长城润滑油冠名 2012CTCC 房车锦标赛 （张天祥 摄）

【国际业务发展取得较大进步】 2012 年，润滑油分公司先后向马来西亚、印尼和澳大利亚等 7 个重点市场派驻了 9 名常驻人员，加快开拓国际市场业务。年内形成了由近 170 家经销商、推广商、贸易商及中资配套直供客户组成的国际销售网络，产品出口至 53 个国家和地区，完成了在美国和希腊的船用油供应网点建设并实现供货，全年国际市场销量同比增长 20%。同时以新加坡公司为平台，积极开展基础油国际贸易，全年贸易量同比增长 1.7 倍，提高了润滑油分公司在国际基础油市场的影响力。

（姚建国）

【B2C 电子商务销售额突破 1 000 万元】 2012 年，长城润滑油 B2C 电子商务销售额达到 1 140 万元，同比增长 86%。长城润滑油天猫旗舰店以精心的服务和优质的产品，赢得了众多车友的关注及认可，2012 年网店访问流量达到 1 000 万人次，成为润滑油行业运作较为成功的网店之一，首创“线上购油，线下换油”推广策略，促进了高档汽油机油的销售。网络销售向消费者传递了长城润滑油的服务，提高了高档产品知名度，提升了品牌形象。

（姚建国）

【降本增效成果显著】 2012 年，润滑油分公司确定生产运营和物流优化、配方优化和物资采购三大重点降本项目，落实责任到具体部门，并纳入公司绩效考核体系，实行月总结、季度考核。年内完成了 4 升、20 升包装桶的减重降本工作，推出 15 个产品优化配方方案，进一步推进了属地化生产和供应，全年累计降本超 1 亿元。同时实施业务板块全面预算管理，根据现有业务链条设立分销、直销和专项产品等 20 个业务板块，建立预算、监控、分析和考核全过程管理体系，促进各板块业务增效。全年润滑油脂分销板块单位利润同比上升 38%。

（姚建国）

【组织留守儿童参加航天员体验营】 2012 年，“长城润滑油 · 中国航天员体验营”联手中央电视台开展“关爱留守儿童，圆航天梦想”的主题招募活动。6 月 1 日，营员招募活动在四川省北川县擂鼓镇小学正式启动。7 月 19—23 日，40 多名留守儿童作为全国 5 800 多万名留守儿童的代表在北京航天城参加了为期 4 天的航天员体验营，先后接受航天知识培训、体验航天生活并与聂海胜、翟志刚等航天英雄进行面对面交流。中央电视台财经频道《春暖 2012》节目对活动进行专题报道。组织留守儿童圆梦航天员体验营，展现了中国石化作为大型央企的高度社会责任感。

（姚建国）

“长城润滑油 · 中国航天员体验营”在北川县招募营员 （张天祥 摄）

【纪念润滑油分公司成立 10 周年】 2012 年 5 月 29 日，润滑油分公司举行重组成立 10 周年纪念会议，以简朴、隆重的形式回顾公司改革发展历程，展望未来。30 多家国际合作单位和国内大客户发来贺信、贺电。会议表彰了 10 名突出贡献员工和 20 名优秀员工，共同回顾了 10 年来的发展成绩，激发了广大员工的自豪感和自信心，及为润滑油业务未来发展努力奋斗的热情。

（姚建国）

【党建共建入选全国基层党建创新优秀案例】 2012年12月20日，由人民网、中国共产党新闻网和《中国组织人事报》等联合举办的“第二届全国基层党建创新案例征集活动”公布评选结果，润滑油分公司“实施党建共建、合筑共赢文化，促进共赢发展”的做法被评为基层党建创新优秀案例。《人民日报》、《光明日报》、中国共产党新闻网、中直党建网和国务院国资委网站对润滑油分公司党建共建的做法进行了报道。

（姚建国）

表1 润滑油分公司主要技术经济指标 亿元

指标名称＼年份	2012	2011	2010	2009	2008	2007
工业总产值	149.77	171.73	154.40	129.15	120.49	114.82
工业增加值	15.08	14.67	15.14	21.40	3.23	10.60
资产总计	77.67	65.07	55.44	48.60	50.51	44.45
流动资产	52.89	43.42	36.11	31.39	32.03	25.52
固定资产原值	30.63	28.93	25.95	21.52	23.39	19.96
固定资产净值	15.12	14.80	12.88	12.99	12.07	9.83
销售收入	175.73	194.20	153.03	122.51	120.49	114.87
实现利税	6.89	4.88	7.24	14.11	-8.78	6.13
税　金	4.62	4.03	3.84	5.29	2.15	3.42
综合能耗/吨标煤·万元$^{-1}$	0.02	0.02	0.03	0.03	0.03	0.03

青岛石化

【概况】 中国石化青岛石油化工有限责任公司（简称青岛石化）位于青岛市李沧区，占地1 406亩（93.72万平方米）。厂区临近环岛油港，1条原油输油管线分别连接黄岛油库与东黄输油管线，另有2条汽、柴油输油管线连接青岛石油公司油库。自备铁路专用线与胶济铁路相连，厂外公路与济青、青银高速公路相接。

截至2012年底，青岛石化资产总额为63.8亿元；在册职工总数为1 301人，其中在岗职工1 192人。原油加工能力为500万吨/年，生产装置主要包括500万吨/年常减压蒸馏、160万吨/年延迟焦化、140万吨/年重油催化裂化、100万吨/年汽柴油加氢精制、60万吨/年柴油加氢精制、60万吨/年催化汽油选择性加氢脱硫、25万吨/年催化重整、20万吨/年及15万吨/年气体分馏、7万吨/年聚丙烯等16套。产品主要有汽油、柴油、石脑油、石油焦、船用燃料油、石油液化气、车用液化气、丙烷、丙烯、聚丙烯、工业硫黄、纯苯、MTBE等近20个品种。

2012年，面对国际油价剧烈波动、国内成品油价格不到位等不利形势，在企业效益严重下滑的困难局面下，青岛石化牢固树立大局观念，贯彻执行石化集团公司总部的决策部署，努力保障油品市场供应。通过认真分析生产经营形势，层层传递压力，适时采取优化运行、调整产品结构、挖潜增效、降本减费等一系列措施，特别是在下半年企业出现政策性亏损的不利局面下，积极开展燃料油基地建设、催化柴油互供协调、外购蜡油加工、增产高附加值产品、争取高标号油品配置计划等工作，取得了一定的成效。全年完成总加工量311.40万吨，实现销售收入177.63亿元，利税总额19.10亿元，其中税金29.41亿元。

青岛石化主要技术经济指标和主要产品产量见表1和表2。

（丁　昊）

【领导班子调整】 2012年5月31日，青岛石化召开全体干部大会，石化集团公司党组成员、石化股份公司高级副总裁章建华出席会议并讲话，石化集团公司人事部宣布石化集团公司党组干部任免文件：陈德胜任中共中国石化青岛石油化工有限责任公司委员会书记；纪英顺任中共中国石化青岛石油化工有限责任公司委员会副书记兼纪律检查委员会书记，为公司工会主席人选，并任公司监事，解聘其公司副总经理职务。

（丁 昊）

【安全环保和节能减排取得实效】 2012年，青岛石化认真贯彻国家、石化集团公司、青岛市有关安全生产工作的指示精神，层层落实各级安全生产责任制，开展安全生产领域“打非治违”专项行动和“安全生产基层基础强化年”活动，重点治理违规违章行为。推进安全文化建设，开展“大检修安全年”主题活动，强化全员安全责任意识。完善安全管理制度，重点通过严格执行“两特”期间领导干部带班、强化直接作业环节监管等有效管控手段，确保企业安全始终受控。青岛石化连续第3年被石化集团公司评为安全生产先进单位。按照绿色低碳的发展战略，加大环保治理力度，积极应对原油硫含量高、劣质化对环保稳定达标造成的影响，强化各装置排污分级控制管理，推动节能减排取得实效。全年炼油综合能耗65.73千克(标油)/吨，比上年度降低0.79千克(标油)/吨；回用达标污水31万吨、工业水重复利用率97.9%，环保装置运行率、危险废物妥善处理率均为100%，实现了清洁生产。

（丁 昊）

【异地发展项目稳步推进】 2012年，在石化集团公司和青岛市人民政府的大力支持下，青岛石化异地发展项目进展顺利。石化集团公司先后于3月和9月分别同山东省人民政府、青岛市人民政府签订战略合作框架协议，明确将支持青岛石化异地发展写入协议，并确认项目计划进展的时间控制点。为了加快推进青岛石化异地扩能改造的相关工作部署，石化集团公司委派洛阳工程公司专家组对董家口石化园区产业规划及延伸产业链、发展循环经济进行咨询。青岛石化积极配合石化集团公司和青岛市人民政府协调该项目的位置选址，委托洛阳工程公司编制完成《青岛石化异地改造规划方案》，并组织召开研讨会。

（丁 昊）

【科研开发和应用取得新成果】 2012年，青岛石化积极推进科研开发项目实施，为生产运行优化破解难题、消除瓶颈。汽油质量升级“十条龙”攻关项目取得重要进展，首次工业应用初步获得成功；青岛石化与抚顺石油化工研究院联合开展“高氮石脑油重整原料预加氢技术开发课题”研究，新开发的催化剂应用效果很好；青岛石化和石油化工科学研究院联合开展“含酸原油加工中石油酸的分布和传递规律研究课题”研究，已完成全装置首次采样及分析工作；组建攻关小组开展抑制催化烟气轮机叶片结垢的研究；应用抚顺石油化工研究院自主研发的恶臭治理和油气回收成套技术，脱硫醇尾气装置已完成技术改造并开车成功。

（丁 昊）

【检修技改和消缺圆满完成】 自2012年8月20日开始装置停工检修，到10月下旬主要生产装置陆续实现平稳开车，青岛石化首次实现全部装置三年一修的目标。成立检修技改指挥部，管理模式实行指挥部总体协调统筹和8个作业区主任负责制，作业区管理打破原有建制，项目管理团队发挥组织协调作用，探索和尝试了检修管理的新模式。检修期间，利用看板管理，传递工作部署；运用信息技术手段，开设专栏发布检修计划、进度等信息；采用质量样板引路，确保实现质量工作标准化。该次检修共确定关键、重点检修技改项目30项，编制方案496个，完成高酸原油改造项目消缺设计变更、技改技措项目等156项，完成全厂优化甩头项目94项，完成催化DCS升级和锅炉PLC更新项目、腐蚀在线监测系统项目、高温油泵隐患治理等总部下达的计划项目，消除了隐患和制约瓶颈。

（丁 昊）

【企业内部管理不断加强】 2012年，青岛石化继续推进业务流程体系建设，夯实企业管理基础工作，提升管理水平。顺利完成机构调整，进一步理顺各部门工作职责，团结协作、和谐融洽的氛围更加浓厚。强化绩效考核机制，加大考核力度，突显奖金分配的激励和导向作用。开展“向镇海炼化学习、向李安喜同志学习”活动，深化细化“比学赶帮超”工作，紧密结合创先争优、对标评价、全员成本目标管理等各项工作，通过构建系统的指标体系，建立健全跟踪评价、“短板”持续改进、激励约束等多项长效工作机制。继续做好改善经营管理建议工作，推进制度标准化、信息化等多项工作。加强内控管理，充分发挥财务、审计、纪检监察、法律的监督作用，推进全面风险管理实现常态化。人力资源、合同管理、公文管理、档案管理等信息系统成功上线运行，信息化为提高经营管理水平提供了有力支撑。

（丁 昊）

【人才队伍建设取得新成效】 2012年，青岛石化树立科学人才观，畅通人才成长通道，加强经营管理、专业技术、技能操作三支人才队伍建设，为企业发展储备人才。继续实行中层干部轮岗、调整，培养和储备后备干部和优秀人才，为领导班子输送新鲜血液。做好各类人才的培养和任用，进一步完善教育培训、评价使用、考核监督、激励约束等机制，充分激发员工积极性和创造性，畅通渠道，引导职工岗位成才，为企业发展出力献策。通过举办中层干部培训、各专业培训以及技能操作人员培训等方式，紧密结合企业中心工作设置课程，提升整体技术业务素质，实现干部职工队伍立体化、全方位、常态化的培训模式。全年，青岛石化组织101名中层管理人员分2期培训；举办各类二级培训班12期，受训人员达9 456人次；组织人员赴石化集团公司培训基地技能培训328人次。全年共培训高级工以上高技能人才26人，截至12月底，公司高级工以上高技能人才占技术工人总数的达65.23%。举办青岛市第12届职业技能大赛石化赛区燃料油生产工职业技能竞赛，57人参赛，13人取得应知、应会双及格成绩，及格率22.80%。在生产一线岗位开展内部轮岗培训。在全厂推广技能操作人员“跨单元、跨装置”的岗位轮换，提高员工综合技能水平，为企业发展储备高技能、复合型人才。

（丁 昊）

【企业保持和谐稳定局面】 2012年，青岛石化坚持以人为本、关爱员工的理念，不断完善职工保障体系。切实做好“送温暖”工作，春节期间走访慰问335人次，发放慰问金29.74万元。全年共办理员工补助633人次，补助金额36万元。办理医疗补助61人次，补助金额13.64万元。办理帮扶救助19人次，发放救助金11.05万元。通过提供非全日制用工、办理特殊工种提前退休、办理大病困难补助等方式，做好协解人员帮扶救助。一年来，企业未发生群体性事件，有效地维护了企业、社会的稳定和谐发展。

（丁 昊）

【纪念建厂50周年活动】 2012年5月4日正值青岛石化建厂50周年，青岛石化召开建厂50周年庆祝大会，制作反映青岛石化发展历程的电视纪录片《跨越》，举办青岛石化建厂50周年文艺汇演，“共同追溯50春秋，携手创造百年辉煌”大型签字仪式，“我与企业共成长”征文、书法等比赛，企业50年发展史知识答题竞赛等活动。

（丁 昊）

表1 青岛石化主要技术经济指标 亿元

指标名称 \ 年份	2012	2011	2010	2009	2008	2007
原油加工量/万吨	309.74	362.88	352.05	136.30	234.91	250.71
工业总产值	175.75	203.37	172.67	53.39	108.96	97.33
工业增加值	17.84	30.77①	43.90	15.11	-22.57	-3.22
资产总值	63.80	65.12	54.48	68.17	43.72	38.77
流动资产	34.89	35.63	19.35	27.29	11.74	17.24
固定资产原值	41.24	39.34	38.96	36.63	25.07	24.73
固定资产净值	24.32	24.96	26.24	26.20	16.52	17.59
销售收入	177.63	203.07	173.33	52.58	111.06	99.30
实现利税	19.11	28.35	40.84	10.35	-18.10①	-2.61
税 金	29.41	34.87	36.64	11.98	3.91	3.57
综合能耗/吨标煤·万元$^{-1}$	—	0.26	0.33	0.37	0.33	0.39

①数据有调整

表 2　　青岛石化主要产品产量　　万吨

产品名称＼年份	2012	2011	2010	2009	2008	2007
93#汽油	59.55	71.67	75.78	36.21	49.30	45.33
90#汽油	—	—	0.37	1.41	6.52	11.21
97#汽油	7.14	3.92	2.28	0.01	—	0.94
0#柴油	125.67	151.88	140.10	44.08	81.04	78.79
-10#柴油	16.30	14.13	13.55	6.44	13.19	15.84
-20#柴油	—	—	0.03	1.00	—	—
石脑油	5.42	7.06	5.81	3.91	13.37	15.75
溶剂油	-0.06	—	0	2.08	2.81	2.79
苯	0.58	0.72	0.93	0	0.60	0.77
混合苯	—	0.14	0.20	—	—	0.06
燃料油	15.37	16.62①	21.61	14.26	25.74	28.67
硫　黄	1.53	1.48	1.09	0.32	0.63	0.74
液化气	24.39	34.46①	18.67	7.89	14.82	17.51
车用液化气	2.22	1.52①	3.63	1.50	2.62	2.11
丙　烯	1.51	2.44	1.44	0.64	2.07	2.52
聚丙烯	4.54	5.73	6.62	3.58	5.34	5.65
炼厂已烷	—	—	—	—	0.09	—

①数据有调整

湛江东兴公司

【概况】 中国石化湛江东兴石油化工有限公司（简称湛江东兴公司）位于广东省湛江市，地处广东省西南部、雷州半岛北部，是中国石化三大驻粤炼化企业之一，主营业务为石油提炼加工和石化产品销售。其前身为私营炼油企业，2002 年 3 月经国务院和原国家计委批准同意，被石化集团公司收购。2007 年 11 月 22 日，石化集团公司将其拥有的湛江东兴公司 75% 的合同权益转让给石化股份公司。2008 年，湛江东兴公司经国务院国资委同意实施了权益变更，完成了工商变更登记。湛江东兴公司中外合作双方变更为石化股份公司和中国石化盛骏国际投资有限公司，合作权益比例变更为 75% 和 25%，同时公司名称由“湛江东兴石油企业有限公司”变更为现名。

截至 2012 年 12 月 31 日，湛江东兴公司原油一次加工能力为 500 万吨/年，下设 10 个机关处室和 12 个基层车间，在职员工总数为 786 人。

2012 年，湛江东兴公司累计加工原油 360.94 万吨，实现现价工业总产值 233.08 亿元，实现销售产值 233.53 亿元。

湛江东兴公司主要技术经济指标及主要产品产量见表 1 和表 2。

（徐启胜）

【生产经营任务圆满完成】 2012 年，湛江东兴公司在因检修等原因停工接近 3 个月的情况下，完成加工原油 360.94 万吨，生产各类产品 342.22 万吨，销售各类油品 343.01 万吨；实现轻油收率 82.25%，高附加值产品收率 90.15%，综合商品率 94.04%，原油加工损失率 0.53%，原油储运损失率为 0.14%，汽油产率 26.95%、同比提高 2.81 个百分点，柴油产率 44.26%、同比降低 6.09 个百分点。

（徐启胜）

【安全环保生产保持平稳态势】 2012 年，湛江东兴公司连续 11 年实现安全平稳生产，杜绝了各类上报石化集团公司安全事故，连续 5 年获石化集团公司安全生产先进单位称号。全年累计取用新鲜水 206.22 万吨、重复利用率 99.05%，吨油取水 0.51 吨，吨油排水 0.096 吨，回用污水 113.1 万吨、回用率 76.75%，废水排放量 34.26 万吨，COD 排放量 17.43 吨，氨氮排放量 2.55 吨，二氧化硫排放 1 116.2吨，氮氧化物排放 778.5 吨，各项环保指标均达到考核要求。全厂设置职业危害因素检测项目监测点 486 个，实现有毒有害场所职业危害因素监测率 100%、合格率 99.6%，岗前、离岗人员体检率 100%，在岗人员体检率 99.7%。

（徐启胜）

【资金筹措取得新成效】 2012 年，湛江东兴公司在平均占用资金 60 亿元的情况下，通过延期支付、美元贷款、境外人民币贷款等途径多方筹措资金，资金成本约 3.6%，财务费用得到较好控制。其中，办理延期支付货款 12 笔，与同期人民币贷款相比，节约资金成本约 6 000 万元；办理美元贷款 32 笔 11.67 亿美元，综合贷款成本仅为 1.381%，与人民币贷款相比节约资金成本约 6 700 万元；抓住广东省试点境外人民币贷款的契机，取得广东省最大一笔境外人民币贷款 10 亿元，与境内贷款比节约成本 1 040 万元。

（徐启胜）

【全厂停工大修顺利完成】 2012 年 4 月 10 日—6 月 15 日，湛江东兴公司优质高效完成全厂停工大修任务。此次停工大修总计完成大修项目 1 525 项，并同步实施了催化扩能改造、汽油加氢改造及全厂蒸汽平衡利用 3 个重点改造项目及 76 项技改项目建设，总投资超过 4 亿元，涉及全部 22 套装置，累计投入人力 6 000 余人，参战单位近 30 家。

（徐启胜）

【技改项目建设如期推进】 2012 年，湛江东兴公司全力推进 200 万吨/年液相柴油加氢、6 万吨/年乙苯—苯乙烯项目的建设。前者包括新建 1 套 200 万吨/年柴油加氢精制装置，并对全厂公用工程和辅助生产设施实施相应扩建与改造。项目于 2011 年 3 月 26 日动工建设，2012 年 4 月 7 日实现中交，全年完成投资 1.35 亿元。后者采用国内自行开发的干气制乙苯和乙苯负压绝热脱氢制苯乙烯的工艺技术，包括乙苯单元、苯乙烯单元和相应的辅助工程、界外配套工程。项目于 2012 年 3 月 30 日开工，全年完成投资 8 500 万元。

（徐启胜）

【扶贫开发工作获得好评】 2012 年，湛江东兴公司圆满完成了广东省雷州市白沙镇六余村、草白村扶贫开发“双到”工作任务，在广东省三年扶贫开发工作考评中获得好评。截至年底，两村贫困户人均年收入从原来的 2 300 元，分别提高到现在的 7 000 多元，人均增收 4 700 多元；两村有劳动能力贫困户 266 户、1 620 人实现脱贫，脱贫率达到 100%；两村 123 户贫困户危房改造任务如期完成，完成率达 100%；两村新型农村合作医疗参保率达到 100%；60 周岁以上老人新农保参保率达到 100%；符合低保条件的贫困户 100% 纳入了低保，适龄儿童入学率达到 100%。

（徐启胜）

【基层党建工作进一步加强】 2012 年，湛江东兴公司以开展“基层组织建设年”活动为契机，依托公司办公室和人事处分别成立了党委办公室和党委组织部，在人员不增加的情况下明确了岗位职责。同时按照“将支部建在业务处室、将支部建在车间”的原则对原有的支部进行了调整，成立机关第一党支部和第二党支部，其余每个车间成立一个党支部，并相应建立了一套相对科学严谨的评价激励机制，进一步提高了基层党组织建设工作的科学化水平。

（徐启胜）

表 1　　湛江东兴公司主要技术经济指标　　亿元

指标名称 \ 年份	2012	2011	2010	2009	2008	2007
原油加工量/万吨	360.94	500.38	485.39	331.91	386.12	371.35
工业总产值	233.08	312.17	246.78	145.10	189.29	135.20
资产总计	67.91	76.89	67.65	63.09	38.31	47.08

续表

指标名称 \ 年份	2012	2011	2010	2009	2008	2007
流动资产	31.39	40.95	31.90	24.96	13.18	26.47
固定资产原值	53.52	51.61	51.40	47.40	30.52	30.09
固定资产净值	26.75	27.90	30.76	29.75	15.07	16.56
销售收入①	233.53	312.59	245.82	138.93	192.99	131.51
实现利税	28.51	33.85	54.93	36.63	19.62	1.28
税　金	38.57	50.61	49.46	28.36	39.15	4.05

①销售收入均不含海外销售部分

表 2　　湛江东兴公司主要产品产量　　万吨

产品名称 \ 年份	2012	2011	2010	2009	2008	2007
汽　油	98.08	121.41	117.43	85.76	83.84	76.40
柴　油	161.08	253.21	245.35	173.93	210.39	191.27
化工轻油	14.77	13.87	9.61	3.73	12.11	15.08
溶剂油	—	—	—	—	—	0.20
芳　烃	8.91	19.34	14.54	8.68	4.26	2.61
聚丙烯	9.85	12.40	11.26	3.08	—	—
液化石油气	18.13	25.38	32.44	15.32	16.20	11.80
燃料油	28.17	21.67	21.19	17.49	37.87	37.80

北海炼化

【概况】　中国石化北海炼化有限责任公司(简称北海炼化)地处广西北海市铁山港区临海工业区，距北海市区约 40 千米，南邻铁山港码头，是中国石化在西南地区唯一的炼化企业。北海炼化前身始建于 1989 年，原名为北海石油化工厂，1998 年 5 月划归石化集团公司。2002 年 7 月，北海石油化工厂被划入石化股份公司，成立中国石油化工股份有限公司北海分公司(简称北海分公司)。2009 年 7 月，中国石化组建了北海炼油异地改造项目筹备组，实施北海炼油异地改造石油化工项目。2011 年 12 月 31 日，北海炼油异地改造项目筹备组与北海分公司进行整合，与北海市人民政府共同出资组建中国石化北海炼化有限责任公司。

截至 2012 年底，北海炼化有正式职工 704 人(含不在岗 17 人)，其中硕士及以上学历 6 人、本科学历 195 人、专科学历 235 人、中专及以下学历 268 人；设有 8 个职能部门、7 个运行部(基层单位)和 6 个附属单位。原油加工能力 500 万吨/年，生产装置主要包括 500 万吨/年原料预处理、170 万吨/年催化裂化、120 万吨/年延迟焦化、60 万吨/年连续重整、260 万吨/年柴油加氢、40 万吨/年气体分馏、12 万吨/年苯抽提、产品精制、50 万吨/年催化汽油加氢、2×3 万吨/年硫黄回收、8 万吨/年 MTBE 及 20 万吨/年聚丙烯等 12 套，此外还有污水处理、余热回收等 44 套辅助系统。另外中国石化还配套建设了 320 万立方米原油商业储备基地、北海—南宁成品油管道工程以及湛江—北海原油管道工程。主要产品有成品油、石油焦、硫黄、聚丙烯、苯、液化石油气、石脑油等。

北海炼化主要技术经济指标及主要产品产量见表1和表2。

（覃辉平）

【装置全面投产成功】 2012年1月1日，北海炼化装置全面投产成功。1月3日，第1车合格商品液化气顺利出厂，标志着北海炼化全面投入商业运行。

（覃辉平）

2012年1月3日，第1车合格商品液化气顺利出厂，标志着北海炼化全面投入商业运行 （刘毅坚 摄）

【生产装置首次标定工作顺利完成】 2012年4月6—8日，根据石化股份公司炼油工艺技术管理制度和新建装置竣工验收要求，北海炼化对生产装置进行了首次标定。通过标定掌握了各装置的实际性能，摸清了各装置的综合加工能力和实际产能，找出了影响提高装置加工量的“瓶颈”，为各装置竣工验收和公司产品质量升级、结构调整、生产优化、指标提升等生产实践提供了依据。

（覃辉平）

【一体化管理体系建设取得阶段性成果】 2012年4月27日，北海炼化召开一体化管理体系初始化评估工作讲评会，正式拉开了一体化管理体系建设的序幕。截至年底，北海炼化顺利完成了一体化管理体系框架的搭建，正式投用了一体化办公自动化系统MSOA，为进一步强化管理打好了基础。

（覃辉平）

【全力抗击台风袭击】 2012年，第8号台风“韦森特”、第13号强台风“启德”、第23号台风“山神”分别于7月、8月和10月袭击北海，北海市普降大暴雨并伴随强雷电天气。北海炼化早部署、早准备，提前作好各项应急准备，及时启动防台风、防停晃电应急预案，有效抗击了强台风的袭击，确保了装置平稳正常运行，有效杜绝了污染环境的安全环保事故。

（覃辉平）

【开展科学采购加强物资管控成效显著】 2012年，北海炼化物资采购工作坚持科学采购策略，细化优化采购计划、业务流程和物资管控，实现合理库存，使库存资金大幅度降低，库存资金占用、库存资金周转次数、积压物资资金等指标在中国石化名列前茅。截至年底，公司库存金额为108.48万元，储备资金占用率在中国石化排名第1位。

（覃辉平）

【优化工作取得明显成效】 2012年，北海炼化成立优化工作领导小组和8个专项优化小组，查找生产瓶颈，对标世界一流，精心组织开展优化工作，取得了显著成效，公司各项技术经济指标比投产初期有了大幅提升。炼油综合能耗由开工时的71.64千克(标油)/吨降至58.5千克(标油)/吨；加工损失由0.8%降至0.45%；可比综合商品率由93.68%提高至94.54%；可比轻油收率由74.58%提高至78.2%；吨油取水由0.75吨降至0.45吨，实现了年中职代会提出的奋斗目标。原油采购价格按石化集团公司总部口径回归为111.6美元/桶，比集团平均低0.73美元/桶，降低采购成本1.52亿元，在集团评比中排名第4位。调整产品结构，多产聚丙烯、MTBE、混芳、碳五及高标号汽油等高附加值产品，创效约2.57亿元。抓好水、电、汽和燃料等公用工程物料优化，大幅降低损耗和成本，全年节约费用1.2亿元。

（覃辉平）

【“查找身边安全隐患”活动成效显著】 为进一步强化全员安全意识，确保装置安全平稳生产，2012年，北海炼化组织开展了“查找身边安全隐患”活动。公司将活动与经济责任制考核结合起来，通过每月审核、评定、表彰，使活动常态化，营造全员“查找身边安全隐患”的活动氛围，取得了显著成效。全年共查出各项安全隐患634项并全部整改完毕，共表彰了363人次。

（覃辉平）

【第1车98#清洁汽油顺利出厂】 2012年12月12日，北海炼化第1车98#清洁汽油顺利出厂。相比其他标号的汽油，98#清洁汽油抗爆性强、燃烧值高，可以提供更强大的动力。98#清洁汽油的成功生产，标志着北海炼化绿色低碳发展取得了新成果，对进一步增加企业经济效益，提升公司汽油产品品牌，拓宽国内汽油市场具有极其重要的意义。

（覃辉平）

【认真落实项目“三同时”】 2012 年，北海炼化积极与消防部门、地方政府安全监督、环保部门和相关单位协调沟通，至年底顺利通过了项目竣工安全、环保、消防、职业病防护设施验收，取得了安全、环保、消防、职防 4 个专业的生产许可，使公司在试生产后获得了合法生产许可。

（覃辉平）

表 1　　北海炼化主要技术经济指标①　　亿元

指标名称＼年份	2012	2011	2010	2009	2008	2007
原油加工量/万吨	464.07	8.58	12.37	53.21	45.42	52.45
工业总产值	281.52	0.76	6.09	21.90	21.91	20.54
工业增加值	78.38	4.50	1.44	6.97	2.37	0.51
资产总计	81.24	85.83	34.53	5.78	1.65	2.98
流动资产	32.46	38.06	8.56	1.47	0.88	2.14
固定资产原值	48.93	43.31	2.80	3.00	2.96	2.92
固定资产账面价值	42.89	40.20	0.13	0.68	0.72	0.87
销售收入	280.73	0.66	6.62	21.76	22.00	20.67
实现利税	34.33	5.93	1.54	6.61	1.56	0.16
税　金	40.05	0.05	2.62	7.80	2.95	3.11
综合能耗/吨标煤·万元$^{-1}$	0.24	8.86	0.57	0.42	0.39	0.40

①2007—2010 年数据为原北海分公司数据，2011 年数据为北海炼化项目建设、开工投产期间数据

表 2　　北海炼化主要产品产量①　　万吨

产品名称＼年份	2012	2011	2010	2009	2008	2007
汽　油	96.78	—	—	—	—	—
98#车用汽油(Ⅳ)	0.19	—	—	—	—	—
97#汽油(Ⅲ)	4.08	—	—	—	—	—
93#汽油(Ⅲ)	55.82	—	—	—	—	—
93#乙醇汽油组分油(Ⅲ)	36.69	—	2.99	11.46	7.73	—

续表

年份 产品名称	2012	2011	2010	2009	2008	2007
90#乙醇汽油组分	—	—	—	1.58	2.78	—
90#汽油	—	—	—	—	—	11.36
0#柴油	201.47	0.77	4.16	19.73	15.78	18.45
化工轻油	19.94	—	1.65	2.67	5.52	6.61
4#轻燃料油	—	—	0.93	2.58	3.69	5.12
船用燃料油	11.63	—	—	—	—	—
溶剂油	—	—	—	3.41	—	—
液化石油气	25.67	—	1.28	4.96	3.98	4.68
干　气	13.85	—	—	0.56	0.37	0.51
混合芳烃	16.12	0.25	—	—	—	—
重油(7#燃料油)	—	—	0.37	1.94	1.33	1.70
混合碳五	9.99	—	—	—	—	—
甲基叔丁基醚	3.79	—	—	—	—	—
聚丙烯	9.27	—	—	—	—	—
石油苯	2.20	—	—	—	—	—
石油焦	37.42	—	—	—	—	—
工业硫黄	4.44	—	—	—	—	—

①2007—2010年数据为原北海分公司数据，2011年数据为北海炼化项目建设、开工投产期间数据

西安石化

【概况】 中国石油化工股份有限公司西安石化分公司(简称西安石化)位于古城西安渭水之滨，东临西安机场高速公路，主要从事石油炼制和道路沥青生产，是中国石化五大沥青生产基地之一，居全国十大沥青厂家之列。其前身始建于1967年，原名西安石油化工厂，1998年12月8日并入新星石油公司，2000年3月1日随新星石油公司进入石化集团公司，2004年1月1日进入石化股份公司。

截至2012年底，西安石化职工总数1 144人，其中经营管理人员221人，专业技术人员113人，技能操作人员810人；职工平均年龄41岁，中级以上职称112人，本科以上学历238人，高级工以上209人。拥有常减压、A1沥青、A2沥青、常压、催化裂化、气体分馏、甲基叔丁基醚(MTBE)、柴油加氢、催化重整、汽油加氢、苯抽提11套主要生产装置。主要产品有AH-70、AH-90、70A、90A、110A、SBR改性、温拌等沥青系列产品及汽油、柴油、液化石油气、丙烯等。

西安石化主要技术经济指标和主要产品产量见表1和表2。

(张质朴)

【生产经营实现“双跨越”】 2012年1月18日，西安石化提出实现生产经营“双跨越”的目标，即“加工量跨越200万吨，销售收入跨越100亿元”。全年，西安石化加工原油217.24万吨、同比增长42%，实现销售收入114.34亿元、同比增长44%，全面实现“双跨越”目标，成为西安市第6家、2012年新增的唯一产值过百亿企业，获2012年度西安市全市纳税先进企业称号，受到西安市政府通报表彰。

(张质朴)

【成功生产温拌沥青】 2012年3月5日，西安石化成功试生产出环保节能的新型沥青产品——温拌沥青，沥青产品家族又添新成员。全年生产温拌沥青5万吨，列石化集团公司首位，售出4.65万吨。

（张质朴）

技术人员在汉中西乡316国道温拌沥青施工现场开展售后服务 （彭小平 摄）

【塔河油田稠油输炼一体化技术研究项目顺利“出龙”】 2012年，由西安石化牵头，西北油田分公司、石油化工科学研究院、洛阳石化共同参与的塔河油田稠油输炼一体化技术研究项目通过石化集团公司总部科技攻关领导小组评审，顺利“出龙”。该项目解决了塔河油铁路运输硫化氢超标问题，减轻了脱硫剂对下游炼厂的影响。

（孙 智）

【油品质量升级项目成功开车投运】 2012年，西安石化新建油品质量升级项目成功开车投运，3月31日，汽油加氢装置顺利开工；4月10日，动力站2号锅炉点炉运行；7月14日，重整装置一次开工成功。项目的投运优化了产品结构，完善了加工手段，提升了产品质量，促进了企业环保绿色低碳发展和效益提升。

（李小永）

【催化装置完成检修开车成功】 2012年10月中旬起，西安石化对催化装置实施停工消缺检修；11月1日，检修完成，消除了影响装置运行的隐患；11月6日，装置开车成功，为完成全年生产经营任务打下坚实基础。

（李小永）

【公开招聘基层车间安全总监】 2012年11月，西安石化强化基层HSE和直接作业环节管理，按照新的干部管理制度，在全公司范围公开招聘基层安全总监，共有21人应聘，5名竞聘者脱颖而出，走上车间安全总监岗位。

（田 华）

【开展“面对面，心贴心，实打实”活动】 2012年2月6日起，西安石化开展“面对面，心贴心，实打实，服务职工在基层”活动，围绕“加强企业民主管理，维护和谐稳定，促进企业快速有效发展”课题，深入基层调研。

（彭小平）

【“央企在西安”媒体报道企业发展亮点】 2012年9月11日，西安日报、西安晚报、西安电视台、西安人民广播电台、西安新闻网、古城热线等媒体走进西安石化，开展“央企在西安”集中采访。《西安晚报》以《“每一滴油都是承诺”》、西安网以《西安石化：“小”手机报承载“大”企业文化》为题，报道了西安石化注重质量管理和加强企业文化建设的做法。《西安日报》以《改变是转调成功的最好证明——西安石化通过机制体制调整创新谋发展》为题，对西安石化通过创新做足“沥青特色”、实现绿色发展的经验进行专题报道。

（张质朴）

【EM系统正式上线】 2012年8月8日，西安石化设备管理信息系统(EM)正式上线运行，收集系统主数据18.44万条，为进一步提升设备管理水平搭建了平台。

（赵 飞）

【开展“金秋助学”活动】 2012年9月22日，西安石化开展“金秋助学”活动，为新入小学、新升初中、新升高中、考进大学的136名职工子女提供资助。

（张质朴）

【深入学习宣贯落实十八大精神】 2012年11月27日，西安石化党委中心组集体学习，结合生产经营和改革发展，提出深入学习宣贯十八大精神的方案措施，坚持党建与生产经营深度融合，建立机关干部转变作风，到基层调研、学习、劳动的机制，实现专业工作与主题活动“两不误、两促进”。

（李小永）

【深入开展“一转双创”活动】 2012年5月31日，西安石化制定开展“一转双创”主题活动实施意见，加强对党支部工作考核讲评，促进“比学赶班超 建功创一流”和“和谐企业创建”活动深入开展，扎实开展矛盾排查化解，完善“六清楚”“六必谈”“六必访”机制；导入EAP理念，实施员工帮助计划，家访慰问党务干部和生产骨干246人。

（李小永）

表1 **西安石化主要技术经济指标** 亿元

指标名称 \ 年份	2012	2011	2010	2009	2008	2007
原油加工量/万吨	217.24	153.17	174.17	168.89	155.66	177.27
工业总产值	118.41	79.70	76.79	60.85	63.99	61.65
工业增加值	9.44	3.27	11.82	14.25	-8.87	-1.57
资产总计	24.61	19.82	19.60	15.89	13.84	18.58
流动资产	11.15	7.87	9.51	6.33	3.98	8.51
固定资产原值	18.93	12.73	12.66	12.13	12.02	11.67
固定资产净值	11.26	5.69	7.48	7.72	8.31	8.64
销售收入	114.34	81.06	76.33	60.72	65.05	61.05
实现利税	8.13	1.47	10.19	12.21	-8.69	-2.92
税 金	14.61	10.53	11.54	11.31	1.51	1.85
综合能耗/千克标油·吨$^{-1}$	53.70	54.08	50.26	50.06	48.30	47.97

表2 **西安石化主要产品产量** 万吨

产品名称 \ 年份	2012	2011	2010	2009	2008	2007
沥 青	72.89	49.22	62.61	52.59	30.58	32.52
汽 油	34.44	19.89	20.31	22.50	17.53	19.33
柴 油	62.41	41.94	45.61	44.96	40.29	47.47
液化气	7.01	4.51	4.82	4.63	5.70	6.48
丙 烯	2.84	2.03	2.17	2.58	2.31	2.63

塔河分公司

【概况】 中国石油化工股份有限公司塔河分公司（简称塔河分公司）地处昔日的“龟兹”古国、如今的新疆库车县，是石化集团公司在新疆唯一的炼化企业。

塔河分公司的前身是筹建于1993年的地方股份制企业——新疆塔里木油气化工有限公司，1998年11月被西北石油局全资收购，2003年12月整体划转石化股份公司，2004年4月30日设立塔河分公司，业务由石化股份公司炼油事业部管理，人事由石化集团公司西北石油局代管。2005年1月，塔河分公司整体由石化股份公司直接管理。

截至2012年底，塔河分公司拥有炼油生产装置12套，原油加工能力500万吨/年，焦化处理能力260万吨/年，汽、柴油混合加氢精制能力240万吨/年，A级沥青生产能力40万吨/年，催化重整能力15万吨/年，汽油异构化能力7万吨/年，硫黄生产能力 4 万吨/年。塔河分公司以加工塔河油田重质原油为主，可生产汽油、柴油、溶剂油、化工轻油、沥青、石油液化气、石油焦、硫黄、石油苯、燃料油等 10 余种产品，产品通过企业铁路专用线销往全国各地。

截至 2012 年底，塔河分公司有领导班子成员 6 人，总经理助理、副总工程师、副总经济师、副总会计师各 1 人；下设 11 个机关处室、3 个中心(直属单位)、7 个车间。共有在册职工 965 人，其中教授级高级工程师 1 人，具有高级职称的 11 人、中级职称的 56 人、初级职称的 196 人；高级技师 1 人，技师 16 人，高级工 230 人，中级工 365 人，初级工 48 人。

塔河分公司主要技术经济指标和主要产品产量见表 1 和表 2。

(刘希军)

【领导班子调整】 2012 年 5 月 15 日，塔河分公司召开干部大会，石化集团公司人事部副主任戴锭到会宣布了石化集团公司关于塔河分公司领导班子调整的决定：代长江任中共塔河分公司委员会书记；赵亚新任中共塔河分公司委员会副书记；免去王宏中共塔河分公司委员会书记、委员职务，调出另有任用。塔河分公司新一届领导班子由赵亚新、代长江、韩国卿、闫希华、丁智刚、施利春组成。

(刘希军)

【组建塔河炼化公司】 为落实中央新疆工作会议精神，推进"产业援疆"工作，石化股份公司决定对塔河分公司进行改制。2012 年 6 月 25 日，石化股份公司印发文件，由石化股份公司与新疆阿克苏地区共同出资组建中国石化塔河炼化有限责任公司(简称塔河炼化公司)。采取"两步走"的模式设立塔河炼化公司，第 1 阶段注册资本 1 亿元，其中石化股份公司现金出资 9 900 万元，阿克苏地区指定的投资主体现金出资 100 万元；第 2 阶段石化股份公司以 2012 年 4 月 30 日为基准日，以评估后的塔河分公司全部净资产出资，阿克苏地区指定的投资主体按 99∶1 的比例，以现金出资。塔河炼化公司下设董事会、监事会，设执行董事兼总经理 1 人、监事 1 人、副总经理若干人。阿克苏方面不派董事、监事和高级管理人员，不参与塔河炼化公司日常生产经营和管理活动。6 月 26 日，石化股份公司人事部印发文件，赵亚新任塔河炼化公司执行董事兼总经理，施利春任塔河炼化公司监事。2012 年 7 月 26 日，塔河炼化公司揭牌仪式在塔河分公司举行，石化集团公司董事长傅成玉、新疆维吾尔自治区党委书记张春贤为公司揭牌。

(刘希军)

傅成玉与张春贤为塔河炼化公司揭牌 (雷从营 摄)

【500 万吨/年重油改质配套完善项目正式开工建设】 2012 年 7 月 16 日，塔河分公司 500 万吨/年重油改质配套完善项目正式开工建设，标志着塔河分公司在产业援疆活动中再次迈出里程碑式的建设步伐。项目包括新建 60 万吨/年连续重整、30 万吨/年异构化、30 万吨/年航煤加氢、4 万吨/年硫黄回收装置，350 万吨/年常减压—焦化装置新增一炉两塔及其系统配套等，概算总投资约 20 亿元，计划于 2013 年 12 月全面建成投产。项目建成后，在调整产品结构、增加当地适销产品产量、解决石脑油外运难题、推动地方经济发展等方面将发挥积极的作用。

(刘希军)

【全面完成生产经营任务】 2012 年，塔河分公司加工原料油 416.26 万吨；实现主营业务收入 193.36 亿元，亏损 1 953 万元，按照年初预算价格体系还原后实现利润 10.95 亿元。主要技术经济指标均有较大幅度提升，轻质油收率 61.35%，综合商品率 95.64%，综合能耗 49.78 千克(标油)/吨，加工损失 0.5%，储运损失 0.15%，均优于达标指标和奋斗目标。产销率 100.27%。单位完全费用 210.02 元/吨，完成石化股份公司下达的考核指标。

(刘希军)

【实现安全环保无事故】 2012 年，塔河分公司认真落实 HSE 职责制、领导干部现场带班和下基层督察制度，在基层单位配备安全总监，强化关键装置、要害部位、施工现场和装置大修的安全监控与检查。在 1# 加氢装置开展危险与可操作性分析，同时发动全员开展查找身边隐患活动，全年识别重大危险源

14项，查出隐患问题989项，28人次获安全卫士称号。全面规范承包商管理，从安全禁令、现场监督、行为规范、现场标准化等方面提出51项考核条款，加强承包商HSE业绩考核，确保现场施工作业安全。深入开展消防达标、反恐维稳等活动，突出做好重大活动、特殊时期和重大节假日的治安防范工作，确保了消防安全及治安稳定。狠抓污染物分级控制，强化污染治理，持续推进清洁生产，全年外排污水合格率、危险废弃物妥善处理率、有控废气排放达标率均实现了100%；COD和二氧化硫排放量同比分别下降21%和4%；吨原油取水量0.37吨，吨原油排水量0.20吨，较石化集团公司下达指标均下降0.04个单位。全年无安全、环保上报事故，连续4年获石化集团公司安全生产先进单位称号。

（刘希军）

【圆满完成1#系列装置检修改造任务】 2012年5月25日，塔河分公司1#系列装置开始停工检修改造，共涉及7个车间7套装置，投入各类检修机具377台，参检人数1 100多人。主要完成1#常压焦化装置提高液收、1#加制氢装置优化改造、1#硫黄回收装置提升处理能力改造、1#储运罐区优化改造等重点项目。共实施检修项目629项，完成技改技措项目22项；完成压力容器检验447台，压力管道检验18.76千米。6月18日，安全、优质、高效、准点完成了所有检修装置的检修改造任务。

（刘希军）

装置检修改造现场 （梁 瑛 摄）

【技术进步取得积极进展】 2012年，塔河分公司根据国家柴油质量升级部署，圆满完成了柴油质量升级任务，柴油质量达到国Ⅲ标准。完成了焦化智能喷雾系统改进、加热炉运行优化系统开发等7项科研开发项目。顺利建设和投用了合同管理信息系统、内控管理信息系统、中国石化公文管理系统、称重计量系统与MES/计量管理信息系统接口项目、LIMS系统总部数据集成项目、ERP－HR人力资源管理模块等一批信息化项目。

（刘希军）

【企业管理取得新进步】 2012年，塔河分公司结合阶段性重点工作，坚持开展季度“一体化”检查、内控检查等，有效推动了重点工作的开展，提高了工作质量和效率。结合实际调整内控权限指引部分权限，进一步简化了物资采购部分业务流程，提高了审批效率。推行“五型”班组建设，规范班组管理和班组建设，营造了“比学赶帮超”的氛围，提升了基础管理水平。全面启动管理提升活动，提出可提升管理问题62项。根据形势发展需要，完善绩效考核管理办法，全年组织绩效考核14次，绩效考核的激励、导向和鞭策作用有效发挥。浓缩采购渠道，培育稳定的供应商群体，供应商数量同比减少17.28%。加大应收账款清欠力度，全年收回历史欠款2 100多万元，实现了历史性突破。“比学赶帮超”活动成效显著，在石化股份公司“比学赶帮超”排名榜中，获得红旗49面、红星66颗，较2011年有明显进步。全年组织开展5个效能监察项目，提出监察建议9条，建章立制5项，发挥了强化内部管理、提高经济效益的作用。

（刘希军）

【强化干部职工队伍培养】 2012年，塔河分公司采取“请进来、送出去”的培训方式，组织干部参加境外、脱产、选学及石化集团公司组织的培训201人次，提高了干部的综合管理水平。开展专业技术职务选聘和岗位竞聘，4名员工被选聘为车间专职安全总监，6名员工应聘到处室专业技术岗位，充实了安全管理队伍和专业技术队伍力量。组织开展技能鉴定工作，共有263人参加，其中94名员工取得高级职业资格，83名员工取得中级职业资格，进一步优化了技能操作队伍结构。组织140名员工参加压力容器、化学水处理、锅炉水处理、司炉等取复证培训和考试，取复证合格率100%。

（刘希军）

【举办首届“塔河杯”技术比武】 2012年，塔河分公司举办首届“塔河杯”技术比武，共有7个赛区的281名参赛选手参加理论知识考试、现场技能操作考核等项目的角逐，最终21名选手获得表彰。技术比武的成功举办，搭建了全面检验职工技能操作水平的平台，营造了尊重知识、尊重劳动、尊重人才、尊重创造的良好氛围，对促进公司人才队伍建设，引导广大干部职工主动钻研技术，不断提高技术水平有着深远的意义。

（刘希军）

【党建和思想政治工作取得实效】 2012 年，塔河分公司围绕迎接和学习宣传贯彻党的十八大精神，组织开展了“喜迎十八大”成就回顾图片展、“我心中的党支部、可爱的共产党员”演讲比赛、党员干部赴井冈山红色教育、党课专题辅导等系列活动，增强了党员的责任意识和基层党组织的战斗力。落实石化集团公司党组新的党建管理模式，深入开展“一转双创”和基层组织建设年活动，积极挖掘基层党建工作品牌亮点，逐渐形成了常压焦化车间“班组思想政治辅导员制度”、储运车间“党员责任区制度”、硫黄回收车间“党员上讲台制度”等特色品牌。充分发挥内外部资源优势，举办集中式和开放式党员领导干部培训班，循序渐进推动军企共建工作，提升党员干部综合素质。以“塔化职工幸福吗?” 大讨论为载体，通过激烈的讨论和辩论，客观认识企业的优势和劣势，引导员工树立正确的择业观。创新《塔河石化》办报风格，开播检修《战地广播》，举办“奉献戈壁展雄姿，大漠深处创业歌”检修人物摄影展，充分展示广大职工良好的精神风貌。

（刘希军）

【和谐企业建设】 2012 年，塔河分公司通过设立“领导信箱”、开通“塔河炼化团委微博”等形式，力求做到合理诉求问题解决到位、生活困难帮助救助到位，切实维护了广大员工的合法权益。深入开展“为民服务创先争优”活动，积极推进职工生活基地建设，购置 2 辆通勤车、设立便民服务商店和搭建停车棚满足职工日常生活需要。全年走访慰问退休（内退）职工、困难职工和穆斯林职工 38 名，对 10 名相对困难及特困职工发放救助金 4.2 万元。春节之际举办单身员工饺子宴，让远离父母的青年人感受如家的温暖。关爱员工身心健康，邀请心理测评专家对 693 名员工进行心理援助测评，掌握员工心理健康状况，并通过信息门户增设“员工心灵关爱互助社区”专栏、开通心理健康咨询热线和发送心理健康短信等方式，舒缓员工情绪，调整员工心态。组织全体员工和外聘专家、挂职干部 983 人，以及 149 名劳务派遣工进行职业健康检查。

（刘希军）

【3 个车间获工人先锋号称号】 2012 年 4 月 27 日，在中华全国总工会庆祝五一国际劳动节大会上，加制氢车间获全国工人先锋号称号，成为塔河分公司首个获此殊荣的单位。另外，硫黄回收车间、催化重整车间获新疆维吾尔自治区工人先锋号称号。

（刘希军）

表 1　　塔河分公司主要技术经济指标　　亿元

指标名称 \ 年份	2012	2011	2010	2009	2008	2007
原油加工量/万吨	410.39	418.37	251.13	205.82	192.70	196.47
工业总产值	191.88	190.01	99.26	64.71	68.92	57.41
工业增加值	34.90	26.15	23.20	22.23	-1.58	7.16
资产总计	47.22	45.40	45.34	30.67	22.16	19.33
流动资产	9.92	9.64	8.67	4.17	3.03	4.51
固定资产原值	43.86	43.58	40.52	18.34	17.76	17.75
固定资产净值	30.29	32.86	32.72	12.14	12.88	14.16
销售收入	193.36	192.60	97.25	65.29	69.84	58.15
实现利税	30.12	22.29	20.01	21.11	0.20	6.46
税　金	30.70	28.93	16.39	16.29	1.65	3.46
综合能耗/千克标油 · 吨$^{-1}$	49.78	50.34	47.99	50.77	53.65	56.13

表2　　塔河分公司主要产品产量　　万吨

产品名称＼年份	2012	2011	2010	2009	2008	2007
汽　油	16.03	15.39	13.90	13.13	12.17	12.72
柴　油	198.50	201.60	108.62	91.86	90.70	90.09
溶剂油	—	—	—	0.73	1.55	0.60
石脑油	34.73	37.86	16.78	8.27	6.94	9.16
沥　青	30.17	34.60	36.74	36.30	28.46	25.58
重交沥青	14.28	19.56	18.51	19.34	13.48	20.62
石油焦	92.15	91.21	49.54	39.70	37.26	31.87
商品液化气	12.97	11.92	6.98	5.37	5.10	4.77
石油苯	0.20	0.20	0.20	0.09	0.23	0.26

海南炼化

【概况】 中国石化海南炼油化工有限公司(简称海南炼化)位于海南省西北部洋浦半岛的洋浦经济开发区，毗邻北部湾，位于新加坡—香港—上海—大阪国际海运主航线上，拥有天然的深水良港和避风港，地理和海运条件优越，同时享受保税港区、经济特区和开发区的全部优惠政策。海南炼化占地2.5平方千米，投资116亿元，成立于2003年10月31日，原名海南实华炼油化工有限公司。2004年4月26日，海南炼油项目奠基开工。2006年2月28日，公司名称注册变更为现名。2008年7月1日，海南炼化通过中国石化总部组织的项目竣工验收，正式投入商业运营。

截至2012年底，海南炼化拥有原油综合加工能力800万吨/年，有800万吨/年常减压蒸馏、310万吨/年催化原料预处理、280万吨/年重油催化裂化和脱硫脱硫醇、60万吨/年气体分馏、10万吨/年甲基叔丁基醚、120万吨/年连续重整、20万吨/年异构化、120万吨/年加氢裂化、6万米^3(标准)/时制氢、200万吨/年柴油加氢精制、20万吨/年汽油选择性加氢、8万吨/年硫黄回收和溶剂再生、180吨/时酸性水汽提、20万吨/年聚丙烯、70万吨/年航煤加氢和8万吨/年苯乙烯17套炼油化工生产装置及相应的油品储运设施、公用工程系统，主要加工中东和非洲的进口原油，生产和销售各种规格的汽油、柴油、煤油、石脑油、苯、液化气、燃料油、聚丙烯、苯乙烯等石油化工产品。海南炼化采用全加氢型加工流程工艺，汽、柴油产品全部达到欧Ⅲ标准，部分达到欧Ⅳ标准，产品主要销往海南、华南及西南等地区，部分汽油、柴油、航空煤油、车用液化气出口到港澳地区，自备的深水码头位于洋浦神头港区，共拥有包括30万吨级原油泊位、10万吨级成品油泊位在内的5座泊位，年吞吐能力2 530万吨。海南炼化还拥有总罐容110万立方米原油和超过90万立方米成品、半成品的储存能力及相应的输转设施。

截至2012年底，海南炼化共设部门14个，生产单元7个，质量检验中心1个，港作中心1个，合资公司1个；有正式员工709人。

2012年，海南炼化全年加工原料油932.01万吨，其中原油920.97万吨，生产各类产品871.31万吨，实现营业收入543.26亿元，工业总产值(现价)601.53亿元，利税107.59亿元，完成投资16.83亿元。

海南炼化主要技术经济指标及主要产品产量见表1和表2。

(胡　岗)

【吴官正视察海南炼化】 2012年2月16日，原中共中央政治局常委、中央纪律检查委员会书记吴官正在海南省省长蒋定之等人陪同下，视察了海南炼化。吴官正在海南炼化展览厅听取了海南炼化负责人的情况介绍，视察了中心控制室，慰问了在岗员工。

吴官正对海南炼化认真贯彻安全环保生产、节能减排、科学发展等理念表示高度赞赏，希望海南炼化全力做好下一步发展，为海南省和洋浦经济开发区继续作出贡献。

（胡　岗）

吴官正在海南炼化视察

【原油加工量再创历史新高】 2012 年，海南炼化有针对性地选择原油品种，科学地调配原油加工掺炼比，着力解决制约装置高负荷运行的“吃重、吃硫能力不足”的瓶颈问题，充分利用海外市场扩大来料加工，深度挖掘装置潜能，提升装置运行负荷，千方百计扩大原油加工总量。全年完成原油加工量 920.97 万吨，工业总产值(现价)首次突破 600 亿元，创出投产以来历史新高，为公司取得较好效益、改善技术经济指标打下良好基础。

（胡　岗）

【多项技术经济指标创历史最好水平】 2012 年，海南炼化采取切实有效的措施，不断优化生产运行，各项调整落到实处，高附加值产品收率达 90.75%，轻油收率达到 81.15%，原油储运损失率 0.20%，原油加工损失率为 0.53%，柴汽比 0.97，炼油综合能耗为 59.98 千克(标油)/吨原料，均创出历史最好水平。

（胡　岗）

【吨油利润连续 4 年位于炼油板块首位】 2012 年，海南炼化加强全面预算管理，把实现效益最优化作为自觉追求，抓住机遇、顺势而为，开源多挣一元，节流再省一分，大力挖潜增效，实现利润 11.02 亿元，利润总额连续 2 年、吨油利润连续 4 年位于炼油板块首位，获石化集团公司炼油经济效益优胜单位第 1 名。

（胡　岗）

【吨油现金操作费用降至百元以下】 2012 年，海南炼化按照“经营一元钱、节约一分钱”的理念，持续推进全面预算管理，细化分解费用构成，降低辅材、燃料等现金操作成本，压缩和控制非生产性费用，吨油完全费用降至 163.31 元、同比降低 15.72 元，吨油现金操作费用 93.24 元，首次降到 100 元以下，取得了历史性突破，连续 2 年获石化集团公司炼油板块全员成本目标管理工作领先程度奖(一档)。

（胡　岗）

【财务费用大幅下降】 2012 年，海南炼化通过优化贷款结构、拓宽融资渠道，利用跨境人民币结算方式支付原油货款，引入银行间竞争、进口原油货款延迟支付，探索多渠道购汇，寻找最优购汇方式，使用承兑汇票支付大额原油款项，降低汇票贴现利率，开立原油增值税保函。全年发生财务费用 0.21 亿元，较预算指标 0.75 亿元大幅降低 71%，创投产以来最优水平。

（胡　岗）

【安全生产获“四连冠”】 2012 年，海南炼化进一步落实安全责任，继续深化“我要安全”主题活动，推行“七想七不干”，强化安全意识，加强基础管理，消除“三违”行为，严格直接作业环节的安全管理，全年实现特大环境污染事故、火灾爆炸和死亡事故为零，HSE 绩效持续提升。海南炼化被国家安全生产监督管理总局授予全国安全文化建设示范企业称号，连续 4 年获石化集团公司安全生产先进单位称号。

（胡　岗）

【首次获石化集团公司环境保护先进单位称号】 2012 年，海南炼化高度重视环境保护，开展环境安全百日大检查自查活动，认真组织隐患排查治理。实施绿色低碳战略，开展清洁生产培训，扎实推进清洁生产审核，被中国石化总部授予清洁生产企业称号。全年处理污水 188.68 万吨，回用 184.72 万吨，回用率 97.9%，达标排放率为 100%；处理酸性水 161.13 万吨，回用率 73.5%；固废妥善处理处置率 100%；处理酸性气 5 790.96 万立方米，回收硫黄 6.1 万吨。2012 年，海南炼化首度获石化集团公司环境保护先进单位称号。

（胡 岗）

【炼油综合能耗取得突破】 2012年，海南炼化高度重视节能降耗工作，全员动员，传递压力，落实责任，紧盯能耗，采取措施，提升燃动效能、优化燃料结构、用足每滴油源、降低加工损失，炼油综合能耗持续下降，降至59.98千克(标油)/吨原料，同比降低2.43个单位；与设计值相比，下降24.82个单位，年节约标油20万吨以上。

（胡 岗）

【节能减排取得新成效】 2012年，海南炼化开好污水处理装置，加大含油污水回用力度，引入洋浦污水处理厂的中水回用，尝试雨水监控池的雨水综合利用。全年吨油耗水降至0.33吨，同比下降0.08吨，万元产值耗水仅为0.52吨，吨油水耗跨入炼油板块领先行列，吨油外排废水仅为0.004吨，基本实现“零”排放，外排COD仅1.98吨。

（胡 岗）

蓝天碧海白云，绿色和谐工厂

【100万吨/年乙烯及炼油改扩建项目进展顺利】 2012年，完成了该项目海南省海洋功能区划、洋浦总体规划环评、项目用海预审、土地预审、水资源论证、水土保持、海域使用论证、通航安全影响论证、地震安全性评价、社会稳定风险分析报告等多个关键性支撑文件，完成了炼油工艺路线及乙烯产品方案的优化，进入国家发改委核准的最后阶段。

（胡 岗）

【60万吨/年聚酯原料项目二甲苯塔第1段顺利吊装就位】 2012年12月26日，海南炼化60万吨/年聚酯原料项目二甲苯塔第1段塔体顺利吊装就位。该塔是项目的关键设备，由宁波天翼石化重型设备有限公司承制，总重量达4 035吨，总长126.6米，筒体内直径分别为9.8米、10.6米、11.8米，设备最大壁厚138毫米，是亚洲在建最大吨位的炼油化工装置特大型非标设备，被誉为“亚洲第一塔”。该塔在设计、制造和运输中分为9段，其中第1段重量达1 008吨。

（胡 岗）

“亚洲第一塔”第1段吊装

【装置达标名列前茅】 2012年，海南炼化自找差距，比过去、比同行、比先进，做到知己知彼。明确学习标杆，确定赶超对象，找出薄弱环节，制定有效措施，2009—2012年连续4年炼油专业达标排名位列炼油板块前3位；常减压、催化裂化、加氢裂化等多套装置达标竞赛在中国石化总部名列前茅。

（胡 岗）

【通过质量管理体系认证】 2012年，根据石化集团公司总部质量管理体系建设要求，海南炼化将“建立满足GB/T 19001标准要求的质量管理体系”作为2012年质量管理的重点工作。5月开始启动质量管理体系建设，相继开展了中层培训及标准宣贯，完成质量管理体系中的《质量手册》和《程序文件》的编制，7月3日发布运行，11月1日和11月19日分别完成了外部审核的第1阶段和第2阶段审核，12月31日取得认证，建立起满足GB/T 19001标准要求的质量管理体系。

（胡 岗）

【中央电视台《走基层·行进中国》栏目采访报道海南炼化】 2012年，中央电视台《喜迎十八大 走基层·行进中国》栏目组到海南炼化进行了采访报道。10月

21日，《走基层·行进中国》栏目以《新洋浦　向前进》为标题，在7：00至8：00的央视综合频道、新闻频道《朝闻天下》首播，新闻频道下午14：00的《新闻直播间》复播。国内多家网络媒体进行了转播。报道以海南炼化为切入点，报道了海南洋浦近年来发生的巨大变化，充分肯定海南炼化对海南经济发展的带动作用。

（胡　岗）

【全国重点网络媒体记者参观海南炼化】 2012年9月24日，新浪网、中国网、凤凰网等60家全国重点网络媒体的80余名记者到海南炼化参观采访，以自己所听、所见、所感的亲身体验从不同的角度、以不同的形式报道了海南炼化近年来的发展和所做的环保工作，对海南炼化绿色低碳的发展理念和强劲发展的势头给予了高度的评价。

（胡　岗）

【创先争优活动取得丰硕成果】 2012年，海南炼化以"比学赶帮超"活动为载体，持续开展创先争优活动，突出促进安全生产和"发展推进年"目标特点和实践特色，连续4年树标杆、盯数字、快行动、抓落实，营造"见红旗就扛、有第一就争"的良好氛围，将考核指标赶超目标分解落实到部门、单元和班组，动真功、下狠劲、严考核、硬兑现，奖惩分明，推动企业生产经营不断创出新水平、迈上新台阶，取得了丰硕成果。全年原油加工量、工业总产值、利税额和多项技术经济指标均创出历史最好水平。在石化集团公司炼油板块"比学赶帮超"活动奖牌榜上，海南炼化共获得月度红旗40面、红星27颗，其中年度累计评价的8项指标中，吨油利润、利润总额、生产任务、能源消耗4个指标获得红旗，产品销售、费用降低率、能源消耗3个指标获得红星，连续2年获石化股份公司炼油板块"比学赶帮超"活动优胜单位称号。

（胡　岗）

【积极配合开展重点项目建设效能监察】 2012年，海南炼化严格按照石化集团公司《效能监察实施方案》的要求，积极配合石化集团公司效能监察督察组，对在建的60万吨/年聚酯原料工程、码头改扩建工程等项目进行效能监察，切实强调项目廉政建设，对工程的招投标工作提要求、抓落实；紧紧围绕项目"质量、安全、进度、投资和合同"五大控制目标，参与合同谈判，努力降低工程成本，避免投资浪费。全年共参加工程建设合同谈判46次、招投标12次，物资采购合同谈判27次、招投标4次，把监督触角深入到工程建设的关键环节，不断加大监管力度，保持对工程建设进行全过程监控。

（胡　岗）

【召开二届一次职代会（工代会）】 2012年2月9—10日，海南炼化二届一次职工（会员）代表大会隆重举行。该次会议按照职工代表（会员）大会的各项规章章程进行，听取并审议了总经理的行政工作报告和工会工作报告；通过了行政工作报告决议、工会工作报告决议；选举产生了第二届工会委员会委员、经费审查委员会委员。与会代表还听取了公司领导班子成员所作的述职报告，对公司领导班子成员进行了民主评议；对2011年新提拔的中层领导干部进行测评，推荐了公司后备干部；审议通过并签订了《集体合同》。会议还选举工会第二届委员会主席、副主席及工会第二届经费审查委员会主任。

（胡　岗）

表1　　海南炼化主要技术经济指标　　亿元

指标名称＼年份	2012	2011	2010	2009	2008	2007
原油加工量/万吨	920.97	905.89	847.49	822.11	782.91	795.60
工业总产值	601.53	574.80	462.56	371.25	389.01	335.87
炼　油	580.17	550.77	443.63	354.28	367.51	313.69
化　工	21.36	24.04	18.93	16.97	21.50	22.18
工业增加值	32.76	31.95	57.52	51.13	-35.37	27.90

续表

指标名称 \ 年份	2012	2011	2010	2009	2008	2007
资产总计	139.83	118.73	130.92	109.91	114.18	136.99
流动资产	67.08	51.38	57.04	27.75	29.30	46.74
固定资产原值	97.98	97.69	94.36	94.27	94.03	93.40
固定资产净值	57.43	63.78	67.02	73.53	79.69	85.09
销售收入	539.77	540.83	413.30	326.59	377.52	299.90
实现利税	105.23	107.59	113.55	111.41	-45.66	17.37
税　金	94.21	99.56	85.13	71.37	7.93	18.12

表2 **海南炼化主要产品产量** 万吨

产品名称 \ 年份	2012	2011	2010	2009	2008	2007
90#汽油	—	—	—	—	—	3.83
93#汽油①	267.52	256.77	223.07	208.47	154.54	168.12
97#汽油①	35.23	38.48	40.16	55.83	89.51	66.71
0#柴油	294.02	319.20	345.98	341.38	344.87	359.06
轻质船燃	5.10	—	—	—	—	—
发泡剂	1.80	—	—	—	—	—
石脑油	25.13	14.09	18.75	14.00	7.93	6.97
煤　油	78.03	68.06	41.13	35.43	31.06	32.78
苯	6.34	6.19	5.26	4.98	5.55	5.27
航煤组分油	16.01	9.44	3.45	—	—	—
燃料油	24.89	32.57	22.65	17.74	16.43	12.82
硫　黄	6.13	6.45	6.25	6.32	6.47	5.86
液化气	58.73	59.98	54.89	48.59	48.29	51.63
车用液化气	—	—	—	3.60	0.71	0.77
其他白油原料	22.17	21.77	14.00	7.68	—	—
聚丙烯	23.82	23.85	22.81	22.81	21.37	22.43

①93#汽油包括92#、95#，97#汽油包括98#

青岛炼化

【概况】 中国石化青岛炼油化工有限责任公司(简称青岛炼化)系石化股份公司、山东省国际信托有限公司、青岛国信实业有限公司按85:10:5的投资比例出资设立的特大型石油化工企业，于2004年10月18日注册成立。公司位于青岛经济技术开发区重化工园区，毗邻青岛港，位置优越，配套完备，交通便捷。青岛炼化是中国石化系统内单套装置规模最大、体制机制最新、用工定员最少的炼化企业之一。公司1 000万吨/年大炼油项目是中国批准建设的第1

个单系列千万吨级炼油项目，总投资125亿元，总占地220公顷(220万平方米)，于2008年6月正式投产。青岛炼化具有组织结构扁平、主业精干、人员精简的显著特点，截至2012年底，共设10个机关职能部门和9个生产单元，在册正式职工642人。

青岛炼化工艺路线采用"焦化 + CFB 锅炉 + 催化"方案，主要加工进口高硫原油，截至2012年底，拥有1 000万吨/年常减压、250万吨/年延迟焦化、290万吨/年催化裂化、150万吨/年连续重整、200万吨/年加氢裂化等20套生产装置和相应的公用工程及辅助设施，每年可加工进口原油1 200万吨，生产汽、煤、柴成品油820多万吨，生产聚丙烯、苯乙烯、混苯、硫黄等各类石化产品300多万吨，成品油质量全部达到国Ⅲ标准，部分达到国Ⅳ、国Ⅴ标准。

2012年，青岛炼化加工原料油1 066万吨，实现销售收入615.62亿元，实现利税89.10亿元，各项技术经济指标全部达到石化集团公司总部考核标准。

青岛炼化主要技术经济指标和主要产品产量见表1和表2。

(秦玉清　刘仕成)

【贺国强视察青岛炼化】 2012年4月20日，中共中央政治局常委、中央纪委书记贺国强在石化集团公司总经理王天普及省市有关领导的陪同下，来到青岛炼化，调研企业生产经营和发展情况，看望慰问石化员工。贺国强在中央控制室听取了青岛炼化负责人关于企业基本情况的汇报，视察了装置现场。贺国强要求石化企业进一步发挥好自身优势，瞄准世界一流水平，加快技术进步，不断提升装置运行水平和企业竞争力。

(秦玉清　刘仕成)

贺国强视察青岛炼化装置现场

【200万吨/年加氢裂化装置建成投产】 2012年11月22日，青岛炼化新建200万吨/年加氢裂化装置切换原料开工正常，实现了一次开车成功的目标。该项目是按照中国石化柴油质量升级统一部署的新建项目，也是青岛炼化进一步推进企业持续有效发展的重要举措。项目总投资11.6亿元，于2011年5月9日开工建设，2012年9月25日建成中交。

(秦玉清　刘仕成)

【公司管理体系通过外部认证现场审核】 2012年11月26—30日，青岛炼化管理体系通过了北京三星九千认证中心和中启计量体系认证中心石化(北京)分中心的联合外部认证审核，标志着青岛炼化管理体系建设取得了阶段性成果。截至2012年11月26日，青岛炼化已累计编制发布582项业务流程、384项规章制度、882个记录表单等文件，建立了较为完善的管理体系和持续改进的平台，初步实现了管理制度化、制度流程化、流程表单化、表单信息化。

(秦玉清　刘仕成)

【青年志愿者协会成立】 2012年12月5日，青岛炼化青年志愿者协会正式成立，首批50名志愿者参加了成立仪式并集体宣誓。该协会是由公司优秀青年组成的公益社团组织，通过组织和领导青年志愿者为公司和社会提供公益服务，提升个人能力以及修养，推动公司精神文明建设。协会致力于为公司生产经营和发展大局服务，为帮孤助残、社区建设、扶贫济困、环境保护、科技推广等公益事业提供志愿服务，并为有特殊困难以及需要帮助的本公司以及社会成员提供服务。

(秦玉清　刘仕成)

【安全环保取得新成绩】 2012年，青岛炼化健全HSE管理体系，完善单元安全总监和承包商安全专职人员配置，并通过指标分解、经济考核等方式落实责任制，巩固了HSE管理基础，通过了山东省安全标准化二级企业认证。以"我要安全、我会安全"为目标，认真落实"七想七不干"和"查找身边十大薄弱环节"工作要求，全年开展安全培训130余场7 000余人次，增强了全员安全意识和安全技能。加强预案的修订、培训与演练，全年组织综合演练4次、专项演练80余次，增强了应对突发事故的能力。持续推进环保检查与治理工作，通过了青岛市清洁生产审核，各项环保指标全部达标并取得新的进步，吨油排水同比降低6%，工业废水回用总量同比提高22%。

(秦玉清　刘仕成)

【技术经济指标进一步提升】 2012年，青岛炼化制定“争创世界一流”总体方案和“学镇海见行动”重点措施，并以达标工作为抓手成立了增产高附加值产品和节约蒸汽等15个攻关小组，开展了37项专题攻关，初步解决了柴油加氢等装置汽、柴油馏分重叠偏大、液化气产率偏高等问题。各生产单元积极落实公司提指标、调结构、增效益的各项措施，深入开展小指标竞赛，催化裂化、加氢处理等4套生产装置在石化集团公司同类装置竞赛中位列前3名，公司继续在石化集团公司炼油专业达标竞赛中保持领先。炼油综合能耗同比降低0.34千克(标油)/吨，炼油单因耗能同比下降0.15个单位，氮气消耗较2011年同比减少943.8万标准立方米。设备管理关键指标保持石化集团公司领先水平，设备完好率为99.87%、静密封点泄漏率为0.12‰，加热炉热效率达91.6%，“四年一修”试点工作取得良好开局。

(秦玉清　刘仕成)

【降本增效工作成绩显著】 2012年，青岛炼化重点加强全员成本目标管理，持续推进全流程优化增效。以计划优化为龙头，以“四会一报”为平台，形成了生产经营计划优化的闭环管理，深化PIMS与RSIM的结合应用，全年优化测算近百次，提升了生产经营优化水平。以效益最大化为目标，大力调整产品结构，增产适销对路、高附加值的产品，全年柴汽比降低了0.25个单位，增产汽油类产品15万吨；高标号汽油、航煤、聚丙烯、苯乙烯的收率和产量双创新高。大力推进生产过程节能、节电、节水、节汽工作，通过小指标竞赛、技术攻关等手段，炼油吨油取水0.38吨，单位蒸汽消耗降低12%，加工吨原油化工“三剂”消耗降低7%。全年，青岛炼化累计实施6类61项“双增双节”挖潜增效措施，实现降本增效6.05亿元，其中降本3.23亿元，增效2.82亿元。

(秦玉清　刘仕成)

【人才队伍建设稳步推进】 2012年，青岛炼化拓宽人才成长通道，加强干部队伍建设，完成了中基层领导干部的换届工作，13名优秀的年轻干部和3名技能操作骨干走上领导岗位，通过公开竞聘选拔了5名单元安全总监。扎实开展员工培训工作，“网上培训系统”为员工的日常培训和岗位资格考核搭建了学习平台。强化生产、机动、HSE专业培训和石化基础知识培训，形成了“大培训”的格局，全流程操作员比例达到47.9%，复合型技术和管理人员比例进一步提高。

(秦玉清　刘仕成)

【党建和思想政治工作取得实效】 2012年，青岛炼化积极落实“两个文件”，学习“两个典型”，使党建工作真正做到了有效结合、落地生根。以“争创世界一流大讨论”活动贯穿全年，并把创先争优、“双学双比”活动有效融合，进一步增强了党员和职工的履责意识、遵章守纪意识和奋勇争先的意识。通过召开思想政治工作座谈会、开设领导信箱等方式，架起了企业与员工的“连心桥”，密切了党群干群关系。抓实廉政教育、业务公开和效能监察工作，实现了人员清正、履职清廉。提高了职工的基本薪酬和一线职工夜班津贴，落实了休假、体检等福利制度，为68名新入职员工办理了购房手续，协调解决了40多名员工子女的入学入托问题，盛世江山职工活动中心建成投用。公司继续保持“心齐、气顺、风正、劲足”的良好氛围。

(秦玉清　刘仕成)

表1　　青岛炼化主要技术经济指标　　亿元

指标名称＼年份	2012	2011	2010	2009	2008
原油加工量/万吨	1 059.71	914.46	1 010.46	947.41	510.70
工业总产值	612.56	504.66	453.65	346.47	225.18
工业增加值	98.07	82.01	114.18	109.10	-47.93
资产总计	165.59	150.19	141.49	137.53	144.73
流动资产	43.11	30.96	28.52	21.61	20.57
固定资产原值	140.49	120.77	115.10	108.33	102.48

续表

指标名称 \ 年份	2012	2011	2010	2009	2008
固定资产净值	104.09	93.16	95.97	96.97	98.31
销售收入	615.62	509.38	453.65	347.21	224.11
实现利税	89.10	71.17	102.75	99.70	-48.20
税　金	94.79	80.47	85.75	83.09	-1.68
综合能耗/千克标油·吨$^{-1}$	56.72	57.06	59.14	64.90	71.94

表 2　　青岛炼化主要产品产量　　万吨

产品名称 \ 年份	2012	2011	2010	2009	2008
汽　油	288.13	224.24	250.56	239.67	122.51
柴　油	353.95	331.59	372.22	370.24	198.64
煤　油	66.77	50.27	50.70	36.58	12.39
液化气	80.46	69.58	75.75	72.08	35.25
石脑油	11.58	13.86	17.86	11.99	12.96
重芳烃	—	—	—	5.32	0.78
粗三甲苯	12.70	9.26	8.01	—	—
5#白油油料	1.54	0	0	0.80	0.49
商品石油焦	55.09	54.72	56.75	56.79	30.00
丙　烷	0	0	2.33	3.56	1.60
碳　五	6.73	10.28	16.44	9.07	1.29
纯　苯	0.26	2.04	5.25	3.79	1.18
混合二甲苯	32.03	23.75	26.40	24.06	5.68
MTBE	0.26	0.31	-1.00	0.36	0.57
硫　黄	18.41	16.52	16.73	16.00	7.99
聚丙烯	23.82	19.07	21.19	18.61	10.34

北京石油分公司

【概况】 中国石油化工股份有限公司北京石油分公司（简称北京石油分公司）主营汽油、柴油、煤油、润滑油、燃料油和非油品业务，是首都最主要的成品油供应商。

北京石油分公司的前身是北京石油集团有限公司，成立于1950年4月。1998年9月成建制划转石化集团公司。2000年2月，主营业务部分组成北京石油分公司。

截至2012年底，北京石油分公司共有综合管理部门17个、专业中心7个，正式工1 703人、劳务工5 188人、其他长期合同工83人；拥有高级专业技术职称的56人、中级专业技术职称的227人。下辖10座在营油库、583座自营加油站，汽柴油管线158千米，航煤管线98千米，资产总额逾118亿元。

2012年，北京石油分公司经营总量达625.02万吨；市场占有率67.4%；终端销售比重94.1%；润滑油经营量15.43万吨；燃料油经营量36.84万吨，同比增长5.3%。非油品营业额4.05亿元，同比增长34.6%；报表利润10.1亿元。

北京石油分公司主要生产经营指标见表1。

（钟春翔）

【大力发展自助加油】 2012年，北京石油分公司推进5 000吨以下全自助加油站改造，全自助加油站由年初的59座增加到200座，自助站数量达到450座，自助站销量比例34.3%，较年初增长13.8个百分点。

（钟春翔）

【不断充实会员服务】 2012年，北京石油分公司与搜狐汽车开展交叉营销，开发“加油e站”手机客户端，为会员提供违章提醒、行车咨询等增值服务；推出会员专享积分洗车服务，提升会员满意度。会员总量达154.72万，会员零售消费比重超过30%；全年IC卡发卡210.13万张，累计发卡994.7万张，年平均持卡消费比例63.7%，同比提高5.8个百分点，最高月份达到66.4%；全年会员油品消费比例30.48%。

（钟春翔）

【非油品持续较快发展】 2012年，北京石油分公司开展组合营销，推动了电子商务推广工作，累计吸引新用户10 131名，实现IC卡网上充值3 767笔共461万元。推行自动补货，已推广到382家门店，提高了门店商品周转率；对门店商品实行可视化管理，商品丰满度得到提升；开展现场盘点，全年完成现场盘点2 059家，减少因统一盘点停业造成的损失约600万元。优化供应商结构，生产厂家供应商占供应商总数的53%，直供商品占商品总量的60%；全年实现非油品营业额4.05亿元，同比增长34.6%，单店日均营业额1 968元(不含团销)，在全系统排名第1位。

（钟春翔）

【直销批发逆势发展】 2012年，北京石油分公司持续加大终端开发力度，新开发终端客户409户，新增终端销量2.61万吨。加大京标油销售力度，全年京标油销量同比增长6.4%。大力开发橇装站，全年开发橇装站30座，建成运营15座，在营橇装站达115座，年销量11.5万吨。全年直销批发经营完成201.4万吨。

（钟春翔）

【物流优化能力显著提高】 2012年，北京石油分公司统筹安排管输与火车两种进货方式，科学安排配送，提高物流优化水平，二次物流优化率达97%，在油品零售价格上涨导致吨油运费增加的情况下，实现运杂费较年初预算节支720万元。优化管道顺序输送批次，科学安排管输作业，大幅降低能耗，节约电费近60万元。

（钟春翔）

【加气站发展建设取得突破性进展】 2012年，北京石油分公司与北京市燃气集团签订合作协议并成立合资公司，开辟了为公交车辆提供天然气供应服务的资源渠道。在公交场站建设6座LNG加气站，其中4座已投入使用，2座在建。进入车用LNG市场，推动了新能源业务，由传统的石油销售向油、气、电能源销售发展。

（钟春翔）

【持续推进体制机制改革】 2012年，北京石油分公司整合燃料油、润滑油业务，实现平稳过渡；成立工程管理部，加强了发展规划和工程建设现场管理。完成了222条制度改造工作，在OA办公平台系统搭建制度管理模块，实现制度“立项、起草、会签、审核、签发和评估优化”的全生命周期信息化管理。深入开展改善经营管理建议活动。全年受理改善经营管理建议889条，其中198项优秀建议已有49项实施，取得经济效益逾百万元。

（钟春翔）

【扎实推进“比学赶帮超”工作】 2012年，北京石油分公司建立健全“比学赶帮超”工作机制，创新工作方式，有力推动各项经营指标圆满完成，连续4年被评为石化集团公司A类企业；获得石化集团公司第21届管理创新成果一等奖2项；获北京企业联合会第27届管理创新成果二等奖、三等奖各1项。全年共获得“比学赶帮超”红旗46面(其中年度红旗13面)，被评为销售系统标杆企业。

（钟春翔）

【安全生产取得新成绩】 2012年，北京石油分公司试行《安全生产约谈制度》，进一步明确各级管理人员的安全责任。坚持安全、设备常规检查与定点联系检查相结合，加大监督检查力度。投入1 368万元对157项安全隐患和突出问题进行了整改。组织油库、加油站和管道巡线员工开展8 000次预案演练。连续第9年被评为石化集团公司安全生产先进单位。

（钟春翔）

【数质量管理进一步加强】 2012年，北京石油分公司严把入库检测关、出库检测关，库存油品坚持周检测制度，完成油品检测12 074批次，国家行政执法及总部主管部门质量抽检连续5年做到100%合格。完成543座加油站和10座油库电子铅封设备安装，12月4日上线运行。全环节油品损耗同比减少6 604吨，其中油库保管损耗在销售系统排名第1位，零售保管损耗在销售系统排名第5位。

（钟春翔）

【信息化水平进一步提升】 2012年，北京石油分公司完成非油品海信系统中央仓模块、会员客服网站、电子铅封系统等系统上线工作。提高了零管、加油卡、非油等关键信息系统在资金管理方面的自动化水平，信息系统功能稳步提升。不断增强系统运维能力，保障业务工作持续稳定运行。连续第3年被石化集团公司评为信息化水平评价A级企业。

（钟春翔）

【审计管理得到加强】 2012年，北京石油分公司坚持事前参与、事中跟踪、事后审计、督促整改，全面介入生产经营活动及重大项目。全年完成各类审计项目11项，审计预结算书188份，共查出问题79个，总结经验成效23条，提出并被采纳审计意见和建议84条，促进增收节支金额2 168万元。合资企业管理效益审计项目获得石化集团公司优秀审计项目三等奖。

（钟春翔）

【依法治企得到加强】 2012年，北京石油分公司实现合同审核与OA的待办集成，加快合同流转速度。加强重大项目和规章制度的法律审查，参与网络发展项目和历史遗留问题解决共43件，出具专项法律意见书12份。加强风险防控，出具风险提示函13份。加强诉讼维权工作，审结诉讼案件18起，挽回经济损失197.6万元。

（钟春翔）

【人才队伍进一步优化】 2012年，北京石油分公司深入开展"四好"创建活动，优化调整中层领导干部52人，其中提拔4人，调整48人；优化调整助理级干部36人，其中提拔10人，调整26人。组织开展部分基层领导职位公开竞聘，新聘任助理级干部9人。鼓励符合条件的干部积极参与北京市各级领导干部公开招聘，输送1名处级干部到国务院国资委任职。完成三支人才队伍通道建设平行套入工作。1人通过教授级高级职称评审，13人通过高级职称评审，26人通过中级职称评审；3人通过高级技师技能鉴定，50人通过技师鉴定；1 567人通过初、中、高级工鉴定。采用校企合作办学等培训方式，全年共组织各类培训班442期，培训2.34万余人次。在石化集团公司举办的竞赛比武中，奖牌总数在销售系统排名第1位，共获得团体奖牌5个，其中3个团体第1名、1个团体第2名，1个团体银牌；个人奖牌19个，其中金牌10个、银牌3个、铜牌3个、三等奖2个、优秀奖1个。4名劳务工实现用工身份转换。

（钟春翔）

【党建思想政治工作持续加强】 2012年，北京石油分公司统一各级党组织工作标准，对各级党组织党建基础工作进行不定期交叉检查，公司党委获得销售企业党委工作考评综合第1名。制定完善了《贯彻落实党风廉政建设责任制实施细则》等多项管理制度，签订党风廉政建设责任书79份，不断深化惩防体系建设。组织开展领导讲党课、领导人员参观监狱、"清风林"植树等活动，增强廉洁从业意识。加强效能监察和业务公开工作，专兼职巡视人员共巡视业务信息48 853条，发现问题5个，完成调查4个，问题全部整改。

（钟春翔）

【员工关系促和谐】 2012年，北京石油分公司收集各类信访问题11类43个，保持企业整体安定稳定。完成5 000余名劳务工加入工会工作；严格执行职代会制度，审议通过《北京石油公司员工带薪年休假管理办法》等涉及员工切身利益的各类制度10余个。

（钟春翔）

表1　北京石油分公司主要生产经营指标

指标名称 \ 年份	2012	2011	2010	2009	2008	2007
成品油销售总量/万吨	572.75	563.00	530.10	472.80	378.10	395.30
零售量	284.76	281.00	269.40	242.30	271.40	266.20
销售收入/亿元	476.00	462.00	376.20	281.80	246.40	234.90
利　润/亿元	10.10	9.74	7.20	7.50	6.50	7.60
吨油费用/元	276.00	195.00	195.00	219.00	204.00	174.00
资产总额/亿元	118.00	116.00	101.30	65.60	59.60	57.30
加油站总数/座	583	584	579	577	573	570
在营油库数量/座	10	10	11	11	11	11

天津石油分公司

【概况】 中国石油化工股份有限公司天津石油分公司(简称天津石油分公司)位于天津市南开区南京路338号，是石化股份公司直属销售企业，主要经营成品油、润滑油、燃料油的零售、直销、批发业务及其他非油品业务，是天津地区最大的成品油经营企业。公司前身为天津石油集团有限公司，始建于1950年10月，1998年6月上划石化集团公司，2000年4月改制为天津石油分公司。

截至2012年底，天津石油分公司设13个职能处室、6个专业中心；在岗员工5 288人；拥有加油站553座、油库5座，资产总额65.91亿元。

2012年，天津石油分公司实现销售总量394.94万吨。成品油销售335.09万吨，同比增加3.24万吨，增幅0.98%；润滑油销售0.76万吨，其中长城包装油销售0.65万吨；燃料油销售59.09万吨。非油品销售额实现2.24亿元，同比增长48.28%。实现考核利润4.35亿元，同比基本持平；考核吨油费用260元，低于年度计划10元。新增和改造加油站102座，实现百站战略目标。

天津石油分公司主要生产经营指标见表1。

（安　宁）

【“全员营销，百日竞赛”促发展】 2012年，天津石油分公司在上半年利润完成率系统排名第18位、经营总量完成率排名第16位、未能实现任务进度严峻形势下，开展“全员营销，百日竞赛”，成功扭转经营不利局面，实现年度经营指标提升。全年实现加油卡开户12.53万户，同比增幅53.22%；发卡33.51万张，同比增幅35.45%；充值51.25亿元，同比增幅7.1%，非油品实现销售额2.24亿元，同比增幅48.28%。

（安　宁）

【打造万吨骨干站】 2012年，天津石油分公司为进一步提升市场控制力，按照“做优骨干站”的经营思路，筛选出有晋升万吨站潜力的站点，进行精心培育打造，并在资源配置、设备更新、促销政策等方面给予一定支持，确保销量稳中有增。全年打造2万吨级站7座，万吨级46座。其中，有10座站点为新提升的万吨级别站，共完成销量11.03万吨，同比增长4.05万吨，增幅58.15%。

（安　宁）

【制作加油站市场分析模型】 2012年，天津石油分公司为及时、有效地掌握辖区市场竞争对手及市场需求变化，根据各片区加油站的分布情况、日均销量、人员配置及客户需求特点等因素，制作出加油站市场分析模型，对各片区系统内外加油站的分布情况进行标注，同时按照竞争激烈程度以不同的颜色区分，为公司后期站点选址、改造计划、营销活动和站长任用等提供有力的依据，为差别化经营打下基础。

（安　宁）

【全面落实高速公路加油站重点项目】 2012年，天津石油分公司全力推进落实与城投集团的合作，新接收高速站11座，在落实好17座打包高速项目的基础上，租赁经营2条境内高速公路的4座加油站，高速公路的网络占有率由45%提高到70%。

（安　宁）

【财务管理得到加强】 2012 年，天津石油分公司加强预算和成本费用管理，细化降费措施，控制重点费用支出。资金管理上，积极筹措资金，倾斜经营、网建一线；加快资金周转，保证资金安全，清理了 6 个银行账户，上门收款率接近全覆盖，资金回笼时间平均减少 1.5 天，全年共节省财务费用 1 316 万元；加强信用管理，动态调整授信额度，有效避免了资金风险；加强税务风险评估和自查，规范发票管理，降低涉税风险。

（安　宁）

【内控监督管理得到加强】 2012 年，天津石油分公司在审计、法律、纪检监察、财务稽核等方面加强对经营管理行为监督，全年累计完成审计项目 279 项，共提出审计意见和建议 136 条，促进企业增收节支 5 148.73 万元；法律审查合同 662 份，涉及标的额 52.41 亿元，出具法律书面意见书 11 份，提出法律意见和建议 60 余条，有效堵塞了经营管理漏洞。

（安　宁）

【武清油库项目工程顺利实现中交】 2012 年，天津石油分公司经过 2 年多的设计施工，单项建设规模最大的武清油库工程建设项目顺利实现中交。该项目有效填补了公司在天津中西部地区的油品供应空白，优化了二次物流，有利于提高中西部地区的市场控制力。项目总投资规模达 1.6 亿元。

（安　宁）

【油品损耗控制水平跃居首位】 2012 年，天津石油分公司油品“三级”抽检全部合格，没有发生计量投诉、油品质量等级事故和新闻媒体曝光等事件，油品损耗持续降低，运输、保管、零售损耗低于控制指标 0.01%，在销售公司油品损耗考核中，由中下游跃居首位。

（安　宁）

【润滑油销售业务重组顺利完成】 2012 年，天津石油分公司根据中国石化总部相关文件的精神及《天津地区润滑油销售业务重组方案》，启动完成润滑油销售业务重组，实现了润滑油业务体系的重组改制交接工作。

（安　宁）

【新经营管理体制步入正轨】 2012 年，天津石油分公司公开竞聘了 16 名副处级管理人员和 33 名助理级管理人员，充实了片区班子力量，优化了公司干部队伍结构，完成了主管岗位和其他管理岗位的定编定员工作。以“用片区管理团队方式强化区县经营管理工作”为体制核心的新的经营管理体制步入正轨。

（安　宁）

【员工技能素质进一步提升】 2012 年，天津石油分公司开展职业技能鉴定工作，共有 1 838 人获得加油站操作员和油品储运调和工 2 个工种的技能等级，其中初级工 1 461 人、中级工 196 人、高级工 165 人、技师 16 人。公司解放南路加油站站长梁岩获得国家级技术能手称号。在职业技能竞赛和技术比武活动中取得了企管、信息、质检、零售 9 块个人奖牌（1 金、4 银、4 铜），公司获得石化集团公司竞赛比武优秀组织奖，获得销售企业竞赛比武最佳进步奖。

（安　宁）

表 1　　天津石油分公司主要生产经营指标

指标名称＼年份	2012	2011	2010	2009	2008	2007
成品油销售总量/万吨	335.09	331.85	300.10	270.41	231.59	221.69
零售量	213.02	212.55	185.21	168.32	170.56	152.16
销售收入/亿元	289.49	274.99	249.55	189.17	158.54	123.90
利　润/亿元	4.35	4.36	3.99	4.40	4.02	3.40
吨油费用/元	260.00	269.00	193.00	179.00	207.00	194.00
加油站总数/座	553	539	533	493	487	479
自营加油站数	485	479	478	493	487	479

河北石油分公司

【概况】 中国石油化工股份有限公司河北石油分公司(简称河北石油分公司)本部位于河北省石家庄市，其机构前身成立于1949年。1998年6月27日正式划归石化集团公司管理。2000年5月23日，按照石化集团公司企业重组改制精神，其主营业务重组成立河北石油分公司，其存续部分称中国石化集团河北石油有限责任公司。后者于2006年更名为中国石化集团资产经营管理有限公司河北石油分公司。

河北石油分公司在全省11个省辖市设有分公司，拥有强大的资源保障体系和完善的经营网络体系。主要经营汽、煤、柴、润四大类成品油，销售区域覆盖河北省全境。截至2012年底，河北石油分公司拥有资产总额99.86亿元，18座油库遍布于全省各主要交通枢纽和城镇，总容量达65万立方米；建有17条铁路专用线共2.15万米，连接炼油厂的输油管道5.28万米；拥有加油站点2 034个，销售网络覆盖全省城乡各地。

河北石油分公司主要生产经营指标见表1。

(常文峰)

【经营业绩稳步增长】 2012年，河北石油分公司经营总量637.54万吨，完成年度计划的101.63%，同比增长2.2%。其中，成品油销售634.42万吨，同比增长2.94%；成品油零售完成534.3万吨，同比增长4.7%；直销72.13万吨。实现销售收入506.65亿元；报表利润10.07亿元，完成年度预算目标的173.62%；考核吨油费用338元，较预算指标低2元。非油品营业额5.08亿元，同比增长40%。资产公司实现利润1 473万元。成功进入车用天然气市场，实现了历史性突破，企业经营实力进一步壮大。

(常文峰)

【资源供应稳定有序】 2012年，河北石油分公司落实配置资源494.8万吨，同比增加7.4%。灵活购进外采资源，弥补了资源缺口，实现价差4.53亿元。通过开辟京唐港水运汽油新通道、跨区配送、内部移库等方式，有效保证了市场供应。继续开展“三夏”支农惠农活动。持续优化非油商品品类，加大滞销品淘汰力度，全年减少商品1 173种，同比减少17%；分地区、分品类制定库存标准，有效化解库存偏高风险，商品库存回归合理区间。

(常文峰)

【全员全网络营销拓市创效】 2012年，河北石油分公司转变营销观念，及时调整“比学赶帮超”考核办法，大力开展“每枪多加一升油”“多销多奖”营销竞赛，调动了全体干部职工扩销增量的积极性，单日零售量最高达到1.6万吨，创历史新高，全年零售增幅实现了3年规划阶段性目标，直批经营质量稳步提升，实现差价1.4亿元。持续推进“三进一留”客户开发，不断丰富“老户稳量、新户增量、竞争扩量”的措施和手段，新增零售客户2.4万个，新开发直销客户582个，终端市场占有率有效巩固提升。狠抓现场销售，便利店销售额明显提升。单店日均销售额1 438元，同比增长35%；百万元以上店达到90个，同比增长39%。

(常文峰)

【创新手段增量增效】 2012年，河北石油分公司充分发挥加油卡锁定客户功能，通过交叉营销、双奖2%激励等措施，新增加油卡115.9万张，创效5 700万元。大力推进自助加油业务，新投营自助站145座，在营自助站达到303座；开展自助加油送彩票、双倍积分活动，引导客户改变消费习惯自助加油。优化销售结构，增加高标号汽油销售站点，高标号汽油同比增幅24.5%。组织举办酒类品鉴会，全面开展彩票营销，销售酒类商品、彩票5 922万元，实现毛利761万元；大力推行网络营销，电子商务正式上线运营。

(常文峰)

【网络建设实现新突破】 2012年，河北石油分公司新发展加油加气站37座，全部位于重点位置；资产化加油站6座，提量改造49座、自助加油改造185座，实现了加快发展和优质发展的目标。高速公路市场占有率达到61.3%，加气站建设实现零的突破，网络优势地位得到巩固。重点项目稳步推进，三岔口油库改造正式开工，兴隆油库完成改造并恢复投营，四合永油库完成中交验收。

(常文峰)

【HSE工作成效显著】 2012年，河北石油分公司落实HSE责任制，全方位推进HSE体系建设，坚持领导干部带班和要害部位承包制度，省市公司中层以上干部参加联系点安全活动1 733次，推动了各种安保措施的有效落实。积极创建HSE工作共享平台，开展“HSE互查互学”活动，以现场安全管理为重点，深入推进各项管理制度落实，全面提高HSE管理水平。党的十八大会议期间，坚持每日安全事故零报告制度，并实行两级备勤，组织油库加油站开展全员防恐演练 9 573 座次。认真落实省市片区三级监管，加大暗查比重，共检查库站 14 077 座次。发现问题立即督促整改，有效推动了“七想七不干”要求的落实。组织开展“环境安全百日大检查”活动，完成了 4 座存在水体污染风险的加油站改造工作。全年未发生任何重大安全环保事件，获得石化集团公司安全生产先进单位称号。

（常文峰）

【精细管理富有特色】 2012 年，河北石油分公司继续以塑造中国石化管理特色管理模式为目标，深入推行“五清”工作法，进一步健全管理制度、优化管理流程、完善管控机制，各项运营管控措施得到较好落实，企业管理水平不断迈上新台阶。获石化集团公司管理创新奖。

（常文峰）

【降本压费扎实有效】 2012 年，河北石油分公司深入开展“经营一元钱、节约一分钱”活动，推进全员成本目标管理，成本费用得到了有效控制。全年公务性支出同比降低600 多万元。优化资金结构，做好活期定期存款及贷款规模控制，降低财务费用支出，全年财务费用较预算节支700 多万元。统筹一、二次资源调度，合理安排跨省跨区配送，剔除水运资源增加、沧州炼化转产因素影响，全年运杂费较预算节支 1 139 万元、吨油费节支 1.75 元。

（常文峰）

【挖潜增效深入推进】 2012 年，河北石油分公司开展“内部挖潜、优化整合、规范用工”活动，清理手工账表 40 种，进一步优化营业时间和排班，提高了劳动效率。严控用工总量，盘活劳动力存量，重点解决用工结构性余缺问题。结合 HR 系统，严格执行用工审批制，有效控制了新增劳务工数量。强化资金预算控制，提高使用效率，全年流动资产周转次数达到 26 次，超额完成中国石化总部下达指标。加强油品损耗管理，全年运输、零售环节损耗率分别同比下降 0.04 和 0.02 个百分点，保管溢余同比增加 0.01 个百分点。规范处置土地 6 宗，收回政府补偿收入 1 200 万元；积极盘活闲置资产，全年实现租金收入 2 093 万元。

（常文峰）

【数质量管理进一步加强】 2012 年，河北石油分公司进一步完善 ISO 9000 质量管理体系。严格把控油品进销存关口，进一步落实外采油入库二次检验制度，制定加油站进货留样制度，确保了数质量全程受控和可追溯。全年共退货 13 批次 1.24 万吨。加大数质量监管力度，认真落实自检抽检制度。在国家和中国石化总部开展的 3 次抽检中，油品质量合格率达 100%。

（常文峰）

【风险防范更加有力】 2012 年，河北石油分公司继续开展制度标准化建设，印发标准化制度168 项，初步构建起了标准化制度体系。加强内控制度建设，提高了内控实质执行力。在中国石化总部开展的内控检查评比中，公司综合执行率 98.02%，被评为优秀单位。加强审计监督，针对存在的问题，层层落实责任，迅速落实整改，进一步提高了规范化管理水平。加强加油卡系统日常监测，发现并处理错误数据 2 080 笔，为企业避免损失 280 万元。积极开展效能监察、网上巡视工作，源头监督更加有效。加强合同管理，妥善处理法律纠纷，持续开展打假维权，推动政府开展市场专项整治行动，企业权益得到较好维护。

（常文峰）

【信息技术应用更加广泛】 2012 年，河北石油分公司全面推广光纤连接，完成光纤入站 800 余座，累计 1 455 座。积极推广远程教育、合同管理、内控管理、增值税票管理等信息系统，自行研发加油站库存管理、综合调度指挥、加油站视频监控、移动办公信息系统，提高了企业信息化管理水平。

（常文峰）

【稳定局面有效巩固】 2012 年，河北石油分公司完善信访稳定领导责任体系，层层签订维稳责任状，加大“四个不发生”考核力度。开展为期 2 个月的矛盾纠纷排查专项活动，对排查出的问题，逐一确定包案领导，把矛盾纠纷化解在基层。坚持三级信息反馈机制，落实信访稳定日报告制度。进一步加强源头防范和综合治理。全年信访总量同比下降 31%，实现了十八大期间进京“零上访”目标。

（常文峰）

【党组织建设进一步加强】 2012 年，河北石油分公司深入开展“为民服务创先争优”、基层组织建设年、“一转双创”活动，改善了客户、员工满意度。被省委、省政府授予文明单位称号。全年建成规范化党支部 142 个，较好级别以上党支部占全部党支部数量的

90%，基层党组织制度化、规范化建设工作成果在销售系统推广。在销售公司党建综合考评中，河北石油分公司排名第3位。加大重点领域、关键岗位人员的监督教育力度，全年接受廉洁教育员工达2 942人次；严格执行领导干部收入申报、个人重大事项报告制度，935名干部职工向组织作出廉洁承诺。

（常文峰）

【队伍建设进一步加强】 2012年，河北石油分公司坚持中心组学习制度，完善领导干部民主生活会制度和班子集体决策机制，扎实开展“四好”班子创建活动，各级领导班子整体功能进一步增强。全年调整地市公司领导班子成员9名、新提拔11名，优化了中层干部队伍结构。地市公司班子年终测评，群众满意度平均达到91%，较上年有新的提高。组织员工学习《员工道德手册》、开展思想道德建设“五个征集”、参加道德大讲堂和道德模范评选活动，增强了广大干部员工对企业的认同感。组织6个专业线条开展竞赛比武活动。在石化股份公司组织的决赛中，获得1个团体第2名、2个团体第3名，个人获金牌3枚、银牌1枚、铜牌3枚；综合团体成绩在销售企业排名第3位。

（常文峰）

【和谐企业建设不断加强】 2012年，河北石油分公司继续推进“五小”工程建设，一线工作生活环境进一步改善。投入活动费用236.5万元，开展多种职工文体活动。深入开展干部下基层活动。全年省市两级机关干部下基层944人次，帮助解决问题201个，送去暖心服务240件，解决了一批影响企业和谐发展的矛盾和问题。充分发挥帮扶救助金的救济功能，努力为困难群体排忧解难。全年发放帮扶救助金1 088万元，救助各类特困、困难人员4 067人次。

（常文峰）

表1　　河北石油分公司主要生产经营指标

指标名称＼年份	2012	2011	2010	2009	2008	2007
成品油销量总量/万吨	634.42	623.70	585.70	560.64	538.00	570.00
零售量	534.30	510.10	426.32	389.52	431.00	417.00
销售收入/亿元	506.65	480.00	384.70	311.68	317.00	278.38
利　润/亿元	10.07	7.10	5.80	5.10	11.00	7.60
成品油吨油费用/元	338.00	322.00	289.00	309.00	266.00	201.00
加油站总数/座	2 034	2 034	2 012	2 101	2 467	2 549

山西石油分公司

【概况】 中国石油化工股份有限公司山西石油分公司（简称山西石油分公司）本部位于山西省太原市万柏林区大王路8号，前身为成立于1951年的中国石油公司太原支公司，1998年整体上划石化集团公司，2000年10月重组改制为山西石油分公司。山西石油分公司是中国石化在山西唯一的、也是全省最大的成品油销售企业，承担着成品油资源配置、供应主要任务，主营汽油、柴油、煤油、润滑油、燃料油及非油品业务。下辖11个市分公司、145个县（区）片区，实行人、财、物统一管理。截至2012年底，有正式职工4 220人，资产总额69.28亿元，在用油库14座，在营加油站1 426座、加气站1座，非油品便利店712座。

2012年，山西石油分公司实现销售总收入399.37亿元，报表利润8.64亿元；新发展加油站30座、加气站4座。全省系统油库、加油（气）站实现安全经营无事故，被评为石化集团公司安全生产单位。

山西石油分公司主要生产经营指标见表1。

（李志平）

【直面市场做强经营】 2012年，山西石油分公司面对宏观经济复苏乏力、市场需求不足等实际，坚持“紧盯过程、动态优化”的资源策略，围绕“配置与外采、结构与价格”积极协调配置，灵活把握外采，快步调整结构，努力扩大价差；加强市场走势研判，分阶段实施“挺价、多采、涨库、增加效益”“保价、控采、降库、规避风险”和“低储高销、淡储旺销”等经营策略，提高库存运作水平。加快 IC 卡联网站改造步伐，积极推进自助加油，打造“双百标杆站”和“万吨站”，组织开展“优质服务月”“油非互动”等活动，加强与铁路部门的沟通协调，优化资源流向，及时组织榆次管输油品的二次转储，确保各地需求。全年成品油经营量 496.11 万吨，完成计划的 101.25%。其中，零售 380.99 万吨，完成计划的 105.54%；直销批发 116.49 万吨，完成计划的 90.3%；燃料油经营量 15.09 万吨，完成计划的 167.66%，合计经营总量 511.2 万吨，完成计划的 102.44%。

（李志平）

【突出重点做大非油品业务】 2012 年，山西石油分公司新建、改造、扩建三管齐下，继续推进便利店建设，全年新增便利店 198 座。突出重点商品市场开发，进一步强化了香烟、汾酒、燃油宝等各地名优土特产品的销售。特别是巩固了山西汾酒“一级代理商”资质，在汾酒集团销售突破 100 亿元大关庆典活动中，被授予突出贡献奖，并获奖商务车 1 部；积极组织营销人员大力开发区外市场，进行汾酒推介营销，主打山西品牌，扩大业务辐射范围。将非油品经营融入“比学赶帮超”工作中，按月考核奖惩，促进非油品业务快速增长。年内，非油品营业额达到 3.61 亿元，完成计划的 102.12%，实现毛利 4 984 万元，毛利率 13.8%。

（李志平）

【防治结合强化数质量管理】 2012 年，山西石油分公司修订印发《山西石油分公司油品计量管理实施细则》《山西石油分公司油品质量管理实施细则》等 17 项数质量管理制度，制定下发了《山西石油分公司车用甲醇汽油质量管理办法（暂行）》和《关于规范落地资源进库入站数质量管理流程的通知》，加大对外采油和车用甲醇汽油的监管力度。同时，完善深化 ISO 9000 质量管理体系建设，规范油品采购、运输、储存、销售整个业务流程，在晋北、晋中、晋东南、晋南 4 个区域打造“一小时外采送检工作圈”，提升了外采油检验能力和送检效率。严格规范加油机铅封申领、使用、施打、交还管理，启动了防作弊系统。通过严格落实管理措施，确保了质量合格、计量准确，维护了企业信誉和中国石化品牌形象。

（李志平）

【因地制宜推进自助加油】 2012 年，山西石油分公司顺应消费新趋势，按照石化集团公司部署，在市级以上中心城市因地制宜，优选站点，进一步推广自助加油。年内，全省系统全自助加油站达到 120 座，半自助加油站达 23 座。通过统一策划宣传、实行价格优惠、持卡客户双倍积分、岗前专人辅助引导等工作措施，总体收到了自助不减销量、客户稳定增长的效果。

（李志平）

【首座 CNG 加气站投入运营】 2012 年 11 月 16 日，山西石油分公司首座 CNG 加气站——朔州利民加气站在朔州市振华东街投入运营。该站设计日加气量最高可达 3 万立方米，年经营气量可达 1 095 万立方米。开业当天，即有 600 余辆车进站加气，销售天然气 8 000 立方米。这是山西石油分公司落实石化集团公司绿色低碳战略和省政府“气化山西”战略、全面介入天然气等新能源领域的重要标志，对进一步拓展市场份额、扩大中国石化品牌影响力具有重要意义。

（李志平）

【开展员工大讨论大整顿活动】 2012 年 3—5 月，山西石油分公司针对系统内发生的晋中石油分公司客户经理吴某携款潜逃等问题，开展了为期 2 个多月的“从严治企、争创一流”员工大讨论、大整顿活动。结合普遍存在的教育缺失、监管缺失、执行力缺失和责任心缺失的问题，各市分公司、机关各部门联系实际，广泛宣传，正确引导，围绕“依法治企、以德治企、从严治企”这个总目标，积极查找漏洞，揭摆问题，建立制度，规范流程，整风肃纪，正确处理工学矛盾，狠抓落实。通过营造氛围，选树典型，加强督导，有效焕发了全员的工作热情，促进经营管理各项工作有序推进、健康运行。

（李志平）

【组织“走进齐鲁学安喜”系列活动】 2012 年，山西石油分公司认真落实石化集团公司党组关于向镇海炼化和李安喜学习的决定，在全省系统组织开展了

“走进齐鲁学安喜”“对照镇海找差距”等系列活动，组织部分处级干部赴齐鲁石化与李安喜面对面交流和学习取经，组织广大党员干部观看李安喜先进事迹纪录片、交流心得、撰写体会，结合实际落实精细化管理理念，全员的思想认识水平、精神境界得到净化提升。

（李志平）

【与太原市政府签署战略合作协议】 2012年9月11日，在第4届中国(太原)国际能源产业博览会太原市招商引资项目签约仪式上，山西石油分公司与太原市人民政府签署了战略合作协议。双方商定，建立协商沟通及工作运行机制；山西石油分公司与山西国际能源集团共同投资40亿元，在太原市行政区域内按照城建规划，新建一批科技含量高、环保标准高、安全性能强，能够体现省会城市品味的形象亮丽的加油、加气站，完成石家庄—太原成品油管道输送项目中晋中—太原皇后园段建设工程，太原市政府在项目落实上依法给予大力支持。

（李志平）

与太原市政府签署战略合作协议

【与山西焦煤集团签署战略合作协议】 2012年6月5日，山西石油分公司与山西焦煤集团签署战略合作协议，双方商定在成品油购销与服务领域开展全方位合作，实现资源共享，优势互补，为促进共同发展赢得更加广阔的空间。

（李志平）

表1　山西石油分公司主要生产经营指标

指标名称 \ 年份	2012	2011	2010	2009	2008	2007
成品油销量总量/万吨	496.11	495.82	414.50	381.42	351.49	324.28
零售量	380.99	359.29	297.70	261.00	263.77	239.34
销售收入/亿元	399.37	400.33	290.00	228.00	232.77	182.31
利　润/亿元	8.64	6.00	4.35	4.70	10.02	4.50
吨油费用/元	341.00	313.00	308.00	290.00	297.00	193.00
在营加油站总数/座	1 426	1 498	1 502	1 400	1 386	1 419

上海石油分公司

【概况】 中国石油化工股份有限公司上海石油分公司(简称上海石油分公司)是中国石化所属在沪成品油销售企业，主营汽油、柴油、润滑油、煤油、液化气和非油品业务，是上海市成品油市场供应主渠道。

上海石油分公司前身为中国石油上海分公司，始建于1953年10月。1998年9月，成建制划转至石化集团公司。2000年2月，主营业务组成上海石油分公司。

截至2012年底，上海石油分公司共设有14个综合管理部门、4个专业中心和2个下属公司。拥有员工7 562人，其中正式工1 962人，其他用工5 600人。拥有在营油库5座，总库容64.62万立方米；在营加油站577座，其中自助加油站136座，网点占有率70.3%。

2012年，上海石油分公司经营总量456.91万吨，同比下降0.9%。销售成品油451.02万吨，同比增长0.1%，其中零售349.13万吨、同比增长4.5%，直销77.88万吨、同比下降8.4%；润滑油

4.85 万吨，同比下降46.9%；液化气1.04 万吨，同比下降26.9%；终端销售比重94.7%。非油品实现经营额3.58 亿元，同比增长41.2%，其中便利店营业额3.37 亿元、同比增长56.1%。全年实现销售收入374.01 亿元，报表利润10.24 亿元，完成中国石化总部年度提升目标的130%。

上海石油分公司主要生产经营指标见表1。

（徐若茵）

【零售销量持续稳步增长】 2012 年，上海石油分公司通过开展现场营销、交叉营销、积分优惠以及开通网上充值和增加充值网点等方式，稳定和开拓加油卡客户，全年销售加油卡169.75 万张、同比增长66.36%，持卡消费比例达50.74%、同比提高3.8个百分点；积极优化油品销售结构，推广高标号汽油，增加销售网点，全年实现高标号汽油销量34.91 万吨；积极推广自助加油，全年完成自助加油站改造80 座，截至年底，共有全自助加油站136座；积极开展并调控"点对点"让利活动，进一步提升零售市场份额，全年完成零售量349.13 万吨、同比增长4.5%，单站年平均销量6 084 吨、同比增加4.97%。

（徐若茵）

【直销差异化营销有成效】 2012 年，上海石油分公司开展"全员走访""到家服务""驻家服务"等营销活动，为重点客户量身制定增值服务方案，走访中型以上客户75 家，并为上海国际港务集团公司市内港口、码头和单位打造专职服务团队；加大终端客户开发力度，建立客户拓展奖励机制，全年新开发终端客户131 家，实现销量1.38 万吨；积极改善网点形象，改造嘉定经营分部，新建川沙、金山、青浦和宝山4 个经营分部，截至年底，共有直销经营分部11 个。

（徐若茵）

【非油品经营发展良好】 2012 年，上海石油分公司积极推进样板店及大店建设，试行样板店"辅导期"扶持计划，建立大店帮扶制度，带动便利店整体提升，全年完成样板店硬件改造19 座，创建大店77座；优化商品结构，供采购单品1 886 种，较上年新增307 种，做好特色商品引进工作，推广专柜销售，与7 家省市公司签订采购合同，采购特色商品123种；通过开展"易捷周周惠""非常有礼""油非互动"以及举办品鉴会、联谊会及现场推荐会等多类营销活动，开拓团购市场，拓展大客户43 家；创新经营模式，7 月17 日电子商务成功上线试运行，10 月1日正式对外运行。

（徐若茵）

【物流运行规范有序】 2012 年，上海石油分公司加强油库基础设施建设，开展金闵管线改造和闵行油库新建事故池等工程；推行网格化管理，细分责任，对标管理，推动设备管理精细化，设备完好率保持在98%以上；优化资源管控，实时掌握炼厂生产节奏和市场供应情况，及时调整物流运行策略，并罐35 批次，二次物流转库配送8 400 余车次，移库8.34 万吨，完成成品油配送总量341.07 万吨，同比增加4.56%，确保市场稳定供应；规范承运商管理，确保司押人员入库作业规范化，严厉打击偷盗油等不法现象，处理偷盗油事件7 起。

（徐若茵）

【网络发展突出重点】 2012 年，上海石油分公司推进重点区域加油站建设，通过招拍挂，以起始价竞得加油站国有建设用地8 宗，出让面积22.71 亩(1.51 万平方米)；全年发展加油站10 座，综合改造加油站25 座，改造发卡网点6 座；完成浦东新区、民乐大居和医学院等区域11 座加油站建设用地储备手续；跟进"十三五"规划布局，取得合作意向加油站20 座，占可实施项目32 座的63%。

（徐若茵）

【蝉联安全生产先进单位】 2012 年，上海石油分公司结合"安康杯"竞赛活动，开展OSHA 标准培训和HSE 内审活动，进一步加强对承运商、承租商及施工现场的管理，实施隐患治理项目，完成与石化集团公司对接隐患治理项目2 项、公司级治理项目5项；执行安全值班制度和突发事件报告制度，确保十八大大会期间安全稳定；开展员工技能培训，强化设备维护保养，高桥、杨浦、闵行和南门等油库通过上海市安监局考评，成为"安全生产标准化二级单位"；开展"平安管道"联建共建，消除涉及管道安全第三方违章施工21 起，确保金闵管道高效平稳运行。全年未发生上报事故，连续第15 年被评为石化集团公司安全生产先进单位。

（徐若茵）

【数质量工作稳步推进】 2012 年，上海石油分公司加强质量监督，完成自采油品入库检验47 批次，合格率均为100%；配合石化集团公司、上海市工商行政管理局和上海市质量技术监督局完成油品抽检工作4次，抽检油品合格率均为100%；质量检验站通过中国合格评定国家认可委员会的现场监督和扩项评审并获得认可；稳步推进二次配送索赔工作，收到车队赔付款131万元。全年数质量管理平稳运行，未发生一起上报等级数质量事故。

（徐若茵）

【润滑油业务整合顺利完成】 2012年，上海石油分公司按照中国石化总部《润滑油销售业务整合方案》和《润滑油业务重组的指导意见》，完成了润滑油销售业务整合工作，7名员工、48家客户和1 724吨库存商品划至润滑油分公司，石油商店管理划至上海石油分公司零售管理中心，润滑油业务管理划至上海石油分公司非油品中心。上海石油分公司润滑油业务由销售主渠道转变为从事加油站、石油商店的零售及中小终端业务补充渠道。

（徐若茵）

【零售经营管理体制进一步完善】 2012年，上海石油分公司落实销售事业部《关于进一步加强地市公司建设的指导意见》，完善零售一级管理体制，中心管理部门由7个增至9个，增设客户服务部和人事部，13个零售区域整合为10个分中心。

（徐若茵）

【人力资源管理取得新成绩】 2012年，上海石油分公司提拔中层干部6人，其中3人通过竞争性选拔方式提拔；提拔中层助理7人；首次开展专家选聘工作，聘任公司级专家4人；全年2 594人参加了鉴定，2 237人取得鉴定资质，其中高级技师4人，技师54人，高级工436人，中级工711人，初级工1 032人；全年培训员工1.9万人次，获得石化股份公司2012年度教育培训工作先进单位称号；加强劳资管理，根据政策适时调整最低工资，确保员工月收入不低于上海市最低工资标准的1.2倍（即1 740元）；有效控制用工总量，在石化集团公司2011—2012年度劳动用工管理检查评比抽检工作中排名第9位。

（徐若茵）

【基础管理水平进一步提高】 2012年，上海石油分公司进一步强化“三基”标准化管理，搭建制度管理信息平台，全面梳理规章制度235条，实现制度规范化、标准化和信息化；全年上报“出租车专用加油卡项目”等7项创新成果，“创新价格管理，提升企业竞争力”“销售资金集中运营管理模式设计与应用”等3项成果被评为石化集团公司管理现代化创新成果三等奖；进一步加强档案、节能和政务信息工作，被石化集团公司授予中国石化政务信息工作先进单位、中国石化档案工作先进单位和中国石化节能管理先进单位称号，公司总经理办公室被石化集团公司授予中国石化优秀办公室称号。

（徐若茵）

【财务管理创效取得进展】 2012年，上海石油分公司深入推进全员成本目标管理，制定实施方案，明确重点工作，控制预算内支出，提高资金使用效率，压缩公务性支出，降低油品损耗，全年实现降本增效1.03亿元，其中公务性支出同比下降14%；汽油零售损耗率同比下降15.4%；加强风险防控，完善内控管理制度建设，引入风险预警机制，将发票、资金和加油卡等异常情况监管列入风险管控范围；加强现金流、资产价值和发票管理，开展税务风险自查和直分销业务自查，防控资金及税务风险，确保各项经营工作有序开展。被石化股份公司授予财务管理先进单位称号，获石化集团公司全员成本目标管理领先程度奖和贡献程度奖。

（徐若茵）

【信息化水平稳步提升】 2012年，上海石油分公司作为ERP集中项目第1批试点单位，学习借鉴兄弟企业先进经验，实现跨模块通用、财务模块、销售分销、电子提单和物料模块等多项功能提升；率先完成加油卡系统功能提升，成为销售系统首家上线运行单位；对加油卡系统进行全面巡检，完成250座加油站光缆网络升级改造；建设电子商务平台，提升腾讯通平台、零售管理系统、普票系统，实现系统平稳运行。

（徐若茵）

【技能竞赛和技术比武活动获佳绩】 2012年，上海石油分公司在石化集团公司组织的技能比武竞赛中，获得8枚个人奖牌和1项团体第4名，其中零售线条获得1枚银牌和1枚铜牌，直销线条获得1枚银牌，信息线条获得1枚金牌和2枚铜牌，油品分析线条获得1枚金牌，非油品线条获得1枚铜牌且团体排名第4位。

（徐若茵）

【企业在轨运行能力明显增强】 2012年，上海石油分公司强化审计工作，完成各类专项审计项目322项，送审金额1.58亿元，审减金额1 968.18万元；

深化依法治企，开展法律风险防控体系建设，成立法律援助中心，加强法制宣传工作，处理法律纠纷9起，涉及金额5 456万元，办结5起；效能监察立项12项，共为企业避免经济损失502.30万元，挽回经济损失6.50万元；进一步推进业务公开工作，公开业务信息5.07万条，涉及合同金额180.06亿元。

（徐若茵）

【和谐企业建设持续推进】 2012年，上海石油分公司发放困难补助471.46万元，覆盖2 180人次，筹集捐款15.70万元，参加捐款职工7 845人，其中劳务工5 943人；下发了《上海石油分公司职工休假疗养补贴管理办法》《员工走访慰问和工会福利性支出管理办法》，出资52万元为6 494名劳务工工会会员办理"在职职工住院补充互助保障计划"和"特种大病互助保障计划"；建立畅通诉求通道，召开一线员工座谈会3次，汇总意见和建议49条，全年受理信访来信5件，同比下降70.59%，办结率100%；深入开展改善经营管理建议活动，全年员工在OA建议系统受理程序中提交建议115项，受理105项，实现改善建议工作常态化。

（徐若茵）

【党建思想政治工作作用有效发挥】 2012年，上海石油分公司举办党建思想政治工作会议精神研讨学习班和学习党的十八大会议精神培训班，组织党委中心组学习24次，其中扩大学习9次；举办基层党组织书记和政工干部加强社会管理专题培训班，培训49人次；强化纪检监察职能，落实党风廉政建设责任制，签订了《党风廉政责任书》100份；开展基层支部自评定级和换届，完成18个支部换届选举；加强社区联建和结对帮扶工作，与上海市外滩街道虎丘居民区党总支签订联建协议书，与崇明县竖新镇竖南村、金山卫镇横浦村开展结对帮扶工作，与虎丘居委会携手成立"中国石化—虎丘小区慈善基金会"，全年共捐款45万元；加强政研工作，收到政研论文44篇，3篇论文入选《上海产业党建研究论文集》。

（徐若茵）

表1　　上海石油分公司主要生产经营指标①

指标名称 \ 年份	2012	2011	2010	2009	2008	2007
成品油销量总量/万吨	451.02	450.42	439.08	416.99	453.89	422.08
零售量	349.13	334.05	323.41	323.17	392.38	347.18
销售收入/亿元	374.01	367.74	330.26	276.95	301.46	250.84
利　润/亿元	10.24	10.60	10.00	9.04	9.94	6.33
吨油费用/元	270.00	254.00	229.00	186.00	153.00	169.00
资产总额/亿元	98.06	99.52	88.80	48.20	42.74	42.32
加油站总数/座	605	613	609	591	586	592
在营油库数量/座	5	5	5	5	5	5

①2007—2011年数据按新口径重新统计

江苏石油分公司

【概况】 中国石油化工股份有限公司江苏石油分公司（简称江苏石油分公司）位于江苏省南京市中山北路395号，主营油品销售。1953年，其前身中国石油公司江苏分公司成立，1997年加入中国东联集团有限公司，1998年整体划转石化集团公司。

江苏石油分公司下设南京、无锡、徐州、常州、苏州、南通、连云港、淮安、宿迁、盐城、扬州、泰州、镇江、江阴14个区域分公司。2004年，与壳牌合资组建中石化壳牌（江苏）石油销售有限公司。

截至2012年底，江苏石油分公司拥有总资产169亿元，在营加油站达2 192座，在营油库30座，成品油管线515千米；累计各类用工总数22 925人，其中在岗正式工3 090人。

江苏石油分公司主要生产经营指标见表1。

（及　非）

【较好完成全年目标任务】 2012年，江苏石油分公司实现成品油经营量1 196.7万吨、同比增长3.8%，其中零售1 022.7万吨、同比增长6.5%，同比增量列销售系统第1位，直分销174万吨。持卡消费比重44.12%，同比增加8.76个百分点。非油品销售收入8.37亿元，同比增长39.2%。资产租赁收入3 864万元。实现利润25.6亿元，完成中国石化总部年度计划的155.3%。吨油费用247元，控制在总部下达的指标内。

（及　非）

【成品油经营稳健发展】 2012年，江苏石油分公司强化资源运作，量价互动、进销联动，资源创效能力明显提高。全年成品油外采175万吨，降本1.41亿元。经营结构更加优化，终端比重上升到98.3%。按照江苏省"蓝天计划"要求，积极实施油品升级，推广车用柴油和国Ⅳ汽油，品牌汽油试点初见成效。

（及　非）

【非油品业务较快发展】 2012年，江苏石油分公司创新营销方式，拓展易捷网电子商务等销售渠道。优化统采供应商，强化门店运营管理，培育精品店、样板店，突出核心商品、特色商品销售。非油品经营规模突破8亿元，毛利1.2亿元。在营便利店1 970座，年销售额50万元门店达571家。

（及　非）

【天然气业务起步良好】 2012年，江苏石油分公司强力推进LNG站建设、CNG站开业，统筹资源进货，强化联营合作和客户开发，LNG大客户数达19个。天然气销售达2 686万立方米（CNG 2 410万立方米，LNG 276万立方米），同比增长124%。

（及　非）

【储运销网络更加完善】 2012年，江苏石油分公司统筹推进加油网络、天然气站库等重点项目，新增加油站70座，新增加气站23座，累计拥有加气站61座。加气站开工、核准项目均为前3年之和。年末在营站2 192座、净增83座，万吨站226座，自助站227座。年净增在营站列销售企业第1位。加油站形象改造74座，增加发卡中心22个、便利店105座，完成895座加油站油气回收改造。全省新形象站达965座。

（及　非）

【苏北成品油管道项目全面开工】 2012年，江苏石油分公司苏北管道和配套油库建设改造项目全面开工，各标段设计、补偿、施工建设稳步推进，完成管线焊接65千米。

（及　非）

苏北成品油管道及配套油库工程开工典礼在淮举行

【企业总体保持安全平稳运行】 2012年，江苏石油分公司强化HSE责任落实。梳理完善基础制度，推行OSHA统计考核，落实专题分析、评价帮扶、责任追究等HSE工作机制，强化平安工地建设、十大薄弱环节排查和隐患治理，企业总体保持安全平稳运行。

（及　非）

【数质量管理进一步强化】 2012年，江苏石油分公司完善ISO 9000质量管理体系，提升队伍素质和管理水平。严把油品采购和质检关，保障进、销、储、运全过程质量风险受控，确保售出油品100%合格。加强各环节损耗管理，严格铅封管理，持续打击偷盗油，损耗持续下降。水路运输损耗率、管输损耗率和综合运输损耗率均好于上年。

（及　非）

【信息化建设步伐加快】 2012年，江苏石油分公司探索建立信息云平台，完成陆路发货系统提升、加油卡系统升级、增值税发票系统上线等项目。安装并使用液位仪的加油站累计达716座。

（及　非）

【精细化管理持续推进】 2012年，江苏石油分公司深化全员成本目标管理，强化物资采购、进货损耗、公务性支出、财务费用等重点环节成本控制，节约费用1.93亿元，其中公务性支出同比下降814万元，降幅9.8%。规范土地房产权证，盘活处置存量资产，土地权证持有率达95.3%。

（及　非）

【经营管理体制局部调整】 2012年，江苏石油分公司调整县公司岗位设置，强化零售经营管理责任。顺利实施润滑油体制划转。实施薪点工资制，强化考核导向作用，突出综合竞争力和发展进步能力评价。

（及　非）

【党建和思想政治工作继续加强】 2012年，江苏石油分公司围绕基层组织建设年和“一转双创”主题活动，加强领导干部思想作风建设，推进基层党支部建设。深化“为民服务创先争优”工作，推进库站“家”文化建设。围绕建司60周年，开展系列企业文化建设活动。

（及　非）

推进库站“家”文化建设

【人才队伍建设持续优化】 2012年，江苏石油分公司加强“三支队伍”建设。加大竞争性选拔力度，优化干部选配。干部队伍结构进一步优化，中层干部本科以上学历占73.5%，“70后”占25%。加强油气储运、安全环保、建筑工程等专业人才引进。强化基层操作队伍，初级及以上技能操作人员占86.5%，其中高级工以上同比增加554人。开展6个条线竞赛比武工作，取得较好成绩。

（及　非）

表1　　江苏石油分公司主要生产经营指标

指标名称＼年份	2012	2011	2010	2009	2008	2007
成品油销量/万吨	1 196.70	1 153.10	1 085.00	975.99	1 016.74	979.00
零售量	1 022.70	960.00	817.00	655.00	709.31	691.00
销售收入/亿元	945.00	910.00	742.00	546.27	600.49	484.29
利　润/亿元	25.60	22.06	19.20	17.47	19.45	17.01
吨油费用/元	247.00	234.00	208.00	224.00	196.00	160.00
在营加油站总数/座	2 192	2 109	2 100	2 434	2 387	2 399

浙江石油分公司

【概况】 中国石油化工股份有限公司浙江石油分公司（简称浙江石油分公司）前身为中国石油公司杭州支公司，始建于1950年。1998年8月与省内各地（市）、县石油公司一起成建制划转石化集团公司。2000年4月划归石化股份公司并更为现名。本部位于浙江省杭州市。

浙江石油分公司主要经营成品油、天然气及其他化工产品，开展加油站便利店非油品、洗车和餐饮等配套服务，是浙江省内最大的成品油销售企业。

截至2012年底，浙江石油分公司设15个职能处室和3个专业中心，下辖11家分公司和2家合资公司。有定位油库27座，储油罐容量150万立方米；铁路专用线10条，油库码头20座，各类终端零售网点2 039座，在营率98%；已建成运营镇海—杭州和金山—嘉兴—湖州2条成品油长输管线。资产总额176亿元，从业人员2.4万余人。2012年总营业收入1 050亿元，报表利润33.86亿元，继续居中国石化销售系统第1位。浙江石油分公司获石化集团公司2012年度特别贡献奖，被全国总工会授予全国五一劳动奖状。

浙江石油分公司主要生产经营指标见表1。

（陈章寿）

【经营业绩创新高】 2012年，浙江石油分公司从一季度到四季度分别采取"扩大外采、直零同价""控制外采、扩销稳价、降低库存""扩大外采、推价促量"和"控采、稳价、扩销、降库"等相应的经营策略，取得了良好绩效。全年销售成品油1 321.3万吨，同比增长3.7%。从结构看，零售量首次突破1 000万吨大关，达到1 019.6万吨，同比增长8.7%；直销226万吨，同比基本持平。从品种看，销售汽油555万吨，同比增长8.2%；柴油705万吨，同比减少1.7%。1—10月销售润滑油20.8万吨。截至年底，加油卡保有量728万张，客户持卡消费比例升至36%。加大对1 975家重点客户的维系力度，实行"一户一策"差异化营销，客户稳定率达95%。

（陈章寿）

【做强非油品经营业务】 2012年5—6月，浙江石油分公司策划"加油送便利店抵扣券"活动，拉动非油品营业额1.4亿元。整合多方资源，积极推进电子商务上线。开展红酒品鉴会等高端营销，提升易捷品牌影响力。全年单店销售额59万元，同比增长37%；日销售额1万元以上和5 000元以上的旗舰店分别达9家和58家。实现非油品销售额9.4亿元，同比增长45%；毛利率16.7%，居中国石化销售系统第2位。

（陈章寿）

【优化加油站网络布局】 2012年，浙江石油分公司发展加油站48座，净增营业网点35座；对25座加油站进行了新形象改造和扩容挖潜，平均增量超过30%；120座站完成自助加油改造，基本实现减员不减量。在营网点单站年销量达5 040吨，同比增加120吨，其中年销量万吨以上加油站达297座，同比增加25座。截至年底，浙江石油分公司开展企地合作项目47个，取得了266座加油（气）站的发展意向。顺利完成对32座高速公路加油站的续约工作。

（陈章寿）

浙江石油分公司与浙江省交通投资集团实业发展有限公司在杭州签署高速公路加油站合作协议

【积极开拓加气站市场】 2012年，嘉兴、湖州、宁波、杭州等分公司通过与当地燃气公司合作，积极主导加气业务发展。4个加气站正在建设，38座预备项目正在落实，全年实现天然气销量2 428万立方米。截至年底，浙江石油分公司已拥有25座加气站，其中17座CNG加气站、6座LNG加气站、1座LNG/CNG合建站、1座CNG加气母站。

（陈章寿）

【推进成品油管道建设】 2012年，横跨浙江境内4个地市和13个县（区）总长近400千米的甬绍金衢输油管道主体工程基本完工。甬台温输油管道于7月开工建设。绍兴—杭州、诸暨—桐庐、浙赣连接线输油管道已分别被列入省、市重点建设项目，着手开展前期工作。

（陈章寿）

【润滑油业务顺利划转】 浙江石油分公司经与中国石化润滑油分公司多轮磋商，2012年8月，双方在杭州签署《润滑油业务划转交接协议》。根据协议，浙江石油分公司将润滑油业务整体划转，并保证经营工作平稳过渡。

（陈章寿）

【连续15年获安全管理先进】 2012年，浙江石油分公司完善安全管理岗位设置，选好配强管理人员。深入推进以危害识别和标准化作业为核心、以培训为支撑的HSE体系建设，共享未遂事故案例8 312例，培训基层管理人员1 350余人次。在油库、加油站内推广安全文化，并向承运商、工程建设承包商延伸，树立"安全"样板。全年落实1 109万元资金，对11个大项的设备设施隐患进行集中整治。浙江石油分公司连续15年获得石化集团公司安全生产先进单位称号。

（陈章寿）

【提升数质量管理水平】 2012年，浙江石油分公司从进油源头入手，加强油品检测，完善质量监控，确保油品100%合格。进一步优化油品组分研究和调和工艺，确保油品使用性能。重点抓好零售、水路进货环节的损耗管理，加强二次运输监管，杜绝偷盗油现象。密切关注、及时处理客户对油品质量、数量的意见，维护质优量足的良好形象。浙江石油分公司连续2年获石化集团公司质量先进单位称号。

（陈章寿）

【高度重视环境保护】 2012年，浙江石油分公司完成2座油库、291座加油站油气回收改造。截至年底已累计完成4座油库、1 203座加油站油气回收改造，综合油气回收率达到0.7‰。全面开展油库排放检测，及时对千岛湖水上油驳环境隐患进行治理。

（陈章寿）

【加强费用计划管理】 2012年，浙江石油分公司强化预算管理，跟踪费用开支，确保年度各项费用控制在指标内。围绕经营，统筹各项费用向一线倾斜，利用镇海算山码头中转汽油40万吨，节省物流运费4 000万元。优化铁路、水路和管道输送方案，全年吨油运费同口径同比下降0.32元。全年吨油费用249元，为中国石化销售系统内最低水平。

（陈章寿）

【信息技术支撑经营】 2012年，浙江石油分公司高度集成ERP、统领多个系统模块的信息平台日臻完善，实现内控流程在线审批，资金、应收款线上监控，投资、费用闭环管理，联营单位统一核算，关联交易集中管理。积极为移动办公、远程审批创造条件。推进油库自动化改造、加油站账表信息的电子化管理。初步搭建系统内省级安全监控中心，完成库站远程监控试点。

（陈章寿）

【三级队伍建设日臻完善】 2012年，浙江石油分公司加强对分公司领导班子的考察，强调职责履行。提拔分公司处级干部3人、副处级干部5人。积极开展支公司定岗定编工作，明确岗位序列和职能。推进加油站优化用工组合，通过整合岗位、调整时间、优化排班、小站承包、自助加油等措施，在网点增加的情况下，减少用工1 009人。依托1个培训中心和93个基层培训站（库），组织各类培训班2 200期，4.6万人次受训。员工远程在线学习时长合计13.6万小时。在职业技能竞赛活动中获团体总分第2名。

（陈章寿）

【党建工作扎实有效】 2012年，浙江石油分公司严格落实党政领导一岗双责，层层签订党风廉政责任书416份；完善“三重一大”决策实施细则，通过推进廉洁防控体系建设、业务公开、网上巡视等工作，促进领导干部廉洁自律。围绕“一转双创”主题，以“基层组织建设年”统领各项主题活动。在“为民服务创先争优”活动中，员工和客户满意度不断提高，获中国石化销售有限公司检查评比第1名；在“比学赶帮超”活动中，获得红旗总数和年度红旗数均居中国石化销售系统第1位。开展学习型组织创建，加强党员领导干部思想教育，完善基层联系点制度。被国务院国资委评为中央企业思想政治工作先进单位。

（陈章寿）

【企业氛围更加和谐】 2012年，浙江石油分公司加强企业内外舆情监控，及时消除内部不稳定因素，快速有效处置外部舆情。利用新闻媒体，选树和传播“最美员工”“闪亮人物”等典型形象，倡导正确的价值观，激发企业“正能量”。改进工会、团委工作方式，改善一线员工的工作、生活环境，丰富一线员工的文化生活。

（陈章寿）

表1 浙江石油分公司主要生产经营指标[①]

指标名称 \ 年份	2012	2011	2010	2009	2008	2007
成品油销量/万吨	1 321.30	1 281.60	1 214.00	1 082.70	1 100.00	1 089.30
零售量	1 019.60	937.70	842.60	763.50	843.70	780.00

续表

年份 指标名称	2012	2011	2010	2009	2008	2007
报表利润/亿元	33.86	27.88	21.00	20.80	28.60	22.70
吨油费用/元	249.00	224.00	187.00	173.00	167.00	135.00
加油站总数 /座	2 039	2 004	1 963	1 911	1 905	1 889

①2007—2011 年数据有调整

安徽石油分公司

【概况】 中国石油化工股份有限公司安徽石油分公司(简称安徽石油分公司)前身中国石油公司安徽支公司成立于 1952 年，1998 年 6 月划转石化集团公司，2000 年改制重组为安徽石油分公司，本部位于安徽省合肥市。公司主营汽油、柴油、天然气和非油品业务，兼营油库、加油站设施的设计、安装，以及经营润滑油等多种业务，是安徽省内最大的成品油销售企业。

截至 2012 年底，安徽石油分公司下设 12 个管理部门、4 个专业中心，下辖 16 个市级分公司；用工总量 9 790 人，其中正式职工 2 600 人；总资产 77.56 亿元，资产负债率 36%；拥有油库 21 座，库容总量 58 万立方米；铁路专用线 16 条，总长 1.86 万米；接卸油码头 9 座；成品油管线 172 千米，在营加油站 1 469 座。

2012 年，安徽石油分公司经营总量 503.88 万吨，其中成品油经营量 500.64 万吨，天然气 1 382 万立方米；零售量 369.55 万吨；直销批发量 131.09 万吨。销售收入 392 亿元，吨油费用 293 元，报表利润 12.02 亿元。连续第 3 年在石化集团公司“比学赶帮超”工作评比中获得标杆企业称号。

安徽石油分公司主要生产经营指标见表 1。

(邢大金)

【确立打造一流的企业目标和愿景】 2012 年，安徽石油分公司紧紧围绕石化集团公司“开启建设世界一流能源化工公司新航程”目标，结合企业自身的实际，确立了打造一流销售企业的目标和愿景，即着力打造一流地市、争创一流业绩、发展一流网络、夯实一流管理、争树一流形象、建设一流队伍，持续推进企业健康和谐发展。

(邢大金)

【量效指标创历史最好水平】 2012 年，安徽石油分公司积极应对成品油市场变化，灵活制订销售策略，精心精细经营，并及时调整考核办法，将经营和创效作为考核的重点，全力扩销增效，量效指标创历史最好水平。成品油经营量首次突破 500 万吨，达到 500.64 万吨，同比增长 7.21%；报表利润首次突破 12 亿元，达到 12.02 亿元，完成石化集团公司下达计划的 177%。

(邢大金)

【零售量保持较高增长】 2012 年，安徽石油分公司把零售作为经营创效工作的重点，加强 5 000 吨以上大站培育，狠抓加油站的开业率，确保新建、改造的加油站尽快投营，优化和打造零售骨干网络；同时积极采取“交叉营销”、“四进”活动营销、“油非互促”营销等方式，加大 IC 卡销售力度，开发和维护 IC 客户，提高持卡消费比例，扩大零售市场份额。全年完成零售量 369.55 万吨，同比增长 10%。

(邢大金)

【非油品业务快速发展】 2012 年，安徽石油分公司紧贴市场消费热点，积极开展主题营销、体验营销、团购营销、联合营销等营销活动，抓住季节变化、传统节日时机主动推销，走进机关、企事业单位开发团购客户，开展主题为“石化加油有礼，易捷千万回馈”的油非互动营销活动，并制定《非油品绩效薪酬考核办法》，按月兑现非油品薪酬，定期评选销售能手，非油品销售呈现快速增长态势。全年实现非油品营业额(不含润滑油)3.64 亿元，同比增长 55%。

(邢大金)

【网络发展质量持续提高】 2012 年，安徽石油分公司推进 300 座规划预核准加油站建设用地的落实，坚持高速公路、城市市区等重点部位加油、加气站优先发展的策略，严格落实“拆一还一、先建后拆”，关闭资产质量差、效能低的加油站，继续实施加油、加气站提量扩能和形象改造，网络发展质量持续提高。全年新发展加油站 61 座，重点部位比例达 79%；新发展加气站 13 座，全部在市、城区位置；取得加油站土地 42 宗；完成加油站新形象改造 98 座，自助加油站改造 131 座。

（邢大金）

【安全数质量管理恒抓不懈】 2012 年，安徽石油分公司层层签订 HSE 责任状，开展各类安全检查 515 次，发现、整改问题 485 个，投入 418 万元加大隐患排查和治理力度，开展施工现场检查 382 次，实行承包商约谈制度，加大对承包商的考核和奖惩，依法推进职业卫生防治工作，确保了企业本质安全，连续第 4 年获得石化集团公司安全生产先进单位称号。深化 ISO 9000 体系建设，投入 700 多万元购置质检仪器，加强油品质量检查，抽检加油站 2 000 座次，检验样品 3 900 组，在质检部门抽样检查中，油品合格率为 100%。加大非油品质量的检查和监督，严禁过期、劣质商品上架和销售，未发生一起非油品质量事故，履行了“易捷万店无假货”的承诺。

（邢大金）

【风险防范能力明显增强】 2012 年，安徽石油分公司持续深化内部控制，修订《内部控制实施细则》，完善《权限指引表》，推行内控管理信息系统上线，加强重点环节和关键控制点的监督和检查，内部控制力不断提升。完成各类审计项目 240 个，发现问题 170 个，涉及问题金额 3 409 万元，提出建议 42 条，委托工程造价审计审减额 4 989 万元，审减率 15.49%，充分发挥了内部审计监督作用，被安徽省审计厅评为 2012 年安徽省内部审计先进单位，获得石化集团公司 2010—2012 年度审计工作先进单位称号。制定《“三重一大”决策制度实施办法》，明确涉及公司重大决策、重要人事任免、重大项目安排等 67 项决策事项，提交党政联席会或总经理办公会研究决定，并明确议事规则和程序，有效保证“三重一大”决策制度的落实，提升了集体决策水平。

（邢大金）

【全员成本目标管理成效显著】 2012 年，安徽石油分公司按照“经营一元钱、节约一分钱”的工作要求，落实成本管理责任，深入开展对标追标，运用信息技术手段，多措并举，扎实推进全员成本目标管理，全年节约成本 6 000 万元，超额完成 3 811 万元的降费目标任务，获得石化集团公司全员成本目标管理工作贡献程度奖和进步程度奖。

（邢大金）

【专题活动开展扎实有效】 2012 年，安徽石油分公司深入开展“比学赶帮超”活动，建立全员参与、全面覆盖的考核奖惩机制，连续第 3 年获销售公司标杆企业称号。深入开展“为民服务创先争优”活动，不断改善服务态度和服务方式，提升服务水平，建立为民服务长效工作机制，同时积极开展“当一天加油工”“讲故事比赛”等专题活动，拉近干部与员工的距离，开通企业网站、员工论坛、领导信箱，畅通上下沟通渠道，实现了“员工、客户双满意”的目标，获销售公司“为民服务创先争优”活动先进集体称号。

（邢大金）

【企业美誉度大幅提升】 2012 年，安徽石油分公司在“三夏”期间，加强资源调运，开辟绿色通道，设立农业机械专用加油机，送油到田间地头，优先保障农业主产区的用油供应。免费向农机手发放农机专用加油卡，农业用油优惠 0.1 元/升，为农民提供热水、淋浴、手机充电、急救药品等服务，惠民便民。各级主流媒体对安徽石油分公司“三夏”保供服务情况进行了宣传，提升了企业的美誉度。

（邢大金）

“三夏”期间为农机加油开辟绿色通道

【人才队伍建设持续加强】 2012 年，安徽石油分公司深入开展“四好”班子创建活动，提高各级班子战略谋划能力、管理能力、团结协调能力和处理复杂问题能力。加强人才成长通道建设，畅通晋升渠道，组织实施中层干部竞争上岗，提拔了一批年轻干部，增强了干部队伍活力。通过干部轮岗、挂职锻炼、学习培训等方式促进人才成长，举办 1 期中层干部学习班，开展各类培训班 1 800 期，提升了队伍素质。

（邢大金）

【竞赛比武工作再上新台阶】 2012 年，安徽石油分公司共有 6 个专业线条举办竞赛比武活动，参加初赛人员达 7 500 余人，占全省用工的 70% 以上。有

582人进入了复赛，24名选手参加了决赛，共摘得3金、2银、2铜共7枚奖牌，直销专业线获得团体第2名，并获优秀组织奖。

（邢大金）

【机关工作作风持续改进】 2012年，安徽石油分公司制定《机关处室绩效考核办法》，将省公司各处室扛红旗、评先评优、经营指标排名、重点工作完成等情况纳入年终考核兑现，充分调动了省公司机关工作人员的工作积极性。同时建立省、市公司工作往来台账制度，深入推行岗位责任制，梳理各项检查和考核的流程、细节，将扣分点落实到具体部门和责任人，推动省公司各处室之间的协调与合作，确保了上级布置工作的贯彻落实，有效提高了机关工作效率。

（邢大金）

【党建维稳工作基础持续夯实】 2012年，安徽石油分公司坚持中心组学习，落实“三会一课”制度，组织举办基层党组织培训班，提高党员干部素质和业务能力。开展形式多样的廉洁教育活动，增强党员干部的廉洁自律意识，严格执行领导干部廉洁自律各项规定，落实“一岗双责”，签订党风廉政建设责任书，加大督促检查，对党风廉政工作实行一票否决制。落实信访维稳工作责任制，层层签订稳定工作责任状，执行零报告制度，加大特殊敏感时期的矛盾纠纷排查力度，将不稳定因素化解在基层、消除在萌芽状态，全年来访和来信同比分别下降16%和11%，维护了企业的和谐稳定。

（邢大金）

表1 安徽石油分公司主要生产经营指标

指标名称 \ 年份	2012	2011	2010	2009	2008	2007
成品油销售总量/万吨	500.64	466.98	454.00	431.56	431.08	414.54
零售量	369.55	335.60	303.00	279.93	312.33	292.36
销售收入/亿元	392.00	360.00	302.00	244.12	259.51	212.93
报表利润/亿元	12.02	9.84	6.75	7.57	10.62	8.54
吨油费用/元	293.00	270.00	320.00	280.00	232.71	225.51
加油站总数/座	1 760	1 683	1 633	1 561	1 515	1 456

福建石油分公司

【概况】 中国石油化工股份有限公司福建石油分公司（简称福建石油分公司）的前身为福建省石油总公司，成立于1952年10月13日。1998年7月成建制划归石化集团公司。2000年3月，按主辅业分离的原则，福建石油公司重组为福建石油分公司（上市公司）和中国石油化工集团公司福建石油总公司。2006年10月成立中国石化集团资产经营管理有限公司福建石油分公司，12月注销福建石油总公司。2007年7月24日，公司主营业务和埃克森美孚中国石化有限公司、沙特阿美中国有限公司合资成立了中石化森美（福建）石油有限公司（简称中石化森美公司），合资后，公司的主营业务划归中石化森美公司，根据不竞争条款，公司不再从事成品油经营业务。2009年，福建石油分公司恢复了部分成品油经营业务。福建石油分公司为大Ⅰ型企业，业务范围为成品油零售、化工产品经营、成品油管道运营管理、资产管理以及联营企业的管理等。

福建石油分公司本部位于福州市鼓楼区中山路18号，设有8个职能处室，2个专业中心和管道项目经理部，下辖10个市级分公司。截至2012年底，在岗员工2 816人，其中正式工381人、劳务工2 421人、非全日制用工27人，内退职工349人、离退休职工2 311人，公司总资产105.96亿元。

福建石油分公司主要生产经营指标见表1。

（陈进鎏）

【主营业务继续做大】 2012年，福建石油分公司经营总量144.2万吨（不含中石化森美公司，下同），其中成品油129.2万吨，其他15万吨。实现利润

4.95 亿元（不含中石化森美公司分红 7.28 亿元），超预算 4.45 亿元；费用（成本）总额 5.68 亿元，比预算低 0.91 亿元。截至年底，福建石油分公司自有加油站数量已达到 47 座，全年完成零售量 9.5 万吨，成为公司新的效益增长点，对于进一步巩固和加强中国石化在福建境内的市场占有率起到了很好的补充作用。润滑油业务上收后，公司进一步理顺化工经营体制，扩大化工经营规模，全年销售化工及其他产品 12 万吨，完成年度计划的 160%，同比增长 87%，石化产品持续经营能力和市场竞争力得到有效增强。

（陈进鎏）

【中石化森美公司保持强劲发展势头】 2012 年，中石化森美公司成品油销量达到 560.5 万吨，同比增长 1.4%；实现税前利润 12.6 亿元，完成年度任务的 105%；IC 卡持卡消费比例同比增长 3.2 个百分点；终端比重同比增长 6.3%。非油品业务发展迅速，便利店开店率达到 68.6%，营业额同比增长 70.2%。加气业务实现从无到有。全年海上销量同比增长 39%，海上市场辐射能力进一步增强。仓储线、零售线 HSE 体系均达到 3.6 级，公司 HSE 做法与经验被福建省政府在全省推广。国家级服务业标准化试点工作有序开展，顺利构建起由服务通用基础标准、服务保障标准、服务提供标准组成的服务标准体系，共发布服务标准 36 项。

（陈进鎏　葛惠芳）

【全力打造“生命工程”】 2012 年，福建石油分公司继续与中石化森美公司合作，保持网点发展高速态势。强化网点发展力度，省公司与各市公司继续签订零售网络发展目标责任书，制定《闲置土地置换加油站建设用地和销售网络发展考核办法》，加大对新建、收购、租赁、续租和闲置土地置换加油站建设用地的奖罚力度，调动各单位网络发展积极性；继续把握石化集团公司与省政府签订战略框架协议的有利时机，探讨与政府合作的新模式，在重点位置加油站的发展上取得了明显成效，明确高速公路公司控投的加油站经营权全部归中国石化所有；充分发挥政策和存量土地资产的优势，推进网点发展；抓住机遇，做好加气站建设规划。福建石油分公司全年共发展加油站 46 座、加气站 3 座，另不计入发展任务站 45 座，超额完成中国石化总部下达的发展 30 座站的网络发展任务。全年新投营加油站 64 座，在营站净增 55 座，在石化股份公司“比学赶帮超”活动中，夺得“在营站净增数”红旗 3 面，列各销售企业第 2 名。截至年底，在营站达到 958 座，市场控制力得到进一步提升。

（陈进鎏）

【联营企业经营管理水平提升】 2012 年，福建石油分公司继续加强对联营企业的管理力度，通过强化责任考核，落实《福建石油股权管理暂行办法》，进一步明确委派至联营企业担任董事、监事、高层管理人员的职责，要求委派管理人员定期汇报经营情况并对其进行年度综合考评；继续实行预算管理；根据各联营单位上年企业实际发生数和当年中国石化总部下达的各项预算指标进行分解，提请各单位董事会审议后下达给联营公司。定期加强检查分析，对联营企业经营指标、预算执行情况、资金使用情况和有关财经制度执行情况进行检查，及时了解联营企业存在的问题，促进联营企业规范管理，提高企业赢利能力；加强股权管理，上线股权管理系统，对联营企业的股权结构、出资情况、投资收益，董事、监事及管理人员等进行梳理，全面跟踪联营企业经营管理情况。全年全省联营企业销售总量 54.39 万吨，同比增长 1.49%，其中销售成品油 51.48 万吨，同比增长 5%；全省联营企业实现税后净利润 5 885万元，福建石油分公司可实现投资收益 2 550 万元，投资回报率 16%。

（陈进鎏）

【安全环保保持先进水平】 2012 年，福建石油分公司通过强化领导安全生产责任制、深化 HSE 管理体系运行、加强未遂事件管理、深化“我要安全”主题活动、深入安全教育、重点开展环保隐患排查治理、推行“七想七不干”保障现场安全、扎实开展职业卫生基础工作、勤抓预案演练、落实设备“四定”管理要求、提升数质量管理水平等，年内没有发生上报石化集团公司等级事故和重大环境污染事故，连续 11 年被石化集团公司评为安全生产先进单位，和中石化森美公司一起连续 15 年被省政府评为安全生产目标管理责任制考核先进单位。

（陈进鎏）

【福建成品油管道一期运营正常】 2012 年，福建成品油管道一期工程吞吐成品油 384.48 万吨，实现营运收入 7 641.3 万元；油库进油量同比增长 58.68%，管输量同比增长 69.48%；管道配套油库地付发油量同比增长 26.20%。

（陈进鎏）

【员工队伍建设扎实推进】 2012年，福建石油分公司通过公开条件、竞聘上岗、组织考核、民主推荐等形式选拔一批思想素质比较好、年纪相对比较轻、业绩比较突出的管理人员充实到中层管理队伍，全年有5名管理骨干走上中层管理岗位，4名中层干部进行岗位交流，5名中层干部退出职位，进一步改善了中层管理队伍的年龄和文化结构。通过调整用工模式、规范劳动用工管理、化解劳动用工风险、调整优秀劳务工身份、实施员工划转工作等提升劳动用工管理水平。按规定流程开展职业技能鉴定工作，3名员工获得加油站高级技师资格，19名员工获得加油站技师资格，355名员工通过加油站操作员、油品储运调和操作工2个工种的高级工鉴定，402名员工通过中级工鉴定，910名员工通过初级工鉴定，鉴定总通过率为77.64%。8名高级任职资格人员通过石化集团公司评审。16名通过省公司中级评审。全年远程系统注册人数552人，登录6 271人次，在线学习8 118人次，学习总时长7 524小时；举办56个培训班，培训员工1 423人次。1.5万人次参加了6个项目的竞赛比武活动，夺得团体、个人银牌各1枚，个人铜牌5枚。

（陈进鎏）

【党建基础工作创新发展】 2012年，福建石油分公司党委积极推动基层组织建设年活动，在全系统各片区党支部均建立党群活动室，每座加油站配备党群活动展板，共投入资金130多万元，建立党群活动室83个，党群活动展板737面，搭建起基层党建工作管理的标准化模式，规范化建设达标率达到100%。积极推进“一转双创”活动开展，并注重在内容、形式和方法上与“为民服务创先争优”、基层组织建设年、“比学赶帮超”等主题活动相融合。开展创先争优活动总结和长效化机制建设，组织开展“为民服务创先争优”活动先进个人与集体的先进事迹演讲活动，通过视频在全省系统进行宣传。深化一个党员一面旗帜活动，持续开展“月度红旗党员”评选和“党员责任区”考核，全年共评选红旗党员54名，制订了“党员责任区”责任考核奖惩措施，在党员责任区之间开展“比学赶帮超”活动，切实发挥好党员的先锋模范作用，树立党员良好形象。全年共发展党员91名，培养入党积极分子229名。建立了与外方管理人员定期沟通机制，党群部门每季度向外方管理人员通报党群工作情况并听取意见，促进了中外方沟通理解。强化专兼职党群工作人员的管理，每半年对专职党群人员进行全面考核，将考核结果与收入、晋升、评先挂钩，全面落实“一岗双责”制度，强化对兼职支部书记的考核管理，大部分公司党支部目标管理已被纳入经营管理绩效考核体系。福建石油分公司在合资公司开展党建工作的经验得到宣传，根据中石化森美公司党建工作实践提交的“合资公司党建思想政治工作创新实践”获得石化集团公司第21届管理现代化创新奖。

（陈进鎏　黄正袁）

【和谐企业建设持续推进】 2012年，福建石油分公司成立工会工作委员会和青年工作委员会，明确工会工委和青工委的机构、职责，进一步加强对工会和青年组织的系统化管理和指导。全系统劳务工申请加入了劳务派遣公司工会，并委托福建石油各级工会组织代管，解决了多年来企业劳务工入会难、活动难的问题。积极开展群众性精神文明创建活动，组织开展内容丰富的文体活动，倡导学习型企业建设，组织参加石化集团公司、省直机关“喜迎十八大”系列主题活动，并有多幅作品获奖。积极参加地方文明单位评选活动，与中石化森美公司同时被评为福建省直机关第11届（2009—2011年度）文明单位，福建石油分公司还被授予鼓楼区和谐企业称号。

（陈进鎏　黄正袁）

表1　福建石油分公司主要生产经营指标[①]

指标名称＼年份	2012	2011	2010	2009	2008	2007
成品油销售总量/万吨	577.87	567.10	515.60	425.00	464.00	416.00
零售量	438.00	427.90	359.60	303.00	349.00	299.00
销售收入/亿元	449.68	429.73	349.29	255.08	289.80	231.66
利　润/亿元	15.57	23.22	14.87	12.99	19.98	8.82

续表

指标名称 \ 年份	2012	2011	2010	2009	2008	2007
费用总额/亿元	14.54	14.80	13.30	11.52	10.91	8.82
吨油费用/元	252.00	261.00	245.00	249.00	220.00	184.00
加油站总数/座	958	910	856	810	796	781

①本表数据含中石化森美公司，合并后的数据去除中石化森美公司和福建石油分公司重复计算部分

江西石油分公司

【概况】 中国石油化工股份有限公司江西石油分公司(简称江西石油分公司)的前身江西省石油总公司成立于1950年10月，1998年10月成建制划转石化集团公司，2000年2月，主业重组改制为江西石油分公司，辅业组建中国石化集团江西石油总公司，2007年3月28日，辅业转制为中国石化集团资产经营管理有限公司江西石油分公司(简称江西石油资产分公司)。

江西石油分公司主营成品油销售、储运及便利店等非油品业务，是江西省成品油供应主渠道。企业下辖12个地市分公司、100个县(区)分公司、经营销售网点遍布江西省城乡各地。截至2012年底，江西石油分公司用工总量为9 786人；资产总额85.12亿元；固定资产原值39.94亿元；加油站保有量1 390座，油库17座；九昌樟成品油管道230千米。

江西石油分公司主要生产经营指标见表1。

(刘　阳)

【主要经营指标取得突破】 2012年，江西石油分公司针对成品油市场价格扬抑交错、宽幅震荡的严峻形势，加强市场分析预测，准确把握采销节奏，致力于扩大终端比重，取得一系列突破：成品油经营量突破500万吨，零售量突破400万吨，管输量突破200万吨，“两卡”累计发行量突破200万张，利润总额突破9亿元，销售收入突破400亿元。全年成品油经营量同比增长10.7%，是区内销售企业年均增幅3.7%的近3倍；利润同比增长17%。

(刘　阳)

【网络竞争优势持续保持】 2012年，江西石油分公司投资16.8亿元，新增加油站40座，完成中国石化总部任务的100%，其中重点部位35座，占新增数的88%。完成加气站建设3座。新增库容6.8万立方米。先后取得了5对高速公路服务区加油站，续签4对高速公路服务区加油站的租赁合同，高速公路服务区在营加油站占有率继续保持100%，列销售企业第1位；成品油市场占有率逾85%，列销售企业第1位。

(刘　阳)

【非油品业务持续高速增长】 2012年，江西石油分公司以便利店业务为核心，突出抓好总部重点营销的特色商品销售，优化品类结构，通过油非互动、组合营销、买赠、品鉴会等促销方式，实现非油品销售收入3.7亿元，同比增长50%。规范进销存流程，提高商品统采比例，合理控制便利店库存。构建电子商务平台，江西易捷网上商城已顺利上线运行。

(刘　阳)

【获石化集团公司安全生产先进单位称号】 2012年，江西石油分公司扎实开展“我尽责，我安全”主题活动，推进HSE进班组。落实“七想七不干”工作要求，深化全员岗位危害识别。持续开展未遂事故上报分析共享和HSE观察，组织推进OSHA管理系统实施，进一步完善各类应急预案。加强设备管理，加大隐患排查和分类整治，以抓好安全生产风险防范和“打非治违”专项行动为契机，认真组织落实石化集团公司环保和隐患治理项目实施，对销售企业可能存在的环保风险节点进行全面排查、梳理和整改，重点加强了九昌樟管道隐患排查治理、“跑冒滴漏”治理等工作，隐患的控制率和整改率之和达到

100%。全面规范承包商、承运商管理。全年公司安全环保形势总体稳定，连续第7年被石化集团公司评为安全生产先进单位。

（刘　阳）

【人力资源管理更加科学规范】 2012年，江西石油分公司完成了为期2年的竞争性选拔“兵头将尾”工作。全省全部1 168座在营加油站站长参与了岗位竞聘。其中有104名站长落聘和降级，46名全日制大学生走上站长岗位，确定了218名后备站长。全年共培训各类人员3 308人次。规范用工行为，通过优化排班等方式改善用工环境。开展“内部挖潜、优化整合、精简用工”工作，实行定编动态管理，提高了工作效率。实行工资套标，完善薪酬分配制度和考核体系，薪酬总额较上年增加7.8%。

（刘　阳）

【推进全员成本管理】 2012年，江西石油分公司按照“经营一元钱，节约一分钱”要求，持续开展全员成本目标管理活动，完善成本控制体系，加强重点领域、关键环节和可控费用管理，通过运用压力传导机制、完善控费手段、加强外部协调等方式，公务性费用支出下降636万元。ERP系统的FICO和MM 2个模块获得了中国石化应用先进模块称号。针对零售、非油品等重点业务，进一步完善业务、风险管理和审计部门三道风险防线，促进增收节支1 569.2万元，有效防范了企业经营管理风险。

（刘　阳）

【企业内外部环境全面改善】 2012年，江西石油分公司分别在省、市两级设立“领导信箱”，供员工反映诉求。坚持“真困难，真帮助”原则，加大帮扶力度，全年共实施帮扶资金75.68万元。加强思想疏导和隐患排查工作，信访总量较上年下降24.3%，进京上访为“零”。在党的十八大隆重召开的特殊敏感时期，内部确保了“五不发生”；外部无重大影响企业形象的负面新闻报道。企业内外部环境全面改善，被评为江西省第13届文明单位。

（刘　阳）

【数质量管理水平明显提高】 2012年，江西石油分公司重点将油品质量、非油品质量、服务质量等纳入质量管理的职责范畴，加大了数质量抽查和暗访力度。深入推进ISO 9000质量管理体系建设，出入库自检和中国石化总部抽检合格率均为100%。加强损耗全流程管理、完善领导干部损耗挂点制度，加油站零售保管损耗率同比下降3个万分点。

（刘　阳）

【加强企业文化建设】 2012年，江西石油分公司充分发挥工团作用，成立青年文学社等7支“青”字号队伍。组织开展了红歌红舞大赛。参加中国石化总部文艺调演、乒乓球赛、行书比赛及省直机关“百场篮球友谊赛”等活动。原创歌舞《扬帆起航》在石化集团公司第6届文艺调演活动中获得了综合类节目一等奖，并代表油品销售企业入选中国石化总部新春团拜会演出。江西石油分公司分别被省总工会、省文化促进会和石化集团公司授予江西企业文化职工文化示范单位、中国石化2002—2012年度音乐舞蹈艺术活动先进单位称号。

（刘　阳）

【夯实党建基础工作】 2012年，江西石油分公司深入开展基层组织建设年活动，通过落实基层党支部目标管理考核和分类定级工作，强化了基层党组织建设。落实“一岗双责”和党建工作责任制，明确党政工作都要向提高企业竞争力聚焦，推动党建思想政治工作与生产经营的深度融合。强化政工队伍建设，通过开展政工讲堂、政工培训及深化“支部党员轮流上党课”“为党员过政治生日”工作，促进基层党建水平提升。严格执行党风廉政责任制，开展廉洁警示教育活动，完善民主监督，推行业务公开，狠抓督察督办，深化效能监察，树立红线意识，突出源头治理，全年公开信息总量9.8万条，公开金额163.9亿元。下发效能监察建议书15份，完成重要工作督办36项。公司在“为民服务创先争优”活动中获得销售企业先进集体称号；在“比学赶帮超，建功创一流”劳动竞赛中取得年度红旗5面；在“学习雷锋精神，永葆党员本色”活动中发挥关工委作用，被省老干局评为老干部宣传思想和宣传报道工作先进单位。

（刘　阳）

表 1　　江西石油分公司主要生产经营指标

指标名称 \ 年份	2012	2011	2010	2009	2008	2007
成品油销售总量/万吨	500. 50	452. 00	408. 60	375. 90	368. 00	339. 00
零售量	421. 00	379. 10	307. 20	288. 50	284. 00	257. 00
销售收入/亿元	400. 00	350. 00	279. 00	216. 00	217. 00	169. 00
报表利润/亿元	9. 10	7. 90	5. 80	7. 00	6. 10	4. 24
吨油费用/元	326. 00	316. 00	328. 00	287. 00	255. 00	252. 00
加油站总数/座	1 390	1 364	1 145	1 120	1 104	1 094
自营加油站数	1 390	1 364	1 142	1 116	1 100	1 090

山东石油分公司

【概况】 中国石油化工股份有限公司山东石油分公司(简称山东石油分公司)前身山东省石油公司始建于1953年，1998年6月划归石化集团公司，公司本部位于山东省济南市。截至2012年底，山东石油分公司下属17个市公司、129个县公司(市片区)，用工总量2万余人；有加油站2 553座，油库26座(库容量93. 5万立方米)；固定资产原值84亿元。

山东石油分公司经营范围：汽油、柴油、煤油、天然气销售；润滑油、燃料油、沥青、石油添加剂、化肥的销售、仓储；及非油品等业务。

山东石油分公司承担着山东省成品油供应保障任务，是省内最大的成品油销售企业。2012年，销售成品油1 120. 6万吨，实现销售收入880亿元，山东省内成品油市场占有率约为63. 5%。

(宋　鹏)

【全力确保市场供应】 2012年，山东石油分公司顺利完成了夏秋保供任务，山东省内主流媒体对山东石油分公司服务“三农”、助力“三夏”进行宣传报道，树立了良好的企业形象。合理制订保供措施，实现了节假日用油高峰期不脱销、不断档，保障了市场平稳供应。

(宋　鹏)

【扩销增量提效益】 2012年，山东石油分公司科学掌握采购节奏，实施淡储旺销策略，实现毛利约6 000万元。“直零”同价时，设法做大销量；价格上涨时，全力扩销增效。提高97#汽油销售比重，加大-10#柴油投放力度，扩大创效空间，提升赢利能力。优化物流配送体系，实现了一、二次物流的有效结合。根据配置资源情况，有效组织地炼资源，获取最佳经营效益。全面分析市场走势，适时向中国石化总部报告市场资源情况。组织开展油非互促、节日促销等系列营销活动，全年零售量首次突破800万吨。加快推进自助加油，全省在营全自助加油站达321座。持续优化发卡网点，不断丰富卡片功能，全年发售加油卡167万张、充值卡544万张。走访、回馈客户2 800余家，重点客户稳定率提高到72%，山东省重点项目供油468家，占工程开工总数的70%。县级市场占有率增长1. 3%。实施油非组合营销，全年实现非油品、IC卡及VIP卡销售额1 636万元。通过组织品鉴会等大型营销活动，带动了非油品营业额的快速增长。加大采购管理力度，优化物流配送体系，做大做精重点商品，规范开展团购业务。抓好精品门店建设，着力实施大店培育。易捷网如期上线，通过限时抢购、充值送礼等营销措施，实现订单970笔，营业收入18. 4万元。

(宋　鹏)

【精细管理降本增效】 2012年，山东石油分公司强化全员成本目标管理，实现降本减费1. 17亿元。坚持费用预算和大中维修项目集中会审，全年审减不合理预算达1. 3亿元。加强与税务、消防等部门的沟通协调，办理土地使用税减免1 936万元。加大对收入资金的定活互转调控力度，累计利息收入达1亿元。核实闲置土地，明确盘活思路，全年盘活闲置土地40宗。通过法律诉讼收回被侵占土地6宗，申请减免土地租金638万元。全年出租资产174项，实现收入876万元。开展审计项目15项，审核工程建设及维修项目1 366项，促进增收节支3 621.8万元。出具审计底稿643份、审计报告22份，提出建议127条。围绕经营管理的重点、难点，完成效能监察立项5项，重点督察立项3项。加强信访核查，全年受理信访举报28件次。推动重点领域和关键环节的业务公开，累计公开信息81.7万条。开展经营稽查76次，规范了企业经营行为。（宋　鹏）

【信息化建设成效显著】 2012年，山东石油分公司深化ERP系统应用，被石化集团公司评为ERP登高示范企业。建立经营管理平台，提升了集成化水平。做好加油卡保平稳及功能提升工作，实现了银联卡网上自助充值。提升加油站光纤网络，搭建了视频监控平台。

（宋　鹏）

【HSE管理得到规范】 2012年，山东石油分公司引入欧萨(OSHA)管理体系，强化了精细管理和过程控制。认真组织隐患排查，对查出的问题明确责任、限期整改。落实“七想七不干”工作要求，防范了各类事故发生。狠抓含油污水排放和油库、加油站油气回收，环保工作有序推进。做好员工职业健康检查，获石化集团公司职业健康先进单位称号。

（宋　鹏）

【数质量管理得到提升】 2012年，山东石油分公司强化油品损耗管理，使零售损耗率控制在合理范围内。严把油品出入关口，加大油品抽检力度，确保销售的油品100%合格。推进计量与质检信息化建设，提高了数质量管理自动化水平。

（宋　鹏）

【队伍建设取得成绩】 2012年，山东石油分公司加强干部队伍建设，畅通人才成长通道。实施用工总量管控，强化编制定员管理。开展劳动用工检查，规范了劳动用工行为。加大培训力度，全年共组织培训1 953期，培训员工6.7万余人次。扎实推进“比学赶帮超”工作，获销售企业2012年度“比学赶帮超”工作标杆企业称号。积极开展“喜迎十八大，开创新业绩”劳动竞赛，活动期间实现了服务、销量双提升。广泛开展竞赛比武活动，获得了3金、5银、5铜的成绩。

（宋　鹏）

【优化网络增强实力】 2012年，山东石油分公司重点关注新开发城区、新兴城市规划，强化监督调度，定期分析通报，新增加油站75座。研究制订了未来3年加气站发展规划，及时报告政府，寻求政策支持。依托原有加油站拓展加气子站，选择重点位置新建，对周边站点密度高的加油站实施改建，加气站布局趋于合理。全年新增加气站21座。加强对新建、改造项目的监督管理，全面检查336座加油站建设项目，确保了工程质量，缩短了建设周期。坚持单项审批制度，杜绝了未批先建、私自采购行为。成立济南西城石化、日照巨油石化等9家合资公司，优化了油气经营网点。利用闲置土地置换加油站建设用地，完成12宗油库土地置换21宗加油站建设用地，利用9宗闲置土地与政府初步达成置换20座加油站建设用地意向。科学制订改造计划，全年完成加油站改造98座。顺利完成青岛李沧油库迁建、济南油库4万立方米改造、聊城油库3万立方米扩容项目。积极推进德州油库整体改造，烟台八角港油库8万立方米建设项目的前期准备工作进展顺利。完善“补一拆一”管理办法，全年拆除加油站18座，落实政策16座，取得经济补偿1 134万元。全年共发现侵权社会加油站89座，取缔率达100%，取得诉讼赔偿74万元。

（宋　鹏）

【体制机制更趋完善】 2012年，山东石油分公司修订薪酬考核办法，调整考核重点，及时兑现奖惩，强化了激励保障作用。优化薪酬分配机制，统一基本薪酬制度，确定了全省基本薪酬初次套靠办法。以一流企业为目标，制订切实可行的追标、定标、创标计划，梳理出277项省公司对标指标和56项市石油公司对标指标，全力缩短差距、弥补短板。完善市石油公司对标评价体系，提升了市石油公司综合竞争力和发展进步能力。以业务为中心、以流程为主线，将347项制度全部纳入标准化改造范围。形成了涵盖407项制度、6个操作手册和217项岗位职责及87个四级操作流程的管理体系，实现了制度的在线闭环管理。根据不同阶段的重点难点工作，共征集改善经营管理建议800余条。全年提报建议5 108条、受理4 090条，位居销售企业第1名。创先实施加油站终端虚拟化，实现了加油站的节能降耗，极具推广价值。探索液位仪系统深化应用，实现了对油品进销存管理的全方位监控。“构建全员成本目标管理体系”获石化集团公司一等奖，“创新ERP应急管理，完善企业第二生命线”和“坚持五个到位，努力化解群体性矛盾”获石化集团公司三等奖。针对市公司存在的问题，逐条进行分析研究，提出切实可行的整改意见，提升了市公司的经营管理水平。

做好对落后市公司的帮扶指导，全年累计调研 115 人次，提出工作意见 79 条。开展合资企业劳动用工调研和编制定员工作，制定了编制定员指导意见。修订合资企业管理办法，明晰合资企业设立及管理流程和议事规则，规避了投资风险，提升了回报能力，确保了规范运营。

（宋　鹏）

【党建思想工作增进和谐】　2012 年，山东石油分公司深入学习党的十八大精神和石化集团公司党组一系列决策部署要求，推进学习型党组织建设。推广党支部标准化建设，基层党建工作呈现出新的格局。完善信访稳定工作和不稳定因素化解稳控责任体系，逐级签订责任书 284 份。群体性矛盾逐步缓解，个性矛盾逐步减少，就地化解进京上访 27 起 64 人次，实现了“两个不低于，三个不发生，两个确保”的年度目标。完善惩治和预防腐败体系，落实“三重一大”集体决策制度，签订党风廉政责任书 406 份，建立廉政档案 893 份。开展保持党的纯洁性专题教育、《违规违纪案例》学习等活动，保证了廉洁从业。走访慰问困难人员 2 315 人次，发放救助金 258 万元。设立领导信箱，畅通沟通渠道。关心离退休人员生活。在中国石化各媒体发稿 432 篇，在山东省内主流媒体发稿 416 篇，统一了员工的思想与行动。制订舆情应急处置预案，全年发现并处理舆情 19 件次。开展庆祝建党 91 周年系列活动，加强了党史党情、革命传统和石化传统教育。深入学习《员工守则》，组织拍摄“奉献朝阳”系列片。

（宋　鹏）

表 1　　**山东石油分公司主要生产经营指标**

指标名称　　年份	2012	2011	2010	2009	2008	2007
成品油销售总量/万吨	1 120.60	1 074.50	1 035.00	986.00	875.00	882.00
零售量	800.40	750.00	702.80	664.00	681.00	633.00
销售收入/亿元	880.47	835.57	707.99	585.93	603.78	515.65
利　润/亿元	17.31	14.65	11.02	8.66	22.63	10.52
吨油费用/元	275.00	257.00	212.00	187.00	178.00	173.00
加油站总数/座	2 684	2 548	2 637	2 591	2 528	2 511
自营加油站数	2 553	2 427	2 505	2 460	2 528	2 511

河南石油分公司

【概况】　中国石油化工股份有限公司河南石油分公司(简称河南石油分公司)位于河南省郑州市，是石化股份公司在河南省的唯一成品油销售分支机构。其前身为 1950 年 7 月成立的中国石油贸易分公司郑州分公司，1998 年划归石化集团公司，2000 年 5 月 31 日，河南石油分公司在河南省工商行政管理局注册成立。截至 2012 年底，河南石油分公司共设 15 个综合管理部门和 5 个专业中心(部门)，下辖 19 个市分公司、108 个县分公司和 58 个市级片区，共有正式员工 4 726 人，拥有在营加油站(点)3 691 座；在用油库 23 座，库容 90.49 万立方米；铁路专用线 22 条；资产总额 118 亿元。

河南石油分公司经营管理范围为汽油、煤油、柴油、润滑油的批发业务、零售业务的管理；燃料油、液化气、天然气、食品、卷烟、雪茄烟的零售；石油化工、化纤及其他化工产品、沥青的销售技术及信息的研究、开发、应用；日常百货销售、汽车清洗服务。

2012 年，河南石油分公司购进成品油 716.68 万吨。全年完成经营总量 734.3 万吨，其中成品油 730.46 万吨；终端销售比重达到 96.51%；实现非油品业务营业额 5.52 亿元，累计上线管理易捷便利店 1 391 座。

河南石油分公司主要生产经营指标见表 1。

（韩　笑）

【精细管理取得进步】　2012 年，河南石油分公司巩固 2011 年 4 项重点工作，完善全流程数质量承诺体系，继续推行加油站、便利店、油库标准化管理，理顺督察运行体制和运行机制，推进统一基本薪酬制度改革。抓好2012年4项重点工作，开展人事劳资大检查，强化人事劳资纪律；开展财经纪律专项检查，全面风险管理常态化；盘活闲置土地和存量资产，强化债权管理；ERP建设与应用取得新突破，HSE管理系统上线运行，应急指挥平台初步建成；定期召开大零售管理联席会议，启动标准化业务流程和制度梳理，开展加油站连锁管理模式试点，有效强化基础管理。

（韩　笑）

【网络发展取得新突破】 2012年，河南石油分公司借助合作平台，积极协调省政府出台支持政策，取得400座新建加油站和150座加气站建设规划指标，首批270座新建重点区域加油站商务规划预核准已批复，并被列入河南省A类重点建设项目名单。着力抢占新兴市场和提升传统区域网络，全年新增加油(气)站60座，提量改造加油站20座，便利店改造54个，建设全自助加油站46座，营业室形象提升改造8个。6月28日，中国石化重点工程、总投资约6亿元、设计长度172千米、年输送能力225万吨的驻马店—信阳成品油管道及配套库项目全面开工建设；商丘油库信息化和许昌油库扩容改造竣工投运；新建新乡下载库主体工程全面竣工；郑州油库改扩建工程取得中国石化总部可研批复；南阳、洛阳油库扩建项目完成前期方案论证。

（韩　笑）

6月28日，驻马店—信阳成品油管道及下载库项目开工建设

【提升企业创效能力】 2012年，河南石油分公司以企业价值管理为重心，以全面预算管理为抓手，创新考核机制，激励挖潜增效，统筹企业资源，提升经营发展创效能力；持续深化全员目标成本管理，狠抓44项降本减费目标落实；实行预算到站并坚持“三个口径”分析测算，推动低效站整合；强化资金集中管理，优化存贷结构；积极争取土地使用税等税费减免政策，开展税收筹划；企业费用结构得到有效优化，2012年报表利润创历史新高，达10.8亿元，完成总部下达目标的154%，同比增长3.1亿元，增幅40%。

（韩　笑）

【获安全生产先进单位称号】 2012年，河南石油分公司理顺管理体制，完善责任机制；抓好教育培训；统筹协调运作，深化隐患治理；强化过程监管，推进系统应用；推进环保和职业健康；建立设备工作标准，推进油库标准化，保持了HSE形势总体平稳，连续第12年获得石化集团公司安全生产先进单位称号，连续第2年被评为石化集团公司职业健康先进单位。

（韩　笑）

【信息系统应用不断深入】 2012年，河南石油分公司进一步扩大了信息化流程覆盖范围，完成了ERP/HR模块(人事管理)、HSE、电子商务河南专区等系统上线；加油卡系统全面升级，管理和服务功能更加完善；视频会议系统延伸至县公司，万吨加油站实现光纤到站。

（韩　笑）

【认真抓好信访维稳工作】 2012年，河南石油分公司以“矛盾纠纷排查化解工作专项活动”为契机，进一步加大矛盾纠纷排查力度，促进信访问题“事要解决”；持续深化和拓展企地联动机制的职能和作用，最大限度发挥企地联动维稳合力；强化信访稳定工作机制建设，实现党的“十八大”等政治敏感时期“四个不发生”的工作目标。维护稳定办公室被石化集团公司授予维护稳定工作先进集体称号，被中共河南省委维护稳定领导小组评为维护稳定工作先进集体称号。

（韩　笑）

【技能竞赛比武活动再获佳绩】 2012年，河南石油分公司认真组织初、复赛，真正做到全员参与、全员培训；在石化股分公司组织的零售、商客、非油品、企业管理、数质量管理、信息6个专业线线条，以及石化集团公司组织的ERP、质检共8个专业的竞赛比武中，共12 018人参加了初赛，554人参加了复赛，29人参加决赛，获1金、3银、3铜、2个优秀奖的成绩。

（韩　笑）

【开展打假维权行动】 2012 年，河南石油分公司积极配合政府职能部门，发现并清理 139 座侵权加油站，被评为销售企业打假维权最佳卫士企业，连续 5 年被石化股份公司评为打假维权先进单位。截至年底共发现并清理侵权加油站 691 座，维护了河南成品油零售市场秩序。

（韩　笑）

【切实抓好党风廉政工作】 2012 年，河南石油分公司 120 余名副处级以上干部签订廉洁自律承诺书，处科级以上干部建立廉洁从业档案 1 051 份；网络公示油品直分销、工程建设项目等信息 86 354 条，金额 162.2 亿元；开展党委巡视工作，制定《党委巡视工作办法》，严格按照《巡视组工作规程》《被巡视单位配合巡视组开展巡视工作暂行规定》等制度开展巡视；积极开展群众满意加油站创建，24 座加油站被省政府评为群众满意加油站。

（韩　笑）

【与当地政府携手发展】 2012 年 2 月 10 日，信阳市人民政府与河南石油分公司战略合作暨重点项目推进会在信阳召开，双方就中国石化驻马店—信阳成品油输油管道及下载库配套设施建设项目、成品油市场供应及营销网络建设、信阳农特产品宣传营销等事宜进行会谈协商，并达成共识。5 月 17 日，河南省政府召开中国石化加油（气）站建设专题协调会落实 2012—2015 河南石油加油（气）站总体规划，会议确定，积极支持中国石化“十二五”期间在豫建设 600 座加油（气）站（其中新建 400 座）、油库及成品油管道等保供设施，为中国石化在豫发展创造良好环境。

（韩　笑）

表 1　河南石油分公司主要生产经营指标

指标名称＼年份	2012	2011	2010	2009	2008	2007
成品油销售总量/万吨	730.46	695.76	680.20	676.01	668.28	630.75
零售量	604.45	563.26	497.45	471.34	476.22	415.67
销售收入/亿元	575.25	535.78	454.01	386.54	389.23	309.13
利　润/亿元	10.80	7.71	7.01	8.04	6.41	3.07
吨油费用/元	366.00	350.00	307.00	280.00	261.00	257.00
在营加油站（点）总数/座	3 691	3 769	4 025	3 962	3 682	3 963

湖北石油分公司

【概况】 中国石油化工股份有限公司湖北石油分公司（简称湖北石油分公司）位于湖北省武汉市，前身是成立于 1953 年的湖北省石油总公司。1998 年 7 月整体划归石化集团公司管理，2000 年 4 月按照中国石化整体重组上市要求，改制为湖北石油分公司。

湖北石油分公司是湖北省成品油销售的主渠道企业，主要经营成品油和天然气的销售、储运及便利店等非油品业务，经营服务网络覆盖湖北省所有地区，下辖武汉、宜昌、荆州等 16 家市州分公司。截至 2012 年底，公司资产总额 91.86 亿元，用工总量 1.4 万人，在营油库 26 座，加油站 2 166 座。2012 年，湖北石油分公司实现销售收入 481.11 亿元，完成报表利润 7.21 亿元，被评为石化集团公司绩效考核 A 类企业。

湖北石油分公司主要生产经营指标见表 1。

（张方涛）

【成品油销售增长结构改善】 2012 年，湖北石油分公司加强资源组织，统筹调运平衡，努力扩销拓市，成品油销量突破 600 万吨，达 600.08 万吨，同比增长 6%，成品油零售突破 500 万吨大关，达 514.31 万吨，同比增长 6.5%。润滑油实现销售 1.02 万吨，吨油差价为 2011 年的 2.83 倍。燃料油实现销售 13.74 万吨，实现毛利 1 167 万元。着力推广高标号汽油，深化客户系统应用，创新营销方式，襄阳 97#

营销、随州品质营销、荆州交叉营销、武汉翼加油、咸宁自助加油、黄冈亲属站经营等取得成绩，促进零售比重继续提升。全年零售比重达到85.7%，其中汽油零售同比增长12.1%，比重达到37.7%，尤其97#汽油零售同比增长达到28%。卡销比达到31.3%，同比上升3.2个百分点。

（张方涛）

【非油品销售突破5亿元】 2012年，湖北石油分公司投入1 800多万元专项资金，对128个便利店的收银台、厕所等进行了整合改造。加大新业务拓展，170个门店新增了洗车、餐饮等项目，武汉、荆州、黄石等分公司分别开通了二维码、代缴交通罚款、福利彩票、移动充值、ATM机等新业务。突出重点商品，强化全员营销，重点商品的销售额和毛利额分别同比增长105%和67%。推进品类结构优化，经营品类由年初1.6万余种减少到5 500余种。加强精品店建设，门店经营管理水平和形象得到一定提升。石化易捷网湖北专区于10月30日成功上线。全年实现非油销售5.27亿元，同比增长57%，计划完成率排名销售系统第2位。

（张方涛）

【天然气业务发展提速】 2012年，湖北石油分公司出台了天然气经营管理体制方案，对天然气业务实行“资源统一采购、物流统一配送、零售两级管理”模式。省公司成立天然气中心，负责天然气采购、配送、分销业务。江津公司承担天然气运输管理职能，为天然气运输专业公司，执行省公司天然气中心的配送调度。完成了天然气运输资质申报及证照办理等前期准备工作。加气站建设和投营提速，全年新增加气站12座，实现天然气销售3 401万立方米，同比增长53%，销量排名区内省市第3位。

（张方涛）

【经营网络快速发展】 2012年，湖北石油分公司争取中国石化总部投资计划9.89亿元，继续高效发展经营网络，全年新增加油(气)站80座，完成总部计划的123%，在建17座，投入运行60座，新增数量连续3年位居销售企业第1名。在“比学赶帮超”活动中，获得了销售企业加油站网络发展年度红旗、在营站净增加数量月度3面红旗。恩施铁路油库通过石化股份公司竣工验收，武汉阳逻油库、孝感车站油库、随州广水油库完成改造并实现投油，黄冈金源油库改造项目征地已完成，燃料油慈惠墩库改造竣工。全面推进投资项目“六统一”管理，投资管理逐步驶入规范化轨道。ERP系统PS模块技术比武获个人金牌。完成自助站改造项目224个，一次油气回收改造项目81个，增加97#汽油改造项目324个。

（张方涛）

【安全数质量工作整体平稳】 2012年，湖北石油分公司构建“为生命安全和家庭幸福而工作”的企业安全文化，层层落实安全生产责任制，全面推行安全生产标准化达标创建、“七想七不干”工作要求和OSHA事故统计模式，持续提升应急能力建设，安全数质量工作总体平稳。加油站零售损耗率1.44‰，水运接卸损耗率1.67‰，较2011年分别下降0.29个千分点和0.46个千分点，同比减少损耗约2 200吨，降耗增效明显。油品一次运输损耗及保管损耗在销售系统排名靠前，油品质量风险得到有效控制。湖北石油分公司获得石化集团公司安全生产先进单位称号，被国家安监总局评为神华杯全国危险化学品安全法规知识竞赛优胜单位，被省安委会评为全省安全生产先进单位，全省系统各单位和在用油库全部取得湖北省危险化学品从业单位安全标准化二级达标企业资格。

（张方涛）

【节能管理再获先进】 2012年，湖北石油分公司继续坚持节能“六有”管理法，持续做好节能宣传和水电实测，推动节能工作向修旧利废拓展，全面完成了石化集团公司下达的节能达标工作任务，连续第3年被石化集团公司评为节能先进单位。年内作为首批碳盘查统计试点单位，湖北石油分公司进行了首次碳排放盘查，数据覆盖期间为2011年1月1日—12月31日，温室气体二氧化碳排放量合计5.18万吨，其中固定排放源692吨，移动排放源5 799吨，逸散排放源5 166吨，间接排放源4.01万吨。

（张方涛）

【企业管理取得较好成效】 2012年，湖北石油分公司获石化集团公司第21届管理现代化创新成果奖一等奖2项、二等奖3项、三等奖3项，一等奖数量并列销售企业第1位，奖项总数列销售企业第2位。全省系统选树省级“三基”管理样板单位30家，将荆州、恩施公司作为样板地市公司推荐石化集团公司参评“三基”工作先进基层单位。省公司通过简报等形式在全省系统推广经验28条，形成典型经验成果案例39项，上报石化股份公司评审推广18项。荆州公司潜江文化建设、武汉公司万松园营业室“四零目标管理机制”等一批基层经验做法得到总结推广。荆门公司制作的“基层队伍建设五抓”的典型经验视频片获石化集团公司推广。

（张方涛）

【**加油站综合督察成绩显著**】 2012 年 1 月，经过公开竞聘，湖北石油分公司加油站综合督察队正式成立。3 月起，督察队对全省 16 家市州分公司、105 个县市、1 767 座在营加油站经营管理开展了“全覆盖”综合督察。通过看现场、查设备、清现金、盘实物、查账表、调录像和员工访谈等多种形式，从加油站安全设备、数质量、财务内控以及加油站与便利店形象、员工职业化服务 5 个方面，对系统内加油站内部管理、现场管理和现场服务进行全面考核评价。督察队全年行程 14.6 万千米，通过督察共发现推广加油站经营管理先进典型 41 个，查出加油站基础管理存在问题 3 万多个，通报督促处理相关责任人 271 名，员工现场规范服务意识、加油站环境面貌得到改观，在石化股份公司达标创新抽查中名列第 1 名，受到石化股份公司的充分肯定。督察队的做法和事迹也先后被人民网、凤凰网、《工人日报》、《中国质量报》、大楚网等主流媒体宣传报道。

（张方涛）

【**优化资产管理增收节支**】 2012 年，湖北石油分公司共盘活闲置土地 78 宗，盘活率 32%，修旧利废及资产调剂节约资金 770 万元，完成维修项目 6 426 个，开支维修费 4 585.91 万元，办理无证土地权证 36 宗，办证率 25.9%，闲置资产出租收入 1 159 万元，同比增长 72%，减免税费 1 750 万元，设备安全无事故，住房补贴累计发放 17 525 人，发放金额 4.35 亿元。住房补贴发放在稳定中基本完成，被石化集团公司评为住房补贴管理先进单位。设备维修管理和修旧利废工作得到中国石化总部充分肯定。

（张方涛）

【**依法治企防控法律风险**】 2012 年，湖北石油分公司制定《湖北石油法律风险防控工作要点》，开展法律风险识别，编制法律风险清单、风险提示和年度法律风险报告，着力构建覆盖主要业务领域的法律风险防控体系和风险防控的长效机制建设。编写了《油品购销及合同管理的法律风险提示》，编发案例汇编 4 期，典型案例 55 个。法律人员参与加油站建设、招投标、资产处置等重大事项法律审核、论证 36 次，出具法律意见 36 件，审核规章制度 76 件，审核各类合同 5 183 件。清理假冒中国石化标识的加油站 20 座。积极开展法治文化宣传教育，获得石化集团公司法制摄影、书法、绘画作品征集活动优秀组织奖。正式上线合同管理信息系统，实现合同送审率、签订率、审核率、上网率 4 个 100%，全年全系统审批合同 5 183 份，涉及金额 98 亿元。获得省政府授予的“守合同重信用”企业称号；荆州、黄石、襄阳分公司被省工商局、省企业信用促进会认定为“守合同重信用”企业；在湖北省消费者委员会等单位组织的“百万消费者评诚信”活动中，省公司零售中心等 9 家单位被评选为诚信单位。

（张方涛）

【**党建思想工作获得成效**】 2012 年，湖北石油分公司认真开展“基层组织建设年”“一转双创”“比学赶帮超”等主题活动，加强和改进了企业党建工作，获得湖北省创先争优先进党组织、“喜迎十八大争创新业绩”活动最佳红旗单位等称号。坚持堵疏结合、防控并举，一些群体性矛盾和部分信访突出问题得以基本解决，信访稳定形势趋于平稳。积极有效地处理负面舆情，连续 12 个月获得品牌形象先进红旗。

（张方涛）

【**队伍建设水平不断提升**】 2012 年，湖北石油分公司举办了县市公司经理专题培训班，进一步提升了县市经理素质。积极拓宽用人渠道，一部分优秀劳务工转变了身份，一部分优秀员工得到了提拔。积极推进优化用工，全省在消化新增站用工 498 人基础上，在岗员工净减少 670 人。改革统一了全省系统薪酬分配体系，收入分配的科学性和激励性得到增强。缩小分配差距，提高一线员工收入，一线员工人均月收入达到 1 983 元，同比增长 18%。

（张方涛）

表 1　湖北石油分公司主要生产经营指标

指标名称 \ 年份	2012	2011	2010	2009	2008	2007
成品油销售总量/万吨	600.08	565.97	513.08	474.49	468.00	460.00
零售量	514.31	482.78	391.88	357.50	369.00	336.00
销售收入/亿元	481.11	448.66	355.44	285.51	301.03	258.08

续表

指标名称 \ 年份	2012	2011	2010	2009	2008	2007
利　润/亿元	7.21	5.71	5.40	5.20	6.36	4.63
吨油费用/元	313.00	294.00	288.00	284.00	245.00	236.00
加油站总数/座	2 166	2 146	2 055	1 925	1 853	1 801

湖南石油分公司

【概况】 中国石油化工股份有限公司湖南石油分公司(简称湖南石油分公司)位于湖南省长沙市湘春路113号。其前身为成立于1950年7月的中国石油公司长沙分公司。1998年7月整体划归石化集团公司，2000年2月分设为湖南石油分公司(上市公司)和中国石化集团湖南石油总公司(存续公司)。后者于2007年改组转制为中国石化集团资产经营管理有限公司湖南石油分公司(简称湖南石油资产分公司)，2009年7月，湖南石油资产分公司交由湖南石油分公司托管。

截至2012年底，湖南石油分公司下设15个地市级分公司、89个县级公司；省公司机关设立20个处室(中心)、1个阶段性机构(湖南成品油管道项目部)。用工总量13 936人；资产总额137.4亿元；在营加油站1 530座；在营油库22座；铁路专用线15条；成品油输油管道1条，全长270千米；在营易捷便利店1 048座。拥有湖南省最为完善的成品油销售网络，是湖南省成品油经营主渠道企业。主要从事汽油、柴油、煤油和燃料油的批发、零售和直销配送，以及非油品(烟酒、饮料、百货、食品、汽车用品)、润滑油及其他销售业务。

2012年，湖南石油分公司共销售各类油品621万吨，其中销售成品油608万吨、润滑油1.2万吨、燃料油11.6万吨。

湖南石油分公司主要生产经营指标见表1。

(全青丰)

【经营实现4个历史新突破】 2012年，湖南石油分公司成品油经营量突破600万吨大关，达608万吨，完成中国石化总部目标任务103%，同比增长6.1%；成品油零售量突破500万吨大关，达516万吨，同比增长9%；非油品营业收入突破4亿元，达4.22亿元，完成总部目标任务113%，同比增长38%；报表利润突破9亿元，达9.3亿元，完成总部目标任务141%。

(全青丰)

【千方百计稳增长保效益】 2012年，湖南石油分公司实行量价兼顾、量效并重的经营策略，坚持做大终端和效益好的品种。全年终端销售比重达98%，零售比重达85%；汽油销量同比增长15.8%，高标号汽油销售229万吨，同比增长18.2%。坚持加强一、二次物流整合优化，提高管输量和815油库二次装车效能，抓实跨区配送，开展运距核查，盘活小库运营。全年管输完成307万吨，同比增长16.7%，物流优化增效3 010万元。抓实“经营一元钱、节约一分钱”活动，强化节俭意识、规范接待标准、精简会议培训，严格公务性开支，公务性费用同比减少1 609万元，日常操作性支出同比降低8 755万元。

(全青丰)

【强化企业管理】 2012年，湖南石油分公司党委把“基础管理年”活动确定为全年的主题活动。梳理明确机关部门职责，建立健全规章制度。全面打造“用心、用情、责任”的企业文化，扎实开展“找准角色定位、履行岗位职责”和“增强责任心、提高执行力”活动，全省系统执行力不断提升。积极配合做好石化集团公司审计、税务风险和外采及直分销风险防控等检查，举一反三抓好问题整改。落实安全生产责任，突出现场监管，强化日常检查，加强预案演练，建立隐患数据库，抓好隐患治理，不断提升HSE管理水平；完成ISO 9000质量管理体系建设，落实外采资源“三不采”要求，加强全过程质量监控，开展数质量百日专项整治，打击油品偷盗。全面完成HR、合同管理、增值税发票、股权管理等系统上线实施，以及BW、ERP、加油卡、非油品等系统升级，信息化水平进一步提升。

(全青丰)

【完成输油管道业务划转】 按照石化集团公司推进润滑油销售业务重组的要求，2012年6月18日，湖南石油分公司与中国石化润滑油公司举行了润滑油业务重组交接签字仪式，正式将湖南润滑油业务的相关客户和市场管理职能，以及人、财、物等移交给润滑油公司，不再开展润滑油分销业务，只在加油站开展长城包装油零售。年内按照石化集团公司要求，湖南石油分公司将岳长株成品油管道和正在建设中的湖南成品油二期管道划转给中国石化销售有限公司华中分公司。

（全青丰）

【大力完善优化销售网络】 2012 年，湖南石油分公司继续抢占高速公路、城市新区等重要位置加油站，着力提高发展质量、优化网络结构。全年开工新建加油(气)站112 座，已竣工83 座、在建29 座；重点位置比例达100%，自征自建比例达95%，获销售系统网络建设年度先进红旗。继续推进加油站提质提量改造和自助站发展，改造竣工57 座，发展全自助站151 座。坚持优化提升储运设施，对9 座油库实施了改造。全力推进成品油管道二期建设，截至年底，线路工程已累计完成焊接467 千米，形象进度完成量接近总千米数的98.3%。成立天然气业务领导小组和筹备办，抽调专人拓展新业务，并且进入到湖南省政府“气化湖南”工程的建设平台，全年建成加气站15 座。

（全青丰）

【加强领导班子和队伍建设】 2012 年，湖南石油分公司深入开展“一转双创”“双学双争”“增强责任心，提高执行力”等主题活动，强化政治理论学习特别是党的十八大精神的领会贯彻，不断加强领导班子和人才队伍建设，抓实“四好”班子和“四好”处室创建。在中国石化总部组织的评选中，湖南长沙石油分公司被评为“四好”班子，省公司零售中心被评为“四好”处室，湖南株洲石油分公司经理吴世胜被评为十佳地市公司经理。扎实开展全员培训和职业技能鉴定，完成各类培训23 095 人次。认真组织竞赛比武，在总部决赛中获得2 个团体银牌，个人获金牌3 块、银牌5 块、铜牌5 块，公司获优秀组织奖。

（全青丰）

【深入开展“为民服务创先争优”活动】 2012 年，湖南石油分公司深入开展“为民服务创先争优”活动，结合湖南实际，创新活动形式，在全省系统组织开展“雷锋家乡学雷锋”，赢得了中国石化总部、各级政府和社会各界的好评。共有123 个集体、184 名个人获石化集团公司通报表彰，其中湖南石油分公司党委被石化集团公司党组评为“为民服务创先争优”先进党组织，湖南石油分公司被石化集团公司评为“为民服务创先争优”活动先进集体，株洲分公司昭山加油站被石化集团公司授予中国石化唯一的优质服务标杆加油站称号，并被湖南省委评为“为民服务创先争优”先进基层党组织。

（全青丰）

表1　湖南石油分公司主要生产经营指标

指标名称 \ 年份	2012	2011	2010	2009	2008	2007
成品油销售总量/万吨	608.00	573.00	524.52	472.20	456.60	438.20
零售量	516.00	471.80	374.41	350.00	358.00	322.50
销售收入/亿元	484.20	451.00	369.32	281.00	279.44	234.30
报表利润/亿元	9.30	5.89	6.36	8.02	4.13	6.27
吨油费用/元	335.00	327.00	287.00	296.00	289.00	248.00
加油站总数/座	1 530	1 514	1 508	1 460	1 450	1 493

广东石油分公司

【概况】 中国石油化工股份有限公司广东石油分公司(简称广东石油分公司)前身是成立于1950 年6 月的中国石油贸易公司广州分公司，1998 年7 月整体划归石化集团公司。2000 年3 月重组为广东石油分公司和广东省石油企业集团公司。2007 年成立中国石化集团资产经营管理有限公司广东分公司。

截至2012 年底，广东石油分公司下设16 个综合管理部门、2个专业中心、21家地市级分公司和1个直属单位。用工总量25 229人，加油站保有量2 561座，在营油库36座，总容量151.72万立方米，资产总额246亿元。

2012年，广东石油分公司实现成品油经营总量1 426.93万吨，其中零售1 094.84万吨，直销215.77万吨，批发116.32万吨；燃气经营量9 877吨；非油品业务总营业额10.61亿元，同比增长29.4%。实现报表利润32.1亿元，同比增长26%。

广东石油分公司主要生产经营指标见表1。

（邢 洁）

【持续深入开展全员营销】 2012年，广东石油分公司持续深入开展全员营销，与22家省级大客户签署了战略合作协议，充分利用在各自领域中的优势开展经营合作。突出零售经营，提高高标号汽油零售量，汽油零售同比增37.74万吨，增幅7.42%，其中高标号汽油零售同比增42.97万吨，增幅17.3%。IC卡持卡消费比例达到47.5%，比年初提高18个百分点，在销售系统省级公司中排名第1位。

（邢 洁）

【非油品业务打造新的创效点】 2012年，广东石油分公司强化非油品门店销售，加大重点商品的开发力度，建立了专柜化商品陈列模式，引入机器人餐厅、汽服、自助洗车等业务，深入开展全员营销、油非联动营销、主题营销，优化供应商减少中间采购环节，初步建立了适应发展需要的仓储物流系统，提高非油品经营质量。与省旅游局合作，在全省600余个易捷便利店受理国民旅游休闲卡消费。主办“广东旅游特色商品全国行”订货会，向系统内32个省市公司推介广东特色商品，现场实现2 200余万元订单销售。全年非油品营业额10.61亿元，毛利额1.59亿元，其中门店营业额7.7亿元，占72.6%，同比提高13.2个百分点。

（邢 洁）

【燃气经营平稳起步】 2012年，广东石油分公司建成油气合建站10座，在建3座，投营5座，60座加油站获准纳入当地天然气加气站发展规划。2012年燃气经营量9 877吨，其中LNG 2 026吨，LCNG 60吨，LPG 7 791吨。

（邢 洁）

【网建质量持续提升】 2012年，广东石油分公司积极与地方各级政府和拥有土地及市场资源的企业集团开展战略互惠合作，与肇庆等5个市政府签订合同，与阳江等7个市政府达成合作意向，低成本发展油气网络，控制终端市场。在已有加油站增设自助缴费、快餐、洗车等业务，使加油站由单一的加油点发展为综合性的便民服务区和汽车生活驿站，提高了资产创效能力。全年新发展油站51座，新投营油站64座，建成并投用多功能综合水上服务区7座，完成经营部改造66个，完成服务区改造4座。完成138座加油站形象改造，新形象站达到954座，年增量7万余吨。

（邢 洁）

【深入开展增收节支】 2012年，广东石油分公司按照“经营一元钱，节约一分钱”的要求，明确全员成本管理目标和责任，大力增收节支。优化物流运行，推行两票结算，成品油终端配送运费同比降幅66%；充分利用中国石化总部的融资政策合理筹措资金，优化上门收款，降低收费标准，降低银行POS机刷卡费率，财务费用同比降低0.2亿元，降幅27%。除人工成本、折旧摊销、租赁费、专项修理费、商品损耗等费用外，其他费用同比降低1.5亿元，降幅10.2%。加油站水电费节约300万元。

（邢 洁）

【安全经营零事故】 2012年，广东石油分公司以隐患排查和隐患治理为突破口，层层落实HSE责任制，加强重点薄弱环节的安全监管，加大设备管理力度，推动加油站检维修工作走向专业化，不断推进环保和职业健康工作。安全环保形势总体平稳，实现了上报石化集团公司安全环保事故为零的目标，再次被石化集团公司评为安全环保先进单位，实现安全环保先进“六连冠”。

（邢 洁）

【严把油品数质量关】 2012年，广东石油分公司各级油品质量抽查100%合格，实现零损耗，全年损耗率降低0.12%。质检线技术比武取得了个人1金、1银、2铜，团体第2名的历史性好成绩。获得广东省2012年度用户满意企业、用户满意品牌、用户满意服务称号，6项QC成果获广东省2012年QC活动“南粤之星”银奖。

（邢 洁）

【智能建设全面推进】 2012年，广东石油分公司紧紧围绕建设“智能广东石油”的发展思路，建设智能管理体系、智能监控体系、智能仓储体系、智能办公体系，打造了电子商务平台及信息云平台，智能企业建设初具规模。通过云平台配套开发加油站管理系统，将 126 项加油站账表整合精简为 21 项，实现了大部分账表自动采集、自动汇总、网上报送，加油站只需做好异常事件填报，加油站员工每日账表工作时间从原有的 3—4 小时减少到 0.5 小时左右。建设视频监控系统，监控范围覆盖到大部分的加油站、油库以及重要经营场所，省市两级建立了视频监控中心，将现场巡查式管理转变为远程监控和异常事件管理，提高了现场管理水平。充分利用液位仪设备，实现自动计量交接和盘库，减轻基层员工的工作量。建设电子商务平台，实现网上加油卡自助充值、成品油直销和批发业务在线交易以及公司宣传和营业网点查询等服务，使车主和用油单位不需再到经营部和加油站。非油品易捷网上商城于 7 月 30 日全面试营业，截至年底实现营业额 903.2 万元，在销售系统处于领先地位。

（邢　洁）

【队伍建设不断加强】　2012 年，广东石油分公司以“四好”创建为载体，对省公司 8 个副处级岗位组织公开竞聘，年龄结构得到优化。加强领导干部队伍建设，调整优化中层干部，整体合力明显提升。加强年轻后备队伍的培养，组织第一批 19 人的年轻后备干部 3 个月的挂职锻炼，引进燃气、储运、建筑、财务类急需专业人才，开展主任师和副主任师选拔，完善人才成长通道。优化站长队伍，将 144 名优秀劳务工吸纳为正式职工，其中站长 73 人。全省用工总量控制在 2.5 万人以内，人均成品油总量由 515 吨提高到 570 吨，增幅 10.7%，人均零售量由 463 吨提高到 541 吨，增幅 16.8%。

（邢　洁）

【管理创新提升管理效能】　2012 年，广东石油分公司进一步推进经营管理体制创新，整合职能、完善制度、优化流程，提升管理效能。管理创新工作取得显著成效，共有 10 项成果获得石化集团公司级奖励，其中“油品销售企业提高劳动生产率的人力资源优化配置管理”获得全国企业管理现代化创新成果二等奖。持续开展改善经营管理建议工作，全省系统提报建议 5 956 项，采纳实施 751 项。有针对性开展“我为扩销增量献一计”专项活动，全省系统提报建议 4 611 项，采纳实施 884 项。完善科技项目管理制度，开展“技改技措小发明小创造”活动，营造全员创新气氛。

（邢　洁）

【开展对口扶贫工作】　2012 年，广东石油分公司高度重视扶贫“双到”工作，投入 380 多万元帮扶对口扶贫村脱贫致富，被广东省扶贫开发办公室授予广东扶贫济困红棉杯铜杯，取得良好的社会效应。

（邢　洁）

表 1　　**广东石油分公司主要生产经营指标**

指标名称＼年份	2012	2011	2010	2009	2008	2007
成品油销售总量/万吨	1 426.93	1 461.70	1 495.60	1 345.30	1 452.00	1 429.00
零售量	1 094.84	1 110.30	1 043.40	934.30	1 111.00	1 048.00
销售收入/亿元	1 168.47	1 180.62	1 048.00	857.00	942.00	864.00
报表利润/亿元	32.08	25.40	20.60	20.78	29.62	22.72
报表吨油费用/元	380.00	354.00	255.00	247.00	239.00	195.00
在营加油站总数/座	2 255	2 240	2 232	2 164	2 111	2 075
自营加油站数	2 176	2 159	2 148	2 077	2 022	1 977
联营加油站数	79	81	84	87	89	98

广西石油分公司

【概况】 中国石油化工股份有限公司广西石油分公司(简称广西石油分公司)位于广西壮族自治区首府南宁市，前身是成立于1952年的广西壮族自治区石油总公司，1998年划归石化集团公司，1999年按照石化集团公司重组改制、主辅分离的原则，组建广西石油分公司。2009年，广西石油分公司整合上市、非上市部门职能，推进了一体化管理改革。

截至2012年底，广西石油分公司设15个职能处室和4个专业中心，下辖13个地级分公司和105个片区，主要经营汽油、柴油、煤油、润滑油和燃料油的批发零售以及加油站便利店非油品业务，控股管理广西辉煌石化公司、钦州鹰岭铁路公司、广西恒通石化公司，非控股联营广西高速石化公司、广西北投沿海石化公司。共有正式员工3 144人，拥有加油站1 194座，在用轻油油库13座。资产总额87.75亿元。全年完成固定资产投资9亿元，已占用资本投资回报率(ROCE)24%。

广西石油分公司主要生产经营指标见表1。

(罗远琦)

【主要经营指标实现“六突破”】 2012年，广西石油分公司成品油经营量突破500万吨，达533.41万吨，同比增长8.63%；零售量突破400万吨，达432.44万吨，同比增长9.48%；加油卡年发行量突破100万张，同比增长121.4%；非油销售额突破3亿元，达3.55亿元，同比增长31.69%；销售收入突破400亿元，达423亿元，同比增长11.81%；利润总额突破13亿元，达13.37亿元，同比增长34%。

(罗远琦)

【自助站比例达到51.94%】 2012年，广西石油分公司创新营销方式，大力推进自助加油业务。在428座自助加油站设置“自助体验机”，开展“你加油，我送卡”体验式营销活动，提高客户对自助加油业务的认知度；与广西交通广播电台合作开展“微博互动有奖活动”和“打电话互动有奖活动”，利用微博转发、传播到全区40多万微博用户，推动自助加油业务普及。全年新发展自助站256座，自助站总数占在营站比重51.94%。

(罗远琦)

【广西首家推出98#车用汽油】 2012年12月15日，广西石油分公司在南宁、北海和钦州地区的10座加油站率先推出98#车用汽油，成为广西区内首家推出该标号油品的企业，填补了全区国Ⅳ标准高档油品的空白，丰富了汽油品种。

(罗远琦)

南宁石油分公司竹溪加油站正式销售98#车用汽油 (罗远琦 摄)

【非油品管理创效水平提升】 2012年，广西石油分公司按照“止损、堵漏、规范、提效”的思路，提升非油品管理创效水平，门店实现毛利6 998万元，同比增长56.5%；毛利率23.03%，同比增长3.6个百分点。全年开展了4次非油盘点，加大降库力度，年末库存比年初下降4 229万元。修订完善非油品管理制度10项、业务流程8个，细化关键环节和管控节点，夯实管理基础。自主研发运行非油辅助系统，涵盖购、销、调、存以及提成统计13项功能，通过信息手段锁定流程执行，规范非油经营全过程管理。通过抓高速公路门店扩量以及酒会团购活动，完成高速公路门店销售额3 223.67万元，同比增长74.44%；组织酒会23场，实现销售额2 000万元。销售额过百万的门店80座，同比增加30座。合理调整专职营业员配备标准，减少非油用工176人。

(罗远琦)

【全年效益创历史最好水平】 2012年，广西石油分公司坚持以效为主，优化经营，提高质量，促进效益大幅增长，创历史最好水平。实行零售让利月度预算管理，全年实现零售毛利25.59亿元。投入490万元完成小改造29座站，单站投入17万元、单站增量690吨，实现了小投入大产出。通过柴改汽、错峰调运、自助促销、交叉营销等措施，促进汽油量效提升，实现汽油毛利11.7亿元，同比增长12%，其中97#汽油毛利1.65亿元，同比增长72.43%。加强价格走势研判，积极争取配置资源，合理把握外采时机，全年降低进货成本1 359万元。加强资源平衡，提高铁路装载率、一次资源到位率，优化二次配送流向，全年平均运距同比下降4.7千米，运杂费同比减少1 424.56万元。

（罗远琦）

【网建发展模式得到创新】 2012年7、8月，广西石油分公司分别成立来宾、贺州两个地级公司，以此推动企地联营，来宾市批复同意规划点及土地各30座，贺州市批复同意规划点及土地各20座。借助新奥能源的管网优势、气源优势，挂牌成立南宁、桂林联营公司，制订加气站"十二五"规划，新发展油气合建站4座，加快进入新能源市场的步伐。与西江集团签订战略合作框架协议，共同开发西江流域加油加气站项目，为扩大内河沿江市场占有创造了先机。

（罗远琦）

南宁新奥中石化清洁能源有限公司揭牌仪式（罗远琦 摄）

【安全数质量管理水平上新台阶】 2012年，广西石油分公司修订HSE体系管理手册和26个程序文件，推行18个岗位的"七想七不干"危害识别卡，严格承包商HSE资质审查及施工安全管理，加大安全检查及隐患治理力度，共组织安全检查9次，治理隐患81项，投入隐患整改资金1 796.52万元。投入1 350万元新建柳州A级质检室、改造B级质检室，提高了检测水平。认真落实"三不采"原则，严把油源关、检测关，加强进销存全过程质量管理，组织质量检查抽查7次，确保了销售油品100%质量合格。全年没有发生任何上报等级事故，安全数质量工作保持良好势头。

（罗远琦）

【完成润滑油业务整体划转】 2012年6月，广西石油分公司按照石化集团公司的统一部署，会同润滑油分公司按时完成了润滑油销售业务的整合工作，共划出15名员工和3 241.35吨润滑油。此次业务整合后，广西石油分公司润滑油中心撤销，润滑油零售业务经营管理职能由非油品经营管理中心及地市公司非油品经营部分级负责。

（罗远琦）

【推出"家里一本账"对标管理平台】 2012年，广西石油分公司围绕"经营一元钱，节约一分钱"的要求，推行"家里一本账"管理，建立加油站、便利店的量利费指标考评体系，将加油站按销量规模分5档、设15项考评指标，便利店按营业额分4档、设14项考评指标，把管理单元从企业层面细化到基层站店，使原有的区、地、县3级对标体系扩展到区、地、县、站/店4级，促进成本核算从粗放型向精细化转变，推动管理模式创新，细化了全员成本目标管理。共有300座站吨油水费逐步下降，单站最大减少13.29元；677座站吨油电费逐步下降，单站最大减少40.35元。

（罗远琦）

【成功应对社会"问题汽油"事件】 2012年2—3月，广西南宁、桂林和百色地区的部分社会加油站发生"问题汽油"事件，受到政府、社会及全国媒体的高度关注。广西石油分公司高度重视，立即启动应急预案，全面开展油品质量自检和配合政府工商部门抽检，共抽检油样5 110个，质量100%合格。及时走访自治区有关部门，加强新闻舆论正面宣传引导。细化油品质量管理措施，把原来的库站质量周检改为日检，对每批次来油留样备案，确保应对外部检查和客户投诉有据可依。完善应急处置流程，在370座加油站张贴质量承诺公告，做到在事件处置期间全区各站点经营正常，油品质量的有效投诉为零。

（罗远琦）

【举办企业成立60周年纪念活动】 2012年，广西石油分公司围绕企业成立60周年，举办了一系列纪念活动。8月，组织"广西石油成立60周年文艺会演"，共有地市分公司、联营公司和公司机关的13支代表队400名演员参与表演。9月，举办全区羽毛球比赛，共有16支代表队200多名运动员参加。12月，出版《广西石油六十华诞特刊》，用60个版面全方位展现了企业60年来的发展历程。

（罗远琦）

【队伍建设夯实基础】 2012年，广西石油分公司推行干部竞争性选拔和公开招聘，畅通人才成长通道，组织员工培训10.93万人次，4 095人获得职业资格，技术比武取得个人金牌零突破。顺利上线运行SAP－HR系统，人力资源管理基础进一步夯实。通过崇左试点，积极推进用工优化，用工总量有效控制。

（罗远琦）

【党建优势充分发挥】 2012年，广西石油分公司深入学习贯彻十八大精神，深入开展"一转双创"主题活动，立足基层党建创新，开展基层党支部"七个一"标准化建设，完善工会、团委组织建设。大力开展"双满意"活动，构建16项服务、87项考核以及客户问卷调查、短信评议的工作体系，提升了窗口服务水平，促进"为民服务创先争优"活动取得实效。稳妥实施员工休假、疗养政策，抓好有关群体利益调整及劳务工公积金调整，职工归属感增强，人均收入同比增长7.78%。切实推进惩防体系建设，精心组织开展廉洁风险防控试点工作，得到中国石化总部充分肯定和经验推广。抓好矛盾纠纷排查化解、困难群体帮扶等工作，确保了十八大期间实现"四个不发生"，累计给2 881人次发放困难补助金320.6万元。

（罗远琦）

表1　广西石油分公司主要生产经营指标

指标名称＼年份	2012	2011	2010	2009	2008	2007
成品油销售总量/万吨	533.41	491.04	460.63	422.47	405.37	360.37
零售量	432.44	395.00	361.11	333.28	347.77	304.37
销售收入/亿元	423.00	378.13	306.08	241.05	245.36	187.09
利　润/亿元	13.37	10.01	6.68	6.69	10.00	5.71
吨油费用/元	315.39	322.41	304.39	276.77	259.39	275.09
加油站总数/座	1 194	1 213	1 235	1 228	1 240	1 235

海南石油分公司

【概况】 中国石油化工股份有限公司海南石油分公司（简称海南石油分公司）位于海口市滨海大道163号。其前身中国石油公司广东省海南公司创建于1953年，1998年9月划转石化集团公司。2000年实行主、辅分离，主业成立海南石油分公司，辅业为中国石化集团海南石油总公司。2006年，海南石油总公司整体转制为中国石化集团资产经营管理有限公司海南石油分公司（简称海南石油资产分公司）。2009年9月，海南石油资产分公司划转海南石油分公司。海南石油分公司主营石油、天然气、石油化工、化纤及其他化工产品的销售，日用百货便利店经营，汽车清洗服务，并经营食品、乳制品及卷烟、雪茄烟的零售，是海南省最大的成品油批发零售企业，负责海南全省的成品油供应，销售网络覆盖海南省陆、海两域。

截至2012年底，海南石油分公司资产总额28亿元，拥有油库4座，在营加油站（含液化气站）300座；用工总量3 616人，其中正式职工719人，管理人员405人，拥有中、高级技术职称的77人；共设有13个职能处室，7个专业中心，18个市县公司，下辖海南经济开发有限公司。

海南石油分公司主要生产经营指标见表1。

（李春贻）

【领导班子成员调整】 2012年，海南石油分公司领导班子成员进行调整，刘春波担任公司党委书记、纪委书记兼副总经理，田惠宏任总会计师兼公司工会主席。王守模由于年龄原因不再担任公司领导职务。

（李春贻）

【超额完成各项经营指标】 2012 年，海南石油分公司实现了成品油零售量突破 100 万吨、非油品营业额突破 1 亿元、销售收入突破 100 亿元、利润突破 3 亿元大关的历史性新高。成品油经营计划完成率、价格到位率、利润计划完成率、非油品吨油销售额及毛利额等指标均位居销售企业前列。全年完成成品油经营总量 120.58 万吨，同比增长 6.7%，零售量 100.68 万吨，同比增长 4.2%。非油品营业额 1.18 亿元，同比增长 36%。实现利润 3.74 亿元。

（李春贻）

【市场控制力增强】 2012 年，海南石油分公司采取油非互促、交叉经营、局部点对点竞争、小额配送、主题促销等各项措施，精心组织经营，全力提升市场控制力。直销业务通过走访、座谈、感情联络等方式开发新客户，全年新开发客户 99 家。零售终端客户持卡数 29.83 万户，同比增长 21.3%，持卡消费比例达到 32%，液化气业务在发挥好海南炼化资源优势的同时，力争福山、南山资源，抑制过海气，注重开发终端客户，价差和利润取得历史最好水平。非油品业务认真组织品鉴会、展销会，开展常态促销和主题营销推动商品销售，大力开发岛外市场，有 9 个省市公司推销海南黄金糕点。

（李春贻）

【强化安全数质量管理】 2012 年，海南石油分公司全面推行 ISO 9000 质量管理体系，狠抓数质量管理。通过加强发油流量计、加油枪、量油表等计量器具及卧罐、油罐车检验，规范计量管理。加强油品运输、接卸、贮存、销售等环节全过程检测和监管，配合国家、中国石化总部、海南省有关技监部门抽检，加大数质量检测力度。开展违规专项整治，先后查处 29 座油站遮挡 GPS 监控、82 次油罐车违规行为，有效遏制偷盗油品行为。加强油品损耗管理，深入基层帮扶超耗市县分公司，有力消除“滴跑冒”现象。全年零售环节损溢率 0.16%，下降 0.02 个百分点。运输环节损溢率 0.16%，下降 0.02 个百分点。油品合格率达到 100%，无数质量上报事故。

（李春贻）

【销售网络不断优化】 2012 年，海南石油分公司深化企地关系，加大与各级政府协调沟通力度，抢点布局。全年有 19 个规划点获得市县商务批复，21 个规划点获得省商务厅规划确认批复。全年建成加油（气）16 座，完成中国石化总部考核指标，自建站比例达到 100%，位居销售企业首位。改造增加便利店 12 座，完成 47 座自助加油站改造。

（李春贻）

【成本管理显成效】 2012 年，海南石油分公司深化全员目标成本管理，强化预算约束，制订挖潜增效、降本减费措施，取得明显成效。财务费用减少 554 万元，招待费减少 86 万元，办公用品减少 11 万元，低值易耗品减少 131 万元，差旅费减少 23 万元。工程项目审计全年审减金额 653.42 万元，审减率 7.64%。报废资产处置收入 172 万元，土地盘活 12 宗，实现处置收入 925 万元，净收益 594 万元。

（李春贻）

【扎实推进干部队伍建设】 2012 年，海南石油分公司开展整治庸懒散贪活动，大力整顿机关和基层人员的工作作风。坚持年度民主评议干部制度，不断完善干部考核工作，对工作管理不到位、群众评价差的市县公司经理、管理人员及时调整。鼓励机关干部去一线锻炼，一批青年干部走上一线岗位。开展大规模员工培训，完成各类培训 2.25 万人次，远程培训 2.53 万小时。组织技能鉴定，获得职业资格人数达到 1 799 人，其中技师、高级技师 26 人。

（李春贻）

【洋浦—马村管道建设项目投资主体调整】 海南洋浦—马村成品油管道工程于 2011 年由石化股份公司批准同意由海南石油分公司建设。管道总长 120 千米，输油能力 250 万吨，总投资 2.27 亿元。海南石油分公司完成了项目的前期准备工作后，2012 年由销售华南分公司海南项目经理部具体负责建设任务。

（李春贻）

【润滑油销售业务整合】 2012 年 6 月，海南石油分公司按照石化股份公司的要求整合润滑油销售业务，将润滑油销售管理职能整体调整到润滑油分公司，撤销海南石油分公司润滑油营销中心，由润滑油分公司华南销售中心实行集中统一管理，人员按照“人随业务走，兼顾职工个人意愿”的原则进行。实物资产原则上不划转，采取租赁等方式妥善处理。保留加油站润滑油零售业务，由海南石油分公司非油品营销中心负责管理。

（李春贻）

【帮扶工作有效开展】 2012 年，海南石油分公司共发放帮扶救助金 191.5 万元，帮扶困难职工 619 人次（含退休协解人员），有力地推动了和谐企业建设。

（李春贻）

【赞助博鳌论坛】 2012 年 4 月，海南石油分公司向博鳌论坛赞助油料，以加油卡形式支付 30 万元人民币。

（李春贻）

【举办第 1 届员工趣味运动会】 2012 年 8 月，海南石油分公司举办了第 1 届趣味运动会。参赛代表队以各基层分会为单位，比赛项目分集体项目：拔河比赛、趣味接力、背靠背夹球接力、同心协力（两人三足）。个人项目：趣味套圈和掷飞镖。此次运动会达到了凝心聚力、促进沟通、增强团队意识的目的。

（李春贻）

表 1 海南石油分公司主要生产经营指标

指标名称＼年份	2012	2011	2010	2009	2008	2007
成品油经营总量/万吨	120.58	113.05	111.09	97.92	114.38	100.63
零售量	100.68	96.67	82.52	73.4	84.86	69.87
销售收入/亿元	105.97	98.59	87.02	60.59	74.65	57.91
利　润/亿元	3.74	2.28	1.81	1.65	2.25	1.98
吨油费用/元	341.00	333.00	230.00	282.00	182.00	228.00
加油站总数/座	300	309	289	284	281	267

贵州石油分公司

【概况】 中国石油化工股份有限公司贵州石油分公司（简称贵州石油分公司）位于贵州省贵阳市解放路 21 号，是贵州省最大的一家成品油经营企业。前身是成立于 1951 年 3 月的贵州石油总公司，1998 年划归石化集团公司，2000 年 3 月上划组建为贵州石油分公司和中国石化集团贵州石油总公司（简称贵州石油总公司），正式分离运行。2006 年 10 月，贵州石油总公司整体转制为中国石化集团资产经营管理有限公司贵州石油分公司。贵州石油分公司主要经营汽油、柴油、煤油、润滑油、其他石化产品及非油品。

截至 2012 年底，贵州石油分公司共设 14 个职能部门和 4 个专业中心，下辖 9 个市（州、地）分公司；有员工 7 120 人，其中经营管理和专业技术人员 1 240人。员工中，具有专业技术职称 808 人，其中正高级 1 人、高级 24 人、中级 202 人、初级 581 人。拥有在营加油站 773 座；油库 10 座，总库容 26.65 万立方米。资产总额 74.08 亿元。全年完成固定资产投资 4.47 亿元。

贵州石油分公司主要生产经营指标见表 1。

（万　迪）

【夯实基础巩固零售市场】 2012 年，贵州石油分公司以“打造万吨站、提升中型站、帮扶低效站、培育新增站”为突破口，眼睛盯住市场，功夫下在现场，全年单站销量较年初提升 558 吨，万吨站达到 34 座。创新与大型企业客户合作模式，捆绑加油卡销售，实现“强强联合”。全年销售加油卡 27.1 万张，累计发卡 145.4 万张。推进自助加油站建设和加大营销投入力度，通过“半自助”服务进行过渡，基本实现了自助加油站的稳量增量。

（万　迪）

【非油品业务实现快速健康发展】 2012 年，贵州石油分公司精心打造骨干门店和样板门店，全年 45 个便利店实现百万元销售额，其中贵毕加油站便利店成为第 1 个年销售额超 500 万元的便利店。加大统采力度，实现对 1 715 个商品的集中采购，占全省商品总数的 43%，有效降低了进货成本。建立了中央仓统配、供应商直配、地市公司自采自配的物流配送链，逐步完善了非油品运营体系。开展了多样化营销，如酒类品鉴会、与大型国有企业的强强合作等，扩大了易捷品牌影响力。建立了便利店“三级盘点”制度，及时查找、整改问题，有效防范了经营风险。抓住时机调整商品销售结构和库存结构，取得了成效。全年贵州石油分公司非油品营业额为 2.86 亿元，完成下达计划的 127.3%，同比增长 58.4%。

（万　迪）

【多管齐下提升直销市场】　2012 年，贵州石油分公司根据贵州省 2012 年重大项目建设目录，分解任务，紧盯新建、续建项目用油信息，为客户量身定制供油计划。强化市场分析，细分"五类"客户，实施点对点差异营销，延续情感营销的思路，重点开展上门走访工作，对大客户采取"高层公关、中层推进、基层落实"的维护策略，积极引导客户购油。利用资源紧张时期发挥主渠道的优势，与新客户签订长期购油合同，提高了客户忠诚度，同时，利用夏季阴雨天气开展"雨中营销三部曲"（雨中拜访、雨中友谊、雨中邀请）的间接性营销策略，做到"淡季不淡"，全方位巩固了存量市场，提升了增量市场。

（万　迪）

【网建工作量质双升】　2012 年，贵州石油分公司获批新建加油站 248 座。全年累计完成资本支出资金 4.47 亿元，其中加油站资本支出 3.64 亿元。立项新建 103 座加油（加气）站，其中中心城区、高速公路加油站共 84 座，尤其是贵阳快速道路加油站 11 座和兴义城区加油站 10 座，从站点布局上进一步保证了未来市场的控制力。全年新增加油站 55 座，在建 40 座，签订了道真至瓮安高速公路全部 10 组 20 座加油站建设经营权合同。全年新建加气站 5 座，气库建设工作稳步推进。贵州石油分公司探索实现的"加油站项目建设流程模板及建设管理系统"获得石化集团公司第 21 届管理现代化创新成果三等奖，并在此基础上，创新"多方质询"的问责形式，落实责任单位和责任人，加快了站库投营进度。网架、工艺管线、油罐由同一中国石化施工企业建设的"三合一"管理模式全面贯彻，项目建设的质量和效率得到了可靠保证。坚决防止不讲效益的盲目投入，严格按照实地勘察、地市公司初选、省公司预评估、班子会决策的流程，综合权衡，科学决策。

（万　迪）

【库站改造稳步推进】　2012 年，贵州石油分公司完成了贵阳油库一期扩容改造工程；贵阳油库二期及董公寺油库扩容改造工程正在施工；安顺油库扩容改造工程和凯里油库隐患治理工程稳步推进。新建桐梓油库的土地已基本落实，正在按计划有序推进。开展了 14 座加油站的形象改造、小改大工作，统筹安排油品、非油品和"五小"建设，从硬件上保障了挖潜增量、隐患治理、形象提升和员工满意。

（万　迪）

【全员成本目标管理持续深化】　2012 年，贵州石油分公司将各部门和各地市公司的所有费用项目（含非油品）全部纳入全面预算管理，实行月度滚动预算，并根据累计预算执行情况，对全省费用进行统筹安排，保证了预算、执行、考核的衔接和协调。严格落实"经营一元钱，节约一分钱"，量化分解全年降本减费任务；初步建立了地市公司对标体系框架，实现了成品油吨油费用 299 元，比中国石化总部控制指标节约 13 元，同比下降 2 元。按照中国石化总部投资决策要求，严格控制委托代理、租赁等项目，严格限制提前支付定金的投资行为，有效降低了投资成本和风险。招投标管理更加规范，对所有投资项目和 10 万元以上的费用开支"阳光"操作，全年共进行招投标、询比价 55 项次，节约 540 万元。坚持零赊销管理，全年赊销比为零，连续 6 年新增应收账款为零，全年累计清回欠款 188 万元，有效规避了企业潜在经营风险。认真研究税收政策，做好税务筹划，利用消防用地土地使用税减免优惠政策，成功降费 685 万元。

（万　迪）

【监督管理控制企业经营风险】　2012 年，贵州石油分公司强化经营业务监督，坚持对销售业务、商品管理等进行规范检查，对存在的问题定期通报并限期整改，提升了资金监管能力，全年未发生资金被盗或被挪用事件。加油站上门收款比例达到 94%，并实现银行收款后的手机短信提醒功能。在 30 座加油站试点安装 POS 机，网点日均过夜资金降低 13%；在加油站试点安装 ATM 自动存取款机，为客户提供了消费便利，为下一步加油站提升功能打下了基础。加强增值税专用发票管理，提高了对发票违法行为的防范意识，降低了发票涉税风险。继续以法律风险防控为主线，结合内控检查测试，有效防范了资金、人员、政策上的法律风险。

（万　迪）

【提高审计的内部监督功能实现纠偏、降费目标】　2012 年，贵州石油分公司开展了网络建设、便利店改造、小改大、油库隐患治理等工程项目决（结）算共 127 个，送审金额 1.04 亿元，资金审减率 11%，审减工程款 1 190 万元。开展了 4 家地市公司原经理离任经济责任审计，划分前任和后任领导责任，规范权力运行。开展资金管理、非油品业务、非生产性支出、内控、安保基金、住房分配等8个专项审计或审计调查，揭示了企业经营管理中存在的风险，有效维护了企业的利益，起到了保驾护航的作用。

（万　迪）

【信息化基础不断完善】 2012年，贵州石油分公司实施安装视频监控系统加油站497座，联网加油站348座，联网油库6座；实现省、市两级对加油站、油库的远程监控，省公司专人负责24小时实时监控、远程纠错和月度考核，提升了现场管理水平，解决加油站现场管理不到位、站长和发卡网点人员不到岗、视频摄像头使用不到位3个问题。上线运行公路配送车辆车载系统已涵盖全省530辆油罐车，打击偷盗油作用明显。10座加油站试点实施了液位仪系统的集成，为建立高精度计量及经营管理平台积累了经验。上线运行了合同系统、人力资源系统、信息门户，提升了加油卡系统功能。

（万　迪）

【企业档案实现规范管理】 2012年，贵州石油分公司整理实物资产电子档案，建立在建工程档案475宗，实现了电子档案的动态更新管理。通过对实物资产档案系统的梳理和排查，规范土地证照管理，共梳理出不规范土地183宗，累计整改完成55宗。明确了设备设施牵头管理部门，基本建立了全省设备设施基础档案。严格按照标准改建公司档案室，完成了对全部在存档案的盘点。

（万　迪）

【节能达标工作保持优势】 2012年，贵州石油分公司严控二次运杂费管理，节能达标考核指标均在年初控制范围内。其中各项成品油损耗率指标均低于达标指标；吨油运杂费81.5元，比预算指标低5.0元；非油品损耗率为1.3‰，比达标指标低3.7个千分点。

（万　迪）

【人才队伍建设持续强化】 2012年，贵州石油分公司提拔使用了31名实绩突出、群众公认的优秀年轻人才。在石化集团公司第21届管理现代化创新成果评选中，“全员绩效考核”信息化管理实践获得了一等奖。全面深入实施三支人才队伍建设，完善了人才队伍职位设置、选聘、考评等制度，推进职位管理标准化、程序化、信息化。扩宽了竞聘上岗和选拔任用渠道，打通了专业技术人才和技能操作人才的成长通道。年内获得高级技术职称的人员20人，其中正高级1人，副高级19人；首次聘任30名专业技术人才；技师达到33名，其中高级技师1名；对2 341名员工进行了技能鉴定，新增初级工317人、中级工111人、高级工94人。“大学生站长推进计划”成效显著，在218名大学生站长、副站长中，已有70人通过岗位竞聘走上了其他基层管理岗位。开展各级经营管理人员“走出贵州”活动，全年共组织6批次公司中层管理人员到发达地区、先进省区学习；组织主管副主管省委党校学习和优秀大学生青海体验学习等培训项目。建立健全了大学生培养使用机制，完善了轮岗见习、定向培养、考核任用等措施，加速了年轻大学生的成才。选拔“五项技能”核心讲师351名，积极开展一线员工“五项技能”培训取证、持证上岗工作。截至年底已有6名加油站员工通过了全部5项技能考试，21名通过4项技能考试，17名通过3项技能考试。配套实施加油站班组长直选制，明确加油站站长、班长等必须从“五项技能”优秀人员中选拔。安排有培养潜力的青年后备人才进行交流、轮岗锻炼，年内共交流各类管理人员27人。

（万　迪）

【企业安全工作固化成果】 2012年，贵州石油分公司从HSE源头抓起，“我要安全”主题活动成果得到固化。全方位落实“4+1”安全创优活动，全系统签署安全责任状和承诺书共6 000余份。落实作业现场“七想七不干”工作要求，作业现场令行禁止，保证了生产作业安全。深入开展各层面HSE安全检查，狠抓重复性问题整改，全年共查出问题7 165条，整改7 021条，整改率98%。强化岗前安全教育和应急预案演练，开展各类安全推演1.4万余次，确保了安全形势总体平稳。扩大HSE管理外延，加强对成品油承运商和施工承包商的安全监督管理，实行项目责任制，全年无上报等级事故。

（万　迪）

【数质量工作经受住市场考验】 2012年，贵州石油分公司顺利通过销售企业ISO 9000质量体系审核，实现了对成品油购、储、运、销各环节的质量控制。严把油品出入库站的质量检查，全年共检测油品693批次，合格率100%，未出现重大数质量事故，并经受住了贵阳市93#问题汽油风波的冲击。统一选题立项，对加油站建设、非油品经营、油料损耗管理等6个方面进行效能监察，挽回经济损失96.92万元。联合地方公安部门，处理违规运输油罐车52台，处罚86人，移送司法机关处理9人，处罚金额61.69万元，挽回经济损失93.33万元。

（万　迪）

【和谐企业建设富有成效】 2012 年，贵州石油分公司各级管理人员到加油站、油库一线听取员工心声，解决员工的实际问题，解决库站在安全隐患治理、制度完善、现场管理等方面存在的问题。加油站“五小”建设不断完善，小食堂覆盖率达到 100%，小宿舍覆盖率达到 54.3%，建成加油站流动书柜近 50 个，其中 1 个加油站职工书屋被省总工会和全国总工会授予职工书屋示范点称号。全员健康活动蓬勃开展。制作了贵州石油企业文化宣传片。开展了全省系统第 2 届男、女篮球联赛，培养了集体团队意识。继续推进“四个落实”及“真困难、真帮助”工作，房改目标任务按计划基本完成，企业维稳工作有序进行。

（万　迪）

【竞赛比武活动取得进步】 2012 年，贵州石油分公司加大了对竞赛比武活动的过程管理和考核力度，特别是推行地市公司和专业线联络员“挂责、挂量、挂考核”办法，在参赛专业线全员覆盖的基础上，选拔出了尖子选手参加竞赛比武决赛，共获得 1 银、3 铜，奖牌总数得到增长。

（万　迪）

【党建工作转化为核心竞争力】 2012 年，贵州石油分公司全省系统建立基层党群活动室 63 个、基层组织建设示范点 9 个，发展党员 65 人，其中劳务工 39 人，年销量 3 000 吨以上或员工 10 人以上加油站党员数达到预期目标。全年共组织开展“学习先进、创建一流”先进事迹报告会和光碟巡回演讲 700 余场次，对 111 个先进集体、289 名先进个人进行了表彰。站、店、库、室等窗口单位的党员佩戴党徽上岗、团员佩戴团徽上岗已成为自觉的工作标准。修订完善各级“三重一大”集体决策制度，实现了党风建设与经营业务工作同时部署、同时检查、同时考核。积极开展廉洁风险防控探索与试点工作，共组织廉洁教育 111 次，6 300 余人次参加了学习。

（万　迪）

表 1　　贵州石油分公司主要生产经营指标

指标名称＼年份	2012	2011	2010	2009	2008	2007
成品油销售总量 /万吨	373.72	326.64	268.18	238.99	217.21	195.11
零售量	296.00	251.78	208.78	189.11	182.62	157.74
销售收入 /亿元	299.20	254.97	183.98	141.95	136.70	109.55
吨油费用 /元	299.00	287.00	277.00	286.00	268.00	279.00
在营加油站总数 /座	773	770	761	741	730	734
自营加油站数	773	770	753	741	730	734

云南石油分公司

【概况】 中国石油化工股份有限公司云南石油分公司（简称云南石油分公司）本部位于云南省昆明市拓东路 45 号。其前身云南省石油总公司建立于 1952 年 7 月，1998 年 6 月整体划转石化集团公司，2000 年 2 月按照主辅分离、改制上市的要求，主营业务部分组成云南石油分公司，是中国石化设在云南的直属销售企业，主营汽油、柴油和非油品的零售、直销配送、批发和仓储业务，是云南省内最具实力的成品油主渠道销售企业。

截至 2012 年底，云南石油分公司下辖 16 个州市分公司、4 个专业中心，共有员工 10 317 人，总资产达 111.54 亿元，在营油库 13 座，总库容 45.28 万立方米，在营加油站 1 109 座。

云南石油分公司主要生产经营指标见表 1。

（何　斌）

【经营总量突破 550 万吨】 2012 年，面对国际油价大幅震荡、国内成品油市场竞争加剧、云南省成品油资源调运十分困难的市场形势，云南石油分公司克服库容、接卸能力限制，铁路运力不足等困难，加强与中国石化总部、大区公司、外采供应商、兄弟企业的协调及合作，做好资源的统筹平衡、调运，确保经营和效益。云南石油分公司全年销售成品油

550.91 万吨，同比增长 3.7%；其中零售 451.28 万吨，同比增长 1.8%；实现销售收入 440.4 亿元，同比增长 6.8%，销售收入排名云南省百强企业第 6 位。

（何 斌）

【非油品专业化营销水平大幅提高】 2012 年，云南石油分公司调整了非油品业务管理体制，大幅提升了非油品专业化营销水平。以便利店销售为核心，优化品类结构，提高运营水平，开展常态促销和主题营销，举办非油品鉴会，组织云南特色商品进学校、进企业，承办中国石化第 2 届特色商品展销会，成功上线易捷电子商务；积极探索高速公路服务区非油品业务发展模式和餐饮、洗车等业务外包，余家海服务区正式营业。全年实现非油品营业总额 4.08 亿元，同比增长 31.2%，其中便利店 3.75 亿元，综合毛利率 19.22%。

（何 斌）

【网点发展质量持续提升】 2012 年，云南石油分公司抢抓发展机遇，加大地方政府协调、工作责任落实和奖惩、督导力度，落实“十二五”加油站网点规划，与政府合资合作取得突破，楚雄中石化联营有限公司正式成立；完善投资决策方式，梳理、推进已批准、已付款投资项目，注重投资回报，降低投资成本，着重发展高速公路、中心城市、城市新区优质网点，加快自助、半自助站建设，大力推广样板站、管理服务示范站，对潜力站提量改造，布局车用天然气业务，快速启动加气站建设；调整完善仓储规划，推进油库扩容改造和管线建设，大理油库实现 2 个批次输送下载，长坡油库正式运行，玉溪油库试运行，百色—昆明成品油管线顺利开工。全年共发展加油站 50 座，建成全自助加油站 153 座、半自助加油站 103 座，建成加气站 5 座，共增加库容 10 万立方米。

（何 斌）

【内部管理进一步加强】 2012 年，云南石油分公司以制度流程化、标准化执行为基础，体制机制调整完善为保障，突出闭环管理和精细管理，以“比学赶帮超”“合理化建议”为抓手，综合审计、纪检监察、法律、业务公开、零售督察等手段并重，严格责任追究，持续强基固本、消除经营管理隐患。深入开展“学先进、消隐患、强管理”活动，共查出经营管理风险隐患 1 691 条，整改 1 400 条，并分析深层原因，将成果固化推广。层层落实 HSE 职责，贯彻“七想七不干”工作要求，持续开展未遂事故上报分析共享，推进 OSHA 统计分析，查找和治理身边“十大隐患”，开展重复性问题专项整治和“打非治违”活动，全年未发生上报等级事故和恶性事件，企业安全平稳运行。

（何 斌）

【优质服务能力稳步提升】 2012 年，云南石油分公司深入开展“为民服务创先争优”活动，转变服务观念，创新服务方式，增加服务内容，扩展服务领域，建立长效机制，客户满意度达 90% 以上，客服热线接通率达 100%。持续开展达标创星和优质服务月活动，加强零售督察，建成 18 座样板站和 140 座管理服务示范站。转变机关作风，提高办事效率，畅通员工意见、建议反馈渠道，规范中层干部、员工退出办法，明确交流干部待遇，落实带薪休假制度，做好“困难帮扶”工作，全年帮扶困难人员 696 人次，帮扶资金 71.69 万元，员工满意度、忠诚度进一步提高。

（何 斌）

【党建工作扎实有效】 2012 年，云南石油分公司大力开展“一转双创”主题活动，推动党建工作与经营管理深度融合。深入开展“四好”创建活动，加强各级领导班子建设，省公司班子考评好、较好率达到 98%。全面实施基层党支部规范化建设，硬件标准基本达标。开展党员责任区活动，已建立党员责任区 1 373 个，全年发展党员 184 名，实现销量 3 000 吨或 10 人以上加油站站站有党员。以“基层组织建设年”活动为契机，根据县区公司机构同步调整完善党组织设置，共设县区公司党支部 125 个。注重作用发挥，支持工会、共青团独立自主开展工作。加强反腐倡廉教育，强化监督制约，加大业务公开和网上巡视力度，深化效能监察。注重苗头，包保到位，实现特殊时期“四个不发生”，维护了企业和谐稳定大局。

（何 斌）

【积极履行国企责任】 2012 年，云南石油分公司积极组织资源购进，不断优化物流配送，努力做好资源平衡，千方百计保障市场供应。主动送油送水到抗旱田间地头，第一时间赶赴彝良地震灾区抗震救灾，持续开展文山挂钩扶贫，积极参与社会公益活动，全年共捐赠扶贫救灾款项 690 万元。

（何 斌）

表 1　　云南石油分公司主要生产经营指标

指标名称 \ 年份	2012	2011	2010	2009	2008	2007
成品油经营总量/万吨	550.91	531.18	500.71	431.63	403.11	339.99
零售量	451.28	443.24	385.48	335.97	335.46	262.40
销售收入/亿元	440.40	412.46	331.00	245.50	241.15	174.00
利　润/亿元	11.61	10.87	6.02	4.88	4.81	1.58
成品油吨油费用/元	351.00	324.00	294.00	301.00	285.00	338.00
加油站总数/座	1 248	1 241	1 258	1 242	1 204	1 165

四川石油分公司

【概况】 中国石油化工股份有限公司四川石油分公司(简称四川石油分公司)成立于 2010 年，是在原中石化销售川渝分公司基础上重组设立的国有大型企业。本部设在四川省成都市。

四川石油分公司负责中国石化在四川省境内的成品油、车用天然气、润滑油、非油品(便利店、汽服、服务区)销售等经营业务及仓储销售网点建设工作，集仓储、物流、销售、服务为一体，实行集中决策、分级管理、专业化经营的事业部管理体制。

截至 2012 年底，四川石油分公司机关有 15 个处室，在四川省 19 个地市(州)设立了分公司，有加油(气)站 400 余座，便利店 300 余座，自有、合资油库 10 余座，员工近 5 000 人。

(王　酩)

【企地合作再添硕果】 2012 年 3 月 31 日，四川石油分公司以四川何兴实业有限公司名义，与四川省能源投资有限责任公司、中国石化四川天然气投资有限责任公司、四川产业振兴发展投资基金有限公司、共同成立四川省天然气投资有限责任公司，并召开了第一次股东会暨一届一次董事会、监事会，标志着石化集团公司与四川省人民政府在天然气产业领域的合作进入新阶段。11 月 28 日，四川石油分公司与成都交投集团合资设立的中石化成都能源有限公司召开第一次股东会议，选举产生了第一届董事会和第一届监事会，12 月 25 日，该合资公司完成工商注册。

(王　酩)

【网络发展质量显著提高】 2012 年，四川石油分公司及时调整发展思路，提高发展质量，控制投资成本，发展质量和效率显著提高。全年完成加油(气)站建设任务 115 座，其中新建 59 座、改造 56 座，建成高速公路服务区 30 座、投营 10 座，全系统加油加气站在营率达到 90%。严格加油(气)站项目投资审批，优选、精选项目，批复立项 61 个，其中高速公路和市县主城区项目占 85%。成都天回油库扩容工程投营，泸州油库竣工，简阳油库开工建设，绵阳母站通气，达州母站竣工。

(王　酩)

【主营业务快速增长】 2012 年，四川石油分公司在成品油销售方面，培育万吨站 36 座，建设样板站 19 座，积极开展“油非互促”、翼支付、福卡推广等营销活动，持续拓展 IC 卡市场，全年实现零售销售 146.45 万吨，同比增幅 32.9%；开展市场消费专项调研，实施忠诚客户“培育计划”，首次将“量”“价”“新客户开发”联合考核，激发客户经理销售积极性，全年实现成品油经营量 215 万吨，直销量 51.97 万吨、同比增长 14.6%；4 月率先在四川省绵阳地区推行车用柴油产品标准。在天然气销售方面，建立资源转供“三方合作模式”，完成现金用户转加气卡工作，全年天然气销售 9 221 万立方米，实现毛利 9 003万元。在非油品销售方面，理顺省市职能定位，以提升门店为核心，实施分类管理，完善业务体系，稳定物流支撑，普及智能订货，规范商品陈列，丰富营销活动，门店日零售额增长到 17.11 万元，增幅 48.5%；全年实现非油营业额 1.31 亿元，增幅 71.3%。

(王　酩)

【安全管理持续强化】 2012年，四川石油分公司持续完善HSE及ISO 9000两个体系，深入开展“打非治违”“七想七不干”等安全主题活动。加强数质量管理，与四川省技术监督局共同举办“共同推进诚信计量、每一滴油都是承诺”活动，有效发挥社会监督作用。加强风险防控，开展了“小金库”“账外账”复查和“三重一大”制度执行情况检查，建立完善领导人员廉政档案83份，重点岗位人员签订廉洁自律承诺750份。

（王 酩）

【管理效能不断显现】 2012年，四川石油分公司调整地市公司考核体系，加大经营、发展类指标的单项权重，将基础工作设置为考核乘分系数，放大了基础工作考核效果，避免了“重指标轻管理”的突出问题。顺利上线SAP－HR、合同管理及远程培训等信息系统，信息化管理水平不断提升。扎实开展全员目标成本管理，通过有效摆布成品油资源、优化二次物流、实施油品串换，节约变车费用618.43万元、销货运杂费829万元；引入工程结算审计复查机制，审减金额1 310万元。

（王 酩）

【人才通道规范有序】 2012年，四川石油分公司开展基层管理人员竞聘上岗工作，做好管理人才储备。选配成立中级专业技术职务任职资格评审委员会，对3位员工进行专业技术职务聘任，畅通了专业技术人才成长通道。全年682人通过职业技能鉴定，持证员工达到1 632人，初步形成了从初级到技师的技能人才队伍。在石化集团公司竞赛比武中，直销、零售、安全等线条取得了1金、2银、2铜、1优胜的成绩。

（王 酩）

【党群队伍和谐向上】 2012年，四川石油分公司强化基层党组织建设，实现了3 000吨以上加油站“站站有党员”的组织建设目标，12家单位成立团委或团总支。通过调整小站营业时间、优化加油站排班、简化账表填制，减少了无效、重复劳动，降低了劳动强度。认真落实困难职工帮扶措施，全年帮扶困难员工91人，发放帮扶资金18万余元，并为西昌地区加油站泥石流受灾员工募捐善款。

（王 酩）

【企业形象有效彰显】 2012年5月8日、10日，由国新办与石化集团公司办公厅联合组织的“全国网络媒体走进中石化”活动组分别对四川石油分公司成都羊西北加油气站、绵阳科创园加油站进行采访报道，进一步提升了油品销售企业在政府、公众和媒体中的良好形象。

（王 酩）

重庆石油分公司

【概况】 中国石油化工股份有限公司重庆石油分公司（简称重庆石油分公司）位于重庆市渝中区，其前身为中国石化销售有限公司川渝重庆分公司，2009年12月，重组成立重庆石油分公司。2012年10月，管理规格由大Ⅱ型调整为大Ⅰ型企业。公司主要负责重庆地区成品油零售、直销和批发以及车用天然气、非油品销售等业务。

重庆石油分公司集仓储、物流、销售于一体。截至2012年底，公司下设12个部门，辖江南、三峡、涪陵、黔江、江津、永川、合川7个分公司和惠通公司、渝辉公司、中南石油、和光公司、城盛公司5个合资公司。公司共有员工3 161人，资产总额65亿元，在营加油（气）站260座，在营油库6座。

2012年，重庆石油分公司经营总量182万吨，其中销售成品油171万吨，销售天然气1.3亿立方米。非油品营业额8 517万元。全年实现销售收入131.38亿元，利润2.41亿元。

重庆石油分公司主要生产经营指标见表1。

（刘 磊）

【成品油经营质量有新提高】 2012年，重庆石油分公司始终坚持“终端保效益”经营思路，优化经营结构，在139座加油（气）站建立市场监控点，搭建了30分钟业务碰头会平台，成品油零售、直销、批发所占比重由2011年同期的62%、25%、13%调整为2012年的65%、18%、17%，全年价格综合到位率保持在98%以上，形成万吨级站35座、8 000吨级站20座、5 000吨级站30座的骨干网络。全年实现当进当销毛利7.2亿元，吨油毛利397元，利润总额继续保持区外第1名。

（刘 磊）

【天然气业务势头强劲】 2012年，重庆石油分公司积极协调中石油凯源公司、重庆燃气集团等供气单位，保障加气站及直销业务资源供应。优化母站资源调运，每天召开碰头会，根据母站生产运行及车辆配送情况，合理安排充装与调运，保证子站销售。

探索推进直销业务，在继续与重庆燃气集团、压缩天然气公司合作的基础上，开发了陆航、惠民、雅马哈、泰戈等多家直销大客户，直销量达 1 868 万立方米。加气站在营数 25 座，单站日均销量 1.42 万立方米，成为销售系统首个销量突破 1 亿立方米的公司。

（刘　磊）

【网建工作取得新成效】 2012 年，重庆石油分公司通过与交运集团组建和光公司，一次性新增加油（气）站 25 座。与地产集团组建的合资公司已正常运行，双方依托储备土地建设加油（气）站，已对 5 个优质项目进行地块踏勘选址。与城投集团组建城盛公司，利用其在主城的储备土地和建设的公租房社区合资建设加油（气）站，首批 12 座站点已进入前期手续办理阶段。充分发挥已有加油站网点优势，在市场相对成熟的 8 个高速路服务区加油站增设 LNG、LCNG 功能。收缩城区社会加油（气）站的收购范围，暂缓乡镇和区县道路站点收购，集中力量抓新建和联营项目。全年新增加油（气）站 57 座，保有量达到 310 座。

（刘　磊）

【通过 ISO 9000 质量管理体系评审】 2012 年 7 月 10—13 日，油品销售事业部 ISO 9000 质量管理体系审核专家组对重庆石油分公司进行了为期 4 天的审核。审核组对公司质量管理体系建设及运行工作予以了充分肯定，并一致同意其通过评审。

（刘　磊）

【通过全国“安康杯”竞赛优胜企业检查验收】 2012 年 2 月 27 日，全国“安康杯”竞赛优胜企业检查验收会议在重庆石油分公司召开。经过考评，重庆石油分公司顺利通过检查验收，经重庆市总工会同意申报“安康杯”竞赛优胜企业。

（刘　磊）

【降本压费工作成绩突出】 2012 年，重庆石油分公司争取税收优惠政策，累计为公司节约税费 2 800 多万元。采取措施，节约销货运杂费 958 万元，节约仓储费 364 万元，节约维修费用 30 余万元；天然气输差盈余 123 万立方米，创效 566 万元。

（刘　磊）

【调整分支机构管理体制】 2012 年 10 月 17 日，重庆石油分公司对所属分支机构管理体制进行调整，新设了黔江、江津、永川、合川 4 个分公司，按中小型企业（副处级）管理。江南、三峡、涪陵 3 个分公司将原来 6 个管理部门调整为 7 个管理部门，按照中型企业（正处级）管理，并重新调整了经营管理辖区范围。正处级分公司党组织设立党委，副处级分公司党组织设立党总支。分公司纪委、工会和共青团组织按同级党组织建制相应设置。

（刘　磊）

【“比学赶帮超”工作获优秀组织奖】 2012 年，重庆石油分公司在销售企业“比学赶帮超”工作中获得运杂费、网点发展、EVA、区外规范管理、天然气、人均劳效、数质量管理、品牌形象 8 面年度先进红旗，居区外公司第 1 位，被授予优秀组织奖。

（刘　磊）

表 1　　重庆石油分公司主要生产经营指标①

指标名称＼年份	2012	2011	2010	2009	2008	2007
成品油销量/万吨	171.00	160.00	108.05	56.33	32.03	36.48
零售量	112.00	99.66	51.63	36.95	26.21	26.89
销售收入/亿元	131.38	119.86	67.87	30.45	20.01	19.61
报表利润/亿元	2.41	3.01	0.45	0.24	-0.09	0.13
报表吨油费用 /元	320.00	238.00	247.00	248.36	334.84	264.88
在营加油（气）站总数 /座	260	253	185	93	86	79
油库座数/座	6	6	6	5	5	5

①2007—2009 年数据为销售川渝重庆分公司数据

陕西石油分公司

【概况】 中国石油化工股份有限公司陕西石油分公司(简称陕西石油分公司)是石化集团公司根据经营发展战略，在原中国石化销售西北陕西分公司(成立于2002年10月)基础上重组而成的国有大型企业，是中国石化的全资分公司，2010年1月15日正式揭牌成立，本部设在西安市。陕西石油分公司集仓储、物流、销售、服务于一体，主要负责陕西地区成品油零售、直销和批发以及润滑油、燃料油、非油品销售等业务。

截至2012年底，公司下设11个职能部门，10个地市公司、5个控(参)股公司及25个县区公司；拥有员工总数4 004人，其中正式工413人；拥有加油、加气站452座(含撬装站21座)；拥有运营油库4座，总库容15.6万立方米，资产总额42亿元。

2012年，陕西石油分公司实现经营总量191.1万吨，同比增长14%；完成零售量132.37万吨，同比增长30%；完成直销量48.6万吨，同比增长19%；完成非油品销售额8 277万元，同比增长91%；实现营业收入144.24亿元，同比增长17%；实现报表利润7 338万元，同比增长22%。

陕西石油分公司主要生产经营指标见表1。

(余　立)

【资源和直批销售得到优化】 2012年，陕西石油分公司统筹配置、代采、自采三项资源，实现配置资源比重达73.4%，一手自采资源比重达80%；加大铁路龙组发运力度，增加跨区配送资源，用足用好中国石化总部资源考核政策，全年共争取政策补贴6 186万元。加大配置资源铁路发运超损的索赔力度，严格控制代储库损耗与代储费支出，通过加油站油品配送押车、安装电子铅封、建立盘点对账机制等手段，实现了一、二次物流的闭环管理。结合市场趋势，做好市场分析，制订经营运行策略，与陕西燃气签订协议，积极培育天然气市场；组织开展全员营销，增加销量2.74万吨。通过上门拜访、客户座谈联谊、加油站长兼职客户经理等形式，加强大客户开发维护，全年新增撬装站21座，新增直销客户289个，实现增量2.87万吨，直销比重同比提高18个百分点。

(余　立)

【“大零售”核心地位日益巩固】 2012年，陕西石油分公司通过实施薪酬激励、站长竞聘、干部优先从零售选用等措施，进一步强化“大零售”理念和“六个抓手”的工作方法。开展加油卡营销、油非互动营销、节日营销、特色营销和与大型企业交叉营销等活动，以增值、超值服务锁定客户、拓展市场，加油卡全年发行量近7万张，累计充值7.6亿元，获得石化股份公司2012年零售量进步红旗。通过常态促销与主题营销相结合、高端商品品鉴会与特色商品展销会相结合、引入增值服务项目与完善门店服务功能相结合，重点商品销售额同比增加627万元，烟草销售额同比增加1 445万元，彩票销售额达117万元；成功举办了茅台酒品鉴订货会，实现销售额164万元。通过开展“优质服务月”和“达标创星”活动，强化了窗口管理，提升了服务水平。西安分公司张六路加油站、东延三站被授予五星级称号，实现了陕西石油分公司五星级加油站零的突破。

(余　立)

【网络结构逐步优化】 2012年，陕西石油分公司抓好投资计划和成本控制，投资归口管理、统筹实施。发展高速公路加油站12座，发展资源矿区站点10座，重点项目位置比重达到71%，除高速公路外全资项目比例达到93%。积极抢占新兴市场，投营加气站实现从无到有。汉中油库、榆林油库的陆续投营，缓解了仓储设施严重不足的瓶颈。

(余　立)

【基础管理水平不断提升】 2012年，陕西石油分公司落实“我要安全”主题活动、广泛宣传HSE思想理念，开展HSE大检查和隐患治理，确保了设备设施的本质安全。强力推行超定额损耗赔付制度，可比口径零售损耗同比下降0.38‰，损耗控制逐步好转。初步建立ISO 9000质量管理体系，形成以省公司质检中心为核心的10个质检室，油品质量控制得到保障，在国家、中国石化总部和地方组织的各类抽检中全部合格。深入开展“规范管理年”活动，突出重点领域，定位关键业务风险点，组织实施网络发展、直分销、数质量、发票管理、二次物流等专项检查，集中解决重点问题，在总部检查中获得好评。全年审结工程项目167个，送审金额2.5亿元，审减金额2 578万元。通过组织开展油品数质量、直分销、资金、费用、发票等重点业务和关键环节的各类审计检查，发现和帮助解决存在的问题，规范了各类经营管理行为。搭建了合同管理、制度建设、改善经营管理建议和股权管理平台，提高了工作质量和效率；加油卡项目建设取得阶段性成果，联网站点达到357座，比例突破98%；启动了加油站网络提升、增值税发票、二次物流等多项辅助经营管理系统的上线，企业基础管理和信息化建设水平得到提高。

（余　立）

【队伍素质得到提高】 2012年，陕西石油分公司全面推进竞赛比武活动，全省系统2 841人参加初赛，232人参加复赛，25人参加决赛，获得2012年销售企业企管技术比武决赛个人金牌和最佳区外优胜单位称号。全年共获得销售公司红旗35面，位列销售企业第10名。公开选拔领导干部和管理人员，选聘39名助理以上干部；完成省公司机关岗位竞聘和大学生招录，继续开展职业技能鉴定。全年共有735人通过职业技能鉴定考试，其中高级工48人、中级工148人、初级工539人。

（余　立）

【党建和思想政治工作扎实推进】 2012年，陕西石油分公司统筹开展"为民服务创先争优""比学赶帮超"等主题活动，客户、员工满意率均超过90%，在总部专项检查中名列区外公司第1名并被评为先进基层党组织。坚持党委中心组学习制度，开设"文化大讲堂"。加强反腐倡廉教育，完善廉洁从业制度，深化企务公开，推进效能监察。全省系统助理以上领导干部签订廉洁自律承诺书81份，各类交易合同全部签订廉洁从业责任书，600余人次接受廉洁从业教育，公示业务16 290笔，涉及金额72亿元。创办并出版《陕西石油》内部报纸13期，在石化系统各媒体刊发稿件112篇，上报总部政务、政工信息170条；成为驻陕企业新闻宣传牵头单位，主动加强与地方新闻主管单位和主要媒体的沟通，做好舆情监测和媒体引导工作。

（余　立）

【关爱员工落到实处】 2012年，陕西石油分公司重点解决员工普遍关注的收入分配、工作和生活环境改善等切身利益问题，员工收入进一步提高，流失率降低到5%以下；继续开展"夏送清凉、冬送温暖""真困难真帮助"等职工关爱行动，相继举办"跨越之旅"文艺汇演、太极拳健身、"喜迎十八大"员工摄影展、羽毛球比赛等职工文体活动。

（余　立）

表1　陕西石油分公司主要生产经营指标

指标名称＼年份	2012	2011	2010
成品油销量/万吨	190.86	167.50	127.15
零售量	132.37	102.00	40.33
销售收入/亿元	144.24	122.89	79.12
报表利润/亿元	0.73	0.60	0.13
报表吨油费用/元	360.00	337.00	224.00
在营加油站总数/座	376	321	135
自营加油站数	353	299	131
联营加油站数	23	22	4

内蒙古石油分公司

【概况】 中国石油化工股份有限公司内蒙古石油分公司（简称内蒙古石油分公司）本部位于内蒙古自治区呼和浩特市成吉思汗大街26号。内蒙古石油分公司前身是中国石化销售有限公司西北内蒙古分公司，2009年12月调整为石化股份公司直属企业，更为现名，公司主要在内蒙古地区从事成品油零售、直销和批发以及润滑油、燃料油、非油品销售等业务。2012年，内蒙古石油分公司企业管理规格调整为大Ⅰ型。

截至2012年底，内蒙古石油分公司本部设15个职能处室，下设12个盟市分公司，拥有在营油库8座、加油站339座，资产总额38.21亿元，职工总数3 189人，其中正式工211人、劳务工2 978人。控股中石化集团内蒙古石油销售有限责任公司（简称内蒙有限公司），内蒙有限公司本部设综合、财务、业务3个部门，下设有限赤峰分公司；参股包头有限公司，拥有在营油库1座、在营加油站8座，在册员工124人，资产总额9 758.49万元。

内蒙古石油分公司主要生产经营指标见表1。

（刘海燕）

【经营总量稳步提升】 2012年，内蒙古石油分公司基本上实现了油品品号适销对路，保障了零售敞开供应，较好地满足了经营需求。积极争取增加配置资源，将部分外采纳入大区公司代采，降低了成本，全年共调入配置油136.09万吨，大区公司代采36.45万吨，占购进资源比重72.22%。继续加大资源外采，充分发挥外采资源对平衡资源摆布、做大经营量的重要作用，全年共外采资源52.35万吨，其中一手资源27.57万吨。大力开拓直分销经营，成立3个经营部，贴近市场开展经营，全年稳定直批客户377个，同比增加148个。鄂尔多斯分公司经营量突破50万吨。

（刘海燕）

【稳量增量保零售】 2012年，内蒙古石油分公司坚持零售为中心的经营思路，印发《零售稳量增量措施及奖励办法》，设立增量奖、万吨站奖等多个特别销售奖，激发员工拓市增量积极性。一季度提前部署淡季稳量措施，1、2月零售量同比增长30.7%。延伸零售半径，加强小额配送业务，累计配备配送车辆24台，配送量1.97万吨。积极促进汽油上量，采取优惠让利等多种营销方式，全年汽油销量同比增长3.8万吨。开展加油卡营销，制订营销优惠方案，累计发卡14.07万张，持卡消费比例达4.6%。年内全系统打造20座万吨站，平均单站销量达4 339吨，其中呼和浩特分公司单站销量7 183吨。

（刘海燕）

【加快完善仓储设施和营销网络】 2012年，内蒙古石油分公司更加注重优化投资项目，网络发展质量居区外公司首位。调整发展思路，放慢呼伦贝尔、兴安、阿拉善、通辽分公司的发展节奏。发展加油站杜绝租赁，限制收购，减少委托代办，慎重审批加油站项目，全年盟市分公司上报项目142座，区公司仅批复立项72座，其中高速公路加油站17座。重点推动乌海油库建设，实现当年建设、当年投产，对进一步开拓西部市场具有重要意义。完成霍林河油库改造投产运营，在中西部地区形成布局完善、具有局部竞争优势的仓储网络。加快站点投营速度，重点推动加气站建设，初步确定加气站发展规划。呼和浩特、锡林郭勒、乌海分公司投产加气站数较多，其中呼和浩特分公司全年销售天然气280.4万立方米。

（刘海燕）

【非油品业务快速发展】 2012年，内蒙古石油分公司加快开店速度，新开便利店84座，在营便利店达到268座。积极引进适销对路的商品，加强特色商品和应季商品的管理，商品名录已达5 033种。重点培育大店，15座店销售额突破百万元，全系统单店营业额达到32.9万元。加大重点商品的统采力度，提高议价能力，降低购进成本，全系统非油品毛利率达到18.3%，增长6.36个百分点。积极探索品鉴会等营销方式，成功举办呼和浩特、鄂尔多斯2场茅台系列酒品鉴会，销售茅台酒2 378箱，销售额639万元，达到了提升企业形象和答谢客户的目的。

（刘海燕）

【灵活库存运作】 2012年，内蒙古石油分公司始终坚持“淡储旺销”的策略，紧盯市场变化，正确判断涨跌价预期，灵活库存运作，增加企业效益。一季度价格上行“两连涨”，积极增加库存储备，最高时达到16万吨，二、三季度油价持续下滑“三连跌”，贴近市场开展直分销，大力压减库存，最低时压减至8.6万吨。三季度以后，随着经济逐步回暖，成品油消费日趋旺盛，适当增加外采资源，合理补充库容，在成品油供给趋紧时，重点保证零售，直分销价格推到位，提高了创效能力。7月，抓住时机从神华外采1万吨-35#柴油，入冬应季销售后产生效益约2 000万元。

（刘海燕）

【物流优化降低运输成本】 2012年，内蒙古石油分公司积极协调提高外采资源铁路发货数量，铁路发运外采资源30.5万吨，铁路运输比例由2011年的35.6%提高到58.3%。改变公路提货地点，在价格不变的情况下，全年在运距最短的靖边炼厂提货20.2万吨，节省费用4 175万元。在外采资源价格高、运回区内销售亏损时，在陕北就厂销售达11万吨，实现当期利润1 200万元。加大跨区提油力度，全年跨省区提油10.2万吨，节省运费约900万元。与陕西石油分公司开展油品串换2.17万吨，节约费用510万元；就近采购中国石油资源1.4万吨，节约一次运费380万元。优化二次物流，打破行政区域限制，按照“运距最短”的原则跨盟市配送，节约二次物流费用约300万元。

（刘海燕）

【降本减耗提效益】 2012年，内蒙古石油分公司调整盟市公司绩效考核思路，将效益、投资质量等作为重点考核指标，引导其学会算经济账。召开亏损公司经济活动分析会，帮助分析单项费用和毛利情况，化小核算单位，模拟全成本核算，要求亏损公司拿出扭亏减亏具体措施。加强物资的统采统配，重点商品在石化入围企业中统采，全区招标统采取暖用煤，节约成本约200万元。把损耗管理纳入绩效考核，加强加油站、油库全过程、各环节计量监督和奖惩，发动全员狠抓降耗。加强承运商管理，将安装电子铅封作为承运商入围条件。严厉打击偷盗油品行为，建立举报奖励机制，全年共查处运输环节偷盗油品案件5起，追回经济损失20余万元，全年总损耗量同比下降约1 550吨，零售损耗率下降了0.2%，降本创效1 200余万元。

（刘海燕）

【基础管理水平明显提升】 2012年，内蒙古石油分公司加强内部控制，狠抓盟市分公司规范管理，建立健全了盟市分公司周办公例会、经营活动分析会等工作例会机制。制订了三重一大、资金支付、合同管理、资产报废、公章使用等执行流程。对盟市公司加油站计量、发票管理、资金管理等关键环节进行重点分析，加强对控股公司的监督管理，有效降低了经营风险。加大检查力度，顺利通过中国石化总部"规范管理年"检查验收。深入开展商品及实物资产专项盘查工作，抓好商品进销存定期盘点，确保油品、非油品、固定资产等账实相符，账账相符。细化"比学赶帮超"实施方案，将全部27项红旗指标分解到每个职能部门，作为部门业绩考核重要指标。截至年底共夺得总部月度/季度红旗36面、年度红旗6面。

（刘海燕）

【落实安全数质量管理】 2012年，内蒙古石油分公司定期组织安全隐患排查和安全专项检查，积极争取修理费，对隐患治理项目实施全过程监控。逐步理顺油库管理体制，出台《油库标准化管理细则》，规范了安全设备类台账和运行记录，油库管理标准化初显成效。推行ISO 9000质量管理体系、编制手册和程序文件，进行内外两方审核，保证有效运行。重点推进质检室建设，已建成1个A级、7个B级、1个C级质检室，并配备专业质检人员27人。外采油品坚持"三不采"，做好出入库检验，各级质检室共完成库检2 305批次。内蒙古石油分公司实现全年安全平稳运行。

（刘海燕）

【员工队伍素质不断提高】 2012年，内蒙古石油分公司组织近200期各类培训班，3 000余人次得到培训。成立了职称评审委员会，鼓励员工参加职业技能鉴定和职称评审，取得等级证书人员占全部技能操作人员比重提高到63%。稳步推进优化整合用工工作，落实"五定一优"方案，提高用工效率。组织岗位练兵，踊跃参加技术比武，非油品条线夺得技术比武决赛个人奖项铜牌，实现体制调整以来竞赛比武奖牌零的突破。

（刘海燕）

【信息化管理水平不断提高】 2012年，内蒙古石油分公司加快推进加油卡项目，完成224座卡机联动站改造。SAP－HR、TS2.0、制度管理系统顺利上线，OA系统二期验收后平稳运行。提升主干网络带宽速度，搭建了网络监控平台，保证全公司各信息系统运行平稳，信息安全工作得以加强。

（刘海燕）

【推动党政工团建设】 2012年，内蒙古石油分公司开展"一转双创"和"基层组织建设年"主题活动，认真开展基层党总支（支部）分类定级工作，新成立6个直属党委、7个直属党总支部和1个直属党支部，设立区、盟市两级政工部门，配备了专职人员。全年培养入党积极分子147名，发展预备党员55名。通过创建"工人先锋号""青年文明号"，开展"学雷锋""学安喜"等活动，进一步发挥了群众组织的桥梁纽带作用。

（刘海燕）

【为民服务实现双满意】 2012年，内蒙古石油分公司深入推进"为民服务创先争优"活动，增加"10项便民服务"项目，完成7座形象站和2座自助站改造，打掉19座侵权假冒站，改造3座油库营业室，提高了客户满意度。所有加油站按标准配备"五小"设施建设，完成3 247名一线员工的职业健康检查，统一配备了防静电服装、安全帽和棉皮鞋等御寒物资。实施新的内部薪酬分配方案，人均年薪同比增加2 191元。率先实施员工带薪年休假实施办法等惠民政策，提高了员工福利待遇。实行首问负责制、限时办结制和服务承诺制等制度，建立完善区公司机关职能处室与盟市分公司的对口联系机制，转变机关作风，帮助基层解决实际困难。工会、共青团开展了多种形式的职工运动会、相亲联谊会等活动，丰富了职工业余文化生活，提高了员工满意度。

（刘海燕）

【抓好领导干部廉洁文化和廉政建设】 2012年，内蒙古石油分公司持续开展廉政文化教育和警示教育，组织书记、政工纪检干部培训班，邀请自治区纪委领导作反腐倡廉的讲座，强化了领导干部廉政从业意识。企业管理规格调整后按照组织程序重新考核聘任了中层干部，进行个人谈话和集体谈话，重申廉洁自律。

（刘海燕）

【履行社会责任】 2012年，按照自治区党委安排，内蒙古石油分公司与呼伦贝尔市小库木尔村实施结对帮扶，资助15名贫困学生完成学业，连续资助3年，总计资助助学款16.2万元，选拔12名青年走出乡村到加油站工作，为小库木尔村解决就业，提供增收脱贫的条件。

（刘海燕）

表1　　内蒙古石油分公司主要生产经营指标①

指标名称＼年份	2012	2011	2010	2009	2008	2007
成品油销售总量/万吨	186.79	165.11	100.42	42.59	37.13	37.47
零售量	132.30	112.64	61.91	31.30	26.00	23.08
销售收入/亿元	141.08	121.69	62.89	23.66	21.55	18.09
利　润/万元	10 006.42	8 052.69	3 046.01	2 969.02	5 132.59	2 725.87
吨油费用/元	303.20	250.78	236.95	315.03	290.79	280.89
加油站总数/座	339	275	174	82	79	71
油库数量/座	8	8	5	4	4	4
铁路专用线数/条	7	7	5	4	4	4

①以上指标均不含参股公司。2007—2009年为改制前数据

新疆石油分公司

【概况】 中国石油化工股份有限公司新疆石油分公司（简称新疆石油分公司）是石化股份公司在新疆的唯一成品油销售企业，公司本部位于新疆乌鲁木齐市长春南路466号，组建于2010年1月，其前身是中国石化销售有限公司西北新疆分公司。新疆石油分公司主要负责中国石化在新疆地区的成品油销售与营销网络建设，主营汽油、柴油、润滑油、非油品和其他石化产品的零售、直销配送、批发、仓储业务。

截至2012年底，新疆石油分公司设有9个职能处室，3个专业中心，下辖9个地市分公司，1个全资子公司，1个参股公司，3个控股公司；拥有员工总数为2 590人，资产总额28.69亿元，在营油库11座，加油、加气站数量为451座（其中加油站320座、撬装站108座、加气站23座），油库库容突破20万立方米。

新疆石油分公司主要生产经营指标见表1。

（张婷艺美）

【全面超额完成年度目标任务】 2012年，新疆石油分公司紧紧抓住新疆实现跨越式发展与长治久安的历史机遇，充分发挥上中下游一体化运作的优势，根据市场变化，及时调整销售策略，以优化资源、运作库存、调控价格、做大终端、控费降本为抓手，较好地完成了年度经营目标任务。全年实现销售总量195.82万吨，同比增加23.82万吨，增幅为14%。其中，成品油186.97万吨，同比增加22.96万吨，增幅为14%；零售量100.74万吨，同比增加24.13万吨，增幅31%；直销量54.51万吨，增幅12%；实现终端销售155.25万吨，终端比重为83%，同比提高6.5个百分点；润滑油销售1 089吨，增幅

27%，燃料油销售 7.69 万吨；非油品销售 5 673 万元，增幅 83.4%；实现报表利润 6 001.99 万元，实现利税 1.44 亿元，增幅 43%；吨油费用 243 元。

（张婷艺美）

【网络建设快速发展】 2012 年，新疆石油分公司新增加油站 90 座，其中收购 22 座、新建 68 座，投营 60 座，加油站项目立项 45 个；全年新增加气站 14 座，其中收购 3 座、新建 11 座。完成 20 座加油站的形象改造。高速公路项目取得突破，全年共取得自治区商务厅批复高速公路立项 25 座，交通厅批复 18 座，年内竣工高速公路加油站 8 座。奎屯、阿克苏、库车、联合能源 4 座新建扩建油库的如期中交和试运行，新增库容 11 万立方米，加上已投营的哈密、鄯善、鱼儿沟、库尔勒 4 座机务油库，油库总库容为 20.4 万立方米。此外，对喀什油库火车卸车栈桥进行改造，将 4 个鹤位增至 8 个，使火车接卸能力增加 1 倍，完成伊宁油库"三通一平"及设计方案。

（张婷艺美）

【获自治区安全生产目标管理先进单位称号】 2012 年，新疆石油分公司将石化集团公司开展的"我要安全"主题活动与新疆维吾尔自治区开展的"安全生产年"活动紧密结合起来，围绕"八个着力"目标任务，深入开展"三项行动"，狠抓安全生产责任落实，通过强化对作业现场的监督检查力度，狠抓油品数量管理，降低油品损耗，消除管理漏洞，着力提高安全管理水平，总体实现了企业安全生产。新疆石油分公司连续第 3 年获自治区安全生产目标管理先进单位称号。

（张婷艺美）

【财务管理水平全面提升】 2012 年，新疆石油分公司着力加强企业成本管理，明确标准，细化目标，严格措施，狠抓降本增效，吨油费用继续保持区外最低水平。通过强化考核和细化过程管理，以分期预算落实全年目标，充分发挥预算的导向作用。新疆石油分公司有 9 项财务指标排在销售企业前列。其中，吨油费用 243 元，吨油人工成本 85 元，吨油资产性费用 61 元，吨油长期资产占用 980 元，均为销售企业最优水平；利润增长率为 137%，为销售企业最高；吨油销货运杂费 49 元，吨油财务费用 25.1 元，总资产周转天数 75 天，位列销售企业第 2 名。在石化集团公司发布的《2012 年度全员成本目标管理工作考评结果的通报》中，新疆石油分公司获得领先程度奖、贡献程度奖，列为国内领先程度一档，成本控制能力和资产运行效率处于销售企业领先水平。

（张婷艺美）

【人才队伍逐步壮大】 2012 年，新疆石油分公司加强引进人才的管理和文化融合，使员工"成长有通道、发展有空间"。坚持开展"四好班子""四好处室"创建活动。突出人均劳效，实行动态定编管理，落实中国石化总部用工管控措施。连续 3 年人均成品油经营量、人均零售量在区外公司均排名前列。全年举办各类培训班 649 期，培训员工 1.03 万人次，参加外部培训 159 人次；开展劳动竞赛和技术比武活动，员工整体素质有较大提高。通过调整考核内容和完善激励机制，适当拉开收入差距，分配向基层倾斜，鼓励多劳多得，激发了广大员工的积极性。

（张婷艺美）

【舆情监控和内外宣工作成效显著】 2012 年，新疆石油分公司继续加大内外宣和舆情监控工作，在新华社、《人民日报》《中国石化报》等系统内外媒体刊登各类新闻稿件 28 篇，提高了公司的影响力，在石化集团公司外宣工作排名中，位列销售企业第 1 名。继续增强内部宣传平台的正面引导作用。全年共编发《新疆石油销售信息》100 期、《新疆石油风采》83 期、《每日要情》248 期。全年上报石化集团公司、石化股份公司各类政务信息 239 期，采用率达 78% 以上。被石化集团公司采用专报 3 期，新疆石油分公司连续 3 年被评为石化集团公司政务信息先进单位。积极发展网宣员队伍，建立公司微博群，利用新媒体引导舆论，为创建良好的舆情环境发挥了重要作用，全年公司未出现负面舆情。

（张婷艺美）

【创造央企产业援疆新模式】 2012 年 7 月 26 日，新疆路油石化有限责任公司在位于新疆维吾尔自治区库车县的塔河炼化揭牌成立。该公司是新疆石油分公司与自治区交通厅合资建立的一家建设和经营高速公路服务区加油（气）站的企业。该公司的成立标志着石化集团公司落实中央新疆工作座谈会精神、大力推进"产业援疆"、支持新疆经济社会跨越式发展和长治久安的又一重大战略举措。

（张婷艺美）

【积极履行央企社会责任】 2012 年 6 月 30 日，新疆伊犁哈萨克自治州新源县与巴音郭楞蒙古自治州和静县交界地带发生 6.6 级地震，随后这一地带又相继发生多次 3—4 级余震。7 月 1 日，新疆石油巴州分公司从库尔勒市调动2辆容量为5吨的油罐车开往震区和静县，向和静县人民政府捐赠价值近9万元的汽油、柴油共10吨，用于抗震救灾。和静一号站还专门开辟了抗震救灾绿色通道和专用加油机，为前往救灾现场的车辆提供方便，此举获得巴州政府和受灾群众的高度赞扬。

（张婷艺美）

【党建思想政治工作取得成绩】 2012年，新疆石油分公司加强和完善了基层党、工、团组织建设；深入开展"一转双创""为民服务创先争优""学镇海、学安喜""比学赶帮超"等主题活动，创造性地开展了"我身边的小故事"征集活动和"凝聚青年、服务企业"系列活动；注重员工心理疏导，举办了以"快乐工作、健康生活"为主题的员工心理辅导视频讲座；坚持员工月度思想状况分析，加强民主管理，设立总经理信箱，建立了有效沟通平台。年内被中国石化总部评为"为民服务创先争优"活动先进单位，被全国总工会评为全国"安康杯"安全知识竞赛优秀组织单位。

（张婷艺美）

表1　　新疆石油分公司主要生产经营指标①

指标名称＼年份	2012	2011	2010	2009	2008	2007
成品油销售总量/万吨	186.97	164.00	119.26	84.82	79.25	82.42
零售量	100.74	76.60	33.60	20.28	20.67	14.63
销售收入/亿元	138.25	117.92	71.34	43.70	41.77	35.43
利　润②/亿元	0.60	0.25	-2.46	0.41	0.58	0.40
吨油费用/元	243.00	217.00	188.00	125.00	137.00	98.20
在营加油(气)站总数/座	451	326	136	107	106	93

①2007—2009年为新疆石油分公司体制调整前数据

②2010年利润-2.46亿元，主要原因系处理新疆石油分公司体制调整前不良资产1.99亿元所致。2007—2009年利润是在中国石化总部让利调拨价200元/吨基础上完成的

黑龙江石油分公司

【概况】 中国石油化工股份有限公司黑龙江石油分公司（简称黑龙江石油分公司）位于黑龙江省哈尔滨市道里区群力第五大道1589号。前身中国石化销售有限公司东北黑龙江分公司成立于2002年9月，2010年1月1日调整为石化股份公司直属企业，更为现名，为国家大Ⅱ型企业。黑龙江石油分公司是中国石化在黑龙江省的唯一企业，主要从事汽油、柴油、煤油、润滑油等成品油批发、零售以及非油品业务。

黑龙江油分公司本部设7个部门，即综合处、经营管理处、零售中心、人力资源处、发展基建处、安全数质量处、财务资产处。下设哈尔滨、齐齐哈尔、牡丹江、佳木斯、大庆和绥化6家地市公司和1家合资公司，有员工近1 837人。拥有加油站161座、易捷便利店110座、油库6座、资产总额21.74亿元。2012年完成经营总量80.51万吨，其中成品油77.50万吨，燃料油2.88万吨；实现销售收入60亿元；利润2 770万元；非油品实现营业额2 844万元。

黑龙江石油分公司主要生产经营指标见表1。

（赵美玲）

【战略管理纳入日程】 2012年，黑龙江石油分公司编制完成了《黑龙江石油分公司"十二五"发展规划纲要》。该纲要明确了黑龙江石油分公司在"十二五"期间的工作指导思想和工作思路，对发展现状、发展环境以及战略目标、战略实施、工作评估等方面作了科学分析和全面部署。

（赵美玲）

【库存经营增效显著】 2012年，黑龙江石油分公司在第1季度和第3季度油品价格上升期，在涨价前加强资源组织，积极外采；涨价后加强销售组织，降低库存，保证效益最大化。在第2季度和第4季度市场价格连续下行期，以"保证效益，减少利润流失"

为出发点，努力扩销降库。库存经营增加效益1 990万元，有力支撑了公司整体创效。

（赵美玲）

【市场开发取得突破】 2012年，黑龙江石油分公司在商客线条，以矿山、企业、农业、林业等大型工程为重点，依托铁路和公路运输提供物流配送服务，在维护原有大客户基础上，相继开发了伊春钼矿、天元运输、北钢集团等大客户，年需求量1万多吨。开发直销客户283个，每户月均需求量超过85吨。在零售线条，将市场调查与客户开发相结合，全年开发实际加油量50吨以上大客户96个，其中100吨以上大客户24个。

（赵美玲）

【营销增量效果显著】 2012年，黑龙江石油分公司开展合同营销，与中国邮政关于自有车辆及会员车辆、中国电信关于手机支付购油、中国移动关于电子券购油签订了合同。开展加油卡营销，采取设立室外发卡点、张贴持卡消费提示、向客户群发短信等宣传手段，实施了多加多返利、出租车类客户单独提高档次等吸引性政策，落实了员工内部激励措施。累计发售加油卡56 469张，持卡消费比例19%。开展点对点营销，全年实现增量1.7万余吨。开展小额配送营销，库出小额配送实现突破，完成2.24万吨。开展油非互动营销，开设了酒类、枸杞、地方特产等特色专柜和特色店，增加了代收费、ATM机等服务功能，向北京、天津、云南、安徽、山西、河北6个省(市)销售黑龙江特色商品300多万元。

（赵美玲）

【中石化黑龙江龙油庆南石化销售有限公司成立】 2012年，黑龙江石油分公司按照“融入地方、借势发展、合作共赢”的理念，探索国有企业与地方政府、民营企业合作新模式，6月合资成立了中石化黑龙江龙油庆南石化销售有限公司。实现了国有企业品牌优势、民营企业生产加工优势和市场优势、地方政府政策环境优势的互补，成为黑龙江石油分公司加快发展的一个潜在生长点。

（赵美玲）

【齐齐哈尔环宇油库改扩建工程竣工投产】 黑龙江齐齐哈尔石油分公司环宇油库改扩建工程于2011年9月开工建设，2012年7月竣工投产。竣工后的油库总储量达到3万立方米，能够满足黑龙江西部地区“十二五”期间发展要求，为提高公司成品油市场占有率提供了有力支撑。

（赵美玲）

【骨干队伍素质不断提高】 2012年，黑龙江石油分公司通过开展“规范管理年”活动，着力打造“三大长”“八大员”骨干队伍(达标站长、后备站长、优秀带班长，专业化验员、专业计量员、专业督察员、达标记账员、达标IC卡管理和发卡员、达标非油品营业员、优秀员工、优秀油库操作员)，通过以赛代培，提高全员素质能力，截至年底，有908人次通过市公司和省公司的考试获得岗位证书，“三大长”“八大员”持证上岗率达到90%，28人通过了专业技术职务资格评审，人新手生状况在一定程度上得到改善。

（赵美玲）

【全员竞赛比武取得佳绩】 2012年，黑龙江石油分公司制订竞赛比武初赛、复赛方案，层层选拔选手，选送部分选手到兄弟公司封闭训练。经过角逐，黑龙江石油分公司获得了中国石化销售企业直销人员技术比武个人银牌和团体优秀组织奖，零售综合技术比武团体铜牌、个人银牌和2名优秀选手的成绩。

（赵美玲）

【安全管理稳步推进】 2012年，黑龙江石油分公司印制“七想七不干”提示卡2 000份，通过岗前教育、上岗提示和认真填写，强化安全操作。落实监管责任，层层落实HSE责任制。以“三商”“三场”为重点，加大安全监督检查力度。开展“安全生产月”活动，动员会、警示教育周、安全文化周、应急演练周、知识竞赛答题，全员参与，全员教育。“平安之家”活动的开展，实现了“五个避免”的HSE工作目标。

（赵美玲）

【狠抓数质量管理】 2012年，黑龙江石油分公司严格损耗管理，狠抓数量交接环节，严把出入库验收关，盯住承运商中间运输过程，狠抓“三方”交接落实，取得了明显的降耗效果。油库溢余率同比提高0.78‰。零售整体损耗率同比降低0.58‰。充分发挥质量管理体系的作用，开展了实验室比对实验和质量自查、抽样，确保了全年无油品质量事故发生。石化集团公司质量抽检合格率100%，通过了ISO 9000质量管理体系第二方审核，被黑龙江省安委会确定为全省销售行业唯一一家安全隐患排查治理体系建设试点单位。

（赵美玲）

【党团建设有序开展】 2012年，黑龙江石油分公司围绕学习宣传贯彻党的十八大精神，8月举办了“喜迎十八大，健身展风采”体育比赛活动；11月组织收看了十八大开幕式实况，举办了学习十八大精神中心组（扩大）学习会；12月举办了十八大报告理论培训班。省公司党委与各支部签订了党风廉政建设责任书，与中层以上干部、关键岗位人员签订了廉洁从业承诺书，5月组织省公司领导班子成员和关键岗位党员员工参观了哈尔滨监狱，接受警示教育。加强了对群团工作的领导，召开了第一届职工代表大会第一次和第二次会议，成立了省公司团委和市公司团总支（支部），开展了“青春五四、红色先锋”等主题活动。黑龙江石油分公司党委被中共黑龙江省委建设学习型党组织领导小组评为学习型党组织标兵。

（赵美玲）

表1 黑龙江石油分公司主要生产经营指标①

指标名称＼年份	2012	2011	2010	2009	2008	2007
成品油销售总量/万吨	77.50	56.92	53.81	31.07	18.58	15.14
零售量	57.00	42.98	31.25	17.94	13.95	11.49
销售收入/亿元	60.00	43.00	35.00	18.00	11.00	8.00
利　润/万元	2 770.00	2 760.00	1 357.00	495.00	3 182.00	554.00
吨油费用/元	350.00	369.00	313.00	237.00	247.00	296.00
加油站总数/座	161	151	115	47	34	31
油库数量/座	4	4	3	1	1	1

①2007—2009年为中国石化销售有限公司东北黑龙江分公司数据

青海石油分公司

【概况】 中国石油化工股份有限公司青海石油分公司（简称青海石油分公司）本部位于青海省西宁市城西区海湖路26号，前身中国石化销售有限公司西北青海分公司始建于2002年6月，2009年12月正式划转石化集团公司并更为现名。青海石油分公司是石化股份公司在青海省内唯一成品油销售企业，主要经营成品油零售、直销和批发以及润滑油、非油品销售等业务。

截至2012年底，青海石油分公司本部下设9个职能处室、4家地市级分公司。用工总数1 235人，其中正式职工124人。资产总额16亿元，自有在营加油站120座，在营油库3座，铁路专用线3条。

2012年，青海石油分公司共销售成品油65万吨，同比增长24.56%，其中零售42.1万吨；非油品经营总额1 523万元，同比增长87.5%。

青海石油分公司主要生产经营指标见表1。

（王锦晶）

【管理规格调整】 2012年，石化集团公司根据工作需要和青海石油分公司实际情况，将青海石油分公司管理规格调整为大Ⅱ型。公司领导班子成员重新聘任，谭莫羡为青海石油分公司总经理，王敏为党委书记、纪委书记、工会主席，刘踊林为副总经理。

（王锦晶）

【统筹资源保市场】 2012年，青海石油分公司紧跟市场动向，灵活调整经营策略，把握采销节奏，在资源紧缺的情况下，积极拓展与兄弟企业的合作关系，统筹“两种资源”购进，同时优化二次物流，降低物流费用。在经营管理上充分发挥地市公司“主攻手”“主战场”作用，进一步提高经营质量。格尔木、海东地区市场份额赶超兄弟企业。

（王锦晶）

【挖掘零售潜力】 2012年，青海石油分公司坚持以零售促经营，全面提升经营管理水平。零售方面以提升单站创效为重点，培养万吨站、消灭低效站，单站销量增长明显。其中，年销量涨幅超过20%的加油站达23座；培育万吨站18座，占在营加油站总数的17%，同比增长63%；全面开展全方位宣传和积分优惠等促销活动，重点以充值金额、持卡消费比例等为指标进行考核，全年发放加油卡11 950张，充值金额4.71亿元。

（王锦晶）

【优化网络布局】 2012 年，青海石油分公司以重点发展优质目标市场为中心，把网络发展重点放在经济相对发达、市场效益较好的城区站、高速公路站，全年新增加油站 34 座，其中城区站 15 座；已开工新建茶共高速等 5 座高速公路加油站。根据中国石化总部加快加气站网络设施建设的要求，明确思路、深入调研，已确认两处加气站选址。柯柯油库投营工作全面就绪，湟源油库已完成立项批复、库内征地、基础设计审查等阶段工作。

（王锦晶）

【加强安全数质量管理】 2012 年，青海石油分公司立足 HSE、ISO 9000 两个体系建设，强化 HSE 管理体系的贯彻落实，层层签订安全责任书及安全承诺书，建立起了“横向到边、纵向到底”的安全生产责任管理模式。加大督促检查和隐患治理力度，把“七想七不干”工作落到实处，实现了本质安全。油库、加油站 HSE 和数质量工作水平提高明显。有效控制运输损耗，对塔化公路运输油品执行油库立罐交接，减少了中间计量环节，通过实行立罐交接，公路运输损耗明显下降，共计索赔运输超耗油品 28 吨。

（王锦晶）

【提升企业管理水平】 2012 年，青海石油分公司以“规范管理年”活动为抓手，通过深化财务分析职能、开展全员成本目标管理活动、强化费用过程控制、紧锁资金回笼环节、加大财务稽查力度等措施，有效防范了财务风险。通过不断完善劳动用工管理、完善薪酬分配和人才成长通道建设、建立加油站岗位模型和岗位胜任评价体系、开展干部考核与竞聘上岗工作、实行干部异地交流和动态管理等措施，人力资源管理水平得到进一步提升；通过强化“三支队伍”建设，提高员工队伍素质。

（王锦晶）

【实现企业和谐发展】 2012 年，青海石油分公司成立工会并召开了第一届职工代表大会，进一步强化了民主管理、民主监督作用，对促进职工群众稳定和公司和谐发展有着重要意义。青海西宁石油分公司及格尔木石油分公司正式搬迁入驻新办公楼，新办公楼设立职工活动室、健身房、图书室等，改善职工办公环境的同时也丰富了职工业余生活。扎实推进“为民服务创先争优”主题活动，动员全体员工紧紧围绕“客户、员工双满意”亮承诺、亮岗位、亮身份，围绕经营比业绩、比技能、比作风。

（王锦晶）

【强化组织创新发展】 2012 年，青海石油分公司全面建设 4 家分公司党委、团委和工会分会，完善 12 个党支部、建立 8 个党工团活动室，开展党团主题活动 30 余项，员工参与 2 000 余人次。西宁分公司片区联合党支部被青海省国资委授予“四强”党组织称号。青海石油分公司党委积极克服站点分散、偏远等因素导致基层党员难以保持正常组织生活的困难，创新党建工作方式，提出建立片区联合党支部的组织发展模式，优化党组织设置，积极发挥支委作用，使支部活动在基层党员中灵活开展。

（王锦晶）

【帮扶农牧区建设】 2012 年，青海石油分公司积极参与到青海省发改委开展的“党政军企共建示范村”活动中，与湟源县日月乡日月村、互助县塘川镇董家村结为帮扶对子，为加强青海省农牧区基础设施建设、改善农牧区生活条件作出贡献。

（王锦晶）

表 1　　青海石油分公司主要生产经营指标①

指标名称 ＼ 年份	2012	2011	2010	2009	2008	2007
成品油销量 /万吨	65.00	52.19	35.49	16.23	11.79	9.20
零售量	42.10	32.54	17.34	8.80	6.10	5.84
销售收入/亿元	47.36	37.37	21.75	8.61	6.60	4.37
利　润/亿元	0.02	0.20	0.03	－0.23②	0.07	0.03
吨油费用/元	342.94	362.89	284.30	228.34	293.32	304.56
在营加油站总数 /座	120	92	62	38	35	26

①2007—2009 年统计的是改制前中国石化销售有限公司西北青海分公司数据

②2009 年利润负值主要由部分加油站拆除以及西宁油库重建所致

甘肃石油分公司

【概况】 中国石油化工股份有限公司甘肃石油分公司(简称甘肃石油分公司)成立于2010年1月，主要承担着中国石化在甘肃境内成品油市场的销售、管理和调运任务以及甘肃可利用资源的开发协调工作，经营范围涉及汽油、柴油、润滑油、车用天然气、燃料油以及非油品销售等业务。

截至2012年底，甘肃石油分公司本部内设综合处、企管法律处、人力资源处、财务资产处、纪检监察处、安全数质量处、零售管理中心、经营管理处、发展基建处9个职能处室，下辖酒泉、张掖、武威、白银、定西、天水、平凉、庆阳8家地市分公司及1家合资公司；拥有在营加油站51座，小额配送车25辆，自有油库1座，资产总额12.06亿元。职工总数931人，其中正式工81人，劳务工850人。

甘肃石油分公司主要生产经营指标见表1。

(孙晶涛)

【全力扩大市场影响力】 2012年，甘肃石油分公司加大与当地相关部门的协调力度，全力促成了甘肃省加油(气)站“十二五”规划的增补工作，为今后三年公司的发展奠定了基础。全年共发展加油站39座，其中投营30座。2月，武威成品油配送中心正式开工奠基，这是甘肃石油分公司“十二五”期间第1座新建的油库；10月，玉门容大加气站投营，成为甘肃石油分公司收购的第1座加气站，全年共计投营加气站2座，在建2座；11月，甘肃石油分公司第1座高速路加油站——海子八段加油站正式对外营业。

(孙晶涛)

【经营指标稳步提升】 2012年，甘肃石油分公司完成成品油销售量34.33万吨，完成石化股份公司下达任务指标，同比增加10.16万吨，增幅42%。其中，零售24.21万吨，完成任务指标，同比增加9.67万吨，增幅66.6%；直销8.03万吨，完成任务指标，批发2.09万吨，同比增加0.58万吨，增幅38%。实现销售收入25.34亿元，同比增加7.94亿元，增幅46%；实现毛利1.11亿元，同比减少464.93万元；发生亏损5 968.39万元。实现非油品收入1 085.88万元，完成任务指标的136%，同比增加706.88万元，增幅187%。

(孙晶涛)

【HSE工作扎实推进】 2012年，甘肃石油分公司强化全员HSE责任制，继续实行领导带班制和定点联系责任制，确保了全年未发生责任事故，完成石化集团公司的HSE主要考核指标。制定并下发了《七想七不干实施细则》，应用“七想七不干”识别卡促进了制度执行。对高风险作业通过采取操作人员执行“七想七不干”确认，站长、主任等管理人员通过HSE观察卡的复核，对确保现场安全起到了积极效果。全年组织参加安全科长、油库主任、计量、质检等各类培训班6期，分公司现场进行针对培训6次，培训人员150多人次。由分管领导带队组织开展了施工现场专项检查、半年和年终检查，对一些突出问题进行了跟踪整改，促进了基层规范管理工作的推进。全年共投入维修及自然灾害补偿资金达350多万元，对各类隐患进行了维修治理，实现了生产设施的安全稳定运行。按照石化集团公司新的劳保规定，完成了库站全员新的劳保服装配备，基层员工体检率达100%，库站作业所需的安全帽、安全带等个体劳动防护用品配备到位。

(孙晶涛)

【数质量管理逐步完善】 2012年，甘肃石油分公司在主要地市公司采取封闭式损耗核查确认、强化交接管理等举措，油品损耗管理氛围逐步改进，为公司计量管理奠定了基础。建立并通过了石化集团公司质量管理体系审核，从制度、检测手段、质检队伍等方面初步实现了质量风险的全流程控制。通过事前周密准备和跟踪，确保国家、石化集团公司二次抽检油品质量全部合格。

(孙晶涛)

【党建思想工作水平进一步提升】 2012年，甘肃石油分公司以“比学赶帮超”工作为抓手，开展“一转双创”“一名党员一面旗帜”等活动，适时调整了部分地市公司领导班子，充分发挥分公司领导班子合力作用。组织党建座谈会暨党支部书记培训班，加强党风廉政教育，提高基层党支部书记的思想政治素质和工作能力。深入开展基层组织建设年活动，推行支部工作标准化，逐步建立了“党员责任区”“党员示范岗”。组织和动员员工对标先进，选树典型，把解决基层困难作为日常性工作，确保员工队伍和谐稳定。年内先后开展了春节联欢晚会、趣味运动会、“为民服务创先争优”先进事迹报告会、纪念建党91周年系列活动，丰富了员工文化生活。全年甘肃石油分公司新发展党员22名，转正12名，全公司党员人数达144人。

(孙晶涛)

表 1　　甘肃石油分公司主要生产经营指标①

指标名称 \ 年份	2012	2011	2010	2009	2008
成品油销量 /万吨	34. 33	24. 17	16. 15	5. 95	3. 89
零售量	24. 21	14. 54	7. 10	2. 52	0. 12
销售收入/亿元	25. 34	17. 40	9. 90	3. 22	2. 07
利　润/万元	－5 968. 39	253. 90	－4 133. 10	－309. 70	－263. 14
吨油费用/元	497. 00	456. 82	508. 00	278. 57	269. 16
加油站总数 /座	51	26	25	14	1

①2008—2009 年统计的是改制前数据

宁夏石油分公司

【概况】 中国石油化工股份有限公司宁夏石油分公司(简称宁夏石油分公司)位于宁夏回族自治区银川市金凤区，其前身为 2005 年成立的中国石化销售有限公司西北宁夏分公司。2009 年 12 月，按照石化集团公司党组关于区外销售企业体制调整安排，宁夏石油分公司正式成立，直接隶属石化集团公司党组管理。公司主营汽油、柴油、润滑油和其他石化产品的零售、直销配送、批发和仓储业务以及加油站便利店非油品业务。

截至 2012 年底，宁夏石油分公司本部设综合处、经营管理处、零售中心、商业客户中心、非油品中心、人力资源处、财务资产处、发展基建处、安全数质量处、油库管理处、监察处共 11 个职能处室；下设银川、石嘴山、吴忠、固原、中卫 5 个分公司，控股中石化石嘴山市常道石化有限公司(简称常道石化)、中石化宁夏易捷石化有限公司(简称易捷石化) 2 家合资公司。在营加油站 115 座，石嘴山惠农油库 1 座，资产总额 18. 25 亿元。用工总量 1 255 人，其中正式职工 85 人。

宁夏石油分公司主要生产经营指标见表 1。

(武　桐)

【主要经营指标完成较好】 2012 年，宁夏石油分公司实现销售收入 44. 10 亿元，同比增长 14. 6%。成品油经营总量达到 59. 07 万吨，同比增长 12%，完成中国石化总部下达任务的 101%。其中，零售量达到 34. 01 万吨，同比增长 18. 6%；直销量 23 万吨，同比增长 8. 3 %；实现终端销量 57 万吨，终端比例 97%，零售比重 58%。累计发行加油卡 22 075 张，持卡消费比例 25%。非油品总销售额达到 1. 3 亿元，其中便利店实现销售额 2 976 万元，完成总部下达任务的 119%；易捷石化合资公司枸杞产品销售额突破 1 亿元，同比增长 122. 6%。总费用 2 亿元，吨油费用 353. 41 元。

(武　桐)

【经营能力不断增强】 2012 年，宁夏石油分公司加大与有关部门的沟通协调，主动做好资源配置衔接工作，确保配置资源到位率达到 100%。积极与延长集团、山东地炼等企业联系，拓宽外采渠道，为做大经营规模提供了资源保障。面对复杂多变的市场形势，加强市场预测分析，敏锐捕捉信息，坚持日报表、周调度、月分析等制度，加强对经营业务指导，灵活制订营销策略，积极扩大终端销售，优化经营结构，努力扩销增效。特别是下半年，按照中国石化总部“稳增长”的要求，奋力扩销拓市、加强库存管理、灵活制订价格，连续 7 个月销售量保持在 5 万吨以上，为完成全年任务打下坚实的基础。零售以“优质服务月”活动为契机，以规范管理、提升油站整体竞争能力为抓手，采取了“油非互动、加油卡促销、单站日均增量 1 吨油”等组合营销，提高纯枪量，增加配送量，做大零售量。加强直销市场细分和差别化营销，灵活运用“资源统筹和价格杠杆”等多种手段适时调控，在宁夏煤炭行业不景气的形势下，仍然保持直销规模增长和主要客户群体稳定。成品油销售量占宁夏市场的比重已经超过 20%，完成了下达的目标任务。

(武　桐)

【非油品业务增长迅速】 2012 年，宁夏石油分公司优化便利店品类结构，加大烟草证办理和团购工作力度，新开便利店 26 座，累计投营便利店 96 座，新增烟草证 39 个，烟草办证率达到 81%。拓展服务功能，提升销售技巧，便利店毛利率13.68%，单店日均营业额达到850元，年营业额超100万元便利店达到2个，超50万元便利店达到12个。突出抓好枸杞等重点商品销售，“国杞天香”品牌的市场认可度不断提高，开发的枸杞饮料正式进入市场销售，取得了860万元的销售额，枸杞产品销售额过千万元，在系统内位居前列。规范进销存流程，合理控制便利店库存。加强商品质量、食品安全、发票开具等环节管理，杜绝假冒伪劣商品进店销售，维护“易捷万店无假货”的品牌形象。

（武　桐）

【网络发展质量提升】 2012年，宁夏石油分公司完成投资4.26亿元，比上年增长30%。按照“融入地方、借势发展、合作共赢”的战略加快网络布局。新发展加油站28座，加油站总数达到124座，其中在营加油站达到115座，同比增加36座；建成加气站14座，其中3座投入使用，开工建设了加气母站，实现了县县都有中国石化加油站的目标。加强投资管理，防范安全隐患，提高发展质量和投资回报率。单站年平均零售量达到3 500吨。惠农油库完成铁路站改等扫尾工程，运行平稳有序，年吞吐量达到49.8万吨。银川油库手续报批和征地工作基本完成，已经具备开工条件。在区外公司率先发行加油卡，107座加油站安装加油卡设施，占在营加油站总数的93%。

（武　桐）

【管理水平持续提升】 2012年，宁夏石油分公司按照“经营一元钱，节约一分钱”的要求，严控不必要的开支和非生产性开支，加强资金管理和费用控制，进一步降本增效。严格执行接待管理有关规定，认真履行接待审批手续，从严控制接待费使用，公务支出同比下降14%。进一步加大集中采购管理力度，扩大集中采购范围，强化采购全过程监管。增强风险意识，严查风险点，堵塞经营漏洞。推进制度标准化信息化改造，梳理机关、地市公司、加油站3个层面的制度和流程。按照“谁主管、谁负责”的原则，狠抓HSE工作，严把工程设计、物资采购、建设施工等环节质量关，认真落实作业现场“七想七不干”的要求，切实加强关键装置和要害部位监管，没有发生上报等级安全事故。将油品质量、非油品质量、服务质量等全部纳入质量管理的职责范围，严控数质量事故的发生。继续开展“规范管理年”活动，加强与对口帮扶单位的协作，加强审计、内控、法律合同等管理，做好文档和保密等工作。加大效能监察，规范经营管理行为。先后接受了国务院监事会、石化集团公司“规范管理年”检查组、HSE检查组的检查，得到检查组对公司管理工作给予的较高评价。

（武　桐）

【党建思想政治工作扎实推进】 2012年，宁夏石油分公司开展“基层党组织建设年”活动，新增3个基层党支部，发展党员31名。开展了民主评议党员工作，举办新发展党员和入党积极分子培训班，组织党员到延安接受红色教育。开通了“领导信箱”和“改善经营管理意见箱”，鼓励职工为企业发展建言献策。开展“为民服务创先争优”活动，以顾客满意为标准，增加便民服务，在“为民服务创先争优”活动中，有1个先进集体、8个优秀服务窗口、4名先进个人和15名优秀服务标兵受到中国石化总部表彰。加强工会、共青团工作。“限高保低”政策取得实效，一线基层员工收入增长13%。加强反腐倡廉教育，完善廉洁从业制度，深化业务公开，反腐倡廉建设不断加强。

（武　桐）

表1　　宁夏石油分公司主要生产经营指标①

指标名称＼年份	2012	2011	2010	2009	2008	2007
成品油销售总量/万吨	59.07	52.49	41.82	14.02	13.07	9.72
零售量	34.01	28.68	14.91	7.65	5.81	2.92
销售收入/亿元	44.10	38.46	25.61	7.36	7.18	4.47
利　润/万元	-2 388.23	1 680.00	-666.67	1 221.67	984.89	168.74
吨油费用/元	353.41	291.56	225.99	198.29	187.61	196.60
在营加油站总数/座	115	79	48	25	18	10

①2007—2009年为中国石化销售有限公司西北宁夏分公司数据

销售华北分公司

【概况】 中国石化销售有限公司华北分公司(简称销售华北分公司)是中国石化所属油品销售事业部的派出机构，是中国石化大区销售企业之一，机关设在天津市。公司前身始建于1950年3月，隶属于商业部。1985年1月成建制划归中国石油化工总公司。公司为大Ⅰ型企业，主要负责华北地区6个省市(北京、天津、河北、河南、山西、山东)、东北地区3个省(黑龙江、吉林、辽宁)以及全国20多个省市成品油资源组织和调运，并对华北区内重要储运设施实行统一管理。主要担负资源组织、物流优化、储运管理、统一结算、市场监管职能。截至2012年底，销售华北分公司本部有职能处室12个，专业中心2个，基层单位12个，在华北区内炼厂设立11个办事处。公司管理资产163亿元，拥有大区储备库4座，总库容76万立方米；管理的华北成品油管网全长2 953千米。2012年，销售华北分公司成品油经营总量4 485万吨，销售收入3 252亿元，连续第7年列“天津企业百强”之首。

销售华北分公司主要生产经营指标见表1。

(马　楠)

【资源管理促效益】 2012年，销售华北分公司完成《2012年华北区资源格局分析》，在负号油置换和应对炼厂检修工作中发挥了巨大作用。对集中采购进行全过程控制，集采资源辐射15个省市，集中采购完成217万吨，规模效益进一步显现，为省市公司经营提供了有力支撑。全方位整合操作非石化资源，拓展资源串换渠道，打造串换资源直通车，全年完成串换35.6万吨，节约运杂费4 608万元。将京Ⅴ油品的资源保供纳入整体资源管理体系，有效保障北京地区成品油资源供应。

(马　楠)

【物流运行质量实现新提升】 2012年，销售华北分公司拓展运行新通道，通过“两港四库”运作模式、开通“水铁联运”新线路等措施，全力保证东北、内蒙等区外地区资源供应。发挥龙组优势、合理安排水运运力、满负荷管输苏皖资源，有效解决了因华东、华中、华南部分炼厂相继进入检修期而导致的区间调拨资源激增问题。做好一、二次物流优化整合，围绕优化运输流向、制订降费措施等关键点，深挖物流运行潜力，做好物流降费。接手鲅鱼圈油库运行管理工作，6月8日，鲅鱼圈油库正式投入运营，截至年底完成吞吐量80万吨，为东北地区资源充足供应、提高市场占有率提供了有力支持。

(马　楠)

【HSE管理推进落实】 2012年，销售华北分公司推进安全标准化建设工作落实。建立应急预案定期补充完善机制，组织不同层面应急演练，磨合应急联动机制，提升应急处置能力。抓实HSE检查和整改，坚持综合检查与专项检查相结合、检查与整改相结合、考核与指导相结合，强化整改工作的跟踪复查，确保整改防范措施落实到位。强化作业环节安全风险控制，加大直接作业环节管理力度，提升安全掌控能力。扎实开展“百日安全暨平安管道竞赛”活动，营造全员重视安全、关注安全的良好氛围。

(马　楠)

外管道泄漏应急处置演练封堵现场(刘玉妹　摄)

【管网运行效率实现新提升】 2012年，销售华北分公司实施济南站联通流程改造等6项技改措施，并实现冬季鲁皖管道0#柴油顺序输送常态化，为增加管输量、降本增效奠定了基础。完善华北管网核心组织体系，发挥华北管网多点注入优势，实现各炼厂资源互补，确保各关键节点管输效率最大化，全年管输完成1 258万吨，超年度目标3万吨。完善清管流程，采取安装软体清管器跟踪装置、研发在线磁力除锈装置等措施，不断提高清管工艺，清管工作实现规范化。完善管网调度运行考核，全面锻炼站场操作能力，理顺中心、站场指挥与汇报反馈流程，确保特殊情况下中控远程指挥指令畅通，站场操作安全规范。

(马　楠)

【管网保运取得进展】 2012年，销售华北分公司建立设备运行及抢维修工作周视频例会制度，通过例会解决设备问题118项，保障了安全生产运行。独立研发出6个大类16种抢维修封堵卡具，实现了抢修卡具的标准化、系列化，全年完成主输泵大修12台次，重大抢维修任务33项。推广“三位一体”管道联防模式，引入次声波预警系统和光纤预警系统，全年召开管道联防工作会407次，侦破打孔盗油案件12起，抓获犯罪嫌疑人49人。加大技防工作力度，完善GPS巡线管理系统，引入次声波预警系统和光纤预警系统，为外管道保护提供技术支持。规范第三方施工管理，全年制止危害管道及附属设施的第三方施工496起，现场监护9 836人次。

（马　楠）

【计量管理工作不断强化】 2012年，销售华北分公司将管网损耗控制列为年度“一号工程”，在修订完善计量管理制度和考核奖惩的基础上，通过开展华北管网全程比对和分段盘点工作、强化月度盘点监督检查、严控储备库管输及水路进库损耗、实现质量流量计离线检定定点定时、强化计量员专业技能培训、进一步规范完善计量交接协议、实现体积管在线检定试运行并取得建标资质等一系列措施，有效提升了公司系统计量管理水平。

（马　楠）

【加大企业管控力度】 2012年，销售华北分公司细化评价指标体系，实现“比学赶帮超”活动考评由定性向定量转变，建立动态风险防范预警机制，为企业发展营造良好环境。加强投资动态管理，加大投资执行和控制力度，实现对在建工程项目的全过程管理。组织开展ISO 9000质量管理体系内审工作，推进LIMS系统上线运行，建立炼厂省市定期沟通机制，公司质量管理信息化水平进一步提高。开展档案规范化管理评估体系和红旗考评体系建设，加强核心档案资源管理，恢复部门立卷，公司档案管理达到天津市企业档案管理最高等级3A标准。

（马　楠）

【存续企业竞争力进一步增强】 2012年，悦泰公司以“海龙”燃油宝系列产品销售为基础，积极培育柴油车尾气处理液、降凝剂、品牌油添加剂等新的经济增长点，实现经济效益稳步增长，全年实现利润5 315万元，并获最具社会责任、环保合作伙伴和绿色环保企业3项环保大奖。金皇公司以精心经营、精细管理、精益服务为工作主线，进一步优化服务质量，经营管理能力进一步增强。

（马　楠）

【积极营造企业和谐氛围】 2012年，销售华北分公司组织开展企业文化建设系列活动，发动职工总结提炼企业精神表述语，促进员工价值行为与企业行为相和谐。设立开通总经理和党委书记信箱，公司门户网正式上线运行，搭建公司一体化信息发布平台，拓宽干群沟通渠道。构建并完善了以“三支队伍”特别是专业技术和技能操作人员职位序列为重点的人才多向发展通道，进一步调动和发挥各类人才干事创业的积极性。深入开展以“小革新、小发明、小改造、小设计、小建议”为主要内容的“五小”创新活动，收到立项76件，调动广大员工关心企业发展、创新创效的积极性。

（马　楠）

表1　销售华北分公司主要生产经营指标

指标名称＼年份	2012	2011	2010	2009	2008	2007
成品油销售总量/万吨	4 485.00	4 208.00	3 934.00	3 428.31	3 227.91	2 754.22
销售收入/亿元	3 252.00	2 931.00	2 342.58	1 736.50	1 752.88	1 240.01
实现利税/亿元	22.00	72.70	44.36	40.76	55.92	47.36
利　润	39.70	58.30	33.89	31.97	48.95	38.23

销售华东分公司

【概况】 中国石化销售有限公司华东分公司（简称销售华东分公司），系国有大Ⅰ型企业，办公地址为上海市长宁区愚园路819号，内部资本金7.28亿。公司前身中国石油运销公司始建于1949年8月。1985年1月划归中国石油化工总公司。2002年10月更为现名。销售华东分公司资源管理辖区为江苏、浙江、福建和上海三省一市，主要履行对华东区成品油资源实施资源组织、物流优化、储运管理、统一结算和市场监管等职能。

截至2012年底，销售华东分公司本部机关设办公室、财务资产处、经营管理处、管道油库处、安全数质量处、发展规划处、信息处、人力资源处、审计监察处9个职能处室和1个成品油调控中心。下设陈山油库、嘉兴输油处、南京输油处3个二级单位。公司在华东区7家炼化企业设有办事处。公司有职工380人，其中正式工218人、劳务工162人；有高级职称的22人、中级职称的55人。公司拥有在营油库2座，其中陈山油库总库容43.5万立方米，栖霞油库库容11.5万立方米；在营成品油管道2条，为浙苏管线和苏南管线，总长600余千米。

2012年，销售华东分公司在销售系统“比学赶帮超”活动中取得红旗21面。全面完成了石化集团公司下达的2012年度绩效考核目标。

销售华东分公司主要生产经营指标见表1。

（王文东）

【各项生产经营指标完成良好】 2012年，销售华东分公司共完成石化炼厂资源收购计划3 448.39万吨，完成率100%；省市供应完成2 705.11万吨，完成率100%，实现了配置计划完成2个100%的工作目标。全年供省市物流实际完成2 746.54万吨，支出运杂费用15.23亿元，吨油费用为55.46元，较考核指标降低2.54元。全年华东管网完成输量559.49万吨，超考核目标39.49万吨。

（王文东）

【持续提升安全管理水平】 2012年，销售华东分公司各项HSE和数质量工作有序开展，全年没有发生上报安全环保和数质量等级事故，没有发生职业卫生急性中毒事故，员工体检率100%，职业危害告知率100%。全年无安全生产等级责任事故，在外管道管理上连续5年实现管道打孔盗油为零、违章占压为零、第三方施工破坏为零。开展“查找身边十大薄弱环节活动”，完成了陈山油库汽油罐区防火隔离带隐患治理等项目，有效保证了企业的安全平稳运行。全面修订HSE管理体系，完善了38项HSE管理制度。同时加强水路配送安全监管，重新梳理和调整公司承运商队伍，基本落实了公司沿江沿海主要航线的双底双壳运力，为油品的输送提供了安全保障。

（王文东）

【优化物流节费增效】 2012年，销售华东分公司努力提高物流运行效率，开展了石化和外采两种资源、大区与大区层面的串换工作，完成资源串换13万吨，节约运杂费1 330万元。进一步提高铁路装载率，区内铁路装载率同比提高0.09个百分点，达到94.16%，节省运杂费90万元。首次尝试对船舶运营成本进行深入分析，合理调整运价方案，把运价向利润率较低、船舶较少的内河地区倾斜，使得各航线运价的利润率更加合理，促进了水路运输市场的健康发展。

（王文东）

【数字化管道系统正式上线运行】 2012年3月，销售华东分公司华东成品油数字管道管理系统一期项目启动立项开发，数字化管道系统根据华东管网所涉及的地理信息、环境资源等信息参数，构建管道资产管理、巡检管理、历史事件、应急预案信息库。一期项目于11月15日正式上线运行，为华东管网高效安全运行提供了科学便捷的工具，并为管道的完整性管理和生命周期管理提供强有力的技术支撑。

（王文东）

【苏北管道全线开工】 2012年10月，销售华东分公司苏北管道项目开始破土动工。工程项目建设总概算为14.67亿元。管线起点为扬子首站，规划建设东线（扬子—扬州—泰州）、北线（扬子—淮安—宿迁—新沂），同步建设淮盐支线（淮安—盐城）。管道设计全长618千米，设计压力为9.5兆帕，共设输油工艺站场7座。

（王文东）

【完成陈山油库原油罐改造】 2012年3月，销售华东分公司陈山油库改扩建一期工程正式开工建设，项目主要内容是将陈山油库山南部分2座1997年投用的5万立方米原油罐改造成为柴油罐，改造项目于11月竣工完成，改造后油库总容量为43.5万立方米。

（王文东）

【设备管理水平再上新台阶】 2012年，销售华东分公司进一步深化PM应用，加强设备基础资料收集和台账规范化管理，实现设备的精细化管理和动态管理。完成设备制度标准化改造19项，其中新增6项，使设备管理制度更加切合生产实际；整体设备完好率保持在98%以上，较2011年提高2个百分点。

（王文东）

【改造优化生产工艺】 2012年，销售华东分公司开通了江阴汽油上岸注入苏南管线的工艺流程，增强了无锡站富汽混油回掺能力；开展了栖霞首站库汽油旁接罐工艺的试运行，解决了首站罐容不足以及苏州站不能同时双向下载油品的问题；改造了苏州站内回掺管线和湖州站污油回掺管线，实现了对浙苏管线和苏南管线同时进行不同油品的回掺。

（王文东）

【不断提升市场预测能力】 2012年，销售华东分公司针对镇海炼厂3、4月检修情况，召开专题协调会议，编制浙江省保供预案，顺利保障镇海炼厂检修期间浙江市场的供应。针对年底金山石化、金陵石化扩能改造后和江苏国Ⅳ汽油推广后的出厂流向和供应问题，提前预判，编制联动方案，重点对苏南与浙苏管线的输送安排进行分析和研讨，从源头上提前解决物流运行难题，为全年成品油物流的稳定运行提供了保障。

（王文东）

【多种手段强化资源统筹】 2012年，销售华东分公司把办事处加入调度例会的参会范围，进一步完善例会制度、提高会议效率，促进了管理水平和管理效能逐步提升。在调度系统中开发出厂调度日志、GPS停航报警、船舶异动报警、船舶滞港分析等功能，规避船舶在运行过程中可能出现的不规范或风险行为，提高了企业安全系数。加大区外资源调运力度，优先安排船舶靠港装运，全年调区外资源量110.13万吨；同时发挥铁路小龙组使用效率，加大镇海炼厂往江西铁路的发运量，全年完成27.69万吨，进一步增强了统筹运输能力。

（王文东）

【数质量管理稳步加强】 2012年，销售华东分公司全面贯彻中国石化总部质量体系的要求，努力提高损耗管理水平，入库损耗率为0.45‰，长输管道管输盈余286吨，盈余率为0.05‰；下载罐表差率平均为0.81‰；进出库全口径盈余1 274吨，整体损耗控制较好，排在销售系统前列。

（王文东）

【联营业务稳步发展】 2012年，销售华东分公司联营单位上海石化物资交易中心经营收入实现866.6万元，管理费用支出资金安全严格控制在指标之内，较好地完成了董事会年初制订的经营管理工作目标任务。

（王文东）

【ERP建设进一步加快】 2012年，销售华东分公司进一步以深化ERP系统为主线的信息化建设工作。开发了水路运杂费往来对账ERP报表，完善了库存盘点ERP报表，新增管道投资、陈山下海业务等4个需求的ERP流程，并完成了交易中心ERP上线工作，为提高管理效率、降本增效创造了良好条件。经过努力，公司被评为石化集团公司ERP物料模块先进企业，首次被评为石化集团公司信息化A级企业。

（王文东）

【审计监察成果显著】 2012年，销售华东分公司加强重点领域、关键环节的公开透明运行，全年共计上载业务信息426条，涉及合同金额达20.961亿元。组织开展清理外协队伍效能监察，有2家承运商171艘船舶被清理下线。同时开展审计项目11项，投资、修理项目送审27项，送审金额1 025.54万元，审减147.54万元，审减率14.39%，切实维护了公司的经济利益。

（王文东）

【员工队伍建设取得新成绩】 2012年，销售华东分公司先后有4人通过高级职称评审，3人通过中级职称评审，1人获得技师职业资格，3人获得高级工职业资格，12人获得中级工职业资格，28人获得初级工职业资格，队伍素质稳步提升。进一步完善领导干部选拔机制，通过竞争和票决选拔出2名驻厂办事处主任，调整中层管理人员4人，调整基层管理人员6人。完成公司级培训项目18个，外送培训143人次。远程培训系统顺利上线投用，共有237人在系统内完成注册，有221人参加了学习，学习总次数6 015次，学习总时长5 545小时，实现了整个中国石化培训资源的共享，为人才成长提供了良好的基础。

（王文东）

【改善经营管理建议取得新成效】 2012年，销售华东分公司倡导"员工的每一项建议都有价值"的理念，开展改善经营管理建议活动。全年共收到改善经营管理建议171条，在线评出公司级优秀建议26条，专业级优秀建议75条。公司实施立项建议取得3面红旗，位列大区公司第1位；提报优秀建议3条，位列大区公司第2位，改善经营管理建议工作成绩显著。

（王文东）

【有效组织制度标准化改造】 2012 年，销售华东分公司不断完善制度改造及执行评估，完成制度改造 197 项，上传总部 197 项。各部门、单位自查制度 67 项，提出建议及措施 69 项。

（王文东）

【进一步推进和谐包容文化建设】 2012 年，销售华东分公司组织开展“一转双创”主题活动，收集了 35 条意见和建议，并认真组织进行落实整改。积极开展思想政治工作研究活动，牵头华东片区政研会，组织 2 次片区交流活动，并开展政研论文评审和推荐上报工作。按照“真困难、真帮助”原则，对困难职工家庭送温暖，全年共发放慰问金、临时性困难补助金 6 万元，进一步增进了党群干群关系，促进了企业和谐稳定。开展丰富多彩的各类文体竞赛活动，组织了书法讲座、羽毛球、跳绳比赛等文体活动，丰富了员工业余生活。全年没有发生一起公司员工信访上访事件。

（王文东）

表 1　　销售华东分公司主要生产经营指标

指标名称 \ 年份	2012	2011	2010	2009	2008	2007
成品油资源收购/万吨	3 448.39	3 500.49	3 400.29	3 252.00	3 576.17	3 323.26
省市供应/万吨	2 705.11	2 829.21	2 737.40	2 566.32	3 357.36	3 318.98
管输量/万吨	1 488.43	1 398.73	1 139.54	928.00	764.00	577.00
主要储运设施						
油　库/座	2	1	1	1	1	1
管　道/条	2	2	2	1	1	

销售华中分公司

【概况】 中国石化销售有限公司华中分公司(简称销售华中分公司)坐落于湖北省武汉市。其前身华中石油公司成立于 1949 年，1985 年 1 月 1 日划归中国石油化工总公司，改名为中国石化销售公司中南公司，1998 年更名为中国石化销售中南公司，2006 年 10 月更为现名。

销售华中分公司是石化集团公司的派出机构和区域物流中心，主要担负产销衔接、资源平衡、运输协调、物流优化、沟通协调的职能，负责辖区内荆门、武汉、巴陵、安庆、九江和长岭分公司的成品油的收购，负责湖北、湖南、安徽、江西、四川、重庆的成品油供应，负责对华中、华东、华南、华北等地区的成品油跨区调拨，担负对部队、铁路、民航、交通、渔业等专项用户的成品油供应工作。截至 2012 年底，公司机关设 11 个处室，下设 2 个二级单位，6 个驻厂办事处。共有员工 434 人，其中正式工 186 人，劳务工 248 人；硕士学历 41 人，本科学历 108 人，本科以上学历占到正式职工人数的 80%。

销售华中分公司主要生产经营指标见表 1。

（兰　珣）

【项目建设进展顺利】 2012 年，武汉—广水管线于 12 月 28 日一次投油成功。调控中心大楼完成了项目各项收尾工作，于 3 月 27 日正式启用。长岭首站工程 12 座储罐主体安装和水压试验全部完工，工艺管线安装已完成 40%。航煤管道工程同沟敷设段于 8 月底完工，同沟敷设 17.5 千米。顺利实现了荆门—荆州、长沙—株洲管道划转，武汉穿江成品油管道控制系统、荆门—荆州管道通信和中控系统于 6 月底正式接入调控中心，长沙—株洲管道通信系统已经完成设备安装和调试；穿江管道清管系统、光纤预警系统也先后完成了安装和施工，具备了投用条件。及时开通、培训相关信息系统，注重与委托代建项目部之间的联系，湖南、江西、安徽成品油管道二期工程进展总体顺利。

（兰　珣）

【保障市场稳定供应】 2012 年，受成品油产能结构调整影响，华中成品油消费市场变化波动较大，加上区内炼厂停工检修，成品油市场供需矛盾十分突出。面对不利形势，销售华中分公司适时调整经营策略，充分发挥资源、物流、库存统筹运作优势，优化现有运力，既有效保证了区内市场的稳定，又努力扩大了生产企业出厂规模。全年完成石化资源收购总量1 844万吨，供应总量1 843.04万吨，计划兑现率为100%；片区成品油管道输油量774.05万吨，较目标超14.05万吨；调区外资源量214万吨，较中国石化总部下达的计划指标超76万吨。

（兰 珣）

【生产运行进一步优化】 2012年，湖北输油处及华中区域调控中心顺利组建和投用。建立了输油处组织架构图，完善了各项制度、流程和岗位职责，建立了华中成品油管道调控运行体系；实现了对武汉穿江、荆门—荆州、武汉—广水等管道的中控管理，标志着华中管网正式从站场控制迈入集中控制。调整油库生产运行模式，实行以作业长带班模式的大部作业制，使油库作业环节更加有序，生产效率得到很大的提高。大庄油库先后启用公路发油台和水路码头；武汉油库T3罐区与发油台动火连接、铁路发油台调试并投用。全年武汉油库吞吐量212.14万吨，同比增加11.14万吨；大庄油库吞吐量228.56万吨，同比增加33.56万吨。强化外管道日常巡检管理，借助外管道GPS巡线管理系统，对巡线情况进行实时跟踪和监控，确保了巡线质量。完成了管道阴极保护系统的检测、维护，最大限度地延长管道及附属设施的使用寿命。实现管道“四零”目标。

（兰 珣）

【降本增效有效推进】 2012年，销售华中分公司通过调整资源结构及流向、优化物流和提升罐车装载率，减少运杂费支出约1.39亿元。建立了以吨油运杂费、商品损耗、能耗支出、资金成本、公务性支出5类指标为核心的成本指标管理体系，不断强化成本管理过程监控，超额完成全员成本降费目标近8 600万元。严把预算审批关，通过前置预算管理流程，层层把关审核月度申报预算，有效避免了不规范支出、控制了超标准支出、消除了不合理支出，全年实际支出比中国石化总部年度考核指标节约近2 800万元。通过建立应收账款预警台账、库存变动表，有效落实合理延期投资资金月末集中支付等措施，全年财务费用比总部下达计划节约近1 900万元。

（兰 珣）

【队伍建设持续加强】 2012年，销售华中分公司不断完善人才招聘，通过笔试、面试、教学、辩论、竞技、座谈、下基层等形式，为新进的20名员工尽快熟悉、融入公司提供了良好平台。成立了中级专业技术职务任职资格评审委员会，完成了职称初定、职称评审工作，全年获得初级任职资格20人，中级任职资格5人。举办或参加各类培训班49期，共培训900人次。培训内容涵盖了技术、管理各个方面。

（兰 珣）

【不断完善招投标及合同管理】 2012年，销售华中分公司推行编制招标文件与审核招标文件人员、标前工作与开标工作人员、评审专家抽取与使用人员、招标组织与内部监督人员四分离，有力确保了中标单位资质条件最好、管理最规范、中标价格最低廉。全年共组织招投标21次，定标金额5 077万元，相比概算节约资金27%；共组织谈判19次，定标金额1 368万元，相比预算节约资金16%。注重法律风险管控，全年共签订各类合同317份，涉及金额5.12亿元，合同审核率和线上审批率都达到了100%，没有发生一起诉讼纠纷案件。

（兰 珣）

【不断加强信息化建设】 2012年，销售华中分公司进一步完善了ERP系统，组织实施了湖南、江西、安徽3个管道项目部以及湖北输油处的ERP系统上线，将项目部和输油处的经营业务纳入ERP系统管理，规范了业务流程，堵塞了管理漏洞。深化OA系统的应用，实现了OA系统文件、材料自动归档功能以及管理控制流程审批信息化和流程化权限控制管理。

（兰 珣）

【数质量管理取得新成效】 2012年，销售华中分公司通过紧盯出厂环节把好降耗源头关，整改码头工艺、操作管理流程，片区出厂总体损耗率降至0.69‰；重点监控运输环节，对水运物流智能GPS调度系统进行提升，强化船舶运输途中损耗监控和分析；严管卸油环节，督促油库完善工艺流程，加强卸油期间码头作业管理，防止串谋偷盗油品。水运一次物流综合损耗率同比下降0.32‰，损耗量同比减少707.94吨，经济价值672.54万元。武汉穿江成品油管道实现了管输混油全回掺，合格率100%；直属储备库全年进出库油品1 273批次，合格率100%。

（兰 珣）

【党群工作全面加强】 2012年，销售华中分公司扎实开展“一转双创”、创先争优、基层组织建设年等主题活动，在各级党组织中持续广泛开展“亮标准、亮身份、亮承诺”活动，对在创先争优活动中涌现出的先进党支部、优秀共产党员和优秀党务工作者进行了表彰。稳步推进党建工作体系、党组织机构和党务工作者队伍建设，积极推进党支部标准化建设，规范基层组织工作。深入开展了机关干部下基层、“凝心聚力，引领发展”职工思想政治主题教育、“学镇海、学安喜”大讨论等活动，发挥了凝心聚力、推动工作的积极作用。严格执行党风廉政建设责任制，逐级签订党风廉政建设责任书。开展组织观看警示教育专题片、参观洪山监狱等形式多样的廉政文化活动。实现了全公司党员干部无违纪、无违规、无案件、无失职渎职的工作目标。

（兰　珣）

【加强员工关怀】　2012 年，销售华中分公司开展职工合理化建议征集活动；薪酬分配向一线员工倾斜，增幅明显；落实员工帮扶救助，不断完善“职工之家”，开展形式多样的文体活动，丰富职工文化生活。

（兰　珣）

【履行社会责任】　2012 年，销售华中分公司开展“城乡互联，结对共建”活动，帮助保康县店垭镇 3 个共建村援建引水工程、村级道路和文化帮扶项目，投入资金 13 万元；开展“万名干部进万村挖万塘”活动，帮助红安县高桥镇 4 个村建设塘堰，投入资金 12 万元。

（兰　珣）

表 1　　销售华中分公司主要生产经营指标

指标名称 \ 年份	2012	2011	2010	2009	2008	2007
资产总额/亿元	78.21	41.82	34.40	27.56	31.49	36.34
成品油销售量/万吨	1 843.04	1 741.17	1 587.89	1 540.70	1 428.80	1 445.60
销售收入/亿元	1 502.00	1 232.64	993.00	813.00	807.00	702.30
利　润/亿元	30.00	32.11	56.05	43.30	39.00	30.90
税　金/亿元	15.92	19.44	25.90	21.42	14.70	16.39
吨油费用/元	78.90	80.96	81.32	71.30	69.15	73.87

销售华南分公司

【概况】　中国石化销售有限公司华南分公司(简称销售华南分公司)位于广东省广州市天河区体育西路 191 号中石化大厦，其前身是成立于 2000 年 6 月 18 日的中国石化销售有限公司西南分公司。2006 年 11 月 24 日，经石化集团公司党组批准，在广州注册成立销售华南分公司，从 2007 年 1 月 1 日起正式运作，系国有大 I 型企业。

销售华南分公司是中国石化销售有限公司下属的 4 个大区公司之一，是中国石化在华南地区跨省际、城际间的成品油区域物流中心，主要负责华南区域中国石化广州分公司、茂名分公司、湛江东兴炼厂、海南炼化和北海分公司 5 家炼化生产企业的资源收购，以及广东、广西、贵州、云南、海南五省区成品油的资源配置、区间调拨、协调运输和统一结算等业务；统一负责华南成品油管网(已建成运行的管道全长 3 842 千米)的运营管理和规划建设。

销售华南分公司实行机关—管理处—输油站三级管理模式。公司机关设 9 个职能处室和 3 个直属中心；在管道沿线设 6 个输油管理处和 43 个输油站；另根据管道建设需要，设 3 个工程项目部；在炼厂设 5 个驻厂办事处，负责与炼厂的业务衔接。截至 2012 年底，拥有员工 1 152 人，其中正式职工 647 人，劳务派遣工 505 人。

销售华南分公司主要生产经营指标见表 1。

（邓远龙）

【输油生产任务超额完成】　2012 年，销售华南分公司克服西南管道满负荷运行、外供电不稳以及天气恶劣、设备故障、设计缺陷等诸多困难，始终严格按照管输计划进行操作。全年完成管输量 1 594 万吨，同比增长 16.9%，超出中国石化总部下达指标 144 万吨；创造管道综合效益9.47亿元，同比增长11%。

（邓远龙）

生产调度控制中心

【市场保供任务圆满完成】 2012年，销售华南分公司坚持从年度、季度、月度计划入手，加强与炼化企业、省市公司的沟通协调，及时调整调运措施，抓好资源预控，确保了华南区域市场成品油供应平稳。全年完成油品销售量2 832万吨，同比增长8.96%；实现销售收入2 074亿元，同比增长12.9%，实现利税39.7亿元。

（邓远龙）

【"平安管道"建设活动成效显著】 2012年，销售华南分公司根据中国石化总部的统一部署，组织开展了"平安管道"建设活动，成立了专门的活动领导小组，编制活动方案，并与管道沿线6个输油管理处签订了平安管道建设责任书，取得良好成效，在中国石化总部组织的验收活动中获得了94分，并获石化集团公司2012年度"平安管道"建设先进单位称号。

（邓远龙）

【安全工作取得新进步】 2012年，销售华南分公司组织开展了安全生产标准化工作，并顺利通过了达标评审，HSE管理体系得到不断完善；组织开展了HSE年度大检查，查出并整改问题1 827项，得到中国石化总部表扬；狠抓隐患治理和大修工作，全年累计完成隐患治理项目12个、大修项目56个，及时消除了各种安全隐患；扎实开展应急演练，全年共组织各类应急预案演练534次，参加演练人数达4 433人次，大大提升了生产一线员工对各类突发事件的应急处置能力。全年未发生上报等级事故，获得石化集团公司安全生产先进单位称号。

（邓远龙）

【工程建设项目稳步推进】 2012年，销售华南分公司克服项目多、任务重、工期紧、人员少等困难，狠抓安全、质量、进度、投资、合同"五大控制"，实现了各项目稳步推进。北海—南宁—百色成品油管道（全长456千米）建成投产，黎塘、北海、茂名扩容项目（共新增罐容31万立方米）顺利完工，贵阳—重庆、百色—昆明成品油管道工程扎实推进，洋浦—马村成品油管道工程前期工作有序开展。

（邓远龙）

【"华南成品油管网防雷系统研究"获中国石化科技进步三等奖】 该项目由销售华南分公司和安全工程研究院、武汉大学共同完成。项目针对雷击输油管道走廊而导致输油管道防护层破损的损坏概率进行的仿真计算，在国内外具有领先水平；相对管道绝缘法兰处采用阳极地床接地排流的传统手段，项目提出结合去耦合器直接接地排流的新措施，也属业内首创。该项目研究成果已广泛应用于华南管网沿线各输油站场，收到较好的效果。2012年，该项目获中国石化科技进步三等奖。

（邓远龙）

【与茂名市人民政府签订合作发展协议】 2012年9月5日，中国石化—茂名市人民政府合作发展签约仪式在茂名举行，销售华南分公司代表石化股份公司与茂名市人民政府签订了合作发展协议，合作双方就能源保障，成品油网络建设，管道、配套油库及港口建设等合作事项达成了协议。9月21日，销售华南分公司根据协议精神在茂名注册成立了中国石化销售有限公司华南茂名分公司。

（邓远龙）

【教育培训工作成绩斐然】 2012年，销售华南分公司举办内部培训班30期，累计培训920人次，累计培训时间3 816小时；举办技能鉴定5期，230人通过技能资格鉴定；首次举办了中层干部和输油站站长培训班，取得了良好的成效，其中"输油站站长培训班"项目获石化股份公司2012年度精品项目考核评比第1名；开通远程培训系统，结合公司的生产安全管理实际制作远程培训课件13个，为员工学习提供了良好条件。年内获得石化股份公司教育培训管理先进单位称号和销售企业“比学赶帮超”教育培训年度红旗。

（邓远龙）

【基层党组织建设年活动成绩明显】 2012 年，销售华南分公司扎实推进基层组织建设年活动，对基层党组织进行了全面的调查摸底，经分类定级，“好”和“较好的”的党支部分别占 69% 和 31%；以支部建在输油站为重点，对公司基层党组织进行了重新调整，各输油管理处均设立了党总支，公司机关和输油管理处机关、输油站凡有 3 名以上正式党员且条件成熟的均设立了党支部，不够 3 名党员的输油站按照就近原则联合设立党支部，各工程项目部也设立了临时党支部。经改选重组后，公司共有基层党组织 55 个(原为 16 个)，其中党总支 6 个，党支部 49 个。

（邓远龙）

表 1　　销售华南分公司主要生产经营指标

指标名称 \ 年份	2012	2011	2010	2009	2008	2007	2006
成品油销售总量/万吨	2 832.00	2 599.00	2 439.00	2 373.00	2 572.00	2 190.00	1 124.00
管输量/万吨	1 594.00	1 364.00	1 374.00	1 349.00	1 315.00	1 242.00	686.00
销售收入/亿元	2 074.00	1 837.00	1 474.00	1 209.00	1 406.00	997.00	483.00
实现利税/亿元	39.70	55.00	41.08	30.98	25.22	34.51	7.69
利　润	32.85	45.80	30.66	29.03	22.73	26.00	6.87

石油勘探开发研究院

【概况】 中国石油化工股份有限公司石油勘探开发研究院(简称石油勘探开发研究院)是中国石化直属上游综合研究机构，承担国家石油勘探开发甲级工程咨询工作。石油勘探开发研究院本部设在北京，京外设有西北分院(乌鲁木齐)、无锡石油地质研究所、合肥培训测试中心。经过近 50 年的发展，石油勘探开发研究院已在油气勘探开发战略规划编制、海相层系碳酸盐岩油气成藏理论与资源评价、缝洞型碳酸盐岩油藏高效开发、特殊天然气藏开发、特殊储层预测、油气地球化学勘探、实验测试分析等方面形成了自己的特色和优势，石油地质实验测试中心和油气化探实验测试中心取得国家级计量认证。

石油勘探开发研究院是中国石化油气勘探开发技术支撑服务部、上游发展战略及油气勘探开发参谋部、油气勘探开发技术研发和集成部、上游地质资料信息中心。主要任务是承担国内外油气地质基础研究、海外新项目评价、海外重点项目的技术支持、海外油气发展战略研究及规划编制、国内上游战略规划与决策参谋服务、“三北一川”(西北、东北、华北、四川)地区油气增储上产技术支撑；承担国家及中国石化重大项目的科技攻关及牵头组织工作、石化股份公司油气勘探开发基础理论及应用技术研究、资源评价研究、规划部署研究；参与重大油气勘探开发科研项目和重大生产经营项目的设计审查、技术经济论证等工作。50 年来，累计获得国家级奖励 54 项，获得省部级奖励 504 项。

截至 2012 年底，石油勘探开发研究院有各类员工 1 183 人，其中各类专业技术人员 829 人；拥有中国工程院院士 1 名、国家“千人计划”科学家 3 名、国家“973”首席科学家 1 名、中国石化高级专家 8 名、教授及教授级高工 82 名、高工 473 名、科研人员 867 名，并聘请多名中国科学院院士和中国工程院院士作为院高级科技顾问。石油勘探开发研究院拥有海相油气开发实验室、油气成藏实验室、多波地震技术实验室、页岩油气勘探开发实验室 4 个中国石化重点实验室，是中国石化油田咨询中心和地质资料中心挂靠单位，是《石油与天然气地质》《石油实验地质》等科技期刊的编辑、出版单位。

截至 2012 年底，石油勘探开发研究院总资产 34.97 亿元，其中固定资产原值 10.27 亿元，净值 4.73 亿元。

2012年，石油勘探开发研究院承担各类科研项目500余项，重大科研项目完成率和优良率达100%。获省部级以上科技进步奖12项，申报中国石化科技成果鉴定15项；申报国家专利41项，其中发明专利34项，获得授权14项；申报专有技术15项。

石油勘探开发研究院2012年主要科研成果获奖情况及2007—2012年专利申请与授权情况见表1和表2。

（张　杨）

【油气包裹体分析新技术及应用获中国石化技术发明一等奖】 （参见第125页）

【特殊油气藏开发实验技术获中国石化科技进步二等奖】 该项目针对特殊油气藏开展了一系列基础性研究，创新性形成了缝洞型碳酸盐岩油藏开发实验技术、低渗透裂缝型油藏二氧化碳驱室内实验技术、超高压气藏开发实验技术和热化学复合体系开发超稠油机理实验技术。项目根据特殊油气藏储集空间、流体性质、流体分布与渗流规律的特殊性创新建立了特殊油气藏开发实验技术，形成国家发明专利6项、中国石化专有技术2项。研究成果经鉴定整体达到国际先进水平。

（王　强）

【叙利亚碳酸盐岩稠油油藏评价与开发对策获中国石化科技进步二等奖】 该项目由石油勘探开发研究院和国际石油勘探开发公司共同完成的。项目针对低渗孔隙型、裂缝性碳酸盐岩稠油油藏有效开发的世界级难题，集成创新了高渗次生水体及离散大裂缝识别、预测和刻画技术，水平井“立体井网”提高储量动用率技术，低阻裂缝性碳酸盐岩储层有效孔隙度和裂缝参数测井解释技术，地震/测井综合分级裂缝预测与建模技术，以“深度酸化、热化学辅助”为核心的低渗稠油蒸汽吞吐工艺技术等，为叙利亚碳酸盐岩稠油油藏评价及开发对策研究提供了技术保障。项目开展了大量现场实施工作，实现了油田产量持续增长，滚动勘探获重大突破。

（王　强）

【全面开展“五大会战”支撑工作】 为贯彻落实中国石化“五大会战”部署要求，2012年，石油勘探开发研究院成立领导小组，统一调配资源，共组织10个部门260余人开展了国内“五大会战”的支撑工作，工作得到了各会战区的充分认可。

（张　杨）

【海外项目支撑取得良好成效】 2012年，石油勘探开发研究院在安哥拉15/06区块、安第斯17区块设计的探井和评价井分别钻遇厚油层，在尼日利亚OML124区块提交的开发井投产后成效显著，为上述各区块储量接替和稳产上产提供了有力支撑。

（张　杨）

【成功研发瓜胶替代压裂液】 2012年，针对瓜胶价格快速上涨影响非常规油气开发的问题，石油勘探开发研究院及时向中国石化党组提出“推广瓜胶替代压裂液”建议，得到了党组主管领导的重视；研发的瓜胶替代压裂液——香豆胶压裂液等产品在华北、东北等油田现场应用取得了预期效果。

（张　杨）

【成功引进3名国家“千人计划”专家】 2012年，石油勘探开发研究院成功引进了约翰·沃克曼、段太忠、约翰·基洛3名国家“千人计划”专家。上述专家将在中国石化有机地球化学、油藏地质建模、油藏数值模拟等领域发挥重要领军作用。

（张　杨）

【页岩油资源与勘探开发技术国际研讨会召开】 2012年4月16—17日，由中国石化油气成藏重点实验室承办的“页岩油资源与勘探开发技术国际研讨会”在无锡召开。此次研讨会是国内首个有关页岩油的国际研讨会。

（张　杨）

【中国石化储量评估中心挂牌成立】 为保障国家能源信息安全，促进中国石化油气储量评估工作规范化，2012年7月24日，中国石化油气储量评估中心在石油勘探开发研究院挂牌成立。

（张　杨）

【金之钧获第21届孙越崎科技教育基金“能源大奖”】 2012年10月15日，石化股份公司副总地质师、石油勘探开发研究院院长金之钧获第21届孙越崎科技教育基金“能源大奖”。

（张　杨）

表 1　　石油勘探开发研究院 2012 年主要科研成果获奖情况

序号	项目名称	获奖名称	获奖等级
1	油气包裹体分析新技术及应用	石化集团公司技术发明奖	一等奖
2	特殊油气藏开发实验技术	石化集团公司科技进步奖	二等奖
3	叙利亚碳酸盐岩稠油油藏评价与开发对策	石化集团公司科技进步奖	二等奖
4	缝洞型碳酸盐岩油藏单元注水开发技术	国家能源局科技进步奖	二等奖
5	鄂尔多斯盆地油气成藏规律和主控因素研究	国土资源部科技进步奖	二等奖
6	鄂南地区油气富集规律与勘探潜力评价	石化集团公司科技进步奖	三等奖
7	中西部地区碎屑岩储层预测、保护与改造技术	石化集团公司科技进步奖	三等奖
8	采油工程数据分析预测系统	石化集团公司科技进步奖	三等奖
9	中国石化上游经济评价体系研究	石化集团公司科技进步奖	三等奖
10	纳米技术在油气工业上游应用现状及前景研究	石化集团公司科技进步奖	三等奖
11	塔河四区剩余油分布研究与挖潜技术	国家能源局科技进步奖	三等奖
12	中西部重点碎屑岩领域油气富集规律与分布预测	国家能源局科技进步奖	三等奖

表 2　　石油勘探开发研究院专利申请与授权情况　　项

年 份	国内专利		国外专利	
	申请数	授权数	申请数	授权数
2012	41	1	14	1
2011	26	0	11	0
2010	21	0	11	0
2009	31	0	13	0
2008	17	0	9	3
2007	16	0	8	1

石油工程技术研究院

【概况】 中国石化集团石油工程技术研究院、中国石油化工股份有限公司石油工程技术研究院统称中国石化石油工程技术研究院（简称石油工程技术研究院），成立于 2009 年 6 月，是中国石化直属研究院。2012 年 9 月，根据中国石化部署，加挂中石化石油工程技术研究院牌子。其业务范围以井筒技术为主，从事石油钻井、完井、测井、录井、测试、储层改造及海洋石油工程等专业的发展规划研究、科研攻关、产品研发和推广应用。

石油工程技术研究院定位为石化集团公司石油工程业务发展的参谋部、石油工程高新技术研发中心和国内外石油工程技术支持中心。主要职责包括石化集团公司石油工程技术发展战略、规划、部署等研究；负责组织开展石油工程技术基础性、前瞻性和重大项目研究与攻关，组织石油工程相关装备、工具、仪器、仪表和软件的研发及科研成果转化应用；归口管理石化集团公司石油工程技术信息、档案及技术标准的制（修）订研究；跟踪分析国外石油工程技术进展，开展国内外学术交流，协助石化集团公司进行高级工程技术人才培养；参与国内外油气勘探开发重大项目研究并提供工程技术支撑；承担资产增值保值责任等。

截至2012年底，石油工程技术研究院拥有国家级突出贡献专家1人，享受政府特殊津贴专家5人，“百千万人才工程”人选1人，石化集团公司高级专家3人，国家智库研究员1人，省部级突出贡献专家3人，石化集团公司学术技术带头人9人，聘外籍专家3人，在站博士后13人、硕士研究生9人。建有钻井模拟、钻井液、储层保护、固井完井、测录井、储层改造、岩石力学7个配套齐全的实验室；拥有岩石力学三轴应力仪、储层损害模拟实验装置、高温高压流变仪、静胶凝强度分析仪、钻井模拟实验台架等具有国际先进水平的实验仪器装备；拥有钻井、固井、完井、测录井等先进软件数十套。在山东德州、新疆轮台、四川阆中建有试验基地，配备有专业化的移动式实验室；通过了ISO 9001、ISO 14001、OHSAS 18001、SY/T 6276管理体系认证；创办有中文核心期刊《石油钻探技术》；是全国石油钻采设备和工具标准化技术委员会钻修井井下工具标准化工作部挂靠单位。

2012年，石油工程技术研究院共承担各类科研项目187项，通过中国石化成果鉴定4项，均达到了国际先进水平。获中国石化科技进步奖3项、国家科技进步奖1项、中国石油和化学工业技术发明一等奖1项、国家能源科技进步三等奖1项；发表论文120篇，其中EI收录7篇。申请国内专利84项、授权18项，申请国外专利族2个；申报专有技术19项，认定9项；完成软件著作权登记3项。

石油工程技术研究院2012年主要科研成果获奖情况及2007—2012年专利申请与授权情况见表1和表2。

（陈利源）

【领导班子调整】 2012年10月19日，中共中国石油化工集团公司党组、中国石油化工集团公司、中国石油化工股份公司分别下发通知，聘任赵金洲为中共中国石化集团石油工程技术研究院委员会副书记，石油工程技术研究院副院长。

（陈利源）

【高应力强水敏深层井筒稳定关键技术及工业化应用获国家科技进步二等奖】 该项目发明了深井井壁围岩稳定预测方法，研制了强化钻井岩体稳定的正电性钻井液技术，研发了防漏堵漏技术，研发了井筒压力控制技术与装备。成果在17个油田得到应用2 127井次。其中，国内准噶尔、塔河、塔里木、鄂尔多斯、川东北、大港、胜利7个油田；国外哈萨克斯坦、印尼、乍得、委内瑞拉、阿塞拜疆、尼日尔、阿曼、缅甸等10个油田。该成果的应用，使事故时效降到5%—8%，钻井周期平均缩短了30%，近3年创造直接经济效益26.68亿元。

（陈利源）

【脉冲振动固井新技术研究与应用获中国石油和化工联合会技术发明一等奖】 该项目针对复杂地层固井后易发生环空气窜的关键技术难题，创新地提出了井口脉冲振动固井新技术。在国内外首次研发出了脉冲振动室内实验模拟评价装置，建立了脉冲振动固井评价方法；阐述了脉冲振动固井提高水泥石性能及防止环空窜流的机理；研制开发了现场用井口脉冲振动固井装置，在松南、临盘油田等油气田推广应用70多口井，固井质量合格率100%。获国家发明专利授权4项。

（陈利源）

【深井超深井钻井技术研究与应用获石化集团公司科技进步二等奖】 该项目完善了超深井优化设计理论体系；研制出了具有自主知识产权的高效破岩工具；研发的钻井液、固井液体系能满足地层压力当量密度2.80克/厘米^3、井底温度240℃条件下超深井钻井和固井需求，形成了1套适合复杂条件下超深井钻井关键技术。解决了塔里木盆地塔河油田、川东北的普光气田、元坝气田等深层油气勘探开发区的油气田超深油气藏的高效开发技术难题，缩短钻井周期20%以上，钻井成功率100%。

（陈利源）

【超高压封隔式尾管悬挂器的研制及产业化获石化集团公司科技进步二等奖】 该项目针对漏失井和高温、高压井等复杂井的尾管重叠段封固质量差等技术难题研制了系列超高压封隔式尾管悬挂器及配套工具，解决了塔河地区、中国海油及海外缅甸地区等高温高压油气区块的尾管固井技术难题；针对现场深井、超深井、水平井含硫化氢及二氧化碳等复杂井况及筛管顶部注水泥完井方式，研制了各种配套工具及附件，包括特种尾管悬挂器、尾管送球装置、可提出式球座、分体式胶塞系统，并集成了气密封螺纹技术、防腐蚀技术，提高了工具对现场的适应能力。此外针对现场特殊需求，开发了5个规格的系列产品，并进行了610套的推广应用，实现了超高压封隔式尾管悬挂器的产业化，提高了高温高压复杂区块的封固质量。

（陈利源）

【超深井钻井液降滤失剂研究与应用获石化集团公司科技进步三等奖】 该项目研制了耐 240℃ 高温高盐低黏的聚合物降滤失剂，形成了抗温达 260℃ 的钻井液体系，高温高压滤失量小于 15 毫升。降滤失剂整体技术指标达到国外同类产品水平，填补了国内技术空白。该技术研发的聚合物降滤失剂在江苏、中原、新疆等国内外油田推广应用，成功解决了超高温、高盐和高密度情况下钻井液性能稳定性差和流变性能难以控制等石油工程技术重大难题，提高了钻井效率。在中国石化重点井江苏油田徐闻 X3 井的应用，创造了超高温多目标定向井最深 6 010 米的中国石化石油工程新纪录。

（陈利源）

【非常规油气工程配套技术取得重大突破】 针对页岩油气勘探开发中的技术难题，开展了重点技术攻关，实现了页岩地层岩石力学参数求取、裂缝识别与预测技术；研发了油基钻井液、弹塑性水泥浆和低分子滑溜水压裂液；研制了多级滑套、泵送桥塞等分段压裂配套工具；开发了网络压裂设计及配套技术，掌握了压裂裂缝监测技术；牵头制订了 9 项工程技术标准，初步形成了具有自主知识产权的非常规油气工程配套技术，具备了 1 500 米长水平段水平井钻完井及储层改造技术支持能力。其中，自主研制的低黏高切油基钻井液体系性能达到国际先进水平，弹塑性水泥浆固井技术满足了后续大型压裂改造的需求，多级滑套分段压裂工具和低分子滑溜水压裂液性能接近国际先进水平。元页 HF－1 井创出了单段加砂量、最高砂比等多项国内纪录，日产油 14. 8 吨；焦页 1HF 井压后直径 4 毫米油嘴稳产 10. 8 万立方米，取得重大突破。

（陈利源）

【中国石化完井技术中心成立】 2012 年 7 月 12 日，中国石化完井技术中心由石油工程技术研究院组建成立。完井技术中心是中国石化完井技术研究、完井工具仪器研发、国内外重点井完井技术支持、高级完井技术人才培养中心，主要业务包括完井、固井、测录井、储层改造及油气井测试等专业技术研究，完井工具及材料研发与推广应用。

（陈利源）

表 1　石油工程技术研究院 2012 年度主要科研成果获奖情况

序号	项目名称	奖项名称	获奖等级
1	高应力强水敏深层井筒稳定关键技术及工业化应用	国家科技进步奖	二等奖
2	脉冲振动固井新技术研究与应用	中国石油和化工联合会技术发明奖	一等奖
3	深井超深井钻井技术研究与应用	石化集团公司科技进步奖	二等奖
4	超高压封隔式尾管悬挂器的研制及产业化	石化集团公司科技进步奖	二等奖
5	超深井钻井液降滤失剂研究与应用	石化集团公司科技进步奖	三等奖

表 2　石油工程技术研究院专利申请与授权情况①　项

年 份	国内专利		国外专利	
	申请数量	授权数量	申请数量	授权数量
2012	84	18	2	0
2011	45	8	1	0
2010	25	0	0	0
2009	10	0	0	0
2008	9	1	0	0
2007	11	1	1	0

①石油工程技术研究院 2009 年 6 月前申请的专利均授权给其前身所属单位

石油物探技术研究院

【概况】 中国石油化工股份有限公司石油物探技术研究院(简称石油物探技术研究院)成立于2009年11月28日，位于古都南京，是中国石化石油物探技术发展的参谋部、物探高新技术和核心技术研发中心、物探专业软件研发及推广中心和重大物探工程技术支持中心，是中国石化专业从事油气地球物理技术研发的直属研究机构。石油物探技术研究院下设物探战略规划研究所、地震采集技术研究所、地震成像技术研究所、油藏地球物理研究所、地球物理软件研究所、地球物理实验中心、地震处理解释中心、地球物理信息中心8个科研业务部门；主要职责任务是承担国家及中国石化石油地球物理勘探方面的基础性、前瞻性和重大项目攻关与核心技术研发，自主知识产权物探专业软件开发及产品推广，新技术应用试验，并提供全方位的物探技术支持与服务，为中国石化可持续发展提供资源保证。

截至2012年底，石油物探技术研究院主持承担和完成了300多项国家重点科技攻关项目，国家“863”“973”课题，国家重大科技专项，以及省部级科技研发项目和生产支持项目，取得了大量高水平的实用科研成果，获得了100多项国家、部委及省市科技成果奖；有300多名科研技术人员，其中教授级高级工程师13人、享受国家政府特殊津贴的突出贡献专家10人，以及博士30人和硕士120多人；拥有国内领先、国际先进的全数字化地球物理模拟实验装备、高温高压岩石物理测试装备、地面和井中地震采集仪器装备、大型高性能计算机系统和配套齐全的地震资料处理解释软件等一系列先进实用的设施装备；创新研发了“NEWS 油气综合解释系统”“iCluster 地震叠前偏移成像系统”等自主知识产权大型专业应用软件；主办出版了国内第1份石油物探类中文核心期刊《石油物探》和国内第1份SCI检索的地球物理与工程专业英文科技期刊《Journal of Geophysics and Engineering》(JGE)；总资产8.2亿元，其中固定资产原值3.79亿元，净值1.98亿元。

2012年，石油物探技术研究院承担各类科研项目93项，重大科研项目完成率和优良率达100%；获省部级以上科技进步奖2项，申报中国石化科技成果鉴定3项；申报国家专利60项，其中发明专利59项，获得授权6项；申报专有技术42项，登记软件著作权8项。

石油物探技术研究院2012年主要科研成果获奖情况及2010—2012年专利申请与授权情况见表1和表2。

(李振华)

【获评企业信息化水平A级企业】 2012年2月28日，在石化集团公司总部公布的2011年度企业信息化水平评价结果中，石油物探技术研究院首次参加企业信息化水平评价，被评为企业信息化水平A级企业。

(李振华)

【《石油物探》被《工程索引》收录】 2012年3月，《石油物探》被《工程索引》(EI)收录，这是石化集团公司所属上游期刊第1次进入EI检索系统，实现了历史性突破。3月，《石油物探》被评为RCCSE中国学术核心期刊。

(李振华)

【开放式地球物理实验室门户系统和数据管理平台搭建完成】 2012年3月5日，石油物探技术研究院完成了实验室门户系统和数据管理平台的开发，实现地球物理实验平台对中国石化内部开放，石化系统的用户可以正常进行查询和下载。

(李振华)

【中国石化地球物理重点实验室学术委员会会议顺利召开】 2012年7月4日，中国石化地球物理重点实验室第2次学术委员会会议在石油物探技术研究院召开。会议审议并通过了《中国石化地球物理重点实验室学术委员会章程》《中国石化地球物理重点实验室工作条例》《中国石化地球物理重点实验室专项基金管理办法》。

(李振华)

【获得荣誉】 2012年3月30日，石油物探技术研究院获石化集团公司2011年度ERP应用模块(PS模块)先进企业称号。10月11日，江苏省教育科技工会授予石油物探技术研究院江苏省厂务公开先进单位称号。

(李振华)

【多尺度地震物理模拟实验系统开发完成】 2012年8月20日，石油物探技术研究院多尺度物理模拟实验系统完成了软件框架和观测系统模块开发，物理模型实验整体调试全部完成，投入运行。该系统(测量范围：2.5米×5米×1.5米；定位精度：0.01毫米；测试精度：0.2毫米；测试速度：1 000

道/分；模型尺度：1∶1 000—1∶2 万）是全球精度最高、尺度最大、模拟采集速度最快的地震物理模拟实验系统。

（李振华）

【RTM 逆时偏移技术研发及应用获石化集团公司科技进步一等奖】 （参见第 126 页）

【地球物理软件新产品发布】 2012 年 12 月 9 日，石油物探技术研究院地球物理软件新产品发布会在北京举行。该次发布的新产品包括地震采集、处理和解释 3 个专业软件产品系列，以及地面微地震压裂监测和地震正演模拟 2 个特色软件包，构建了解决复杂地质问题的一体化产品和技术解决方案，形成了完整的油气勘探地球物理软件产品系列。

（李振华）

【碳酸盐岩缝洞型储集体地球物理描述项目获奖】 该项目研究形成了碳酸盐岩储集体地球物理一体化的综合描述技术，构成了以缝洞体模型为核心，从正演模拟、观测系统设计到采集、成像与储层预测和流体检测一体化的综合描述技术。该项目研究成果整体处于国际领先水平。2012 年，该成果获得了中国石化科技进步二等奖、江苏省科技进步三等奖。

（李振华）

表 1　石油物探技术研究院 2012 年度主要科研成果获奖情况

序号	项目名称	奖项名称	获奖等级
1	RTM 逆时偏移技术研发及应用	石化集团公司科技进步奖	一等奖
2	碳酸盐岩缝洞型储集体地球物理预测与描述	石化集团公司科技进步奖、江苏省科技进步奖	三等奖

表 2　石油物探技术研究院专利申请与授权情况　　项

年份	国内专利		国外专利	
	申请数量	授权数量	申请数量	授权数量①
2012	65	4	5	6
2011	36	3	3	2
2010	15	1	0	1

①数据有修正

石油化工科学研究院

【概况】 中国石油化工股份有限公司石油化工科学研究院（简称石油化工科学研究院）位于北京市海淀区，其前身成立于 1956 年 7 月，是中国石化直属的综合性科研开发机构，主要从事石油炼制和石油化工技术领域的科学研究与开发、技术许可、技术服务、技术咨询和技术培训。围绕中国炼油工业发展的技术需求，重点开展具有全局性、前瞻性和重大战略意义的关键课题研究。科研业务领域包括：页岩气（油）等非常规油气相关技术、煤的清洁高效利用技术、生物燃料与生物化工技术、高性能合成材料及高附加值精细化学品技术、绿色低碳节能环保技术等 22 个方面。

截至 2012 年底，石油化工科学研究院下设 17 个研究部门，拥有炼油工艺与催化剂国家工程研究中心、石油化工催化材料与反应工程国家重点实验室、国家能源石油炼制技术研发中心、中国石化生物液体燃料重点实验室、中国石化重（劣）质油及非常规油气资源炼制技术重点实验室、中国石化润滑油评定中心、中国石化水处理技术服务中心等机构，是全国石油产品标准化归口单位，是国家石油产品质量监督检验中心、工信部工业（石油产品）产品质量控制和技术评价实验室、中国石油学会石油炼制分会的挂靠单位，是《石油学报》《石油炼制与化工》和英文版《China Petroleum Processing and Petrochemical Technology》3 个科技期刊的编辑、出版单位；下设研究生部和博士后流动站，拥有化学工艺、应用化学专业博士学位，化学工艺、应用化学、工业催化和化学工程专业硕士学位的授予权。职工总数为1 307人，各类技术人员1 061人。其中，中国科学院、中国工程院院士6人，教授级高级工程师108人，高级技术人员453人；博士242人，硕士275人。拥有千余套中小型炼油和石油化工试验装置及各种化学分析仪器，涉及石油炼制工艺、石油化工、精细化工和添加剂以及油品应用研究等领域。

截至2012年底，石油化工科学研究院共获得部级以上奖励的科技成果881项，国家级奖励128项，其中国家最高科学技术奖1项、国家发明一等奖2项、国家科技进步特等奖1项、国家科技进步一等奖8项。累计申请国内专利4 382项，获准授权2 322项；拥有专有技术562项，在40多个国家和地区申请专利736项，获准授权400项。

石油化工科学研究院2012年度科研成果获奖情况及2007—2012年专利申请与授权情况见表1和表2。

（贾广华）

【一种己内酰胺加氢精制方法获第14届中国专利金奖】 在2012年11月30日召开的第14届中国专利奖颁奖大会上，以石油化工科学研究院为专利权人的“一种己内酰胺加氢精制方法”发明专利获得国家知识产权局和世界知识产权组织联合颁发的中国专利金奖，这也是石油化工科学研究院获得的第6个专利金奖。该发明创造性地将含有溶解氢的己内酰胺水溶液在液固两相磁稳定床反应器中与磁性催化剂接触进行加氢精制反应，在国际上首次实现了磁稳定床反应器的工业化应用，大大提高了己内酰胺产品的质量，达到了国际领先水平。以这项专利为核心，石油化工科学研究院建立了完整的己内酰胺技术知识产权体系，共获得授权中国发明专利31项、授权美国发明专利2项。根据这项专利技术，中国石化已建成5套磁稳定床反应器装置，年产量达到40万吨，因产品质量提高而产生的新增销售额达2.28亿元。

（贾广华）

【降低干气和焦炭的MIP－DCR技术通过鉴定】 石油化工科学研究院以重质油为原料，开发出降低干气和焦炭的MIP－DCR技术工艺，并顺利通过石化集团公司技术鉴定。该技术采用新型反应系统，改善了催化裂化装置的产品分布，降低了干气和焦炭的产率，提高了总液收率。工业应用结果表明：MIP－DCR技术给装置操作带来极大的灵活性，干气产率降低15.35%，焦炭产率降低4.99%，同时总液收率明显提高，能耗明显降低。鉴定专家组认为，该技术创新突出，具有自主知识产权，经济效益显著，工艺技术达到国际先进水平。已成功应用到九江分公司、呼和浩特炼化等多套装置。

（贾广华）

【芳烃吸附分离工业示范装置生产出合格产品】 2012年4月，扬子石化3万吨/年芳烃吸附分离工业示范装置生产出合格产品，标志着中国石化自主开发的芳烃吸附分离核心技术达到国际一流水平，中国石化成为全球第3家拥有芳烃成套技术的能源化工公司。石油化工科学研究院与工程建设公司、扬子石化、催化剂分公司联手攻关吸附分离技术，形成了包括吸附分离新工艺、新型格栅内构件和模拟移动床控制系统、新型RAX－3000吸附剂在内的自主吸附分离成套技术，在扬子石化建成3万吨/年PX示范装置，于2011年一次开车成功。长期运行结果表明，工业示范装置主要操作参数和工艺指标在国内同类装置中处于最先进水平，形成了以有别于国际同类技术的吸附室床层管线冲洗工艺为特色的中国石化自主的芳烃吸附分离成套技术。

（贾广华）

扬子石化3万吨/年芳烃吸附分离工业示范装置

【自主知识产权生物航煤技术工业试验成功】 2011年12月—2012年2月，采用石油化工科学研究院生物航煤技术改造建成的工业装置成功生产出72吨合格的生物航煤产品，标志着中国自主知识产权生物航煤技术工业试验获得成功。此项技术以棕榈油、餐饮废油等动植物油脂为原料，通过加氢转化、裂解和异构化等手段，生产符合喷气燃料要求的生物航煤产品。中国石化通过对镇海炼化杭州炼油厂原有装置改造，建成一套工业示范装置，于2011年12月一次开车成功。装置进油以来运行平稳，催化剂活性等各项指标均达到实验室水平，生物航煤产品符合航空涡轮燃料的规格标准。

（贾广华）

【为中国首次载人空间对接提供润滑油品】 2012年6月18日，神舟九号搭载着3名宇航员，成功实现中国首次载人空间交会对接。在此次交会对接任务中，石油化工科学研究院研制生产的特种润滑剂为航天器在距离地球300多千米的太空轨道上完成精确对接提供了可靠的润滑保证。

（贾广华）

【全球最大DCC装置在沙特通过验收】 2012年2月27日，采用石油化工科学研究院深度催化裂解(DCC)专利技术建成的沙特Petro Rabigh公司460万吨/年装置顺利通过验收，这是全球投入运营的最大的一套DCC装置。DCC技术以重油为原料，打破了传统工艺使用轻质石脑油生产烯烃的瓶颈，可根据市场需要在最大量生产丙烯、异构烯烃和最大量生产高辛烷值汽油之间灵活操作，具有突出的经济效益。

（贾广华）

沙特Petro Rabigh公司460万吨/年DCC装置

【主持制定的中国首个石油及石油产品领域的ASTM标准正式颁布】 2012年9月，石油化工科学研究院主持制定的“轻质石油馏分中烃族组成和苯含量的测定——气相色谱法”由美国测试和材料协会正式颁布。石油化工科学研究院在研制高性能烯烃捕集材料的基础上，提出了采用多维气相色谱技术快速分析轻质石油馏分中烯烃、芳烃和苯含量的方法，可以大幅提高烃族组成分析的准确性和精密度。该标准是中国在石油及石油产品领域提出并制定的首个ASTM标准，填补了中国在该领域ASTM标准中的空白，为国内先进分析方法的国际标准化迈出了重要一步，也为今后该领域国际标准的制定积累了经验。

（贾广华）

【炼油工艺与催化剂国家工程研究中心获重大成就奖】 在2012年11月召开的国家创新能力建设和国家信息化建设授牌表彰大会上，依托石油化工科学研究院建设的中国石化炼油工艺与催化剂国家工程研究中心获国家工程研究中心重大成就奖，参与工程中心建设的2人被授予国家工程研究中心先进工作者称号。

（贾广华）

【国家石油产品质量监督检验中心获授牌】 在2012年4月召开的全国工业质量品牌工作座谈会上，依托石油化工科学研究院建设民的国家石油产品质量监督检验中心，被工业和信息化部核定授牌为“工业(石油产品)产品质量控制和技术评价实验室”，这是石油产品类获得授牌的唯一一个实验室。

（贾广华）

【为上海石化1 600万吨/年炼油改造项目开工提供全面技术服务】 2012年，上海石化1 600万吨/年改造项目总体试车，石油化工科学研究院专门成立项目技术服务开工领导小组和开工工作小组，为各装置开工提供全方面的技术服务，保证了整个项目的一次开车成功。上海石化1 600万吨/年改造项目共新建10套工艺装置，是国内单系列最大的炼油装置。该项目的催化裂化、渣油加氢、连续重整等6套主力装置，皆采用石油化工科学研究院工艺技术和催化剂，是石油化工科学研究院在中国石化装置改造工程中单次中标项目最多的一次。390万吨/年催化原料预处理装置、350万吨/年催化裂化装置和150万吨/年催化汽油吸附脱硫(S-Zorb)装置，也是中国石化最大的单元装置。

（贾广华）

【开展强基固本练内功活动】 围绕努力提升自主创新能力，2012年，石油化工科学研究院继续开展“扬长补短、挑战当今技术极限”第二阶段主题活动。各研究室将业务领域按传统和延伸进行了分类梳理，对现有技术按国际领先、国际先进和国内领先等进行了归类分析，并以单项技术为主线，思考“长和短”及其如何“扬长补短”，剖析“当今技术极限”及其如何挑战技术极限。在以上工作基础上，各研究室还对未来技术发展走势首次进行了初步的战略预判，并形成了30多万字的调研报告。

（贾广华）

【习近平、刘延东等国家领导人看望慰问闵恩泽院士】 2012年1月18日，时任中共中央政治局常委、中央书记处书记、国家副主席习近平来到石油化工科学研究院，亲切看望慰问闵恩泽、陆婉珍院士。习近平首先代表胡锦涛主席向闵恩泽、陆婉珍院士致以新春的问候，并关切地询问了两位院士的生活情况。习近平还就生物质能源、人才强国战略等话题听取石油化工科学研究院专家意见建议，号召石油化工科学研究院干部员工和科技工作者要传承老一辈科学家的优良传统，加快技术创新和发展方式转变，大力发展新能源和可再生能源，为保障国家能源安全作出新贡献。此前，1月17日，中共中央政治局委员、国务委员刘延东看望慰问了闵恩泽院士夫妇。

（贾广华）

【全院开展学习侯祥麟院士科学精神活动】 2012年是中国石化老领导、石油化工科学研究院老院长侯祥麟院士诞辰100周年。石油化工科学研究院以全国科技界隆重纪念侯祥麟院士诞辰100周年为契机，开展多种形式的纪念活动，深切缅怀侯老的丰功伟绩和崇高的科学品质，认真学习侯老的科学精神。通过这些纪念活动，进一步诠释了石油化工科学研究院“崇尚科学、求实创新”文化核心价值的深刻内涵。

（贾广华）

表1　　石油化工科学研究院2012年度科研成果获奖情况

序号	项目名称	奖项名称	获奖等级
1	S－Zorb国产吸附剂FCAS的开发及其工业应用	石化集团公司科技进步奖	一等奖
2	新型碳八芳烃异构化催化剂RIC－200工业应用试验	石化集团公司科技进步奖	一等奖
3	65万吨/年乙苯成套技术开发及应用(第二完成单位)	石化集团公司科技进步奖	一等奖
4	塔河超深层稠油降黏开采关键技术(第二完成单位)	石化集团公司科技进步奖	一等奖
5	RAX－II型芳烃吸附剂的研发与工业应用	石化集团公司科技进步奖	二等奖
6	环保型芳烃橡胶填充油成套技术开发	石化集团公司科技进步奖	二等奖
7	氨肟化己内酰胺质量提升成套技术研发与工业应用	石化集团公司科技进步奖	二等奖
8	茂金属催化剂批量制备及工业应用试验(第三完成单位)	石化集团公司科技进步奖	二等奖
9	第二代RMC－Ⅱ技术的开发与应用	石化集团公司科技进步奖	三等奖
10	重质燃料油调和软件的开发和应用	石化集团公司科技进步奖	三等奖
11	生物柴油汽车适应性研究及相关产品开发	石化集团公司科技进步奖	三等奖
12	高掺渣油比催化裂解催化剂开发	石化集团公司科技进步奖	三等奖
13	多产高辛烷值汽油的MIP工艺技术	石化集团公司科技进步奖	三等奖
14	欧盟REACH法规研究与实践(第三完成单位)	石化集团公司科技进步奖	三等奖
15	六氢苯甲酸—环己酮肟(或苯—甲苯)联产己内酰胺组合工艺技术(第二完成单位)	石化集团公司技术发明奖	三等奖

表2　　石油化工科学研究院专利申请与授权情况　　项

年　份	国内专利		国外专利	
	申请数量	授权数量	申请数量	授权数量
2012	608	242	32	31
2011	549	190	67	30
2010	410	160	62	35
2009	317	183	75	22
2008	266	139	45	26
2007	262	150	57	36

北京化工研究院

【概况】 中国石油化工股份有限公司北京化工研究院(简称北京化工研究院)的前身成立于1958年6月，是中国最早从事石油化工综合性研究的科研机构，曾先后隶属化学工业部、燃料化学工业部及石油化学工业部，1998年9月转制进入石化集团公司。院本部位于北京市北三环内，占地面积9.7万平方米，建筑面积6.8万平方米。燕山分院位于房山区向阳街道凤凰亭路15号，占地面积近30万平方米，建筑面积6万平方米。科学试验基地设在北京市通州区台湖镇，占地面积17万平方米，建筑面积3.8万平方米。截至2012年底，员工总数1 190人，其中专业技术人员占66%，享受政府特殊津贴12人，博士214人，硕士273人，本科生339人。

北京化工研究院具有工业催化、有机合成、高分子聚合、塑料加工、合成橡胶、化工环保、化学工程、分析表征和科技信息等研究实力，形成了乙烯技术、合成树脂、合成橡胶、有机与精细化工、化工环保等专业优势；设立了聚烯烃国家工程研究中心、橡塑新型材料合成国家工程研究中心、国家石化有机原料合成树脂质量监督检验中心、国家基本有机原料质量监督检验中心、国家化学建材测试中心和国家高分子材料与制品质量监督检验中心等全国性技术中心；创办了《石油化工》《化工环保》《石油化工快报》等学术期刊和行业性杂志，其中《石油化工》被中国学术期刊评价委员会评为“RCCSE中国权威学术期刊”。

北京化工研究院本部设有13个主要的研究室(所)和1个配套部门，拥有从事研究开发工作所需的配套设备和现代化分析测试仪器，建有石油烃类裂解、烯烃净化催化剂、有机合成催化剂、聚烯烃催化剂、环管聚丙烯中试、气相聚乙烯中试、改性塑料等几十套中试、模试装置及烯烃聚合评价装置。燕山分院设有8个专业研究室，拥有小试、模试和中试装置80余套，大型仪器70余台(套)，建立了恒温恒湿力学性能测试实验室、水处理药剂评定实验室、离子交换树脂评定实验室等。

北京化工研究院自1964年开始招收研究生，是国务院批准的首批硕士学位授予单位之一，有材料科学与工程和化学工程与技术2个一级学科硕士学位授权点，设有博士后科研工作站。

2012年，北京化工研究院承担的多项科研项目获奖，其中“聚丙烯分子链结构调控新技术及应用”获国家技术发明二等奖，“高阻尼特殊结构合成橡胶品种的研制及应用”和“新的球形载体制备及相应的催化剂技术”分获石化集团公司技术发明一等奖和三等奖，“丙烯/1－丁烯无规共聚物的工业化开发”获石化集团公司科技进步一等奖，“用于PE氯化料的BCE－C催化剂开发及工业试验”“100万吨/年乙烯成套技术工程化研究”和“高速拉膜用聚酯切片开发”3个项目获石化集团公司科技进步二等奖，还有4个项目获石化集团公司科技进步三等奖。申请中国专利572项，有127项中国专利和49项国外专利获得授权。

北京化工研究院2012年度主要科研成果获奖情况和2007—2012年专利申请与授权情况见表1和表2。

（苗莲香）

【聚丙烯分子链结构调控新技术及应用项目获国家技术发明二等奖】 在2012年度国家科学技术奖励大会上，北京化工研究院“聚丙烯分子链结构调控新技术及应用”获国家技术发明二等奖。这是中国石化2012年度获得的2项国家奖之一。该项目首创了用不同外给电子体调控丙烯多反应器聚合过程中不同催化剂性能的技术，解决了后加外给电子体作用效果的难题。应用该技术发明了高熔体强度聚丙烯等三大类高性能树脂生产技术，并实现大规模工业化应用，在十余套装置上推广应用，产值近百亿元，为聚丙烯生产企业和下游用户创造了可观的价值，引起业界的广泛关注。

（赵　鹏）

【高阻尼特殊结构合成橡胶品种的研制及应用项目获石化集团公司技术发明一等奖】 (参见第125页)

【新的球形载体制备及相应的催化剂技术项目获石化集团公司技术发明三等奖】 该项目首次将超重力旋转床用于氯化镁醇合物载体的制备，制备周期短、能耗低、产品收率高，性能大幅度提高，具有创新性和自主知识产权。生产的催化剂广泛应用于国内聚丙烯环管装置上丙烯均聚物、抗冲共聚物和丙/丁共聚物等聚丙烯牌号的生产。大幅度降低了生产成本，提高了产品质量、延长了装置的生产周期。

（赵　鹏）

【丙烯/1－丁烯无规共聚物的工业化开发项目获石化集团公司科技进步一等奖】 (参见第129页)

【用于PE氯化料的BCE－C催化剂开发及工业试验项目获石化集团公司科技进步二等奖】 该项目是在

用于标准管材料的BCE催化剂的基础上研发出适于氯化聚乙烯专用料生产的BCE-C专用催化剂，较好地解决了CX工艺大装置无筛分装置难以生产CPE专用料的问题，满足了扬子生产氯化专用料的迫切需求。该催化剂活性高，氢调敏感性和共聚性能好，确保了长周期稳定生产，产品性能优异，经济效益显著。

（赵　鹏）

【获中国石化优秀创新团队奖】 2012年3月22日，北京化工研究院超细橡胶颗粒材料制备及应用技术研发团队获得中国石化优秀创新团队奖。该团队近3年共承担科研项目20项；申请专利113项，授权54项，其中国外专利10项；发表论文12篇；多次获得国家及中国石化奖励。

（李　雪）

【乙烯研究室获全国工人先锋号称号】 2012年4月27日，北京人民大会堂举行庆祝五一国际劳动节大会，北京化工研究院乙烯研究室获全国工人先锋号称号。

（郭彦来）

【2项管理创新成果获表彰】 2012年9月，石化集团公司第21届管理现代化创新成果评审结果公布，北京化工研究院"为科研项目'门径'管理配套的薪酬激励机制研究"和"基于多目标规划的危险化学品供应链管理研究与应用"2项成果分别获得二等奖和三等奖。

（秦　岭　张敬梅）

【2个国家工程研究中心获表彰】 2012年11月16日，在国家发展和改革委员会组织召开的第14届中国国际高新技术成果交易会上，北京化工研究院聚烯烃国家工程研究中心获国家工程研究中心杰出贡献奖，橡塑新型材料合成国家工程研究中心获国家工程研究中心重大成就奖，超细全硫化粉末橡胶获第14届高交会优秀产品奖；4位科研人员获国家工程中心先进个人称号。

（吕明福　解希铭）

【2种期刊评比获奖】 2012年5月，中国石化第4届期刊质量考核和优秀期刊、优秀编辑评选结果揭晓，北京化工研究院主办的《石油化工》和《化工环保》2种期刊分获一等奖和二等奖。《石油化工》和《化工环保》的副主编安静、祖国红被评为优秀编辑。

（安　静）

【聚合级乙烯中微量杂质的研究项目通过鉴定】 2012年3月21日，由北京化工研究院承担的"聚合级乙烯中微量杂质的研究"通过中国石化组织的鉴定。该项目结合聚乙烯生产现状，采用现代分析手段和技术，建立和完善了乙烯中59种(类)杂质的分析方法，扩大了杂质检出种类范围，提高了分析方法准确度和精密度；同时，针对北京化工研究院开发的BCE和BCS02催化剂，对影响聚合性能的杂质进行了研究，计算出各杂质的相对毒性参数并形成《乙烯中微量杂质对催化剂性能影响手册》，满足对聚合级乙烯的质量控制要求，为企业稳定生产提供了高质量、可持续的技术支撑。

（白　杰）

【气相聚丙烯催化剂进料系统改进研究及应用项目通过鉴定】 2012年4月12日，由北京化工研究院与扬子石化共同承担的"气相聚丙烯催化剂进料系统改进研究及应用"通过中国石化组织的鉴定。该项目运用聚合动力学评价、气相聚合中试评价等技术手段，深入研究了催化剂预聚合在聚丙烯气相聚合过程中的反应规律，形成了一系列专利和工程专有技术。并结合扬子石化20万吨/年气相聚丙烯装置的实际情况，创造性地增加了1个预聚合反应单元，消除了反应器中聚合物结块现象，温度波动幅度明显降低，催化剂活性提高15%以上，装置运行稳定性明显提高，技术经济效益显著。

（陈江波　于鲁强）

【茂金属催化剂批量制备及工业应用试验项目通过鉴定】 2012年5月9日，由北京化工研究院与齐鲁分公司共同承担的"茂金属催化剂批量制备及工业应用试验"通过中国石化组织的鉴定。该技术是继Z/N催化体系之后新一代聚烯烃技术，是Z/N催化体系的有益补充，在齐鲁分公司气相装置上进行多次工业试验，形成了气相法茂金属聚乙烯成套技术。该技术的成功开发打破了国外茂金属催化剂技术的垄断，填补了国内空白，同时开发的薄膜和PE-RT专用料已实现工业化批量生产，社会效益和经济效益良好。

（郑　刚）

【新型内给电子体聚丙烯催化剂的工业开发项目通过鉴定】 2012年5月8日，由北京化工研究院承担的"新型内给电子体聚丙烯催化剂的工业开发"通过中国石化组织的鉴定。该催化剂是新一代绿色环保型聚丙烯ND催化剂，先后在国内外多套间歇本体工艺、连续本体工艺以及连续气相工艺生产装置进行了应用试验，具有良好的工艺适用性、催化剂活性高、细粉含量少、共聚单体分布均匀、聚合物分子量分布宽、力学性能优良的特点。已申请发明专利60项，获得国内授权39项、国外授权19项。

（刘海涛）

【商业化三元集成橡胶工业试验及轮胎应用推广项目通过鉴定】 2012年5月3日，由北京化工研究院燕山分院承担的“商业化三元集成橡胶工业试验及轮胎应用推广”通过中国石化组织的鉴定。该项目以苯乙烯、异戊二烯和丁二烯为原料，通过特殊的分子链结构设计和端基官能化改性，将所要求的性能集成在一起，形成了独特的结构，达到滚动损失、抗湿滑性和耐磨性三者的优化。完成了中试装置的放大实验，并提出了工业装置成套生产工艺包，在燕山石化工业化装置上生产出80吨集成橡胶产品。产品经多家轮胎制造企业的应用情况表明，轮胎干地和湿路面刹车性能明显改善，轮胎滚动阻力性能显著提高。世界上只有中国石化和Goodyear公司实现工业化应用。申请专利11项。

（徐　林　王妮妮）

【直接聚合法高熔体强度聚丙烯技术开发项目通过鉴定】 2012年11月16日，由北京化工研究院牵头的“十条龙”攻关项目“直接聚合法生产高熔体强度聚丙烯技术开发”通过中国石化组织的鉴定。该项目在深入研究熔体强度与聚丙烯链结构的基础上，发明了含有大量超高分子量组分的极宽分子量分布聚丙烯制备技术，产品具有高熔体强度、高刚性、易加工的特点。基于该技术开发了均聚高熔体强度聚丙烯HMS20Z和无规共聚高熔体强度聚丙烯E02ES两个产品，在镇海炼化20万吨/年装置上实现工业化生产。结果表明，比进口的支化改性产品熔体强度更高、品质更稳定，并消除了改性产品中的化学品残留。

（宋文波）

【催化加氢法提高乙二醇产品质量的工业化试验项目通过鉴定】 2012年4月26日，由北京化工研究院和扬子石化、常州大学合作开发的“催化加氢法提高乙二醇产品质量的工业化试验”通过中国石化组织的鉴定。该技术开发的非晶态合金催化剂强度好、活性高，加氢反应器及控制系统运行平稳可靠，乙二醇产品的UV值得到明显提高，优于国标优级品指标，为国内乙二醇、环氧乙烷的工业生产以及改造扩能提供了技术支撑，同时也为下游聚酯企业的产品质量提升创造了有利条件。

（罗继红）

【NDQ催化剂放大制备及其工业应用项目通过鉴定】 2012年5月8日，由北京化工研究院承担的“NDQ催化剂的放大制备及其工业应用”通过中国石化组织的鉴定。NDQ催化剂是以2，4－戊二醇二苯甲酸酯与邻苯二甲酸二丁酯（DIBP）复配为内给电子体的新型聚丙烯球形催化剂。该催化剂在丙烯聚合工业生产装置上显示出高活性和高立构定向性的特点，特别是在单反应器中制备的聚丙烯具有分子量分布宽和刚性高的特点。在单环管装置上生产的BOPP膜料达到了双反应器的性能，并成功地开发了方便食品用专用料M1200K和一次性饭盒专用料T03T。该牌号的树脂具有优良的物理机械性能和加工性能，受到厂家的青睐。

（刘月祥）

【乙烯脱氧剂工业应用项目通过鉴定】 2012年5月16日，由北京化工研究院与扬子石化共同承担的“乙烯脱氧剂工业应用”通过中国石化组织的鉴定。该项目自2006年开始研发，先后完成了小试、放大制备和侧线试验，于2010年在扬子石化开始进行工业应用试验。结果表明，BC－DE脱氧剂在室温下可将乙烯中氧含量净化至小于0.10×10^{-6}，完全达到或超过国内外同类产品在100℃条件下的脱氧性能，大幅降低能耗，简化操作工艺，具有极大的市场前景和经济效益。

（吕顺丰　杨志钢）

【新型聚丙烯催化剂成功应用】 2012年2月，由北京化工研究院研制开发的DQS催化剂在济南分公司10万吨/年单环管聚丙烯装置上成功应用。DQS催化剂是新开发的一种多组分载体球形聚丙烯催化剂，具有良好的氢调敏感性和高立体定向能力，特别适合于均聚物Z30S和H30S、共聚物SP179等高流动聚丙烯树脂的生产，具有完全独立的自主知识产权。使用该催化剂在济南分公司10万吨/年单环管聚丙烯装置上进行了Z30S树脂的工业试生产。运行过程中，装置平稳，聚合物性能指标控制稳定。在丙烯原料质量大幅下滑的情况下，外给电子体加入量和环管氢浓度仍有明显的降低，显示出DQS催化剂高氢调敏感性、高立体定向能力的特点。

（张纪贵　刘月祥）

【800吨/年乙丙橡胶中试牌号开发成功】 2012年7月，由北京化工研究院和北京燕山分公司合作开发

的800吨/年溶液法乙丙橡胶聚合中试技术完成了二元和三元乙丙橡胶牌号的开发，产品综合性能指标均达到设计要求。该项目在北京化工研究院开发的乙丙橡胶连续中试生产技术基础上，于2011年底，在北京燕山分公司建成了800吨/年乙丙橡胶中试装置。2012年3月中试装置开车成功，打通了全流程，各工艺单元均达到了工艺设计要求，催化活性、单体转化率、干胶百分含量均达到设计值。800吨/年乙丙橡胶中试装置的开车成功，标志着中国石化高性能橡胶成套工艺技术实现重大突破。

（史新波　于鲁强）

【抗菌聚丙烯新产品开发进展顺利】 2012年8月底，由北京化工研究院牵头，扬子石化、齐鲁石化、化工销售分公司共同承担的“十条龙”项目“抗菌聚丙烯新产品开发”在齐鲁石化工业装置上试生产抗菌聚丙烯产品(QPK10)，经检测，产品对大肠杆菌和金黄葡萄球菌的抗菌率达到99%。该产品以北京化工研究院具有自主知识产权的粉末橡胶复合抗菌助剂及相应的纳米化分散技术为基础，克服了普通抗菌材料中抗菌剂无法均匀分散的缺点，实现聚丙烯低成本、高分散、长时效的抗菌目的。同时针对不同市场需求，开发系列抗冲性能优良的抗菌聚丙烯专用树脂。

（李　雪）

表1　北京化工研究院2012年度主要科研成果获奖情况

序号	项目名称	奖项名称	获奖等级
1	聚丙烯分子链结构调控新技术及应用	国家技术发明奖	二等奖
2	高阻尼特殊结构合成橡胶品种的研制及应用	石化集团公司技术发明奖	一等奖
3	新的球形载体制备及相应的催化剂技术	石化集团公司技术发明奖	三等奖
4	丙烯/1-丁烯无规共聚物的工业化开发	石化集团公司科技进步奖	一等奖
5	用于PE氯化料的BCE-C催化剂开发及工业试验	石化集团公司科技进步奖	二等奖
6	100万吨/年乙烯成套技术工程化研究	石化集团公司科技进步奖	二等奖
7	高速拉膜用聚酯切片开发	石化集团公司科技进步奖	二等奖
8	气相聚丙烯连续预聚合技术	石化集团公司科技进步奖	三等奖
9	高刚性易加工汽车用聚丙烯专用料的开发	石化集团公司科技进步奖	三等奖
10	BC-DE乙烯脱氧剂研制及工业应用	石化集团公司科技进步奖	三等奖
11	新型多功能膜工艺用于石化废水的处理回用及工业应用	石化集团公司科技进步奖	三等奖

表2　北京化工研究院专利申请与授权情况　　项

年份	国内专利		国外专利	
	申请数	授权数	申请数	授权数
2012	572	127	118	49
2011	500	68	58	21
2010	455	56	46	24
2009	217	41	19	12
2008	107	54	27	12
2007	88	47	22	15

抚顺石油化工研究院

【概况】 中国石油化工股份有限公司抚顺石油化工研究院(简称抚顺石油化工研究院)位于辽宁省抚顺市望花区，是石化股份公司直属科研机构。其前身创建于 1953 年 4 月(时称燃料工业部东北石油管理局抚顺研究所)，是新中国最早建立的石油研究机构，1956 年成为石油部直属科研单位，1983 年 7 月划归新组建的中国石油化工总公司。

经过 60 年的发展，抚顺石油化工研究院已形成清洁炼油、新兴能源资源和炼化公用技术 3 个创新研发平台，下设 10 个研究部门和评价中心。设有国家石油产品检验实验室、国家石蜡质量监督检验中心以及博士后工作站和硕士研究生工作站，是国家石油蜡类产品标准化归口单位，以及中国石化生物燃料及生物化工重点实验室、辽宁省精细石油化工重点实验室、辽宁省沥青材料工程技术研究中心、辽宁省石油化工环境保护工程研究中心的依托单位。石化股份公司环境监测总站、加氢技术情报站、石蜡科技情报站也设在该院。

截至 2012 年底，抚顺石油化工研究院正式职工总数为 719 人，各类专业技术人员 518 人。其中，中国工程院院士 1 人，教授级高级工程师 49 人，高级专业技术人员 205 人。已取得科技成果 300 多项，获国家科技进步奖和发明奖 21 项，累计申请中国专利 3 202 项，申请国外专利 132 项，获国内外专利授权 1 515项。

抚顺石油化工研究院 2012 年度主要科研成果获奖情况和 2007—2012 年专利申请及授权情况见表 1 和表 2。

(刘建宇)

【加氢裂化装置扩能改造及产品质量提升应用技术开发获石化集团公司科技进步一等奖】 (参见第 128 页)

【SHEER 加氢成套技术工业应用首战告捷】 SHEER 加氢成套技术由抚顺石油化工研究院、洛阳工程公司和广州分公司等单位合作开发。该技术通过催化剂、工艺和工程技术的开发、耦合，新型高效传热技术的采用，操作条件优化以及催化剂器外预硫化等的有机结合，可合理利用加氢过程的反应热，从而大幅度降低设备投资和操作费用。应用该技术建设的 200 万吨/年柴油加氢改质装置，用加工负荷很小的开工炉代替了反应加热炉，正常生产时停运。该装置于 2012 年 4 月 21 日开汽一次成功，生产出符合国Ⅳ和欧Ⅴ排放标准的清洁柴油。与常规装置相比，该装置的投资费用和装置能耗均有大幅度的降低。

(刘建宇)

【绿色低碳高能效加氢裂化成套技术开发取得成功】 抚顺石油化工研究院与其他单位共同协作，从技术研发、技术选择、工程设计、设备选型、装置运行优化操作等全方位对加氢裂化装置进行节能优化，开发出了以 FDC 单段双剂加氢裂化成套工艺技术及加氢裂化级配催化剂为核心，辅以工艺过程、设备选型和装置操作等全方位优化节能措施的高能效加氢裂化成套技术。采用该技术建设的工业装置经过 3 个周期的运行，显示出良好的水平，装置综合能耗达到世界领先水平。该技术的开发，为新装置建设和旧装置改造提供了系统的节能降耗技术支撑，对同类装置节能设计和运行操作优化有很好的示范和导向作用。

(刘建宇)

【煤焦油、页岩油加氢生产清洁燃料油技术开发初见成效】 抚顺石油化工研究院一直致力于煤焦油加氢和页岩油加氢技术的研究开发工作，针对其特点开发出多种工艺技术，用于生产清洁汽柴油。其中，低温煤焦油加氢技术取得了工业应用结果，“中低温煤焦油加氢技术方案研究”通过中国石化科技开发部组织的技术鉴定；蒽油加氢技术和页岩油加氢生产清洁燃料油技术完成了中试研究，并通过中国石化科技开发部组织的技术评议。

(刘建宇)

【钻井液用页岩抑制剂开发成功】 抚顺石油化工研究院研制开发了具有抑制性强、生物毒性低、与其他处理剂配伍性好等特点的 FYZ－1 钻井液用页岩抑制剂。多次井试结果表明，在钻井液中加入 FYZ－1 抑制剂后，钻井液性能稳定，定向及复合钻进正常，起下钻畅通，通井过程无阻卡现象，下套管及固井作业顺利，有效解决了加剂前时常发生的憋泵，上提钻具遇卡、垮塌掉块等问题。

(刘建宇)

【环氧丙烷/苯乙烯废气催化氧化处理成套技术工业应用成功】 抚顺石油化工研究院与镇海炼化、洛阳工程公司联合攻关，开发了包括催化剂制备、工艺技术包、工程设计和运行操作等的 PO/SM 废气催化氧化处理成套技术。工业应用结果表明，该技术流程简洁合理、操作方便、安全可靠，具有催化剂活性高、寿命长、操作温度低、能耗低等特点。与国外技术相比，可大幅度降低装置建设投资和操作费用。用该技术处理PO/SM废气，净化气中的非甲烷总烃、乙醛、苯、甲苯等浓度均符合中国《大气污染物综合排放标准》(GB 16297—1996)。

(刘建宇)

【炼厂尾气综合治理技术通过技术鉴定】 抚顺石油化工研究院与金陵分公司合作开发的“炼厂尾气综合治理技术”在金陵分公司完成了工业试验，通过了中国石化科技开发部组织的技术鉴定。项目采用新开发的柴油低温临界吸收、脱硫剂吸附、催化燃烧、罐区气体综合减排、LDAR等多种技术对炼油企业8种类型的排放气体进行处理，收到了很好的效果，在减少恶臭气体和VOC排放的同时，还为企业带来了一定的经济效益。该项目整体技术达到国际先进水平，核心技术达到国际领先水平。该项目的完成，为炼油企业废气治理提供了全厂性的解决方案，对石化行业环境治理、技术进步将起到重大的推动作用。

(刘建宇)

【城市达标污水利用成套技术开发通过技术评议】 由抚顺石油化工研究院承担的“城市达标污水利用成套技术开发”完成了中试研究，于2012年7月13日通过了中国石化科技开发部组织的技术评议。该技术针对色度高、硬度高、盐度较大、COD波动较大的含工业废水为主的市政污水，开发包括高效澄清→臭氧氧化→曝气生物滤池→双膜组合等工艺过程。该技术通过集成创新，具有流程合理、原水适应性强、产水稳定性好等特点。现场中试结果表明，采用该技术处理后的出水达到准一级化学水水质指标。

(刘建宇)

【一种劣质汽油馏分生产低硫汽油的方法获中国专利优秀奖】 抚顺石油化工研究院开发的专利技术“一种劣质汽油馏分生产低硫汽油的方法”(专利号ZL200710011425.2)，首先对催化裂化汽油进行脱臭处理，然后将其分馏为轻、重馏分，再以匹配适宜的催化剂体系将重馏分加氢脱硫，实现了深度脱硫的同时减少辛烷值损失的技术效果。该专利技术在多家企业进行了工业应用。工业生产表明，采用该专利技术，可以在辛烷值损失很少的情况下，生产符合欧Ⅳ或欧Ⅴ排放标准的清洁汽油。该技术获第14届中国专利优秀奖。

(刘建宇)

【发布质量管理体系文件】 2012年，抚顺石油化工研究院发布了质量管理体系文件，确定了“每一个数据都是承诺”的质量方针。该体系文件是依据《GB/T 19001—2008/ISO 9001：2008 质量管理体系要求》，并结合抚顺石油化工研究院实际情况编制而成的。通过质量管理体系的建立，明确了各级领导、各部门以及各岗位的质量职责，理顺了业务流程，使得各项工作更加规范化、程序化和标准化，是抚顺石油化工研究院提升质量管理水平、保证创新能力的重要举措。

(刘建宇)

抚顺石油化工研究院质量管理体系文件发布会会场 (朱 峰 摄)

【HSE管理体系通过外部监督审核】 2012年10月23日，抚顺石油化工研究院HSE管理体系顺利通过了青岛中化阳光认证中心的监督审核，这也是抚顺石油化工研究院HSE管理体系(B版)实施后首次的外部审核。审核组认为，抚顺石油化工研究院HSE管理体系的运行有效，管理水平有了质的提高，完全符合体系文件及法律法规的要求。

(刘建宇)

【组建加氢技术研发中心】 按照有利于创新团队建设、有利于提高工作效率和有利于专业化管理的原则，抚顺石油化工研究院对所属的加氢领域进行了结构性调整，组建了加氢技术研发中心，并赋予加氢研发中心以更大的管理自主权，以统一调动、整合中心的人力、技术、设备资源。加氢中心根据实际情况，开展了员工考核和分配方式的改革探索，建立了更富于激励性质的科研管理体制和运行机制。经过近一年的运行，抚顺石油化工研究院的加氢领域呈现出了较好的发展局面，课题数量、专利申报以及“四技”(技术转让、技术开发、技术咨询、技术服务)收入都有了新的提高，结构调整取得了阶段性的成果，为加氢技术开发注入了正能量，推动了向世界一流清洁炼油技术转型的发展。

（刘建宇）

【成功承办第16届全国催化学术会议】 全国催化学术会议是国内催化界规模最大、学术水平最高的全国性学术会议。第16届全国催化学术会议由抚顺石油化工研究院、大连理工大学和辽宁石油化工大学承办，于2012年10月16—19日在沈阳召开。来自国内外200多家研究院所、大专院校和相关企业的1 800余人参加了会议，创造了历届会议参会人数之最。会议的主题是“促进经济转型的催化科学与技术”，会议内容涉及能源、材料、环保、生物、化工等高新技术领域相关的基础和应用研究，集中展示了中国催化工作者在催化新材料、新理论、新表征技术、反应工程等方面的最新进展。

（刘建宇）

【与雷锋纪念馆签署共建协议】 2012年2月17日，抚顺石油化工研究院与抚顺雷锋纪念馆签署共建协议，将雷锋纪念馆作为抚顺石油化工研究院学习雷锋实践教育基地，在学习雷锋实践教育基地的建设上，抚顺石油化工研究院将与抚顺雷锋纪念馆互帮互助，共同进步。

（刘建宇）

表1　抚顺石油化工研究院2012年度主要科研成果获奖情况

序号	项目名称	获奖名称	获奖等级
1	高速铁路特种乳化沥青的开发及工程推广应用	石化集团公司科技进步奖	一等奖
2	加氢裂化装置扩能改造及产品质量提升应用技术开发	石化集团公司科技进步奖	一等奖
3	PO/SM废气催化氧化处理成套技术开发及工业应用	石化集团公司科技进步奖	一等奖
4	低成本低能耗高沥青质转化渣油加氢催化剂组合体系的研发及应用	石化集团公司科技进步奖	二等奖
5	绿色低碳高能效加氢裂化成套技术开发及应用	石化集团公司科技进步奖	三等奖
6	中国石化污染源调查及环境监测管理系统	石化集团公司科技进步奖	三等奖
7	催化剂生产氮氧化物尾气治理技术研究	石化集团公司科技进步奖	三等奖
8	FC－32灵活型加氢裂化催化剂研制与工业应用	辽宁省科技进步奖	二等奖
9	FDW－3临氢降凝催化剂研究及应用	陕西省科技进步奖	三等奖

表2　抚顺石油化工研究院专利申请与授权情况　　项

年份	国内专利		国外专利	
	申请数	授权数	申请数	授权数
2012	561	230	18	2
2011	500	141	21	3
2010	401	117	1	2
2009	305	97	7	2
2008	145	84	0	4
2007	125	78	5	4

上海石油化工研究院

【概况】 中国石油化工股份有限公司上海石油化工研究院(简称上海石油化工研究院)位于上海市浦东新区，创建于1960年6月，1984年划归中国石油化工总公司，为石化股份公司直属研究院。2004年12月，按照中国石化科技资源整合要求，将上海石化科技开发公司并入并设立金山分部；2010年8月，将南京化工公司研究院、天津石化研究院、四川维尼纶厂研究院、仪化公司研究院、巴陵石化研究院并入，并分设为上海石油化工研究院分院。截至2012年底，上海本部共有员工670名，其中博士120名，硕士156名；具有高级职称以上的199名，中国工程院院士1名；累计国家级有突出贡献专家2名，享受政府特殊津贴23名，石化集团公司高级专家5名，中国石化突出贡献专家25名，中国石化闵恩泽青年科技人才19名。

上海石油化工研究院设19个研究部(室)，是基本有机原料国家工程研究中心和全国石油化学标准化委员会的依托单位，拥有博士后工作站、石化股份公司有机原料情报中心站、上海市石油化工产品质量监督检验站、上海市催化剂行业测试中心等技术支持机构；从事石油化工研究开发，涉及基本有机原料催化剂和工艺技术、煤化工、油田化学品、合成材料、精细化工等技术领域，开展前瞻性探索研究、应用性基础研究、催化剂研究开发及配套工艺技术、工程化放大研究等；与联合化学反应工程研究所共同主办中国化学工业类核心期刊《化学反应工程与工艺》(双月刊)，内部刊物有《石油化工快报(有机原料)》(半月刊)和《石油化工期刊题录》(内网版)。

截至2012年底，上海石油化工研究院累计获得国家级奖励41项，其中国家科技进步一等奖1项，国家技术发明二等奖3项；获得省部级奖励253项，其中中国石化科技进步和技术发明一等奖30项。累计申请中国专利2 943项，授权中国专利1 245项；在20多个国家和地区申请专利63项267个专利号，授权专利103项。2012年，承担中国石化“十条龙”攻关项目5项，28个项目通过中国石化组织的技术鉴定与评议；申请中国专利440项、获授权164项，涉外申请专利6项、获授权23项。

上海石油化工研究院2012年度主要科研成果获奖情况和2007—2012年专利申请与授权情况见表1和表2。

(潘 波)

【苯和乙烯制乙苯的烷基化方法获中国专利金奖】 2012年11月30日，在第14届中国专利奖颁奖大会上，上海石油化工研究院“苯和乙烯制乙苯的烷基化方法”获中国专利金奖。该专利提出了一种新的苯和乙烯制乙苯的烷基化方法，采用改性高硅纳米ZSM-5分子筛为烷基化催化剂，在反应温度370℃—450℃、反应压力常压至2兆帕及苯/乙烯摩尔比1—25的条件下，反应制备乙苯，使苯和乙烯反应的乙苯收率和产品质量得到提高。催化剂具有高活性、高选择性、高稳定性和长寿命特点；工艺技术具有反应温度低、反应压力缓和、苯/乙烯比低、反应负荷高等优势，是生产乙苯产品的核心技术。该专利已成功应用于国内10多家企业。

(潘 波)

【丙烯腈成套新技术开发及在齐鲁扩能改造中的应用项目获石化集团公司科技进步二等奖】 以上海石油化工研究院研发的SANC-08催化剂、更高丙烯腈精制回收率技术(95%)为基础，融合反应器内构件技术、脱氰塔侧线抽出余热利用技术、丙烯腈产品脱过氧化物技术、精制尾气回收技术等集成丙烯腈成套新技术首次应用到丙烯腈装置改扩建中，开发了硫铵双效逆流蒸发技术，提高装置处理能力，具有自主知识产权。齐鲁石化丙烯腈装置应用的效果是产品优级品率100%，丙烯单耗(折百)1 013.35千克/吨，丙烯腈装置能耗为61.65千克(标油)/吨，联合装置能耗138.11千克(标油)/吨，居国际先进水平。

(潘 波)

【GS-12乙苯脱氢催化剂研制与工业应用试验项目通过鉴定】 2012年12月13日，由上海石油化工研究院与广州分公司共同承担的“GS-12乙苯脱氢催化剂研制与工业应用试验”项目通过中国石化组织的鉴定。经过30个月高负荷下的工业运行表明，GS-12催化剂具有原料处理能力大、苯乙烯选择性高、乙苯转化率高、抗粉化性能好、长期使用稳定的特点，综合性能达到国际先进水平，经济效益和社会效益显著。

(潘 波)

【无重金属有光聚酯切片开发项目通过鉴定】 2012年9月6日，由上海石油化工研究院与上海石化共同承担的“无重金属有光聚酯切片开发”项目通过中国石化组织的鉴定。在工业化连续聚合装置上完成了无重金属聚酯产品的工业化生产试验，解决了钛系催化剂应用普遍存在的工艺条件难控制、产品黄色指数高等关键技术问题，在国内首家推出了无重金属、符合聚酯切片国际及欧盟、美国食品级标准的聚酯切片产品。无重金属聚酯实现工业化生产，突破了国外技术垄断和出口欧美的技术壁垒，拓宽了中国聚酯产品出口应用领域。该项目已获得5项授权专利。

（潘　波）

【丙烯腈成套新技术开发及在齐鲁扩能改造中的应用项目通过鉴定】 2012年5月1日，由上海石油化工研究院与齐鲁分公司共同承担的“丙烯腈成套新技术开发及在齐鲁扩能改造中的应用”项目通过中国石化组织的鉴定。该项目开发了反应器新型内构件结构、高纯高精制回收乙腈技术、精制尾气回收技术、过氧化物脱除、废水浓缩及有机物再利用、焚烧余热炉膜法富氧助燃、硫铵双效蒸发等新技术，集成了SANC-08催化剂、丙烯腈精制回收率、负压脱氰等技术。已申请20余项专利，具有自主知识产权。运行结果表明，丙烯腈单收、主要物耗和能耗指标达到国际先进水平。

（潘　波）

【SHN-01/F裂解汽油一段镍加氢催化剂工业试验项目通过鉴定】 2012年7月19日，由上海石油化工研究院与广州分公司、茂名分公司共同承担的“SHN-01/F裂解汽油一段镍加氢催化剂工业试验”通过中国石化组织的鉴定。该项目采用了上海石油化工研究院开发的SHN-01和SHN-01F催化剂，分别进行中间馏分及全馏分裂解汽油一段选择性加氢工业试验，所开发的催化剂已申请国内外发明专利14项，授权中国专利8项。工业应用结果表明，催化剂具有活性温度低、抗毒物能力强、操作条件缓和、活性和稳定性好等特点，综合性能达到国际先进水平。

（潘　波）

【20万吨/年甲苯甲基化制二甲苯工业示范装置开车成功】 由上海石油化工研究院和洛阳工程公司联合开发的甲苯甲醇甲基化技术在扬子石化建成世界首套20万吨/年甲苯甲基化工业示范装置，装置采用了上海石油化工研究院研发的MTX-1000甲基化催化剂。2012年12月5日，装置开始投料，运行平稳，所产二甲苯及以上芳烃完全满足芳烃联合装置的原料质量要求；装置满负荷运转，连续72小时标定结果：甲苯转化率达到30%，甲醇转化率接近100%，二甲苯选择性大于80%。工业运行表明，甲醇原料引入芳烃联合装置后，装置操作安全可靠，产品质量合格，产生的工业废水能满足现有芳烃联合装置对污水处理的要求。

（潘　波）

【20万吨/年合成气制乙二醇工业示范装置开工建设】 2012年8月30日，由上海石油化工研究院和上海工程公司、工程建设公司、扬子石化等合作单位共同承担的“十条龙”科技攻关项目“20万吨/年合成气制乙二醇工业示范装置”在湖北化肥分公司开工建设。该项目中配套催化剂包括加氢催化剂、偶联催化剂及吸附剂等由上海石油化工研究院研发提供。该技术已在扬子石化完成1 000吨/年合成气制乙二醇的中试研究，为大型工业示范装置的优化设计提供了技术基础。

（潘　波）

【中原石化MTO装置运行稳定】 由工程建设公司、上海石油化工研究院、燕山石化联合开发的具有自主知识产权的S-MTO技术已在中原石化60万吨/年装置工业应用，产物为聚合级乙烯与聚合级丙烯。2012年7月9日连续72小时标定，标定结果表明S-MTO技术指标达到国际领先水平，技术先进可靠，产品质量稳定，能耗低。该装置稳定运行期间，完成了完全再生和不完全再生2种工况的稳定操作，甲醇转化率和双烯选择性达到国际领先水平。

（潘　波）

【第二代节能型苯乙烯技术成功应用】 由上海石油化工研究院牵头开发的第二代节能型苯乙烯技术——顺序分离恒沸热回收技术成功应用于巴陵石化分公司12万吨/年苯乙烯装置，2012年6月23日产出苯乙烯产品，纯度达99.98%，实现一次投料开车成功。仪表显示及计算结果表明，每小时节省低压水蒸气达8吨、中压水蒸气2.5吨，综合能耗降低15%以上，乙苯/苯乙烯分离塔塔顶热量80%被回收，关键设备恒沸热换热器运行情况良好，塔底温度仅105℃，低于国外恒沸热技术(塔底温度119℃—125℃)，减少了苯乙烯聚合损失。

（潘　波）

【大型丙烯腈技术实现技术许可】 2012年，由上海石油化工研究院开发的大型丙烯腈成套技术先后许可给安庆石化、上海赛科公司、山东科鲁尔化学有限公司。其中，安庆石化13万吨/年丙烯腈装置已于2012年完成建设，2013年1月投产；上海赛科公司26万吨/年丙烯腈装置于2013年3月开工建设，计划在2014年底完成；山东科鲁尔化学有限公司属齐鲁分公司与中国万达集团合资组建的公司，13万吨/年丙烯腈装置于2013年5月开工建设，计划在2014年底前完成。

（潘　波）

【国家"863"项目启动会召开】 2012年2月23—24日，国家"863"计划项目——"流程工业新型绿色制造工艺与设备开发"项目启动会在上海召开。该项目共分为3个课题12个子课题，其中"低碳烯烃及衍生物关键工艺、技术与装备"课题由上海石油化工研究院牵头。该课题围绕资源高效利用、绿色生产及节能减排等目标，开发石化副产生产低碳烯烃新工艺、高性能低碳烯烃衍生物生产新技术、低碳烯烃大型关键设备制造技术、流程碳效优化整体解决方案和软件系统，形成具有自主知识产权的成套工艺技术、关键设备制造技术和先进控制技术。

（潘　波）

【获中国石化优秀创新团队称号和技科创新功勋奖】 2012年3月22日，在中国石化科技工作会议上，上海石油化工研究院甲醇制烯烃（MTO）创新团队获中国石化优秀创新团队称号。MTO创新团队由催化材料研制、工艺工程研究、分析技术开发、成套技术集成等领域各部门骨干人才组成，通过对从非常规石油资源出发制取化工产品的新工艺路线的攻关，发展了以煤或天然气为原料的碳一化工，实现了中国自主研发的甲醇制乙烯、丙烯成套工艺技术的产业化。多专业、多领域的攻关团队围绕催化剂、工艺工程核心技术，实施矩阵式"无缝隙"管理，完成了分子筛放大、催化剂试生产、反应—再生工艺优化研究、分析技术开发、中试装置开工运行及标定、60万吨/年工业示范装置开车等任务；近3年已申请专利160项，获得授权专利42项。上海石油化工研究院教授级高工孔德金获2011年度中国石化科技创新功勋奖。孔德金长期从事芳烃领域催化剂及成套技术研究、开发和工业化工作，是石油化工芳烃技术领域的学科带头人。

（潘　波）

【5人获聘石化集团公司高级专家】 2012年12月6日，经石化集团公司公开选拔与竞聘，上海石油化工研究院5人获聘石化集团公司首批石油化工领域高级专家，分别是孔德金、缪长喜、杨卫胜、李应成、钟思青。

（潘　波）

表1　　**上海石油化工研究院2012年度主要科研成果获奖情况**

序号	项目名称	奖项名称	奖项等级
1	苯和乙烯制乙苯的烷基化方法（专利号ZL97106448.2）	国家知识产权局、世界知识产权组织	中国专利金奖
2	无黏结剂复合孔分子筛催化剂的创制与工业应用	上海市人民政府技术发明奖	一等奖
3	丙烯腈成套新技术开发及在齐鲁扩能改造中的应用	石化集团公司科技进步奖	二等奖
4	新结构高性能多孔催化材料	石化集团公司科技进步奖	二等奖
5	表面涂层和蛋壳分布催化材料及其在乙苯脱氢—氢氧化生产中的应用	石化集团公司技术发明奖	三等奖

表2　　**上海石油化工研究院专利申请与授权情况**　　项

年　份	国内专利		国外专利	
	申请数	授权数	申请数	授权数
2012	440	164	6	23
2011	548	159	11	4

续表

年　份	国内专利		国外专利	
	申请数	授权数	申请数	授权数
2010	490	133	0	8
2009	217	91	28	6
2008	164	101	18	4
2007	138	60	15	5

安全工程研究院

【概况】 中国石油化工股份有限公司青岛安全工程研究院(简称安全工程研究院)位于山东省青岛市，是中国石化直属的安全、环保和职业健康科研机构。其前身为创建于1979年的化工部职业安全卫生研究院，1999年7月进入石化集团公司。2004年4月，国家安全生产监督管理总局依托安全工程研究院成立国家安全生产监督管理总局化学品登记中心，为中国危险化学品安全管理提供综合性技术支持。2007年7月，国家科技部依托安全工程研究院设立化学品安全控制国家重点实验室，是首批企业国家重点实验室之一，2011年1月18日顺利通过国家科技部验收。

安全工程研究院主要从事石油化工领域HSE科技研发、技术服务与专项培训工作。其中，科技研发包括危险化学品与危险化工工艺安全技术、化学品危险性分析测试、设备腐蚀防护技术、过程控制与安全仪表评估技术、雷电安全防护技术、静电安全控制技术、石化过程及工程风险评估技术、事故技术调查与事故模拟分析、应急救援、油气回收及销售企业技术支撑等；技术服务包括建设项目安全与职业病危害评价、在役装置(设施、设备)安全状况评估、作业环境监测检验、安全设施与安全仪表检测检验、HSE管理与信息化、HSE管理体系技术咨询与审核认证、工程项目及检维修HSE监理、应急救援技术咨询指导、安全标准化、HSE隐患治理及相关产品推广等。

截至2012年底，安全工程研究院共有员工382人，其中特聘院士2人，教授级高级工程师17人、高级工程师95人；引进海外博士后2人，博士31人，硕士140人；享受政府特殊津贴3人，石化集团公司突出贡献专家4人，中国石化优秀学术技术带头人8人，各类国家级HSE领域专家40余人；中国石化闵恩泽青年科技人才奖8人；具有注册安全工程师、安全评价师、职业危害评价师、环境影响评价师、注册计量师等执业资格的人员240余人。

安全工程研究院2012年主要科研成果获奖情况及2007—2012年专利申请与授权情况见表1和表2。

(尚艳红　王新军)

【新院区建设项目开工】 2012年9月29日，安全工程研究院新院区项目在崂山区松岭路正式开工建设。

(尚艳红　王新军)

【工艺安全技术优势明显】 2012年，安全工程研究院参与了20万吨/年合成气制乙二醇工艺安全技术研究项目，研究成果在扬子石化、湖北化肥等企业得到应用，整体达到国内领先水平；开展国家“973”计划——化学品储运安全基础研究项目，实现了利用物质微观结构对宏观危险特性的快速预测，具有良好的应用价值和广阔的市场前景；国家“十二五”科技支撑课题“典型高危工艺本质安全保障关键技术与工程示范”成功立项。

(尚艳红　王新军)

【劣质原油防腐成套技术应用成果显著】 安全工程研究院研发的劣质原油防腐成套技术在石化集团公司30家企业的142套装置上成功应用，总部炼油板块因腐蚀导致的非计划停工次数由2009年的9次减少到2012年的2次，节约费用7 000多万元。2012年共完成11家企业大修腐蚀检查和设防值评估；会同应急部门及时收集上报国外相关重大事故预警快报，得到党组领导肯定，成为党组中心组学习材料，并印发各相关企业，起到“一家出事故，万家受教育”的作用。

(尚艳红　王新军)

【储运安全技术推广应用成效突出】 2012年，安全工程研究院积极开展冷凝法、膜分离法等油气回收新技术研发，使有机气体回收技术更加系列化，不仅在炼化企业异味治理领域开始推广应用，而且还首次在码头成品油装船环节成功应用。全年推广应用油气回收装置21套，为中国石化节省投资达1 800余万元，回收油气近490万立方米、汽油约3 500吨，增加经济效益3 000万元以上，为石化集团公司节能降耗、绿色低碳发展创造了经济效益和社会效益。加油站二次油气回收设备国产化研发取得新成果，成功在北京石油、广东石油推广应用500多套，该设备具有流速快、重量轻、维护方便等优点，且价格仅为国外同类设备的一半，在油品销售系统提高投资效益和设备国产化率方面取得新进展。

（尚艳红 王新军）

【电气及功能安全取得新进步】 电气安全在雷静电危害防控产品研发上不断取得突破，技术服务范围已全面覆盖中国石化各业务板块。积极推进SPD标准符合性认定工作，先后完成20多家企业、300多种型号产品的认定检测工作。料仓静电治理技术首次在新建装置上应用；“危险场所电气防爆安全检查”获国家甲级检测资质，并完成了镇海炼化等企业的电气防爆评估工作。功能安全技术研发及应用初显成效，开展了青岛炼化千万吨级炼油装置安全联锁系统SIL评估，并成功中标普光分公司天然气净化装置评估项目。

（尚艳红 王新军）

【应急管理及应急平台建设业务发展迅速】 2012年，安全工程研究院先后完成济南炼化等7家企业应急响应中心的建设，配合石化集团公司总部完成11台应急指挥车的购置及相关体系建设，为打造事故现场、相关企业和总部三位一体的中国石化应急救援体系打下了坚实基础。快速剖析与中国石化相关的雪佛龙公司里士满和阿穆艾炼油厂火灾爆炸事故案例，编写的专题报告提出了预防措施和建议，受到总部领导和相关事业部的肯定。

（尚艳红 王新军）

【积极推进中国石化风险评估技术系列标准和制度体系建设】 2012年，安全工程研究院开发形成了集事故分析、HAZOP、风险矩阵等技术于一体的过程安全风险评估技术，成功应用于齐鲁石化、燕山石化等多家企业。首次提出不同敏感目标的个体风险接受标准和安全距离确定准则。开展了长岭液化气装置搬迁等多个重要项目的定量风险评估和仪化公司BDO装置地面火炬专项评估等工作，学科影响力进一步扩大。

（尚艳红 王新军）

【监测检验学科综合技术能力不断提升】 2012年，安全工程研究院研发的装置泄漏检测、评估与修复技术有效地解决了石化企业“跑、冒、滴、漏”和异味严重的问题，已在九江石化、武汉石化等企业成功应用，并与神华集团全面达成合作意向，为中国石化加快推进煤化工项目积累了宝贵经验。

（尚艳红 王新军）

【环保学科建设实现新突破】 2012年，安全工程研究院主持完成了中国石化《环境保护白皮书》的编制，为提升中国石化的社会形象作出了重要贡献；环境风险评估与应急技术对石化集团公司环境风险防控提供了技术支撑，完成了8家企业PX装置专项环境风险评估工作；建成溢油应急处置技术研发实验室，形成海上溢油回收分离成套技术，完成雷达溢油监测关键性技术研发及胜利油田海上溢油监测平台搭建，建立海上溢油风险评估和溢油量估算方法，为中国石化海上溢油应急处置提供了有效的技术及装备支撑。

（尚艳红 王新军）

【职业健康科研与技术服务工作实现新提升】 2012年，安全工程研究院完成新粤浙煤制天然气管输项目等多个事关中国石化能源战略部署的重大项目的职业卫生评价工作；主持编写的《中国石油化工集团公司苯防护管理规定》填补了石化行业苯防护综合措施方面的空白；全年共完成以石化行业为主的85家企业2万余人的健康监护工作。

（尚艳红 王新军）

【HSE监理业务广受赞誉】 2012年，安全工程研究院共承担4个检修项目和7个“新、改、扩”项目的HSE监理工作，服务领域延伸到环境监理，在重点工程建设和全厂级大检修等急、难、险、重任务中，发挥了保驾护航作用，HSE业绩和专业化水平得到业主的一致好评。其中，镇海炼化最大的一次装置检修实现“零事故”的目标，安全工程研究院被授予优秀安全监管团队锦旗；阜新项目连续2次被大唐煤化工集团评为唯一的“样板工地”。

（尚艳红 王新军）

【完成组织机构的设置和相应业务与职责的调整】 2012年1月，根据工作需要，安全工程研究院完成了院组织机构的设置和相应业务与职责的调整工作。全院共设 14 个研究室(中心)，其中储运与安全控制研究室更名为储运安全研究室；安全工程研究室更名为电气与功能安全研究室；HSE 监理业务从 HSE 研究室中划出，成立工程项目 HSE 管理咨询中心；健康监护中心并入职业健康研究室。职能部门共设 8 个，其中成立国际合作处，负责国际项目合作业务规划与组织实施，与科研管理处合署办公；成立知识产权处，负责专有技术、发明专利等知识产权管理，与技术开发处合署办公；党委办公室更名为党群工作处，成立纪检监察处、审计处，与党群工作处合署办公。

（尚艳红　王新军）

【完成全员职位竞聘工作】 2012 年 6 月，安全工程研究院顺利完成了全员职位竞聘工作，218 人竞聘上岗。其中，院首席专家 2 人，专家 14 人，主任师 24 人，副主任师及主管师 120 人；中层干部和主任助理 43 人，业务主管 15 人。搭建起经营管理、科技研发、实验操作 3 个职位发展序列，人才成长梯队初步形成。

（尚艳红　王新军）

表 1　　安全工程研究院 2012 年主要科研成果获奖情况

序号	项目名称	奖项名称	奖项等级
1	30 万吨/年天然气乙炔法制醋酸乙烯成套技术开发	石化集团公司科技进步奖	一等奖
2	基于风险的劣质原油加工装置防腐技术研发与推广应用	石化集团公司科技进步奖	二等奖
3	石化企业事故分析技术研究与应用	石化集团公司科技进步奖	二等奖
4	硫化亚铁自燃危害治理技术研究	2011 年“神华杯”中国职业安全健康协会科学技术奖	二等奖
5	常减压装置在线运行安全指导系统	中国石油和化工自动化行业协会科技进步奖	二等奖
6	中国石化隐患评估与管理技术研究	中国石油和化工自动化行业协会科技进步奖	二等奖
7	含硫天然气泄漏应急检测技术研究	中国石油和化工自动化行业协会科技进步奖	二等奖
8	华南成品油管网防雷系统	石化集团公司科技进步奖	三等奖
9	欧盟 REACH 法规研究与实践	石化集团公司科技进步奖	三等奖
10	石化装置腐蚀适应性评估与管理系统研究开发	中国石油和化工自动化行业协会科技进步奖	三等奖
11	大型浮顶储罐导电片和等电位连接的作用研究	2011 年“神华杯”中国职业安全健康协会科技进步奖	三等奖
12	乙醇汽油灌装过程中燃爆危害预防技术的研究	2011 年“神华杯”中国职业安全健康协会科技进步奖	三等奖
13	中国石化应急指挥决策支持系统	2011 年“神华杯”中国职业安全健康协会科技进步奖	三等奖
14	化学品事故应急处置技术支持系统研发与应用	中国石油和化学工业联合会科技进步奖	三等奖
15	危险化工工艺安全控制技术及应用	中国石油和化学工业联合会科技进步奖	三等奖
16	劣质原油加工腐蚀应对技术研究与推广应用	2011 年度国家能源科技进步奖	三等奖

表2 安全工程研究院专利申请与授权情况 项

年份	国内专利		国外专利	
	申请数	授权数	申请数	授权数
2012	79	19	0	0
2011	51	9	0	0
2010	31	11	0	0
2009	15	4	0	0
2008	4	5	0	0
2007	4	1	0	0

管理干部学院

【概况】 石油化工管理干部学院(简称管理干部学院)是集石化集团公司党校、人才培训中心、信息技术培训中心和远程教育中心于一体的高层次人才培训基地。2011年，又被评为国家级专业技术人员继续教育基地。

管理干部学院于1985年筹建，1987年正式成立。主校区位于朝阳区立水桥北甲1号，占地103亩(6.87万平方米)，建筑面积5.24万平方米；设有各类多功能教室53间，600人和300人多功能报告厅各1个，宿舍769间，餐厅6个，可同时容纳830名学员在校学习。另在朝阳区安翔北里(健翔桥)设有分校区，建筑面积1.6万平方米，可同时容纳230名学员在校学习。管理干部学院拥有千兆校园网，互联网出口带宽130兆；学习资源中心馆藏印本文献8.4万多册，电子图书2.4万多册，磁带、多媒体光盘900多套；还引进了中国知网、国研网、EBSCO-host、读秀学术搜索、网上报告厅等数据库以及书生电子图书、亚博石化、石油化工要闻等电子期刊；建有本院学员论文库(690册)、音视频资料库、外语类电子图书库(配有光盘的英语类图书)、培训专题数据库等特色资源。

管理干部学院实行党委领导下的院长负责制。截至2012年底，设有12个部门，即综合办公室、组织人事部、财务部、教务部、管理培训部、专业技术培训部、国际化经营培训部、远程培训部、科研部、信息资源部、编辑部和总务部。有正式职工178人，劳务用工204人，其中博士20人、硕士52人；具有教授级职称的6人，高级职称的59人。建立了较为完备的专兼职教师队伍，其中专职教师49人；聘任客座教授53人(包括院士5人、外籍教授5人、总部部门领导12人)；兼职教师963人，包括石化集团公司党组领导，两院院士，高层管理人员和技术专家，国内外著名高校、教育培训和科研机构的专家学者以及政府官员等。

管理干部学院主要承担4类培训任务：一是高层经营管理及后备人才培训，重点培训总部职能部门和直属企事业单位的领导干部、中青年后备干部及部分中层干部；二是高级专业技术人才培训，重点培训油气勘探开发、炼油化工、工程建设、科研、销售等领域的各类专家及青年骨干人才；三是国际化经营人才培训，重点培训国际勘探开发、国际石油工程、国际炼化工程、国际贸易等领域的经营管理、专业技术人员和外籍员工。四是培训者培训，重点培训各直属企业的培训管理人员和培训机构的专兼职骨干教师。

管理干部学院培训情况统计见图1。

(陈红艳)

【开展重点人才培训】 2012年，管理干部学院紧紧围绕石化集团公司优化结构、推进体制机制建设、加快提升可持续发展能力的要求开展重点人才培训，取得较好成绩。全年共完成石化集团公司年度培训计划项目110个159期次，跨年度培训项目16个19期次；总部各部门和直属企业委托培训项目84个115期次。共实施培训项目210个293期次，培训14 112标准人次(12 055人次)，其中自主开发11 000标准人次(6 582人次)。各类培训的平均学员满意度评分达95.8分。承接会议、接待、出回国集中及大型考试1 653标准人次(5 517人次)。

(陈红艳)

【及时开发新培训项目】 2012年，经营管理类培训探索开发了领导人员模块化选学系列专题培训，7个模块10期培训班305名党组管理干部参加培训；开发实施了CFO培训班，傅成玉董事长来院与学员进行了深度交流研讨；举办了中国石化驻港机构员工培训班，首次实现境外送培。专业技术类培训紧密结合石化集团公司结构调整部署，首次举办了领导人员煤化工技术培训班、石油工程特种技术培训班和碳资产管理培训班，取得良好效果。国际化经营类培训开发实施了沙特延布项目人员出国前培训班、外籍骨干员工班等重要班次，培训与国际化业务的结合更加紧密。

（陈红艳）

傅成玉董事长来院与CFO班学员座谈

【系统内高端资源得到有效利用】 2012年，共有石化集团公司党组领导9人次、院士24人次、高层管理人员和高级专家186人次来院授课、出席开班动员或结班汇报等，还有更多的领导和专家参与了培训方案的开发与审定，为学院培训工作提供了有力的资源保障。

（陈红艳）

【远程培训系统推广应用开创较好局面】 截至2012年12月底，系统注册登录33.9万人，在线学习总次数747万次，在线课程总学习时长441万小时，实时课堂总学习时长32万小时。系统资源进一步丰富，新增课件1 200个，课件累计总量达2 200个，新建学术论文、案例、科研报告、专业会议资料、视频等5类550个数字化资源。

（陈红艳）

【远程培训系统一期建设项目获2项荣誉】 2012年，管理干部学院远程培训系统成功通过验收，并获第4届中国企业学习信息化论坛颁发的“最佳学习管理系统应用奖”和“虚拟教室应用优秀奖”。

（陈红艳）

【科研实力进一步增强】 2012年，管理干部学院顺利完成国家人力资源和社会保障部、石化集团公司人事部委托的3个项目。“中国石化国际化人才队伍建设研究”通过专家鉴定，“中国石化高级管理人才核心能力建设研究”和“中国石化培训人员队伍建设研究”形成了阶段性成果，新立2项石化集团公司级科研项目。获得石化集团公司科技进步三等奖1项，管理现代化创新成果二等奖3项、三等奖1项。新立项“华东石油局完善法人结构”等4个咨询服务项目。组织编写了3个中组部培训典型案例；联合15家系统内企业培训机构编写了30个典型培训实践案例。

（陈红艳）

【培训体系建设与实施顺利推进】 2012年，管理干部学院完成了20个岗位的培训课程体系建设，制定了《听课管理规定》，编制了《学院培训质量手册》，严格落实培训质量管理，培训质量体系建设进入实施阶段。初步建立了合作院校、合作项目、培训兼职教师、现场教学基地、培训案例等各类资源库。开始试点应用文档管理系统。

（陈红艳）

【“夯实管理基础，提高工作效率”员工大讨论提升管理水平】 2012年，管理干部学院深入查找学院、部门、岗位3个层面管理工作中存在的问题、不足和产生原因，提出改进措施，并梳理和规范了145个工作流程。

（陈红艳）

【节电、节水工作取得明显成效】 2012年，管理干部学院本部用电量同比下降1.1%，用水量同比下降15%；分校区用电量同比下降30%，用水量同比下降33%。

（陈红艳）

【人力资源管理进一步强化】 2012年，管理干部学院完善了岗位竞聘、部门与员工绩效考核等相关制度，干部和人才队伍建设更加规范科学。选拔聘用了6名正处级人员和5名副处级人员，新聘2名首席专家和7名专家，引进毕业生和系统外招聘人才9人。推进骨干教师培养和员工培训，27人次教职工参加出国境培训或赴企业实习、挂职，开展石油石化专业知识培训、青年教职工英语培训等员工培训项目，积极推进员工远程自主培训。

（陈红艳）

【基础设施和教学条件得到改善】 2012年，管理干部学院完成了与综合管理信息系统配套的一卡通系统立项与软件开发，更新了信息发布系统、速印设备、部分教室投影机和计算机，引进了无线会议系统，完成了境外电视信号引入工程，启动了校园无线网络建设立项工作。顺利完成了污水站迁建等8个工程项目。

（陈红艳）

【十八大精神的学习宣传贯彻深入扎实】 2012年，管理干部学院通过集体收看会议盛况，组织党委中心组学习，召开领导班子民主生活会，举办党课、专题讲座和学员座谈会，增设十八大相关培训内容等措施，在全院上下和学员中掀起了学习贯彻十八大精神的热潮。

（陈红艳）

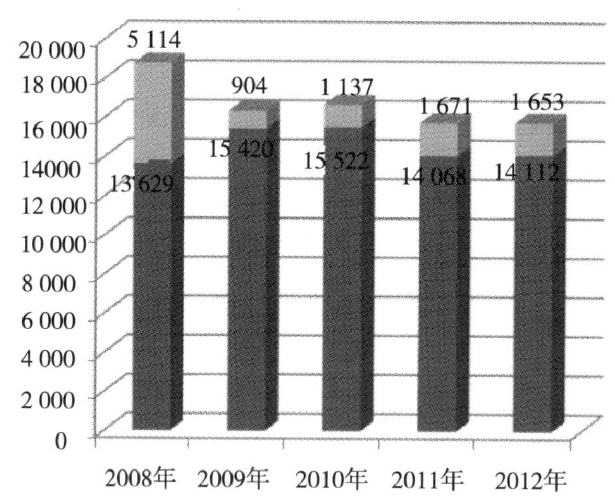

图1 管理干部学院培训情况统计①

①自2009年起，统计口径为标准人次，每人培训10天为1个标准人次

工程建设公司

【概况】 中国石化工程建设有限公司（简称工程建设公司，英文缩写SEI）地处北京市朝阳区奥运商圈，是隶属中石化炼化工程（集团）股份有限公司、以炼油和化工工程设计为主体、可以实施工程建设总承包和工程项目管理的工程公司。公司主要从事炼油、化工、煤化工、天然气等石化工程项目的设计、设备材料采购、施工管理、工程总承包、项目管理服务、工程监理、技术咨询、技术服务等工作。

SEI（前身）创建于1953年。截至2012年底，公司有在册员工2 089人，其中中国工程院院士2名，中国工程设计大师5名，教授级高级工程师82名，高级工程师、高级经济师等高级职称人员1 208名。

SEI拥有中华人民共和国对外经济合作经营资格证书、工程设计综合甲级资格证书、工程监理甲级资格证书、工程造价咨询单位甲级资格证书、工程咨询甲级资格证书、甲级环境影响评价证书、压力容器设计单位批准书、压力管道设计资格批准书等国家顶级资质，并取得了英国劳氏公司签发的质量（ISO 9001）、职业健康安全（OHSAS 18001）和环境管理体系（ISO 14001）认证证书。

截至2012年底，SEI累计拥有各项专利291项，其中有效授权198项，专有技术百余项。年内共获省（部）级以上各类科技进步奖励25项。具有用自主技术高水平设计和建设千万吨级炼油和百万吨级乙烯工程的能力，在炼化一体化、煤油化一体化、技术国产化、管理科学化方面具有独特的优势。

2012年，SEI实现营业收入93.49亿元，实现利润总额18.15亿元，全年中交、开车投产的重点装置共35套。

SEI主要生产经营指标见表1，2012年开车及中交项目和项目获奖情况见表2和表3。

（邵 壮 杜 燃）

【获得国家奖项】 “特大型超深高含硫气田安全高效开发技术及工业化应用”项目获2012年度国家科技进步特等奖，这是工程建设公司获得的第2个国家科技进步最高奖项。镇海炼化100万吨/年乙烯工程获国家优质工程金质奖和国家优秀工程设计一等奖，中国石化实现工程建设史上国优金奖“零”的突破。

(邵 壮 杜 燃)

普光气田天然气净化厂

【炼化工程板块重组改制上市工作稳步推进】 2012年5月1日，工程建设公司名称变更为中国石化工程建设有限公司。7月6日，中国石化召开炼化工程(集团)股份有限公司干部会议，宣布石化集团公司党组关于组建中石化炼化工程(集团)股份有限公司领导班子的决定。7月13日，新任SEI总经理李国清召开公司领导班子见面会。

(邵 壮 杜 燃)

【中国首套完全自有技术建设的乙烯装置建成中交】 武汉分公司80万吨/年乙烯装置于12月28日高标准中交，这是中国第1套完全以自有技术建设的大型乙烯装置，“三机”、冷箱、大型乙烯低温罐等重大装备全面实现了国产化。SEI圆满完成了自主技术研发及工程项目总承包工作，为中国石化乙烯技术跨上新台阶作出了贡献。

(邵 壮 杜 燃)

武汉分公司80万吨/年乙烯装置

【上海石化390万吨/年渣油加氢装置建成投产】 2012年，上海石化390万吨/年渣油加氢装置建成投产。该装置完全采用SEI自主开发的工艺和工程技术，标志着SEI在重油加氢的工程设计与工业应用上又有新的突破，晋升为国际前列。另外，SEI负责设计的上海石化168米高的亚洲第一高多头捆绑式火炬和350万吨/年催化裂化装置相继试投用并开车成功。

(邵 壮 杜 燃)

【CBL裂解炉技术成功走出国门】 马来西亚TITAN公司9万吨/年裂解炉于2012年11月9日投料开车一次成功，标志CBL裂解炉技术成功走出国门，SEI跻身裂解炉技术国际专利商行列，具备了与国际知名专利商同台竞技的实力。

(邵 壮 杜 燃)

【“十条龙”科技攻关项目成果显著】 中原60万吨/年S－MTO技术工业应用、3万吨/年PX吸附分离工业示范装置成套技术和3万吨/年溴化丁基橡胶成套技术3个项目全面完成了“十条龙”攻关任务，2012年顺利“出龙”。丁烯氧化脱氢制丁二烯成套技术开发、第二代气液流化床工艺聚乙烯技术开发、优质针状焦生产技术开发与应用研究和由LCO生产高辛烷值汽油或BTX原料的加氢裂化技术开发与应用4个项目被批准加入“十条龙”攻关，工程建设公司“在龙”项目达19项。

(邵 壮 杜 燃)

【QHSE管理水平持续提升】 2012年3月和9月，英国劳氏船级社质量认证有限公司(LRQA)对工程建设公司QHSE管理体系实施了2次监督审核。全年，公司所有项目实现了“质量事故为零，死亡和重伤事故为零”的目标，创造了一流的QHSE管理业绩。

(邵 壮 杜 燃)

【召开“建设世界一流工程公司座谈会”】 2012年8月，工程建设公司召开“建设世界一流工程公司工作座谈会”，提出应着重做好6项工作，即标准化运作(含标准化管理、标准化设计、标准化采购、模块化施工、标准化EPC)、国际化经营、项目管理现代化、技术创新市场化、人才资源管理现代化、企业文化国际化，全面推进建设世界一流工程公司的步伐。

(邵 壮 杜 燃)

表1　　工程建设公司主要生产经营指标

指标名称＼年份	2012	2011	2010	2009	2008	2007
资产总值/亿元	79.00	158.00	166.82	167.00	129.83	121.64
建设投资/亿元	377.43	306.39	365.32	360.85	259.05	124.97
主营业务收入/亿元	93.49	83.58	155.20	154.98	97.60	65.65
利　税/亿元	20.51	20.62	19.86	17.02	12.07	5.48
承接合同数量/项	154	78	75	145	154	42
授权专利数量/项	71	27	41	11	18	11

表2　　工程建设公司2012年开车及中交项目

序号	项目名称	开车/中交时间	备注
1	杭州石化有限责任公司生物航煤试验装置	2月28日	
2	中国石油克拉玛依120万吨/年柴油加氢改质装置	4月24日	
3	扬子石化乙烯裂解样板炉节能改造项目	5月25日	
4	燕山石化260万吨/年柴油加氢精制及配套系统项目	6月28日	中交
5	荆门分公司新建180万吨/年柴油加氢精制装置	7月1日	
6	100米^3(标准)/时煤制天然气(SNG)中试装置	8月1日	
7	金陵分公司150万吨/年S－Zorb催化汽油吸附脱硫装置	8月11日	
8	济南分公司30万吨/年润滑油加氢装置	8月16日	中交
9	上海石化炼油改造工程390万吨/年渣油加氢装置	8月22日 11月29日	中交
10	上海石化炼油改造工程350万吨/年重油催化裂化装置	8月22日 11月29日	中交
11	上海石化炼油改造工程双脱装置	8月22日 11月29日	中交
12	辽宁华锦通达化工股份有限公司48万吨/年裂解汽油加氢装置扩产节能改造项目	9月14日	
13	石家庄油品质量升级及原油劣化改造工程新区全厂工艺管网及新区给排水管网	9月25日	中交
14	云南文山铝业有限公司80万吨/年氧化铝项目配套煤气工程	9月26日	
15	三江湖石10万吨/年环氧乙烷(EO)装置	9月30日	
16	济南分公司30万吨/年润滑油加氢装置	10月1日	
17	上海石化炼油改造工程100万吨/年连续重整抽提装置	10月10日	

续表

序号	项目名称	开车/中交时间	备注
18	石家庄炼化分公司 60 万吨/年航煤加氢装置	11 月 7 日	
19	马来西亚 TITAN 裂解炉项目	11 月 9 日	
20	锦州石化 160 万吨/年延迟焦化装置	11 月 18 日	
21	青岛炼化 200 万吨/年加氢裂化装置	11 月 22 日	
22	武汉分公司油品质量升级炼油改造二期工程	11 月 26 日	中交
23	中国石油四川石化公司 65 万吨/年对二甲苯芳烃联合装置	11 月 26 日	中交
24	上海石化炼油改造工程 50 万吨/年气体分馏装置(含丙烯预精制)	11 月 29 日	
25	上海石化炼油改造工程 150 万吨/年催化汽油吸附脱硫装置(S-Zorb)	11 月 29 日	
26	上海石化 2#乙烯新区裂解炉改造项目	11 月 30 日	
27	武汉 35 万吨/年芳烃抽提装置	12 月 12 日	中交
28	扬子石化精对苯二甲酸节能改造项目	12 月 18 日	中交
29	武汉 80 万吨/年乙烯装置	12 月 28 日	中交
30	辽河石化公司新建 60 万吨/年重整装置	12 月 28 日	

表 3　　工程建设公司 2012 年项目获奖情况

序号	项目名称	获奖名称	获奖等级
1	中国石化镇海炼化 100 万吨/年乙烯工程	国家优质工程奖	金奖
2	特大型超深高含硫气田安全高效开发技术及工业化应用	国家科技进步奖	特等奖
3	镇海炼化 100 万吨/年乙烯主体工程	国家优秀工程设计奖	一等奖
4	生产低硫汽油的选择性加氢脱硫 RSDS 技术	石化集团公司科技进步奖	一等奖
5	自主建设世界级炼化一体化工程自动化和信息化集成技术研究与应用	中国石油和化工自动化行业科技进步奖	一等奖
6	1 200 万吨/年高含酸重质原油炼油厂自动化技术研究、开发、集成和应用	中国石油和化工自动化行业科技进步奖	一等奖
7	石化储罐超声波智能全自动切水装置的开发与工业化应用	中国石油和化工自动化行业科技进步奖	一等奖
8	大型炼油化工企业发变电系统研究及应用	中国石油和化工自动化行业科技进步奖	一等奖

续表

序号	项目名称	获奖名称	获奖等级
9	65 万吨/年乙苯成套技术开发及应用	石化集团公司科技进步奖	一等奖
10	50 万吨/年重油催化热裂解(CPP)制烯烃示范装置	中国石油和化学工业联合会科技进步奖	一等奖
11	百万吨乙烯裂解炉在线质谱分析系统的工程化研究及应用	中国石油和化工自动化行业科技进步奖	二等奖
12	100 万吨/年乙烯成套技术工程化开发	石化集团公司科技进步奖	二等奖
13	S-Zorb 装置关键设备的研制与应用	石化集团公司科技进步奖	二等奖
14	原油蒸馏工艺与工程	石化集团公司科技进步奖	二等奖
15	凝析油单独加工技术研究与应用	石化集团公司科技进步奖	三等奖
16	绿色低碳高能效加氢裂化成套技术开发及应用	石化集团公司科技进步奖	三等奖
17	强适应性成套电脱盐技术开发和工业应用	石化集团公司科技进步奖	三等奖
18	中国石化工程建设材料编码标准化项目	石化集团公司科技进步奖	三等奖
19	1 200 万吨/年高酸重质劣质原油智能响应控制电脱盐成套技术和装备	江苏省科技进步奖	三等奖
20	汽油吸附脱硫装置 S-Zorb 耐磨球阀国产化	中国石油和化学工业联合会科技进步奖	三等奖
21	普光气田天然气净化厂工程	石化集团公司优质工程奖	
22	天津分公司 100 万吨/年乙烯及配套项目 45 万吨/年聚丙烯装置	石化集团公司优质工程奖	
23	天津分公司 100 万吨/年乙烯及配套项目 1 000 万吨/年常减压装置	石化集团公司优质工程奖	
24	加氢技术创新团队	中国石化优秀创新团队	
25	甲醇制低碳烯烃(S-MTO)技术创新团队	中国石化优秀创新团队	

上海工程公司

【概况】 中石化上海工程有限公司(简称上海工程公司，英文简称 SSEC)的前身是上海医药工业设计院，成立于 1953 年，2000 年 12 月整体划归石化集团公司。2002 年，以上海医药工业设计院为核心，联合中石化上海金山工程公司和上海高桥石化设计院进行重组，2003 年 4 月更名为中国石化集团上海工程有限公司。2012 年 4 月改制并更为现名。本部位于上海市浦东新区张杨路 769 号，注册资本人民币 2 亿元。

上海工程公司主要业务领域分为三大类：石化、化纤、炼油化工等，医药化工和生物能源化工等，环保、电子、轻纺食品、天然气储运工程等。服务范围覆盖工程项目的规划咨询、项目建议书、可行性研究和基础工程设计、详细工程设计，以及工程采购、工程总承包、工程项目管理、技术开发等。

上海工程公司持有石化、医药、化工、石油天然气、轻工纺织、建筑工程、建筑智能化、环境保护、环境评价、压力容器、压力管道、工程咨询、工程造价等10多项甲级设计资质，并持有工程勘察甲级证书和建筑业企业贰级资质证书，对药品生产符合GMP要求的工程设计具有专长。拥有国家住房与城乡建设部首批核发的工程设计综合甲级资质，可承接所有21个行业的设计和工程总承包业务。

截至2012年底，上海工程公司取得ISO 9001质量管理体系认证证书，ISO 14001、GB/T 28001、HSE管理体系认证证书，拥有多项专利技术，建立了先进的万兆以太计算机办公网络，主办出版《化工设备与管道》《制药机械》《医药工程设计》3种技术刊物。2012年12月7日，《化工设备与管道》入选中国科技核心期刊。

截至2012年底，上海工程公司有11个专业(部)室、2个辅助部门、15个管理部(室)、5个子公司，拥有在册员工1 144人，82%为从事工程设计和服务的工程技术人员。其中，设计大师7名，高、中级职称人员近727人，各类执业资格人员347人；硕士研究生及以上学历人员148人(占总人数13%)，具有教授级专业技术职称人数为24人。

2012年，上海工程公司新签合同额50.1亿元，为年度目标的119%，完成合同收费34亿元，为年度目标的107%。实现营业收入34.3亿元，为年度目标114.3%；实现利润4亿元，为年度目标的240%，完成石化集团公司年度考核指标；EVA达到3.6亿元，较2011年增长112.27%；4项费用4.25亿元，为年度目标的95.18%。

2012年，上海工程公司第4次获上海市职工最满意企业称号，获“建行杯”第4届上海市住房公积金百佳诚信缴交企业称号，继续被认定为AAA信用等级，再次被授予上海市创新型企业称号。首次获石化集团公司外事工作先进单位称号。

上海工程公司主要生产经营指标和2012年完成的主要项目见表1和表2。

(钱水根)

【差异化经营稳步提升经营合同额】 2012年，上海工程公司面对经济增速减慢、投资放缓带来的冲击，加大系统外经营力度，积极争取投标机会，填补系统内业务缺额。在系统内，持续跟踪上海石化、扬子石化新一轮乙烯改扩建，及时提供各种增值服务；对高桥石化整体结构调整，既顾及客户长远利益，又贯彻落实总部目标要求，得到业主高度评价；在广州石化、海南炼化、福建炼化、天津石化、镇海炼化、四川维尼纶厂等传统区域，及时提供维护服务，承接多个项目，取得预期成效。在系统外，凭借良好服务和明显优势，先后中标中煤榆林MTO分离、PP装置及碳四综合利用EPC、蒙大50万吨工程塑料项目烯烃分离装置、聚丙烯装置以及罐区、青海大美煤炭深加工示范项目一期工程、新疆独山子天利实业15万吨/年碳五分离等项目，使系统外业务持续增量发展。在设计服务上，大力拓展技术许可和医药设计领域，苯乙烯、碳五分离技术许可及其服务，医药工程设计份额持续稳步提升，全年设计服务合同额突破7亿元大关，PMC和医药工程设计合同额分别超过8 200万元、5 000万元。在EPC总承包上，全年EPC合同额达到43亿元，系统外、海外EPC业务稳中有升，为推动业务新发展增添动力。

(钱水根)

【重点项目实现预定节点】 2012年，上海工程公司完成采购合同750个(金额20多亿元)，较上年度提高25%，创历年最高采购量，网上框架采购比例达到92%；神华包头碳四综合利用MTBE/1－丁烯单元当年设计当年建成，获业主好评；南京凯米拉(EPCM)，中煤陕西榆横煤化工MTO烯烃分离及碳四综合利用、聚丙烯，海南中石化(香港)成品油保税库，广州石化PP，上海中石化三井化工40万吨/年苯酚丙酮等EPC项目，宁波禾元50万吨/年EO/EG、张江高科技园区生物医药研发大楼二期等EPC服务项目，实现预定节点。上海石化和扬子石化三轮乙烯改造、高桥石化整体结构调整前期准备、湖北化肥20万吨/年合成气制乙二醇、深圳信立泰制药、天津力生制药、帝斯曼维生素(上海)竹子项目设计取得进展。沙特SABIC新建42万吨/年聚酯(PET)、港口物流设施(PLF)有序推进。哈萨克斯坦(KPI)石油化工一体化联合装置完成OBE阶段工作、LSTK阶段工作全面展开。

(钱水根)

【一批新技术成果脱颖而出】 2012年，20万吨/年合成气制乙二醇工业示范装置工艺包完成关键设备放大研究，进入详细设计；10万吨/年双氧水法制环氧丙烷工艺包完成工程放大研究，成功“入龙”；NaSCN法生产碳纤维中试装置打通全流程，产出合格产品；10万吨/年CHP法生产环氧丙烷、3 000吨/年生物柴油副产甘油发酵制1，3－丙二醇工艺包通过技术审查，为“入龙”准备了条件。60万吨/年苯乙烯恒沸节能工艺包开发等8项项目通过技术审查(鉴定)，为工业应用准备了技术基础。赛科新建50万吨/年苯乙烯等5项大型石化装置关键设备(反应器)研制技术取得新进展，苯乙烯共沸精馏节能和配套共沸换热器等12项新技术开发取得进展，九江、荆门、宁波大榭岛苯乙烯装置迈入大型化阶段，国产碳五分离技术许可走向海外。新签技术许可合同额1 770万元，16项新立开发项目获中国石化总部批准；新获授权专利19项，已获专利申请号47项(发明专利33项，实用新型专利14项)。

(钱水根)

【17项成果获国家和省部级奖项】 2012年，由上海工程公司EPC总承包65万吨/年EO/EG装置的镇海炼化100万吨/年乙烯工程获国家优质工程金质奖和全国工程建设优秀设计成果一等奖，项目经理薛宏庆获国家优质工程奖先进个人称号；12项成果获省部级以上奖项(科技进步、优秀工程设计、优秀工程咨询、优质工程、优秀工程总承包)；风送系统关键设备旋转阀、换向阀国产化研制、百万吨乙烯配套废水处理技术分别获中国石化科技进步二等奖、三等奖；浓缩工艺设计技术和方法的经典专著《化工工艺设计手册》(第四版)获中国石油和化工联合会2012年科技进步二等奖。

(钱水根)

【质量监管标准化建设取得新进展】 2012年，上海工程公司加强技术质量管理工作，注重技术质量例会制度，严格项目过程质量控制，坚持项目管理检查制度，质量、安全、进度、费用同步控制，做好设计、采购、施工和创优质工程过程评价，组织技术评审217次、工程回访4次，修订公司标准182项，承编国标、行标21项，主编参编国标、行标21项，承编其他国标8项、行标1项。武汉乙烯工程获单项工程质量绩效考核一等奖，HDPE装置掺混铝料仓D-7001B-E、EO/EG装置机柜间DCS系统仪表机柜间安装工程获施工质量优胜奖，黄卫明获优秀质量管理者称号。

(钱水根)

【赴沙特现场为网络系统排堵保畅】 2012年初，上海工程公司首批IT工程师赴沙特执行建网及现场IT技术支持和保障任务，在西部聚酯项目现场，构建业主办公室、EPC办公室网络，建立视频会议、VOIP、出图、文件共享系统和现场网络管理和数据备份；在东部港口物流现场，完成业主及EPC办公室网络、业主文档管理和其他应用系统服务工作，使现场具备与公司本部协同工作能力。随着项目进展，又派出多批网络、应用系统工程师，为现场设计及管理提供三维设计系统、材料管理系统等系统构建服务，完善应用系统；为现场项目人员提供技术支持服务，做好现场网管培训，解决网络应用问题；截至年底，先后8批12人次IT网络工程师赴沙特执行“排堵保畅”任务，确保项目信息系统顺畅运行。

(钱水根)

【连续10年被评为市治安安全合格单位】 2012年，上海工程公司围绕安全生产主题，以制度建设为抓手，加强责任落实和HSE队伍建设，加强HSE文化建设和本质安全管理，加强治安消防管理和综合治理，做好境外公共安全和HSE自查自改，完善HSE管理和应急预案体系，创造安稳工作环境，全年安全人工时1 705万小时，安全行车132万千米，未发生任何责任事故。获2011年底全国“安康杯”竞赛(上海赛区)优秀单位称号、上海市治安保卫先进集体、上海市平安示范单位、上海市百家“安全行车、文明礼让”先进集体称号，连续10年被评为上海市治安安全合格单位，连续6年被评为上海市平安单位。

(钱水根)

【承建武汉乙烯HDPE、EO/EG中交】 在武汉石化80万吨/年乙烯工程中，上海工程公司承担30万吨/年HDPE和15/28万吨/年EO/EG装置EPC总承包。2010年9月15日，HDPE率先桩基开工；11月27日，EO/EG桩基开工，装置进入全面建设状态。2012年11月28日，HDPE建成中交，成为武汉石化乙烯工程首套建成中交的装置；12月28日，EO/EG建成中交。两装置中交为武汉乙烯打通全流程打下了基础。

(钱水根)

【承建北海炼油异地改造项目建成投产】 2012年1月1日，北海炼油异地改造项目炼油装置打通全流程，实现一次投产成功。1月20日，北海炼油异地改造项目部被评为中国石化重点工程建设2011年度优秀设计团队，4月23日，获中华总工会、国家安全生产监督管理总局联合颁发的2011年度全国“安康杯”竞赛优胜班组称号。

(钱水根)

【承建日照原油商储基地二期工程建成中交】 日照原油商储基地二期工程包括17座10万立方米盘式浮顶油罐及公用工程。2011年，二期工程开工建设，2012年4月26日按期中间交接，为基地工程按时建成投运、发挥沿江地区炼油企业效能作出了重要贡献。

（钱水根）

【上海石化炼油改造工程投料开车一次成功】 上海工程公司承担上海石化炼油改造新建和改造二部分的设计工作。2009年9月完成可研报告；2011年1月开始详细设计；2012年7月30日建成中间交接，9月9日，上海石化170万吨/年石脑油预加氢处理、10万吨/年MTBE装置、5.5万吨/年制氢装置相继投料开车一次成功，产出合格产品。

（钱水根）

【湖北化肥合成气制乙二醇工业示范装置开工】 湖北化肥20万吨/年合成气制乙二醇工业示范装置是中国石化"十条龙"攻关项目之一，被列为中国石化头号工程。该装置由上海工程公司担任总体设计院，承担氧化偶联制草酸酯单元工艺包开发，以及相关配套工程设计和现场技术服务。2012年3月26日开始基础设计；截至年底已完成50%工程进度。

（钱水根）

【中石化三井化工40万吨/年苯酚丙酮装置开工】 上海中石化三井化工40万吨/年苯酚丙酮装置建于上海化学工业区，主要建设25万吨/年苯酚、15万吨/年丙酮装置各1套，供水能力2万米^3/时循环水场、消防废水事故池、辅助楼、总降压站各1座；由上海工程公司EPC总承包，承担从基础设计到中间交接的设计、采购、施工，以及联动试车、投料试车的技术支持工作。2012年7月10日，装置开工打桩；8月16日，EPC开工。

（钱水根）

【上海石化新一轮乙烯改扩建工程开工】 在上海石化新一轮乙烯改扩建中，上海工程公司作为总体设计院，负责工程设计，承担80万吨/年乙烯、45万吨/年汽油加氢、30万吨/年芳烃抽提、25万吨/年聚丙烯、60万吨/年苯乙烯、38万吨/年乙二醇和主要配套工程设计。2012年9月完成总体设计，12月18日在现场举行奠基仪式，工程建设进入快车道。

（钱水根）

【首次跻身ENR国际承包商225强榜单】 2012年8月，ENR全球最大225家国际承包商排名公布，上海工程公司首次跻身国际承包商225强之列，排名第221位，在上榜的中国企业中位列第51位。

（钱水根）

【举办创建60年和重组10周年系列活动】 2012年，上海工程公司以创建60年和重组10周年为契机，组织编写《跋涉、攀登、跨越》纪念文集和《磨砺、酬勤、风采》荣誉画册，评选创建60年和重组10周年"创新与发展"30件最具影响力大事和30位杰出贡献人物等系列纪念活动。6月28日，举办《跨越》雕塑揭幕，揭开纪念活动序幕，10月18日，召开创新发展暨创建60年和重组10周年纪念大会，回顾公司发展进步的光辉历程，总结创新发展推动持续进步的成功经验，动员续写公司转型跨越新篇章。9月21日、10月23日和12月6日，组织老领导、老劳模、老专家等座谈发展历史。

（钱水根）

【创先争优推动党建优势有效发挥】 2012年，上海工程公司以基层组织建设年为重点，对基层组织调查摸底，召开工程项目党建工作研讨交流会，创新"三会一课"和组织生活形式，深化"为民服务创先争优"活动，以"双满意"为导向，落实各项承诺，做好点评测评，有效发挥党建和队伍建设优势，公司13个党支部中，5个定级为"好"，8个定级为"较好"；4名党员、2个党支部、1个集体和2名个人分别被石化集团公司党组、市经信委工作党委命名为创先争优活动优秀共产党员、先进基层党组织、创先争优活动群众满意窗口和创先争优活动优秀服务标兵称号。

（钱水根）

【举办第3届体育节获得成功】 2012年，上海工程公司以"我锻炼、我健康、我参与、我发展——提升软实力，迎接新挑战"为主题，举行第3届体育节。5月30日，体育节揭幕，前后历时10个月，700余人次参加乒乓球、足球、桌球、篮球、羽球、游泳、桥牌、钓鱼和80分比赛，广州石化聚丙烯、神华包头、日照商储库、武汉乙烯项目现场结合实际组织活动，足球队、桥牌队分别获2012年度上海市行业足球联赛冠军、"勘察设计杯"桥牌团体赛亚军和中华杯浦东新区锦标赛第8名。

（钱水根）

【结对帮扶帮在点子上】 2012年起，上海工程公司按照城乡基层党组织帮扶协议，继续与对口帮扶点

(金山区朱泾镇五龙村)结对帮扶。年内与对口帮扶点交流分析结对帮扶情况；走访慰问资助贫困村民；向“帮扶助学”困难大学生捐赠助学资金；商定建设绿色农作物销售网，截至年底，已落实网站建设和售前宣传，完成销售定位和人员培养，开始物流准备和网售试运行。

(钱水根)

【以人为本推进人事基础工作】 2012年，上海工程公司继续以国际化经营人才、高层次人才为重点，组织185人参加境外公共安全培训，64名新大学生赴EPC现场实习转正，3名优秀青年员工赴海外项目培训，67名新进员工接受入职教育，联合培养华东理工大学全日制工程硕士48名，2本全日制工程硕士专业用教材编制完成。1月6日召开“一专多能”岗位培养推进会，第3批“一专多能”岗位锻炼人员上岗接受锻炼，他们以挂职部室主任助理、党支部书记助理方式，在做好专业技术工作的同时，熟悉了解参与相关部门管理工作。

(钱水根)

表1 上海工程公司主要生产经营指标

指标名称＼年份	2012	2011	2010	2009	2008	2007
主要业务收入/亿元	34.30	30.50	23.13	22.16	21.18	14.78
完成工程投资额/亿元	140.30	129.99	86.48	71.90	66.80	56.00
完成工程项目/项	201	197	188	184	221	239
授权专利/项	84	60	30	19	13	9

表2 上海工程公司2012年完成的主要项目

委托单位	项目名称	完成日期	行业
苏州诺华制药科技有限公司	苏州诺华制药科技有限公司新建质检实验楼工程	1月	医药
广州分公司	广州分公司20万吨/年高性能聚丙烯装置基础设计	1月	石化
仪征化纤股份有限公司	仪征化纤10万吨/年1，4－丁二醇项目工程设计	1月	石化
住友制药(苏州)有限公司	住友制药(苏州)有限公司制剂工场二期	1月	医药
上海石化	上海石化炼油改造工程	1月	炼油
中国石化集团石油商业储备有限公司	日照—仪征原油管道及配套工程首站罐区	2月	石化
上海第一生化药业有限公司	上海第一生化制药有限公司无菌注射剂生产线改造项目一期工程	2月	医药
上海张江(集团)有限公司	国家上海新药安全评价研究中心生物医药研发大楼二期工程	2月	医药
江苏恒瑞医药股份有限公司	江苏恒瑞豪森医药工业园恒瑞PEG－GCSF车间项目	2月	医药
上海石化	上海石化1#炼油联合装置2#常减压抽真空系统改造	2月	石化

续表

委托单位	项目名称	完成日期	行业
上海石化	上海石化 1#乙烯装置易地及扩能改造项目方案设计	3 月	石化
中煤能源鄂尔多斯分公司	内蒙古蒙大新能源年产 50 万吨工程塑料项目聚丙烯装置基础设计	3 月	化工
扬子石油化工有限公司	扬子石化乙烯装置节能改造	3 月	石化
上海化学工业区公共管廊有限公司	上海化学工业区公共管廊扩建工程	3 月	石化
上海恒瑞医药有限公司	上海恒瑞医药有限公司滴眼剂车间改造项目	3 月	医药
扬子石油化工有限公司塑料厂	扬子石油化工有限公司塑料厂聚乙烯中控室改扩建详细设计	3 月	石化
宁波禾元有限公司	宁波禾元 50 万吨/年环氧乙烷—乙二醇(EO－EG)装置	3 月	石化
上海石化	上海石化塑料部 1#PE 装置挤出机造粒系统技术改造	3 月	石化
上海石化	上海石化 2#常减压加热炉燃料系统改造	3 月	石化
上海石化	上海石化塑料部 1PP 装置三元无规共聚产品生产适应性改造	3 月	石化
江阴天江药业有限公司	江阴天江药业有限公司 3 000 吨中药配方颗粒产业化生产项目	4 月	医药
尤妮佳生活用品(天津)有限公司	尤妮佳生活用品(天津)有限公司新建(二期)工程	4 月	医药
上海化学工业区发展有限公司	上海化学工业区无机废水总管三期工程	4 月	化工
帝人芳纶贸易(上海)有限公司	帝人芳纶贸易(上海)有限公司新建实验室项目	4 月	医药
高桥分公司	高桥石化漕泾 20 万吨/年苯酚丙酮装置改造	5 月	石化
海南炼油化工有限公司	海南原油商业储备基地工程基础设计	5 月	石化
内蒙古蒙大新能源化工基地开发有限公司	内蒙古蒙大新能源 50 万吨工程塑料项目烯烃分离装置基础设计	5 月	石化
内蒙古蒙大新能源化工基地开发有限公司	内蒙古蒙大新能源年产 50 万吨工程塑料项目碳四(C4)综合利用	5 月	石化
管道储运公司	日照原油商业储备基地工程	5 月	石化
上海赛科石油化工有限责任公司	上海赛科 OSBL 超临界乙烯系统整改	5 月	石化
上海石化	上海石化 2#常减压 250 万吨/年常压换热流程优化改造	5 月	石化
上海石化	上海石化炼油改造工程——芳烃空压站改造	5 月	石化

续表

委托单位	项目名称	完成日期	行业
深圳信立泰药业股份有限公司	深圳信立泰药业股份有限公司坪山产业化基地项目一期工程	5月	医药
新浦化学(泰兴)有限公司	新浦化学(泰兴)有限公司32万吨/年EB/SM	6月	石化
扬子石油化工有限公司	扬子石油化工有限公司甲醇制丙烯工业侧线试验项目	6月	石化
管道储运公司	连云港原油商业储备基地工程基础工程设计	6月	石化
扬子石油化工有限公司	扬子石化2#乙烯甲烷化反应系统低温化改造	6月	石化
上海大正力保健有限公司	上海大正力保健有限公司工厂建设项目方案、详细设计	6月	医药
高桥分公司	高桥石化炼油废水清污分流改造工程	6月	石化
湖北化肥分公司	湖北化肥分公司20万吨/年合成气制乙二醇工业示范装置基础设计	7月	石化
上海国睿生命科技有限公司	上海国睿生命科技有限公司组织工程国家工程研究中心改造项目技术	7月	医药
江苏恒瑞医药股份有限公司	江苏恒瑞豪森医药工业园恒瑞普通冻干车间项目	7月	医药
上海天然气管网有限公司	上海五号沟LNG站LNG罐车灌装系统技术改造	7月	石化
高桥分公司	高桥石化化工一部10万吨/年丁苯橡胶装置3#挤压机改造	8月	石化
江苏豪森药业股份有限公司	江苏豪森药业股份有限公司抗肿瘤冻干车间、普通冻干车间项目	8月	医药
荆门分公司	荆门石化8万吨/年乙苯—苯乙烯装置乙苯负压脱氢制苯乙烯成套技术	8月	石化
上海石化	上海石化炼油改造工程——2#柴油加氢装置恢复性改造	8月	石化
九江分公司	九江分公司8万吨乙苯—苯乙烯装置基础设计	8月	石化
高桥资产分公司	高桥石化动力中心北线4.2兆帕蒸汽管网扩建工程	9月	石化
亚宝药业集团股份有限公司	亚宝药业集团股份有限公司亚宝工业园生产基地项目工程设计	10月	医药
高桥分公司	高桥石化260万吨/年柴油加氢装置详细设计	10月	石化
山西亚宝北中大制药有限公司	亚宝北中大清开灵注射液生产线建设项目工程设计	10月	医药
上海石化	上海石化塑料部1#PE装置挤出机造粒系统技术改造详细设计	10月	石化
浙江康莱特新森医药原料有限公司	浙江康莱特新森医药原料有限公司生产辅助用房工程项目工程设计	10月	医药

续表

委托单位	项目名称	完成日期	行业
上海石洞口煤气制气有限公司	石洞口燃气生产和能源安全储备基地建设项目二期工程详细设计	10 月	石化
扬子石油化工有限公司	扬子石化塑料厂聚乙烯中控室改造工程	10 月	石化
高桥分公司	高桥石化化工一部 20 万吨/年苯酚丙酮装置异味治理及苯酚高污抽料	10 月	石化
武汉化工新城公共管廊有限公司	武汉化学工业区公共管廊工程(一期)	11 月	化工
上海赛科公司	上海赛科新建 9 万吨/年丁二烯装置配套公用工程及储运系统项目工程	11 月	石化
长岭分公司	长岭分公司 10 万吨/年双氧水法制环氧丙烷工业应用试验装置—环氧	11 月	石化
镇海炼化分公司	镇海炼化乙烯挖潜节能减排改造及下游配套项目总体设计(40 万吨/年乙二醇装置)	12 月	石化
中国神华煤制油化工有限公司	神华陕西甲醇下游加工项目聚丙烯装置基础设计和技术服务	12 月	石化
中国神华煤制油化工有限公司	神华陕西甲醇下游加工项目烯烃分离装置基础设计及技术服务	12 月	石化
天津力生制药股份有限公司	天津力生制药股份有限公司扩建项目一、二期工程设计	12 月	医药

洛阳工程公司

【概况】 中石化洛阳工程有限公司(简称洛阳工程公司)前身是石油工业部抚顺设计院，创建于 1956 年 10 月。1984 年 1 月更名为中国石油化工总公司洛阳设计研究院，12 月中国石化总公司洛阳石油化工工程公司正式成立。2012 年 4 月 6 日完成改制，更名为中石化洛阳工程有限公司。洛阳工程公司是国内能源化工领域集技术专利商与工程承包商为一体的高新技术企业，拥有国家颁发的工程设计综合甲级资质证书，为国家首批业务涵盖 21 个行业的工程咨询企业之一，已通过 QHSE 管理体系、ISO 10015 培训管理体系认证。

洛阳工程公司本部位于河南省洛阳市。截至 2012 年底，在册职工 2 102 人，其中中国科学院院士 1 人，国家设计大师 3 人，享受政府特殊津贴的专家 21 人(含退休返聘人员)，教授级专业技术职务人员 67 人、高级专业技术职务人员 777 人、各类注册工程师 414 人。

洛阳工程公司具有工程设计和工程研究(R&D)相结合的结构优势，在科技发展和技术进步方面形成了独有的特色。截至 2012 年底，累计获国家级科技进步奖(含发明奖)35 项、国家级优秀设计奖 26 项、省部级科技进步奖(含发明奖)260 项、省部级优秀设计奖 76 项，拥有国内外有效授权专利 390 项。

洛阳工程公司主要生产经营指标、2012 年投产工程项目分别见表 1 和表 2。

(李小爽)

【北海炼油异地改造项目炼油装置投产成功】 2012 年 1 月 1 日，由洛阳工程公司总承包的北海炼油异地改造项目炼油装置打通全流程，实现一次投产成功。该项目的全面投产对优化中国石化战略布局、促进北部湾地区经济发展具有重要意义。

(李小爽)

【九江分公司150万吨/年柴油液相循环加氢装置一次开车成功】 2012年1月13日，中国首套150万吨/年柴油液相循环加氢工业示范装置在九江分公司一次开车成功并产出合格产品，标志着洛阳工程公司与抚顺石油化工研究院、九江分公司联合承担的石化集团公司“十条龙”攻关项目——上进式柴油液相循环加氢项目技术开发工作取得成功，进入工业生产阶段。该装置由洛阳工程公司实行EPC总承包，建成投产后，将显著提高九江分公司柴油产品质量，实现柴油产品的换代升级，同时缓解市场柴油紧缺的矛盾，实现生产增长方式的转变，为九江石化提供新的效益增长点。

（李小爽）

【吴邦国到洛阳工程公司考察】 2012年4月16日，中共中央政治局常委、全国人大常委会委员长吴邦国到洛阳工程公司考察。吴邦国听取了工作汇报，就传统炼油技术、新兴替代能源以及工程总承包、设备国产化、“走出去”等问题进行了深入细致的调研。在远程视频连线洛阳工程公司哈萨克斯坦项目组现场时，吴邦国详细询问了项目当地用工情况，亲切问候了现场员工。在洛阳工程公司研发基地，吴邦国一行实地考察了催化裂化中试试验室、炼化工艺实验室、天然气防腐实验室、连续重整冷模实验室、生物流化床、烟气脱硫实验室。

（李小爽）

吴邦国委员长视察洛阳工程公司

【九江分公司苯抽提联合装置中交】 2012年4月21日，由洛阳工程公司EPC总承包的九江分公司油品质量升级改造项目120万吨/年连续重整及25万吨/年苯抽提联合装置顺利建成并实现工程中间交接。7月，联合装置投产。

（李小爽）

【广州石化200万吨/年柴油加氢改质项目一次开车成功】 2010年12月，由洛阳工程公司承担设计的广州石化200万吨/年柴油加氢改质项目开工建设，2012年4月23日产出合格产品，实现了安全、环保、高标准投料试车一次成功。广州石化200万吨/年柴油加氢改质装置是国内首套采用自有技术（SHEER加氢成套技术，由洛阳工程公司和抚顺石油化工研究院、广州分公司等单位联合开发）的柴油加氢改质装置，是国家油品质量升级战略的组成部分。装置投产后，能生产符合欧V标准的柴油产品，对保护环境、较少污染起到积极的作用，具有明显的经济效益和社会效益。

（李小爽）

【通过国家高新技术企业复审认定】 2012年4月29日，河南省科技厅、财政厅、国家税务局、地方税务局4个部门联合发布通知，洛阳工程公司继2008年首批通过国家高新技术企业认定后，又通过高新技术企业复审认定。根据相关政策，洛阳工程公司在2011—2013年期间继续享受15%的企业所得税优惠税率和研发费用“加计税前扣除”的税收优惠政策，为持续加大研发投入、增强自主创新能力提供了有力支撑。

（李小爽）

【哈萨克斯坦阿特劳炼油厂原油深加工项目开工】 2012年9月10日，由中石化炼化工程（集团）股份有限公司实行EPCC总承包、洛阳工程公司作为主体执行单位的哈萨克斯坦阿特劳炼油厂原油深加工（FCC）项目开工典礼举行。

（李小爽）

阿特劳炼油厂原油深加工项目开工

【金陵分公司 350 万吨/年催化裂化装置一次开车成功】 2011 年 4 月 20 日，由洛阳工程公司承担设计的金陵分公司油品质量升级改造工程核心装置 350 万吨/年催化裂化装置开工，2012 年 9 月 25 日中交，10 月 9 日实现开车一次成功，并产出合格产品，标志着金陵分公司年原油加工能力达到 1 800 万吨。该项目是中国石化重点项目，洛阳工程公司承担了 800 万吨/年常减压蒸馏装置、180 万吨/年渣油加氢装置、350 万吨/年催化裂化装置以及区域变电所 1、联合装置机柜间、火炬系统改造等装置（单元）基础设计和详细设计工作，工程费用约 26.7 亿元。

（李小爽）

【炼油加热炉热媒体自循环空气预热器研制技术通过石化集团公司技术鉴定】 2012 年 10 月 30 日，由洛阳工程公司承担的炼油加热炉热媒体自循环空气预热器研制技术通过石化集团公司技术鉴定和评议。该项目研制了炼油加热炉热媒体自循环空气预热器，其机理为采用沸腾吸热和凝结放热技术，将炼油加热炉排烟温度和热媒体自循环空气预热器传热介质（热媒）循环量组成一个控制调节回路，根据排烟温度控制热媒循环量，实现控制和调节排烟温度的目的。专家组对该技术给予了较高评价，建议完善该技术，尽快进行工业试验。

（李小爽）

【大型生物流化床处理乙二醇污水工业试验研究通过石化集团公司技术鉴定】 2012 年 10 月 30 日，由洛阳工程公司承担的大型生物流化床处理乙二醇污水工业试验研究通过石化集团公司技术鉴定和评议。该项目开发了流化床式生物反应器及相配套的工艺处理技术，其中的内导流筒及微孔曝气气体分布器结构形式具有新颖性；筛选出复合材料拉西环结构形式载体，生物挂膜效果好；驯化出适合乙二醇污水有机物降解的菌种，该菌种降解能力强。该技术处理率高，是活性污泥法处理负荷的 4 倍，实现了污水处理的装置化、集成化、密闭化。专家组对该技术给予了较高评价，认为总体上达到国内领先水平，建议开展大规模工业化应用。

（李小爽）

【入选 ENR“中国承包商和设计企业双 60 强”】 2012 年 11 月 23 日，由美国《工程新闻记录》（ENR）与中国《建筑时报》共同主办的 ENR 中国承包商和工程设计企业“双 60 强”排名 2012 年度榜单揭晓，洛阳工程公司名列第 16 位，同时还名列 2012 年最具总承包实力工程设计企业排名第 6 位。

（李小爽）

【茂名分公司 1 000 万吨/年常减压装置一次开车成功】 2012 年 10 月 30 日，由洛阳工程公司负责设计的茂名石化油品质量升级改造项目龙头装置——1 000万吨/年常减压装置实现高标准中交。12 月 5 日一次投产成功，产出合格产品，标志着茂名石化油品质量升级改造工程全面进入投料试生产阶段。该工程是国家《石化产业调整和振兴规划》的石化技术改造专项，是石化集团公司的重点工程建设项目、广东省“新十大工程”之一。

（李小爽）

【通过 QHSE 管理体系审核认证】 2012 年 12 月 27 日，洛阳工程公司通过 QHSE 管理体系审核认证，可拥有中国船级社认证公司的质量、职业健康、安全、环境管理体系认证证书和英国 UKAS 的质量管理体系认证证书。

（李小爽）

表 1　洛阳工程公司主要生产经营指标

指标名称 \ 年份	2012①	2011	2010	2009	2008	2007
资产总值/亿元	67.10	78.93	71.95	42.25	39.26	34.85
流动资产	52.90	75.55	68.69	39.28	36.97	32.75
固定资产原值	10.76	5.16	4.66	4.36	3.27	3.06
固定资产净值	8.57	2.88	2.78	2.59	1.94	1.84
建设投资/亿元	361.86	322.89	262.68	228.25	206.38	164.74

续表

年份 指标名称	2012[①]	2011	2010	2009	2008	2007
主营业务收入/亿元	69.29	65.75	58.41	51.04	41.70	31.67
实现利税/亿元	15.08	15.23	11.82	11.15	5.87	5.41
税　金	4.03	4.18	3.62	3.16	2.23	2.55
承接工程数量[②]/项	1 516	1 021	707	557	557	490
授权专利数量/项	84	68	36	35	32	37

①2012 年为剔除重组改制上市减收减利因素后数据

②2010—2011 年工程数量有调整

表2　　洛阳工程公司 2012 年投产工程项目

序号	投产项目	投产日期	备注
1	九江分公司 150 万吨/年柴油液相循环加氢装置	1 月	工程总承包
2	金陵分公司 800 万吨/年常减压装置	4 月	工程设计
3	广州石化 200 万吨/年柴油加氢改质装置	4 月	工程设计
4	西安石化分公司 30 万吨/年汽油加氢装置	4 月	工程设计
5	镇海炼化分公司对二甲苯装置换剂及适应性改造项目	5 月	工程设计
6	镇海炼化Ⅱ催化烟道校核及改造项目	5 月	工程设计
7	湛江东兴催化裂化改造、汽油加氢改造、全厂蒸汽平衡项目	6 月	工程设计
8	九江石化 120 万吨/年连续重整联合装置	7 月	工程总承包
9	中国石油抚顺石化公司 200 万吨/年加氢裂化装置	8 月	工程设计
10	辽宁华锦通达化工公司常减压、加氢尾气处理、芳烃抽提、硫黄回收装置	9 月	工程设计
11	金陵分公司 180 万吨/年渣油加氢装置	9 月	工程设计
12	金陵分公司 350 万吨/年催化裂化装置	10 月	工程设计
13	东明石化 500 万吨/年常减压装置	10 月	工程设计
14	中国石油呼和浩特石化 280 万吨/年催化裂化装置	10 月	工程总承包
15	青岛石油化工有限公司检修技改和消缺项目	10 月	工程设计
16	茂名分公司油品质量升级改造工程 1000 万吨/年常减压装置	12 月	工程设计
17	茂名分公司油品质量升级改造工程 220 万吨/年催化裂化装置	12 月	工程设计

宁波工程公司

【概况】 中石化宁波工程有限公司(简称宁波工程公司，英文缩写SNEC)是2003年经石化集团公司批准，由原中国石化集团兰州设计院和中国石化集团第三建设公司重组设立的国有独资公司，注册地为浙江省宁波高新区。

宁波工程公司是以技术为先导，设计为基础，工程总承包和工程项目管理为主体，集科研开发、工程咨询、工程设计、设备制造、装置施工和检维修服务于一体，拥有专利、专有技术，面向国内、国际两个市场，在能源、环保、石油化工和热能工程等领域提供咨询、设计、工程总承包、制造及专业施工总承包工程服务和管理服务的全能型工程公司。

宁波工程公司持有工程设计综合甲级资质证书、化工石油工程施工总承包一级资质证书，工程咨询、工程造价咨询、环境影响评价甲级资格证，压力容器设计、制造许可证，压力管道设计、安装许可证，锅炉和起重机械安装、改造、维修许可证，对外承包工程经营资格证书等，并取得ISO 9001质量体系认证证书、GB/T 24001—2004环境管理体系和GB/T 28001—2001职业健康安全管理体系认证证书。

截至2012年底，宁波工程公司设有25个职能管理部门、6个专业设计室、4个专业公司、7个分公司(子公司)等业务单位。在册职工3 100余人，其中国家级设计大师及行业设计大师5人，教授级高级工程师18人，具有高级职称的309人、中级职称的749人，各类注册工程师231人，其他管理和技术人员1 000余人。拥有230多项专利、专有技术，在天然气化工、石油化工、煤化工以及合成气化工等领域的设计处于全国领先地位；在管道钢结构工厂化预制、设备制造、大型储罐和长输管线施工、大型或特大型设备吊装方面构筑了强大的差异化竞争优势，是石化集团公司大型非标设备制造基地。2012年，宁波工程公司获宁波市五一劳动奖状。

宁波工程公司主要生产经营指标和2012年中交或完工的主要工程项目见表1和表2。

（贺　颖）

【生产经营再创佳绩】 2012年，宁波工程公司围绕“十二五”发展目标，以加快“六大能力”提升为要务，各项工作有了新突破。全年共投标265项，中标82项，中标率达30.94%；共签订工程承包合同262份；先后实施总承包项目15个、设计及咨询项目90个、建设及制造项目214个，生产总体继续保持良好的发展态势；开发工艺包12项，其中8项已成功实现技术转让或工程化应用；完成营业收入36.2亿元，实现利润4.5亿元，经济效益再创历史新高。

（贺　颖）

【企业管理扎实有效】 2012年，宁波工程公司重点围绕管理提升、配合重组上市和审计工作，不断加强基础管理，完善制度标准、规范业务流程，企业管理对公司发展的助推作用明显加强。能力提升年活动落实目标任务388项，制定具体措施1 101项，3项重点工作和13项专业管理提升得到有效落实；及时完成重组上市配合阶段性目标及土地房产处置等历史遗留问题；有力推进欧萨(OSHA)管理，“知责有为”的安全理念不断深入人心；顺利通过中国船级社质量管理体系再认证；“四费”优化和成本控制得到进一步落实；信息化应用的深度和广度进一步提升。

（贺　颖）

【武汉80万吨/年乙烯工程高标准中交】 2012年12月28日，宁波工程公司承建的武汉80万吨/年乙烯工程总承包项目整体中交，共包括热电联产、LLDPE、空分、空压站、第二循环水场、化学水处理和冷凝水回收7套装置。该项目自开工以来，共打造样板工程5个，创精品工程3个，获质量优胜奖2个、质量管理成果奖2个，创优工作取得良好成效。

（贺　颖）

武汉80万吨/年乙烯工程装置夜景

【中东地区市场取得新突破】 2012年3月20日，宁波工程公司成功中标沙特PETROKEMYA供电扩建EPC总承包项目，这是宁波工程公司在中东地区取得的第1个EPC项目，也是石化集团公司炼化工程板块2012年在中东地区取得的第1个EPC项目。

（贺　颖）

【成功挺进LNG业务领域】 2012年11月29日，宁波工程公司在深圳同时与中国海油深圳天然气有限公司、广东大鹏液化天然气公司签订4台和1台16万立方米低温罐LNG接收站及配套设施工程EPC总承包合同，标志着宁波工程公司成功挺进LNG领域，填补了在LNG业务领域的空白。

（贺 颖）

【跻身中国吊装十强】 2012年9月26日，在第2届全球起重机峰会暨中国吊装百强大会上，正式发布了中国吊装施工领域的首份用户榜单——中国吊装百强排行榜，并根据吊装企业的施工能力、设备实力、参与重点项目等指标进行综合评选，宁波工程公司凭借精良的装备、精湛的技术和精细的管理等综合实力，成功入选中国吊装国营十强榜单。

（贺 颖）

【国内首套煤基IGCC示范电站完成整套试运】 2012年11月6日，由宁波工程公司参与设计的绿色煤电装置——华能(天津)煤基IGCC电站示范工程顺利实现整套试运，这是中国首套清洁煤发电示范工程，标志着中国不仅具有开发、建设大型清洁煤发电的能力，同时也为清洁煤利用储备了技术资源。

（贺 颖）

【“十条龙”项目开发成果显著】 2012年11月30日，宁波工程公司承担的第1个中国石化科技攻关“十条龙”项目——30万吨/年天然气乙炔法制醋酸乙烯成套技术顺利“出龙”，形成了中国石化自有知识产权的成套技术。12月27日，宁波工程公司负责设计的镇海炼化180万吨/年重油催化烟气除尘脱硫装置顺利投运，标志着该装置作为中国石化科技攻关“十条龙”项目整体建成投运，填补了国内催化装置烟气治理技术的空白，对中国石化催化裂化装置烟气治理具有重要示范意义，为宁波工程公司进一步开拓系统内外环保领域市场奠定了良好的基础。

（贺 颖）

【管理现代化创新成果屡创佳绩】 2012年8月29日，石化集团公司第21届管理现代化创新成果评审揭晓结果，宁波工程公司申报的“项目实施中的分包商一体化管理”“凝炼质量文化内涵　创新质量管理手段”“推行工程企业工器具四化管理模式促进成本控制”分获一、二、三等奖。

（贺 颖）

【自主开发软件获铂金管道奖】 2012年6月4日，宁波工程公司自主开发的SmartPlant P&ID管道材料等级驱动属性自动录入功能开发软件获铂金管道二等奖。这是中国石化系统内获得的第1个鹰图铂金管道奖，也是国内获得该奖项的最高奖。

（贺 颖）

【质量管理再获殊荣】 2012年，宁波工程公司工程创优成效显著，承建的镇海炼化100万吨/年乙烯工程获国家优质工程金质奖、全国工程建设项目优秀设计成果一等奖；册子岛原油商业储备基地工程获全国优秀焊接工程奖；四川维尼纶厂30万吨/年醋酸乙烯项目获中国石化优质工程奖；上海石化60万吨/年芳烃联合装置南区标段一(歧化—异构化装置)安装工程获上海市“申安杯”优质工程奖、上海市安装行业协会“绿色安装”工程成果奖。

（贺 颖）

【设备制造创亚洲新高】 2012年7月，宁波工程公司承接的海南炼化60万吨/年对二甲苯项目二甲苯塔制造在宁波机械厂大件码头全面铺开。二甲苯塔最大壁厚138毫米，直径从9.8米到11.8米不等，塔高126.6米，重4 035吨，该设备世界排名前十，是亚洲在建的最大吨位的炼油化工装置特大型非标设备，被誉为“亚洲第一塔”，不仅再次刷新宁波工程公司设备制造纪录，也刷新了国内同类装置的设备制造加工纪录。

（贺 颖）

成功滚装上船的二甲苯塔第7、第8、第9吊装段设备筒体

【脱硫脱硝技术公司成立】 2012年4月20日，为了进一步拓展业务领域，做大做强环保项目，探索专业化发展新的体制和机制，宁波工程公司成立了脱硫脱硝技术公司，该公司的成立，将进一步提升宁

波工程公司的竞争能力，扩大经营规模。

（贺　颖）

【专业管理再获多项荣誉】 2012年，宁波工程公司连续第3年被评为全国“安康杯”优胜单位、石化集团公司财务管理先进单位；连续第2年被评为石化集团公司物资供应管理红旗单位；获得石化集团公司离退休工作五好集体、企业信息化水平A级等荣誉；荣膺中国建筑业协会石化工程建设优秀企业称号。

（贺　颖）

表1　　宁波工程公司主要生产经营指标表　　亿元

指标名称 \ 年份	2012	2011	2010	2009	2008	2007
资产总值	42.13	45.38	28.30	27.03	28.11	24.42
设计投资额	116.04	107.83	73.11	64.22	99.04	88.23
主营业务收入	36.07	30.33	22.28	32.76	42.38	40.22
利　税	5.59	3.61	2.47	2.08	1.99	1.78
承接工程数量/项	319	394	310	274	238	241
工程总承包	15	14	5	12	9	8
工程设计	58	79	41	32	20	14
工程咨询	32	56	49	38	34	18
工程建设及制造	214	231	215	192	175	171
授权专利数量/项	19	27	14	3	2	3

表2　　宁波工程公司2012年中交或完工的主要工程项目

序号	项目名称	中交或完工日期
一	EPC总承包项目	
1	安庆分公司13万吨/年丙烯腈项目	8月30日
2	武汉分公司80万吨/年乙烯工程项目	12月28日
二	设计项目	
1	九江分公司煤焦代油改造项目(锅炉装置)	2月
2	茂名石化煤(石油焦)制氢项目CFB锅炉装置	4月
3	茂名石化煤(石油焦)制氢项目空分装置	9月
4	润滑油分公司新加坡8万吨/年润滑油脂项目	11月
5	九江分公司煤焦代油改造项目(制氢装置)	12月
6	燕山石化东区动力锅炉系统整合改造一期工程	12月
三	施工项目	
1	上海石化芳烃部2#芳烃加氢检修项目	4月
2	高桥石化1#重整装置检修项目	4月

续表

序号	项目名称	中交或完工日期
3	镇海炼化PX、歧化、五加氢裂化装置检修改造项目	5月
4	上海赛科乙烯装置裂解炉改造	6月
5	高桥石化化工区微波塔钢结构拆除项目	6月
6	高桥石化炼油四部2#连续重整装置C202增加冷却器项目	6月
7	高桥石化专项安全评估问题及安全隐患整改改造项目	7月
8	上海石化3#炼油大修项目	7月
9	高桥石化1#石蜡加氢装置增加原料缓冲罐项目	8月
10	上海石化炼油改造项目——安装工程(标段二)	8月
11	宁波台化ABS三期扩建项目	8月
12	镇海炼化锅炉用水技术改造	9月
13	镇海炼化仓储公司新建原油罐、算山码头新建一台原油罐安装工程	9月
14	上海石化1#炼油大修项目	9月
15	大连恒力石化有限公司一期项目PTA工程PTA-1装置及系统工程	9月
16	镇海炼化二轻烃回收V2004罐及凝液线改造工程	10月
17	上海石化炼油部3#炼油柴油加氢装置检修	10月
18	镇海港区化工码头后方罐区罐体安装及防腐工程	10月
19	镇海炼化三部制氢装置拆除项目	11月
20	舟山中际化6台10万立方米罐安装工程	11月
21	上海石化2#乙烯装置新区SL-Ⅱ型裂解炉节能改造项目	12月
22	宁波禾元化学公司年产30万吨聚丙烯、50万吨乙二醇装置	12月
23	上海石化烯烃部2#烯烃装置检修	12月

南京工程公司

【概况】 中石化南京工程有限公司(简称南京工程公司，英文缩写SNEI)位于江苏省南京市江宁区，2009年经石化集团公司批准，由原中国石化集团第二建设公司和中国石化集团南京设计院重组设立，是石化集团公司直属企业，注册资本为人民币5.56亿元。

南京工程公司主营业务包括三大板块：以设计为先导的，以煤及天然气化工、环境工程及清洁能源、硫磷及催化剂等无机化工、公用工程、石化产品深加工及精细化工等为主要领域的工程产品业务；以EPC、PMC为主要形式的工程总承包、工程管理、工程服务、工程咨询和工程监理业务；以“四大一特”(大型设备吊装、大型机组安装、大型储罐安装、大型DCS/ESD安装、特殊材质焊接)为核心的石化装置安装业务。

截至2012年底，南京工程公司下设23个职能部门、10个专业设计室、5个专业工程分公司、12个国内区域性分公司、1个海外分公司；在册职工总数3 594人，其中研发和专业设计、工程技术和项目管理人员1 876人，具有大专及以上学历2 361人，拥有中、高级专业技术职称的997人，另外可根据需要调配协作单位专业管理人员及技术工人1万余人。

2012年，南京工程公司完成营业收入49.54亿元，实现利润2.01亿元。

南京工程公司主要生产经营指标和2012年完成

的主要工程项目见表 1 和表 2。

（谢鹏飞）

【生产组织平稳运行】 2012 年，南京工程公司在建、新开项目 182 个，其中设计项目 70 个、总承包项目 21 个、施工项目 91 个。完成设计投资额 115.36 亿元，完成建筑业总产值 33.73 亿元，完成总承包合同额 15.62 亿元，自行完成施工产值 9.12 亿元。通过采取生产管理周例会、大中型项目周报月报制度、领导班子成员轮流到重点项目现场办公等措施，项目实现平稳运行。

（谢鹏飞）

【公司设计的一批大型项目顺利竣工】 2012 年，由南京工程公司设计的云天化云峰分公司 30 万吨/年硫酸装置、江苏蓝丰生物化工公司 40 万吨/年硫酸装置、上海宝钢化工有限公司煤气系统技术升级改造项目、贵阳中化开磷 2 × 10 万吨/年磷酸浓缩装置、南通醋纤五期扩能改造项目、武汉石化乙烯工程污水处理装置、武汉石化乙烯工程液体产品罐区等项目顺利开车/竣工。

（谢鹏飞）

【金陵石化油品质量升级改造工程顺利中交】 该工程是石化集团公司、南京市人民政府的重点工程项目。南京工程公司承建的 180 万吨/年渣油加氢和 350 万吨/年催化裂化核心装置，其中催化装置核心设备再生器是国内最大的催化再生器。渣油加氢装置于 2012 年 7 月 30 日中交，催化裂化装置于 8 月 20 日中交。

（谢鹏飞）

【承建的武汉乙烯装置顺利建成】 由南京工程公司承担建设的武汉乙烯项目中的污水处理场总承包项目、液体产品罐区总承包项目分别于 2012 年 8 月 28 日、12 月 10 日实现中交；承担的国内第 1 套最大的地面火炬项目于 12 月 7 日实现中交，聚丙烯（采购 + 施工）项目于 11 月 30 日实现中交。

（谢鹏飞）

【6 项专利获得授权】 2012 年，南京工程公司有 6 项专利获得授权，分别是一种含硫尾气氨法洗涤净化塔、沸腾分解炉、带独立燃烧室的黄磷尾气余热回收系统、新型高效化工焚烧炉、羰基化制醋酐的所需原料的制备方法及装置、羰基化合成装置排入火炬系统的含碘甲烷的可燃气体的处理方法。

（谢鹏飞）

【完成一批工法的编制】 2012 年，南京工程公司主编完成《四合一加热炉模块化施工工法》《混凝土储罐筒体挂架大模板施工工法》《大型浮顶储罐群施工工法（升级版）》《双层钢制低温储罐倒装施工工法（升级版）》并申报 2011—2012 石化集团公司级工法。

（谢鹏飞）

【工程质量平稳可控】 2012 年，南京工程公司工程质量主要指标实现平稳可控，其中单位工程合格率 100%；焊接一次合格率 98.0%，其中管道 97.8%、设备 99.1%、储罐 98.2%；工程质量事故为零；工程项目一次投料试车成功率 100%。

（谢鹏飞）

【南京（兰精）公司 3 万吨/年硫化氢湿法制硫酸装置一次投料开车成功】 南京工程公司承担的南京（兰精）公司 3 万吨/年硫化氢湿法制酸装置于 2012 年 6 月 16 日一次投料开车成功。产酸、产蒸汽及尾气排放等指标均达到设计要求。该工艺技术的成功开发，进一步巩固了南京工程公司在传统优势硫酸领域的领先地位，在湿法制硫酸技术推广应用上迈出了成功的一步。

（谢鹏飞）

【入选中国吊装国有十强排行榜】 2012 年 9 月 26 日，第 2 届（2012）全球起重机峰会暨中国吊装百强大会在北京举行。会上，首届中国吊装国有十强排行榜正式揭晓。该排行榜是根据吊装企业施工能力、设备实力、参与的重点项目等指标进行评选，南京工程公司入榜。

（谢鹏飞）

【完成 2 项国家标准的主编工作】 由南京工程公司负责主编的国家标准《石油化工粉体料仓防静电燃爆设计规范》（GB 50813—2012）于 2012 年 5 月报国家建设部批准并发布执行；主编的国家标准《硫酸、磷肥工业污水处理设计规范》于 6 月完成报批稿。

（谢鹏飞）

【工程获奖情况】 2012 年，南京工程公司承接的中国石化镇海炼化 100 万吨/年乙烯工程获国家优质工程金质奖，江苏成品油管道（江南线）工程获石化集团公司优质工程奖，宁波低温乙烯罐区安装工程获得全国优秀焊接工程一等奖。

（谢鹏飞）

【加强采购业务管理】 2012 年，南京工程公司加强采购业务管理，深化供应商动态考核，推动业绩引导订货机制的有效实施。全面开展物资成本构成分析。重视提高网上采购质量，大力推进招标采购。全年国内物资采购金额达4.78亿元，国内物资采购总体网上采购率达到100%，网上采购方式合理率达到100%，网上采购达标率达到99.8%，节约采购资金3 059万元，采购节约率6.4%。

（谢鹏飞）

【获批国家级工程实践教育中心建设单位】 2012年9月，国家教育部下文批准首批国家级工程实践教育中心建设单位，南京工程公司作为石化集团公司工程板块唯一一家单位获此殊荣。

（谢鹏飞）

【产学研结合工作取得突破】 2012年5月，南京工程公司与东南大学合作成立的江苏省企业研究生工作站正式启动。这是继南京工业大学后，南京工程公司与高校合作成立的第2个研究生工作站。

（谢鹏飞）

【深入开展“三学一促”活动】 2012年10月开始，南京工程公司深入开展“学镇海、学安喜、学身边典型、促公司发展”主题活动，以身边人、身边事凝炼总结“沙特精神”，通过树立身边典型，凝聚共识，确立标杆，让员工看得见、摸得着，大力营造学习典型、赶超典型、弘扬正气、共谋发展的良好氛围，引起广大干部职工广泛共鸣，取得了良好的成效。

（谢鹏飞）

【积极探索廉洁风险防范机制建设】 南京工程公司作为石化集团公司14家试点单位之一，开展了廉洁风险防控试点工作。全公司排查1 047个岗位，涉险业务环节8 033个，对廉洁风险点提出防控措施7 853条。通过此次风险防控工作，增强了全体员工的责任意识、风险意识和廉洁意识，建立从源头上有效防控廉洁风险的新机制。

（谢鹏飞）

【重视海外党建工作】 2012年，南京工程公司在沙特东西部同期执行6个项目，组织国内外4 000多名员工在项目现场服务，其中857人来自印度、菲律宾等11个国家，占海外员工总数的21.4%，占海外管理人员比例的50%。为保障项目的顺利实施，沙特分公司党委在各项目长期开展“党徽在海外闪光”活动，160多名党员以身作则、发扬模范带头作用，工作上比能力、比热情、比业绩、比奉献，在国际舞台上彰显了中国石化“高度负责任、高度受尊敬”的一流企业形象和队伍形象。

（谢鹏飞）

【获得荣誉】 2012年，南京工程公司获全国重合同守信用企业、全国巾帼文明岗、石化集团公司财务管理先进单位、石化集团公司“三基”工作先进单位、对外承包社会责任进取型企业、江苏省重合同守信用企业、江苏省先进企业文联、南京市住建系统效能监察工作先进单位、模范职工之家等称号。20多个直属党组织、工会组织、基层班组，60多人获得国家行业协会、石化集团公司和江苏省、南京市的各类表彰。

（谢鹏飞）

表1　南京工程公司主要生产经营指标①　亿元

指标名称＼年份	2012	2011	2010	2009	2008	2007
资产总值	42.85	44.49	32.16	18.29	12.75	13.22
建设投资	125.00	110.00	101.50	50.88	—	—
主营业务收入	49.54	39.30	33.20	34.92	25.97	21.54
利　税	2.82	1.17	0.92	0.66	0.45	0.38
承接工程数量/项	182	237	255	119	90	88
授权专利数量/页	6	5	4	10	0	0

①2007—2008年为原第二建设公司数据

表 2　　南京工程公司 2012 年完成的主要工程项目

序号	项目名称	竣工日期
一	总承包项目	
1	南京兰精项目	3 月
2	惠州 AA/AE 项目	3 月
3	江阴罐区	4 月
4	云南磷化饲料钙项目部	6 月
5	武汉石化污水处理项目	8 月
6	云南磷化硫酸项目部	9 月
7	武汉石化聚丙烯项目	11 月
8	武汉石化液体产品罐区项目	12 月
9	武汉石化公路站台项目	12 月
10	武汉石化火炬项目	12 月
二	设计项目	
1	云南云天化国际化工股份公司云峰分公司 30 万吨/年硫酸I系列装置异地节能技改项目	1 月
2	信越有机硅(南通)有限公司 2.5 万吨/年有机硅项目	2 月
3	巴陵分公司脱硫尾气隐患治理工程	3 月
4	南京化工公司硫酸装置尾气二氧化硫环保治理项目	12 月
5	东方 DNCC 新建 20 万吨/年己内酰胺	11 月
6	南京化工公司新建 10 万吨/年环己酮项目	7 月
7	台湾长春石化常熟(CCP)PN_2 项目	5 月
8	浙江嘉化工业园投资发展有限公司 40 万吨/年功能性表面活性剂项目	5 月
9	山东勇智化工有限公司 10 万吨/年环己酮装置	6 月
10	特变电工新疆硅业有限公司 2×6 000 吨/年多晶硅项目 3×12 万吨/年氯氢化装置	8 月
11	山东济宁中联化学有限公司 6 万吨/年环己酮装置	10 月
12	南通江山农药化工股份有限公司 25 000 吨/年 IDNA 法草甘膦清洁生产改造项目	11 月
13	云南云天化国际化工股份有限公司富瑞分公司 30 万吨/年硫酸装置异地节能技改项目	11 月
14	湖北三宁化工股份有限公司 10 万吨/年环己酮装置	12 月
三	施工项目	
1	江苏海伦石化 60 万吨/年 PTA 检修改造工程	1 月
2	沙特卡扬胺工程项目	2 月
3	绍兴远东石化有限公司年产 140 万吨 PTA 主装置安装工程	3 月
4	九江石化 120 吨连续重整及苯抽提	4 月

续表

序号	项目名称	竣工日期
5	荆门石化 180 万吨/年柴油加氢装置	5 月
6	金陵石化 150 万吨/年 S－Zorb 催化汽油吸附脱硫装置系统配套汽油调和部分	6 月
7	宁波万华二期技改项目稀硝酸工程	6 月
8	金陵石化 180 万吨/年渣油加氢装置	7 月
9	金陵分公司 150 万吨/年 S－Zorb 催化汽油吸附脱硫装置及系统配套装置	7 月
10	金陵分公司 2 000 米^3/时轻烃回收装置 2×3 000 立方米液态烃球罐及配套安装、土建工程	8 月
11	金陵分公司 I 连续重整及芳烃头提装置扩能改造项目	8 月
12	金陵石化 350 万吨/年催化裂化装置	9 月
13	扬子石化 120 万吨/年石脑油吸附分离装置及预加氢装置	9 月
14	海南逸盛石化有限公司 210 万吨精对苯二甲酸工程	10 月
15	武汉分公司油品质量升级改造二期工程装置改造及系统配套(三标段)	10 月
16	仪化公司 10 万吨/年 1，4－丁二醇装置	11 月
17	武汉分公司 80 万吨/年乙烯总承包项目低温罐安装工程	11 月
18	四川石化炼化一体化工程化工区外管项目	11 月

第四建设公司

【概况】 中石化第四建设有限公司(简称第四建设公司)位于天津市滨海新区大港世纪大道 180 号，占地 419 万平方米，具有工程施工总承包一级企业资质，也是中国建筑业最具成长性百强企业之一。其前身成立于 1962 年，为大庆炼油厂建设工程指挥部，1966 年迁至湖南长岭，1974 年落户天津大港，1983 年 7 月 15 日划归中国石油化工总公司，2012 年 4 月 6 日改制为公司制企业，注册更名为中石化第四建设有限公司，成为中石化炼化工程(集团)股份有限公司的全资子公司。

第四建设公司持有对外经济合作经营资格证书，压力容器、管道安装许可证，特种设备(压力容器)制造许可证，GB/T 19000—2008 质量管理体系、GB/T 14001—2004 环境管理体系和 GB/T 28001—2001 职业健康安全管理体系认证证书，有具有公司自主知识产权和自身特点的专利 17 项、国家级工法 3 项、石化集团公司级工法 13 项。

第四建设公司主要从事国内外炼油、化工、化纤、化肥以及煤化工、风电、煤电、生物环保、海洋平台等工程的新建、改建、扩建、检修和其他各类工业设施建设。具备工程建设总承包、工程施工总承包、代业主管理等项目管理能力；具有年内实施投资额 100 亿元以上项目 2 项，投资额 60 亿元及以下项目 8 项的工程项目管理服务(PMC)以及联合 EPC、工程物资代理采购管理、CM 管理和工程监理的业务能力；具有年内完成施工管理产值 50 亿元以上、在建 10 套、新开 10 套、交工 10 套大中型能源化工等生产装置的施工能力；具有六地同时施工单台容积 10 万立方米以上储罐 60 台、四地同时实施单台 80 吨以上大型设备吊装 350 余台的作业能力。拥有施工安装机具和运输动力装备 1 700 台，总功率 1.75 万千瓦，拥有国际领先、国内独有的 2 500 吨液压吊装系统和单台吊装能力 1 600 吨履带吊车，基本实现了大型吊装设备的系列化。

截至 2012 年 12 月末，第四建设公司共有在职员工 4 181 人，其中正式工 2 928 人，劳务工 1 253 人，管理和技术人员 2 330 人、占 55.7%；有离退休人员 3 618 人，其中正式工 2 679 人、集体工 939 人(含未纳入社会统筹人员 441 人)。

第四建设公司按照“一个体系、矩阵管理、系统负责、项目集成”的管理思路确立管理模式，共设置

17个职能部处室；按照“四大一特”专业特点和“高端化”发展需要，设有8个专业工程公司、1个管理型的工程项目管理公司和1个辅助服务单位物业管理公司；在国内18个省、直辖市、自治区分布着80余个直属工程项目部，在中东地区的沙特及阿联酋等国家参与5项国际工程建设。

2012年，第四建设公司优质高效地完成了各项重组改制任务，经营生产、内部管理、创新实践、队伍建设、和谐稳定等各项工作取得了新的成效，首获全国企业文化建设优秀单位称号，再次被评为全国优秀施工企业，再度入选中国建筑业最具成长性百强企业。

第四建设公司主要生产经营指标和2012年完成的主要工程项目见表1和表2。

（张文龙）

【经营成果实现重大突破】 2012年，第四建设公司坚持以经济效益为中心，将“保效益”作为一项政治任务，制定并落实保效益7个方面35项措施，实现管理规模持续放大，经营总量再创历史新高。全年完成管理产值36.62亿元，同比增加1.31亿元，完成年计划的111%。实现营业收入36.36亿元，同比增加7 900万元。完全消化重组改制、政策性增支减利因素，实现账面利润2 139万元，超额完成职代会确定的利润奋斗目标；考核利润首破亿元大关，实现同比口径考核利润1.17亿元。实现利税总额9 263万元，全面完成石化集团公司下达的各项考核指标。实现了经营总量、营业收入和考核利润的“七连增”。

（张文龙）

【体制改革取得重大突破】 2012年，第四建设公司认真落实石化集团公司实施专业化重组改制上市的战略部署，精心组织清产核资、产权划转、资产评估、公司制改制和工商更名注册登记、房地规范办证、“三类人员”预留费用精算、募投项目投资备案以及各类合规证明开具、资质证照变更等各项上市前期必备工作。4月6日率先正点取得了公司和天实监理的有限公司营业执照，标志着公司及全资子公司顺利完成由全民所有制企业向有限责任公司的公司制体制转换工作，一些多年难以解决的历史遗留问题同步得以解决。

（张文龙）

【创新实践取得重大突破】 2012年，第四建设公司坚持技术创新与管理创新并重，技术服务支撑能力持续增强，技术创新贡献率不断提升，科技进步成果实现历史性突破。“千吨级塔类设备吊装通用吊具开发”获2012年石化集团公司技术发明三等奖；2项科技成果首次获全国科学技术创新成果奖；完成石化集团公司级科技进步项目2项，获得国家专利授权8项，申报国家专利5项，获全国优秀QC小组2项。管理创新取得历年最好成绩，1项成果获全国建筑业优秀项目管理成果一等奖，4项成果分别获石化集团公司管理现代化创新成果一、二、三等奖。

（张文龙）

【市场空间持续有效拓展】 2012年，第四建设公司坚持把市场开发作为支撑企业生存发展的“生命工程”，按照“内、外、重、大、新”的市场开发战略和“效益优先，有所为，有所不为”的工作原则，全力开拓系统内外、新行业、新领域以及高端、海外市场的重大项目，有效拓展了生存发展空间，持续站稳了三大板块市场。全年累计新签合同额21.46亿元，其中境内传统业务板块新签合同额20.27亿元，系统外依存度为43.48%；境内高端业务板块新签合同额9 174万元；海外业务板块新签合同额431万美元。

（张文龙）

【施工生产创佳绩】 2012年，第四建设公司坚持以项目为重点，以效益为中心，系统内讲责任、系统外讲效益，国内外有序平衡调度资源，以“十大战役”为重点，统筹推进“三大板块”项目实施。传统业务继续奠定公司发展坚实基础，全年实现武汉、漳州2个特大型项目整体中交和建设，新开南京炼油、石家庄炼化、燕化碳五等中国石化重点工程，异地同步施工8台大中型LNG储罐，完成了以天津石化为代表的近20套装置的检修改造，有效检验了公司实施大范围、多领域作战及同步施工能力；海洋平台工程的第2轮全面实施，标志着公司站稳了新的业务领域。高端业务持续扩大规模优势，系统内外全面开花，湛江中科炼化一体化、中安煤化工等代业主管理项目和大唐阜新接保检项目取得良好成效。海外业务稳步推进，中东市场持续巩固，沙特及阿联酋等海外项目有序实施。

（张文龙）

第四建设公司承建的武汉80万吨/年乙烯装置全景 （王喜南 摄）

【安全质量管控取得成效】 2012年，第四建设公司坚持从安全责任等多个方面全力推进HSE管理工作，强化落实领导层、保证层、监督层安全责任，加强职业健康安全体系建设，推行“三化”实用技术，实现“三减少”，安全生产总体处于受控状态，全员安全意识、安全保障能力得到有效提升。境外公共安全体系有效运行，全年境外项目累计实现574万安全人工时，再创安全生产新纪录，工程实体质量处于可控状态。稳步实施质量创优计划，精心打造精品工程。川维30万吨/年醋酸乙烯等3项工程被评为省部级优质工程，东莞九丰LNG储罐外罐焊接等2项工程被评为全国优秀焊接工程一等奖。

（张文龙）

【内部管理机制更趋规范】 2012年，第四建设公司牢牢抓住“管理创效”主线，以推进“比学赶帮超”工作为载体，逐步建立健全绩效考核管理体系，持续运行、改进QHSE、内控管理体系，积极开展管理效益等专项内部审计，有效规避风险、减少效益流失，取得了较好效果。坚持合同全生命周期管理，有效开展合同评估和经济活动分析，突出事前预防、事中控制，经营过程管控力度不断加大，经营意识、法律意识显著增强，风险防控体系不断健全。坚持推行全面预算管理，经营策划和管理规划有效开展，全员成本目标管理不断深化，预算管理刚性约束作用显著增强。坚持以资金回收促结算，以工程结算保资金回收，年内结算额达33.08亿元，结算效益达1.27亿元；完成合同额变更7.29亿元，实现变更索赔1.42亿元；实现资金回收31.58亿元，回收总额创历年最高。工程建设物资安全、及时、经济供应，采购机制不断健全，全年节约采购资金845万元。全年共回收剩余物资371.5吨，调剂利用剩余物资506吨，节约资金344万元。

（张文龙）

【人才队伍建设卓有成效】 2012年，第四建设公司持续实施人才强企战略，突出人才引进质量，盘活人力资源存量，全年引进社会成熟人才58人，吸纳22名优秀长期劳务工为公司正式员工，内部人力资源调配6 737人次。持续强化素质工程建设，积极组织开展员工培训和业务技能比武竞赛，队伍整体素质不断提升，全年16人次考取一级建造师等执(职)业资质，61人次分别获得省部级以上奖励。第四建设公司被评为全国职工教育培训优秀示范点，并被国家人力资源和社会保障部确定为特有工种职业技能鉴定站。持续优化干部队伍结构，全年交流中层管理人员62人次；广泛开展“企业学镇海、干部学安喜”活动，19人被评为省部级优秀共产党员、劳动模范和先进个人，14个基层单位被授予创先争优活动先进集体、工人先锋号等称号。健全完善反腐倡廉制度体系，推动惩防体系建设，“六五”普法、廉洁文化“六进”活动、岗位廉洁风险防控及保持党的纯洁性教育活动持续有效开展，领导干部廉洁从业意识普遍增强。民主评议和民主决策制度有效落实，有效保障了“三重一大”事项的科学决策。

（张文龙）

【和谐稳定局面不断巩固】 2012年，第四建设公司坚持将“为民服务创先争优”活动有效融入“和谐企业”创建过程，居民生活社区、公共设施改造及社区环境美化等利民惠民工程稳步实施，实现社区全部供气、供电、供暖管理职能和资产移交地方单位。持续开展帮扶慰问活动，帮扶救助长效工作机制初步形成，全年共帮扶各类困难人员和非在职群体人员2 800余人次，累计支付资金1 800余万元。以“和谐企业”创建活动为总抓手，健全完善维稳工作机制，分解落实责任和措施，信访总量、尤其是集体访的次数和人数同比下降幅度明显，实现了“两会”“十八大”等重要敏感时期“零上访”。同时，共青团、工会、女工、计划生育、离退休管理、武装保卫、社会治安综合治理以及社区管理服务等工作扎实有效开展，在增强基层组织活力、激发员工干事创业热情、塑造优秀企业文化等方面作出了积极贡献。

（张文龙）

表1　　第四建设公司主要生产经营指标　　亿元

指标名称＼年份	2012	2011	2010	2009	2008	2007
资产总值	32.44	26.64	22.11	17.95	16.48	13.50
主营业务收入	36.18	35.43	27.14	28.57①	26.70	18.87
利润总额	0.21	0.20	0.18	0.21	0.26	0.18
税　金	0.71	0.61	0.76	0.68	0.73	0.52
合同额	21.46	39.95	33.23	18.57	17.65	27.39
施工费	18.82	23.81	22.54	13.76	13.20	19.49

①数据有修正

表2　　第四建设公司2012年完成的主要工程项目

序号	项目名称	竣工日期
1	茂名分公司新增化工固体产品库房工程	1月18日
2	川维乙炔车间2R200气柜改造项目	3月14日
3	烟台港西港区—淄博重质液体化工原料输送管道工程烟台首站罐区6×5万立方米储罐制作安装工程	1月6日
4	北海—南宁—百色成品油管道配套三雷油库项目安装工程	1月7日
5	北海—南宁—百色成品油管道工程Ⅰ标段一期工程	1月8日
6	沙特卡扬低密度高压聚乙烯(LDPE)装置	3月22日
7	日照港油品码头有限公司油库扩建工程	4月9日
8	新疆东方希望有色金属有限公司低压配电系统设备安装工程	4月10日
9	中国石化燃料油销售有限公司南疆燃料油库改扩建工程	5月30日
10	中原乙烯新增丙烯球罐工程	5月29日
11	金陵分公司油品质量升级热力管网改造工程系统配套第二标段工程	5月31日
12	燕山分公司260万吨/年柴油加氢精制装置及配套系统	6月28日
13	内蒙古大唐国际克什克腾煤制天然气项目净化区一期工程Ⅱ标段工程	6月28日
14	烟台泰山石化港口发展有限公司新增2条DN300燃料油管道工程	6月10日
15	内蒙古大唐国际天然气管路项目赤峰首站工程	7月25日
16	内蒙古大唐国际克什克腾煤制天然气公用工程工艺管廊工程三标段	7月25日
17	中国海油新能源二连浩特风电场二期49.5兆瓦工程	7月30日
18	福建漳州腾龙芳烃80万吨/年联合装置加氢裂化装置工程	8月17日
19	上海石化炼油改造项目——安装工程(标段五)	8月20日

续表

序号	项目名称	竣工日期
20	巴陵石化分公司己内酰胺重残液与聚合浓缩液生产1.5万吨/年切片改造项目安装工程	9月15日
21	武汉80万吨/年乙烯消防站工程	9月15日
22	天津渤化石化有限公司丙烷脱氢年产60万吨丙烯项目主装置DA1501A/B两塔吊装工程	9月25日
23	武汉市安山天然气液化储存基地LNG储罐安装工程	10月30日
24	天津石油分公司武清油库项目工程	10月30日
25	武汉分公司炼油项目180万吨/年加氢裂化工程	11月5日
26	武汉分公司炼油项目8万米^3(标准)/时制氢工程	11月15日
27	武汉分公司炼油项目2万米^3(标准)/时干气提浓装置	11月10日
28	武汉分公司80万吨/年乙烯工程聚合物成品包装及仓库建筑安装工程	10月13日
29	武汉分公司80万吨/年乙烯工程中央化验室等工程	11月14日
30	武汉分公司80万吨/年乙烯工程原料罐区	11月27日
31	茂名石化240万吨/年加氢裂化装置	11月30日
32	南京扬子石油化工有限公司精对苯二甲酸(PTA)装置二线节能改造项目	12月18日
33	武汉80万吨/年乙烯装置及55万吨/年裂解加氢装置土建、安装工程	12月28日
34	武汉80万吨/年乙烯碳五分离装置	12月28日
35	河北飞天石化公司5万吨/年特种油加氢装置	12月28日
36	天津大港检修改造项目	9月25日
37	天津分公司化工部2012年检修改造工程	9月25日
38	天津分公司烯烃部2012年改造工程	11月5日
39	长岭分公司280万吨/年催化装置完善改造	11月15日

第五建设公司

【概况】 中石化第五建设有限公司(简称第五建设公司)的前身成立于1953年，2010年12月18日根据石化集团公司的战略部署，从甘肃省兰州市西固区迁址广东省广州市荔湾区中山七路81号。2012年4月，根据炼化工程板块实施重组上市要求，正式更名为中石化第五建设有限公司。第五建设公司是中国最早从事石油化工建设的大型施工企业，也是石化集团公司直属大型综合性施工企业。具有化工石油工程施工总承包一级企业资质、国外工程承包资质、对外经济合作经营资格和建筑行业(建筑工程)乙级、石油化工医药行业(化工工程、石油及化工产品储运)专业乙级设计资质等，正在申报“石油化工工程施工总承包特级资质”。

第五建设公司具备40亿元/年以上的施工生产能力，能独立承担炼油、化工、化肥、化纤、橡胶、电力、医药、冶金、军工等大中小型装置及配套工程建设任务。在大型设备吊装、大型传动设备(机组)安装、大型储罐安装、大型DCS自动化集散控制系统安装与调试和特种材料焊接等“四大一特”，以及大型锅炉、大型空分、炼油、聚烯烃、甲醇、煤化工等方面，形成独具特色的技术优势。培养了一大批高级工程技术人员和各专业高级技师。在国家许多重大项目建设中，充分体现了在工程管理、机具装备、专业人才、新技术开发应用等方面的实力和优势。

截至2012年底，第五建设公司设有17个机关处室、项目管理公司、物业管理公司和设计院；有43个项目部(其中国内40个、国外3个)，分布在全国各地炼化企业和海外；有南京分公司、兰州分公司、沙特分公司3个分公司和安装工程公司、机械电仪工程公司、机械化施工公司、储运工程公司、海外工程公司5个专业公司。

截至2012年底，第五建设公司用工总量为2 849人，其中正式职工2 342人(在岗1 901人，退出现职及内退人员441人)，其他长期合同工217人，劳务派遣工290人。取得各类专业技术职称人员779人，获得国家一级、二级建造师资格115人，从事项目经营管理人员中取得国际项目管理师(PMP)资质63人。

第五建设公司主要生产经营指标和2012年完成的主要工程项目见表1和表2。

（程龙根　王瑾瑾）

【领导班子调整】 2012年9月11日，第五建设公司召开干部大会。石化集团公司党组成员、石化股份公司高级副总裁蔡希有出席会议并讲话。石化集团公司人事部副主任高滨宣读了人事任免文件：任命蒋德军为第五建设公司党委书记兼副总经理；田建军总经理兼任第五建设公司党委副书记，免去其党委书记一职。

（程龙根　王瑾瑾）

【承建武汉乙烯工程项目高标准中交】 2012年12月28日，第五建设公司承建的武汉石化80万吨/年乙烯工程项目实现高标准中交。该项目是中国石化“十一五”的重点工程，第五建设公司主要承建了热电联产、化学水处理、冷凝水回收系统、13万吨/年丁二烯抽提、35万吨/年芳烃抽提、8万吨/年MTBE和3万吨/年1-丁烯装置等6个单元的建设任务，实现550万安全人工时，一次拍片合格率达97.8%。

（程龙根　王瑾瑾）

第五建设公司承建的武汉石化乙烯三联合装置全景　（王　勇　摄）

【2项工程获国家优秀工程奖】 2012年12月，第五建设公司承建的镇海炼化100万吨/年乙烯工程和兰州石化公司5万吨/年丁腈橡胶装置经过国家工程建设质量奖审定委员会评审，分别获2011—2012年度国家优质工程金质奖和银质奖。

（程龙根　王瑾瑾）

【承建亚洲最高火炬中交】 2012年8月，第五建设公司承建的上海石化168米高的火炬中交。该火炬是亚洲最高的火炬，拥有6套可自卸、翻转的火炬筒。公司在工程建设中搭建了高6米、宽6米、长100米的吊车辅助操作平台，在搭建抱箍型直爬梯、抱箍型临时操作平台、伸缩性临时操作平台以及吊装、安装方面进行创新，科学组织施工，用时105天完成火炬安装任务。

（程龙根　王瑾瑾）

【首次召开合作伙伴交流会】 2012年12月，第五建设公司为了加强与合作伙伴的交流，建立一批信誉好、素质好、技术硬的长期合作伙伴，首次召开合作伙伴交流会，来自21家施工分包商单位的45名代表参加了会议。

（程龙根　王瑾瑾）

【海外项目首次招聘外籍管理人员】 2012年4月，第五建设公司阿联酋阿布扎比鲁韦斯项目部根据项目需要，从印度孟买人力资源市场招聘了22名外籍工程管理人员，包括焊接检查员、焊接资料员、设备工程师和管道工程师，所聘人员英语好，资质健全，有一定的项目管理经验，这是公司国际化经营迈出的重要一步。

（程龙根　王瑾瑾）

【生产经营指标再创新高】 2012年，第五建设公司完成施工产值31.31亿元，为年度计划的120.4%；完成营业收入31.38亿元，为年度计划的120.67%；自行完成建筑业劳动生产率为40.74万元/人，为年度计划的107.2%；完成利税1.19亿元、利润3 200万元，为年度计划的160%，主要技术经济指标均达到石化集团公司的要求。

（程龙根　王瑾瑾）

【市场开发成果不断扩大】 2012年，第五建设公司按照年初既定的经营方针，坚持“两条腿”走路，国内国外市场并重，坚持系统内市场重点跟踪、系统外市场重点策划、新领域市场重点关注，全力以赴开拓市场，系统内外传统市场夯实稳固，新领域市场迅速拓展，市场开发成效显著。全年共组织国内投标170项，中标54项，中标额27.82亿元；共签订合同345份，合同额39.79亿元。

（程龙根　王瑾瑾）

【施工管理能力得到提升】 2012年，第五建设公司坚持以项目为中心，优化项目组织，合理配置资源，强化项目管理和过程控制，保证了承建的所有项目顺利实施，施工能力进一步提升。先后高标准建成中交西安石化30万吨/年重整装置等79个单位工程项目。在建的沙特朱拜尔炼油项目等53个单位工程项目全部达到形象控制点目标。

（程龙根　王瑾瑾）

【安全生产平稳运行】 2012年，第五建设公司全面落实HSE责任制，定期召开HSE会议。注重加强安全培训教育和"绿色低碳"安全环保专题教育，全年培训3.4万人次。注重现场安全投入，投入70万元，为16个项目安装了远程监控系统；完成临时用电隐患治理。注重加强现场安全监督检查，全年对查出的直接作业环节隐患问题1 264项、管理环节问题109项及时进行整改。注重关心员工健康，安排特殊工种职业体检310人次，组织了全员健康体检。全年规章制度不断完善，安全责任不断落实，安全理念不断实践，管理方法不断改进，安全领导力建设不断加强。顺利实现4 119万安全工时，没有发生安全事故。

（程龙根　王瑾瑾）

作业人员高挂低用安全带规范现场安全施工(程龙根　摄)

【工程质量稳步提升】 2012年，第五建设公司注重加强质量管理和过程控制。全年发布QC成果8个，长岭炼化800万吨/年常减压装置改造和武汉成品油储备库工程项目通过石化集团公司优质工程奖现场评审；扬子炼油改造高压加氢裂化、石家庄炼化项目连续重整设备基础、广州石化聚丙烯装置等多个项目被业主评为"样板工程""样板装置"。全年对武汉乙烯、武汉炼油、安庆石化、石家庄炼化、茂名石化等40个项目部和单位进行质量大检查，武汉乙烯、武汉炼油、新疆塔河、海南炼化、金陵石化、广州石化等9个项目顺利通过石化集团公司质量大检查。全年，工程交验合格率、共检点合格率、分项工程合格率、单位工程合格率全部为100%，没有发生质量事故。

（程龙根　王瑾瑾）

【基地迁移工作稳步推进】 2012年，第五建设公司坚持"生产和迁移两不误，协调有序，稳步推进"指导思想，制定迁移工作总体方案，多次召开研讨会、推进会，统一思想，统一认识。截至12月底，公司机关管理人员已在广州办公，在广东地区施工人员达到1 000余人。企业营业执照、组织机构代码证、建筑业企业资质迁移等工作顺利完成。

（程龙根　王瑾瑾）

【重组上市工作稳步推进】 2012年，根据炼化工程重组上市要求，第五建设公司严格按照进度要求，加强组织领导，明确责任分工，落实工作任务，推动工作开展。认真做好清产核资、尽职调查、土地、房产、知识产权梳理、工商部门资质换证、完善企业改制方案、章程、履行法律程序和4 997名"三类"人员费用精算等工作，各项工作任务稳步推进。

（程龙根　王瑾瑾）

【精细管理水平得到提高】 2012年，第五建设公司进一步加大了对技术、项目、设计、分包、物资、财务、企管、审计和法律等管理工作，提高了精细管理水平。年内，为项目提供焊接工艺评定297项、标准规范106份、施工技术方案模板89份。完成了南京帝斯曼己内酰胺等3项设计任务。评审项目分包方案63份，评审分包合同789份，评出162家合格分包商，增补合格分包商116家。完成网上采购1.07亿元，框架协议采购6 000多万元，物资设备采购节约资金664万元，设备采购节约资金30万元。完成内控信息系统上线实施和资产管理系统上线运行工作。完成制度标准化改造120个、审批发布103个；收到员工改善经营管理建议108份；顺利接受和通过青岛中化阳光管理体系认证中心现场审核。对

21 个项目进行工程预(结)算审计，审查分包合同、劳务合同 458 份，审批结算 417 份，审减额 155 万元。审查各类合同 1 311 份，出具授权委托书 44 份，参与 5 起纠纷诉讼案件处理，避免损失 64 万元，规章制度法律审核率 100%，合同法律审查率 100%，有效规避了企业法律风险。

（程龙根　王瑾瑾）

【人才队伍建设持续推进】 2012 年，第五建设公司建立健全选才、育才、用才、聚才工作机制，加快人才队伍建设和人才成长通道建设，不断优化干部队伍结构。全年完成 1 117 名员工职位评聘和 90 名员工职称评审工作，举办特种作业人员取证复审培训 15 期、470 人次，管理人员取证复审 281 人次，管理人员安全教育培训 1 期、88 人次，起重机械人员培训 2 期、76 人次。对 626 名员工进行技能鉴定，进一步规范用工形式和用工行为，清理规范临时性、季节性用工 372 名，新签劳动合同 175 名，劳动合同续订 134 名，劳动合同解除(终止)71 名。用工总量比上年减少 226 人，用工总量控制在石化集团公司指标内。

（程龙根　王瑾瑾）

【群众组织作用不断凸显】 2012 年，第五建设公司围绕“促和谐”主题，注重发挥工会、共青团群众组织的作用。工会组织认真落实职代会制度和厂务公开制度，组织召开十一届五次职代会、十二届工会会员代表大会，完成十二届职工代表大会换届准备工作，有效推进民主管理。组织双文明建设评比工作，开展“比学赶帮超”劳动竞赛、现场慰问、“送温暖”和文体活动。共青团组织不断深化青工“双立”达标、青年突击队、青年文明号和青年文体等活动，完成 1 191 名青工“双立”达标考核确认，组建 17 支青年突击队，拍摄 1 部微电影，组建了“五建青年之家”QQ 群等，发挥了青年生力军的作用。

（程龙根　王瑾瑾）

【党建工作得到持续加强】 2012 年，第五建设公司以“正在干的事为中心”，坚持抓班子带队伍，抓基层促管理，不断规范干部管理，合理调整基层党组织设置，定期召开季度书记例会，深入开展“一转双创”、创先争优、“岗位学雷锋，争当好员工”、基层组织建设年和佩戴党徽、“学李安喜、学镇海炼化”等活动。签订《廉洁从业责任书》171 份，与新提拔领导干部签订《廉洁从业承诺书》41 份。评选表彰 4 个模范基层党组织、7 个先进基层党组织、20 个先进党小组、10 名模范党员、134 名优秀党员和 10 名优秀党务工作者。

（程龙根　王瑾瑾）

【和谐稳定环境继续保持】 2012 年，第五建设公司坚持一手抓发展、一手抓和谐。认真落实稳定工作责任制，做好接访、下访和排查工作，确保了重点节日、重大活动，特别是十八大期间的队伍稳定，有效预防和控制了集体上访、越级上访和重复上访。与 35 个单位、项目部签订内部治安承包责任书。投入 200 多万元改造老年活动阵地，组织开展群众性老年文体活动，公司老年大学正式成立，68 名离退休职工入学。接待处理来访来信 4 600 余封，电话来访 5 400 余人次，走访慰问离退休职工 1 160 名，外埠入户慰问 633 名，对 2 151 名离退休人员进行健康体检。发放各类救助金 590 多万元，保持了人员队伍的稳定。成立职工解忧帮扶中心，解决了外出职工的后顾之忧。

（程龙根　王瑾瑾）

【获多项荣誉】 2012 年，第五建设公司获各类荣誉 32 项。先后获全国优秀施工企业、石化集团公司安全生产先进单位、石化集团公司财务决算先进单位称号，并入围“中国吊装用户百强”企业排行榜，进一步提升了企业形象。

（程龙根　王瑾瑾）

表 1　　第五建设公司主要生产经营指标　　亿元

指标名称＼年份	2012	2011	2010	2009	2008	2007
资产总值	25.18	18.54	13.97	9.24	7.21	8.44
主营业务收入	31.31	24.50	21.36	20.34	16.76	12.05
利　税	1.19	0.85	0.97	0.60	0.42	0.28
承接工程数量/项	132	114	115	74	72	49

表2 第五建设公司2012年完成的主要工程项目

序号	项目名称	竣工时间
1	仪征西园南路CNG加气站工程(工艺部分)	1月
2	西安石化30万吨/年加氢装置	1月
3	西安石化催化重整装置	1月
4	宁波巨化甲醇输送管线项目	1月
5	北海炼油改造动力站项目	1月
6	武汉华中油库4台2万立方米储罐工程	1月
7	宁波巨化20万吨/年消耗臭氧层物质(ODS)替代品原料扩建项目(二期)安装工程	1月
8	九江石化煤焦代油改造项目-8200单元工程	2月
9	深圳公司大同兴、环观加油站改造工程	3月
10	佛山公司金建新加油站改造工程	3月
11	佛山公司南港、云路加油站改造工程	3月
12	北海炼油改造20万吨/年聚丙烯装置	3月
13	金陵石化油品质量升级改造项目800万吨/年常减压装置	3月
14	深圳公司宝华、福永、浩富加油站改造工程	3月
15	金陵石化油品质量升级改造项目火炬设施改造工程项目	3月
16	九江石化煤焦代油改造项目-8300单元工程	3月
17	四川维尼纶厂3#锅炉节能减排改造非标制作安装工程	3月
18	九江石化煤焦代油改造项目-8100单元工程	3月
19	佛山公司南朗加油站改造工程	3月
20	四川维尼纶厂2012年大检修项目	4月
21	西安石化动力站CFB锅炉工程	4月
22	清华同方烟气脱硫项目	4月
23	佛山公司金石塘加油站改造	4月
24	金陵石化油品质量升级改造项目第五循环水厂及消防设施搬迁工程	4月
25	金陵石化油品质量升级改造项目蜡油加氢原料罐区及泵房改造工程项目	4月
26	四川维尼纶厂3#锅炉节能减排改造工程	4月
27	广西南宁屯里油库工程项目	4月
28	佛山公司金吉利加油站改造	5月
29	佛山公司二骚加油站改造	5月
30	佛山公司金沙涌加油站改造	5月
31	巴陵石化6万吨/年特种锂系聚合物装置	5月
32	金陵石化油品质量升级改造全厂工艺及热动力管网改造项目	5月

续表

序号	项目名称	竣工时间
33	金陵石化正丁烷装置及系统配套项目	5月
34	湛江东兴2011年技改项目	6月
35	扬子石化芳烃高硫油改造项目	6月
36	巴陵石化"一炉一机"扩建工程	6月
37	扬子石化油品质量升级及原油劣质化改造项目各区域主干道路、给排水工程、围墙及大门工程	6月
38	武汉石化炼油改造第二柴油罐区工程	7月
39	九江石化煤焦代油改造项目-2000单元工程	7月
40	茂名石化除盐水站改造工程项目	7月
41	上海石化炼油改造工程项目	7月
42	扬子石化炼油改造项目渣油加氢总降压站工程	7月
43	格尔木工程新增中压氮气系统项目	8月
44	湛江东兴油库发油台改造工程	8月
45	四川石化空压站项目	8月
46	茂名石化中间原料罐区及泵棚改造工程	8月
47	安庆石化丙烯腈扩建项目	8月
48	新疆库尔勒1.7万米^3(标准)/年空分装置	9月
49	西安石化渣油罐区工程	9月
50	浙江嘉化20万吨/年活性剂配套储运项目冷冻站安装项目	9月
51	石家庄炼化60万吨/年航煤加氢装置	9月
52	广西南宁黎塘分输泵站增容改造项目	9月
53	金陵石化油品质量升级改造项目航煤罐区及泵房改造工程	9月
54	兰州基地管网改造工程	9月
55	武汉石化乙烯工程热电联产辅助锅炉工程	10月
56	巴陵石化30万吨/年己内酰胺挖潜项目	10月
57	武汉石化乙烯工程热电联产1#CFB锅炉工程	10月
58	四川石化凝结水站项目	10月
59	四川石化供电外线项目	10月
60	茂名石化10万吨/年硫黄回收装置	10月
61	沧州炼化新建2台5万立方米储罐工程项目	10月
62	2012年西安石化检修工程	11月
63	扬子石化甲醇制丙烯工业侧线试验装置	11月

续表

序号	项目名称	竣工时间
64	广州石化加氢(二)B装置改造	11月
65	洛阳石化14万吨/年聚丙烯装置工程	11月
66	武汉石化炼油180万吨/年原料催化加氢装置	11月
67	武汉石化炼油二期3#给排水工程	11月
68	武汉石化炼油新建石脑油罐区	11月
69	武汉石化全厂工艺及热力管网	11月
70	武汉随州广水油库改造工程	11月
71	新疆库尔勒4万吨/年乙炔装置	11月
72	四川石化第三循环水项目	11月
73	武汉石化乙烯8万吨/年MTBE、3万吨/年1-丁烯装置	12月
74	武汉石化乙烯13万吨/年丁二烯抽提装置	12月
75	武汉石化乙烯35万吨/年芳烃抽提装置	12月
76	武汉石化乙烯工程热电联产2#CFB锅炉工程	12月
77	四川维尼纶厂3#锅炉烟气脱硝工程	12月
78	武汉石化乙烯工程热电联产3#CFB锅炉工程	12月
79	宝鸡60万吨/年甲醇项目脱硫脱碳及硫黄回收工程项目	12月

第十建设公司

【概况】 中石化第十建设有限公司(简称第十建设公司)位于山东省淄博市临淄区，其前身成立于1970年10月，原名山东省化学石油建设公司，1983年并入中国石油化工总公司，更名为中国石化第十建设公司，1998年更名为中国石化集团第十建设公司，2012年完成公司制改制并变更为现名。

第十建设公司以承建石油化工、煤化工、油气储运、医药、市政、环保、锅炉、电站及送变电等新建、改扩建、检维修等工程为主，兼营设备制造、大型设备运输、吊装、大型吊装机械修理及工程项目监理业务，拥有化工石油工程施工总承包一级、对外承包工程等多项资格资质证书。第十建设公司在大型项目组织、15万立方米储罐组焊、大型乙烯装置和大型设备统一吊装施工组织、大型压缩机组安装调试、大型液压吊车维修、特种钢材焊接、长输管道SCADA系统及装置DCS和SIS系统安装与调试等方面具有国内领先的核心技术优势。

截至2012年底，第十建设公司下设15个机关部室以及安装、仪电、储运、重机、建筑工程、管道结构工程、项目管理等15个专业分公司，3个子公司，2个后方服务单位。注册资金3.5亿元，固定资产原值5.41亿元，净值2.85亿元；有正式职工3 683人，其中管理人员2 189人，具备高级职称的138人、中级职称的651人。

第十建设公司主要生产经营指标和2012年完成的主要工程项目见表1和表2。

(李　群)

【顺利完成公司制改制】 按照石化集团公司《关于国有独资企业改制为国有独资公司的通知》及国家有关法律、法规和文件，中国石化集团第十建设公司于2012年4月12日变更名称为中石化第十建设有限公司。第十建设公司加快工作步伐，按期完成了公司制改制等各项工作，有力保证了石化集团公司炼化工程板块重组改制上市工作的顺利推进。

(李　群)

【市场开发业绩显著】 2012年，第十建设公司新签国内合同额55.5亿元，完成年计划的139%。其中，石化集团公司系统内新签合同额18.9亿元，占合同总额的34%，中标山东LNG、湖北化肥乙二醇等重点工程项目；石化集团公司系统外新签合同额 36.6 亿元，占合同总额的 66%，中标神华宁煤二套 MTP、中化泉州催化裂化、BP 珠海 PTA 三期、烟台万华气化及大件吊装等大型项目。此外，境外市场中标沙特 KJO 项目，新签合同额 1 616 万美元。

（李　群）

【总包产值超过 52 亿元】 2012 年，第十建设公司完成国内外总包产值 52.8 亿元，创历史新高，其中国内完成 48.9 亿元，国外完成 3.9 亿元。通过完善系统监督、协调、指导、服务职能，强化专业公司管理项目的能力，积极推广工厂化预制、模块化建设施工组织模式，发挥专业化优势，深入开展"比学赶帮超"，第十建设公司工程施工组织能力不断提升。全年共建成武汉乙烯、茂名石化、济炼润滑油、日照商储库、上海石化炼油改造、新疆中泰化学、大连逸盛 PTA 等 66 项工程。

（李　群）

【经济效益持续增长】 2012 年，第十建设公司贯彻落实"经营一元钱，节约一分钱"工作要求，围绕项目策划与方案优化、材料采购、班组承包、工程结算等 14 项管控要素、71 项管控措施，持续推进全员成本目标管理，大力开拓效益来源，深入挖潜增效，实现降本增效 4 208 万元，完成年计划的 105%。管理费用、人工成本、销售费用、财务费用控制在预算指标之内。全年实现利润 4 187 万元，为年计划的 121%。

（李　群）

【HSE 一体化管理全面深化】 2012 年，第十建设公司积极倡导"安全高于一切，生命最为宝贵"的理念，扎实开展"我要安全"、查找身边"十大薄弱环节"等主题活动，全力推进"七想七不干"工作，营造了良好的安全生产氛围。全年深入推进直接作业环节隐患排查治理，抓好现场文明施工与分包商安全管理，加大重点环节监管力度，降低了安全风险。通过积极开展职业卫生工作，加强劳动保护管理，职工生活和作业环境进一步改善。全年，第十建设公司重伤、死亡、火灾、设备、爆炸事故为零，无环境污染和职业病伤害，连续 2 年被评为石化集团公司安全生产先进单位。

（李　群）

【技术质量工作成绩明显】 2012 年，第十建设公司取得国家专利授权 8 项，完成 5 项石化集团公司级工法申报，3 项省级技术创新项目通过鉴定验收，液化天然气低温储罐施工技术开发与应用有序推进，熔化极气保焊、下向焊打底等工艺得到有效应用。第十建设公司坚持质量先行，严格重大施工方案论证审批，加强质量策划与过程控制，加大质量监督检查力度，技术质量一体化管理逐步深入，工程质量得到可靠保证。第十建设公司被评为石化集团公司质量工作先进单位。

（李　群）

【首次进入 LNG 储罐施工领域】 第十建设公司作为参建单位首次承建山东液化天然气（LNG）项目，进入 LNG 储罐施工新领域。工程建设中，第十建设公司打破技术壁垒，先后破解 9% 镍钢焊接工艺开发、钢穹顶气吹顶升两大技术难题，在施工现场建成工厂化预制流水线，节省了国外采购加工钢壁板的昂贵费用，钢穹气吹顶升顺利合龙，拱顶位移达到最小值，成功掌握 LNG 储罐施工技术。2012 年，第十建设公司还承建了中国海油海南 LNG 项目、广西北海 LNG 项目。

（李　群）

【承建武汉 80 万吨/年乙烯工程全面中交】 2012 年 12 月 28 日，第十建设公司承建的武汉 80 万吨/年乙烯工程全面中交。第十建设公司以"标准化设计、标准化采购、模块化安装、工厂化预制、建精品工程、树十建丰碑"为理念，顺利完成了大件设备运输吊装一体化工程和 80 万吨/年乙烯装置的裂解区、急冷区、压缩区、30 万吨/年高密度聚乙烯装置、全厂性外管、中央控制室、全厂性变配电及照明等装置施工任务。

（李　群）

第十建设公司承建的武汉 80 万吨/年乙烯工程　（赵厚涛　摄）

【青岛基地综合楼主体结构完工】 截至 2012 年底，第十建设公司青岛基地综合楼主体结构完工，实现了青岛基地建设新的里程碑。开展青岛基地综合楼建设、推进两地办公是第十建设公司实现中长期发展目标的重要措施之一，是吸引人才、留住人才的重要措施之一，是推动第十建设公司发展的新平台。

（李　群）

【企业知名度进一步提升】 2012年，第十建设公司坚持依法诚信经营，积极履行社会责任，获石化工程建设优秀企业、中国建筑业推进工程项目管理先进企业、全国建筑业AAA级信用企业等诸多荣誉，参建的镇海乙烯工程获2011年国家优质工程金质奖，高桥分公司ABS项目、黄岛国家石油储备基地工程获国家优质工程银质奖，茂名北山岭原油商业储备基地等5个项目获石化集团公司优质工程奖，企业知名度和社会影响力进一步提升。

（李　群）

【供水管理职能顺利移交社会】 根据石化集团公司移交企业办社会职能的要求和地方政府城市供水一体化战略方针的政策，第十建设公司加强与临淄区水务局、淄博天润供水有限公司联系洽谈供水移交工作。2012年4月10日，按照要求，第十建设公司供水系统和供水管理职能移交临淄区政府下属国有独资公司——淄博天润供水有限公司。

（李　群）

【和谐企业建设开创新局面】 第十建设公司持续推进创先争优，认真开展"一转双创"和"基层组织建设年"活动，加大建设优美社区、和谐社区，社区面貌与服务功能持续改善，社区群众性文体活动更加丰富多彩，离退休与关工委工作取得良好成效。帮扶救助工作稳步推进，2012年投入各类救济金、慰问金、补贴等4 686万元。扎实做好信访维稳工作，规范支持改制企业发展，开创了社区繁荣、和谐、稳定的良好局面。

（李　群）

表1　　第十建设公司主要生产经营指标　　亿元

指标名称＼年份	2012	2011	2010	2009	2008	2007
资产总值	33.57	25.46	18.99	14.91	13.95	12.45
主营业务收入	56.27	46.31	36.75	35.46	31.74	22.32
利　税	2.15	1.21	1.47	1.43	1.11	0.86
承接工程数量/项	55	50	38	23	32	22
授权专利数量/项	23	14	10	—	—	—

表2　　第十建设公司2012年完成的主要工程项目

序号	项目名称	竣工日期
1	济炼重质基础油光亮油项目200万吨/年润滑油原料预处理装置	1月
2	阿拉克炼油工程雅达EPS早期投产项目	2月
3	岳阳5 000吨/年加氢催化剂及配套生产装置	3月
4	湛江东兴200万吨/年柴油加氢装置	4月
5	日照商储库8台10万立方米原油储罐	4月
6	阿拉克360万吨/年渣油加氢装置(14单元)	4月
7	茂名石化CFB锅炉升压站改造工程	5月
8	内蒙古大唐净化装置一期	5月

续表

序号	项目名称	竣工日期
9	逸盛大化 PTA 主装置 2012 年检修工程	5 月
10	湛江东兴 120 万吨/年重油催化裂化装置扩能改造检修工程	6 月
11	茂名石化油品质量升级改造工程空压站改造项目	6 月
12	湛江东兴石化 2012 年全厂大修工程	6 月
13	新疆塔化 2012 年检修工程	6 月
14	内蒙古东华 60 万吨/年甲醇合成主装置	6 月
15	浙江恒逸年产 20 万吨己内酰胺工程	6 月
16	新疆中泰化学工程一期 30 万吨/年离子膜烧碱循环项目	6 月
17	济炼 30 万吨/年润滑油加氢装置	7 月
18	浙江嘉兴石化 80 万吨/年 PTA 装置	7 月
19	新疆 52 万吨/年尿素装置	8 月
20	上海石化炼油改造工程	8 月
21	阿拉克 480 万吨/年催化裂化装置(15 单元)	8 月
22	阿拉克催化裂化装置三旋工艺包	8 月
23	新疆中泰二期 100 万吨/年离子膜烧碱循环经济项目、120 万吨/年聚氯乙烯树脂装置	9 月
24	青岛 200 万吨/年加氢裂化项目	9 月
25	青岛石化 2012 年检修技改工程	10 月
26	大连长兴岛 220 万吨/年 PTA－2 制安工程	10 月
27	大连港长兴岛原油库区 6 台 10 万立方米储罐	10 月
28	茂名石化 220 万吨/年催化裂化联合装置	10 月
29	岳阳 5 万吨/年特种环氧树脂及配套扩建工程	11 月
30	武汉炼化 30 万吨/年高密度聚乙烯装置	11 月
31	茂名石化 40 万吨/年气体分馏装置	11 月
32	大连逸盛 150 万吨/年 PTA 改扩建工程	12 月
33	上海华谊 80 万吨/年气化装置	12 月
34	武汉 80 万吨/年乙烯装置	12 月

国际事业公司

【概况】 中国石化国际事业有限公司(简称国际事业公司)成立于1984年6月，2000年5月成为石化股份公司的全资子公司。国际事业公司主要承担除原油、成品油、化工原料以外的进口物资采购业务和设备、材料、炼化产品的出口业务。

截至2012年底，国际事业公司在境内拥有上海东上海石化实业有限公司1家参股公司，在北京、上海(2家)、天津、重庆、广东、南京、武汉、宁波等地设有9家子公司，设有北京招标中心、南京招标中心2家分公司。在美国、日本、德国、俄罗斯、阿联酋等国家设有5家境外二级子公司，在委内瑞拉、新加坡、尼日利亚、哈萨克斯坦、沙特等国家设有5家境外三级子公司，1家办事处。为加大市场开拓力度，进一步加强境外营销网络建设，2012年成立了中石化国际事业(沙特)有限公司、中石化国际事业(哈萨克斯坦)有限公司2家境外三级子公司。

(杨　洋)

【运行机制优化】 2012年，国际事业公司加强基础管理，制定、修订《境内公司专业化业务运行规范》，制定《境内外一体化业务运行规范》，健全专业化和一体化运行机制，不断优化业务结构。通过促进专业化和一体化运行机制的有效运行，规范采购管理，提高采购效率，资源获取能力和市场议价能力进一步提高，供应风险也得到有效控制。通过实施专业化，需求和资源集中的优势得到体现，市场影响力不断扩大，初步形成了懂技术、会经营的专业化队伍。通过发挥一体化机制优势，有效促进了境外公司的快速成长，进口保供的过程控制得到显著加强，提升了企业服务的水平。

(杨　洋)

【国际贸易】 2012年，国际事业公司围绕石化集团公司生产建设核心主业，实现石化产品、设备材料等国际贸易额27.3亿美元，其中进口18.0亿美元，出口7.7亿美元，第三国贸易1.6亿美元。石化产品方面，在全球范围内搜寻优质资源，全力开拓石化产品出口市场，成功与RAIN CII、Shell、VALERO、ExxonMobil Torrance等国际知名公司签订了石油焦、催化剂等出口长约协议，稳定了出口资源和渠道，全年实现石化产品国际贸易额12.5亿美元。设备材料方面，加强与国际知名生产制造厂商的合作，较好地稳定了进口物资供应渠道；大力推动国内13家合作制造厂在沙特阿美的供应商注册入网工作。全年实现设备材料国际贸易额9.5亿美元。煤炭经营方面，抓资源、拓市场，快速融入全球煤炭经营市场，成功注册成为全球最大煤炭交易平台Global Coal会员，与全球知名煤炭供应商建立稳定合作关系。全年进口煤炭218万吨，实现煤炭国际贸易额2.2亿美元。

(杨　洋)

【专业化经营】 2012年，国际事业公司充分发挥各境内公司的专业化采购优势，大力推进合金钢管、炼化产品、阀门、油气田装备等物资专业化经营，资源获取能力和市场议价能力显著增强。年内，各境内公司专业化品种经营规模达104.3亿元，专业化经营比例已经超过57%。

(杨　洋)

【制度建设】 2012年，国际事业公司在已有标准化制度基础上，修订完善经营管理制度，同时为进一步提高经营管理制度的国际化水平，统筹安排制度双语化建设工作，经过整理、翻译，完成包含90件经营管理制度的双语版制度汇编，各子公司分别完成了本单位双语化制度汇编。国际事业公司已经形成二级架构、较为完备的标准化、双语化制度体系。

(杨　洋)

国际石油勘探开发公司

【概况】 中国石化集团国际石油勘探开发有限公司(简称国际石油勘探开发公司)成立于2001年1月，本部设在北京。国际石油勘探开发公司是石化集团公司上游海外投资与经营作业一体化的战略经营单位；是对石化集团公司承担海外投资和经营双重责任的利润中心；对海外油气资源的勘探开发和海外投资及项目实行统一经营管理，是石化集团公司从事上游海外投资经营的唯一专业化公司；对有关海外勘探开发的投资经营事项实行归口管理。

国际石油勘探开发公司设董事会和监事会，实行董事会领导下的总经理负责制。实行两级管理模式，总部为投资和生产经营决策中心，国家公司(或项目机构)为执行中心。公司设有19个职能部门，26个海外机构，包括7个大项目，17个国家公司，2个专业公司。截至2012年底，中外员工总数为4 947人，其中中方员工1 148人，国际员工770人，当地员工3 029人，员工国际化比例达到76.8%。

2012 年，国际石油勘探开发公司海外权益产量2 905万吨油当量，较上年增长 27%；新建、新增年权益产能 635 万吨油当量，首次突破 600 万吨。连续第 4 年获石化集团公司特别贡献奖。

（周　芳）

【油气勘探快速推进】 2012 年，国际石油勘探开发公司 RSB 项目 PDA 井钻遇 369.7 米巨厚油层，为当年全球最大油气发现之一，标志着千万吨级规模大型油气田的诞生；Galp 项目 Ca 井钻遇 361.7 米巨厚油层；Addax 喀麦隆 P-1 井取得中国石化进入喀麦隆以来的首次重大发现；Daylight 项目在阿尔伯达盆地泥盆系的页岩油气勘探取得重要进展。此外，安第斯 T 和 17、尼日利亚 OML123、哈萨克斯坦 S、安哥拉 15/06、UDM 卡尔索瓦、萨哈林等区块均新发现一批重要含油气构造，为进一步扩大储量规模和部署勘探奠定了基础。海外油气勘探新增 2P&2C 权益可采储量石油 2 870 万吨，储量发现成本低于预定目标，新增 2P&2C 权益可采储量天然气 117 亿立方米。

（周　芳）

【海外权益油气产量再上新台阶】 2012 年，国际石油勘探开发公司应对政治经济环境变化，抢抓高油价有利机遇，通过加强精细油藏管理、实施注水优化调整、强化技术支持和设备维修维护等措施，开创了增产上产新局面。雅达项目喜获第 1 桶原油，UDM、哈萨克斯坦、安第斯、哥伦比亚、扎尔则、特多等多个项目实现超产。全年实现权益油气产量2 905万吨，同比增加 617 万吨、增长 27%。截至年底，累计生产权益油气产量 1.07 亿吨，突破 1 亿吨大关。

（周　芳）

【积极参与世界资源配置】 2012 年，国际石油勘探开发公司成功签约新项目 9 个，包括签约并交割加拿大 Wapiti 资产收购、APLNG 公司 10% 股份增持、厄瓜多尔 16/T 区块 20% 权益、Talisman 英国公司 49% 股份和亚联公司雅达项目 15% 股份；签约待交割加拿大 Montney 资产、道达尔 OML138 区块 20% 权益、哥伦比亚 69 勘探区块、UDM 公司勘探区块。积极推动资产运营，注入上市工作取得阶段性成果，有效盘活资产和降低风险。

（周　芳）

【工程施工规范高效】 2012 年，国际石油勘探开发公司通过优化方案和设计，推广应用新技术、新工艺，规范运作管理，工程管理体系进一步完善，工程施工有效推进。井控管理到位，井筒工程运行安全优质高效，有力保障了储量、产量目标任务的超额完成。Addax 公司狠抓海上平台组织，解决了海洋钻机寻租困难；雅达项目提速提效显著，钻井周期进一步缩短。Daylight 项目综合利用先进技术，有效节约投资，雅达、哈萨克斯坦 S 区块、尼日利亚边际油田、阿尔及利亚 EPC 等地面工程建设也稳步推进。对标国际大型石油公司，打造“一个体系，两个层次，多种模式”海外技术支撑体系。对海外项目进行全面摸底、调查，完成了技术支撑体系总体改进方案，引进、消化、吸收和集成运用深海油田海工配套、低渗碳酸盐岩和裂缝稠油油藏开发、煤层气开发、致密油气丛式井多级分段压裂等前沿技术。

（周　芳）

【完成效益目标任务】 2012 年，国际石油勘探开发公司严把投资方向和节奏，强化项目全生命周期价值管理。在会计、核算、财务筹划、金融风险、全面预算管理等方面加速向国际化转型，降本增效和创造价值取得实效。集中精细管理资金，在各项目间合理调配、高效使用，资金周转流动提速。按照“经营一元钱，节约一分钱”原则，努力挖潜增效，全员全过程全方位节约成本。增强成本意识，努力减少和压缩非生产性支出，强化采办计划及过程控制，深入挖潜主题活动。全年超额完成效益指标任务。

（周　芳）

【提升管理水平】 2012 年，国际石油勘探开发公司实现全面预算管理，成功上线内控管理信息系统，创新启用 Help Desk 服务体系，稳步推进 ERP 系统建设、海外综合网络系统和数据资源建设。积极探索部分海外国家公司与收并购作业公司的机构重组及组织融合，收购 Galp 项目获巴西年度“并购交易额最大”和“企业实力最强”两项大奖，收购 Daylight 项目被评为加拿大年度交易成就奖。积极开展管理创新，实施了国际油公司、国际石油勘探开发公司整体、海外机构“三位一体”的对标评价。《中国石化并购整合 Addax 公司的成功实践》被国务院国资委评为国际化经营典型案例，“海外油田开发建设项目综合管理体系的建设与应用”获得石化集团公司管理进步与创新成果一等奖。成功完成 Addax 部分区块的合同延期、雅达项目投资上限谈判、萨哈林项目勘探延长期融资条件的变更，提升了项目价值，降低了投资风险。

（周　芳）

【积极履行社会责任】 2012年，国际石油勘探开发公司尊重所在国风俗习惯，遵守当地法律法规、财税政策和用工政策，履行社会责任和社区义务，关注环境保护，创造了和谐的运行环境。积极拓展公共关系，共创合作共赢，树立了中国石化“窗口”形象。始终将员工生命安全作为海外生产经营管理的第一要务，妥善应对和处理伊朗局势、南北苏丹边境冲突、安哥拉治安形势恶化等突发事件。执行国际通用的HSE绩效指标管理，启动“HSE事故事件调查和报告程序”，实施《HSE关键绩效指标统计表》和HSE专项审计制度。引入国际先进的工艺安全管理、承包商管理和溢油应急管理等新思路、新方法，事故事件管理持续强化，可记录事件率(TRIR)和损失工时事件率(LTIF)稳中有降。

（周　芳）

【企业文化建设取得实效】 2012年，国际石油勘探开发公司举办国际形势与国家安全、党史教育及解读“十八大”精神等专题讲座，赴大庆油田开展主题实践活动。研究提炼具有国际特色、符合发展要求的愿景、使命和核心价值观，为海外油气业务文化发展战略实现奠定基础。成立社会责任管理委员会，确保了履行社会责任的常态化和持续效果。利用《中国石化报》《Sinopec Weekly》《国勘报》等渠道，报道海外一线涌现的先进典型。组织“洋劳模”和优秀国际员工的评选表彰和宣传，提升了国际员工的荣誉感和归属感。以“实惠”为落脚点，积极推动EAP员工帮助计划，建立健全以“海外员工家庭动态档案库”为基础的帮扶工作信息网络。设立“海外员工之家”，提供机场接送、住宿预订等一站式温暖服务。以各类协会和工会小组为载体，开展多样化的群众性文体活动。组织员工体检，及时谈心沟通，开通家庭热线电话。

（周　芳）

【大力加强队伍建设】 2012年，国际石油勘探开发公司优化领导班子配备，实施竞争性选拔，加大交流、岗位轮换力度，积极选聘重用优秀国际员工。创新人才培养方式，首期海外上游领军人才培训班取得良好效果。完善国际化人力资源管理体系建设，规范员工职业发展和岗位轮换管理办法。持续完善薪酬福利措施，有序开展员工绩效考核信息系统建设和外派员工中长期激励计划建设，发放海外长期服务奖。

（周　芳）

【推进党建工作】 2012年，国际石油勘探开发公司按照加强境外国有资产监管的要求，将党性党风党纪教育、资源国法律法规学习、国际公司规范化运作与“一转双创”活动结合。努力完善制度建设，构建海外综合监督体系，将党风建设和反腐倡廉工作与经营管理、业务工作等一起部署落实、检查考核。向全体中外员工公布信访举报信箱和电话，严格查办信访举报件，形成全方位、多层次、立体化的监督制约体系。开展廉洁自律承诺活动，发放中英双语承诺“台立”。对效能监察进行有效延伸，开展海外项目机构的自检自查和实地督察，确保境外国有资产和人力资本“双保值”。

（周　芳）

石油工程公司

【概况】 按照石化集团公司专业化重组总体部署，中石化石油工程技术服务有限公司(简称石油工程公司)于2012年6月28日在北京市注册成立，12月28日举行公司揭牌仪式。公司注册成立后，将胜利油田、中原油田、河南油田、江汉油田、江苏油田、西南石油局、华北石油局、华东石油局8家油田企业所属石油工程业务和成建制二级单位以划转方式纳入石油工程公司；石油工程技术研究院保留石化集团公司、股份公司的牌子，加挂石油工程公司的牌子；石油物探技术研究院保留石化股份公司的牌子，加挂石油工程公司的牌子；将国际石油工程公司出资人由石化集团公司变更为石油工程公司；上海海洋石油局保持原体制。截至2012年底，石化集团公司层面的石油工程专业化整合重组基本完成。

（刘明亮）

【主要业务及技术服务能力】 石油工程公司业务领域涵盖物化探、钻完井、测录井、井下特种作业、工程建设设计与施工、石油装备仪器研发制造及油气勘探开发相关技术的研发与服务，是国内产业链最完整、专业门类最齐全、规模最大的石油工程综合一体化服务公司。在超深高酸性气田安全高效开采工程配套技术、复杂储层与隐蔽油气藏高精度地震勘探技术、超深水平井及复杂结构井钻完井配套技术、特殊储层大型酸压及分段压裂技术、滩浅海油气工程技术、大口径管道及储运工程技术、石油机械装备研发制造7个方面形成特色优势，部分达到国际领先或先进水平。其中，“特大型超深高含硫气田安全高效开发技术及工业化应用”获2012年度国家科学技术进步特等奖，使中国成为世界上少数几个掌握开发特大型超深高含硫气田核心技术的国家；以大型酸压及分段压裂技术为代表的非常规油气开采工程技术攻关及配套取得重大突破；试制生产的大功率深水钻井平台固井设备，成功在981深水钻井平台上投入使用，成为中国海油固井设备的国内唯一供应商。拥有物探、钻井、测井、录井、井下等五大专业队伍2 101支，其中物探陆上队伍71支，二维、三维年施工能力分别为5万千米、1.5万平方千米；钻井队伍782支，年施工能力1 500万米；测井队伍354支，年施工能力4万井次；录井队伍724支，年施工能力7 000口；井下作业队伍182支，年施工能力8 000井次。另外，石油工程建设公司有8家二级施工企业、5家设计院和2家监理企业，石油工程机械公司有6家单位，上海石油局有4个二级单位。

（刘明亮）

【队伍人员及主要装备】 截至2012年底，石油工程公司用工总量14.35万人，其中正式职工9万人(在岗正式职工8.9万人)，劳务派遣工4.81万人，其他用工0.54万人。在岗正式职工平均年龄41.3岁，具有大学本科及以上学历2.6万人，经营管理、专业技术、技能操作人员分别为2.5万人、1.8万人和4.6万人；具有高级及以上技术职称的0.7万人，具有高级工及以上职业资格的技能人才2.5万人。拥有主要专业设备21 119台(套)，设备资产原值370.00亿元，净值203.46亿元，新度系数0.55，设备综合完好率98.84%。

（刘明亮）

【财务资产】 2012年，石油工程公司全年实现营业收入967.47亿元，利润总额10.78亿元，净利润7.22亿元；收入利润率为1.11%，净资产收益率为2.86%。截至2012年末，公司资产总额839.1亿元，负债总额586.98亿元，所有者权益252.12亿元，资产负债率为69.95%。

（刘明亮）

国际石油工程公司

【概况】 国际石油工程公司成立于2003年，注册地北京。2012年，国际石油工程公司出资人由石化集团公司变更为石油工程公司。主要业务以从事国际石油工程承包和技术服务为主，对石化集团公司国际石油工程承包、技术服务和劳务合作业务实行归口管理和统一协调；承担自营国际石油工程承包、技术服务和劳务合作业务的经营管理及油田企业自营国际石油工程承包、技术服务和劳务合作业务的管理、监督和协调。承包境外石油工程及境内国际招标工程；对外派遣实施境外工程所需的劳务人员；负责国际石油工程承包项目下的设备、技术和材料的出口工作及境外设备租赁、租购业务。

国际石油工程公司下设总经理办公室、人力资源部、财务部、法律合同部、计划经营部、钻井工程部、海洋工程部、物探工程部、HSE部、物流管理部、装备管理部11个职能部门和厄瓜多尔子公司、哈萨克斯坦子公司、哈萨克斯坦东方明珠公司、沙特分公司、也门分公司、阿联酋子公司等33个分(子)公司。截至2012年底，国际石油工程公司员工总数955人，其中中方员工482人，外籍员工473人。在中方员工中，有教授级职称的9人，高级职称的188人，中级职称的85人，具有中高级职称的占63.4%；具有研究生以上学历的165人(其中博士研究生7人)，本科学历256人，本科及以上学历的占94.6%。

国际石油工程公司2007—2012年境外合同额见表1。

（宋　磊）

【市场开发取得进展】 ①老市场占有份额持续扩大。沙特市场井筒、物探和地面专业齐头并进，新签合同额11.7亿美元；阿尔及利亚中标3个物探项目，合同额1.5亿美元；厄瓜多尔和哈萨克斯坦市场呈现出快速增长势头，新签合同额分别达到2.5亿美元和1.7亿美元；巴西新签EPC总包项目合同额1.9亿美元。②新市场、新领域开发进展顺利。分别在加纳、肯尼亚等国家签署大型EPC总包项目，在阿根廷井筒类服务项目新签合同额达1.3亿美元，在巴基斯坦签署地震采集服务项目，在俄罗斯萨哈林签署海上钻井服务项目，成功进入玻利维亚、尼日利亚等国家地面工程市场，工程项下贸易业务发展较快。③高附加值、高技术含量服务项目比例进一步提高。新签EPC总包项目合同额16.1亿美元，钻井大包项目合同额2.0亿美元，油田综合服务、地震资料处理解释、测录井、固井、测试、泥浆服务等项目合同额1.5亿美元，成功实现墨西哥EBANO油田综合服务项目合同转型。④融资工程项目开发再创佳绩。与国家开发银行合作，成功签署加纳天然气管道和处理厂项目，合同额7.2亿美元。

（宋 磊）

【强化项目运行管理】 2012年，国际石油工程公司严把项目启动关，强化项目管理模式策划、实施方案制定、组织机构设置、关键人员选聘、项目动迁等环节的协调管理，确保项目按期开工。树立全员合同管理理念，按约履行项目，确保工期和质量。强化过程控制和风险管控，成立项目管理和诊断专家团队，指导、检查、监督项目实施，及时发现和解决问题。强化分包商管理，严格资质审查和队伍选拔，建立有效管控机制。注重经济效益，严控项目成本，确保项目赢利。做好索赔和反索赔工作，巴西天然气管道、阿尔及利亚水管线和沙特三号罐群等大型EPC项目索赔取得明显成效。与国际石油勘探开发公司密切配合，全力抓好石化集团公司海外投资项下工程服务项目实施。总结推广项目管理平台成功应用经验，提升项目管理水平。

（宋 磊）

【落实海外公共安全和HSE管理】 2012年，国际石油工程公司参与制定完善石化集团公司公共安全管理制度，按照石化集团公司要求，抓好部分国家公共安全牵头管理工作。加强形势研判和预警，密切跟踪高风险国家安全形势，及时发布境外安全形势周报，每月通报境外公共安全事件。认真组织项目公共安全评估和人员培训，强化现场监管和指导。妥善做好叙利亚人员撤离收尾工作，积极应对埃及等国局势变化，组织制定应急撤离预案，考察评估也门、巴基斯坦等国公共安全形势，确保项目适时复工和开工。继续贯彻落实HSE管理体系和标准，组织全员HSE知识竞赛，细化各项管理措施，妥善处理突发事件和安全事故，确保项目顺利实施。

（宋 磊）

【基础管理获得成效】 2012年，国际石油工程公司深入学习贯彻党的十八大精神，积极开展“一转双创”和管理提升活动。推进反腐倡廉教育和厂务公开，加强对领导干部的行为监督。强化国际化经营管理专题培训，组织中层管理人员轮训。大力实施经济责任审计和管理效益专项审计，积极开展海外业务效能监察，确保海外项目受控运行。严控不合理投资和高风险投标项目。持续推进全员目标成本管理，深化月度经济活动分析，充分发挥绩效考核激励约束作用。强化内部控制管理，严格执行“三重一大”制度，扎实开展“比学赶帮超”和优化管理建议活动。加强境外资金管控，高度重视海外资产监管。合理调配海外关键装备，提高使用效率和经济效益。深化合同管理，加大境外法律纠纷处理指导力度，有效防控法律风险。

（宋 磊）

【积极支持石油工程专业化重组】 按照石油工程公司统一安排，及时做好专业化重组相关工作，保持队伍稳定、工作连续和海外项目有序推进。专业化重组调整了国际石油工程公司的职能定位，将其审计部、纪检监察部、企业文化部和信息管理部4个机关部门并入石油工程公司机关，从国际石油工程公司选聘53人充实到石油工程公司本部和2个专业公司，将国际石油工程公司物探部和地面工程中心整体划转给2个专业公司管理。

（宋 磊）

表1　　国际石油工程公司2007—2012年境外合同额　　亿美元

指标名称 \ 年份	2012	2011	2010	2009	2008	2007
新签合同额	25.90	23.00	16.88	16.52	15.95	9.99
完成合同额	17.70	12.80	14.25	14.86	9.35	4.67

炼化工程(集团)公司

【概况】 中石化炼化工程(集团)股份有限公司[简称炼化工程(集团)公司，英文缩写SEG]是由石化集团公司控股的、面向境内外炼油化工工程市场的大型综合一体化工程服务商和技术专利商，是中国石化炼化工程板块的唯一运营主体，于2012年8月24日在京召开创立大会，9月3日举行揭牌仪式。

炼化工程(集团)公司由中国石化炼化工程板块各企业重组而成。旗下10家全资子公司分别为：中国石化工程建设有限公司、中石化洛阳工程有限公司、中石化上海工程有限公司、中石化宁波工程有限公司、中石化南京工程有限公司、中石化广州工程有限公司、中石化第四建设有限公司、中石化第五建设有限公司、中石化第十建设有限公司、中石化宁波技术研究院有限公司。业务范围主要包括技术研发、技术咨询、工程设计、设备制造、工程施工、项目管理、EPC总承包、施工总承包、投料试车等，业务覆盖炼油、石油化工、煤化工和储运等多个领域。炼化工程集团具备包括工程设计综合甲级、全国行业化工石油一级施工总承包等优良、全面的业务资质。

炼化工程(集团)公司具备同时执行20个以上大型EPC总承包项目、年完成设计投资额1 000亿元的生产能力和经营规模，并拥有一批具有自主知识产权的炼油全系列技术和乙烯裂解炉、聚乙烯、聚丙烯、丁二烯等化工成套核心技术，以及较为完善的施工技术和工法体系，可自行设计、建设单系列的千万吨级炼油厂和百万吨乙烯工程，具有领先的市场地位、全面的业务资质和强大的技术及人才实力。

炼化工程(集团)公司的发展定位是面向境内外炼油化工工程市场的综合一体化工程承包商和技术专利商；发展方向是继续围绕主业，立足炼油化工、煤化工、天然气化工等能源化工工程业务，拓展相关业务领域，加强核心竞争力的培养，形成高端产业链，走特色化发展道路。

2012年，炼化工程集团完成设计投资额1 121.4亿元，完成设计合同额45.2亿元，完成施工总包产值172.5亿元，累计完成自行施工产值66.7亿元，实现收入385.26亿元，实现利润总额42.52亿元。

(李蔬君)

【重组改制上市】 截至2012年底，炼化工程(集团)公司已经按照现代企业制度的要求，建立了规范的法人治理机构，分别设立了股东大会、董事会、监事会和经营班子，成立了组织机构，顺利取得国家发改委关于募投项目的意见函，并向中国证监会提交了H股发行上市申请文件，起草了招股书，签订了关联交易持续框架协议，改制阶段的各项工作圆满完成。

(李蔬君)

【制度建设与部门设置】 以制度建设为保障，规范炼化工程集团生产经营管理工作，建立了生产经营双周例会制度、生产经营统计月报制度、重点工程项目月报制度，编写了《炼化工程集团制度标准化体系建设方案》，完成《炼化工程集团中长期发展规划纲要》初稿，《炼化工程集团内部控制制度》共4册和公司管理制度共103项的编写工作完成过半，炼化工程(集团)公司薪酬体系的设计框架初步形成，《炼化工程集团年度绩效考核办法》完成编写并印发各子公司。截至2012年底，炼化工程(集团)公司本部的部门设置及部门职责已经确定，人员陆续到位，并建立与各子公司的紧密联系，实现公文管理的流程化、自动化，完成办公自动化平台搭建工作等。

(李蔬君)

【发挥一体化职能】 炼化工程(集团)公司加强对境内系统外项目市场的统筹协调，效果显著；加大对大型装备的统一调配力度，提高设备利用率，降低运营成本。同时积极推进“标准化设计、标准化采购、模块化施工”，成立了领导小组和管理委员会。全面推进板块安全工作，成立了HSE管理委员会，并组织召开了板块“高处作业隐患治理专题会”。审议通过了《炼化工程集团科技工作指导意见》，讨论了炼化工程(集团)公司技术管理运营标准体系和《知识产权保护和管理办法》《技术开发项目管理办法》等6个技术管理制度，用于规范和统一炼化工程集团技术管理政策。

(李蔬君)

【境外工程】 炼化工程(集团)公司2012年在境外5个国家共执行22个承包合同，合同总额56.74亿美元，中标境外项目11个，合同总额19.59亿美元，项目区域正在从中东、中亚市场向东南亚和美国市场延伸。在境外的工程项目管理和作业人员达到12 962人(其中中国石化员工1 347人)。

(彭志强)

【国内工程】 2012年，炼化工程(集团)公司针对不同细分市场与客户需求采取多种开发策略，充分发挥自身技术优势，积极推动以技术转化带动工程承包，不断提高高端市场份额，在持续巩固炼油化工传统市场优势的同时，积极拓展煤化工、天然气化工及新能源行业市场，全年完成设计投资额1 121.4亿元，设计合同额45.2亿元，施工总包产值172.5亿元，累计完成自行施工产值66.7亿元。

(李蔬君)

【技术开发】 2012年底，炼化工程(集团)公司共持有有效专利共771项、专有技术267项，可为中外客户提供全面的工程技术咨询与服务。

(李蔬君)

【工程招标】 2012年，石化集团招标公司共组织招标182项、241个标段，累计中标金额约85.92亿元，其中EPC招标7项、8个标段，中标金额约39.14亿元；工程监理招标33项、41个标段，中标金额约1.4亿元；施工招标107项、151个标段，中标金额约43.31亿元；工程设计及造价咨询等其他招标35项、41个标段，中标金额约2.1亿元。招标项目涉及武汉80万吨/年乙烯、中科(广东)炼化一体化项目、武汉油品质量升级改造二期、扬子油品质量升级、海南60万吨/年芳烃、燕山润滑油和合成材料及橡胶、中天合创鄂尔多斯煤化工、安庆800万吨配套成品油管道、黄岛地下水封洞库、海南洋浦商储、洋浦成品油保税库及配套码头11项重点工程建设项目，共涉及33家单位。在项目评标工作中共调用评标专家库中的专家800人次。

（杨越强）

财务公司

【概况】 中国石化财务有限责任公司(简称财务公司)是由原中国石油化工总公司独家发起，经中国人民银行批准于1988年7月8日成立，以加强集团资金集中管理和提高集团资金使用效率为目的，为石化集团成员单位提供金融服务的非银行金融机构。财务公司位于北京市朝阳区朝阳门北大街22号。注册资本100亿元人民币(内含6 000万美元)，其中石化集团公司出资51亿元，占注册资本的51%；石化股份公司出资49亿元，占注册资本的49%。

财务公司股东会是公司的最高权力机构，实行董事会领导下的总经理负责制，董事长为法定代表人。总部设办公室、人事劳资部、风险控制(法律事务)部、经营管理部、财务会计部、稽核部、资金计划部、国际业务部、信贷部、投资银行部、结算部、信息部、金融研究开发部13个部室；京外设上海、南京、广州、山东、郑州、武汉、成都、新疆、天津9家分公司。截至2012年底，财务公司干部职工共354人，其中总部111人，分公司243人。

财务公司可以经营《企业集团财务公司管理办法》中列举的全部15项业务，具体包括：对成员单位办理财务和融资顾问、信用鉴证及相关的咨询、代理业务，协助成员单位实现交易款项的收付，经批准的保险代理业务，对成员单位提供担保，办理成员单位之间的委托贷款及委托投资，对成员单位办理票据承兑与贴现，办理成员单位之间的内部转账结算及相应的结算、清算方案设计，吸收成员单位的存款，对成员单位办理贷款及融资租赁，从事同业拆借，经批准发行财务公司债券，承销成员单位的企业债券，对金融机构的股权投资，有价证券投资，成员单位产品的消费信贷、买方信贷及融资租赁。此外，财务公司作为国内非银行金融机构结售汇业务首家试点单位，可以面向集团成员单位开展结售汇业务和集中收付汇业务。经书面授权，可以集中为集团成员单位开立、变更、撤销银行分账户。

2012年，财务公司实现营业收入23.60亿元，实现利润总额18.28亿元，年末资产总额1 245亿元，所有者权益158亿元，资产负债率87.31%。全年通过提供透支、委托贷款、直接购付汇、优惠贴现、理财等服务，累计为石化集团公司降本增效、节约财务费用近30亿元。在《金融时报》和中国社会科学院金融研究所共同推出的第4届“金龙奖”评选中，财务公司被评为年度最佳服务财务公司。

财务公司资产负债损益情况见表1。

（李 昕）

【资金集中管理安全平稳运行】 2012年，财务公司以确保资金集中管理和内外部结算安全平稳运行为重点着力提升服务水平，继续做好分账户开立和启用工作，积极配合集团会计集中核算及交易平台上线，不断优化提升系统功能性能，紧密配合集团非上市油田工程、炼化工程板块重组和专业化改革做好相关分账户调整及资金池建立工作。不断优化提升系统功能性能，制定运维管理办法，组建现场运维团队，强化运维管理。同时严格制度和内控执行，强化后督管理，深化“异常管理”，落实岗位责任制和差错率考核奖惩。全年结算资金总流量1 823万笔41.3万亿元，同比增长33%和11%，全年无差错发生。企业通过总分账户收付款集中度进一步提升，资金结算工作基本实现了内外部结算并举向以外部结算为主、内部结算为辅的转变，有效促进了石化集团公司和成员单位加速资金流动，提升了集团整体资金使用效益。

（李 昕）

【信贷业务进一步发展】 2012年，财务公司认真执行国家信贷规模调控政策，密切关注集团生产经营和筹融资形势变化，保证集团资金周转与生产经营的正常运行。建立信贷计划管理运行机制，发布《信贷工作指导意见》，初步建立客户经理制。合理配置信贷资产，优化信贷结构，信贷资金在支持石化集团公司主业和全资公司的同时，适度支持合资联营单位，中沙二期聚碳酸酯扩建、中天合创煤化工、江西省天然气等一系列项目贷款实现突破。全年为集团成员单位提供融资日均 471 亿元，同比增长 52%；办理票据贴现 13 267 笔 280 亿元，日均 88 亿元，同比增幅 23%，有效满足企业融资需求和降本需要；开展委托贷款业务，委托贷款日均规模 582 亿元。

（李　昕）

【投行和投资业务稳步发展】 2012 年，财务公司以财务顾问角色 10 次参与石化集团公司、股份公司债务融资工具的发行工作，为石化集团、股份总部融资成本的降低发挥了积极的作用。密切关注银行间市场变化，以增强资金运用的灵活性和效益性为基础，综合运用银行法人理财产品、同业定期存款、债券逆回购等手段，进一步提升短期资金使用效益。同时，在严控风险的前提下，做好长期投资股权管理和证券投资。

（李　昕）

【筹融资平台作用切实发挥】 2012 年，面对货币市场震荡频繁、利率波动复杂和石化集团公司资金缺口大、需求波动大的考验，财务公司充分发挥作为金融企业的同业优势，切实发挥筹融资平台作用，不断拓宽融资渠道，扩大合作机构范围，增加银行综合授信额度，办理央行再贴现，不断加强货币市场分析，紧跟集团资金需求，增强预判性和敏感性，提高市场驾驭能力。全年累计从市场融入资金 1.61 万亿元，及时、足额满足了集团成员单位结算支付和公司业务发展的需要。

（李　昕）

【外汇业务稳步开展】 2012 年，财务公司面对外汇市场汇率大幅波动、流动性极端紧张经常出现和联合石化大额付汇不均衡性进一步加剧的复杂局面，积极争取央行支持，扩大美元日间透支额度与外汇交易额度，加大与合作银行协调力度，强化分析，精心交易，灵活定价，在保证按时足额付汇的同时，有效降低了代理企业购汇成本。公司积极与相关单位协调，做好企业人民币跨境结算的配合工作；努力扩大结售汇业务规模，加强异地售付汇业务开拓。全年累计为企业结售汇 613 亿美元，同比增长 4%；收付汇 683 亿美元，为企业降低购汇成本超过 6 亿元。

（李　昕）

【风险管理和内部管理进一步加强】 2012 年，财务公司初步建立了信贷客户评级体系，完成首次信贷客户试评级，开展了银行同业综合授信审查工作；修订完善金融业务合同文本，加强法律、合同日常管理。进一步完善内控制度体系，修订内部控制管理手册，完善公司规章制度，截至年底已建立公司层面制度 12 个大类共计 119 项。完成内控管理信息系统、合同管理系统及会计集中核算系统的上线工作，建立完善会计后督体系。在做好日常非现场稽核同时，完成 10 项重点业务和领域的现场稽核。建立了市场分析例会运行机制，促进研究分析工作逐步常态化、规范化，金融政策和市场分析的广度和深度不断提升。

（李　昕）

【信息化水平全面提升】 2012 年，财务公司进一步强化信息系统的运维和管理，保证各信息系统的安全平稳运行。成功开发上线实施信贷/客服业务管理系统，初步实现了客户信息集中完整体现、客户评级授信科学合理、信贷业务全流程无纸化运行，公司信贷服务和管理水平大幅度提升。开发上线门户及协同办公系统，成为日常管理、对外宣传、内部交流、数据共享平台。数据集中存储、外汇系统提升、在线答题系统、全员评测及绩效考核系统均建设完成并投入使用，公司的信息化建设得到了全面提升。

（李　昕）

【队伍建设稳步推进】 2012 年，财务公司加大干部竞争选拔力度，推进干部交流轮岗锻炼，营造良好干事创业环境。定期进行交流轮岗，不断优化人才资源配置；广泛开展分级分类岗位培训和业务竞赛活动，开展培训工作满意度调查，教育培训的质量和满意度持续提高。以强化全员绩效考核管理为抓手，健全制度办法，加大考核兑现力度，进一步完善考评奖惩机制，促进提升员工队伍整体绩效。调整干部职工薪酬标准，健全完善人工成本调控、增长机制，进一步增强职工队伍凝聚力。

（李　昕）

【党建廉政和群众工作取得新成绩】 2012 年，财务公司全面贯彻落实进一步加强和改进新形势下企业党建工作的要求，努力提高党建工作水平，扎实开展基层组织建设年活动，持续推进创先争优；组织开展“迎七一”系列活动，深入学习宣传贯彻党的十八大精神，进一步增强党性意识和责任意识。公司健全完善了“三重一大决策制度”实施办法等制度体系，扎实推进业务公开和专项效能监察工作，广泛开展党风和反腐倡廉教育，筑牢各级干部廉洁从业的坚固防线。深入开展“面对面、心贴心、实打实服务职工在基层”活动，组织健康体检，主动走访慰问困难职工和退休老职工，提高劳务人员劳务报酬；充分发挥工会、共青团职能作用，丰富职工群众文体活动，组织迎春晚会、植树活动以及乒乓球、羽毛球、游泳等一系列文体活动，并在中国石化总部机关第2届趣味运动会上取得团体第4名的成绩。

（李　昕）

【大力开展“三创”活动】 2012年，财务公司从着力做强做优出发，开展了创新、创优、创一流“三创”活动。通过开展主题大讨论，制作宣传片、活动展板等方式，积极宣传活动成果，展示干部职工的精神风貌，努力营造浓厚活动氛围，激发创先争优的热情。组织开展了一系列特色活动，开展“创品牌——合理化建议大家谈”，鼓励干部职工积极献言献策；组织“财金杯”知识竞赛，有效提高员工专业能力和综合素质；组织优秀经营管理案例编写，认真梳理经营管理中的成功经验和做法；开展总结提升和先进评选，巩固活动成果，充分发挥先进典型的引领带动作用。全年企业服务满意度从2011年的96.52%提升到98.93%。公司大力开展“三创”活动，夯实了发展基础，提高了服务质量，促进经营管理各项工作再上新台阶。

（李　昕）

财务公司“财金杯”知识竞赛

表1　　财务公司资产负债损益情况　　亿元

指标名称＼年份	2012	2011	2010	2009	2008	2007
流动资产	1 059.11	1 184.44	959.68	1 029.04	1 103.02	966.26
长期资产	185.35	185.94	165.17	140.75	108.91	139.24
无形、递延资产	0.99	1.39	1.26	1.10	0.25	0.18
资产总计	1 245.44	1 371.77	1 126.11	1 170.90	1 212.18	1 105.68
自营资产总额	688.68	757.56	537.39	567.41	604.84	456.66
流动负债	1 052.90	1 165.17	926.87	928.94	980.54	839.35
长期负债	34.71	64.11	65.27	108.78	126.91	127.94
所有者权益	157.84	142.49	133.98	133.18	104.73	138.39
实收资本	100.00	100.00	80.00	80.00	60.00	60.00
资本公积	14.46	12.86	16.58	27.57	11.12	56.15
盈余公积	11.90	10.53	9.30	8.13	6.94	5.82
未分配利润	25.09	13.30	22.41	11.92	21.23	12.88
负债及所有者权益	1 245.44	1 371.77	1 126.11	1 170.90	1 212.18	1 105.68

续表

年份 指标名称	2012	2011	2010	2009	2008	2007
营业收入	23.60	20.00	17.90	16.73	23.26	17.23
营业支出	5.34	4.19	2.47	1.27	7.78	2.51
营业税金及附加	1.80	1.24	1.15	1.30	2.02	1.40
利润总额	18.28	15.834	15.47	15.59	15.49	14.72
净利润	13.74	12.27	11.79	12.01	11.36	10.02

百川公司(机关服务中心、机关服务局)

【概况】 中石化百川经济贸易公司(中国石油化工集团公司机关服务中心、中国石油化工集团公司机关服务局)简称百川公司(机关服务中心、机关服务局),英文缩写 BCETC(OSC/OSB),主要负责为石化集团公司和石化股份公司总部机关及专业公司提供后勤服务保障,是石化集团公司直属专业公司、全资子公司,由原中国石油化工总公司机关事务部发展演变而来,企业性质为全民所有制。

百川公司成立于 1993 年 2 月,注册资金 3 000 万元人民币,注册地址为北京市朝阳区朝阳门北大街 22 号,经营范围为:自有房产的经营管理和房屋修缮、汽车零配件、办公用品、劳保用品、洗衣服务等。

机关服务中心于 1995 年 2 月经中国石油化工总公司正式批准成立,2002 年 11 月经石化集团公司人事部、中央机构编制委员会办公室和国家事业单位登记管理局批准,成为事业单位法人,开办资金 460 万元,其宗旨和业务范围是:为石化集团公司机关办公与职工生活提供后勤服务,承办机关委托事项。机关服务局于 2008 年 9 月经石化集团公司批准成立,是石化集团公司机关行政部门。机关服务中心、机关服务局与百川公司是一套机构、三块牌子。

百川公司(机关服务中心、机关服务局)下设办公室、人力资源处、财务处、企业管理处、质量管理处、基建工程处、房产管理处、安全保卫处、设备工程处、服务处、餐饮处、供应处、交通处、医务处、外协工作处、小营办公区管理处等 16 个处室和实华饭店、国际旅行社、会议中心、和园景逸大酒店等 4 个经营单位;承担着石化集团公司及其总部机关的 10 余项事务管理职能,包括房产管理、基建项目管理、办公用房分配和调整,石化集团公司“三委办”、献血办、房改办、土地办、医保办、交通安委办,总部职工体检、子女入学转学及共建学校联络等。

截至 2012 年底,百川公司固定资产净额 5.21 亿元,机关服务中心固定资产净额 0.64 亿元。百川公司(机关服务中心、机关服务局)共有正式职工 307 人,劳务工 1 210 人。

(李　振)

【重点工作取得新进展】 坚持把落实、完成好石化集团公司党组交办的各项重点工作任务作为服务大局、履行责任、促进发展的重要工作来抓,精心筹划安排,全力以赴推进。科研中心项目整体进展实现新突破,人才公寓项目设计招标按时完成;育慧公寓装修改造工程部分完成并顺利入驻;会议中心报告厅改造项目完成立项;协和医院门急诊楼工程历经 3 年多艰苦努力,按期完工启用,赢得了高度赞誉,树立了中国石化良好形象。认真研究,调整理顺协和医院保健基地服务管理机制,主动协调,做好口腔医院、广安门医院、西苑医院相关服务工作,得到了各合作单位的充分肯定。

(李　振)

【服务保障创出新水平】 2012 年,共完成餐饮服务 190 万人次,获首届“中裕杯”大锅菜烹饪技能竞赛金奖;完成内部会议服务 2.9 万次,会议服务、绿植租摆、保洁服务均得到各方肯定,获首都绿化美化花园式单位称号、清洁行业十佳示范项目大奖;完成交通服务 4.4 万次,获北京市交通安全先进单位称号;前台接待来访客人 26.8 万人次,协助办公厅妥善处理各类上访事件,获北京市安全保卫工作集体嘉奖、中央国家机关人防工作目标管理和责任制评议考核先进单位称号;完成各类维修 3.3 万项,确保了设备设施运行安全平稳；完成自管住宅维修及入户服务2.1万次，获中央国家机关人防工作目标管理和责任制评议考核先进单位称号；完成日常医疗服务9 269人次，组织健康体检3 530人，提供外院医疗服务628人次，获企业健康管理优秀单位称号。此外，“三委办”工作，办公用品、共建校、医保报销、一站式、洗衣、送水、票务、理发健身等服务也得到了广大服务对象的普遍好评。在年底面向总部机关各部门和专业公司的满意度测评中，餐饮、会议、交通、设备维修、医疗、票务等11类主要服务项目满意及基本满意率均达到了100%，中心整体服务满意及基本满意率达到100%。

（李　振）

【经营业绩迈上新台阶】 坚持在提升服务品质上下功夫，在开拓市场上多学习，积极开拓内外市场，丰富营销手段，深度开展经营分析，积极推进降本减费。百川公司全年共实现主营业务收入2.68亿元，同比增长13%。其中，和园酒店实现营业收入1.08亿元，同比增长8.6%；会议中心实现营业收入1.01亿元，同比增长34%；实华饭店实现营业收入2 196万元，同比增长1.2%；旅行社实现营业收入4 175万元，同比增长0.6%。

（李　振）

【内部管理更加科学】 按照形势发展的新要求积极调整管理体制，充分发挥资源优势和整体合力。针对小营办公区搬迁入驻后的实际情况，实行了条块相结合的管理新模式，成立小营办公区管理处。认真总结财务集中、供应采购集中等管理经验，实施外委项目由外协工作处统一管理的新办法，并将经营单位采购业务纳入供应处集中监督管理。以提升服务质量为目标，将质量检查处改为质量管理处，强化管理职能，推动了质量管理体系检查、分析、治理、改进的有效运转。不断完善制度标准，制定、修订了90项相关制度，完成了内控测试及正式上线，使管理更加规范。完成了图示化服务标准上墙和一线操作岗位服务操作大纲编写，服务标准化建设迈上新台阶。大力推进信息化建设，新版门户网站、文件流转、一站式服务、医疗管理等9个系统实现上线运行，网上订票等系统进入开发阶段，SAP－HR系统、合同管理信息系统、制度管理系统完成信息录入并正式上线，推动了新形势下服务方式的转变和服务水平的提升。大力开展红旗班组验收评比活动，组织了年度红旗班组验收，修订细化了《红旗班组验收标准》，召开了150余人参加的班组建设现场交流会，组织红旗班组长赴燕山石化参观学习班组建设经验。强化安全管理，推进HSE管理体系建立。细化设备运行维护，进一步提高设备运行管理水平。深入开展节能宣传活动，研究制定了18项节能措施，与上年同口径相比节约用电44万千瓦·时。强化供应采购集中管理，严格招投标制度，规范采购验收流程，加强价格和质量管控。强化财务管理、审计管理、法律管理及效能监察等工作，保证了各项工作合规合法、安全有序。

（李　振）

【队伍建设持续强化】 狠抓队伍思想建设，深入学习贯彻党的十八大精神、石化集团公司有关会议精神和党组领导讲话精神，大力开展干部思想作风教育、理想信念教育、形势任务教育和利益共同体教育，引导干部员工坚定政治立场，树立远大理想，与企业同生存、共发展，有效增强了干部员工热爱企业、做好工作的自觉性和主动性。完善人才激励、考核、培养体系，建立员工考核长效机制，开展全员日常考核和年度考核，为员工薪酬晋档、岗位晋级提供了依据。开展人力资源工作调研，了解困难，指导工作，逐一研究解决问题，进一步明确了队伍建设的方向和思路。坚持德才兼备、以德为先，注重实绩、群众公认的选人用人原则，持续做好管理岗位公开竞聘，全年共4人聘任到处级岗位，7人聘任到科级岗位。高度重视员工培训，全年组织两级专题培训和业务培训近100批次、2 000多人次，多方选送骨干外出学习，精心组织首届设备维修技能竞赛，认真做好专业技术职称推荐及评审，1人获高级职称，2人获中级职称，8人获初级职称。坚持以人为本，把员工当作衣食父母，把关心关爱员工当作事业的本质要求，努力做到相信员工、尊重员工、关心员工、依靠员工。认真组织落实“六必访谈”等关心关爱员工的工作制度，定期召开一线员工座谈会。为非在职群体落实石化集团公司相关待遇，为长期患大病员工解决大额医疗费用报销问题，并申请获得直属工会补助，使员工及其家属深受感动。上门慰问各类病困员工及家属70多人次，组织员工为患病员工家属捐款7 800元，使员工感受到了企业温暖。

（李　振）

【党建工作成效明显】 积极开展“基层组织建设年”活动，强化党的组织建设，完成了党(总)支部重新划分和党(总)支部改选、新建，保证组织健全、人员到位，提高了基层党组织的战斗力。严格“三会一课”制度，建立党建工作例会制度，及时讲评部署工作，提高了党建工作实效性。大力推进基层党（总）支部目标管理，制定印发了《党（总）支部目标管理手册》，全面规范了基层党组织日常工作，提高了工作的目标性和针对性。认真做好党员发展和入党积极分子培养工作，发展新党员11名，预备党员转正7名。积极推进创先争优活动常态化，召开了庆“七一”暨创先争优总结表彰会，提出巩固创先争优成果、建立长效机制的工作意见，表彰先进党组织和优秀个人，激发了广大党员和积极分子创先争优的积极性。推进廉洁文化建设，配备专职纪检人员，制定完善规章制度，组织党员干部、关键敏感岗位员工175人参观北京市反腐倡廉警示教育基地，增强了员工廉洁自律意识。认真抓好舆论宣传，编印《机关服务报》23期，传达中心工作部署，传递基层声音，开展热点讨论，引导正确理念，营造了良好的舆论氛围。坚持发挥各级群众组织的作用，凝聚全员之力推进事业发展。切实加强基层群众组织建设，组织召开了中心一届六次“双代会”，完成了工会委员会、工会女职工委员会调整和基层分会换届改选，进一步健全了工会组织。积极协调劳务公司，完成了劳务工加入工会工作，增强了劳务工的归属感。高度重视团组织建设，完成了基层团（总）支部换届，召开了中心第1次团代会，组建了中心团委，团员青年工作迈上新台阶。大力组织开展工会和共青团活动，举办了新春团拜会、群众性健步走、青年演讲比赛等丰富多彩的文体活动。精心组队参加了总部机关趣味运动会6个项目的比赛，获5个单项及团体第1名的优异成绩。积极参与石化集团公司青年外语风采大赛，队员表现优秀，树立了中心良好的对外形象。

（李　振）

联合石化公司

中国国际石油化工联合有限责任公司（简称联合石化公司，英文缩写UNIPEC）成立于1993年，是石化股份公司的全资子公司，是中国最大的国际贸易公司。联合石化公司主营业务包括原油贸易、成品油贸易、LNG贸易及仓储物流等。公司设办公室、纪检监察处、风险控制（法律）部、计划信息部、发展部、财务部、审计部、原油部、成品油部、天然气部、运输及执行部；在国内设有3个口岸分公司和1个合资公司：联合石化宁波分公司、联合石化青岛分公司、联合石化二连浩特分公司及中海油中石化联合国际贸易有限责任公司；设立5个海外子公司：联合石化亚洲有限公司、联合石化英国有限公司、联合石化新加坡有限公司、联合石化美洲有限公司及中石化冠德控股有限公司（香港上市红筹股公司）。

2012年，联合石化公司深入贯彻“四个坚持”，坚持“保供、降本、做大、做强”，紧紧围绕“努力打造具有市场领导地位国际一流贸易商”的战略目标，加强市场分析研判，精心操作，精益求精，深入开展“比学赶帮超”、创先争优和“一转双创”活动，主动为企业服务，协同各方创效增效，较好地完成了全年各项工作任务。2012年实现贸易量2.56亿吨，贸易额2 024亿美元，管理水平与经营业绩得到大幅度提升。

（闫　坤）

化工销售有限公司

【概况】 中国石油化工股份有限公司化工销售分公司（简称化工销售分公司）成立于2005年5月。2009年4月，中国石化对化工内外贸业务进行整合重组，成立了中国石化化工销售有限公司，与化工销售分公司实行“一套班子，两块牌子”。2012年，两者正式合并重组为中国石化化工销售有限公司（简称化工销售有限公司）。

化工销售有限公司是石化股份公司的全资子公司，主要负责中国石化所属企业生产的石化产品的资源统筹、市场营销、产品销售、物流、客户服务以及所属企业生产所需相关化工原料的采购和供应工作。经营产品均取得相关国际国内认证，主要有合成树脂、合成橡胶、合成纤维、合成纤维原料、有机化工原料及特殊化学品。2012年实现化工产品经营量4 721万吨。

化工销售有限公司在北京、上海、广州、武汉和南京等地分别设立华北、华东、华南、华中和江苏5家区域分公司，分别负责该区域企业化工产品销售工作，以中石化化工销售（香港）有限公司为海外业务平台。为实现销售前移和服务前移，更好地服务客户，在西安、沈阳、南京、杭州、汕头、泉州、昆明、长沙、成都等地设立了多个经营部及代表处。在中国台湾、新加坡、越南、中东等地设立了办事处，有效地服务于国内外市场，极大满足了客户的需求。

（于治宇）

【香港公司中东办事处成立】 香港公司中东办事处于2012年7月16日在迪拜完成注册，11月26日开业。这是继越南办事处、台湾办事处和新加坡办事处之后，化工销售有限公司在海外设立的第4个办事处。办事处将对加强公司与中东地区石化企业的交流合作、加快国际化进程起到积极作用。

（于治宇）

【完成体制整合】 2012年，化工销售分公司和化工销售有限公司合并重组为新的化工销售有限公司，并将原各区域分公司及其内设机构相应变更为化工销售有限公司各区域分公司及内设机构，其所属的代表处、驻厂办同步变更。完成ERP、BW、CRM、LIS等系统整合上线，公司实现一个管理体系、一套信息系统。

（于治宇）

【客户满意度稳步提升】 由第三方机构开展的客户满意度调查结果显示，2012年客户对化工销售有限公司的总体满意度为94.2分，连续4年逐步提高。客户满意度的提高带来了客户忠诚度的持续提高。在市场参与者增多、客户可选择余地不断增大的情况下，化工销售有限公司的核心客户保持了总体稳定，老客户的流失率始终保持在较低水平，每年有近千家下游企业或经销商成为新客户。不断完善的服务体系和逐年提升的服务水平赢得了客户的信任。

（于治宇）

【物流信息化等系统实现集成】 2012年，化工销售有限公司物流信息系统（LIS）与ERP、CRM、BW数据库、GPS、IC卡发货、TBM预算等系统高度集成，实行企业生产、销售、客户、物流、公司管理等信息资源相互交换和高度共享，物流商的主数据都在LIS中录入，物流订单全部在线上操作，物流费用与订单完全匹配，实现了“日结”目标，为物流过程的经济性、合理性分析提供了依据。LIS中许多功能模块与国内国际同行业比较，具有很多技术领先优势和创新点。在7 385台化工品车辆和124艘船舶加装GPS系统，对化工品运输全过程实施监控，有效提高物流运作效率，提升物流服务水平和客户满意度。化工销售有限公司被中国物流与采购联合会评为2012中国物流信息化优秀应用企业，“化工销售物流信息系统的推广和应用”项目获得2012年中国物流与采购信息化优秀案例奖。

（于治宇）

【开展“服务满意年”活动】 2012年，化工销售有限公司充实经营指标和管理指标，增加每月绩效考核得分分值，引导全体员工比素质、比责任、比服务、比创新、比贡献，落实石化集团公司创先争优活动安排，认真开展“服务满意年”和“三服务三满意”活动，涌现出一批先进基层党组织和优秀共产党员。华南分公司在年度综合评比中排名第一。

（于治宇）

长城能源化工公司

【概况】 中国石化长城能源化工有限公司（简称长城能源化工公司，英文缩写SINOGEC）是按照石化集团公司党组关于煤化工发展战略的部署，于2012年8月27日注册成立的煤化工专业公司，是石化股份公司的全资子公司，业务归口化工事业部管理与指导，是中国石化煤化工业务投资的平台，负责中国石化煤化工业务的投资和经营，组织协调煤化工项目建设，对煤化工企业进行专业化管理。长城能源化工公司本部位于北京，设综合管理部（办公室）、规划计划部、财务资产部、人力资源部（党群工作部）、QHSE及运行管理部、工程维修部、煤炭资源部、煤炭转化部、化工产品部9个部门；截至2012年底，在新疆、内蒙古、安徽、贵州、河南、宁夏等地布局和实施了6个煤化工基地建设，控股或参股中国石化新疆能源化工有限公司、中天合创能源有限责任公司、中安联合煤化有限责任公司、毕节中城能源有限公司、国电中国石化宁夏能源化工有限公司5个合资公司。2012年，长城能源化工公司认真贯彻落实石化集团公司党组的战略决策和部署，围绕党组提出的“力争通过8—10年的发展，使中国石化成为煤化工领域的行业领先者，在煤炭资源清洁转化和高效利用上走在世界前列，使煤化工业务成为中国石化未来重要的经济增长点，为中国石化建设世界一流能源化工公司提供有力支撑”的煤化工发展目标，落实“新业务，新体制，新机制”要求，着力加强企业内部建设，积极理顺体制机制，充分发挥统筹和服务职能，全面推动公司规范运转，推动煤化工项目加快实施，推动对外合资合作有效开展，各项工作取得较好的开局。

（从怀芳）

【内部建设取得初步成效】 2012年，长城能源化工公司积极开展煤化工专业公司的筹建，立足顶层设计，完善组织架构，优化人员配备，规范工作流程，实现了公司的平稳运转。召开了公司第一届董事会第一次会议、第一届监事会第一次会议，落实了公司董事会、监事会和经营班子成员，通过了公司章程、管理机构设置等议案，完善了公司法人治理结构，完成了公司的注册成立和正式揭牌。按照精干高效的原则，编制了公司“三定”方案，并依据石化集团公司总部人事部批复意见，印发了关于公司机关部门设置、部门职责和编制定员等有关文件，确定了各部门的职责、岗位和人员配置。充分利用中国石化系统内人力资源，择优选配了前期工作人员。召开了党政联席会，研究确定了公司班子成员分工和各部门临时负责人。组织学习了石化集团公司标准化制度体系有关文件，在深入调研和充分讨论的基础上，拟定了《中国石化长城能源化工有限公司标准化制度体系构建方案》(讨论稿)。加强信息化建设，建设并投用了财务ERP核算、TBM预算管理、BW和BCS报表等信息化管理系统。

(从怀芳)

2012年9月28日，石化集团公司董事长傅成玉与国务院派驻中国石化监事会主席季晓南共同为中国石化长城能源化工有限公司揭牌

【项目实施取得实质进展】 2012年，长城能源化工公司认真履行统筹和服务的职能，充分依托中国石化整体优势，统筹协调，服务支持，积极抓好煤化工项目的前期优化和工程建设工作，推动了项目的加快实施。落实石化集团公司关于煤化工业务的发展战略，充分调研论证，初步确立了未来8—10年煤化工业务“133331”的发展目标。推进投资主体变更，将已成立各煤化工合资公司的中国石化股权转让到长城能源化工公司名下，并以股东会和董事会会议形式逐步修订和完善合资公司章程，理顺了资产管理纽带。发挥煤化工领导小组办公室和长城能源化工公司“两块牌子一套人马”的独特优势和职能作用，通过煤化工月度例会、专题会等有效形式，及时协调解决煤化工项目存在的问题，跟踪督促项目进展落实情况。截至年底，长城能源化工公司在新疆等6个省区共计获取煤炭资源304亿吨，其中中国石化权益资源205亿吨；有6个煤化一体化项目在前期筹备和工程建设等方面取得了实质性进展：新疆准东、内蒙古鄂尔多斯、贵州织金和河南鹤壁4个项目列入了国家“十二五”煤炭深加工示范规划，安徽淮南项目已在安徽省完成了项目审批手续，其中内蒙古鄂尔多斯项目、安徽淮南项目和贵州织金项目的煤矿工程已经开工，宁夏宁东项目进入工程建设收尾阶段。

(从怀芳)

【合资合作取得良好成果】 2012年，长城能源化工公司以获取煤炭资源、落实规划布局为重点，以互利共赢为原则，积极开展合资合作机会研究和商谈，实现了对外合资合作的积极进展。主动与煤炭资源丰富、掌握煤化工领域先进技术或煤化工产品体系品种丰富或特点鲜明的企业开展合作商谈和技术交流，先后与新奥、万向、亿利、英国Altona、GPE、云南煤化工集团、GE水处理集团、法国液化空气集团等公司就拟合作项目和内容开展了调研、洽谈和交流，储备了合资合作机会，促进了技术与经验的相互借鉴。按照中国石化与国电集团签署的《煤电化一体化项目合作框架协议》，经过多轮商谈，与国电英力特公司就宁东煤电化一体化项目的合资合作达成一致意见，经党组审议批准后，双方签署了《增资扩股协议》及其附属文件，以各占50%的股比成立了合资公司，该项目有望成为中国石化首个建成投产的煤化工项目。

(从怀芳)

催化剂有限公司

【概况】 中国石化催化剂有限公司(简称催化剂有限公司)于2004年12月29日在北京成立，是集科研成果转化、生产组织优化、产品技术服务为一体的专业公司，对催化剂生产经营实行统一安排工业放大、统一生产计划、统一组织营销、统一发展规划、统一实施管理。

催化剂有限公司本部位于北京市朝阳区惠新东街甲6号，机关设置“11个部、1个室”，即总经理办公室、产品事业部、安全环保质量部、技术信息部(工程技术中心)、发展计划部(工程管理部)、物资装备部、人力资源部(离退休工作部)、企业策划部(法律事务部)、党群工作部(领导人员管理部、企业文化部)、审计部、纪检监察部；拥有催化剂长岭分公司、催化剂齐鲁分公司、催化剂北京奥达分公司、催化剂北京燕山分公司、催化剂上海分公司、催化剂南京分公司、催化剂抚顺分公司、催化剂贵金属分公司8个全资单位，湖南建长石化股份有限公司、上海立得催化剂有限公司2个控股单位，以及托管单位中国石油化工科技开发有限公司；设有西北、东北和华北3个销售中心，以及美国、日本、新加坡、中东等5个海外代表处。截至2012年底，催化剂有限分公司用工总量5 415人，拥有各类经营管理及专业技术人员1 477人，其中教授级高级工程师22人，高级职称人员274人，博士11人，硕士131人，并建有博士后工作站。

催化剂有限公司是国内最大的炼油、化工催化剂生产商、供应商和服务商，能够生产炼油、化工和基本有机原料3类催化剂。产品在满足国内市场需求的同时，还远销欧洲、美洲、亚洲等国际市场。

2012年，催化剂有限公司紧紧围绕公司战略目标，开拓创新、开源节流、深化重组、优化发展，在石化集团公司的正确领导下，各项工作统筹推进，取得较好成绩。

(王志丹)

【云溪生产基地一期工程建成投产】 2012年4月22日，催化剂有限公司云溪基地连续重整剂装置全部贯通，并生产出第1批合格产品，标志着云溪基地第1期工程全面建成投产并一次开车成功。云溪基地是催化剂有限公司成立以来投资最高、面积最大、项目最多、工期最长的重点建设项目。一期工程主要建设项目包括采用中国石化自主研发技术、国内单套最大的5 000吨/年加氢催化剂装置，以及1 000吨/年连续重整催化剂装置、1 500吨/年PX焙烧吸附剂装置和与之配套的干胶粉和硫酸铝装置及系统公用工程等。该工程瞄准世界一流水平，采用了一系列新型环保技术，顺应了绿色低碳发展潮流，使中国石化催化剂整体生产规模迈上了新台阶。

(王志丹)

【5万吨/年FCC催化剂项目二期工程开工】 2012年5月28日，催化剂有限公司5万吨/年FCC催化剂项目二期工程开工典礼在山东省淄博市周村区举行。工程瞄准世界一流水平，顺应绿色低碳发展潮流，采用严格的环保措施和先进的环保技术，建成投产后，催化剂有限公司每年将新增Y型分子筛生产能力0.9万吨、催化剂生产能力4万吨，将使催化剂有限公司整体生产规模跃升一个新的台阶，进一步巩固催化剂有限公司在国内FCC催化剂领域的领先地位。

(王志丹)

【200吨/年DQ催化剂项目开工建设】 2012年4月17日，催化剂有限公司200吨/年DQ催化剂装置建设项目开工奠基仪式举行。该项目位于北京市房山区石化新材料产业基地，总投资约1.15亿元，占地面积约1.9万平方米，将建设2条独立生产线，设计能力年产新型DQ聚丙烯催化剂200吨。项目建成投产后，将满足聚烯烃催化剂日益增长的市场需求，提高催化剂有限公司聚丙烯催化剂销量。

(王志丹)

【新型异构化催化剂RIC-200首次大批量应用成功】 2012年2月11—17日，催化剂有限公司新型异构化催化剂RIC-200在扬子石化芳烃厂二甲苯装置进行了装填，并顺利开工。从装置运行状况看，使用RIC-200催化剂能有效缩短装置首次开工时间，二甲苯增产效果显著，副产物明显减少，综合性能达到国外同类催化剂先进水平，个别指标更优于国外同类产品。此次是RIC-200催化剂首次大批量应用成功，迈出了该剂走向市场的关键性一步，为在其他PX装置上推广应用奠定了坚实的基础。

(王志丹)

【新型5A小球吸附剂应用成功】 5A小球吸附剂主要用于从石油油品中吸附分离出高纯度的化工原料正构烷烃(轻蜡)，2011年12月22日在金陵石化烷基苯厂吸附分离装置装填开工，经过近3个月的平稳运转，装置轻蜡产品收率达98%以上，纯度达到99.5%，性能稳定，达到技术合同要求。新型5A小球吸附剂采用催化剂有限公司自主开发的绿色环保滚球法制备新工艺，不但解决了老工艺产生的氨氮环保问题，且重蜡动态吸附性能比原产品提高10%以上，产品年生产能力也由200吨提高到800吨。

(王志丹)

【苯乙烯催化剂实现境外市场零突破】 2012年2月27日，催化剂有限公司发往台湾国乔石化有限公司的99吨乙苯脱氢制苯乙烯催化剂从上海港码头装船启运，实现了该催化剂境外市场的零突破。催化剂有限公司还首次为客户提供了该催化剂的吨包装。这不仅符合催化剂供应商更加低碳环保的发展趋势，包装成本也有一定程度降低。

（王志丹）

【芳烃分离吸附剂及其分子筛生产技术开发项目通过中国石化鉴定】 2012 年 11 月 16 日，在中国石化科技部举行的“十条龙”攻关项目“扬子石化 3 万吨/年 PX 吸附分离工业示范装置成套技术”鉴定会上，由石油化工科学研究院和催化剂有限公司共同完成的子项“芳烃分离吸附剂及其分子筛生产技术开发”通过鉴定。该项目通过优化专用 X 型分子筛合成条件、成型配方、基质小球焙烧和碱处理工艺条件，开发出了第 2 代对二甲苯吸附剂（RAX－3000），并成功应用在 3 万吨/年对二甲苯工业示范装置上。标定结果表明，该吸附剂性能达到国际同类产品先进水平。该技术的开发，实现了芳烃分离吸附剂及其分子筛生产全套技术的国有化、自主化，打破了国外公司对芳烃分离吸附剂的技术垄断。

（王志丹）

【中国石化第 4 届催化剂技术国际交流会召开】 2012 年 8 月 29 日，由石化股份公司主办、催化剂有限公司等单位共同承办的中国石化催化剂技术国际交流会在北京召开。来自全球 20 多个国家和地区的 65 家公司和炼厂的 140 多位境外代表和来自国内的 170 多位代表参加了会议。会上，石油化工科学研究院等单位代表就炼油技术与催化剂、聚烯烃发展与展望、加氢工艺前景、基本有机原料催化剂进展等主题作了大会发言。大会还邀请了国内外专家学者就炼油催化剂、聚烯烃催化剂、基本有机原料催化剂等作专题报告。

（王志丹）

中国石化第 4 届催化剂技术国际交流会召开

【中国石化催化剂有限公司获准设立】 为推进催化剂业务专业化发展，2012 年 12 月 6 日，石化股份公司下发《关于设立中国石化催化剂有限公司的通知》，决定在催化剂分公司基础上设立中国石化催化剂有限公司，负责中国石化催化剂业务投资和经营，对石化股份公司催化剂生产企业进行专业化管理。

（王志丹）

【成功举办第 8 届技术大比武】 2012 年 9 月 18—20 日，催化剂有限公司第 8 届技术大比武决赛在汉江油田培训中心成功举办。来自长岭、齐鲁等 6 家单位的 24 名选手参加了理论知识、读图绘图、钳工基本技能和机泵检修 4 个部分的激烈角逐。该届技术大比武分为岗位练兵、内部选拔、集中决赛 3 个阶段，其中集中决赛以《国家职业标准》中机泵维修钳工高级工（三级）及以上要求作为依据，结合生产实际命题，全面考察了选手机泵检维修的综合能力水平。

（王志丹）

成功举办第 8 届技术大比武

【成功举办第 5 届活力文化节】 2012 年 9 月 13 日，催化剂有限公司第 5 届活力文化节在催化剂长岭分公司成功落下帷幕。该届活力文化节先后举办了数码摄影、篮球比赛、羽毛球比赛等系列活动，充分展现了催化剂有限公司员工乐观进取的精神风貌，谱写了“创新永远，活力永恒”企业文化新篇章。

（王志丹）

【4 项管理成果获石化集团公司奖励】 2012 年，在第 21 届石化集团公司管理现代化创新成果评选中，催化剂有限公司 4 项管理成果获奖。其中，“开展专项业务改善、应对成本危机”获得一等奖，“建立产品标准成本，提高企业经济效益”“企业技能操作队

伍多元化实效性培训模式的创建与实施”和“融入DCS的无缝式电子巡检系统的开发与应用”获得三等奖。

（王志丹）

燃料油销售公司

【概况】 中国石化燃料油销售有限公司（简称燃料油销售公司）是石化集团公司于2010年5月27日注册成立的燃料油经营专业化公司，是石化股份公司的全资子公司，负责燃料油的集中销售，主要经营范围为燃料油批发零售、仓储、加工调和；成品油批发零售、仓储；其他石油制品经营等。

燃料油销售公司本部位于北京，截至2012年底，设7个管理部门，下辖天津、山东、江苏、上海、浙江、福建、广东7个分公司和浙江舟山、新加坡2个全资子公司；用工总量861人，其中正式职工624人；总资产81亿元；在营油库57座，库容总量182.67万立方米；燃料油经营网络覆盖国内重点港口。

2012年，燃料油销售公司实现经营总量2 013万吨，同比增长29.54%；销售收入958亿元，报表利润2亿元。

（李登兴）

【保税油业务保持快速发展】 2012年，燃料油销售公司保税油经营量304万吨，同比增长51.24%，中国石化系统在中国保税油市场占有率达到31%，同比提高9个百分点，在中国船加油市场的引领能力加快形成。全年新开发客户162家，终端销售比重达到27%，客户结构持续优化。与全球十大集装箱公司建立了业务联系，新开辟了BP国内代供业务和保税润滑油业务，在海外市场实现船加油量近15万吨。新增日照和大连网点，打通了10余个港口的转关业务，国内港口网点覆盖率超过90%，基本实现国内港口随时随地加油。海南炼化、高桥石化来进料加工复出口供应保税资源稳定增长，镇海炼化、青岛炼化复出口流程成功打通，以国内优势资源开拓市场的力度逐步加大。每月为400余艘国际航行船舶提供加油服务，通过实施“质量、检验、配送、服务”4个标准体系和加油“十步法”，有效提高服务质量和效率。

（李登兴）

2012年3月6日，燃料油销售公司与BP新加坡公司《燃料油供应与经营战略合作框架协议》的签字仪式在北京举行

【内贸业务经营质量不断提升】 2012年，燃料油销售公司面对国内油品市场需求疲软、旺季不旺的不利局面，坚持内贸视频会议制度，汇集分公司力量，加强市场研判，强化经营指导，把握进销节奏，总体做到了市场上行稳量推价、市场下滑提前扩销降库，经营质量不断提升。全年新发展金沙、佳庆、汇丰油5等一批水上零售网点，优化提升具备分销和终端零售能力的岸基库达40座。依托终端销售网络，全年实现内贸船加油经营量262万吨，终端及间接终端比重达到70%。完成石化配置资源215万吨，实际外采资源396万吨，调和资源87万吨。克服石化资源不足等困难，完成了胜利换烧油工作。全年地炼业务实现销量234万吨，效益大幅增加。

（李登兴）

【国际化经营成效突出】 2012年，燃料油新加坡子公司为国内保税油和地炼业务组织资源490万吨，海外资源占公司资源比重达60%。在市场剧烈波动时期，紧盯市场变化，努力降低采购价格和库存成本，期纸货业务操作更加灵活有效。大力开拓新加坡当地船加油市场，积极开展第三方国际贸易，全年实现海外经营量600万吨，销售收入78亿美元。为降低资金使用成本，新加坡子公司发挥当地利率低的优势，全年为公司海外低成本融资80亿美元。历经2年发展，海外业务成为公司规模的基础和竞争的依托，为公司整体发展作出了积极贡献。

（李登兴）

【储运设施建设加快推进】 2012年，燃料油销售公司加快推进储运设施建设，天津南疆油库改扩建工程顺利完工，滨江油库二期、马鞭洲油库燃料油项目通过中国石化总部立项审批，从系统内整体划转了石岛油库，开展了福建博坦油库股权收购前期工作。完成了舟山普陀、宁波五里牌和福建琯头等 6 个油库续建项目，新建了滨江油库保税油管线，启动了广东西基、威远和上海高桥油库改造。同时，加大化验室建设，具备分析检验能力的化验室达到 7 个，油库基础条件进一步提升。划转“石化秦 2”流动加油船用于内贸经营，确定了 2 艘配送船的购置方案并通过中国石化总部立项审批，自有船队建设逐步打开局面。

（李登兴）

【全面加强 QHSE 管理】 2012 年，燃料油销售公司全面推进 QHSE 管理体系建设并取得了质量、职业健康安全、环境及 HSE 管理体系 4 个认证证书。大力开展“安全文化建设年”活动，发布活动简报 10 期，发表安全感悟 260 余篇，公司在人员意识、硬件设施、基础管理等方面水平明显提升。全面规范船舶安全环保管理，完善配送船准入、现场检查等方面的规章制度，并坚持滚动式检查，保税配送船勘查率达到 100%。持续开展仓储设施隐患治理，重点实施了浙江普储油库、福建琯头油库的安全环保隐患综合治理。建成投用天津南疆、上海浦西等油库化验室，在消除隐患的同时提升了油品检验能力。围绕“以人为本”推进职业健康工作，完成一线员工劳保服换装工作，为供油代表统一配置全套安全装备，有效防止高空坠落、溺水等事故的发生。

（李登兴）

【不断强化财务管理和内部控制】 2012 年，燃料油销售公司以扩销增效为目标，合理制定和调整预算导向，提高预算管理的时效性；树立资金全生命周期管理理念，加强资金源头拨付和授信管理，全面开展信用保险，建立预警机制，确保了资金安全；两级分析例会制度效果突出，价格管理、费用管理更加及时到位；通过加大信息系统应用，会计核算效率和网上审批效率不断提高，财务支持经营的作用充分发挥。进一步完善了公司内部控制制度，统一内控文档，细化权限指引，组织开展内控自查及整改，有效将内控要求贯穿到经营活动全环节。对公司内部控制有效性进行全面审计后，石化集团公司审计局给予“优”的评价。

（李登兴）

【信息化管理水平进一步提升】 2012 年，燃料油销售公司不断加强信息化建设与应用，自主开发投用了物流管理系统，提升完善了 ERP 系统功能，增加 BW/BO（经营分析）系统展现功能，加强各分（子）公司信息化应用考核，不断提升信息化管理服务经营的成效。进一步完善协同工作平台，内部门户年发布各类信息 3 万多条，访问次数近 130 万人次，工作效率显著提升。加强信息基础设施建设，新增视频会议室 9 个，完成信息安全风险评估报告及信息安全规划。在石化集团公司 ERP 竞赛中获得 1 块银牌、2 块铜牌。

（李登兴）

【公司凝聚力持续增强】 2012 年，燃料油销售公司引进和充实了一批市场营销、储运管理等方面的急需人才，完成了 600 多人次的岗位培训和取证培训，队伍素质进一步提升。开展了全员绩效考核，完善了二次分配，有效调动了两级公司扩量增效的积极性和员工自觉履行岗位职责的主动性。充分发挥党建和思想政治工作在凝心聚力方面的优势，基层党组织进一步完善，党工团活动、宣传报道、典型选树、“比学赶帮超”等工作持续扎实开展，通过强化效能监察和业务公开等重点工作，加大了廉政建设力度，石化集团公司党组巡视组对公司整体工作给予了高度评价。

（李登兴）

经济技术研究院（咨询公司）

【概况】 中国石油化工集团公司经济技术研究院（简称经济技术研究院）的前身是成立于 1971 年的燃料化学工业部石油化工设计院，1983 年中国石油化工总公司成立后，更名为中国石化总公司规划院。1999 年 12 月底，中国石化总公司规划院和原石化集团公司信息中心的信息部分合并，成立经济技术研究院，与中国石化咨询公司合署办公，办公地址位于北京市朝阳区安外小关街 24 号。

中国石化咨询公司（简称咨询公司）成立于 1985 年，是按《企业法》经国家工商行政管理局登记注册的企业法人单位，1994 年获国家认定的首批甲级工程咨询资格，是中国工程咨询协会的常务理事单位和国际咨询工程师联合会（FIDIC）正式会员，2004 年获得承担国家发展和改革委员会委托投资咨询评估任务的资格，是国内第 1 批获得该资格的 35 家咨询机构之一。

经济技术研究院的主要职责是：研究石化集团

公司发展战略问题，提出石化集团公司上中下游一体化的发展战略、技术创新和市场营销战略的建议。研究宏观经济、地区经济和产业经济发展动态和趋势，提出石化集团公司的对策和建议。研究国家经济政策的变化趋势，提出改进、完善、实施的意见和建议。研究石化集团公司原油、成品油以及石化产品的市场需求、价税状况分析和变化趋势预测，提出石化集团公司市场开发及市场营销策略的建议。负责经济信息和技术信息的收集、综合、分析并提供相关资料；负责石化集团公司经济、技术信息数据库的建设。受委托负责组织石化集团公司和股份公司决策的固定资产投资项目可行性研究报告的评估和后评价工作。开展企业诊断和企业绩效分析研究，并提供企业绩效分析方法。开展供应链优化研究，提出原油优化采购以及优化排产的相关建议。开展公司管理业务研究，提出石化集团公司改进和提升管理效率的相关建议。开展油品与非油品的消费规律和消费行为研究，油品与非油品业务的发展战略与营销策略研究，提出中国石化的对策措施和建议。负责为石化集团公司提供节能技术服务以及实施绿色低碳战略的相关研究。负责石化集团公司技术经济评价的方法、参数与数据的研究、编制和制定。负责石化集团公司期刊(公开发行期刊及内部交流期刊)归口管理工作。开展经济、信息、管理、技术、重大决策的咨询等经营业务和中介代理业务，为中外企业服务。与国内外经济研究机构、咨询机构开展经济研究等方面合作研究和交流等。

经济技术研究院(咨询公司)内设机构15个。其中，管理部门6个：院办公室、党委办公室、财务处、人事教育处、经营部(综合管理处)、行政处；业务部门9个：发展战略研究所、经济政策研究所、公司管理研究所、市场营销研究所、营销策略研究所、信息研究所、基础部、评估部、节能技术服务中心。除此之外，中国石油化工信息学会、中国工程咨询协会石化分会挂靠经济技术研究院，并依托经济技术研究院开展工作。

截至2012年底，经济技术研究院(咨询公司)在职职工217人，其中189人具有专业技术职务任职资格，占全院职工总数的87%。拥有博士研究生13人、硕士研究生78人，具有教授级高级技术职称的12人，高级技术职称的87人。

2012年，经济技术研究院(咨询公司)累计完成各类研究任务606项，其中专题研究426项，评估评价工作46项，咨询服务38项，稿件撰写37项，刊物等固定工作27项，其他工作32项，有力地支持了石化集团公司的改革发展与生产经营决策。

经济技术研究院2012年主要科研成果见表1。

(王　睿)

【领导班子调整】 2012年9月6日，石化集团公司党组下发通知，决定周新民任中共经济技术研究院(咨询公司)委员会书记兼纪律检查委员会书记，免去石维东的中共经济技术研究院(咨询公司)委员会书记、委员、纪律检查委员会书记职务，调出另有任用。

(王　睿)

【战略规划发展研究】 国家能源化工产业发展战略和规划研究：重点开展并完成了“提高石油石化开放型经济水平和提高国际竞争力研究”(国资委课题)、“新形势下在周边国家建设油气生产基地和安全运输通道研究”(中央财经课题)、“石化产业安全问题研究”(工业和信息化部课题)等课题。石化集团公司发展战略规划研究：深入开展“十三五”炼化发展研究，完成了长达100万字的《“十三五”炼化发展规划基础研究报告汇编》；深入开展煤化工发展研究，完成了“中国石化新型煤化工产业发展战略研究”“新疆准东综合示范区煤制天然气项目总体方案”等研究。企业规划研究：先后开展了漕泾炼化一体化、九江石化、燕山石化、洛阳石化以及石家庄炼化等企业发展的规划研究。

(王　睿)

【生产经营支撑研究】 宏观经济与产业政策研究：持续加强宏观经济分析与走势研判，完成月度、季度、年度走势预测。跟踪开展对美国经济走势、欧债危机进展、汇率变化等影响重大而深远的事件研究。深入开展油气价税政策研究，内容涉及成品油价格改革、石油特别收益金改革、油气管理体制以及油品质量升级的财税政策等，基本建成国内首个专门研究分析原油、天然气、成品油价税政策影响的可计算一般均衡(CGE)模型。切实加强产业政策及贸易政策跟踪与研判，开展了“跨太平洋伙伴关系协定(TPP)分析”、中韩自贸区、海合会石化产业发展及中海自贸区对国内石化产业影响等研究，提出了符合发展实际的对策建议。充分发挥石化产业损害预警体系的功能，完成了对主要合成树脂进口、中东及东盟合成树脂贸易流向分析，提出了聚乙烯、石油焦等报警产品。

市场环境研究：充分发挥“中国石化油价预测体系”和“中国石化主要石油石化产品市场预测体系”的科学预测功能，形成了市场环境与生产经营相结合、短中长期相结合的研究模式。首次开展对高端石化产品的供需潜力以及主要产品分地区市场的分析研究，完成了“合成树脂专用料市场研究”“非纤聚酯产品技术及竞争力分析”等专题。及时跟踪研究市场热点问题，密切监控地炼和社会成品油市场，跟踪重要石化产品交易平台、集散地的行情，加强贸易动态监测，及时开展国内家电产量增速下滑、欧美制裁伊朗、丁烯氧化脱氢制丁二烯工艺发展以及美国QE3对国际油价的影响等市场变化影响研究，及时提出应对策略建议。与天然气分公司一起建立起了天然气市场供需预测体系，实现了天然气从资源获取、管网建设到市场开发的全产业链研究。2012年，累计发布5期天然气供需月报(试刊)，完成了中国石化天然气资源引进、煤制天然气发展、加气业务发展、天然气分销及分布式能源、天然气发电、炼化企业天然气优化利用、LNG中长期发展战略及规划等系列研究。

非油业务研究：以成立营销策略研究所为契机，开展国内商品零售行业、电子商务、汽车服务市场以及中国石化非油品业务发展现状研究，提出了中国石化非油品业务发展的总体思路、发展模式及中长期发展目标、战略和措施。

(王　睿)

【降本增效服务研究】 供应链优化研究：持续开展总部资源优化、进口原油月度采购优化、华北管道原油配置优化、化工企业PIMS深化应用等研究，强化原油数据库的维护及应用，为原油采购和挖潜增效提供优化方案。积极为企业生产优化及长远发展提供服务，开展了上海石化原油采购优化研究、类阿曼原油调和方案研究等。

绩效评价研究：成功开发炼油企业及乙烯装置绩效评价体系，持续开展35家炼油企业、14套乙烯装置的绩效评价分析，配合有关事业部完成了炼油企业、乙烯装置和芳烃联合装置世界一流指标体系及创世界一流的指导意见。

对标研究：在2011年建立起的对标体系基础上，不断完善7个业务板块的对标指标体系建设。

服务于生产经营优化的基础性研究：围绕汽柴油质量升级，开展了“北京市实施国Ⅴ油品标准的经济性”“中国石化车用汽柴油国Ⅳ、国Ⅴ质量标准升级方案”等研究，提出石化集团公司优化汽、柴油组分资源、实现低成本质量升级的发展建议。开展了镇海炼化、海南炼化、青岛大炼油、石家庄炼化等企业的效益对比分析，以及14家大型炼化企业与镇海炼化3年差距对比分析等，总结经验，挖掘潜力。

(王　睿)

【公司管理研究】 组建成立了公司管理研究所，深入开展国内外大公司经营动向、经营战略、竞争力对标、管理模式以及管理实践研究。

世界一流公司的发展动向及管理模式研究：不断改进和完善公司竞争力对比研究体系，开展中国石化与国外大公司竞争力对比、与三超公司投资效果对比、与同类可比公司竞争力对比等分析，研究提出了“2012年及‘十二五’打造世界一流公司指标体系及指标”，完成了《中国石化对标报告(2012)》，找出差距，提出改进方向。开展“中国石化投资绩效评价指标体系及考核办法研究”，提出了完善建议以及考核管理办法，为提高投资绩效提供基础支持。

风险管理和企业社会责任管理研究：持续开展《中国石化企业风险管理报告》和《企业社会责任报告》编制工作，在总结近几年企业社会责任研究的基础上，开展了“中国石化社会责任管理提升”研究，全面分析中国石化近年来的重要动向和重大成果，成功入选全球契约中国最佳实践案例之一。

(王　睿)

【评估与后评价研究】 2012年完成37项评估研究，涉及上报投资额约663亿元，经评估优化投资29亿元，约占总投资4.3%，并对部分项目提出不建或缓建的建议、重大方案调整的评估意见、或提出项目存在较大风险的意见。

投资项目后评价研究：重点开展了海南、青岛大炼油、鲁皖二期成品油管道等9项后评价研究，完成了“油田项目自评价报告汇总分析”，总结历史经验和教训，提出未来发展建议。

支撑科学评估评价的基础性研究：开展重油加氢替代焦化路线以及不同重油加工方案技术经济对比与评价等研究，为渣油加工路线的优选提供依据。开展煤炭资源中长期供需分析及价格走势预测、煤炭深加工利用、石油化工和非油路线化工竞争力对比、碳税对煤化工产业的影响等专题研究，服务于石化集团公司煤化工业务的科学发展。完成评价石油化工投资项目经济效益的统一测算价格体系，首次提出“中国东海岸基础价格”，进一步提高项目评估的科学性。精心组织编制国家“十二五”重点图书《石油炼制辞典》技术经济部分，完成词条计500余条。

(王　睿)

【节能减排研究】 大力推进合同能源管理，节能技术服务公司获得国家发改委、财政部节能服务公司备案(第4批)，取得了享受国家合同能源管理财政奖励和税收优惠政策的资格。积极推进石化集团公司合同能源管理，为燕山石化、上海石化、茂名石化等企业节能技术改造开拓投资新渠道，努力降低企业节能改造资金和技术风险。继续开展企业节能技术服务，加强企业节能潜力分析研究，深入开展上海石化、中原油田等企业的用能优化工作，发掘节能潜力和效益。切实加强支撑绿色低碳战略实施的基础性研究工作，深入开展“中国石化2011年碳排放测算及减排措施”“低碳经济发展趋势及中国石化对策”等研究，基本摸清石化集团公司碳排放家底，提出低碳发展的措施建议。围绕政策环境变化，开展“欧盟征收航空碳税对我国生物航煤发展影响分析”等研究，为制定应对策略提供依据。完成《中国石化环境保护白皮书》的编制任务，向全社会展示了中国石化在环境保护领域取得的成就，描绘了在生态文明建设中的构想。

（王　睿）

【信息基础研究】 重点国家和地区地缘政治、产业发展相关信息的分析研究：编撰完成《亚洲周边国家和地区石化工业手册》，开展“拉美、非洲、中东、里海油气资源和利用及经济政策环境分析”“中东海湾地区油气中长期投资环境研究”等专题，及时分析掌握资源国经济、政治、安全等环境变化。

重大突发事件对市场及产业发展的影响研究：紧跟全球页岩气发展的新形势，结合中国页岩气规划、政策、勘探、开发等发展动态，开展“美国页岩气开发利用对中国的启示”“页岩气的发展与中国的能源和石化工业”等专题研究。及时开展中东北非局势、“飓风‘桑迪’对美国石油市场以及油价的影响简析”“欧美等重要政治事件对中国公司的影响”研究，提出了应对重大突发事件的建议。

信息服务：全年提供《每日要情》249期，出版《重要信息快报》21期、《石化参考》和《石油化工要闻》51期；按期出版《中国石油石化产业经济研究年度报告》《石化市场年度分析报告》《参数与数据》等研究报告；做好信息资源采集、加工、借阅以及档案管理等基础服务工作，提高信息资源利用率。进一步拓展科技查新业务，全年完成查新工作近100项。

（王　睿）

【人才队伍建设】 围绕石化集团公司业务发展，对经济政策研究所和基础部的业务进行了优化调整，设立公司管理研究所，使专业分工更加明晰，研究力量进一步增强；充实加强营销策略研究队伍建设，使非油品业务研究取得突破性进展。扎实推进中层干部和高级专家的竞争性选拔，促进了优秀年轻人才脱颖而出，使中层管理干部队伍进一步充实，专家队伍结构进一步完善，人才成长通道更加畅通。深入开展计量经济学、货币银行学等经济学知识培训，拓宽专业技术人员知识结构；组织管理知识系列讲座，着力提高干部管理水平。继续加强对外交流，选派相关人员参加国际会议、技术考察和业务培训，拓展研究视野；选送业务骨干前往中东、伦敦代表处工作，建立起海外信息收集渠道。继续加强现场培训，有组织地安排新员工到油田及炼化企业实习锻炼，增强感性认识。组织开展英语综合能力摸底测试，多措并举不断提高员工业务水平、管理能力，促进人才开发。积极开展与中国石油大学的全面合作，共同开展项目合作研究，代为培养7名研究生，取得了双赢的效果。

（王　睿）

【党建思想政治工作】 通过开展基层组织建设年活动及“一转双创”主题活动，有利于提高业务部门的研究水平，管理部门的服务水准。采用自查自评、座谈调研及群众满意度测评等多种方式，做好党支部的分类定级工作。按照“三重一大”集体决策制度要求，抓好党内民主；组织中层以上领导干部赴齐鲁石化学习调研，坚持“学习安喜，共促发展”；完成了基层党组织整合工作，有效发挥了党总支的战斗堡垒作用。不断深化思想政治工作。切实发挥党委理论学习中心组的示范辐射作用，通过编发学习资料、开展专题讲座、学习讨论等形式，组织党员干部深入学习党的十八大精神和石化集团公司会议精神。每周精选文章，在院OA网“学习园地”栏目发布，引领员工学习，营造学习氛围。

（王　睿）

表 1　　　　经济技术研究院 2012 年主要科研成果

序号	项目名称	应用情况	所获奖项
1	中国石化主要石油石化产品市场预测体系	短期预测结果直接用于支持中国石化生产经营活动的安排。直接受益单位包括生产部、炼油部、化工部、油品销售、化工销售、联合石化等。中长期预测结果主要用于中国石化发展规划的制定和企业建设项目申请报告的编制等	石化集团公司科技进步三等奖
2	欧盟 REACH 法规研究与实践	该项目采取边研究边实践的方式推进，项目组研究成果非常及时有效地应用于实践中，项目应用范围涵盖石化集团公司各分子公司以及合资、改制企业。顺利完成中国石化 41 个法人实体的 670 种物质的 3 000份预注册；顺利完成第 1 阶段注册物质 14 个，并继续关注其他 60 个物质的 SIEF 进展，随时可以启动正式注册	石化集团公司科技进步三等奖

石化报社

【概况】 中国石化报社(简称石化报社)位于北京东城区安外大街 58 号院，成立于 1988 年 7 月，是石化集团公司直属事业单位。石化报社实行社长负责制。

石化报社的主营业务是新闻报刊的出版与发行，经过近 25 年的发展，石化报社由最初仅拥有对开 4 版的一张周报，发展到拥有报纸、杂志、电视节目、新闻网、电子报、电子杂志、手机报等多种媒体，面向石油石化行业的综合性现代新闻媒体单位。石化报社主办的媒体有：《中国石化报》《车友报》《中国石化手机报》《中国石化》杂志、《Sinopec Weekly》、中国石化网络电视、中国石化新闻网、中国石化新闻图片网、中国石化团购网等。

截至 2012 年底，石化报社正式职工人数 121 人，其他用工方式人员 61 人。其中，具有本科学历 89 人、硕士及以上学历 67 人，具有中级技术职称的有 53 人、高级技术职称的有 33 人。下设 13 个部门，分别是总编室、专刊部、周刊部、杂志部、电视部、新媒体部、车友报、记者部、美术部、广告发行部(北京华夏实华广告中心)、通联部、人事财务部、综合办公室(党委办公室、法律事务部)。有驻省记者站 27 家，专兼职记者和通讯员 5 000 多人。

石化报社主要报刊发行数量见表 1。

(庞　炜)

【开展“中国石化管道行”活动】 2012 年，石化报社先后组织了“珠三角化工市场行”“中国石化管道行”“走基层·海外行”等活动，特别是“中国石化管道行”，做到了全过程策划、全方位关注、全媒体传播、多题材展示。从 6 月 12 日开始，共派出文字、摄影、摄像三路记者一行 12 人，历时 1 个月，行程 3 900 多千米，分南、西、北三线，经过 9 个省、直辖市，深入管道公司 8 个输油处的 25 个站点采访，采写新闻稿件 105 篇，提交图片近 100 组，制作电视专题 22 期，采用微故事、微特写、微画面、微语录、微日记方式，报道中国石化管道员工的风采，受到了各级领导、新闻专家和广大职工的赞许。

(庞　炜)

“管道行”大型采访活动启动仪式　(王圣荣　摄)

【牵手央视《星光大道》走进普光气田】 2012 年 7 月 22 日，石化报社牵手中央电视台综艺频道，在四川达州举办了《星光大道》走进中国石化普光气田月赛晚会，这是石化报社与央视主流媒体紧密合作的一次有益尝试，既为央视走进基层提供了很好的平台，又很好地宣传了中国石化，拓宽了传播渠道，增强了舆论影响力。

（庞　炜）

【推出“学镇海学安喜”系列报道】　2012年8月，《中国石化报》先后开办了《学镇海学安喜·系列报道》《学镇海学安喜·大家谈》《学镇海学安喜·企业在行动》专栏，对石化集团公司领导干部座谈会推出的镇海炼化和李安喜两个重大先进典型以及石化企业“双学”活动进行了突出报道。为了更深入地学习和宣传“安喜精神”，11月23日，石化报社领导班子成员、部门正副主任、专家共19人前往齐鲁石化，选定5个方面议题，与李安喜零距离接触，面对面地感受“安喜精神”。

（庞　炜）

【党建思想工作激发队伍活力】　从2012年5月开始，石化报社结合石化集团公司“一转双创”，开展了“我的岗位无差错”活动，员工围绕“能力”与“效果”，明确目标、查找短板、建立标准、制定改进措施，形成了浓厚的“比学赶帮超”氛围。8月，石化报社召开走基层转作风改文风活动报告会，请参加“走转改”活动和到基层实习的年轻采编人员讲述到基层采访、体验、实习、锻炼的经历，使报社员工受到了教育，增加了对基层的了解。同时石化报社围绕“打造受人尊敬的和谐报社”理念，开展了一系列适合报社实际的精神文明创建活动和文化活动，推动了报社的和谐发展。

（庞　炜）

【获得较多荣誉】　2012年5月，石化报社论文《搭建品牌服务平台　实现多方合作共赢——中国石化团购网“精准营销”运营探析》获中国报业经营管理论文一等奖。10月，在全国十大新闻学院评选的中国媒体影响力排行榜中，《中国石化报》入选中国行业报品牌十强。11月，石化报社获2012年中国报业广告年度创新奖。12月，“中国石化管道行”报道获中国报业新闻社会活动案例创新奖；《中国石化报》的《读书新知》栏目被新闻出版总署评为“全民阅读报刊行”优秀栏目；电视节目《中国石化新春团拜晚会》获“2012年全国春节电视文艺晚会优秀节目”三等奖。

（庞　炜）

表1　石化报社主要报刊发行数量①　万份

报刊名称＼年份	2012	2011	2010	2009	2008	2007
《中国石化报》	13.21	13.07	13.09	13.00	10.20	9.50
《中国石化》杂志	2.71	2.67	2.20	2.00	1.70	1.50
《车友报》	71.58	73.45	75.00	75.00	72.00	62.00
《中国石化手机报》	1.62	1.54	1.15	0.80	—	—

①发行量以每年12月末的统计数据为准

石化出版社(展览办公室)

【概况】　中国石化出版社有限公司(简称石化出版社)是石化集团公司主管和主办的中央级科技出版社。其前身为经文化部批准于1984年12月成立的烃加工出版社，先后与原中国石化情报所、中国石化信息所、中国石化信息中心合署办公，1992年更名为中国石化出版社，1999年3月与原中国石化信息中心分离单列，成为中国石化直属独立的事业法人。2010年12月根据中央文化体制改革有关要求转制为企业，设立中国石化出版社有限公司。中国石化展览办公室(简称展览办公室)经石化集团公司批准成立，负责中国石化境内外展览业务。石化出版社、展览办公室是一套机构、两块牌子。石化出版社(展览办公室)实行总经理负责制。

截至2012年底，石化出版社(展览办公室)下设8个处(室)，有在岗正式职工60人，离退休人员11人，聘用人员33人。其中，硕士研究生以上学历14人，本科学历48人；具有高级专业技术职称的22人，中级专业技术职称的28人，有39人取得了编辑和发行职业资格证书。

石化出版社（展览办公室）主要出版石油勘探开发、石油炼制、石油化工、安全环保、企业文化与管理等方面的图书，以及相关的行业标准、辞典、手册工具书、石油及石化专业教材和职工培训教材的出版及电子、音像制品的出版；负责石化集团公司年鉴、年报的编辑出版工作；负责承办石化集团公司暨石化股份公司在国内外举办的各种展览业务。石化出版社与国际知名的出版机构开展版权贸易和业务合作活动，引进国际石油化工、勘探开发等专业科技书籍的版权并组织翻译出版；坚持以为石油石化工业科技进步服务为宗旨，逐步摸索出一套具有出版行业特色、适合出版社发展、规范而稳健的管理模式。

2012 年，石化出版社出版的《原油蒸馏工艺与工程》《新结构高性能多孔催化材料》获 2012 年中国石化科技进步二等奖。

（李德亮）

【展览工作】　2012 年，展览办公室共组织完成大型展览和会议活动 8 项，包括 2012 石化集团公司科技进步大会、2012 中国 · 青海绿色经济投资贸易洽谈会、2012（第 11 届）中国国际化工展览会、第 12 届中国塑料交易会、第 14 届中国塑料博览会、2012 中国（北京）国际石油石化技术展览会、第 14 届中国国际高新技术成果交易会、中国石化清华优秀学子座谈会。中国石化展区结构新颖，展示内容丰富，成为各展会的亮点，展览工作得到了石化集团公司领导、展会组织者的认可和好评，受到广大观众关注。在第 14 届中国国际高新技术成果交易会上，中国石化获国家发改委颁发的优秀组织奖。

（展览处）

【第 6 届国际炼油技术进展交流会召开】　2012 年 3 月 28—29 日，石化出版社在北京丽晶酒店举办了第 6 届国际炼油技术进展交流会（Refining China 2012）。会议的主题为能源效率、重原油加工、大型一体化联合装置和清洁燃料，旨在重点研究全球低碳经济下中国炼化企业如何应对当前形势，及时掌握国外炼油工业生产、经营及相关先进技术应用和发展趋势，协助和支持中国炼化企业及时了解国际先进技术、优化生产操作、促进绿色低碳、节能降耗，切实提高经济效益，适应低碳经济时代的要求。会议代表共有 170 人，其中国外公司代表 70 人，国内代表 100 人。

（赵　怡）

【炼油与石化工业技术进展交流会召开】　由石化出版社主办、美国海湾出版公司协办的第 3 届（2012）炼油与石化工业技术进展交流会（Hydrocarbon Processing 2012）于 2012 年 9 月 18—20 日在山东青岛召开。来自国内三大石油公司总部及其所属单位、高等院校和国外石油公司、专利技术公司的领导和专家，就炼油化工行业现状和最新技术进展作了专题报告，探讨了炼油化工企业如何采用高标准、采用新技术、迈向世界一流等当前的热点问题。各石化企业、科研机构、高等院校及行业协会的有关领导、相关管理和技术人员近 150 人参加了会议。与会代表就国内外炼油化工企业如何应对当前形势，及时掌握炼油化工工业生产、经营及相关先进技术应用和发展趋势进行了技术交流。会议集中展现了国内外炼油与石化技术成果，为炼油和石油化工企业、科研设计单位搭起一座交流的平台。

（一编室）

【第 3 届石油化工设备维护检修技术交流会召开】　石化出版社主办的“2012（第 3 届）石油化工设备维护检修技术交流会”于 2012 年 5 月 31 日—6 月 2 日在陕西西安召开。来自三大石油公司和延长集团所属企业、维护检修单位、设计单位、设备制造企业以及知名高校的 130 名代表参加了交流与研讨。会议探讨了石化企业普遍关心的设备管理与长周期运行，高硫高酸原油加工防腐蚀技术，机组状态监测与故障诊断技术，传热与节能技术，设备检测技术，催化裂化衬里专业化施工管理，新技术、新设备在石化生产中的应用等。会议围绕石油化工设备，突出技术交流，为全国石油化工行业的相互学习提供了一个良好的平台。

（二编室）

【市场营销】　针对图书销售下滑、市场竞争激烈形势，2012 年，石化出版社采取灵活多样的方式，加大图书宣传和图书销售渠道推广，促进了 2012 年全年目标任务的全面完成。抓大放小，加强与一级实体书店的业务联系与合作，深入走访各实体书店，加大推销工作力度，力保实体书店销售稳定；积极与三大网上书店合作，根据不同图书品种的市场竞争情况采取灵活的营销策略，确保网上书店的销售增长；加大与各馆配商的合作力度，促进馆配图书销售稳步增长；加强对直接用户的宣传征订，使读者及时了解图书出版信息，稳定并扩大了直销客户数量。

（常大农）

【加强党建和思想政治工作】 2012年，石化出版社认真落实石化集团公司的决策部署，紧紧围绕中国石化发展目标和发展战略新要求，努力推动党建思想政治工作与生产经营的深度融合，扎实开展“创先争优”和“一转双创”主题活动，努力把国有企业的政治优势转化为核心竞争力，推动各项工作取得了新的进展，保持了良好的发展态势。切实加强政治理论学习，努力提高领导班子和干部队伍的思想理论水平，组织干部员工认真学习贯彻党的十八大精神，引导干部员工立足岗位、拼搏实干，为打造世界一流贡献力量。认真落实中央和党组部署，结合自身实际和业务特点，扎实开展“为民服务创先争优”和基层党组织建设年活动，增强了党员的责任意识和基层党组织的战斗力，进一步提升了为总部、为企事业单位、为社会读者服务的质量和水平。认真执行石化集团公司党组关于加强党风建设和廉洁从业的相关规定，持续开展廉洁从业教育以及廉洁自律承诺活动，努力增强党员干部和关键岗位员工的廉洁从业意识，提高制度执行力，加强风险防控，深化业务公开工作，为出版社持续健康发展提供了有力保障。进一步深化企业民主管理和民主监督，充分发挥职代会作用，认真听取员工群众的意见和呼声，维护员工的利益；坚持以人为本，尽心尽力为员工群众办好事、做实事，积极组织开展提高文化素养、丰富业余生活的群众性文体活动，努力营造团结和谐的团队氛围，增强了员工的归属感和队伍的凝聚力。

（李德亮）

人　物

- ◇ 全国五一劳动奖章获得者
- ◇ 全国优秀共青团干部
- ◇ 全国优秀共青团员
- ◇ 第11届中华技能大奖获得者
- ◇ 全国技术能手

全国五一劳动奖章获得者

【李中树】 男，1954年10月出生，籍贯山东沾化，汉族，大学本科学历，中共党员，1978年8月参加工作，教授级高级工程师，现任胜利石油管理局副局长。李中树持之不移抓民生，精优结合抓服务，用好政策谋发展，挖掘潜力保生产。在他带领下，社区服务板块深入开展“争五杯、促和谐，打造胜利大本营”活动，矿区环境持续改善，2011年油田被评为全国国土绿化突出贡献单位，24个小区被评为中国石化油田企业文明和谐示范小区。热电系统牢固树立发电、供电、用电一盘棋、一体化的思想，精心实施电网升压改造和优化调整，电网事故总量同比下降41.7%。供水系统全面提高保障能力和服务水平，实现降漏增收，取得良好效果。基建系统经营形式持续良性发展，3家建设企业全年收入89.88亿元，油田本土、国内区域和海外三足鼎立的市场格局初步形成。2011年代管工会工作以来，围绕油田中心工作，积极谋划，开创了油田工会工作新局面。李中树于1999年获山东省科学技术委员会先进工作者称号，2011年获山东省科技进步二等奖，被省人民政府记个人二等功。

（史文辉）

【汪卫东】 男，1967年1月出生，籍贯安徽桐城，汉族，博士研究生学历，中共党员，1988年7月参加工作，教授级高级工程师，现为胜利油田采油工艺研究院采油工程高级专家。汪卫东的主要研究方向是微生物采油技术和微生物处理油田污水技术。十几年来，他作为技术带头人，为石油微生物技术在油田的研究及应用奠定了基础。作为技术负责人，他先后承担并完成了国家“九五”“十五”科技攻关项目、国家“十一五”科技支撑项目和“863”重点项目，以及石化集团公司及胜利油田科研项目14项。形成的微生物单井吞吐技术已在胜利油田近2 000口油井得到应用，不仅增加了原油产量，而且降低了生产能耗。微生物驱油技术已达到国际先进水平。他的研究成果获国家科技进步二等奖1项、省部级科技进步奖4项、油田科技进步奖14项，发表论文51篇。汪卫东于2004年获全国职工创新能手和中国石化劳动模范称号，2005年获山东省职工创新能手称号，2009年获胜利油田第15届十大杰出青年称号。

（史文辉）

【吴汉川】 男，1960年9月出生，籍贯湖北武汉，汉族，大学本科学历，1981年9月参加工作，高级工程师，现任江汉石油管理局第四机械厂固压设备研究所首席工程师。吴汉川作为新产品研发项目负责人，紧扣市场需求，深入油田调研，从技术管理、产品质量和产品推广等方面研究国产压裂机组存在的问题，找出解决的办法措施。2008年4月，他作为技术首席和项目负责人，试制成功世界首台2500型压裂车，获得了3项国际首创的自主知识产权，申报了4项实用新型专利，引起国内外石油行业的高度关注。他负责的“3000型压裂装备研制及应用示范工程项目”通过了国家科技重大专项立项评审，标志着中国压裂装备研制跨入世界前列。2008年，《中国石化报》《江汉石油报》以“吴汉川和他的‘世界制造’”为题宣传了他的事迹。2010年，《中国石化新闻联播》以“吴汉川：从仿造到制造”为题，播出了反映他事迹的专题报道。吴汉川于2007年被评为江汉油田劳动模范，2008年被评为中国石化劳动模范。

（史文辉）

【杨　莲】 女，1979年7月出生，籍贯江苏宜兴，汉族，大专学历，中共预备党员，1998年7月参加工作，高级技师，现为江苏油田试采一厂采油四队富18班组采油工。杨莲勤奋好学、刻苦钻研，练就了“看出苗头、听出隐患、摸出病症”的绝活。她发明了快速抽油机曲柄销子拆卸方法，使调冲程或更换曲柄销子时间减少近1个小时。设计了注水泵泵阀专用拆卸工具，年节约材料费达2万元。设计污油池热盘管流程，解决低温收油难的问题，多回收污油约50立方米，创造效益20余万元。在石化集团公司采油工技术大赛集训期间，她经过4个多月的艰苦训练，最终在比赛中获得金牌，实现了江苏油田在采油技能比赛中金牌零的突破。她主动承担起班组技能培训的“传帮带”工作，指导张宏在厂职工技能大赛中夺得采油女子组第1名，指导刘彬在局油水井分析大赛中获得第1名。杨莲于2010年获中国石化青年岗位能手称号，2011年获江苏省劳动模范称号。

（史文辉）

【毛谦明】 男，1973年1月出生，籍贯河南省，汉族，高中学历，中共党员，1994年3月参加工作，高级技师，现任西北油田分公司塔河采油一厂采油三队运行组长。毛谦明刻苦钻研，孜孜以求，小发明小创造如雨后春笋，每年创造效益超过200万元。他研制成功的高压气动注脂泵，具有自动打压、一次性注脂量大、携带方便、便于操作、时效性高等多项功能，解决了长期困扰生产的难题。多年来，他先后发明了可移动式放油平台、方便组合式锹、便携式清沙车、采气树油壬扳手等，与他人合作发明了双闸板光杆防喷器、低压放气阀等，3项小发明获国家技术专利。2011年，成立了以毛谦明个人命名的“三毛工作站”，全年培训员工200余人次，解决现场疑难问题9项，在建设千万吨级塔河油田中发挥了模范带头作用。毛谦明于2006年获中国石化青年岗位标兵称号，2007年获中国石化劳动模范和技术能手称号，2009年获全国青年岗位能手称号，2010年获新疆维吾尔自治区劳动模范称号。

（史文辉）

【李炳奉】 男，1971年10月出生，籍贯山东淄博，汉族，高中学历，中共党员，1990年7月参加工作，高级工，现为齐鲁分公司第二化肥厂气体联合车间工艺二班班长。李炳奉参加工作20年来，始终立足本职，全力以赴开展工作。他坚持“摸、闻、听、看、比、记”六字巡检法，把精心操作、精心巡检、精心维护变为实际行动。他曾发现洗涤塔入口压差表根部阀着火、出口原料气均压阀HV14005A着火、HV14004C仪表风活结漏量大等多起装置隐患。在面对威胁到安全生产的重大隐患时，他能够果断、冷静、机智、迅速地化解，先后多次被车间评为巡检质量、隐患排查标兵，并2次受到厂专项嘉奖。他编写的《400#触媒变换率影响因素》《300#脱硫影响因素》等多项方案，被车间采用并编订成册。提出的“岗位配备便携式气体报警测量仪”等多项合理化建议被厂、车间采纳并得到有效应用。李炳奉于2007年获中国石化青年岗位能手称号，2010年获齐鲁石化公司劳动模范称号，并获中国石化安全卫士称号。

（史文辉）

【任　铎】 男，1964年12月出生，籍贯广东高州，汉族，大学本科学历，中共党员，1987年1月参加工作，工程师，现任茂名石化炼油分部联合五车间主任。任铎勇于创新，精细管理，多年来实现安全环保生产，车间管理水平不断提升，经济技术指标不断提高。他带领技术人员，面对设计、工艺存在的问题，大胆革新，从优化工艺流程和操作参数入手，着力解决影响装置运行问题，实现长周期生产，2011年生产富乙烯气7万吨，年创效益1.6亿元，连续2年位居中国石化同类型装置第1名。他刻苦钻研，是茂名石化屈指可数的催化装置专家。他主持开发的“负荷转移操作法”“加工高硫油防设备腐蚀操作法”等先进工艺，实现装置连续生产超1 000天。他提出并实施了烟机扩能改造、机泵叶轮减级和切削、高压除氧新工艺、低温热利用等20项节能增效项目，使装置技术经济指标大幅提升。任铎于2000年获中国石化科技进步三等奖，2010年获茂名石化劳动模范、优秀共产党员称号，2010年获中国石化管理现代化创新成果二等奖。

（史文辉）

【毕建国】 男，1961年11月出生，籍贯河北献县，汉族，硕士研究生学历，中共党员，1982年9月参加工作，教授级高级工程师，现任石家庄炼化分公司总经理、党委委员。毕建国坚持科学管理企业，构建了融QHSE、内控、ERP等多位一体的现代化管理体系，紧紧依靠职工办企业，大力推进和谐企业建设，企业先后获AAA级省劳动关系和谐企业、省企业文化建设示范单位、省诚信企业、省厂务公开民主管理先进单位等荣誉。毕建国积极与地方共同谋划经济发展，大力推动石家庄循环经济化工示范基地建设，打造石家庄绿色环保循环化工产业链，基地一期项目已投产，年销售收入200亿元。2013年二期项目投产后可实现年销售收入600亿元。毕建国于1999年获河北省劳动模范称号，2000年获中国石化有突出贡献的科技和管理专家称号，2008年当选为第十一届全国人大代表，并获河北省优秀企业家称号，2010年获中国石化安全生产先进管理者称号。

（史文辉）

【杜　明】 男，1961年1月出生，籍贯山东济南，汉族，中专学历，中共党员，1977年12月参加工作，技师，现任济南分公司二催化车间班长。杜明凭着执著追求和不懈努力，从一名普通的司炉工成长为催化裂化锅炉工艺技术能手和具有丰富经验的中国石化锅炉开工专家，获厂特等功1次，多次获优秀共产党员称号。他提出并实施的焚烧式一氧化碳余热锅炉水热媒余热回收技术改造，已在石化系统70余套同类装置中推广应用，每年可节约10多亿元人民币，获中国石化科技进步三等奖。杜明参加了大庆、哈尔滨、海南、青岛、天津、普光等十几家国内大型炼化企业开工建设和技术指导工作，2012年被委派到阿拉克大炼油项目担任开工专家。杜明于2009年获川气东输普光净化厂开工突出贡献奖，2010年获山东省富民兴鲁劳动奖章，2011年获济南市十大杰出职工称号，并当选为中国共产党济南市第十次代表大会代表和山东省第十次代表大会代表。

（史文辉）

【温　福】　男，1976年10月出生，籍贯广东阳西，汉族，大学本科学历，中共党员，1996年7月参加工作，助理工程师，现任湛江东兴石油化工有限公司催化车间副主任。温福勤恳踏实，爱岗敬业，刻苦钻研石油加工特别是催化裂化工艺理论知识，参与了炼油120万吨/年催化裂化改扩建，平均每天工作超过15个小时，FDFCC装置实现安全投产一次成功，并连续安全平稳运行了3年，创造了系统内同类型催化裂化装置第一次投产成功并连续安稳优运行3年的历史纪录。2011年所辖6套装置连续保持“安稳长满优”运行，汽油收率、综合能耗等主要技术经济指标创历史最好水平。他充分利用FDFCC工艺技术降烯烃、多产液化气和丙烯的工艺技术特点，积极优化生产操作，强化满负荷高掺渣监控，催化掺渣比稳步提升，高附加值产品收率大幅提高，装置加工负荷、损失率创历史最好水平。温福于2010年获中国石化岗位练兵标兵称号，2011年被评为湛江市劳动模范。

（史文辉）

【田中山】　男，1968年10月出生，籍贯河南辉县，汉族，博士研究生学历，中共党员，1991年7月参加工作，教授级高级会计师，现任河南石油分公司总经理、党委副书记。田中山具有强烈的事业心和责任感，开拓意识强，专业技术精湛，组织领导能力、参政议政能力和驾驭全局能力强，为企业经营、管理、改革和发展作出了突出贡献。他勇于创新，立足长远，确立了“零事故生产、零风险经营、零缺陷管理”的经营管理理念，尤其是完善管道、油库、车队、加油站“四位一体”经营网络，为能源市场供应提供了有力保障。系统思考，灵活应对，制定“分步实施、主动出击、重点突破”的经营策略，公司年经营总量由520万吨提高到710万吨，主营业务收入由200亿元提高到540亿元，连续2年位列河南百强企业第5名。利税由3.7亿元提高到14.6亿元，被省政府评为目标管理先进单位。田中山于2006—2011连续6年获石化集团公司先进工作者称号，2007年当选河南省第十届政协委员，2011年获河南省五一劳动奖章。

（史文辉）

【缪长喜】　男，1965年9月出生，籍贯江苏海安，汉族，博士研究生学历，中共党员，1988年9月参加工作，教授级高级工程师，现任上海石油化工研究院副总工程师。缪长喜一直从事基本有机原料催化剂及成套技术的研究开发工作，先后承担国家“973”计划、国家“863”计划等重大科研项目30余项，是中国烃类脱氢领域的领军人物，为中国基本有机原料制造技术的科技进步作出了重要贡献。他主持研究的新型乙苯脱氢制苯乙烯催化剂及成套技术，在22套苯乙烯装置上大规模推广应用，每年创造效益16亿元以上。他带领研究团队开展苯乙烯生产节能降耗技术的创新研究，装置节能20%以上；负责国家“973”项目子课题——骨架杂原子多孔催化新材料开发，极大地提高了催化剂稳定性，取得重要突破。缪长喜申请发明专利104项，发表研究论文61篇，获国家及省部级技术发明奖和科技进步奖9项。2007年获中国石化突出贡献专家，2008年被评为全国化工优秀科技工作者，2009年获国务院政府特殊津贴，2010年获中央企业青年创新奖银奖，2010年被评为中央企业先进职工。

（史文辉）

全国优秀共青团干部

【晓　勇】　女，1976年7月出生，汉族，山东省广饶县人，中共党员，大学本科学历，1995年7月参加工作，现任胜利石油管理局团委社会事务部部长。晓勇于1996年被评为管理局三八红旗手，1998年被评为局级青年岗位能手，2000年被评为山东省希望工程攻坚奖先进个人，2002年被授予山东省优秀青年工作者称号。

（余期颐）

全国优秀共青团员

【孟　良】　男，1986年5月出生，山东阳谷人，预备党员，大学本科学历。2008年7月参加工作，现任胜利石油工程公司井下作业公司海洋试油作业大队试油1队工程师。5年来，他以服务生产为宗旨，求实创新，带领本队青年团员奋发进取，努力打造一支学习型、智能型、创新型的青工队伍，试油1队团支部连续多年获得胜利石油管理局红旗团支部、局青年文明号等称号。孟良先后获得胜利石油管理局及分公司优秀团员、胜利石油管理局青年岗位能手、基层团建贡献奖、山东省优秀共青团员等称号。

（余期颐）

【沈　浩】　男，1987年2月出生，湖南常德人，中共党员，大学本科学历。毕业于长沙电力职业技术学院发电厂及电力系统专业，2008 年参加工作，先后任长岭分公司动力厂电气车间副操、主操，团支部书记，现任车间班长、动力厂团委副书记、长岭青年志愿者协会会长，是公司“85”后生产和团工作“双面骨干”的杰出代表。他严格要求自己，虚心学习，踏实肯干。2010 年，他带领班员加班加点，确保了 110 千伏Ⅱ站建设的顺利完工，较大幅度提升了长岭分公司供电系统的稳定性。2012 年，他带领长岭炼化青年团员成功开展了广受赞誉的“志愿星期天”“3 · 5 学雷锋”等品牌活动，受到了分公司上下的广泛赞誉。

（余期颐）

第 11 届中华技能大奖获得者

【张吉平】 男，汉族，1964 年 4 月出生，籍贯山东商河，大专学历，中共党员，1984 年参加工作，胜利石油管理局渤海钻井总公司钻井柴油机工高级技师，胜利油田首席技师。张吉平有自动甩钻具装置、多功能油料净化处理机、伸缩式传动护罩等 90 多项创新成果，其中获省部级奖励 8 项、局级奖励 40 余项，41 项获国家专利，累计创效 8 000 余万元。他先后获全国技术能手、石化集团公司劳动模范、山东省首席技师、山东省职工节约环保标兵、山东省十佳创新型职工等称号，获全国五一劳动奖章、山东省“富民兴鲁”劳动奖章、山东省省长质量奖，享受国务院政府特殊津贴。2012 年获第 11 届中华技能大奖。

（丁新兴）

全国技术能手

【汪宏辉】 男，汉族，1974 年 2 月出生，湖北汉川人，大学本科学历，1993 年参加工作，现住江苏石油勘探局电焊工高级技师。汪宏辉先后参加 20 多个国内外工程施工，累计焊接管线 1 000 多千米、容器 500 多台套。他创下月焊接直径 419 毫米管线3 180道口、日焊接 106 道口的手工焊最高纪录，探伤一次合格率高达 99.7%，被国际监理授予“免检王”的美誉。他先后取得 28 项国内、国际焊接证书。他提炼的“长输管道焊接操作工法”被评为江苏省十大优秀操作法。他先后获江苏省十大杰出青年、石化集团公司技术能手、石化集团公司劳动模范、全国劳动模范等称号，获全国五一劳动奖章。2012 年获全国技术能手称号。

（丁新兴）

【刘建华】 男，汉族，1968 年 3 月出生，山东济宁人，高中学历，中共党员，1986 年参加工作，现住扬子石化加氢裂化装置操作工高级技师。刘建华总结并创造的“加氢裂化装置分馏系统过夏操作法”可以维持装置夏季高负荷运行，为下游提供充足原料，避免塔顶排放，降低空冷电耗以及喷淋水消耗，每年减少轻烃排放约 720 吨，创经济效益 180 万元；提出的合理化建议和撰写的 QC 论文有多项被采纳并获奖。他先后获石化集团公司技术能手、中央企业技术能手、中央企业先进职工、石化集团公司岗位练兵标兵、江苏省劳动模范、江苏省文明职工、江苏省企业首席技师等称号，享受国务院政府特殊津贴。2012 年获全国技术能手称号。

（丁新兴）

【景天豪】 男，汉族，1974 年 8 月出生，河南邓州人，大学本科学历，中共党员，1993 年参加工作，现住河南石油勘探局采油工高级技师。景天豪发明的“磁性密码防盗阀门”杜绝了阀门被盗开的情况，获河南省技能创新成果优秀奖；稠油热采计量站螺杆泵在线降回压生产工艺获中国石化技能创新成果奖。他累计完成 35 项技术创新项目，其中 21 项获国家专利、9 项获省部级及国家级质量管理成果奖，累计创造经济效益 2 000 万元以上。他先后获中央企业技术能手、中央企业知识型先进职工、河南省十大能工巧匠、石化集团公司技术能手、石化集团公司青年成长成才典型等称号，获河南省五一劳动奖章。2012 年获全国技术能手称号。

（丁新兴）

【李小东】 男，汉族，1974 年 10 月出生，广东化州人，大专学历，中共党员，1993 年参加工作，现任茂名分公司聚乙烯装置操作工高级技师。李小东开展技术攻关解决了 25 万吨/年高压装置 10 多项技术难题，其中挤压离心干燥器皮带轮的改造一年可减少装置停车 8 次以上。他参与攻克了外国专家都无法解决的装置反应器常粘壁问题，每年增加产量 1 万多吨，创效 2 000 多万元。他通过流程改造创新，将原来放空损失的乙烯送回裂解装置，开创了高压聚乙烯装置停车零排放操作的先河。他先后获茂名市劳动模范、石化集团公司技术能手、全国优秀班组长等称号。2012 年获全国技术能手称号。

（丁新兴）

【梁　岩】 男，汉族，1979 年 3 月出生，吉林松原人，大学本科学历，2000 年参加工作，现任天津石油分公司加油站操作员技师。梁岩按照“先融入、后提升”的工作理念，将专业技能融入客户服务，将柔性服务融入经营管理。他先后担任3座加油站站长，站站实现增量增效。他现任职的解放南路加油站年销量2万多吨，非油品销售额200多万元，年创利达800多万元。他练就了听声辨别加油设备故障的绝技，并自己动手搞维修，节约了大量维修费用。他先后获石化集团公司技术能手、销售企业“比学赶帮超”个人标兵等称号，获天津市五一劳动奖章。2012年获全国技术能手称号。

（丁新兴）

统计资料

表1　石化集团公司主要产品产量占全行业比重　万吨

项目 \ 年份	2012	2011	2010	2009	2008	2007
原　油	4 318.25	4 272.85	4 256.08	4 241.55	4 180.28	4 108.04
全行业	2 0747.80	20 287.60	20 241.00	18 949.00	19 043.10	18 632.00
占全行业/%	20.81	21.06	21.03	22.38	21.95	22.05
天然气/亿立方米	169.36	146.44	125.00	84.68	83.00	80.03
全行业	1 072.20	1 026.90	948.50	852.70	803.00	692.40
占全行业/%	15.80	14.26	13.18	9.93	10.34	11.56
原油加工量	22 309.29	21 892.20	21 296.59	18 823.49	17 753.05	17 067.76
全行业	46 791.07	45 110.08	42 680.80	37 286.40	34 718.03	32 986.11
占全行业/%	47.68	48.53	49.90	50.48	51.13	51.74
汽煤柴润总量	13 504.11	13 022.56	12 680.33	11 588.58	10 947.24	10 051.31
全行业	29 016.02	27 535.17	25 981.00	23 737.90	21 534.02	20 119.19
占全行业/%	46.54	47.29	48.81	48.82	50.84	49.96
汽　油	4 108.52	3 758.61	3 638.89	3 490.00	3 010.36	2 701.58
全行业	8 975.86	8 136.98	7 676.00	7 301.00	6 359.49	5 999.57
占全行业/%	45.77	46.19	47.41	47.80	47.34	45.03
煤　油	1 501.17	1 373.13	1 242.17	1 039.43	798.69	832.01
全行业	2 131.53	1 875.07	1 707.90	1 487.70	1 165.23	1 159.57
占全行业/%	70.43	73.23	72.73	69.87	68.54	71.75
柴　油	7 780.99	7 753.84	7 655.61	6 925.92	7 017.48	6 384.54
全行业	17 063.61	16 681.81	15 824.90	14 190.70	13 324.74	12 336.67
占全行业/%	45.60	46.48	48.38	48.81	52.67	51.75
润滑油	113.43	136.98	143.66	133.24	120.70	133.18
全行业	845.03	841.31	772.20	758.50	684.56	623.38
占全行业/%	13.42	16.28	18.60	17.57	17.63	21.36
乙　烯	954.18	1 003.75	918.95	671.33	635.94	669.39
全行业	1 486.80	1 527.50	1 421.30	1 072.60	987.60	1 027.80
占全行业/%	64.18	65.71	64.66	62.59	64.39	65.13
塑　料	1 376.64	1 407.68	1 339.80	1 090.73	1 025.87	1 062.65
全行业	5 213.27	4 941.24	4 391.00	3 686.70	3 222.40	3 083.34
占全行业/%	26.41	28.49	30.51	29.59	31.84	34.46

续表

项目＼年份	2012	2011	2010	2009	2008	2007
合成橡胶	124.15	127.20	129.04	117.33	108.39	106.65
全行业	378.62	353.64	308.40	277.60	253.47	218.21
占全行业/%	32.79	35.97	41.84	42.27	42.76	48.87
合成纤维原料	606.25	644.41	597.47	506.56	472.01	523.41
全行业	2 208.13	1 993.75	1 617.30	1 171.50	1 086.68	1 013.23
占全行业/%	27.46	32.32	36.94	43.24	43.44	51.66
合成纤维聚合物	334.13	332.01	325.91	304.90	266.97	291.07
全行业	1 561.53	1 441.63	1 274.90	1 302.20	1 153.01	1 148.96
占全行业/%	21.40	23.03	25.56	23.41	23.15	25.33
合成纤维	135.33	140.33	140.57	131.40	127.44	143.82
全行业	3 450.24	3 147.28	2 718.60	2 457.90	2 175.18	2 176.03
占全行业/%	3.92	4.46	5.17	5.35	5.86	6.61
合成氨	126.43	111.12	119.10	135.15	124.16	114.38
全行业	5 458.95	5 040.20	4 781.10	5 084.70	4 944.99	5 091.90
占全行业/%	2.32	2.20	2.49	2.66	2.51	2.25
氮肥(折合氮100%)	66.34	54.51	71.14	92.95	89.48	86.33
全行业	4 946.60	4 444.98	3 849.60	4 688.30	4 263.24	4 217.31
占全行业/%	1.34	1.23	1.85	1.98	2.10	2.05
尿素(实物量)	105.23	77.98	122.34	175.22	164.86	156.46
全行业	6 530.06	5 732.34	5 463.04	5 903.04	5 769.59	5 432.12
占全行业/%	1.61	1.36	2.24	2.97	2.86	2.88

注：2011年全行业数据、2007—2010年原油及乙烯全行业数据有变动

表2　　石化集团公司与全行业部分石油产品分品种产量　　万吨

项目＼年份	2012	2011	2010	2009	2008	2007
溶剂油						
石化集团公司	42.94	51.07	51.08	68.82	62.12	91.32
全行业	273.90	276.21	168.20	144.30	118.80	133.45
燃料油						
石化集团公司	322.22	363.23	411.66	414.05	656.53	826.02
全行业	1 929.09	1 810.05	1 908.80	1 894.80	2 292.87	2 433.05

续表

项目 \ 年份	2012	2011	2010	2009	2008	2007
商品量						
石化集团公司	255.25	268.40	315.33	320.15	512.96	629.28
全行业	1 405.26	1 419.00	848.03	769.55	1 012.90	1 149.34
石　蜡						
石化集团公司	51.15	44.64	45.93	43.12	45.23	50.67
全行业	133.82	123.36	130.92	131.57	152.00	162.73
石油焦						
石化集团公司	1 355.02	1 421.38	1 267.44	1 105.04	1 034.18	848.70
全行业	1 941.59	1 979.37	1 531.80	1 424.54	1 379.91	1 191.56
石油沥青						
石化集团公司	622.79	558.01	611.53	473.08	285.99	332.17
全行业	2 880.20	2 443.59	2 478.80	2 372.20	1 523.26	1 433.15
洗涤剂原料						
石化集团公司	79.03	52.65	37.65	33.01	14.97	18.06
全行业	99.40	72.09	59.73	51.50	39.16	40.99
化工轻油						
石化集团公司	3 645.85	3 747.90	3 512.18	2 696.37	2 329.03	2 411.77
全行业	5 284.41	5 348.70	5 245.32	4 068.71	3 364.49	3 501.66
商品原料油						
石化集团公司	523.76	524.74	689.51	647.04	596.53	618.14
全行业	804.43	896.55	1 023.77	933.06	908.23	920.35

注：2011 年全行业数据有变动

表 3　　石化集团公司与全行业有机化学品分品种产量　　万吨

项目 \ 年份	2012	2011	2010	2009	2008	2007
乙　烯						
石化集团公司	954.18	1 003.75	918.95	671.33	635.94	669.39
全行业	1 486.80	1 527.50	1 421.30	1 072.60	987.60	1 027.80
丙　烯						
石化集团公司	808.77	819.96	752.97	633.65	613.08	616.83
丁二烯						

续表

项目 \ 年份	2012	2011	2010	2009	2008	2007
石化集团公司	137.36	137.33	122.93	86.72	83.39	84.30
纯　苯						
石化集团公司	351.72	359.13	352.15	248.81	224.20	247.12
全行业	662.64	691.00	545.20	466.00	418.27	416.76
甲　苯						
石化集团公司	92.67	84.23	107.96	58.91	68.80	80.18
二甲苯						
石化集团公司	183.09	150.31	163.69	89.79	73.51	72.64
烷基苯						
石化集团公司	16.17	12.25	11.88	12.55	10.55	29.99
对二甲苯						
石化集团公司	440.55	441.11	402.31	297.73	193.24	237.27
全行业	640.29	585.24	517.51	355.47	264.13	314.18
苯乙烯						
石化集团公司	204.22	191.97	163.68	109.94	109.94	114.17
苯　酐						
石化集团公司	12.75	11.62	12.05	11.64	10.13	13.06
精甲醇						
石化集团公司	64.90	19.88	32.97	19.71	28.47	31.48
全行业	2 640.46	2 294.50	1 634.20	1 247.50	1 115.22	1 058.53
丁　醇						
石化集团公司	37.05	27.34	21.69	21.22	21.38	24.76
辛　醇						
石化集团公司	33.08	41.51	44.21	42.11	42.45	42.71
苯　酚						
石化集团公司	59.66	63.14	54.97	32.22	34.62	39.49
丙　酮						
石化集团公司	37.02	39.24	34.10	20.11	21.65	24.62
甲　醛						
石化集团公司		0.37	2.26	3.42	5.36	5.90

续表

项目 \ 年份	2012	2011	2010	2009	2008	2007
乙　醛						
石化集团公司		1.05	3.13	3.35	2.39	5.72
醋　酸						
石化集团公司			0.30	2.36	2.78	5.70
全行业	430.28	424.48	383.60	296.80	254.05	163.41

注：2007—2011 年乙烯全行业数据有变动

表 4　石化集团公司与全行业合成纤维及原料分品种产量　万吨

项目 \ 年份	2012	2011	2010	2009	2008	2007
合成纤维原料						
石化集团公司	606.25	644.41	597.47	506.56	472.01	523.41
全行业	2 208.13	1 993.75	1 617.30	1 171.50	1 086.68	1 013.23
精对苯二甲酸						
石化集团公司	312.53	347.70	338.28	328.90	289.44	333.53
己内酰胺						
石化集团公司	30.46	30.89	29.34	18.41	19.31	18.29
全行业					29.03	30.24
丙烯腈						
石化集团公司	61.32	53.59	57.03	49.63	49.40	54.26
乙二醇						
石化集团公司	197.45	208.23	170.76	104.80	108.64	114.24
合成纤维						
石化集团公司	135.33	140.33	140.57	131.40	127.44	143.82
全行业	3 450.24	3 147.28	2 718.60	2 457.90	2 175.18	2 176.03
锦　纶						
石化集团公司						0.01
全行业	187.20	157.75	145.40	144.10	112.04	96.60
涤　纶						
石化集团公司	104.35	108.38	107.68	99.10	94.07	106.03
全行业	3 022.41	2 792.71	2 418.40	2 154.30	1 924.97	1 925.61
腈　纶						
石化集团公司	28.92	29.88	31.02	30.48	31.43	35.67
全行业	69.14	70.71	67.20	69.20	55.44	80.16
维　纶						

续表

项目＼年份	2012	2011	2010	2009	2008	2007
石化集团公司	1.42	1.55	1.29	1.25	1.48	1.57
全行业	6.03	5.89	5.70	4.70	5.48	4.25
丙　纶						
石化集团公司	0.53	0.52	0.58	0.57	0.46	0.55
全行业	36.86	30.47	29.70	27.90	26.02	29.64
其他(全行业)	128.59	89.75	52.20	57.70	51.23	39.77

注：2011 年全行业数据有变动

表 5　　石化集团公司与全行业塑料、合成橡胶分品种产量　　万吨

项目＼年份	2012	2011	2010	2009	2008	2007
塑　料						
石化集团公司	1 376.64	1 407.68	1 339.80	1 090.73	1 025.87	1 062.65
全行业	5 213.27	4 941.24	4 391.00	3 686.70	3 222.40	3 083.34
聚乙烯						
石化集团公司	620.23	655.05	620.03	476.96	446.95	450.33
全行业	1 030.00	1 015.20	987.60	766.60	758.66	686.04
聚丙烯						
石化集团公司	555.10	557.31	520.19	440.48	407.18	412.94
全行业	1 121.59	995.57	900.70	807.50	742.36	708.41
聚苯乙烯						
石化集团公司	67.16	66.93	69.22	62.99	58.31	63.91
全行业	210.14	205.33	193.80	110.90	96.08	118.82
聚氯乙烯						
石化集团公司	57.78	58.93	59.63	51.37	57.46	67.18
全行业	1 317.77	1 311.18	1 151.20	1 015.50	824.62	930.99
合成橡胶						
石化集团公司	124.15	127.20	129.04	117.33	108.39	106.65
全行业	378.62	353.64	308.40	277.60	253.47	218.21
顺丁橡胶						
石化集团公司	34.33	33.99	35.57	33.35	32.41	33.08
全行业					41.89	43.82

注：2011 年全行业数据有变动

表 6

中国原油与石油产品进口数量与金额

产品名称	2012 年		2011 年		2010 年		2009 年		2008 年		2007 年	
	数量/万吨	金额/百万美元	数量/万吨	金额/百万美元	数量/万吨	金额/百万美元	数量/万吨	金额/百万美元	数量/万吨	金额/百万美元	数量/万吨	金额/百万美元
原　油	27 109.08	220 398.61	25 254.92	195 131.27	23 931.14	134 935.82	20 378.89	88 895.58	17 889.30	128 959.90	16 317.55	79 683.68
成品油	1 258.94	13 717.82	1 375.25	14 888.06	1 379.16	11 155.10	1 285.98	7 867.97	1 718.20	18 606.01	958.60	7 259.73
车用、航空汽油	0.45	5.22	2.93	31.22	0.01	0.45	4.44	25.27	198.70	2 295.61	22.70	178.47
石脑油	309.02	2 999.92	245.02	2 289.95	290.70	2 119.56	265.12	1 478.91	77.27	554.91	106.81	696.15
橡胶等溶剂油	2.44	37.26	2.58	36.62	3.29	36.48	1.93	20.28	3.67	36.43	2.35	21.56
壬　烯	2.63	47.69	2.44	57.89	1.59	25.80	1.93	20.01	1.01	12.93	0.98	12.61
其他汽油馏分	0.00	0.00	13.88	159.64	8.54	76.85	2.88	26.20	1.47	20.91	0.81	11.64
航空煤油	526.46	5 392.23	536.72	5 382.99	486.80	3 506.44	576.22	3 220.79	624.91	6 423.96	500.03	3 453.39
灯用煤油	0.00	0.02	0.00	0.02	0.00	0.02	0.00	0.00	0.00	0.00	0.00	0.00
其他煤油馏分	94.27	1 049.61	78.20	861.61	163.32	1 354.92	35.97	297.39	22.84	318.14	24.32	243.31
轻柴油	94.71	911.53	244.05	2 274.03	179.88	1 241.58	183.68	922.71	624.75	6 810.05	162.24	1 215.69
润滑油	30.32	785.14	34.32	828.33	34.24	685.45	23.65	445.16	24.42	497.39	21.34	388.07
润滑脂	2.01	105.91	2.73	128.03	2.23	100.07	1.67	69.08	2.22	77.26	1.75	60.01
润滑油基础油	196.63	2 383.29	212.39	2 837.74	208.54	2 007.47	188.48	1 342.16	136.93	1 558.43	115.25	978.81
燃料油	2 688.26	18 637.69	2 683.15	17 260.69	2 308.96	11 060.60	2 407.34	8 661.43	2 166.44	11 334.97	2 418.69	9 055.76
石　蜡	4.94	96.96	5.40	97.79	4.49	73.55	2.54	49.23	2.97	49.44	2.85	40.23
石油沥青	273.16	1 750.04	319.01	1 767.27	409.89	2 022.97	333.44	1 214.75	322.78	1 362.09	356.50	1 102.68
石油焦	701.04	960.79	491.51	911.14	363.54	672.08	329.67	333.47	92.13	290.07	75.22	160.78
液体石蜡	1.35	22.89	1.36	23.16	2.31	28.72	2.78	30.58	1.61	25.77	1.56	18.74
液化石油气	333.32	3 016.55	340.81	2 908.79	319.62	2 258.65	409.14	2 040.68	260.02	1 956.40	405.46	2 479.11

表 7　中国原油与石油产品出口数量与金额

产品名称	2012 年		2011 年		2010 年		2009 年		2008 年		2007 年	
	数量/万吨	金额/百万美元	数量/万吨	金额/百万美元	数量/万吨	金额/百万美元	数量/万吨	金额/百万美元	数量/万吨	金额/百万美元	数量/万吨	金额/百万美元
原　油	243.49	2 226.50	252.20	1 909.15	304.22	1 661.45	518.40	2 217.20	373.34	2 748.71	382.92	1 654.38
成品油	1 265.51	13 326.19	1 344.57	13 080.91	1 700.66	12 454.48	1 641.84	9 317.38	976.56	9 610.82	1 171.22	7 684.49
车用、航空汽油	292.19	3 035.24	406.01	3 793.80	517.09	3 769.98	494.31	2 828.67	203.55	1 849.01	464.22	2 822.52
石脑油	21.55	208.31	49.73	453.42	86.64	629.23	85.47	494.15	151.37	1 312.08	173.89	1 138.69
橡胶等溶剂油	0.51	6.32	0.54	8.16	0.53	5.74	0.41	4.07	0.38	4.78	0.73	5.99
壬　烯	0.00	0.00	0.00	0.00	0.05	0.68	0.03	0.35	0.00	0.00	0.00	0.00
其他汽油馏分	0.00	0.00	0.00	0.00	0.00	0.00	0.00	0.01	0.00	0.01	0.00	0.00
航空煤油	745.07	7 848.90	653.18	6 504.42	604.77	4 495.06	594.49	3 435.36	533.05	5 573.50	448.03	3 123.76
其他煤油馏分	0.02	0.34	3.38	29.95	3.72	24.83	0.17	1.17	0.15	1.43	0.04	0.30
轻柴油	186.22	1 873.48	203.11	1 879.04	467.27	3 272.32	450.71	2 351.48	62.86	554.52	66.03	406.46
润滑油	10.82	218.16	11.22	204.04	11.26	170.33	10.06	153.11	11.60	177.04	8.46	108.21
润滑脂	1.16	22.30	1.09	18.47	0.97	14.19	0.77	11.72	0.85	12.60	0.65	9.45
润滑油基础油	7.97	113.14	16.29	189.60	8.37	72.11	5.41	37.30	12.75	125.86	9.16	69.11
燃料油	1 164.17	8 011.00	1 234.44	7 739.17	989.73	4 606.99	862.68	3 228.48	726.32	4 048.43	379.80	1 464.83
石　蜡	46.96	637.16	45.47	651.85	52.36	703.39	54.85	541.01	61.51	768.79	62.25	550.24
石油沥青	9.57	88.12	23.85	163.82	14.98	84.15	8.17	41.35	1.59	9.48	0.71	3.22
石油焦	230.71	713.78	287.16	1 038.14	195.20	578.73	139.99	305.92	179.79	687.63	159.24	293.80
液体石蜡	0.25	3.47	0.04	0.72	0.04	0.46	0.03	0.19	0.05	0.76	0.00	0.10
液化石油气	127.00	1 231.98	117.00	1 009.34	91.68	657.86	84.89	442.87	67.52	524.05	33.80	218.33

表 8 中国主要石化产品进口数量与金额

产品名称	2012 年		2011 年		2010 年		2009 年		2008 年		2007 年	
	数量/万吨	金额/百万美元	数量/万吨	金额/百万美元	数量/万吨	金额/百万美元	数量/万吨	金额/百万美元	数量/万吨	金额/百万美元	数量/万吨	金额/百万美元
一、初级形状合成树脂与塑料	2 368.83	46 156.74	2 304.18	47 204.05	2 390.34	43 543.16	2 381.23	34 784.65	1 770.16	34 039.65	1 896.92	32 347.45
1. 聚乙烯	788.78	10 929.94	744.38	10 869.51	735.81	9 742.51	740.88	8 276.01	449.66	6 870.72	453.44	6 025.06
低密度聚乙烯	157.11	2 245.72	146.03	2 415.36	138.40	2 036.46	134.89	1 577.31	70.82	1 153.64	77.26	1 062.96
高密度聚乙烯	400.98	5 516.81	352.64	4 927.77	349.57	4 442.79	385.90	4 247.99	231.26	3 510.68	209.12	2 799.71
2. 聚丙烯	390.93	5 794.70	377.77	5 875.51	386.81	5 173.85	416.24	4 560.21	278.89	4 012.81	307.01	3 862.96
3. 聚苯乙烯	97.99	1 641.53	103.85	1 690.86	115.20	1 660.95	118.47	1 445.16	115.15	1 654.09	132.37	1 733.72
可发性聚苯乙烯	6.08	103.86	7.60	121.30	7.59	105.21	7.75	97.63	8.52	119.98	10.96	139.27
其他聚苯乙烯	91.91	1 537.67	96.25	1 569.56	107.61	1 555.73	110.72	1 347.53	106.62	1 534.11	121.41	1 594.45
4. ABS 共聚物	166.54	3 622.61	185.27	4 123.49	216.94	4 216.29	216.79	3 397.30	195.19	3 627.63	217.27	3 616.22
5. 聚氯乙烯	120.98	1 367.92	131.64	1 593.86	151.12	1 626.33	195.52	1 597.70	112.68	1 256.63	130.39	1 277.68
纯聚氯乙烯	105.96	1 101.28	114.80	1 284.56	129.75	1 295.70	171.55	1 300.08	86.08	888.78	101.43	921.74
未塑化聚氯乙烯	6.99	95.23	8.81	135.23	12.51	156.79	16.71	166.66	17.65	206.40	18.37	186.49
已塑化聚氯乙烯	8.02	171.41	8.03	174.07	8.87	173.84	7.27	130.97	8.95	161.45	10.58	169.44
二、合成橡胶及胶乳	143.71	5 092.85	144.48	5 360.26	156.52	4 267.84	146.78	2 990.82	120.18	3 340.70	141.33	2 841.39
1. 丁苯橡胶	29.74	812.23	31.57	879.55	34.84	738.53	36.26	582.21	31.99	636.34	45.53	688.44
丁苯胶乳	9.53	168.67	9.97	176.53	7.91	118.20	4.36	58.08	6.00	79.15	9.65	96.41

续表

产品名称	2012年		2011年		2010年		2009年		2008年		2007年	
	数量/万吨	金额/百万美元	数量/万吨	金额/百万美元	数量/万吨	金额/百万美元	数量/万吨	金额/百万美元	数量/万吨	金额/百万美元	数量/万吨	金额/百万美元
2. 顺丁橡胶	7.24	228.25	7.78	266.49	11.37	266.10	16.88	254.00	10.57	256.18	13.66	238.86
3. 丁基橡胶	3.16	157.27	3.37	156.50	4.06	162.52	5.31	184.55	6.44	298.45	6.38	208.71
4. 氯丁橡胶	1.78	81.42	1.78	74.97	2.15	72.95	1.62	50.15	1.85	60.19	1.86	56.41
5. 丁腈橡胶	6.14	157.89	6.24	171.37	8.42	168.99	8.24	131.69	8.80	184.50	9.36	155.10
6. 异戊二烯橡胶	0.48	22.36	0.53	23.64	1.57	48.62	1.14	27.06	1.22	35.58	1.46	31.04
7. 乙丙橡胶	8.34	332.34	8.66	344.50	8.23	222.88	9.01	198.82	5.96	158.69	5.09	116.39
8. 其他合成橡胶	86.83	3 301.10	84.56	3 443.24	85.88	2 587.27	68.31	1 562.34	53.36	1 710.76	57.99	1 346.43
其他胶乳	0.51	12.01	0.73	16.13	0.78	13.42	0.67	9.92	1.00	16.00	0.82	11.32
三、合成纤维	72.03	2 830.58	80.50	3 146.61	87.36	2 812.99	85.32	2 206.92	82.71	2 313.59	114.53	2 792.02
1. 锦　纶	18.63	903.08	19.32	950.43	21.13	846.60	20.70	630.17	21.11	694.26	23.74	726.26
长　丝	17.47	808.77	18.00	850.65	20.00	767.91	19.78	576.19	19.77	625.22	22.60	665.68
短纤维及纤维条	1.16	94.30	1.32	99.78	1.14	78.70	0.92	53.99	1.34	69.05	1.14	60.59
2. 涤　纶	23.83	568.26	28.22	677.32	31.57	649.19	32.51	567.18	32.62	620.82	45.40	761.91
长　丝	12.64	358.91	16.23	440.51	17.39	425.93	17.57	365.19	18.42	401.34	25.71	484.42
短纤维及纤维条	11.20	209.35	11.99	236.81	14.19	223.26	14.94	202.00	14.20	219.48	19.68	277.49
3. 腈纶短纤维及纤维条	18.66	592.72	19.53	678.76	19.64	556.81	18.01	378.44	14.56	372.87	28.07	633.44

续表

产品名称	2012 年		2011 年		2010 年		2009 年		2008 年		2007 年	
	数量/万吨	金额/百万美元	数量/万吨	金额/百万美元	数量/万吨	金额/百万美元	数量/万吨	金额/百万美元	数量/万吨	金额/百万美元	数量/万吨	金额/百万美元
4. 丙　纶	0.56	17.11	0.59	19.03	0.72	20.94	0.72	17.05	0.81	19.92	0.89	20.56
长　丝	0.18	6.52	0.26	9.40	0.39	12.44	0.35	9.09	0.51	11.56	0.57	13.17
短纤维及纤维条	0.39	10.59	0.33	9.63	0.33	8.50	0.37	7.97	0.30	8.36	0.32	7.39
5. 氨纶长丝	1.88	173.27	2.28	194.85	1.88	163.25	1.72	135.00	1.55	128.97	1.66	135.98
6. 其　他	8.47	576.14	10.57	626.23	12.41	576.19	11.66	479.08	12.06	476.75	14.78	513.87
长　丝	1.34	167.13	1.42	157.16	1.54	134.35	1.47	102.33	1.55	115.64	1.91	127.67
短纤维及纤维条	7.13	409.01	9.15	469.07	10.87	441.84	10.20	376.75	10.51	361.11	12.87	386.19
四、制成肥料	839.26	4 022.53	787.45	3 437.94	709.64	2 562.85	404.36	1 984.63	618.65	3 475.33	1 167.59	2 902.09
尿　素	17.10	71.44	0.21	1.44	1.33	3.04	3.88	7.70	0.01	0.10	0.05	0.27
五、有机化学品												
（一）乙烯、芳烃												
乙　烯	142.25	1 793.25	106.04	1 308.15	81.54	943.54	97.46	813.18	72.12	937.12	50.98	603.57
纯　苯	43.94	530.95	18.57	206.99	19.72	182.07	62.19	292.09	32.80	320.71	24.87	256.68
甲　苯	65.96	773.27	65.51	704.65	82.93	701.86	79.09	512.07	27.36	246.46	44.46	379.47
混合二甲苯	1.64	20.64	2.55	26.89	0.31	2.93	0.48	4.21	0.83	5.96	0.69	5.71
邻二甲苯	69.84	1 053.76	60.25	822.16	65.85	697.49	67.28	562.47	43.76	485.86	55.84	611.30

续表

产品名称	2012 年		2011 年		2010 年		2009 年		2008 年		2007 年	
	数量/万吨	金额/百万美元	数量/万吨	金额/百万美元	数量/万吨	金额/百万美元	数量/万吨	金额/百万美元	数量/万吨	金额/百万美元	数量/万吨	金额/百万美元
对二甲苯	628.58	9 521.15	498.20	7 748.63	352.72	3 660.93	370.53	3 489.08	340.35	4 142.78	290.31	3 336.49
苯乙烯	333.68	4 823.42	360.77	5 078.57	368.71	4 410.43	364.59	3 411.21	281.08	3 708.44	310.15	4 141.54
乙　苯	0.71	8.63	1.18	12.97	1.41	14.56	0.21	2.14	0.00	0.03	0.23	2.85
（二）主要有机原料												
甲　醇	500.11	1 887.30	573.20	2 113.20	518.95	1 530.24	528.80	1 139.56	143.39	518.96	84.50	260.43
丁　醇	70.80	901.47	70.05	1 064.87	86.47	1 208.61	69.28	596.43	41.54	549.52	46.98	657.71
辛　醇	37.31	607.10	36.58	668.20	47.34	778.07	47.00	494.81	27.94	462.37	28.34	448.52
醋　酸	2.14	9.59	1.77	8.29	5.89	22.68	29.82	114.52	30.46	188.77	49.91	308.36
苯　酚	59.40	837.81	76.19	1 253.60	62.40	919.82	57.33	441.00	36.64	522.01	45.69	681.59
丙　酮	69.02	673.59	74.48	760.63	75.22	632.86	55.13	350.42	36.50	354.65	48.18	426.60
丁　酮	0.63	7.87	2.22	34.13	2.98	35.66	4.34	34.38	4.99	64.04	8.76	89.12
（三）主要合纤原料及聚合物												
乙二醇	796.53	8 303.54	727.02	8 611.74	664.41	5 769.54	582.81	3 525.98	521.64	5 339.37	480.18	4 853.47
对苯二甲酸	537.03	5 867.65	652.72	8 240.48	664.16	6 243.49	625.61	5 007.97	594.06	5 325.02	698.82	6 142.05
尼龙 66 盐	0.99	24.98	1.02	26.91	0.35	7.44	1.50	23.23	1.25	27.98	2.06	45.23
丙烯腈	55.54	1 041.05	54.17	1 250.33	44.58	905.42	45.10	498.78	28.52	550.77	43.55	722.31
己内酰胺	70.66	1 813.72	63.33	2 060.70	63.14	1 560.21	60.13	978.38	45.01	1 084.27	47.25	1 100.97
聚酯切片	18.29	324.48	19.69	350.27	23.74	334.11	24.96	275.87	22.82	315.51	29.42	366.81

表 9 中国主要石化产品出口数量与金额

产品名称	2012 年		2011 年		2010 年		2009 年		2008 年		2007 年	
	数量/万吨	金额/百万美元	数量/万吨	金额/百万美元	数量/万吨	金额/百万美元	数量/万吨	金额/百万美元	数量/万吨	金额/百万美元	数量/万吨	金额/百万美元
一、初级形状合成树脂与塑料	535.16	11 135.14	486.31	10 887.98	387.63	7 678.64	296.65	4 994.63	379.07	7 014.51	382.37	6 324.94
1. 聚乙烯	28.77	429.89	32.21	486.36	15.81	229.06	6.19	86.38	6.68	111.50	6.04	83.92
低密度聚乙烯	6.99	110.56	7.98	137.19	7.88	123.03	2.40	37.23	1.70	29.65	1.56	26.66
高密度聚乙烯	13.50	199.69	17.60	252.13	6.10	79.72	3.06	41.20	3.99	66.85	3.79	48.99
2. 聚丙烯	14.16	231.41	16.58	277.60	8.29	135.41	4.48	67.60	4.17	71.99	3.11	48.63
3. 聚苯乙烯	33.53	572.19	35.57	593.22	35.83	503.81	27.49	317.76	32.34	507.26	30.80	467.18
可发性聚苯乙烯	29.85	495.75	32.21	522.29	32.96	447.43	25.89	290.40	29.44	455.02	27.54	421.74
其他聚苯乙烯	3.68	76.44	3.36	70.93	2.86	56.39	1.60	27.35	2.90	52.24	3.26	45.44
4. ABS 共聚物	4.16	101.80	4.31	108.19	5.50	119.05	4.98	88.47	4.33	86.54	3.24	63.75
5. 聚氯乙烯	45.40	477.31	44.15	527.63	26.58	282.73	27.56	257.24	64.63	705.19	75.30	678.37
纯聚氯乙烯	39.46	379.28	38.59	440.88	22.46	220.43	23.94	206.90	60.72	647.59	71.17	629.64
未塑化聚氯乙烯	1.00	14.66	0.99	12.58	0.52	7.23	0.63	7.16	0.58	7.30	1.29	11.80
已塑化聚氯乙烯	4.95	83.36	4.58	74.16	3.59	55.07	2.98	43.17	3.34	50.30	2.84	36.93
二、合成橡胶及胶乳	22.03	719.29	29.10	1 046.60	23.58	585.68	10.35	220.91	9.48	268.52	8.05	178.55
1. 丁苯橡胶	7.53	234.43	11.88	386.61	9.39	215.86	4.18	78.93	2.54	60.34	2.34	37.33
丁苯胶乳	0.69	11.81	0.63	10.25	0.54	7.30	0.33	3.48	0.30	3.95	0.22	2.19

续表

产品名称	2012年		2011年		2010年		2009年		2008年		2007年	
	数量/万吨	金额/百万美元	数量/万吨	金额/百万美元	数量/万吨	金额/百万美元	数量/万吨	金额/百万美元	数量/万吨	金额/百万美元	数量/万吨	金额/百万美元
2. 顺丁橡胶	2.54	85.46	2.67	105.11	2.24	55.25	1.37	23.41	2.31	61.46	1.30	22.59
3. 丁基橡胶	1.18	39.31	0.40	17.08	0.16	7.06	0.32	8.69	0.09	3.52	0.39	10.31
4. 氯丁橡胶	0.57	25.23	0.80	34.02	0.42	13.66	0.25	8.91	0.60	27.09	0.81	31.23
5. 丁腈橡胶	1.40	26.94	1.58	33.85	1.14	16.98	0.09	2.09	0.12	3.39	0.21	3.89
6. 异戊二烯橡胶	0.02	1.17	0.05	2.19	0.07	2.32	0.07	2.08	0.25	7.75	0.08	2.11
7. 乙丙橡胶	0.21	5.51	0.11	3.30	0.15	3.90	0.22	3.96	0.30	5.41	0.19	2.13
8. 其他合成橡胶	8.59	301.24	11.62	464.43	10.02	270.66	3.84	92.84	3.26	99.56	2.72	68.95
其他胶乳	0.01	0.26	0.02	0.24	0.06	0.88	0.06	0.78	0.01	0.19	0.06	1.25
三、合成纤维	256.27	6 866.59	258.11	7 487.02	216.93	5 137.94	169.46	3 470.78	196.55	4 607.36	177.40	4 071.05
1. 锦　纶	15.31	728.48	15.66	814.06	15.42	648.75	12.30	425.28	12.52	517.97	11.34	418.96
长　丝	14.90	686.71	15.08	752.24	14.99	605.22	12.00	399.29	12.07	467.94	11.04	398.51
短纤维及纤维条	0.41	41.77	0.58	61.82	0.43	43.53	0.29	25.99	0.46	50.02	0.30	20.45
2. 涤　纶	176.59	3 172.92	177.50	3 567.43	141.81	2 275.78	104.12	1 383.62	126.66	2 058.75	105.11	1 588.52
长　丝	110.91	2 220.87	97.73	2 250.63	83.40	1 550.52	63.82	966.77	81.07	1 481.65	64.11	1 108.56
短纤维及纤维条	65.68	952.05	79.77	1 316.80	58.41	725.27	40.29	416.84	45.59	577.10	41.00	479.96
3. 腈纶短纤维及纤维条	0.58	18.55	0.41	13.58	0.44	12.55	0.51	11.48	1.00	25.24	0.25	6.39

续表

产品名称	2012 年		2011 年		2010 年		2009 年		2008 年		2007 年	
	数量/万吨	金额/百万美元	数量/万吨	金额/百万美元	数量/万吨	金额/百万美元	数量/万吨	金额/百万美元	数量/万吨	金额/百万美元	数量/万吨	金额/百万美元
4. 丙　纶	2.58	72.05	3.10	69.68	1.64	36.37	1.29	26.69	1.71	41.47	1.63	37.30
长　丝	1.91	56.70	2.39	53.62	1.17	26.81	0.92	20.65	1.30	33.31	1.19	29.99
短纤维及纤维条	0.67	15.35	0.71	16.05	0.47	9.56	0.37	6.03	0.41	8.16	0.44	7.31
5. 氨纶长丝	4.41	295.74	3.45	236.86	3.88	271.93	2.89	183.96	2.89	226.16	3.21	301.05
6. 其　他	56.80	2 578.86	57.99	2 785.43	53.74	1 892.56	48.36	1 439.75	51.76	1 737.78	55.86	1 718.85
长　丝	6.66	327.97	6.07	318.63	5.25	246.61	4.43	180.54	6.66	255.77	6.65	276.85
短纤维及纤维条	50.14	2 250.88	51.92	2 466.79	48.50	1 645.95	43.93	1 259.21	45.10	1 482.00	49.20	1 442.00
四、制成肥料	1 757.86	7 225.57	1 822.77	7 884.09	1 614.09	5 395.62	885.36	2 601.99	927.51	4 339.13	1 337.04	3 705.82
尿　素	694.79	2 638.63	355.88	1 551.26	702.58	2 094.65	337.91	902.06	435.97	1 632.20	525.40	1 479.69
五、有机化学品												
（一）乙烯、芳烃												
乙　烯	0.00	0.03	0.97	11.65	3.35	33.82	1.54	14.22	1.42	20.42	4.97	53.98
纯　苯	4.94	51.23	11.03	114.87	11.97	101.42	27.81	214.13	6.94	71.22	5.61	53.46
甲　苯	0.67	8.32	0.80	9.17	1.02	8.49	0.81	5.84	0.21	2.36	0.21	2.16
混合二甲苯	4.01	49.01	0.69	7.31	0.64	3.42	0.03	0.46	0.32	3.62	0.01	0.14
邻二甲苯	0.00	0.02	1.91	25.11	0.00	0.01	0.00	0.00	0.75	9.45	0.00	0.01

续表

产品名称	2012年		2011年		2010年		2009年		2008年		2007年	
	数量/万吨	金额/百万美元	数量/万吨	金额/百万美元	数量/万吨	金额/百万美元	数量/万吨	金额/百万美元	数量/万吨	金额/百万美元	数量/万吨	金额/百万美元
对二甲苯	19.22	283.94	34.79	528.88	20.97	218.62	33.33	312.41	44.79	541.69	25.20	279.74
苯乙烯	3.40	47.86	7.11	98.54	1.13	13.85	0.79	5.15	0.21	3.43	0.02	0.56
乙　苯	0.00	0.08	0.00	0.09	0.03	0.75	0.01	0.10	0.01	0.18	0.00	0.09
（二）主要有机原料												
甲　醇	6.73	26.47	4.39	18.21	1.24	4.24	1.38	3.82	36.78	177.12	56.27	224.84
丁　醇	0.64	11.03	0.67	13.16	0.56	8.06	0.46	6.09	0.57	8.86	0.40	5.11
辛　醇	0.71	11.65	0.36	7.06	0.48	7.79	0.67	6.35	0.23	4.36	0.16	2.64
醋　酸	33.08	147.91	66.71	330.93	21.75	94.04	6.49	30.62	2.34	15.36	13.76	72.39
苯　酚	2.39	38.38	3.84	77.25	4.04	65.38	0.91	10.39	0.11	2.59	0.04	1.19
丙　酮	0.07	1.32	0.10	2.23	0.08	1.38	0.06	0.66	0.05	0.75	0.07	0.81
丁　酮	10.23	134.70	9.34	210.75	4.16	53.66	2.92	25.55	1.84	25.80	1.89	21.05
（三）主要合纤原料及聚合物												
乙二醇	1.08	13.92	0.60	10.19	0.50	7.88	0.67	7.16	2.94	37.27	0.21	4.41
对苯二甲酸	0.91	9.54	2.71	39.30	0.43	4.96	0.13	1.06	2.40	26.94	0.01	0.20
尼龙66盐	0.09	3.48	0.00	0.08	0.01	0.20	0.00	0.15	0.01	0.19	0.00	0.00
丙烯腈	0.00	0.00	0.00	0.00	0.00	0.00	0.00	0.00	0.60	10.54	0.20	2.60
己内酰胺	0.64	17.42	0.76	26.66	0.06	1.60	0.16	3.26	0.20	4.56	0.00	0.09
聚酯切片	136.18	1 943.61	103.97	1 753.37	77.72	976.35	67.96	701.18	95.78	1 303.71	102.06	1 274.85

附 录

◇ 科技成果获奖名单

◇ 企事业单位名录

◇ 制度性文件名一览表

附录 1

科技成果获奖名单

表 1　　获 2012 年度国家科学技术进步奖项目

项目名称	主要完成单位	主要完成者
	特等奖	
1. 特大型超深高含硫气田安全高效开发技术及工业化应用	中国石油化工股份有限公司中原油田分公司 中国石化工程建设有限公司 中国石油化工股份有限公司石油勘探开发研究院 西南石油大学 中国安全生产科学研究院 中国石油大学(北京) 长江大学 宝山钢铁股份有限公司 天津钢管集团股份有限公司 北京航天动力研究所	曹耀峰　孔凡群　王寿平　曾大乾　沈　琛　刘一江　陈惟国　姜贻伟　张庆生　李明志　孙丽丽　刘传喜　孙晓春　赵金洲　邓云峰　胡群爱　刘德绪　徐卫东　盛兆顺　王召民　吴信荣　张世民　闫光庆　杨发平　毕建霞　侯树刚　吴晓东　尹太举　张忠铧　许文妍　安兵涛　李　浩　王卫红　郭　肖　陈长风　刘地渊　古小红　赵开良　朱德华　熊良淦　郭　强　靳秀菊　龚金海　彭鑫岭　陈道元　张文昌　黄雪松　苗　宏　刘晓敏　刘红磊
	二等奖	
1. 高应力强水敏深层井筒稳定关键技术及工业化应用	中国石油化工股份有限公司石油工程技术研究院 中国石油大学(北京) 中国科学院武汉岩土力学研究所 东北石油大学	曾义金　陈　勉　金　衍　刘汝山　张来斌　刘四海　林永学　李光泉　闫　铁　李　军

表 2　　获 2012 年度国家技术发明奖项目

项目名称	主要完成单位	主要完成者
	二等奖	
1. 聚丙烯分子链结构调控新技术及应用		宋文波　乔金樑　郭梅芳　周汉学　俞仁明　戴宝华

表 3　　获 2012 年度石化集团公司技术发明奖项目

项目名称	主要完成单位	主要完成者
	一等奖	
1. 油气包裹体分析新技术及应用	中国石油化工股份有限公司石油勘探开发研究院	饶　丹　施伟军　郑伦举　蒋启贵　秦建中　徐旭辉　刘文汇　腾格尔　张　渠　张美珍　张志荣　席斌斌

续表

项目名称	主要完成单位	主要完成者
2. 近钻头地质导向技术	中国石化集团胜利石油管理局	马清明　杨锦舟　肖红兵　刘庆龙　杨全进　刘成贵　崔海波　徐凤玲　朱杰然　王智锋　宿振国　郭淑会
3. 高阻尼特殊结构合成橡胶品种的研制及应用	中国石油化工股份有限公司北京化工研究院 中国石油化工股份有限公司北京燕山分公司	梁爱民　华　炜　李传清　郑国军　王世朝　王　雪　陈力军　于国柱　祁　俊　刘宗语　何海燕　吴春红
二等奖		
1. 三维井眼抽油杆系统力学检测分析研究与应用	中国石油化工股份有限公司江苏油田分公司	杨海滨　刘松林　李汉周　王掌洪　王明才　李文森　彭　中　马建杰　卫光明　冯恩山
2. 高频电磁聚结原油脱水技术	中国石油化工股份有限公司胜利油田分公司	张　建　李清方　王增林　冯永训　刘东杰　纪国庆　王凤巢　邹积山　张新军　孙广领
三等奖		
1. 表面涂层和蛋壳分布催化材料及其在乙苯脱氢—氢氧化生产中的应用	中国石油化工股份有限公司上海石油化工研究院 中国石油化工股份有限公司北京燕山分公司	李应成　卢立义　马春景　曲宏亮　顾松园　赵志强　顾建宁　阎作刚
2. 六氢苯甲酸—环己酮肟(或苯—甲苯)联产己内酰胺组合工艺技术	中国石油化工股份有限公司石家庄炼化分公司 湘潭大学 中国石油化工股份有限公司石油化工科学研究院 湖南百利工程科技有限公司	潘九海　罗和安　李永祥　王再言　吴　剑　王仲霞　李华强　宗保宁
3. 新的球形载体制备及相应的催化剂技术	中国石油化工股份有限公司北京化工研究院	杜宏斌　杨元一　李振虎　夏先知　王新生　刘月祥　郑　烜　谭　忠
4. 1 000 吨级塔类设备吊装通用吊具开发	中石化第四建设有限公司	陈照正

表 4　　获 2012 年度石化集团公司科学技术进步奖项目

项目名称	主要完成单位	主要完成者
一等奖		
1. RTM 逆时偏移技术研发及应用	中国石油化工股份有限公司石油物探技术研究院	杨勤勇　方伍宝　孔祥宁　刘定进　孙晶梅　王立歆　曹　辉　张慧宇　张　兵　段心标　蔡杰雄　徐兆涛　何　英　周　巍　王鹏燕
2. 超百万道密度全数字单点地震勘探技术	中国石油化工股份有限公司胜利油田分公司	蔡希源　韩文功　于　静　丁　伟　赵殿栋　单联瑜　张光德　石林光　高秋菊　曹国滨　刘魁元　刘书会　刘学伟　路慎强　陈吴金
3. 胜利准西北缘浅层油气成藏规律及关键技术	中国石油化工股份有限公司胜利油田分公司	张善文　隋风贵　林会喜　刘传虎　宋明水　张奎华　宋传春　向　奎　任新成　韩祥磊　肖雄飞　乔玉雷　谭绍泉　董臣强　王圣柱
4. 燃煤电厂烟气二氧化碳捕集、驱油与封存技术及示范应用	中国石油化工股份有限公司胜利油田分公司 中国石化集团胜利石油管理局 中国石化集团南京化学工业有限公司	孙焕泉　毕义泉　毛松柏　王增林　李振泉　张　建　吕广忠　储　政　汪庐山　李春芹　李向良　郭迎春　李清方　王世杰　王　杰
5. 大牛地气田水平井钻完井及多级分段压裂技术	中国石油化工股份有限公司华北分公司	周荔青　陈路原　郑锋辉　秦玉英　龚才喜　侯瑞云　邓红琳　何　青　马　强　程秋菊　陈付虎　狄　伟　王　翔　张永春　袁立鹤
6. S-Zorb 国产吸附剂 FCAS 的开发及其工业应用	中国石油化工股份有限公司石油化工科学研究院 中国石油化工股份有限公司北京燕山分公司 中国石化集团上海高桥石油化工公司 中国石油化工股份有限公司催化剂分公司	林　伟　龙　军　徐　莉　华　炜　侯晓明　谈文芳　周　健　王明哲　施昌智　刘　学　刘志坚　徐广通　王万新　张　遥　田志鸿
7. 新型 C_8 芳烃异构化催化剂 RIC－200 工业应用试验	中国石油化工股份有限公司石油化工科学研究院 中国石油化工股份有限公司天津分公司	梁战桥　侯　强　顾昊辉　冷家厂　赵　斌　冯志强　盖月庭　魏劲松　凌　云　苏　莹　刘中勋　于深波　周震寰　邹振宇　阮　迟
8. 高速铁路特种乳化沥青的开发及工程推广应用	中国石化炼油销售有限公司 中国石油化工股份有限公司抚顺石油化工研究院	黄婉利　罗望群　张敬义　梁亚军　刘维帅　胡中华　沈家永　陈保莲　高冰梅　董德安　刘慧敏　宁爱民　程国香　吴立报　李志军

续表

项目名称	主要完成单位	主要完成者
9. 加氢裂化装置扩能改造及产品质量提升应用技术开发	中国石油化工股份有限公司抚顺石油化工研究院 中国石油化工股份有限公司镇海炼化分公司 中石化洛阳工程有限公司	方向晨　胡江青　孙晓艳　李立权 谢国群　杨占林　王敬东　吴子明 李锃瑜　樊宏飞　孙建怀　彭绍忠 吴　弘　曾　茜　梁永伟
10. 65 万吨/年乙苯成套技术开发及应用	中国石油化工股份有限公司镇海炼化分公司 中国石油化工股份有限公司石油化工科学研究院 中国石化工程建设有限公司	张凤美　王　飞　杨　照　曾汉民 王　瑾　肖雪军　黄朝晖　王永睿 郭雪华　郭湘波　刘　宁　张春艳 陈　雷　李长秀　秦凤明
11. 30 万吨/年天然气乙炔法制醋酸乙烯成套技术开发	中国石化集团四川维尼纶厂 中石化宁波工程有限公司 重庆川维石化工程有限责任公司 清华大学 中国石油化工股份有限公司青岛安全工程研究院	徐正宁　赵　寰　严　红　许　毅 付武华　廖联义　邵建雄　朱灵玲 朱成文　高建兵　邓秀江　孙　钰 王铁峰　张仁文　谢传欣
12. 塔河超深层稠油降黏开采关键技术	中国石油化工股份有限公司西北油田分公司 中国石油化工股份有限公司石油化工科学研究院 中国石油化工股份有限公司塔河分公司	刘中云　王世洁　秦　冰　林　涛 罗咏涛　赵海洋　李本高　韩革华 雷　斌　李子甲　王洁青　陈朝刚 李财富　杨祖国　潘先灿
13. 丙烯/1－丁烯无规共聚物的工业化开发	中国石油化工股份有限公司北京化工研究院 中国石化上海石油化工股份有限公司 中国石化化工销售有限公司	郭梅芳　孙旭辉　宋文波　郭晓军 张丽英　刘　勇　黄红红　毛春屏 魏文骏　周　浩　房　琳　张　浩 高国强　侯莉萍　沈继红
14. 300t/a 高性能聚乙烯纤维干法纺丝工业化成套技术	中国石化仪征化纤股份有限公司 中国石化集团南京化学工业有限公司 中国纺织科学研究院	孙玉山　陈建军　张超林　储　政 孔令熙　杨　勇　魏家瑞　张　琦 王祥云　毛松柏　陈功林　周桂存 高玉文　李晓俊　郝爱香
15. PO/SM 废气催化氧化处理成套技术开发及工业应用	中国石油化工股份有限公司镇海炼化分公司 中国石油化工股份有限公司抚顺石油化工研究院 中石化洛阳工程有限公司	戴宝华　方向晨　朱华兴　方学云 刘忠生　李网章　洪　波　王　新 张仲利　胡明忠　陈玉香　李群生 陈　雷　王海波　张海燕
二等奖		
1. 潜江凹陷稳产资源基础及关键技术	中国石油化工股份有限公司江汉油田分公司	郑有恒　张士万　范传军　曹卫生 刘爱武　舒志国　朱先才　华继军 张水山　付宜兴　陈　静　张　毅

续表

项目名称	主要完成单位	主要完成者
2. 西湖凹陷重点区带油气成藏条件	中国石油化工股份有限公司上海海洋油气分公司	李上卿　杨彩虹　郑　军　王　岭 朱立新　马建德　牛华伟　曾广东 陈茂根　王丽顺　王　岚　张　沛
3. 深井超深井钻井技术研究与应用	中国石油化工股份有限公司石油工程技术研究院 中国石化集团胜利石油管理局 中国石化集团中原石油勘探局	刘汝山　曾义金　孙清德　赵金海 丁士东　孙铭新　王文立　舒尚文 马广军　裴建忠　李光泉　冯光通
4. 超高压封隔式尾管悬挂器的研制及产业化	中国石油化工股份有限公司石油工程技术研究院	马兰荣　马开华　朱和明　杨德锴 王建全　张元星　孙文俊　陈志峰 吴晋霞　刘国祥　张国安　杜鹏德
5. 碳酸盐岩缝洞型储集体地球物理预测与描述	中国石油化工股份有限公司石油物探技术研究院	曲寿利　管路平　王世星　朱生旺 赵　群　孙建国　曹辉兰　唐金良 梁志强　肖鹏飞　薛诗桂　郝守玲
6. 地震叠前宽角度反演及储层表征技术	中国石油化工股份有限公司胜利油田分公司	孟宪军　王玉梅　慎国强　钮学民 苗永康　刘立彬　郭见乐　王振涛 张　洪　王希萍　张　达　刘福平
7. 东营南坡红层基本地质特征与油气成藏	中国石油化工股份有限公司胜利油田分公司	刘书会　高永进　贾光华　唐　东 贺振建　王东旭　王志杰　刘志勇 李小梅　邹　灵　孙红蕾　王　茹
8. 胜利油田复杂断块油藏立体开发技术	中国石油化工股份有限公司胜利油田分公司	王端平　杨　勇　张进平　王　建 刘新华　赵开连　刘维霞　丁可新 张艳增　梁承春　谭保国　武　刚
9. 膨胀悬挂器尾管完井修井技术	中国石化集团胜利石油管理局	李作会　唐　明　张永辉　刘从林 王金铸　綦耀升　黄爱先　吴柳根 蔡　鹏　滕照正　李相远　宁学涛
10. 活性高分子体系提高采收率技术	中国石油化工股份有限公司胜利油田分公司	汪庐山　田玉芹　王海波　束青林 陈　雷　高生伟　关　悦　刘承杰 郭宏伟　张本华　孟　浩　张冬会
11. 水平井生产测井施工工艺与解释方法	中国石化集团胜利石油管理局	李山生　孙　波　王　强　臧德福 刘树勤　李泽田　姜文芝　管林华 张玉模　贾乐国　王　波　宋学峰

续表

项目名称	主要完成单位	主要完成者
12. 多功能脉冲中子能谱测井技术与应用	中国石化集团胜利石油管理局	董经利　张付明　姜文芝　朱留方 张　锋　李会银　刘树勤　王　强 谢景平　陈锡武　沈洪楚　张玉模
13. 叙利亚碳酸盐岩稠油油藏评价与开发对策	中国石油化工股份有限公司石油勘探开发研究院 中国石化集团国际石油勘探开发有限公司	袁向春　刘传喜　翟惠海　牟汉生 宋传真　魏荷花　杨　坚　阚淑华 夏东领　林长志　张庆红　曹丽丽
14. 复杂边界油藏水平井提高采收率技术	中国石油化工股份有限公司江苏油田分公司	钟思瑛　唐湘明　刘桂玲　潘　凌 熊光勤　刘肖军　孙东升　陈　刚 刘　辛　唐海军　金忠康　金　勇
15. 特殊油气藏开发实验技术	中国石油化工股份有限公司石油勘探开发研究院	吕成远　伦增珉　潘伟义　王海涛 王　锐　郎东江　尚根华　骆　铭 赵春鹏　周　霞　徐　婷　孙爱军
16. 高温高压高抗硫化氢密封技术及工业化应用	中国石油化工股份有限公司中原油田分公司 中国石油大学(北京)	周　琼　姜春河　丛川波　李世民 林伟民　欧天雄　舒晓晖　杨立昌 郭继香　孟晓宇　商剑峰　石爱民
17. 超深井超大规模酸压改造技术先导试验	中国石油化工股份有限公司西北油田分公司	林　涛　张　烨　李子甲　胡国亮 耿宇迪　米强波　张泽兰　胡雅洁 黄燕飞　李春月　杨方政　张俊江
18. S-Zorb 再生烟气处理技术开发	中国石油化工股份有限公司齐鲁分公司 中国石油化工股份有限公司北京燕山分公司	刘爱华　徐兴忠　张艳刚　陶卫东 刘剑利　王明哲　许金山　王建华 宋以常　梁颖杰　崔云梓　张占祎
19. RAX－II 型芳烃吸附剂的研发与工业应用	中国石油化工股份有限公司石油化工科学研究院 中国石油化工股份有限公司北京燕山分公司 中国石油化工股份有限公司催化剂分公司	王辉国　李军良　秦金来　王德华 严　明　涂长志　马剑锋　汪复生 苑志伟　蒽　雷　朱　良　张三华
20. 环保型芳烃橡胶填充油成套技术开发	中国石油化工股份有限公司石油化工科学研究院 中国石油化工股份有限公司济南分公司	王玉章　林广田　施昌智　吴艳萍 管翠诗　宗　军　王子军　徐祇宏 刘颖荣　廖　勇　丁　洛　魏云永

续表

项目名称	主要完成单位	主要完成者
21. 低成本低能耗高沥青质转化渣油加氢催化剂组合体系的研发及应用	中国石油化工股份有限公司抚顺石油化工研究院 中国石油化工股份有限公司茂名分公司	杨　刚　李健强　耿新国　隋宝宽 梁上飞　李洪广　王志武　许佳贵 王永林　谭达刚　刘铁斌　张　皓
22. 丙烯腈成套新技术开发及在齐鲁扩能改造中的应用	中国石油化工股份有限公司齐鲁分公司 中国石油化工股份有限公司上海石油化工研究院	张沛存　吴粮华　宫晓燕　邵百祥 任林刚　熊　瑾　吴玉栋　赵　乐 孟宪会　吕英杰　于卫成　何　志
23. 高速拉膜用聚酯切片开发	中国石化仪征化纤股份有限公司 中国石油化工股份有限公司北京化工研究院	戴钧明　朱雪灵　张龙贵　张国民 王树霞　桑育军　胡新生　薛　斌 叶丽华　黄红红　赵德军　钟冰蓓
24. 100万吨/年乙烯成套技术工程化开发	中国石化工程建设有限公司 中国石油化工股份有限公司镇海炼化分公司 中国石油化工股份有限公司天津分公司 中国石油化工股份有限公司北京化工研究院 天华化工机械及自动化研究设计院 南京工业炉设计研究所	刘家明　王子宗　李广华　江正洪 许红星　张利军　杨　健　马洪波 何细藕　胡江青　王　斌　李金科
25. 氨肟化己内酰胺质量提升成套技术研发与工业应用	中国石油化工股份有限公司石油化工科学研究院 中国石油化工股份有限公司巴陵分公司	孙　斌　旷志刚　黄　敬　胡合新 李学农　慕旭宏　刘卫东　凌　云 王文彬　李惠友　王恩泉　赵君红
26. 用于PE氯化料的BCE－C催化剂开发及工业试验	中国石油化工股份有限公司北京化工研究院 中国石化扬子石油化工有限公司 中国石油化工股份有限公司催化剂分公司	周俊领　张　勇　汤　豪　郭子芳 游忠林　祝　平　苟清强　陈明华 潘　良　杨红旭　季宝云　张韬毅
27. 管式法EVA成套工艺技术开发	中国石油化工股份有限公司北京燕山分公司	罗　强　王力刚　赵丽梅　张　赫 刘国文　陈　钶　景政红　范　维 李　蕾　刘玉国　卢敬田　左瑞清

续表

项目名称	主要完成单位	主要完成者
28. 丁基橡胶新引发体系工业应用	中国石油化工股份有限公司北京燕山分公司 北京化工大学	吴一弦　华　炜　赫　炜　张　键 王连群　王　毅　祁　俊　但雪峰 张　杰　王冬萍　徐小伟　张　静
29. 丁基橡胶新反应器研究开发	中国石油化工股份有限公司北京燕山分公司 北京化工大学 北京燕华工程建设有限公司	郑国军　高正明　姜　森　王志刚 王长新　张　键　赵西明　马　鑫 马俊洪　秦绪光　赫　炜　俞培富
30. 氨法烟气除尘脱硫技术	中国石化集团宁波技术研究院 中石化宁波工程有限公司 中国石油化工股份有限公司石家庄炼化分公司 浙江双屿实业有限公司	陈　昕　肖光辉　李　援　仝　明 蒋自平　毕建国　刘玉英　严奇伟 夏　芳　郑凯声　王　剑　李丽英
31. 成品油管道串联输油泵开发	中国石化销售有限公司 浙江佳力科技股份有限公司	夏于飞　龚政尧　卜文平　钱永康 陈亚军　秦新言　蔡银芳　李建民 董列武
32. 普光高含硫气田腐蚀控制技术	中国石油化工股份有限公司中原油田分公司 中国石油大学(北京) 中国石化集团胜利石油管理局	王寿平　陈惟国　张庆生　徐卫东 黄雪松　欧　莉　王树涛　李时杰 张　诚　侯耀东　刘晓敏　韩玉坤
33. 石化企业事故分析技术研究与应用	中国石油化工股份有限公司青岛安全工程研究院 中国石化集团南京化学工业有限公司	袁纪武　王延平　翟良云　赵祥迪 白永忠　付靖春　戴　杰　王　正 万古军　汪泽强　朱先俊　刘　刚
34. 基于风险的劣质原油加工装置防腐技术研发与推广应用	中国石油化工股份有限公司青岛安全工程研究院 中国石油化工股份有限公司茂名分公司 中国石油化工股份有限公司镇海炼化分公司 中国石化上海石油化工股份有限公司 中国石化青岛炼油化工有限责任公司	刘小辉　王建军　牟善军　栗雪勇 李贵军　汪剑波　黄贤滨　吴运祥 兰正贵　莫少明　谢守明　屈定荣
35. 高 H_2S 天然气焚烧炉研制	中国石油化工股份有限公司中原油田分公司	李明志　张文昌　林伟民　李振智 姜春河　叶　瑛　郑全军　古小红 曹言光　耿　波　王和琴　赵　斌
36. 煤粉炉掺烧化工污泥技术开发及工业化应用	中国石化集团资产经营管理有限公司扬子石化分公司 西安交通大学	张文武　张早校　王敏文　楮才全 王哲明　任慧峰　曹　平　杨协宗 黄冬良　樊恩亚　俞星明　汤志武

续表

项目名称	主要完成单位	主要完成者
37. 风送系统关键设备旋转阀换向阀国产化研制	中石化上海工程有限公司 上海金申德粉体工程有限公司 中国石化上海石油化工股份有限公司	黄正林 陈铁军 潘胜斌 吴德荣 高峥嵘 王江义 马荣荣 陈 超 李艳明 林永明 华 峰 高道春
38. HCF 高梯度聚结气浮水处理技术研究与应用	中国石油化工股份有限公司胜利油田分公司	冯永训 王立坤 丁 慧 高金庆 王玉江 高纯玺 李安星 朱信刚 董培林 李家强 王 勇 刘广友
39. S-Zorb 装置关键设备的研制与应用	中国石油化工股份有限公司北京燕山分公司 中国石化工程建设有限公司 安泰科技股份有限公司 中国石油化工股份有限公司上海高桥分公司 上海开维喜阀门集团有限公司 营口庆营石油化工设备有限公司	刘文涛 刘 文 房立海 王 凡 王明哲 张迎恺 王万新 宋以常 张 遥 李 辉 高春阳 杨军军
40. 丛式井双井节能抽油技术	中国石油化工股份有限公司胜利油田分公司	张 煜 李新华 汪云家 刘丙生 王顺华 徐建礼 高广启 程正全 赵洪涛 刘金亭 魏 斌 罗 燕
41. 中国石化科技管理系统研发与应用	中国石油化工股份有限公司胜利油田分公司	王延光 赫俊民 陈建平 王锡洲 梁党卫 殷志强 侯树杰 徐 青 陈玉华 吕宏茹 苗永康 肖 莉
42. 全国成品油市场消费预测模型调整升级(Ⅰ)	中国石化销售有限公司 国务院发展研究中心资源与环境政策研究所	张海潮 夏世祥 杨浔英 王顺江 王 靓 郭焦锋 武 旭 曹小奇
43. 原油蒸馏工艺与工程	中国石化工程建设有限公司 中国石化出版社	李志强 蒋荣兴 严 錞 胡德铭 张延丰 赵 怡 刘艳升 陈清林 田松柏 刘建春 陈开辈 袁毅夫
44. 中国石化化工生产调度指挥系统	石化盈科信息技术有限责任公司	徐跃华 王立东 王永耀 时 光 张 炜 王 燕 黄志壮 许 基 张金萍 张 博 肖丰斌 陈 亮
45. 新结构高性能多孔催化材料	中国石油化工股份有限公司上海石油化工研究院 中国石化出版社	谢在库 王仰东 任丽萍 刘志成 任翠霞 关乃佳 徐龙伢 杨启华 冯兆池 贺鹤勇 丁维平 高焕新
三等奖		
1. 白音查干凹陷成藏主控因素及有利区带预测	中国石油化工股份有限公司中原油田分公司	韩保清 张放东 苏 惠 刘新刚 李金平 尚雅珍 范晓丽 邓已寻 张常德

续表

项目名称	主要完成单位	主要完成者
2. 南方复杂深井特种井眼钻井技术研究	中国石油化工股份有限公司勘探南方分公司	李真祥　瞿　佳　孙坤忠　李文东　雷　鸣　胡新忠　陈家河　刘新义　范文星
3. 超深井钻井液降滤失剂研究与应用	中国石油化工股份有限公司石油工程技术研究院	杨小华　王　琳　李家芬　林永学　薛　芸　魏殿举　刘贵传　薛玉志　钱晓琳
4. 镇巴区块3D地震处理技术研究	中国石油化工股份有限公司江汉油田分公司	李忠平　朱白文　周守益　霍　浩　秦玉芳　杨　萌　赵光华　唐明华　黄　桥
5. 江汉盆地白垩系成藏地质条件及勘探潜力评价	中国石油化工股份有限公司江汉油田分公司	易积正　曹卫生　陈长江　王永军　黄　华　刘爱武　阳　芳　陈金荣　沈　雷
6. 四川盆地缝洞性碳酸盐岩储层测井评价	中国石油化工集团公司西南石油局	葛　祥　张　筠　吴见萌　徐炳高　缪祥禧　李阳兵　林绍文　何传亮　季凤玲
7. 江苏水乡复杂断块石蜡乳液优快钻井液技术	中国石油化工股份有限公司江苏油田分公司	薛　芸　何竹梅　张宗林　龚厚平　彭　中　吴富生　王亚宁　王学军　曾甘林
8. 泌阳凹陷北部斜坡复杂油藏深化勘探研究	中国石油化工股份有限公司河南油田分公司	杨道庆　李　磊　吕明久　张永华　杨振峰　罗家群　李　辉　朱景修　任军战
9. 鄂南地区油气富集规律与勘探潜力评价	中国石油化工股份有限公司石油勘探开发研究院	郑和荣　胡宗全　尹　伟　刘春燕　伍新和　李　松　陈纯芳　高金慧　刘树平
10. 下扬子地区上组合晚期成藏条件与有利区带评价	中国石油化工股份有限公司华东分公司	吴聿元　史海英　俞　凯　张　淮　李建青　赵凤英　余文端　夏在连　刘计勇
11. 太古界潜山储层成因分布与成藏研究	中国石油化工股份有限公司胜利油田分公司	王学军　田美荣　郭玉新　刘　宁　秦永霞　郝运轻　张鹏飞　孟　涛　李　博

续表

项目名称	主要完成单位	主要完成者
12. 渤海湾断陷盆地演化与油气富集差异性研究	中国石油化工股份有限公司胜利油田分公司	邱桂强　熊　伟　王　勇　徐兴友　崔营滨　尹丽娟　丁桔红　王伟庆　杨万芹
13. 钻井新装备与新技术调研	中国石化集团胜利石油管理局	李作会　孙铭新　杨　利　顾小勇　王智锋　贺伦俊　侯　芳　杨宁宁　梁明月
14. 浅薄层稠油热采氮气泡沫调剖技术研究与应用	中国石油化工股份有限公司河南油田分公司	张清军　郝立军　李胜彪　毕长会　马道祥　罗全民　王书林　崔连训　苗振宝
15. 中西部地区碎屑岩储层预测、保护与改造技术	中国石油化工股份有限公司石油勘探开发研究院	苏建政　张永贵　龙秋莲　刘振峰　马丽娟　张建伟　黄志文　赵丹星　王红旗
16. 采油工程数据分析预测系统	中国石油化工股份有限公司石油勘探开发研究院	罗晓义　曾庆坤　陈秋芬　李宗田　苏建政　薄启炜　王立坤　王　飞　梁　涛
17. 循环分层周期注水工艺研究	中国石油化工股份有限公司河南油田分公司	马宏伟　彭元东　杨康敏　魏淋生　王小勇　苏建栋　焦明远　孙宜丽　王新志
18. 东濮深层低渗油藏有效注水开发技术支撑体系	中国石油化工股份有限公司中原油田分公司	国殿斌　王瑞飞　李中超　刘云华　毛立华　黄新文　韩　进　马青印　李才学
19. 高含硫气藏酸性混合气相态及渗流机理研究	中国石油化工股份有限公司中原油田分公司	毕建霞　宿亚仙　郭　肖　靳秀菊　姜淑霞　刘建仪　姜贻伟　刘晓敏　左代容
20. 空气锤及配套钻头研制	中国石化集团中原石油勘探局	胡群爱　孙起昱　张雨生　董国庆　李振智　陈祥久　闫光庆　李少海　王爱芳
21. 纳米技术在油气工业上游应用现状及前景研究	中国石油化工股份有限公司石油勘探开发研究院	白振瑞　卢雪梅　杨国丰　孙　鹏　王　强　周庆凡　李明岩　罗佐县　梁　慧

续表

项目名称	主要完成单位	主要完成者
22. 江苏低渗透油藏非线性渗流特征及立体调整技术研究	中国石油化工股份有限公司江苏油田分公司	周方喜　潘　凌　刘肖军　骆　瑛　张建良　陈　刚　刘家军　刘炳官　杨　鹏
23. 140MPa 高压流体控制元件	中国石化集团江汉石油管理局	池胜高　翁卫东　王庆群　游　艇　荀永明　徐国涛　李石良　刘　琼　肖海燕
24. 深层致密储层超高压压裂关键技术	中国石油化工集团公司西南石油局	张朝举　曹学军　李　钦　李　晖　龙　学　唐祖兵　付　伟　刘华杰　铁忠银
25. 王场油田潜三段北断块精细开发技术研究	中国石油化工股份有限公司江汉油田分公司	夏志刚　马　莉　刘孔章　王大江　张建荣　王立军　苏　苇　邓卫东　张　炜
26. 绿色低碳高能效加氢裂化成套技术开发及应用	中国石油化工股份有限公司抚顺石油化工研究院 中国石化海南炼油化工有限公司 中国石化工程建设有限公司	关明华　韩剑敏　李　浩　石友良　董昌宏　杜艳泽　修振东　曾榕辉　蹇江海
27. 凝析油单独加工技术研究与应用	中国石化工程建设有限公司 中国石油化工股份有限公司天津分公司	袁毅夫　张立津　凌逸群　俞仁明　王秋萍　柳　荣　陈尧焕　李　鹏　池　琳
28. 多产高辛烷值汽油的 MIP 工艺技术	中国石油化工股份有限公司石油化工科学研究院 中国石化集团资产经营管理有限公司巴陵石化分公司 中石化洛阳工程有限公司	崔守业　潘罗其　刘　昱　鲁维民　聂白球　陈振江　程从礼　颜　刚　乔立功
29. 高掺渣油比催化裂解催化剂开发	中国石油化工股份有限公司石油化工科学研究院 中国石油化工股份有限公司催化剂分公司 中国石油化工股份有限公司荆门分公司	许　昀　朱根权　朱亚东　张逢来　张剑秋　罗一斌　谢朝钢　赵永强　江军峰
30. 钢铁行业配套金属加工油的研制及应用	中国石油化工股份有限公司润滑油分公司	张　旭　李　谨　张志东　王士庭　周勤祖　郑春燕　李晓阳　邓象贤　朱秀艳

续表

项目名称	主要完成单位	主要完成者
31. 奇瑞汽车配套润滑油（液）的开发及应用	中国石油化工股份有限公司润滑油分公司	李万英 隋秀华 杨惠君 水 琳 陈惠卿 张凯蛟 朱和菊 曹 毅 张国茹
32. 生物柴油汽车适应性研究及相关产品开发	中国石油化工股份有限公司石油化工科学研究院 中国石油化工股份有限公司石家庄炼化分公司	蔺建民 宋海清 张建荣 龙 军 兰晓艳 安文珍 李 率 黄印玉 杜泽学
33. 管输汽柴油油品质量变化的研究	中国石化销售有限公司华北分公司	宋利军 李林萍 孙向东 柯 立 朱晓燕 王璟昱 马淑明 杨迎春 董文辉
34. 生物柴油与矿物柴油调和储运技术和质量保障	中国石化销售有限公司华北分公司	董 芳 丁冷然 郑东前 张凤泉 杨 勇
35. BC－DE 乙烯脱氧剂研制及工业应用	中国石油化工股份有限公司北京化工研究院 中国石化扬子石油化工有限公司	吕顺丰 张 勇 游忠林 黄凤兴 石海涛 秦燕璜 陈明华 王世亮 陈 庆
36. 无甲醛 VAE 乳液新品种 BJ805/806/807 工业化生产	中国石化集团北京燕山石油化工有限公司 北京东方石油化工有限公司	刘冰坡 李红立 李铁慧 闫香君 何双义 刘宗仁 李文学 卢吉海 施小勇
37. 路用聚酯超短增强纤维的开发及应用	天津工业大学 中国石油化工股份有限公司天津分公司	徐进云 孙 玉 张 勇 李艳玲 郑 帼 刘秀清 刘燕军 赵永冰 肖 刚
38. 气相聚丙烯连续预聚合技术	中国石油化工股份有限公司北京化工研究院 中国石化扬子石油化工有限公司	于鲁强 周 健 陈江波 张 勇 杨芝超 邢 峰 仝钦宇 贾中明 邹 杰
39. 户外用高档腈纶的应用研究	中国石化上海石油化工股份有限公司 东华大学	严国良 马正升 张玉梅 沈喜宾 王华平 徐云伟 张超峰 金颖辉 赵正然
40. 超细纤维用 LDPE 专用树脂开发及推广应用	中国石油化工股份有限公司北京燕山分公司	王力刚 景政红 魏 川 李 蕾 汤 明 吕 琨 陈青葵 陈桂梅 马海霞

续表

项目名称	主要完成单位	主要完成者
41. 10万吨/年环己烷富氧氧化成套技术开发及工业应用	中国石化集团资产经营管理有限公司巴陵石化分公司	黎树根　刘华锋　申　武　李勇军　高　伟　柳亚华　张君辉　李　纲　龙　伟
42. 工业丝用阻燃聚酯及其应用开发	中国石化上海石油化工股份有限公司	吴以准　瞿中凯　郁培龄　郭永林　蒋坚新　祝国忠　王良生　沈　伟　顾晏晔
43. 高刚性易加工汽车用聚丙烯专用料的开发	中国石油化工股份有限公司天津分公司 中国石油化工股份有限公司北京化工研究院	马国玉　邹　浩　齐东升　张师军　王　刚　宋文波　李玉松　高　炜　董树明
44. 熔体直纺多孔异形细旦涤纶长丝开发	中国石油化工股份有限公司洛阳分公司 中国纺织科学研究院	况成承　李　健　刘玉来　石继红　井连英　张　锋　李　鑫　房传兴　廉志军
45. 低气味高刚韧平衡聚丙烯的开发与应用	中国石油化工股份有限公司齐鲁分公司 青岛科技大学	李　丽　石志俭　刘光烨　唐　岩　连业波　谢　侃　蒋善君　李超芹　王　东
46. 淤浆环管聚乙烯催化剂NTR－971工业化应用研究	中国石油化工股份有限公司茂名分公司 上海纳川化工有限公司 上海立得催化剂有限公司	柳迎才　杜　刚　钟向宏　蔡祥军　梁超杰　彭晓琪　肖树萌　苏和跃　梁　戈
47. 高1.2－结构含量SEBS的合成及应用	中国石化集团资产经营管理有限公司巴陵石化分公司	梁红文　李望明　张君花　周燎原　王　勇　张红星　张志斌　韩丙勇　张爱民
48. 车载式大口径流量计全自动在线检定装置	中国石油化工股份有限公司北京石油分公司 北京瑞赛长城航空测控技术有限公司	郭飞鸿　杨晓东　霍宝堂　徐　伟　见少飞　曾凡明　程亚松　崔　凌　王　琳
49. 新型多功能膜工艺用于石化废水的处理回用及工业应用	中国石油化工股份有限公司北京化工研究院	李正琪　杨永强　栾金义　张新妙　万国晖　谢梓峰　彭海珠　赵　鹏　王玉杰
50. 重油催化裂化装置烟气脱硫设施污水处理工艺	中国石化集团宁波技术研究院 中石化宁波工程有限公司 中国石油化工股份有限公司广州分公司 浙江双屿实业有限公司	陈　昕　仝　明　林大泉　严奇伟　梁　亮　郑凯声　王家骐　王华健　王宏伟

续表

项目名称	主要完成单位	主要完成者
51. 高效油基降黏剂的研制与应用	中国石油化工股份有限公司管道储运分公司	张惠民 张洪奎 段彦修 张 宁 曹旦夫 尚孟平 裘冬平 廖达伟 陈 庆
52. 百万吨乙烯配套废水处理技术优化及工业应用	中石化上海工程有限公司 中国石油化工股份有限公司镇海炼化分公司 中国石油化工股份有限公司北京化工研究院	何小娟 邓作忠 梁红捷 胡江青 赵 鹏 沈 江 徐 力 栾金义 陈柯达
53. 中国石化污染源调查及环境监测管理系统	中国石油化工股份有限公司抚顺石油化工研究院	许 谦 郭宏山 闫 松 单广波 王明星 陈中涛 韩建华
54. 活塞式压缩机余隙无机调节系统	中国石油化工股份有限公司荆门分公司	游碧龙 赖通荣 沈顺成 唐厚旺 罗 辉 易 涛 金 磊 张国忠 祝继安
55. 华南成品油管网防雷系统	中国石化销售有限公司华南分公司 中国石油化工股份有限公司青岛安全工程研究院 武汉大学	夏于飞 刘 胜 刘维国 廖兴万 刘宝全 胡海燕 刘全桢 文习山 蓝 磊
56. 延迟焦化优化裂解技术研发及应用	中国石油化工股份有限公司金陵分公司 中国石油大学(华东)	赵日峰 沈国平 任名晨 王兰娟 杜 平 扬军卫 孙柏军 徐宝平 肖家治
57. 新型CNG加气机研制	中国石化销售有限公司 中国石化重庆石油分公司 重庆耐德能源装备集成有限公司	孙秀明 廖 华 宋 伟 王铭坤 沈青祁 李钦群 王 林 王 亮 晏祖泽
58. 榆林-济南输气管道工程复杂地段关键技术	中国石油化工股份有限公司天然气分公司 中国石化集团中原石油勘探局 北京华夏山川生态环境科技有限公司	高爱华 史殿义 孙建国 周立博 任明强 王晓霖 张建强 常 兴 叶 健
59. 强适应性成套电脱盐技术开发和工业应用	中国石化工程建设有限公司 中国石油化工股份有限公司金陵分公司 长江(扬中)电脱盐设备有限公司	陈开辈 孙柏军 杨卫国 蒋荣兴 曹忠军 肖根华 曹益新 杜 平 陈争荣
60. 中国石化档案管理系统	石化盈科信息技术有限责任公司	杨国庆 杨振刚 苗占东 夏献民 张少宁 李春艳 吕海民 顾 贞 李成其

续表

项目名称	主要完成单位	主要完成者
61. 中国石化上游经济评价体系研究	中国石油化工股份有限公司石油勘探开发研究院	贾士超 荆克尧 罗大清 刘应红 凡哲元 刘会友 缪 莉 周新科 罗 萍
62. 中国石化工程建设材料编码标准化项目	中国石化工程建设有限公司 石化盈科信息技术有限责任公司	李国清 王建民 孙丽华 胡 宏 柯松林 万 红 刘 玥 刘建立 钟普查
63. 中国石化润滑脂系列企业标准的研究与制定	中国石油化工股份有限公司润滑油分公司	马永革 康 军 冯 强 郭振俊 刘亚春 刘志颖 孙 玲 马爱民 张广辽
64. 中国石化审计信息集成管理系统项目	石化盈科信息技术有限责任公司	马永林 周立云 李 涛 袁晓艳 姜晓阳 刘 远 孟庆峰 鲁朋亮 王 哲
65. 中国石化主要石油石化产品市场预测体系	中国石油化工集团公司经济技术研究院	毛加祥 周立伟 舒朝霞 杨延飞 曲岩松 柯晓明 杨浔英 何 斌 高春雨
66. 欧盟 REACH 法规研究与实践	中国石油化工集团公司经济技术研究院 中国石油化工股份有限公司青岛安全工程研究院 中国石油化工股份有限公司石油化工科学研究院 中国石油化工股份有限公司北京化工研究院	苏 彪 秦士珍 尹逊安 朱 英 倪 蓓 唐跃兵 范 军 安林红 陈 军
67. 中国石化培训评估体系	石油化工管理干部学院	亓玉台 谭忠阁 李汝胜 王立志 李 芳 王彩霞 冯少伟 石惟理 谢景山
68. 炼油装置区域优化控制系统的开发和集成应用	中国石油化工股份有限公司北京燕山分公司 石化盈科信息技术有限责任公司 北京美航自控系统工程有限责任公司	刘彦波 马效忠 于会泳 高文明 关 力 杨有亮 郑冬梅 段宝军 潘绍晨
69. 重质燃料油调和软件的开发和应用	中国石油化工股份有限公司石油化工科学研究院 中国石化燃料油销售有限公司	马 力 常京阳 张 彪 张 迎 申海平 路 斌 阎 龙 周 杰 刘自宾
70. 制定中国石化加油站形象设计系列标准	中国石化销售有限公司	董黎明 田宝林 尹 强 柴志明 张 毅 刘志华 高劲松 瞿 巍 连 勇

附录 2

企事业单位名录

序号	单位名称	地址	邮政编码	电话	传真	董事长/经理（厂长）
1	中国石化集团胜利石油管理局 中国石油化工股份有限公司胜利油田分公司	山东省东营市济南路 125 号	257001	（0546）8552074 （0546）8555313	（0546）8221719	孙焕泉
2	中国石化集团中原石油勘探局 中国石油化工股份有限公司中原油田分公司	河南省濮阳市中原路 277 号	457001	（0393）4822151 （0393）4822172	（0393）4828300	孔凡群
3	中国石化集团河南石油勘探局 中国石油化工股份有限公司河南油田分公司	河南省南阳市宛城区	473132	（0377）63830011	（0377）63830027	李联五
4	中国石化集团江汉石油管理局 中国石油化工股份有限公司江汉油田分公司	湖北省潜江市广华寺江汉路 1 号	433124	（0728）6502051	（0728）6502784	孙　健
5	中国石化集团江苏石油勘探局 中国石油化工股份有限公司江苏油田分公司	江苏省扬州市文汇西路 1 号	225009	（0514）87762001	（0514）87760009	朱　平
6	中国石化集团新星石油有限责任公司	北京市海淀区北四环中路 263 号	100083	（010）82335150	（010）82335152	袁　清
7	中国石化集团上海海洋石油局 中国石油化工股份有限公司上海海洋油气分公司	上海市浦东新区商城路 1225 号	200120	（021）20896811	（021）68769284	左文岐
8	中国石化集团西北石油局 中国石油化工股份有限公司西北油田分公司	新疆乌鲁木齐市长春南路 466 号中国石化西北石油科研生产园区	830011	（0991）3166579	（0991）3166583	刘中云
9	中国石化集团西南石油局 中国石油化工股份有限公司西南油气分公司	四川省成都市高新区吉泰路 688 号中国石化西南科研办公基地	610000	（028）65285555	（028）65285666	甘振维

续表

序号	单位名称	地址	邮政编码	电话	传真	董事长/经理（厂长）
10	中国石化集团东北石油局 中国石油化工股份有限公司东北油气分公司	吉林省长春市绿园区西安大路4936号	130062	(0431)87958809	(0431)87974693 (0431)87973631	邢景宝
11	中国石化集团华北石油局 中国石油化工股份有限公司华北分公司	河南省郑州市中原区陇海西路199号	450006	(0371)68629220	(0371)68612902	周荔青
12	中国石化集团华东石油局 中国石油化工股份有限公司华东分公司	江苏省南京市建邺区江东中路315号中泰国际广场6号楼	210019	(025)58777022	(025)58822349	方志雄
13	中国石油化工股份有限公司天然气分公司 中国石化天然气有限责任公司	北京市朝阳区惠新东街甲6号	100029	(010)69166083	(010)69196617	高爱华
14	中国石油化工股份有限公司勘探南方分公司	四川省成都市高新区吉泰路688号中国石化西南科研办公基地	610041	(028)85164709	(028)85164600	郭旭升
15	中国石油化工股份有限公司天然气工程项目管理部	四川省成都市金牛区恒德路8号	610081	(028)83360628	(028)83361066	沈　琛
16	中国石化集团管道储运公司 中国石油化工股份有限公司管道储运分公司	江苏省徐州市泉山区翟山新村	221008	(0516)83453552	(0516)83453386	高河东/钱建华
17	中国石化集团北京燕山石油化工有限公司 中国石油化工股份有限公司北京燕山分公司	北京市房山区燕山岗南路1号	102500	(010)69348932	(010)69342736	王永健/罗强
18	中国石化集团资产经营管理有限公司齐鲁石化分公司 中国石油化工股份有限公司齐鲁分公司	山东省淄博市临淄区桓公路15号	255408	(0533)7180777	(0533)7180406	李安喜
19	中国石化集团茂名石油化工公司 中国石油化工股份有限公司茂名分公司	广东省茂名市双山四路9号大院	525000	(0668)2264248	(0668)2269317	余夕志

续表

序号	单位名称	地址	邮政编码	电话	传真	董事长/经理（厂长）
20	中国石油化工股份有限公司镇海炼化分公司	浙江省宁波市镇海区	315207	（0574）86444813	（0574）86270077	江正洪
21	中国石化集团资产经营管理有限公司天津石化分公司 中国石油化工股份有限公司天津分公司	天津市滨海新区（大港）北围路（西）160号	300271	（022）63804611	（022）25991000	朱建民
22	中国石化上海石油化工股份有限公司	上海市金山区金一路48号	200540	（021）57941941	（021）57942267	王治卿
23	上海赛科石油化工有限责任公司	上海化学工业区南银河路557号	201507	（021）37990088	（021）67250866	王治卿
24	中国石化集团资产经营管理有限公司上海高桥分公司 中国石油化工股份有限公司上海高桥分公司	上海市浦东大道3000号	200129	（021）58711001	（021）58712207	侯勇/侯晓明
25	中国石化集团金陵石油化工有限责任公司 中国石油化工股份有限公司金陵分公司	江苏省南京市栖霞区甘家巷街388号	210033	（025）58989322	（025）85592004	赵日峰
26	中沙（天津）石化有限公司	天津市滨海新区（大港）北围堤路西235号	300271	（022）63809018	（022）63809000	许红星
27	中国石化集团资产经营管理有限公司扬子石化分公司 中国石化扬子石油化工有限公司	江苏省南京市化学工业园区大厂新华路777号	210048	（025）57782303	（025）57784389	王净依
28	扬子石化—巴斯夫有限责任公司	江苏省南京市六合区新华东路8号	210048	（025）57770888	（025）58569811	马秋林
29	福建炼油化工有限公司	福建省泉州市丰泽区安吉路福炼大厦	362011	（0595）27355053	（0595）27355000	陆　东

续表

序号	单位名称	地址	邮政编码	电话	传真	董事长/经理（厂长）
30	中国石化集团资产经营管理有限公司巴陵石化分公司 中国石油化工股份有限公司巴陵分公司	湖南省岳阳市云溪区	414014	（0730）8492348	（0730）8481456	朱建民
31	中国石化集团资产经营管理有限公司长岭分公司 中国石油化工股份有限公司长岭分公司	湖南省岳阳市云溪区长岭炼油厂	414012	（0730）8452002 （0730）8452003	（0730）8451824	李　华
32	中国石化集团资产经营管理有限公司仪征分公司 中国石化仪征化纤股份有限公司	江苏省仪征市长江西路 1 号	211900	（0514）83231505	（0514）83233880	卢立勇
33	中国石化集团南京化学工业有限公司	江苏省南京市六合区大厂葛关路 268 号	210048	（025）57765017	（025）57792812	袁建宁
34	中国石化集团资产经营管理有限公司广州分公司 中国石油化工股份有限公司广州分公司	广东省广州市黄埔区石化路 239 号	510726	（020）62123888	（020）82399045	陈　坚
35	中国石化集团资产经营管理有限公司洛阳石化分公司 中国石油化工股份有限公司洛阳分公司	河南省洛阳市吉利区	471012	（0379）66992309	（0379）66992575	赵振辉
36	中国石化集团资产经营管理有限公司安庆分公司 中国石油化工股份有限公司安庆分公司	安徽省安庆市石化四路 20 号	246002	（0556）5381717	（0556）5378299	王　彪
37	中国石化集团资产经营管理有限公司荆门分公司 中国石油化工股份有限公司荆门分公司	湖北省荆门市白庙路	448039	（0724）2271440	（0724）2211539	江寿林
38	中国石化集团四川维尼纶厂	重庆市长寿区晏家街道维江路 36 号	401254	（023）68974061	（023）68974009	徐正宁
39	中国石化集团资产经营管理有限公司九江分公司 中国石油化工股份有限公司九江分公司	江西省九江市滨江东路 228 号	332004	（0792）8493204	（0792）8617006	覃伟中

续表

序号	单位名称	地址	邮政编码	电话	传真	董事长/经理（厂长）
40	中国石化集团资产经营管理有限公司宜昌分公司 中国石油化工股份有限公司湖北化肥分公司	湖北省枝江市迎宾大道15号	443200	（0717）4212089	（0717）4212660	胡明生
41	中国石化集团资产经营管理有限公司石家庄分公司 中国石油化工股份有限公司石家庄炼化分公司	河北省石家庄市裕华区石炼路1号	050099	（0311）80862314	（0311）80861234	毕建国
42	中国石化集团资产经营管理有限公司济南分公司 中国石油化工股份有限公司济南分公司	山东省济南市工业南路26号	250101	（0531）88832202	（0531）88983622	吕亮功
43	中国石化集团资产经营管理有限公司武汉分公司 中国石油化工股份有限公司武汉分公司	湖北省武汉市青山区长青路特1号	430082	（027）86595156 （027）86595153	（027）86595188	崔光磊
44	中国石化中原石油化工有限责任公司	河南省濮阳市胜利西路	457001	（0393）4471067	（0393）4416227	周文飞
45	中国石化集团资产经营管理有限公司沧州分公司 中国石油化工股份有限公司沧州分公司	河北省沧州市交通北大道50号	061000	（0317）3552247 （0317）3552095	（0317）3552688	李　敏
46	中国石油化工股份有限公司润滑油分公司	北京市海淀区安宁庄西路6号	100085	（010）62949873	（010）62917732	宋云昌
47	中国石化青岛石油化工有限责任公司	山东省青岛市李沧区滨海路8号	266043	（0532）66762212	（0532）84816954	王英彬
48	中国石化湛江东兴石油化工有限公司	广东省湛江市霞山区湖光路15号	524012	（0759）2606603	（0759）2606888	吴惜伟
49	中国石化集团北海石化有限责任公司 中国石化北海炼化有限责任公司	广西北海市贵州路50号内5号楼 广西北海市铁山港区4号路	536000 536016	（0779）8528031	（0779）8528888	李永林

续表

序号	单位名称	地址	邮政编码	电话	传真	董事长/经理（厂长）
50	中国石油化工股份有限公司西安石化分公司	陕西省西安市未央区建章路北段6号	710086	（029）84313662	（029）84312981	李少平
51	中国石化塔河炼化有限责任公司	新疆库车县天山东路573号	842000	（0997）7979067	（0997）7979016	赵亚新
52	中国石化海南炼油化工有限公司	海南省洋浦经济开发区	578101	（0898）28820068	（0898）28820099	王玉冰
53	中国石化青岛炼油化工有限责任公司	山东省青岛经济技术开发区千山南路827号	266500	（0532）86915971	（0532）86915988	王树德
54	中国石化炼油销售有限公司	上海市长宁区延安西路728号22层	200050	（021）60863300	（021）52381680	胡伟庆
55	中国石油化工股份有限公司北京石油分公司	北京市东城区广渠家园6号楼	100022	（010）67006872	（010）67006900	刘雄华
56	中国石化集团资产经营管理有限公司天津石油分公司 中国石油化工股份有限公司天津石油分公司	天津市南开区南京路338号石油大厦	300100	（022）27201588	（022）27201555	于忠国
57	中国石油化工股份有限公司河北石油分公司	河北省石家庄市槐安东路6号	050021	（0311）87182014	（0311）87182888	杨槐青
58	中国石化集团资产经营管理有限公司山西石油分公司 中国石油化工股份有限公司山西石油分公司	山西省太原市万柏林区大王路8号	030024	（0351）6197562 （0351）6197559	（0351）6197567	徐建春
59	中国石油化工股份有限公司上海石油分公司	上海市黄浦区中山东一路24号甲	200002	（021）63219490	（021）63210762	杨　棣

续表

序号	单位名称	地址	邮政编码	电话	传真	董事长/经理（厂长）
60	中国石油化工股份有限公司江苏石油分公司	江苏省南京市中山北路395号	210003	（025）58808888	（025）58803729	吕建华
61	中国石油化工股份有限公司浙江石油分公司	浙江省杭州市河坊街58号	310009	（0571）87814551	（0571）87818822	徐祥燕
62	中国石油化工股份有限公司安徽石油分公司	安徽省合肥市屯溪路188号	230009	（0551）62212613	（0551）62212900	邬国庆
63	中国石化集团资产经营管理有限公司福建石油分公司 中国石油化工股份有限公司福建石油分公司	福建省福州市中山路18号	350003	（0591）87821534	（0591）87821534	郝国强
64	中国石化集团资产经营管理有限公司江西石油分公司 中国石油化工股份有限公司江西石油分公司	江西省南昌市东湖区洪都北大道102号	330046	（0791）88512247	（0791）88511107	陈立国
65	中国石化集团资产经营管理有限公司山东石油分公司 中国石油化工股份有限公司山东石油分公司	山东省济南市经十路13777号9栋中国石化山东石油大厦	250014	（0531）85856666 （0531）85857777	（0531）85856789	冯东青
66	中国石油化工股份有限公司河南石油分公司	河南省郑州市郑东新区正光路16号	450016	（0371）87520290	（0371）87520299	田中山
67	中国石油化工股份有限公司湖北石油分公司	湖北省武汉市解放大道606号	430030	（027）68837000	（027）68837100	邹晓瑜
68	中国石油化工股份有限公司湖南石油分公司	湖南省长沙市湘春路113号	410008	（0731）84841848	（0731）84841801	潘桂妹
69	广东省石油企业集团公司 中国石油化工股份有限公司广东石油分公司	广东省广州市体育西路191号中石化大厦A塔	510620	（020）38084660	（020）38081618	夏于飞

续表

序号	单位名称	地址	邮政编码	电话	传真	董事长/经理（厂长）
70	中国石油化工股份有限公司广西石油分公司	广西南宁市桃源路 67 号	530021	（0771）6757886	（0771）6757889	吴健雄
71	中国石化集团资产经营管理有限公司海南石油分公司 中国石油化工股份有限公司海南石油分公司	海南省海口市滨海大道 163 号	570311	（0898）68680800	（0898）68680909	徐天民
72	中国石油化工股份有限公司贵州石油分公司	贵州省贵阳市南明区解放路 21 号贵州石化大厦	550002	（0851）5986622	（0851）5985810	何建新
73	中国石化集团资产经营管理有限公司云南石油分公司 中国石油化工股份有限公司云南石油分公司	云南省昆明市官渡区拓东路 45 号世博大厦	650011	（0871）63115215	（0871）63115210	左志民
74	中国石油化工股份有限公司辽宁石油分公司	辽宁省沈阳市崇山东路 51 号	110032	（024）86859479	（024）86859479	纪　波
75	中国石油化工股份有限公司四川石油分公司	四川省成都市高新区天府大道中段吉泰路中石化西南科研办公基地	610041	（028）65286816	（028）65286822	肖崇昆
76	中国石油化工股份有限公司重庆石油分公司	重庆市渝中区青年路 38 号国贸大厦 32 楼	400010	（023）63107555	（023）63106320	江建华
77	中国石油化工股份有限公司陕西石油分公司	陕西省西安市莲湖区北大街 29 号中天大厦 10 层	710003	（029）87257390	（029）87257202	焦德才
78	中国石油化工股份有限公司内蒙古石油分公司	内蒙古呼和浩特市新城区成吉思汗大街 26 号日新大厦 A 座	010051	（0471）5289806	（0471）5289808	王红兵
79	中国石油化工股份有限公司新疆石油分公司	新疆乌鲁木齐长春南路 466 号中国石化科研生产园区 2 楼 B 座	830011	（0991）3163087	（0991）3163086	马安生

续表

序号	单位名称	地址	邮政编码	电话	传真	董事长/经理（厂长）
80	中国石油化工股份有限公司吉林石油分公司	吉林省长春市西安大路699号中银大厦B座11层	130061	（0431）88409576	（0431）88409576	袁德成
81	中国石油化工股份有限公司黑龙江石油分公司	黑龙江省哈尔滨市南岗区长江路368号7层	150090	（0451）82352653	（0451）82353759	田凤林
82	中国石油化工股份有限公司青海石油分公司	青海省西宁市城西区海湖路26号	810008	（0971）6317090	（0971）6317257	谭莫羡
83	中国石油化工股份有限公司甘肃石油分公司	甘肃省兰州市城关区南昌路1716号11楼	730050	（0931）8870625	（0931）8833795	张宏彦
84	中国石油化工股份有限公司宁夏石油分公司	宁夏银川市金凤区庆丰街396号鼎城商务中心	750002	（0951）5019251 （0951）6662930	（0951）5019813	王志坤
85	中国石油化工股份有限公司西藏石油分公司	西藏拉萨市城关区娘热路13号	850000	（0891）6820269	（0891）6820269	伏　韬
86	中国石化销售有限公司华北分公司	天津市华苑产业园区榕苑路11号	300384	（022）23059524	（022）23059522	于金广
87	中国石化销售有限公司华东分公司	上海市长宁区愚园路819号	200050	（021）62119325	（021）62119327	罗春平
88	中国石化销售有限公司华中分公司	湖北省武汉市江汉区常青路39号	430023	（027）65798017	（027）65798015	聂时榜
89	中国石化销售有限公司华南分公司	广东省广州市天河区体育西路191号中石化大厦A塔	510620	（020）38083937	（020）38083909	濮志梁

续表

序号	单位名称	地址	邮政编码	电话	传真	董事长/经理（厂长）
90	中国石油化工股份有限公司石油勘探开发研究院	北京市海淀区学院路31号	100083	（010）82312417	（010）82312089	金之钧
91	中国石化集团石油工程技术研究院 中国石油化工股份有限公司石油工程技术研究院	北京市朝阳区北辰东路8号北辰时代大厦10层	100101	（010）84988166	（010）84988966	路保平
92	中国石油化工股份有限公司石油物探技术研究院	江苏省南京市江宁区上高路219号	211103	（025）68109926	（025）68109900	曲寿利
93	中国石油化工股份有限公司石油化工科学研究院	北京市海淀区学院路18号	100083	（010）62310806	（010）62311290	龙　军
94	中国石油化工股份有限公司北京化工研究院	北京市朝阳区北三环东路14号	100013	（010）64211993	（010）64228661	张　勇
95	中国石油化工股份有限公司抚顺石油化工研究院	辽宁省抚顺市望花区丹东路东段31号	113001	（024）56389234	（024）56429551	方向晨
96	中国石油化工股份有限公司上海石油化工研究院	上海市浦东北路1658号	201208	（021）68462197	（021）68462283	顾松园
97	中国石油化工股份有限公司青岛安全工程研究院	山东省青岛市市南区延安三路218号	266071	（0532）83786202	（0532）83861318	张海峰/李凯花
98	石油化工管理干部学院	北京市朝阳区立水桥北甲1号	100012	（010）51201203	（010）51201206	周志明
99	中国石化工程建设有限公司	北京市朝阳区安慧北里安园20号	100101	（010）84878730	（010）64963395	李国清

续表

序号	单位名称	地址	邮政编码	电话	传真	董事长/经理（厂长）
100	中石化上海工程有限公司	上海市浦东新区张杨路 769 号（银河大厦）	200120	（021）58354214	（021）58358142	吴德荣
101	中石化洛阳工程有限公司	河南省洛阳市中州西路 27 号	471003	（0379）64887749	（0379）64887756	王国良
102	中石化宁波工程有限公司	浙江省宁波市高新区院士路 660 号	315103	（0574）87975589	（0574）87975199	邵建雄
103	中石化南京工程有限公司	江苏省南京市江宁区科建路 1189 号	211100	（025）87117317	（025）85561051	向文武
104	中石化第四建设有限公司	天津市滨海新区大港世纪大道 180 号	300270	（022）63862214	（022）25990156	肖　刚
105	中石化第五建设有限公司	广东省广州市荔湾区中山七路 81 号	510145	（020）28348109	（020）28348169	田建军
106	中石化第十建设有限公司	山东省淄博市临淄区建设路 29 号	255438	（0533）7501143	（0533）7501126	樊继贤
107	石化盈科信息技术有限责任公司	北京市东城区东四十条甲 22 号南新仓商务大厦 A 座 1208	100007	（010）84191188	（010）64096335	潘欣荣
108	中国石化国际事业有限公司	北京市朝阳区朝阳门北大街 22 号	100728	（010）59966049	（010）59760629	蒋振盈
109	中国石化集团国际石油勘探开发有限公司 中国石化国际石油勘探开发公司	北京市朝阳区惠新东街甲 6 号	100029	（010）69165033	（010）69165140	张耀仓/耿宪良

续表

序号	单位名称	地址	邮政编码	电话	传真	董事长/经理（厂长）
110	中石化石油工程技术服务有限公司	北京市朝阳区北辰西路8号北辰世纪中心A座7层	100101	（010）57972399	（010）57972211	曹耀峰/薛万东
111	中石化炼化工程（集团）股份有限公司	北京市朝阳区慧忠北里安园19号兰华国际B座办公楼	100101	（010）64998000	（010）64998599	闫少春
112	中国石化财务有限责任公司	北京市朝阳区朝阳门北大街22号	100728	（010）59966700	（010）59760508	刘运/张保龙
113	中石化百川经济贸易公司	北京市朝阳区朝阳门北大街22号	100728	（010）59960505	（010）59960901	崔国旗
114	中国国际石油化工联合有限责任公司	北京市朝阳区朝阳门北大街22号	100728	（010）59966528	（010）59966698	戴照明
115	中国石化化工销售有限公司	北京市朝阳区朝阳门北大街22号	100728	（010）59966916	（010）59760728	李成峰
116	中国石化长城能源化工有限公司	北京市西城区安德路甲67号	100120	（010）51586355	（010）51586356	戴厚良/杨栋
117	中国石化催化剂有限公司	北京市朝阳区惠新东街甲6号	100029	（010）69166588	（010）69166878	谈文芳
118	中国石化燃料油销售有限公司	北京市朝阳区惠新东街甲6号	100029	（010）69166666	（010）69168888	刘祖荣
119	中国石油化工集团公司经济技术研究院（中国石化咨询公司）	北京市朝阳区安外小关街24号	100029	（010）52826100	（010）52826200	李希宏
120	中国石化报社	北京市东城区安外大街58号	100011	（010）84273230	（010）84271822	周恒友
121	中国石化出版社有限公司	北京市东城区安外大街58号	100011	（010）84278950	（010）84289982	王子康

附录 3

制度性文件名一览表

序号	标　　题	文件号
1	中国石油化工集团公司章程	中国石化办〔2012〕666 号
2	中国石油化工集团公司董事会议事规则	中国石化办〔2012〕667 号
3	中国石油化工集团公司董事会战略委员会工作规则	中国石化办〔2012〕668 号
4	中国石油化工集团公司董事会提名委员会工作规则	中国石化办〔2012〕669 号
5	中国石油化工集团公司董事会薪酬与考核委员会工作规则	中国石化办〔2012〕670 号
6	中国石油化工集团公司董事会审计与风险管理委员会工作规则	中国石化办〔2012〕671 号
7	中国石油化工集团公司董事会社会责任委员会工作规则	中国石化办〔2012〕672 号
8	中国石油化工集团公司董事会授权管理办法	中国石化办〔2012〕673 号
9	中国石油化工集团公司董事长办公会制度	中国石化办〔2012〕674 号
10	中国石油化工集团公司总经理工作规则	中国石化办〔2012〕675 号
11	中国石油化工集团公司董事会秘书工作制度	中国石化办〔2012〕676 号
12	中国石油化工集团公司党组工作规则	中国石化党组〔2012〕290 号
13	中国石油化工集团公司党组理论学习中心组学习制度	中国石化党组〔2012〕291 号
14	中国石油化工集团公司党组民主生活会制度	中国石化党组〔2012〕292 号
15	中国石油化工集团公司直属单位党委(常委)会议事规则	中国石化党组〔2012〕293 号
16	中国石油化工集团公司直属单位领导班子会议事规则	中国石化党组〔2012〕294 号
17	中国石油化工集团公司党建工作考核办法(试行)	中国石化党组〔2012〕262 号
18	中国石油化工集团公司总经理办公会制度	中国石化办〔2012〕724 号
19	中国石化领导人员保密工作责任追究暂行规定	中国石化办〔2012〕453 号
20	中国石油化工集团公司总部领导职务消费管理办法(试行)	中国石化办〔2012〕716 号
21	中国石化测绘地理信息成果保密管理暂行规定	中国石化办〔2012〕788 号
22	中国石化特殊资金管理办法	中国石化财〔2012〕164 号
23	中国石化境外资金平台业务监督管理暂行办法	中国石化财〔2012〕165 号
24	中国石油化工集团公司企业年金基金投资监督及绩效评价暂行办法	中国石化财〔2012〕295 号

续表

序号	标　　题	文件号
25	中国石化缴纳石油特别收益金管理办法	中国石化财〔2012〕475 号
26	中国石油化工集团公司资产管理办法	中国石化财〔2012〕694 号
27	中国石油化工集团公司土地管理办法	中国石化财〔2012〕729 号
28	中国石化年度绩效考核管理办法	中国石化企〔2012〕367 号
29	总经理奖励管理暂行办法	中国石化企〔2012〕369 号
30	中国石化员工培训管理规定	中国石化人〔2012〕751 号
31	中国石化国际科技合作管理办法	中国石化科〔2012〕115 号
32	中国石化工商事务管理办法	中国石化法〔2012〕577 号
33	中国石化法律工作管理办法	中国石化法〔2012〕760 号
34	中国石化境外股权管理暂行办法	中国石化资〔2012〕55 号
35	中国石化重特大事件应急预案(2011 版)	中国石化安〔2012〕155 号
36	中国石化 HSE 绩效考核管理规定(试行)	中国石化安〔2012〕157 号
37	中国石化安全生产责任制	中国石化安〔2012〕53 号
38	中国石化境外项目承包商 HSE 管理规定	中国石化安〔2012〕614 号
39	中国石化企业信息化评价办法	中国石化信〔2012〕756 号
40	中国石化境外公共安全管理办法	中国石化外〔2012〕619 号
41	中国石化内部控制审计评价业务规范指引(试行)	中国石化审〔2012〕881 号
42	中国石化境外国有资产监督检查及责任追究办法(试行)	中国石化监〔2012〕59 号
43	中国石油化工集团公司党组巡视工作办法	中国石化党组〔2012〕10 号
44	中国石化违反财经纪律责任追究办法	中国石化监〔2012〕290 号
45	中国石油化工集团公司工会工作委员会工作规则	中国石化工会工委〔2012〕1 号
46	中国石油化工集团公司青年工作委员会工作规则	中国石化青工委〔2012〕1 号
47	中国石化固定资产投资项目实施管理规定	中国石化建〔2012〕69 号
48	中国石化标准化设计模块化建设、标准化采购工作规定	中国石化建〔2012〕627 号
49	中国石油化工股份有限公司油气勘探重大发现奖励管理办法	石化股份油〔2012〕99 号

索　引

◇ 主题词索引

◇ 表题索引

主题词索引

使 用 说 明

1. 本索引引用主题词分析索引法编制。除“大事记”外，年鉴内容均在标引和检索范围内。

2. 本索引按汉语拼音音序排列。具体如下：以英文字母开头的，排在最前面；汉字标目则按首字的音序、音调依次排列，首字相同时，则以第二个字排序，并依次类推。

3. 在索引中，索引标目之后的数字表示主题内容所在年鉴正文的页码；英文字母 a、b 分别表示左、右两个栏目。

4. 为反映索引款目间的逻辑关系。对于二级目录，采取在上一级标目下缩两格的编排形式予以体现，之下的索引款目仍按上列排序方法依次排列。

A

安徽石油分公司 413a
  安全数质量管理 414a
  党建维稳 415b
  非油品业务 413b
  风险防范 414a
  机关工作作风 415a
  竞赛比武 414b
  量效指标 413a
  零售量 413b
  企业美誉度 414b
  企业目标 413a
  全员成本目标管理 414a
  人才队伍建设 414b
  网络发展 413b
  专题活动 414b
安 静 475a
安 宁 399、400
安庆含硫原油加工及油品质量升级项目 94b
安庆石化 342a
  Ⅱ丙烯腈项目 343b
  安庆炼化曙光丁辛醇化工有限公司 343b
  安庆石化 SAP－HR 系统 344b
  柴油车尾气处理液用高纯尿素侧线试验 344a
安庆石化成品油管道及配套油库工程 95b
  党建工作 345b
  队伍素质 345a
  发展进程 343b
  和谐企业 345b
  焦化装置冷焦水密闭及臭气治理设施 344a
  腈纶溶剂系统除铁工业实验及应用 344a
  壳牌粉煤气化装置 344b
  炼化一体化项目 344b
  企业管理 343a
  热电化学Ⅰ套装置生产水系统改造 344b
  热电烟气联网在线监控系统改造 344a
  生产经营任务 343a
  停工检修 343a
  脱硫石膏综合利用技术开发 344b
安全工程研究院 484a
  HSE 监理业务 485b
  储运安全技术 484b
  电气安全 485a
  工艺安全技术 484b

环保学科 485b
监测检验学科 485b
劣质原油防腐成套技术 484b
全员竞聘 486b
新院区建设项目 484b
应急管理 485a
职业健康科研 485b
中国石化风险评估系列标准 485a
组织机构设置 485b
安全监督管理 109a
安保基金 111a
安全"三同时"监督 110a
安全环保检查 109a
安全教育培训 109b
安全科技 110b
安全生产先进集体 109a
安全生产月 109b
安全生产指标 109a
打非治违 109b
海(水)上安全监管 111a
井控管理 110b
企业 HSE 帮扶 110a
外派人员人身意外保险 111a
隐患治理 110a

巴陵石化 320a
苯乙烯装置 321a
产品经营 320b
福建己内酰胺项目 321b
合作意向书 321a
己内酰胺改扩建工程 321a
己内酰胺改扩建项目 321b
己内酰胺质检中心 320b
降本压费 320a
科研工作 320b
民生工程 322a
生产组织 320b
所获荣誉 320b
特种环氧树脂装置 321b
特种锂系聚合物装置 321b
温家宝调研 320b
"一炉一机"项目 321a
主题形势任务教育 321a
白 杰 475b
百川公司 534a
党建工作 534b
队伍建设 534b
服务保障 534b
经营业绩 534b
内部管理 534b
重点工作 534b
北海炼化 380a
98#清洁汽油 381b
查找身边安全隐患活动 381b
抗击台风袭击 381a
科学采购 381b
生产装置标定 381a
项目"三同时" 382a
一体化管理体系建设 381a
优化工作 381b
装置投产 381a
北京化工研究院 474a
NDQ 催化剂 476b
PE 氯化料用 BCE－C 催化剂 474b
丙烯/1－丁烯无规共聚物 474b
催化加氢法提高乙二醇产品质量 476a
高阻尼特殊结构合成橡胶品种 474b
管理创新成果 475a
国家工程研究中心 475a
聚丙烯分子链结构调控新技术 474b
聚合级乙烯中微量杂质 475b
抗菌聚丙烯新产品 476b
茂金属催化剂 475b
期刊评比 475a
气相聚丙烯催化剂进料系统改进 475b
全国工人先锋号 475a
商业化三元集成橡胶工业试验 476a
新的球形载体制备及相应的催化剂技术 474b
新型聚丙烯催化剂 476b
新型内给电子体聚丙烯催化剂 475b
乙丙橡胶中试牌号 476b
乙烯脱氧剂 476b
直接聚合法高熔体强度聚丙烯技术 476a
中国石化优秀创新团队奖 475a
北京石油分公司 396a
安全生产 397b
比学赶帮超 397b
党建思想政治工作 398b

非油品业务 397a
会员服务 397a
加气站发展 397b
人才队伍优化 398b
审计管理 398a
数质量管理 398a
体制机制改革 397b
物流优化 397b
信息化 398a
依法治企 398a
员工关系 398b
直销批发 397a
自助加油 397a
毕建国 552b
丙烯/1－丁烯无规共聚物 129b
丙烯腈 60a
卜军育 165
不含重金属生态型聚酯(NEP)切片 130b

财会队伍建设 155b
财会文化建设征文 156a
财经纪律 156a
财务理论研究 156a
财务培训 156a
财务转型升级 155b
财税政策 155a
财务分析 151a
财务公司 531a
筹融资平台 532a
党建廉政 532b
队伍建设 532b
风险管理 532b
“三创”活动 533a
投资业务 532a
外汇业务 532a
信贷业务 531b
信息化 532b
资金集中管理 531b
财务状况 156b
采油气管理 18a
采油工程队伍 18a
采油工程综合管理 18a
井下作业工作量情况 18b
井下作业施工能力 18b
井下作业装备 19a
重点工艺技术措施 18a
蔡志强 72、73b
沧州炼化 369a
安全生产 370a
比学赶帮超 370b
和谐企业建设 370a
环境保护 370a
技术经济指标 369b
京标Ⅴ汽油 370a
人才成长通道建设 370b
社会责任 370b
原油罐项目 370b
曹培利 305a
曹钰梅 283、284、285
测 井 27b
测井工作量 27b
工程新纪录 27b
主要技术进步 27b
主要装备 27b
查芷琦 131
产品储运 83b
仓储管理 83b
基础管理 83b
物流安全 83b
物流优化 83b
自备车 83b
长城能源化工公司 537b
合资合作 538b
内部建设 537b
项目实施 538a
长岭炼化 324a
创先争优先进集体 325b
单产邻甲酚装置 325a
李 华 325b
企业自主创新 325a
青工政治轮训 325b
全国安全社区 325b
生产经营 325a
石化集团公司安全生产先进单位 325b
双氧水法制环氧丙烷工业试验装置 325a
岳阳长炼石化科技创新基金会 325b
常大农 549b
常文峰 401、402、403

超百万道密度全数字单点地震勘探技术 126b
超仿棉共聚酯短纤维 130b
超细旦抗起球腈纶 131a
陈董清 121b
陈红艳 487b、488、489
陈建浩 306、307
陈江波 475b
陈进鎏 415b、416、417
陈兰凤 248、249、250、251b
陈利源 467、468
陈孝彦 112a
陈章寿 411、412
埕岛中心三号平台及海上配套工程 93b
惩防体系建设 192b
　惩防体系建设研讨 192b
　反腐倡廉制度建设 193a
　纪检监察调研 193a
　纪检监察队伍建设 193a
程龙根 516、517、518
重庆石油分公司 441b
　比学赶帮超 442b
　成品油经营 441b
　分支机构体制调整 442b
　降本压费 442b
　全国“安康杯”竞赛 442a
　天然气业务 441b
　网建工作 442a
　质量管理体系评审 442a
从怀芳 538
醋酸乙烯聚合物 66a
崔伟珍 111a
崔文生 167b、168
催化剂有限公司 538b
　5A 小球吸附剂 539b
　DQ 催化剂项目 539b
　FCC 催化剂项目二期工程 539a
　苯乙烯催化剂 539b
　催化剂技术国际交流会 540a
　芳烃分离吸附剂 540a
　管理成果 540b
　活力文化节 540b
　技术比武 540b
　异构化催化剂 RIC－200 539b
　云溪生产基地一期工程 539a
　中国石化催化剂有限公司 540b

大牛地气田产能建设地面工程 94a
大牛地气田水平井钻完井技术 127a
大湾区块地面集输工程 93b
邓顺平 360、361
邓远龙 462b、463、464
涤　纶 63a
第 11 届中华技能大奖获得者 554a
第十建设公司 521a
　HSE 一体化管理 522a
　LNG 储罐施工 522b
　公司制改制 521b
　供水管理职能 523a
　和谐企业建设 523b
　技术质量 522a
　经济效益 522a
　企业知名度 523a
　青岛基地综合楼 522b
　市场开发 521b
　武汉乙烯工程 522b
　总包产值 522a
第四建设公司 511a
　安全质量管控 513a
　创新实践 512a
　和谐稳定局面 513b
　经营成果 512a
　内部管理机制 513a
　人才队伍建设 513b
　施工生产 512b
　市场拓展 512b
　体制改革 512a
第五建设公司 515a
　安全生产 517a
　党建工作 518b
　队伍建设 518a
　工程质量 517a
　国家优秀工程奖 516b
　合作伙伴交流会 516b
　和谐稳定环境 518b
　基地迁移 517b
　精细管理 517b
　领导班子调整 516a
　群众组织作用 518a

荣 誉 518b
生产经营指标 516b
施工管理 517a
市场开发 516b
武汉乙烯工程 516a
亚洲最高火炬 516b
重组上市 517b
丁 昊 375b、376、377
丁新兴 163b、164、554、555b
东北石油局 257b
HSE 管理 257b
党建工作 258b
开发形势 257b
油气勘探 257b
质量管理体系认证 258b
钻井提速 257b
东北油气分公司 257a
董 烨 164b、165
董西增 144b、145a
杜 明 552b
杜 燃 489b、490
对外经济合作 87a
国际科技合作 88a
境内合资合作 87b
境外炼化工程技术服务 88a
境外炼化合资合作 87b
境外石油工程技术服务 87b
境外油气勘探开发 87a

发酵生产长链二元酸成套技术 66b
法律纠纷 183b
不良债权(股权)核销 183b
法律风险防控 184a
突发事件应对 183b
知识产权保护 183b
重大外部纠纷案件 183b
法律体系建设 180b
法律管理提升 181b
全系统法制工作会议 181a
新“三年目标计划” 181b
制度建设 182a
总法律顾问述职 181b
法律研究 184a
法律资源 186b
法律中介机构交流 186b
法律专家队伍 187b
法律资源共享 186b
同行交流 186b
外聘法律中介机构管理 186b
反腐倡廉教育 194b
党性党风党纪教育 195a
廉洁从业优秀领导人员 195a
廉洁文化建设 195b
范 辉 186b
方莉萍 305b
风险管理 145a
冯红民 93b、94a、95
冯洪祥 166b、167a
福建炼化 318a
福建漳州古雷炼化一体化项目 318b
精细化工项目 318a
炼油乙烯“脱瓶颈”及配套项目 318a
炼油乙烯一体化项目 318a
顺丁橡胶装置检修 318b
肖坑村“福炼路” 318b
福建石油分公司 415a
安全环保 416b
党建基础工作 417a
福建成品油管道 416b
和谐企业建设 417b
联营企业 416b
网络发展 416a
员工队伍建设 417a
中石化森美公司 416a
主营业务 415b
抚顺石油化工研究院 478a
HSE 管理体系 479b
SHEER 加氢成套技术 478a
城市达标污水利用技术 479a
环氧丙烷/苯乙烯废气催化氧化处理技术 478b
加氢技术研发中心 479b
加氢裂化装置产品质量提升应用技术 478a
雷锋纪念馆共建协议 480b
炼厂尾气综合治理技术 479a
绿色低碳高能效加氢裂化成套技术 478b
煤焦油加氢生产清洁燃料油技术 478b
全国催化学术会议 480a
一种劣质汽油馏分生产低硫汽油方法 479a

质量管理体系文件 479b
钻井液用页岩抑制剂 478b
付承生 252b、253、254、255a
付喜艳 32a

G

甘肃石油分公司 453a
HSE 453b
党建思想工作 453b
经营指标 453a
市场影响力 453a
数质量管理 453b
高 莉 337a
高 宁 206a
高频电磁聚结原油脱水技术 126a
高桥石化 306a
ABS 国产橡胶工业试验 306b
党员责任小组活动 307b
丁腈橡胶项目 306b
国Ⅴ标准油品 306b
环境监测设施 307a
聚醚新产品 307a
履职能力评估 307b
耐热级 ABS 新产品 307a
上海中石化三井弹性体有限公司 306a
深化基础管理年 307a
异戊橡胶项目 306b
植物油抽提溶剂 307a
高速铁路特种乳化沥青的开发 127b
高铁路基防水卷材用涤纶短纤维 130b
高性能聚乙烯纤维干法纺丝工业化成套技术 129b
高阻尼特殊结构合成橡胶品种 125b
葛春玉 103b
耿树岐 301b、302
工程建设公司 489a
CBL 裂解炉技术 490b
QHSE 管理 490b
工作座谈会 490b
国家奖项 489b
炼化工程板块重组 490a
“十条龙”科技攻关 490b
乙烯装置 490a
渣油加氢装置 490b
工程建设管理 96a
大修改造 100a
竣工验收 97
南京项目中心 101a
设计管理 96a
生产准备 96b
投料试车 96b
工程建设监管 101a
标准管理 102a
工程造价管理 104a
工程质量大检查 101b
工程质量监察 101b
工程质量监督 101a
炼油化工定额 104a
石油工程造价管理 105a
招标投标管理 102a
工程建设企业管理 106a
工程获奖 106b
工程建设监理 106b
勘察设计企业资质管理 106a
生产经营 106a
施工企业资质管理 106a
优秀勘察设计评选 106a
工程投资审计 190a
企业组织实施的工程投资审计 190b
总部组织实施的工程投资审计 190b
工商事务 184b
宫 超 35
宫玉坤 222a
龚 铭 12b、13
巩祎昌 151、152、153、154、155、156
谷宗洋 111b、112a
顾蓓蕾 65a
顾 隽 304b
管道公司 275a
QC 活动成果 276a
曹妃甸商储基地工程 275b
党建工作 276b
改革调整 275b
节能减排 275b
企业形象 276b
区域性商储分公司 275b
日照商储基地二期工程 276a
“三基”建设 276b
输油量 275b
原油环道试验装置 276a

中国石化原油销售分公司　275b
中国物流企业排名　276a
管理干部学院　487a
高端资源利用　488a
基础设施　489a
节水电　488b
科研实力　488b
培训体系建设　488b
人力资源管理　488b
十八大精神宣贯　489b
新培训项目　487b
员工大讨论　488b
远程培训系统　488a
重点人才培训　487b
管理和效益审计　189a
企业组织实施的管理和效益审计　189b
总部组织实施的管理和效益审计　189a
管式法 EVA 系列产品　130a
广东石油分公司　428a
安全经营　429b
队伍建设　430a
对口扶贫　430b
非油品业务　429a
管理创新　430b
全员营销　429a
燃气经营　429a
网建质量　429a
油品数质量　429b
增收节支　429b
智能建设　429b
广西石油分公司　431a
安全数质量　432a
车用汽油　431b
成立 60 周年　432b
党　建　433b
队伍建设　433a
对标管理平台　432b
非油品业务　431b
滑油业务划转　432b
经营指标　431a
社会事件　432b
网建发展　432a
效　益　431b
自助站比例　431a
广州石化　334a
柴油加氢改质装置　335a
档案数字化建设　337a
发展规划　336b
和谐劳务关系　337b
技师协会　337b
节能减排　336a
科技创新　336b
领导班子调整　335a
欧Ⅴ标准柴油　335a
千万吨炼油改扩建工程　336a
全员培训　337b
设备管理　336b
水体环境风险防控项目　335b
学镇海活动　336a
延迟焦化装置生焦　335b
“银关通”异地业务　337a
优化增效　336a
油品数重量监管系统　337a
总部信息化 A 级企业　337a
规章制度审查　184a
贵阳—重庆成品油管道　95a
贵州石油分公司　435a
安全工作　437b
成本管理　436b
党建工作　438b
队伍建设　437a
非油品业务　435b
风险监督　436b
和谐企业建设　438a
节能达标　437a
竞赛比武　438a
库站改造　436a
零售市场　435b
内部审计　436b
企业档案　437a
数质量工作　437b
网建工作　436a
信息化基础　437a
直销市场　436a
郭艾斌　32b
郭　飞　182、183
郭连君　220b、221a
郭彦来　475a
国际化人才选拔培养　166a
国际贸易　88b
成品油贸易　88b
化工产品进出口　88b

技术引进 89a
炼化产品进出口 88b
煤炭进口 89a
设备材料进出口 88b
液化天然气贸易 88b
原油贸易 88b
国际石油工程公司 528a
HSE 管理 529a
基础管理 529b
石油工程重组 529b
市场开发 528b
项目运行管理 529a
国际石油勘探开发公司 526a
党建工作 527b
队伍建设 527a
工程施工 526a
管 理 526b
海外权益油气产量 526a
企业文化建设 527a
社会责任 527a
世界资源配置 526a
效益任务 526b
油气勘探 526a
国际事业公司 525a
国际贸易 525a
运行机制 525a
制度建设 525b
专业化经营 525b

海南炼化 389a
安全生产 390b
财务费用 390b
创先争优活动 392a
吨油利润 390a
吨油现金操作费用 390b
二届一次职代会 392b
环境保护先进单位称号 390b
记者参观 392a
技术经济指标 390a
节能减排 391a
聚酯原料项目 391a
炼油综合能耗 391a
吴官正视察 389b
乙烯及炼油改扩建项目 391a
原油加工量 390a
质量管理体系认证 391b
中央电视台采访报道 391b
重点项目建设效能监察 392b
装置达标 391b
海南石油分公司 433a
安全数质量 434a
帮扶工作 435a
博鳌论坛 435a
成本管理 434b
队伍建设 434b
经营指标 434a
领导班子调整 433b
润滑油业务整合 434b
市场控制力 434a
销售网络 434a
洋浦—马村管道建设项目 434b
员工趣味运动会 435b
海南洋浦成品油保税库 95a
海上油气开采设施 30b
海外人力资源管理 166a
海外薪酬福利 166b
海洋工程建造 30a
海洋石油工程装备 30a
韩 慧 227b
韩泉梅 286b、287、288
韩 伟 229、230、231、231b
韩文彪 177b
韩 笑 422b、423、424
韩作斌 111b、112、120a、121b
郝志强 110
合成树脂 50b
ABS 55a
低密度聚乙烯 51b
高密度聚乙烯 52a
聚苯乙烯 54a
聚丙烯 53a
聚氯乙烯 55a
聚乙烯 51a
其他树脂 55b
线性低密度聚乙烯 52a
合成树脂新产品 130a
合成纤维 58a
合成纤维 63b

合成纤维聚合物 62a
合成纤维原料 60a
合成橡胶 55b
SBS 热塑性弹性体 58a
SEBS 橡胶 58a
SIS 橡胶 58a
丁苯橡胶 57a
丁基/溴化丁基橡胶 58a
顺丁橡胶 56a
合同能源管理 117b
合同项目 182a
标准合同示范文本 183a
法律业务国际化 182b
国别法律研究 182b
合同管理信息系统 183a
合同项目法律风险防控研究 182a
中国石化法律英语竞赛 182b
重大项目法律服务 183a
重点问题研究 182b
总部机关合同管理 183b
何 斌 11b、12、438b、439
何国良 241、242、243
何云均 273、274、275a
和谐企业建设 201b
帮扶救助 202a
和谐劳动关系 201b
民主管理 202a
青年工作 202a
文体活动 202b
河北石油分公司 401a
HSE 401b
党组织建设 402b
队伍建设 403a
风险防范 402b
和谐企业建设 403b
降本压费 402a
经营业绩 401a
精细管理 402a
全员全网络营销 401b
数质量管理 402a
挖潜增效 402a
网络建设 401b
稳定局面 402b
信息技术 402b
增量增效 401b
资源供应 401a
河南石油分公司 422a
安全生产先进单位 423b
创效能力 423a
打假维权 424a
当地合作 424b
党风廉政 424a
技能竞赛 423b
精细管理 423b
网络发展 423a
信访维稳 423b
信息系统 423b
河南油田 228a
安全环保 229b
道路运输 231b
冻胶泡沫深部调驱技术 230b
非常规压裂工艺 230a
降本增效专项竞赛 230a
节能减排 230a
精蜡化工 229b
科技创新 229b
农运会健身秧歌比赛 232a
企业管理创新 230b
石油工程 229a
石油工程重组 230b
水电供应 230a
送温暖工程 231a
退休人员基本养老金 230b
油气勘探 229a
油水井防腐措施 230a
原油生产 229a
援助青海省建设项目 231b
职工技术创新活动 231a
职工薪酬 230b
职业技能竞赛 231a
职业技能培训 231a
贺 颖 504、505、506
黑龙江石油分公司 449a
安全管理 450b
党团建设 451a
队伍素质 450b
竞赛比武 450b
库存经营 449b
齐齐哈尔环宇油库 450a
市场开发 450a
数质量管理 450b
营销增量 450a

战略管理 449b
中石化黑龙江龙油庆南石化销售公司 450a
红河油田产能建设地面工程 93b
侯玉梅 271、272
胡 岗 389b、390、391、392
胡国勇 101b、102a
胡金玉 37b、38
胡瑞玲 106a
湖北化肥 355a
粉煤气化—低水/气耐硫变换新工艺 355b
合成气制乙二醇工业示范装置 355b
领导班子调整 355a
绿色企业管理奖 355b
生产执行系统 355b
湖北化肥合成气制乙二醇示范装置 94b
湖北石油分公司 424a
安全数质量工作 425b
成品油销售 424b
党建思想工作 426b
队伍建设 426b
非油品销售 425a
加油站综合督察 426a
节能管理 425b
经营网络 425a
企业管理 425b
天然气业务 425a
依法治企 426a
资产管理 426a
湖南二期成品油管道及配套油库工程 95b
湖南石油分公司 427a
队伍建设 428a
经营突破 427b
企业管理 427b
输油管道业务划转 427b
为民服务创先争优 428b
销售网络 428a
效益提升 427b
华北分公司 259a
华北石油局 259a
HSE 261b
大牛地气田水平井开发 260b
党建思想政治工作 262b
队伍建设 262a
基地建设 262b
经济指标 260a
科技创新 261b
企业管理 262a
石油工程 261a
石油工程重组 261b
石油上产会战 260b
油气勘探 260b
华东分公司 264a
华东石油局 264a
“863”项目子课题 265b
HSE 266b
常规油气勘探 265b
常规油气勘探开发技术 266b
二氧化碳驱油气回收装置 266b
国家重大专项课题 266a
煤层气勘探 265a
石油工程重组 264b
页岩气勘探 265a
油气产量 264b
油气储量 264b
在职党员轮训 267a
中国南方页岩气选区评价 266a
华祖瑜 138b
化 肥 66b
复合肥 68a
合成氨 67b
混配复合肥料 69a
硫酸铵 68b
煤气化技术 69a
尿 素 68a
硝酸铵 69a
化工产品销售 82b
化工达标管理 72a
节能专业达标 72a
企业达标 72a
同类装置竞赛 72b
专业达标 72a
装置攻关达标 72b
化工设备管理 71a
工作调研 71b
设备动力管理会议 71b
化工市场行情 84a
合成树脂 84a
合成纤维 84b
合成橡胶 84a
合纤原料 84b
其他产品 85a
有机化工产品 84b

化工销售有限公司　537a
服务满意年　537b
客户满意度　537a
体制整合　537a
物流信息化　537a
香港公司中东办事处　537a
化工质量管理　70b
化工产品等级品率　70b
客户服务　70b
质量培训　70b
化工专业管理　82b
产销研结合　83a
风险管控　83b
客户服务　83a
客户开发　83a
商情管理　82b
直销率　83a
资源配置优化　83a
环保监督管理　111b
丁二烯清洁生产评价指标体系　112b
环保"三同时"监督　112a
环保科技攻关　112b
环保现状评估　112a
环保宣传教育　112a
《环境保护白皮书》　111b
环境保护"十二五"规划　111b
环境保护先进单位　111b
清洁生产　112a
环氧树脂　66a
黄　琥　224、226b、227
黄俊良　237、238、239
黄　璐　299、300
黄　洋　320、321、322b
黄予剑　32b
黄正袁　417b
黄志壮　121a

机关服务局　534a
机关服务中心　534a
基层党建　198a
基层组织建设年　198b
为民服务创先争优　198a
作风建设　198b
及　非　409、410
己内酰胺　61a
计量管理　39b
计量专项整改　39b
原油储运损失管理　39b
纪　健　192b、193、194、195、196
技术监督　131b
标准化管理　132b
计量管理　138a
质量管理监督　131b
济南炼化　360a
RAM 技术　361a
管理体系监督审核　361b
硫黄回收装置技术改造　360b
逆流移动床重整装置　360b
燃料油增产　361a
山东省清洁生产优秀企业　360b
营销增效　361a
重质基础油光亮油生产基地　360a
资源成本　361b
加氢裂化装置扩能改造　128b
贾广华　471、472、473
贾文杰　118a、119、120a
贾晓红　32b
江汉油田　233a
HSE　234a
帮扶工作　234b
党建思想工作　235b
涪陵页岩气产能示范区　233b
机械制造　234a
科研攻关　234b
民生工程　235a
企业管理　234b
生产保障　234a
石油工程　233b
盐化工　234a
油气超产　233b
油气勘探　233a
员工获奖　234b
江苏石油分公司　408a
安全平稳运行　409b
成品油经营　409a
储运销网络　409a
党建思想政治工作　410a
非油品业务　409a

精细化管理 410a
目标任务 409a
人才队伍建设 410b
数质量管理 409b
苏北成品油管道项目 409b
天然气业务 409a
信息化建设 409b
江苏油田 236a
HSE 238b
党建思想工作 239a
多元开发 237b
非常规油气勘探 237b
和谐油田建设 239b
精细管理 238b
科技创新 238a
三次采油 238b
石油工程 237b
石油勘探 237a
业务竞赛 238b
油田开发 237b
江西成品油管道二期及配套油库工程 95b
江西石油分公司 418a
安全生产先进单位 418b
党建基础工作 419b
非油品业务 418b
企业内外部环境 419a
企业文化 419b
全员成本管理 419a
人力资源管理 419a
数质量管理 419a
网络竞争 418b
主要经营指标 418a
江 渊 183b、184a
姜学艳 122b
焦 刚 32b
节能管理 118a
产业结构 120a
化工板块节能 120b
节能减排基础 119a
节能减排特色管理活动 119b
节能减排宣传 118a
科技板块节能 120b
炼油板块节能 120b
石油工程板块节能 121a
油品销售板块节能 121a
油田板块节能 120b
资产公司节能 121a
资源综合利用 120a
节能减排技改项目 117a
节能减排先进技术 117b
节水减排 121b
丁二烯清洁生产评价指标体系 121b
环保政策法规 122a
环境专项治理 121b
总量减排工作 121b
解希铭 475a
金 津 121a
金 灵 32a
金陵石化 309a
PO/MTBE 项目 310b
常减压装置 309b
芳烃产量 309b
国Ⅳ汽油产能 309b
航煤产量 309b
环保指标 310b
碱渣再生装置 310a
沥青出厂量 309b
炼油自销产品销量 309a
硫黄回收装置 310a
轻烃回收装置 310a
液化气销量 309a
油品质量升级改造 310a
原油加工损耗 310b
正丁烷项目 310a
金陵油品质量升级项目 94a
近钻头地质导向技术 125a
靳红兴 20b、21
经济技术研究院 542b
党建思想政治工作 545b
公司管理研究 544b
降本增效服务研究 544a
节能减排研究 544b
领导班子调整 544a
评估与后评价研究 544b
人才队伍建设 545b
生产经营支撑研究 544a
信息基础研究 545a
战略规划 544a
经济责任审计 189b
企业组织实施的经济责任审计 189b
总部组织实施的经济责任审计 189b
荆门石化 346a

柴油加氢装置 347a
动态轨道衡升级改造 347b
郭振恩技能大师工作室 348b
技术改造 347a
甲基叔丁基醚装置改扩建 347a
聚丙烯流延膜新型产品 347b
全员素质提升年 348b
人力资源管理信息系统 348a
润滑油高压加氢装置 347b
石蜡成型机 347b
污水汽提装置 347a
消防综合指挥系统 348a
新型光亮油 347b
乙苯—苯乙烯装置 347b
精对苯二甲酸 60a、62a
精细化工 64b
表面活性剂 65a
催化剂 65a
合成胶黏剂 66a
可替代能源 66b
生物化工 66b
井下作业 26a
工程新纪录 26b
主要技术进步 26b
主要装备 26b
作业工作量 26b
景天豪 554b
九江石化 351a
安全环保 352a
核心价值理念体系 353b
技术质量 353a
接续项目前期工作 353a
民生项目 353b
群团工作 353b
人才开发 353a
“三大”装置 352b
生产经营 352a
特色管理模式 352b
油品质量升级改造 353a
聚己内酰胺 63a
聚醚多元醇 65a
聚乙烯醇 62a
军用超高强涤纶短纤维 130b

勘探南方分公司 270b
安全生产先进单位 272a
巴中地区油气勘探 271b
成立 10 周年纪念日 272b
党团员主题活动 272b
高产工业气流 271a
海相页岩气勘探战略突破 271b
勘探成果 271b
领导班子调整 271a
媒体采访 272b
页岩油气产能建设示范区项目 272a
油气勘探 271a
元坝气田 271b
元页 HF－1 井 271b
中层干部培训 272b
康毅勇 304a
孔自超 87、88
会计管理 152a
会计核算信息化 152a
会计核算制度化 152a
年度财务决算 152b
矿区(社区)安全稳定 177b
矿区(社区)保障性业务 177b
矿区(社区)改革 176a
矿区(社区)公益性业务 178b
矿区(社区)经营性业务 178a
矿区(社区)制度建设 176b

兰 珣 460b、461、462
劳动薪酬管理 164b
高级管理人员薪酬管理 165a
工资总额 164b
年金管理 165a
人工成本 164b
薪酬分配制度 165a
休假疗养制度 165a
用工管理 164b
用工总量管控 164b
有关群体利益调整 165b

离退休人员管理 167b
　　离退休工作队伍自身建设 168a
　　离退休人员“两个阵地” 168a
　　离退休人员“两项待遇” 167b
　　离退休人员“两项建设” 167b
李宝忠 112b
李 冰 11b
李炳奉 552a
李长印 93b、95、96a
李传华 220a
李春贻 433b、434、435
李德亮 548a、549b
李登兴 88b、541、542
李发东 110b
李吉庚 79b、178
李继增 367、368
李军航 145
李 丽 224b、225b、226、227a
李 萌 140b
李孟杰 30a
李 宁 166b
李 鹏 37b
李青山 189、190、191、192
李 群 521b、522、523
李 晟 318
李时艳 316b、317
李蔬君 88a、106a、530
李万旗 183a、184、187b
李文德 163b
李湘艳 222b
李小东 554b
李小爽 500b、501、502
李小永 384、385b
李 昕 531b、532、533
李旭东 142b、143a
李 雪 457a、477b
李雪峰 143a
李一超 30b、121a
李 振 534b、535、536a
李振华 469b、470
李志平 403b、404、405
李中树 551a
联合石化公司 536a
廉 明 181a、182a
炼化工程(集团)公司 529a
　　部门设置 530a
　　工程招标 531a
　　国内工程 530b
　　技术开发 530b
　　境外工程 530b
　　一体化职能 530b
　　制度建设 530a
　　重组改制 530a
炼油工艺技术进展 34b
　　常减压蒸馏 34b
　　催化裂化 35a
　　催化重整 36a
　　润滑油生产 36b
　　延迟焦化 35b
炼油设备管理 38b
　　加热炉管理 39b
　　设备防腐蚀管理 39a
炼油质量管理 39b
　　产品实物管理 40a
　　产品质量管理 40b
　　质量检验机构 40b
炼油装置达标 37a
炼油自销产品销售 37b
　　品牌建设 38b
　　销售管理 37b
　　专业公司管理 38a
梁 丽 106b
梁 岩 554b
梁智永 222a
廖志英 264b、265、266、267
林 崧 37a
林雪梅 244b、245、246
林彦兵 260b、261
林 源 125a
领导班子建设 162b
　　董事会建设 162b
　　干部监督管理 163b
　　炼化工程重组 163a
　　石油工程重组 163a
　　选人用人机制 163a
领导人员廉洁从业 194b
　　党组巡视 194b
　　廉洁从业监督 194b
刘纯斌 198、199、200、201
刘国帅 71b、72a
刘海涛 476a
刘海燕 156b、444b、445、446、447

刘慧敏　138b
刘建华　554b
刘建宇　478、479、480
刘居正　28b、29、30a
刘　坤　114b、115
刘　磊　441b、442
刘美娟　94、95a、97
刘明亮　23b、527b、528a
刘仕成　394、395
刘　伟　132b
刘卫红　109a
刘希军　386、387、388
刘　焱　355
刘　阳　418、419
刘月祥　476b
刘志武　51、52、53b、54b、55
柳江琳　88b
楼峥芳　55b、57b、58
卢　利　343、344、345
卢　鹏　32b
录　井　28a
　工程新纪录　28b
　录井工作量　28a
　主要技术进步　28a
　主要装备　28a
吕明福　475a
吕顺丰　476b
栾金义　112b、121b
罗东明　16、17a
罗继红　476b
罗　玲　352、353
罗秋林　233、234、235
罗兴平　252b、253、254、255b
罗雪飞　349、350
罗远琦　431、432、433
罗　智　170、171、172、173、174
洛阳工程公司　500a
　ENR 排名　502b
　QHSE 管理体系审核　502b
　阿特劳炼油厂原油深加工　501b
　北海炼油异地改造　500b
　常减压装置　502b
　大型生物流化床处理乙二醇污水试验　502a
　广州石化柴油加氢改质　501b
　国家高新技术企业复审　501b
　金陵分公司催化裂化装置　502a
　九江分公司苯抽提联合装置　501a
　九江分公司柴油液相循环加氢装置　501a
　炼油加热炉热媒体自循环空气预热器　502a
　吴邦国考察　501a
洛阳石化　339a
　催化汽油吸附脱硫装置　340b
　聚丙烯装置　340a
　领导班子调整　339b
　硫黄回收(二期)装置　340a
　《洛阳石化志(2001—2010)》　341a
　社会媒体开放日　341b
　生产经营　340a
　天然气综合利用项目　340b
　油品质量升级改造第1阶段实施工程　340a
　专家选聘　340b

马国锋　48、49
马立亚　357、358
马　楠　456、457
马　勇　88b
马玉生　18、19b
芒崖行委花土沟镇文化路综合市场　93b
毛谦明　551b
茂名石化　286b
　柴油超深度加氢脱硫技术　288a
　常减压装置　287a
　催化裂化装置　287b
　合资空分项目　287b
　化工轻油储备库　288a
　环保型 SBS 充油胶 F－875　288b
　技术经济指标　287a
　经济效益　286b
　聚丙烯热罐装瓶用料 HP－9009M　288b
　可拆卸火炬　288a
　硫黄回收联合装置　287b
　气体分馏装置　287b
　顺丁橡胶装置　288a
　思想政治工作先进单位　288b
　舞蹈展演金奖　288b
　乙烯产量　287a
茂名石化油品质量升级改造及配套项目　94a
孟　良　553b

孟宪强　34a
米红梅　114a
苗　钢　141b、142a
苗莲香　474b
缪长喜　553a
牟蔚亭　163

内部价格政策　155b
内控管理信息系统　145a
内控日常监督检查　145a
内控审计评价　190a
　　企业组织实施的内部控制审计评价　190a
　　总部组织实施的内部控制审计评价　190a
内控手册　145a
内蒙古石油分公司　444b
　　安全数质量　446a
　　党政工团建设　446b
　　非油品业务　445a
　　基础管理　446a
　　降本减耗　445b
　　经营总量　444b
　　廉洁文化建设　447a
　　灵活库存　445b
　　零　售　445a
　　社会责任　447b
　　为民服务　446b
　　物流优化　445b
　　信息化管理　446b
　　营销网络　445a
　　员工队伍　446b
南化制氢装置及配套空分项目　94b
南京工程公司　507a
　　采购业务　508b
　　产学研结合工作　509a
　　工程质量　508b
　　工法编制　508b
　　国家标准　508b
　　国家级工程实践教育中心　509a
　　海外党建　509b
　　获得荣誉　509b
　　获奖工程　508b
　　金陵石化油品质量升级改造工程　508a
　　竣工项目　508a
　　廉洁风险防范机制　509a
　　硫化氢湿法制硫酸装置　508b
　　三学一促　509a
　　生产组织　508a
　　武汉乙烯装置　508a
　　中国吊装十强排行榜　508b
　　专利授权　508a
南京化工公司　331a
　　氮氧化物吸收塔　332b
　　二氧化碳捕集利用技术　332b
　　环保治理　332a
　　环己酮项目　332a
　　科技创新　331b
　　煤基合成气制天然气中试装置　332a
　　内蒙古南化化工机械有限公司　332a
　　十八大文化艺术周活动　332b
　　团代会　333b
　　职工技能竞赛　332b
　　职工运动会　333a
　　重点项目建设　331b
年金管理　154b
　　年金基础管理　154b
　　年金基金监督管理　154b
　　年金基金投资政策　154b
　　年金稽查　154b
宁波工程公司　504a
　　LNG 业务　505a
　　铂金管道奖　505b
　　管理现代化创新成果　505a
　　煤基 IGCC 示范电站　505a
　　企业管理　504b
　　设备制造　505b
　　生产经营　504a
　　“十条龙”项目　505a
　　脱硫脱硝技术公司　505b
　　武汉乙烯工程　504b
　　质量管理　505b
　　中东市场突破　504b
　　中国吊装十强　505a
　　专业管理　506a
宁夏石油分公司　454a
　　党建思想政治工作　455b
　　非油品业务　454b
　　经营能力　454b
　　经营指标　454a

企业管理 455a
网络发展 455a

PO/SM 废气催化氧化处理成套技术 130a
潘 波 481、482、483
潘 春 331、332、333
潘 喆 278、279、280
庞 炜 205、206、546、547
彭小平 384b
彭志强 530b
普法培训 185a
党组管理领导法律培训 186a
法律培训 185b
法律培训教材 186a
法制宣传 185b
法治文化建设 185b
国际化法律人才培训 186a
领导干部学法 185a
普法教材 185a
社会主义法治理念讲座 185a
专家型法律人才培训 186a
专职总法律顾问培训班 186a

戚 鸣 89、90、91b
齐鲁石化 282a
丙烯腈项目 284b
高密度聚乙烯装置 284a
和谐企业建设 285a
贺国强视察 283a
“紧螺丝”式管理 283b
技术经济指标 283b
加工高硫高酸原油改造项目 284a
节能减排 284a
扭亏为盈 283a
人才成长通道 285a
生产优化 283b
推价增效 283b
橡胶产量 284a
中央媒体联合采访 284b
企业管理 143a
“比学赶帮超”工作机制化建设 144b
对标评价工作 144b
改善经营管理建议工作 143a
管理提升活动 143a
管理现代化创新工作 143b
绩效考核制度化建设 144a
企业基层制度标准化改造 144a
“三基”工作评选表彰 143b
制度管理信息系统 144a
制度执行力 144a
总部制度管理 143b
企业文化建设 201a
网上博物馆建设 201b
文化融合 201b
修订纲要 201a
企业组织实施的财务收支审计 190b
气田开发 16a
开发管理 16b
生产能力 16b
天然气产量 16a
天然气商品量 16a
汽车油箱用高密度聚乙烯专用料 130a
钱水根 494、495、496、497
强 明 141b
秦 岭 475a
秦玉清 394、395
秦钰铭 26b、27a、27a
青岛炼化 393a
安全环保 394b
党建思想政治工作 395b
管理体系认证 394b
贺国强视察 394a
技术经济指标 395a
加氢裂化装置 394a
降本增效 395a
青年志愿者协会 394b
人才队伍建设 395b
青岛石化 375a
安全环保 376a
和谐企业 377b
检修技改 376b
建厂 50 周年 377b
节能减排 376a
科研开发 376b

领导班子调整 376a
内部管理 376b
人才队伍建设 377a
异地发展项目 376a
青海石油分公司 451a
安全数质量 452a
党组织建设 452b
管理规格 451a
零售业务 451b
农牧区帮扶 452b
企业管理 452a
企业和谐 452b
网络布局 452a
资源统筹 451b
青 强 220b
邱正华 105a
全国技术能手 554a
全国五一劳动奖章获得者 551a
全国优秀共青团干部 553b
全国优秀共青团员 553b
全青丰 427、428
全员成本目标管理 151b

R

RTM 逆时偏移技术 126a
燃料油销售公司 541a
QHSE 管理 542a
保税油业务 541a
财务管理 542a
储运设施 541b
公司凝聚力 542b
国际化经营 541b
内贸业务 541b
信息化管理 542a
热 电 75a
安全保供 75b
技能培训 79b
技术经济指标 77a
降本增效成果 78a
节能减排 79a
煤炭入厂环节整体管理 78b
专项治理 78a
专业指导 79a
人才队伍建设 163b
博士后工作 164a
高层次人才培养 163b
高层次人才引进 164a
技术能手评审 164a
人才配置 164a
人才评价 164a
业务竞赛 164a
人才培训开发 165b
毕业生引进 166a
培训管理 165b
远程培训系统 165b
重点人才培训 165b
资源开发 165b
人力资源信息化建设 167a
任 铎 552a
任 刚 39
任建宇 81、82
任丽娜 362、363、364、365
润滑油分公司 372a
B2C 电子商务 374a
“长城”合成齿轮油 373b
成立 10 周年 374b
房车锦标赛冠名 373b
高档内燃机油技术 373a
高端润滑脂新产品 373a
国际业务 374a
航天员体验营 374b
降本增效 374a
扩能改造项目 373b
全国基层党建创新优秀案例 375a
销售业务整合 372b

S

S－Zorb 国产吸附剂 FCAS 128a
三次采油用化学品 65b
三维井眼抽油杆系统 125b
山东 LNG 项目 95a
山东石油分公司 420a
HSE 421a
党建思想工作 422a
队伍建设 421a
精细管理 420b

扩销增量 420a
市场保供 420a
数质量管理 421a
体制机制 421b
网络优化 421a
信息化建设 421a
山西石油分公司 403a
CNG 加气 404b
非油品业务 404a
经营情况 403b
数质量管理 404a
员工大讨论 404b
战略合作协议 405a
自助加油 404b
走进齐鲁学安喜 404b
陕西石油分公司 443a
党建思想政治工作 444a
队伍素质 444a
基础管理 443b
零售量 443b
网络结构 443b
员工关爱 444a
直批销售 443a
商标管理 184b
商 强 222a
上海工程公司 493a
ENR 国际承包商排名 496a
北海炼油异地改造项目 495b
差异化经营 494a
成果奖励 495a
创建 60 年 496b
创先争优 496b
湖北化肥乙二醇装置 496a
结对帮扶 496b
人事工作 496b
日照原油商储基地二期工程 496a
上海石化炼油改造工程 496a
体育节 496b
网络系统排堵 495a
武汉乙烯装置中交 495b
新技术成果 494b
乙烯改扩建工程 496a
治安安全合格单位 495b
质量监管标准化建设 495a
中石化三井化工苯酚丙酮装置 496a
重点项目节点 494b
上海海洋石油局 244a
储量报告 245b
东方勇士 2 号大马力拖轮 246b
多用途供应船 246a
发现二号物探船 246a
发现六号多缆物探船 246a
合作探区勘探 244b
勘 407 轮 246b
勘探 225 轮 245b
勘探 311 轮 245b
科研项目 245a
平湖油气田 BG4 井 245a
萨哈林项目 245a
深水半潜式钻井平台 245b
涠西探区勘探 244b
文明共建 246b
职业技能鉴定所 246b
钻井服务 245a
上海海洋油气分公司 244a
上海赛科公司 304a
低压蒸汽管网 304a
高抗冲聚苯乙烯专用料 304a
化工行业 HAZOP 分析方法研讨会 304b
环境保护和产品安全月 304b
境内外融资业务 304b
可持续绩效改进项目 304a
上海化学工业区运动会 305b
碳排放权交易试点 304b
信息共享培训 305a
一体化管理与控制体系 305a
注册地址变更 305b
上海石化 301a
超纤革用聚乙烯专用料 301b
高交会主题展 302a
高性能 PBO 纤维中试装置 301b
建厂 40 周年 301b
炼油改造工程装置动态流程模拟 302b
炼油改造项目 302a
社会责任榜 301b
碳五分离装置技术 301b
中国石化上海网络区域中心 302b
上海石化炼油改造工程 94b
上海石油分公司 405a
安全生产先进单位 406b
财务管理 407b
党建思想政治工作 408b

非油品经营 406a
和谐企业建设 408a
基础管理 407a
技能竞赛 407b
零售经营管理体制 407a
零售销量 406a
人力资源管理 407a
润滑油业务重组 407a
数质量工作 406b
网络发展 406b
物流运行 406b
信息化建设 407b
在轨运行能力 407b
直销差异化营销 406a
上海石油化工研究院 481b
“863”项目 483a
GS-12 乙苯脱氢催化剂 481b
SHN-01/F 裂解汽油一段镍加氢催化剂 482a
苯和乙烯制乙苯的烷基化方法 481b
丙烯腈成套新技术 481b、482a
丙烯腈技术许可 482b
第二代节能型苯乙烯技术 482b
合成气制乙二醇工业示范装置 482b
甲苯甲基化制二甲苯工业示范装置 482a
石化集团公司高级专家 483b
无重金属有光聚酯切片开发项目 481b
优秀创新团队 483a
中原石化 MTO 装置 482b
尚艳红 484b、485、486b
邵 丹 186a
邵 壮 489b、490
设备管理 19b
社会公益 202b
扶贫济困 203a
健康快车 203b
捐资助学 203b
温馨家园建设 202b
支援灾区 203a
社区改革 156b
涉外审计 190b
企业组织实施的涉外审计 191a
总部组织实施的涉外审计 191a
申发祥 96b
沈 浩 553b
沈云辉 70b、71a、73b
审计基础管理 191a
审计标准化 191b
审计管理“软实力” 191b
审计人员队伍建设 192a
审计项目组织管理 191b
审计信息化 191b
指导企业审计 192a
审计检查配合 192a
生物质利用技术 66b
胜利油田 219a
阿拉德油田 220a
安全环保 220b
创新成果 221a
队伍素质 221b
工程板块 220b
和谐构建 221b
节能减排 221a
经营管理质量 221a
山东胜利水务有限责任公司 222a
胜利发电厂三期工程 222a
胜利物探 SGC206 队 222b
页岩油气地质研究 220a
油气开发 220a
资源勘探 219b
胜利准西北缘浅层油气成藏规律 127a
师玉媛 305a
施 滔 75b、77b、79a
石化报社 546a
党建思想工作 547a
荣誉 547b
《星光大道》 546b
“学镇海学安喜”系列报道 547a
中国石化管道行活动 546b
石化出版社 547a
党建思想政治工作 549b
国际炼油技术进展交流会 548a
炼油与石化工业技术进展交流会 548b
石油化工设备维护检修技术交流会 548b
市场营销 548b
展览工作 548a
石家庄炼化 357a
HSE 357b
安全生产禁令 357a
比学赶帮超 357b
和谐企业建设 358b
基层建设 357b
降本减费 358b

科技进步　358a
炼油项目　358b
六西格玛项目　357b
群众性技术创新活动　358a
一体化管理体系　357b
装置检修　358a
石家庄油品质量升级及原油劣质化改造工程　94a
石油地球物理勘探　23b
采集单位　23b
采集工作量　24a
处理解释单位　23b
工作能力　24a
获奖情况　25a
主要技术进步　24a
主要装备　23b
石油工程队伍资质　30b
石油工程公司　527b
财务资产　528a
队伍人员　528a
主要业务　527b
主要装备　528a
石油工程机械制造　32a
2500HP 数控成套压裂装备　32a
国家科技重大专项　32a
江钻股份公司 QC 成果　32b
煤浆管线供货合同　32b
深水水下井口头　32b
水下采油树关键技术　32a
无体式大钻头　32b
石油工程技术研究院　466a
超高压封隔式尾管悬挂器　467b
超深井钻井液降滤失剂　468a
非常规油气工程配套技术　468a
高应力强水敏深层井筒稳定关键技术　467a
领导班子调整　467a
脉冲振动固井新技术　467b
深井超深井钻井技术　467b
中国石化完井技术中心　468b
石油工程设备管理　31a
机械研发制造　31b
设备检测评估　31b
设备检查　31a
重大装备技术选型论证　31a
主要技术指标　31b
石油化工科学研究院　470a
ASTM 标准　472a
DCC 装置　472a
MIP－DCR 技术　471a
芳烃吸附分离工业示范装置　471b
国家领导慰问　472b
国家石油产品质量监督检验中心　472b
炼油改造技术服务　472b
炼油工艺与催化剂国家工程研究中心　472a
生物航煤技术工业试验　471b
学习祥麟院士活动　473a
一种己内酰胺加氢精制方法　471a
载人空间对接供油　472a
主题活动　472b
石油勘探开发研究院　464a
瓜胶替代压裂液　465b
海外项目　465b
金之钧　465b
特殊油气藏开发实验技术　465a
“千人计划”专家　465b
五大会战　465a
叙利亚碳酸盐岩稠油油藏评价与开发对策　465a
页岩油资源与勘探开发技术　465b
油气包裹体分析新技术及应用　465a
中国石化储量评估中心　465b
石油物探技术研究院　469a
RTM 逆时偏移技术　470a
地球物理软件　470a
地球物理重点实验室学术委员会会议　469b
多尺度地震物理模拟实验系统　469b
开放式地球物理实验室门户系统　469b
企业信息化 A 级企业　469b
荣　誉　469b
《石油物探》　469b
碳酸盐岩缝洞型储集体地球物理描述　470b
史文辉　551、552、553
史新波　477a
试油测试　27a
工程新纪录　27a
主要技术进步　27a
主要装备　27a
作业工作量　27a
税收管理　155b
思想教育工作　199a
EAP 教育　199b
环保专题教育　199a
思想政治工作研究　199b
形势政策宣传　199a

四川石油分公司　440a
　　安全管理　441a
　　党群队伍　441a
　　管理效能　441a
　　企地合作　440a
　　企业形象　441a
　　人才通道　441a
　　网络发展　440b
　　主营业务　440b
四川维尼纶厂　349a
　　BDO—醋酸一体化项目　350a
　　R200 裂化气气柜　349b
　　醋酸甲酯回收装置　350a
　　锅炉节能减排改造工程　349b
　　和谐企业　350b
　　经营管理　350b
　　科技创新　350b
　　维纶产品技术升级项目(一期)　350a
　　新老区生产运行　349a
宋德鹏　93a
宋　磊　528b、529
宋　鹏　420、421、422
宋文波　476a
苏北成品油管道及配套油库工程　95b
孙洪杰　220a
孙　慧　30b
孙晶涛　453
孙黎明　181b
孙元秀　32a
孙　智　384a

T

塔河超深层稠油降黏开采关键技术　129a
塔河分公司　385a
　　安全环保　386b
　　党建思想政治工作　388a
　　队伍培养　387b
　　和谐企业建设　388b
　　技术比武　387b
　　技术进步　387a
　　领导班子调整　386a
　　企业管理　387b
　　生产经营任务　386b
　　塔河炼化公司　386a
　　先锋号称号　388b
　　重油改质配套完善项目　386b
　　装置检修　387a
覃辉平　381、382
谭　宁　120b
碳盘查工作　118a
唐　磊　13b、14a、15a
体制改革　140b
　　党组办公室　141a
　　工会工作委员会　141a
　　股份公司大连石油化工研究院　142a
　　股份公司原油销售分公司　142b
　　集团董事会办公室　141a
　　集团公司内外宣管理职能　141a
　　集团公司延布炼厂项目部　142a
　　建设规范董事会　140b
　　境外公共安全管理职能　141a
　　矿区(社区)改革　142b
　　炼化工程专业化重组　141b
　　煤化工专业公司　141b
　　青年工作委员会　141a
　　润滑油销售业务整合　141b
　　石油工程专业化重组　142b
　　液化气统一销售　142a
　　中国石化催化剂有限公司　142a
　　中国石化塔河炼化有限责任公司　142b
　　中国石化新疆能源化工有限公司　142a
　　总部党群部门职能　141b
　　总经理办公室　141a
天津—河间原油管道改造工程　96a
天津炼化一体化原油储运配套工程　95b
天津石化　296a
　　安全环保　297a
　　成本年活动　296b
　　队伍建设　297b
　　“公众开放日”活动　298b
　　和谐企业建设　297b
　　技术进步　297b
　　领导班子调整　296b
　　企业管理　297a
　　企业文化理念　297b
　　全国技术能手　298b
　　生产经营　296b
　　“双学”活动　296b
　　水务系统整合　298a

装置检修 297a
天津石油分公司 399a
财务管理 400a
高速公路加油站 400a
加油站市场分析模型 400a
内控监督管理 400a
润滑油销售重组 400b
万吨骨干站 399b
武清油库 400a
新经营管理体制 400b
营销竞赛 399a
油品损耗 400a
员工技能素质 400b
天然气分公司 269a
安全生产 269b
党建思想政治工作 270b
经营管理 270a
企业和谐 270b
市场开发 269a
天然气经营量 269a
员工队伍建设 270a
重点工程 269b
天然气工程项目管理部 273a
安全环保 273b
大湾区块产能建设 274b
工区标准化 274b
教育培训 274b
精细投资管理 274b
普光气田地面工程 274a
“三位一体”工程项目支持模式 273b
物资装备国产化 274b
先导试验项目 274a
元坝气田开发 274a
主题实践活动 275a
作用发挥 273b
天然气乙炔法制醋酸乙烯成套技术 129a
田 华 384b
田中山 553a
图书出版 206b
HAZOP 培训系列教材 208a
《HSE 观察——控制看得见的风险》 208a
《大学化学实验》系列教材 207b
《国内外石油技术进展(十一五)》 209b
《含硫含酸原油加工技术》 206b
《炼化操作工系列工作行为规范》 207a
《炼油设备英汉图解手册》 208b
《炼油与石化工业技术进展》(2012 版) 207b
《煤气化工艺风险管理》 208a
《润滑剂添加剂性质及应用》 207b
《石油化工企业生产装置设备动力事故及故障案例分析》 208b
《世界典型润滑油研发战略》 208a
《塔河油田石油工程技术与实践》 209b
《投资贸易法律指南》 208b
《乙烯工艺与技术(精华本)》 207a
《英汉石油化工词典》 207b
《油气勘探工程师手册》 209a
《油气勘探开发技术进展——石油物探》 209a
《中国石化易捷便利店运营管理手册》 207a
土地管理 153b
土地热点问题 154a
土地租金调整 154a
新增用地管理 154a
用地统计分析 153b

外事管理 89a
境外公共安全 89b
境外公共平台 90b
外事规章制度 89a
相关外事管理 90a
因公出国(境) 89a
重要外事活动 90a
万 迪 435、436、437、438
汪宏辉 554a
汪卫东 551a
王爱敏 248、249、250、251b
王 栋 180b、181、182、186b、187b
王方栋 283a
王 飞 19b、20
王扶卷 101a
王贵卿 206b
王锦晶 451、452
王瑾瑾 516、517、518
王 进 296、297、298
王景涛 146b、147、148、149b
王 坤 113
王 乐 120b
王立坤 19

王凌云 183b
王 珞 106a
王明华 219a、221
王明堂 339b、340、341
王 酩 440、441
王妮妮 476a
王 宁 101a
王 强 465a
王 睿 543b、544、545
王文东 458、459、460
王晓辉 140b、141、142
王新军 484b、485、486b
王新忠 335、336、337、338b
王一海 39b
王志丹 539、540、541b
王志明 23b、24a
尉忠友 138b
魏 哲 151、152、153、154、155、156
温 福 553a
文明和谐示范小区创建 177a
无机原料 69b
  纯 碱 70a
  硫 酸 70a
  烧 碱 70a
  硝 酸 70a
  盐 酸 70a
吴宝英 223b
吴昌保 67b、68、69、70a
吴汉川 551a
吴小毅 109、110a
吴 瑶 257、258
武汉石化 362a
  安全环保 363a
  财务审计 364b
  科技进步 364a
  炼油专业指标 363a
  领导班子调整 362b
  企业稳定 365a
  汽柴油增效 363b
  全员培训 364b
  设备预防性维修 363b
  停工检修 363a
  五件实事 365b
  武汉市循环经济标杆企业 363b
  信息化 365a
  乙烯和炼油改造二期工程 364a
  用工改革 364b
  原油采购优化 363b
  制度建设 364b
  装置平稳率考核 363a
武汉乙烯工程 94b
武汉油品质量升级改造二期项目 94b
武 桐 454、455
物探工作量 17a
物探技术进步 17b
物资采购 170b
  集团化采购 170b
  生产建设物资 170b、171a
  网上采购 171a
物资采购管理 172a
  标准化采购 173a
  储备管理 174a
  供应商关系管理 173b
  科学理性采购 172a
  物资采购管理提升活动 172b
  物资供应管理体系探索 172b
  物资供应管理信息化 174a
  物资供应监管 174a
  物资供应系统培训 174b
物资供应业务改造 171a
  采购策略编制 172a
  供应商动态量化考核 171b
  库存资金占用责任主体调整 171b
  框架协议采购 171b
  物资供应过程控制 172a
  专业化分工 171a

西安石化 383a
  EM 系统 384b
  催化装置检修 384a
  基层车间安全总监招聘 384b
  金秋助学 384b
  媒体报道 384b
  生产经营 383b
  十八大精神宣贯 384b
  塔河油田稠油输炼一体化技术 384a
  温拌沥青 384a
  “一转双创”活动 385a

油品质量升级 384a
西北石油局 248a
S48 井 250a
非常规储层分段酸压改造 250b
和田河大桥 250a
节能降耗 249b
经营指标 249a
科技成果 249a
领导班子调整 248a
硫化亚铁隐患防治技术 250a
民生工程 250b
塔河油田四号联合站 249b
西北石油文化节 250b
油气开发 248b
油气勘探 248b
西北油田分公司 248a
西北油田分公司产能建设地面工程 94a
西南油气田 252a
安全环保 254b
成本管理 254b
党建工作 255b
工程作业 254a
和谐企业建设 255a
科研成果 254a
企业改革 254b
“三基”工作 254b
天然气探明地质储量 252b
页岩油气会战 253b
油气开发 253a
油气勘探 253a
油气销售 254a
元坝气田产能建设 253b
元坝气田地面建设配套工程 253b
主要领导调整 252b
吸湿性聚酯切片 131a
夏鹏飞 27b、28a
纤维级聚丙烯 63a
纤维新产品 130b
销售华北分公司 456a
HSE 管理 456b
存续企业竞争力 457b
管网保运 456b
管网运行效率 456b
计量管理 457a
企业管控 457a
企业和谐 457b
物流运行质量 456a
资源管理 456a
销售华东分公司 457a
ERP 建设 459b
安全管理 458a
队伍建设 459b
改善经营管理建议 459b
联营业务 459a
设备管理 458b
审计监察 459b
生产工艺 459a
生产经营指标 458a
市场预测 459a
数质量管理 459a
数字化管道系统 458b
苏北管道 458b
文化建设 460a
物流优化 458b
原油罐改造 458b
制度标准化改造 460a
资源统筹 459a
销售华南分公司 462a
安全工作 463a
工程建设 463b
合作发展协议 463b
华南成品油管网防雷系统研究 463b
基层党组织建设 464a
教育培训 463b
“平安管道”活动 463a
市场保供 463a
输油任务 462b
销售华中分公司 460a
党群工作 461b
队伍建设 461a
合同管理 461b
降本增效 461a
社会责任 462b
生产运行 461a
市场保供 460b
数质量管理 461b
项目建设 460b
信息化建设 461b
员工关怀 462a
招投标管理 461b
晓 勇 553b
肖 军 325

效能监察　195b
　派驻督察　195b
　效能监察　195b
　专项监督检查　195b
谢国学　96b
谢鹏飞　508、509
谢小华　120b
新加坡润滑油脂项目　94b
新疆石油分公司　447a
　安全生产目标管理先进单位　448a
　财务管理　448a
　党建思想政治工作　449a
　目标任务　447b
　内外宣工作　448b
　人才队伍　448b
　社会责任　448b
　网络建设　448a
　舆情监控　448b
　援疆新模式　448b
新闻媒体　205a
　《Sinopec Weekly》　206a
　《车友报》　206b
　《中国石化》杂志　205a
　《中国石化报》　205a
　《中国石化手机报》　206a
　中国石化团购网　206b
　中国石化网络电视　205b
　《中国石化新闻界》　206a
　中国石化新闻图片网　206b
　中国石化新闻网　205b
新闻宣传　199b
　典型选树　201a
　对内新闻宣传　199b
　对外正面宣传　200a
　负面舆情应对　200b
　社会公共关系　200b
新星石油公司　241a
　CDM 项目　242a
　HSE　242a
　冰岛地热开发　241b
　地热业务国际化　242a
　地热资源开发协议　242b
　废水余热利用项目　243a
　高含硼地热尾水项目　243b
　高温发电　243a
　国家地热研发中心　242a
　环保模范城市　242b
　节能服务资质　242a
　“里约 +20”大会　242b
　勘探四号平台作业合同　243a
　篮球联赛　243b
　三水盆地油气合作开发项目　243b
　指标完成情况　241b
新型碳八芳烃异构化催化剂 RIC－200　128a
信息化建设与管理　146a
　ERP 系统　146b
　工程建设单位信息化　148a
　供应链管理系统　147a
　科研单位信息化　148a
　炼化企业信息化　147b
　生产营运系统　147a
　销售企业信息化　148a
　信息化管理　148b
　信息基础设施　148b
　油田企业信息化　147b
　重点管理系统　147a
邢大金　413、414、415
邢　洁　429、430
徐　杰　312b、313、314
徐靖峰　304b
徐　林　476a
徐启胜　378b、379
徐若茵　406、407、408
徐　涛　220b
徐月军　220b、221a
徐正师　278a
许金林　36b
许顺禄　309、310
薛　锋　304
薛兆杰　15b、16a

Y

闫　坤　536b
燕山润滑油项目　95a
燕山石化　278a
　R－SIM 系统　280a
　安监总局教育培训基地　280b
　安全总监　280a
　曹妃甸千万吨炼油项目　280a

柴油加氢精制装置　279b
超高分子量聚乙烯　279a
充油溶聚丁苯橡胶　279a
倒班方式规范化　280b
高品质75#航空汽油　278b
化工生产　278b
京标V98#汽油　278b
京标V油品　278b
聚丙烯熔喷专用料　279a
聚碳酸酯装置　279b
炼油生产指标　278a
全系列EVA生产　279a
特大自然灾害　280b
稀土顺丁橡胶装置　279b
溴化丁基橡胶　279a
原油储罐"循环搅拌"系统　279b
援建宁夏项目　280a
中华宝钢环境奖　280b
扬巴公司　316a
安全文化建设示范企业　317a
丙烯酸类项目　317a
布铭邦总裁　317a
二期项目　316b、317
高校师生开放日　317a
环境影响对话会　317a
江苏省质量诚信企业　317a
社会责任　317a
扬子石化　312a
安全生产　313a
苯酚丙酮合资项目　313b
党建工作　314b
工业化石脑油吸附分离装置　314a
管理改进　313a
甲苯甲醇甲基化装置　314a
节能减排　313a
科技创新　313a
领导班子调整　312b
煤气化项目　313b
生产运行　312b
污水回用装置　314a
循环经济工作先进单位　314b
油品质量升级　313b
中央企业先进精神巡回报告会　314b
装置大修　313b
杨国雄　178
杨　莲　551b
杨明清　28
杨　硕　87b、88a
杨王兴　305b
杨维先　125、126、127、128、129、130a
杨心刚　185
杨　旭　102a
杨延平　269、270
杨　洋　88b、89a、252
杨越强　531a
杨　珍　32b
杨志钢　476b
姚建国　373、374、375
姚　江　25a
仪化公司　326a
安全生产　327a
差别化短纤项目　328b
党建工作　329a
反腐倡廉建设　329a
和谐企业建设　329b
技师工作室　328b
技术改造　328a
节能减排　327b
聚酯专用料项目　328b
科技创新　328a
科学采购　327b
劳模工作室　328b
瓶级聚酯切片标准样品　328b
企业管理　327b
全国纺织行业质量奖　329a
志愿者协会　329b
乙苯成套技术　128b
乙二醇　61a
易启明　325、326b
尹　威　349、350
应急管理　113b
区域应急联防　114a
应急预案演练　114a
应急装备　114a
应急资源配置　114a
甬绍金衢成品油管道及配套油库工程　95a
甬台温成品油管道及配套油库工程　95b
油品经营　81a
非油品经营　81b
经营策略　81a
零售经营　81a
网络发展　82a

直分销经营　81b
油品销售　81a
油品销售企业党建　82b
油品销售企业内部管理　82a
油品质量升级项目　94a
油气包裹体分析新技术　125a
油气集输　19a
海上油气开采设施及生产　19a
主要技术经济指标　19a
油气勘探　11b
非常规勘探工作量　12b
勘探工作量　11a
勘探效益　12b
煤层气　13a
页岩油气　13a
致密油气　13a
重大进展　12a
重大突破　11b
重要发现　12a
油气田及输油气管道安全保护　114b
队伍建设　115b
法制宣传教育　115b
平安建设　115a
十八大油气安保　114b
油气田水电运行管理　79b
油田地面工程建设　28b
工程新纪录　30a
经营范围　28b
人员情况　29a
市场情况　29a
重点工程　30a
主要技术进步　29b
主要装备　29b
资质情况　29a
油田基层管理　20a
“比学赶帮超”工作　20b
管理提升活动　20b
五项劳动竞赛　20a
“五大会战”劳动竞赛　20b
油公司体制机制建设　21a
油田开发　13b
产能建设　14a
开发现状　13b
三次采油技术　15b
油田采收率　15a
油田开发管理　15a
油田开发进展　14a
原油产量　13b
资源动用情况　13b
油田设备状况　19b
有光缝纫线升级产品　130b
有机原料　45b
苯　48a
苯　酚　50a
苯　酐　50a
苯乙烯　50a
丙　酮　50a
丙　烯　46a
丙烯酸　50a
丁　醇　49a
丁二烯　46b
对二甲苯　49a
环氧丙烷　49b
环氧氯丙烷　49b
环氧乙烷　49b
混合二甲苯　48b
甲　苯　48b
甲　醇　49a
间二甲苯　49a
邻二甲苯　49a
辛　醇　49b
乙　烯　45b
于　岚　327、328、329
于　玲　339b、340、341
于鲁强　475b、477a
于世焕　17b
于　帅　41、42
于治宇　82b、83、84、85、88b、536b、537
余　立　443、444
余期颐　553b、554a
预算管理　151a
喻志浩　369b、370
元坝气田一期试采工程地面工程　93b
原　玲　64b、66、131a
原油资源及储运　40b
储运设施　41a
输油能耗　42a
仪长线增输试验　42b
原油储运设施投用　42a
原油资源　40b
自产原油销售流向　41a
袁　杰　221b

源头治理　193b
　　决策部署落实情况监督　193b
　　廉洁风险防控　194a
　　业务公开　194a
远　征　94、95a
云南石油分公司　438a
　　非油品　439a
　　服务能力　439b
　　经营总量　438b
　　内部管理　439a
　　社会责任　439b
　　网点发展　439a

Z

曾淑华　335、336、337、338b
展览办公室　547a
湛江东兴公司　378a
　　安全环保　379a
　　扶贫开发　379b
　　基层党建　379b
　　技改项目　379a
　　生产经营任务　378b、379
　　停工大修　379a
　　资金筹措　379a
张宝生　40
张　波　25b、26a
张方涛　424b、425、426
张虹薇　106b
张　华　16、17a
张吉平　554a
张纪贵　476b
张金萍　45b
张金喜　79a
张敬梅　475a
张　军　31、32a
张明华　87b
张清云　87、88
张书翰　206a
张婷艺美　447b、448、449
张文龙　512、513
张欣华　106b
张新华　27b、28b
张新悦　260a、262
张　燕　45b、46
张　杨　465
张　晔　111a
张镇远　156b
张质朴　383b、384a
赵崇镇　18b、20a
赵　飞　384b
赵　红　130a
赵美玲　449b、450、451b
赵　楠　143b
赵　鹏　474b、475a
赵　巍　132b
赵文清　222a
赵　怡　548a
赵　震　111a
浙江石油分公司　410a
　　安全管理先进　411b
　　成品油管道建设　411b
　　党建工作　412b
　　非油品经营　411a
　　费用计划管理　412a
　　和谐企业　412b
　　环境保护　412a
　　加气站市场　411b
　　加油站网络布局　411a
　　经营业绩　411a
　　润滑油业务　411b
　　三级队伍建设　412b
　　数质量管理　412a
　　信息技术　412a
镇海炼化　290a
　　PX 装置低温热回收利用　293b
　　表面工程管理新模式　293b
　　催化烟气脱硫脱硝除尘示范装置　292b
　　氮气直供　293b
　　《调度手册》　294b
　　供市场高端沥青　292b
　　国家“863”计划课题　293a
　　航煤切换加氢技术工业应用装置　293a
　　合资合作企业　294b
　　焦炭塔操作顺序控制系统　293a
　　聚烯烃产品差异化战略　292a
　　领导班子调整　291a
　　码头泊位改造　292a
　　媒体采访　294a
　　每日环保巡查监测　293b

荣誉 294b
生物航煤 292b
学镇海活动 291a
乙烯工程验收 291b
中国石化年度特别贡献奖 291b
专利授权 294a
装置大修 292a
郑 刚 475b
郑琪宁 143b、144a
郑艳梅 224b、225、227b
郑子翔 145b、146a
知识产权 131a
获得荣誉 131b
知识产权管理 131a
知识产权人才培养 131b
执纪办案 196b
职业健康管理 112b
标准建设 113a
监测检查 113a
教育培训 113b
劳动保护 113a
心理健康 113b
员工健康监护 113b
职业危害源头控制 113a
专项调研 113b
中沙石化 299a
HSE 299b
苯酚丙酮装置 300b
苯乙烯回收项目 299b
化工产品生产 300b
聚碳酸酯项目 300a
聚乙烯双峰膜料 300b
企业开放日 300b
中沙纪念林 300a
装置大检修 300b
中原石化 367a
MTO 项目安全设施 367b
MTO 项目职业病危害防护设施 367b
MTO 装置检修 367a
安全生产标准化 367b
高轻烃运行 367b
劳动竞赛动员会 368a
廉洁文化建设 368a
全国乙烯年会 367a
深冷技术 367b
新牌号产品 367a
中原油田 223a
本质安全水平 225b
地下储气库 226b
东濮老区 223b
非常规资源勘探 224b
高抗硫保压取样器 226b
海外市场新签合同额 225a
科技创新 226a
陆相页岩气水平井 225a
绿色生态油田 225b
煤层气 V 型井 224b
内蒙探区 224a
普光气田 224a
全国创先争优先进基层党组织 227a
三次采油技术 226a
社会化服务 227a
石油工程国内外部市场 224b
网电修井机 226b
央视“星光大道” 227b
油地战略合作 226b
中原 SINO19 队 225a
重大安全风险防控 225b
钟春翔 397、398
钟文标 162b、163
重大装备国产化 174b
周东平 347、348
周 芳 526、527
周 光 304a
周建华 36b
周先锋 275b、276
周向进 58b、63b、64b
朱好生 143
朱 红 110b
朱军涛 312b、313、314
珠三角成品油管道二期及配套油库工程 95a
驻马店—信阳成品油管道 95b
专业化重组 156a
庄美琦 291、292、293、294
咨询公司 542b
资本运作 145b
A 股可转换债券发行 146a
冠德公司实施配股融资 146a
炼化工程板块重组改制 145b
资产管理 153a
标准化建设 153b
产权登记管理信息系统 153b

固定资产管理模块 153b
制度化建设 153a
资产评估管理信息系统 153b
资金管理 152b
筹融资管理 152b
发行国际债券 152b
资金风险管控 153a
资金集中管理信息系统 153a
资金占用管理 152b
总部机关财务制度建设 155a
总部机关财务专项工作 155a
总部机关人事管理 166b
机构编制管理 166b
机关员工队伍建设 166b
薪酬保险 167a
邹 斌 221b
邹 兵 304a
邹 强 165b、166a
邹文志 87b、88a
组织人事部门自身建设 167a
钻井工程 25b
重点工艺井 25b
重点技术进步 25b
主要工作量 25b
主要装备 25b

表 题 索 引

使 用 说 明

1. 本索引采用表题索引法编制。年鉴中所有表题均在标引范围内。

2. 本索引基本上按汉语拼音音序排列。具体如下：以数字开头的，排在最前面；汉字标目则按首字的音序、音调依次排列，首字相同时，则以第二个字排序，并依次类推。

3. 在索引中，索引标目之后的数字表示主题内容所在年鉴正文的页码。

0~9

2012年批准发布的石化集团公司企业标准 134
2012年批准发布的石油化工国家标准 132
2012年批准发布的石油化工行业标准 133
2012年石化股份公司各油田分公司主要设备平均新度系数 19
2012年完成报批的石化工程建设国家标准 103
2012年完成报批的石化工程建设行业标准 103

A

安徽石油分公司主要生产经营指标 415
安庆石化主要技术经济指标 345
安庆石化主要产品产量 346
安全工程研究院2012年主要科研成果获奖情况 486
安全工程研究院专利申请与授权情况 487

B

巴陵石化公司主要产品产量 323
巴陵石化主要技术经济指标 322
北海炼化主要产品产量 382
北海炼化主要技术经济指标 382
北京化工研究院2012年度主要科研成果获奖情况 477
北京化工研究院专利申请与授权情况 477
北京石油分公司主要生产经营指标 399

C

财务公司资产负债损益情况 533
沧州炼化主要产品产量 372
沧州炼化主要技术经济指标 371
长岭分公司主要产品产量 326
长岭分公司主要技术经济指标 326
重庆石油分公司主要生产经营指标 442

D

第十建设公司2012年完成的主要工程项目 523
第十建设公司主要生产经营指标 523
第四建设公司2012年完成的主要工程项目 514
第四建设公司主要生产经营指标 514
第五建设公司2012年完成的主要工程项目 519

第五建设公司主要生产经营指标 518
东北石油局和东北油气分公司主要技术经济指标 258
东北油气分公司主要生产建设指标 259

福建炼化主要产品产量 319
福建炼化主要技术经济指标 319
福建石油分公司主要生产经营指标 417
抚顺石油化工研究院2012年度主要科研成果获奖情况 480
抚顺石油化工研究院专利申请与授权情况 480

甘肃石油分公司主要生产经营指标 454
高桥石化主要产品产量 308
高桥石化主要技术经济指标 307
工程建设公司2012年开车及中交项目 491
工程建设公司2012年项目获奖情况 492
工程建设公司主要生产经营指标 491
工程建设项目2012年投料试车/建成投用情况 96
管道储运分公司主要生产指标 277
管道公司主要经济指标 277
广东石油分公司主要生产经营指标 430
广西石油分公司主要生产经营指标 433
广州分公司主要产品产量 339
广州分公司主要技术经济指标 338
广州资产分公司主要技术经济指标 338
贵州石油分公司主要生产经营指标 438
国际石油工程公司2007—2012年境外合同额 529

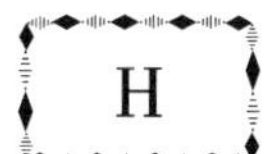

海南炼化主要产品产量 393
海南炼化主要技术经济指标 392
海南石油分公司主要生产经营指标 435
河北石油分公司主要生产经营指标 403
河南石油分公司主要生产经营指标 424
河南油田主要技术经济指标 232
河南油田主要生产建设指标 232
黑龙江石油分公司主要生产经营指标 451
湖北化肥主要产品产量 356
湖北化肥主要技术经济指标 355
湖北石油分公司主要生产经营指标 426
湖南石油分公司主要生产经营指标 428
华北石油局和华北分公司主要技术经济指标 262
华北石油局和华北分公司主要生产建设指标 264
华东石油局和华东分公司主要技术经济指标 267
华东石油局和华东分公司主要生产建设指标 268

济南分公司主要产品产量 362
济南分公司主要技术经济指标 361
甲级工程造价咨询企业 105
江汉油田主要技术经济指标 235
江汉油田主要生产建设指标 236
江苏石油分公司主要生产经营指标 410
江苏油田主要技术经济指标 239
江苏油田主要生产建设指标 240
江西石油分公司主要生产经营指标 420
金陵石化主要产品产量 311
金陵石化主要技术经济指标 311
经济技术研究院2012年主要科研成果 546
荆门石化主要产品产量 349
荆门石化主要技术经济指标 348
九江分公司主要产品产量 354
九江分公司主要技术经济指标 354

勘探南方分公司主要经济指标 272
勘探南方分公司主要生产建设指标 273

利润表 157
洛阳工程公司2012年投产工程项目 503

洛阳工程公司主要生产经营指标　502
洛阳石化主要产品产量　342
洛阳石化主要技术经济指标　341

茂名石化主要产品产量　290
茂名石化主要技术经济指标　289

内蒙古石油分公司主要生产经营指标　447
南京工程公司 2012 年完成的主要工程项目　510
南京工程公司主要生产经营指标　509
南京化工公司主要产品产量　333
南京化工公司主要技术经济指标　333
宁波工程公司 2012 年中交或完工的主要工程项目　506
宁波工程公司主要生产经营指标　506
宁夏石油分公司主要生产经营指标　455

齐鲁石化主要产品产量　285
齐鲁石化主要技术经济指标　285
青岛炼化主要产品产量　396
青岛炼化主要技术经济指标　395
青岛石化主要产品产量　378
青岛石化主要技术经济指标　377
青海石油分公司主要生产经营指标　452

润滑油分公司主要技术经济指标　375

S

山东石油分公司主要生产经营指标　422
山西石油分公司主要生产经营指标　405
陕西石油分公司主要生产经营指标　444b
上海工程公司 2012 年完成的主要项目　497
上海工程公司主要生产经营指标　497
上海海洋石油局和上海海洋油气分公司主要技术经济指标　247
上海赛科公司主要产品产量　306
上海赛科公司主要技术经济指标　305
上海石化主要产品产量　303
上海石化主要技术经济指标　302
上海石油分公司主要生产经营指标　408
上海石油化工研究院 2012 年度主要科研成果获奖情况　483
上海石油化工研究院专利申请与授权情况　483
胜利油田主要技术经济指标　222
胜利油田主要生产建设指标　223
石化报社主要报刊发行数量　547
石化出版社 2012 年重点图书目录　209
石化集团公司 2012 年热电业务生产经营完成情况　75
石化集团公司 2012 年热电业务主要技术经济指标完成情况　77
石化集团公司 2012 年石油工程主要专业设备技术指标　31
石化集团公司各企业 HDPE 产量　52
石化集团公司各企业 LDPE 产量　52
石化集团公司各企业 LLDPE 产量　53
石化集团公司各企业 PTA 产量　60
石化集团公司各企业 SBS 热塑性弹性体产量　58
石化集团公司各企业丙烯腈产量　61
石化集团公司各企业涤纶产量　64
石化集团公司各企业丁苯橡胶产量　57
石化集团公司各企业合成氨产量　67
石化集团公司各企业己内酰胺产量　61
石化集团公司各企业腈纶产量　64
石化集团公司各企业聚苯乙烯产量　55
石化集团公司各企业聚丙烯产量　53
石化集团公司各企业聚乙烯醇产量　63
石化集团公司各企业聚酯产量　62
石化集团公司各企业尿素产量　68
石化集团公司各企业顺丁橡胶产量　57
石化集团公司各企业乙二醇产量　61

石化集团公司各企业乙烯产量 48
石化集团公司各企业主要合成纤维及原料生产装置能力 59
石化集团公司各油田原油产量 13
石化集团公司合成树脂各品种产量 51
石化集团公司合成树脂各品种生产能力 50
石化集团公司合成纤维各品种产量 63
石化集团公司合成纤维聚合物各品种产量 62
石化集团公司合成纤维原料各品种产量 60
石化集团公司合成橡胶分品种装置生产能力 56
石化集团公司合成橡胶各产品产量 56
石化集团公司其他树脂产量 55
石化集团公司油气勘探基本情况 11
石化集团公司与全行业部分石油产品分品种产量 558
石化集团公司与全行业合成纤维及原料分品种产量 561
石化集团公司与全行业塑料、合成橡胶分品种产量 562
石化集团公司与全行业有机化学品分品种产量 559
石化集团公司原油资源完成统计 41
石化集团公司主要产品产量占全行业比重 557
石化集团公司主要化肥产品产量 67
石化集团公司主要化肥生产能力 66
石化集团公司主要精细化工产品 64
石化集团公司主要无机原料产品产量 69
石化集团公司主要无机原料生产能力 69
石化集团公司主要有机原料产品产量 47
石化集团公司主要有机原料生产能力 46
石家庄炼化分公司主要产品产量 359
石家庄炼化分公司主要技术经济指标 359
石油工程技术研究院2012年度主要科研成果获奖情况 468
石油工程技术研究院专利申请与授权情况 468
石油化工科学研究院2012年度科研成果获奖情况 473
石油化工科学研究院专利申请与授权情况 473
石油勘探开发研究院2012年度主要科研成果获奖情况 466
石油勘探开发研究院专利申请与授权情况 466
石油物探技术研究院2012年度主要科研成果获奖情况 470
石油物探技术研究院专利申请与授权情况 470
四川维尼纶厂主要产品产量 351
四川维尼纶厂主要技术经济指标 351

T

塔河分公司主要产品产量 389
塔河分公司主要技术经济指标 388
天津石化主要产品产量 298
天津石化主要技术经济指标 298
天津石油分公司主要生产经营指标 400

W

武汉石化主要产品产量 366
武汉石化主要技术经济指标 365

X

西安石化主要产品产量 385
西安石化主要技术经济指标 385
西北石油局和西北油田分公司主要经济指标 251
西北石油局和西北油田分公司主要生产建设指标 251
西南石油局主要生产建设指标 256
西南油气分公司主要生产建设指标 256
西南油气田主要技术经济指标 255
销售华北分公司主要生产经营指标 457
销售华东分公司主要生产经营指标 460
销售华南分公司主要生产经营指标 464
销售华中分公司主要生产经营指标 462
新疆石油分公司主要生产经营指标 449
新星石油公司主要经济指标 243

Y

燕山石化主要产品产量 281
燕山石化主要技术经济指标 281
扬子石化主要产品产量 316
扬子石化主要技术经济指标 315
仪化公司主要产品产量 331
仪化公司主要技术经济指标 329

云南石油分公司主要生产经营指标　440

湛江东兴公司主要产品产量　380
湛江东兴公司主要技术经济指标　379
浙江石油分公司主要生产经营指标　412
镇海炼化主要产品产量　295
镇海炼化主要技术经济指标　294
中国石化 2012 年固定资产投资竣工验收项目　97
中国原油与石油产品出口数量与金额　564
中国原油与石油产品进口数量与金额　563
中国主要石化产品出口数量与金额　569
中国主要石化产品进口数量与金额　565
中沙石化主要产品产量　301
中沙石化主要技术经济指标　301
中原石化主要产品产量　368
中原石化主要技术经济指标　368
中原油田主要技术经济指标　227
中原油田主要生产建设指标　228
资产负债表　158

安全环保职业健康

◇ 综述

◇ 安全监督管理

◇ 环保监督管理

◇ 职业健康管理

◇ 应急管理

◇ 油气田及输油气管道安全保护

综　　述

2012 年是石化集团公司开启建设世界一流能源化工公司新航程的启航之年。一年来，面对严峻的生产经营形势和复杂的安全环保局面，石化集团公司全面推进绿色低碳战略，认真落实“四个让位于”HSE 工作的要求，牢固树立“安全高于一切、生命最为宝贵”的理念，层层落实 HSE 责任制，加强重点薄弱环节监管，继续加大隐患治理力度，切实加强应急能力建设，全面推行先进管理手段，强化各项 HSE 措施，总体实现了安全生产、清洁生产，为石化集团公司生产经营任务的全面完成提供了坚实有力的保障。

深化责任落实，HSE 管理目标全面实现。按照“谁主管、谁负责”“一岗双责”原则，完善 HSE 责任体系，党组将安全环保职责纳入班子分工，为全员落实 HSE 责任树立了榜样。全面推行领导“两特”带班和下基层督察安全规定，各级领导深入现场，协调解决安全问题。健全完善责任落实机制，层层签订 HSE 责任状，加强监督考核，严肃事故问责，总部对 2011 年发生事故的企业领导班子实施了最为严格的经济考核，有力地促进了 HSE 目标的全面实现。全年，石化集团公司在实现“五个避免”的基础上，HSE 各项控制指标均优于年初制定的目标，安全生产创历史最好水平。

重视基础工作，安全管理水平不断提升。针对安全管理的重点和薄弱点，适应新形势和新要求，制定了《炼油化工危险工艺过程安全管理规定》等 10 多项安全管理制度、技术标准，规范和指导安全生产。将培训教育作为提升员工素质的最根本措施，分层次组织举办各类安全培训班。翻译出版了《美国炼油与化工安全管理事故分析》，积极跟踪国际石油石化企业年内发生的典型事故并及时下发 3 期通报，在全系统吸取事故教训，学习借鉴他人经验，改进自身安全管理。对标国际一流，立足公司实际，加强安全文化建设，积极探索并初步形成了中国石化特色安全文化建设的基本思路。积极开展安全文化活动，中国石化被全国“安全生产月”活动组委会评为安全生产幸福感企业。

着力超前预防，安全生产风险有效受控。创新工作方式，建立重点监管服务机制，采取专业指导、检查督导、召开现场办公会等方式，强化对重点企业、重点项目、重点现场、重点时段的安全监管，落实现场作业“七想七不干”要求，有效提高了安全监督管理水平，确保了重大安全风险有效受控。针对企业存在的突出问题，对河南油田、南京化工公司等企业进行督导和帮扶，对巴陵石化和高桥石化及时召开事故现场会和事故汇报会，促进了重点服务企业的 HSE 整体水平明显提升。坚持开展年度 HSE 大检查，认真开展井控和海(水)上石油作业专项检查，进一步增强了监督检查实效。按照“突出重点、分级监管”的原则，实施隐患治理项目分级挂牌和后评估制度，推进了隐患排查治理的常态化、规范化和科学化。全年分 3 批共下达隐患治理资金 18. 90 亿元，对海上油气设施、井控装置、液态烃球罐、油库消防系统、热油泵密封等隐患进行了重点治理，有效提升了装备的本质安全水平。

践行绿色低碳，环保工作取得明显突破。组织编制《“十二五”环境保护规划》和《环境保护白皮书》，并成功举办《环境保护白皮书》发布会，向全社会宣示中国石化绿色发展的创新理念和务实行动，引领中国企业界之先河。积极参加联合国“里约 + 20”论坛，展示中国石化绿色低碳、环境保护的成功案例。燕山石化作为 2012 年唯一企业代表获得国内企业环保最高荣誉——中华宝钢环境奖，扬子石化作为石油石化系统唯一入选单位获得全国循环经济工作先进单位称号。坚持从严治内，注重对外沟通，不断强化环保监管措施，重点项目环评和验收实现了新突破。开展环保现状评估，帮助企业排查整改环保问题。开展清洁生产验收，持续提升清洁生产整体水平。开展全系统环境安全大检查，促进了企业环境风险防控。加大环保隐患治理力度，油田污水治理、炼化烟气脱硫脱硝除尘改造、节水减排、油气回收等专项治理成效显著。加强环保科技攻关，2012 年度“十条龙”攻关项目“炼厂尾气综合治理技术”顺利“出龙”。分解落实“十二五”主要污染物减排指标，落实减排责任和措施，工作进程逐步加快。

悉心关爱员工，职业健康工作稳步推进。组织开展苯及噪声、粉尘、灌装作业岗位的职业危害调查，进一步强化对重点现场及岗位的职业健康监管，有效防范了新增职业病发生。加强新修订的《职业病防治法》的宣贯，制定《承包商职业健康管理规定》，规范承包商职业健康管理。组织制定《中国石化劳保服装管理规定》，配套编制《中国石化劳保服装制作手册》，规范和指导企业开展劳保服装的“换装”工作，实现了劳保服装的统一规范。大力实施“员工帮助计划”，关爱员工心理健康，营造快乐工作、健康生活氛围，提升了员工身心健康水平。

优化措施手段，应急综合治理工作扎实有力。适应新形势和潜在的重大风险，修订完成《中国石化重特大事件应急预案(2011 版)》，进一步增强了预

综　　述

2012 年是石化集团公司开启建设世界一流能源化工公司新航程的启航之年。一年来，面对严峻的生产经营形势和复杂的安全环保局面，石化集团公司全面推进绿色低碳战略，认真落实“四个让位于”HSE 工作的要求，牢固树立“安全高于一切、生命最为宝贵”的理念，层层落实 HSE 责任制，加强重点薄弱环节监管，继续加大隐患治理力度，切实加强应急能力建设，全面推行先进管理手段，强化各项 HSE 措施，总体实现了安全生产、清洁生产，为石化集团公司生产经营任务的全面完成提供了坚实有力的保障。

深化责任落实，HSE 管理目标全面实现。按照“谁主管、谁负责”“一岗双责”原则，完善 HSE 责任体系，党组将安全环保职责纳入班子分工，为全员落实 HSE 责任树立了榜样。全面推行领导“两特”带班和下基层督察安全规定，各级领导深入现场，协调解决安全问题。健全完善责任落实机制，层层签订 HSE 责任状，加强监督考核，严肃事故问责，总部对 2011 年发生事故的企业领导班子实施了最为严格的经济考核，有力地促进了 HSE 目标的全面实现。全年，石化集团公司在实现“五个避免”的基础上，HSE 各项控制指标均优于年初制定的目标，安全生产创历史最好水平。

重视基础工作，安全管理水平不断提升。针对安全管理的重点和薄弱点，适应新形势和新要求，制定了《炼油化工危险工艺过程安全管理规定》等 10 多项安全管理制度、技术标准，规范和指导安全生产。将培训教育作为提升员工素质的最根本措施，分层次组织举办各类安全培训班。翻译出版了《美国炼油与化工安全管理事故分析》，积极跟踪国际石油石化企业年内发生的典型事故并及时下发 3 期通报，在全系统吸取事故教训，学习借鉴他人经验，改进自身安全管理。对标国际一流，立足公司实际，加强安全文化建设，积极探索并初步形成了中国石化特色安全文化建设的基本思路。积极开展安全文化活动，中国石化被全国“安全生产月”活动组委会评为安全生产幸福感企业。

着力超前预防，安全生产风险有效受控。创新工作方式，建立重点监管服务机制，采取专业指导、检查督导、召开现场办公会等方式，强化对重点企业、重点项目、重点现场、重点时段的安全监管，落实现场作业“七想七不干”要求，有效提高了安全监督管理水平，确保了重大安全风险有效受控。针对企业存在的突出问题，对河南油田、南京化工公司等企业进行督导和帮扶，对巴陵石化和高桥石化及时召开事故现场会和事故汇报会，促进了重点服务企业的 HSE 整体水平明显提升。坚持开展年度 HSE 大检查，认真开展井控和海(水)上石油作业专项检查，进一步增强了监督检查实效。按照“突出重点、分级监管”的原则，实施隐患治理项目分级挂牌和后评估制度，推进了隐患排查治理的常态化、规范化和科学化。全年分 3 批共下达隐患治理资金 18.90 亿元，对海上油气设施、井控装置、液态烃球罐、油库消防系统、热油泵密封等隐患进行了重点治理，有效提升了装备的本质安全水平。

践行绿色低碳，环保工作取得明显突破。组织编制《“十二五”环境保护规划》和《环境保护白皮书》，并成功举办《环境保护白皮书》发布会，向全社会宣示中国石化绿色发展的创新理念和务实行动，引领中国企业界之先河。积极参加联合国“里约 + 20”论坛，展示中国石化绿色低碳、环境保护的成功案例。燕山石化作为 2012 年唯一企业代表获得国内企业环保最高荣誉——中华宝钢环境奖，扬子石化作为石油石化系统唯一入选单位获得全国循环经济工作先进单位称号。坚持从严治内，注重对外沟通，不断强化环保监管措施，重点项目环评和验收实现了新突破。开展环保现状评估，帮助企业排查整改环保问题。开展清洁生产验收，持续提升清洁生产整体水平。开展全系统环境安全大检查，促进了企业环境风险防控。加大环保隐患治理力度，油田污水治理、炼化烟气脱硫脱硝除尘改造、节水减排、油气回收等专项治理成效显著。加强环保科技攻关，2012 年度“十条龙”攻关项目“炼厂尾气综合治理技术”顺利“出龙”。分解落实“十二五”主要污染物减排指标，落实减排责任和措施，工作进程逐步加快。

悉心关爱员工，职业健康工作稳步推进。组织开展苯及噪声、粉尘、灌装作业岗位的职业危害调查，进一步强化对重点现场及岗位的职业健康监管，有效防范了新增职业病发生。加强新修订的《职业病防治法》的宣贯，制定《承包商职业健康管理规定》，规范承包商职业健康管理。组织制定《中国石化劳保服装管理规定》，配套编制《中国石化劳保服装制作手册》，规范和指导企业开展劳保服装的“换装”工作，实现了劳保服装的统一规范。大力实施“员工帮助计划”，关爱员工心理健康，营造快乐工作、健康生活氛围，提升了员工身心健康水平。

优化措施手段，应急综合治理工作扎实有力。适应新形势和潜在的重大风险，修订完成《中国石化重特大事件应急预案(2011 版)》，进一步增强了预案的实用性和可操作性。成功组织中国石化胜利海上综合应急演练，达到了检验预案、磨合机制、锻炼队伍的目的。加强应急能力建设，完成总部应急指挥中心的升级改造，启动总部应急指挥信息系统建设。完善油区综合治理和管道保护工作长效机制，油区和管道两个“平安建设”深入推进。企地携手，共建联防，油区环境有效改善，全年发生涉油刑事案件和打孔盗油次数同比下降5%以上。全面部署和开展环北京企业专项检查，切实加强安全防范工作，圆满完成了中国—亚欧博览会和十八大期间的安保任务。

（刘卫红）

安全监督管理

【安全生产指标控制情况】 2012 年，石化集团公司在实现“五个避免”的基础上，较好地完成了各项HSE 控制指标。安全方面，全年累计发生上报石化集团公司级事故3 起，死亡3 人，分别较2011 年同期下降 72.7% 和 57.1%，比 2010 年下降 75% 和50%，实现了年初制定的“在2010 年基础上双减半”的目标，创历史最好水平。职业健康方面，从业人员职业健康体检率达到98.7%，作业场所职业危害因素检测率达到97.8%，实现了年度控制目标。

（吴小毅）

【安全生产先进集体和个人】 勘探南方分公司、上海海洋石油局、江汉石油管理局、中原石油勘探局、西北石油局、镇海炼化、上海石化、长岭炼化、沧州炼化、四川维尼纶厂、上海石油分公司、浙江石油分公司、河南石油分公司、第十建设公司、第五建设公司等46 家企业被评为石化集团公司2012 年度安全生产先进单位。胜利石油管理局消防支队、西北油田分公司治安消防中心、燕山分公司消防支队、天津分公司消防支队、扬子石化消防支队等15 支消防队被评为石化集团公司2012 年度优秀消防队。郭旭升、左文岐、孙建、孔凡群、江正洪、戎光道等110 人被评为石化集团公司安全生产先进管理者。魏增祥、张硕坤、文湘杰、刘步宇、孙伟心等400 人被评为石化集团公司安全生产先进职工。

（吴小毅）

【安全环保大检查】 2012 年，石化集团公司先后组织开展了井控、海(水)上作业专项检查。同时，在企业自查自改工作的基础上，总部集中组织了年度HSE 大检查。

8 月21 日—9 月13 日，总部组织190 人，分成15 个组，历时24 天，对67 家直属企业、科研单位和1 个重点工程项目部的411 个二级单位、749 个基层单位进行了检查。检查期间，共对2 340 人次进行了书面考试，现场提问2 378 次，召开了28 次座谈会，开展各类演练259 次，共查出各类问题3 580项。同时，总结、提出了93 条做好安全生产工作好的建议。

（吴小毅）

【安全教育培训】 2012 年，石化集团公司总部层面举办了企业高层管理人员、油田企业承包商、油品销售企业分管工程建设负责人等各类HSE 培训班31期，培训专业人员1 226 人次。党组领导亲自给参加企业高级管理人员HSE 培训班的企业负责人授课。各企业按照石化集团公司的要求，结合自身实际举办了安全管理干部、安全技术人员、外来施工人员、特种作业人员等各类安全培训班，开展岗位安全资质、安全技能培训，专题安全培训，事故演练，消防演练等，有效提升了全员安全生产素质。

（吴小毅）

【“打非治违”专项行动】 4 月25 日—9 月31 日，石化集团公司集中开展打击非法违法生产经营建设、治理纠正违规违章行为专项行动。下发了《关于贯彻落实国办通知精神集中开展安全生产领域“打非治违”专项行动的通知》，要求各企业做到“五个结合”。各企业认真按照石化集团公司的要求和部署，强化危险化学品安全管理，持续开展隐患排查治理，进一步推动项目“三同时”工作，加强直接作业环节的安全监管，规范承包商安全管理，安全生产各项工作取得了较好成绩。全年，石化集团公司共发生上报事故2 起，死亡2 人，同比分别下降75%和60%。

（吴小毅）

【“安全生产月”活动】 石化集团公司下发文件，要求各企业结合实际，结合“打非治违”工作，紧紧围绕“科学发展，安全发展”的主题，丰富活动内容，创新活动形式，以深入开展“安全生产月”活动为契机，强化措施，务求实效，全力推动各项工作落实。总部组织了海上联合应急演习，党组领导和机关部门深入基层了解情况，帮助解决实际问题。各企业结合实际，开展学习班、安全咨询、安全考试、专题讲座、讲演、展览和应急演练等多种活动，实现了“安全生产月”的真正安全。

（吴小毅）

【企业 HSE 帮扶】 2012 年，总部针对安全管理基础薄弱的企业进行重点帮扶，安排专门力量对扬子石化、金陵石化、武汉石化等企业检修和新建、改扩建项目施工现场进行安全检查督导。各企业通过完善安全施工方案，强化现场安全监管，全年重点工程项目和全厂大修工程均实现了安全施工、安全投产。

（吴小毅）

【建设项目安全“三同时”监督管理】 2012 年，石化集团公司在新改扩建项目安全“三同时”管理方面重点采取了 3 项措施。①强化法规制度衔接。密切跟踪《危险化学品建设项目安全许可实施办法》（8 号令）等法规修订情况，及时做好制度衔接，持续加大新改扩建项目立项评估、设计审查、生产试运、竣工验收和开工备案等全过程管理，全面落实相关各方的“三同时”责任。②提高技术监管手段。鉴于总部部分监管权限下放的实际，为防止项目监管力度随之削弱，避免“未核准先启动”和“未验收即投产”现象出现，进一步强化企业内审制度，同时在 HSE 管理系统中增加控制环节，从技术措施上确保“三同时”措施落实到位。③强化重点项目过程控制。油田板块重点做好元坝一期工程产能建设项目，新粤浙管道建设工程和广西、青岛、天津 3 个 LNG 建设项目的“三同时”管理，并督导企业严格按照节点要求抓进度。炼化企业重点完成管道储运分公司“册子岛油库二期 2 座 10 万立方米原油储罐工程”“天津—石家庄原油管道 800 万吨/年改造工程”“鲁宁线安全隐患治理工程”安全预评价报告备案；完成天津乙烯炼化一体化项目原油储运配套工程、曹妃甸原油码头配套工程（储运部分）、福建联合石化公司炼油乙烯项目和镇海炼化 100 万吨/年乙烯工程安全设施竣工验收工作。

（郝志强）

【隐患治理】 2012 年，石化集团公司继续强化隐患排查与治理工作，全年共投入治理资金 22.72 亿元。其中，总部投入 18.90 亿元，分 3 批下达，治理隐患 659 项，对隐患较集中的海上安全隐患和集输管道腐蚀等隐患进行专项治理；固定返还企业资金 3.82 亿元，治理了一大批企业级隐患。确立总部监管的项目共 68 项，明确总部领导、总部部门和企业负责人，由安全环保局全程跟踪督导。为确保隐患治理效果，继续开展隐患治理后评估工作，共评估了 18 家企业 34 个项目的治理情况。通过持续开展隐患治理工作，生产作业场所、装置和设备的本质安全水平得到进一步提升，有效确保了全年安全生产。

（李发东）

【安全科技】 2012 年共确定了 170 余项安全科研项目，投入资金 9 500 万元，重点在新工艺本质安全技术、事故分析研究与事故应急响应、设备安全等方面开展研究。在直属科研院所和直属企业两个层面展开安全科技攻关，取得了新的成果。全年共获得科技奖项 17 项，其中“30 万吨/年天然气乙炔法制醋酸乙烯成套技术开发”获石化集团公司科技进步一等奖，“基于风险的劣质原油加工装置防腐技术研发与推广应用”和“石化企业事故分析技术研究与应用”2 个项目获石化集团公司科技进步二等奖，“欧盟 REACH 法规研究与实践”等 3 个项目获石化集团公司科技进步三等奖；“常减压装置在线运行安全指导系统”等 3 个项目获中国石油和化工自动化行业协会科技进步奖；“危险化工工艺安全控制技术及应用”和“化学品事故应急处置技术支持系统研发与应用”2 个项目获中国石油和化学工业联合会三等奖。

（朱　红）

【井控管理】 2012 年，石化集团公司继续强化井控安全管理，全年杜绝了井喷事故发生。①开展井控安全专项检查。在油田企业自查自改的基础上，石化集团公司于 5 月组成专项检查组，分 2 组检查了西北地区和西南地区，共抽查了 7 个油田企业、27 个二级单位、68 个基层队伍，发现并整改隐患和问题 315 个。②召开井控安全工作会议。于 8 月在塔河油田召开现场会，总部有关部门、16 家油田企业和专业研究机构均参加了会议，出席人数达 139 人。会议主要议程 3 项，即井控安全工作总结，井控安全技术交流和井控现场参观考察。③组织井控气密检验技术研讨。针对井控气密封检测维修存在的隐患，邀请部分油田企业和井控设备制造厂商、研究机构于 10 月在四川成都进行专项研讨，确定了组织开展专项技术攻关的管理思路。④开展采油（气）系统井控检验维修车间治理工作。按照“大井控”的管理思路，在认真调查摸底的基础上，提出了检验维修达标标准，编制了井控管理提升方案，确定了提升目标和方向。

（郝志强）

【海(水)上安全监管】 2012年，石化集团公司继续加强海上安全监管，连续第2年实现全年无上报石化集团公司级事故。①召开年度工作会议部署年度重点工作。3月，召开了石化集团公司海(水)上安全工作年度会议，对2011年的工作进行回顾总结，分析了海(水)上安全工作面临的形势和任务，对2012年的重点工作进行安排部署。②开展海(水)上石油作业安全督察活动。分别于4月和7月2次开展海(水)上石油作业专项安全督察活动，并对督察中发现的各类问题进行了跟踪落实，真正实现了帮助企业发现问题、督察企业整改问题、协助企业解决问题、最终确保不出问题的目标。③监管与服务相结合，有效保障企业依法安全生产。为43家海(水)上石油作业单位和设施办理了海上安全生产许可证的申请、变更和延期工作；对18家海(水)上石油作业单位的应急预案实施了备案；对9个项目的安全预评价实施了评审备案，对6个项目实施了安全竣工验收；组织各类培训53期，培训学员4 000余人。

（崔伟珍）

【安保基金灾害及事故财产损失理赔】 2012年灾害天气频发，石化集团公司积极应对，主动服务企业，灾前督导企业做好防灾、减灾工作，灾后指导企业按安保基金分级管理要求，做好受灾财产损失现场查勘核算工作，及时到上报财产损失金额大的受灾企业进行现场查勘定损，尽快赔偿安保基金保险范围内的财产损失，为企业恢复生产创造条件。全年发生理赔项目111项，赔偿金额2.52亿元，是2011年赔偿金额的2.52倍。其中，自然灾害损失赔偿110项，赔偿金额2.51亿元(赔偿金额在100万元以上的23项，赔偿金额2.14亿元)；事故损失赔偿1项，赔偿金额32万元。

（张　晔）

【外派人员人身意外及雇主责任保险】 2012年，石化集团公司组织各派出单位为3.29万人次购买外派人员人身意外及雇主责任保险，其中高风险国家(地区)0.6万人次。人均年保费在2011年基础上下降6%，年保费共计2 222万元。已申报理赔案件26起，预计赔偿金额1 191万元，预计赔付率53.60%。“外派人员保险管理体系构建与实施”获第21届石化集团公司管理现代化创新成果二等奖。

（赵　震）

环保监督管理

【概述】 2012年，中国石化以科学发展观为指导，努力推进绿色低碳战略的实施，认真落实“四个让位于”HSE工作的要求，以杜绝特大环境污染事件发生、持续实现污染物总量削减和实现稳定达标为奋斗目标，严格遵守国家的环保法规、政策、标准，切实履行石油化工企业的社会责任，努力打造“高度负责任、高度受尊敬”的能源化工公司。公司通过层层落实各级环保责任制，持续开展清洁生产，继续加大环保隐患治理力度，不断提升应急能力建设，环保工作总体实现了年度工作目标，未发生重大环境污染和生态破坏事件，为生产经营任务的全面完成提供了有力保障。全年石化集团公司外排COD、二氧化硫、氨氮同比分别下降2.62%、3.9%和1.91%，氮氧化物排放量同比上升1.28%。

（韩作斌）

【环境保护先进单位和先进工作者】 江苏油田、燕山石化等18家企业被评为2012年度石化集团公司环境保护先进单位。朱平、王永健等54人被评为2012年度石化集团公司环境保护先进管理者，杨怀杰等220人被评为2012年度石化集团公司环境保护先进工作者。

（韩作斌）

【首次发布《环境保护白皮书》】 2012年11月29日，石化集团公司向全社会公开发布《环境保护白皮书》，向全社会公开承诺：凡是环境保护需要花的钱一分不少，凡是不符合环境保护的事一件不做，凡是污染和破坏环境的效益一分不要，诚挚地欢迎政府、媒体、社会公众以及社会各界的监督，共同推动企业与经济、社会、生态的和谐发展。

（谷宗洋）

【发布环境保护“十二五”规划】 2012年7月，石化集团公司根据国际国内形势和国家的政策方针并结合公司环保现状，制定了《中国石化环境保护“十二五”规划》。规划提出，“十二五”期间，中国石化将投资约316.9亿元用于污染防治、减排工程等项目，并将大力发展绿色能源，优化能源结构，加强低碳能源开发利用；着力开展污染防治，推进生态修复；深入开展清洁生产，大力推广节能、降耗、减污的新技术、新工艺；加强环境风险防控，落实企业主体责任，不断提高环境风险防控能力；全面提升基础能力，强化落实“谁主管、谁负责”环保责任制，加强环保能力建设；积极推进环保公益，设立环保公益专项资金，促进企地社会和谐共赢、协调发展，努力打造资源节约型、环境友好型企业。

（谷宗洋）

【建设项目环保“三同时”监督管理】 2012 年，石化集团公司进一步加强建设项目环保“三同时”监督管理工作，积极推进建设项目环保“三同时”遗留问题的整改，建立了环保“三同时”管理预警机制。福建炼油乙烯项目等 5 个国家级项目及 38 个省级项目取得环评批复，镇海炼化 100 万吨/年乙烯工程等 3 个国家级项目及 17 个省级项目取得竣工环保验收批复。为加强项目建设过程中的环保管理，石化集团公司积极开展了 4 个建设项目的环境监理工作，编写了《建设项目环境监理技术规范》，举办了第 1 期中国石化建设项目施工期环境监理培训研讨会。

（陈孝彦）

【环保宣传教育】 2012 年，石化集团公司继续加强企业各级负责人、环保专业管理人员的环保培训，提高各级领导干部和专业管理人员的环保意识。5 月在厦门举办了环境监测质量保证和质量控制技术培训班，6 月在燕山石化举办了销售与储运企业环保负责人岗位专业培训班，10 月在管理干部学院举办了企业环保技术高级研修班。组织编写了《油气田企业环保处(科)长岗位专业培训教材》(初稿)及《炼化与储运销企业环保处(科)长岗位专业培训教材》(初稿)。

（谷宗洋）

【环保现状评估】 2012 年，石化集团公司组织完成了对洛阳石化、河南油田、塔河分公司、济南炼化的环保现状评估工作。通过评估，对企业的环保管理、污染物治理设施运行、环保装置与生产的匹配性、环境风险防控等方面进行了综合评估，提出整改建议，加强整改力度，督促企业不断提升环保管理水平。

（韩作斌）

【清洁生产】 2012 年，石化集团公司继续推行清洁生产工作，持续开展创建清洁生产企业活动。开展了仪化公司、海南炼化和江苏油田的清洁生产企业验收工作，其中海南炼化和江苏油田通过验收。对安庆石化、广州石化进行了清洁生产审核预评估，对胜利油田、华东石油管理局下属 9 家油田企业二级单位开展了清洁生产审核现场验收工作。截至年底，共计 25 家企业通过了中国石化组织的清洁生产企业验收。各企业通过清洁生产的推行，实现了节能、减排、降耗和增效的目标，取得了明显的成效。

6 月，石化集团公司组织召开了炼化企业清洁生产工作研讨会，特邀了清洁生产专家和国家有关部门领导对参会人员进行了国家清洁生产政策法规及“十二五”规划、中国石化清洁生产工作计划、清洁生产企业标准、验收细则、清洁生产专家管理办法、炼化清洁生产工艺技术等方面的培训，推动了石化集团公司清洁生产工作持续、深入开展。

（韩作斌）

【环保科技攻关成果丰硕】 2012 年，石化集团公司加强环保科技攻关，取得重大成就。催化剂生产尾气氮氧化物治理技术研究通过总部技术鉴定；炼厂尾气综合治理技术顺利“出龙”，并通过总部鉴定；城市达标污水利用成套技术开发通过总部技术评议；炼化化纤和氮肥等重污染化工水污染防治技术评估研究与示范通过国家水体污染探制与治理重大科技专项管理办公室组织的技术验收和财务验收；镇海炼化 180 万吨/年重油催化裂化再生烟气脱硝装置一次开车成功。

（李宝忠　栾金义）

【编制完成丁二烯清洁生产评价指标体系】 为了指导和推动丁二烯生产企业依法实施清洁生产，提高资源利用效率，减少或者避免生产过程中污染物的产生和排放，北京化工研究院编制完成了丁二烯清洁生产评价指标体系。该指标体系从资源和能源消耗、污染物产生、综合利用等 6 个方面提出了丁二烯清洁生产指标，可用于评价丁二烯生产企业的清洁生产水平，作为创建清洁生产先进企业的主要依据，并为企业推行清洁生产提供技术指导。

（栾金义）

职业健康管理

【概述】 2012 年，中国石化以促进员工身心健康为目标，加强职业健康危害源头控制，切实做好工作场所职业危害因素监测、员工职业健康监护、个体劳动防护用品配备以及职业健康教育与培训等工作，努力降低工作环境对员工健康的负面影响。全年中国石化员工职业健康体检率、作业场所职业危害因素监测率均保持在 95% 以上，无 3 人及以上急性职业中毒事故发生，职业病发病率控制在 0.02‰以下。中国石化的职业健康工作得到了政府主管部门的充分肯定，在第6届中国国际安全生产论坛上，中国石化代表中央企业作了《落实主体责任，保障员工健康》的主旨发言。

（王 坤）

【制度及标准建设】 制定《中国石化承包商职业卫生管理规定》，更好地厘清企业、承包商各自的职业病危害防治主体责任，避免"以包代管"和职业病危害防治责任转移，加强对承包商职业病危害防治工作的有效监督，实现职业卫生的全覆盖、全过程管理，把职业病危害防治落到实处。对个体劳动防护用品配备标准和劳动保护服装技术要求进行修订，按照中国石化所属单位地域分布特点，进一步明确配备标准的类型与周期，使其更符合安全生产实际，更加符合劳动保护实际。

（王 坤）

【职业危害源头控制】 严格落实建设项目"三同时"管理，努力实现职业危害的源头控制，明确要求建设项目"三同时"率达到100%。重点抓好广西液化天然气项目、仪征—长岭原油管道复线工程仪征—九江段、鲁宁线安全隐患整治工程、上海石化1 600万吨/年炼油装置白沙湾油库配套改造项目、天然气分公司天津液化天然气项目职业病危害预评价工作和榆林—济南输气管道工程职业病防护设施的竣工验收。坚持设备设施科学设计理念，严格考核动、静密闭指标，保障本质安全。全年投入职业卫生隐患治理专项资金7 000万元，主要用于实验室通风系统改造和粉尘治理。同时，对职业病防护设施的维护保养、职业病危害警示告知以及个体防护用品佩戴进行了监管。

（王 坤）

【劳动保护】 认真落实石化集团公司劳动防护费用与个体劳保用品管理制度，加强劳动保护费用管理，规范个体劳动防护用品配备、使用，使员工得到可靠、有效保护，2012年共下达劳动保护费用指标21.7亿元，较2011年增长4.3亿元。

（王 坤）

【监测检查】 中国石化所属各企业对包括苯、氯、氨、氰化氢、硫化氢、萘、锰、镍等112种毒物，矽尘、煤尘、电焊烟尘、硫黄粉尘、塑料粉尘、催化剂粉尘等30种粉尘，以及射线、噪声、高温3种物理危害因素进行了常规监测。累计监测毒物83 008点次，毒物监测率97.8%，合格82 923点次，点合格率99.9%；监测粉尘5 089点次，粉尘监测率99.96%，合格4 946点次，点合格率97.19%；监测噪声14 070点次。

（王 坤）

【员工健康监护】 通过开展员工上岗前、在岗期间及离岗时的职业体检，扎实做好员工健康工作。2012年累计职业健康监护体检521 150人次，受检率大于98.7%。通过建立职工健康监护档案，对员工健康实施动态管理，对职业禁忌症者及时进行调离，对疑似职业病患者及时安排复查和诊断，确诊异常人员能够得到妥善处理。

（王 坤）

【专项调研】 为解决企业的实际问题，对6项关键控制环节如苯、液态有毒物质灌装，噪声，丙烯腈作业，氢氟酸作业及实验室职业危害进行专项调研。通过调研，实施有针对性的对策，确保员工直接作业环节健康安全。

（王 坤）

【教育培训】 通过有组织地开展对管理人员和专业技术人员系统性的培训，提升其工作能力，从而确保整体工作水平的有效提高。组织编写《中国石化职业卫生培训读本》和苯、硫化氢、丙烯腈、二氧化硫、汽油等职业危害的防护系列丛书，为员工提供学习材料。组织召开第10届职业卫生技术交流会，有效促进了系统内职业卫生管理及技术人员的学习和交流。

（王 坤）

【心理健康】 持续拓展健康管理内涵，通过开展员工阳光心态与压力管理、员工帮助计划(EAP)等心理培训、心理咨询，建立健康档案，举办专题讲座，发放辅导材料等方式，加强人文关怀和心理疏导，初步实现对员工健康的全面跟踪、维护与促进，为实现"积极工作、幸福生活"的目标保驾护航。

（王 坤）

应急管理

【应急指挥平台建设】 为了提高应对突发事件的指挥协调和处置能力及水平，2012年着手组织中国石化应急指挥信息系统的建设工作，建立中国石化协同指挥的信息平台，旨在充分利用现有资源的基础上，借助于现代信息技术，传递、集成、处理大量的基础信息和事故现场实时信息，建立满足应急指挥业务需求的通信等保障系统，从而实现总部、联防区域、事发企业、现场应急指挥的一体化、协同化、标准化，实现响应及时、协同指挥、提升应急指挥管理水平的目标。建设内容主要包括应急指挥系统建设、总部应急指挥大厅建设和配套基础设施建设等方面。整个项目按照“总体规划，分步实施”原则进行，截至年底，主要进行了总部应急指挥中心改造、中国石化应急指挥系统建设项目可研报告的编制以及应急指挥系统方案设计。

（米红梅）

【应急装备及应急资源配置】 高度重视应急装备的投入，通过安保基金分区域、分重点加强和改善部分企业的应急消防装备。2012 年投入近 2 亿元，更新配置重型消防车、应急通信指挥车等应急救援车辆近百辆，以及空气呼吸器、各类检测仪、各类围油栏、收油机、撇油器等其他应急救援装备。

积极组织 13 家应急救援队伍和 2 家培训演练基地认真做好安全生产保障能力建设专项资金申报和评审工作，其中 4 家救援队伍、2 家培训演练基地作为 2012 年重点支持队伍，共获得 2.67 亿元的资金支持。

（米红梅）

【区域应急联防】 《中国石化区域应急联防管理规定》下发后，各区域联防组按照规定定期召开区域联防片区会，研讨应急救援技术、联合消防演练、确认增援路线，进一步提高对区域应急联防工作重要性的认识，认真落实联防区各项工作措施和要求，充分发挥本区域各企业应急资源优势，提高区域应急响应能力和协同作战水平。

为了建立资源共享、动态管理、快速调度、协同作战的应急联动机制，提高中国石化、中国石油、中国海油协同应对突发事件的应急处置能力，5 月上旬召开了“三大公司应急联动协调小组工作研讨会”，讨论了三大公司应急救援联动实施细则、应急资源共享数据库建设方案，进行三大公司应急联动平台的开发工作。

（米红梅）

【应急预案演练】 石化集团公司于 6 月 26 日在胜利油田埕岛海域成功举行了 2012 年海上联合应急演习。参演单位除胜利油田外，还有交通部北海飞行一大队、东营市有关部门等 9 个单位。演习共出动船舶 22 艘、直升机 2 架，参演人员达 500 余人，是历次演习中规模最大，参演单位、人员和装备最多，演习科目最全，指挥通信和转播质量最高，演习现场最复杂的一次。

各直属企业结合专业特点和工作实际，广泛开展各种形式的宣传活动，针对生产安全事故易发环节、应急管理工作重点和薄弱环节，组织开展多种形式的应急演练，全系统开展各类各层次应急预案演练共 322 103 次，参加演练人数达 182 万人次。各企业还注重开展联防演练，加强与地方政府有关部门、周边企业之间的协调联动应急演练，特别是油田、销售、管道企业，针对演练工作中资源点多、面广、线长，联动工作难度较大的特点，突出区域和部门协调联动机制，在注重专业应急救援队伍参加应急演练的同时，积极引导社会力量参与应急演练工作。应急演练期间，共有 38 家企业与地方政府联合开展应急演练，提高协同作战能力。

（米红梅）

油气田及输油气管道安全保护

【概述】 2012 年，根据全国部际联席会议的部署要求，石化集团公司以深化推进“平安建设”为中心工作，认真部署落实“严密打防控，迎接十八大”集中行动，坚持成功经验，强化工作措施，全年没有发生因涉油案件、违章占压、第三方施工等导致的重大公共安全事件。全年各企业发生涉油刑事案件、打孔盗油、开井盗油次数同比分别下降 9.5%、2% 和 12.9%，油区综合治理和输油气管道安全保护工作继续保持总体稳定趋好的态势。

（刘　坤）

【十八大油气安保】 早部署，抓主动。8 月，下发《集团公司关于做好“中国—亚欧博览会”和党的十八大期间治安保卫工作的通知》，按照“重点活动重点保障，特殊时期特殊措施”要求，全面启动十八大油气安保工作。10 月，下发《关于对十八大油气安保和防恐工作进行再检查再部署的紧急通知》，对北京、环北京以及新疆等敏感地区企业迎十八大油气安保工作进行再部署，同时启动了石化集团公司系统迎十八大安保工作“零报告”机制。

专项查，抓落实。10 月，对北京石油分公司、燕山石化以及河北、天津、山西等环北京地区部分重点企业十八大油气安保和防恐工作进行了再检查，对重点工作进行了再部署。11 月，对北京石油分公司油气安保工作进行现场检查，要求在全面部署的基础上进一步突出重点油气管道和油库的安保管理，确保不发生重特大治安案件和恐怖袭击事件。

上措施，抓实效。各企业高度重视十八大油气安保工作，加强领导、明确任务、落实责任，通过开展排查、整改问题，立足严防死守，坚决堵塞漏洞。特别是突出重点，落实“三防控”措施（加强对重点区域防控、对重点目标防控、实施重点措施防控），有效将各类安全风险降到最低程度，抓出了实效。十八大期间，中国石化企业全面提高防范等级，严防发生重大涉油气治安事件、恐怖袭击事件，为十八大顺利召开作出了应有贡献。

（刘　坤）

【“平安建设”】 继续完善制度建设。下发《集团公司“平安油区”建设工作检查细则（试行）》和《集团公司“平安管道”建设工作检查细则（试行）》，对落实企业内部安全防范主体责任、规范统一管理标准、加强基层基础工作、建立健全长效机制等工作提出了更加具体的要求。先后组织召开宣贯会和培训会，推动“平安建设”工作的落实。各企业建立油气安保与HSE工作同步部署、同步落实、同步检查、同步考核的常态化机制，各项工作指标都有了新的提升。

精心开展专项检查。11月，石化集团公司组织对所属企业“平安油区”和“平安管道”建设情况进行了检查。各企业都成立了以党政一把手为第一责任人的平安创建领导小组，在党政联席会、经理办公会、HSE管理委员会等会议上专题研究“平安建设”工作，责任意识进一步增强。同时制定、修订了《“平安建设”各级领导责任制度及责任追究制度》《深入开展平安创建实施方案》《“平安建设”目标管理制度》等多项制度规定，通过逐级签订责任书，定期考核，进一步细化了目标，分解了任务，扎实有序推进“平安建设”创建工作。

提升推广先进经验。各企业创新性开展企地共建工作，如中原油田与濮阳市签订了战略合作与发展框架协议；河南油田实行油区治安环境与乡村治安秩序联保共建；江汉油田的“警企一体化”油区警务模式将油田综治、保卫、公安高度统一协调，实现了统一指挥、统一行动、高效运转的模式。各企业在“平安建设”中结合实际做了很多有益的探索和实践，积累了一批好的经验和做法，特别在制度建设、责任制落实等基础性工作方面取得了一定成效，扎实有序推进“平安建设”创建工作，基本形成了“全面防范、重点打击、综合治理、防患未然”的“平安建设”模式。

（刘　坤）

【管理机制与队伍建设】 继续突出“三个督办”，抓住“一个高发”（即督办整治涉油非法厂点、输油气管道违章占压、重大涉油案件，抓住涉油案件高发地区的综合治理）。推动企业与省、地、县政府建立有效的分级挂牌督办工作机制，在解决重点地区的突出问题上取得了新突破。继续落实“七个同步”机制。在输油气管道违章占压清理工作上，基本实现了新建管道无占压、老管道杜绝新发占压，现存占压逐年减少。继续加强队伍建设。油田企业加强了油区公安、护卫等基层所队的基础建设，基层所队的内务管理规范、精神面貌良好，在打击违法犯罪方面取得了新的突破。中洛原油管道、安合成品油管道、川气东送管道连续3年未发生打孔盗油（气）案件。

各企业立足企业主体责任，着力增强企业安全防控能力，基本做到了人防、物防、技防相结合，巡逻排查、隐患治理和应急处置相结合，尤其是重点区域和要害部位的防范能力得到了增强，年发案数逐年下降。胜利油田通过巡护工作文化建设打造了一支素质过硬的巡护队伍，实施了“一矿、一所、一队、一监控中心”的公安和护卫两支队伍的联防联勤机制。管道储运分公司新乡输油处初步搭建了管道管理数字化平台，对各类案件信息进行收集归纳整理。销售华南分公司、安徽石油分公司执行“送达告知书、签订安全协议、制定管道保护方案、全过程现场监护”程序，有效防控了第三方施工给管道带来的安全风险。天然气川气东送管道分公司强化应急工作，对重点地区管道划分风险等级，完善相应保障措施，并将应急预案上报地方政府实现应急联动。通过上述工作，各企业安全保护管理模式得以进一步规范和加强。

（刘　坤）

【法制宣传教育】 各企业继续以宣传贯彻《石油天然气管道保护法》为中心，开展了法律进班子、进机关、进基层、进社区、进家庭、进学校、进项目“法律七进”活动。通过编写《职工违法犯罪案例汇编》、印发《整治油区治安秩序、严厉打击涉油违法犯罪活动的通告》，从企业内部治安防范、社会管理与创新、法律意识、忠诚教育等方面，不断提高综治保卫和管道管理人员的业务素质和能力，引导村民从“靠油致富”观念向“勤劳致富”观念转变，收到了良好效果。

（刘　坤）

节能减排

◇ 综述

◇ 节能管理

◇ 节水减排

综　　述

2012年，石化集团公司全面深入贯彻落实国务院国资委中央企业节能减排工作视频会议精神、石化集团公司工作会议精神和绿色低碳发展战略，大力推进节能减排，积极采取加强管理、结构调整、科技创新、资源优化等措施，全面开展碳盘查，积极发展地热等低碳清洁能源，切实提高资源利用效率、污染物减排及“三废”治理水平，节能减排各项工作均取得新的成绩。

一、全面超额完成节能减排目标任务

超额完成年度节能减排目标计划。2012年，石化集团公司万元产值综合能耗同比（下同）下降2.55%，节约228万吨标煤。油田板块万元产值综合能耗下降4.45%；炼油板块万元产值综合能耗上升0.6%；化工板块万元产值综合能耗下降0.85%；油田未上市企业万元产值综合能耗下降9.63%；资产公司万元产值综合能耗下降7.98%。石化集团公司工业取水量增加0.37%，外排废水COD排放量下降2.62%，二氧化硫排放量下降3.9%，氨氮排放量下降1.91%，氮氧化物排放量增加1.28%，危险化学品和“三废”妥善处置率达到100%，工业水重复利用率保持在95%以上。

主要技术经济指标完成较好。2012年，油田油气综合能耗同比持平；原油商品率同比持平；天然气商品率同比提高1.33个百分点。炼油综合能耗同比降低1.43%；轻油收率同比提高0.69个百分点；综合商品率同比提高0.06个百分点；原油加工损失率同比降低0.05个百分点；原油储运损失率同比降低0.02个百分点。乙烯高附加值产品能耗同比降低1.98%；乙烯高附加值产品收率同比提高0.71个百分点；乙烯装置损失率同比下降0.06个百分点。热电供电标准煤耗同比降低1.9%。

超额完成领导班子第三任期节能减排考核目标任务。截至2012年底，中国石化万元产值综合能耗完成0.704吨标煤，与基期2009年的0.74吨标煤相比，下降4.86%，超额完成第三任期节能目标任务；COD排放量下降21.27%，二氧化硫排放量下降19.14%，均超额完成第三任期目标任务。

二、大力实施节能减排技改项目效果显著

2012年，石化集团公司继续加大资金投入，大力实施节能减排项目，取得显著成效。全年节能减排累计投资15.7亿元，实施节能减排项目300项，实现节约标煤46.7万吨。其中，油田板块投资7.7亿元，重点实施生产系统工艺优化、燃油替代、天然气回收利用、采出污水余热回收、冷凝水回收利用、淘汰老旧电机及配套设备更新等40项节能降耗重点工程，实现节约原油3.8万吨，节电3 306万千瓦·时，降本1.2亿元。炼油板块投资3.7亿元，推进余热利用、热联合、蒸汽系统优化等成熟专项，推广示范加热炉、催化烟机等设备节能改造，年节约标油约5万吨。化工板块相继对茂名、扬子、天津的部分裂解炉进行节能改造，裂解炉热效率均提高到95%以上，同时运行周期也大幅度延长。销售板块稳步推进油气回收改造工程，包括北京、广东、江苏等地企业的60座油库、3 700余座加油站已完成油气回收改造，通过密闭式卸油与发油，有效降低了油气的挥发。

三、积极推广节能减排先进技术成效明显

2012年，石化集团公司继续加大对关键节能技术的研发和重点节能技术的推广应用力度，引导各企业采用先进的节能新工艺、新技术、新材料和新设备，提高能源利用效率，减少二氧化碳排放，取得明显实效。油田企业应用二氧化碳捕集、驱油与封存技术，累计封存二氧化碳40.8万吨，增油9.9万吨；推广太阳能与电加热技术，架设太阳能集热板3 505平方米，实现节约标煤1 353吨，减少二氧化碳排放3 328吨；推广地热热泵技术，实现城市地热供暖1 000万平方米，节约能源54.6万吨标煤，减排二氧化碳145.3万吨。炼化企业重点推广应用换热设备超声波在线防垢技术、螺杆膨胀机低温余热回收技术、超级电容直流电源节电技术、太阳能加热原油输送技术、流程模拟技术、蒸汽动力系统与换热网络优化技术、裂解炉空气预热节能技术和裂解炉扭曲片管强化传热技术，累计节能56.2万吨标煤，减排二氧化碳126.2万吨。销售企业积极推广自吸泵式加油机传动技术，将原有的皮带轮传动改为联轴器传动，降低电耗达25%以上。

四、合同能源管理节能减排作用初步发挥

2012年，石化集团公司十分重视采用合同能源管理市场机制促进节能减排工作，召开专题会进行研究和部署，合同能源管理在推进节能减排改造、实施绿色低碳发展的作用初步显现。中石化节能技术服务公司与燕山石化开展“制氢装置原料气压缩机无级气量调节”及“制氢、三废装置乏汽回收”合同能源管理试点项目，运转良好，节能效果明显，2个项目共投资400多万元，年节能2 560吨标煤、节约成本340万元。正在实施中的燕山石化循环水系统节能改造项目，投资1 300万元，已报北京发改委备案，预计年节能5 026吨标煤、节约成本1 000万元。新星石油公司与咸阳中铁二十局基地签订了供暖系统节能改造合同能源管理项目，已在当地发改委备案，并取得项目立项批复，正在准备申请国家财政奖励资金。华北石油局西部工程公司在新疆工区采取合同能源管理模式，应用6台(套)燃气发电机组，对比燃油发电机组年节约440吨标煤，节约资金约155万元。浙江石油采用合同能源管理模式进行加油站照明改造，目前完成165座，全部完成后预计每年平均节约104万元电费支出。

五、全系统碳盘查工作圆满完成

中国7个试点省市2013年将陆续启动碳交易，在此之前将给企业发放碳排放配额。为摸清家底，石化集团公司2012年开始组织全系统开展了碳盘查工作，先后经历培训、试点和全系统推广3个阶段，在中国大型工业企业中，是第1家在时间紧、工作量大的情况下，高效率、高质量完成全系统碳盘查任务的企业。在碳盘查期间，企业抽调各专业技术骨干组成公司级碳盘查工作组，以集中办公的形式开展工作，就盘查中出现的疑点、难点问题进行专题研究和集中讨论，寻求最佳解决方案，有效地保证了碳盘查工作的圆满完成；根据温室气体排放源的分类，明确了工作范围、工作职责及方法，对组织边界内生产装置全过程及其他生产经营活动的温室气体排放源进行严谨的数据、凭证采集和分析、整理等工作，确保了碳盘查数据的准确性和完整性；通过邮件、电话等方式与中国石化总部进行反复沟通，逐一确定各种生产工艺温室气体量化的计算方法，为盘查工作奠定了基础。

胜利油田、茂名石化和广东石油3家企业作为试点率先开展碳盘查工作，分别制定出了油田、炼化和销售企业碳盘查标准模板，在全系统推广使用，为全系统圆满完成碳盘查工作作出了突出贡献。

（贾文杰）

节 能 管 理

【概述】 2012年，面对严峻的生产经营形势和复杂的节能减排局面，石化集团公司在党组的正确领导下，以加快转变发展方式为主线，围绕“建设世界一流能源化工公司”发展目标，全面推进绿色低碳战略，从管理、技术、创新入手，以能效对标为抓手，强化目标管理、过程监督和考核评比，扎实推进石化集团公司节能减排工作，全面完成了全年节能减排目标任务。

（贾文杰）

【宣传节能减排和绿色低碳理念】 2012年，党组理论学习中心组举办绿色低碳专题视频讲座，进一步加深了全系统对绿色低碳战略的理解，进一步推动了中国石化绿色低碳发展战略的实施。组织机关及直属企业万名员工参加“碳资产管理及价值实现”专题视频讲座。

在节能周期间，总部在全系统内开展以“节能低碳，绿色发展”为主题的宣传活动。各事业部、管理部充分利用电视台、石化报社、网站等各种媒体，围绕节能宣传周主题，采取多种形式开展节能减排宣传活动。6月17日，中国石化董事长傅成玉在巴西里约热内卢出席2012行动中国·绿色与发展高峰论坛并获得联合国环境署颁发的“环境与发展优秀践行者”奖。傅成玉董事长在论坛上作为嘉宾发表演讲，重点阐述了中国石化绿色低碳发展战略，以及节能减排、环境保护方面开展的工作和所取得的成就。6月15日，《中国石化报》在头版头条发表“开启建设世界一流的‘绿色’航程”专题报道。6月11日，生产经营管理部和总部机关服务中心联合向总部机关员工发放《节能低碳，绿色发展——共建文明绿色机关》节能宣传手册2 000册和节能环保手提袋2 000个，同时在朝阳门、小营、安外58#院LED显示屏上滚动播放节能宣传图片、餐厅门口张贴节能宣传画。《机关服务报》开辟节能专栏，发表领导节能减排讲话，大力宣传节能环保技术以及办公、生活方面节能减排知识等，倡导绿色、节能、低碳的生产方式、消费模式和生活习惯。

胜利油田深入开展节能教育下基层活动，进一步提高基层单位对节能工作重要性和严峻性的认识；利用电视台等主流媒体滚动播放“十大节能标兵”和“十大节能志愿者”先进事迹、节能小常识及“油田节能工作成效显著”专题片，牢固树立节能标杆旗帜；举办以“我为打造油田绿色低碳新优势献一计”为主题的节能建议征集活动，共收到建议60余条，其中10条建议经专家评估被纳入《打造油田绿色低碳新优势》调研报告；开展“节能自愿承诺签名”活动，进一步增强了职工群众的节能减排意识。茂名石化通过悬挂节能宣传标语口号、制作节能低碳知识流动牌匾等方式，普及日常切身相关的节能低碳生活知识与做法；利用网络、报刊和手机等现代媒体，大力宣传节能低碳的重要性和节能先进案例、做法与经验；组织“节能低碳体验日”活动；组织节能承诺、节能论坛、节能小故事、节能合理化建议等活动，强化员工节能降耗意识，推广节能案例，提高员工节能降耗素质；采取节能项目检查、工艺指标卡边操作、制定差别化考核办法等有效措施，落实节能低碳行动。齐鲁石化组织开展节能减排与挖潜增效征文活动，共刊登《班长小建议，岗位大节能》《不以挖小而不为》等简洁凝练文章21篇；结合实际情况，利用“五小”建议系统收集并实施合理化建议46条，上半年即创效近百万元；积极推广应用节能新技术，积极学习和追踪先进企业节能降耗新技术；通过组织制粉系统设备消缺、漏风点消除等措施，氮气消耗同比节约10万立方米，增效9.5万元。广东石油自发编制《节能手册》，并充分运用各种媒介实行立体式“无缝宣传”，实现了全员教育；开展节能知识竞赛活动，调动员工学习节能知识积极性；开展合理化建议和节能技巧评比；签订节能目标责任书，启动“能源超耗预警”机制，提升节能管理水平。

（贾文杰）

【节能减排和绿色低碳基础进一步加强】 2012年3月，石化集团公司正式成立能源管理与环境保护部，统筹能源管理、节能节水、环境保护、循环经济和资源综合利用以及碳资产管理等方面工作，为打造绿色低碳发展新优势提供了组织保障。

加强节能减排统计、监测和考核体系建设。齐鲁石化加强对重点耗能设备、主要生产装置的能耗监测，能效水平显著提高。扬子石化持续对加热炉、锅炉实施监测和监督管理，加热炉平均炉效91.42%，同比上升0.21个百分点。河南油田对各单位能耗指标进行了量化分解，并将能耗控制指标列为年度重要的管理目标，纳入企业生产经营考核指标体系，节能100分中可以上下浮动15分的量化分值，与各单位月度效绩工资的5%挂钩，从制度上明确了各单位的目标责任。

加强节能减排信息化建设。燕山石化积极推进信息化与工业化融合，提出了“打造数字燕山，建设智能工厂”的战略目标，以信息技术应用为核心，通过深化ERP、MES系统运用，先后建成操作控制优化、生产指挥管理、经营决策分析等信息化平台，建立起炼油化工实时监控系统、盈亏平衡分析系统等50多个子系统，实现了企业各类信息资源的总集成，促进了“管控一体化”新模式的建立，使分散的装置管理控制系统得到有效集成，推动了公司内部信息高度共享，消除了信息孤岛，实现了生产经营数据实时报送，月结日当天出具统计报表，极大地提高了管理效能，促进了工作质量和产品质量的持续提高。镇海炼化基本建成了以ERP为核心的经营管理平台、以MES为核心的生产营运平台和信息基础设施与运维平台的信息化“三大平台”。通过软件、数据库、网络通信、自动控制、人工智能、计量检测、监视监控、仿真培训等信息化技术与生产工艺过程管理的结合，实现生产过程管理的数字化和智能化，最大限度地降低各种资源消耗。

加强节能减排队伍建设，重点强化节能减排管理人才的系统培训。石化集团总部举办了第4期节能技术高级研修班和碳资产管理培训班，为各企业培训节能减排高级专业技术人才110人次。江苏油田将节能培训纳入各级领导和职工职业教育培训体系，并结合先进适用节能技术和节能新标准，不断更新培训内容。齐鲁石化举办节能高级研修班，研讨过程节能、公用工程及热电联产节能技术、石化企业节能案例等，进一步提高节能工作人员和专业技术人员的理论水平与业务能力；举办“学茂名、赶先进”节能管理培训班，邀请茂名节能专家介绍节能管理心得、体会，交流优秀节能案例30多个，进一步对标茂名，深挖差距，制定切实可行的措施，不断提高经济技术指标水平。

（贾文杰）

【节能减排特色管理活动取得很好效果】 油田板块面对生产规模扩大与重点能耗控制之间日趋突出的矛盾，组织企业采取各种管理措施，有效控制和降低能耗实物量。胜利油田胜利采油厂开展决策层压出“千度电”、技术层省出“百度电”、操作层挤出“一度电”的“千百一”降电工程，日耗电同比下降0.76万千瓦·时。中原油田完成了全部耗能单位能源审计，共查找节能潜力12.0万吨标煤，查找问题319项，提出建议348项，提出节能技措114项。截至2012年底，已整改问题298项；实施节能技措项目78项，实现节能量5.3万吨标煤。

炼油板块完成6家企业的技术服务工作，共提出降本增效项目483项，其中节能减排项目227项，全部实施后可降低炼油综合能耗0.3千克（标油）/吨。开展镇海、齐鲁、洛阳等企业电站锅炉调研，提出优化增效措施52项，全部实施后可年增效5 000万元。化工板块组织系统内专家对茂名、广州、扬子、齐鲁、燕山、仪征6家企业开展了节能调研，提出优化措施121项、方向性建议59项，措施建议实施后预计每年可增效5.2亿元。截至2012年底，已经实施19项，投资40万元，年增效1 995万元。

销售板块以商品损耗管理和物流优化为重点，积极开展全员成本目标管理活动。通过严格计量交接、运输工具体检、加强承运商管理等措施，降低汽柴油损耗3.1万吨；通过提高管输量、资源串换、跨省提油、提高罐车装载率等物流优化措施，节约运杂费3.2亿元。

热电专业加强电站锅炉和汽轮机凝汽系统等关键环节的专项治理，组织实施性能测评、潜力分析和技术改造，石化集团公司电站锅炉整体效率由90.38%提升到92.08%，凝汽系统真空度提高1.58个百分点，每年节能45万吨标煤，直接降本4.6亿元。水务专业组织开展多系统优化运行，解决“大马拉小车”问题，共停运系统28套，停运机泵178台(套)，年节电1.5亿千瓦·时以上、降本1.1亿元。

（贾文杰）

【产业结构和能源结构进一步优化】 继续加大淘汰落后产能力度。2012年，石化集团公司严格执行国家有关规定，进一步淘汰技术落后、能耗高、污染大、资源利用效率低的工艺、设备和装置，全年累计投资1.47亿元，完成1 386台(套)高耗低效电动机及成套设备治理计划，年节电3 947万千瓦·时。其中，江汉油田投资1 244万元，更新高耗能设备303台，累计节电716万千瓦·时；茂名石化完成208台高耗低效电动机淘汰更新；镇海炼化投资220万元，完成69台高耗能设备的更新。

大力发展地热。新星石油公司先后在陕西咸阳和武功、河北雄县、山东乐陵、辽宁盘锦、山西运城、河南长垣等地开发利用地热资源用于城市供暖，累计投资3.7亿元，拥有地热井91口(其中回灌井27口)，各类换热站56座，供暖能力1 000万平方米，约占全国常规地热资源供暖面积的25%，河北雄县、陕西咸阳的供暖能力已分别占当地集中供暖能力的95%和30%。通过规模化利用地热资源，每年可节约标煤55万吨，减排二氧化碳145万吨。

推广应用太阳能。江苏油田以“李堡模式”为代表，在李堡、邵14、铜庄、朱庄、天83集输站5座站库和阳6井等11口偏远井推广应用太阳能集热装置，太阳能集热板面积达到2 346平方米，累计节约标煤1 200吨。

打造多元化加油站。安徽石油积极推进加油、加气、充电一体化服务站建设，提供清洁能源的同时，通过共用水电、站房、罩棚等基础设施和土地资源，单站节水40%左右，日节电40千瓦·时以上，减排污水50%。

（贾文杰）

【开展资源综合利用项目认定和减税工作】 2012年，石化集团公司各企业按照国家综合利用减免税有关政策及国家税法的要求，对硫黄回收、油气回收等综合利用项目积极申报项目认定及减税申请，实现综合利用减免税约1.5亿元，取得明显的经济效益和环境效益。

（韩作斌）

【科技板块节能工作】 2012年，石化集团公司重点推广应用燃煤电厂烟道气二氧化碳捕集、驱油与封存关键技术、配电线路无功分散补偿技术、空气源热泵换热技术、地热热泵换热技术、太阳能与电加热技术、生活锅炉鼓引风机变频调速技术、换热设备超声波在线防垢技术、螺杆膨胀机低温余热回收综合利用技术、超级电容直流电源节电技术、太阳能加热原油输送技术、流程模拟技术、蒸汽动力系统与换热网络优化技术、裂解炉空气预热节能技术和裂解炉扭曲片管强化传热技术，推广应用网电钻机、新型燃烧方式、激波吹灰器、永磁调速与无级调速、液力偶合等多项节能技术。

（王　乐）

【油田板块节能工作】 2012年，石化集团公司油田板块继续完善节能管理体系，逐级分解落实目标，强化工作监督考核。完善树标对标体系，交流能效对标典型经验，实施重点帮扶，提升标杆水平。抓住耗能重点，开展项目管理、能源审计、合同能源管理、“千百一”降电工程等特色工作，强化节能监督、监测与潜力分析，优化系统运行参数，降低用能单耗。重点实施生产系统工艺优化、燃油替代、太阳能与电加热换热、天然气回收利用、采出污水余热回收、锅炉冷凝水回收利用、污水综合利用替代清水、更新淘汰老旧电机及配套设备更新等节能降耗重点工程。超额27.38万吨标煤完成年度节能量目标任务，与年度计划相比，单位油气综合能耗下降了3.91%，万元产值综合能耗下降了4.45%。

（谭　宁）

【炼油板块节能工作】 2012年，石化集团公司炼油板块深入开展“比学赶帮超”活动，促进用能水平提升；规范完善装置及炼油综合能耗的统计计算，为能耗评比提供公正的平台；大力开展技术服务，推进装置直供、余热综合利用提效工作，开展减顶机械抽真空和蒸汽系统优化等专项节能工作，开展炼油板块电站锅炉降本增效服务，促进产汽、发电成本的降低，推广先进的优化节能操作理念，将优化与节能相结合，成效显著。在油品质量升级、环保要求严格、加工深度增加的情况下，2012年炼油综合能耗同比降低1.0%，节约18.77万吨标煤，减排二氧化碳34.2万吨；加工吨原油耗新鲜水同比降低2%，外排污水同比降低7%。

（谢小华）

【化工板块节能工作】 2012年，石化集团公司化工板块规范能耗数据统计核算办法，提高精细化管理水平；积极开展现场技术服务，帮助企业分析存在问题，提出优化措施；有重点地在蒸汽能级利用及蒸汽管网优化、循环水系统优化、工艺流程优化、换热网络优化、低温热利用、设备节能、提高加热炉热效率、保温保冷整改等方面实施节能改造，取得明显成效。年内乙烯燃动能耗 579.59 千克(标油)/吨，同比降低 3.36 个单位；万元产值综合能耗 1.567 吨标煤，同比降低 0.85%，节约能源 37.4 万吨标煤；工业节水总量 900 万吨。

(黄志壮)

【油品销售板块节能工作】 2012 年，石化集团公司销售企业以物流优化和商品损耗管理为重点，按照"经营一元钱，节约一分钱"要求，积极开展全员成本目标管理。2012 年，通过提高管输量、资源串换、跨省提油、提高罐车装载率等措施，节约运杂费 3.2 亿元。严格计量交接手续，加强承运商管理，油品损耗总量同比减少 1.4 万吨。

(金　津)

【石油工程板块节能工作】 "十二五"开局以来的两年，石油工程板块(含矿区、公用工程)认真贯彻落实石化集团公司绿色低碳战略，建立健全和完善节能减排指标体系、考核体系和监测体系，通过管理节能、技术节能措施确保完成石化集团公司下达的节能减排任务，在生产经营中开展钻井提速提效、推广应用网电钻井等活动实现节能减排，取得了显著成绩。网电钻机累计完井 537 口、完成进尺 160.15 万米，替代成品油 5.89 吨；万元产值综合能耗从基准年 2010 年 0.678 吨标煤下降至 0.586 吨标煤，下降率达 13.57%；累计节约标煤 51 万多吨，减少温室气体排放约 135 万吨。

(李一超)

【资产公司节能工作】 2012 年，石化集团资产公司贯彻落实石化集团公司热电水务专业管理会议精神，对照先进标杆，分企业制定 12 项管理提升的具体指标和工作目标。集中开展全系统"电站锅炉提效、凝汽系统达标"专项治理测试评价工作，通过全面系统的"体检"和"调理"，固化和提升治理成果，拓展装置能效提升空间。狠抓化工装置稳定运行，大力推进节能减排，加强市场变化趋势分析，及时调整优化生产负荷，完善装置非计划停工监控体系，主要装置整体稳定运行水平明显提升。全年石化集团公司供电标煤耗完成 336.63 克/(千瓦·时)，同比降低 6.65 克/(千瓦·时)；入厂入炉煤热值差 295 千焦/千克，同比下降 31 千焦/千克。资产公司万元产值综合能耗 1.344 吨标煤，同比降低 7.94%。

(陈董清)

节水减排

【总量减排工作取得阶段性成果】 2012 年，石化集团公司按照环保部的要求，分解落实"十二五"主要污染物减排指标，落实减排责任和措施，工作进程逐步加快。截至年底，列入目标责任书中的 36 项催化裂化烟气脱硫项目，已有 7 项由发展计划部批复并实施，其中 4 项已投入运行，分别是燕山石化的 2 套催化裂化装置、广州石化的 1 套催化裂化装置、采用自有技术建设的镇海炼化催化烟气治理项目。34 项废水治理工程中，已经有 15 项由发展计划部批复并实施，其中 5 项已经正常运行并投用，分别是催化剂有限公司的 2 项污水治理工程、洛阳石化的炼油污水处理场提标改造工程和河南油田的采油一厂、采油二厂污水提标改造工程。

(韩作斌)

【积极开展环境专项治理】 2012 年，石化集团公司投资 5.2 亿元用于一般性环保隐患治理，重点实施了油田污水治理、现场异味治理、节水减排、油气回收等专项治理。加强环保科技攻关，2012 年度"十条龙"攻关项目"炼厂尾气综合治理技术"顺利"出龙"。继续组织跟踪督导南京化工公司环境综合整治、催化剂有限公司氨氮污水处理、广州石化建设项目环保管理等重点环保问题，取得阶段性成效。进一步完善市政中水回用改造方案，石家庄分公司市政中水回用项目完成了现场试验，转入工程设计阶段。

(韩作斌)

【丁二烯清洁生产评价指标体系】 为了指导和推动丁二烯生产企业依法实施清洁生产，提高资源利用效率，减少或者避免生产过程中污染物的产生和排放，由北京化工研究院编制完成了丁二烯清洁生产评价指标体系。该指标体系从资源和能源消耗、污染物产生、综合利用等 6 个方面提出了丁二烯清洁生产指标，可用于评价丁二烯生产企业的清洁生产水平，作为创建清洁生产先进企业的主要依据，并为企业推行清洁生产提供技术指导。

(栾金义)

【环保政策法规研究】 为加强石化集团公司环保管理，提升环境保护工作的宏观管理水平，青岛安全工程研究院于 2011—2012 年完成了《中国石化环境保护“十二五”规划》的编制工作，并于 2012 年 7 月通过石化集团公司党组审查，作为总部和企业“十二五”期间环境保护工作的指导性文件。定期组织编制《环保政策动态参考》，及时追踪国家环保政策法规动态，分析环保政策法规对中国石化的影响，为总部决策、企业行动提供政策参考。

（姜学艳）

科研开发与管理

◇ 综述

◇ 科技成果

◇ 新产品开发

◇ 知识产权

◇ 技术监督

综　　述

2012 年，科技系统持续强化顶层设计，进一步明确科技发展战略与任务；加快战略性新技术突破，引领公司产业发展；持续提升核心技术、专项技术水平，为生产经营提供技术支撑；积极开展前瞻性、基础性研究，提高原始创新能力；深化“十条龙”攻关机制，加快协同创新、海外研发中心建设等“开放式”创新步伐，科技体制机制进一步完善。一年来，努力践行创新驱动发展战略，各项工作取得了新的成绩。

战略性新技术取得新突破，引领新能源及绿色低碳产业发展方向。初步建立南方页岩气、东部陆相页岩油选区评价标准并提出有利目标区；具备水平井 20 级分段压裂能力；2500 型成套压裂装备实现示范应用。以餐饮废油等动植物油脂为原料成功进行了生物航煤试生产；开发完成浆态床费托合成工业装置工艺包；完成生物柴油二代技术中试，开展了工业装置工艺包开发。60 万吨/年甲醇制低碳烯烃示范工程技术达到世界领先水平；世界首套甲苯甲醇甲基化制二甲苯工业示范装置建成投运；碳纤维装置投入试生产；建成国内首套炼厂尾气二氧化碳养殖微藻装置；完成煤制乙二醇工业示范装置工艺包开发并开展装置建设；甲醇制丙烯、煤制气、纤维素乙醇、聚乳酸等工业侧线试验和中试取得良好进展。

核心技术水平持续提升，促进了增储上产和产品结构调整。进一步明确了准噶尔盆地西缘浅层油气和四川盆地、鄂尔多斯盆地致密砂岩天然气富集规律，有力支撑了五大会战；耐温抗盐驱油聚合物等油田化学品试验和应用效果良好；中深层超稠油蒸汽驱配套技术取得突破。柴油液相循环加氢、柴油超深度加氢脱硫技术示范装置建成运行；塔河稠油输炼一体化技术实现工业应用；开展了沸腾床渣油加氢示范装置建设。对二乙基苯工业装置稳定运行；60 万吨/年芳烃成套技术工业应用进展顺利；浅冷油吸收法炼厂干气回收装置完成考核标定；节能型苯乙烯、溴化丁基橡胶、稀土顺丁橡胶技术实现工业应用；茂金属聚乙烯、高密度聚乙烯汽车油箱料、高熔体强度聚丙烯等一批新产品开发成功；开发完成双氧水氧化法环氧丙烷工业装置工艺包；乙丙橡胶中试技术打通全流程。催化裂化烟气脱硫脱硝除尘一体化项目建成投用；形成炼厂尾气综合治理技术；开发了天然气管道内检测器；研制了海上油田溢油雷达组网监测系统和船载油水分离设备。

持续强化科研管理，促进了创新工作有效开展。强化顶层设计，制定了 2030 年科技发展规划，提出了清洁绿色技术专项发展规划和引领产业技术发展规划，制定了加强科技创新工作的意见和加强基础研究的指导意见。引入科研项目竞争机制，制定了科技项目内部竞争机制管理办法和能源化工创新计划管理办法，首批内部竞争项目正式立项。“直属院—分院”管理体制机制进一步完善，产销研结合进一步密切，协同创新效应显著增强。围绕核心技术领域设立了第 2 批 12 个石化集团公司重点实验室。合成树脂、合成纤维、合成橡胶加工应用研究中心建设有序推进。

加强开放式创新，扩大了国内外科技资源的利用。积极推进协同创新，与中国科学院签订全面战略合作协议，推进中国石化上海光源能源化工实验室筹建；与天津大学、南开大学、华东理工大学、北京化工大学、中国石油大学就共建协同创新中心签订合作协议，对接了合作领域和项目；确定了“中国石化—四川大学 CCUS 及 CO_2 矿化利用研究院”共建方案，联合开展了二氧化碳矿化利用研究。加快筹建海外研发中心，进行了休斯顿研发中心试运行准备，推进沙特研发中心、中国石化—UOP 美国研发中心筹建。加强与国外大学、研究机构的科技合作，安排了一批国际科技合作项目。

加强知识产权管理，不断提升技术贸易水平。开展了 20 个技术领域的知识产权战略研究。全年申请国内外专利 4 865 项，增长 20. 7%，其中申请境外专利 247 项；获得国内外专利授权 1 855 项，增长 37. 2%，其中境外专利授权 102 项。“特大型超深高含硫气田安全高效开发技术及工业化应用”获国家科技进步特等奖，“聚丙烯分子链结构调控新技术及应用”获国家技术发明二等奖，“高应力强水敏深层井筒稳定关键技术及工业化应用”获国家科技进步二等奖。“苯和乙烯制乙苯的烷基化方法”和“一种己内酰胺加氢精制方法”获中国专利金奖。评出石化集团公司技术发明奖 9 项、科技进步奖 130 项。技术许可工作快速发展，技术贸易额持续增长。大型乙烯裂解炉技术出口马来西亚并成功投产，使中国石化跻身于国际乙烯裂解技术专利商行列。

加强质量体系建设，提升标准化管理。研究制定了《中国石化质量发展“十二五”规划》。开展了“质量日”“质量月”活动，提高了全员质量意识。推进中国石化质量管理体系建设，对认证机构实施准入管理，开展了质量管理体系有效性检查。持续加大质量监督抽查力度，严把实物产品质量关。完成了《车用柴油》（国Ⅳ）国家标准研究，开展了国Ⅴ车用汽、柴油国家标准研究。

（林　源）

科技成果

【概述】 2012年，石化集团公司完成科技成果鉴定229项。石化集团公司授予技术发明奖9项，其中一等奖3项、二等奖2项、三等奖4项；授予科技进步奖130项，其中一等奖15项、二等奖45项、三等奖70项。2012年度国家授予石化集团公司技术发明奖励项目和石化集团公司技术发明奖励项目见附录1。

（杨维先）

【油气包裹体分析新技术及应用】 该项目是3个科研项目成果的集成，主要针对和围绕油气包裹体分析技术存在的主要问题与难点进行攻关，开展了新型仪器研发、分析技术攻关以及综合地质应用等研究工作。创新性成果：①成功研制出3台具有独立知识产权的新型仪器；②申报国家发明专利7项、实用新型专利1项、国际发明专利1项、专有技术2项，其中已获授权国家发明专利4项、实用新型专利1项；③建立了单体包裹体激光剥蚀成分分析、群体包裹体成分分析、包裹体古温度古压力分析、含油包裹体丰度分析等一系列油气包裹体分析技术新方法；④建立了油气包裹体分析流程及包裹体样品采集规范标准；⑤在川东北地区、塔河油田以及东营凹陷等地区获得较好的地质应用效果。其中，单体油气包裹体激光剥蚀成分分析技术的突破，实现了单个包裹体有机成分的在线无裂解提取、分析，在国际上首次实现了不同期次单体包裹体有机成分分析；填补了群体包裹体轻烃组分分析技术空白。分析结果已为中国石化西北分公司、胜利油田分公司、国家“973”课题、国家重大专项等采纳，用于塔河油田、普光气田、胜利油田等地区油气源对比、油气运移以及成藏过程研究，取得了良好的地质应用效果。该项目建立的4项油气包裹体分析新技术方法，从2008年开始已在中国石化石油勘探开发研究院无锡石油地质研究所产生了直接经济效益，每年新增产值超百万元，间接经济效益尤其显著，国际影响力巨大。该项目获2012年度石化集团公司技术发明一等奖。

（杨维先）

【近钻头地质导向技术】 该项目针对国内外迅速发展起来的近钻头地质导向技术进行了研究，研制出具有边界探测能力的新一代近钻头地质导向系统，参数测量点距钻头仅0.6米，最大限度地提高了测量参数时效性，能准确识别油气界面，有效调整井眼轨迹，明显提高油层钻遇率，特别是为超薄油气藏开发提供了强有力的技术手段，为实现对地层界面立体、精细评价的近钻头成像技术打下了坚实基础。研究成果可广泛应用于大斜度井、水平井、非常规油气资源钻探等高难度工艺井，有助于解决油田开发中所面临的低品质油气藏、难动用油气藏、复杂油气藏技术难题，从而提高开发成功率、水平段井眼轨迹的油层穿透率，增加单井产量和可采储量。该项目取得3项创新成果：①基于低频深方位电阻率和方位伽马的边界探测方法；②近钻头井斜及方位伽马导向工具结构设计技术；③自适应钻井深度跟踪校正方法。项目已获授权发明专利4项、实用新型专利1项，具有中国石化自主知识产权。该项目累计生产10套近钻头地质导向仪器及配套系统，节约直接成本3 620万元；累计应用15口井，提高了开发成功率，取得了增加可采储量的显著效果。该项目获2012年度石化集团公司技术发明一等奖。

（杨维先）

【高阻尼特殊结构合成橡胶品种的研制及应用】 该项目以丁二烯、苯乙烯等为原料，环已烷/已烷为溶剂，正丁基锂为引发剂，通过调控反应单体比例、分子链段结构单元含量、苯乙烯微嵌段分布、偶联效率等，在间歇聚合反应器中开发出高阻尼特殊结构合成橡胶生产技术。根据研究结果，确定了高阻尼特殊结构合成橡胶品种的工业生产配方及工艺条件，在工业装置上成功地试产出批量高阻尼特殊结构合成橡胶产品。确立了分子参数—动态力学性能—声学性能相关性；设计出具有特殊结构的弹性体产品；开发了低温引发高效聚合技术、高流变高分散分子结构及加工应用过程控制技术。项目申请专利8项，已获授权4项。产品实现工业化批量生产，并成功应用于中国国防新型水声材料。该项目获2012年度石化集团公司技术发明一等奖。

（杨维先）

【三维井眼抽油杆系统力学检测分析研究与应用】 该项目开展以下工作：①研发了井下存储式管杆参数检测器。该仪器可实测抽油杆柱某点的轴向力、液柱压力、扭矩、加速度、温度5个参数，并可获得井下泵功图，数据误差小于2%。②创新了三维井眼轨迹条件下的防偏磨抽油杆柱设计方法。该方法利用矢量微元法建立了抽油杆柱受力状态的动力学理论模型，利用不同区块的井下实测数据修正理论计算模型，并用修正后的模型进行抽油杆柱力学分析，根据分析结果进行防偏磨设计；形成了相应的设计软件，设计结果满足工程需要并更贴近实际。实践表明，相同区块、类似井型条件下，修正后的模型具有代表性。③研究配套了适合复杂井眼抽油井防偏磨新工艺。该工艺根据不同井型、井况采取不同的防偏磨工艺措施，并形成了较完善的抽油井防偏磨技术规范；同时对耐磨材料进行了改进，研制了9种新型防偏磨工具。④开发了抽油井杆管防偏磨优化设计软件。该软件可实现针对不同井眼轨迹和不同类型油井的防偏磨工具配置、抽油杆柱优化设计，创新了三维井眼轨迹条件下的防偏磨抽油杆柱设计方法；研究配套了适合复杂井眼抽油井防偏磨新工艺。该项目获授权发明专利2项、授权实用新型专利6项，发表专著1部、论文10篇。该技术在江苏、河南、华东、胜利等油田累计应用了2 030井次，油井平均检泵周期延长90天以上，大大节约了维护作业费用，节约维护作业费用1.04亿元，增加产油量1.38万吨。该项目获2012年度石化集团公司技术发明二等奖。

（杨维先）

【高频电磁聚结原油脱水技术】　该项目通过对高频脱水理论及微观实验研究，开发了100千伏·安高频脉冲脱水供电电源，以此为核心开发了100千伏·安高频脉冲脱水装置、老化油处理装置、高频聚结式油气水综合处理装置，并已在油田推广应用，取得了良好的应用效果。该项目利用高频脉冲供电技术较好解决了三采原油脱水难题；利用超高频脉冲供电技术首次实现了对超高含水(95%)来液的静电聚结深度脱水处理。项目共申报发明专利5项，已获授权4项。该项目在胜利油田孤岛采油厂应用1套、胜利油田孤东采油厂应用2套、胜利油田胜利采油厂应用1套，经高频电磁聚结脱水装置处理后净化油出口油中含水小于1.8%，对三采采出液脱水有较好的处理效果。单台装置每年可节约联合站加热费用38.5万元左右，具有广阔的应用前景及巨大的经济效益。该项目获2012年度石化集团公司技术发明二等奖。

（杨维先）

【RTM逆时偏移技术研发及应用】　该项目针对中国石化油气勘探中的关键地震成像难题开展以下工作：①研发了国际领先的高精度、高效率RTM成像技术。通过紧致差分RTM算子、完全匹配层吸收边界条件、带阻尼因子的动力学成像条件方法的研究，提高了RTM的成像精度；通过基于CPU/GPU的并行策略、震源波场重构存储方案、组合噪音压制等关键技术的攻关，解决了RTM海量计算、海量存储和低频噪音等瓶颈问题。②研发了国际领先的精度高、实用性强的深度域速度建模技术系列。成功开发了高精度的高斯束偏移及角度道集生成技术和层析速度反演技术，创新建立了“初始模型——级优化—二级优化”的递进式深度域建模流程。③开发了一套具有自主知识产权的RTM成像软件。开发了基于CPU和GPU 2个计算平台的RTM成像软件，并进行了发布和规模部署，形成了大规模生产能力。④成功实现了RTM技术的推广应用。开发的RTM技术在加蓬盐下、西部玉北碳酸盐岩缝洞和库东复杂山前带等中国石化重点、难点探区得到了成功应用，取得了良好的应用效果。该项目已在中国石化石油物探技术研究院云计算中心的3个CPU集群和2个GPU集群上进行了部署；2011年节约RTM商业软件购置投资计划1 000万元；实现企业级集中部署，节约上亿美元投资计划(按1 000美元/核计算)；利用新部署的RTM软件完成多项生产处理项目，创收6 366万元。该项目获2012年度石化集团公司科技进步一等奖。

（杨维先）

【超百万道密度全数字单点地震勘探技术】　该项目是一项多学科、多专业、高难度的综合性研究项目，研究分为5个部分：①超百万道密度全数字单点地震勘探基础研究；②高密度地震采集技术研究；③高密度地震数据处理技术研究；④超百万道密度全数字单点地震资料解释与应用；⑤高密度三维三分量地震资料应用技术探索研究。项目取得3项成果：①高密度施工工艺和海量数据现场实时监控为核心的超万道单点高密度地震采集技术；②高密度噪音分析与衰减和弱信号检测等处理技术；③适合东部地区的高密度三维观测系统优化设计、采集施工、处理和解释技术。项目成果理论和方法技术先进，在2010年完成的罗家高密度采集试验工程中，记录道数达到33 600道，完成采集工作量8 012炮，获得的总数据量达到8TB。地震资料经过解释和应用，获得了良好的地质效果，新发现了大量有利区块，其中有利勘探开发目标7个，圈闭面积18.9平方千米，预测石油地质储量3 000万吨，取得了明显的经济效益。该项目获2012年度石化集团公司科技进步一等奖。

（杨维先）

【胜利准西北缘浅层油气成藏规律及关键技术】 该项目开展以下工作：①剖析了盆缘斜坡带构造沉积演化过程，明确了盆缘缓坡带圈闭发育模式及分布规律。②系统评价了盆缘斜坡带断层、不整合、骨架砂体等要素的输导性能，指出不整合不能作为长距离油气运移通道，明确了该区具有3套毯砂、深浅2套断裂系统的输导条件，建立了“油源断层垂向沟通、毯状砂体横向输导、调节断层纵向调整”的输导格架。③分析了成藏关键因素与油气富集规律，建立了断裂—毯砂复合输导成藏模式，指出油源断层与输导毯控制了层位与分布，毯缘最易成藏，输导毯物性、鼻状构造背景控制了富集。④开展了盆缘超剥带地质、地球物理模型研究，形成了基于模型的砂组（地层）尖灭线精细刻画技术、薄层砂体精细描述技术。发现、落实圈闭267个，落实了有利目标，钻探吻合率达89.6%。项目创新点：明确了准西北缘斜坡带圈闭发育与展布特征，建立了“远源供烃、断裂—毯砂复合输导、地层岩性圈闭控藏”的油气富集成藏模式；建立了复杂地层岩性圈闭识别描述技术，落实了2个有利整装增储区带。成果应用于勘探部署，发现了春风、春晖2个油田，在浅层上报三级石油地质储量1.49亿吨（其中探明5 128.12万吨），明确了石炭系、白垩系2个远景层系，为“西部快上产”提供了扎实的储量阵地。2010—2011年新增石油可采储量2 600.27万吨，新增产值78.01亿元、利税52.01亿元、利润48.27亿元、税收3.74亿元；春风油田至2011年10月底累计增油19.08万吨。该项目获2012年度石化集团公司科技进步一等奖。

（杨维先）

【大牛地气田水平井钻完井及多级分段压裂技术】 该项目形成了以井身结构优化、钻头设计、倒装BHA及变排量压力节点控制窄环空间隙固井为核心的钻井技术，强抑制低伤害钻井液和快速返排低伤害压裂液体系，以实钻显示、三维地震解释及邻井资料为依据的压裂设计方法。该技术体系已成功应用于华北分公司2012年大牛地气田10亿立方米产能建设和红河油田2012年百万吨产能建设。截至2011年底，大牛地气田水平井单井钻井成本由4 783.24万元降到2 095.78万元，24口井节约钻井投资6.45亿元；压后单井产量由1.89万米^3/日提高到3.1万米^3/日，新增产值3.61亿元。该项目获2012年度石化集团公司科技进步一等奖。

（杨维先）

【燃煤电厂烟气二氧化碳捕集、驱油与封存技术及示范应用】 该项目主要技术成果：①形成了燃煤电厂烟气二氧化碳捕集纯化成套技术。建成年产能力4万吨的烟气二氧化碳捕集装置，与国内外工业化装置相比捕集成本降低33.2%。②形成了二氧化碳驱油藏工程优化技术。揭示了二氧化碳与原油动态混相的微观机理，发现了二氧化碳驱油藏产出气回注对驱油效果的影响机制。③形成了二氧化碳驱注采工艺技术。发明了免压井安全作业的二氧化碳注入管柱，可实现40兆帕高压注入；研制了高气油比深抽、腐蚀监测、实时测压的多功能采油管柱。④形成了油气、水及二氧化碳多相条件下的腐蚀控制技术。研发了复合型高效缓蚀剂和双极性离子阻隔防腐涂层，腐蚀速率小于国家行业标准0.076毫米/年。建成国内外首个工业化规模燃煤电厂烟气二氧化碳捕集、驱油与地下封存全流程示范工程。项目有8项创新，分别是二氧化碳回收复合胺溶剂、捕集工艺、驱油藏评价标准、与原油混相机理、产出气回注、物理模拟装置、注气管柱、腐蚀控制。项目申请发明专利13项、已获授权4项，获实用新型专利授权7项、专有技术4项；开发软件2套；发表论文37篇。先导试验区增产原油1.85万吨，同时地下封存二氧化碳7.6万吨，为中国碳减排和资源化利用探索出了一条有效途径，经济效益和社会效益巨大。该项目获2012年度石化集团公司科技进步一等奖。

（杨维先）

【高速铁路特种乳化沥青的开发及工程推广应用】 该项目开展以下工作：①通过优选基质沥青，优化乳化沥青配方及乳化沥青生产工艺，开发出高速铁路专用特种阳离子型乳化沥青和阴离子型乳化沥青，制定了中国石化企业标准《高速铁路专用沥青》及《高速铁路专用乳化沥青》。②工业试生产表明，该系列乳化沥青配方设计合理、生产工艺技术先进、产品质量稳定。乳化沥青性能全部符合《客运专线铁路板式无砟轨道水泥乳化沥青砂浆暂行技术条件》技术指标要求。③工程应用表明，该系列乳化沥青与不同厂家的干料（水泥、砂子等）具有很好的配伍性。用阳离子型乳化沥青配制的SL－1型水泥乳化沥青砂浆和用阴离子型乳化沥青配制的SL－2型水泥乳化沥青砂浆性能稳定，具有优异的温度适应性和良好的施工友好性，揭板效果良好，综合性能达到国际先进水平。该项目已经先后成功应用于武广、石太、哈大、京沪、京石、京福、津秦等高铁项目，截至2012年10月，累计供货约20万吨，市场占有率达65%，创造经济效益2.8亿元；节省燃油1.63万吨，减少碳排放 4.90 万吨。该项目获 2012 年度石化集团公司科技进步一等奖。

（杨维先）

【S－Zorb 国产吸附剂 FCAS 的开发及其工业应用】 该项目通过以下几个方面创新性的工作，开发出国产 S－Zorb 吸附剂并成功实现了工业化。①优化黏结剂组分，采用双黏结剂实现功能互补，在吸附剂内形成稳定的骨架结构，解决了脱硫过程中由于氧化锌体积变化导致吸附剂破碎的问题；②通过对浸渍过程中氧化锌胶溶反应动力学的研究，开发出可胶溶微球均匀浸渍技术，实现镍均匀浸渍的目标；③通过对铝酸锌生成动力学的研究，开发出锌化学态控制技术，提高了吸附剂的脱硫活性；④建立了整套吸附剂的活性及物性评价方法，形成 4 项分析方法的企业标准；⑤结合国产吸附剂的性能特点制定了完善的工业应用方案，确保了国产吸附剂生产的顺利开工以及置换进口剂的平稳过渡。工业应用结果表明，该吸附剂的各项指标均达到或优于进口吸附剂，在汽油原料烯烃含量不超过 35%、硫含量不大于 600 微克/克的情况下，可以生产出硫含量不超过 10 微克/克的清洁汽油，抗爆指数损失不超过 0.7。该项目申请 35 项中国专利、3 项国外专利和 24 项专有技术。吸附剂 FCAS 已经应用于燕山石化、高桥石化、镇海炼化等 7 套装置，并作为开工剂在金陵石化成功开工，还将应用于上海石化和安庆石化新装置的开工。采用该吸附剂，燕山石化和沧州炼化 S－Zorb 装置向北京地区稳定提供京 V 标准的清洁汽油。该项目获 2012 年度石化集团公司科技进步一等奖。

（杨维先）

【新型碳八芳烃异构化催化剂 RIC－200 工业应用试验】 该项目在对碳八芳烃异构化反应机理和沸石分子筛结构特点深入分析和探索的基础上，成功开发了新型碳八芳烃异构化催化剂 RIC－200，并成功实施工业应用。具体包括：成功开发了更加适宜于碳八芳烃异构化反应的新型 NES 结构沸石，与国内外同类催化剂完全不同；确定了新型沸石的适宜孔道尺寸、硅铝比、钠离子含量、结晶度、沸石含量等重要参数；针对新型沸石的特点，开发了独特的沸石前处理、载体后处理的改性新工艺方法；开发了提高金属铂分散度、降低铂含量的新工艺流程及适宜的操作条件，使铂含量下降了至少 10%，而分散度提高了 40%—50%，达到了最佳分散状态；确定了 RIC－200 催化剂配方和最优化制备工艺流程，进行催化剂的工艺条件试验；进行了催化剂长周期寿命稳定性试验、再生试验；完成了催化剂工业放大试生产、工业生产及单批性能评价和寿命稳定性试验；确定了 RIC－200 催化剂工业开工及使用操作规程，完成催化剂工业应用过程（装填、干燥、投料开工、优化调整、考核标定、长周期稳定运转）等工作。该项目申请发明专利 3 项。2010 年在天津分公司 1#芳烃装置上首次工业应用，年增产 PX 4 500 吨；2012 年应用在扬子石化 2#芳烃装置上，增产 PX 2.1 万吨。该项目获 2012 年度石化集团公司科技进步一等奖。

（杨维先）

【加氢裂化装置扩能改造及产品质量提升应用技术开发】 该项目开展了如下研究：①采用专有络合技术在分子水平控制活性金属尺寸和形貌，开发的 FF－46 预处理催化剂的活性比被 BP 公司评为一流水平的 FF－36 提高 20%；②通过反应动力学研究，确定了精制、裂化活性的最佳匹配要求；③通过采用准确控制酸性中心数目、类型和空间位置的高结晶度、高硅铝比 Y 型分子筛改性技术，设计开发了耐氮性强、目的产品选择性高、活性与精制段匹配适宜的 FC－50 裂化催化剂，满足了扩能但不增加氢耗的总体目标；④通过部分采用齿球形 FF－46 催化剂及新型密相装填技术，在降低床层压降和径向温差的同时，保证了催化剂性能的充分发挥。该项目获 6 项中国专利授权，具有自主知识产权。镇海炼化应用该技术，除加工能力提高外，目的产品收率增至 95.8%，尾油 BMCI 值 9.6，T90 及干点回缩 45℃，干气、液化气及轻石脑油等收率仅为 2.4%。配套开发的催化剂及技术已在 12 套装置应用。镇海炼化 I 套加氢裂化装置采用该技术后，很好地满足实际生产需要，年增效益约2 200万元，解决了镇海炼化含硫蜡油加工平衡和 100 万吨/年乙烯项目投产后乙烯原料供应不足的问题。该项目获 2012 年度石化集团公司科技进步一等奖。

（杨维先）

【65 万吨/年乙苯成套技术开发及应用】 该项目为中国石化“十条龙”攻关项目，采用低苯烯比中段循环的液相分子筛烷基化合成乙苯工艺成套技术，建成了镇海炼化 100 万吨/年乙烯工程 65 万吨/年乙苯装置，主要设备实现了国产化。采用首段反应器可切换、7 段乙烯进料和中段循环流程并设置分子筛保护床，解决易失活催化剂运行周期、换剂以及各段催化剂的匹配问题；与 PO/SM 装置进行综合集成和

流程优化，使装置热能得到充分利用；采用无机膜过滤技术，去除烷基化催化剂活性组元β分子筛中的无定形二氧化硅，提高烷基化反应的选择性。该技术具有苯烯比低、催化剂活性高、乙苯选择性好、运转周期长、产品质量好、工艺流程简单、装置能耗低等特点。工业应用结果表明，装置在工艺方案选择、工艺设计、关键设备大型化、催化剂应用等方面都是成功的，完全满足生产需要，苯单耗、乙烯单耗、原料消耗、综合能耗等指标均达到同类技术国际先进水平，应用推广前景良好。按照装置2011年的实际生产数据，产品价格采用2011年平均出厂价，经测算，吨油效益80.79元。装置2011年乙苯的实际产量为74.90万吨，年经济效益达6 051万元。该项目获2012年度石化集团公司科技进步一等奖。

（杨维先）

【30万吨/年天然气乙炔法制醋酸乙烯成套技术开发】 该项目立足自主研发并建设生产10万吨/年乙炔、30万吨/年醋酸乙烯、10万吨/年聚乙烯醇等一整套生产装置。项目创新点：①利用多项自主研发的专有技术和专用设备建设多套装置，规模达到世界先进水平，并实现了装置大型化、长周期运行要求，更安全环保；②物耗、能耗达到国际先进水平；③新增6个PVA新产品；④多项专利获得授权。30万吨/年天然气乙炔法制醋酸乙烯成套技术已经在四川维尼纶厂新区投入运行，装置运行状况良好。该项目于2012年4月开始正式生产，共计生产甲醇5.45万吨、醋酸乙烯8 801吨、醋酸甲酯860吨、PVA 9 191吨，实现销售收入27 526万元、毛利3 571万元。该项目获2012年度石化集团公司科技进步一等奖。

（杨维先）

【塔河超深层稠油降黏开采关键技术】 该项目通过对稠油降黏理论及技术深入研究，研制了新型高效系列乳化降黏剂配方、油溶性降黏剂配方，创新了一套适应超深超稠油井筒降黏举升技术，建立了塔河稠油掺稀优化方法，形成了超稠油地面集输及处理配套工艺，揭示了超稠油致稠机理并提出了超稠油沥青质模型等，成功开发了塔河超深稠油化学降黏开采及集输成套技术，为塔河油田超稠油增产上产提供了技术支撑。该项目已申请国家专利13项，中国石化具有自由运作权。项目成果在塔河油田已大规模工业应用，累计产油4.18万吨，节约稀油量7.54万吨；新增产值2.11亿元，直接经济效益1.58亿元，投入产出比1∶4.02，经济效益显著，具有广阔的推广应用前景。该项目获2012年度石化集团公司科技进步一等奖。

（杨维先）

【丙烯/1－丁烯无规共聚物的工业化开发】 该项目系统研究了丙烯/1－丁烯无规共聚物微观结构与性能的关系，开展了小试、中试和工业化放大试验，优化了丙烯/1－丁烯聚合的预接触及预聚条件，采用了新型催化剂，研究了丁烯含量控制、闪蒸及丁烯回收等关键技术，成功开发了丙烯/1－丁烯无规共聚工业化生产技术。应用该技术成功开发了丙烯/1－丁烯无规共聚透明聚丙烯系列新产品：M850B、M1200B、M1500B和E980BHF。测试及评价结果表明，产品的正己烷提取物含量低，实现了刚性、韧性及透明性的平衡，综合性能优异，提升了透明聚丙烯的卫生安全档次，在食品接触包装和医疗用品应用方面具有明显优势。该技术具有原始创新性，已申请包括聚合物结构专利在内的中国发明专利8项。该技术已成功在上海石化、茂名石化2套工业装置应用，是中国石化第三代聚丙烯环管工艺核心技术之一。使用该技术累计生产丙丁无规共聚产品2.6万余吨，与典型聚丙烯产品相比，丙丁系列产品增加利润498—809元/吨，经济效益显著。产品用于食品接触包装和医疗用品，安全性高，社会效益明显。该项目获2012年度石化集团公司科技进步一等奖。

（杨维先）

【300吨/年高性能聚乙烯纤维干法纺丝工业化成套技术】 该项目以南京化工公司30吨/年扩试装置及300吨/年工艺包为基础，对300吨/年干法纺丝工业化生产进行研究。通过对纺丝工艺流程、纺丝设备、回收工艺流程、回收设备的设计与布置优化，加强设计过程中的理论计算，为设备放大和工艺放大设计提供了可靠的理论依据，解决了浆料制备、原液连续输送、多位连续纺丝成型、大型超倍拉伸装置、大型热箱、大型换热设备、大型风管排布、纺丝与回收系统接口等技术放大的难题，解决了溶剂回收、循环风循环控制、密闭系统多位风量均匀分配的问题，形成了成熟的工业化成套技术。创新点：①纺程解缠技术；②冻胶干法纺丝—超倍热拉伸技术；③防止单丝之间粘并技术；④溶剂回收技术；⑤密闭系统多位纺丝风量控制技术。技术开发过程中，形成了12项专利技术。装置运行稳定，工艺受控，产品具有“细旦、高强”的质量优势。截至2011年

底，累计销售产品620.6吨，实现毛利1 297.3万元。该项目获2012年度石化集团公司科技进步一等奖。

（杨维先）

【PO/SM废气催化氧化处理成套技术开发及工业应用】 该项目针对PO/SM有机废气工况复杂、氧含量低、处理量大的特点，开发了废气催化氧化处理成套技术，包括：催化剂配方及制备、工艺技术包、工程设计、大型方形催化氧化反应器、热管—翅片管组合式气—气换热器等技术，建成了全球最大的PO/SM生产装置有机物废气处理装置，净化气体达标排放，整体技术达到国际先进水平。项目申请专利11项，其中6项已获授权。项目于2010年在镇海炼化一次开车成功，处理量8.6万米^3/时，自动化程度高，操作方便，安全可靠，已连续稳定运行30个月，净化气体达标排放。该项目打破了国外技术垄断，可推广到丙烯腈、苯酚丙酮等装置；与国外技术相比，节约建设资金3 500万元以上；处理装置投用后，每年减排有机污染物770.9吨，其中苯减排27.2吨，甲苯减排0.8吨，乙醛减排229.9吨，乙苯减排352吨。该项目获2012年度石化集团公司科技进步一等奖。

（杨维先）

新产品开发

【合成树脂新产品】 1. 管式法EVA系列产品

中国石化首次在国内开发出了管式法乙烯—乙酸乙烯酯共聚物（EVA）系列产品，并成功工业化。所开发的系列化产品包括薄膜级产品EVA 9F1，发泡级产品EVA 14J4、18J4，涂覆级产品EVA 19F16。经北京华盾雪花塑料集团有限责任公司、河北宝硕股份有限公司创业塑料分公司等用户应用，结果表明该系列产品完全满足下游用户的要求。

2. 汽车油箱用高密度聚乙烯专用料

中国石化开发的HDPE两个油箱料专用料牌号（HBX4505M和QHB18）均通过了国家汽车质量监督检验中心按GB 18296—2001进行的汽车燃油箱安全性能检测。性能测试及应用试验表明，油箱料HXB4505M具有良好的加工性能和优异的抗环境应力开裂性，刚性、硬度、耐热性等与国际同类产品基本相当；所试制的油箱制品均满足用户要求，完全可用于挤出吹塑多层和单层汽车燃油箱。

（赵 红）

【纤维新产品】 1. 超仿棉共聚酯短纤维

2012年，仪化公司共进行3次超仿棉共聚酯短纤维的试纺，累计产量23.6吨，产品性能指标基本达到预期目标。试制纤维在安徽华茂、北京铜牛、浙江新天龙、山东鲁泰等企业进行了试纺、试织、试染，产品的抗起球性能、染色性能和柔软性比常规涤纶纤维有本质上的提高，具有比棉花更加柔软的手感。

2. 高铁路基防水卷材用涤纶短纤维

为了适应和满足防水材料行业发展需求，在常规生产线上组织对生产负荷、纺丝缓冷环、纺速、牵伸倍率及熔体黏度等方面进行优化调整，提高了高铁路基使用的280克/米^{2}以上规格油毡基布纤维产品的强度和延伸性能，2012年累计生产销售WF323产品6 457.5吨。

3. 军用超高强涤纶短纤维

2011年3月试生产了3.51吨产品，产品断裂强度7.07厘牛/分特，达到开发目标。试用表明，80%高强涤纶和20%棉混纺制作的小样面料与60%涤纶、20%高强维纶和20%棉混纺生产的07款军用长袖作训服面料的强力相当，2012年11月，超高强短纤被确认为作训服的原料。

4. 有光缝纫线升级产品

仪化公司针对进口高端缝纫线用户对涤纶短纤维强度、断裂伸长率及干热收缩率的特殊要求，通过一系列技术攻关，开发了有光缝纫线升级产品FR211成套工艺技术，实现了工业化稳定生产。产品强度高、干热收缩率低、染色后色质鲜艳，加工性能良好，获得英国高士集团等世界制线名企的认可，并成功顶替日本东丽和帝人等进口产品，成为世界制线名企在中国工厂和部分国外加工基地的首选原料，产销量逐年稳步增长。2012年累计生产销售4.35万吨，较常规产品增加毛利488元/吨，累计增加毛利2 125万元，创造了良好的经济及社会效益。

5. 不含重金属生态型聚酯（NEP）切片

上海石化与上海石油化工研究院联合开展了钛系聚酯催化剂及无锑聚酯切片的研制并实现了工业化生产。NEP聚酯瓶样品检测符合FDA21CFR177.1630（e）要求以及欧盟法规2007/19/EC要求。NEP热稳定性好、杂质少、色泽好，产品的结构和普通锑催化剂聚酯完全相同，加工性能基本等同于普通聚酯切片，可完全适合在传统聚酯加工设备上进行纺丝、增黏、吹膜、制瓶及其他改性加工，可应用于传统聚酯所涉及的任何领域。NEP属于健康环保聚酯产品，生产成本较锑聚酯催化剂聚酯切片略低，具有很好的发展前景，有利于聚酯工业的可持续发展。

截至2012年底，上海石化共计生产销售NEP型聚酯切片 6 152.4 吨(其中出口 1 012 吨)。

6. 吸湿性聚酯切片

开发形成可满足细旦异型纤维要求的吸湿改性聚酯工业化连续式聚合生产技术，实现了吸湿排汗纤维生产技术升级，即从单纯的应用纤维异型截面技术向改性聚酯加纤维异型截面技术复合应用，填补了国内吸湿改性聚酯工业化生产技术和产品的空白。项目研制生产的吸湿型聚酯切片已成为新一代武警训练服纤维原料。截至 2012 年底，共生产吸湿型聚酯切片 1 239.28 吨，实现销售 1 221.28 吨，具有较好的经济效益。

7. 超细旦抗起球腈纶

上海石化与东华大学合作，开发了超细旦抗起球腈纶纺丝、纺纱、织造的整套技术，试生产产品性能与三菱同类产品接近，经腈/黏、腈/棉不同混纺比织造试验，混纺织物的抗起毛起球级数≥3 级，通过 ASTM 标准对织物进行抗起毛起球测试。超细旦抗起球腈纶产品较常规细旦腈纶可新增赢利能力 7 096 元/吨，附加值高，经济效益显著。2012 年上海石化进行了超细旦抗起球腈纶工业化试生产，共生产 17.81 吨。

(原　玲)

知识产权

【概述】 2012 年，中国石化知识产权创造、保护和管理能力继续获得大幅提升，专利申请和授权数量跃上新台阶。2011 年 11 月 1 日—2012 年 10 月 31 日，中国石化共提出专利申请 4 865 项，比上年增长 20.7%，其中中国专利申请 4 618 项(发明专利 3 452 项，实用新型专利 1 161 项，外观设计专利 5 项，发明专利申请量占总申请量的 75%)，境外专利申请 247 项。新增专利授权 1 855 项，其中中国专利授权 1 753 项；境外专利授权 102 项，增幅 65%。截至 2012 年 10 月 31 日，中国石化已累计申请专利27 896 项，获得专利授权 13 794 项，其中向境外累计申请专利 2 032 项，获得专利授权 906 项。

(查芷琦)

【知识产权管理】 在确保专利申请和授权数量的同时，重点开展了提高专利质量和核心技术领域知识产权战略制定工作。①深入开展核心技术领域专利战略制定工作。在 8 个直属院、4 家工程公司和 3 家企业共 15 个单位，开展了 29 个技术领域的专利战略研究工作，特别是在新催化材料、合成气制烯烃、合成气制乙二醇、甲醇制芳烃等领域开展了研究，对科研项目立项、技术路线制定和新兴领域技术的知识产权布局起到了重要指导作用，为探索知识产权管理和科研项目管理互动的管理模式、提高科技创新的有效性作了有益的尝试。②开展了核心技术领域知识产权布局，提高管理水平。针对近年中国石化部分技术流失，在维权立案过程中发现知识产权保护存在漏洞等问题，对直属院的 44 项重要技术逐项进行梳理，对技术要点进行了分类，对适宜用专利保护的，制定了申请策略；对于适宜用专有技术保护的，明确了保密要点，并对专有技术载体、涉密人员及相关保密措施进行了落实，共梳理出专有技术 162 项，实现了对重要技术采取专利与专有技术相结合的保护策略。

(查芷琦)

【知识产权人才培养】 中国石化继续做好知识产权人才培养工作。针对不同企业和不同领域的业务需求，共举办了 10 多次培训班和交流活动。按计划选派了 2 名优秀专利代理人员到美国专利代理机构学习。同时，针对中国石化知识产权管理需求，开展了《中国石化知识产权管理》培训教材编写工作。

(查芷琦)

【获得荣誉】 2012 年，中国石化“因拥有世界级的知识产权创造、运用和管理模式，以及在知识产权领域的贡献和潜力”被英国知识产权媒体集团旗下的《知识产权资产管理》杂志授予中国知识产权倡导者称号，并颁发了证书。另外，在 4 月 26 日“国际知识产权日”活动中，石化集团公司被评为首批在京央企知识产权领先工程实施单位。

在第 14 届中国专利金奖评审中，中国石化“苯和乙烯制乙苯的烷基化方法”和“一种己内酰胺加氢精制方法”2 项专利获金奖，3 项专利获优秀奖。

(查芷琦)

技术监督

【质量管理与监督】 制定并印发了《中国石化 2012 年度质量工作要点》，主要包括指导思想、质量目标和工作要点三部分内容，对中国石化所属企业开展 2012 年质量工作具有指导作用。

组织开展中国石化“质量日”“质量月”活动。2012 年 4 月 7 日是中国石化的第 2 个“质量日”，为了组织策划好“质量日”活动，3 月 8 日印发了《关于开展2012年中国石化质量日活动的通知》，总部层面分板块组织质量座谈会，4月5日在杭州组织销售企业召开中国石化服务质量研讨会，4月9日在胜利油田组织油田企业召开油田企业技术监督工作座谈会，4月13日在北京组织炼化企业召开质量工作经验交流会，4月16日在上海组织科研院所召开质量管理体系建设工作会议。编制了2012年中国石化质量知识竞赛试题，刊登在3月23日的《中国石化报》上，由各单位结合自身实际开展本单位的质量答题活动。利用报纸、电视、网络刊播了大量有关质量的宣传报道，在《中国石化报》发表文章33篇，电视部播发40条次，中国石化新闻网刊登文章108篇，其他栏目刊登相关文章100篇，形成了一定的舆论影响力。9月，结合国家质量监督检验检疫总局等21个部委对开展全国“质量月”活动的要求，转发了《关于开展2012年全国“质量月”活动的通知》，并结合实际提出5项重点工作。要求各单位围绕“宣传贯彻《质量发展纲要》，夯实质量管理基础，强基固本练内功”的主题，加大质量宣传教育，营造浓厚的“质量月”活动氛围，不断增强全员质量管理意识。

推进中国石化质量管理体系建设。2月14日下发了《关于发布中国石化质量管理体系认证机构准入名单的通知》，12家第三方质量体系认证机构获准入。10—12月，中国石化总部对巴陵石化、石油物探技术研究院、北京石油分公司、西南石油局第五物探大队、宁波工程公司和茂名分公司6家企业进行质量管理体系有效性检查。

开展2012年度产品质量监督抽查工作。石油和石油化工产品共抽样1 682个，合格1 659个，合格率为98.6%，比上年降低了0.4个百分点。抽查11家油田企业采购的5类物资样品363个，合格341个，合格率为93.9%，比上年提高了1.2个百分点。其中，抽查采油助剂样品84个，合格78个，合格率为92.9%；抽查机电产品样品36个，合格32个，合格率为88.9%；抽查油套管样品42个，合格41个，合格率为97.6%；抽查钻井液化学剂样品113个，合格105个，合格率为92.9%；抽查井下工具样品88个，合格85个，合格率为96.6%。根据监督抽查结果，下发了《关于2012年石油和石油化工产品质量监督抽查结果的通报》和《关于2012年油田企业采购物资质量监督抽查结果的通报》，督促企业进一步加强质量管理，保证采购物资产品质量和出厂产品质量，树立中国石化良好的品牌形象。

开展质量培训。组织举办了第4期、第5期企业领导人培训班，培训炼化、销售、科研板块的企业领导66人。在上海石化培训中心举办了为期21天的第9期质量处(科)长岗位培训班，共25人参加培训。9月16日，在管理干部学院举办了为期6天的国家注册质量管理体系审核员培训班，共33人参加培训。

开展2012年度质量工作先进单位和先进个人评选工作。经有关事业部(管理部)对各单位申报的质量管理先进单位和个人事迹材料进行审核和评选，确定了胜利石油管理局等13个先进单位、董经利等58名先进个人。

组织企业参加石油和化学工业联合会组织的2012年石油和化工行业“质量标杆”活动、知名品牌评选活动，胜利油田、扬子石化、镇海炼化3家公司获得质量标杆称号，扬子石化和天津分公司的石油苯被评为行业知名品牌。

(赵 巍 刘 伟)

【标准化管理】 以石化集团公司为主成立的全国石油产品和润滑剂标准化技术委员会(编号：SACITC280)负责归口管理9个石油和石油化工标准化分技术委员会，具体负责组织本专业的国家标准、国家军用标准、石油化工行业标准的制修订及归口管理工作。截至2012年12月，全国石油产品和润滑剂标准化技术委员会归口管理的石油和石油化工产品标准(含试验方法标准)共1 232项，其中国家标准375项、石油化工行业标准802项、国家军用标准49项、国家实物标准6项。

国家标准制修订：2012年，全国石油产品和润滑剂标准化技术委员会组织完成制定和修订并上报国家标准化管理委员会的国家标准11项，国家标准化管理委员会批准发布14项石油化工国家标准(见表1)。

表1　　2012年批准发布的石油化工国家标准

序号	标准编号	标准名称	实施日期
1	GB 12981—2012	机动车辆制动液	2012年10月1日
2	GB/T 7631.13—2012	润滑剂、工业用油和有关产品(L类)的分类 第13部分：A组(全损耗系统)	2013年3月1日

续表

序号	标准编号	标准名称	实施日期
3	GB/T 8017—2012	石油产品蒸汽压的测定　雷德法	2013年3月1日
4	GB/T 8926—2012	在用的润滑油不溶物测定法	2013年3月1日
5	GB/T 16630—2012	冷冻机油	2013年3月1日
6	GB/T 17477—2012	汽车齿轮润滑剂黏度分类	2013年3月1日
7	GB 19159—2012	车用液化石油气	2013年4月1日
8	GB/T 28767—2012	车辆齿轮油分类	2013年3月1日
9	GB/T 28768—2012	车用汽油烃类组成和含氧化合物的测定　多维气相色谱法	2013年3月1日
10	GB/T 28769—2012	脂肪酸甲酯中游离甘油含量的测定　气相色谱法	2013年3月1日
11	GB/T 28772—2012	内燃机油分类	2013年3月1日
12	GB 1790—2012	医药凡士林	2013年7月1日
13	GB/T 17411—2012	船用燃料油	2013年7月1日
14	GB/T 29114—2012	燃气轮机液体燃料	2013年7月1日

石油化工行业标准制修订：2012年，中国石化组织完成制定和修订并上报国家工业和信息化部的石油化工行业标准共3项，国家工业和信息化部批准发布了8项石油化工行业标准(见表2)。

中国石化企业标准制修订：2012年完成制定和修订并批准发布的石化集团公司企业标准共计127项(见表3)。

表2　2012年批准发布的石油化工行业标准

序号	标准编号	标准名称	实施日期
1	SH/T 1499.1—2012	精己二酸　第1部分：规格	2012年11月1日
2	SH/T 1499.7—2012	精己二酸　第7部分：硝酸含量的测定　分光光度法	2012年11月1日
3	SH/T 1499.10—2012	精己二酸　第10部分：水分含量的测定　热失重法	2012年11月1日
4	SH/T 1550—2012	工业用甲基叔丁基醚(MTBE)纯度及杂质的测定　气相色谱法	2012年11月1日
5	SH/T 1773—2012	1,2,4－三甲基苯纯度及烃类杂质的测定　气相色谱法	2012年11月1日
6	SH/T 1774—2012	塑料　聚丙烯等规指数的测定　低分辨率脉冲核磁共振法	2013年3月1日
7	SH/T 1775—2012	塑料　线性低密度聚乙烯(PE－LLD)组成的定量分析碳－13核磁共振波谱法	2013年3月1日
8	SH/T 1157.1—2012	生橡胶　丙烯腈—丁二烯橡胶(NBR)中结合丙烯腈含量的测定　第1部分：燃烧(Dumas)法	2013年3月1日

表 3　　2012 年批准发布的石化集团公司企业标准

序号	标准编号	标准名称	实施日期
1	Q/SH 0088—2012	1 140V 电力系统工程施工及验收规范	2012 年 5 月 1 日
2	Q/SH 0090—2012	原油库防火安全规定	2012 年 6 月 1 日
3	Q/SH 0093—2012	放射性同位素使用管理规定	2012 年 6 月 1 日
4	Q/SH 0172—2012	川东北酸性天然气井试井技术规范	2013 年 2 月 1 日
5	Q/SH 0186. 2—2012	地震勘探资料质量控制规范 第 2 部分：数据处理	2013 年 2 月 1 日
6	Q/SH 0193—2012	录井资料质量评定规范	2013 年 2 月 1 日
7	Q/SH 0197—2012	川东北钻井地质设计规范	2013 年 2 月 1 日
8	Q/SH 0419. 1—2012	石油天然气勘探开发元数据 第 1 部分：数据管理	2012 年 6 月 1 日
9	Q/SH 0419. 2—2012	石油天然气勘探开发元数据 第 2 部分：图形	2012 年 9 月 20 日
10	Q/SH 0421. 1—2012	物化探业务模型 第 1 部分：物化探部署	2012 年 6 月 1 日
11	Q/SH 0421. 2—2012	物化探业务模型 第 2 部分：地震勘探	2012 年 6 月 1 日
12	Q/SH 0421. 3—2012	物化探业务模型 第 3 部分：重力勘探	2012 年 6 月 1 日
13	Q/SH 0421. 4—2012	物化探业务模型 第 4 部分：磁法勘探	2012 年 6 月 1 日
14	Q/SH 0421. 5—2012	物化探业务模型 第 5 部分：电法勘探	2012 年 6 月 1 日
15	Q/SH 0421. 6—2012	物化探业务模型 第 6 部分：化学勘探	2012 年 6 月 1 日
16	Q/SH 0422. 1—2012	井筒工程业务模型 第 1 部分：井设计	2012 年 6 月 1 日
17	Q/SH 0422. 2—2012	井筒工程业务模型 第 2 部分：钻井工程	2012 年 6 月 1 日
18	Q/SH 0422. 3—2012	井筒工程业务模型 第 3 部分：地质录井	2012 年 6 月 1 日
19	Q/SH 0422. 4—2012	井筒工程业务模型 第 4 部分：地球物理测井	2012 年 6 月 1 日
20	Q/SH 0422. 5—2012	井筒工程业务模型 第 5 部分：试井	2012 年 6 月 1 日
21	Q/SH 0422. 6—2012	井筒工程业务模型 第 6 部分：试油(气)	2012 年 6 月 1 日
22	Q/SH 0422. 7—2012	井筒工程业务模型 第 7 部分：井下作业	2012 年 6 月 1 日
23	Q/SH 0423. 1—2012	分析化验业务模型 第 1 部分：岩芯常规分析	2012 年 6 月 1 日
24	Q/SH 0423. 2—2012	分析化验业务模型 第 2 部分：岩芯专项分析	2012 年 6 月 1 日
25	Q/SH 0423. 3—2012	分析化验业务模型 第 3 部分：流体性质分析	2012 年 6 月 1 日
26	Q/SH 0423. 4—2012	分析化验业务模型 第 4 部分：地层古生物分析	2012 年 6 月 1 日
27	Q/SH 0423. 5—2012	分析化验业务模型 第 5 部分：地球化学分析	2012 年 6 月 1 日
28	Q/SH 0423. 6—2012	分析化验业务模型 第 6 部分：提高采收率室内分析	2012 年 6 月 1 日
29	Q/SH 0423. 7—2012	分析化验业务模型 第 7 部分：油气化探分析	2012 年 6 月 1 日
30	Q/SH 0424. 1—2012	综合研究业务模型 第 1 部分：规划与部署	2012 年 6 月 1 日
31	Q/SH 0424. 2—2012	综合研究业务模型 第 2 部分：勘探地质研究	2012 年 6 月 1 日
32	Q/SH 0424. 3—2012	综合研究业务模型 第 3 部分：开发地质研究	2012 年 6 月 1 日

续表

序号	标准编号	标准名称	实施日期
33	Q/SH 0424.4—2012	综合研究业务模型 第4部分：油气藏工程	2012年6月1日
34	Q/SH 0424.5—2012	综合研究业务模型 第5部分：开发方案设计	2012年6月1日
35	Q/SH 0425.1—2012	油气开发生产业务模型 第1部分：油气藏工程管理	2012年6月1日
36	Q/SH 0425.2—2012	油气开发生产业务模型 第2部分：采油气工程管理	2012年6月1日
37	Q/SH 0426.1—2012	地面(海洋)工程业务模型 第1部分：陆上地面工程设计	2013年2月1日
38	Q/SH 0426.2—2012	地面(海洋)工程业务模型 第2部分：陆上地面工程施工	2013年2月1日
39	Q/SH 0427.2—2012	物化探源点信息采集规范 第2部分：地震勘探	2012年6月1日
40	Q/SH 0428.1—2012	井筒工程源点信息采集规范 第1部分：井设计	2012年6月1日
41	Q/SH 0428.2—2012	井筒工程源点信息采集规范 第2部分：钻井工程	2012年6月1日
42	Q/SH 0428.3—2012	井筒工程源点信息采集规范 第3部分：地质录井	2012年6月1日
43	Q/SH 0428.4—2012	井筒工程源点信息采集规范 第4部分：地球物理测井	2012年6月1日
44	Q/SH 0428.5—2012	井筒工程源点信息采集规范 第5部分：试井	2012年6月1日
45	Q/SH 0428.6—2012	井筒工程源点信息采集规范 第6部分：试油(气)	2012年6月1日
46	Q/SH 0428.7—2012	井筒工程源点信息采集规范 第7部分：井下作业	2012年6月1日
47	Q/SH 0429.1—2012	分析化验源点信息采集规范 第1部分：岩芯常规分析	2012年6月1日
48	Q/SH 0429.2—2012	分析化验源点信息采集规范 第2部分：岩芯专项分析	2012年6月1日
49	Q/SH 0429.3—2012	分析化验源点信息采集规范 第3部分：流体性质分析	2012年6月1日
50	Q/SH 0429.4—2012	分析化验源点信息采集规范 第4部分：地层古生物分析	2012年6月1日
51	Q/SH 0429.5—2012	分析化验源点信息采集规范 第5部分：地球化学分析	2012年6月1日
52	Q/SH 0429.6—2012	分析化验源点信息采集规范 第6部分：提高采收率室内分析	2012年6月1日
53	Q/SH 0429.7—2012	分析化验源点信息采集规范 第7部分：油气化探分析	2012年6月1日
54	Q/SH 0430.1—2012	综合研究源点信息采集规范 第1部分：规划与部署	2012年6月1日
55	Q/SH 0430.2—2012	综合研究源点信息采集规范 第2部分：勘探地质研究	2012年6月1日
56	Q/SH 0430.3—2012	综合研究源点信息采集规范 第3部分：开发地质研究	2012年6月1日

续表

序号	标准编号	标准名称	实施日期
57	Q/SH 0430. 4—2012	综合研究源点信息采集规范 第 4 部分：油气藏工程	2012 年 6 月 1 日
58	Q/SH 0430. 5—2012	综合研究源点信息采集规范 第 5 部分：开发方案设计	2012 年 6 月 1 日
59	Q/SH 0431. 1—2012	油气开发生产源点信息采集规范 第 1 部分：油气藏工程管理	2012 年 6 月 1 日
60	Q/SH 0431. 2—2012	油气开发生产源点信息采集规范 第 2 部分：采油气工程管理	2012 年 6 月 1 日
61	Q/SH 0432. 1—2012	地面(海洋)工程源点信息采集规范 第 1 部分：陆上地面工程设计	2013 年 2 月 1 日
62	Q/SH 0432. 2—2012	地面(海洋)工程源点信息采集规范 第 2 部分：陆上地面工程施工	2013 年 2 月 1 日
63	Q/SH 0433. 1—2012	石油天然气勘探开发图形标准 第 1 部分：图形符号	2012 年 6 月 1 日
64	Q/SH 0433. 2—2012	石油天然气勘探开发图形标准 第 2 部分：图层	2012 年 9 月 20 日
65	Q/SH 0434. 1—2012	石油天然气勘探开发主要成果图计算机制图规范 第 1 部分：勘探部署图	2012 年 9 月 20 日
66	Q/SH 0434. 2—2012	石油天然气勘探开发主要成果图计算机制图规范 第 2 部分：开发生产部署图	2012 年 9 月 20 日
67	Q/SH 0434. 3—2012	石油天然气勘探开发主要成果图计算机制图规范 第 3 部分：储量综合图	2012 年 9 月 20 日
68	Q/SH 0434. 4—2012	石油天然气勘探开发主要成果图计算机制图规范 第 4 部分：圈闭评价综合成果图	2012 年 9 月 20 日
69	Q/SH PRD 0449—2012	柴油发动机氮氧化物还原剂(尿素水溶液 AUS 32)	2012 年 3 月 1 日
70	Q/SH 0450. 1—2012	油田企业能源审计方法 第 1 部分：导则	2012 年 5 月 1 日
71	Q/SH 0451—2012	抽油机用永磁同步电动机选型技术要求	2012 年 5 月 1 日
72	Q/SH 0452—2012	氯气报警器校准规范	2012 年 5 月 1 日
73	Q/SH 0453—2012	环境事件的分类与分级	2012 年 5 月 1 日
74	Q/SH 0454—2012	油气田企业清洁生产规范	2012 年 5 月 1 日
75	Q/SH 0455—2012	川东北含硫气田试气作业环境监测要求	2012 年 5 月 1 日
76	Q/SH 0456—2012	石化装置挥发性有机化合物泄漏检测规范	2012 年 5 月 1 日
77	Q/SH 0457—2012	可燃和有毒气体检测报警仪器选型、安装、使用及维护技术规范	2012 年 5 月 1 日
78	Q/SH 0458—2012	油水井小修作业安全管理规定	2012 年 6 月 1 日
79	Q/SH 0459—2012	油田企业安全培训要求	2012 年 6 月 1 日
80	Q/SH 0460—2012	石油化工企业稳高压消防系统运行与维护规程	2012 年 6 月 1 日
81	Q/SH 0461—2012	原油罐区安全技术管理规定	2012 年 6 月 1 日

续表

序号	标准编号	标准名称	实施日期
82	Q/SH 0462—2012	寒冷地区钻井队冬季安全作业规程	2012 年 6 月 1 日
83	Q/SH 0463—2012	川东北酸性天然气田集气场站安全规定	2012 年 6 月 1 日
84	Q/SH 0464—2012	石油化工企业清洁生产标准	2012 年 6 月 1 日
85	Q/SH 0469—2012	聚乙烯(PE)模塑和挤出材料命名系统和分类基础	2013 年 1 月 1 日
86	Q/SH PRD 0470—2012	挤出单丝类聚乙烯树脂	2013 年 1 月 1 日
87	Q/SH PRD 0471—2012	涂覆类聚乙烯树脂	2013 年 1 月 1 日
88	Q/SH 0472—2012	V 锥流量计校准规范	2012 年 7 月 15 日
89	Q/SH 0473—2012	环氧乙烷检测报警仪校准规范	2012 年 7 月 15 日
90	Q/SH PRD 0474—2012	SN、SN/GF－5 汽油机油	2012 年 9 月 1 日
91	Q/SH PRD 0475—2012	CJ－4 柴油机油	2012 年 9 月 1 日
92	Q/SH PRD 0476—2012	地面用 10 号航空液压油	2012 年 9 月 1 日
93	Q/SH 0477—2012	毕托巴流量计校准规范	2013 年 2 月 1 日
94	Q/SH 0478—2012	地面重力勘探技术规程	2013 年 2 月 1 日
95	Q/SH 0479—2012	稠油流变性测试 旋转流变仪法	2013 年 2 月 1 日
96	Q/SH 0480—2012	地应力参数求取技术方法	2013 年 2 月 1 日
97	Q/SH 0481—2012	微生物驱油效果评价方法	2013 年 2 月 1 日
98	Q/SH 0482—2012	连续油管作业技术要求	2013 年 2 月 1 日
99	Q/SH 0483.1—2012	带压作业操作规程 第 1 部分：水井	2013 年 2 月 1 日
100	Q/SH 0484—2012	地层测试成果报告编写规范	2013 年 2 月 1 日
101	Q/SH 0485—2012	液体二氧化碳储存、充装及运输安全规范	2013 年 2 月 1 日
102	Q/SH 0486—2012	高含硫化氢天然气集输管道缓蚀剂涂膜作业技术规程	2013 年 2 月 1 日
103	Q/SH 0487—2012	抽油机节电控制柜节电测试评价方法	2013 年 2 月 1 日
104	Q/SH 0488—2012	油田天然气电驱动压缩机机组能效测算方法	2013 年 2 月 1 日
105	Q/SH 0489—2012	油田建设工程劳动定员	2013 年 2 月 1 日
106	Q/SH PRD 0490—2012	乙烯装置用加氢裂化尾油	2013 年 2 月 1 日
107	Q/SH PRD 0491—2012	98 号车用汽油	2013 年 2 月 1 日
108	Q/SH PRD 0492—2012	硬质石油沥青	2013 年 2 月 1 日
109	Q/SH PRD 0493—2012	温拌沥青	2013 年 2 月 1 日
110	Q/SH PRD 0494—2012	防水卷材用沥青	2013 年 2 月 1 日
111	Q/SH PRD 0495—2012	预焙阳极用石油焦	2013 年 2 月 1 日
112	Q/SH PRD 0496—2012	口香糖专用蜡	2013 年 2 月 1 日

续表

序号	标准编号	标准名称	实施日期
113	Q/SH PRD 105—2012	DGA－Q 抗氨往复式压缩机曲轴箱油	2013 年 2 月 1 日
114	Q/SH PRD 109—2012	HF－2 抗磨液压油	2013 年 2 月 1 日
115	Q/SH PRD 111—2012	徐工 6# 液力传动油	2013 年 2 月 1 日
116	Q/SH PRD 112—2012	徐工 L－HM32 抗磨液压油	2013 年 2 月 1 日
117	Q/SH PRD 113—2012	徐工 L－HM46 抗磨液压油	2013 年 2 月 1 日
118	Q/SH PRD 114—2012	徐工高级液压油	2013 年 2 月 1 日
119	Q/SH PRD 122—2012	4631 水—乙二醇抗燃液压液	2013 年 2 月 1 日
120	Q/SH PRD 147—2012	LPG/CNG 轿车燃气发动机油（Ⅰ型）	2013 年 2 月 1 日
121	Q/SH PRD 148—2012	LPG/CNG 轿车燃气发动机油（Ⅱ型）	2013 年 2 月 1 日
122	Q/SH PRD 152—2012	低温重负荷工业齿轮油	2013 年 2 月 1 日
123	Q/SH PRD 153—2012	重负荷开式工业齿轮油	2013 年 2 月 1 日
124	Q/SHCG 24.1—2012	天然气输送管道用钢管技术条件 第 1 部分：高频直缝电阻焊钢管	2012 年 3 月 1 日
125	Q/SHCG 24.2—2012	天然气输送管道用钢管技术条件 第 2 部分：埋弧焊钢管	2012 年 3 月 1 日
126	Q/SHCG 25.1—2012	天然气输送管道用钢板技术条件 第 1 部分：热轧钢板	2012 年 3 月 1 日
127	Q/SHCG 25.2—2012	天然气输送管道用钢板技术条件 第 2 部分：热轧卷板	2012 年 3 月 1 日

（华祖瑜　刘慧敏）

【计量管理与监督】 2012 年 12 月 25 日，国家石油天然气大流量计量站东营分站通过了考核验收。9 月，经专家组验收合格，天然气分公司计量研究中心冠名为“中国石化天然气计量站”；12 月 27 日，该站通过了国家质量监督检验检疫总局组织的国家石油天然气大流量计量站武汉分站的计量授权考核验收。

12 月底，向国家质量监督检验检疫总局计量司报送了中国石化计量管理的内容。内容主要分为两个部分：第一部分为中国石油化工总公司时期计量管理内容，此时期石化总公司具有行业主管职能，负责管理炼油、化工产品的生产和销售工作；第二部分为中国石油化工集团公司时期，此时期石化集团公司科技开发部为中国石化计量工作的归口管理部门，负责所属企业的计量管理工作。

11 月 20 日，燕山分公司、天津分公司、茂名分公司 3 家单位各选拔 1 名队员，代表石化集团公司参加了国家质量监督检验检疫总局在北京举办的全国计量知识竞赛，开拓了视野，增长了知识。

计量人员培训。6 月，在北京燕山举办计量处（科）长岗位培训班；11 月，在江苏南京举办测量管理体系内审员培训；3 月、8 月、11 月，在天津举办《计量标准考核规范》《工作用玻璃液体温度计》检定规程和《液体容积式流量计》检定规程宣贯班。

（尉忠友）